PC
aufrüsten & reparieren

Michael Plura
Alexander Moritz
Robert Glaser
Holger Aretz

DATA BECKER

Copyright	© by DATA BECKER GmbH & Co. KG Merowingerstr. 30 40223 Düsseldorf
Produktmanagement und Lektorat	Lothar Schlömer
Umschlaggestaltung	Inhouse-Agentur DATA BECKER
Textverarbeitung und Gestaltung	Andreas Quednau (www.aquednau.de)
Produktionsleitung	Claudia Lötschert
Druck	Media-Print, Paderborn
E-Mail	buch@databecker.de

ISBN 10: 3-8158-2788-4
ISBN 13: 978–3-8158-2788-8

Wichtiger Hinweis

Inhalt

6. Das große Upgrade: Mainboard-Austausch ... 253

7. Mehr Leistung: Prozessor austauschen ... 305

8. Hardwarekonflikte und Treiberprobleme lösen
363

9. BIOS: Einstellungen für einen schnellen und stabilen PC
375

10. Notebooks aufrüsten und erweitern 417

14. Internet: stabile Verbindungen via ISDN oder DSL

15. Kleine Netzwerke, WLAN und Bluetooth 621

1. PC-Gehäuse einrichten

Der ursprünglich nüchterne, funktionale Kasten um den Computer herum hat sich in der Zwischenzeit prächtig entwickelt und braucht sich nicht mehr unter staubigen Schreibtischen zu verstecken. Obwohl das Gehäuse des Computers eigentlich ja „nur" die Aufgabe hat, die notwendigen Komponenten, wie Motherboard, Netzteil, diverse Erweiterungskarten und Schnittstellenanschlüsse zu beherbergen, wird es doch mit jeder Generation hübscher und besser durchdacht. So finden sich mittlerweile an fast jedem neueren Gehäuse die wichtigen Schnittstellen an der Frontseite wieder und erleichtern somit das Wechseln von Peripheriegeräten.

Schicke Gehäuse halten auch im Wohnzimmer immer öfter Einzug und dienen dort als Multimedia-Center neben den herkömmlichen Geräten wie Stereoanlage und Videorekorder.

Doch das liegt nicht nur an dem neuen Auftritt, sondern auch an neuen Softwaremöglichkeiten, z. B. am Windows Media Center und an den multimedialen Eigenschaften von Windows Vista. Dass sich dann auch noch alles auf verhältnismäßig kleinem Raum unterbringen lässt, überzeugt sicherlich ebenfalls.

In diesem Kapitel erfahren Sie, welche Gehäusetypen es gibt, welche Merkmale sie unterscheiden, wie sie geöffnet werden, und Sie erhalten einen Überblick über die Anordnung im Inneren.

1.1 So öffnen Sie jedes Gehäuse

Standardgehäuse öffnen und Gehäuse mit mehrteiligen Deckel öffnen

Zu den am weitesten verbreiteten Gehäuseformen gehört der Tower. War es früher noch nötig, den gesamten Deckel an der Gehäuserückseite aufzuschrauben, um ihn durch Ziehen nach hinten ablösen zu können, bieten neuere Modelle nun einiges mehr an Komfort. So ist es mittlerweile bei vielen Towergehäusen mit dem Öffnen der linken (Frontansicht) Seitenabdeckung getan, um an die Vorderseite des Mainboards und damit an alle Komponenten zu gelangen. Das Öffnen der Rückseite ist nur erforderlich, wenn das Mainboard getauscht werden soll oder neue Laufwerke wie DVD-/CD-ROM oder Festplatten beidseitig festgeschraubt werden müssen.

Schrauben des Gehäuses lösen.   *Die Gehäuseabdeckung nach hinten ziehen.*

Abdeckung nach oben wegziehen.   *Übersicht eines aufgeräumten Gehäuses.*

Der grundsätzliche Aufbau eines PCs im Towergehäuse:

Das **Netzteil** ist die Energiequelle des Computers. Die immer stromhungriger werdenden Komponenten, zum Beispiel Grafikkarten, beziehen von ihm ihre Leistung. Es befindet sich zumeist an der Rückseite des Gehäuses. Durch den eingebauten Lüfter sorgt es neben der eigenen Kühlung in der Regel auch für die Be- und Entlüftung des Gehäuseinneren.

Auf dem **Motherboard**, auch Mainboard genannt, werden alle Komponenten miteinander verbunden. Es ist die Hauptplatine, auf ihr sind alle Bauteile, wie Prozessor- und Arbeitsspeichersockel, Schnittstellen und Steckplätze montiert. Die Datenströme zwischen den Komponenten regelt das Chipset, kleine Prozessoren auf dem Motherboard. Häufig ist bereits einiges an zusätzlicher Technik auf dem Motherboard vorhanden. Ist z. B. eine Soundkarte bereits auf der Platine installiert, spricht man auch von „sound on board".

Der **Prozessor**, auch als CPU (**C**entral **P**rocessing **U**nit) bezeichnet, lässt sich wohl am besten mit dem Gehirn des Computers vergleichen. Der Prozessor nimmt die (Rechen-)Aufgaben entgegen, lagert sie wenn nötig im Arbeitsspeicher aus, bearbeitet sie und gibt sie dann entsprechend weiter oder zurück. Dabei entsteht sehr viel Wärme, sodass der Prozessor in der Regel gar nicht zu sehen ist, sondern gänzlich unter seinem Kühlkörper verschwindet.

Die beiden am stärksten miteinander konkurrierenden Unternehmen sind Intel mit ihrer Pentium-/Celeron-Serie und AMD mit der Athlon-/Sempron-Serie.

Der **Arbeitsspeicher**, auch häufig nur RAM (**R**andom **A**ccess **M**emory) genannt, ist der schnellste Speicher im Computer. Die Größe des Arbeitsspeichers wird durch die Anzahl der Speicherbänke begrenzt. Arbeitsspeicher ist flüchtig, d. h., alle Daten gehen verloren, sobald die Stromversorgung unterbrochen wird.

Abhängig vom Modell befinden sich auf dem Motherboard je nach Größe und Ausführung eine unterschiedliche Anzahl von **Steckplätzen** für Erweiterungskarten. Der schnellere AGP-Bus (**A**ccelerated **G**raphics **P**ort) ist für die Grafikkarte konzipiert, alle anderen Erweiterungskarten werden in der Regel über den PCI-Bus (**P**eripheral **C**omponent **I**nterconnect) betrieben. Doch sowohl AGP als auch PCI werden bereits nach und nach durch den PCIe-Bus (**PCI E**xpress) ersetzt, der bereits auf vielen neueren Boards eingesetzt wird.

Für die Laufwerke sind genormte **Einbauschächte** in den Größen 5¼ und 3½ Zoll vorbereitet. Die größeren dienen zumeist optischen Laufwerken wie DVD und CD-ROM. Die kleineren bieten Platz für Festplatten und, soweit nicht vorhanden, das Diskettenlaufwerk.

Schraubenloses Gehäuse öffnen

Einige Hersteller gehen in Sachen Bequemlichkeiten sogar noch ein paar Schritte weiter: angefangen bei Schrauben, die sich einfach und ohne Werkzeug von Hand drehen lassen, über seitliche Gehäusetüren und schraubfreie Laufwerkfixierung durch Klemmen bis zu seitlich angeordneten 3½-Zoll-Schächten, die den Einbau von zusätzlichen Festplatten im Handumdrehen möglich machen.

Mini-Barebone öffnen

Das Platzwunder Mini-Barebone vereinigt verhältnismäßig viel Technik auf kleinstem Raum und ist daher auch etwas kniffliger zu erweitern. Das Öffnen des Gehäuses differiert zwischen den einzelnen Herstellern und Modellen. In der Regel lässt sich das Gehäuse jedoch öffnen wie ein Desktop- oder Tower-PC: einfach die rückseitigen Schrauben lösen und das Gehäuseblech vorsichtig abziehen.

(Quelle: Shuttle)

So öffnet man die Aldi-PCs

Zu den Klassikern unter vielen Schreibtischen gehören die Aldi-PCs. Um Komponenten auszutauschen oder zu erweitern, öffnen Sie diese durch Lösen der Schrauben an der Rückseite der linken (Frontansicht) Gehäuseseite. Um nun die Seitenwand abnehmen zu können, müssen Sie diese parallel zum Gehäuse etwa zehn Zentimeter nach hinten ziehen. Anschließend können Sie die Seitenwand einfach herausnehmen. Mitunter geht das Abziehen sehr schwer, nutzen Sie dann einen breiten Schraubendreher und hebeln Sie an der Rückseite vorsichtig das Seiteteil nach hinten.

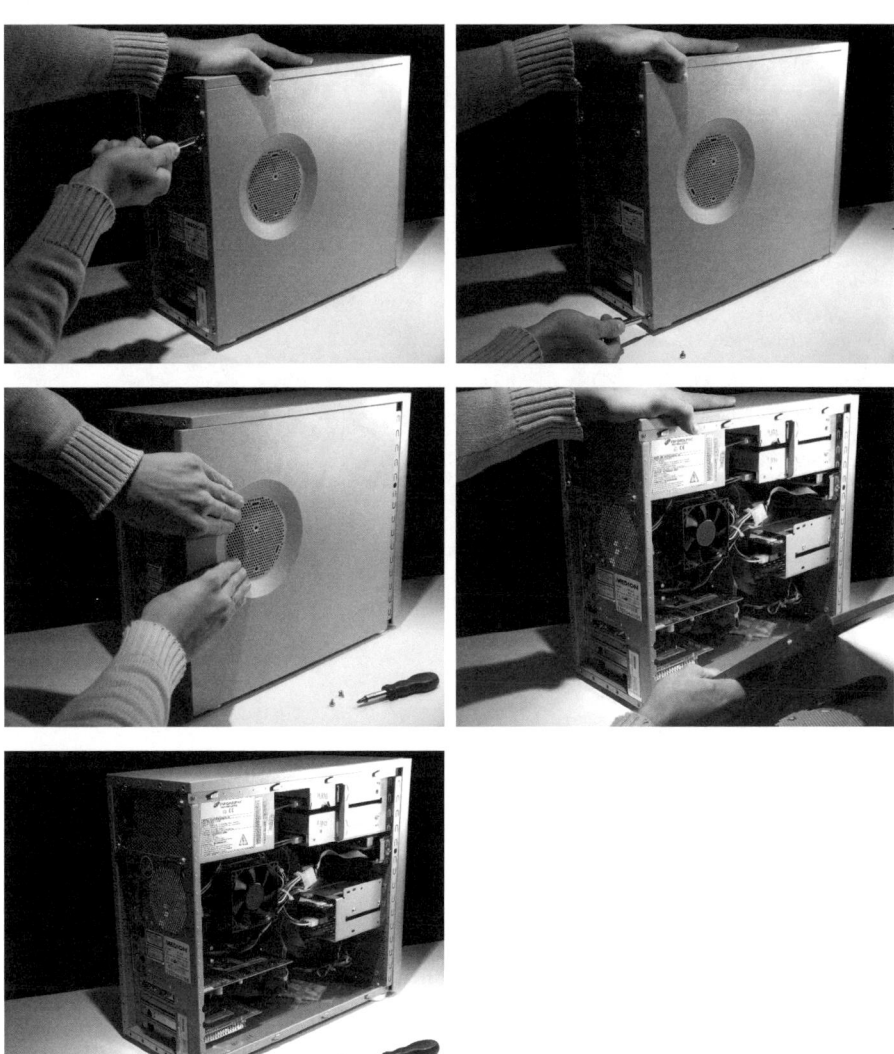

1.2 Alle Arbeiten am Gehäuse im Überblick

Im folgenden Abschnitt zeigen wir einige typische Arbeiten am Gehäuse, wie sie immer wieder vorkommen. Dabei sind meist kleine Tipps zu beachten, die die Arbeiten doch wesentlich erleichtern.

Laufwerkblende entfernen

Um nicht benötigte Laufwerkschächte nicht offen stehen zu lassen und neben dem unschönen Loch auch noch Angriffsfläche für Staub und andere Verschmutzungen zu bieten, sind sie mit Plastikverblendungen verschlossen. Diese lassen sich normalerweise durch leichtes Aufhebeln mit einem dünnen Schraubendreher öffnen. Hochwertige Gehäuse haben sogar zum Teil kleine Griffmulden, die jegliches Werkzeug unnötig machen.

Entfernen der Metallblenden

Wenn Sie ein weiteres Laufwerk einbauen möchten und einen bislang noch nicht genutzten Schacht verwenden, erwartet Sie hinter der Plastikverblendung noch eine Blechblende. Diese hat primär die Aufgabe, elektromagnetische Strahlung abzuschirmen und sekundär Betriebsgeräusche aus dem Inneren zu unterdrücken. Sie können diese jedoch bedenkenlos entfernen. Benutzen Sie dazu am besten eine kleine Zange und versuchen Sie durch Hin- und Herbewegen des Blechs, dieses herauszubrechen. Meist ist es auch extra nur zwei Punkten fixiert, sodass es sich schon nach wenig mechanischer Einwirkung abnehmen lässt. Das herausgebrochene Stück Blech können Sie entsorgen, es lässt sich meist nicht wieder einbauen.

Wiederverwendbare Metallblenden sind nur in das Gehäuse gesteckt.

Fest eingebaute Blenden müssen zuerst aus dem Gehäuse gebrochen werden.

Bei einigen PCs werden die Laufwerke nicht von einzelnen Blenden verdeckt, sondern liegen gemeinsam hinter einer großen Abdeckung. Diese ist meist nur gesteckt und muss daher vorsichtig gelöst werden, um keine Teile anzubrechen.

Strombedarf der einzelnen Komponenten

Das Netzteil ist das Kraftwerk des Rechners und liefert die notwendige Energie für alle Geräte. Es hat die Aufgabe, die ankommende 50-Hz-Wechselstromspannung aus dem Hausnetz in die erforderliche Gleichspannung umzuwandeln und für jeden Anschlusstyp die richtige Spannung zu Verfügung zu stellen.

Die folgende Tabelle gibt einen Überblick über die verschiedenen Anschlusstypen:

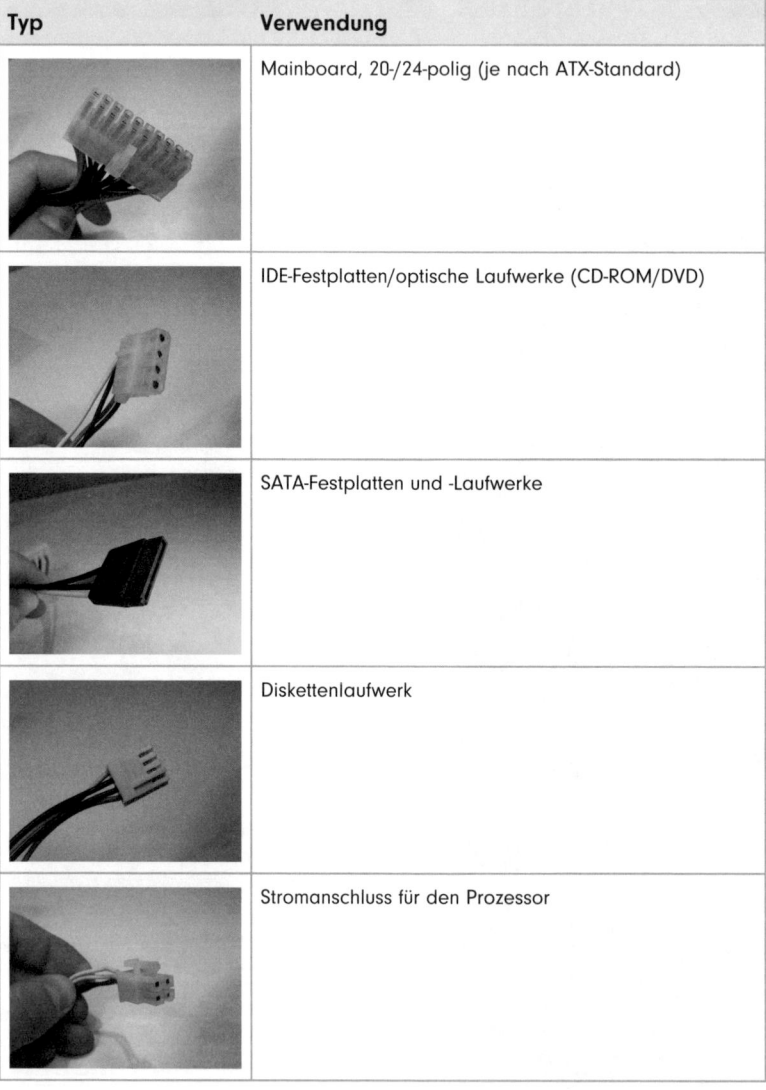

Typ	Verwendung
	Mainboard, 20-/24-polig (je nach ATX-Standard)
	IDE-Festplatten/optische Laufwerke (CD-ROM/DVD)
	SATA-Festplatten und -Laufwerke
	Diskettenlaufwerk
	Stromanschluss für den Prozessor

Natürlich variiert auch der Stromverbrauch innerhalb der Geräte sehr stark. Anzahl und Art der angeschlossenen Geräte entscheiden hierbei über den Gesamtverbrauch. Wie hoch genau die benötige Leistung ist, sagt Ihnen die Wattzahl des Geräts. Die eindeutig größten Stromfresser sind Prozessor und Grafikkarte, die zusammen schon einmal ein gutes Drittel der gesamten Leistung für sich beanspruchen. Lassen Sie sich jedoch beim Netzteilkauf nicht von riesigen Wattzahlen blenden, für die meisten Systeme reicht ein 350-Watt-Markennetzteil vollkommen aus. Wer extreme Grafikkarten und mehrere Festplatten verbaut hat, sollte allerdings lieber zu einem Netzteil mit 400 bis 500 Watt greifen. Achten Sie beim Kauf auch auf die Lautstärke des Lüfters und ersparen Sie sich nervige Brummgeräusche; Billigstangebote lohnen sich nicht.

Austausch eines Laufwerkkäfigs

Die allermeisten Gehäuse haben spezielle Laufwerkkäfige für 5¼-Zoll- und 3½-Zoll-Laufwerke, wie DVD-/CD-ROM-, Festplatten- und Diskettenlaufwerke. Diese Käfige sind zum Teil nur schwer von allen Seiten zu erreichen, um die Laufwerke beidseitig festschrauben zu können, sodass Sie zum Ein-/Ausbau von Laufwerken den ganzen Käfig herausnehmen müssen. Da die Käfige meist recht knifflig auszubauen sind, nehmen Sie wenn nötig die Beschreibung Ihres Gehäuses zu Hilfe.

Sollte der Käfig Ihres Gehäuses nicht zum Herausschrauben sein, versuchen Sie durch Öffnen der Seitentür oder Abschrauben des weiteren Seitenteils an die Rückseite des Käfigs zu gelangen. Tipp: Nehmen Sie magnetische Schraubendreher oder fragen Sie im Fachhandel nach einer entsprechenden Zange, die die Schraube festhält und sie an den vorgesehenen Ort bringt.

Unterschiedliche Laufwerkbefestigungen

Für den Fall, dass in Ihrem Rechner die 3½-Zoll-Schächte ausgehen, können Sie mithilfe eines 5¼-Zoll-Adapters Abhilfe schaffen und auch kleine Laufwerke in die breiten Schächte bauen. Solche Adapter gibt es im Fachhandel schon für 1 bis 2 Euro.

(Quelle: www.hama.de)

Anordnung und Einbau von Gehäuselüftern

Zusätzliche Gehäuselüfter sorgen für wichtigen kühlen Wind im Gehäuse und transportieren die entstandene Wärme hinaus. Gerade in dicht bepackten Systemen, an denen viele Erweiterungskarten nebeneinander eingebaut sind und zusätzlich durch viele Kabel eine Luftzirkulation erschwert wird, sind zusätzliche Lüfter sinnvoll, um auch bei hoher Belastung und erhöhter Umgebungstemperatur noch eine gute Stabilität gewährleisten zu können. Nicht nur besonders stark getunte Systeme sind davon betroffen, sollte Ihr Rechner nach längerem Betrieb oder hohen Raumtemperaturen einmal versagen, prüfen Sie zunächst, ob dieser nicht einem Hitzeschlag erlegen ist. Schalten Sie dann das System ab (Netzstecker ziehen!) und öffnen Sie nach Möglichkeit das Gehäuse, um kurzfristig für mehr Kühlung zu sorgen. Checken Sie auch die bereits eingebauten Lüfter auf Verschmutzung, diese ziehen eine Menge Staub an und versagen dann ihren Dienst. Abhilfe schafft an dieser Stelle Druckluftspray aus dem Fachhandel, mit dem Sie Verschmutzungen einfach wegpusten können. Bremsen Sie dabei die Drehgeschwindigkeit der Lüfter mit der Hand, sonst können bei billigen Lüftern die Lager beschädigt werden.

Bei hartnäckigerem Schmutz ist die Pinselmethode effektiv. Dabei stecken Sie kurz einen sehr weichen Borstenpinsel an die Lüfterschaufeln und bremsen ihn ab, lassen ihn dann wieder auf volle Touren drehen und wiederholen den Vorgang, bis der Lüfter vom Schmutz befreit ist. Doch Vorsicht, längeres Stoppen des Lüfters kann zu einer Überhitzung führen und das System zum Absturz bringen oder beschädigen!

Hilft das Reinigen allein nicht, prüfen Sie auch den Standort Ihres Systems darauf, ob Wärmequellen (z. B. Heizung) in der Nähe sind, die den Rechner zusätzlich aufwärmen, oder ob aufgrund der Umgebung keine ausreichende Luftzirkulation möglich ist (z. B. enges Schreibtischfach). Hilft alles nicht, werden Sie hardwareseitig Abhilfe schaffen müssen und kommen um den Einbau zusätzlicher Lüfter nicht herum. Doch jeder weitere Lüfter hat auch hörbare Nachteile; sie erzeugen zusätzliche Betriebsgeräusche.

Achten Sie dabei schon beim Kauf auf das Betriebsgeräusch und hören Sie, wenn möglich, erst einmal Probe. Sollten Sie jedoch nur die Angaben der leider meist etwas beschönigten Angaben auf der Verpackung zu Verfügung haben, gibt Ihnen die folgende Tabelle einen Überblick über verschiedene (bekannte) Geräusche und die damit verbundene Lautstärke.

Subjektive Lautstärke

Was wir umgangssprachlich als Lautstärke bezeichnen, ist der Schalldruckpegel. Dieser wird in Dezibel (db) gemessen. Zum Teil werden auf Verpackungen auch db(A)-Werte angegeben, dabei handelt es sich um ein dem menschlichem Gehör angepasstes Messverfahren. Es basiert darauf, dass wir unterschiedliche Frequenzen unterschiedlich laut wahrnehmen. Um unseren Ohren gerechter zu werden, gibt es die Einheit Sone für die subjektive Lautheit. Ist eine Schallwelle der menschlichen Wahrnehmung nach doppelt zu laut, verdoppelt sich auch der Sone-Wert.

Sone	db(A)	Subjektives Empfingen	Geräuschbeispiel
< 0,01	10	nicht hörbar	Atmung aus 30 cm Entfernung
0,1	20	kaum hörbar	leichter Windhauch
0,3	30	sehr leise	Flüstern
1	40	leise, noch nicht störend	ruhige Wohnstraße
2	50	leise bis moderat, kann stören	normale Unterhaltung
4–16	60–80	moderat, stört beim Arbeiten	vorbeifahrender Pkw
16–32	80–90	laut	Hauptverkehrsstraße
32	90	sehr laut	Diskothek
60	100	extrem laut	Presslufthammer (1 m Abstand)
> 130	> 100	nur schwer erträglich, Gehörschäden	Düsenjet (100 m Abstand)

Als Faustregel gilt: Je langsamer der Lüfter dreht, desto leiser ist er. Natürlich schafft er dann auch weniger Luftdurchsatz und kann die warme Luft weniger schnell abtransportieren. Empfehlenswert sind daher Lüfter mit einem möglichst großen Durchmesser. Die Propeller können durch ihre Größe mehr Luft auf einmal bewegen und brauchen deshalb auch nicht so viele Umdrehungen wie kleine Lüfter bei gleichem Luftdurchsatz.

Bei Lüftern werden Sie auf zwei unterschiedliche Stromanschlussarten treffen, die mit 3- und die mit 4-Pin-Molexstecker. Die 3-Pin-Variante erhält ihren Strom von speziellen Anschlüssen auf dem Mainboard. Meist haben diese Anschlüsse auch eine Steuerungsfunktion integriert, sodass sich softwareseitig die Lüftergeschwindigkeit regeln lässt oder sogar die Temperatur übertragen wird.

Die 4-Pin-Version hingegen wird direkt
an das Netzteil angeschlossen und besitzt keine weiteren Funktionen.

Der Einbau in den PC ist an sich sehr
einfach, da die allermeisten (Tower-)
Gehäuse schon mit passenden Bohrungen für zusätzliche Lüfter ausgestattet
sind. Meist finden Sie diese an der
Rückseite, der linken Seitenwand (Frontansicht) oder unterhalb der Laufwerkkäfige an der Gehäusefront.

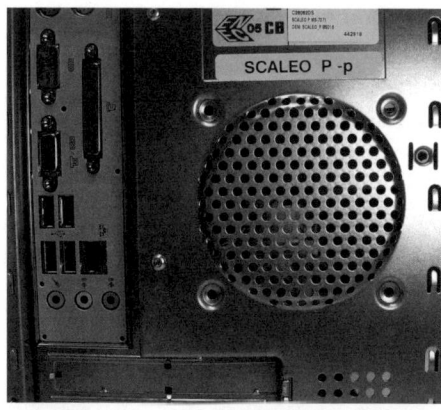

Um eine optimale Leistung zu erzielen, sollten Sie die Anordnung planen. Die
neuen Lüfter sollten im Idealfall möglichst viele Geräte und Erweiterungskarten
mit dem Kühlstrom erreichen. Testen Sie deshalb vor dem Einbau noch die optimale Position. Denn auch der beste Lüfter nützt nichts an der falschen Stelle.
Vielleicht gelingt es Ihnen sogar schon durch Neupositionierung bestehender
Lüfter, bezüglich der Anforderungen Ihres Systems eine Verbesserung zu erreichen.

Mit etwas Geschick können Sie möglicherweise auch einen alten Kühler ersetzen oder Bauteile durch passive Kühlkörper, zum Beispiel für das Chipset, kühlen und so störende Geräusche minimieren. Passive Kühlkörper bekommen Sie im Fachhandel bereits für wenige Euro. Wichtig ist jedoch immer der Einsatz von Wärmeleitpaste, diese schließt winzige Zwischenräume und verbessert so die Wärmeabgabe immens!

Wärmeleitpaste entfernen

Wenn Sie einen Kühlkörper austauschen, sollte auch die Wärmeleitpaste erneuert werden. Um die alte Paste zu entfernen, reicht häufig schon ein Stück Küchenpapier; wenn das nicht hilft, versuchen Sie es mit ein wenig 80%igem Alkohol aus der Apotheke.

Beim Verarbeiten von Wärmeleitpaste gilt: Weniger ist mehr! Die Wärme ableitende Eigenschaft der Paste ist nämlich im Vergleich zum Metall nur mäßig. Sie gleicht lediglich die mikroskopisch kleinen Unebenheiten der Oberflächen aus, denn Luft würde die Wärme sehr schlecht ableiten. Zum Auftragen eignen sich übrigens Visitenkarten oder ähnlich dünne, aber stabile Pappe, die Sie als Spachtel verwenden können.

Extremkühlung für High-End-Komponenten

Hieß es noch vor wenigen Jahren: Wasser und Computer gehören nicht zusammen, hat sich dies doch zwischenzeitlich stark geändert. Die Wasserkühlung hält Einzug in immer mehr Systeme, und die steigende Nachfrage lässt auch die Preise sinken und das Angebot größer und vielfältiger werden. Ein Hauptargument für das immer noch teure kühle Nass im Rechner ist nach wie vor das nur geringe Betriebsgeräusch. Außerdem schaffen Wasserkühlungssysteme mehr Kühlung und halten die Komponenten bis zu 10 Grad kälter als gewöhnlich. Dieses hilft, die Lebensdauer zu erhöhen oder Leistungssteigerungen durch Übertakten möglich zu machen.

Das System einer Wasserkühlung besteht aus folgenden Teilen:

- Kühlkörper (ersetzen die gewöhnlichen Lüfter/Kühlrippen)
- Wasserpumpe (sorgen für die nötige Wasserzirkulation)
- Ausgleichsbehälter (dient als Flüssigkeitsreservoir)
- Radiator (Wärmetauscher aus kleinen Kupferrohren, durch die das Wasser gepumpt wird)

Mehr zum Thema Kühlung finden Sie in Kapitel 11 dieses Buchs. Dort erfahren Sie ganz detailliert, wie Sie einen zu lauten Rechner leise bekommen und High-tech-Komponenten zur richtigen Kühlung verhelfen.

Staubfilter einbauen

Wie bereits erwähnt, ist Staub ein möglicher Grund für Systemabstürze. Denn verstaubte Lüfter und Lüftungswege hindern die warme Luft am Entweichen. Gerade unter dem Schreibtisch sammelt sich häufig eine Menge Staub an, sodass eine regelmäßige Reinigung hilft, die Performance zu erhalten und das System ausreichend zu entlüften.

Um Ihren Rechner möglichst staubfrei zu halten, empfiehlt sich der Einbau von Staubfiltern. Der Fachhandel hat dazu einige Filtermaterialien im Angebot, die Sie schon günstig bekommen und selbst auf die benötigte Größe zuschneiden können. Zum Teil finden sich sogar ganze Bausätze mit vorgefertigten Filtern, die den Einbau schon mit wenigen Handgriffen möglich machen. Bevor Sie jedoch loslegen, sollte zunächst geprüft werden, von wo der Staub in das Gehäuse gelangt, bzw. sogar regelrecht vom Lüfter gesaugt wird. Öffnen Sie dazu das Gehäuse und suchen Sie vermeidliche Staubquellen.

Wenn Sie eine solche Stelle gefunden haben, gilt es nun, eine geeignete Befestigung für einen Filter auszumachen. Bei größeren Gehäuselüftern können meist die Befestigungsschrauben genutzt werden. Schrauben Sie dazu einfach ein passend großes Stück Filtermaterial vor den Lüfter. Das sollte schon reichen, um einen Großteil an Staub Ihrem Gehäuse fern zu halten.

Wichtig beim Einbau solcher Staubfilter ist, dass Lüfter nicht eingeschränkt oder gar ganz blockiert werden dürfen. Prüfen Sie also nach dem Einbau immer die Funktionalität eingebauter Lüfter.

Bei Lüftungseinlässen im Gehäuse, an denen kein aktiver Lüfter befestigt ist, können Sie einfach im Inneren einen Filter vorkleben.

Netzteilbefestigungen, Abstandhalter und Schrauben

Bei Ihren Aktivitäten werden Ihnen eine ganze Reihe an Schrauben, Plastikteilen und anderen Befestigungsmaterialien begegnen. Die folgende Tabelle gibt Ihnen einen Überblick über die gebräuchlichsten Teile:

	**Schrauben** zur Befestigung von Netzteil, Laufwerken, Lüftern etc. Achten Sie hier auf die verschiedenen Gewindegrößen. Mit Gewalt eingedrehte Schrauben lassen sich später nur noch schwer entfernen.
	**Abstandhalter** für den Einbau des Mainboards in das Gehäuse. Die Plastikklemmen sind, einmal verbaut, nur schwer wieder zu lösen. Versuchen Sie sie vorsichtig an der Rückseite mit einer kleinen Zange zu entfernen.
	**Brückenstecker**, gewöhnlich als Jumper bezeichnet. Sie dienen der Einstellung (= Jumperung) der Funktionen von Mainboard oder Laufwerken.
	**Slotblenden** verschließen das Gehäuse an der Rückwand und können zur Erweiterung herausgeschraubt werden.
	**Plastikabdeckungen** für die Gehäusefront verdecken ungenutzte Laufwerkschächte.

Achten Sie immer besonders auf diese Kleinteile. Einmal in das Gehäuse gefallen, lassen sie sich nur schwer wiederfinden und können eventuell sogar elektronisch Bauteile beschädigen. Abhilfe schafft hier eine kleine Schüssel oder im Idealfall, gerade wenn Sie häufiger solche Arbeiten planen, eine magnetische Unterlage.

Ausbau des alten Netzteils

An dieser Stelle wird nur beschrieben, wie ein defektes Netzteil ausgetauscht wird. Versuchen Sie besser nicht, ein Netzteil zu reparieren, das kann schnell gefährlich werden.

Netzteil nie aufschrauben

Bei allen Arbeiten am Netzteil gilt grundsätzlich: Netzstecker ziehen! Versuchen Sie auch nicht, das Netzteilgehäuse zu öffnen. Die darin verarbeiteten Kondensatoren speichern zum Teil noch hohe Restladungen, hier droht Lebensgefahr!

1 Das Netzteil liegt in einer Blechschiene und ist dort mit nur wenigen Schrauben befestigt.

2 Lösen Sie zunächst alle Kabel von den angeschlossenen Geräten und öffnen Sie eventuelle Kabelbinder. Lassen sich einige Anschlussstecker nur schwer lösen, versuchen Sie mit einer kleinen Zange vorsichtig nachzuhelfen. Der Stecker für das Mainboard ist mit einer kleinen Klemme ausgerüstet, die ein Verrutschen verhindern soll. Um den Stecker zu lösen, öffnen Sie zunächst diese Klemme und ziehen dann den Stecker gerade heraus. Auch der 4-polige Anschluss zur Stromversorgung des Prozessors und der Lüfter hat eine solche Klemme und muss zunächst entfernt werden.

3 Wenn Sie die Schrauben lösen, halten Sie möglichst das Netzteil fest. Es gibt Gehäuse, bei denen das Netzteil beim Lösen der letzten Schraube leicht herunterfallen und Prozessor, Festplatte oder Mainboard beschädigen kann. Wenn alle Schrauben gelöst sind, ziehen Sie das Netzteil vorsichtig heraus.

Einbau eines neuen Netzteils

Der Einbau eines neuen Netzteils erfolgt in drei Schritten:

1 Schieben Sie das Netzteil behutsam an die vorgesehene Position.

2 Halten Sie das Netzteil mindestens bis zum Festziehen der ersten Schraube mit der Hand fest. Schrauben Sie danach die restlichen Schrauben fest.

3 Schließen Sie nun alle Kabel an und prüfen Sie deren sicheren Halt.

4 Sollte das neue Netzteil bereits einen 24-poligen Stromstecker zum Anschließen des Mainboards haben (ATX 2.x schreibt eine zweite 12-Volt-Schiene vor), benötigen Sie unter Umständen einen Adapter. Wenn dieser nicht bereits beiliegt, erhalten Sie ihn im Fachhandel.

5 Wenn alle Geräte wieder mit Strom versorgt sind, schließen Sie das Netzteil an die Steckdose an und starten mit einem Probelauf. Funktioniert alles, können Sie das Gehäuse zuschrauben.

1.3 Gehäusetypen für jeden Einsatz

Im Computerfachhandel finden Sie inzwischen eine riesige Auswahl an verschiedenen Gehäusen, sodass selbst Designliebhaber auf ihre Kosten kommen.

Der Standard-ATX-Formfaktor und seine Merkmale

Der große Vorteil beim Einkauf heißt in diesem Fall ATX. Dieser bezeichnet einen standardisierten Formfaktor und regelt Größe und Befestigungsmöglichkeiten der zugehörigen Bauteile sowie technische Spezifikationen für Netzteil und Mainboard. So können Sie, ohne umfangreich auf die Gehäuseart achten zu müssen, zusätzliche Komponenten wie Erweiterungskarten oder Mainboards kaufen, die zu diesem Standard gehören. ATX (**A**dvanced **T**echnology **E**xtended) ist jedoch nicht mehr neu, sondern sogar schon recht alt. Es handelt sich hierbei um eine Weiterentwicklung des Vorgängers AT (**A**dvanced **T**echnology), der 1995 von ATX abgelöst wurde.

Doch auch ATX ist in die Jahre gekommen und wird nach und nach von seinem Nachfolger BTX abgelöst werden. Bei diesem Standard wurde besonderer Wert auf gute Kühlung gelegt. Dabei werden die Wärmequellen, wie CPU und Arbeitsspeicher, in eine Ebene gelegt, in der dann durch den Luftzug des Lüfters die Wärme optimal abtransportiert werden kann. Außerdem wurde versucht, durch die bessere Anordnung der Komponenten auf Lüfter zu verzichten und so auch gleich störende Betriebsgeräusche zu minimieren. Doch obwohl der BTX-Standard bereits 2003 vorgestellt wurde, ist er dennoch bislang noch wenig zu finden.

Einige Vorteile des ATX-Formfaktors

- Um die immer größer werdenden Erweiterungskarten in das Gehäuse einbauen zu können, ist das ATX-Mainboard um 90 Grad gedreht, sodass nun auch sehr große Karten eingebaut werden können, ohne andere Teile zu behindern.

- Für die immer wärmeintensiveren Prozessoren wurde ausreichen Platz für Kühlkörper vorgesehen.

- Prozessor und Speicherbänke befinden sich in der Nähe des Netzteils, um so besser von der Kühlung profitieren zu können.

- ATX-Netzteile besitzen verpolungssichere Anschlüsse. Das Mainboard wird mit einem 20-poligen (ATX 1.x) oder 24-poligen (ATX 2.x) Anschluss angeschlossen. Schon mit Windows 95 wurde so das Ausschalten des Rechners mittels Software möglich. Es handelt sich jedoch nur um einen „Soft-off"-Zustand, dabei erhält das Mainboard immer noch eine geringe Menge Standby-Spannung, die es möglich macht, den PC auch über ein Netzwerk (Wake-on-LAN) oder Modem (Wake-on-Modem) zu starten.

- Alle wichtigen Schnittstellen sind direkt auf dem Mainboard integriert (u. a. Seriell, Parallel, USB, Sound), sodass keine zusätzlichen Slots blockiert werden müssen.

- Die Anschlüsse für Disketten-, Festplatten und optische Laufwerke sind nun so gewählt, dass Kabel möglichst kurz gehalten werden können.

- ATX-Netzteile sind in ihren Abmessungen und Anschlüssen normiert, damit wurde der Austausch erheblich vereinfacht.

Varianten des ATX-Formfaktors

In der Zwischenzeit haben sich jedoch auch einige Abwandlungen ergeben, so werden Sie auf Ihrer Suche unter anderem noch auf Micro-ATX, Mini-ATX, E-ATX und Flex-ATX stoßen. Diese unterscheiden sich in der Regel vor allem in ihren Abmessungen, Anzahl von (PCI-)Steckplätzen und Speicherbänken. Im Normalfall lassen sich in ein ATX-Gehäuse alle Varianten einbauen, umgekehrt ist dies jedoch nicht der Fall. Die folgende Tabelle gibt Ihnen einen Überblick über die verschiedenen ATX-Mainboard-Standards.

Formfaktor	Maße in mm
Baby-AT	216 x 204
AT	305 x 279
microATX	244 x 244
Mini-ATX	284 x 208
ATX	305 x 244
Pico-BTX	203 x 267
Micro-BTX	264 x 267
BTX	325 x 267

Die neuen BTX-Gehäuse

Der neue Standard bezieht detailliert den kompletten Aufbau des Rechners mit ein, er bezieht sich also nicht nur auf das reine Gehäuse. Deutlichstes Merkmal der neuen BTX-Gehäuse ist, dass das Mainboard nun auf der anderen Seite montiert wird, also nicht mehr auch auf der linken (Frontansicht), sondern auf der rechten Seite. Auch die Anordnung des Netzteils, des RAM und der Steckplätze wird neu vorgenommen. Der neue Aufbau soll die aktuellen und zukünftigen Hochleistungskomponenten weiterhin zuverlässig kühlen und die Geräuschentwicklung mindern. Denn nach den Vorgaben des BTX-Standards muss ein hoher und effektiver Luftstrom gewährleistet sein, damit die warme Luft auch schnell aus dem Gehäuse geleitet werden kann.

Office-Anwendungen mit dem Desktop- und Slimline-Gehäusen

Besonders bei Office-PCs, die ohne Anspruch auf große Erweiterbarkeit auskommen, wird gern (wieder) auf die Platz sparende Gehäuseform zurückgegriffen. Denn Desktop- und Slimline-Gehäuse beschränken sich auf das Nötigste, haben entweder nur wenige oder verzichten sogar ganz auf zusätzliche 5¼- und 3½-

Zoll-Laufwerkschächte und beanspruchen daher auch nur wenig Platz auf dem Schreibtisch.

Dieser Vorteil macht sie jedoch zum Aufrüsten auch gleich wieder zum Nachteil, denn wer auch zukünftig die Möglichkeit auf zusätzliche Laufwerke und Erweiterungskarten haben möchte, sollte besser gleich auf ein größeres Gehäuse setzen.

Wer sich hingegen einen schicken PC für das heimische Wohnzimmer bauen möchte, ist mit einem kleinen Desktop gut bedient. Der Handel bietet hier eine große Auswahl an Gehäusetypen, die sich optisch durchaus mit der heimischen Stereoanlage kombinieren lassen.

Desktop-Gehäuse sind praktisch, aber etwas aus der Mode gekommen.

(Quelle: www.silverstonetek.com)

Ein Blick auf die möglichen Anschlüsse auf der Rückseite und in das Innere zeigen jedoch, dass Platz hier Luxus ist und die Komponenten gut gewählt sein sollten, da diese zum Teil nur mithilfe von Adaptern eingebaut werden können. Lassen Sie sich daher vor Ihrem Kauf gut beraten und werfen Sie auch einen Blick in das Innere.

Desktops bieten Platz für das Wesentliche. (Quelle: www.silverstonetek.com)

Mini- und Midi-Tower – Alternative zum Desktop

In der Mittelklasse, bezogen auf die Gehäusegröße, treffen wir auf kleine bis mittelgroße Towergehäuse. Diese bieten prinzipiell ausreichend Platz, denn mit zwei bis vier 5¼-Zoll- und meist auch noch einem 3½-Zoll-Laufwerkschacht bieten sie bereis eine Menge Platz und lassen auch noch Raum für eventuelle Erweiterungen. Viele PCs von der Stange, gerade auch die der Discounter und Elektroketten, sind in dieser Form verbaut und bieten dem Standardanwender auch ein gutes Verhältnis zwischen Größe und Preis. Wer jedoch viele Laufwerke und Festplatten, zum Beispiel für einen Server, verbauen möchte, stößt auch hier schnell an die Grenzen. Abhilfe schafft hier der Big-Tower.

Big-Tower: flexibel und individuell

Mit mehr als fünf 5¼-Zoll-Laufwerkschächten, vielen Einbauvorrichtungen für Festplatten und einer Menge Platz für Kabel und Erweiterungskarten ist der Big-Tower das Gehäuse für alle mit hohem Anspruch an Erweiterbarkeit. Ein weiterer Vorteil von viel Platz ist die bessere Wärmeverteilung, denn im Big-Tower kann sich die Luft besser verteilen, und so können Hitzestaus vermieden werden. Zusätzliche Einbaumöglichkeiten für Lüfter helfen dann, die Wärme gezielt aus dem Gehäuse zu transportieren. Doch nicht nur der Platz für Karten und Laufwerke sind von Vorteil, denn auch für Sie bleibt mehr Platz zum Arbeiten.

Voll im Trend: leise und edle Barebones

Mit den Barebones ist ein neuer Trend entflammt. Mit ihm hat es der PC nun endgültig geschafft, auch den Wohnbereich zu erobern. Eigentlich ist Barebone natürlich keine Gehäusegröße, sondern ein vorkonfigurierter PC, der allerdings noch mit wesentlichen Komponenten komplettiert werden muss. Gewöhnlich steht Barebone aber für schicke kleine Würfel, die in den unterschiedlichsten Designs angeboten werden und meist nicht nur äußerlich mit der vorhandenen Unterhaltungselektronik harmonieren.

Schicker Barebone. (Quelle: Shuttle)

Der PC im Wohnzimmer bietet eine Vielzahl an neuen Möglichkeiten. Dank neuster Multimedia-Software und einfacher Bedienung mittels Fernbedienung sind nun das Surfen im Internet, das Downloaden aktueller Musik und Kinofilme, das Anhören Hunderter von Webradios, das Fernsehen und digitale Aufnehmen, Ansehen der letzten Urlaubsfotos und vieles mehr vom Sofa aus möglich. Da

Barebones für genau diesen Einsatz konzipiert sind, haben die meisten auch gleich alle Multimedia-Schnittstellen an der Frontseite, sodass im Handumdrehen Bilder von der Digitalkamera geladen oder Filme von der Videokamera kopiert sind. Manche Modelle haben sogar extra Mediatasten, mit denen sich der PC wie eine herkömmliche Stereoanlage bedienen lässt.

Wichtige Kaufkriterien für den Barebone

Doch leider haben Barebones nicht nur Vorteile, denn ähnlich wie bei den Desktops haben auch sie durch den wenigen Platz mit hoher Wärmeentwicklung zu kämpfen. Um die warme Luft aus dem Gehäuse zu bringen, kommen meist wiederum mehr oder weniger laute Lüfter zum Einsatz, die das Vergnügen im Wohnzimmer schon etwas trüben können. Achten Sie also vor dem Kauf auf Lüftungsmöglichkeiten und auf potenzielle Betriebsgeräusche, um eine spätere Überraschung im Wohnzimmer zu vermeiden.

Durch die geringe Größe können in Barebones in der Regel auch keine Standard-Mainboards verbaut werden, was einen Umstieg vom Desktop-/Towergehäuse zu Barebone nicht möglich macht. Meist werden die Barebones daher auch gleich mit passendem Mainboard angeboten.

Micro-ATX-Boards.
(Quelle: Shuttle)

Bei Barebones sollten Sie genau darauf achten, wie viele und welche Schnittstellen Sie benötigen. Wenn Sie beispielsweise mit dem PC fernsehen und gleichzeitig einen anderen Kanal aufnehmen wollen, brauchen Sie unter Umständen zwei TV-Karten, also schon zwei PCI-Steckplätze. Einige Hersteller bieten auf ihren Mainboards auch schon allerhand „Onboard"-Komponenten, um wertvolle Schnittstellen freizuhalten. Doch auch hier gilt zu prüfen, inwieweit die Leistung für Ihre Zwecke ausreicht.

1.4 Das Kraftwerk im PC

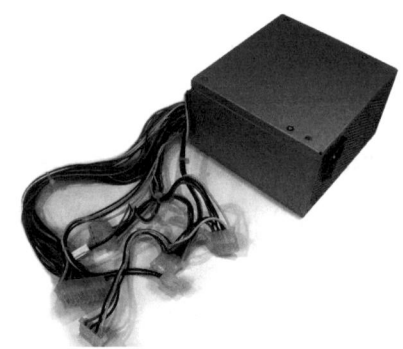

Das Netzteil des Computers ist das Kraftwerk des PCs. Es versorgt alle Komponenten mit dem nötigen Strom. Dabei
hat es die Aufgabe, den Wechselstrom
(AC = **A**lternating **C**urrent) aus der Steckdose, also 230 Volt/50 Hz, in Gleich-
strom (DC = **D**irect **C**urrent) und in eine
für den Computer verträgliche Spannung umzuwandeln. Dabei ist es wichtig, Schwankungen auszugleichen und
konstante Spannung zu liefern, um so
Abstürze und das „Einfrieren" des PCs zu verhindern.

Des Weiteren sorgt der Lüfter des Netzteils nicht nur für die eigene Kühlung,
sondern trägt auch maßgeblich zur Entlüftung des PC-Inneren bei.

ATX-Netzteile haben dazu noch eine weitere Besonderheit, denn mittels des „PS-
On-Signals" (Pin 14) kann der PC softwareseitig gestartet und beendet werden.
Um dies zu ermöglichen, hält das Netzteil immer eine geringe Spannung auf-
recht. Um den PC komplett auszuschalten, hat das ATX-Netzteil an der Rückseite
einen extra Netzschalter.

Wichtig: Netzstecker ziehen!

Ziehen Sie unbedingt den Netzstecker, bevor Sie am Netzteil arbeiten. Dies dient nicht nur
Ihrer eigenen Sicherheit, sondern auch der Ihrer empfindlichen Hardware. Öffnen Sie niemals
ein Netzteil! Das ist ausschließlich Arbeit für Experten und lebensgefährlich.

Anhaltspunkte für den Stromverbrauch der Komponenten im Rechner

Der Stromverbrauch hängt immer von der Anzahl der Geräte ab und welche Leistung sie für Ihren Betrieb benötigen. Diese Leistung wird in Watt (W) gemessen.
Zählt man also alle Wattangaben der eingebauten und angeschlossenen Geräte
zusammen, erhält man dann die Größe des Netzteils? Nein, weit gefehlt, denn
die Angaben bezeichnen immer nur die Spitzenwerte bei maximaler Belastung
und einer zusätzlichen Reserve. Bei Grafikkarten und Prozessoren werden dazu
außerdem häufig nicht die entscheidenden Leistungsaufnahmegrößen angegeben, sondern die TDP (**T**hermal **D**esign **P**ower). Das verfälscht die Angaben, denn
TDP dient im eigentlichen Sinn der Spezifikation der notwendigen Kühlkörper
für elektrische Bauteile und bezeichnet die Verlustleistung (= Wärmeabgabe) des
Geräts.

Die wirklich benötigte Leistung lässt sich nur grob schätzen, da sie je nach Belastung der Peripherie steigt und fällt. Um doch eine halbwegs realistische Kalkulation für das richtig dimensionierte Netzteil treffen zu können, ist es ratsam, auf Erfahrungs- und Messwerte zurückzugreifen. Die folgende Tabelle gibt dabei einen Überblick über den typischen Stromverbrauch der einzelnen Komponenten, im Einzelfall kann er natürlich auch darüber und darunter liegen:

Gerät	Leistungsaufnahme
(Single-)Prozessor	ca. 70–150 W
Mainboard	ca. 20–30 W
Speichermodule	ca. 30 W
Grafikkarte	ca. 30–170 W
Festplatte	ca. 15 W
CD-/DVD-Laufwerk	ca. 20 W
CD-/DVD-Brenner	ca. 30 W
Lüfter	ca. 5–15 W

Wenn Sie den ungefähren Strombedarf Ihres Rechners ermittelt haben, geht es nun daran, die technischen Daten des Netzteils zu ermitteln. Denn die angegebene Wattzahl ist keinesfalls alleiniger Indikator für die Leistung. Gerade No-Name- und Billignetzteile sind leider sehr zurückhaltend bei der Angabe brauchbarer Werte. „200-240Vac - 50Hz - 6A" sagt lediglich, dass dieses Netzteil für das deutsche Stromnetz geeignet ist, die effektive Wattzahl verbirgt sich unter (z. B.) „Output max. 300W". Diese Angabe allein ist jedoch nicht aussagekräftig, da das Netzteil über mehrere verschiedene „Spannungsschienen" (3,3, 5 und 12 Volt) seine Leistung abgibt und dabei auch unterschiedliche Maximalwerte hat. Um für jede Schiene den Leistungswert (= Wattzahl) ermitteln zu können, benötigen Sie Angaben über die Spannung (Volt) und die Stromstärke (Ampere). Diese finden Sie meist in solchen Tabellen:

AC Input	200-240Vac - 50Hz - 6A					
DC Output	+3,3 V	+5 V	+12 V	-5 V	-12 V	+5 V SB
max output current	30 A	37 A	27 A	1 A	0,8 A	2,5 A

(Beispielwerte: be quiet! BQT P5-420W)

Mithilfe dieser Angaben können Sie für jede Schiene die Leistung errechnen. Multiplizieren Sie dazu die Spannung (V) mit der Stromstärke (A): $P = U \times I$.

Für diese +3,3-Volt-Schiene bedeutet dies in diesem Fall eine Leistung von 99 Watt. Wenn Sie alle Leistungsschienen addieren, erhalten Sie die Gesamtleistung. Da die Spannung jedoch Schwankungen unterliegt, erhalten Sie auch hier immer nur Näherungswerte. Wie hoch die Schwankungen sein dürfen, wird als Toleranz in Prozent angegeben.

Toleranz	Spannung	Regelbereiche
+/– 5 %	+3,3 V	3,14 V ~ 3,45 V
+/– 5 %	+5 V	4,75 V ~5,25 V
+/– 5 %	+12 V	11,4 V ~12,6 V
+/– 10 %	–12 V	–10,8 V ~ –13,2 V
+/– 10 %	–5 V	–4,5 V ~ –5,5 V
+/– 5 %	+5 V SB	4,75 V ~ 5,25 V

Wirkungsweise von Netzteilen

Um die Wirkungsweise von Netzteilen zu verstehen, benötigt man etwas Hintergrundwissen aus der Elektrotechnik.

Spannung Einheit: Volt (V) Formelzeichen: U	Spannung bezeichnet den Ladungsunterschied zwischen zwei Punkten. Diese Punkte werden als Plus- (+) und Minuspol (–) bezeichnet. Je höher der Unterschied, desto höher ist die angelegte Spannung.
Strom Einheit: Ampere (A) Formelzeichen: I	Elektrischer Strom ist die gerichtete Bewegung von Ladungsträgern in einem Leiter. Strom benötigt zum Fließen eine Spannung im geschlossenen Stromkreis. Die angelegte Spannung (V) und der Widerstand (O) des Leiters bestimmen die Stromstärke.
Widerstand Einheit: Ohm (O) Formelzeichen: R	Der Widerstand bezeichnet die „Behinderung" des Stroms in einem Leiter.

Alle drei finden sich im ohmschen Gesetz wieder: **R = U / I**

Leistung

Eine der wichtigsten Angaben auf elektrischen Geräten ist die der Leistung. Diese setzt sich zusammen aus der anliegenden Spannung mal dem fließenden Strom.

Einheit: Watt (W)

Formelzeichen: P

Berechnung: P = U x I

Wirkungsgrad

Dieser gibt das Verhältnis zwischen aufgenommener und abgegebener Leistung an, also in unserem Fall, wie viel Leistung (aus dem Hausnetz) in das Netzteil aufgenommen und wie viel Leistung von Netzteil (an die PC-Komponenten) abgegeben wurde. Anhand des Wirkungsgrads lässt sich der Verlustanteil des Netzteils errechnen. Dieser Anteil ist jedoch nicht konstant, sondern variiert mit der Belastung des Netzteils.

Einheit: Wird als Faktor (zwischen 0 und 1) oder Prozentwert angegeben.

Formelzeichen: ç (Eta)

Beispielrechnung:

Aufgenommene Leistung (P_{auf}): 200 W

Abgegebene Leistung (P_{ab}): 100 W

$\varsigma = P_{ab} / P_{auf}$

$\varsigma = 100\ W / 200\ W$

$\varsigma = 50\ \%$ oder 0,5

Um aus den gewonnenen Werten nun die Verlustleistung zu errechnen, also den Anteil Leistung, der „verloren" geht, benötigen Sie folgende Formel:

Verlustleistung

Einheit: Watt (W)

Formelzeichen: P_v

$P_v = P_{auf} - P_{ab}$

$P_v = 200\ W - 100\ W$

$P_v = 100\ W$

Die Verlustleistung ist der ärgerliche Anteil Energie, der sich in Wärme umgewandelt hat, also für unsere Zwecke unbrauchbar geworden ist. Dennoch müssen Sie ihn erzeugen und vor allem auch bezahlen. Zusätzlich muss die entstandene Wärme auch wieder abgeleitet werden, im schlechtesten Fall mit einem elektrischen Lüfter. Allzu verständlich, dass der Wirkungsgrad des Netzteils beim Kauf eine bedeutende Rolle spielt. Ein guter Wirkungsgrad liegt bei Netzteilen bei rund 80 %.

Welche Ausstattungsmerkmale im Netzteil sind wirklich wichtig

Neben der ausreichenden und vor allem richtig dimensionierten Leistung und der Lärmentwicklung sollten Sie auch auf die Länge und Anzahl der Kabelstränge achten. Wenn Sie zum Beispiel SATA-Geräte verwenden möchten, benötigen Sie andere Stromstecker als zum Beispiel für IDE-Geräte. Zwar können Sie alle Anschlüsse mittels Adapter ändern, bekommen so jedoch auch unnötig viel Kabelsalat in das Gehäuse und behindern damit die Luftzirkulation. Achten Sie außerdem auf ausreichend lange Kabel, gerade wenn Sie das Netzteil in einem Big-Tower betreiben möchten.

1.5 Wichtigste Ausstattungsmerkmale, wichtiges Zubehör

Computergehäuse werden in einer riesigen Vielfalt angeboten, von günstig bis teuer und von hoch- bis minderwertig. Wichtig sind hier die richtigen Kriterien für den Einkauf, denn im Vergleich zur gesamten restlichen Hardware ist das Gehäuse sicher am langlebigsten – gerade wenn man bedenkt, dass der ATX-Formfaktor über zehn Jahre lang Bestand hatte. Die Chance, das Gehäuse auch in Zukunft wiederverwenden zu können, ist also recht hoch. Daher sollten Sie nicht an der Qualität sparen, gerade wenn Sie vorhaben, häufiger daran zu arbeiten. Sauber gefalzte Kanten schonen Ihre Hände vor Verletzungen, und hochwertige Verarbeitung garantiert den sicheren Halt Ihrer Geräte. Achten Sie auch auf den Geräuschpegel, lose und vibrierende Gehäuseteile wie auch sehr dünnes Blech neigen zum Brummen und Scheppern.

Geld sparen beim Gehäusekauf

Um beim Kauf eines neuen Gehäuses Geld zu sparen, sollten Sie schon im Vorfeld wissen, welchen Zweck der Rechner erfüllen soll und inwieweit er in Zukunft ausgerüstet werden kann. Dann kommen Sie vielleicht schon mit einem kleineren Modell aus.

Fazit: Achten Sie beim Gehäusekauf lieber auf gute Qualität, auch wenn diese einige Euro teurer ist. Vergleichen Sie die Angebote verschiedener Hersteller, häufig liegen die Vorteile in den Details: z. B. schraubenfreie Lüfter und Laufwerkbefestigungen oder stabile Frontanschlüsse für USB, FireWire und Sound. Und zuletzt machen Sie die Hörprobe und achten auf störende Geräusche. Weitere Kriterien folgen auf den nächsten Seiten.

Luftführung im Gehäuse planen

Was mit dem neuen BTX-Standard bereits realisiert werden soll, kann mit etwas Geschick auch heute schon zum Einsatz kommen. Gute Kühlung und Luftführung ist immer eine Frage der Planung, so lässt sich durch die richtige Anordnung der Lüfter, Laufwerke und Kabel ein Großteil an Wärmestauungen vermeiden. Häufig wird der vermeintlich schwache Prozessorkühler verdächtigt, schuld am instabilen System und am Hitzestau zu sein, ohne dabei dem Luftstrom Beachtung zu schenken. Schon das ordentliche Zusammenbinden der Kabel hilft dabei, die Luftwege frei zu halten. Sofern ausreichend Platz im Gehäuse vorhanden ist, sollte geprüft werden, ob Laufwerke einen Schacht versetzt eingebaut werden können. Die so entstehenden Zwischenräume helfen, die Wärme der Laufwerke schneller abzugeben. Helfen diese Maßnahmen dennoch nicht, den PC ausreichend zu kühlen, muss ein weiterer Lüfter her. Dieser sollte da angebracht werden, wo die größte Wärme entsteht. Um dies zu prüfen, sollten Sie Ihren PC einige Stunden laufen lassen; zusätzliche Stresstests, z. B. durch spezielle Tuning-Programme, fordern dabei die Hardware und erzeugen so eine Menge Wärme. Öffnen Sie anschließend das Gehäuse, fühlen Sie, wo die Wärmequellen liegen, und verringern Sie sie mit gezielter Entlüftung.

Spezielle Ausstattungsmerkmale eines PC-Gehäuses

Die Unterschiede der Gehäuse liegen im Detail. Viele Hersteller bieten mittlerweile eine Vielzahl an Verbesserungen im Handling, sei es durch praktische Frontschnittstellen für USB, FireWire oder Sound, die einen schnellen Wechsel von zusätzlicher Peripherie möglich machen, oder schraubenlose Befestigungsmöglichkeiten für Laufwerke und Erweiterungskarten.

Die folgende Liste zeigt Ihnen dabei einen Ausschnitt sinnvoller Ausstattungsdetails:

- **Frontschnittstellen:** Zum schnellen und bequemen Anschließen weiterer Geräte.

- **Klapptüren:** Sind ein großer Vorteil für alle, die häufig in ihrem PC arbeiten oder einfach nur schnell einmal die gestaute Wärme herauslassen wollen.

- **Abschließbares Seitenteil:** Bringt Ihnen mehr Sicherheit, gerade wenn Sie Ihren PC häufiger unterwegs einsetzen (z. B. bei LAN-Partys).

- **Schraubenfreie Lüfter und Laufwerkbefestigungen:** Ermöglicht einfaches und schnelles Wechseln von Lüftern, optischen Laufwerken und Festplatten.

- **Gehäusefüße:** Dienen nicht nur der Stabilität, sondern können auch Vibrationen verhindern und so lästige Brummgeräusche vermeiden.

- **Laufrollen:** Wichtig für alle diejenigen, die Ihren PC nicht immer nur an einem Platz vorgesehen haben.

- **Lüfterbefestigungen:** Ausreichende Bohrungen für Lüfter. Es sollte nach Möglichkeit mindestens ein 12-cm-Lüfter einbaubar sein.

- **Filtermatten:** In besseren Gehäusen sind bereits Filter eingebaut, es sollten aber mindestens Halterungen für Filter vorgesehen sein.

Wackelige Deckel und scharfe Kanten

Schon nach kurzer, gründlicher Betrachtung lassen sich Mängel am Gehäuse aufspüren. Schlecht verarbeitete Gehäuseteile haben oft ein unterschiedliches Spaltmaß und sogar unzureichende Vorbohrungen, sodass sich diese im schlechtesten Fall nur noch mit Mühe auf- und zuschrauben lassen. Auch die Arbeiten an Gehäusekäfigen kosten schnell unnötig Nerven, wenn sich diese nicht mehr an ihre ursprüngliche Position bewegen lassen.

Besonderen Wert sollten Sie auf hochwertig gefalzte Metallkanten legen, denn an scharfkantigen Teilen haben Sie sich schnell die Hände zerkratzt oder Schnittwunden geholt. Prüfen Sie also schon beim Kauf, welche Qualität man Ihnen anbietet, und vergleichen Sie den Preisunterschied zu einem hochwertigen Modell.

Sie werden sehen, dass der Sprung zu guter Qualität oft nur wenige Euro betragen, die sich jedoch schnell auszahlen.

Das brauchen Sie: notwendiges Werkzeug

Für die Arbeit am Gehäuse empfiehlt sich ein kleines Werkzeugset, wie Sie es für wenige Euro in jedem Baumarkt bekommen. Darin enthalten sein sollten neben einem (magnetischen) Kreuzschraubendreher auch eine kleine Zange und ein Seitenschneider. Eine Pinzette ist ebenfalls von Vorteil, wenn Ihnen einmal eine Schraube an eine unwegsame Stelle gefallen ist. Um die Kabel ordentlich anzuordnen, sollten Sie zusätzlich immer einige Kabelbinder oder Klettverschlüsse zur Hand haben. Mit dem hier abgebildeten Werkzeugset für rund 10 Euro (Aldi 2,95 Euro) lassen sich so gut wie alle Arbeiten erledigen.

Für einen deutlich höheren Preis finden Sie im Fachhandel auch spezielle Werkzeugsets für die Arbeit am PC. Darin enthalten Sie neben den normalen Kreuz- und Schlitzschraubendrehern auch Sechskantschraubendreher (1/4 Zoll und 3/16 Zoll); diese helfen immer dann, wenn das innere Gewinde kaputt ist. Weiterhin enthalten ist neben der Pinzette auch ein spezieller Schraubengreifer mit Federarm. Wenn Sie häufiger an schwer erreichbaren Stellen schrauben müssen, werden Sie diesen kleinen Helfer schnell schätzen lernen. Die zum Teil ebenfalls enthaltenen IC-Abzieher und -Bestücker hingegen werden Sie vermutlich nie brauchen.

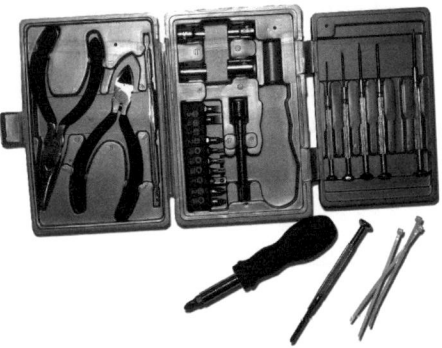

2. Speicher-Tuning: RAM aufrüsten

Das Betriebssystem, Programme und alle Daten, mit denen gerade gearbeitet wird, befinden sich beim PC im RAM oder Arbeitsspeicher.

Je mehr von diesem Speicher vorhanden ist, desto weniger muss der Prozessor auf die im Vergleich zum RAM extrem langsame Festplatte zugreifen. Darum gilt hier genauso wie beim Hubraum eines Sportwagen: „Nur eines ist besser als viel Speicher: noch mehr Speicher!"

Neben der schieren Größe kommt es aber auch auf die Geschwindigkeit des Speichers an. Diese wiederum hängt nicht nur vom Takt, sondern auch von der Zugriffsart, den einzulegenden Wartezyklen und der Datenübertragung ab. Um eine optimale Geschwindigkeit zu erreichen, sollten alle diese Werte zueinander passen.

Leider kann man sich aber nicht einfach den besten Speicher aussuchen und in den PC stecken. Der Speicher muss genau zum verwendeten Mainboard und letztlich auch zum Chipsatz passen.

Speicheraufrüstung ist auch eine strategische Frage. Da nur eine begrenzte Anzahl von Speichersteckplätzen zur Verfügung steht, muss man immer im Auge behalten, ob später vielleicht noch einmal nachgerüstet werden soll/muss. Kleinere Speicherriegel sind in der Regel günstiger – vier 512-MByte-Module kosten weniger als zwei 1-GByte-Module, die wiederum günstiger sind als ein einziges 2-GByte-Modul. Immer stecken hinterher 2 GByte Speicher im PC, doch bei üblicherweise vier Steckplätzen lässt sich die erste Konfiguration nicht mehr aufstocken. Dort wäre dann ein Austausch der Speichermodule fällig, die vorherige Investition läge unnütz in der Schublade. Aber es wird noch komplizierter, denn auch der einzelne 2-GByte-Riegel ist meistens nicht die optimale Lösung. Da Speichermodule zur Geschwindigkeitssteigerung besser zu zweit angesprochen werden, erreicht man durch den Einsatz von genau zwei oder vier Speichermodulen eine höhere Geschwindigkeit als beim Einsatz von einem oder drei Riegeln.

Trotzdem ist keine Panik angesagt. Das Aufrüsten des Arbeitsspeichers ist eine der einfachsten Umbauten am PC. Und wer die folgenden kleinen Regeln beachtet, erhält immer ein optimales Ergebnis.

2.1 Ausbau alter und Einbau neuer Speicherbausteine

Der Erfolg des Personal Computers (PCs) ist vor allem auf eines zurückzuführen: Modularität und Erweiterbarkeit. Fast alle Komponenten lassen sich einzeln austauschen, aufrüsten oder erweitern. Beim Arbeitsspeicher oder RAM ist das sogar besonders einfach, denn hier werden die Speichermodule einfach in die dafür vorgesehenen Steckplätze gesteckt und mit zwei kleinen Hebeln verriegelt. Eine Speichererweiterung einzubauen ist somit kaum komplizierter, als eine CD einzulegen.

Vorsicht! Unbedingt vor dem Start erden!

Eigentlich gilt dieser Hinweis für alle Arbeiten am PC oder an anderen elektrischen Geräten. Insbesondere aber beim Umgang mit den empfindlichen Speichermodulen sollten Sie sich vor Beginn der Umbauarbeiten erden.

Wer sich mit Gummisohlen an den Schuhen oder in Kleidung mit Synthetikanteilen bewegt, baut immer eine mehr oder weniger hohe statische Ladung im eigenen Körper auf. Diese Ladung ist für Menschen ungefährlich und macht sich allenfalls bemerkbar, wenn beim Griff an die Türklinke plötzlich ein winziger Funken überspringt und man erschrickt. Diese Ladung reicht aber unter Umständen schon aus, um ein Speichermodul zu zerstören.

Aus diesem Grund berühren Sie vor den (und eventuell während der) Arbeiten am PC immer wieder einmal ein Heizungsrohr, das Metallgehäuse eines Elektrogeräts oder einen Türrahmen aus Metall. Auf diese Weise „entladen" oder erden Sie sich.

Wenn Sie nur RAM nachrüsten wollen, müssen Sie vorhandenen Speicher nicht ausbauen. Nur wenn bereits alle Speichersteckplätze belegt sind oder wenn Sie den vorhandenen Speicher durch schnellere Module ersetzen wollen, ist ein Ausbau installierter Module erforderlich.

Wie bei allen Arbeiten am PC gilt auch hier: den Rechner ausschalten, am Netzteil die Spannungsversorgung ausschalten und den 220-Volt-Stecker aus der Steckdose ziehen. Warten Sie etwa eine Minute, denn meistens befindet sich noch ein wenig Restpannung im Netzteil, die erst abgebaut werden sollte. Anschließend können Sie das Gehäuse öffnen.

Ausbau alter Speichermodule (DIMM)

Manchmal ist es nötig, bereits vorhandene Speichermodule auszubauen. Das kann der Fall sein, wenn man beispielsweise den vorhandenen Speicher durch schnellere oder größere Module ersetzen will. Die DIMMs werden dabei durch einen Hebelmechanismus im Sockel festgehalten. Auf keinen Fall also sollte man versuchen, sie einfach mit Gewalt herauszuziehen – dadurch zerstört man mindestens den Sockel, eventuell auch das Mainboard und das Speichermodul.

Was ist ein DIMM?

Im Zusammenhang mit aktuellen Speichermodulen ist immer die Rede von „DIMM". Gemeint ist damit die Bauform des Moduls: **D**ual **I**nline **M**emory **M**odule. Im Gegensatz zum Vorgänger SIMM (**S**ingle **I**nline **M**emory **M**odule) besitzen DIMMs sowohl auf der Vorder- als auch auf der Rückseite der Trägerplatine Kontakte. DIMMs erkennt man auf dem Mainboard schnell daran, dass sie senkrecht (90 Grad) zum Board stehen, SIMMs werden üblicherweise leicht schräg montiert.

Um überhaupt an die Module heranzukommen, müssen Sie zuerst eventuell ein paar Flachbandkabel zum Diskettenlaufwerk, zu den Festplatten und den optischen Laufwerken entfernen oder zur Seite schieben.

Damit ein Modul vernünftig ausgebaut und später ein neues eingebaut werden kann, müssen Sie mit Ihren Fingern gut an die Seiten des Speichersockels kommen. Dort sind kleine Hebel, die bedient werden müssen.

Kabelverhau oder: Wie kommt man an die DIMMs?

In jedem PC finden sich, mehr oder weniger eng gepackt, unzählige Kabelverbindungen. Leider laufen die
meisten Flachbandkabel und Stromverbindungen genau
über die Steckplätze für die Speichermodule, sodass
man hier nur schwer oder gar nicht herankommt.

Es gibt drei Möglichkeiten, an die Steckplätze heranzukommen:

1. Kabel abziehen

Die offensichtlichste Lösung ist, die Kabel vom Mainboard abzuziehen und zur Seite zu biegen. Auf diese
Weise erhält man ein wenig mehr Platz, um an die
Steckplätze für die Speichermodule heranzukommen.
Profis gehen gern diesen Weg, weil die Steckverbindun-
gen der Flachbandkabel nach dem Aufrüsten des RAM
schnell wieder aufgesteckt werden können. Nachteil: Sie
müssen sich merken, welches Kabel wohin gehört. Und
manchmal ist es so eng im PC, dass auch das Aufstecken
der Kabel wieder zum Problem werden kann.

2. Laufwerkkäfig ausbauen

Wer keine Kabel abziehen mag, kann diese manchmal
noch schnellere Methode wählen und einfach eine
Schraube oder einen Hebel am Laufwerkkäfig lösen –
und diesen dann komplett ein wenig aus dem Gehäuse
herausnehmen. Die Kabel werden gestreckt, und man
kommt prima an die Steckplätze für das RAM heran.
Auch die Laufwerke stören so nicht mehr. Nachteil:
Nicht jedes Gehäuse besitzt einen herausnehmbaren
Laufwerkkäfig.

3. Board nach hinten herausklappen

Einige wenige Gehäusehersteller haben eine äußerst elegante Methode entwickelt, um leicht
an den Prozessor und den Arbeitsspeicher zu gelangen. Man löst ein paar Schrauben hin-
ter/unter dem Mainboard und kann es dann einfach aus dem Gehäuse herausklappen. Ist der
Speicher eingebaut, klappt man das Board zurück. Nachteil: Manche Gehäusehersteller lassen
nur das Board, nicht aber die Erweiterungskarten herausklappen. In diesem Fall müssen Sie zuvor alle Einsteckkarten entfernen.

Welche Lösung Sie auch wählen, der Einbau des Speichers ist kinderleicht, nur an die Steckplätze heranzukommen ist oft eine echte Herausforderung.

Rambus-, SDRAM- und DDR-/DDR2-Module werden dabei auf nahezu die gleiche Weise ein- und ausgebaut. Rechts und links wird das Modul von kleinen
Haken, die gleichzeitig zum Aushebeln des Moduls dienen, festgehalten und
arretiert. Die Hebel lassen sich jeweils durch gleichzeitiges Herunterdrücken und
nach außen Abkippen nutzen, um ein Speichermodul zu entfernen.

Moderne Speichermodule – egal um welchen Speichertyp es sich handelt – werden mit kleinen Hebeln im Sockel arretiert.

Beim Einbau von Speichermodulen schnappen die kleinen Hebel in kleine Kerben am Modul ein und halten es so fest. Zum endgültigen Arretieren der Module müssen die kleinen Hebel aber noch fest zur Mitte gedrückt werden.

So entfernen Sie ein Speichermodul:

1 Wenn Sie Platz genug haben, drücken Sie mit zwei Fingern gleichzeitig die beiden Hebel an den Seiten der Modulhalterung nach außen und unten. Auf diese Weise wird das Speichermodul sanft, aber bestimmt aus dem Steckplatz gehoben.

2 Sollte zu wenig Platz vorhanden sein, können Sie auch erst den Hebel auf der einen, dann auf der anderen Seite nach unten drücken. Auf diese Weise hebeln Sie das DIMM zwar etwas schief heraus, was aber mechanisch nicht viel ausmacht.

3 Das Modul klemmt nun nur noch ganz leicht im Sockel. Greifen Sie es möglichst in der Mitte und ziehen Sie es senkrecht nach oben heraus.

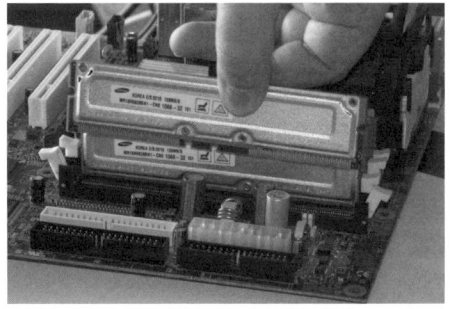

4 Legen Sie das Speichermodul möglichst auf eine antistatische Unterlage. Das ist zum Beispiel die spezielle meist dunkle Tüte, in der Sie die neuen Speichermodule bekommen haben, oder die Antistatik-Schaumstoffmatte, die den Modulen beiliegt.

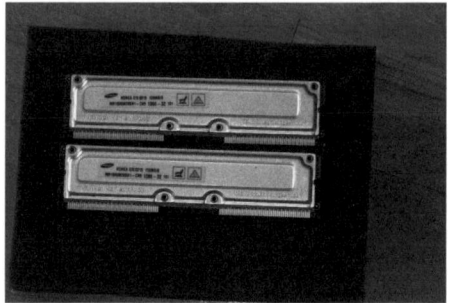

Um weitere Speichermodule auszubauen, wiederholen Sie einfach die Schritte. Die kleinen Hebel lassen Sie am besten geöffnet, weil Sie so jederzeit neue Speichermodule einsetzen können, ohne diese zu blockieren oder die Hebel abzubrechen.

Einbau neuer Speichermodule (DIMM)

Neue Speichermodule sind relativ einfach einzubauen, denn im Grunde muss man sie nur einstecken und verriegeln. Der Teufel findet sich hier wie so oft im Detail, und bei den aktuellen Chipsätzen, die in Richtung Speicher eine Art Kanalbündelung (Dual Channel) anbieten, sind strategische Fähigkeiten gefragt.

Die Vorgänger der DIMMs (**D**ual **I**nline **M**emory **M**odule), die SIMMs (**S**ingle **I**nline **M**emory **M**odule), mussten immer paarweise ein- oder ausgebaut werden. Bei DIMMs ist das nicht der Fall, sie können auch einzeln und bunt gemischt betrieben werden. Sinnvoll ist das unter Umständen aber nicht, denn alle etwas leistungsfähigeren Chipsätze bieten das so genannte Dual Channel an.

Was bringt Dual Channel?

DIMMs besitzen einen 64 Bit breiten Datenbus, über den die benötigten Daten gelesen oder geschrieben werden. Wird ein einzelner DIMM angesprochen, spricht man vom Single Channel-Modus, weil ein Datenkanal benutzt wird.

Die Steckplätze, die zu einem Channel gehören und jeweils bestückt werden müssen, liegen nicht zusammen. Zusammengehörende Sockel besitzen aber immer dieselbe Farbe, meistens ist der eine Channel violett (dunkler) und der andere hellgrün (heller).

Beim Dual Channel-Modus werden im Gegensatz zum Single Channel-Modus nicht ein, sondern zwei Module gleichzeitig angesprochen. Damit stehen statt 64 Bit oder 64 Datenleitungen 128 Bit bzw. 128 Datenleitungen zur Verfügung. Damit kann in einem Rutsch gleich die dop

---

pelte Datenmenge übertragen werden. PC-3200-Speicher beispielsweise liefert im Single Channel-Modus rund 3,2 GByte/s, im Dual Channel-Modus hingegen 6,4 GByte/s. Da dies nur für den Idealfall einer konstanten Datenübertragung gilt und nicht immer 128 Bit im Stück gelesen werden müssen, bleiben „in der Anwendung" noch etwa 5 bis 15 % Mehrleistung gegenüber dem Single Channel-Betrieb übrig.

Die Voraussetzungen für einen Dual Channel-Betrieb sind:

- identische Speicherkapazität beider Module
- identische Betriebsgeschwindigkeit der beiden Module
- identische Bauart beider Module (single-/double-sided)
- gleiche Anzahl an Chips auf dem Speichermodul

Im Grunde ist es einfach: Sie benötigen zwei identische Speichermodule, vorzugsweise vom selben Hersteller.

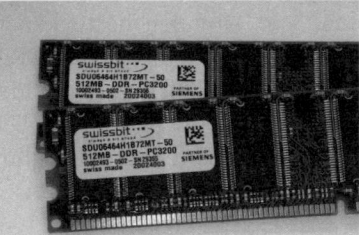

Um Dual Channel nutzen zu können, benötigen Sie zwei identische DIMMs.

Auch baugleiche Module unterschiedlicher Hersteller laufen oftmals zusammen – eine Garantie gibt es dafür aber nicht.

Wenn möglich, sollten Sie immer versuchen, ein Dual Channel-fähiges Mainboard auch tatsächlich so zu bestücken, dass es im Dual Channel-Modus arbeitet.

Wohin mit dem Speicherriegel?

Vor dem Einstecken stellt sich die Frage: In welchen Sockel soll das Modul denn überhaupt eingesteckt werden? In manchen Mainboards ist es zwar egal, in welchen Steckplätzen sich Speichermodule befinden – aber das ist eher die Ausnahme. Normalerweise sollten die Steckplätze beginnend mit dem ersten Slot gefüllt werden. Der Grund dafür sind die elektrischen Eigenschaften des gesamten Speicher-Subsystems, die nur dann innerhalb der Toleranzen bleiben, wenn Speichermodule der Reihe nach angeordnet werden.

Optisch sieht das auf den ersten Blick auf Mainboards manchmal etwas komisch und unlogisch aus. Unterschieden werden muss hier nämlich zwischen Single Channel- und Dual Channel-Mainboards. Ein preiswerter Single Channel-Chipsatz stellt beispielsweise drei Slots für Speicher zur Verfügung. Sie können dann ein, zwei oder drei Speichermodule einbauen.

Drei DIMM-Sockel – dieses preiswerte Mainboard bietet keinen Dual Channel-Betrieb.

Dual Channel-Mainboards hingegen haben meistens vier Speichersteckplätze. Auch diese können Sie mit ein, zwei, drei oder vier Modulen bestücken. In diesem Fall können aber in der Regel nicht die Vorteile des Dual Channel-Betriebs genutzt werden. Dazu muss jeweils ein Channel oder Kanal mit zwei identischen Speichermodulen bestückt werden. Das bedeutet bei fast allen Dual Channel-Mainboards: Bestückt sind die Speichersteckplätze 1 und 3, 2 und 4 oder alle vier Slots.

Bei Dual Channel-Boards bilden in der Regel die Steckplätze 1 und 3 und die Plätze 2 und 4 einen Channel/Kanal. Stecken dort identische Module, werden diese parallel mit 128 Bit (statt einzeln 64 Bit) angesprochen. Erst in dieser Konfiguration läuft das Mainboard dann mit optimaler Geschwindigkeit.

Eine Ausnahme bilden wiederum Rambus-Mainboards (RIMM-Speichermodule). Hier müssen immer zwei Slots gleichzeitig bestückt werden, und die zusammengehörenden Steckplätze sind 1 und 2 sowie 3 und 4. Und natürlich gibt es Ausnahmen von der Ausnahme, bei denen auch RIMMs einzeln eingesetzt werden können (32-Bit-RIMMs).

Auch Rambus wird im Dual Channel-Betrieb genutzt. Im Gegensatz zu DDR-/DDR2-Mainboards sind die beiden Sockel eines Channels aber dicht zusammengefasst.

Das alles zeigt, dass beim Aufrüsten des Speichers ein Blick in das jeweils zum Mainboard gehörende Handbuch bzw. -heftchen durchaus sinnvoll ist. Hier sind dann alle erlaubten und optimalen Konfigurationen aufgeführt. Dramatisch ist aber auch eine Fehlbestückung nicht, solange die Speichermodule den Spezifikationen entsprechen. Falls Sie die DIMMs oder RIMMs in die „falschen" Slots stecken, läuft der PC entweder nicht optimal – oder im Zweifelsfall einfach gar nicht. In letzterem Fall beschwert sich das Mainboard dann mit einer Reihe von Signaltönen beim Einschalten, der Bildschirm bleibt schwarz.

Einbau: DDR-/DDR2-DIMM

Auch hier gilt wieder: Rechner ausschalten, am Netzteil die Spannungsversorgung ausschalten und den 220-Volt-Stecker aus der Steckdose ziehen. Warten Sie etwa eine Minute, damit sich die Restspannung im Netzteil abbauen kann. Anschließend können Sie das Gehäuse öffnen.

So bauen Sie ein DDR- oder DDR2-DIMM ein:

1 Lokalisieren Sie als Erstes anhand der Beschriftung auf dem Board und den Hinweisen im Handbuch den Speichersteckplatz, in den Sie das Speichermodul einbauen wollen. Bei einer Dual Channel-Bestückung identifizieren Sie die Speichersteckplätze, die zusammen einen Dual Channel bilden (meistens sind jeweils die beiden zu einem Dual

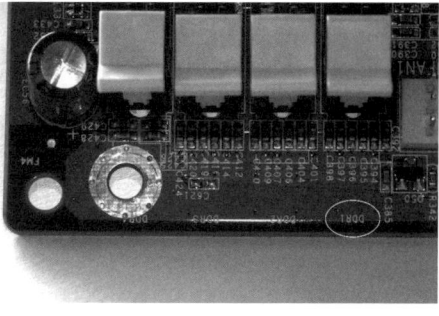

Channel gehörenden Steckplätze auch in derselben Farbe gehalten – beispielsweise Hellgrün oder Lila/Magenta).

2 Damit Sie den Speicherriegel einsetzen können, müssen die kleinen Hebel an beiden Seiten des Steckplatzes nach außen abgekippt werden. Die Hebel stehen dann etwa 40 Grad zur Seite ab.

3 Setzen Sie den Speicherriegel nun möglichst senkrecht von oben in die beiden kleinen Führungsschlitze an den beiden Seiten des Steckplatzes. Oft ist es einfacher, dies erst auf einer Seite zu machen (ohne aber das Modul schon herunterzudrücken) und dann auf der anderen Seite.

Sie kontrollieren, ob das Modul richtig herum eingesteckt wurde, indem Sie überprüfen, ob die Aussparung im Modul auch auf die kleine Nase im Sockel passt. Ist das nicht der Fall, müssen Sie das Modul umdrehen.

Führen Sie das Modul so weit in den Sockel ein, wie es sich ohne Druck hineinschieben lässt. Als letzten Check überprüfen Sie, ob das Modul genau senkrecht im Sockel steckt und ob die Aussparung auf die Nase etwas neben der Mitte trifft.

4 Nun wird das Speichermodul fest in den Sockel gedrückt. Das sollte mit moderatem Kraftaufwand möglich sein. Drücken Sie dabei am besten mit den Daumen rechts und links auf das Modul. Beim Eindrücken klappen die Hebel nach oben und in Richtung Modul.

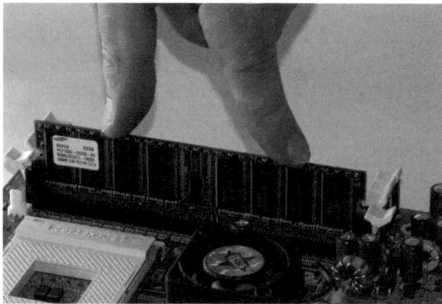

Notfalls können Sie auch erst eine, dann die andere Seite in den Sockel drücken. Dabei kann sich das Modul allerdings verhaken, wenn es zuvor nicht weit genug im Sockel steckte.

5 Sitzt das Modul exakt im Sockel, können Sie die beiden Hebel rechts und links mit nur geringem Kraftaufwand ganz gegen das Speichermodul drücken. Kleine Haken rasten dann in die Einsparungen am DIMM ein und verhindern, dass diese herausrutschen.

Damit ist das Speichermodul installiert. Bauen Sie eventuelle weitere DIMMs auf dieselbe Weise ein.

Letzter Check vor dem Einschalten

Überprüfen Sie alle eingesteckten Speichermodule noch einmal, bevor Sie den PC wieder zusammensetzen und einschalten. Ein Blick von oben und von der Seite zeigt schnell, ob die Module korrekt sitzen. Falls ein Modul nicht richtig im Steckplatz sitzt, kann es durch Kurzschlüsse zu großen Problemen kommen.

Die Speichermodule sind korrekt eingesetzt, wenn nach dem Einschalten beim POST (**P**ower **O**n **S**elf **T**est) der Speicher entsprechend der neuen Größe hochgezählt wird.

Aus- und Einbau alter SIMM-Module

In älteren PCs finden sich statt DIMMs oft SIMMs (**S**ingle **I**nline **M**emory **M**odule). SIMMs sind deutlich kleiner als DIMMs und werden auch etwas anders verbaut. Zwar stecken auch sie in einem Sockel und werden durch einen Klemmmechanismus festgehalten, der ganze Aufbau ist aber fummeliger und weniger wartungsfreundlich als der von DIMMs.

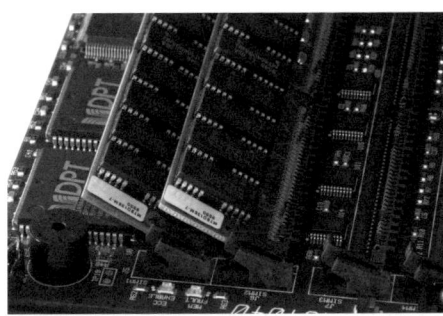

SIMMs erkennt man leicht an deren schräger Lage. Da sie dabei dicht hintereinander liegen, kann man „unten liegende" Module kaum ausbauen, ohne die davor liegenden zuvor zu entfernen.

SIMMs werden relativ flach zum Mainboard liegend eingebaut, dabei überlappen sie sich etwas – fast wie Dachziegel. Das spart zwar Platz, macht es aber unmöglich, einzelne SIMMs ein- oder auszubauen. Im Grunde muss man beim Einbau immer mit dem ersten SIMM anfangen und dann alle anderen genau der Reihe nach bestücken. Will man nun das erste SIMM austauschen, müssen zuvor alle anderen SIMMs entfernt werden.

SIMM-Riegel ausbauen

Der Ausbau eines SIMM geht quasi halbautomatisch vor sich. Die Module sind rechts und links mit kleinen Klammern arretiert, die ein bis zwei Millimeter über den Träger des Moduls reichen. Diese Klammern – entweder aus Plastik oder aus Metall – biegen Sie mit den Fingernägeln oder einem kleinen Schraubendreher ein wenig zur Seite.

Das SIMM steht unter einer mechanischen Spannung und kippt ein klein wenig nach oben, sodass die Klammer nicht wieder einschnappen kann. Wiederholen Sie das bei der Klammer auf der anderen Seite, schnippt das Modul ein wenig nach oben, denn die Module werden mit Druck nach unten im Sockel gehalten.

Das SIMM lässt sich nun leicht entnehmen und möglichst antistatisch lagern. Wiederholen Sie den Vorgang mit eventuellen weiteren zu entfernenden SIMMs. Hinweis: SIMMs werden grundsätzlich paarweise verbaut, deswegen müssen Sie, um eine lauffähige Konfiguration zu erhalten, die Module auch paarweise entfernen.

Alte Speichermodule „vergolden"

Wer etwas größere alte Speichermodule übrig hat, sollte diese aufgrund ihres Alters keinesfalls einfach entsorgen. Da die Module neu nicht mehr zu bekommen sind, es aber trotzdem einen noch geringen Bedarf gibt, können Sie bei eBay mit ihnen ein paar Euro verdienen.

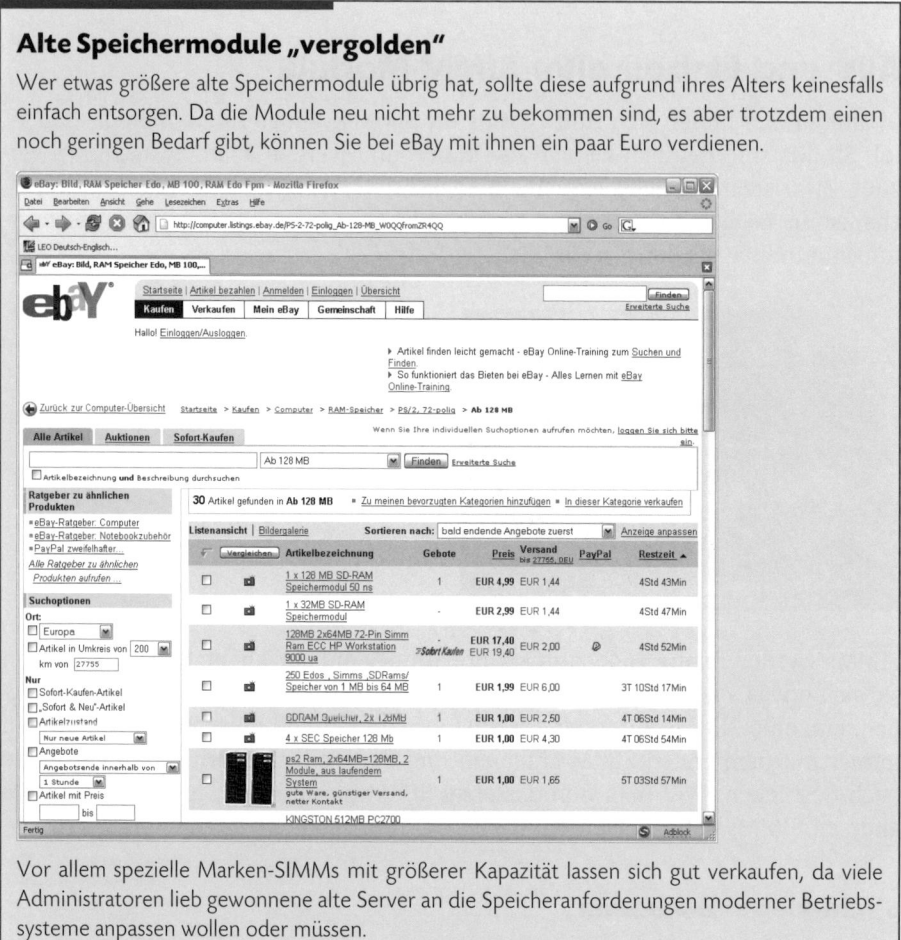

Vor allem spezielle Marken-SIMMs mit größerer Kapazität lassen sich gut verkaufen, da viele Administratoren lieb gewonnene alte Server an die Speicheranforderungen moderner Betriebssysteme anpassen wollen oder müssen.

SIMM-Riegel einbauen

Anders als DIMMs werden SIMMs nicht in der Position eingesteckt, in der sie später arbeiten. Wer bereits ein SIMM ausgebaut hat, erkennt, dass der Einbauwinkel wesentlich steiler zum Board ist.

Um ein SIMM einzubauen, müssen Sie zuerst dessen Orientierung festlegen. SIMMs besitzen an einer Seite eine Aussparung, die zu der Nase im Sockel passt. Ein SIMM lässt sich somit gar nicht verkehrt herum einbauen.

Normalerweise müssen Sie das SIMM in einem Winkel von etwa 30 bis 40 Grad in den Sockel drücken. Sind die Kontakte tief im Sockel verschwunden, kippen

Sie während des Drückens das SIMM langsam ab, bis es hörbar einrastet. Wiederholen Sie diese Schritte für alle übrigen Module.

SIMMs werden schräg in den Sockel gesetzt und dann heruntergedrückt, bis die kleine Plastiklasche mit einem hörbaren Klick einrastet.

Durch den schrägen Einbau kann es sein, dass sich SIMMs beim Einbau gegenseitig blockieren, wenn Sie diese nicht genau der Reihe nach einsetzen.

Sie können den Rechner anschließend wieder an das Stromnetz anschließen und einschalten. Der neue Speicher wird normalerweise automatisch erkannt. Ist das nicht der Fall, müssen Sie dies vielleicht von Hand im BIOS nachholen.

2.2 Optimale RAM-Einstellungen konfigurieren

Es ist vor allem die Größe des Arbeitsspeichers, die für die Geschwindigkeit des Computers ausschlaggebend ist. Finden Windows, Linux oder ein anderes Betriebssystem nicht genügend RAM, beginnen sie, bestimmte wenig benutzte Betriebssystem- und Programmteile auf die Festplatte zu schreiben, um Platz für andere Daten zu schaffen. Wird dann der ausgelagerte Programmcode benötigt, muss erst anderer Programmcode ausgelagert werden, um den zuvor auf die Platte geschriebenen Code wieder in den Speicher zu laden und dann auszuführen. Allein die Beschreibung des Vorgangs ist lang – aus der Sicht des Prozessors, der auf die Daten oder den Programmcode wartet, vergehen Millionen von nutzlosen Wartetakten. Viel Speicher bringt also automatisch auch viel Geschwindigkeit.

Aber auch an den Betriebsparametern des Speichers gibt es ein paar „Schrauben", an denen gedreht werden kann. Ebenso wie sich beim Prozessor der Takt oder bei Festplatten die Übertragungsart einstellen lässt, können Sie den Speicher sehr konventionell und damit stabil oder etwas schneller und damit – wenn Sie übertreiben – absturzfreudig konfigurieren.

Mit den Standardeinstellungen bekommen Sie in der Regel eine gut funktionierende Konfiguration. Mit ein wenig Tuning kann man aber ein paar Prozent mehr Leistung aus dem Speicher herausholen. Und letztlich kann man diese Aussage auch umdrehen: Wenn nämlich der Rechner aus unerfindlichen Gründen hin und wieder abstürzt, kann es sich um ein Problem mit dem Speicher handeln. Vielleicht liegt eines der Module etwas außerhalb der Spezifikationen, oder Speichermodul und Mainboard passen aus irgendeinem Grund nicht so richtig zusammen. Minimal langsamere Einstellungen können hier helfen, dem PC wieder Stabilität zu verleihen.

Heutiger DDR2-Speicher ist bezüglich der Geschwindigkeit schon sehr gut ausgereizt. Während man bei sehr frühen PCs noch bis zu 20 % mehr Leistung durch „Speicher-Tuning" herausholen konnte, sind es bei DDR2 vielleicht noch knappe 3 bis 5 %.

Bei den PCs der ersten Stunde mussten auf dem Mainboard kleine Steckbrücken gesetzt oder DIPs (mehrere kleine Minischalter in einer Reihe, auch „Mäuseklavier" genannt) entsprechend geschaltet werden. Schnell jedoch ging man dazu über, diese Einstellungen im BIOS-Setup vorzunehmen.

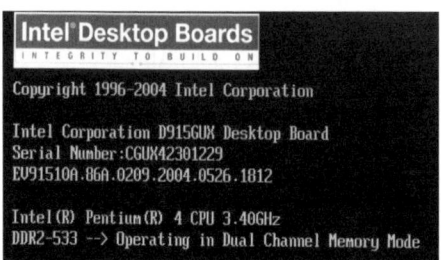

Die Einstellungen des Speichertimings nimmt das BIOS heute eigentlich automatisch vor. Wer Hand anlegen will, muss ins BIOS-Setup wechseln.

Das BIOS oder **B**asic **I**nput/**O**utput **S**ystem ist ein grundlegender Programmcode in einem Chip, der beim Starten des PCs ausgeführt wird. Das BIOS erkennt, prüft und initialisiert die Hardware. Hier werden viele Parameter zum späteren Betrieb eingestellt – wie auch das Speicher-Timinig. Als Letztes sucht das BIOS nach dem Betriebssystem und lädt dessen Bootloader in den Speicher, der dann den Betriebssystemkern und danach den ganzen Rest des Betriebssystems lädt. Mehr Informationen zum BIOS und genaue Bedienungsanleitungen finden Sie in Kapitel 9.

Besonders beim SDRAM wirken sich Tuning-Maßnahmen positiv auf die Leistung aus, beim DDR-RAM hingegen beträgt der Leistungsunterschied zwischen optimierten und normalen BIOS-Einstellungen um die 5 %, dies haben Benchmarks deutlich gemacht.

Ob der Leistungszuwachs von 5 % dem normalen Anwender in seiner täglichen Arbeit nun auffällt, sei dahingestellt, allerdings tragen optimierte RAM-Einstellungen in Verbindung mit anderen Tuning-Maßnahmen, z. B. bei der CPU, dazu bei, dass der Rechner insgesamt schneller wird – Sie sollten diese Optimierung also als Teil eines Ganzen ansehen. Kürzere Zugriffszeiten und falsche Timing-Einstellungen haben aber auch Nachteile: Der Rechner kann einfrieren oder sich schon beim Booten aufhängen. Experimentierfreude verbunden mit ein wenig Zeitaufwand ist also gefragt – ein weiterer Grund, warum Komplettrechner immer standardisiert ausgeliefert werden. Um die richtige Balance zwischen Leistung und Stabilität zu erreichen, finden Sie auf den folgenden Seiten die wichtigsten das RAM betreffenden BIOS-Einstellungen.

Informationsspeicher auf dem Modul: der SPD-Chip

SPD steht für **S**erial **P**resence **D**etect und kennzeichnet einen winzigen Chip auf dem Speichermodul, der die Betriebsdaten für das Modul enthält. Das BIOS kann dieses SPD auslesen und dann entsprechend die Parameter für den Speicherzugriff setzen. Enthalten im SPD sind unter anderem Informationen über den Takt, die Latenzen (Wartezyklen) und andere Speichertimings.

Der winzig kleine Chip rechts am Rand des DIMM ist das SPD. Es enthält alle Daten zum korrekten Betrieb des Speichermoduls.

Die Daten innerhalb des SPD werden von den Herstellern meist recht konservativ gesetzt, sodass es innerhalb der Baureihe zu möglichst wenigen Problemen kommt. Fast alle DIMMs laufen daher auch mit schnelleren Timings. In der Praxis zeigt sich, dass Markenhersteller sehr konservative Werte, No-Name-Hersteller hingegen schon recht flotte Werte verwenden.

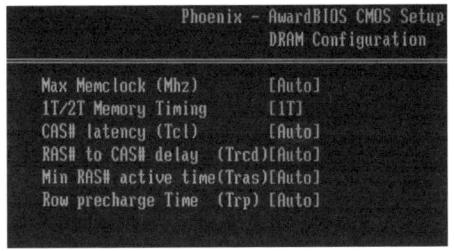

Mit der Einstellung AUTO oder By SPD liest das BIOS beim Start das SPD aus und setzt die Timing-Werte für den Speicher entsprechend.

Im BIOS-Setup können Sie einstellen, ob die Informationen aus dem SPD verwendet werden sollen oder ob Sie die Werte selbst einstellen möchten. Die Einstellungen von Hand sind immer dann vorzunehmen, wenn Sie entweder den Speicher übertakten oder voll ausreizen wollen (Tuning) oder wenn die Daten im SPD nicht benutzt werden können. Letzteres tritt auf, wenn das BIOS entweder die Daten aus Kompatibilitätsgründen gar nicht lesen kann oder – in seltenen

Fällen – wenn der Hersteller versehentlich falsche Daten in das SPD programmiert hat.

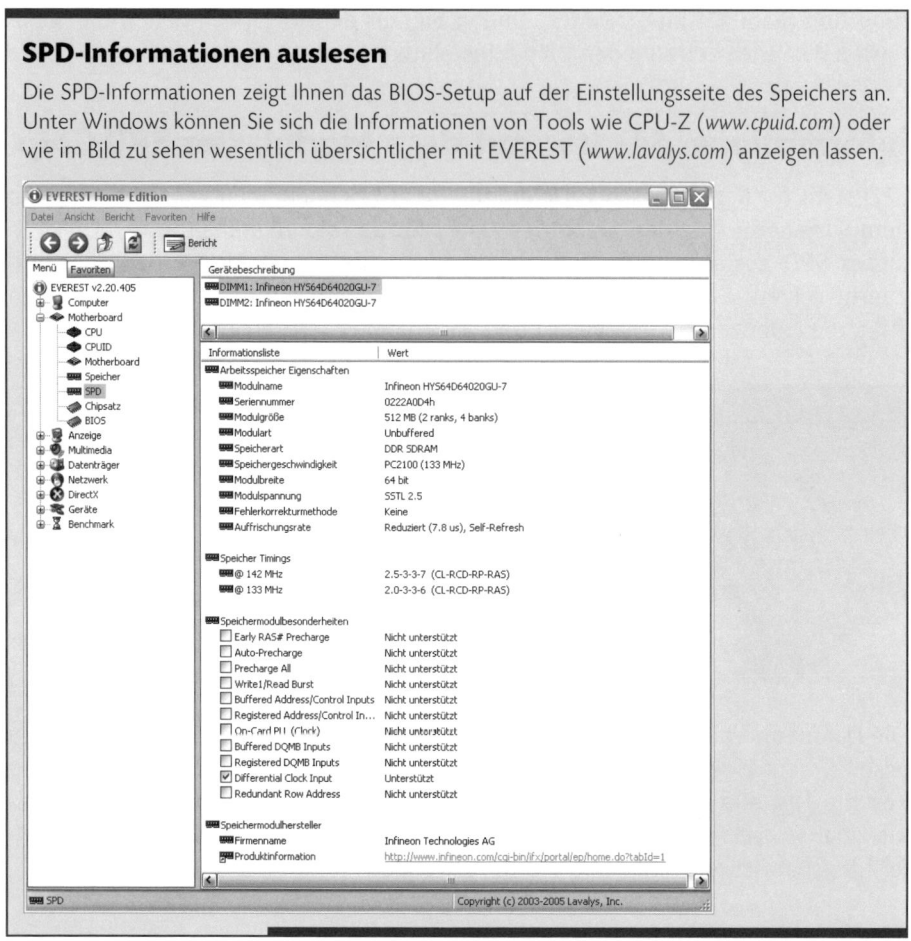

Auf die Informationen des SPD kann man sich nicht immer hundertprozentig verlassen. Falls diese Informationen sehr von den erwarteten Werten des Speichers abweichen oder gar unsinnig erscheinen, versuchen Sie, genauere Hinweise vom Verkäufer zu bekommen. Andererseits können Sie, falls Ihnen der Händler beispielsweise ein CL2-DIMM teuer verkauft hat, EVEREST aber ein CL3 anzeigt, den Händler auch mit dieser Tatsache konfrontieren.

CAS, RAS, CL2.5 und Co.

Im SPD liegen alle Einstellungen, die das Speichertiming bestimmen. Es ist die Rede von CAS, RAS, Latency und Ähnlichem. Doch was bedeuten die einzelnen Werte, und wie funktioniert Speicher überhaupt?

Wie wird ein Bit gespeichert?

Die gemeinsame Grundlage aller RAM-Speicher ist die elektrische Speicherung von Informationen. Dazu reicht bereits eine kleine Schaltung, bestehend aus einem Kondensator und einem Transistor, aus. Der Kondensator enthält dabei die Information in Form eines Bits, also 0 oder 1 bzw. „geladen" oder „nicht geladen". Der Transistor nimmt die Ansteuerung vor, indem er die Ladung des Kondensators isoliert (also die 0 oder 1 speichert) oder durchschaltet (zum Lesen oder Schreiben). Da der Kondensator seine Ladung ganz langsam verliert, muss diese regelmäßig aufgefrischt werden (Refresh). Mit acht dieser Schaltungen erhält man die Speicherkapazität eines Byte, 8.192 (= 8 Bit * 1.024) ergeben ein KByte oder eine halbe Schreibmaschinenseite.

In einem realen Speicherchip befinden sich natürlich weit mehr Schaltelemente auf dem Silizium-Chip oder „DIE" – logische Einheiten zum Zwischenspeichern, für die Ansteuerung, den Datentransfer und andere Dinge.

Angesteuert werden einzelne Speicherzellen immer über eine Matrix, also eine Zeile (Reihe, Row) oder Spalte (Column).

Die Chips im ersten IBM-PC waren 16-KBit-Bausteine, deren Matrix demnach aus 4.096 x 4096 oder rund 16,8 Millionen Bits aufgebaut waren. Um diese zu adressieren, benötigte man 16 Leitungen für die Zeile und für die Spalte, da mit 2^{16} Leitungen binär eben gerade 4.096 Zustände oder Adressen beschrieben werden können. Nun besaßen die Chips aber nicht weit über 32 Pins, sondern wesentlich weniger. Das erreicht man durch Multiplexing – erst wird die Zeile übertragen, danach auf denselben Leitungen die Spalte.

Diese Signale sind das **R**ow **A**ccess **S**trobe (RAS) und **C**olumn **A**ccess **S**trobe (CAS). Hier finden sich auch die wichtigen Kennwerte, an denen man schnellen Speicher erkennen kann: Die Zeitspanne, die RAS angelegt sein muss, bevor der Wert als gültig erklärt ist, nennt sich „RAS Precharge Delay", die Zeit, bevor das darauf folgende CAS anliegen darf, „RAS-to-CAS-Delay".

Speichertimings oder: Was bedeutet PC2 6400?

Der Speichertakt gibt den Takt an, für den die Module spezifiziert sind. Bei SDRAM wird der tatsächliche Takt angegeben. PC133 beispielsweise bedeutet, dass der Speicher mit 133 MHz getaktet werden soll. Die Werbestrategen haben aber erkannt, dass sich Speicher mit großen Zahlen in der Bezeichnung besser verkauft, und so hat man mit Rambus- und DDR-Speicher den „effektiven" Takt entdeckt.

Auf den üblichen Aufklebern von Speichermodulen findet sich irgendwo zwischen internen Codenummern, Artikelnummern und Produktionskennzeichen auch die Bezeichnung des Moduls: PC2100.

Da DDR-Speicher beispielsweise an der aufsteigenden und der absteigenden Flanke des Takt-signals Daten überträgt – also zwei Datenübertragungen pro Takt stattfinden –, läuft DDR-Speicher mit 133 MHz Takt so schnell wie ein SDRAM mit 266 MHz. Also bezeichnet man den Speicher gleich so: DDR-Speicher mit 133 MHz Takt wird als DDR266 bezeichnet, ein mit 200 MHz laufendes Modul dementsprechend mit DDR400. Leider wird das oft nicht berücksichtigt, und so mancher schreibt fälschlicherweise von „DDR-Speicher mit 400 MHz", der aber würde mit DDR800 bezeichnet.

Die zweite Kennzahl ist sogar noch größer, ist dabei aber wesentlich objektiver. Angegeben wird dabei der Datendurchsatz eines einzelnen Moduls im Single Channel-Betrieb. PC3200 be-deutet dann, dass maximal 3,2 GByte/s übertragen werden können – was der Leistung des mit 200 MHz getakteten DDR400-Speichers entspricht. Der Wert errechnet sich folgendermaßen:

```
Takt (MHz) * 2 (beide Taktflanken) * 64 (Bit pro Übertragung) / 8 (Umrechnung von
Bit in Byte)
```

In diesem Fall bedeutet das also 200 * 2 * 64 / 8 = 3200.

Bei DDR2-Speicher werden an beiden Taktflanken gleich zwei Datenpakete übertragen, des-wegen verdoppelt sich dort die theoretische maximale Datenübertragung noch einmal. Ein DDR2-400-Modul wird also auch mit 200 MHz getaktet, ergibt nach der Formel

```
Takt (MHz) * 4 (beide Taktflanken doppelt) * 64 (Bit pro Übertragung) / 8
(Umrechnung von Bit in Byte)
```

aber 200 * 4 * 64 / 8 = 6400 und wird dementsprechend mit PC2 6400 bezeichnet.

Übrigens: Im Dual Channel-Betrieb werden zwei Module parallel betrieben, sodass sich die Da-tenübertragung noch einmal verdoppelt. DDR2-400 liefert im Dual Channel-Betrieb also maxi-mal 12,8 GByte/s.

Ist so die Speicherzelle adressiert, dauert es noch mal eine kleine Weile, bis die gültigen Daten zum Auslesen bereit stehen – das ist die **C**AS **L**atency (CL). Alle diese Werte werden in „Ticks" oder Takten angegeben, daher entspricht CL2 bei 66, 100 oder 133 MHz anderen „echten" Zeitspannen (gemessen in Millisekun-den). Darüber hinaus ist CL2-Speicher nur rechnerisch etwa 33 % schneller als CL3-Speicher, denn es kommen Nebeneffekte wie „Burst-Read" hinzu: Seit dem FPM-Speicher muss nicht mehr auf jede Zelle mit einer kompletten Adressierung zugegriffen werden, sondern man kann das bereits angelegte RAS für dauerhaft gültig erklären – nur noch CAS muss dann angepasst werden: Wird also auf fort-laufende Speicherinhalte zugegriffen, wird der Speicher schneller.

Speicher ist normalerweise so ausgelegt, dass nur noch wenig Spielraum nach oben bleibt. Was noch an Tuning möglich ist oder ob der Speicher bereits an seiner Leistungsgrenze arbeitet, hängt vom Hersteller und oft auch vom einzel-nen Modul ab.

Ordert man beispielsweise gleich mehrere identische Speicherriegel, sind diese üblicherweise unterschiedlich weit zu „übertakten". Verwendet man alle Spei-chermodule zusammen, muss man sich beim Einstellen des Speichertimings also immer am schwächsten Glied in der Kette orientieren, also an dem langsamsten oder problematischsten DIMM.

Speichertimings oder: Was bedeutet CL2.5-3-3-7?

Wer beim Discounter einen Blick in die Liste der verfügbaren Speichermodule wirft, ist schnell von deren Masse überwältigt. Große Versender haben meistens mehrere hundert verschiedene Module im Angebot.

Gute Händler geben auch genaue Informationen zum Speichertiming preis, wie hier bei einem Angebot eines großen Discounters. (Quelle: www.alternate.de)

Die Module lassen sich relativ nach ihrem Typ einordnen, also nach SDRAM, DDR-/DDR2-RAM und Rambus. Hinzu kommen Module für Server, die dann „buffered" oder „registered" sind.

Interessant auch in Bezug auf die Einstellungen im BIOS sind aber der Takt und besagte Wartezyklen für Zugriffe, die eben in der Form CLx.x oder CLx.x.x.x angegeben werden. Die Bezeichnung setzt sich aus folgenden Werten zusammen:

`CL tCAS – tRCD – tRP – tRAS`

Wird nur ein **CL/tCAS**-Wert angegeben, ist dies die CAS Latency. Der Wert bezeichnet die Wartezeit zwischen dem Anlegen einer Adresse vom Speichercontroller und der Bereitstellung der Daten durch den Speicher. Ein kleinerer Wert bedeutet eine kürzere Wartezeit und kennzeichnet schnellen Speicher.

Wer sich über Werte wie 2,5 und damit halbe Takte wundert: Das ist nur bei DDR-/DDR2-Speicher möglich, der an beiden Taktflanken übertragen kann. „Halbe Takte" bedeuten dann, dass nur eine Seite des Taktflankensignals genutzt wird.

Der Wert **tRCD** wird beim Speicherzugriff vor tCAS benötigt, denn um auf eine Speicherzelle zuzugreifen, wird erst die Zeile (Row) und dann die Spalte (Column) angelegt. tRCD ist die Zeit in Takten, die nach Anlegen des RAS-Signals gewartet werden muss, bevor CAS angelegt werden darf. Im BIOS-Setup wird dieser Wert oft als *RAS-to-CAS-Delay* bezeichnet.

Um hingegen auf die nächste Speicherzeile zugreifen zu können, müssen wiederum ein paar Wartezyklen eingelegt werden. Diese mit **tRP** bezeichnete Anzahl von Takten findet sich im BIOS-Setup als *RAS precharge* wieder.

Schließlich gibt **tRAS** an, wie lange eine geöffnete Speicherzeile aktiv gehalten werden muss, bevor eine neue Zeilenadresse angelegt werden darf. Im BIOS-Setup findet sich oft die Bezeichnung *RAS active time*.

Sichere Standardeinstellungen

„Never touch a running system!", so lautet ein geflügeltes Wort nicht nur in der EDV. Wenn etwas funktioniert, sollte man nicht daran herumfummeln, heißt das sinngemäß in Deutsch. Tuning beim Arbeitsspeicher des PCs bedeutet eigentlich immer, das System oberhalb der Spezifikationen zu betreiben. Meistens klappt das, manchmal aber endet ein derartiger Versuch in einem instabilen System oder schlimmstenfalls gar in einem Defekt.

Die Standardeinstellungen sind daher der Ausgangspunkt einer jeden Tuning-Maßnahme am Speicher – aber auch der Punkt, an den man nach missglückten Versuchen wieder zurückkehren kann. Immer mehr PC-Anwender verzichten mittlerweile auf Tuning-Versuche, da heutiger DDR-/DDR2-Speicher kaum noch Spielraum nach oben offen lässt. Altes SDRAM bot teilweise noch die Möglichkeit, mit ein paar aggressiven Einstellungen bis zu 30 % mehr Leistung aus dem Speichersystem zu holen. Davon blieben dann vielleicht noch 5 % in der realen Anwendung übrig, weil auch der Speicher nur ein Teil des Gesamtsystems darstellt und nicht allein für die Leistung verantwortlich ist. Bei DDR- und vor allem DDR2-Speicher sind mit viel Glück vielleicht 20 % mehr im Speicher-Subsystem möglich. Auf dem Desktop ist diese Mehrleistung dann allenfalls messbar, spüren kann man davon nichts mehr.

Aktuelle PCs bieten sowieso genug Rechenleistung, daher sollte man bei den Einstellungen den Schwerpunkt eher auf Stabilität und damit Datensicherheit legen, nicht auf ein paar Prozentpunkte mehr in einem Benchmark.

Es lassen sich dabei im Grunde zwei Gruppen von Einstellungen vornehmen. Zum einen sind das die oben angeführten Werte, also der Speichertakt und die unterschiedlichen Speichertimings. Mit diesen Werten verändern Sie direkt die Geschwindigkeit, mit der auf den Speicher zugegriffen wird und Daten übertragen werden.

Hinzu kommen spezielle Mechanismen, die die Übertragung von Daten effektiver gestalten, etwa der Dual Channel-Betrieb. Ebenfalls zu diesen speziellen Optionen gehören PAT, MAT und Hyper Path, mit denen der Start der Datenübertragung aus dem Speicher etwas eher als üblich begonnen wird.

Speichereinstellungen – Strategie ist gefragt

Wer die Einstellungen am Speicher verändern will, sollte dies in kleinen Schritten machen. Nachdem beispielsweise ein schnelleres Speichertiming eingestellt wurde, sollte man den PC erst einmal ausgiebig testen. Läuft das System immer noch stabil, kann man weitere Veränderungen vornehmen.

Dasselbe gilt auch für spezielle zusätzliche Optionen wie PAT, MAT oder Hyper Path. Aktivieren Sie nur eine Option und testen Sie den Computer dann ausgiebig auf Stabilität.

Wie genau Sie durch Tuning mehr Geschwindigkeit aus dem Speicher und anderen Komponenten herauskitzeln, lesen Sie im speziellen Tuning-Kapitel (Kapitel 13). Hier geht es vor allem darum, bei Problemen und nach dem Umbau eine stabile, lauffähige Konfiguration zu erhalten.

Stabiles Speichertiming

Ein stabiles Timing für den Speicher bedeutet in der Regel auch ein nicht gerade optimales Timing. Sie verschenken damit ein paar Prozent Leistung, dafür sollten bei diesen Einstellungen aber auch problematische DIMMs laufen.

Die Einstellungen dazu nehmen Sie im BIOS-Setup vor, in das Sie durch Drücken von [Esc] beim Hochzählen des Speichers kommen. Mehr dazu in Kapitel 9.

Alle BIOS-Hersteller bieten einige Voreinstellungen an, die gleich einen kompletten Satz an BIOS-Einstellungen setzen. In der Regel gibt es drei verschiedene Parametersätze: *Fail-Safe*, *Normal* und *Optimized*. Je nach BIOS-Hersteller werden diese Einstellungen auch anders bezeichnet.

Die Einstellung *Optimized* verwendet durchweg ein aggressives Timing, das alle Komponenten fordert, dafür aber auch eine hohe Geschwindigkeit des gesamten Systems garantiert. Da hier nicht nur das Speichertiming, sondern auch alle anderen Parameter im PC optimiert werden, kann es vorkommen, dass der Rechner anschließend nicht mehr stabil läuft. Läuft Ihr PC aber mit diesen Einstellungen stabil, sind weitere Tuning-Maßnahmen kaum noch nötig.

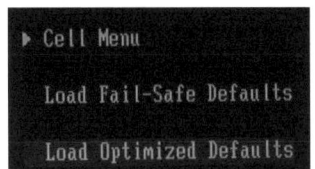

Mit den Voreinstellungen des BIOS-Setup sollte man eigentlich immer eine stabile (Fail-Safe) oder sehr schnelle (Optimized) Konfiguration des Speichertimings erhalten.

Normal oder *Default* kennzeichnet die Einstellungen, von denen der Hersteller glaubt, dass sie üblicherweise einen guten Kompromiss zwischen Stabilität und Geschwindigkeit darstellen. Mit dieser Einstellung sollten alle den Spezifikationen entsprechenden Komponenten ohne Probleme funktionieren. Wer auf Tuning keinen Wert legt, ist mit dieser Einstellung gut beraten.

Tauchen Probleme im Betrieb auf, sollte man die *Fail-Safe*-Parameter laden lassen. Hier werden alle Komponenten mit reduzierter Geschwindigkeit betrieben. Der PC wird in der Gesamtheit einige Prozent langsamer, dafür sollten aber beispielsweise auch Speicher funktionieren, die nicht ganz den Spezifikationen entsprechen (und eigentlich eher ein Reklamationsgrund sind).

Läuft der PC auch mit den *Fail-Safe*-Werten nicht stabil, besteht ein massiveres Problem. In diesem Fall ist ein Lüfter kaputt, oder andere elektronische Elemente geben den Geist auf.

Dual Channel-Optionen ohne Probleme

Viele Mainboards, die für DDR-/DDR2-Speicher ausgelegt sind, bieten auch die Option zum Dual Channel-Betrieb. Beim Dual Channel-Speicherzugriff wird nicht nur auf ein, sondern auf zwei Speichermodule gleichzeitig zugegriffen. Effektiv verdoppelt das den möglichen Durchsatz im Speicher. In der Praxis wird der Speicher nicht wirklich doppelt so schnell, Zuwachsraten von 10 bis 40 % gegenüber dem Single Channel-Modus sind in Anwendungen aber noch zu messen. Insofern lohnt es sich, diese Option zu nutzen, wenn sie vorhanden ist. Dual Channel wird von allen modernen Chipsätzen mit Ausnahme der Low-Cost-Chipsätze unterstützt.

Beispielsweise schafft ein einzelnes DDR400- bzw. PC3200-Speichermodul im Idealfall bis zu 3,2 GByte/s an Datentransfer. Zusammen mit einem zweiten Modul im Dual Channel-Modus liefern die Module die doppelte Speichermenge, also 6,4 GByte/s. Wer also sein Mainboard auf 2 GByte RAM ausbauen will, sollte besser zwei 1-GByte-Module im Dual Channel-Modus verwenden statt nur ein 2-GByte-Modul im Single Channel-Modus.

Dual Channel-Mainboards erkennen eine passende Bestückung der farblich identischen Sockel mit gleichen Modulen und benutzen diese Speicherstreifen dann parallel.

Dual Channel-Mainboards schalten den Dual Channel-Modus meistens automatisch ein, sobald sie eine Dual Channel-fähige Konfiguration entdecken. In manchen Mainboards können Sie den Dual Channel-Betrieb auch explizit im BIOS-Setup deaktivieren. Das ist sinnvoll, wenn Sie zwar technisch gleiche, aber nicht physisch identische DIMMs zusammenfassen wollen und der Rechner damit nicht laufen will. Manche DIMMs sind trotz gleicher technischer Werte nicht kompatibel genug, zusammen stabil in einer Dual Channel-Konfiguration zu laufen.

Eventuell gibt es im Handbuch noch wichtige Hinweise zur Konfiguration des Speichers und insbesondere des Dual Channel-Betriebs. Oft wird beispielsweise dazu geraten, die größeren Module in den ersten Channel zu verfrachten, die kleineren hingegen zusammen in den zweiten. Bei unterschiedlichen Speichergeschwindigkeiten (der beiden Channel, nicht innerhalb eines Channels) ist es sinnvoll, die langsameren Module in den ersten Channel zu installieren.

Damit es keine Probleme im Dual Channel-Betrieb gibt, sollten folgenden Voraussetzungen erfüllt sein:

- Das Mainboard muss einen Dual Channel-fähigen Chipsatz aufweisen.
- Identische Speicherkapazität beider Module.
- Identische Betriebsgeschwindigkeit der beiden Module.
- Identische Bauart beider Module (single-/double-sided).
- Gleiche Anzahl an Chips auf dem Speichermodul.

Benutzen Sie in allen Speichersteckplätzen identische Speichermodule, ergibt sich ein weiterer Vorteil. Intel-Mainboards schalten dann automatisch den „Dynamic Mode" einen Gang schneller. Damit entfällt das Umrechnen von Daten für die Übertragung in unterschiedliche große Speichermodule.

PAT, MAT und Hyper Path aktivieren

Intels Performance Acceleration Technology (PAT)

Intel-Mainboards seit dem i875P-Chipsatz bieten unter anderem die Option **P**erformance **A**cceleration **T**echnology (PAT). PAT funktioniert nur in Dual Channel-Konfigurationen und muss bei Intel nicht explizit aktiviert werden.

Auch der i865PE besitzt diese Option, sie wurde aber von Intel nicht offiziell freigeschaltet. Hersteller wie Asus oder MSI verwenden auf ihren Mainboards mit i865PE-Chipsatz dieses versteckte Feature. Aus namensrechtlichen Gründen musste aber eine andere Bezeichnung gewählt werden – Asus nennt es Hyper Path, MSI hingegen **M**emory **A**cceleration **T**echnology, kurz MAT.

Intel benutzt PAT (**P**erformance **A**cceleration **T**echnology), um auf einigen Boards die Datenübertragung zwischen Prozessor und Speicher um etwa 5 % zu erhöhen. Das wird erreicht, indem mit der Übertragung aus dem Speicher schneller als üblich begonnen wird. MSI vermarktet dieses Feature als MAT (**M**emory **P**erformance **T**echnology), Asus als Hyper Path.

Je nach Mainboard-Hersteller müssen Sie die Speicherbeschleunigung aktivieren, nur Intel aktiviert die Option ohne Zutun des Anwenders.

Auf Asus-Mainboards verbirgt sich Hyper Path in der *Chipset Configuration*. Aktivieren Sie dort die Option *Memory Access Mode*.

Abit nennt es werbewirksam *Game Acceleration Mode*, zu finden in den *Advanced Chipset Features*.

MSI versteckt sein MAT im *Frequency/Voltage Control*-Menü unter der Option *Performance Mode*. Wählen Sie hier den *Turbo*-Mode.

2.3 Speichertypen und deren besondere Merkmale

Der Speicher hat im Laufe der Entwicklung des Personal Computers sein Gesicht mehrfach recht deutlich geändert. Im ersten IBM-PC werkelten 1981 noch einzeln einsteckbare Speicherchips mit gemütlichen 4,77 MHz, von denen neun Stück spärliche 64 KByte (= 0,064 MByte) ergaben. Später wanderten diese einzelnen Chips auf Module, die erst klein und langsam, im Laufe der Zeit aber sowohl mechanisch auch bezüglich der Speicherkapazität immer größer und schneller wurden. Heutige Speichermodule haben gegenüber denen der Pionierzeit des PCs eine rund 8.000-mal größere Kapazität und laufen mit 40-mal höherem Takt. Dank breiterem Datenbus und effektiverer Datenübertragung werden Daten bis zu 640-mal schneller übertragen. Die Entwicklung bleibt natürlich nicht stehen, und so wird man in wenigen Jahren über den heute aktuellen DDR2-Speicher vermutlich nur noch schmunzeln.

Aktuell wird hauptsächlich DDR2-Speicher verbaut, insbesondere nachdem AMD auf die AM2-Plattform umgestiegen ist. Gegenüber DDR-Speicher hat der Anwender zunächst einmal keinen Vorteil, außer dass DDR2-Speicher mittlerweile geringfügig günstiger als DDR-Speicher zu bekommen ist. Vor allem die Industrie profitiert von DDR2, weil die besondere Bauform und die Spezifikationen es ermöglichen, die Module deutlich billiger zu produzieren. Lediglich im Notebook mit großer Speicherausstattung verspürt der Anwender eine längere Akku-Laufzeit, da DDR2-Speicher weniger Energie benötigt als DDR1-Speicher.

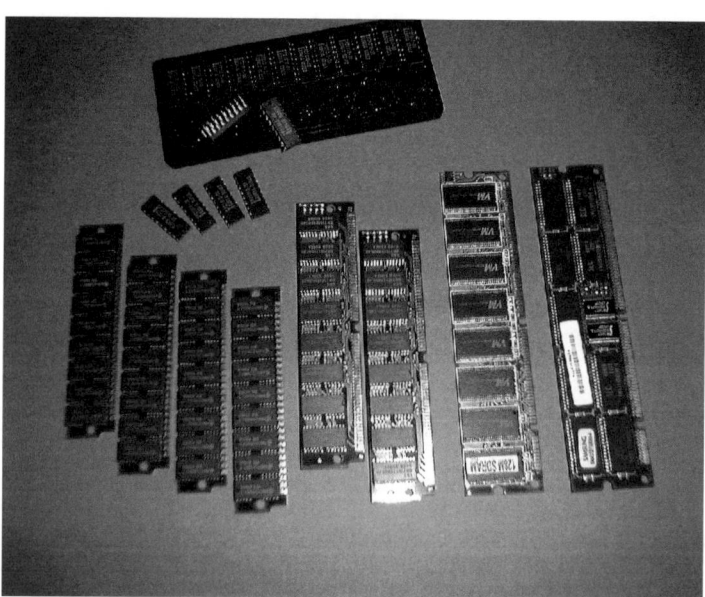

Alte Speichertechnik: oben einzelne Chips (DIP) für den Ur-PC, dann von links vier SIMMs, zwei PS/2-EDO-Module, ein SDRAM und ein dickes, gepuffertes SDRAM-Modul für den Serverbetrieb.

Rückwärts betrachtet, kam vor dem DDR-Speicher das SDRAM, bei dem wie bei allen älteren Speicherformen nur an einer Flanke des Taktsignals Daten übertragen wurden. SDRAM ist im Vergleich zu DDR-/DDR2-RAM mehr als doppelt so langsam. Einzig der mittlerweile wieder in der Versenkung verschwundene Rambus-Speicher könnte bei DDR noch mithalten. Sein innovatives Konzept eines seriellen Bus (wie bei SATA gegenüber EIDE) wurde aber wegen der massiven technischen Probleme weder beim Konsumenten noch bei den Herstellern angenommen. Dazu war und ist Rambus preislich mehr als unattraktiv: Bekommt man heute ein 512-MByte-DDR2-Modul für um die 40 Euro, kann man für ein genauso großes Rambus-Modul (RIMM) locker 200 Euro draufpacken.

Noch weiter zurück in der Zeit liegen die PS/2-SIMMs, die nicht nur langsamer, sondern auch in ihren Abmessungen nur etwa halb so groß waren wie heutiger Speicher. In dieses Zeitalter fallen auch die ersten technischen Innovationen zur Beschleunigung des Speichers, etwa die PS/2-EDO- und -FPM-Speicher. Vor der Zeit des PS/2-Speichers wurden SIMMs und SIPPs (SIMMs mit Pins statt einer Kontaktleiste) verbaut, die im Grunde nur eine mechanische Zusammenfassung der zuvor im Ur-PC und -AT einzeln verbauten Chips (DIP, **D**ual **I**nline **P**ackage) waren.

Welcher Speicher ist in meinem System verbaut?

Bevor es an das Aufrüsten des Systemspeichers geht, sollten Sie natürlich herausfinden, welcher Speicher überhaupt verbaut ist bzw. für das Mainboard benötigt wird.

Informationen über den Speicher finden Sie an mehreren Orten – zuerst einmal auf Papier: Der eingebaute Speicher muss auf der Rechnung oder dem Lieferschein des PCs aufgeführt sein. Das Handbuch zum Mainboard gibt Auskunft darüber, welche Art von Speicher überhaupt ins Mainboard gesteckt werden kann.

Wer Rechnung und/oder Handbuch gerade nicht zur Hand hat, kann den Speicher auch per Software erkennen lassen. Ist das BIOS so eingestellt, dass es beim Start den Speicher hochzählt, sehen Sie auf diese Weise, wie viel Speicher verbaut ist. Im BIOS-Setup selbst erhalten Sie nur in sehr seltenen Fällen Auskunft über den verwendeten Speicher (zum Beispiel bei Intel-Boards). Auch unter Windows können Sie mit Bordmitteln schnell nachsehen, wie viel Speicher das Betriebssystem erkannt hat und verwendet.

Was Sie mit den bisherigen Methoden nicht herausbekommen, ist die Art des Speichers, seine Geschwindigkeit und vor allem die Bestückung – also welche Slots bereits mit Speicher belegt sind.

Krumme Zahlen oder: Wie viel Speicher ist eingebaut?

Speicher wird in Byte, Kilobyte (KByte, KB), Megabyte (MByte, MB), Gigabyte (GByte, GB), Terabyte (TByte, TB) etc. angegeben. 1 KByte sind nicht 1.000, sondern 1.024 Byte (2^10). Ebenso ist ein MByte wiederum 1.024 KByte etc.

Aus diesem Grund sind die Zahlen, die das BIOS beim Hochzählen des Speichers angibt, „krumm". 2.147.483.648 Byte sind somit nichts anderes als eingebaute 2,0 GByte.

Weniger wird es, wenn Sie beispielsweise 4 GByte RAM eingebaut haben, weil dann bedingt durch die Speicherarchitektur der x86-Prozessoren am oberen Ende bis zu 500 MByte „fehlen" bzw. nicht genutzt werden können (4-GByte-Problem). Auch wenn Sie eine Onboard-Grafik-karte benutzen, die ihren Grafikspeicher aus dem Hauptspeicher bezieht, fehlt dieser Betrag bereits beim Hochzählen des BIOS.

Mithilfe von EVEREST (*www.lavalys.com*) können Sie sich genau anzeigen lassen, welche Speichermodule im PC verbaut wurden. So erkennen Sie bereits auf dem Desktop, ob noch Steckplätze frei sind und welchen Speicher Sie für eine Erweiterung kaufen sollten.

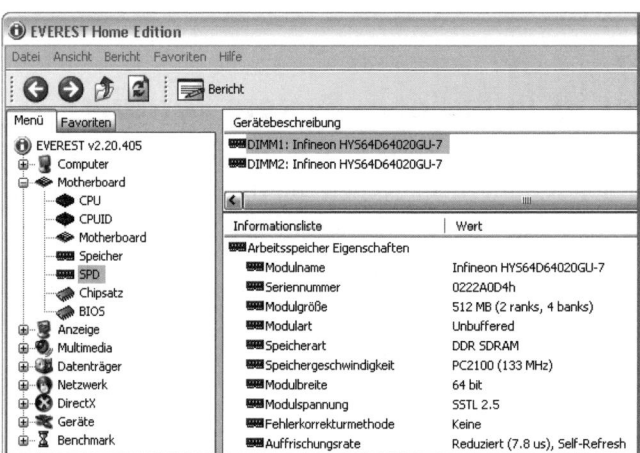

EVEREST von Lavalys zeigt an, dass zwei PC2100-Module mit je 512 MByte verbaut sind. Hat das Mainboard vier Speicher-steckplätze, können Sie mit dieser Information die passenden Module für eine Speichererweiterung nachkaufen.

EVEREST hat den Vorteil, dass Sie hiermit auch unbekannte Module identifizieren können, wenn diese zum Beispiel keine Typenaufkleber mehr besitzen. Stecken Sie sie einfach in einen PC und lassen Sie sich von EVEREST anzeigen, wie die Eckdaten des unbekannten Speichers lauten.

Visuelle Sichtung des Speichers

Um sich einen wirklich genauen Überblick über die Speichersituation im PC machen zu können, ist ein Blick auf die Speicherbänke immer noch die beste, aber auch aufwendigste Lösung.

Auch ohne großen Aufwand erkennen Sie zumindest, welche Speicherbänke belegt und welche frei sind. Mithilfe des Handbuchs und der darin enthaltenen

Skizze des Mainboards können Sie so sogar feststellen, ob eine korrekte Dual Channel-Bestückung vorliegt. Anhand der freien Steckplätze sehen Sie, in welcher Form sich der Speicher noch erweitern lässt.

Dies alles lässt sich bewerkstelligen, indem Sie nur das Gehäuse öffnen. Wollen Sie die Speichermodule genauer unter die Lupe nehmen und identifizieren, müssen Sie sie in der Regel auch ausbauen. Dazu müssen Sie dann eventuell auch ein paar störende Kabel zu Festplatten und optischen Laufwerken abziehen. Wie Sie Speichermodule aus- und wieder einbauen, lesen Sie am Anfang dieses Kapitels.

Auf den meisten Speichermodulen findet sich ein kleiner Aufkleber, aus dem mehr oder weniger deutlich ersichtlich ist, um welchen Speicher es sich handelt. Im Bild ist die letzte Zeile interessant und verrät den genauen Speichertyp: 256 MByte DDR-Speicher als PC2100 (also DDR266, 133 MHz FSB) mit einem schnellen CL2.5-Timing.

Doch auch mit auf den ersten Blick unsinnigen Informationen können Sie Speicher identifizieren. Im nächsten Bild ist der Speichertyp nicht aufgeführt. Wer sich mit Speicher auskennt, kann anhand der Angabe „1066-32P" erkennen, dass es sich (trotz „32P") um 16-bittigen Speicher mit 1.066 effektivem Takt handelt – und das kann nur Rambus sein (außerdem ist Samsung der Hersteller von Rambus). Doch auch die kryptische Bezeichnung „MR16R1628DF0-CT9" hilft weiter. Füttert man diese Artikelnummer nämlich in Google (*www.google.de*) ein, erhält man sofort eine lange Liste von Treffern. Ein Klick auf einen beliebigen Treffer offenbart dann: Es handelt sich um ein Rambus-RIMM mit 256 MByte Kapazität, 16-Bit-Zugriff und 266 MHz FSB (PC1066).

Mithilfe der Artikelnummer MR16R1628DF0-CT9 und Google lässt sich auch ein ansonsten unbekanntes Speichermodul leicht identifizieren – hier 256 MByte Rambus-RIMM PC1066.

Manchmal kann es sinnvoll sein, nur Teile der Artikelnummer in Google einzutragen. So bekommt man immerhin noch den Hersteller oder die Art des Speichers heraus.

Speichertyp vorhandener Module bestimmen

Speichermodule lassen sich anhand einiger weniger Merkmale eigentlich ganz gut bestimmen – zumindest um welchen Speichertyp es sich handelt. Mit diesem Wissen kann man dann notfalls das Modul in einen passenden PC einbauen und sich mit EVEREST anzeigen lassen, wie groß das Modul ist und mit welcher Geschwindigkeit es maximal arbeiten kann. Auf diese Weise lassen sich – vorausgesetzt, man besitzt einen passenden Test-PC – alle unbekannten Speichermodule komplett identifizieren.

Die exakte visuelle Prüfung

Um ein Modul einer genauen visuellen Prüfung zu unterziehen, sollte es nach Möglichkeit ausgebaut werden. Wichtige Kennzeichen sind die vorhandenen Kerben in der Kontaktleiste und am Rand der Module. Man könnte die Module auch leicht anhand der Anzahl der Kontakte identifizieren, diese zu zählen ist aber eine wahre Sisyphos-Arbeit.

Schon fast antik: SIMMs

Speicherchips mussten bei den ersten PCs noch einzeln in den PC gesteckt werden (DIP, **D**ual **I**nline **P**ackage). Bereits mit dem 286er und dem 386er wurden diese Chips auf Modulen vorkonfiguriert. Diese SIMMs (**S**ingle **I**nline **M**emory **M**odul) beherbergten dann zwei bis neun Chips und konnten leicht installiert werden.

Ein Modul besaß 30 Kontakte und konnte Daten über einen 8 Bit breiten Datenbus zur Verfügung stellen. Im 286er (16 Bit Datenbus) mussten deswegen immer zwei Module installiert werden, beim 386 und 486 sogar vier.

Eine Sonderform der SIMMs waren die SIPPs, die statt einer Kontaktleiste eine Reihe von Pins besaßen. Noch heute werden diese Module vereinzelt in Druckern oder Netzwerkgeräten von Cisco verwendet.

Nur noch schwer zu bekommen: PS/2-Speicher

In alten 486ern und Pentium I-PCs finden sich die 32-bittigen PS/2-SIMMs, die ab etwa 1993 den SIMM-Speicher ablösten. Der Name PS/2 stammt von IBM, die diese neuen 72-poligen Speichermodule für ihre PS/2-PC-Baureihe entwickelten.

PS/2-SIMMs besitzen eine Kerbe in der Mitte der Kontaktleiste und wiesen auch erste Optimierungstechniken für Speicher auf: Der zuerst übliche FPM-Speicher (**F**ast **P**age **M**emory) wurde durch

EDO-Speicher (**E**xtended **D**ata **O**utput) ersetzt, was bei gleichem Takt rund 10 bis 30 % mehr Datendurchsatz brachte.

PS/2-Module wurden in Größen von 4, 8, 16, 32 und 64 MByte gebaut. Die Module sind entweder ein- oder zweiseitig bestückt, und die Kontaktleiste ist ein- oder zweiseitig beschaltet. Für Server wurden auch PS/2-Module mit Parity (Fehlererkennung) und ECC (**E**rror **C**orrection **C**ode, Fehlerkorrektur) entwickelt.

SDRAM: Speicher für den Zweit-PC

Ab etwa 1998 wurde der PS/2-Speicher von seinem Nachfolger, dem SDRAM (**S**ynchronous **D**ynamic **RAM**), abgelöst. Eingeführt mit den ersten Pentium II- und AMD K6 2-Systemen lief dieser Speicher mit dem gleichen Takt wie der Prozessor (synchron). Dadurch entfielen die bislang nötigen Verfahren beim Datentransfer vom Speicher zur CPU (z. B. Handshake). Zusätzliche Optimierungen für den Datentransfer wie Puffer- und Pipeline-Techniken machten SDRAM gegenüber EDO-RAM fast doppelt so schnell.

Getaktet wird SDRAM von 66 bis 166 MHz, wobei nur 100 und 133 MHz gebräuchlich sind. PC66 wurde nur von Intel in sehr frühen Mainboards verwendet, PC150 und PC166 sind keine echten Standards, sondern im Grunde lediglich übertaktetes PC133.

Die 168-poligen SDRAM-Module können einzeln verbaut werden, auch ein gemischter Betrieb verschiedener Größen ist möglich. Der Datendurchsatz eines PC133-Moduls beträgt rund ein Drittel von dem eines DDR400-Moduls.

Erkennen können Sie ein SDRAM-Modul recht einfach an den vielen Einkerbungen. Die Module besitzen jeweils rechts und links außen eine Kerbe zur Arretierung im Sockel. Hinzu kommen zwei Kerben in der Kontaktleiste, von denen eine sehr weit links liegt (wenn man das Modul von vorne betrachtet). Diese beiden Kerben verhindern auch zuverlässig einen verkehrten Einbau.

Im Verhältnis zu DDR-/DDR2-Speicher wirkt SDRAM recht behäbig. PCs, die mit diesem Speicher bestückt sind, gehören aber auch einer deutlich älteren Rechnergeneration an. Für Büroaufgaben, zum Surfen und für viele andere Anwendungen reicht die Geschwindigkeit von SDRAM aber vollkommen aus. Da sich SDRAM meistens auch mit einzelnen nicht zu den übrigen Modulen passenden Speicherstreifen erweitern lässt, können alte PCs durch vielleicht zusätzliche 512 MByte SDRAM für aktuelle Aufgaben flott gemacht werden. Einzig moderne 3-D-Spiele, umfangreiche Bildbearbeitungen und Videoschnitt sollten auf diesen Rechnern besser nicht versucht werden.

DDR-RAM: SDRAM mit Nachbrenner

DDR-Speicher (**D**ouble **D**ata **R**AM) ist der etwa 1999 eingeführte Nachfolger des SDRAM und soll eine theoretische Verdopplung der Datenübertragung bringen. Das geschieht „ganz einfach" mit einem Trick: Statt wie bei SDRAM die Daten immer nur an der ansteigen Flanke des Taktsignals zu übertragen, nutzt DDR-Speicher auch die abfallende Taktflanke zur Übertragung von Daten. Dadurch wird bei gleichem Takt die doppelte Datenmenge übertragen, was effektiv einer Verdopplung des Takts von SDRAM gleichkäme.

In der Praxis ergibt das allerdings nicht den doppelten Datendurchsatz. Dazu müssten die angeforderten Daten immer mindestens doppelt so groß sein wie die Busbreite (also 2 * 64 Bit = 128 Bit oder 16 Byte, bei Dual Channel gar das Doppelte: 32 Byte). Zudem müssten die Daten aufeinander folgend angefordert werden (Burst Mode). Das ist bei Programmcode und den meisten Daten nicht der Fall, trifft aber beispielsweise auf Multimedia-Daten (Videofilme) zu. In der Praxis werden kleinere Datenpakete aus unterschiedlichen Speicherbereichen angefordert. Dabei bremst zusätzlich, dass die Adress- und Steuersignale nur an einer Flanke des Signals übertragen werden können.

Bei der Bezeichnung der Module lehnt man sich zum einen an das Schema von SDRAM an. Ein mit 133 MHz getaktetes Modul mit SDRAM bezeichnet man als  PC133, mit DDR-RAM wegen des effektiven doppelten Takts hingegen als DDR266. Der ebenfalls zu dem Zeitpunkt auf den Markt drängende Rambus-Speicher wurde aber, da er gleich vier Datenpakete übertragen kann, bei 200 MHz als PC800 verkauft. Das klang sehr viel schneller, auch wenn dem gar nicht so ist, da Rambus nur mit 16 statt 64 Bit überträgt. Rambus als PC800 ist also genauso schnell wie DDR400-Speicher – aber das erkennt der unkundige Käufer eventuell nicht. Aus diesem Grund musste eine zweite Bezeichnung her, die eine höhere Geschwindigkeit suggeriert. Gewählt wurde die Übertragungsrate, und die beträgt bei DDR400 beispielsweise 200 MHz * 2 * 64 Bit = 25.600 Bit/s oder 3.200 KBit/s. Daraus wurde die Bezeichnung PC3200 abgeleitet.

DDR-Speichermodule sind von den Abmessungen her identisch mit SDRAM-Riegeln, lassen sich aber leicht von ihnen unterscheiden. Während SDRAM wie beschrieben zwei Kerben in der Kontaktleiste und jeweils eine Kerbe am Rand hat, haben DDR-Speichermodule nur eine Kerbe in der Kontaktleiste, aber jeweils zwei an der rechten und linken Außenseite. Dass DDR-Speicher 184 statt 168 Pole besitzt, erkennt man selbst im direkten Vergleich kaum. Durch die Kerbe in der Kontaktleiste lässt sich ein DDR-Modul ebenso wie ein SDRAM-Modul nicht verkehrt herum einbauen.

Buffered-, Registered-, Fully Buffered- und ECC-Speicher

Speicher gibt es nicht nur als SD-, DDR-, DDR2- oder Rambus-RAM, sondern diese jeweils auch noch mit kleinen Erweiterungen.

Serverspeicher besitzt meistens zusätzliche Puffer (kleiner quer liegender Chip) und zusätzlichen Speicher zur Fehlererkennung, hier ein gepuffertes 1-GByte-DDR266-Modul mit ECC.

Meistens werden diese erweiterten Speicher im Serverbereich eingesetzt.

Buffered bedeutet, dass die Speichermodule kleine Puffer- oder Verstärkerbausteine enthalten, die die elektrischen Eigenschaften verbessern sollen. Die Puffer sollen dafür sorgen, dass vor allem beim Einsatz von mehr als vier Speichermodulen keine Timing-Probleme auf dem Speicherbus auftreten. Die Technik wurde bei PS/2-FPM- und -EDO-Speicher eingesetzt.

Registered ist ein ähnliche Technik, die gern mit Buffered verwechselt wird. Anstelle von Puffern werden hier aber Register verwendet, um die Adressleitungen elektrisch zu entlasten. Erkennbar sind derartige Module an zwei sehr kleinen zusätzlichen Registerchips in der Mitte des Moduls. Registered-Module werden wiederum vor allem in Servern eingesetzt und sind für SD- und DDR-RAM erhältlich.

Fully Buffered ist wiederum der Nachfolger von Registered und wird bei DDR2- und DDR3-Speicher eingesetzt. Erkennbar sind diese Module an einem zusätzlichen Chip, dem AMB (**A**dvanced **M**emory **B**uffer). Dieser Baustein stellt über 24 Leistungspaare eine serielle Verbindung, vergleichbar mit PCIe, zum Speichercontroller her. Statt zwei können bis zu acht Fully Buffered-Module pro Speicherkanal (Channel) benutzt werden.

ECC (**E**rror **C**orrection **C**ode) ist eine Weiterentwicklung der Parity-Technik älteren Speichers. **Parity** kann mit großer Wahrscheinlichkeit durch ein Prüfsummen-Bit feststellen, dass ein Fehler in einem Speicherchip vorliegt. ECC hingegen kann die meisten Fehler nicht nur erkennen, sondern auch korrigieren. Dazu werden für 64 Bit Speicher 8 Bit ECC benötigt. Teure Parity- und ECC-Speicher werden vor allem in Servern eingesetzt, bei denen es auf absolute Datenintegrität ankommt.

DDR2-RAM: Turbospeicher mit kleinem Blendeffekt

Der Name deutet es an: Dem DDR-Speicher folgen seit 2004/2005 die DDR2-Module. DDR2 basiert auf der gleichen Technik, erhöht den Datendurchsatz aber nochmals, indem an der auf- und absteigenden Taktflanke nicht nur ein, sondern gleich zwei Datenpakete übertragen werden („quad pre-fetch"-Zugriff auf den Speicher).

Das klingt nach einem satten Leistungsgewinn, doch es ist vor allem die Industrie, die hier gewinnt. Statt wie üblich in den höheren Taktbereichen des Vorgängers anzusetzen, nutzt man bei DDR2-Speicher Taktraten von vor zehn Jahren.

Minimal 100 MHz Bustakt ergeben bei vier Datenworten pro Takt (DDR2-400) dann zwar ordentliche 3,2 GByte/s, aber die liefert auch ganz normales DDR400. Und dabei ist DDR-Speicher sogar schneller, denn er läuft auf dem Bus mit 200 MHz und besitzt wesentlich kürzere Latenzen (Wartezeiten). Während DDR-Speicher mit CL2 keine Seltenheit ist, sind für DDR2 Latenzen von 3, 4 oder 5 Takten spezifiziert.

Der Speicher kann auf diese Weise sehr billig hergestellt werden. Und es gibt weitere Vereinfachungen/Verbesserungen: Die Gehäuse der Chips wurden nochmals von zuvor 261 auf 126 mm²

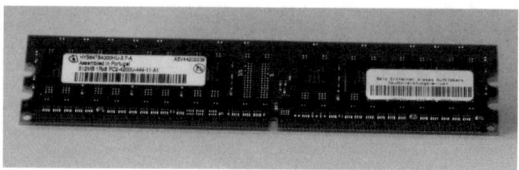

verkleinert. Dazu werden die Kontakte nicht mehr nach außen an die Seite gesetzt, sondern direkt unter dem Chip als kleine Halbkugeln realisiert – FBGA (**F**ine-Pitch **B**all **G**rid **A**rray) statt wie bisher TSOP (**T**hin **S**mall **O**utline **P**ackage). Das spart Platz und Material, außerdem verbessern sich die elektrischen Eigenschaften. Eine Detailverbesserung ist beispielsweise die jetzt auf dem Modul sitzende Terminierung des Bus. Jeder Bus muss am Ende „abgeschlossen" sein, um Reflexionen der Signale und damit Störungen zu vermeiden. Bislang wurde der Speicherbus auf dem Mainboard terminiert. Dadurch entsteht jedoch an dessen Ende immer ein kleines „totes Stück", das elektrisch problematisch ist. Bei DDR2-Modulen terminiert das letzte eingesteckte Speichermodul in der Kette den Bus automatisch.

DDR2-Speicher erkennt man schnell an den verwendeten Speicherchips: Diese haben im Gegensatz zu SDRAM- und DDR-Chips keine „Füße" am Rand, sondern besitzen kleine Kontakte direkt unter dem Chip.

Ein Vorteil der kleineren Chips und des niedrigen Takts ist hingegen, dass so weniger Energie benötigt wird. DDR-Speicher benötigt 2,5 oder 2,6 Volt, DDR2-Speicher nur 1,8 Volt. Damit sinkt die elektrische Leistungsaufnahme um über 50 % (247 statt 527 MW). Das macht DDR2-Speicher vor allem für Notebooks interessant.

DDR2-Speicher ist aber nur bedingt schneller als DDR-RAM. Der maximal mögliche Datendurchsatz ist zwar theoretisch höher, aber dieses Szenario wird eigentlich nur bei der Musik- und Videobearbeitung oder bei Benchmarks erreicht; bei der Anforderung von vielen direkt hintereinander liegenden Datenbereichen. Die meisten üblichen Anwendungen springen sehr viel im Speicher hin und her. Hier ist eine schnelle Reaktionszeit gefragt – und gerade die hat DDR2-Speicher wegen des geringen Takts und der hohen Latenzzeit nicht. DDR2-533 liegt mit DDR400 in etwa gleich auf, erst ab DDR2-667 ist ein kleiner Geschwindigkeitszuwachs zu messen.

DDR3-RAM: Die nächste Generation

DDR3-Speicher ist die Weiterentwicklung von DDR2 und überträgt statt vier gleich acht Datenworte pro Takt – also wieder eine Verdopplung der maximal möglichen Übertragungsrate. Selbst mit einem lahmen Systembus von 100 MHz schafft es DDR3-Speicher, bis zu 6,4 GByte/s durch den Bus zu schaufeln. Für Notebooks interessant sein dürfte die weitere Absenkung der Versorgungsspannung auf nur noch 1,5 Volt.

DDR3-Speicher schon auf Grafikkarten?

Grafikkartenhersteller verkaufen bereits Karten, die mit einem Speicher namens GDDR3 arbeiten. Mit DDR3 hat das aber nichts zu tun, es handelt sich um DDR2-Speicher, der mit 1,8 statt der üblichen 2,5 Volt betrieben werden kann. Die Marketing-Experten wählten diesen Namen, um ahnungslosen Kunden einen neuen und leistungsfähigeren Speicher vorgaukeln zu können.

Samsung produziert seit Sommer 2006 bereits DDR3-Chips in 80-nm-Technologie und erwartet den Durchbruch des Speichers für 2007. Da aber beispielsweise AMD mit der AM2-Plattform Mitte 2006 gerade einmal auf DDR2 umgestiegen ist, dürfte die Zeit für DDR3 wohl noch lange nicht reif sein.

Rambus: schneller und teurer Flop

Technisch und auf den ersten Blick sieht Rambus sehr gut aus: Bestückung immer mit zwei Modulen (Memory-Interleave), getrennte RAS- und CAS-Leitungen, 400 MHz und Datenübertragung an beiden Taktflanken (also DDR-Technologie).

Auf den zweiten Blick bröckelt es aber: Eine grundsätzlich doppelte Bestückung schreckt Anwender ab, denn bei den üblichen vier Steckplätzen kann man genau zwei Pärchen Speicher einsetzen, einmal beim Kauf des Rechners, einmal zum Aufrüsten – das verleitet dazu, lieber etwas zu überdimensionieren, was teuer wird. Und auch das Interleaving erweist sich leider als Fehlinterpretation: Normalerweise könnte so abwechselnd auf die Module zugegriffen werden, was den Speicherdurchsatz erhöhen würde. Beim Rambus handelt es sich aber um einen seriellen Bus, es findet also keine Beschleunigung statt. Leere Sockel gibt es bei Rambus nicht, diese müssen immer mit Dummy-Modulen (CRIMMs) bestückt werden.

Die Module werden auch leicht extrem heiß, da aufeinander folgende Speicherzellen nicht wie bei SDRAM auf alle Chips eines Moduls verteilt werden, sondern innerhalb eines einzelnen Chips

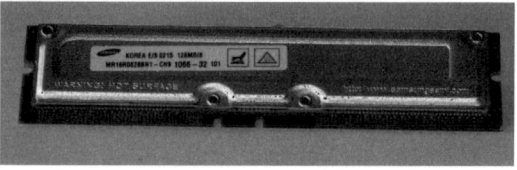

– bei Zugriffen auf eng beieinander liegenden Speicheradressen wird der entsprechende Chip extrem belastet, daher Rambus arbeitet grundsätzlich mit Kühlblechen.

Rambus arbeitet mit 16 Bit und damit nur mit einem Viertel der Busbreite von SDRAM und DDR-SDRAM. Diese schaufeln pro Takt bei 64 Bit also viermal so viele Daten – dafür ist Rambus mit 400 MHz echtem Takt recht flott.

Die Funktionsweise von Rambus ist interessant: Wie bei SCSI ist Rambus eher als Bus anzusehen und basiert auf dem RSL (**R**ambus **S**ystem **L**ayer). Er verwendet eine Spannung von 1,8 Volt und muss terminiert werden, weil er mit sehr schnellen echten 400 MHz arbeitet und wie AGP2x oder DDR-SDRAM an beiden Taktflanken Daten überträgt. Es gibt sogar getrennte RAS- und CAS-Steuerleitungen, wodurch eine neue Speicheradresse angelegt werden kann, während noch der vorherige Datentransfer läuft. Rambus „reagiert" somit sehr schnell auf Anfragen, was dann aber das Argument, er harmoniere perfekt mit dem Pentium 4, ad absurdum führt: Dieser hat schließlich eine stark verbesserte Sprungvorhersage und springt so weniger wild im Speicher umher. Dagegen zählt allerdings das Argument, dass Rambus kleinere Informationshappen schneller liefert als DDR-/SDRAM, was bereits bei einem mit über 2 GHz getakteten Prozessor durchaus wichtig ist.

Rambus ist extrem teuer, ein Modul kostet etwa fünfmal so viel wie ein DDR2-Modul gleicher Größe und Geschwindigkeit. Warum ist Rambus so extrem teuer? Dazu muss man etwas ausholen: Bereits 1995 setzte Silicon Graphics Rambus in seinen Workstations ein – damals sorgte das für einen großen Leistungsvorsprung für die noch über FPM staunende x86-Welt. Auch andere Hersteller wie Nintendo setzten es in den Spielkonsolen, Grafikkartenhersteller wie Cirrus Logic auf Grafikkarten ein: Insofern ist Rambus also ein alter Hut, es keine „neue Technologie", die einen derart hohen Preis rechtfertigen könnte. Der Grund liegt wohl eher im wirtschaftspolitischen Bereich, denn Intel propagierte Rambus als Speicher der Zukunft, weil man Teilhaber der Firma Rambus ist und es ohne Lizenzgebühren nicht möglich war, Rambus-Module oder -Boards herzustellen – ein politischer Weg in Richtung Monopol. Andere Hersteller erkannten das und setzten um so mehr auf die übrigen Standards. Die Preise und das etwas arrogant wirkende Auftreten von Rambus – man trat eine Klagewelle wegen Patentverletzungen los – ließen auch die Käufer zurückhaltend bleiben. Heute ist Rambus vom Markt verschwunden. Kleine Info am Rande: Über die Hälfte der Ausgaben bei Rambus fließen nicht etwa in Entwicklung und Produktion, sondern in die Rechtsabteilung.

2.4 Wichtige Tipps für den Einkauf neuer Speicherbausteine

Speicherbausteine kauft man dummerweise immer zu früh. Ein paar Tage oder Wochen später sind sie meistens deutlich billiger ... es sei denn, die Speicherpreise steigen plötzlich. Tendenziell sinken die Speicherpreise natürlich. Kosteten vor gut zehn Jahren vier kleine 4-MByte-PS/2-Module noch 1.000 Mark, bekommt man für diese 500 Euro heute locker 4 GByte Speicher – und hat immer noch Geld für ein leckeres Abendessen übrig. In zehn Jahren wurde Speicher also rund 250-mal billiger. Zwischendurch gab es kurzzeitig starke Preisanstiege, beispielsweise als Ende September 1999 nahe Taiwan ein starkes Erdbeben einige große Chipfabriken in Mitleidenschaft zog. In wenigen Tagen stieg der Preis auf mehr als das Doppelte – obwohl die Lager der Großhändler bis zum Bersten gefüllt waren.

Daher ist es immer empfehlenswert, die Speicherpreise vor einer Kaufplanung ein wenig zu beobachten. Einige Discounter zeigen in deren Webangebot auch die Preisentwicklung über die letzten Wochen, notfalls helfen Preisvergleichsportale oder Newsticker mit einer Preisvergleichserweiterung wie *www.golem.de*.

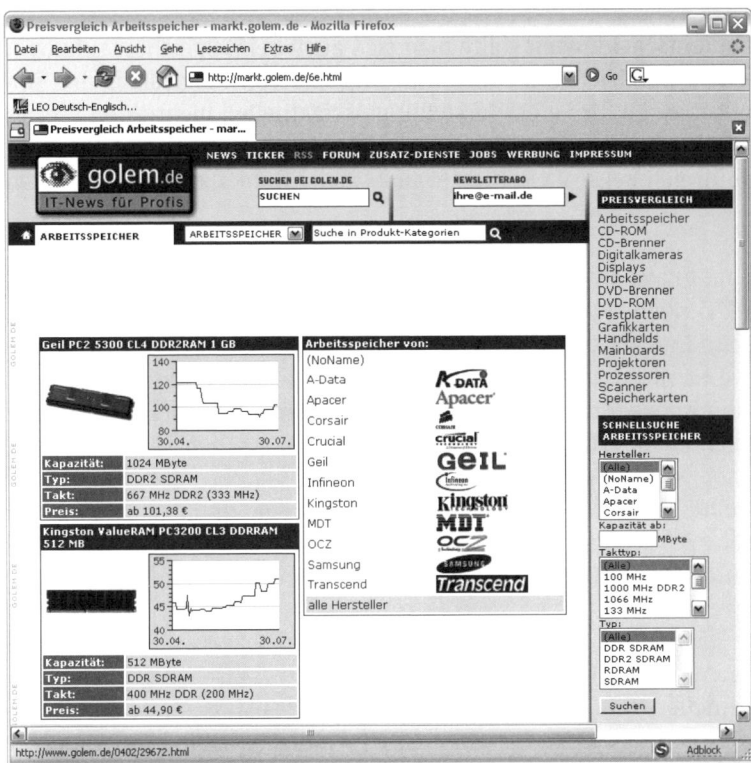

Preisvergleichsportale wie hier das auf dem Newsticker www.golem.de zeigen wunderbar die Preisentwicklung an. Hier sieht man: DDR2-Speicher wird billiger, alte DDR-Module steigen.

Die Entwicklung der Speicherpreise vorherzusagen ist aber reine Spekulation. Wenn Sie Speicher wirklich benötigen, sollten Sie ihn einfach kaufen.

Speicher, je schneller, desto teurer?

Eigentlich gilt wie so oft: Je schneller etwas ist, desto teurer ist es auch. Was beispielsweise auf Prozessoren zutrifft, kann man auf Speicher nicht unbedingt anwenden.

Speicherbausteine sind Massenartikel und werden in riesigen Mengen produziert. Dabei werden aber zum Großteil nur die Arten von Speicher gefertigt, die der Markt benötigt. Schon bevor ein Speicher ausgemustert wird, hört dessen Produktion auf. Die dann noch vollen Lager der Hersteller und Großhändler müssen abverkauft werden – oft zu Dumpingpreisen. Dann aber steigt der Preis plötzlich wieder an, denn wenn alter Speicher zu lange nachgefragt wird, wird er auf einmal knapp. So kommt es zu der kuriosen Situation, dass uralte PS/2-Module heute zu astronomischen Preisen gehandelt, SDRAM ist teurer als DDR-Speicher, und der ist wiederum teurer als DDR2-Speicher.

Besonders teuer sind auch technische Neuheiten. Mit der Einführung von DDR3 wird dieser Speicher unverhältnismäßig teuer sein – von einem Kauf kann man dann so lange abraten, bis vielleicht noch ein Aufpreis von 10 bis 20 % gegenüber DDR2 zu zahlen ist.

Abzocke beim Händler vermeiden

Wie bei allen Kaufentscheidungen sollte man sich auch beim Speicherkauf zuvor im Markt umsehen. Vergleichen Sie also die Angebote von mindestens drei unterschiedlichen Anbietern. Um eine Vorstellung des aktuellen niedrigsten Preises für den von Ihnen benötigten Speicher zu bekommen, können diverse Preisvergleichsportale hilfreich sein. Viele bieten auch gleich Links zu den jeweiligen Versendern.

Bei Angeboten auf eBay sollte man eine gehörige Portion Vorsicht walten lassen. Gerade „private" Verkäufe können mangels Gewährleistungs- und Rückgabemöglichkeit eine große Enttäuschung sein. Einige schwarze Schafe haben hier schon viele gutgläubige Käufer mit kaputten oder falschen Speichermodulen betrogen. Andererseits kann man gerade bei etwas ungewöhnlichem Speicher, der im normalen Handel nicht mehr erhältlich ist, ein Schnäppchen machen.

Auf jeden Fall sollte das Angebot möglichst ausführlich sein und auch technische Details aufzeigen. Die technischen Details verraten, ob es sich bei einem Speicher um eine lahme Krücke oder tatsächlich um ein schnelles Modul handelt.

Ein Blick in die Liste eines Discounters offenbart beispielsweise zwei DDR400-Module, von denen eines rund 10 % teurer ist. Erst die technischen Details verraten, dass das schnellere Modul ein CL1,5-2-2-5 1T ist, das langsamere ein CL3-4-4-8. Wem es nicht auf das letzte bisschen Geschwindigkeit ankommt, kann getrost auf die preiswerteren DIMMs zurückgreifen. Wer aber das Optimum an

Leistung aus seinem PC herauskitzeln möchte, kommt um die Speichermodule nicht herum – sie sind ideal auch für Overclocker.

Ebenfalls interessant ist die explizite Bezeichnung „1T", die ein schnelleres „Command Rate Timing" erlauben soll. Billige Module benötigen einen Takt mehr (2T); das könnte beim zweiten, preiswerteren Angebot der Fall sein – oder auch nicht. Allerdings kann man auch mit 1T-Modulen gezwungen sein, 2T zu benutzen: Manche Module, insbesondere auf AMD-Mainboards, haben Timing-Probleme. Zwei Module laufen dann durchaus mit T1-Timing, vier Module hingegen stürzen dabei ab – Sie müssen dann von Hand auf 2T-Timing herunterschalten.

Insofern gilt: Es ist immer besser, so viele Daten wie möglich zu den gewünschten Speichermodulen zu bekommen. Eine fehlende Information könnte – muss aber nicht – darauf hindeuten, dass ein schlechter Wert unter den Teppich gekehrt werden soll.

Vertrauen ist gut, Kontrolle ist besser

Wenn Sie Speichermodule im Ladengeschäft kaufen, werfen Sie vor dem Eintüten einen Blick auf die Module. Überprüfen Sie die Beschriftung, die sich meistens auf einem kleinen Aufkleber befindet.

Sollte sich der Verkäufer nämlich versehen haben und Ihnen nicht die auf der Rechnung aufgeführten Speichermodule mitgeben, kann ein späterer Umtausch sehr schwierig werden.

Sie können das Modul auch leicht gegen das Licht halten und kippen bzw. drehen. Ein genauer Blick auf die Kontaktleiste zeigt eventuell, ob das Modul schon einmal eingebaut war. Dann sind deutliche Kratzer auf den kleinen Kontaktflächen zu sehen. Der Einbau kann allerdings auch auf eine Prüfung des Herstellers zurückzuführen sein.

An diesem DIMM sind an den kleinen Kontaktpads deutliche Gebrauchsspuren zu erkennen – es ist keinesfalls ein fabrikneues Modul.

Markenspeicher hat den Vorteil, oftmal in einem versiegelten Blister verpackt zu sein – da sind Sie sicher, auch wirklich ein neues Modul zu erhalten.

Vor allem so genannter 3rd- oder topless-Speicher ist manchmal minderwertig. „Infineon on 3rd" bedeutet beispielsweise, dass Speicherchips von Infineon auf einem Modul eines unbekannten Herstellers verbaut wurden. Es handelt sich also keinesfalls um „Infineon-Module", die technisch hochwertiger sind.

Beabsichtigen Sie also, Geld für Markenspeicher auszugeben, kaufen Sie auch echte Markenmodule.

Risiko bei No-Name-Ware?

Mit einem No-Name-Speichermodul kann man durchaus etwas Geld gegenüber einem Markenmodul sparen. Da auch die Bauteile für diese Module aus den üblichen Produktionsreihen stammen, kauft man dabei nicht etwa Schrott.

Trotzdem neigen diese Module eher dazu, Probleme zu bereiten. Vermutlich liegt das unter anderem daran, dass die Module sich zwar innerhalb des Spezifikationsbereichs befinden, dort aber eher an der unteren Grenze. Sie erfüllen die Standards also „so gerade eben noch". Mit ein Grund, warum sie so billig angeboten werden können.

Probleme tauchen dann auf, wenn sich ein Mainboard auch eher an der Grenze der Spezifikationen befindet. Beide Komponenten – also Speichermodul und Mainboard – sind für sich genommen dann zwar in Ordnung, laufen zusammen aber nur mit sporadischen Abstürzen oder gar nicht. Die Fehler häufen sich umso mehr, je mehr Module verbaut werden.

No-Name-Speichermodule lassen sich daher noch am besten in Standardhardware verbauen, die notfalls auch mit sehr konservativen/langsamen Einstellungen betrieben werden kann. Wer erhöhten Wert auf Stabilität und Performance legt, sollte hingegen No-Name-, 3rd- und topless-Produkte meiden.

Checkliste für den Speicherkauf

Vor dem Kauf neuer Speicherriegel sollten Sie einige Dinge beachten. Neben einer Bestandsaufnahme (Was ist bereits eingebaut?) und der gewünschten Konfiguration (Wie viel Speicher soll nach dem Umbau vorhanden sein?) spielen auch strategische Überlegungen eine Rolle (Steht später eine erneute Erweiterung an?):

✔ Welchen Speichertyp unterstützt das Mainboard (SDRAM, DDR/DDR2, Rambus)?

✔ Welche Speichersteckplätze sind bereits belegt?

✔ Welche Speichergeschwindigkeit unterstützt das Board, welche Geschwindigkeit haben die bereits verbauten Module? (Mischt man DDR400 mit DDR266, läuft der Speicherbus nur mit DDR266.)

✔ Stellt das Board die optimale Spannung für die Speichermodule bereit (1,8, 2,5, 2,6 oder 2,7 Volt)?

✔ Welches ist die maximale Modulgröße, die das Mainboard verarbeiten kann (512-, 1.024- oder 2.048-MByte-Module)?

✔ Welches ist der maximale Speicherausbau des Mainboards (viele Boards lassen sich nicht auf 4 GByte aufstocken)?

✔ Unterstützt das Mainboard alle Modulbestücken (einseitig, zweiseitig)?

✔ Muss das Mainboard beim Maximalausbau mit Registered oder Fully Buffered RAM ausgestattet werden?

✔ Unterstützt das Board ECC-Speicher?

✔ Empfiehlt der Mainboard-Hersteller bestimmte Hersteller oder spezielle Module von bestimmten Herstellern? Sind diese zu einem vernünftigen Preis zu bekommen? (Die Informationen bekommen Sie auf der Webseite des Herstellers oder im Handbuch.)

✔ Wägen Sie ab, ob es sich lohnt, Markenspeicher mit langer Garantiezeit zu kaufen.

Dazu kommen noch ein paar allgemeine Tipps für den Einkauf einzelner Komponenten:

✔ Versuchen Sie, einen aktuellen Tiefpreis per Preisvergleichsportal zu finden.

✔ Prüfen Sie die Preise für den gewünschten Speicher bei vielen verschiedenen Händlern.

✔ Kaufen Sie nach Möglichkeit in einem lokalen Geschäft, bei dem Sie eine gute Beratung bekommen, oder bei einem Discounter, der schon länger am Markt ist.

✔ Beim Neukauf eines PCs achten Sie auf eine ausreichende und strategisch sinnvolle Speicherbestückung. PCs mit 1 GByte RAM werden gern mit alten, billigen 256-MByte-Modulen vollgesteckt, ein Aufrüsten ist dann ncht möglich. Zwei 512er-Module oder ein 1-GByte-Modul ergeben die gleiche Grundausstattung, lassen aber Raum für spätere Erweiterungen.

Verschiedene Speichermodule können meistens auch gemischt betrieben werden. Dabei gilt allerdings immer die Geschwindigkeit als Maximum, die das langsamste Modul noch vertragen kann. Ebenso können Sie in ein DDR333-Mainboard meistens auch DDR400-Speicher einsetzen – er läuft dann allerdings nur mit dem DDR333-Takt. Sinnvoll kann das trotzdem sein, wenn DDR400-Speicher günstiger als DDR333-Speicher ist oder in Kürze sowieso ein Mainboard-Neukauf für DDR400-Speicher ansteht.

Die folgende Tabelle gibt einen Überblick über die Spezifikationen aktueller Speichermodule.

Bezeichnung	Taktrate	Datenbus	Maximale Datenübertragungsrate
SDRAM PC 66	66 MHz	64 Bit	0,5 GByte/s
SDRAM PC 100	100 MHz	64 Bit	0,8 GByte/s
SDRAM PC 133	133 MHz	64 Bit	1,06 GByte/s

Bezeichnung	Taktrate	Datenbus	Maximale Datenübertragungsrate
SDRAM PC 150	150 MHz	64 Bit	1,2 GByte/s
SDRAM PC 166	166 MHz	64 Bit	1,33 GByte/s
DDR-RAM 200/PC 1600	100 MHz	64 Bit	1,6 GByte/s
DDR-RAM 266/PC 2100	133 MHz	64 Bit	2,1 GByte/s
DDR-RAM 333/PC 2700	166 MHz	64 Bit	2,7 GByte/s
DDR-RAM 400/PC 3200	200 MHz	64 Bit	3,2 GByte/s
DDR-RAM 533/PC 4200	266 MHz	64 Bit	4,2 GByte/s
DDR2-RAM 400/PC2 3200	100 MHz	2 x 64 Bit	6,4 GByte/s
DDR2-RAM 533/PC2/4200	133 MHz	2 x 64 Bit	8,4 GByte/s
DDR2-RAM 667/PC2-5300	166 MHz	2 x 64 Bit	10,6 GByte/s
DDR2-RAM 800/PC2-6400	200 MHz	2 x 64 Bit	12,8 GByte/s
DDR3-RAM 800/PC3-6400	100 MHz	2 x 64 Bit	12,8 GByte/s
DDR3-RAM 1066/PC3-8500	133 MHz	2 x 64 Bit	17,0 GByte/s
RDRAM PC 800	400 MHz	2 x 16 Bit	3,2 GByte/s
RDRAM PC 1066	533 MHz	2 x 16 Bit	4,2 GByte/s
RDRAM PC 1200	600 MHz	2 x 16 Bit	4,8 GByte/s
RDRAM PC 800	400 MHz	2 x 32 Bit	6,4 GByte/s
RDRAM PC 1066	533 MHz	2 x 32 Bit	8,4 GByte/s

Speichermodule nach der DDR-, DDR2- und Rambus-Spezifikation werden meistens im Dual Channel-Betrieb verbaut (2 x 64 Bit). Für den Single Channel-Betrieb halbiert sich die maximale Datenübertragungsrate.

Mainboard für Mischbestückung

Einige wenige Mainboards bieten die Möglichkeit, unterschiedliche Speichertypen zu verwenden. Es gibt dann beispielsweise zwei Speichersteckplätze für SDRAM und zwei für DDR-RAM. Es kann in diesem Fall jeweils nur eine Speicherart bestückt werden, ein Mischbetrieb funktioniert nicht.

Die Mainboards sind als Notlösung zu betrachten, da die Performance zu wünschen übrig lässt und der Speicherausbau mit nur zwei Modulen sehr begrenzt ist.

Wie viel Speicher darf es sein? – RAM-Empfehlungen für verschiedene Zwecke

Viel hilft viel, das gilt vor allem beim Arbeitsspeicher im PC. Lieber etwas zu viel als etwas zu wenig RAM, den im Fall eines Mangels werden Speicherbereiche auf die Festplatte ausgelagert – und die ist aus Sicht des Prozessors unendlich viel langsamer als der Arbeitsspeicher.

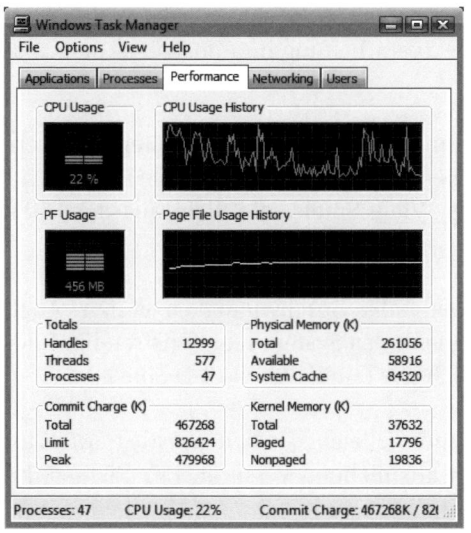

Die Speicherauslastung hängt vom Betriebssystem, den installierten Programmen und Tools und der eigenen Arbeitsweise ab. Alle Betriebssysteme geben Auskunft über den aktuellen Speicherbedarf. Ist der Speicher meistens zu 80 oder mehr Prozent ausgelastet, sollten Sie eine Speichererweiterung einbauen.

Die sinnvolle Größe des Speicherausbaus richtet sich letztlich nach dem eingesetzten Betriebssystem und den Anwendungen, die man benutzt. Wer unter Windows 95 nur surft, die Fotos seiner Digicam sortiert und ab und zu einen Brief schreibt, kommt mit sehr wenig Speicher aus. Wer hingegen am Wochenende brandaktuelle 3-D-Spiele zockt und hin und wieder selbst gedrehte Urlaubsvideos schneiden und auf DVD mastern will, der benötigt schon 1, besser 2 oder gar mehr GByte. Da 1 GByte Speicher zurzeit weit unter 100 Euro liegt, ist ein solcher Ausbau durchaus finanzierbar.

Betriebssystem	Minimum	Empfohlen	Optimal
Windows 95 (alle Versionen)	8 MByte	16 MByte	64 MByte
Windows 98 und 98 SE	32 MByte	64 MByte	128 MByte
Windows ME	32 MByte	128 MByte	256 MByte
Windows NT 4.0	32 MByte	64 MByte	256 MByte
Windows 2000	128 MByte	256 MByte	512 MByte
Windows XP Home Edition	128 MByte	512 MByte	1 GByte
Windows XP Professional	128 MByte	min. 512 MByte	1 GByte
Windows Vista	512 MByte	1 GByte	2 GByte
SuSE Linux 10.x, Ubuntu	256 MByte	512 MByte	1 GByte
FreeBSD 6.x	128 MByte	512 MByte	1 GByte

Je mehr Anwendungen gestartet werden sollen und je aufwendiger diese sind, desto mehr Speicher sollte im PC verbaut sein. Die Angaben in der Tabelle beziehen sich auf folgende Einsatzgebiete:

Minimum: Das System läuft in der Grundkonfiguration, es werden nur Programme meistens einzeln gestartet. Surfen, Textverarbeitung und höchstens sehr einfache Spiele sind möglich.

Empfohlen: Das Betriebssystem wurde um Zusatzfunktionen erweitert, mehrere Anwendungen werden parallel benutzt. Beim Surfen werden aktuelle Plug-ins für aktive Inhalte und Onlinevideo benötigt. Viele Spiele, die nicht aus dem 3-D-High-End-Sektor stammen, laufen.

Optimal: Das Betriebssystem soll mit optimaler Geschwindigkeit laufen. Auch bei vielen gleichzeitigen Anwendungen bleibt das System reaktionsfreudig. Bild- und Videobearbeitung sind ebenso möglich wie brandaktuelle 3-D-Spiele.

Wer zurzeit mit Windows XP arbeitet und vielleicht an den Umstieg auf Windows Vista denkt, ist mit 1 GByte RAM ausreichend versorgt. Für Vista sollte allerdings die Möglichkeit, auf 2 GByte aufrüsten zu können, offen gehalten werden. Für ein übliches DDR2-Dual Channel-Board bedeutet das: jetzt mit zwei 512-MByte-Modulen bestücken, beim Umstieg auf Vista bei Bedarf noch zwei 521-MByte-Module nachstecken.

2.5 Troubleshooting nach dem Speicherumbau

Eigentlich ist das Aufrüsten des Speichers eine der einfacheren Arbeiten am PC. Man kann den Speicher nicht verkehrt herum einstecken, und nach dem erneuten Einschalten des Rechners steht der Speicher sofort zur Verfügung.

Doch manchmal steckt der Teufel im Detail, und der Speicher wird nicht erkannt, läuft plötzlich sehr viel langsamer oder instabil, oder der PC startet überhaupt nicht mehr. Typische Fehler, die auf Probleme mit dem Speicher hindeuten, sind:

- sporadische Abstürze von Windows mit Schutzverletzungen,
- sporadische Abstürze nach dem Starten speicherintensiver Anwendungen,
- schwere Windows-Ausnahmefehler (Bluescreen),
- starke Verlangsamung der Windows-Oberfläche,
- deutlich längerer Windows-Start, Einfrieren beim Start,
- häufig auftretende Schreib-/Lesefehler bei Laufwerken und Peripherie,
- zerschossene Dokumente (kann auch Festplattendefekt/Virus sein),
- angeblicher Speichermangel des Systems („Das System ist ausgelastet").

Ganz allgemein deutet ein in welcher Weise auch immer geartetes, merkwürdiges Verhalten von Windows nach dem Einbau neuer Speichermodule darauf hin, dass etwas mit den Modulen nicht stimmt oder nicht richtig eingestellt ist.

Tipps zur Überprüfung des Speichers

Stimmt etwas mit dem Speicher nicht, kann man ohne technische Prüfgeräte in der Regel nicht feststellen, was genau nicht funktioniert. Es gibt jedoch eine Reihe von Lösungsmöglichkeiten für unterschiedliche Probleme/Symptome, die Sie einfach ausprobieren können.

Speichergröße

Das BIOS zählt beim Systemstart in der POST-Routine (**P**ower **O**n **S**elf **T**est) den Speicher ein oder mehrmals hoch. Vergleichen Sie diesen Wert mit dem von Ihnen erwarteten Wert. Der Speicher wird in Byte hochgezählt; um ihn in MByte umzurechnen, müssen Sie ihn zweimal durch 1.024 teilen (1 KByte sind nicht 1.000, sondern 1.024 Byte (2^10). Ebenso ist ein MByte wiederum 1.024 KByte etc.). Aus diesem Grund sind die Zahlen, die das BIOS beim Hochzählen des Speichers angibt, etwas merkwürdig. 2.147.483.648 Byte sind somit nichts anderes als eingebaute 2,0 GByte.

Stimmt etwas mit der Speichergröße nicht, überprüfen Sie, ob alle DIMMs richtig in den Sockeln stecken. Stecken Sie die Module eventuell in andere Sockel oder vertauschen Sie Module.

Defektes Modul ausmachen

Wenn der Speicher Probleme bereitet, ist es mit einem Trick möglich, das defekte Modul ausfindig zu machen. Dazu müssen allerdings mehrere Module vorhanden sein. Stecken Sie einfach jedes Modul einzeln in das Mainboard und testen Sie es dann unter Windows ausgiebig. Tritt wieder ein Fehler auf, haben Sie das defekte Modul lokalisiert.

Sind die Module zu klein, um einzeln getestet zu werden, testen Sie sie paarweise: Erst Modul 1 und 2, dann 1 und 3, dann 1 und 4. Tritt das Problem immer auf, ist vermutlich Modul 1 defekt. Ansonsten ist das zugesteckte Modul das gesuchte.

Stabiles Speichertiming

Ist der Speicher komplett vorhanden, kommt es aber vor allem unter Last zu Abstürzen oder Bluescreens, kann das Speichertiming zu aggressiv eingestellt sein. Der Grund kann ein Overclocking-Versuch Ihrerseits, aber auch ein nicht korrekt funktionierendes SPD auf dem Modul sein. Versuchen Sie in diesem Fall, das Speichertiming entweder von Hand auf langsamere Werte zu stellen (mehr Wartetakte), oder benutzen Sie voreingestellte „Fail-Safe"-Einstellungen des BIOS-Setup.

Im BIOS-Setup finden Sie dazu eine Option wie *SD-RAM Configuration, DRAM Timing* oder Ähnliches. Stellen Sie dort *Auto* oder *By SPD* ein. Das BIOS nimmt nun alle Einstellungen automatisch vor und verwendet Werte, die das jeweilige Speichermodul durch die Daten im SPD vorgibt. In manchen BIOS-Versionen können Sie das Speichertiming auch auf *Normal* oder *Slow* einstellen, um konservative Werte zu erhalten.

Eine weitere Möglichkeit ist es, probeweise den gesamten Systembus (FSB, **F**ront **Si**de **B**us) langsamer zu takten. Durch den geringeren Takt wird der gesamte PC deutlich langsamer, aber der Speicher auch wesentlich weniger belastet. Läuft der PC so stabil, deutet das auf Speichermodule mit problematischem Speichertiming hin.

Wer zuerst kommt, mahlt zuerst

Bestücken Sie die Steckplätze für Speicher mit unterschiedlichen Modulen, die vielleicht auch ein unterschiedliches Speichertiming benötigen, wird normalerweise das Timing des langsamsten Moduls verwendet. Es kommt aber auch vor, dass Mainboards dies nicht richtig erkennen oder aufgrund von Designfehlern einfach die Werte des ersten Moduls übernehmen.

In diesem Fall stecken Sie von Hand das langsamste Modul in der ersten Speichersteckplatz. Wählen Sie auch hier im BIOS-Setup die automatische Konfiguration per SPD.

Probleme beim Interleave

Gemischte Module unterschiedlicher Hersteller oder Bauart laufen manchmal nicht korrekt im Dual Channel- oder Interleave-Modus. Schalten Sie in diesem Fall die Speicheroptimierungen im BIOS-Setup aus. Ändern Sie dazu im BIOS-Setup beispielsweise die Option *Bank Interleaving* von *4 Way* auf *2 Way*. Hilft auch das nicht, müssen Sie versuchen, die Module anders anzuordnen, oder notfalls auf die kleinsten Module verzichten.

Probleme mit No-Name-Speicher oder dem SPD

Ist alles eigentlich korrekt konfiguriert, kann es trotzdem zu Problemen und Instabilitäten kommen, weil ein SPD auf einem der Module verrückt spielt. Hin und wieder kommt dies vor allem bei No-Name-Speicher vor.

Wenn alles nichts hilft und Sie die benötigten Werte für das Speichertiming auch nicht kennen, starten Sie einfach mit den langsamsten Werten. Stellen Sie dazu beim Speichertiming im BIOS-Setup die Werte von Hand ein. Wählen Sie bei allen Einstellungen die höchstmöglichen Werte. Der Speicher läuft nun zwar extrem langsam, sollte dies aber stabil machen.

Sie können die Werte dann langsam immer weiter verringern, um mehr Geschwindigkeit zu bekommen. Sobald das System instabil zu werden beginnt, setzen Sie alle Werte wieder um ein oder zwei Stufen herauf.

Speicher will nicht zusammenarbeiten

Es kann auch vorkommen, dass bestimmte Speichermodule einfach nicht zusammenarbeiten wollen oder sogar nicht zum Mainboard passen. In diesem Fall wird ein kulanter Händler Ihnen die Module umtauschen.

Stellt sich der Händler stur (die Module funktionieren schließlich – alles andere ist nicht sein Problem), kaufen Sie nicht mehr bei ihm. Versuchen Sie stattdessen, den gleichen Speichertyp in einem anderen PC im heimischen Netzwerk oder bei Freunden auszumachen. Die Chance ist groß, dass die in Ihrem PC störrischen Module in einem anderen PC ohne Probleme laufen. Tauschen Sie dann den Speicher einfach aus.

Stresstest: Fehlerhaften Speicher erkennen

Um herauszufinden, ob alle Komponenten eines PCs stabil laufen, kann man sie einem Stresstest unterziehen. Das ist nichts anderes als eine Art ausgedehnte Testfahrt unter Volllast und Extrembedingungen. Stürzt der PC bei diesem Test nicht ab, können Sie nahezu sicher sein, dass er es im Alltag auch nicht machen wird.

Ist hingegen auch nur eine Komponente nicht ganz in Ordnung, wird sie spätestens bei diesem Stresstest nicht mehr mithalten können und ausfallen – damit haben Sie dann die Schwachstelle im PC aufgedeckt und können sie beseitigen. Das kann über etwas konservativere BIOS-Einstellungen oder notfalls über den Austausch der problematischen Komponente geschehen.

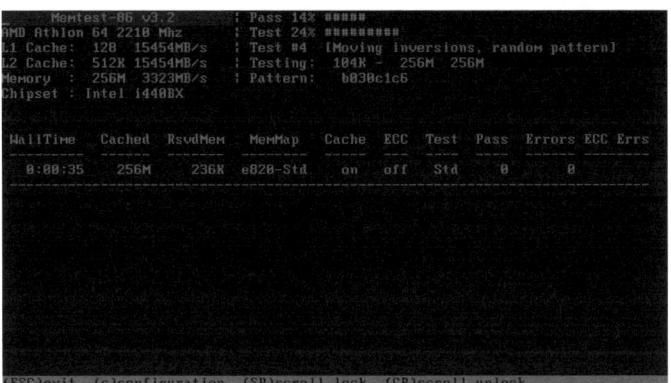

Memtest 3.2 schreibt unterschiedliche Bit-Muster in den Speicher und liest ihn dann wieder aus. Sollte es zu Unstimmigkeiten kommen, wird so defekter Speicher diagnostiziert.

Um den Speicher einem Stresstest zu unterziehen, hat sich Memtest bewährt. Das kleine Programm für den RAM-Stresstest liegt in der Version 3.2 vor und kann kostenlos von *www.memtest86.com* heruntergeladen werden.

Packen Sie das heruntergeladene Archiv aus und führen Sie die Datei *install.bat* aus. Es erscheint ein Fenster, das Sie zur Eingabe des Laufwerkbuchstabens für Ihr Diskettenlaufwerk auffordert (meistens ist es A:). Legen Sie eine formatierte Diskette in das Laufwerk und drücken Sie [Enter]. Sie erhalten eine bootbare Diskette, die automatisch den Memtest startet.

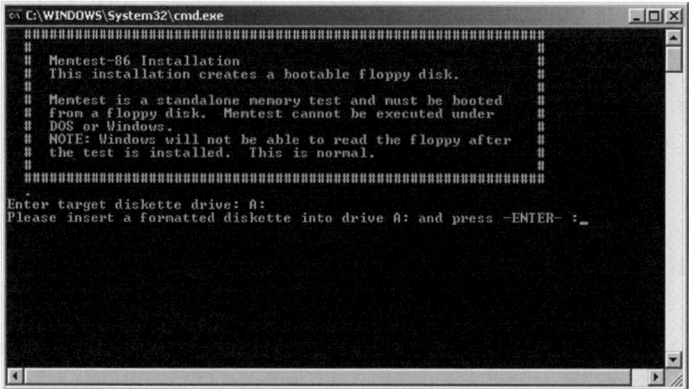

Starten Sie dazu den Rechner neu und stellen Sie eventuell im BIOS-Setup das Diskettenlaufwerk A: als primäres Bootmedium ein. Der Stresstest wird automatisch gestartet. Falls Sie kein Diskettenlaufwerk im PC haben, können Sie auch ein CD-Image von der Webseite herunterladen und brennen. Starten Sie dann Memtest von der startbaren CD.

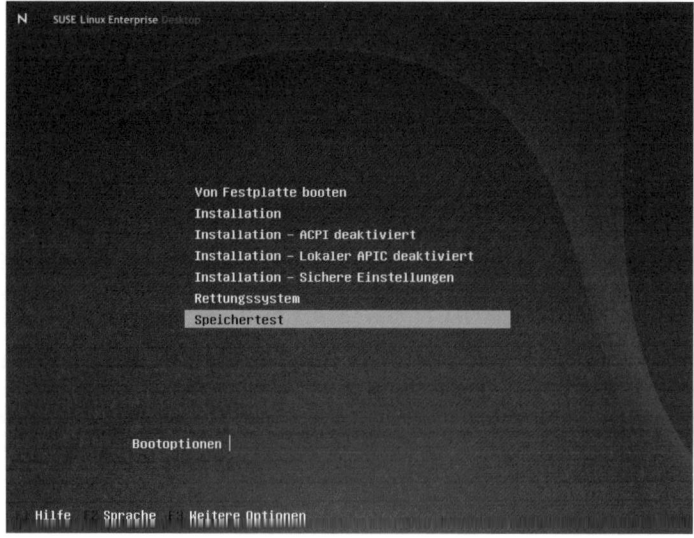

Fast alle Linux-Installationsmedien enthalten auch Memtest, hier beim Startbildschirm des kostenlosen SuSE Linux 10.1.

Memtest ist übrigens auch Bestandteil eigentlich fast jeder Linux-Boot-CD. Falls Sie irgendwo die Installations-CDs oder eine Live-CD von SuSE Linux, Ubuntu Linux, Knoppix oder Ähnlichem liegen haben, starten Sie diese einfach. Im Startmenü können Sie dann in der Regel Memtest aufrufen.

Lassen Sie Memtest ruhig ein paar Stunden laufen, um ein genaues Ergebnis zu erzielen. Ein kompletter Test kann je nach Geschwindigkeit des PCs und der Menge des zu testenden Speichers mehrere Stunden dauern – ein Test, den man also auch gut über Nacht laufen lassen kann.

Fehler werden dabei protokolliert. Unter *Walltime* können Sie die bislang verstrichene Testdauer ablesen. Am Ende der Zeile finden Sie die Anzahl der kompletten Durchläufe (*Pass*) sowie die Anzahl der gefundenen Fehler. Normalerweise sollten keine Fehler auftreten.

Ist das doch der Fall, stecken Sie jedes Speichermodul einzeln in den PC und starten Memtest 3.2 dann erneut. Der Test hat nur winzige Speicheranforderungen, um zu laufen. Auf diese Weise können Sie ein defektes Speichermodul sicher identifizieren.

Mehr Energie: Speicherspannung erhöhen

Erhöht man beim Overclocking den Takt des FSB (**F**ront **S**ide **B**us) immer weiter, stürzt irgendwann auch der Speicher ab. Es hilft dann, die Versorgungsspannung von DDR400-Modulen von beispielsweise 2,5 Volt langsam auf 2,6, 2,65, 2,7 oder gar mehr Volt zu erhöhen. Mit der höheren Spannung läuft der Speicher meistens wieder stabil.

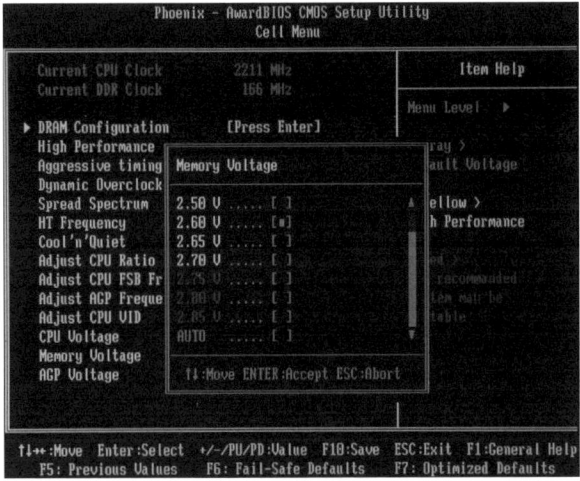

Leider bringen ein wenig mehr Takt und ein wenig mehr Spannung aber bereits eine Menge mehr Wärme mit sich, die abgeführt werden muss. Dafür sind Standardspeichermodule aber nicht ausgelegt, allenfalls die „Overclocker-Module", erkennbar an den standardmäßig montierten Kühlblechen.

Wird der stark erhöhten Wärmeentwicklung nicht mit besserer Kühlung entgegengewirkt, werden die Module „gegrillt" und damit zerstört. Eine Garantie ist dann nicht mehr gegeben, ein Umtausch der defekten Module nicht möglich.

Schutz vor Überhitzung: RAM-Kühler

Wie der Prozessor ist auch jeder RAM-Chip ein Stück Silizium, das unter Strom gestellt Wärme produziert – nur eben sehr viel weniger. Aus diesem Grund reicht ein einfacher Luftkontakt bereits aus, um die überschüssige Wärme abzuführen.

Da zur Wärmeabgabe aber ein Temperaturgefälle vorhanden sein muss, wird die Kühlung um so schwieriger, je heißer es im PC-Gehäuse wird. Gerade vollgestopfte High-End-PCs produzieren manchmal im Gehäuseinneren bereits so viel „warme Luft", dass auch die RAM-Chips nicht mehr ausreichend gekühlt werden können und reichlich heiß werden. Die Lage wird brisanter, wenn durch Übertakten des FSB (**F**ront **S**ide **B**us) und eine eventuelle Erhöhung der Spannung für den Speicher (beides für Overclocking) mehr Hitze entsteht.

Speicherkühler wie bei diesem High-End-Modul sind im Grunde nichts anderes als aufgeklipste Kühlbleche.

Wie bei CPU, Grafikchip oder Northbridge kann man die Kühlung auch von RAM-Modulen durch Kühlkörper verbessern. Bereits einfache, billige Kühlbleche, die einfach nur über die Module geklipst werden und die Kühlfläche vergrößern, reichen aus. High-End-Speicher besitzt diese „Verkleidung" schon von Haus aus. Vorhandener Speicher kann für wenige Euro nachgerüstet werden.

Was eventuell auch schon helfen kann, ist ein Umsortieren der Flachbandkabel für die Festplatten und die optischen Laufwerke. Oft sind die Speichermodule nämlich regelrecht unter diesen Kabeln vergraben, kühlende Luft kann sie dann kaum erreichen. Ein zusätzlicher Gehäuselüfter, der beispielsweise von vorn Außenluft über das Mainbord streichen lässt, verbessert die Kühlung des Speichers auch enorm.

Virtuelles Speichertuning für XP und Vista

Alle modernen Betriebssysteme wie Windows oder Linux stellen als 32-bittige Version grundsätzlich 4 GByte Adressraum (= 2^32 Bit) zur Verfügung. Die 64-Bit-Varianten bieten den viermilliardenfachen Adressraum – unvorstellbare 16

Exabyte. Dieser Speicher steht zur Verfügung, auch wenn nur 256 MByte RAM installiert sind. Die Umsetzung virtueller Speicheradressen auf vorhandene physische Adressen übernimmt die MMU (**M**emory **M**anagement **U**nit), eine Anwendung merkt dabei nicht, wo im realen Speicher sie gerade liegt.

Wird mehr Speicherplatz benötigt, als physischer Speicher vorhanden ist, lagert die MMU gerade nicht aktiven Programmcode und Daten auf die Festplatte aus. Werden der Programmcode oder die Daten erneut benötigt, liest die MMU die Daten wieder von der Festplatte ein – und lagert dafür andere Speicherbereiche aus. Das dieses Hin und Her aus der Sicht des Prozessors extrem langsam ist, leuchtet sofort ein.

Der Datenbereich auf der Festplatte für virtuellen Speicher bezeichnet man unter Windows-Betriebssystemen als Auslagerungsdatei, Linux und anderes UNIX verwenden eine eigene Swap-Partition. Zwei Aspekte sind wichtig im Zusammenhang mit dem Auslagerungsspeicher:

- die Größe des Auslagerungsspeichers sollte zur Größe des vorhandenen realen physischen Speichers und der geplanten Speichernutzung passen,

- der Speicher sollte in einem Bereich der Festplatte liegen, auf den so schnell wie möglich zugegriffen werden kann.

Eine gern immer wieder gegebene Empfehlung, den virtuellen Speicher doppelt so groß anzulegen wie den physischen Speicher, ist eher unsinnig. Wer 256 MByte RAM unter Windows XP hat, wird mit einer 512 MByte großen Auslagerungsdatei nicht glücklich, wer über 2 GByte RAM verfügt, braucht niemals 4 GByte Auslagerungsplatz – zumal Windows die dann insgesamt 6 GByte gar nicht verwalten kann.

Mehrere aktuelle Anwendungen – beispielsweise mehrere Browserfenster, Office, Bildbearbeitung und mehrere Tools – verschlingen ganz grob gerechnet rund ein halbes GByte RAM. Da aktuelle Festplatten mehrere hundert GByte groß sind, kann man immer 1 bis 2 GByte an Platz abzwacken. Je nach Umfang der gleichzeitig geladenen Anwendungen und deren Speicherbedarf sollte man in der Summe aus physischem und virtuellem Speicher auf mindestens 1 bis 2 GByte Speicher kommen.

Wer nur wenige Anwendungen gleichzeitig startet und 256 MByte RAM eingebaut hat, sollte eine 768 MByte große Auslagerungsdatei anlegen – das ergibt ausreichenden 1-GByte-Speicher. Bei 1-GByte-RAM-Ausbau und mehreren großen Anwendungen lohnt sich hingegen eine Auslagerungsdatei von einem weiteren GByte. Wer hingegen voll auf 4 GByte RAM aufgerüstet hat, benötigt gar keine Auslagerungsdatei mehr, weil ein 32-bittiges Windows oder Linux ohne weitere Tricks sowieso nicht mehr Speicher nutzen kann.

Damit die Auslagerungsdatei eine möglichst hohe Datentransferrate besitzt, sollte sie zusammenhängend am Anfang der Festplatte liegen. Unter Linux legt man dazu einfach bei der Installation (oder später) eine oder mehrere entsprechende Swap-Partition(en) an. Unter Windows ist das nicht möglich, weil die Auslagerungsdatei Teil des Dateisystems ist. Defragmentieren Sie das Systemlaufwerk zwei- oder dreimal und legen Sie die Datei dann an – so liegt der Speicher zumindest zusammenhängend in einem Stück.

Microsoft verdient einen Preis dafür, die Einstellungsmöglichen des virtuellen Speicher hervorragend versteckt zu haben: Die Größe der Auslagerungsdatei bestimmt Windows XP oder Vista üblicherweise dynamisch. Um die Datei von Hand anzulegen, öffnen Sie *Start/Einstellungen/Systemsteuerung/System* und dort *Erweitert*. Klicken Sie bei *Systemleistung* auf *Einstellungen*, wechseln Sie auf die Seite *Erweitert* und klicken Sie dann unter *Virtueller Arbeitsspeicher* auf *Ändern*.

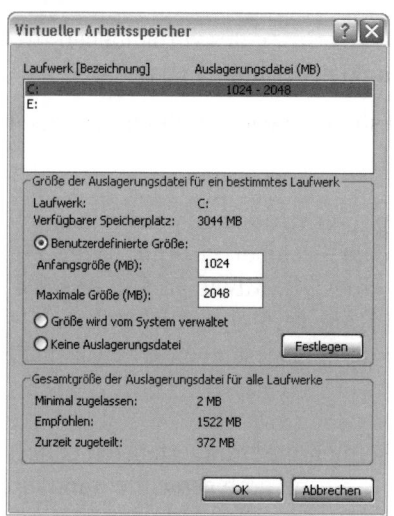

Wer Windows XP oder Vista nicht die Einstellungen für den virtuellen Speicher überlassen will, stellt ihn entsprechend den persönlichen Anforderungen selbst ein.

Im folgenden Dialog geben Sie als Anfangs- und als Maximalgröße die zu Ihren Anwendungen und zur Hardware passenden Werte ein – beispielsweise 1.024 MByte Startgröße und 2.048 MByte Maximalgröße. So steht immer 1 GByte zusammenhängender Speicher zur Verfügung, notfalls wird auf bis zu 2 GByte virtuellen Speicher erweitert. Klicken Sie auf *OK* und starten Sie Windows neu.

Benchmarking und Speichertuning

Wer an den Einstellungen des Speichertimings dreht, um mehr Leistung zu erhalten, benötigt zuverlässige Messinstrumente. Benchmarks geben entsprechendes Zahlenmaterial aus, damit man sehen kann, ob bestimmte Einstellungen den PC schneller oder langsamer machen.

Zwei Softwarepakete sind für Speichertests besonders geeignet und stellen Ergebnisse nicht nur übersichtlich, sondern auch im Vergleich zu anderen Werten dar:

SiSoft Sandra 2007

Sandra 2007 von SiSoft wird gern von Overclockern genutzt, um speziell einzelne Komponenten während des Tunens zu beobachten. Stellen Sie beispielsweise andere Speichertimings ein, können Sie die Auswirkungen auf verschiedene Speicheroperationen mit SiSoft Sandra verifizieren.

Sie erhalten die Software auch in einer abgespeckten kostenlosen Liteversion von *http://www.sisoftware.net*.

Lavalys EVEREST

Hervorgegangen aus dem Analysetool AIDA zeigt auch EVEREST von Lavalys sehr detaillierte Informationen zur Ihrem System an. Leider hat der Hersteller die kostenlose Home Edition inzwischen eingestellt und von der Webseite entfernt. Dort gibt es nur noch eine kommerzielle Ultimate Edition. Die braucht man jedoch nicht, suchen Sie stattdessen mit Google nach „EVEREST 2.20", so finden Sie sofort mehrere Download-Link zu dieser letzten kostenlosen Vollversion.

EVEREST ist dabei nicht nur einfach zu bedienen, es zeigt auch Unmengen an Informationen an. Nicht nur die Hardware –Mainboard, BIOS, Prozessor, Speicher, Grafikkarte, Bildschirm, Speichermedien, Netzwerkgeräte, Multimedia-Geräte sowie Ein- und Ausgabegeräte – werden analysiert, EVEREST spuckt auch Angaben über das Betriebssystem, den Netzwerkstatus oder installierte Software aus.

EVEREST kann auch zur Überwachung eingesetzt werden, denn es kann die Temperaturen von CPU und Festplatte, den Status von Lüftern, die Spannungen von CPU, AGP und Speicher anzeigen. Mit den integrierten Benchmarks schließlich können Sie die wichtigsten Komponenten wie auch den Speicher genau durchmessen.

Fehlkonfigurationen oder eventuell problematische Einstellungen mahnt EVEREST an – gibt aber auch gleich Tipps zur Lösung oder zeigt Links zu aktuellen BIOS-Versionen oder -Treibern.

Schließlich lässt sich automatisch ein ausführlicher Report als Text/HTML/ MHTML erstellen, der auch gut zur Inventarisierung genutzt werden kann.

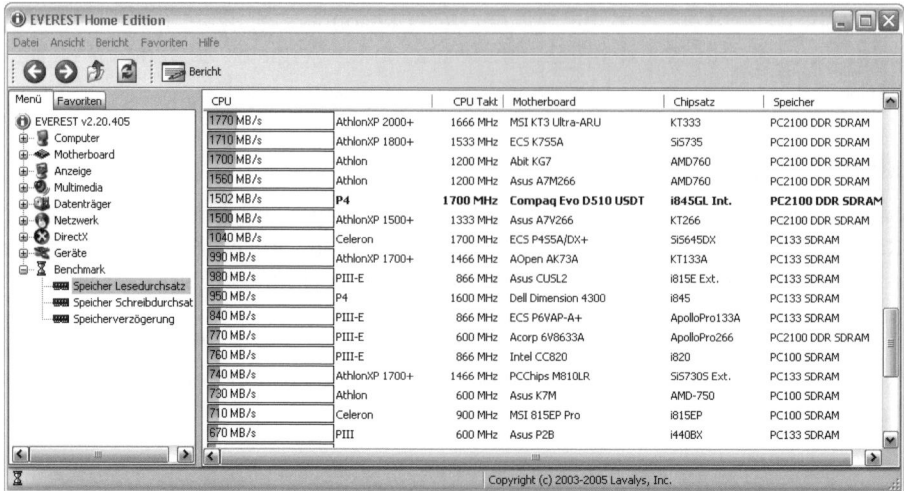

CPU		CPU Takt	Motherboard	Chipsatz	Speicher
1770 MB/s	AthlonXP 2000+	1666 MHz	MSI KT3 Ultra-ARU	KT333	PC2100 DDR SDRAM
1710 MB/s	AthlonXP 1800+	1533 MHz	ECS K7S5A	SiS735	PC2100 DDR SDRAM
1700 MB/s	Athlon	1200 MHz	Abit KG7	AMD760	PC2100 DDR SDRAM
1560 MB/s	Athlon	1200 MHz	Asus A7M266	AMD760	PC2100 DDR SDRAM
1502 MB/s	**P4**	**1700 MHz**	**Compaq Evo D510 USDT**	**i845GL Int.**	**PC2100 DDR SDRAM**
1500 MB/s	AthlonXP 1500+	1333 MHz	Asus A7V266	KT266	PC2100 DDR SDRAM
1040 MB/s	Celeron	1700 MHz	ECS P455A/DX+	SiS645DX	PC133 SDRAM
990 MB/s	AthlonXP 1700+	1466 MHz	AOpen AK73A	KT133A	PC133 SDRAM
980 MB/s	PIII-E	866 MHz	Asus CUSL2	i815E Ext.	PC133 SDRAM
950 MB/s	P4	1600 MHz	Dell Dimension 4300	i845	PC133 SDRAM
840 MB/s	PIII-E	866 MHz	ECS P6VAP-A+	ApolloPro133A	PC133 SDRAM
770 MB/s	PIII-E	600 MHz	Acorp 6V8633A	ApolloPro266	PC2100 DDR SDRAM
760 MB/s	PIII-E	866 MHz	Intel CC820	i820	PC100 SDRAM
740 MB/s	AthlonXP 1700+	1466 MHz	PCChips M810LR	SiS730S Ext.	PC133 SDRAM
730 MB/s	Athlon	600 MHz	Asus K7M	AMD-750	PC100 SDRAM
710 MB/s	Celeron	900 MHz	MSI 815EP Pro	i815EP	PC100 SDRAM
670 MB/s	PIII	600 MHz	Asus P2B	i440BX	PC133 SDRAM

3. Mehr Grafikleistung für jede Anwendung

Oft ist die Grafikkarte im PC wichtiger, als man auf den ersten Blick vermuten könnte. Die Grenzen der Leistung eines Rechners sind meistens nur mithilfe von Spielen auszuloten. Und gerade wenn es um 3-D-Spiele geht, tritt die Leistung des Prozessors, der Platte oder des Speichers eher in den Hintergrund. Ob ein Spiel ruckelt oder nicht, entscheidet fast immer die Grafikkarte.

Doch auch das neue Windows fordert neue Hardware: Windows Vista ist das erste Betriebssystem von Microsoft, das bereits für die Darstellung der Arbeitsoberfläche eine sehr leistungsfähige Grafikkarte benötigt. Für Windows XP oder Linux reicht jede noch so schlappe Grafikkarte aus – solange geschrieben, gesurft oder kalkuliert wird. Dicke 3-D-Boliden benötigten bisher nur echte Spieler, die die neusten 3-D-Hits wie Ego-Shooter, Rennspiele oder Simulatoren ruckelfrei spielen wollten.

Mit Vista steigen die Anforderungen an die Grafikkarte enorm an, anders lassen sich die ganzen Effekte der neuen „AERO Glass" genannten Oberfläche nicht nutzen. Wie bei aktuellen Spielen werden dazu die Möglichkeiten einer DirectX-9-fähigen Grafikkarte vorausgesetzt. Selbst ein noch so schneller Prozessor und sehr viel Speicher werden durch eine schlechte oder nicht voll DirectX-9-kompatible Grafikkarte gnadenlos ausgebremst.

Auch unter dem neuen Vista gilt: Es muss nicht gleich das teuerste Grafikkartenmodell für viele hundert Euro sein – je nach den persönlichen Anforderungen kann auch eine deutlich preiswertere Grafikkarte ausreichen. So reichen einfachste Grafikkarten bereits für den Büroarbeitsplatz, wenn der PC nur als Schreibmaschine bzw. für Office-Anwendungen oder zum Surfen genutzt wird. Wer im Bereich DTP oder DCC tätig ist, also Texte, Bilder und Videos bearbeitet, benötigt vor allem viele hochwertige Anschlüsse und gute 2-D-Fähigkeiten. CAD-/CAM-Profis benötigen neben schierer Rechenleistung eine höhere Genauigkeit, absolute Zuverlässigkeit und weitere komplexe Zusatzfunktionen. Erst wenn der PC auch für 3-D-Spiele eingesetzt werden soll, lohnt sich der Kauf einer der teuren 3-D-Grafikkarten, wie sie oft in Computerzeitschriften getestet werden.

Dieses Kapitel führt Sie durch den Grafikkartendschungel. Mit seiner Hilfe finden Sie die passende Grafikkarte, rüsten von Ihrem alten Modell auf die neue Karte um und stimmen sie optimal mit Vista und dem Monitor ab.

3.1 Ausgetauscht: So bauen Sie eine neue Grafikkarte ein

Eine Grafikkarte aus- oder einzubauen ist nicht sonderlich kompliziert und eigentlich eine Sache von wenigen Minuten. Allerdings zeigt sich in der Praxis, dass gerade beim Umbau ein paar Schritte vorab zu erledigen sind, um mit der neuen Karte reibungslos neu starten zu können.

Checkliste: Die wirklich wichtigen Daten einer Grafikkarte

Es gibt in paar Eckdaten, auf die Sie beim Kauf einer neuen Grafikkarte achten sollten. Um eine schnelle Grafikkarte zu bekommen, sollten Sie sich vor allem nicht von Beigaben wie Spielen blenden lassen.

Der Grafikchip (GPU, in der Mitte) bestimmt über seinen Takt und die Anbindung an den Speicher (kleine quadratische Chips) über die Geschwindigkeit einer Grafikkarte.

Wichtig sind folgende Daten:

- **Chip- und Speichertakt**: Sowohl der Takt des Grafikchips als auch der des Speichers ist natürlich für die Gesamtperformance verantwortlich. Hersteller sparen gern, indem sie billigen, nicht so hoch taktbaren Speicher zu verbauen.

- **Speicherbandbreite**: Wichtig für die Geschwindigkeit ist vor allem die Anbindung des Speichers an den Grafikchip. 128 Bit sollten das Minimum darstellen, besser sind 256 Bit. Können nur 64 Bit parallel in einem Rutsch übertragen werden, bringt auch der schnellste Grafikchip nichts, sondern produziert nur ruckelnde Bilder.

- **Speichertyp**: Je nachdem, ob DDR-, DDR2- oder neuerdings DDR3-Speicher verbaut wird, steigt auch die Leistung des gesamten Speichersystems.

- **Speichergröße**: Die Speichergröße sollte für aktuelle Spiele mindestens 128, besser 256 MByte betragen. Karten mit 512 MByte Speicher bringen in Tests keinerlei weitere Vorteile.

- **Render-Pipelines**: In jedem Grafikchip werden mehrere 3-D-Daten gleichzeitig verarbeitet. Da dies jeweils in den so genannten Render-Pipelines stattfindet, wird eine Grafikkarte umso schneller, je mehr Pipelines der Chip besitzt. Gerade vermeintlich sehr preiswerte Karten besitzen oft Chips, denen die Hälfte der möglichen Render-Pipelines fehlt.

Vor einigen Jahren stand vor allem auch der RAMDAC im Vordergrund, der dafür verantwortlich war, mit welcher maximalen Bildwiederholfrequenz die Darstellung auf dem Monitor erfolgte. Hohe Auflösungen, die nicht flimmerten, waren nur mit teuren RAMDACs möglich. Heute besitzen auch einfache Karten schon einen RAMDAC, der zwei Monitore flimmerfrei ansteuern kann. Wer einen TFT nutzt, ist sowieso fein raus, denn diese sind prinzipbedingt flimmerfrei und benötigen nur eine Wiederholrate von 60 Hz.

Wenn der alte Treiber zum Problem wird

Das Problem stellt der alte Grafikkartentreiber dar. Ist er beim ersten Start mit der neuen Karte noch aktiv, kann es zu merkwürdigen Phänomenen bis hin zum Systemstillstand kommen. Daher hat es sich bewährt, das System vor dem Einbau auf Standard-VGA zurückzusetzen, denn mit dieser Einstellung funktioniert jede Grafikkarte.

Startet Windows das erste Mal mit einer neuen Grafikkarte und besitzt keinen aktuellen Treiber – was wahrscheinlich ist, denn XP stammt aus dem Jahr 2002 –, können Sie mit einer Auflösung von 640 x 480 Punkten und 16 Farben arbeiten. Damit wird das Surfen und Suchen nach dem benötigten neuen Treiber zur Qual.

Besorgen Sie sich zuvor den neuen Treiber!

Es ist praktisch, wenn Sie beim ersten Neustart mit der neuen Grafikkarte gleich den passenden Treiber auf der Festplatte liegen haben und nicht in der Standard-VGA-Auflösung lange im Internet danach suchen müssen.

Aus diesem Grund sollten Sie zuvor mit der alten Karte auf die Webseite des Kartenherstellers der neuen Grafikkarte gehen und dort aus dem Supportbereich den passenden Treiber für die neue Grafikkarte downloaden. Legen Sie ihn beispielsweise einfach im Verzeichnis *C:\Treiber* ab, dann finden Sie ihn nach dem Einbau der neuen Karte sofort. Nach der Installation können Sie den Treiber und das Verzeichnis bedenkenlos wieder löschen.

Wenn es ans Schrauben geht, gilt wie bei allen Umbauten am PC auch hier: Schalten Sie den PC aus (auch am Netzteil!) und ziehen Sie den Stromstecker, ansonsten liegt noch Spannung am Board an, und Sie haben gute Chancen, beim Herausziehen oder Hineinstecken einer Karte einen Kurzschluss zu produzieren.

Vor dem Einbau: alten Treiber löschen und auf Standard-VGA umstellen

Normalerweise sollte ein Treiber beim Start erkennen, ob er zu der gerade eingebauten Karte passt. Leider funktioniert das unter Windows aber nicht immer, sodass ein noch von der vorherigen Karte stammender Treiber verhindern kann, dass der PC mit der neuen Karte hochfährt.

Aus diesem Grund ist es sinnvoll, zuerst ein letztes Mal mit der alten Grafikkarte und dem alten Treiber zu booten, um den Treiber zu deaktivieren und auf Standard-VGA umzustellen. Mit diesem Treiber startet dann wirklich jede Grafikkarte.

Zusatzsoftware der alten Grafikkarte entfernen und auf Standard-VGA umstellen

Manche Grafikkarte kommt noch mit einem Zusatzpaket an Software daher, die das Einstellen der Grafikkarte vereinfachen soll oder Zusatzfunktionen bietet. Falls vorhanden, deinstallieren Sie zuerst dieses Softwarepaket:

1 Klicken Sie auf *Start/Einstellungen/Systemsteuerung* und öffnen Sie dort durch einen Doppelklick auf *Software* die Deinstallationsfunktion von Windows. Suchen Sie in der Liste nach dem passenden Eintrag zu Ihrer Grafikkarte und klicken Sie auf *Ändern/Entfernen* (in unserem Fall wird die Software zu einer Matrox-Karte entfernt).

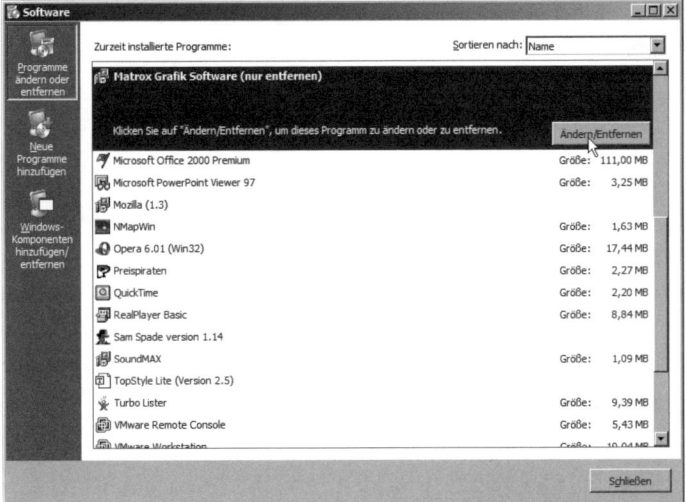

2 Überprüfen Sie nun noch den aktuellen Treiber. Klicken Sie dazu mit der rechten Maustaste auf den Desktop und auf *Eigenschaften*. Dann wechseln Sie auf die Seite *Einstellungen*. Unter *Anzeige* sollte nun der Standard-VGA-Treiber eingestellt sein (im Bild ist immer noch der Matrox-Treiber zu sehen).

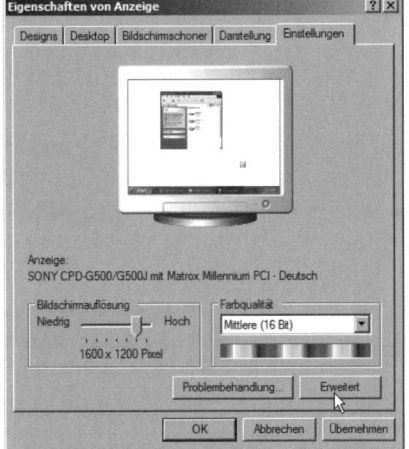

3 Ist dort immer noch der alte Treiber vorhanden, klicken Sie auf *Erweitert* und wechseln dann auf die Seite *Grafikkarte*. Klicken Sie auf *Eigenschaften* und gehen Sie auf die Seite *Treiber*. Hier nun endlich klicken Sie auf *Deinstallieren*.

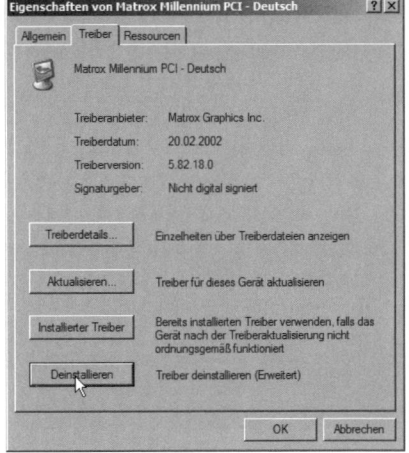

4 Nach einer Sicherheitsabfrage entfernt Windows den Treiber.

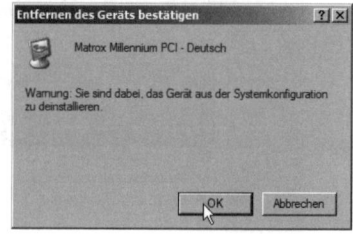

Jetzt können Sie den PC entweder testweise im VGA-Modus neu starten oder gleich mit dem Ausbau der alten und dem Einbau der neuen Karte beginnen.

Ausbau der alten Grafikkarte

Schalten Sie zuvor den PC auch am ATX-Netzteil aus und entfernen Sie das 230-Volt-Stromkabel. Wie Sie das Gehäuse öffnen, erklärt Ihnen das Kapitel 1. Im Grunde genommen wechseln Sie eine Grafikkarte genau so wie jede andere Erweiterungskarte.

1 Verschaffen Sie sich zunächst einen Überblick über die bereits vorhandenen Steckkarten. Der PCIe- oder AGP-Slot befindet sich meistens ganz rechts, wenn man von vorn in den PC schaut. In unserem Beispiel finden Sie dort eine AGP-Grafikkarte mit einem großen Kühler. An dem 15-poligen Ausgang oder dem großen Kühler lassen sich auch PCI-Grafikkarten recht leicht identifizieren.

2 Entfernen Sie die Schraube von der rückwärtigen Abdeckung mit einem Kreuzschlitzschraubendreher. Die Abdeckungen liegen direkt hinter dem Steckplatz und sind einfach zur Seite zu schieben, bei PCI-Karten leicht nach rechts, bei PCIe- und AGP-Karten wie im Bild zu sehen leicht nach links.

3 Bei PCIe- und AGP-Karten gibt es im wahrsten Sinne des Wortes noch einen Haken: Ganz vorn sind die Karten mit einer kleinen Klemmvorrichtung arretiert, um ein Herausrutschen zu verhindern. Entweder ist das eine kleine Lasche, die Sie in Bildrichtung nach rechts drücken müssen, oder, wie im Bild zu sehen, ein kleiner weißer Hebel. Die Karte muss unbedingt entriegelt  sein, bevor Sie sie ganz entfernen können, auch wenn das sehr fummelig ist. Ansonsten brechen Sie bei der Karte leicht den vorderen Teil der Steckleiste ab!

4 Wie im Bild zu sehen, drücken Sie am besten mit einer Hand die Lasche oder den Hebel und heben gleichzeitig mit der anderen die Karte aus dem PCIe- oder AGP-Slot. Tipp: Falls Sie so nicht an die Karte kommen, lösen Sie sie vorsichtig am hinteren Ende und kippen sie ganz leicht nach vorn. Drücken Sie dann die Lasche und entfernen Sie die Karte vollständig. Egal, wie Sie  es machen, immer gilt: Keinerlei Gewalt anwenden, sonst zerstören Sie eventuell die Karte und den PCIe-/AGP-Slot!

5 Entfernen Sie nun die Karte ganz aus dem PC sowie noch eventuelle Kabelverbindungen zum Lüfter. Legen Sie die Karte anschließend am besten in eine antistatische Plastiktüte. Tipp: Nehmen Sie die Tüte der neuen Karte.

Damit ist der erste Teil des Umbaus am Tower- oder Desktop-PC bereits erledigt.

Einbau der neuen Grafikkarte

Nun steht dem Einbau der neuen Grafikkarte nichts mehr im Wege.

1 Nehmen Sie nun Ihre neue Grafikkarte aus der Antistatiktüte und setzen Sie sie von oben direkt und
senkrecht auf den PCIe- oder AGP-
Slot.

2 Wenn die Karte richtig sitzt, können Sie sie mit leichtem Druck vorn
und hinten ganz in den PCIe-/AGP-
Slot drücken. Achten Sie darauf,
dass die Karte nicht verkantet und
die Lasche oder der Hebel wieder
einrasten.

3 Erst wenn die Karte richtig sitzt und
nicht verkantet ist, setzen Sie die
Schraube am hinteren Blech wieder
ein. Überprüfen Sie anschließend
noch einmal den Sitz der Grafikkarte – wenn sie nicht richtig im
PCIe-/AGP-Slot steckt und Sie den
Strom einschalten, können Sie das
Board und die Karte zerstören!

4 Stecken Sie nun den Monitorstecker hinten auf den Monitoranschluss der Grafikkarte. Sehen Sie eventuell im Handbuch nach, welcher Anschluss der passende ist. Normalerweise ist der 15-polige VGA-Anschluss blau gekennzeichnet, der zweite Anschluss ist eventuell ein weißer DVI-Anschluss für ein TFT-Display. Ziehen Sie die Schraube am Stecker nur ganz leicht an.

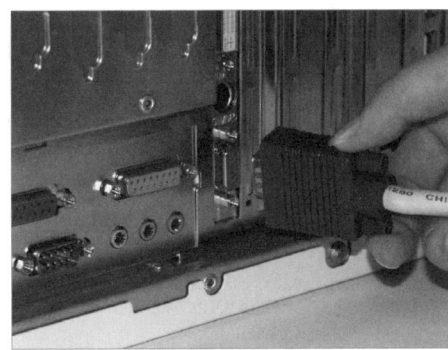

5 Teure High-End-OpenGL-Karten haben oft nur zwei DVI-Anschlüsse. TFTs können Sie hier direkt anschließen, falls Sie aber einen normalen Monitor anschließen wollen, müssen Sie zuerst einen Adapter aufstecken, der mit der Grafikkarte mitgeliefert wird. Der primäre Ausgang ist übrigens meistens oben und mit einer 1 gekennzeichnet.

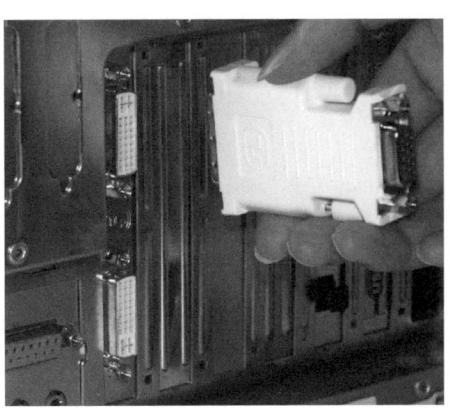

6 Moderne Grafikkarten besitzen fast immer eine Buchse für eine zusätzliche Stromversorgung. Manche Karten laufen ohne die zusätzliche Energie gar nicht, andere nur im 2-D-Modus. Schließen Sie also als Letztes den passenden Stromstecker an die Grafikkarte an.

Den besten Treiber finden und installieren

Was heißt eigentlich „den besten Treiber"? Gibt es nicht immer nur einen aktuellen Treiber? Nicht unbedingt. Grafikkarten basieren immer auf einem bestimmten Chip eines Herstellers – meistens entweder ATI oder NVIDIA. Andere Hersteller übernehmen das grundlegende Kartenlayout, verbessern aber vielleicht einige

Bauteile, fügen Funktionen hinzu ... oder verschlimmbessern die Karte durch den Einsatz wesentlich billigerer Bauteile.

ATI und NVIDIA entwerfen nicht nur die Chips und das so genannte Referenz-design der Karten, sie programmieren auch den passenden Treiber dazu, der sich dann Referenztreiber nennt. Dieser Treiber kommt direkt vom Hersteller der Chips und ist immer auf dem aktuellsten Stand.

Andere Hersteller passen diesen Treiber dann an ihre jeweilige leicht veränderte Hardware an. Das kostet Zeit – der Treiber ist also nicht so aktuell – und birgt die Gefahr von Fehlern. Andererseits kommen Sie nur mit genau diesem Treiber in den Genuss eventueller Zusatzfeatures.

Es bleibt also immer abzuwägen, ob Sie den neusten und damit schnellsten Trei-ber wählen (Referenztreiber) oder ob Sie lieber bestimmte Zusatzfunktionen nut-zen wollen.

Die meisten Anwender setzen die Referenztreiber ein, weil auch damit beispiels-weise ein einfacher TV-Ausgang funktioniert, die Treiber aber sehr stabil und vor allem schnell sind.

Die beiden Marktführer haben sogar eigene Namen für ihre Referenztreiber ein-geführt: Bei Grafikkarten mit ATIs Radeon-Chip ist das der Catalyst, NVIDIAs GeForce-Chips hingegen benötigen einen Detonator.

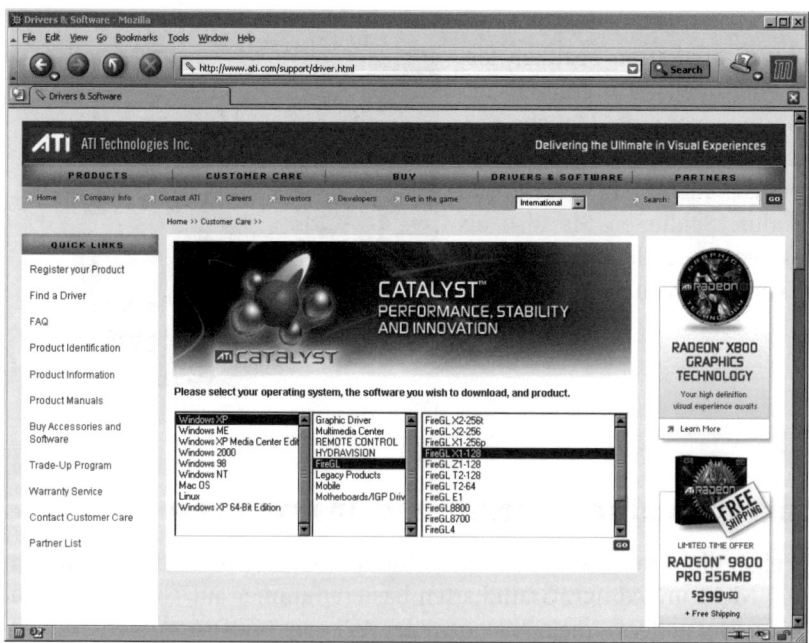

ATI Technologies Inc.   www.ati.com/support/driver.html.

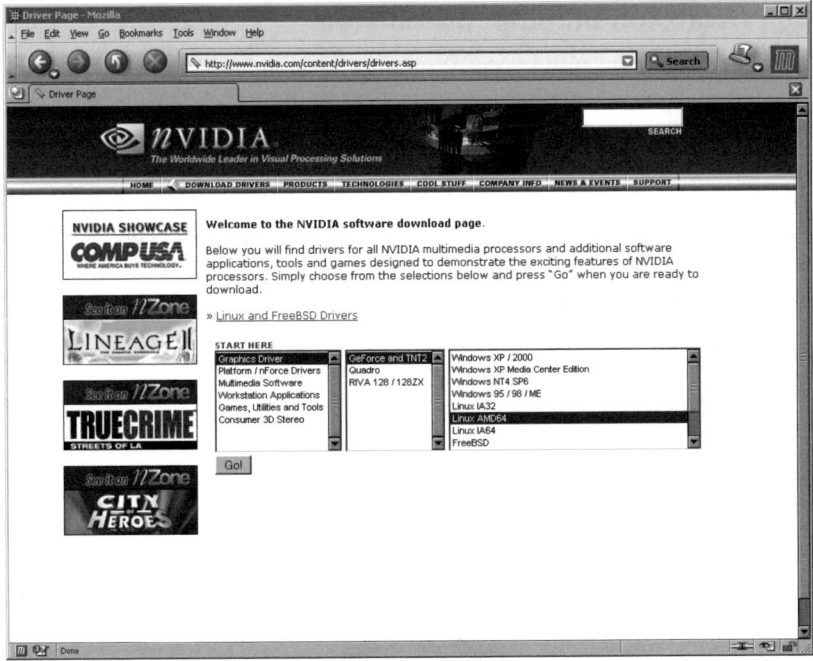

NVIDIA – www.nvidia.com/content/drivers/drivers.asp. Gleicher Ablauf: Egal ob bei ATI oder bei NVIDIA, nach Angabe von Betriebssystem, Kartenfamilie und Kartenbezeichnung können Sie den passenden Treiber herunterladen.

Gängige Treiber finden Sie auf den folgenden Webseiten:

Anbieter	Link	Treiber
NVIDIA	www.nvidia.de	Detonator, Referenztreiber für alle NVIDIA-Chips
ATI	www.ati.de	Catalyst, Referenztreiber für alle ATI-Chips
Matrox	www.matrox.de	Matrox-Modelle, Parhelia, Millennium, Mystique
Hercules	www.hercules.de	ATI- und Kyro-Modelle, 3D Prophet
MSI	www.msi-computer.de	GeForce-Modelle, Tuning-Funktion im Treiber
Leadtek	www.leadtek.com.tw	GeForce-Karten
Asus	www.asuscom.de	GeForce-Modelle, besondere Features im Treiber
Gainward	www.gainward.de	GeForce-Modelle, Tuning-Funktion im Treiber

Aktuelle Treiber schon vor dem Aufrüsten auf die Festplatte legen

Wenn Sie die Grafikkarte umbauen, sollten Sie sich den aktuellen Treiber für die neue Grafikkarte schon vor dem Umbau auf die Festplatte legen. Falls Sie kein Internet haben oder den PC komplett neu aufbauen, können Sie auch den bei der Grafikkarte mitgelieferten Treiber von der CD nutzen – leider sind diese Treiber oft recht veraltet.

Den neuen Grafikkartentreiber installieren

Ist die Grafikkarte installiert und bootet Windows im Standard-VGA-Modus, können Sie den neuen Treiber installieren. Anstatt der Windows-Aufforderung beim Start zu folgen, die Treiber-CD einzulegen, ist es wesentlich besser, den zuvor von der Webseite geladenen Treiber zu installieren:

1 Öffnen Sie den Explorer, wechseln Sie in das Verzeichnis, in das Sie den Treiber gelegt haben, und starten Sie dort das zuvor aus dem Internet geladene Treiberinstallationsprogramm.

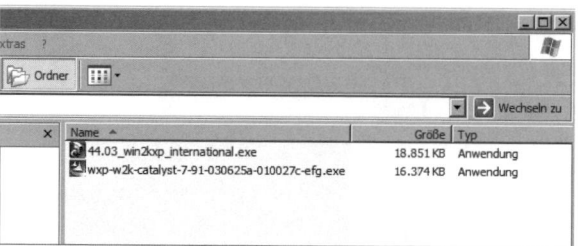

2 Normalerweise wird nun das heruntergeladene Archiv zuerst einmal in ein temporäres Verzeichnis entpackt – dort liegen dann die eigentlichen Installationsdateien des Treibers. Erst danach beginnt die eigentliche Treiberinstallation.

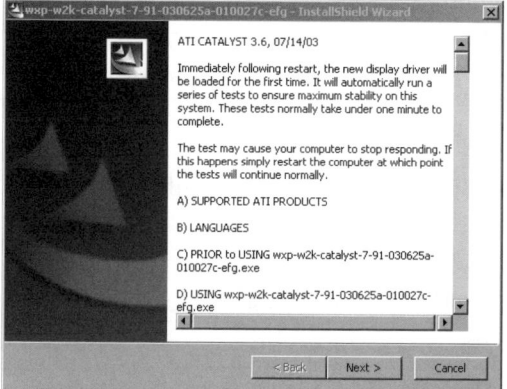

3 Bei manchen Treibern können Sie noch festlegen, in welches Verzeichnis die Treiberdateien gespeichert werden sollen. Der Einfachheit halber akzeptieren Sie den Vorschlag. Wer seine Festplatte sehr aufgeräumt haben will, kann das Treiberverzeichnis auch unter *C:\Windows* anlegen.

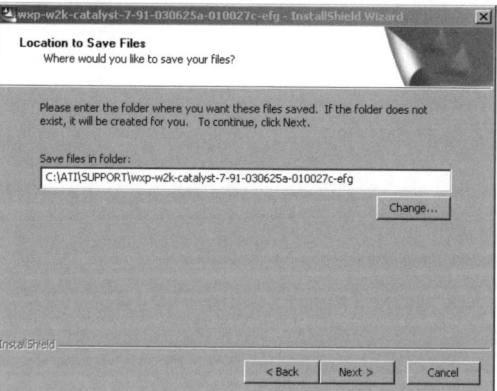

4 Nun beginnt die eigentliche Installation des Treibers. Wenn Sie den Treiber von einer CD installieren, beginnen Sie erst an dieser Stelle.

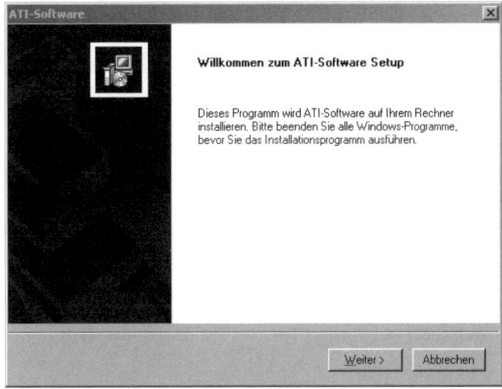

5 Normalerweise müssen Sie jetzt die Lizenzbedingungen akzeptieren, die der Hersteller Ihnen auferlegt.

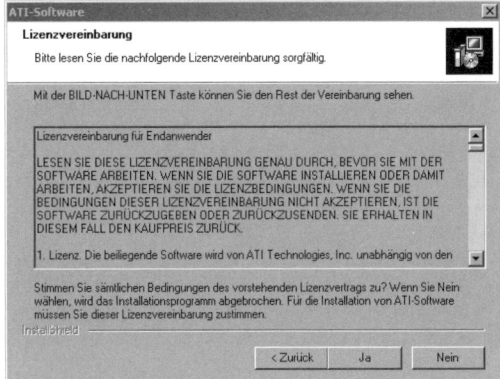

6 Eventuell müssen Sie noch weitere Dialoge bestätigen. Zuletzt ist auf jeden Fall ein Neustart des Rechners notwendig.

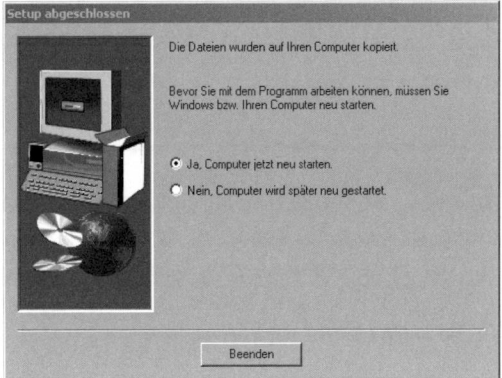

Die optimalen Einstellungen für ATI und NVIDIA

Nach dem Neustart bleibt nur noch eines zu tun: Passen Sie die Bildschirmauflösung an Ihren Geschmack und Ihren Monitor an. Überlasten Sie den Monitor nicht, bei TFTs ist die Auflösung sowieso vorgegeben. Anhaltspunkte für sinnvolle Auflösungen sind:

Bildschirm	Auflösung	Maximale Auflösung
15-Zoll-Monitor	800 x 600	1.024 x 768
17-Zoll-Monitor	1.024 x 768	1.280 x 1.024
19-Zoll-Monitor	1.152 x 864	1.280 x 1.024
21-Zoll-Monitor	1.280 x 1.024	1.600 x 1.200
15-Zoll-TFT	1.024 x 768	identisch
17-Zoll-TFT	1.280 x 1.024	identisch
19-Zoll-TFT	1.280 x 1.024	identisch
20-Zoll-TFT	1.600 x 1.200	identisch

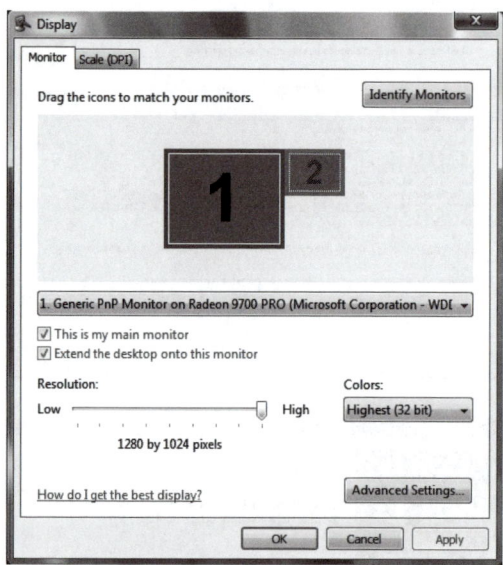

Beispielsweise bei einem 21-Zoll-Monitor stellen Sie die Auflösung auf 1.280 x 1.024 Punkte. Damit haben Sie viel Platz, aber die Buchstaben sind trotzdem noch ausreichend groß.

An die Einstellungen gelangen Sie, wenn Sie mit der rechten Maustaste auf den freien Desktop klicken und im Menü *Eigenschaften* wählen. Wechseln Sie dann auf die Seite *Einstellungen*. Dort können Sie mit einem Schieberegler die Auflösung einstellen und testen. Bei allen modernen Grafikkarten sollten Sie bei der Farbe *Höchste (32 Bit)* einstellen.

Bei einigen Kombinationen von Grafikkarten und Monitoren stellt Windows nun die minimale Bildwiederholfrequenz von 60 Hz ein, was zu einem hässlichen und nervenden Flimmern führt.

Sie stellen das ab, indem Sie in den Einstellungen auf *Erweitert* klicken und dort dann auf die Seite *Monitor* wechseln. Gemäß den Fähigkeiten Ihres Monitors stellen Sie dort eine Frequenz von mindestens 75 Hz ein. Optimal ist der Bereich von 85 bis 100 Hz, wobei gilt: Je größer der Monitor, desto höher sollte die Bildwiederholfrequenz sein.

Frequenzen unter 75 Hz führen durch das Flimmern zu Augenreizungen und Kopfschmerzen und können im Extremfall epileptische Anfälle auslösen. Kurioserweise führen auch Bildwiederholfrequenzen von über 100 Hz bei vielen Menschen zu Kopfschmerzen und trockenen Augen – wobei die Forschung den Grund noch nicht so genau kennt.

In den Treibern von ATI und NVIDIA finden Sie meistens viele weitere Einstellungsmöglichkeiten zu teilweise sehr merkwürdigen Funktionen. **A**ntialiasing (AA, Kantenglättung) und **A**nistrope **F**iltering (AF, Texturfilterung) sind die wichtigsten Funktionen, um bessere Grafik dargestellt zu bekommen. Je höher die Werte gesetzt werden, desto hochwertiger wird die Grafik. Leider steigt mit höheren AA und AF aber auch die Zeit für die Berechnung eines einzelnen Bildes extrem an, sodass allzu hohe Werte zu Einbrüchen bei der Bildwiederholfrequenz führen – dann sieht ein Spiel zwar toll aus, ruckelt aber unerträglich.

Da alle aktuellen Spiele die Eckdaten für die Grafik sowieso selbst festlegen, nachdem Sie die Hardware überprüft haben, sind Eingriffe direkt am Treiber sinnlos.

3.2 Grafikkarte auf Monitor/TFT abgestimmt

Genau so wie die Zutaten zu einem guten Essen oder die Komponenten einer Hi-Fi-Anlage sollten auch Grafikkarte und Monitor oder TFT aufeinander abgestimmt sein. Eine High-End-Karte kann an einem 15-Zoll-TFT ebenso wenig ihre Leistung ausspielen wie eine absolute Billigkarte Sinn an einem 21-Zoll-Monitor macht.

Zugegeben: Die Abstimmung von Anforderungen, Software, Grafikkarte und Monitor/TFT ist ein wenig kompliziert – verspricht aber hinterher erstklassiges Spielvergnügen oder ergonomisches Arbeiten.

Die passende Grafikkarte für Ihre Wünsche wurde im vorherigen Kapitel definiert. Nun kommt es darauf an, die Bilddaten auch vernünftig darzustellen. Dabei stellen sich folgende Fragen:

- Welche Bildqualität sollte der Monitor/TFT haben?

- Welchen ergonomischen Ansprüchen soll der Monitor/TFT gerecht werden?

- Gibt es spezielle Anforderungen, etwa schneller Bildaufbau oder fotorealistische Farbdarstellung?

Die Bildqualität sollte natürlich immer so hoch wie irgend möglich sein. Trotzdem kann man hierbei sehr geschickt Geld sparen und dieses vielleicht in andere Komponenten stecken:

Wird ein PC beispielsweise als reine Schreibmaschine nur ein paarmal am Tag im Büro eingesetzt, kommt es nicht so sehr auf eine Bildschirmmaske an, die Linien absolut hochauflösend und präzise darstellt. Ein recht preiswerter Monitor mit einer Loch- statt einer Schlitzmaske reicht dann vollkommen aus – solange das Bild scharf und die Bildwiederholfrequenz ausreichend ist. Die Lochmaske verwischt die Buchstaben dann ganz leicht, was in etwa mit der Windows-Funktion *Kantenglätten* in den Eigenschaften der Grafikkarte vergleichbar ist.

Ebenso scheiden sich die Geister bei sehr teuren TFTs für die Bearbeitung von Fotos. Die Bildqualität eines TFT liegt normalerweise über der eines herkömmlichen Röhrenmonitors. Allerdings sehen Fotos auf TFTs oft zu farbig aus, weil TFTs die Farben für das menschliche Auge reichlich brillant darstellen.

Mit einem professionellen Farbabgleich kann man dem zwar entgegenwirken, aber das hat nicht jeder zur Verfügung. In diesem Fall ist vielleicht ein ganz großer 22-Zoll-Monitor die bessere und vor allem günstigere Lösung.

Reaktionsgeschwindigkeit

Eine wichtige Kenngröße bei TFTs ist die Schalt- oder Reaktionszeit. Dieser in Millisekunden (ms) angegebene Wert bezeichnet die Zeit, in der ein Pixel seinen Zustand ändern kann.

Üblicherweise wird hier der Wechsel von dunkel nach hell und wieder zurück gemessen („raise" plus „fall"). Raise- und Fall-Zeit zusammen ergeben die Reaktionszeit. Gute TFTs liegen bei unter 16 ms, wer Spiele oder DVDs gucken will, sollte keinesfalls einen TFT mit mehr als 25 ms benutzen, da ansonsten Verwischungseffekte auftreten.

Auch hier täuschen die Hersteller den Kunden gern, indem nicht die Zeit von dunkel nach hell und zurück, sondern von Grau nach Grau gemessen wird. Das geht logischerweise wesentlich schneller ... und schon kann auch bei einem schlechten und lahmen Display mit 2 ms Reaktionszeit geworben werden.

Oder nehmen wir Spiele: Man könnte meinen, dass auch hier eine sehr genaue Darstellung der einzelnen Pixel die Spielqualität verbessert. Dem stehen aber beispielsweise Funktionen wie das Fullscreen-Antialiasing gegenüber, die in High-End-Spielen dafür sorgen, dass die Übergänge zwischen einzelnen Pixeln geglättet werden – also auch hier wieder künstliches „Matschen". Das leistet ein einfacher Monitor auch von selbst ... Bei Spielen kommt dann noch das Problem der Geschwindigkeit hinzu, bei der Monitore den TFTs überlegen sind. Ein TFT muss prinzipiell jeden Punkt eine Weile „nachglühen" lassen, wer sich in einem Ego-Shooter schnell dreht, erlebt herrliche Verwischungseffekte. Aktuelle, spielegeeignete „schnelle" TFTs verwischen bei derartigen Aktionen nicht mehr.

Der Betrachtungswinkel bei TFTs

Eine der technischen Angaben bei TFT-Bildschirmen ist der Betrachtungswinkel. Dieser Winkel gibt an, bis zu welchem Winkel bei schräger Betrachtungsweise die Helligkeit und der Kontrast stabil bleiben. Betrachtet man den TFT noch weiter von der Seite, erkennt man das Bild nicht mehr. Ein großer Betrachtungswinkel ist daher besser als ein kleiner.

Als „stabil" bezeichnet man dabei einen Abfall von Helligkeit und Kontrast auf ein Zehntel des Werts, den man bei senkrechtem Blickwinkel messen kann. Auch hier ziehen die Hersteller den Kunden gern über den Tisch: Bei so genannten TN-Displays ist der Betrachtungswinkel grundsätzlich geringer (110–130 Grad) als bei PVA- oder S-ISP-Panels (über 170 Grad). Hersteller von TN-Displays definieren „stabil" daher mit nur einem Fünftel des ursprünglichen Kontrast- und Helligkeitsverhältnisses – und so werden aus 110 bis 130 Grad Betrachtungswinkel plötzlich 160.

Technischer Datenabgleich

Neben diesen grundlegenden Überlegungen müssen die Geräte aber auch technisch zusammenpassen. Zwar kann man über Adapter mittlerweile jeden Grafikkartenanschluss an jeden Monitor-/TFT-Eingang anschließen, ein gutes Ergebnis erzielt man damit aber nur selten.

Ein 15-poliger VGA-Anschluss liefert grundsätzlich analoge Signale und muss daher mit einem entsprechenden VGA-Kabel an den Monitor oder den Analogeingang eines TFT angeschlossen werden.

Kabeltuning

Die Bildsignale leiden in normalen Monitorkabeln recht heftig, insbesondere bei mitgelieferten Kabeln preiswerter Monitore. Wer hier auf ein gut geschirmtes VGA-Kabel ausweicht, bekommt ein besseres, weil schärferes Bild.

Falls der Monitor einen BNC-Anschluss hat (manchmal auch RGB genannt, fünf Coax-Buchsen), sollten Sie unbedingt ein hochwertiges BNC-Kabel kaufen. Das ist zwar nicht billig, garantiert aber ein absolut gestochen scharfes Bild.

Fein raus ist, wer es sich leisten kann, eine Grafikkarte mit digitalem Ausgang (DVI-I) und einen passenden TFT zu kaufen. Hierbei werden die Signale nicht mehr durch den RAMDAC in analoge Werte umgerechnet, über das Monitorkabel geschickt und wieder zurück in digitale Signale gewandelt, sondern direkt digital übertragen. Das ergibt das heute technisch bestmögliche Bild. Vor allem bei den professionellen OpenGL-Karten ist diese Technik Standard.

Know-how: von Hertz, Pixeltakt und RAMDACs

Wie bei der Hi-Fi-Anlage der Widerstand der Boxen unbedingt zum Verstärker passen sollte (meistens 8 Ohm), muss beim PC der RAMDAC der Grafikkarte mit der Elektronik des Monitors harmonieren. Hierzu müssen Auflösung, Vertikal- und Horizontalfrequenz miteinander verrechnet werden. Für die Bildqualität sind dann Pixeltakt oder Videobandbreite verantwortlich. Das ist allerdings einfacher, als es sich anhört:

Zuerst einmal die Grafikkarte: Wenn der RAMDAC beispielsweise einen Pixeltakt von maximal 300 MHz hat, kann er 300 Millionen Pixel pro Sekunde darstellen. Auf einen Bildschirm von 1.280 x 1.024 Punkten gerechnet, also auf rund 1,3 Millionen Punkte, könnte er das theoretisch 230-mal, was einer Bildwiederholfrequenz von 230 Hz entsprechen würde. „Theoretisch" deswegen, weil es noch diverse Verzögerungen und Zwangspausen gibt (etwa 10 % Verlust). Die tatsächlich maximale Bildwiederholfrequenz würde vielleicht bei 200 Hz liegen – immer noch ein sehr guter Wert!

Nun zum Monitor: Der hat zunächst einmal eine Videobandbreite, die im Prinzip dem Pixeltakt des RAMDAC entspricht. Ein guter Monitor mit beispielsweise 320 MHz Videobandbreite würde also gut zu obigem RAMDAC passen und sogar noch Reserven haben.

Dann ist da aber noch die Horizontalfrequenz, die angibt, wie viele Zeilen der Monitor pro Sekunde aufbauen kann. Diese liegt beispielsweise bei maximal 125 MHz. Das bedeutet, der Monitor kann maximal 125 Millionen Zeilen pro Sekunde zeichnen. Bei der 1.280-x-1.024-Auflösung, also 1.024 Zeilen pro Bild, wären das 122 komplette Bildschirme – wobei auch hier weitere Verzögerungen (wieder bis zu 10 %) eingerechnet werden müssen, es bleiben also rund 110 Bilder pro Sekunde, also 110 Hz.

Allerdings werden beim Monitor maximal 160 Hz für die Vertikalfrequenz angegeben – was bedeutet das? Nun, er kann die 1.280-x-1.024-Auflösung, wie die Rechnung zeigt, bei maximal 110 Hz darstellen. Die 160 Hz sind das Maximum an Bildwiederholfrequenz, das überhaupt möglich ist.

Würden Sie statt 1.280 x 1.024 eine Auflösung von nur 640 x 480 einstellen, ergäben sich (125 MHz Horizontalfrequenz, 480 Zeilen) satte 260 Hz – und die kann der Monitor eben nicht darstellen, hier dürften nur besagte 160 Hz benutzt werden, ansonsten „raucht der Zeilentrafo".

Übrigens: Das ist eine der wenigen Möglichkeiten für einen Virus, Computerhardware zu zerstören! Es setzt einfach die gefährlichen Werte in den Grafikkarteneinstellungen und bootet den PC neu – dann fiept der Monitor ein paar Sekunden ganz merkwürdig, es knallt, raucht, und der Zeilentrafo ist im Eimer.

Insofern: Wenn ein Monitor mit „Maximal 2.048 x 1.536 Punkte Auflösung, maximal 160 Hz" beworben wird, heißt das auf keinen Fall, dass beides gleichzeitig ginge! Die 160 Hz werden bei unsäglichen 640 x 480 erreicht, 2.048 x 1.536 Punkte nach obiger Rechnung allenfalls noch bei 75 Hz – und das würde flimmern!

Überhaupt ist es ratsam, einen Monitor nicht allzu dicht an der Grenze seiner Möglichkeiten zu betreiben. Technisch übersteht er zwar auch eine leichte Übertaktung, allerdings wird das Bild mit höherem Pixeltakt immer schwammiger. Wenn Sie ihn etwa 10 bis 20 % unter seinem Maximum betreiben, sollte das Bild die beste Schärfe haben.

Notebook-TFT als Zweitbildschirm

Viele PC-Besitzer haben mittlerweile nicht nur den Desktop, sondern auch ein Notebook. Wehmütig fällt in diesem Fall der Blick auf dessen meistens ausgezeichneten TFT-Bildschirm – warum nur haben die Hersteller hier keinen VGA-Eingang spendiert? Dann könnte man das Notebook neben dem PC als Zweitmonitor nutzen ...

Mit einem kleinen Programm namens MaxiVista (*http://www.maxivista.com*) kann man den Bildschirm eines gerade nicht benötigten PCs als Desktop-Erweiterung „missbrauchen". So erhalten gerade ungenutzte Notebooks, Tablet-PCs oder Desktops einen neuen Nutzen und der Anwender mehr Platz für Programme.

Bei MaxiVista handelt es sich um ein ebenso einfaches wie geniales Konzept: Dem Desktop wird eine virtuelle zweite Grafikkarte vorgegaukelt, die Windows von Haus aus zur Erweiterung des Desktops nutzen kann. Statt mit dieser zweiten Karte jedoch einen VGA-Ausgang zu füttern, werden die Grafikdaten über das Netzwerk an ein zweites, kleines Programmchen weitergeleitet. Das wiederum stellt den Bildschirminhalt auf der dortigen Grafikkarte dar. Kurzum: Mit MaxiVista können Sie Ihren Desktop um den Bildschirm eines beliebigen anderen Windows-PCs erweitern.

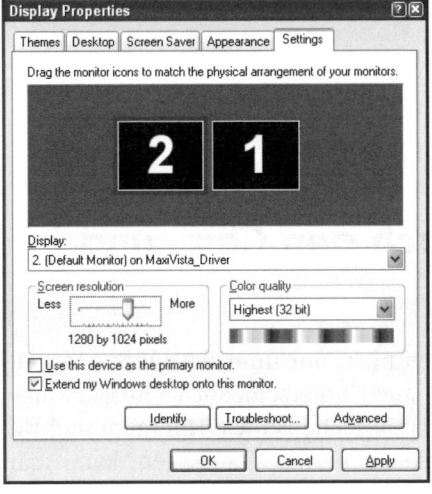

Mit MaxiVista (http://www.maxivista.com) kann man den Bildschirm eines gerade nicht benötigten PCs oder Notebooks als zweiten Desktop-Monitor nutzen.

In der Praxis sieht das dann so aus: MaxiVista ist als Server auf dem Arbeitsplatz-PC schnell installiert. Der Server generiert ein kleines Viewerprogramm, das Sie beispielsweise auf das ansonsten ungenutzte Notebook kopieren und starten. Und schon haben Sie neben dem üblichen Desktop auch noch den Bildschirm des Notebooks zur Verfügung – genau so wie bei einer Dual-Monitor-Lösung. Server und Client finden sich dabei im Netzwerk selbstständig, denn das Programm für den Client – auf dem der Zusatzbildschirm läuft – wird vom Serverprogramm extra generiert.

Monitor optimal einstellen

Je nach Hersteller haben Monitore unterschiedliche Einstellungsmöglichkeiten. Das fängt an bei einfachen Dingen wie Helligkeit und Kontrast und geht bis zu Konvergenzkorrekturen, Farbtemperatur und Trapezverschiebung. Es ist schwierig, die Einstellungen vorzunehmen, wenn man kein vernünftiges Testbild zur Verfügung hat – genauso wie beim TV-Gerät. Auf der Internetseite von ViewSonic (*www.viewsoniceurope.com/UK/Support/DisplayUtilities.htm*) finden Sie im Supportbereich das kleine Nokia® Display Products Monitor Test-Programm. Wenn Sie es starten, bekommen Sie ein Testbild angezeigt, mit dessen Hilfe Sie Ihren Monitor optimal einstellen können.

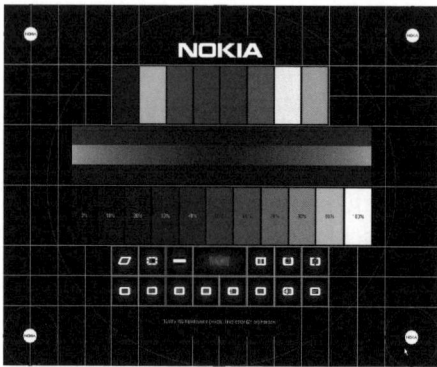

Mithilfe eines Testbildes können Sie Ihren Monitor optimal einstellen; Download unter: www.viewsoniceurope.com/UK/Support/DisplayUtilities.htm.

Wenn Sie den Monitor optimal eingestellt haben, beenden Sie das Programm einfach mit [Alt]+[F4].

3.3 Der sichere Pfad durch den Chip- und Bezeichnungsdschungel

Wie auch bei Autos gibt es bei Grafikkarten nicht nur unterschiedliche Modellreihen, sondern innerhalb einer Baureihe auch unterschiedliche Ausstattungsmerkmale und ein breites Spektrum an Leistung. Ebenso wie Hubraum und kW etwas über die mögliche Endgeschwindigkeit eines Pkw aussagen, kann man anhand des Takts von Grafikchip (GPU) und Speicher sowie des Speicherbus auch Grafikkarten grob einordnen. Damit eine Grafikkarte richtig schnell ist, muss ganz allgemein Folgendes zutreffen:

- moderne GPU
- hoher Takt von GPU und Speicher
- 256-Bit-Speicherbus
- 128 MByte oder mehr Speicher auf der Karte

Wichtig ist dabei, dass alle Merkmale auf die Karte zutreffen. Alle Hersteller versuchen gern, den Kunden mit wohlklingenden Namen in die Irre zu führen und so über den Tisch zu ziehen. Da wird mit der neusten Chipgeneration geworben – die jeder als Testsieger aus diversen Zeitschriften kennt –, und in Wirklichkeit handelt es sich um eine niedrig getaktete Variante (böse Zungen bezeichnen diese Chips als

Billigkarte für Vista?

Windows Vista benötigt zwar die 3-D-Funktionen einer Grafikkarte, fordert aber nur sehr moderat Leistung ab. Selbst günstige 3-D-Karten reichen für den Desktop aus. Nur wer auch 3-D-Spiele spielen will, muss die Finger von den Billigkarten lassen.

„Ausschussware"). Zusammen mit einem schmalen Bus und Speicher aus dem RAM des PCs erhält man so eine unglaublich langsame Karte, die aber billig auf den Markt geworfen werden kann.

„Wenn du was Schnelles willst, kauf dir eine ATI X800 oder eine NVIDIA 6800 ...", bekommt man oft als Antwort, wenn man jemanden mit PC-Kenntnissen im Bekanntenkreis nach einer schnellen Grafikkarte zum Aufrüsten fragt. Das stimmt prinzipiell und klingt im ersten Moment gut, denn die Qual der Wahl beschränkt sich scheinbar nur auf die Hersteller ATI oder NVIDIA. Für welchen Chiphersteller man sich entscheidet, ist dann Geschmackssache oder eine Frage des Geldbeutels. Aber weit gefehlt, die Sache ist wesentlich komplizierter!

Um gleich mit der Tür ins Haus zu fallen: ATIs Radeon X800-Chip gibt es in folgenden Variationen: X800SE, X800, X800XL, X800Pro, X800XT und X800XT-PE, NVIDIAs GeForce 6800 als 6800LE, 6800, 6800SLI, 6800GT, 6800GT-SLI, 6800Ultra und 6800Ultra-SLI. Diese immerhin 13 unterschiedlichen Bezeichnungen gelten für nur jeweils einen einzigen Chip der beiden Hersteller. ATI produziert aber auch noch Radeon-Chips der Familien X300, X600, X700 und X850 – alles PCIe-Karten. Dazu kommen die AGP-Varianten Radeon 8500, 9000, 9100, 9200, 9500, 9550, 9600, 9700 und 9800. Bei dieser Anzahl von Chips, kombiniert mit den jeweiligen Chipvarianten, verlieren selbst Profis durchaus den Überblick.

Achtung Leistungsfalle!

Eine Grafikkarte, die extra mit dem Feature „Turbo Cache" beworben wird, klingt nach mehr Leistung. Das Gegenteil ist der Fall, denn NVIDIA hat hier am Grafikkartenspeicher gespart und nutzt stattdessen das wesentlich langsamere RAM aus Ihrem PC. Meiden Sie derartige Karten unbedingt!

Hinzu kommt, dass ATI und NVIDIA nicht die gleichen Bezeichnungen für die Chipvarianten verwenden. Zwar ist eine SE- oder LE-Karte immer eine mit einem abgespeckten Chip, XT jedoch steht bei ATI für „mehr Takt", bei NVIDIA hingegen für „abgespeckt".

```
┌─────────────────────────────────────────────┐
│                    ATI                        │
│   SE ➤ Basis-Chip ➤ Pro ➤ XT ➤ XT-PE        │
│                                               │
│                  nVidia                       │
│   LE ➤ Basis-Chip ➤ Ultra ➤ Ultra/GTX       │
└─────────────────────────────────────────────┘
```

ATI und NVIDIA benutzen leider unterschiedliche Chipzusätze, um abgespeckte oder getunte Grafikprozessoren zu kennzeichnen.

Einfach zu sagen: „Ich möchte eine X800!", kann einem daher entweder ein dickes Loch ins Portmonee fressen oder eine lahme Grafikgurke bescheren – je nachdem, welche Chipvariante einem der Händler unterjubelt.

Vorsicht Mogelpackungen: Grafikkartenbezeichnungen entschlüsseln

Es scheint beiden großen Grafikkartenherstellern – also ATI und NVIDIA – gleichermaßen Spaß zu machen, den Kunden mit irreführend bezeichneten Chips über den Tisch zu ziehen. Beispiele: ATIs Radeon 9000 ist eine teilweise halbierte 8500, NVIDIAs GeForce 4 MX420 gar nur eine kastrierte GeForce 2!

Wer also einfach blind losrennt und eine Karte mit einem vermeintlich „heißen" Chip ersteht, hält unter Umständen eine lahme Gurke in Händen – und die Hersteller reiben sich die Hände.

Was macht eine Grafikkarte schnell?

Es ist eigentlich ganz einfach: Eine Grafikkarte ist genau dann schneller, wenn

- der Grafikchip einer neuen Generation entstammt,
- der Grafikchip über mehrere Recheneinheiten (Pipelines) verfügt,
- der Grafikchip höher getaktet wird,
- der Speicher höher getaktet wird oder
- der Speicher über einen breiteren Datenbus angesprochen wird.

Genau hier aber bietet sich ein herrlicher Abenteuerspielplatz für die Marketing-Experten der Kartenhersteller. Kommt ein neuer Chip heraus, ist dieser in der Regel schneller (und teurer), was auch die Tests in Computerzeitschriften bestätigen.

Um davon zu profitieren, wird diesem neuen Chip aber einiges an Funktionalität oder an Recheneinheiten (Render-Pipelines) genommen. Chips, die die Anforderungen an den neuen, hohen Takt nicht erfüllen, werden niedriger getaktet (statt in den Müll zu wandern). Und um noch ein paar Euro zu sparen, wird der Speicher über einen schmaleren und damit billigeren Datenbus angesprochen. Das Resultat ist eine Grafikkarte mit wohlklingendem Namen, die aber in Wirklichkeit grauenhaft langsam ist. Fast immer ist dann eine Mittelklassekarte mit dem Vorgängerchip schneller, besser und dabei sogar noch billiger!

Die Grafikkartenfamilien – nicht alle reichen aus für Windows Vista

Die Grafik ist der Dreh- und Angelpunkt beim Einsatz von Vista, da sich die Neuerungen gegenüber XP vor allem auf den Desktop beziehen. Transparente und animierte Fenster sind in 2-D kaum möglich und werden daher mithilfe der 3-D-Funktionen des Grafikchips realisiert. Vista benötigt nicht etwa 256 MByte auf der Grafikkarte, sondern läuft auf allen gängigen Grafikkarten. Einzig um die neuen optischen Effekte wie transparente Fenster der AERO Glass-Oberfläche zu bekommen, ist eine DirectX-9-fähige Grafikkarte mit mindestens 64 MByte RAM erforderlich.

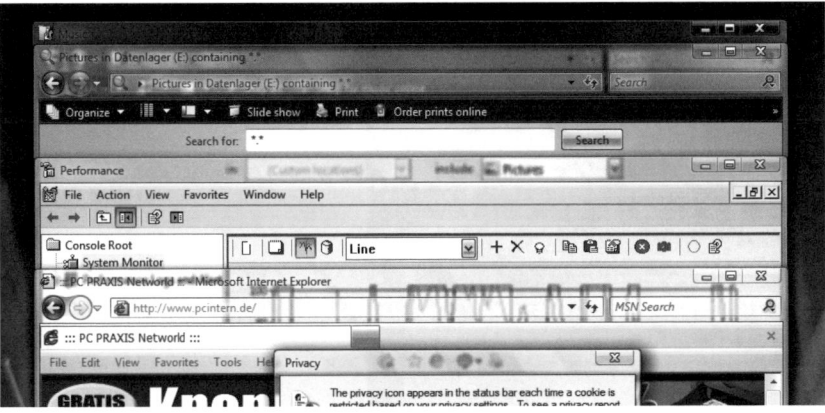

Vistas neue AERO Glass-Oberfläche nutzt beispielsweise Transparenteffekte beim Überlagern von Fenstern. Benötigt wird dazu eine DirectX-9-kompatible Grafikkarte mit passendem WDDM-Treiber.

Letztlich muss der Chip vom neuen **W**indows **D**isplay **D**river **M**odel (WDDM, früher LDDM, **L**onghorn **D**isplay **D**river **M**odel) unterstützt werden. Intel nennt als Minimum den 945G-Chipsatz, der auf vielen Motherboards integriert ist. Bei ATI gibt es AERO Glass ab einer ATI 9500, bei NVIDIA ab der GeForce 5200 und bei Matrox ab dem Parhelia-Chip. Wer einen einfacheren Grafikchip besitzt oder den grafischen Schnickschnack von Vista gar nicht haben will, kann das mit XPs Luna-Oberfläche vergleichbare „AERO classic" verwenden.

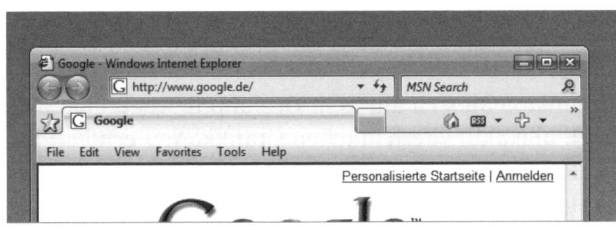

Erfüllt die Grafikkarte nicht die Anforderungen an die neue AERO Glass-Oberfläche, benutzt Windows Vista die von Windows XP her bekannte Luna-Oberfläche ohne Transparenteffekte.

Wer HD-DVDs mit Vista abspielen will, benötigt eine verschlüsselte Verbindung von der Grafikkarte zum HDCP-Eingang des Monitors. Aktuelle Bildschirme besitzen diesen Eingang noch nicht, daher werden HD-DVDs unter Vista nur in abgespeckter Qualität anzusehen sein.

> **Neue Grafikkarte für Text- und Bildverarbeitung nötig?**
>
> Die neue AERO Glass-Oberfläche kostet viel Leistung gerade auf dem Desktop. Wer von XP auf Vista umsteigt, sollte eine doppelt so schnelle Grafikkarte einsetzen, um die gleiche Geschwindigkeit wie unter XP zu erreichen.

Vista lebt von seinen aufwendigen grafischen Effekten, außerdem will Microsoft die gesamte Grafik aus dem Kernel- in den User-Bereich verpflanzen. Das hat den Vorteil, dass wie bei Linux beim Crash des Grafik-Subsystems nicht auch gleich das Betriebssystem mit abstürzt – die grafische Oberfläche wird dann wie ein Programm einfach neu geladen. Der Nachteil sind massive Geschwindigkeitseinbußen.

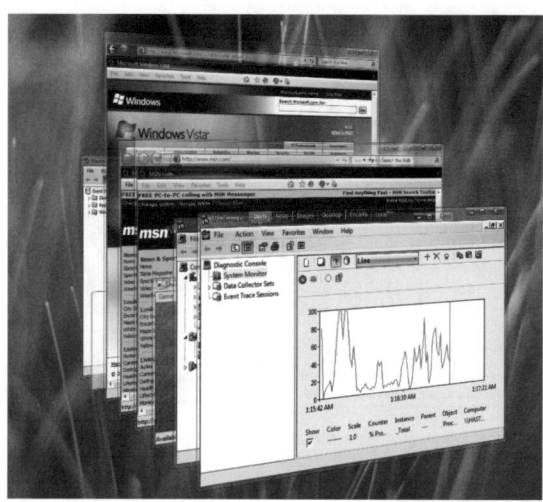

Neue Vista-Spielereien wie die 3-D-Ansicht aller geöffneten Anwendungen fordern auch für den 2-D-Desktop bereits viel Leistung von der Grafikkarte.

Tests zeigen: Während Vista im 3-D-Bereich bei einfachen Operationen bis zu 30 % schneller als XP ist, bricht die Leistung im klassischen 2-D-Bereich (Text, Fensteroperationen) um bis zu 50 % ein. Das macht es ziemlich kurios, denn wer nur spielen will, erhält nach dem Umstieg von XP auf Vista mehr Leistung aus seiner bestehenden Hardware. Wer aber Texte oder auch Bilder und Videos bearbeiten will, sollte entweder bei XP bleiben oder muss sich eine schnellere 3-D-Grafikkarte kaufen.

Übersicht: Die wichtigsten Grafikchips

Für Windows Vista reicht, solange man sich auf dem Desktop bewegt, eine moderate Grafikkarte aus. Nahezu alle aktuell erhältlichen Grafikkarten erfüllen die Mindestanforderungen für AERO Glass und die damit verbundenen Transparenteffekte. Wenn es aber etwas flotter gehen soll oder auch 3-D-Anwendungen wie

Spiele, technische Programme oder 3-D-Konstruktionen verwendet werden, sollte die Grafikkarte zumindest aus dem mittleren Preissegment stammen. Da die Geschwindigkeit einer Grafikkarte primär durch den Grafikchip, die Busbreite und die Takte von GPU und Grafikspeicher bestimmt wird, sind die Unterschiede zwischen den einzelnen Herstellern bei ansonsten identisch aufgebauten Karten minimal. Den Unterschied machen dann nur die Ausstattung sowie die beigelegte Software aus. Wer keine unnötigen Zugaben mitbezahlt, liegt daher mit einer nackten Karte (OEM oder „bulk") am günstigsten.

Grafikkartenhersteller setzen heute zum größten Teil noch auf zwei große Hersteller: ATI und NVIDIA. Die beiden anderen relevanten Hersteller sind Intel und Matrox.

Dazu ein paar Beispiele:

i945G: Onboard-Grafikkarte für Vista

In vielen Büro-PCs werden Mainboards mit integrierter Grafik verbaut. Sofern es sich um den häufig eingesetzten Intel i945G-Chipsatz handelt, reicht selbst die Grafik für Vista voll aus. Ältere Chipsätze können die halbtransparenten Fenster und andere Effekte der AERO Glass-Oberfläche nicht darstellen.

- **ATI Radeon 9000 vs. Radeon 8500:** Der Radeon 9000 (RV250) ist nicht etwa besser als der Vorgänger Radeon 8500 (RV200), im Gegenteil – der RV250 besitzt nur zwei statt vier Render-Pipelines und nur eine statt zwei Textureinheiten.

- **ATI Radeon 9600:** Im Prinzip ein toller Chip (RV350), da er eine abgespeckte 9700 darstellt, die einige 9800-Fähigkeiten mitbringt. Eigentlich also ein Insidertipp. Leider gibt es aber auch die 9600 Pro LE oder 9600 Pro EZ – klingt gut, aber diese Varianten unterliegen nicht der ATI-Spezifikation, werden von den Herstellern also „irgendwie" getaktet, meistens niedriger. Noch schlimmer ist die 9600LP oder 9600SE: Diese haben wieder den vollen Takt, dafür aber nur ein 64-bittiges Speicher-Interface (alle anderen 128 Bit). Das bringt herbe Einbußen im 3-D-Bereich – Finger weg!

- **NVIDIA GeForce 4:** Die GeForce 4 MX ist gar keine GeForce 4, sondern eine GeForce 2. Mit der 4 lässt sie sich aber teurer verkaufen. Die GeForce 4200 ist als Ti4200x8, Ti4280 und 4200SE immer eine 4200 mit AGP8x, nur mit unterschiedlichem Chiptakt. Schlimm wird es bei der 4800: Hinter der Ti4800 verbirgt sich eine Ti4600 mit AGP8x, hinter der Ti4800SE gar nur eine Ti4400 mit AGP8x.

- **NVIDIA FX5600:** Die FX5600 (NV31) ist eigentlich wieder ein Schnäppchen, gäbe es nicht einige Hersteller, die heimlich den Speicherbus auf 64 Bit halbierten. Und während bei ATI die XT-Versionen auf einen höheren Takt hinweisen, ist eine 5600XT niedriger getaktet als üblich.

Weitere Grafikchips wie beispielsweise der Volari V8 von XGI haben durchaus interessante technische Details und reichen für Vista aus. Da diese Chips aber nur in sehr kleinen Stückzahlen verbaut werden, sind die Treiber oft von Problemen geplagt – bereits unter Windows XP.

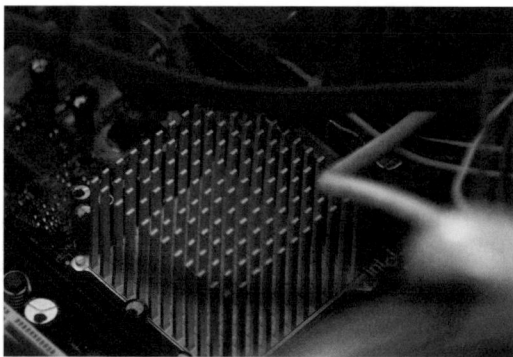

Onboard-Grafikkarten wie Intels i945G sind im Chipsatz integriert und leicht durch einen großen Kühlkörper auf dem Mainboard zu erkennen. Für 3-D-Spiele ungeeignet, reichen diese preiswerten Lösungen – in Form eines aktuellen Chipsatzes – für den Vista-Desktop aber gerade noch aus.

Andersherum bedeutet die Empfehlung aber nicht, dass Windows Vista auch auf älteren GPUs läuft. Ein Intel i830GM beispielsweise mit seinen nur 8 MByte RAM, die auch noch aus dem Hauptspeicher bezogen werden, wird eine katastrophale 3-D-Leistung bescheinigt. Trotzdem kann man auch auf diesem Grafikchip mit Vista arbeiten – dabei wird allerdings automatisch die von Windows XP her bekannte Luna-Oberfläche ohne optische Effekte verwendet.

Es ist selbst für Experten nicht immer leicht, eine Grafikkarte vom Namen her exakt einzuordnen. Werden Sie auf jeden Fall misstrauisch, wenn Ihnen ein vermeintlicher Superchip als preiswerte Karte angeboten wird. Konsultieren Sie möglichst eine Computerzeitschrift, die Karten getestet hat, und verlangen Sie im Laden dann auch genau diese getestete Karte – ohne SE, LE, XT oder sonst einen unbekannten Anhang!

Preisfrage

Eigentlich kann man Grafikkarten recht gut über den Preis einordnen – und das bereits seit vielen Jahren. Die absolute Leistung der Karten steigt jedes Jahr an, und im Verhältnis zu den ebenfalls aktuellen, immer leistungshungrigeren Spielen ergibt sich in etwa folgende Einteilung:

1) **Preis über 500 Euro**

   Brandneue High-End-Karten, die das absolute Maximum des technisch Möglichen darstellen. Nur echte Spielefanatiker kaufen diese teuren Karten.

2) **Preis zwischen 250 und 500 Euro**

   High-End-Karten der letzten Generation mit gutem Preis-Leistungs-Verhältnis. Gerade die Karten an der unteren Preisgrenze sind Kauftipps, weil sie zwar etwas weniger Leistung als teure High-End-Karten liefern, dafür aber nur die Hälfte kosten.

3) **Preis zwischen 100 und 250 Euro**

   Typische Einsteigerkarten für Spieler. Moderne 3-D-Spiele müssen mit leichten Einschränkungen gespielt werden, bleiben dann aber weitestgehend ruckelfrei. Für einfache und ältere 3-D-Spiele reichen auch diese Karten voll aus.

4) **Preis unter 100 Euro**

   Schwache Karten und Auslaufmodelle, die nur für einfache 3-D-Spiele mit wenigen Effekten eingesetzt werden können. Aktuelle 3-D-Spiele sind unspielbar, ältere Spiele und alle 2-D-Spiele benötigen kaum mehr Leistung, als diese Karten bieten.

Sinkt der Preis unter gute 50 Euro, handelt es sich meistens um nochmals abgespeckte Modelle der letzten Preiskategorie – hiervon sollte man die Finger lassen. Diese Karten werden gern von Systemherstellern und Discountern verbaut, weil sie trotz der schlechten Leistung mit einer wohlklingenden Chipbezeichnung vermarktet werden können (z. B. X300 oder GeForce 5200). In Wirklichkeit handelt es sich meistens um die angesprochenen kastrierten SE-, LE- oder XT-(NVIDIA-)Gurken.

OEM und „bulk": Geld sparen!

Grafikkarten werden üblicherweise als „Retail"-Version verkauft, also in einem bunten Karton mit einem Haufen alter Spiele. Wer darauf verzichtet und nur die reine Hardware ordert, spart eine Menge Geld. Allerdings gibt es auch abgespeckte Bulk-Versionen, also immer die Leistungsdaten genau vergleichen.

Diese Preiseinteilung ist recht allgemein, heutige High-End-Karten werden in gut einem Jahr in das mittlere Preissegment abrutschen und in knapp drei Jahren zu den billigen Auslaufmodellen gehören.

Wer also eine aktuelle Topkarte für vielleicht 600 Euro kaufen will, sollte sich klarmachen, dass genau die gleiche Karte in einem Jahr höchstens noch 300 Euro Neupreis kosten wird. Schnelle Grafik wird so auch schnell zu einem teuren Hobby.

Kleiner Technik-Guide: von RAMDACs, DVI, UXGA und anderem Fachchinesisch

Wer überlegt, seinen PC grafisch aufzurüsten, stolpert gerade beim Vergleichen von Produkten über so manchen kryptischen Begriff. Hier finden Sie kurze Erläuterungen zu den wichtigsten „Fremdwörtern" rund um Grafikkarten und Monitore:

Fachausdruck	Erläuterung
BNC-Anschluss	Hochwertiger Standard zum Anschluss von Monitoren an die Grafikkarte über fünf getrennte Leitungen.
CRT	**C**athode **R**ay **T**ube, engl. für Kathodenstrahlröhre, umgangssprachlich auch für „Monitor" verwendet.
DDC	**D**isplay **D**ata **C**hannel, Bestandteil der VESA-Spezifikation. Über DDC können via Monitorkabel die Monitordaten ausgelesen werden, DDC2 ermöglicht sogar das Einstellen des Monitors vom PC aus.
DPMS	**D**isplay **P**ower **M**anagement **S**ignaling, das Power-Management für Monitore.
D-Sub	Standard zum Anschluss von Monitoren an die Grafikkarte über einen 15-poligen Stecker.
DVI	**D**igital **V**isual **I**nterface, dient der digitalen Ansteuerung von TFTs.
Energie Star	Veralteter Standard für die Stromsparfunktion von Monitoren.
Horizontalfrequenz	Auch Zeilenfrequenz, gibt an, wie viele Zeilen pro Sekunde dargestellt werden können. Gute Werte sind 100 bis 130 kHz.
Konvergenz	Die Fähigkeit, rote, grüne und blaue Farbpunkte genau übereinander darstellen zu können, um Weiß zu erzeugen.
LCD	**L**iquid **C**rystal **D**isplay, Flüssigkristallanzeige, wie sie bei Notebooks, DSTNs und TFTs genutzt wird.
MPR	Veraltete schwedische Norm für elektromagnetische Emissionsgrenzwerte.
NUTEK	Schwedische Norm für Stromsparfunktionen.
RAMDAC	**RAM** to **D**igital **A**nalog **C**onverter, wandelt die digitalen Signale des Grafikspeichers in analoge Signale für Monitore.
RGB	**R**ed/**G**reen/**B**lue, komplementäres Farbsystem, bei dem die Mischung aller Farben Weiß ergibt.
SLI	(NVIDIA) **S**calable **L**ink Interface – koppelt zwei Grafikarten miteinander.
SVGA	**S**uper-**VGA**, alter erweiterter VGA-Modus mit 800 x 600 Punkten.
SXGA	**S**uper-**XGA**, erweiterter VGA-Modus mit 1.280 x 1.024 Punkten.
TCO	Strenge schwedische Norm für elektromagnetische Felder.
TFT	**T**hin **F**ilm **T**ransistor, engl. für Dünnfilmtransistor. Ein TFT besitzt für jedes Pixel drei Transistoren (RGB).
TurboCache	(NVIDIA-)Karte mit beschnittenem Speicher, der stattdessen aus dem Hauptspeicher des PCs abgezweigt wird.
UXGA	**U**ltra-**XGA**, erweiterter VGA-Modus mit 1.600 x 1.200 Punkten.
Vertikalfrequenz	Auch Bildwiederholfrequenz, gibt an, wie viele Bilder pro Sekunde dargestellt werden können. Flimmerfreie Werte sind 75 bis 100 Hz.
VESA	**V**ideo **E**lectronics **S**tandard **A**ssociation, Normungsstelle für Grafikstandards.
VGA	**V**ideo **G**raphics **A**rray, uralter Grafikmodus mit 640 x 480 Punkten.
W-UXGA	**W**ide-**UXGA**, erweiterter 16:10-VGA-Modus mit 1.920 x 1.200 Punkten.
XGA	E**x**tended **G**raphics **A**dapter, erweiterter SVGA-Modus mit 1.024 x 768 Punkten.

Falls Sie auf weitere unbekannte Abkürzungen treffen, finden Sie meistens schnell eine Erklärung über eine Suchmaschine wie Google (*http://www.google.de*).

RAMDAC und Co. – wichtige Funktionen der Grafikkarte

Um Grafikkarten beurteilen zu können und zu verstehen, wann eine Karte schnell ist, lohnt ein Blick auf deren prinzipiellen Aufbau:

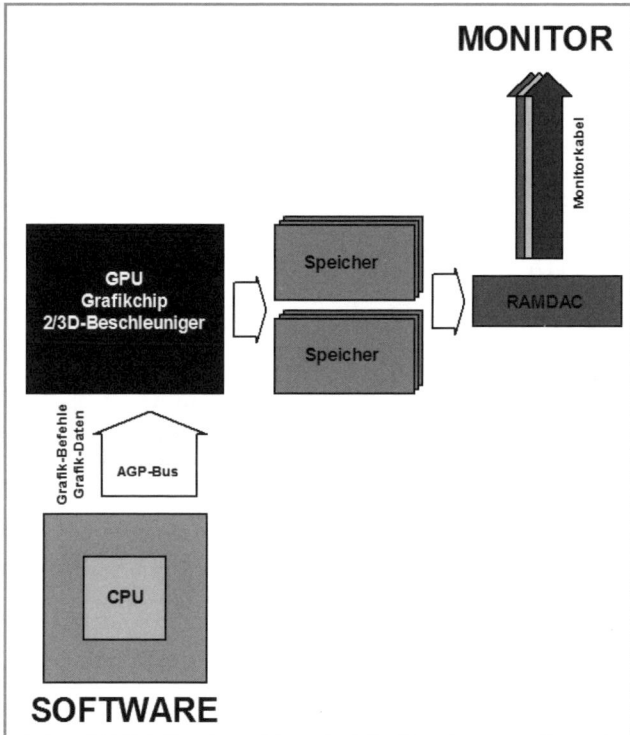

Die Software übermittelt Grafikbefehle und -daten an den Grafikchip, die dieser in die digitale Bildschirmdarstellung umwandelt. Der RAMDAC wandelt die Daten dann in analoge Signale für den Monitor um.

In den ersten PCs war die Welt noch sehr einfach: Der Prozessor berechnete den Inhalt des Bildschirms und schrieb die Daten in den Speicher der Grafikkarte. Der so genannte RAMDAC las die Daten „auf der andere Seite" des Speichers wieder aus, wandelte sie in Monitorsignale um und übertrug sie an eben diesen durch das Monitorkabel.

Aber die Ansprüche an die Grafik stiegen schnell, und die eigentlichen Prozessoren des PCs konnten die Datenflut nicht mehr bewältigen. So wanderte die Rechenleistung in den „Beschleunigerchip" der Grafikkarte. Zuerst war dies nur im 2-D-Bereich möglich. Funktioniert hat das so:

Ohne Beschleunigerchip musste der Prozessor selbst beim Zeichnen eines weißen Rechtecks jeden einzelnen Punkt bestimmen, die Bildschirmkoordinaten in

Speicheradressen umrechnen und danach an die Grafikkarte übertragen. Sowohl das Berechnen der Daten als auch das Übertragen an die Grafikkarte dauerten sehr lange.

Datenwege zur Grafikkarte

Ursprünglich waren Grafikkarten nichts anderes als normale Steckkarten, die in einen beliebigen Steckplatz eingebaut werden konnten. In Uralt-PCs finden sich noch ISA-, EISA-, Micro-Channel- oder VL-Steckplätze.

Selbst PCI-Steckplätze sind heute nicht mehr zeitgemäß, reichen für einen Büro-PC aber eigentlich aus.

Oft wird der speziell für Grafikkarten konzipierte AGP-Steckplatz von Grafikkarten verwendet. Gegenüber der ursprünglichen Version wurde der Datendurchsatz durch die vom DDR-Speicher bekannte Technik mittlerweile auf 2,1 GByte/s verachtfacht (AGP8x).

Im High-End-Bereich von Workstations wird AGP pro verwendet. Dieser Slot ist ein wenig länger als ein normaler AGP-Slot und versorgt die Grafikkarte mit mehr Strom. AGP-Karten passen in den AGP pro-Slot, umgekehrt funktionieren AGP pro-Karten aber nicht in normalen AGP-Slots.

Der aktuelle Bus für Grafikkarten ist PCIe (**PCI E**xpress), eine Erweiterung des PCI-Standards. Dieser Bus arbeitet wie beispielsweise SATA seriell und bringt mit 16 parallelen Leistungen (PCIe 16x) mehr Leistung als AGP8x.

Mit einem 2-D-Beschleuniger geht das anders: Der Prozessor rechnet nur noch aus, wo das weiße Rechteck liegen soll, und sagt dem Grafikchip: „Zeichne dort ein weißes Rechteck." Die eigentliche Arbeit erledigt jetzt der Grafikchip, und der Prozessor kann inzwischen andere Dinge erledigen. Es leuchtet ein, dass es so sehr viel schneller geht.

Auf einer alten PCI-Grafikkarte noch zu erkennen: Grafikchip (1), BIOS (2), RAMDAC (3) und die kleinen Speicherchips (4).

Bei den aktuellen 3-D-Beschleunigern funktioniert das genauso: „Hier sind die Konstruktionsdaten für ein Raumschiff, hier sind die Texturen, zeichne das bitte an die und die Stelle. Und danach verschiebe das Raumschiff um x Einheiten nach rechts."

Der Prozessor fungiert nur noch als Datenmanager, die eigentliche Zeichenarbeit übernimmt heute der Grafikchip. Und genau deswegen brauchen Sie keinen 3-D-Chip, wenn Sie nur Texte schreiben oder Bilder bearbeiten.

3.4 Technik und Features für den Kartenkauf

Eine Grafikkarte ist mehr als nur ein Adapter, der den PC mit dem Monitor oder dem TFT-Bildschirm verbindet. Alle Grafikkarten besitzen mehr oder weniger zusätzliche Features, die über den Nutzen, aber auch den Preis entscheiden. Fehlt ein Feature, das man eigentlich benötigt, ist das ärgerlich. Im schlimmsten Fall muss man sich eine neue Karte kaufen. Andersherum müssen Sie natürlich jedes Feature bezahlen – ob Sie es später nutzen oder nicht.

Als normal kann man mittlerweile zwei Monitoranschlüsse sowie einen TV-Ausgang betrachten.

TV-Ein- und/oder Ausgang

Insbesondere der TV-Ausgang kann für Spaß sorgen, wenn man nicht nur Filme sehen möchte, sondern auch Spiele auf dem heimischen TV-Gerät spielen kann. Ein entspannender Flugsimulator, ein nervenzerreißendes Autorennen oder auch ein knallharter Ego-Shooter machen bei der Größe doppelt Spaß. Und wer gar einen Beamer besitzt, fühlt sich restlos in die Spielewelt versetzt.

Von einem TV-Eingang sollte man sich nicht zu viel versprechen, denn damit ist nicht die Möglichkeit gemeint, den PC in einen Fernseher zu verwandeln. Der TV-Eingang kann lediglich das Bild, das beispielsweise eine digitale Videokamera oder ein Videorekorder liefert, wiedergeben. Der Ton muss getrennt übertragen werden.

Die Verbindung zwischen PC und heimischem TV-Gerät findet über die kleine runde Buchse an der VGA-Karte statt.

Der PC als Multimedia-/DVD-Player im Wohnzimmer

Um sich Filme aus dem Internet oder von DVD auf dem heimischen PC ansehen zu können, bedarf es gar nicht viel. Selbst Rechner mit Prozessoren ab 500 MHz Taktfrequenz lassen sich als DVD-Player nutzen. Benötigt wird dann aber eine Grafikkarte mit integriertem MPEG-2-Decoderchip. Da in diesem Fall die Grafikkarte das Decodieren übernimmt, muss der Prozessor nur noch die Daten heranschaufeln. Für modernere Verfahren wie DivX muss wieder der Prozessor ran, er sollte dann mindestens mit 1 GHz getaktet sein.

Zusätzlich wird noch eine dazu passende DVD-Player-Software benötigt. Kombiniert mit einer Dolby-Digital-Surround-Soundkarte und passenden Lautsprechern, haben Sie ein einfaches Heimkino.

Da kein TV-Tuner vorhanden ist, können Sie den PC also nicht einfach mit Ihrem Kabelanschluss verbinden. Um dem PC auch die Fähigkeiten eines TV-Geräts beizubringen, benötigen Sie eine spezielle TV-Karte. Ausnahme: ATIs All-in-Wonder-Karten haben einen TV-Tuner on board.

3-D-Shutterbrille

Einige Karten bieten als Zubehör eine 3-D-Shutterbrille an. Diese Brille besteht aus zwei kleinen TFTs und wird mit einem Kabel an den Grafikkartenausgang angeschlossen. Mit einer speziellen Treibereinstellung sendet die Karte nun nicht mehr wie üblich Bilder immer aus dem gleichen Blickwinkel, sondern abwechselnd zwei 3-D-Bilder, die aus ganz leicht unterschiedlichen Perspektiven stammen – wie der Mensch mit seinen beiden Augen auch zwei etwas unterschiedliche Bilder sieht. Die beiden Bilder werden dann auf die beiden TFTs der Brille verteilt, und es entsteht ein sehr realistischer 3-D-Eindruck.

Allerdings ist die Qualität der kleinen TFTs in der Brille bei Weitem nicht so gut wie der eines halbwegs vernünftigen Monitors. Zusätzlich verteilt die Grafikkarte die Bilder auf zwei „Bildschirme", muss also eigentlich doppelt so viele Bilder darstellen wie auf einem Monitor. Wer also zuvor auf dem Monitor flimmerfreie 90 Hz eingestellt hatte, sieht nun in der Brille nur noch zweimal 45 Hz – und dieses Flimmern erzeugt auf Dauer bei den meisten Menschen Kopfschmerzen oder Schwindelgefühle.

Eine 3-D-Shutterbrille ist also eher eine nette Spielerei als eine echte Anwendung.

Multimonitor

Wie im Büro lassen sich auch beim Spielen mehrere Monitore nutzen. Einige Karten wie die von Matrox versorgen bis zu drei Monitore mit Bildinformationen – eine feine Sache, wenn man beispielsweise Autorennen fährt, denn so kann man bei entsprechend aufgestellten Monitoren quasi rechts und links aus dem Fenster sehen. Dasselbe funktioniert auch bei einigen Ego-Shootern und bei Flugsimulatoren.

Auf so manchem Desktop herrscht neben Chaos ein wahrer Informations-Overkill. Wer beispielsweise gleichzeitig schreibt und viel liest, klickt dauernd irgendwelche jeweils benötigten Fenster nach vorn. Das muss nicht sein, denn man kann unter XP oder Vista auch ein paar Monitore mehr am PC nutzen ... da macht die Informationsflut noch mehr Spaß!

Drei Monitore lassen sich allerdings nicht an die gängigen 3-D-Karten anschließen, und das ist ein Problem. Nimmt man nur zwei Monitore, befindet sich der Fokus des Spiels (oder das Fadenkreuz) genau zwischen den beiden Monitoren – kein echter Spaß. Einige Spiele, vor allem Flugsimulatoren, können einen zweiten Monitor aber für die Darstellung von Cockpit-Instrumenten nutzen, was wiederum sehr praktisch ist, weil so auf dem Hauptschirm mehr Platz für die Landschaft bleibt.

Auch hier muss es aber nicht eine Grafikkarte mit drei Ausgängen sein, genauso kann man mehrere Grafikkarten ins System stecken. Der Vorteil ist die eventuelle Verwertung alter Grafikkarten, der Nachteil eine teilweise schlechte Performance, weil nur eine einzige AGP-Karte in den PC passt und der Rest eben PCI-Karten sein müssen.

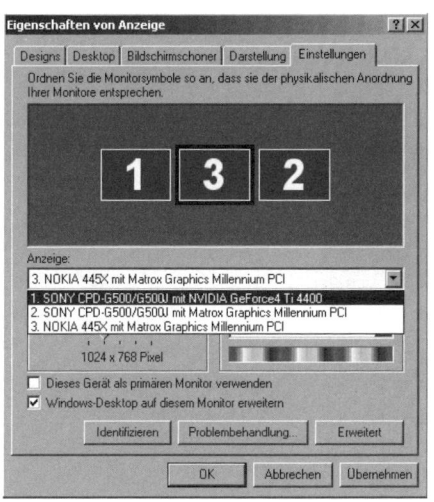

Windows XP ist es egal, ob Sie eine Grafikkarte mit mehreren Ausgängen benutzen oder mehrere Grafikkarten in den PC stecken. In den Einstellungen der Anzeige lässt sich der Desktop bequem konfigurieren.

Wer auf mehreren Monitoren spielen will, sollte zuvor genau nachsehen, ob die Grafikkarte und vor allem auch das jeweilige Spiel diese Option überhaupt unterstützen – die meisten Spiele können das nämlich leider nicht.

Know-how: Was bringen PCI Express und SLI?

Es sind wohl vor allem zwei neue Features, die bei aktuellen Grafikkarten von Interesse sind: PCIe und SLI.

PCIe, bzw. **PCI E**xpress, ist der seit einem Jahr eingeführte neue Standard für Steckkarten. Er löst PCI und AGP ab und soll für mehr Datendurchsatz sorgen. Gerade Anwendungen mit einem hohen Bedarf an Datendurchsatz – Netzwerk, Festplattencontroller und eben Grafikkarten – profitieren von PCIe.

Ist PCIe also sinnvoll? Zur Klärung dieser Frage kann man stehen, wie man will, die Hersteller nehmen Ihnen die Antwort ab: In absehbarer Zeit wird es die Alternative AGP nicht mehr geben.

PCI Express – die Technik

PCI Express (PCIe) soll den PCI-Bus, wie jeder ihn kennt, ablösen. PCIe ist dabei inkompatibel zu PCI, eine vorhandene PCI-Karte kann also nicht weiter genutzt werden.

PCI (**P**eripheral **C**omponent **I**nterconnect) ist mittlerweile gut zehn Jahre alt und daher technisch etwas angestaubt: Der Bus arbeitet über 84 Kontakte mit 32 Bit und ist üblicherweise mit 33 MHz getaktet. Auf dem PCI-Bus kann nur jeweils eine Karte zurzeit Daten mit einer Geschwindigkeit von rund 133 MByte/s übertragen. PCI 2.2 wurde auf 64 Bit und 66 MHz erweitert, was einer Transferrate von dann immerhin 533 MByte/s entspricht.

Im Serverbereich ist PCI-X anzutreffen, ein 64-Bit-PCI-Bus mit 133 MHz und bis zu 1 GByte/s. Spezielle Versionen wie PCI-X/533 arbeiten quad-pumped mit einem Datentransfervolumen von über 4,2 GByte/s.

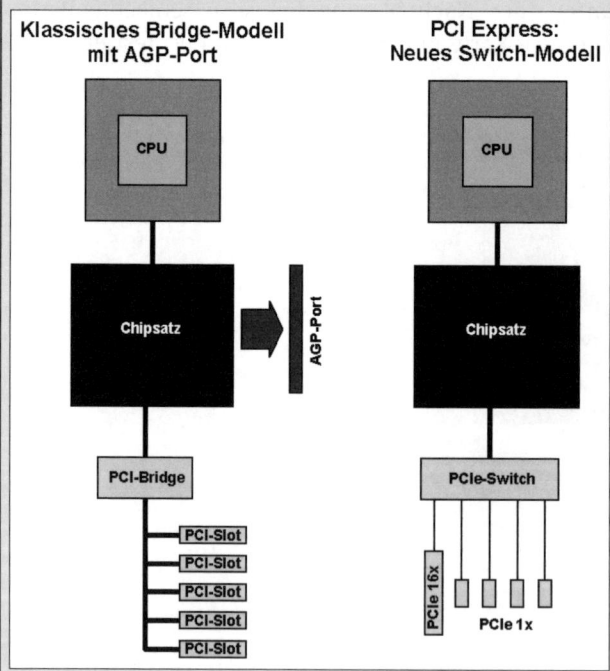

PCI Express (rechts) steuert die einzelnen PCIe-Slots unabhängig voneinander an. Das geschieht zwar nur über 1 bis 32 Bit, dafür aber mit 2,5 GHz. Grafikkarten benutzen einen breiteren PCIe-Slot, der quasi aus 16 einzelnen PCIe-Slots zusammengebunden ist – der neue Grafikslot wird daher als PCIe16x bezeichnet.

PCI Express ist kein paralleler Bus mehr, sondern nutzt serielle Übertragung (quasi 1 Bit Bus-breite), die über eine Art Switch an die einzelnen Geräte verteilt wird. Das wiederum ermöglicht einen Takt von 2,5 GHz mit Datenübertragungsraten von dann 200 MByte/s (eigentlich 250 MByte/s, aber PCIe verbraucht rund 25 % der Bandbreite für Protokolldaten).

Eine PCIe-16x-Grafikkarte von ATI (genauer: die ATI Radeon X800 XT Platinum mit RV423-Chip). Typisch ist die „Nase" rechts am Stecker sowie die Nut ganz links. Ein versehentliches Einstecken in einen AGP- oder PCI-Slot ist so unmöglich.

Um mehr Daten übertragen zu können, lässt sich PCIe in Bündeln von 2 bis 32 1-Bit-Leitungen (Lanes) zusammenfassen. Für Grafikkarten wird üblicherweise die 16x-Bündelung genutzt, was einer Datentransferrate von 3,2 GByte/s (brutto 4 GByte/s) entspricht (AGP8x liefert 2,1 GByte/s).

Der Vorteil von PCIe-Grafikkarten neben der gegenüber AGP um 50 % höheren Übertragungsgeschwindigkeit ist die Dualtransferleistung. PCIe-Karten können im Gegensatz zu AGP-Karten ebenfalls mit voller Geschwindigkeit die Daten zurück in den PC pumpen. Außer für die Echtzeitnachbearbeitung von Videos gibt es aber heute kein Anwendungsgebiet, das davon irgendwie profitieren könnte. Spiele profitieren von PCIe nicht, weil selbst die heute vorhandene AGP8x-Transferleistung nicht voll ausgenutzt wird. Sie profitieren nur von neuen Grafikchips mit höherem Takt, die aber gibt es parallel für AGP und PCIe.

SLI – Grafikkarten im Doppelpack nutzen

SLI (**S**caleable **L**ink **I**nterface) ist die Möglichkeit, zwei NVIDIA-Grafikkarten gleichzeitig im PC zu nutzen. Die beiden Karten teilen sich dann die Arbeit beim Berechnen von Bildern und bringen so einen erheblichen Geschwindigkeitsvorteil.

Um SLI nutzen zu können, müssen Sie zwei identische NVIDIA-Karten mit 6600 GT-, 6800 Ultra- oder 6800 GT-Chip in ein SLI-fähiges Board stecken.

Um ein SLI-System aufzubauen, benötigen Sie folgende Komponenten:

1. zwei identische PCIe-Grafikkarten mit einem NVIDIA GeForce 6800 Ultra, 6800 GT oder 6600 GT,

2. ein SLI-Motherboard mit nForce 4-SLI-Chipsatz sowie

3. eine SLI-Verbindungsbrücke, um beide Grafikkarten miteinander zu verbinden

Die zwei Karten werden nebeneinander in einen PCIe-16x- und einen PCIe-4x-Slot gesteckt und über die SLI-Verbindungsbrücke miteinander verbunden.

Zusammen mit einem entsprechenden SLI-fähigen Grafikkartentreiber arbeiten die Karten dann in drei möglichen Modi zusammen: im Compatibility Mode, im **A**lternate **F**rame **R**endering (AFR) und im **S**plit **F**rame **R**endering (SFR). Benutzt wird meistens SFR, bei dem die eine Grafikkarte dann die obere, die anderen Karte die untere Bildschirmhälfte berechnet.

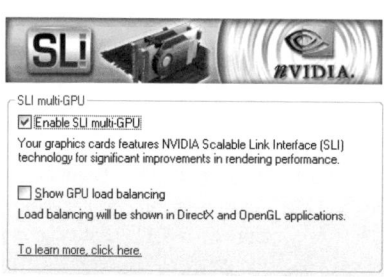

SLI funktioniert nur, wenn Sie einen entsprechenden Treiber installieren und die SLI-Option aktivieren. Leider laufen aber nur wenige Spiele mit SLI, sodass der Praxisnutzen eines teuren SLI-Gespanns doch eher fragwürdig ist.

Der Nutzen eines SLI-Gespanns ist aber nicht unbedingt gegeben, da nicht jedes Spiel mit SLI läuft. NVIDIA hat nur wenige Spiele für den SLI-Betrieb freigegeben, womit sich SLI lediglich für echte Hardcore-Gamer lohnt.

Die Leistung eines NVIDIA GeForce 6800 Ultra-Gespanns ist zwar höher als die jeder anderen einzelnen Grafikkarte, wer aber etwas Geld sparen will und nur zwei 6600 GTs einsetzen möchte, sollte genau nachrechnen: Eine 6800 Ultra ist günstiger als zwei 6600 GTs – und dazu auch noch schneller. Darüber hinaus handelt man sich nicht die potenziellen Probleme mit SLI ein.

ATI im Doppel: AMR

Auch ATI arbeitet an AMR (**A**TI **M**ultichip **R**endering) – einer flexiblen Art von SLI. Hierbei benötigen Sie keine Brücke zwischen den Karten, da der Datenaustausch komplett über den PCIe-Bus stattfindet. Viel interessanter ist aber, dass auch vollkommen unterschiedliche Karten eingesetzt werden können. So kann eine alte Grafikkarte dem neuen Boliden noch ein wenig mehr Dampf machen.

Grafikpower – Praxisnutzen an Szenarien erklärt

Grafik ist nicht gleich Grafik. Ob der PC einen gestochen scharfen Text oder ein noch so großes Digitalfoto darstellt, ist für die Grafikkarte relativ egal. Handelt es sich aber bereits um ein Video, sieht es schon ein wenig anders aus. Gänzlich andere Anforderungen an die Grafikkarte werden hingegen bei der Darstellung von 3-D-Modellen gestellt, wie sie in vielen aktuellen Spielen vorkommen.

Zwar gibt es im Bereich Grafik durchaus die berühmten „Eier legenden Woll-milchsäue", doch um alle Bereiche komplett abzudecken, muss man mit weit über 500 Euro tief in die Tasche greifen. Und selbst das reicht für eine professionelle Bildbearbeitung oder richtige 3-D-Konstruktion nicht aus.

Grafik am Büro-PC – einfach, ergonomisch und preisbewusst

Egal ob zu Hause oder in der Firma – ein typischer Büro-PC hat eigentlich nur sehr moderate Anforderungen an die Grafikkarte. Die typischen Anwendungen sind Office-Produkte wie eine Textverarbeitung, eine Tabellenkalkulation, ein Präsentationsprogramm und Mail. Dazu kommen noch

> **Achtung: kein Mischbetrieb!**
>
> Im Büro sollten Sie, wenn möglich, in allen Rechnern gleiche Grafikkarten einsetzen, weil das das Update von Treibern erleichtert.

ein paar Tools für die Adressverwaltung und eventuell Programme für Warenwirtschaftssysteme, eine Auftragsbearbeitung und vielleicht die Buchhaltung.

> ### Lautstärke und Bildschärfe
>
> Eine billige 3-D-Grafikkarte, die einen lärmenden Lüfter zur Kühlung nutzt, hat in einem Büro nichts zu suchen.
>
> Die Bildschärfe hängt direkt von der Qualität der Wandler-Bauteile und dem Takt des RAM-DAC ab. Deutsche Gesetze verhindern das letzte Quäntchen Bildschärfe, weil die Bildsignale nicht allzu sauber sein dürfen – ansonsten würden Grafikkarten nicht der CE-Norm entsprechen.
>
> Je höher der RAMDAC getaktet ist, desto schärfer wird das Bild. Je höher die Auflösung, desto unschärfer wird aber wiederum das Bild. Wer am Arbeitsplatz 21-Zoller einsetzen will, sollte daher unbedingt zu einer Grafikkarte mit mindestens 350 MHz RAMDAC greifen. Leider kosten mehr MHz beim RAMDAC aber auch mehr Geld. Bei einem TFT spielt der RAMDAC keine Rolle, weil TFTs auch bei den typischen 60 oder 70 Hz flimmerfrei sind.

Alle diese Programme nutzen den Bildschirm lediglich dazu, Texte, Zahlen und Grafiken auszugeben. Bezüglich der Leistung würde hier sogar eine uralte PCI-Karte reichen.

Wichtiger sind im Büro aber zwei andere Dinge, die in den Bereich Ergonomie fallen: Die Karte sollte leise sein – also keinen Lüfter haben – und ein gestochen scharfes Bild produzieren.

Außerdem sind Markenkarten von großen Herstellern denen von kleinen Chip-schmieden vorzuziehen, um auch in einigen Jahren noch Gewährleistungs- oder Garantieansprüche einfordern zu können.

Auf irgendwelche 3-D-Leistungsdaten brauchen Sie nicht zu achten, Sie benötigen diese nicht, müssen sie aber teucr mitbezahlen.

Achtung – Microsofts 3-D-Falle!

Mit der nächsten Windows-Version – Vista – benötigen Arbeitsplatzrechner und Server unsinnigerweise mindestens eine DirectX-7-Grafikkarte, weil man bei Microsoft der Meinung ist, dass aufklappende Menüs noch aufwendigere 3-D-Effekte darstellen und Videofenster frei drehbar sein müssen.

Dazu benötigen Sie wenigstens eine Karte, die auf einem NVIDIA GeForce 3 oder einem ATI Radeon 7xxx basiert. Andere Lösung: Sie verzichten auf Windows Vista und bleiben bei Windows 2000/XP.

Reicht eine preiswerte Onboard-Grafikkarte?

Weltweit werden wesentlich mehr PCs in Büros aufgestellt als im privaten Bereich. Der Marktanteil der leistungsstarken 3-D-Karten liegt laut Herstellerangaben bei nur wenigen Prozent. Auf dem Retail-Markt (das sind 3-D-Karten im Karton beim Discounter) werden vor allem die ganz billigen Modelle nachgefragt. Noch mehr Stückzahlen werden jedoch bei den Onboard-Grafikkarten umgesetzt, die bei Spielern und PC-Freaks einen sehr schlechten Ruf genießen.

Bei einer Onboard-Grafikkarte spart sich der Hersteller die komplette Platine und verlötet den Grafikchip samt RAM fest auf dem Board oder integriert ihn gar in den Chipsatz (in die Northbridge). Das spart Herstellungskosten und vereinfacht den Zusammenbau des PCs.

Eine Onboard-Grafikkarte erkennt man nicht am Chip – dieser sitzt in der Northbridge unter dem großen Kühlkörper. Die 15-polige VGA-Buchse (unten in der Mitte) weist aber deutlich auf eine VGA-Funktion des Boards hin.

Onboard-Grafiken wie die dargestellte Intel GMA900 reichen für alle Anwendungen aus – mit Ausnahme von 3-D-Spielen.

Natürlich sind Onboard-Chips bei Weitem nicht so leistungsfähig wie die High-End-Boliden, doch das interessiert in diesem Marktsegment auch niemanden. Im Büro haben 3-D-Spiele nichts zu suchen, es geht um die Darstellung von Text und Grafik auf einem TFT. Da das wiederum jede noch so billige Grafikkarte kann, kommen die technisch aktuellen Onboard-Grafikkarten damit schon lange zurecht. Nur die 3-D-Grafik ist eben so lahm, dass 3D-Shooter keinen Spaß machen. 2-D-Spiele hingegen haben keine Probleme.

Wer also vor allem schreiben, kalkulieren, surfen, mailen – eben arbeiten will, kann mit einer Onboard-Grafikkarte viel Geld sparen. Und keine Sorge: Einfache Spiele für die Arbeitspause wie die Moorhuhn-Jagd laufen problemlos.

Richtlinien für Büro-PCs

Im Bereich der Büroarbeitsplätze ist sogar der Gesetzgeber aktiv geworden und hat bereits 1996 im Rahmen der „Verordnung über Sicherheit und Gesundheitsschutz bei der Arbeit an Bildschirmgeräten", kurz „Bildschirmarbeitsverordnung" oder im Juristen-Slang BildscharbV, unter anderem neun Punkte definiert (BGBl I vom 4. Dezember 1996, geändert am 29. Oktober 2001). Mehr finden Sie unter *http://jurcom5.juris.de/bundesrecht/bildscharbv*.

Desktop XXXL

Gerade bei Bildschirmarbeitsplätzen kann es interessant sein, an einem PC mehrere Bildschirme anzuschließen. Das ist entweder mit so genannten DualHead-Karten oder durch Einstecken mehrerer Grafikkarten möglich. Bei mehreren Karten stellt sich natürlich das Problem, dass es nur einen AGP-Steckplatz gibt – wobei im Büro aber der Einsatz von PCI-Karten nicht dramatisch ist.

Statt einer Dreifach-Monitorkarte können im PC auch mehrere unterschiedliche Grafikkarten eingebaut werden, die dann einzeln konfigurierbar sind.

Die einzelnen Monitore werden dann logisch zu einem großen Desktop zusammengefasst, auf dem sich sehr bequem und übersichtlich arbeiten lässt. Auf einem Monitor wird die jeweilige Hauptanwendung dargestellt, auf dem zweiten das Mailprogramm, der Internetbrowser oder vielleicht die Telefonanlagensoftware oder Ähnliches. Das alles kann auch auf noch mehr Monitore ausgedehnt werden.

Fast alle aktuellen Grafikkarten unterstützen übrigens dieses Feature. Vor allem aber hat sich Matrox schon seit Jahren damit einen Namen gemacht. Von Matrox gibt es denn auch einzelne Karten, die drei oder noch mehr Monitore versorgen können.

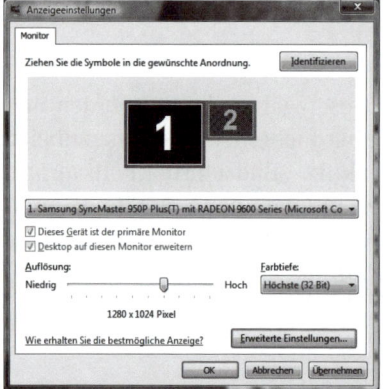

Auch unter Vista können problemlos mehrere Monitore an einer Grafikkarte angesteuert werden.

Heiße Spielkiste – Grafikpower für 3-D

Immer dann, wenn die neusten 3-D-Spiele in atemberaubender Detailfülle und mit den tollsten Effekten wieselflink über den Bildschirm huschen sollen, wird es teuer für den PC-Besitzer. Wer für einen brandaktuellen Ego-Shooter, ein Rennspiel oder einen Flugsimulator nicht die neuste Hardware einsetzt, hat nur wenig Spaß am Spiel – denn es wird ruckeln. Für Wirtschaftssimulationen, Rollenspiele oder die meisten Aufbauspiele hingegen wird diese Leistung nicht benötigt, dafür reicht eine ganz einfache 3-D-Karte.

Leistung im Prozessor oder in der Grafikkarte?

Oft wird von „umsatzorientierten" Verkäufern dem unbedarften PC-Käufer ein Rechner mit extrem hohem Prozessortakt mit dem Argument verkauft, moderne Spiele bräuchten derartige Rechenmonster. Das ist aber nicht wahr!

Je moderner ein Spiel und je moderner die Grafikkarte, desto weniger CPU-Leistung wird in der Regel benötigt. Der Prozessor kümmert sich dann nämlich nur noch um grundlegende Dinge wie die Berechnung der Spielerkoordinaten, die Gegner-KI und Ähnliches – keine wirkliche Herausforderung. Sound und Grafik werden nur rudimentär berechnet und dann als Rohdaten an Sound- und Grafikkarte geschickt.

Auf diesen Karten erledigen die spezialisierten Prozessoren dann die eigentliche Arbeit, beispielsweise das Positionieren von Geräuschquellen im Raum oder das Positionieren, Zeichnen und Texturieren von Grafikobjekten.

Je älter die Sound- und Grafikhardware, desto mehr Arbeit muss der Prozessor erledigen. Und erst dann ist CPU-Leistung wirklich gefragt.

Da sich sowohl Spiele als auch die Grafikkartenhardware parallel entwickeln, bleiben die Preise für bestimmte Anforderungen kurioserweise konstant.

Ältere Grafikkarten benutzen noch den AGP-Slot, hierbei sollten Sie möglichst auf das schnelle AGP8x achten – auch wenn die Karten in fast allen Spielen rein rechnerisch mit AGP4x auskommen würden.

Schnell: AGP – Superschnell: PCI Express

Es ist Sache des Chipsatzes auf dem Motherboard, mit welcher Geschwindigkeit er den AGP-Slot ansteuert. Flossen die Daten ursprünglich mit 512 MByte/s über den Bus, so sind es durch den Einsatz der DDR-Technik mittlerweile bis zu 2 GByte/s (AGP8x).

Je nach AGP-Stufe (AGP, AGP2x, AGP4x, AGP8x) verdoppelt sich die Datenrate. Da moderne Spiele gigantische Texturen verwenden, die oft zwischen Grafikkarte und Arbeitsspeicher ausgetauscht werden müssen, ist es für Spieler sinnvoll, auf den schnellsten Standard zu setzen.

PCI Express ist in der aktuellen Fassung wesentlich schneller und erreicht ca. 4 GByte/s, kann die Daten dabei aber in beide Richtungen gleichzeitig bewegen, was zu knapp 8 GByte/s führt. Außerdem liefert die PCI Express-Schnittstelle bis 75 Watt an die Grafikkarte.

Spiele sind eng mit Microsofts Grafikschnittstellen-API DirectX verknüpft. Die zurzeit bei der Version 9 angekommene API bietet Spieleherstellern die Möglichkeit, über standardisierte Aufrufe auf die unterschiedlichen Hardwarefunktionen von 3-D-Grafikkarten zuzugreifen. Mit jeder Versionsnummer von DirectX kommen mehr Funktionen in die API. DirectX ist dabei die Sammelbezeichnung für mehrere spezialisierte Funktionen, etwa Direct3D, DirectDraw, DirectSound etc.

Welche DirectX-Version ist installiert?

Erst DirectX 7 konnte man als für Spiele sinnvolle DirectX-Version bezeichnen, weil hier die T&L-Funktionen tatsächlich in der Hardware angesprochen werden können. T&L (**T**ransformation and **L**ightning) wird beispielsweise benötigt, damit die Grafikkarte Objekte selbstständig im Raum bewegen kann (Transformation), Lichtquellen positioniert und die Reflexionen auf den Oberflächen berechnet (Lightning) werden können.

DirectX 7 war den Spieleentwicklern aber noch viel zu starr, deshalb bekam DirectX 8 neben einigen weiteren 3-D-Funktionen und Point Sprites (etwa für Regen und Schnee) vor allem auch eine Programmierschnittstelle. Diese Vertex- und Pixel-Shader konnten über sehr effektive Befehle – im Grunde kleine Programme – frei programmiert werden und so weitere Funktionen übernehmen, die ansonsten der Prozessor berechnen musste, wie beispielsweise eine glitzernde Wasseroberfläche.

Mit DirectX 8 konnten die Hersteller von Spielen die Grafikkarte quasi speziell für das eigene Spiel umprogrammieren. Da der Grafikchip logischerweise auf Grafikbefehle optimiert ist und mit der Berechnung auf dem Grafikchip der Zeit fressende Transfer der Daten zwischen Hauptspeicher, Prozessor und Grafikchip entfällt, können diese DirectX-8-Funktionen bis zu hundertmal schneller sein als zuvor.

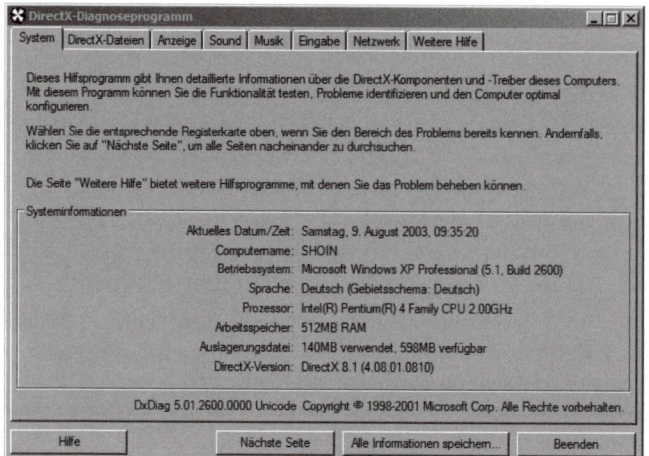

Welche Version von DirectX installiert ist und ob diese funktioniert, prüfen Sie mit Start/Ausführen und der Eingabe von dxdiag.

DirectX 9 ist wiederum eine Erweiterung von DirectX 8, insbesondere bei der Programmierbarkeit der Pixel- und Vertex-Shader wurde nachgearbeitet. Die beiden Shader liegen in der Version 2.0 vor. Diese haben jetzt neben wesentlich mehr Platz für den Code auch die Möglichkeit, Bedingungen und Verzweigungen auszuführen („Wenn <Bedingung>, dann Unterprogramm1, sonst Unterprogramm2").

Hinzu kommen Adaptive Tesselation und Displacement Mapping. Displacement Mapping ist eine Erweiterung des Bump Mapping. Dieses war dafür verantwortlich, dass eine Oberfläche wie ein metallischer Laufsteg beispielsweise kleinen „Beulen" bekam, also eine Struktur aufweisen konnte. Dazu wurden einfach zwei Grafiken, nämlich die Textur und die Bump Map, überlagert, was optisch eine raue Oberflächenstruktur darstellte. Beim Displacement Mapping funktioniert das genauso, nur dass die Oberfläche anschließend tatsächlich eine 3-D-Struktur aufweist und nicht nur so aussieht. Man könnte mit einem sehr großen Displacement Mapping also eine zerklüftete Schluchtenlandschaft darstellen und auch darin herumwandern.

Welche Grafikkarte für welche Spiele?

Bei Weitem nicht alle Spiele benötigen die absoluten High-End-3-D-Boliden, auch wenn Werbung und Verkäufer dies gern so darstellen. Je nachdem, welche Spiele Sie spielen wollen und welche Hardware Sie ansonsten haben, können Sie beim Aufrüsten der Grafikkarte sehr viel Geld sparen.

Ältere Computerspiele und vor allem auch viele Aufbausimulationen nutzen gar keine 3-D-Funktionen. Hier reicht häufig sogar eine alte DirectX-7-Karte aus.

Die meisten aktuellen Spiele nutzen DirectX-7- oder DirectX-8-Funktionen. Je aufwendiger die Grafik, desto schneller (und damit teurer) sollte die Grafikkarte sein. Viele Spiele laufen auch auf beiden Versionen, sind dann auf einer DirectX-7-Karte aber dramatisch langsamer – weil nämlich die Pixel- und Vertex-Shader nicht programmierbar sind und so der Prozessor die Arbeit übernehmen muss. Da reicht dann übrigens auch ein 3-GHz-Bolide nicht.

Auch wenn DirectX 9 bereits seit Ende 2002 verfügbar ist, sind Spiele dafür auch zwei Jahre später recht dünn gesät. Das liegt nicht daran, dass die Programmierer diese Karten nicht nutzen könnten oder wollten, es hat Marketing-Gründe: Würde ein Hersteller ein reines DirectX-9-Spiel auf den Markt bringen, könnten nur relativ wenige PC-Besitzer damit etwas anfangen. Daher setzen Spielehersteller eher auf das veraltete DirectX 8 oder sogar auf DirectX 7 – eine solche Karte hat nämlich mittlerweile fast jeder im PC.

Für das Aufrüsten allerdings gilt: Kaufen Sie nach Möglichkeit eine DirectX-9-Karte, denn im Laufe der nächsten Zeit werden immer mehr Spiele DirectX 9 voraussetzen.

Die Adaptive Tesselation wird dabei auch benötigt, denn darüber kann ein Grafikchip Objekte weiter in kleinere Polygone zerlegen – das konnten vorherige DirectX-Versionen nicht. Eine Oberflächenstruktur wird somit bei näherer Betrachtung nicht immer eckiger, sondern bleibt quasi glatt, bis man mit der Nase auf die Oberfläche stößt.

Die aktuelle DirectX-Version erhalten Sie übrigens immer unter *http://www.microsoft.com/directx/homeuser/downloads/default.asp.*

Sicherheitsrisiko DirectX

Man sollte es nicht glauben, aber auch Microsofts DirectX macht es Hackern und Viren sehr einfach, in Ihr Windows einzudringen und dort zu machen, was sie wollen.

DirectX ist auch für die Wiedergabe von Sound aus MIDI-Dateien zuständig. An eine solche Datei kann ein Angreifer beliebigen Programmcode anhängen, der dann beim Abspielen der Musik ausgeführt wird. Das Brisante daran: Auf vielen Webseiten werden MIDI-Dateien als Hintergrundmusik verwendet, aber auch Mails stellen eine Gefahr dar, weil die MIDI-Datei entweder angehängt oder in eine HTML-Mail eingebettet sein könnte.

Da Microsoft DirectX unsinnigerweise auch auf seinen Serverversionen installiert, sind Server ebenfalls von dieser Gefahr für Spiele-PCs betroffen. Die einzige Chance, diese Gefahr abzuwenden, ist die Installation eines Sicherheitspatches: *http://www.microsoft.com/technet/security/bulletin/MS03-030.asp.*

Allerdings ist DirectX nicht die einzige Grafikschnittstelle, auf die man beim Aufrüsten des PCs achten sollte:

3-D für Spieleprofis: OpenGL

Statt blind auf die höchste DirectX-Version zu schielen, kann es sich auch lohnen, die OpenGL-Fähigkeiten einer Grafikkarte zu beachten. OpenGL ist eine schon sehr ausgereifte API für Grafik und wird vor allem im professionellen

CAD-/CAM-Bereich, bei DCC und allen anderen Grafikanwendungen eingesetzt. Im Gegensatz zu DirectX ist OpenGL kein firmenspezifischer Standard, dessen Funktionsweise streng gehütet wird, sondern ein offener Standard, an dem viele Firmen beteiligt sind. Eine OpenGL-Anwendung läuft daher ohne große Probleme auf sehr vielen vollkommen unterschiedlichen Systemen – DirectX läuft nur auf x86-PCs unter Windows.

Die meisten aktuellen Grafikkarten bringen ausgereifte OpenGL-Fähigkeiten mit und erlauben so den Einsatz professioneller 3-D-Grafiksoftware. Auch Spielehersteller sind zum Teil von diesem Standard begeistert und nutzen ihn für ihre Produkte. Wie leistungsfähig OpenGL ist, beweist beispielsweise das Spiel D**m III. Das Spiel bietet kinoreife Animationssequenzen, höchst komplexe Umgebungen, eine dynamische Beleuchtung und damit ein fast realistisch wirkendes Spielerlebnis – sieht man einmal vom Inhalt ab, bei dem es um das permanente Killen von Monstern geht. Hier wird OpenGL verwendet, was unter anderem eine Grafikkarte mit GeForce 1- oder Radeon 7000-Chip bietet, die heute schon eher als antik zu bezeichnen sind. Wollte man die Karte bei einem aktuellen DirectX-Spiel einsetzen, würde man auf viele Effekte verzichten müssen – wenn es denn überhaupt läuft.

Normalerweise ist OpenGL aber weniger bei Spielen als vielmehr im professionellen Grafikbereich angesiedelt.

SLI – Grafikkarten zu zweit im Gespann

Gerade im professionellen Bereich, aber auch bei Hardcore-Gamern reicht die Leistung nur einer Grafikkarte nicht aus. Mit NVIDIAs SLI-Standard können zwei Grafikkarten parallel betrieben werden, die sich die Berechnung eines Bildes jeweils teilen. In der Praxis ergibt das einen Geschwindigkeitsgewinn von bis zu 80 % – wenn die Software den SLI-Treiber denn bedienen kann.

Bei einem eventuellen Kauf sollte man aber eines bedenken: Billige Karten im SLI-Betrieb machen keinen Sinn, weil dann eine einzelne High-End-Karte weniger kostet, aber schneller ist. Und mit der nächsten Chipgeneration werden die Einzelkarten auch schneller, als es zwei teure High-End-Karten der Vorgängergeneration sind (eine GeForce 7800 GT ist oft schneller als zwei GeForce 6800 Ultra).

CAD/CAM und Videobearbeitung – wenn gut nicht gut genug ist

Wer professionell in Bereichen wie CAD/CAM, **D**igital **C**ontent **C**reation (DCC) oder Videobearbeitung arbeitet, braucht Grafikpower ohne Ende. Spezialhardware aus dem Workstation-Bereich ist extrem teuer – ein Ausweg ist ein starker PC mit einer professionellen High-End-Grafikkarte.

Ein „normaler" PC mit reichlich Rechenleistung, einer ordentlichen Grafikkarte und vielleicht etwas mehr Speicher als üblich reicht für viele Aufgaben im Bereich der Bild-/Videobearbeitung oder für einfache Konstruktionszeichnungen aus. Auch bei einfachen VRML-Umgebungen oder als Bastelstudio für Animationen oder Figuren in 3-D-Spielen stößt aktuelle PC-Hardware selten an ihre Grenzen. Erst wenn die Arbeitsumgebung professioneller wird und die Modelle und Aufgaben wachsen, stellt sich schnell heraus, dass Grafikkarten aus dem Consumer-Bereich doch nur reine Texturschleudern sind, die zum Spielen, aber weniger zum Konstruieren taugen.

Echte 3-D-Anwendungen wie AutoCAD, 3D Studio max, Maya & Co. verlangen nach professioneller 3-D-Hardware, die eine Consumer-Karte leider nicht bieten kann.

PCI Express und Videobearbeitung

Wer Videos nachbearbeiten will, hat den zurzeit einzigen echten Kaufgrund für eine PCI Express-Karte. Im Gegensatz zu AGP ist PCI Express zwar nicht schneller, kann die Daten aber in beide Richtungen bewegen. Neue Schnittsoftware kann so aufwendige Spezialeffekte auf die Grafikkarte auslagern, schiebt das Filmmaterial in die Karte hinein und bekommt das mit den Effekten versehene Video in hoher Qualität zurück.

Es verwundert auf den ersten Blick, warum eine Karte, die selbst mit Polygonen und Texturen überladene Szenen eines 3D-Ego-Shooters mit vielleicht 200 Bildern pro Sekunde darstellen kann, nicht für professionelle Videobearbeitung oder Konstruktionsaufgaben genutzt werden kann. Nun, auch ein Porsche beeindruckt durch Design und Leistung, taugt aber in der Landwirtschaft vor einem Pflug recht wenig. Die von der PC-Werbung gern suggerierte Gleichung „Leistung = Nutzen" ist eben nicht allgemein gültig, da der Nutzen nicht unbedingt von der Anzahl der produzierten Bilder pro Sekunde abhängt – außer eben beim Spielen.

Zwar ist auch Geschwindigkeit im Profisektor eine feine Sache – wer will schon beim Drehen einer 3-D-Zeichnung jedes Mal eine Kaffeepause einlegen müssen –, aber eben nur ein Aspekt. Wichtiger ist hierbei zum Beispiel die Genauigkeit, mit der die einzelnen Punkte und Linien dargestellt werden. Rutscht in einem Spiel ein Pixel etwas zur Seite, ist das, gelinde gesagt, vollkommen egal. Bei der Konstruktion einer Kühlpumpe für ein Atomkraftwerk könnte das aber verheerende Folgen haben. Ebenso sind verschluckte Polygone oder Clipping-Fehler beim Spielen höchstens optisch störend, bei der Produktion einer Animation für einen Werbefilm aber untragbar.

Hardwarevoraussetzungen für einen CAD/CAM- oder DCC-PC

Konstruktionsdaten sind oft sehr umfangreich, ebenso wie die Rechenoperationen, die mit ihnen angestellt werden. Neben der Darstellung auf dem Bildschirm ist also auch Rechenpower und vor allem Speicher gefragt.

Ein gutes System kommt vielleicht mit einem 2- bis 3-GHz-Prozessor aus und verfügt über mindestens 1 GByte RAM. Profis setzen gern Xeon-Prozessoren im Zweiergespann ein und bestücken die Grafik-Workstation mit 2 bis 4 GByte RAM. Ob es sich dann um DDR- oder Rambus-Speicher handelt, ist nebensächlich – lieber viel als schnell.

Hinzu kommt, dass Consumer-Karten als Werkzeug „zu stumpf" sind: Auf hohe Pixel- und Texturleistung ausgelegt, brechen sie teilweise bei der Darstellung von Drahtgittermodellen ein. Bei komfortablen Arbeitsumgebungen wie einer Multimonitorlösung, bei der in mehreren Fenstern mit DirectX und OpenGL in verschiedenen Darstellungsmodi (Drahtgitter/shaded, 2-D/3-D) gleichzeitig gearbeitet werden soll, müssen Consumer-Karten schlichtweg passen. „Kleinigkeiten" wie fehlendes Fullscreen-Antialiasing bei höchsten Auflösungen, frei definierbare Clip-Planes, Hardware-Overlays für Menüeinblendungen oder Photoshop-ähnliche Echtzeitfilterfunktionen bieten ebenfalls nur Profikarten. Und nur professionelle Karten können zu einer Art Cluster zusammengeschaltet werden, um synchron auch größere Virtual Reality-Installationen mit Echtzeitbildern zu beschicken.

Wichtig für Anwender, die Grafik in der Produktion nutzen, ist auch die weitgehend garantierte Fehlerfreiheit von Hardware, Treibern und zusätzlicher Software. Die Treiber einer Profikarte werden ausgiebig getestet und stürzen im Gegensatz zu den manchmal mit heißer Nadel gestrickten Treibern einer Consumer-Karte in der Praxis nicht ab. Falls doch, genügt ein Anruf beim Hersteller, und in wenigen Stunden ist ein Fix erhältlich. Ausfallzeiten kann man sich in der Produktion eben nicht leisten.

Darum macht hier im Gegensatz zu dem PR-Gag von Microsoft auch eine Herstellerzertifizierung Sinn. Die erfolgt aber nicht etwa von Bill Gates, sondern von den Herstellern der Anwendersoftware, beispielsweise von Discreet für ihr 3D Studio max oder von Alias/Wavefront für Maya. Wer also eine professionelle Grafikkarte samt zertifiziertem Treiber einsetzt, kann sich vor dämlichen Fehlermeldungen sicher fühlen.

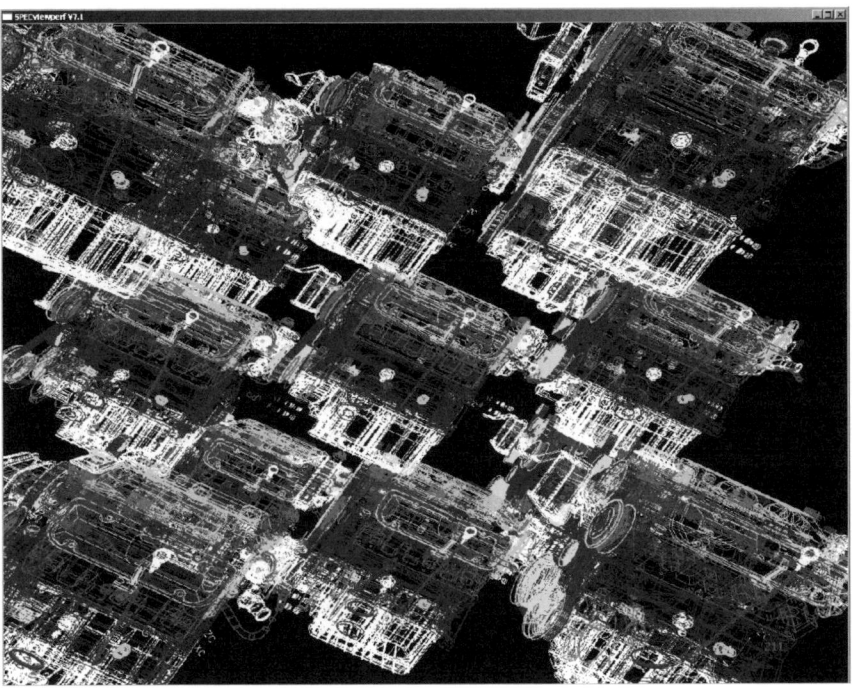

Stellt man komplexe 3-D-Modelle wie diesen Motor auf einer Consumer-Karte dar, friert der Bildschirm ein, oder Windows erzeugt einen Bluescreen. Nur Profikarten kommen bei einer derartigen Polygonflut nicht ins Schwitzen.

Strom satt: AGP Pro

Viele richtig dicke Grafikkarten benötigen mehr Strom, als der AGP-Slot liefern kann. Würde man sie in einem normalen AGP-Slot betreiben, stürzten sie ab oder würden die Spannungsregler auf dem Motherboard überlasten. Einige Karten besitzen daher einen separaten Stromanschluss, der mit einem der Stromkabel vom Netzteil verbunden werden muss.

High-End-Karten hingegen verwenden oft den so genannten AGP Pro-Slot, der etwas größer als ein normaler AGP-Slot ist und eine höhere Stromversorgung garantiert. AGP-Karten passen auch in AGP Pro-Slots, umgekehrt funktioniert es nicht.

Das alles hat natürlich auch eine negative Seite für den Anwender: Aufgrund der ausgiebigen Treibertests des Kartenherstellers sind die Karten immer erst wesentlich später erhältlich als ihre Pendants für die Consumer-Karten. Dazu kommt dann die Zertifizierung durch die Anwendungshersteller, die noch mal locker zwei Monate frisst.

Allerdings kann sich der Anwender sicher sein, keinen blöden Spruch wie „Für die Karte entwickeln wir nichts mehr!" anhören zu müssen, auch nicht nach fünf Jahren. Profikarten sind für den langjährigen Dauereinsatz konzipiert.

DVI-I-Ausgang für Profis

Professionelle OpenGL-3-D-Karten besitzen immer einen, meistens aber zwei DVI-I-Ausgänge. Dabei werden die Bilddaten der Grafikkarte auf direktem digitalem Weg zu einem digitalen TFT-Display übertragen. Das hat den Vorteil, dass die Bildinformationen nicht vorher vom RAMDAC in analoge Signale und vom Display wieder in digitale Signale gewandelt werden müssen. Jede Wandlung von Signalen ist nämlich mit Qualitätsverlusten behaftet. DVI-I-Lösungen bieten daher ein schärferes und ruhigeres Bild.

Treiber für Profikarten aktuell zu halten ist übrigens gar nicht so problematisch, wie es klingt, denn die Produktion von Consumer- und Profikarten unterscheidet sich grundlegend: Für Consumer-Karten gibt es immer eine Art Bastelanleitung, aus der sich die einzelnen Hersteller die passenden Module herauspicken. Diese werden dann mit eigenen Erweiterungen aufgepeppt – Consumer-Karten unterschiedlicher Hersteller unterscheiden sich also und brauchen daher auch unterschiedliche Treiber.

Bei Profikarten ist das anders, diese werden komplett vom Kartenhersteller entwickelt und gebaut. Die Karten werden dann aber unter Umständen von OEMs unter einem eigenen Label vertrieben – für alle Karten passt aber genau ein einziger Treiber (anders wäre die Zertifizierung auch gar nicht zu machen).

Unterschiede zwischen Consumer- und Profikarten

Seit es beispielsweise bei NVIDIA die Unterscheidung zwischen GeForce und Quadro gibt, existieren auch Lösungen, um aus einer ordinären und billigen Consumer- scheinbar eine teure High-End-Karte zu machen. Benchmarks beweisen: Allein durch den Quadro-Treiber werden GeForce-Chips bis doppelt so schnell bei OpenGL-Anwendungen. Damit sich der Treiber aber überhaupt installiert, muss mit einem Tool wie SoftQuadro dem Treiber die ID einer Quadro-Karte vorgegaukelt werden. Wird der Kunde also nur mit einem anderen Treiber gnadenlos geschröpft? Jein.

Bei den ersten GeForce-Karten unterschieden sich die GeForce- von den Quadro-Modellen tatsächlich nur durch eine andere ID, die Hardware war ansonsten identisch. Im Laufe der Zeit hat sich das aber geändert. Zwar werden neue Chip-generationen immer noch mit einem gemeinsamen Kern entwickelt, die Hardware unterscheidet sich dann aber im Endprodukt doch ein wenig: Zum Beispiel bietet die aktuelle GeForce FX vier Clip-Planes, die Quadro hingegen acht.

Die GeForce ist beim Fullscreen-Antialiasing auf bestimmte Auflösungen begrenzt, die Quadro nicht. Der GeForce fehlen auch die Möglichkeit zur Clusterung und wichtige Funktionen zur Stereodarstellung – alles Funktionen, die im professionellen Bereich durchaus benötigt werden.

Der meist doppelt so hohe Preis erklärt sich also nur zum geringen Teil durch die andere Hardware. Der Chip weist wenige zusätzliche Funktionen auf, die mithilfe des Treibers freigeschaltet werden. Andererseits findet bereits bei der Produktion eine Selektion „am Band" statt. Vereinfacht ausgedrückt: Besonders gelungene Chips wandern in den Profisektor. Auch die anderen Bauteile sind hochwertiger als die der Consumer-Karten. Dann ist es aber vor allem der Treiber und seine nahezu absolut sichere Funktion, die Geld kosten. Aber das rechnet sich für den Anwender: In einer Produktionsumgebung kann ein einziger Absturz eines Consumer-Treibers allein mehr kosten als der Aufpreis auf eine Profikarte.

Kaufhilfe für Profikarten

3-D-Profikarten kauft man nicht unbedingt beim Discounter, da es dort keinerlei fundierte Beratung gibt. Will man die passende Karte zum jeweiligen Einsatzzweck haben, ist es recht hilfreich, mit einem wirklich kompetenten Verkäufer zu sprechen, der auch weiß, wovon er redet. Gute Anlaufstellen für den Kauf einer 3-D-Profikarte und Bezugsquellen für Programme oder Zusatztools sind beispielsweise dcp (*www.dcp.de*), Nösse Datentechnik (*www.noesse.de*) oder Schneider digital (*www.schneider-digital.de*).

Bei professionellen 3-D-Karten gilt darüber hinaus immer: Da sie in der Regel für eine ganz bestimmte Anwendung benötigt werden, fragen Sie den Hersteller der Software nach einer Empfehlung oder durchstöbern die Foren im Internet nach Kritik und Lob zu einzelnen Karten.

Platz ohne Ende: Mehrschirmbetrieb für CAD/CAM und DCC

Im Bereich der professionellen Konstruktion und Bildbearbeitung ist der Einsatz von zwei oder drei Bildschirmen durchaus üblich. Alle OpenGL-Profikarten besitzen daher auch zwei sehr hochwertige DVI-Ausgänge, sodass auf jeden Fall zwei hochauflösende Monitore oder TFTs betrieben werden können. Karten von Matrox können sogar noch mehr Bildschirme oder TV-Geräte mit Daten versorgen.

3.5 Troubleshooting: Wenn es duster bleibt oder flimmert

Normalerweise gehen der Einbau einer neuen Grafikkarte und die Installation des Treibers ohne Probleme vonstatten.

Manchmal allerdings hakt es etwas, weil eine Kleinigkeit übersehen wurde. Sie sollten dann noch einmal den korrekten Sitz der Karte überprüfen, nachsehen, ob ein eventuelles Stromkabel richtig an die Karte angeschlossen wurde und das Monitorkabel stabil aufgesteckt ist. Weitere kleine Stolpersteinchen sind:

PC gibt nach Umbau Pieptöne von sich

Wenn der PC nach einem Umbau nur noch piepst und der Bildschirm schwarz bleibt, ist entweder die Grafikkarte nicht richtig eingebaut, oder aber es ist ein schwer wiegender Hardwarefehler aufgetreten – überprüfen Sie die Funktion des PCs dann mit der alten Grafikkarte.

Onboard-Grafikchip blockiert Kartenerkennung

Sobald Sie in ein Motherboard, das eine Onboard-Grafikkarte besitzt, eine weitere Grafikkarte stecken, wird die Onbord-Komponente automatisch abgeschaltet. Leider klappt das bei einigen Boards nicht.

In diesem Fall müssen Sie im BIOS des Boards die Onboard-Grafikkarte per Hand deaktivieren. In das BIOS gelangen Sie, wenn Sie beim Hochzählen des Speichers des PCs [Entf], [F1] oder manchmal auch [F2] oder [Strg]+[S] drücken.

Beim Umschalten in den 3-D-Modus friert der PC ein

Wenn Sie Windows zwar starten können, kurz nach dem Start eines beliebigen Spiels jedoch der Rechner abstürzt, kann das neben einem Treiberproblem auch ein Problem der Spannungsversorgung sein.

Aktuelle Grafikchips benötigen vor allem im 3-D-Modus eine Menge Energie. Ein schwaches 300-Watt-Netzteil kann dann im 2-D-Modus vielleicht gerade noch die benötigte Spannung liefern, bricht bei der noch höheren Last des 3-D-Modus aber ein. In diesem Fall müssen Sie ein stärkeres Netzteil einbauen.

Ein Netzteil, das an seiner Leistungsgrenze betrieben wird, erkennen Sie an der sehr hohen Wärmeabgabe. Vorsicht! Falls das Netzteil zu heiß wird, kann es auch andere Komponenten mit in den elektronischen Tod reißen.

Das gleiche Phänomen tritt übrigens auf, wenn Sie vergessen haben, einen eventuellen zusätzlichen Stromstecker an die Grafikkarte anzuschließen.

*Keine Probleme mit der Spannungs-
versorgung haben beispielsweise
superleise Netzteile von Blacknoise
(http://www.blacknoise.de), hier das
380-Watt-Modell.*

PC startet, Monitor/TFT bleibt schwarz oder gibt eine Fehlermeldung aus

Beim Experimentieren mit der Auflösung oder der Bildwiederholfrequenz oder beim Umstieg von einem Monitor auf einen TFT kann es vorkommen, dass dieses schwarz bleibt, obwohl der PC augenscheinlich korrekt startet.

Es kann sein, dass Sie mit den aktuellen Einstellungen den Monitor oder TFT überfordern. Schließen Sie dann den alten Monitor noch mal an, um eine geringere Auflösung einzustellen.

Das Tunen oder Feinabstimmen der Grafikkarten-Bildschirm-Kombination bringt nicht nur mehr Geschwindigkeit, sondern auch eine bessere Darstellung.

Bildschirm flimmert beim Spielen

Viele Spiele stellen beim Umschalten in den 3-D-Modus eine zur Hardware und Auflösung passende Bildwiederholfrequenz ein. Passiert das nicht, schaltet Windows automatisch in den 60-Hz-Modus, was gerade auf größeren Monitoren zu unangenehmem Flimmern führt und die Augen reizt.

Viele Tools versprechen Abhilfe, sehr universell und einfach ist beispielsweise RefreshForce, das Sie von *http://www.pagehosting.co.uk/rf/* kostenlos herunterladen können.

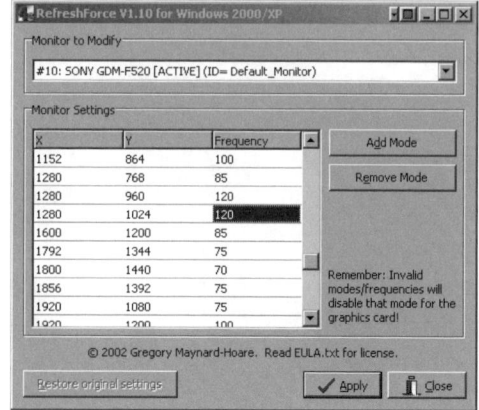

Mit RefreshForce gewöhnen Sie 3-D-Spielen das Flimmern ab.

Entweder Sie stellen die einzelnen Werte per Hand ein, oder Sie nutzen die Option *Auto Populate*, die automatisch die passenden Frequenzen zu den Bildschirmauflösungen einträgt.

Glatte Kanten mit FSAA

Manchmal erkennt man bei fast waagerechten oder fast senkrechten Linien einen störenden Treppeneffekt. Dieser lässt sich durch FSAA (**F**ull**s**creen **A**ntialiasing) abschalten. Der Grafikchip berechnet dann zusätzliche Punkte und versucht, Übergänge von einem Punkt zum nächsten so weich wie möglich darzustellen.

Diese Einstellung müssen Sie im jeweiligen Grafiktreiber vornehmen. Zu beachten ist: Je höher das FSAA eingestellt ist, desto besser sieht das Bild aus, aber desto mehr Zeit kosten die umfangreichen Berechnungen.

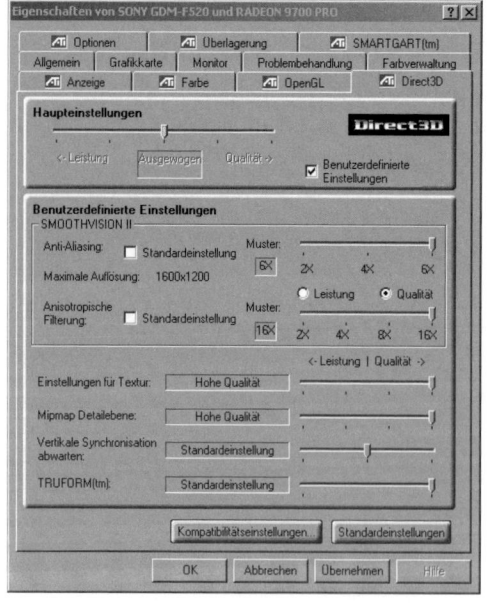

FSSA dient dem Kantenglätten. Das verbessert die Optik, verlangsamt aber den Bildaufbau.

Wenn Sie hingegen mehr Wert auf einen möglichst schnellen Bildschirmaufbau, also hohe FPS (**F**rames **P**er **S**econd), legen, schalten Sie alle derartigen Features ab.

Update des Grafikkarten-BIOS

Manchmal fordert ein neuer Treiber Sie dazu auf, ein neues Grafikkarten-BIOS zu installieren. Das kann sinnvoll sein, wenn Sie permanent nicht anders zu erklärende Probleme mit der Grafikkarte haben.

Auf den Supportseiten der Hersteller finden Sie für manche, aber nicht für alle Karten regelmäßig Updates für das Grafikkarten-BIOS.

Update der Software

Neben der Hardware und den Einstellungen sind zwei weitere Komponenten für einen schnellen Bildschirmaufbau notwendig: aktuelle Treiber und eine aktuelle Version von DirectX.

Ein neuer Grafikkartentreiber und ein neues DirectX können durchaus zwischen 0 und 30 % mehr Leistung bringen.

Die aktuellen Treiber bekommen Sie auf den Supportseiten der Grafikkartenhersteller, das aktuelle DirectX gibt es im Download-Bereich bei Microsoft unter *www.microsoft.com/windows/directx*.

Turbolader: Grafikkarten übertakten

Die Grafikchips und der Speicher auf der Grafikkarte laufen mit einem vom Hersteller festgelegten Takt. Je teurer und je schneller die Karte, desto höher ist der Takt.

Damit es garantiert zu keinen Problemen im Betrieb kommt, bauen die Hersteller bei der Wahl des Takts eine gewisse Sicherheit ein. Läuft ein Chip beispielsweise so gerade eben noch mit 350 MHz, wird er eventuell mit nur 300 MHz ausgeliefert – so kann nichts passieren, und es gibt keine unnötigen Garantiefälle.

Wer will, kann aber an der „Taktschraube" drehen und so mehr Leistung aus seiner Grafikkarte herauskitzeln. Einen Haken hat die Sache allerdings: Sie verlieren durch die Veränderung des Takts die Gewährleistung des Herstellers, und die Karte wird thermisch stärker belastet, wird also früher kaputtgehen ...

Es gibt viele Tools, die speziell auf bestimmte Grafikkarten zugeschnitten sind. Einfacher ist aber ein Universaltool wie PowerStrip von Entech, zu bekommen unter *http://www.entechtaiwan.com/ps.htm*. Laden Sie sich möglichst die Multilanguage-Version herunter, nur darin sind auch deutsche Menüs enthalten.

Sie installieren PowerStrip nach dem Download wie gewohnt durch Starten der Installationsdatei. Nach der Installation müssen Sie den PC einmal neu starten.

Um die Grafikkarte nun an die Grenze ihrer Leistungsfähigkeit zu bringen, sollten Sie den Takt für den Grafikchip und den Speicher jeweils ein wenig erhöhen und dann ausgiebig mit einem Spiel testen, ob die Karte noch stabil läuft. Vorsicht! Es ist nicht auszuschließen, dass Sie die Grafikkarte dabei zerstören!

In der Systemleiste von Windows finden Sie ein Monitorsymbol, das Sie mit der rechten Maustaste öffnen können. Über *Konfigurieren/Leistungs-Profile* gelangen Sie zu dem Dialog, in dem Sie den Chip- und Speichertakt der Grafikkarte über Schieberegler verändern können.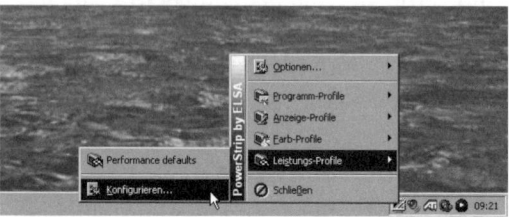

Mithilfe der beiden Schieberegler sind Chip- und Speichertakt einstellbar.

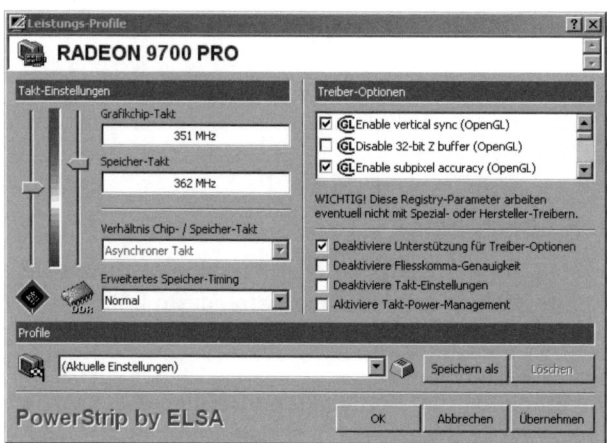

Ob das Übertakten sinnvoll ist, sei dahingestellt. Wer 10 % mehr Leistung aus seiner Karte herauskitzelt, bekommt im Spiel vielleicht 150 statt 135 Bilder pro Sekunde – was vollkommen egal ist. Stattdessen gehen Sie aber das Risiko ein, die Grafikkarte zu zerstören.

Etwas ganz anderes könnte aber auch interessant sein: Wenn es im Sommer allzu heiß wird, können Sie die Grafikkarte auch „untertakten", also mit geringerem Takt betreiben. Das schont die Hardware und verhindert, dass die Karte die eigene Wohnung noch weiter aufheizt.

TFTs mit Breitbildformat 16:10

Multimedia und der PC verschmelzen immer mehr, und immer öfter finden sich am Computer dann auch TFTs, die nicht mehr das klassische 4:3-Format, sondern das Breitbildformat 16:10 aufweisen.

Normalerweise erkennt Windows das TFT-Modell und stellt die Auflösung entsprechend ein. Und auch wenn Windows die genaue Bezeichnung des Bildschirms nicht bekannt ist, erfährt es von ihm seine maximale Auflösung.

Sollte das nicht funktionieren, können Sie die manchmal mitgelieferte Treiber-CD (eigentlich ist es nur eine Infodatei) einlegen und Windows so mit dem Bildschirm bekannt machen.

Sollte das alles nicht helfen, müssen Sie die Auflösung von Hand einstellen. In den *Eigenschaften der Anzeige* auf der Seite *Einstellungen* finden Sie den entsprechenden Schieberegler. Nicht optimal, aber funktionsfähig sollten alle diese Bildschirme mit einer Auflösung von 1.280 x 768 laufen.

Besser sind aber die Auflösungen, die zum jeweiligen Bildschirmmodell passen. In der Regel sind das:

Bildschirm	Auflösung	Optimale Auflösung
Alle 16:10-Modelle	1.280 x 768	je nach Modell
21/23-Zoll-Bildschirm	1.280 x 768	1.280 x 1.024, 1.680 x 1.050, 1.600 x 1.200
24-Zoll-Bildschirm	1.280 x 768	1.920 x 1.200
30-Zoll-Bildschirm	1.280 x 768	1.360 x 768, 2.560 x 1.600

Ein Blick in das Handbuch des Bildschirms verrät schnell, welches die optimale Auflösung für das jeweilige Modell ist.

HDTV und HD ready – Fluch oder Segen?

Das „HD ready"-Label wurde von der EICTA (**E**uropean **I**nformation, **C**ommunications and **C**onsumer Electronics Industry **T**echnology **A**ssociation) geschaffen, um Geräte zu kennzeichnen, die hochauflösendes Fernsehen wiedergeben können. Nur wenn alle Geräte in der Darstellungskette dieses herstellerübergreifende Siegel aufweisen, können Sie HDTV genießen. Ein einzelnes Gerät, das nicht dieses Siegel aufweist, verhindert dann HDTV.

Einen „HD ready"-Aufkleber bekommen nur Geräte, die

■ eine native 16:9-Darstellung mit mindestens 720 Zeilen ermöglichen,

■ mindestens einen analogen YUV-Eingang besitzen,

■ mindestens über einen HDCP-konformen, verschlüsselungsfähigen und digitalen Eingang verfügen

- und über beide Eingänge Vollbilder (720p, 1.280 x 720 Punkte) oder Halbbilder (1080i, 1.920 x 1.080 Punkte) annehmen können.

„HD ready" bedeutet dabei nicht, dass das dargestellte Bild eine wirklich hohe Qualität aufweist, denn das Label vergeben die Hersteller selbstständig an ihre Geräte, sofern sie HDTV-Daten annehmen können. Ebenso stecken in allen Geräten, die „HD ready" sind, auch DRM-Komponenten (**D**igital **R**ights **M**anagement). Nur wer für Filme/TV-Sendungen gezahlt hat und dies über sein DRM-System auch nachweisen kann, bekommt die bestmögliche Darstellung. Ist dies nicht der Fall, wird das Bildsignal in eine deutlich schlechtere Qualität heruntergerechnet, bevor es dargestellt wird.

Das „HD ready"-Siegel ist damit nur für diejenigen interessant, die gekaufte (nicht kopierte) Filme und extra bezahltes Fernsehen in hoher Qualität sehen möchten. Wer den PC lediglich zum Arbeiten und Spielen benutzt, kann problemlos auch preiswertere Geräte ohne diesen Aufkleber kaufen.

4. Festplatten erweitern und austauschen

Um den ständigen Bedarf an immer größer werdenden Datenmangen aufwendiger Spiele, MP3s, Videos etc. decken zu können, ist schnell der Einbau einer zusätzlichen Festplatte oder der Austausch zu einem Modell mit mehr Kapazität notwendig. Auch die Frage nach mehr Sicherheit und Schnelligkeit ist mit der Festplatte gekoppelt, denn moderne RAID-Systeme können hier noch einmal einen deutlichen Leistungsschub bringen und durch redundantes Speichern zusätzliche Sicherheit bringen.

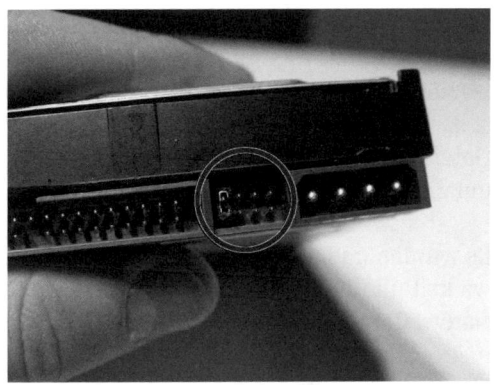

Technische Weiterentwicklung der Festplatten

Der Festplattensektor ist momentan in Bewegung: Neue Technologien zur schnelleren Datenübertragung wie der SATA2-Anschluss verlangen geradezu nach Festplatten, die entsprechende Daten auch in angemessener Zeit liefern können. Dazu kommt, dass der Speicherbedarf stetig steigt und die herkömmliche Aufzeichnungstechnik der Magnetscheiben an ein Kapazitätslimit gestoßen ist. Eine neue Aufzeichnungstechnik mit dem schwer auszusprechenden Namen Perpendicular Recording ermöglicht sehr viel größere Speicherkapazitäten: Daten werden hierbei nicht wie bisher parallel zum Datenträger auf die Magnetscheiben gebannt, sondern in vertikaler Richtung. Diese geänderte Aufzeichnungsart ermöglicht im Gegensatz zum herkömmlichen Longitudinal Recording höhere Speicherkapazitäten, da die Bits durch eine zu enge Aneinanderkettung „zu kippen" beginnen, was die Speicherausbeute natürlich bei entsprechenden Größen verringert. Das Perpendicular Recording umgeht diesen Missstand – zusätzlich steigen die Datenübertragungsraten, da der Lesekopf pro Umdrehung mehr Daten gleichzeitig einlesen kann. Die herkömmlichen Festplattengrößen können mit der neuen Technik um das ca. Zehnfache gesteigert werden.

Es wurden im Laufe der Zeit jedoch noch weitere vielversprechende Features entwickelt und in die aktuellen Laufwerke integriert – ein wichtiges stellt dabei das **N**ative **C**ommand **Q**ueuing, auch kurz NCQ, dar. Hierbei ist es möglich, dass mehrere Aufträge und Anfragen an die Festplatte gegeben werden und diese selbstständig entscheidet, welche sie zuerst abarbeitet. So können unter anderem die zeitraubenden Neupositionierungen des Lese- und Schreibkopfs reduziert werden. Native Command Queuing muss sowohl von der Festplatte als auch vom Controller und dem Treiber unterstützt werden, damit es genutzt werden kann.

Dass Performancesteigerung auch anders möglich ist als mit den beschriebenen Architekturanpassungen, bewies vor Kurzem der Festplattenhersteller Western Digital. Dieser brachte als Erster eine Festplattenserie mit 10.000 Umdrehungen auf den Markt, auch bekannt unter dem Namen Raptor. Verbaut wurde dabei jedoch nicht ein 08/15-Laufwerk, sondern ausdauernde Hardware aus dem Serversegment des Herstellers. So konnte das Unternehmen auch die Zuverlässigkeit parallel zu den hohen Geschwindigkeiten garantieren. Die Raptor-Serie erfreut sich seit ihrem Erscheinen vor allem in der Tuning- und Modding-Szene großer Beliebtheit – und das nicht nur wegen ihrer herausragenden Performancewerte. Western Digital verbaute die Magnetplatten in ein zum Teil transparentes Gehäuse, was besonders unter den so genannten Casemoddern großen Zuspruch fand. Auch der RAID-0-Modus erfreut sich zu Zwecken der Leistungssteigerung immer noch großer Beliebtheit, trotz der bekannten Risiken. Wie Sie die verschiedenen RAID-Modi für die unterschiedlichsten Zwecke nutzen können, erfahren Sie in Kapitel 4.4!

4.1 Eine neue Festplatte ins System integrieren

Um schnell für neuen Speicherplatz zu sorgen, ist der Einbau einer zusätzlichen Festplatte die bequemste Wahl. Denn sofern noch ein Anschluss an den Controller verfügbar ist, ist der Einbau schnell erledigt, und im Handumdrehen ist wieder ausreichend Speicherkapazität vorhanden. Eine andere Möglichkeit besteht darin, die alte Festplatte durch die neue auszutauschen und die alte dann als Zweitlaufwerk weiter zu verwenden.

Vorarbeiten: Windows für den Umzug vorbereiten

Wenn die alte Festplatte durch eine neue ersetzt werden soll, sollten Sie zunächst alle Systemdaten und Windows-Einstellungen sichern, damit Sie diese später auf dem neuen Laufwerk wiederherstellen können. Windows XP bringt dazu sogar von Hause aus ein passendes Programm mit, das die alten Daten unkompliziert auf den neuen Datenträger kopieren kann. Den so genannten Assistenten zum Übertragen von Dateien und Einstellungen finden Sie unter *Start/Programme/Zubehör/Systemprogramme*. Zur Sicherung befolgen Sie diese Schritte:

1 Starten Sie den Assistenten zur Übertragung.

2 Wählen Sie als Nächstes aus, ob es sich um den Quell- oder den Zielcomputer handelt.

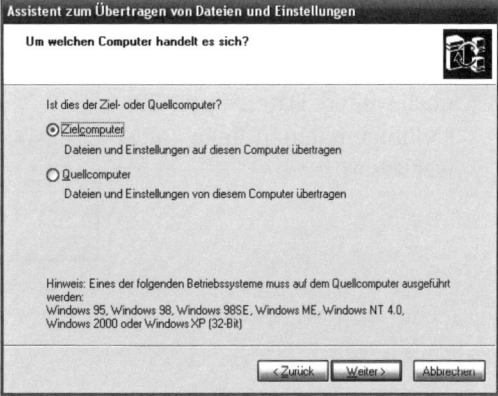

3 Nun prüft das Programm die Systemumgebung sowie die Netzwerkumgebung und bereitet die weiteren Schritte zur Datensicherung vor.

4 Möglicherweise werden Sie von der Windows-eigenen Firewall gefragt, ob Sie die Aktivitäten des Programms erlauben wollen. Wählen Sie hier *Nicht mehr blocken.*

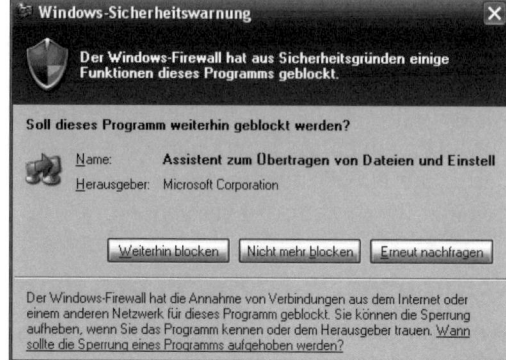

5 Im folgenden Schritt müssen Sie die Übertragungsmethode auswählen. Wenn Sie die neue Festplatte bereits als Zweitfestplatte an das Gerät angeschlossen haben, können Sie die Daten gleich auf dieser speichern. Andernfalls können Sie die Daten auch zunächst auf der bestehenden Festplatte zwischenspeichern und anschließend von Hand kopieren. Wählen Sie dazu *Anderer Datenträger* und geben Sie den entsprechenden Pfad ein.

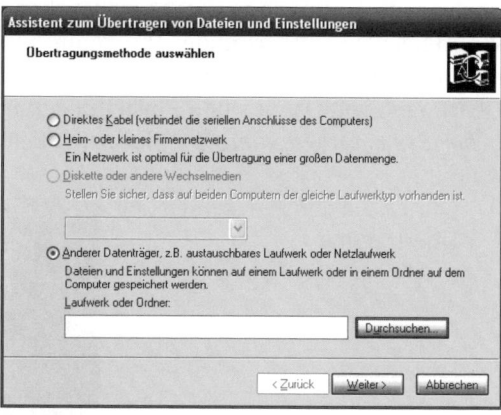

6 Nun können Sie auswählen, welche Daten vom Assistenten für die spätere Wiederherstellung gespeichert werden sollen. Durch Anklicken der Kontrollkästchen können Sie zudem im folgenden Dialog noch weitere Dateien und Einstellungen hinzufügen oder weglassen.

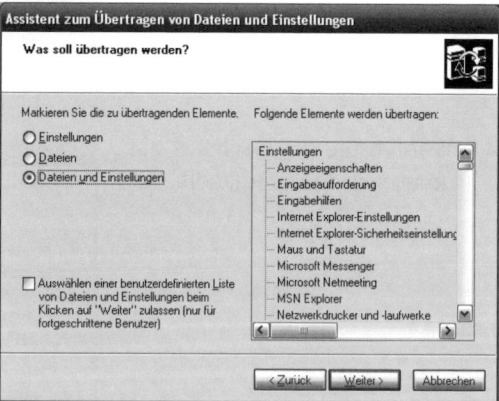

7 Nun können die ausgewählten Daten gesichert werden. Eventuell erhalten Sie noch Hinweise zu Softwareeinstellungen, die zunächst auf dem neuen Rechner installiert werden müssen, um die Einstellungen wiederherstellen zu können.

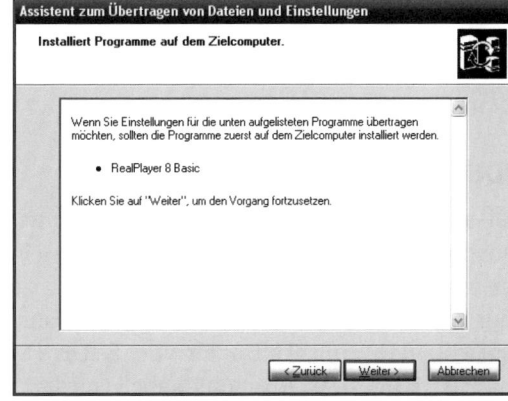

8 Nun werden die Daten gesichert. Dieser Vorgang kann je nach Umfang der Daten schon einmal mehrere Minuten dauern.

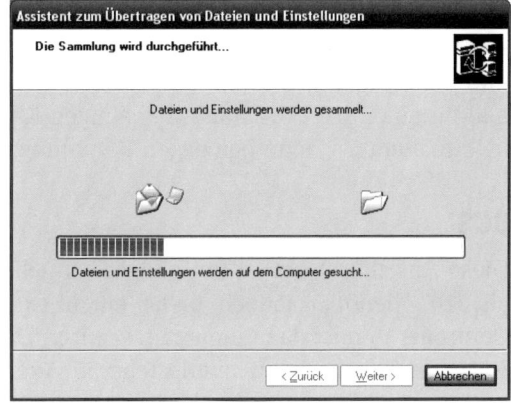

Um die gesicherten Daten auf dem neuen System wiederherstellen zu können, starten Sie dort wieder den Assistenten und wählen die angelegte Sicherungskopie als Wiederherstellungspfad.

Eine Alternative zu dieser Vorgehensweise ist die Sicherung des gesamten Systems mittel Image der Festplatte. Wie Sie ein solches Image erstellen, können Sie in Kapitel 4.2 nachlesen.

Lokalisieren freier Anschlüsse

Die Festplatten selbst befinden sich in Towergehäusen meist in einem gesonderten Laufwerkkäfig an der inneren Vorderseite des Gehäuses. Bei Desktop-PCs können sie auch schon einmal unter den optischen Laufwerken wie CD-ROM verbaut sein.

Zum Anschluss einer zusätzlichen Festplatte müssen Sie zunächst überprüfen, wie Festplatten in Ihrem System angeschlossen sind und ob noch ein weiterer Anschluss zur Verfügung steht. Prüfen Sie zuerst die Anschlussform. Die gängigste Form ist die mittels IDE-Schnittstelle, gefolgt von der neueren SATA-

Schnittstelle. In einigen meist älteren Systemen oder Servern werden Festplatten auch über SCSI angeschlossen. Um nun Ihr System verifizieren zu können, reicht ein Blick auf die Kabel, die sich nämlich bei allen drei Typen deutlich unterscheiden:

IDE

Diese bereits ziemlich alte Anschlussform wird schon seit 1989 eingesetzt und hat bereits einige Weiterentwicklungen erfahren. So hat sich der Datendurchsatz mehrfach erhöht, deshalb spricht man zum Teil auch von E-IDE (**En**hanced **IDE**). Das Anschlusskabel wurde dabei von 40 auf 80 Adern erweitert, um so unempfindlicher bei Störungen zu werden. Die Anschlussstecker sind nach wie vor 40-polig und damit auch gleich ein eindeutiges Merkmal für einen IDE-Anschluss. Bei einigen Kabeln fehlt zudem ein Pin in der Mitte, dies dient als Sicherheit gegen Verpolung.

SCSI

Diese Anschlussform ist um einiges schneller als IDE, benötigt jedoch meist einen extra Controller und ist dazu um einiges teurer. Das Anschlusskabel ist mit mindestens 50 Adern um einiges breiter, wodurch es leicht zu unterscheiden ist. SCSI gibt es in verschiedenen Ausführungen und Geschwindigkeiten, jedoch ist der Geschwindigkeitsvorteil im Vergleich zum Preis für den Privatanwender kaum lukrativ, sodass diese Technik in der Regel nur in Profisystemen Verwendung findet.

SATA I und II

Der Nachfolger von IDE bringt neben Geschwindigkeitsvorteilen auch Vorteile in der Art des Anschlusses mit sich. So sind über SATA angeschlossene Geräte zum Beispiel Hot-Plug-fähig und lassen sich einfach im laufenden Betrieb ein- und ausbauen. Auch das ehemalige Jumpern entfällt gänzlich, was den Einbau stark vereinfacht. Deutliches Unterscheidungsmerkmal ist auch hier das Anschlusskabel. Dieses ist im Vergleich zu den Vorgängern nun deutlich schmaler.

Wenn Sie festgestellt haben, über welche Anschlussart Ihre Festplatten betrieben werden, müssen Sie nun nach einem freien Anschluss suchen.

Bei IDE-Festplatten werden Sie zwei Schnittstellen auf dem Mainboard vorfinden. Pro Anschluss können maximal zwei Geräte betrieben werden, die zusammen an einem Kabel angeschlossen sind. Ist also an einem Kabel nur ein Laufwerk angeschlossen oder gar noch eine Schnittstelle auf dem Mainboard frei, können Sie hier das neue Laufwerk anschließen. Über IDE können neben Festplatten aber auch optische Laufwerke wie CD-/DVD-ROM und -Brenner angeschlossen werden.

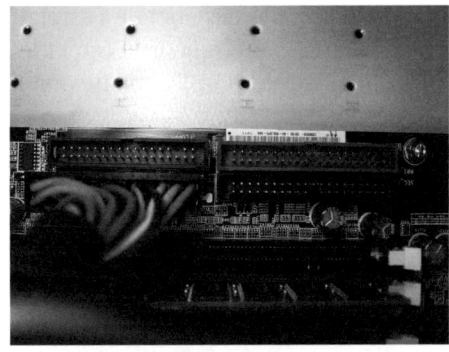

Bei SCSI können ebenfalls mehrere Festplatten an einem Kabel angeschlossen werden. Jedoch ist dies abhängig vom SCSI-Typ. Hinweise hierzu finden Sie im Handbuch des SCSI-Controllers.

Beim Anschluss über SATA kann jede Schnittstelle auf dem Mainboard nur ein Laufwerk ansprechen. Daher sind hier meist gleich vier Anschlüsse vorhanden.

Alte Platte umjumpern

IDE-Laufwerke werden mithilfe eines kleinen Brückensteckers, genannt Jumper, entweder als Master- oder als Slave-Laufwerk definiert. Die beiden Schnittstellen selbst werden als Primär- und Sekundär-IDE unterschieden. Dabei kann jede IDE-Schnittstelle immer ein Master- und ein Slave-Gerät verwalten.

Das Bootlaufwerk C:, auf dem auch meist das Betriebssystem installiert ist, muss immer an der primären IDE-Schnittstelle als Master-Laufwerk angeschlossen werden. Da auch optische Laufwerke über IDE betrieben werden können, muss hier wieder auf die Jumperung geachtet werden.

Wenn Sie nun die bestehende Festplatte gegen eine neue austauschen möchten, müssen Sie also die primäre Festplatte als sekundär umjumpern. Die neue übernimmt dann als Master-Festplatte den Platz der vorherigen.

Hinweise zur richtigen Jumperstellung finden Sie meist direkt aufgedruckt auf der Festplatte bzw. dem optischen Laufwerk.

Laufwerkzuordnung unter Windows ändern

Zur Verwaltung der Laufwerke stellt Windows mit der Computerverwaltung unter *Systemsteuerung/Verwaltung* ein Programm zur Verfügung, das auch das Ändern eines Laufwerkbuchstabens anbietet. Öffnen Sie dazu die Computerverwaltung und klicken Sie links auf *Datenträgerverwaltung*. Klicken Sie hier mit der rechten Maustaste auf die zu editierende Festplatte.

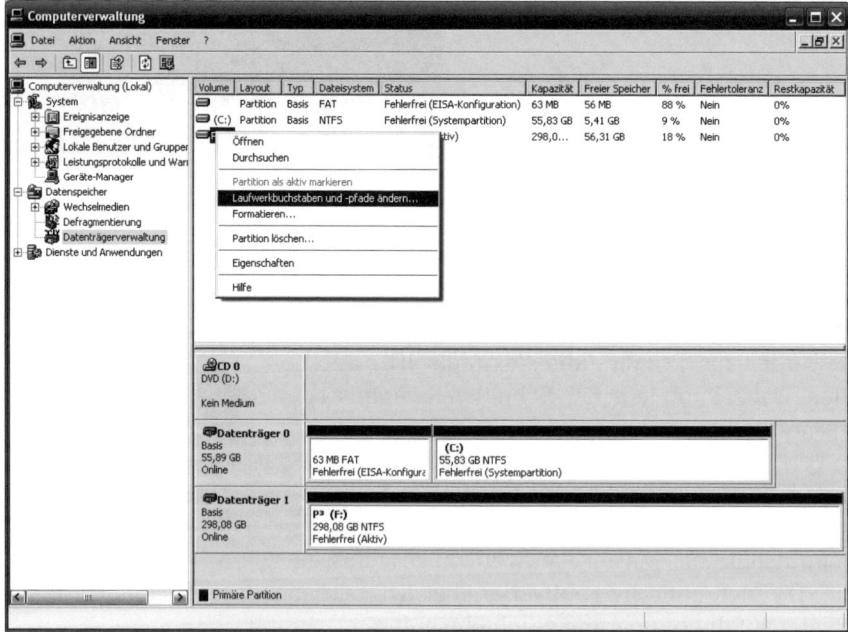

Wählen Sie im Kontextmenü *Laufwerkbuchstaben und -pfade ändern*. Es öffnet sich ein kleines Fenster, das Ihnen den aktuellen Laufwerkbuchstaben anzeigt. Klicken Sie hier auf die Schaltfläche *Ändern* und wählen Sie in dem sich öffnenden Fenster einen neuen Laufwerkbuchstaben.

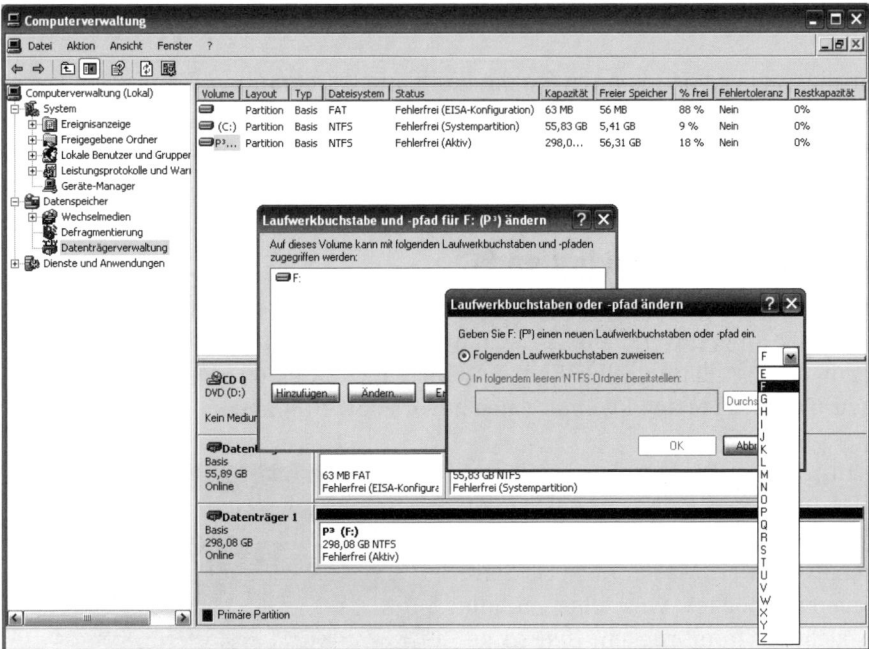

Hinweis: Der Wechsel des Laufwerkbuchstabens funktioniert allerdings nicht bei Systempartitionen. Wenn auf einem Laufwerk oder einer Partition viele ausführbare Programme installiert sind, verweigern die Programme häufig den Dienst, wenn man ihnen einen geänderten Laufwerkbuchstaben unterschiebt. Die Programme müssen dann neu installiert werden.

Eine Festplatte austauschen und anschließen

Nehmen Sie sich vor dem Ausbau der Festplatte noch einmal etwas Zeit und legen Sie eine Sicherheitskopie Ihrer Daten an. Hinweise dazu erhalten Sie weiter unten.

Entfernen der alten Platte

Sobald Sie alle Daten gesichert haben, können Sie mit dem Ausbau beginnen. Trennen Sie dazu den Rechner vom Strom und öffnen Sie das Gehäuse. Bei einem Towergehäuse befinden sich die Festplatten meist in einem 3½-Zoll-Laufwerkkäfig unterhalb der großen 5¼-Zoll-Schächte für optische Laufwerke. In Desktop-Rechnern oder Barebones können diese auch schon mal etwas versteckter verbaut sein.

Lösen Sie nun das Stromkabel der alten Festplatte und entfernen Sie anschlie-ßend das Schnittstellenkabel. Die Stromstecker für IDE-Festplatten haken dabei häufig, nehmen Sie hier wenn nötig eine kleine Zange zu Hilfe. Achten Sie jedoch darauf, dass Sie den Stecker immer waagerecht hinausziehen, um keinen der Anschlüsse zu verbiegen. Ziehen Sie niemals direkt am Kabel, sondern im-mer nur am Stecker, denn diese können schnell abreißen!

Sind alle Kabel gelöst, können Sie die Festplatte losschrauben. Damit diese nicht hinaus- bzw. herunterfallen kann, halten Sie am besten eine Hand darunter. Zie-hen Sie die gelöste Festplatte nun mit der nötigen Vorsicht waagerecht aus dem Laufwerkkäfig.

Einbau der Festplatte in den PC

Zum Einbau einer Festplatte in das Gehäuse suchen Sie zunächst nach einem freien Platz im Laufwerkkäfig. Ist kein 3½-Zoll-Schacht mehr frei, können Sie al-ternativ die Festplatte mittels Einbaurahmen auch in einen 5¼-Zoll-Schacht ein-bauen. Trennen Sie den Rechner dabei zuvor vom Stromnetz.

Sofern Sie eine IDE-Festplatte verbauen wollen, müssen Sie diese zunächst ent-sprechend ihrer Verwendung jumpern, also entweder als Master oder als Slave definieren. Möglich wird dies mithilfe von kleinen Strombrücken, den so ge-nannten Jumpern. Soll die Festplatte das Bootlaufwerk für das Betriebssys-tem sein, muss sie als Master eingestellt und am ersten IDE-Steckplatz auf dem Mainboard angeschlossen werden (Pri-

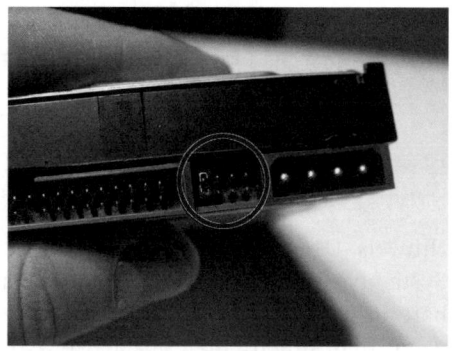

mary IDE). Soll die Festplatte hingegen als zusätzliches Laufwerk eingebaut wer-den, kann sie auch als Slave verwendet werden, sofern an der angeschlossenen IDE-Schnittstelle bereits ein Master-Laufwerk vorhanden ist. Bei SATA-Festplat-ten brauchen Sie sich über das Jumpern keine Gedanken zu machen, denn dieser Schnittstellentyp verwaltet die Geräte selbstständig und ohne manuelle Konfigu-ration.

Festplatte sicher verschrauben

Sobald Sie einen Platz gefunden haben, schieben Sie die Festplatte vorsichtig in den Laufwerkschacht und schrauben sie fest. Nehmen Sie dazu nur entspre-chend kurze Laufwerkschrauben, um die Festplatte nicht zu beschädigen. Bei ei-nigen Gehäusen müssen Sie zunächst den gesamten Laufwerkkäfig ausbauen, um die Festplatte beidseitig anschrauben zu können.

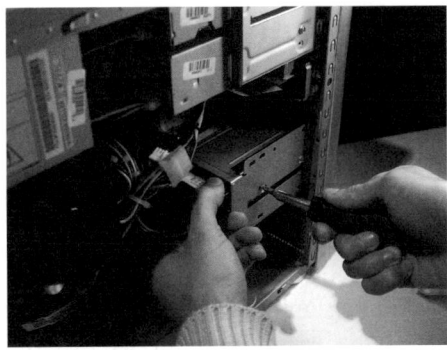

Auf Draht: Festplatte verkabeln

Verbinden Sie nun die neue Festplatte mit dem Anschlusskabel. Bei IDE-Festplatten ist dies ein breites 40- bzw. 80-poliges Flachbandkabel mit breitem Anschlussstecker. Bei SATA hingegen sind die Kabel bedeutend dünner und die Anschlussstecker entsprechend kleiner.

Hierbei ist es wichtig, dass Sie diese richtig anschließen. In der Regel sind beide Anschlüsse verpolungssicher und können durch ihre Bauform nur in eine Richtung angeschlossen werden. Jedoch gibt es bei IDE-Steckern auch Modelle ohne eine solche Schutzvorrichtung („Nase"). Ist dies der Fall, können Sie sich an der roten äußeren Ader des Kabels orientieren, diese ist immer mit Pin 1 des Geräts zu verbinden. Welcher das ist, können Sie an der Anschlussseite der Kontakte sehen. Häufig zeigt dieser in die Richtung des Stromanschlusses.

Nun können Sie das Gehäuse wieder schließen und den Rechner starten. Sobald Sie die neue Festplatte in Ihrem BIOS angemeldet haben, können Sie sie meist gleich verwenden. Einige Modelle müssen jedoch zunächst mit einer Partition versehen und anschließend formatiert werden. Hinweise zum Anmelden im BIOS entnehmen Sie bitte dem Handbuch zu Ihrem Mainboard bzw. folgen einfach den Anweisungen im BIOS selbst. Näheres erfahren Sie hierzu in Kapitel 4.4.

Anmelden, partitionieren und formatieren

Mit dem Einbau der neuen Festplatte in den PC ist es noch nicht getan – im Gegenteil: Die Arbeit geht danach erst richtig los!

Überprüfen der Konfiguration beim Systemstart

Kurz nach dem Anschalten des PCs listet das BIOS neben Informationen über Prozessor und Arbeitsspeicher auch die erkannten IDE-Festplatten sowie die optischen Laufwerke auf, leider kann dieser Vorgang unter Umständen nur über eine kurze Dauer zu sehen sein – ein Druck auf die [Pause]-Taste auf der Tastatur hält das Bild an. So haben Sie Gelegenheit, in Ruhe die Geräteauflistung zu untersuchen. Sollte Ihre neue Festplatte nicht automatisch erkannt worden sein, müssen Sie diese zunächst im BIOS anmelden.

Anmelden der neuen Festplatte im BIOS

Ist Ihre neue Festplatte nach dem PC-Start nicht automatisch im BIOS-Ladebildschirm erkannt worden, wurde sie höchstwahrscheinlich nicht korrekt angemeldet. Prüfen Sie im Fall einer IDE-Festplatte (ATA) im BIOS-Setup unter *IDE/HDD*, ob alle IDE-Ports auf *Auto* geschaltet sind – nur so ist eine problemlose automatische Erkennung der Hardware durch das BIOS möglich. Falls Ihre SATA-Festplatte nicht erkannt wird, prüfen Sie in den BIOS-Einstellungen unter dem Punkt *Peripherals*, ob auch wirklich die benötigten SATA-Controller sowie die zugehörigen Ports aktiviert wurden – bei vielen Motherboards lassen sich die Ports nämlich einzeln aktivieren und deaktivieren.

Festplatte wird nicht erkannt!

Sollte die neue Festplatte auch bei der automatischen Festplattenerkennung durch das BIOS nicht erkannt werden, so ist sie mit hoher Wahrscheinlichkeit nicht korrekt angeschlossen. Prüfen Sie zu diesem Zweck nochmals die Strom- und Datenverbindung mit dem Motherboard. Die genauen Schritte können Sie weiter oben in diesem Kapitel nachlesen.

Partitionieren der Festplatte mit Windows XP

Windows XP bringt ein komfortables Tool zum Einrichten von Festplatten mit, leider ist dies etwas versteckt und nicht auf Anhieb zu finden. Im Rahmen der Microsoft Management Console ist das Applet Datenträgerverwaltung für die entsprechenden Aufgaben zuständig. Aufzurufen ist es wahlweise über den Pfad *Systemsteuerung/Verwaltung/Computerverwaltung* oder ganz einfach via *Start/Ausführen* und Eingabe von „diskmgmt.msc". Die folgenden Anleitungen zeigen Ihnen das Partitionieren von Festplatten unter Windows XP:

Einrichten einer primären Partition

1 Ihr neues Laufwerk wird in der oberen Liste noch nicht erscheinen, da es noch nicht partitioniert ist. In der unteren Liste sollten Sie nun einen Datenträger mit einem als *nicht zugeordnet* gekennzeichnetem Speicherplatz finden. Dies ist Ihre neue, unpartitionierte Festplatte. Klicken Sie mit der rechten Maustaste auf den schwarzen Bereich und wählen Sie *Neue Partition*.

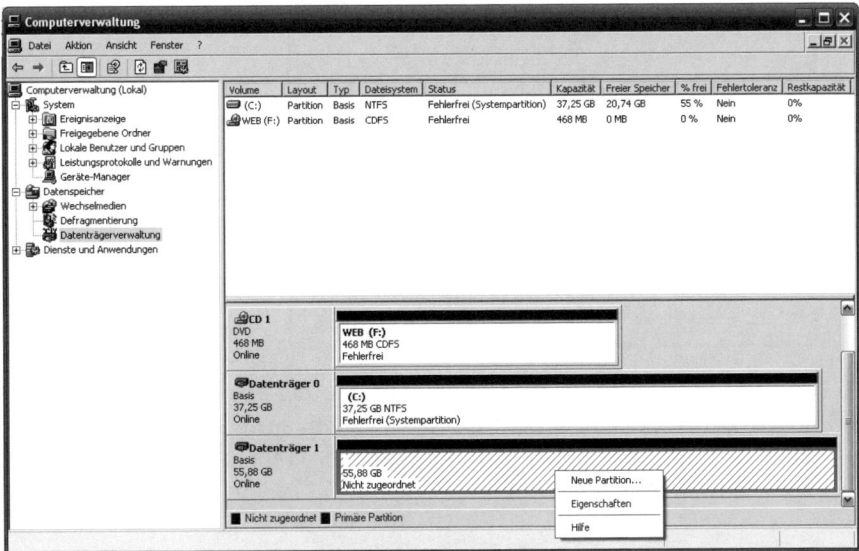

2 Das folgende Fenster bestätigen Sie mit *Weiter*, sodass Sie zu folgendem Auswahlmenü gelangen:

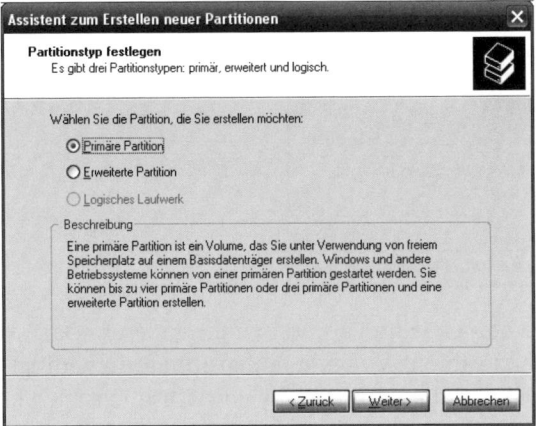

3 Die erste Partition, die Sie auf einem neuen Datenträger einrichten, ist immer eine primäre Partition. Wählen Sie also die entsprechende Option aus. Im nächsten Fenster müssen Sie die Größe der neuen Partition wählen. Möchten Sie Ihre neue Festplatte nur als ein Laufwerk ansprechen, geben Sie hier den maximal verfügbaren Speicherplatz ein. Sollten Sie jedoch später noch eine weitere Partition anlegen und die primäre nur als Windows-Partition nutzen wollen, wählen Sie hier einen Wert zwischen 7000 und 10.000 MByte und bestätigen mit *Weiter*.

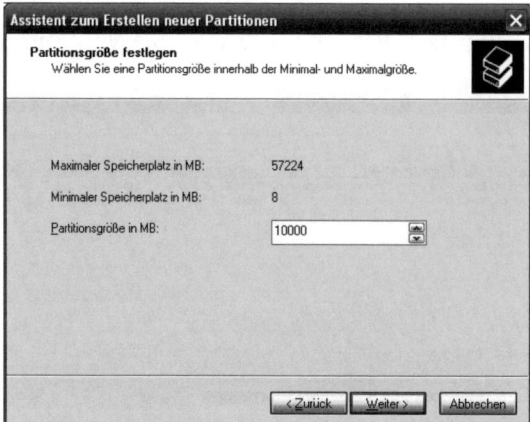

4 Im nun erscheinenden Fenster können Sie der neuen Partition bzw. dem neuen Laufwerk einen Laufwerkbuchstaben zuweisen, unter dem Sie es dann auch im Arbeitsplatz aufrufen können. Wählen Sie hier beispielsweise den nächsten freien Buchstaben.

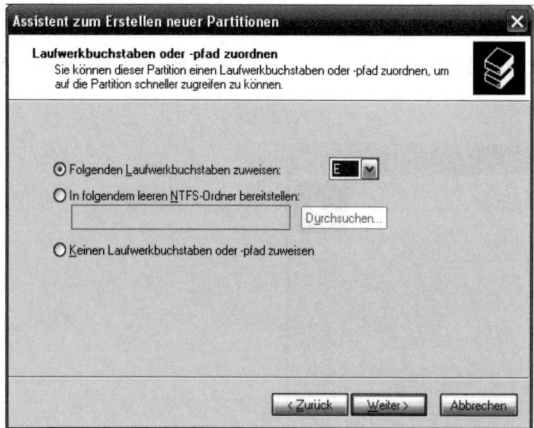

5 Jetzt ist es an der Zeit, die neu erstellte Partition zu formatieren. Dazu müssen Sie ein Dateisystem auswählen: Wir empfehlen Ihnen, unbedingt das NTFS Dateisystem zu nutzen – dieses bietet die fortschrittlichsten Sicherheitsfunktionen für Windows-Systeme und ist auch mit den größten verfügbaren Datenträgern kompatibel. Unter *Volumebezeichnung* können Sie noch eine kurze Bezeichnung für die neue Partition vergeben. Die restlichen Felder sollten Sie bei den Standardwerten belassen und auf *Weiter* klicken.

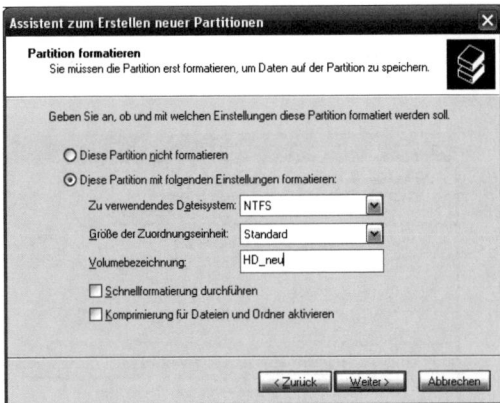

Je nach Größe der neuen Partition kann es nun eine ganze Weile dauern, bis diese formatiert ist. Nach Fertigstellung meldet Windows die neue Partition als Laufwerk an, und Sie können im Arbeitsplatz darauf zugreifen.

Einrichten einer erweiterten Partition und eines logischen Laufwerks

1 Sollten Sie sich dazu entschlossen haben, Ihre Festplatte in mehrere Partitionen zu unterteilen, müssen Sie nach dem Erstellen der primären Partition eine so genannte erweiterte Partition anlegen, die beliebig viele logische Laufwerke enthalten kann. Gehen Sie dazu einfach noch mal die vorige Anleitung durch, aber erstellen Sie statt einer primären Partition eine erweiterte. Nach der Vollendung dieses Schritts wurde zwar eine erweiterte Partition im freien Sektor angelegt, Sie müssen jedoch zwingend in dieser Partition ein logisches Laufwerk (oder mehrere) erstellen.

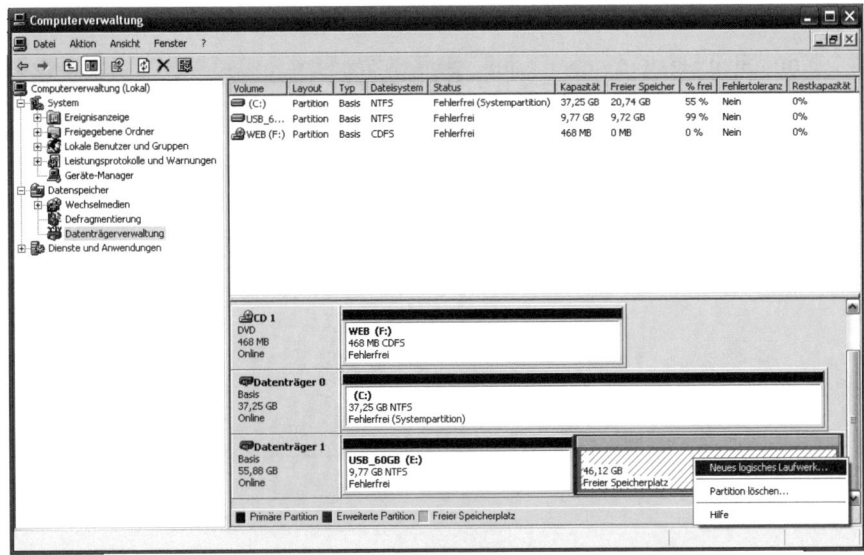

Klicken Sie dazu einfach auf den grün markierten Bereich der erweiterten Partition mit der rechten Maustaste und wählen Sie *Neues logisches Laufwerk*.

2 Nachdem Sie erneut das Begrüßungsfenster mit *Weiter* bestätigt haben, klicken Sie erneut auf *Weiter*, da Ihnen hier ohnehin nur die Option angeboten wird, ein logisches Laufwerk zu erstellen.

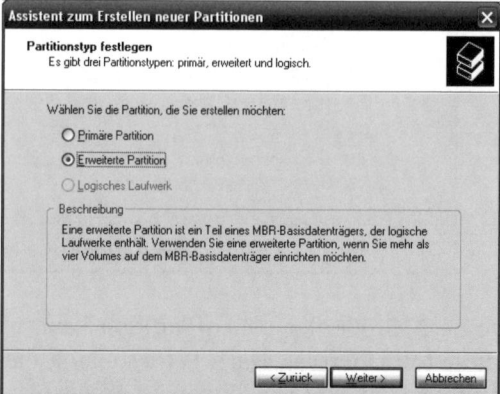

3 Im nächsten Fenster können Sie die Größe des neuen Laufwerks festlegen, Sie sollten die Auswahl auch hier bei dem voreingestellten Maximalwert belassen.

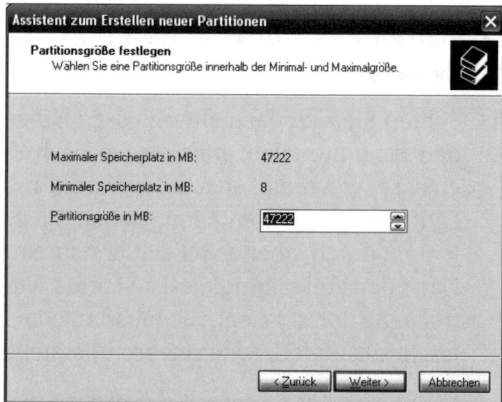

4 Nun teilen Sie dem neuen Laufwerk noch einen Laufwerkbuchstaben zu, der Einfachheit halber wählen Sie einfach den nächsten freien aus der Liste.

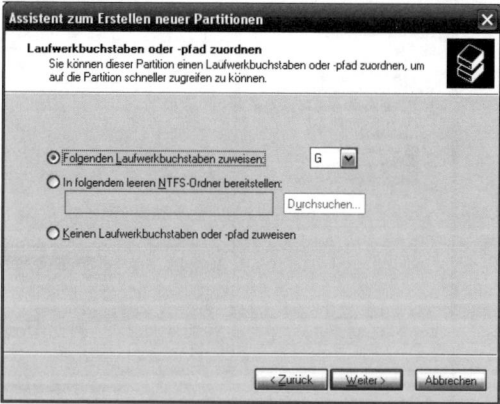

5 Abschließend wählen Sie nun noch als Dateisystem NTFS aus, geben dem neuen Laufwerk eine Bezeichnung und bestätigen alles mit *Weiter*. Danach ist der Assistent beendet und fasst die getroffene Auswahl noch einmal zusammen. Bestätigen Sie mit *Fertig stellen*.

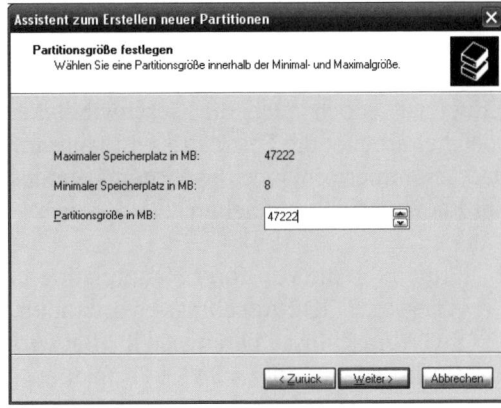

Damit ist die grundlegende Unterteilung der Festplatte in zwei Partitionen geschafft. Lassen Sie sich nicht von primärer und erweiterte Partition sowie den logischen Laufwerken verwirren:

Eine primäre Partition muss ein Betriebssystem enthalten, damit von ihr gestartet werden kann. Eine erweiterte Partition bildet einen Container für beliebig viele logische Laufwerke, die letzten Endes die restlichen Partitionen symbolisieren.

Festplatte richtig partitionieren

Wir empfehlen Ihnen, beim Partitionieren der neuen Festplatte eine Partition für Windows XP und eine weitere für Programme, Spiele und Dateien einzurichten. So können Sie in der Zukunft recht einfach die Windows-Partition formatieren und das Betriebssystem neu aufspielen.

Disk Director Suite

Windows XP bietet mit der Datenträgerverwaltung bereits ein komfortables Tool zum Partitionieren von Festplatten an. Wer es jedoch noch sicherer und einfacher haben will, muss zu kommerziellen Produkten wie Acronis Disc Director Suite oder Norton PartitionMagic greifen. Diese Tools vereinfachen die nötigen Vorgänge nochmals und bieten zudem besonders praktische Funktionen wie etwa die Größenänderung von bestehenden Partitionen oder die Repartitionierung ohne Datenverlust an. Die grafische Bedienoberfläche fällt dabei nochmals um einiges leichter und intuitiver aus als die Windows-eigenen Bordmittel. Informationen zu den erwähnten Produkten erhalten Sie im Internet unter *http:// www.symantec.com* und *http://www.acronis.de*.

Check zum Kauf einer neuen Festplatte

Nicht nur die Kapazität und der Preis sind ausschlaggebende Kriterien zum Kauf einer neuen oder zusätzlichen Festplatte. Denn hier schrumpfen die Preise zusehends, sodass man immer mehr GByte für sein Geld bekommt. Gleichermaßen vergrößert sich die Kapazität durch neue Technologien wie Perpendicular Recording und läuft mit schnellen Schritten Richtung TByte. Ein weiterer wichtiger Faktor ist jedoch auch die Geschwindigkeit, denn im Vergleich zum Arbeitsspeicher arbeitet die Festplatte sehr langsam und kann so zu einem Flaschenhals der Gesamtperformance des Systems werden. Folgende Checkliste soll Ihnen bei der Kaufentscheidung helfen:

1. Prüfen Sie die von Ihrer Hauptplatine unterstützten Technologien: Sind nur ATA- bzw. IDE-Anschlüsse vorhanden, oder werden bereits die besseren SATA-Anschlüsse bereitgestellt? Bei vorhandenen SATA-Anschlüssen sollten Sie in jedem Fall zu SATA-Festplatten greifen, diese bieten, wie bereits erwähnt, eine höhere Performance, sind Hot-Plug-fähig und verursachen durch die kleineren Kabel deutlich weniger Hitzestauung im Gehäuseinneren.

2. Treffen Sie eine Entscheidung über den benötigten Speicherplatz. In jeder Technikperiode gibt es bestimmte Festplattengrößen, die zum jeweiligen Zeitpunkt den besten Kurs pro GByte-Wert bieten. Den größten verfügbaren Speicherplatz anzuschaffen ist in der Regel unwirschaftlich, da die Preise für diese neuen Modelle meist schnell sinken.

3. Sondieren Sie die verfügbaren Steckplätze des gewählten Anschlusstyps. Rüsten Sie weitere Anschlüsse notfalls über eine zusätzliche Controllerkarte nach (siehe weiter unten).

4. Denken Sie beim Festplattenkauf zusätzlich an eine entsprechend bemessene neue Backup-Platte. Zu diesem Zweck bieten sich externe USB- oder Fire-Wire-Geräte an.

Beim Kauf von einer neuen Festplatte im ATA- bzw. IDE-Format gibt es einiges zu beachten, im Folgenden möchten wir Ihnen daher kurz eine Erklärung der wichtigsten Fachbegriffe geben:

PIO-Modus

Der PIO-Modus steht für **P**rogrammed **I**nput/**O**utput und bezeichnet ein mittlerweile veraltetes Übertragungsprotokoll für ATA-Festplatten. PIO wurde bereits durch den viel schnelleren Ultra-DMA-Modus ersetzt; es kann jedoch immer noch vorkommen, dass Windows die IDE-Kanäle durch ein Treiber- oder Konfigurationsproblem im langsamen PIO-Modus betreibt. Installieren Sie zur Vorbeugung in jedem Fall immer die aktuellen Chipsatztreiber für Ihr Motherboard.

Ultra-DMA-Modus

Der Ultra-DMA-Modus ist der Nachfolger des langsamen PIO-Modus und bietet deutlich gesteigerte Datenübertragungsraten. Aktuelle Festplatten unterstützen normalerweise alle den Ultra-DMA-Modus UDMA100, der eine theoretische Übertragungsgeschwindigkeit von 100 MByte/s erlaubt; einige Modelle bieten den letzten Schritt der UDMA-Entwicklung: UDMA133, der, wie der Name vermuten lässt, eine theoretische Geschwindigkeit von 133 MByte/s erlaubt. Die Tatsache, dass der UDMA-Modus solche Geschwindigkeiten unterstützt, heißt noch nicht, dass die Festplatten diese auch liefern können. Sie werden daher zwischen UDMA133- und -100-Geräten keine Leistungsunterschiede feststellen können.

Serial-ATA

Die SATA-Technik ist als Nachfolger von ATA bzw. IDE zu betrachten, im Gegensatz zu PATA (das alte ATA wird im Vergleich mit SATA auch als **P**arallel-**ATA** bezeichnet) arbeitet SATA nicht mehr mit einem parallelen, sondern mit einem seriellen Bus. Dies ermöglicht einen der drei Hauptvorteile: die höhere Datentransferrate. Die beiden weiteren Vorteile sind die deutlich kompakteren Kabel sowie die Hot-Plug-Fähigkeit, die einen Tausch der Festplatte im laufenden Betrieb ermöglicht. Der SATA1-Standard ermöglichte eine nur geringfügig höhere Datenübertragungsgeschwindigkeit als der ATA-Bus: 150 MByte/s sind möglich. 2005 wurde der SATA2-Standard eingeführt, der die mögliche Geschwindigkeit auf 300 MByte/s verdoppelte.

Übertragungsgeschwindigkeiten

Protokollstandard	Maximale Übertragungs-geschwindigkeit
PIO 0	3,33 MByte/s
PIO 1	5,22 MByte/s
PIO 2	8,33 MByte/s
PIO 3	11,11 MByte/s
PIO 4	16,66 MByte/s
DMA 0	4,16 MByte/s
DMA 1	13,33 MByte/s
DMA 2	16,66 MByte/s
Ultra-DMA 0	16,66 MByte/s
Ultra-DMA 1	25 MByte/s
Ultra-DMA 2 (Ultra-ATA/33)	33,33 MByte/s
Ultra-DMA 3	44,44 MByte/s
Ultra-DMA 4 (Ultra-ATA 66)	66 MByte/s
Ultra-DMA 5 (Ultra-ATA 100)	100 MByte/s
Ultra-DMA 6 (Ultra-ATA 133)	133 MByte/s
Serial-ATA	150 MByte/s
Serial-ATA II	300 MByte/s

Wie viel Festplatte verträgt der PC?

Die Speicherkapazitäten von Festplatten steigt seit Jahren unaufhaltsam. Waren vor einigen Jahren noch Festplatten mit 60 oder 80 GByte gängig, besitzen moderne Festplatten mittlerweile eine Kapazität bis 500 GByte oder mehr. Neue Technologien wie Perpendicular Recording, bei der die Daten nicht mehr parallel zur Laufrichtung des Datenträgers, sondern vertikal gespeichert werden, ermöglichen stetig neue Volumina. Für alte Rechner sind die sehr großen Laufwerke nicht mehr anzusprechen: Die Festplatte wird vom BIOS, einer älteren Windows-Version oder aber vom Controller nicht oder nur teilweise erkannt. Die folgende Tabelle zeigt Ihnen die wichtigsten Hürden an, auf die Sie beim Einbau einer neuen Festplatte in ein älteres System stoßen können.

Problem	Ursache	Lösung
2,1 GByte Festplattengröße	veraltete IDE-Controller (bis 1996)	neuer IDE-Controller als PCI-Steckkarte
8,4 GByte Festplattengröße	veraltete BIOS-Versionen (bis 1998)	BIOS-Update
4 GByte Partitionsgröße	FAT16-Formatierung unter Windows NT	Dateiformat NTFS verwenden oder Upgrade auf Windows XP
maximal 7,8 GByte große Primärpartition	BIOS ohne INT 13h-Erweiterung	neues Mainboard oder Größe beibehalten
Windows erkennt nur 32 GByte	bis Windows 98	Hotfix für Windows 98 installieren, Upgrade auf Windows 98 SE oder höher
64 GByte Erkennung bei FDisk	bis Windows 98 SE	Hotfix für Windows 98, Upgrade auf Windows 98 oder höher
128 GByte Festplattengröße	BIOS mit 24-Bit-LBA-Adressierung	Mainboard bzw. IDE-Controller austauschen und Service Packs aktualisieren, 128 GByte verwenden, bei Windows 2000 zusätzlich Registry-Patch notwendig
137 GByte Festplattengröße	BIOS mit 28-Bit-LBA-Adressierung	Mainboard bzw. IDE-Controller austauschen und Service Packs aktualisieren, bei Windows 2000 ist immer und bei Windows XP manchmal noch ein Registry-Patch notwendig

Eine recht elegante Lösung praktisch aller BIOS- und Hardwareprobleme ist ein preisgünstiger neuer IDE-/SATA-Controller als PCI-Steckkarte mit eigenem BIOS. Denn für Ihren alten Rechner werden Sie nur sehr schwer ein aktuelles BIOS bekommen.

Die Hürde, auf die Besitzer älterer PCs beim Aufrüsten am häufigsten stoßen werden, ist die 128-GByte- bzw. 137-GByte-Grenze. Ältere Mainboards bzw. deren IDE-Controller können Ultra-DMA-Festplatten mit ATA-100-Standard nur mit einer 24- bzw. 28-Bit-Adressierung ansteuern. Seit Mitte 2001 haben Festplatten aber diese Grenze überschritten. Wenn Sie also in einem PC mit dem Baujahr 2001 oder früher eine Festplatte mit mehr als 128 GByte verbauen wollen, stehen Sie vor einem Problem. Um die 128-GByte-Hürde zu meistern, wurde eine neue Adressierungsmethode für ATA- bzw. IDE-Festplatten entwickelt – das so genannte LBA (**L**ogical **B**lock **A**ddressing).

Um beim Aufrüsten solche Fallstricke zu umgehen, besorgen Sie sich auf jeden Fall schon mal zur Sicherheit ein aktuelles BIOS-Update sowie die neusten Chipsatztreiber für die Hautplatine, die wir Ihnen in jedem Fall ans Herz legen möchten.

Kleiner Ablaufplan: Festplatte austauschen oder ergänzen

Im Folgenden möchten wir Ihnen noch einmal einen kurzen Ablaufplan zusätzlich zu den ausführlichen Anleitungen am Anfang dieses Kapitels geben:

Festplatte austauschen

1 Sichern Sie zunächst alle wichtigen Daten der auszuwechselnden Festplatte auf einem externen Medium wie beispielsweise einer DVD, CD oder einer mobilen Festplatte. Ein anderer über Netzwerk verbundener Computer tut dabei ebenfalls seine Dienste. Die einfachste und schnellste Möglichkeit ist der Weg über ein Festplattenimage, allerdings ist diese Vorgehensweise mit zusätzlichen Kosten verbunden. Jedoch hat sich die Imagetechnik nicht nur bei Festplattentauschaktionen, sondern auch bei intelligenten Backups mehr als bewährt. Ein Image erstellen Sie nach den Anleitungen im nachfolgenden Kapitel!

2 Bauen Sie die neue Festplatte ein und partitionieren und formatieren Sie sie, das geht u. a. auch mit dem Windows XP-Installationsassistenten sehr leicht von der Hand. Alternativ: Spiegeln Sie das Image der auszutauschenden Festplatte auf die neue.

3 Entfernen Sie nach der Migration die alte Festplatte.

Festplatte ergänzen

1 Bauen Sie die neue Festplatte in den PC ein und starten Sie Windows.

2 Mithilfe der Datenträgerverwaltung können Sie komfortabel neue Partitionen erstellen und diese formatieren.

3 Setzen Sie bei der Dateisystemwahl auf NTFS, sofern Sie mit Windows XP arbeiten. Es bietet die fortgeschrittenste Technologie, unterstützt die größten verfügbaren Speichergrößen und bringt umfangreiche Berechtigungs- und Sicherheitsfeatures mit.

4.2 Datenimage vor dem Festplattentausch sichern

In diesem Abschnitt erfahren Sie, wie Sie eine Sicherung Ihrer Festplatte mit der Nero-Suite durchführen können.

Festplattenimage mit Nero BackItUp

Die Nero-Suite stellt mittlerweile viel mehr Werkzeuge als das reine Brennprogramm bereit, mit Nero BackItUp bringt sie auch ein voll ausgestattetes Sicherungstool mit, das unter anderem eine so genannte Imaging-Funktion anbietet. Mit deren Hilfe ist es möglich, komplette Festplatteninhalte in einem 1:1-Abbild zu erstellen und dieses dann auf einer anderen Festplatte wiederherzustellen. Die folgende Anleitung gibt Ihnen zum so genannten Klonen eines Laufwerks den notwendigen Leitfaden.

1 Nachdem Sie BackItUp gestartet haben, befinden Sie sich im Hauptfenster des Programms:

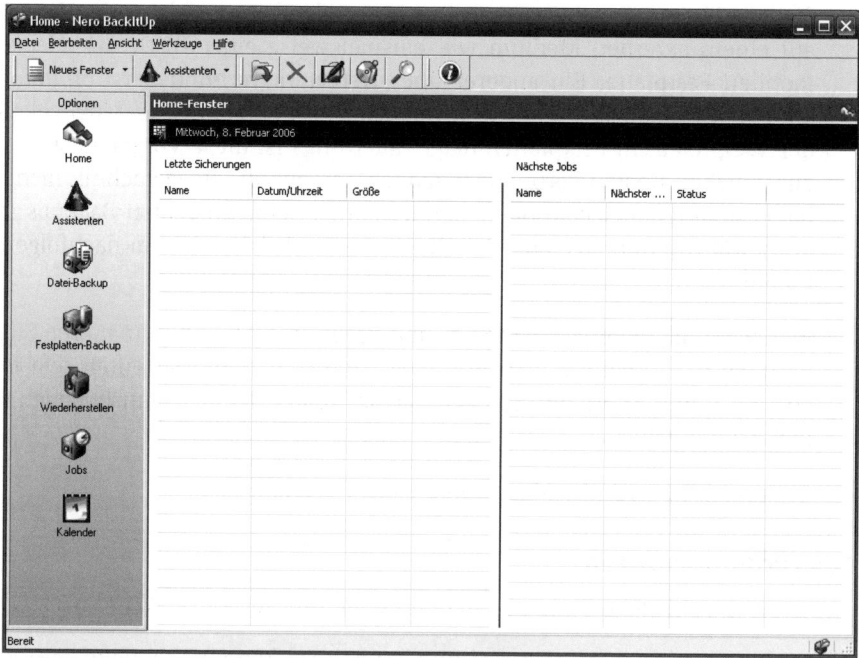

2 Klicken Sie nun im linken Aufgabenbereich auf *Assistenten*, um das entsprechende Aufgabenmenü aufzurufen. Wählen Sie hier den Punkt *Neues Festplatten-Backup erstellen* aus.

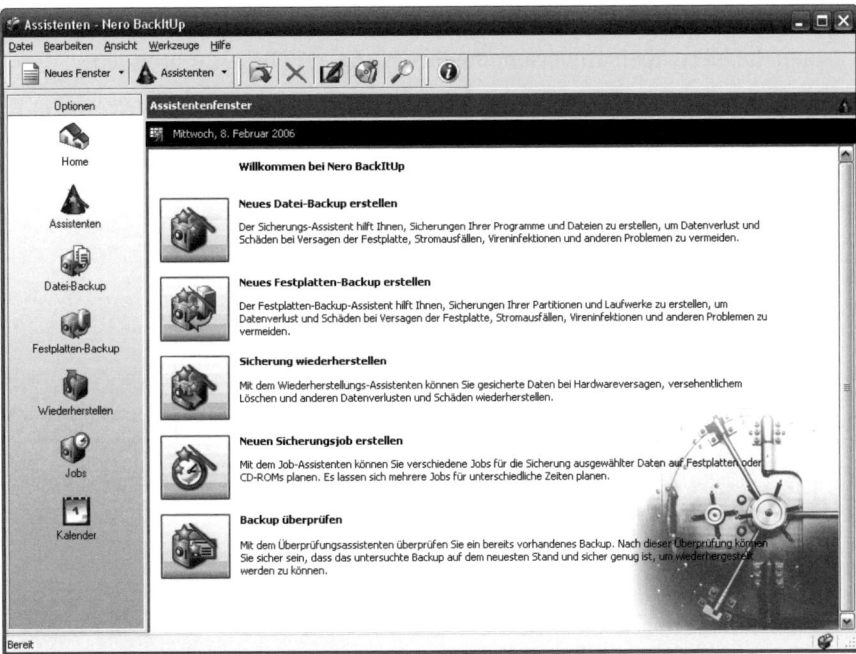

3 Nun wird der entsprechende Assistent gestartet; bestätigen Sie mit *Weiter*.

4 Ihnen wird jetzt die Auflistung aller sicherbaren Festplattenlaufwerke angezeigt. Markieren Sie die Festplatte bzw. die Partitionen der Festplatte, die gesichert werden soll.

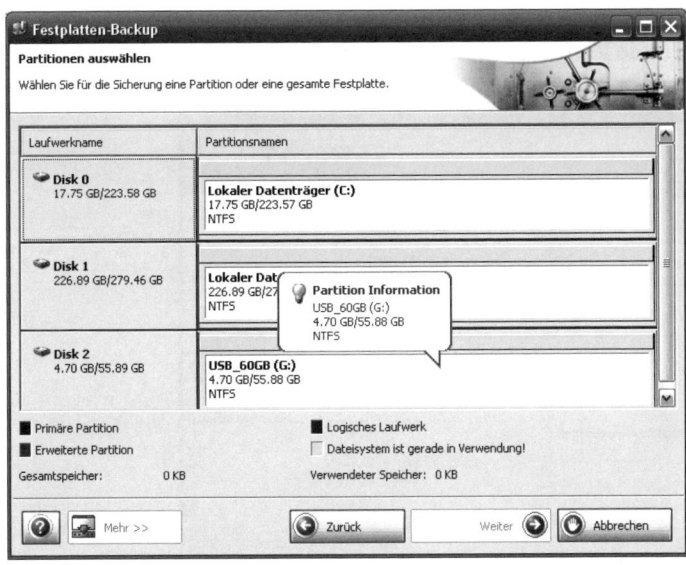

5 Wählen Sie nun die Zielfestplatte bzw. das DVD-RW-Laufwerk für die Sicherungsdatei aus. Wir empfehlen Ihnen die Verwendung eines USB- oder Fire-

Wire-Laufwerks. Sollte der Datenbestand nicht allzu umfangreich sein, können Sie Nero auch anweisen, die Sicherung auf DVDs zu brennen.

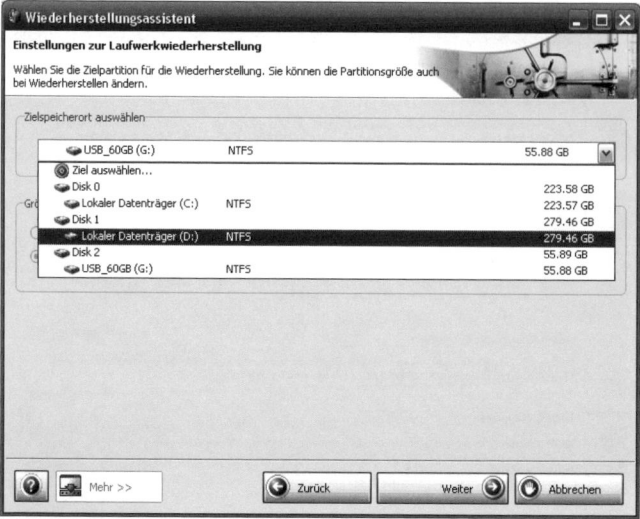

6 Vergeben Sie nun noch einen aussagekräftigen Namen für die Sicherungsdatei:

7 Zum Abschluss erhalten Sie noch einmal eine Übersicht aller getätigten Einstellungen; prüfen Sie diese und leiten Sie die Sicherung mit einem Klick auf *Backup* ein.

8 Während des Backup-Vorgangs können Sie den Fortschritt anhand des Balkens beobachten. Sollten Sie sich für eine Sicherung auf DVD entschieden haben, werden Sie jeweils zum Einlegen eines neuen Mediums aufgefordert.

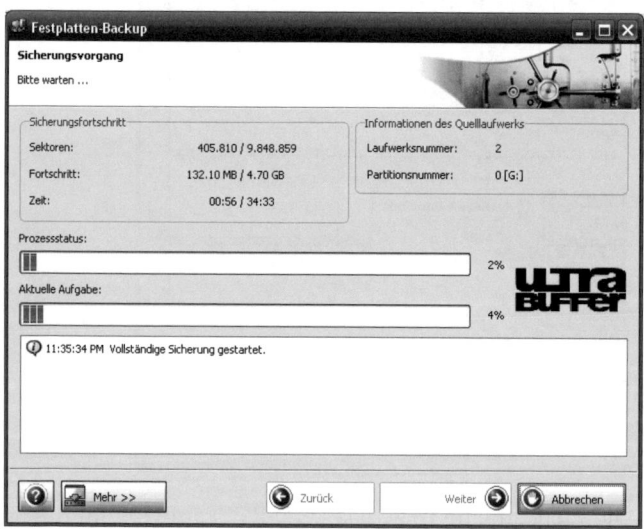

9 Nach Beendigung der Sicherung klicken Sie auf *Fertig stellen*.

Die Festplatte wurde nun komplett gesichert. Sie können natürlich mit BackItUp auch Sicherungen von einzelnen Dateien und Ordnern anfertigen und somit gezielte Backups Ihrer wichtigen Daten erstellen. Wie das funktioniert, können Sie im DATA BECKER Best Friend „Nero 7" nachlesen.

Festplattenabbild wiederherstellen mit NeroBackItUp

Wenn Sie nun Ihre gesamte Systemfestplatte mitsamt der Windows-Installation als Image gesichert haben und dieses nun auf die neue Festplatte spielen wollen, befolgen Sie einfach folgenden Leitfaden:

1 Starten Sie zunächst wieder NeroBackItUp, Sie werden wie gewohnt mit dem Hauptbildschirm begrüßt.

2 Wählen Sie wie auch in der letzten Anleitung in der Aufgabenleiste den Punkt *Assistenten* aus.

Wählen Sie hier den Assistenten *Sicherung wiederherstellen* aus.

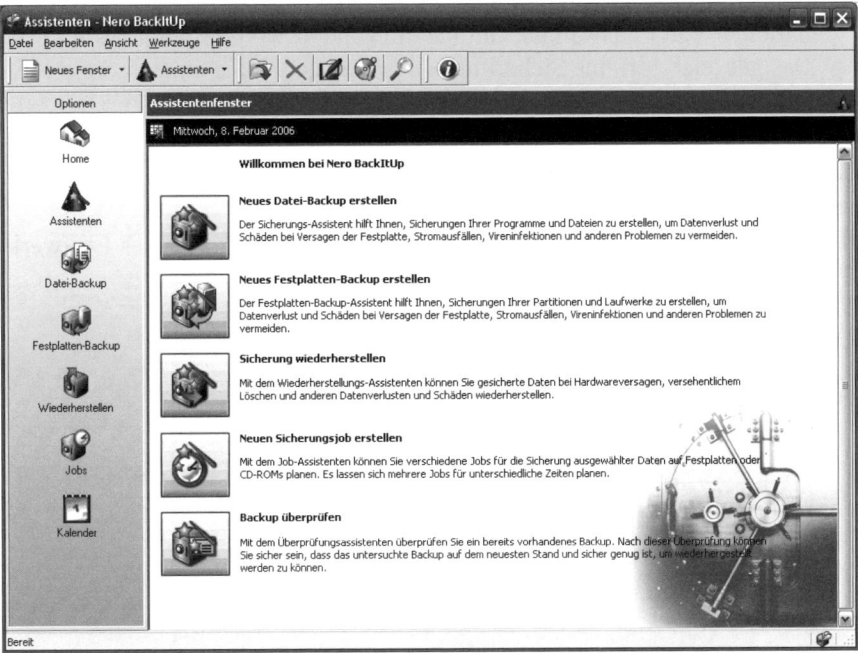

3 Das Begrüßungsfenster bestätigen Sie nun mit einem Klick auf *Weiter*.

4 Sollte Nero BackItUp Ihre Sicherung nicht mehr in der Liste der verfügbaren Backups haben, müssen Sie angeben, wo sich die Dateien befinden:

5 Im neuen Fenster mit den Backup-Listen klicken Sie nun wieder auf das Ordnersymbol, sollten sich Ihre Dateien auch hier nicht finden lassen.

6 Geben Sie den Pfad zu den Sicherungsdateien an, es genügt dabei, wenn Sie die erste Datei auswählen, die nachfolgenden werden automatisch erkannt. Das gilt auch für eine Sicherung auf DVDs, geben Sie einfach die erste Datei auf der ersten DVD an.

7 Nach dem Bestätigen der Dateien befinden Sie sich wieder im Auflistungsfenster, in dem nun Ihr Backup auftauchen sollte.

8 Wählen Sie jetzt das Ziel der Wiederherstellung aus, also das Laufwerk, auf das die alte Festplatte „geklont" werden soll.

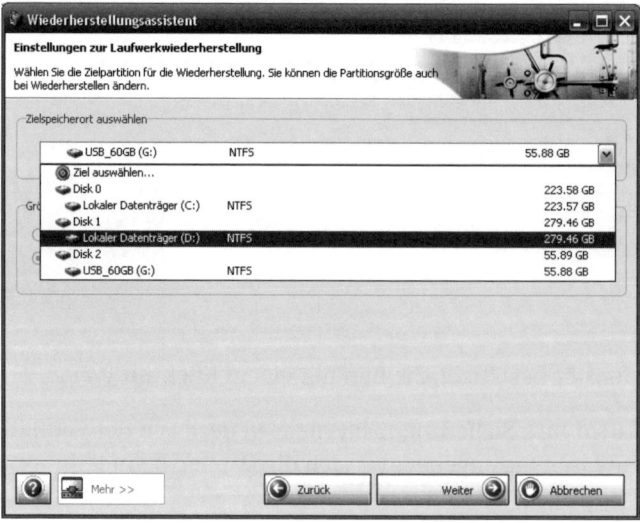

9 Beachten Sie, dass das Ziellaufwerk bei der Wiederherstellung komplett gelöscht wird, sichern Sie also zunächst eventuell darauf noch vorhandene Daten!

10 Den Fortschritt der Operation zeigt Ihnen wie gewohnt ein Fortschrittsbalken an, während der Wiederherstellung sollte der PC zudem nicht anderweitig gefordert werden.

11 Nach der Wiederherstellung klicken Sie auf *Weiter*.

12 Zum Abschluss teilt Ihnen das Programm den Erfolg der Operation mit, Sie können das Tool an dieser Stelle beenden.

Sollten Sie nun Ihre alte Festplatte entfernen bzw. nicht mehr als primäres Systemlaufwerk nutzen wollen, müssen Sie die Jumperkonfiguration der alten und neuen Festplatte ändern. Die neue Festplatte muss nun als Master und die alte als Slave konfiguriert werden. Anders kann die neue Platte sonst nicht als Systemlaufwerk genutzt werden. Bei SATA entfällt dieses natürlich.

4.3 Troubleshooting nach dem Festplatteneinbau

Der Einbau einer Festplatte ist im Gegensatz zu dem Austausch einer Hauptplatine eine der einfacheren Aufgaben. Allerdings entstehen gerade durch die alte IDE-Technik, die heute immer noch in vielen Rechnern zum Einsatz kommt, unnötige Komplikationen. Die neue SATA-Technologie macht in diesem Bereich vieles besser und überzeugt unter anderem mit verpolungssicheren Steckern, kleineren Kabeln und wegfallender Master/Slave-Konfiguration. Im Folgenden möchten wir Ihnen einige der am häufigsten auftauchenden Fragen im Zusammenhang mit dem Festplatteneinbau beantworten:

Die Festplatten-LED leuchtet nach dem Einschalten des PCs konstant, das Laufwerk wird jedoch nicht erkannt.

Mit hoher Wahrscheinlichkeit ist das Datenkabel der IDE-Festplatte falsch angeschlossen. Die rote Kabelader muss sich sowohl an der Festplatte als auch am Mainboard-Stecker an Pin 1 befinden.

Kann ich eine schnelle IDE-Festplatte moderneren Bautyps gleichzeitig mit einer alten am selben Kabel betreiben?

Mit Motherboards neueren Typs ist dies kein Problem, da der IDE-Controller die Laufwerke komplett unabhängig adressiert. Nur wenn beide Platte gleichzeitig Daten übertragen, kann es zu Performanceeinbußen kommen. Bei älteren Rechnern sollten Sie prüfen, ob nicht eventuell doch ein Platz am zweiten IDE-Port frei ist.

Die neue IDE-Festplatte arbeitet unter Windows extrem langsam und bremst das System, selbst der Mauszeiger ruckelt.

Für derartige Performanceeinbrüche ist zumeist der nicht aktivierte DMA-Modus für Festplatten verantwortlich. Suchen Sie daher im BIOS nach einer Option wie *PCI IDE Busmaster Transfer* und aktivieren Sie diese. Denken Sie auch daran, aktuellste Chipsatztreiber für Ihr Motherboard zu installieren, sodass der DMA-Modus freigeschaltet wird.

Warnzeichen: schleichender Datenverlust

Sobald Sie feststellen, dass eine Ihrer Festplatten merkwürdige, mit der Zeit lauter werdende Knarz-, Klack- und Sägegeräusche von sich gibt, steht mit ziemlicher Sicherheit der baldige Exitus bevor. Sie sollten spätestens zu diesem Zeitpunkt nicht lange zögern und die wichtigsten Daten auf einer DVD, CD oder auf einer mobilen Festplatte sichern. Die beschriebenen Geräusche deuten auf einen akuten mechanischen Defekt oder Verschleiß hin. Ein weiteres Anzeichen für ein technisches Versagen der Festplatte kann der so genannte schleichende Datenverlust sein: Hierbei werden immer mehr Daten unlesbar, und defekte Sektoren tauchen in erhöhter Anzahl auf, auch Festplattenchecks bringen dann nichts mehr. Auch hier bleibt nur das sofortige Sichern der wichtigsten Daten.

Defekte Festplatte wieder zum Leben erwecken

Wenn die Festplatte erst mal defekt ist, ist es umso schwerer, sie wieder zum Leben zu erwecken. In einigen seltenen Fällen gelingt es eventuell noch, Windows im abgesicherten Modus zu starten, bei dem sichere und weniger leistungsfähige Treiber geladen werden. Vielleicht gelingt es Ihnen so noch, eine Datenträgerüberprüfung und Korrektor zu starten, die aber bei wirklichen mechanischen Defekten auch keine Lösung darstellt. Gegen einen solchen Totalausfall hilft wirklich kein Mittel außer einer regelmäßigen Datensicherung, an der regelmäßig gespart wird. Dies haben auch spezialisierte Datenrettungsfirmen erkannt und bieten ihre Dienstleistung zu hohen Preisen an, dies ist bei fehlendem Backup dann wirklich die allerletzte Lösungsmöglichkeit.

In der folgenden Liste finden Sie die Webadressen der wichtigsten Festplattenhersteller. Dort gibt es vielfach detaillierte FAQs und Fehlerdiagnoseanleitungen für das jeweilige Modell sowie Diagnosetools, mit denen Sie schon frühzeitig einen eventuellen Ausfall erkennen können.

Hersteller	Website
Maxtor	www.maxtor.com/de
Seagate	www.seagate.com/support
Western Digital	support.wdc.com/de

Hersteller	Website
Fujitsu	www.fujitsu-siemens.de/support
Hitachi	www.hitachi.de/service
Samsung	support.samsung.de

Festplattendiagnose mithilfe von S.M.A.R.T.

Das Feature S.M.A.R.T. ist in so gut wie allen halbwegs modernen Festplatten-laufwerken integriert und steht für **S**elf **M**onitoring, **A**nalysis and **R**eporting **T**echnology. S.M.A.R.T. liefert bei entsprechender Auslesesoftware detaillierte Angaben und die Lebenswerte der Festplatte, dazu gehören unter anderem auch Temperaturwerte. Windows stellt selbst keine S.M.A.R.T.-Auswertungsmittel zur Verfügung, sodass man sich eines Drittherstellertools bedienen muss. Ein emp-fehlenswertes Programm aus diesem Bereich ist dabei Active SMART – alle rele-vanten Diagnosewerte können damit ausgelesen werden. Auch Hinweise auf de-fekte Sektoren und eine Berechnung der voraussichtlichen Lebensdauer werden angeboten. Das Programm können Sie in einer kostenlosen Testversion unter *http://www.ariolic.com/activesmart* herunterladen.

Bootpartitionen auf externen Laufwerken

Ernsthaftes Arbeiten mit einer Betriebssysteminstallation auf einer mobilen Fest-platte mit USB- oder FireWire-Anschluss sollten Sie nicht in Erwägung ziehen. Die Datenraten und Latenzzeiten sind hier noch nicht mit denen einer internen SATA-Verbindung vergleichbar. Genau in diese Bresche springt der neue eSATA-Anschluss (**e**xternal **SATA**), der alle Vorteile der SATA-Anschlusstechnologie und gleichzeitig spezielle, magnetisch abgeschirmte Kabel bietet, sodass SATA-Festplatten auch ohne den Umweg über USB oder FireWire extern am PC ange-schlossen werden können. Spezielle eSATA-Rahmen und Laufwerke sind im Handel erhältlich. Viele aktuelle Motherboards bringen zudem spezielle Gehäu-seblenden mit, die SATA-Schnittstellen in eSATA-Form nach außen verlagern.

4.4 RAID: superschnell und megasicher

Ein RAID-System vereinigt mehrere physikalische Festplattenlaufwerke zu einem logischen Datenträger. Wenn Sie unter Windows auf einen RAID-Verbunddaten-träger zugreifen, werden Sie nicht feststellen können, ob Sie auf einer regulären Festplatte arbeiten oder auf einem gekoppelten Verbund. Die Abkürzung RAID steht für **R**edundant **A**rray of **I**nexpensive **D**isks und stellt mehrere so genannte RAID-Modi bereit, in denen sich ein Verbund erstellen lässt.

Sinnvolle RAID-Levels für den PC

Im Heim- und Smalloffice-Bereich sind besonders die RAID-Modi 0 und 1 verbreitet – RAID-0 beschreibt den Verbund aus zwei identischen Festplatten, deren Speichervolumen addiert wird: Dabei entsteht ein neuer logischer Datenträger, der die Summe der Kapazitäten bereitstellt – ein besonderes Merkmal des RAID-0-Modus ist dabei die Lastverteilung auf zwei Festplatten, da vom Betriebssystem beide Platten als eine verwaltet und adressiert werden. RAID-0 bringt also im Gegensatz zu einer einzelnen Festplatte leichte Performancesteigerungen, die sich gerade bei hoher Festplattenauslastung bezahlt machen können. Der andere für den Heimbereich interessante RAID-1-Modus verbindet ebenfalls zwei identische Festplatten zu einem logischen Datenträger, addiert dabei aber nicht die Kapazität, sondern stellt nur die Kapazität einer einzelnen Festplatte bereit. Dies geschieht durch die redundante Speicherung aller Daten auf beiden Festplatten – der Vorteil: Fällt eine Festplatte aus, befindet sich der exakt identische Datenbestand noch auf der anderen Festplatte. Im Gegensatz dazu ist der RAID-0-Modus riskant: Gibt hierbei eine Festplatte den Geist auf, sind die Daten unwiderruflich verloren. Sie sollten also den Einsatzzweck Ihrer Festplatten planen und sich dann für einen RAID-Modus entscheiden.

Onboard-RAID und vollwertige RAID-Controller

Um einen RAID-Verbund erstellen und betreiben zu können, benötigt Ihr PC einen so genannten RAID-Controller. Viele aktuelle Motherboards bringen zu diesem Zweck bereits einen oder manchmal sogar mehrere Onboard-Controller mit, sodass Sie sich den Kauf einer zusätzlichen Steckkarte sparen können. Die meisten Onboard-Controller unterstützen die beiden RAID-Modi 0 und 1, die für den semiprofessionellen Gebrauch vollkommen ausreichen. Erweiterungskarten mit RAID-0- und -1-Unterstützung sind ebenfalls recht günstig im Fachhandel zu haben, sobald Sie jedoch einen vollwertigen Proficontroller für den Servereinsatz kaufen, wird es teuer.

Ein Manko der Onboard-Controller ist die Inkompatibilität des RAID-Verbunds zu anderen Controllern nach einem eventuellen Motherboard-Ausfall. Die Situation: Ihr Motherboard nimmt einen Schaden und ist irreparabel defekt. Sie müssen nun Ihr vorhandenes RAID-System in einem anderen PC unterbringen oder das Motherboard austauschen. Hierbei kann es zu großen Problemen kommen, wenn das neue Motherboard einen anderen Onboard-Controller besitzt als das defekte.

Die dritte Möglichkeit, ein RAID-System zu erstellen und zu betreiben, ist ein so genanntes Software-RAID. Dabei übernimmt Windows XP oder ein anderes modernes Betriebssystem wie Linux die Controllerfunktionen – unter Umständen können Sie sich somit den Kauf einer zusätzlichen Controllerkarte sparen. Ein kleiner Nachteil des Software-RAIDs ist die geringfügig höhere Prozessorauslastung: Hier gibt es keinen Chip mehr, der die Controllerfunktionen übernimmt, der Hauptprozessor ist nun dafür verantwortlich.

Windows XP auf einem RAID-Datenträger installieren

Sollten Sie Windows XP auf einem neuen RAID-Verbund installieren wollen, müssen Sie sich bereits im Vorfeld eine Treiberdiskette mit Controllertreibern erstellen. Andernfalls wird die Installation in jedem Fall fehlschlagen, da die XP-Installationsroutine keine RAID-Laufwerke kennt. Viele Controllerhersteller bieten auf ihren Websites die Treibersets zum Download an. Sollten Sie einen Onboard-Controller einsetzen, werden entweder auf der Support-CD entsprechende Treiber mitgeliefert, die Sie auf die Diskette kopieren müssen, oder Sie finden entsprechende auf der Hersteller-Website. Die XP-Installationsroutine verlangt zwingend eine Diskette – USB-Sticks oder CDs werden nicht angenommen. Das ist auch der Grund, warum Sie gerade bei einem PC-Neubau nicht am mittlerweile eigentlich zu vernachlässigenden Diskettenlaufwerk sparen sollten – sofern Sie denn ein RAID-System zur Datenspeicherung planen.

Hardware für ein RAID-Array

Um eine Konfiguration mit den RAID-Levels 0 und 1 aufzubauen, benötigen Sie neben einem RAID-Controller, der diese Modi unterstützt, natürlich auch zwei Festplatten. Hier sind drei Merkmale besonders wichtig und daher zu beachten: Fabrikat, Größe und Geschwindigkeit. Achten Sie beim Kauf auf jeden Fall darauf, dass Sie zweimal das gleiche Modell desselben Herstellers kaufen, so vermeiden Sie schon im Vorfeld etwaige Inkompatibilitäten. Die Festplatten müssen zudem die gleiche Größe haben und sollten auch mit entsprechender Umdrehungsgeschwindigkeit laufen, damit alle RAID-Vorteile zur Geltung kommen.

Festplatten mit 7.200 Umdrehungen pro Minute und 8 MByte Cache-Speicher eignen sich besonders gut. Prüfen Sie dazu, ob Ihr eingesetzter RAID-Controller SATA- oder IDE-Festplatten ansprechen kann, und beziehen Sie diese Information bei Ihrer Anschaffungsplanung mit ein.

SATA-Festplatten haben die herkömmlichen IDE- bzw. ATA-Festplatten mittlerweile so gut wie abgelöst und bieten sich auch für den Aufbau eines RAID-Systems an: Durch die weitaus schmaleren Kabel sparen Sie sich unnötigen Kabelsalat im Gehäuseinneren und sorgen somit gleichzeitig für eine verbesserte Luftzirkulation. Die Geschwindigkeiten dieser Festplatten liegen zudem über denen des alten ATA-Standards.

RAID-Array konfigurieren und starten

In unserem Leitfaden gehen wir von einem Onboard-RAID-Controller mit SATA-Anschlüssen aus. Beachten Sie dabei, dass die eingesetzten Festplatten keine Partitionen enthalten!

1 Um die passenden Anschlüsse des Controllers zu finden, schlagen Sie im Motherboard-Handbuch nach. Sie müssen in jedem Fall die Anschlüsse bestücken, die dem Controller zugeordnet sind. Die Platinenlayoutskizze im Handbuch sollte Ihnen dabei helfen.

2 Verbinden Sie nun die beiden neu eingebauten Festplatten mit den passenden Anschlüssen und schließen Sie diese an den Strom an. SATA-Festplatten müssen Sie im Gegensatz zu ATA-Platten nicht mehr als Master oder Slave konfigurieren.

3 Nach dem Starten des Rechners rufen Sie das BIOS-Setup auf. Hier müssen Sie nun (falls nicht bereits geschehen) den Onboard-RAID-Controller aktivieren. Dieser findet sich meistens unter dem Menüpunkt *Integrated Peripherals*. Stellen Sie alle RAID-Optionen auf *Enabled* und aktivieren Sie alle SATA-Ports.

4 Nun erstellen Sie den RAID-Verbund mithilfe eines so genannten Low-Level-Tools, das wie eine Art Mini-BIOS funktioniert. Beim Rechnerstart müssen Sie aufmerksam auf Startmeldungen des RAID-Controllers achten, dieser zeigt dann auch die Tastenkombination an, die nötig ist, um das RAID-Setup aufzurufen. Drücken Sie diese Taste nach der Aufforderung.

5 Jetzt erscheint das RAID-Setup, das Ihnen zwei verfügbare Festplatten anzeigt. Sollte dies nicht der Fall sein, ist Ihnen eventuell ein Fehler unterlaufen. Prüfen Sie, ob die Festplatten korrekt im BIOS erkannt werden.

6 Sie müssen nun ein neues Array erstellen und die freien Festplatten diesem Array zuordnen. Bei der Erstellung müssen Sie sich entweder für ein RAID-0- oder ein RAID-1-Array entscheiden. Diese werden meist auch mit Stripe (RAID-0) und Mirror (RAID-1) bezeichnet.

7 Nach der Zuordnung der Festplatten zu dem neuen Array müssen Sie die Änderungen speichern und das Tool verlassen, der Rechner wird daraufhin neu gestartet. Sie können nun von der Windows-CD booten und das Betriebssystem installieren. Denken Sie dabei an eine Treiberdiskette für den RAID-Controller (siehe obigen Tippkasten). Dazu müssen Sie kurz nach dem Start des Installationsprogramms die F6-Taste drücken. Später wird dann die erwähnte Treiberdiskette verlangt.

Was tun, wenn eine Platte ausfällt?

Ein Festplattenausfall trifft Sie im Fall eines RAID-1-Arrays, bei dem alle Daten redundant gespiegelt werden, nicht so hart bei beispielsweise bei einem RAID-0-Ausfall - hier wären alle Daten nicht wiederherstellbar verloren. Ein RAID-1-Array wird jedoch genau zu dem Zweck angelegt, um so einen Ausfall überbrücken zu können: Beim Ausfall einer der beiden Array-Festplatten befinden sich alle Daten noch auf der anderen und können somit einfach wiederhergestellt werden. Die defekte Platte muss in so einem Fall ausgetauscht und der Verbund durch das RAID-Controller-Tool wiederhergestellt werden.

Software-RAID unter Windows XP/Vista

Sofern Sie Windows XP Professional oder Vista Ultimate einsetzen, können Sie auch ohne RAID-Controller einen Festplattenverbund erzeugen, dies geschieht softwaregesteuert – Windows übernimmt dabei die Funktion eines RAID-Controllers. Mit der Home-Edition und älteren Windows-Versionen ist dies nicht möglich.

Die Konfiguration eines so genannten dynamischen Datenträgers geschieht dabei in der Datenträgerverwaltungskonsole, die Sie über *Start/Ausführen* und die Eingabe von „diskmgmt.msc" aufrufen können. Um beispielsweise Ihr System- und Startlaufwerk zu spiegeln, müssen Sie dieses zunächst in einen dynamischen Datenträger konvertieren. Das machen Sie, indem Sie in der Datenträgerverwaltung auf das entsprechende Laufwerk mit rechts klicken und *In dynamischen Datenträger konvertieren* auswählen. Nach dem Konvertierungsvorgang müssen Sie einen Neustart durchführen. Rufen Sie nun erneut die Datenträgerverwaltung auf und wählen Sie das gerade konvertierte Laufwerk aus. Per Rechtsklick steht Ihnen nun die Option *Spiegelung hinzufügen* zur Verfügung.

Diskettenlaufwerk schnell nachgerüstet

In kaum einem aktuellen PC-Modell ist noch ein Diskettenlaufwerk integriert. USB-Massenspeicher und -sticks haben die Disketten fast vollständig ersetzt. Die immer günstiger werdenden USB-Medien bieten gleichzeitig immer höhere Kapazitäten und eignen sich so hervorragend zum Austausch von Daten weit jenseits der 1,44-MByte-Grenze. Dennoch gibt es Fälle, in denen das alt bewährte Diskettenlaufwerk noch einmal benötigt wird. Und auch in einigen Büros findet die Diskette heute noch regelmäßigen Einsatz.

Austausch eines Diskettenlaufwerks

Zwar sind Diskettenlaufwerke wenig störanfällig und halten daher meist auch sehr lange. Für den Fall eines Defekts können Sie das Diskettenlaufwerk jedoch schnell und mit wenigen Handgriffen austauschen.

Schalten Sie den Rechner aus und ziehen Sie den Netzstecker ab.

1 Das Diskettenlaufwerk befindet sich in einem Gehäusekäfig an der inneren Vorderseite des Gehäuses. Es ist mit einem Flachbandkabel und einem Stromkabel angeschlossen, die gelöst werden müssen.

2 Lösen Sie jetzt die Schrauben an der linken und rechten Seite des Laufwerks.

3 Ziehen Sie nun das Diskettenlaufwerk waagerecht aus dem Gehäusekäfig. Dabei ist es Ihnen überlassen, ob Sie es in das Innere des Gehäuses ziehen oder nach aus hinausdrücken.

4 Setzen Sie nun das neue Diskettenlaufwerk in umgekehrter Reihenfolge an die alte Position und schrauben Sie es dort fest.

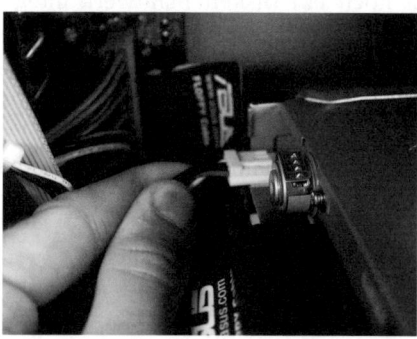
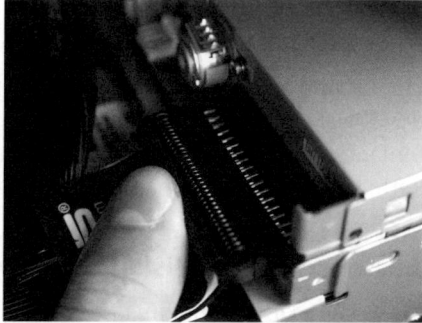

5 Schließen Sie nun die Kabel wieder an. Achten Sie beim Flachbandkabel darauf, dass die rot markierte Ader des Kabels zum ersten Pin des Floppy zeigt. Zur Orientierung sind kleine Zahlen auf dem Laufwerk angebracht, meist an der Seite des Stromanschlusses.

6 Schließen Sie nun das Gehäuse und schließen Sie die Stromverbindung wieder an. Starten Sie den Rechner. Windows erkennt das neue eingebaute Diskettenlaufwerk selbstständig und zeigt es im Arbeitsplatz an. Ist dies nicht der Fall, überprüfen Sie im BIOS, ob ein Diskettenlaufwerk eingetragen ist.

Falls nicht, müssen Sie es dort zunächst anmelden. Hinweise dazu finden Sie entweder direkt im BIOS bei den Laufwerkeinstellungen oder im Handbuch.

Das Diskettenlaufwerk hat immer den Laufwerkbuchstaben A. Sind zwei Diskettenlaufwerke verbaut, bekommt das zweite des Laufwerkbuchstaben B.

Mehrere Geräte am Floppy-Controller

Das Flachbandkabel des Floppy hat meist gleich zwei Anschlüsse, sodass auch zwei Diskettenlaufwerke an einem Kabel angeschlossen werden können. Ist dies nicht der Fall, benötigen Sie nur ein entsprechendes Kabel, da der Controller standardmäßig zwei Floppys verwalten kann. Dabei spielt es keine Rolle, welcher Typ, 3½ oder 5¼ Zoll, verbaut wird. Möglicherweise müssen Sie nur das zweite Laufwerk im BIOS anmelden.

5. DVD-/CD- und externe Laufwerke

Die DVD hat die CD im Computerbereich schon längst verdrängt: DVD-Rohlinge mit 4,7 GByte Speicherplatz sind weit unter einem Euro erhältlich und hochwertige DVD-Brenner schon ab etwa 40 Euro! Obwohl inzwischen fast alle neuen Computer mit einem DVD-Brenner ausgestattet sind, wollen viele Anwender ihre älteren Rechner mit einem DVD-Brenner nachrüsten oder das schon ältere Modell durch ein neues ersetzen. Denn der technische Fortschritt hat

auch bei DVD-Brennern nicht Halt gemacht. Obwohl sich das Geschwindigkeitskarussell für gewöhnliche DVD-Rohlinge seit einiger Zeit nicht mehr weiterdreht (hier ist immer noch 16fache Geschwindigkeit das Maß der Dinge), sind aktuelle DVD-Brenner besser denn je. Die ersten Hochgeschwindigkeitsbrenner produzierten durchweg unzählige Brennfehler. Doch die Brenner- und Rohlinghersteller haben daran gearbeitet und ihre Produkte stark verbessert.

Auch zweischichtige DVD-Rohlinge mit einer Kapazität von 8,5 GByte verbreiten sich nun immer besser. Hier hatten die Hersteller anfangs ebenfalls mit Brenn- und Kompatibilitätsproblemen zu kämpfen. Auch das häufig unterschätzte Format DVD-RAM versucht durch höhere Geschwindigkeiten mehr Kunden zu gewinnen.

Doch lohnt die Anschaffung eines neuen DVD-Brenners zum jetzigen Zeitpunkt überhaupt noch? Immerhin stehen die beiden Nachfolger der DVD, HD-DVD und Blu-ray Disc mit wesentlich höheren Kapazitäten bereits in den Startlöchern. Erste Geräte sind in Japan und den USA bereits lieferbar, und auch in Deutschland werden bis spätestens Weihnachten die beiden DVD-Nachfolger eintreffen. Welche Vorteile bieten HD-DVD und Blu-ray Disc, und benötige ich diese überhaupt?

Mit der Entwicklung und Verbreitung schneller externer Schnittstellen haben externe DVD-Laufwerke und externe Festplatten stark an Bedeutung gewonnen. USB 2.0 und/oder FireWire sind mittlerweile so gut wie an jedem Computer vorhanden, und mit diesen schnellen Schnittstellen ist ein komfortables Arbeiten mit einem externen Gerät möglich. Doch auch hier ziehen bereits neue Technologien ihr Interesse auf sich: FireWire 800 ist doppelt so schnell wie der bisherige FireWire-Standard und macht externe Festplatten beinahe so schnell wie interne. Das eigentliche Highlight ist allerdings externes SATA. Die serielle Schnittstelle hat bei internen Festplatten bereits die IDE-Schnittstelle verdrängt und macht sich nun daran, den externen Markt zu erobern. Im Gegensatz zu USB und FireWire bremst eine externe SATA-Schnittstelle die Festplatte nämlich nicht aus – sie ist genauso schnell wie eine intern eingebaute. Doch externes SATA hat den Nachteil, dass die Technologie bisher weitestgehend unbekannt ist und sich erst langsam verbreitet.

5.1 Kurz vorgestellt: Das muss ein DVD-Brenner heute können

DVD-Brenner haben sich in den letzten Jahren, wie die gesamte PC-Technologie, rasant weiterentwickelt. Die anfänglichen Kinderkrankheiten und Formatverwirrungen (siehe in Kapitel 5.4 ab Seite 222) sind mittlerweile beseitigt, und ein DVD-Brenner ist ein ausgereiftes Stück Technologie, das in keinem Computer fehlen sollte.

DVD-Brenner haben sich jedoch nicht einfach nur verbessert – es sind auch neue, sinnvolle Technologien hinzugekommen. Neben der Unterstützung mehrerer Formate sind vor allem die höhere Brenngeschwindigkeit sowie die Unterstützung doppelschichtiger DVDs mit fast doppelter Speicherkapazität zu erwähnen. Trotz der neuen und verbesserten Funktionen der neusten Brennermodelle sind jedoch grundsätzliche dinge wie beispielsweise eine gute Fehlerkorrektur immer noch von entscheidender Bedeutung.

Des Weiteren drängen sich bereits die designierten Nachfolger der DVD auf den Markt, um sie abzulösen: HD-DVD und Blu-ray Disc.

Bedeutung der Fehlerkorrektur

Eine der nach wie vor wichtigsten Eigenschaften eines Laufwerks ist die Qualität der Fehlerkorrektur. Jeder weiß, wie leicht eine CD oder DVD Kratzer abbekommt. Beim Auslesen der verkratzten Oberfläche ist dann die Fehlerkorrektur des Laufwerks gefragt. Das Laufwerk fährt die Geschwindigkeit herunter und liest den fehlerhaften Bereich so oft aus, bis alle Informationen fehlerfrei erkannt wurden (besonders bei lauten Laufwerken kann das ständige Hoch- und Runterregeln der Geschwindigkeit äußerst unangenehm werden).

Aber nicht nur Kratzer können die Fehlerkorrektur eines Laufwerks fordern: Ältere, bereits beschriebene Rohlinge, die eine schlechte UV-Beständigkeit haben, können mit den Jahren ihr Reflexionsverhalten verändern und somit beim Auslesen der Daten auch Fehler produzieren.

Die Fehlerkorrektur ist definitiv ein nicht zu unterschätzender Faktor. Spätestens wenn Probleme beim Auslesen einer DVD mit wichtigen Daten auftreten, rechnet sich der Kauf eines Laufwerks mit einer guten Fehlerkorrek-tur. Vor dem Kauf eines neuen Laufwerks soll-

Bei so tiefen Kratzern benötigt Ihr Laufwerk eine wirklich gute Fehlerkorrektur!

ten Sie sich daher unbedingt über die Fehlerkorrektur der Laufwerke informieren. Fachzeitschriften führen regelmäßig Tests aktueller Laufwerke durch, bei denen auch die Qualität der Fehlerkorrektur getestet wird.

Übrigens: Es ist ein weit verbreiteter Irrtum, dass DVDs wesentlich empfindlicher sind als CDs. Es stimmt zwar, dass durch die höhere Speicherdichte einer DVD durch einen Kratzer mehr Daten zerstört werden, jedoch arbeitet die Fehlerkorrektur einer DVD auch wesentlich effizienter!

Rettung der Daten auf einer defekten DVD

Falls Sie eine DVD nicht mehr mit Ihrem Laufwerk auslesen können, ist noch nicht alles verloren: In Kapitel 5.5 ab Seite 233 zeigen wir Ihnen, wie Sie mit einfachen Tricks eine scheinbar unlesbare DVD wieder zum Leben erwecken können.

Regionalcode für Video-DVD- und DVD-Laufwerke

Praktisch jede Video-DVD und jedes DVD-Laufwerk (egal ob DVD-Brenner oder DVD-Player für den Fernseher) ist mit einem Regionalcode – genauer: Regional Playback Control – versehen. Eine DVD kann nur dann abgespielt werden, wenn der Regionalcode der DVD mit dem des Laufwerks identisch ist.

Folgende Regionalcodes existieren:

Regionalcode	Region
0	freier Regionalcode
1	Nordamerika und Kanada
2	Europa, Grönland, Island, mittlerer Osten, Japan, Südafrika
3	Indonesien, Hongkong
4	Australien, Neuseeland
5	Afrika, Indien, Russland, Pakistan
6	Volksrepublik China

Die Filmindustrie sieht die Einteilung der Welt für notwendig an, um zu verhindern, dass aus den USA Video-DVDs von Filmen bestellt werden, die in Deutschland noch nicht im Kino zu sehen waren. Auch sind DVDs in den USA häufig billiger erhältlich als in Deutschland, und die Industrie ist nicht gewillt, auf die Mehreinnahmen aus Deutschland zu verzichten. Aus Sicht des Kunden sind die Argumente natürlich alles andere als gerecht, daher gibt es verschiedene Möglichkeiten, den Regionalcode eines Abspielgeräts zu ändern. Mehr dazu finden Sie in Kapitel 5.3 ab Seite 207.

Double Layer und Dual Layer

2004 erschienen die ersten zweischichtigen DVD-Medien mit einer nahezu doppelten Speicherkapazität – 8,5 GByte im Vergleich zu 4,7 GByte. Anfangs war der Umgang mit diesen Medien jedoch kein großes Vergnügen: Die kleine Auswahl an Rohlingen hatte mit Kompatibilitätsproblemen und einer schlechten Brennqualität zu kämpfen. Mittlerweile hat sich das Blatt jedoch gewendet, und Brenner und Rohlinge harmonieren wesentlich besser miteinander.

Die Industrie hat es dem Kunden jedoch wieder einmal nicht leicht gemacht und sorgt mit den Bezeichnungen „Double Layer" und „Dual Layer" für Verwirrung, obwohl sie eigentlich genau das Gleiche bedeuten: Mit „Double Layer" werden zweischichtige DVD+R-Rohlinge und mit „Dual Layer" zweischichtige DVD-R-Rohlinge bezeichnet. Der Einfachheit halber spricht man von „DVD+R DL" bzw. „DVD-R DL" oder einfach von mehrschichtigen Rohlingen.

Jeder aktuelle DVD-Brenner unterstützt mittlerweile das Beschreiben mehrschichtiger DVDs, neuere Modelle unterstützen natürlich höhere Geschwindigkeiten: Einige Brenner unterstützen für DVD+R DL-Rohlinge mittlerweile eine 10fache und für DVD-R DL-Rohlinge eine 6fache Schreibgeschwindigkeit – allerdings sind solche Rohlinge noch nicht lieferbar.

Mehrschichtige, wieder beschreibbare DVD+RW- oder DVD-RW-Rohlinge wird es wahrscheinlich jedoch nie geben, da die Reflexion der Datenschicht bei RW-Rohlingen mit zwei Schichten zu gering wäre. Sollten Sie einen wieder beschreibbaren Rohling mit hoher Kapazität suchen, müssen Sie auf das DVD-RAM-Format ausweichen. Mehr zur Medienauswahl finden Sie in Kapitel 5.4 ab Seite 222.

Begriffserklärung Layer

Als Layer wird die Schicht bezeichnet, auf der sich die Daten einer DVD befinden. Eine mehrschichtige DVD besitzt zwei Layer, auf der Daten gespeichert werden können. Die Datenschichten liegen direkt aufeinander und sind nicht sichtbar. Damit das DVD-Laufwerk beide Layer auslesen kann, muss die Laserstärke verändert werden: Der erste Layer ist halbtransparent und benötigt eine geringere Laserstärke. Um den zweiten, darunter liegenden Layer auslesen zu können, muss das Laufwerk die Laserstärke erhöhen. Bei DVD-Laufwerken für den Computer bemerken Sie einen solchen Layerwechsel praktisch nie. Bei DVD-Playern für den Fernseher ist jedoch häufig eine kurze Verzögerung beim Wechsel des Layers zu bemerken.

DVD-Geschwindigkeiten

Erinnern Sie sich noch an die ersten CD-Brenner, die einen 650 MByte großen Rohling in etwa 40 Minuten vollgeschrieben haben? Heute natürlich undenkbar, sind die Brenngeschwindigkeiten doch rasant gestiegen. Eine ebensolche Entwicklung haben DVD-Brenner durchgemacht. Mittlerweile sind die Schreibgeschwindigkeiten bei DVD-Rohlingen mit eine Kapazität von 4,7 GByte bei 16x angekommen und beschreiben einen solchen Rohling in etwa 5½ Minuten!

Obwohl die absolute Höchstgeschwindigkeit von 16x seit über zwei Jahren stillsteht (erste Geräte, die dies unterstützten, kamen bereits Anfang 2004 auf den Markt), verbessern die Hersteller neu auf den Markt kommende Geräte ständig. So war die Brennqualität bei den ersten DVD-Brennern bei 16x-Brenngeschwindigkeit mehr als dürftig. Inzwischen haben die Hersteller, auch dank verbesserter Rohlinge, die Probleme in den Griff bekommen.

Im Detail erklären wir Ihnen die aktuellen Medien, mit denen Sie Ihren DVD-Brenner füttern können, in Kapitel 5.4 ab Seite 222.

Bei mehrschichtigen Rohlingen gibt es derzeit ein Defizit zwischen der Brenngeschwindigkeit, die die DVD-Brenner leisten können, und den verfügbaren Rohlingen. Ein aktuelles Modell wie beispielsweise der LG GSA-H10N kann DVD+R DL-Medien mit 8,5 GByte Kapazität mit bis zu 10facher Geschwindigkeit beschreiben – zurzeit sind jedoch nur Rohlinge verfügbar, die eine maximal 8fache Schreibgeschwindigkeit zulassen – und diese sind noch sehr teuer.

Die folgende Tabelle gibt Ihnen einen Überblick über aktuelle Brenngeschwindigkeiten der DVD-Brenner sowie über die zurzeit verfügbaren Rohlinge (Stand: Mai 2006):

	DVD+	**DVD-**	**DVD-RAM**
Kapazität (einschichtig/mehrschichtig)	4,7 GByte/ 8,5 GByte	4,7 GByte/ 8,5 GByte	4,7 GByte/ 9,4 GByte
Schreibgeschwindigkeit einschichtig maximal/verfügbar	16x/16x	16x/16x	12x/5x
Schreibgeschwindigkeit mehrschichtig maximal/verfügbar	10x/8x	8x/4x	12x/5x
Wiederbeschreibgeschwindigkeit maximal/verfügbar	8x/8x	6x/6x	12x/5x

Neuer DVD-RAM-Standard

Die gerade für Backups sehr gut geeignete DVD-RAM durchlebte einen Generationenwechsel: Die bisher bekannten DVD-Medien mit einer Kapazität von 4,7 oder 9,4 GByte gehören zum Class 0-Standard. Diese lassen sich mit maximal 5facher Geschwindigkeit beschreiben. Im März 2005 wurde der neue Class 1-Standard vorgestellt, der die Brenn- und Lesegeschwindigkeit auf 16fach erhöht. Erste Brenner, die Class 1 unterstützen, sind bereits verfügbar, die passenden Rohlinge lassen jedoch noch auf sich warten. Mehr hierzu können Sie in Kapitel 5.4 ab Seite 222 nachlesen.

HD-DVD und Blu-ray Disc

Die beiden Nachfolger der DVD stehen schon in den Startlöchern: Die HD-DVD und die Blu-ray Disc bieten mit 15 bzw. 25 GByte pro Schicht eine wesentlich höhere Speicherkapazität als eine DVD (4,7 GByte pro Schicht). Erreicht wird dies, indem durch einen hochauflösenden, blau-violetten Laser die Daten dichter als auf einer DVD geschrieben werden.

Beide Formate sind untereinander nicht kompatibel. Die Konsortien beider Lager konnten sich nicht auf ein einheitliches Format einigen, und so werden beide Formate um die Gunst des Kunden buhlen.

Erste HD-DVD- und Blu-ray-Abspiel- und Rekordergeräte für den TV sind bereits in Japan erschienen und werden auch in diesem Jahr Deutschland erreichen. Für den Computer werden Weihnachten 2006 erste Brenner erwartet. Erfahrungsgemäß sind Geräte und Medien einer neuen Technologie sehr teuer, wie früher CD- und DVD-Brenner. Auch wird sich erst nach einiger Zeit zeigen, welches Format – HD-DVD oder Blu-ray – sich durchsetzen wird.

5.2 Einen DVD-Brenner einbauen und konfigurieren

Ein DVD-Brenner ist mittlerweile Standard in jedem aktuellen Computer. Die Preise sind seit der Markteinführung unglaublich stark gesunken, und DVD-Brenner, die sogar alle Formate schreiben können, sind für unter 50 Euro erhältlich! Falls Sie einen älteren Computer mit einem DVD-Brenner aufrüsten möchten oder einen betagten DVD-Brenner durch ein schnelleres Modell ersetzen möchten, zeigen wir Ihnen in diesem Abschnitt den problemlosen Einbau eines Laufwerks.

Die Wahl der Schnittstelle: IDE oder SATA?

Die SATA-Schnittstelle ist der Nachfolger der mittlerweile in die Jahre gekommenen IDE-Schnittstelle und ist für Festplatten mittlerweile Standard: Sie ist bedeutend schneller, die Kabel sind komfortabler zu handhaben, und das lästige Konfigurieren des Laufwerks entfällt. Alle Motherboards sind mittlerweile mit einer SATA-Schnittstelle ausgerüstet; falls nicht, lässt sich SATA leicht über eine PCI-Steckkarte erweitern (siehe Kapitel 5.7, Abschnitt „Installation des Controllers" ab Seite 246).

SATA bietet gegenüber IDE nur Vorteile. Allerdings sind derzeit weniger DVD-Brenner für die SATA-Schnittstelle erhältlich. Das erste optische Laufwerk für die SATA-Schnittstelle war das MSI XA52P. Dann kam lange Zeit nichts mehr, und erst nach und nach erscheinen DVD-Brenner mit der modernen Schnittstelle, beispielsweise der Plextor PX-755A.

Einer der wenigen DVD-Brenner mit SATA-Schnittstelle. der Plextor PX-755A. (Quelle: Plextor)

Die Leistung der SATA- und IDE-Brenner ist genau gleich. Auch die ältere IDE-Technik bietet genug Bandbreite, um auch höchste Transferraten zu ermöglichen. Der einzige Vorteil liegt, wie bereits gesagt, in der komfortableren Installation des Laufwerks. SATA-Brenner sind zurzeit noch wesentlich teurer als ihre IDE-Kollegen, jedoch wird sich dies mit einem erhöhten Angebot an SATA-Brennern schnell ändern. Beim Neukauf eines Geräts können Sie daher noch getrost auf ein IDE-Modell setzen.

Vorbereitung des Brenners

Haben Sie sich für einen Brenner mit einer IDE-Schnittstelle entschieden, müssen Sie das Laufwerk vor dem Einbau konfigurieren. Der IDE-Controller Ihres Computers muss nämlich wissen, wie es das Laufwerk ansprechen soll, entweder als Master oder als Slave.

Ein Motherboard, die Hauptplatine eines Computers, besitzt einen, meistens jedoch zwei IDE-Anschlüsse, die mit Primary und Secondary bezeichnet werden. Jeder Anschluss besitzt wiederum zwei Kanäle, Master und Slave. Sie können also an einen Anschluss maximal zwei Geräte anschließen.

Die IDE-Anschlüsse auf dem Motherboard. Hier sind zwei Anschlüsse vorhanden: Primary und Secondary.

Dieses Motherboard besitzt nur einen IDE-Anschluss, dafür zwei SATA-Schnittstellen.

Die Festplatte, auf der das Betriebssystem installiert ist, ist meistens am Primary-IDE-Anschluss als Master konfiguriert. Befinden sich sonst keine weiteren Laufwerke in Ihrem Computer, können Sie das neue Laufwerk am Secondary-IDE-Anschluss als Master konfigurieren. Als Faustregel gilt, dass Sie eine Festplatte immer als Master konfigurieren sollten und wenn möglich allein an einem IDE-Anschluss.

Befindet sich noch ein anderes Laufwerk in Ihrem Computer, das keine Festplatte ist, sollten Sie die Festplatte allein am Primary-Anschluss als Master konfigurieren und das andere Laufwerk zusammen mit dem neuen DVD-Brenner am Secondary-Anschluss. Ob Sie den DVD-Brenner als Master oder Slave konfigurieren, spielt hierbei keine Rolle. Sie müssen nur darauf achten, dass immer nur ein Laufwerk an einem Anschluss mit Master oder Slave konfiguriert ist.

Die folgende Tabelle soll die Kombinationsmöglichkeiten verdeutlichen:

Laufwerke	CD-/DVD-Einstellung	Einstellung des anderen Laufwerks
CD-/DVD-Laufwerk allein	Master	–
Anderes Laufwerk allein	–	Master
Zwei CD-/DVD-Laufwerke	Master/Slave	Master/Slave
CD-/DVD-Laufwerk und Festplatte	Slave	Master (Festplatte)

Die Konfiguration des neuen Laufwerks ist sehr einfach. An der Rückseite finden Sie einen Jumper, den Sie gegebenenfalls umstecken müssen, je nachdem, ob Sie das Laufwerk als Master oder Slave konfigurieren möchten. Eine Erklärung, wie der Jumper gesetzt werden muss, finden Sie entweder auf der Rückseite des Laufwerks (wie bei dem unteren Fotobeispiel) oder auf der Ober- oder Unterseite des Laufwerks.

Dieses Laufwerk ist als Slave konfiguriert (siehe S L im eingerahmten Bereich). Auf dem Laufwerk ist auf der Rückseite oder auf der Oberseite beschrieben, wie Sie den Jumper setzen müssen. Bei diesem Laufwerk müssten Sie den Jumper nach rechts verschieben, um es als Master zu konfigurieren (M A).

Sollten Sie sich für einen DVD-Brenner mit SATA-Anschluss entscheiden, ist ein vorherige Konfiguration des Laufwerks nicht nötig. Die Einstellung als Master oder Slave entfällt bei dieser neuen Schnittstelle nämlich.

Einbau des Laufwerks in den Computer

Nach der Konfiguration des Laufwerks folgt nun der Einbau in das Gehäuse. Dazu müssen Sie den Computer unbedingt vom Stromnetz trennen. Entfernen Sie dazu das Stromkabel aus dem Netzteil. Jedes Gehäuse funktioniert natürlich ein bisschen anders. Inzwischen kann ein Laufwerk in vielen Gehäusen ohne eine einzige Schraube montiert werden. Die Installation eines DVD-Brenners mit SATA-Schnittstelle unterscheidet sich nur beim Anschluss des Strom- und des Datenkabels.

1 Öffnen Sie das Gehäuse. Dazu müssen Sie zuerst die Seitenteile entfernen, die entweder durch Schrauben oder eine Einrastverbindung befestigt sind. Bei unserem Beispielgehäuse müssen Sie die obere Klammer nach oben und die untere Klammer nach unten drücken, um die Einrastung zu lösen. Anschließend müssen Sie, wenn Sie das Gehäuse von vorne betrachten, die Gehäusewand nach hinten schieben. Lösen Sie beide Gehäusewände.

Sollten die Gehäusewände Ihres Gehäuses mit Schrauben verbunden sein, lösen Sie diese einfach und entfernen die Gehäusewände.

2 Bei vielen Gehäusen müssen Sie zusätzlich noch die Frontblende lösen, um an die eingebauten Laufwerke zu gelangen. Je nach Gehäuse reicht ein einfaches Ziehen nach vorne. Eventuell müssen Sie jedoch eine Schraube oder Einrastverbindung lösen.

 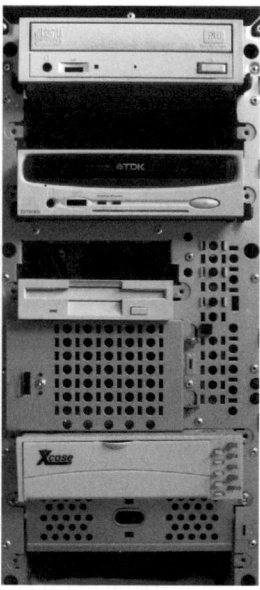

Mit Gehäuseblende ...   *... und ohne.*

3 Ein DVD-Laufwerk benötigt einen freien 5¼-Zoll-Schacht. Um einen DVD-Brenner in Ihr Gehäuse einbauen zu können, benötigen Sie also einen freien Schacht in dieser Größe. Häufig ist ein unbenutzter Schacht durch eine Gehäuseblende verdeckt, die Sie entfernen müssen.

Sie ist entweder mit Schrauben befestigt oder durch dünne Metallteilchen mit dem Gehäuse verbunden. Dann müssen Sie die Blende durch vorsichtiges Verbiegen herausbrechen (Vorsicht vor scharfen Kanten!).

Wählen Sie einen freien Schacht, der möglichst weit von anderen Komponenten entfernt ist, die Abwärme erzeugen können. So vermeiden Sie einen Wärmestau und eine Beschädigung Ihrer Hardware durch Überhitzung.

4 Um das Laufwerk an dem Gehäuse zu befestigen, gibt es verschiedene Lösungen. Jedes Laufwerk hat an den Seiten Gewinde für Schrauben. Die einfachste Methode ist, das Laufwerk an dem freien Laufwerkschacht anzuschrauben.

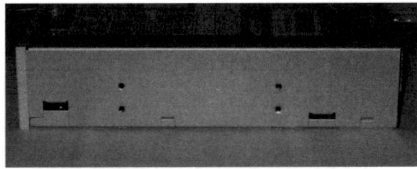

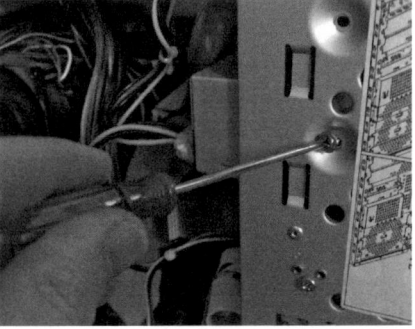

Mithilfe von kleinen Schrauben wird das
Laufwerk einfach mit dem Gehäuse verschraubt.

Einige Gehäuse verfügen jedoch über ein schraubenloses System. Dabei wird
das Laufwerk an Schienen montiert, die in die vorhandenen Schraubenlöcher
gesteckt werden. Das Laufwerk wird dann einfach in den Gehäuseschacht
eingeschoben, bis es einrastet. Dieses System ist natürlich wesentlich komfortabler und ermöglicht auch ein schnelles Ausbauen des Laufwerks.

Anschluss eines IDE-Laufwerks

IDE-Laufwerke unterscheiden sich von SATA-Laufwerken beim Anschluss nur
durch die unterschiedlichen Kabel- und Steckerformen. Zuerst zeigen wir Ihnen
den Anschluss eines IDE-Brenners.

1 Verbinden Sie das Datenkabel mit dem Laufwerk. Dazu benötigen Sie ein IDE-
Kabel. Diese besitzen eine Markierung, um ein falsches Anschließen am
Laufwerk zu verhindern. Achten Sie darauf, dass beim Anschließen das Kabel nicht verkantet, da sonst die dünnen Pins am Laufwerk verbogen werden
können.

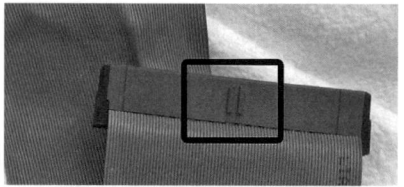

Die Markierung verhindert ein falsches
Einstecken des Kabels.

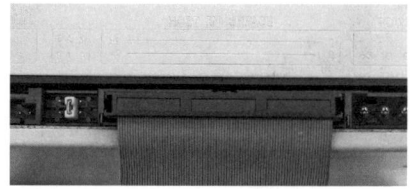

Verbinden Sie das IDE-Kabel mit dem
Laufwerk.

2 Nun müssen Sie das andere Ende des Datenkabels mit dem IDE-Anschluss am Motherboard verbinden. Die meisten Motherboards besitzen zwei IDE-Anschlüsse. Häufig befinden sie sich in der Nähe der Steckkartenplätze. Achten Sie beim Verbinden wieder auf die korrekte Ausrichtung des Steckers.

3 Jetzt müssen Sie das Laufwerk noch mit einem Stromkabel des Netzteils verbinden. Einige Netzteile sind äußerst dürftig mit Stromkabeln ausgestattet, und häufig sind sie zu kurz. Um einen weiteren Stromstecker zu erhalten oder das Kabel zu verlängern, gibt es so genannte Y-Stecker, die Sie im Fachhandel erwerben können.

Ein Stromkabel ist so geformt, dass es nicht falsch angeschlossen werden kann. Die oberen Kanten des Steckers sind abgeflacht. Verbinden Sie das Stromkabel immer so, dass die abgeflachten Kanten nach oben zeigen.

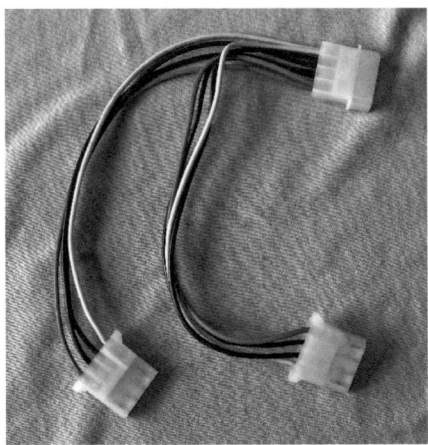 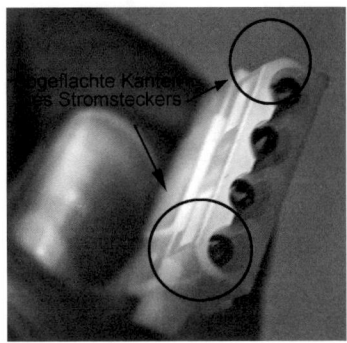

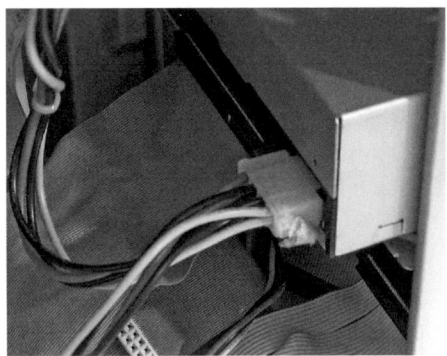

Das Stromkabel muss recht fest an dem Laufwerk angeschlossen werden, damit die Kontakte richtig hergestellt werden. Müssen Sie das Stromkabel wieder lösen, achten Sie darauf, das Stromkabel nicht an den Kabeln herauszuziehen, da diese nur recht lose mit dem Stromstecker verbunden sind.

Der Einbau des Laufwerks ist nun abgeschlossen, und Sie können das Gehäuse wieder schließen. Eventuell müssen Sie im BIOS des Computers den IDE-Port, an dem das Laufwerk angeschlossen ist, aktivieren. Wie das geht, zeigen wir in Kapitel 5.3 ab Seite 207.

Anschluss eines SATA-Laufwerks

Der Anschluss eines SATA-Laufwerks funktioniert genau so wie der eines IDE-Laufwerks. Die Stecker des Daten- und Stromkabels haben nur ein wesentlich praktischeres Format, und eine Konfigurierung in Master/Slave ist nicht notwendig.

1 Verbinden Sie zuerst das SATA-Datenkabel am Motherboard oder an Ihrem SATA-Controller. SATA-Stecker sind asymmetrisch geformt, es gibt also nur eine Möglichkeit, wie Sie den Stecker mit der Buchse verbinden können. SATA-Stecker der ersten Generation sind recht wacklig und fallen leicht wieder heraus. Achten Sie darauf, dass die Verbindung fest sitzt.

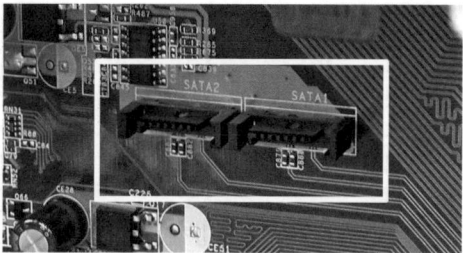 

2 Verbinden Sie nun das Stromkabel mit dem Laufwerk. Falls Ihr Netzteil keine SATA-Stromstecker besitzt, können Sie im Fachhandel einen Adapter für gewöhnliche Stromkabel kaufen.

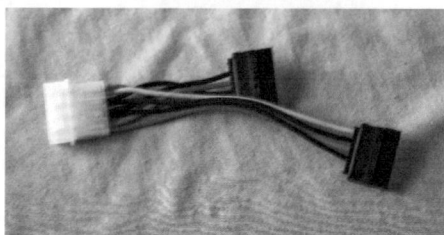

3 Verbinden Sie nun das Datenkabel mit dem der passenden Buchse am Laufwerk. Achten Sie auch hier auf eine feste Verbindung.

Der Einbau des Laufwerks ist nun abgeschlossen, und Sie können das Computergehäuse wieder verschließen.

Alternative: externe DVD-Brenner

Seitdem es schnelle externe Schnittstellen wie FireWire und USB 2.0 gibt, haben externe Laufwerke immer mehr an Bedeutung gewonnen. Die Bedienung ist dank Plug & Play unter einem modernen Betriebssystem wie Windows XP oder Windows Vista kinderleicht – einfach das Laufwerk einstecken – fertig!

Auch die Leistung der externen DVD-Brenner stimmt. Dank der hohen Übertragungsleistung der externen Schnittstellen sind die externen Laufwerke kaum langsamer als ihre internen Verwandten.

Der externe DVD-Brenner EW8220u der Firma BenQ verfügt über eine USB-2.0-Schnittstelle.
(Quelle: BenQ)

Ist Ihr Computer bereits mit Laufwerken vollgestopft oder scheuen Sie den Einbau des Laufwerks, sind externe DVD-Brenner eine sinnvolle Alternative. Wollen Sie ein Laufwerk an mehreren Computern betreiben, sind externe DVD-Brenner mit USB-2.0- oder FireWire-Schnittstelle die einfachste Möglichkeit.

Dem Thema externe Laufwerke widmen wir uns ausführlich in den Kapiteln 5.6 und 5.7 ab Seite 237 und ab Seite 242. Zuerst erklären wir in Kapitel 5.6 ausführlich, welche unterschiedlichen Schnittstellen es für externe Laufwerke gibt und was für Sie die optimale Lösung ist. In Kapitel 5.7 zeigen wir Ihnen die Installation eines externen Laufwerks und des passenden Controllers und geben Tipps zur richtigen Handhabung.

5.3 Troubleshooting DVD-Brenner

DVD-Brenner sind inzwischen ausgereifte Geräte und sollten nach dem Einbau problemlos funktionieren. Häufig gibt es aber doch kleinere und größere Schwierigkeiten: Der Brenner produziert nur unlesbare DVDs, das System stürzt beim Brennen ab, der Brenner ist viel zu langsam und vieles mehr. Manchmal ist das Betriebssystem schuld, manchmal die Konfiguration Ihres Computers. Auf den folgenden Seiten geben wir Ihnen Tipps, wie Sie Ihren Brenner und Ihr System von Brennproblemen befreien.

IDE-Port aktivieren und Laufwerk im BIOS anmelden

Problem: Sie haben einen DVD-Brenner mit IDE-Anschluss installiert, das neue Laufwerk wird aber weder vom Computer noch von Windows erkannt.

Lösung: Sie müssen den IDE-Anschluss, an dem der Brenner angeschlossen ist, im BIOS aktivieren.

1 Um in das BIOS Ihres Computers zu gelangen, müssen Sie während des Startvorgangs, wenn das Motherboard initiiert und der Speicher gezählt wird, die Taste ⌴Entf⌵ (auf englischsprachigen Tastaturen ⌴Del⌵) auf Ihrer Tastatur drücken. Viele Komplett-PCs blenden während der Initiierung des Motherboards eine Grafik des Computerherstellers ein. In diesem Fall hilft ein Blick ins Handbuch, um zu erfahren, wie Sie ins BIOS gelangen,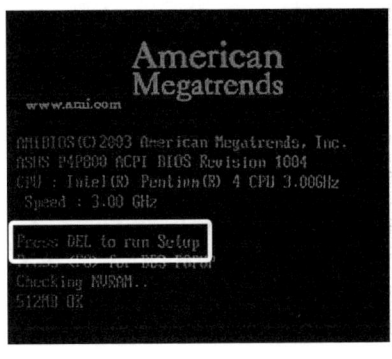

meistens müssen Sie jedoch einfach, während diese Grafik angezeigt wird, ⌴Entf⌵ drücken.

2 Das Aufteilung des BIOS jedes Motherboards sieht anders aus, und einzelne Punkte sind geringfügig anders benannt. Vom Prinzip sind jedoch alle sehr ähnlich aufgeteilt.

Zuerst müssen Sie überprüfen, ob der IDE-Anschluss, an dem das Laufwerk angeschlossen ist, aktiviert ist. Der Screenshot zeigt ein Motherboard mit einem AMI-BIOS. Hier finden Sie die Aktivierungsmöglichkeit des IDE-Ports unter *Features Setup*. Dieser Menüpunkt kann beispielsweise jedoch auch *Menu Chipset Features Setup* oder *Integratend Peripherals* heißen.

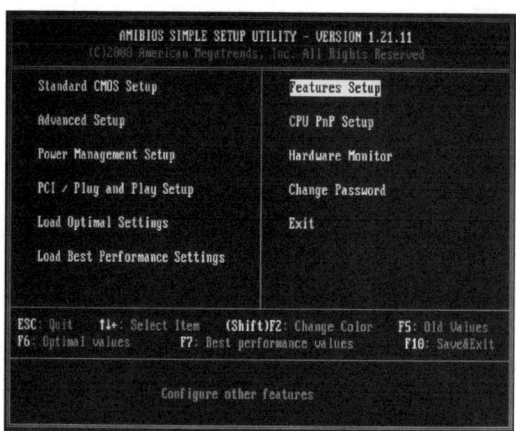

3 Falls Ihr Motherboard über zwei IDE-Anschlüsse verfügt, aktivieren Sie unter *OnBoard PCI IDE* die Einstellung *Both*. Verfügt Ihr Motherboard nur über einen IDE-Anschluss, wird er mit *Enable* aktiviert.

Um beide IDE-Controller zu aktivieren, müssen Sie unter *Onboard PCI IDE* die Einstellung *Both* wählen.

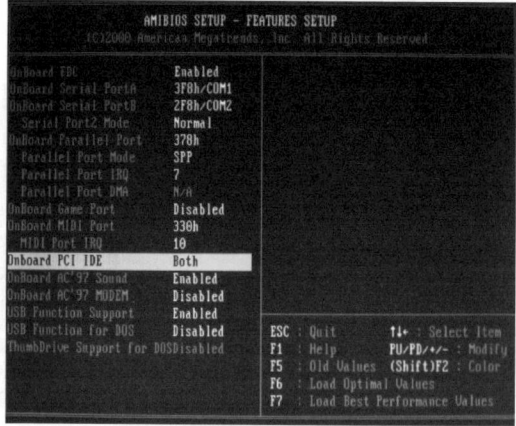

4 Nach der Aktivierung des IDE-Kanals müssen Sie das Laufwerk noch im BIOS eintragen. Gehen Sie dazu in das Menü *Standard CMOS Setup*. Je nach BIOS unterscheiden sich hier die Einstellungen. Einige starten mit der Taste (Enter) einen automatischen Suchlauf und tragen alle angeschlossenen Geräte automatisch ein. Falls das BIOS Ihres Motherboards keinen Suchlauf anbietet, wählen Sie bei dem entsprechenden Anschluss die Einstellung *Auto*.

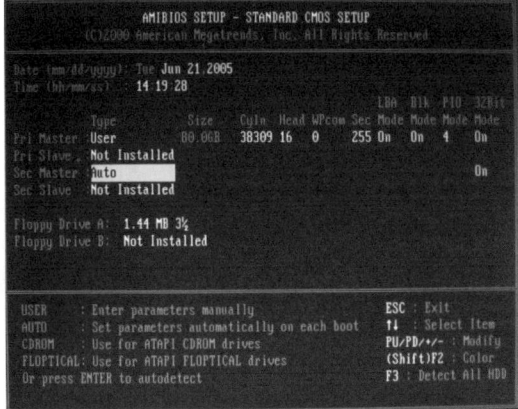

5 Verlassen Sie anschließend das BIOS über die Funktion *Exit* (oder durch Drücken der Taste (Esc)). Bestätigen Sie die Frage, ob Sie die geänderten Einstellungen speichern möchten, mit *Ja* bzw. *Yes*. Der Com- 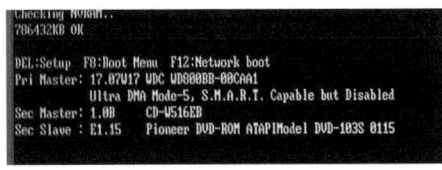 puter wird anschließend neu gestartet, und das Laufwerk sollte nun beim Starten des Computers angezeigt werden.

Wieso kann das Laufwerk nicht im BIOS-Setup angemeldet werden?

Problem: Das Laufwerk wird vom Computer bzw. dem BIOS nicht erkannt, obwohl die Anschlüsse im BIOS aktiviert wurden.

Lösung: Das Laufwerk ist wahrscheinlich nicht richtig konfiguriert oder nicht richtig angeschlossen. Um den Fehler zu finden, führen Sie folgende Schritte durch:

1 Bekommt das Laufwerk Strom? Versuchen Sie, die Laufwerkschublade zu öffnen. Dies funktioniert auch, wenn das Datenkabel nicht richtig angeschlossen ist. Lässt sich die Laufwerkschublade nicht öffnen, überprüfen Sie, ob der Stromstecker fest am Laufwerk angeschlossen ist. Probieren Sie ein anderes Stromkabel aus.

2 Ist das Datenkabel richtig angeschlossen? Stellen Sie sicher, dass das IDE-Kabel an Motherboard und Laufwerk nicht verkantet ist (Vorsicht, verbiegen Sie keine Pins), und überprüfen Sie die Polung des Steckers. Hilft dies nicht, ist eventuell das Kabel defekt, und Sie müssen es ersetzen.

Verwenden Sie ein SATA-Laufwerk, überprüfen Sie auch hier das Datenkabel am Laufwerk und am Controller. SATA-Stecker sitzen häufig sehr locker und können sich leicht lösen.

3 Verwenden Sie zwei IDE-Geräte an einem Kabel, ist möglicherweise die Master/Slave-Einstellung an den Laufwerken falsch. Beide Laufwerke müssen unterschiedlich eingestellt sein: Nur ein Laufwerk kann als Master konfiguriert sein, das nächste Laufwerk muss dann als Slave eingestellt sein (siehe Seite 200).

Firmware-Updates

Problem: Der Brenner erkennt viele Rohlinge nicht oder weigert sich, Rohlinge mit der schnellstmöglichen Geschwindigkeit zu beschreiben. Außerdem häufen sich Brennfehler.

Lösung: Jeder DVD-Brenner besitzt eine Firmware, in der alle elementaren Funktionen zur Steuerung des Laufwerks gespeichert sind, wie beispielsweise die Steuerung der Burn-Proof-Funktion oder die Fehlerkorrektursoftware des Laufwerks. Aber auch Informationen zu Rohlingen sind in der Firmware gespeichert. Die Firmware ist sozusagen das Betriebssystem des Brenners.

Durch fehlerhafte Programmierung einer Firmware können viele Probleme entstehen, beispielsweise eine schlechte Brennqualität mit diversen Fehlern oder ständige Abstürze des Laufwerks. Ein Update der Firmware kann eine Menge typischer Fehler beseitigen und aktualisiert gleichzeitig die interne Rohlingdatenbank, damit auch neue Rohlingtypen richtig erkannt werden.

Ein Firmware-Update ist keine komplizierte Sache. Einige Hersteller bieten mittlerweile sogar Software an, mit der Sie die Firmware ganz komfortabel über Windows updaten können. Jedoch müssen wir eine Warnung aussprechen: Durch ein fehlerhaft durchgeführtes Firmware-Update kann das Laufwerk beschädigt werden. Stürzt der Computer beispielsweise während des Update-Vorgangs ab, kann das Laufwerk so stark beschädigt werden, dass es nur noch vom Hersteller repariert werden kann.

Aus diesem Grund sollten Sie vorher die Update-Anleitung des Herstellers sorgfältig durchlesen, da der genaue Vorgang von dem hier beschriebenen abweichen kann. Mit unseren Tipps sollte ein Firmware-Update allerdings ohne Probleme funktionieren.

> **„If it ain't broken, don't fix it" – Wenn es nicht kaputt ist, reparier es nicht**
>
> Ein Firmware-Update ist nur notwendig, wenn Sie mit Ihrem DVD-Brenner Probleme haben, beispielsweise wenn nicht alle Rohlinge erkannt werden! Sollte Ihr DVD-Brenner fehlerfrei laufen, verzichten Sie auf ein Update! Es besteht immer ein Risiko, dass beim Update-Vorgang etwas schief läuft. Eventuell ist die neu aufgespielte Firmware sogar für Fehler verantwortlich, die bei der alten Firmware nicht auftraten.

Die vorhandene Firmwareversion erkennen

Der erste Schritt eines Firmware-Updates ist das Erkennen der Version, die auf Ihrem Laufwerk aufgespielt ist. Nur so können Sie herausfinden, ob eine aktuellere Version der Firmware verfügbar ist. Die Firmware können Sie ganz einfach mit dem Brennprogramm Nero auslesen. Andere Brennprogramme bieten eine ähnliche Funktion.

1 Starten Sie das Brennprogramm Nero. Falls Sie Nero Express verwenden, müssen Sie in das klassische Nero Burning ROM wechseln. Klicken Sie dazu im Hauptfenster an der linken Seite auf den Pfeil. Ein Menü klappt auf der linken Seite auf. Klicken Sie auf *Zu Nero Burning ROM* wechseln.

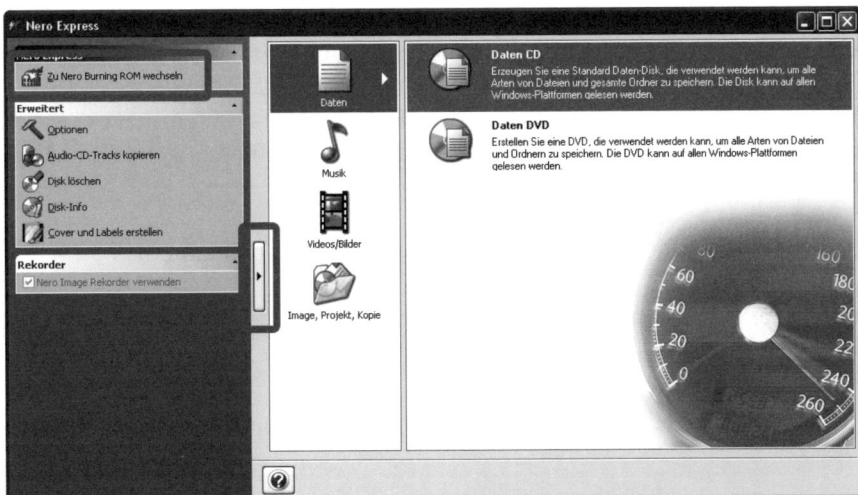

2 Gehen Sie im Hauptfenster von Nero Burning ROM auf *Rekorder* und dann auf *Rekorderauswahl*.

3 Wählen Sie nun das gewünschte Laufwerk mit einem Mausklick aus. Im unteren Bereich des Fensters wird die Firmwareversion des Laufwerks angezeigt.

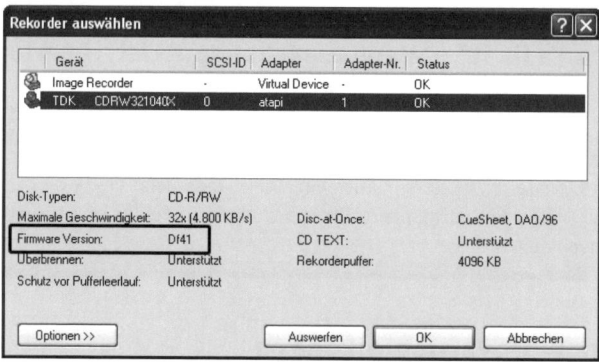

So kommen Sie an die aktuelle Firmware

Um unnötige Arbeit zu vermeiden, überprüfen Sie, ob Ihr Laufwerk eventuell schon über die aktuellste Firmwareversion verfügt. Auch ein Blick in das Changelog, in der die Verbesserungen der neuen Firmware aufgezählt werden, kann sinnvoll sein.

Meistens benötigen Sie zwei Dateien zum Updaten der Firmware: die eigentliche Firmware als Binärdatei (mit der Endung *.bin*) sowie ein kleines Programm, um die Firmware aufzuspielen (ein so genanntes Flashtool). Die Hersteller von DVD-Brennern bieten im Download-/Supportbereich Ihrer Webseiten aktuelle Firmwareversionen sowie die nötigen Tools, die zum Updaten notwendig sind, zum Download an. Achten Sie unbedingt darauf, eine Firmwareversion, die für Ihr Laufwerk geeignet ist, herunterzuladen. Häufig unterscheiden sich die Modellbezeichnungen unterschiedlicher Brenner nur durch einen angehängten Buchstaben!

Hier eine Übersicht der wichtigsten Hersteller von DVD-Brennern:

Hersteller	Internetadresse	Hersteller	Internetadresse
AOpen	www.aopen.de	NEC	www.nec.com
Asus	www.asus.de	Philips	www.philips.com
BenQ	www.benq.de	Pioneer	www.pioneer.de
Creative Labs	www.creativelabs.com	Plextor	www.plextor.com
Cyberdrive	www.cyberdrive.de	Ricoh	www.ricoh.de
Freecom	www.freecom.de	Samsung Electronics	www.samsung.com
Hewlett-Packard	www.hewlett-packard.de	Sony	www.sony.de
LG	www.lge.de	Teac	www.teac.de
Lite-On	www.liteon.com	Toshiba	www.toshiba.com

Das Update durchführen

Jeder Hersteller bietet unterschiedliche Möglichkeiten zum Updaten der Firmware. Prinzipiell existieren zwei Update-Varianten: über ein Windows-Programm oder mithilfe einer DOS-Startdiskette. Da sich die genaue Ausführung des Update-Vorgangs von unseren exemplarischen Beispielen unterscheiden kann, sollten Sie unbedingt die Update-Anleitung des Herstellers genau lesen.

Ein Firmware-Update über ein Windows-Tool ist wesentlich einfacher und schneller als mit einer Bootdiskette. Die Firmwaredatei ist dabei häufig schon in dem Tool integriert, sodass Sie beim Update-Vorgang nichts falsch machen können. Rufen Sie einfach das Windows-Programm auf und klicken Sie auf *Update*. Der Update-Prozess wird nun gestartet. Unterbrechen Sie den Vorgang keinesfalls, sonst kann das Laufwerk beschädigt werden! Nachdem die neue Firmware aufgespielt wurde, sollten Sie den Computer neu starten.

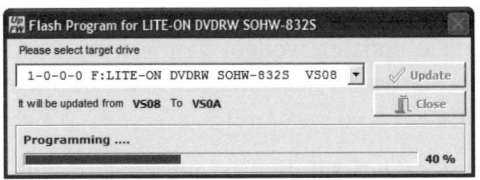 *Lite-On liefert für viele DVD-Brenner ein Windows-Tool zum Firmware-Update.*

Für die andere Update-Variante benötigen Sie ein Diskettenlaufwerk und eine leere Diskette, da das Update-Tool nur unter der DOS-Ebene ausgeführt werden kann. Das Firmware-Update besteht in diesem Fall fast immer aus einer EXE-Datei, dem Flashtool sowie der Firmwaredatei (*.bin*).

1 Um eine DOS-Startdiskette in Windows XP zu erstellen, öffnen Sie den Windows-Explorer oder den Arbeitsplatz und klicken mit der rechten Maustaste auf das Diskettenlaufwerk. Wählen Sie in dem Kontextmenü *Formatieren* aus.

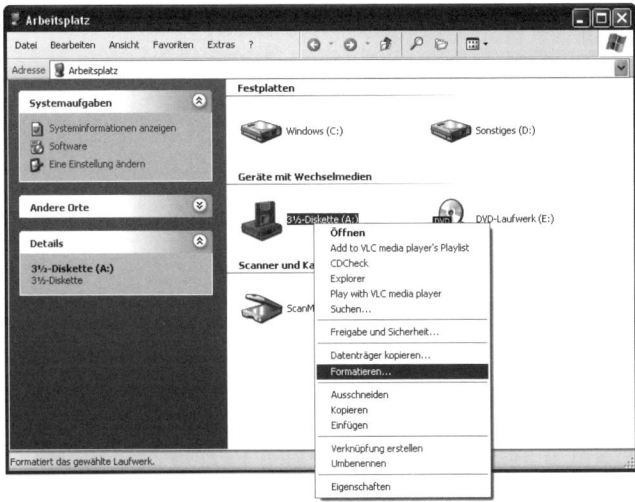

2 Legen Sie eine Diskette in das Laufwerk ein. Beachten Sie, dass beim Formatierungsvorgang alle Daten gelöscht werden. Vergessen Sie nicht, den Schreibschutz der Diskette zu deaktivieren. Wählen *MS-DOS-Startdiskette erstellen* aus und klicken Sie auf *Starten*. Der Formatierungsvorgang beginnt, und die notwendigen Daten werden auf die Diskette geschrieben.

3 Nun müssen Sie die notwendigen Update-Dateien auf die Diskette kopieren, also das Flashtool und die Firmwaredatei. Einige Hersteller liefern eine fertig konfigurierte *Autoexec.bat* mit, damit der Update-Vorgang automatisch abläuft. Schreiben Sie sich in jedem Fall den Namen das Flashtools und der Binärdatei auf.

4 In dem Laufwerk, dessen Firmware Sie updaten wollen, darf sich während des Vorgangs kein Medium befinden. Starten Sie anschließend den Computer neu, um von der Bootdiskette zu starten.

5 Haben Sie eine vorkonfigurierte *Autoexec.bat* auf die Diskette kopiert, müssen Sie den Update-Vorgang nur noch mit *Yes* bzw. *Ja* bestätigen (meistens müssen Sie anstelle der Ⓨ-Taste die Taste Ⓩ zur Bestätigung auf der Tastatur drücken).

Falls das Flashtool nicht automatisch aufgerufen wird, müssen Sie das manuell tun. Geben Sie dazu Folgendes ein:

„*(Name des Flashtools)*.exe *(Name der Binärdatei.bin)*“, also beispielsweise „flashtool.exe firmware.bin“. Das Flashtool erkennt nun automatisch die neue Firmwaredatei, und der Update-Vorgang wird gestartet.

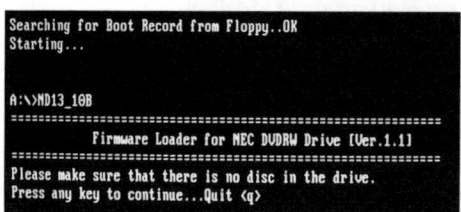

Den Regionalcode eines Laufwerks verändern

Problem: Sie möchten eine DVD auf Ihrem Computer verwenden, die einen anderen Ländercode besitzt als Ihr Laufwerk.

Lösung: Bei den meisten Laufwerken können Sie den Regionalcode Ihres DVD-Laufwerks ganz einfach unter Windows ändern – allerdings nur fünfmal, dann

wird der zuletzt gespeicherte Regionalcode in die Firmware des Laufwerks gebrannt und kann nicht mehr geändert werden.

Um den Regionalcode des Laufwerks zu
ändern, müssen Sie in die Geräteeigen-
schaften des Laufwerks gehen. Diese finden Sie unter *Start/Systemsteuerung/
System/Hardware/Geräte-Manager*.

Wählen Sie die Registerkarte *DVD-Re-
gion* aus. In der Länderliste können Sie
nun einfach das gewünschte Land bzw.
den gewünschten Regionalcode auswählen. Bestätigen Sie anschließend mit *OK*.
Fertig!

Regionalcode durch neue Firmware ändern

Im Internet existieren für zahlreiche DVD-Laufwerke so genannte hacked Firm-
wares. In solchen Firmwareversionen wird meistens der Regionalcode außer
Kraft gesetzt, und häufig werden auch andere Funktionen freigeschaltet, bei
älteren Laufwerken beispielsweise die Fähigkeit, zweischichtige DVD-Rohlinge
zu beschreiben. Wir raten Ihnen jedoch von dem Aufspielen einer Firmware ab,
die nicht vom Originalhersteller kommt. Zu groß ist das Risiko, dass das Laufwerk beschädigt wird. Selbstredend übernimmt der Hersteller bei einer solchen
Sachlage keine Garantie.

Rohlinge lassen sich nur mit geringerer Geschwindigkeit brennen

Problem: Sie wollen eine DVD+/-R mit 16facher Geschwindigkeit brennen. Obwohl Brenner und Rohling für diese Geschwindigkeit ausgelegt sind, ist das
Brennen nur mit geringeren Geschwindigkeiten möglich.

Lösung: Das Problem kann sowohl am Brenner als auch am Rohling oder der verwendeten Brennsoftware liegen. Um das Problem zu lösen, gehen Sie folgendermaßen vor:

Im Brennprogramm lässt sich nicht die höchste Brenngeschwindigkeit auswählen

1   Verwenden Sie einen sehr neuen Brenner, aber noch eine ältere Brennsoft-
    ware, kann es sein, dass diese den Brenner nicht richtig erkennt und die
    hohen Geschwindigkeiten sich nicht auswählen lassen.

Falls Sie in der Brennsoftware nicht die Geschwindigkeit auswählen können, die theoretisch möglich ist, wird entweder der Brenner oder der Rohling nicht richtig erkannt. In diesem Fall hilft ein Software-Update auf eine aktuellere Version.

2 Falls sich das Problem so nicht lösen lässt, ist die Rohlingdatenbank des Brenners höchstwahrscheinlich veraltet. Nicht selten kommt es vor, dass es für eine Brenngeschwindigkeit, die der Brenner unterstützen würde, noch keine Rohlinge gibt. Kommen nun nach und nach Rohlinge mit der passenden Geschwindigkeit auf den Markt, sind diese natürlich noch nicht in der Datenbank des Brenners gespeichert. Hier hilft ein Firmware-Update, wie auf Seite 210 beschrieben.

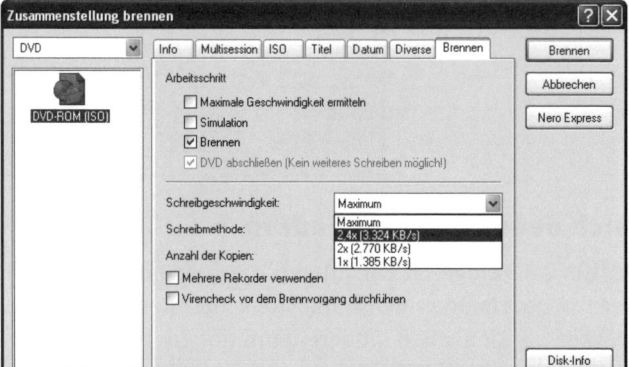

Hier stimmt was nicht: Trotz eines viel schnelleren Rohlings will der Brenner nur mit 2,4x brennen!

Die Geschwindigkeit wird während des Brennens zurückgesetzt

1 Sie können beim Starten des Brennvorgangs zwar die gewünschte Brenngeschwindigkeit auswählen, nach einer Weile meldet das Brennprogramm aber eine Verringerung der Geschwindigkeit? Möglicherweise benutzen Sie einen Rohling, der trotz einer anders lautenden Beschriftung nicht die angegebene Geschwindigkeit erreichen kann. Dies kann an einem nicht optimalen Zusammenspiel zwischen Brenner und Rohling liegen (hier könnte ein Firmware-Update helfen), oder der Rohling ist von minderer Qualität. Häufig kommt es vor, dass sich ein Rohling aus einer Spindel problemlos brennen lässt, während der nächste Rohling Probleme macht. Hier hilft nur ausprobieren und gegebenenfalls zu einem anderen Rohling wechseln.

2 Überprüfen Sie im Geräte-Manager, ob der DMA-Modus des Laufwerks aktiviert ist. Falls er deaktiviert ist, wird der Brenner über den viel langsameren PIO-Modus angesprochen. Die Transferrate reicht somit möglicherweise nicht mehr aus, um in der höchsten Geschwindigkeit zu brennen. Außerdem steigt die Prozessorlast, was Buffer Underruns verursachen kann. Tipps zur Aktivierung des DMA-Modus und zur Installation neuer Controllertreiber finden Sie im nächsten Abschnitt.

Systemabsturz beim Zugriff auf den Brenner

Problem: Der ganze Computer stürzt ab oder Windows friert ein, wenn Sie auf den DVD-Brenner zugreifen wollen.

Lösung: Installieren Sie den aktuellsten Chipsatz- und Controllertreiber für Ihr Motherboard.

Häufig sorgt ein fehlerhaft installierter Chipsatz- und Controllertreiber für Komplettabstürze. Im schlimmsten Fall folgt sogar ein Bluescreen, und das ganze System lässt sich nicht mehr starten. Besonders häufig von diesem Phänomen sind Computer betroffen, die einen VIA-Chipsatz verwenden. Mit neuen Treibern lässt sich dieses Problem aber so gut wie immer lösen.

1   Installieren Sie den neusten Chipsatz- und Controllertreiber für Ihr Motherboard. Diesen finden Sie entweder auf der Homepage des Motherboard-Herstellers oder auf der Homepage des Chipsatzherstellers (für VIA-Chipsätze beispielsweise *www.via-tech.de*). Die Installation der neuen Treiber erfolgt dabei meistens über ein Programm. Folgen Sie den Anweisungen des Herstellers. Starten Sie nach der Installation der neuen Treiber anschließend den Computer neu.

2   Überprüfen Sie jetzt, ob der Brenner im schnellen DMA-Modus angesprochen wird. Der DMA-Modus ermöglicht eine höhere Übertragungsgeschwindigkeit und senkt außerdem die Prozessorauslastung. Ein sicheres Zeichen dafür, dass der DMA-Modus nicht aktiviert ist, ist ein langsam reagierender Computer, wenn auf das Laufwerk zugegriffen wird.

Überprüfen Sie, ob Ihr Brenner im Ultra-DMA-Modus angesprochen wird. Gehen Sie dazu auf *Start/Systemsteuerung/System/Hardware/Geräte-Manager*.

3   Gehen Sie in den Geräte-Manager. Klicken Sie dort auf *IDE ATA/ATAPI-Controller* und danach mit rechts auf den Kanal, an dem der Brenner angeschlossen ist. Wählen Sie *Eigenschaften*.

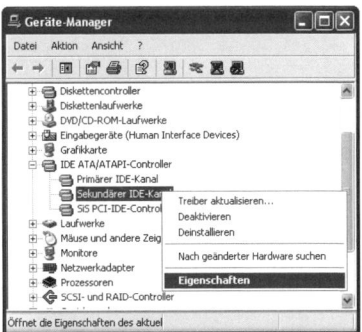

4 Gehen Sie nun auf *Erweiterte Einstellungen*. Hier muss unter *Aktueller Übertragungsmodus DMA* stehen. Falls hier *PIO* angezeigt wird, wählen Sie unter *Übertragungsmodus*: *DMA wenn verfügbar* aus. Bestätigen Sie mit *OK* und starten Sie den Computer neu. Überprüfen Sie nach dem Neustart an der gleichen Stelle, ob die Umstellung auf DMA funktioniert hat.

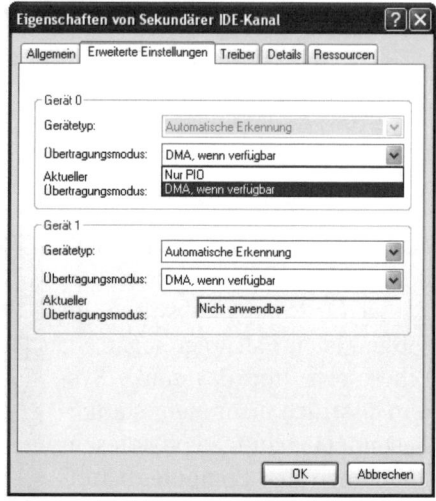

Kein Windows-Zugriff auf den neuen Brenner

Problem: Sie haben Ihren älteren DVD+RW-Brenner gegen einen DVD-RW- oder einen Multiformatbrenner ausgetauscht. Auf den neu installierten Brenner können Sie unter Windows nicht zugreifen, und auch ein Brennen ist nicht möglich.

Lösung: Dieses etwas kuriose Problem tritt nur unter Windows XP ohne installiertes Service Pack 2 auf. Ein Fehler in der Hardwareerkennung verhindert, dass der neue Brenner richtig eingerichtet wird. Um das Problem zu lösen, gibt es zwei Möglichkeiten:

Deinstallieren des IDE-Controllers

Deinstallieren Sie im Geräte-Manager den IDE-Controller, an dem das Laufwerk angeschlossen ist. Beim Neustart wird der Controller neu installiert und das angeschlossene Laufwerk richtig erkannt. Gehen Sie dazu auf *Start/Systemsteuerung/System/Hardware/Geräte-Manager* und wählen Sie den passenden Controller mit Rechtsklick aus. Klicken Sie anschließend auf *Deinstallieren*.

Patch für Windows XP installieren

Microsoft hat auf das Problem inzwischen reagiert und bietet einen Patch an, um es zu beheben. Wenn Sie diesen Patch installieren, ist ein Löschen des Controllers, wie oben beschrieben, nicht notwendig.

Der Patch ist leider nicht mehr einzeln verfügbar, sondern nur noch über die Windows-Update-Funktion. Diese können Sie unter *Start/Systemsteuerung/System/ Automatische Updates* aufrufen. Alternativ können Sie ein Windows-Update auch über den Internet Explorer durchführen. Gehen Sie dazu einfach auf die Internetseite *http://windowsupdate.microsoft.com*. Windows überprüft, welche Updates benötigt werden, und installiert sie automatisch.

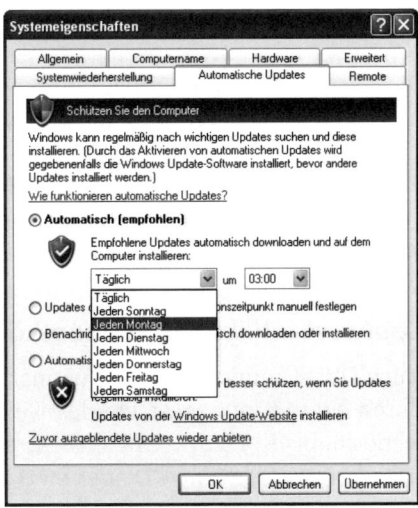

Das Problem wird ebenfalls mit der Installation des **S**ervice **P**ack 2 (SP2) für Windows XP behoben.

Das Laufwerk gibt die CD/DVD nicht wieder her

Problem: Sie drücken die Auswurftaste Ihres Brenners, aber die Laufwerkschublade öffnet sich nicht.

Lösung: Der Brenner ist möglicherweise durch einen Prozess gesperrt. Haben Sie vorher eine DVD gebrannt und das Brennprogramm ist dabei abgestürzt, wird das Laufwerk mit Sicherheit noch durch die Brennsoftware gesperrt.

Windows-Prozesse beenden

Überprüfen Sie im Task-Manager, ob ein Brennprogramm noch geöffnet ist. Die entsprechende Datei kann beispielsweise *Nero.exe* oder *WinOnCD.exe* heißen.

1 Rufen Sie den Task-Manager mit der Tastenkombination ⌨Strg⌨+⌨Alt⌨+⌨Entf⌨ auf.

2 Wählen Sie im Task-Manager die Registerkarte *Prozesse* aus.

3 Falls hier Ihre Brennsoftware angezeigt wird (beispielsweise *Nero.exe*), wählen Sie diese aus und klicken auf *Prozess beenden*.

4 Wichtig ist außerdem, dass Sie den Windows-Dienst *imapi.exe* beenden. Dieser wird automatisch gestartet, sobald eine DVD gebrannt wird. Bei einem Absturz des Brennprogramms wird der Dienst nicht automatisch beendet und blockiert weiterhin die Laufwerkschublade.

Falls Ihr Laufwerk immer noch nicht ansprechbar ist, versuchen Sie einen Neustart! So können Sie ausschließen, dass das Laufwerk durch einen Programmabsturz blockiert wurde.

Laufwerkschublade manuell öffnen

Auch DVD-Laufwerke können einmal kaputtgehen, sei es durch Überhitzung oder durch eine Spannungsspitze des Netzteils. In diesem Fall können Sie die Laufwerkschublade nicht mehr öffnen, da das Netzteil komplett tot ist. Damit Sie trotzdem noch an eine CD oder DVD kommen, die sich im Inneren befindet, können Sie die Laufwerkschublade manuell öffnen.

Dazu benötigen Sie einen dünnen und harten Gegenstand, beispielsweise eine gerade aufgebogene Büroklammer. Diese führen Sie in das Loch an der Vorderseite des Laufwerks ein. Die Schublade wird so entriegelt und kommt ein Stück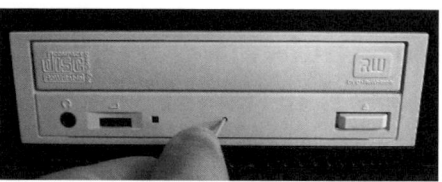
weit nach vorne. Nun können Sie sie weiter herausziehen und das Medium entnehmen.

DVD-Laufwerk einfach verschwunden

Problem: Nach der Installation oder Deinstallation eines Brennprogramms ist das CD-/DVD-Laufwerk einfach verschwunden. Weder im Geräte-Manager noch im Arbeitsplatz wird es angezeigt.

Lösung: Brennprogramme hinterlassen durch schlampige Deinstallationsroutinen manchmal Programmreste in der Windows-Registrierung. Diese können Sie manuell entfernen.

1 Um den Registrierungseditor zu öffnen, gehen Sie auf *Start/Ausführen* und geben „regedit" ein.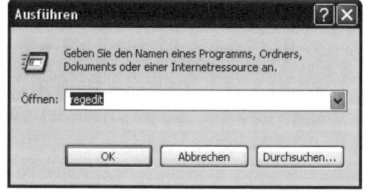

2 Anschließend müssen Sie sich etwas durch die Registrierung hangeln. Die notwendigen Einträge finden Sie unter *HKEY LOCAL MASCHINE/SYSTEM/CurrentControlSet/Control/Class/4D36E965-E325-11CE-BFC1-08002BE10318*.

3 Löschen Sie hier nun die beiden Einträge *LowerFilters* und *UpperFilters*. Löschen Sie nur diese beiden Einträge! Löschen Sie keinesfalls gleichnamige Einträge, die an anderer Stelle abgespeichert wurden. Sie könnten die ordnungsgemäße Ausführung von Windows verhindern.

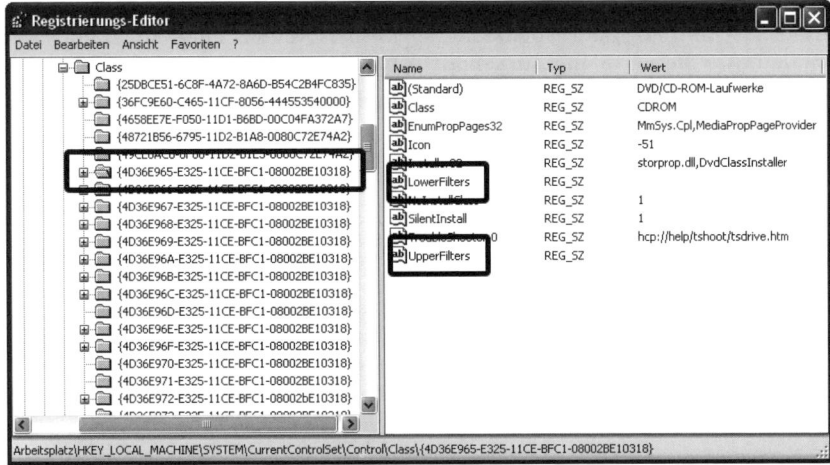

4 Starten Sie anschließend Windows neu. Die angeschlossenen DVD- oder CD-Laufwerke müssten nun wieder verfügbar sein.

Das Laufwerk liest keine CDs oder DVDs mehr ein

Problem: Ihr Laufwerk liest keine Medien mehr ein, egal ob gebrannte oder gepresste CDs und DVDs.

Lösung: Für dieses Problem gibt es leider kaum eine Lösung. Wenn das Laufwerk absolut keine Medien mehr lesen kann, ist es höchstwahrscheinlich defekt und muss ausgetauscht werden. Sie können allerdings versuchen, das Laufwerk mit einem bestimmten Reinigungsmedium von Staub und Schmutz zu befreien. Ein solches Medium sieht aus wie eine gewöhnliche CD oder  DVD, hat aber an der Unterseite feine Reinigungspinsel, die den Laser reinigen können.

Kann Ihr Laufwerk nur einige gebrannte Rohlinge nicht mehr lesen, liegt der Fehler höchstwahrscheinlich im Rohling. Möglicherweise war der Rohling von minderwertiger Qualität und wurde durch UV-Strahlung oder Kratzer unbrauchbar gemacht. In Kapitel 5.5 ab Seite 233 zeigen wir Ihnen, wie Sie von einer scheinbar toten DVD oder CD noch Daten retten können.

5.4 DVD-Medien auf einen Blick

Die Qual der Wahl: Die Anzahl unterschiedlicher DVD-Medien ist wirklich verwirrend. DVD+R, DVD-RW, Dual Layer, Double Layer, DVD-RAM ... wer behält hierbei noch den Überblick? Glücklicherweise beherrschen mittlerweile aktuelle Brenner fast alle Formate, sodass Sie eigentlich keinen Fehlkauf mehr begehen können. Aber für manche Aufgaben ist ein bestimmter Rohlingtyp besser geeignet als ein anderer. Damit Sie nicht in die Rohlingfalle treten, zeigen wir Ihnen auf den folgenden Seiten, welche Medien es gibt und für welche Aufgaben sie besonders geeignet sind.

DVDs sind empfindlich!

Optische Speichermedien wie die DVD müssen immer besonders geschützt werden. Zwar machen einige kleine Kratzer der Fehlerkorrektur des Laufwerks nichts aus, jedoch droht bei tiefen Kratzern Datenverlust! Rohlinge haben zudem eine unterschiedliche Kratzfestigkeit der Oberfläche. Für wichtige Daten sollten Sie daher auf einen qualitativ hochwertigen Rohling setzen. Wie Sie trotz Kratzern eine DVD noch auslesen können, zeigen wir Ihnen in Kapitel 5.5 ab Seite 233. Lassen Sie es jedoch am besten gar nicht so weit kommen und behandeln Sie Ihre Datenträger immer sorgfältig!

Kurze Übersicht: DVD-Medien

Vor den Detailerläuterungen auf den nächsten Seiten zeigen wir Ihnen in aller Kürze die aktuellen DVD-Medien. Prinzipiell gibt es zwei unterschiedliche Medientypen:

- **Einfach beschreibbare Rohlinge:**
  DVD-ROM, DVD+R, DVD+R Double Layer, DVD-R und DVD-R Dual Layer

- **Wieder beschreibbare Rohlinge:**
  DVD+RW, DVD-RW sowie DVD-RAM Class 0 und DVD-RAM Class 1.

	DVD-ROM	DVD-RAM	DVD-R	DVD-RW	DVD+R	DVD+RW
Kapazität	4,7 bis 17 GByte	4,7 bis 9,4 GByte	4,7 bis 8,5 GByte	4,7 GByte	4,7 bis 8,5 GByte	4,7
Anzahl der Datenschichten	1 bis 2 (pro Seite)	1 bis 2	1 bis 2 (Dual Layer)	1	1 bis 2 (Double Layer)	1
Wie oft beschreibbar?	–	Class 0: 100.000x Class 1: 10.000x	einmal	1.000x	einmal	1.000x

DVD-ROM

Als DVD-ROM wird eine DVD bezeichnet, die gepresst ist und sich somit nicht mehr beschreiben lässt (die Abkürzung ROM bedeutet **R**ead **O**nly **M**emory, also „nur lesen"). Dabei handelt es sich um den direkten Nachfolger der CD-ROM, die die gleichen Ausmaße hat, jedoch eine wesentlich geringere Speicherkapazität bietet.

DVD-ROM ist der Name des physikalischen Formats (andere physikalische Formate sind beispielsweise CD-ROM, CD-R, DVD-R etc.). Eine DVD-Audio oder eine DVD-Video, die gepresst wurde, ist also auch eine DVD-ROM.

Die folgende Tabelle zeigt die vorhandenen DVD-Formate. DVD-14 und DVD-18 haben es bis auf wenige Ausnahmen jedoch nicht in den Handel geschafft. Die Produktion dieser Medien war zu teuer, und inzwischen wird anstelle der Weiterentwicklung der DVD lieber auf deren Nachfolger, Blu-ray Disc und HD-DVD, gesetzt.

Format	Kapazität	Spielzeit*	Schichten
DVD-5	4,7 GByte	120 min	1 Layer, 1 Seite
DVD-9	8,5 GByte	200 min	2 Layer, 1 Seite
DVD-10	9,4 GByte	240 min	1 Layer pro Seite (sog. Flipper)
DVD-14	14,1 GByte	360 min	3 Layer, 2 Seiten
DVD-18	17 GByte	480 min	4 Layer, 2 Seiten

Je nach Komprimierung des Videomaterials.

DVD-R/RW oder DVD+R/RW?!

Um DVDs zu beschreiben, gibt es zwei große konkurrierende Formate: den Plus-Standard und den Minus-Standard (und daneben noch DVD-RAM, das im nächsten Abschnitt vorgestellt wird). Zwei Seiten sind verantwortlich für das Formatwirrwarr: das DVD-Forum (erkennbar an dem DVD„-"R) und der
DVD+RW Alliance (erkennbar an dem DVD„+"R). Bei beiden handelt es sich um Konsortien, die bei der Entwicklung einer beschreibbaren bzw. wieder beschreibbaren DVD zwei Fronten bildeten. Einigen Firmen war das ursprüngliche Konzept des DVD-Forums zu teuer, und so schlossen sie sich zu der DVD+RW Alliance zusammen. Der Plus-Standard ist technisch einfacher, und die Lizenzgebühren sind wesentlich niedriger.

Der Unterschied beider Formate liegt in den unterschiedlichen Schreibverfahren: DVD+R/RW-Medien werden über **C**onstant **A**ngular **V**elocity (CAV, konstante Winkelgeschwindigkeit) beschrieben. Die Geschwindigkeit, mit der die DVD rotiert, bleibt gleich. Da bei konstanter Geschwindigkeit mehr Daten auf der Außenseite als auf der Innenseite gelesen und geschrieben werden können, benötigen solche Laufwerke immer einen Puffer, um die unterschiedlichen Transferraten anzupassen. Im Vergleich dazu wird eine DVD-R/RW über **C**onstant **L**inear **V**elocity (CLV, konstante Bahngeschwindigkeit) beschrieben. Dabei bleibt die Datentransferrate gleich, was durch ein Anpassen der Rotationsgeschwindigkeit möglich gemacht wird.

Viele potenzielle Käufer eines DVD-Brenners wurden durch die unklare Formatfrage erschreckt, und so lief der Verkauf von Brennern nur schleppend an. Der anschließende Preiskampf der Brenner- und Rohlinghersteller sorgte dafür, dass der ursprüngliche Preisvorteil von Brennern und Medien nach dem Plus-Standard sich an die des Minus-Standards anglichen. Mittlerweile sind alle auf dem Markt befindlichen DVD-Brenner so genannte Multiformatbrenner, die mit beiden Medientypen umgehen können.

Für einfach beschreibbare DVD+Rs bzw. DVD-Rs ist die Frage nach dem besseren Format daher müßig geworden. Beide Medien lassen sich nahezu gleich schnell (mit 16facher Geschwindigkeit) beschrieben und sind zu fast dem gleichen Preis erhältlich.

Unterschiede bei wieder beschreibbaren und zweischichtigen Rohlingen

Anders als bei einfach beschreibbaren DVDs, hat bei wieder beschreibbaren und zweischichtigen Rohlingen derzeit noch der Plus-Standard die Nase vorn. Moderne Brenner unterstützen DVD+RW-Rohlinge mit bis zu 8facher Geschwindigkeit, DVD-RW-Rohlinge jedoch nur mit 6facher Geschwindigkeit. Beide Rohlingsorten sind zwar lieferbar, jedoch ist eine DVD+RW mit 8facher Brenngeschwindigkeit wesentlich verbreiteter als die schnellste DVD-RW – und somit auch wesentlich günstiger! Ein ähnliches Bild bei zweischichtigen Dual- bzw. Double-Layer-Rohlingen: Der schnellste derzeit lieferbare DVD+R DL-Rohling lässt sich 8fach beschreiben – der schnellste lieferbare DVD-R DL-Rohling jedoch gerade einmal halb so schnell.

Obwohl sich die Brenner- wie auch die Rohlingqualität bei zweischichtigen DVDs stark erhöht hat, ist die nahezu doppelt so große DVD immer noch nicht richtig bei den Kunden angekommen. Rohlinge mit 8,5 GByte Speicherplatz sind immer noch wesentlich teurer als zwei gewöhnliche DVD-Rohlinge. Das Angebot an zweischichtigen Rohlingen ist noch nicht so groß, und der Preiskampf, wie bei gewöhnlichen CD- und DVD-Rohlingen, ist unter den Herstellern noch nicht ausgebrochen. Auch die Geschwindigkeit hinkt hinterher: Obwohl, wie oben angesprochen, bereits 8x-DVD+R DL Rohlinge verfügbar sind, handelt es sich bei den meisten angebotenen DL-Rohlingen immer noch um langsame 2,4x-Rohlinge.

Für Backups und wichtige Daten: lieber keine DVD+/-RW

Planen Sie ein Backup oder die Archivierung Ihrer Dateien, sollten Sie auf eine DVD+RW oder DVD-RW verzichten. Diese Medien sind (theoretisch) bis zu 1.000-mal wieder beschreibbar, dieser Wert wird in der Praxis jedoch nur selten erreicht. Je nach Nutzung der DVD+/-RW werden einige Bereiche auf der DVD wesentlich häufiger beschrieben als andere, und so ist ein „Mitzählen" der Schreibvorgänge nicht möglich. Nicht ganz unschuldig sind jedoch auch DVD-Brenner: Durch zu stark oder zu schwach eingestellte Laser wird die wieder beschreibbare Oberfläche des Rohlings stark belastet und kann zu einem frühzeitigen Versagen des Rohlings führen. Für die Archivierung und Sicherung Ihrer Daten sollten Sie lieber auf hochwertige, einfach beschreibbare DVD-Rohlinge setzen oder auf die DVD-RAM.

DVD-RAM

Obwohl DVD-RAM das älteste beschreibbare DVD-Format ist – erste Geräte kamen bereits 1998 auf den Markt –, handelt es sich um das am geringsten verbreitete. Dies liegt hauptsächlich an der unkomfortablen Handhabung der frühen DVD-RAM-Medien. Diese waren, wie alte MO-Laufwerke, in klobigen Plastikhüllen, so genannten Catridges, untergebracht. Erst ab 2002 erfuhr die DVD-RAM eine stärkere Verbreitung, da sie häufig in DVD-Videorekordern und DVD-Camcordern eingesetzt wurde. Die heute am häufigsten verbreiteten DVD-RAM-Rohlinge kommen ohne Catridge und lassen sich somit so leicht handhaben wie eine gewöhnliche DVD.

Als einzige DVD-Medien sind DVD-RAM-Medien durch die Sektorierung mit bloßem Auge sofort zu erkennen.

Generationenwechsel

Im März 2005 stellte das DVD-Forum einen neuen, schnelleren Standard für DVD-RAM-Medien vor. Die neue DVD-RAM-Technologie erlaubt Lese- und Brenngeschwindigkeiten von bis zu 16fach, ist also bedeutend schneller als die bisherige DVD-RAM-Technologie, die maximal 5fache Geschwindigkeit erlaubt. Dieser neue Standard ist leider nicht zum bisherigen Standard kompatibel. Daher hat das DVD-Forum die neue Technologie Class 1 genannt und die bisherige DVD-RAM-Technik mit bis zu 5facher Geschwindigkeit Class 0. Alte Geräte können zwar Class 1-DVD-RAMs auslesen, jedoch nicht beschreiben – auch nicht mit geringerer Geschwindigkeit. Ein weiterer Nachteil ist, dass die schnelleren DVD-

RAMS nicht so häufig wieder beschreibbar sind. Ältere Class 0-Medien können bis zu 100.000-mal beschrieben werden – also in der Praxis nahezu unbegrenzt –, die neuen, schnelleren Rohlinge dagegen „nur" 10.000-mal, was jedoch immer noch mehr ist als die Lebensdauer einer DVD+RW oder DVD-RW (maximal 1.000-mal).

Neuste DVD-Brenner unterstützen mittlerweile die Class 1-DVD-RAM-Technologie – jedoch lassen die passenden Rohlinge noch auf sich warten. Falls Sie ein einfach zu verwendendes und sicheres Medium benötigen, gehört die DVD-RAM mit zu den besten Speichermedien. Sollten Sie die Anschaffung eines neuen DVD-Brenners planen, achten Sie auf die Unterstützung der neuen Technologie. Häufig wird nicht Class 1 angegeben, sondern einfach eine Schreibgeschwindigkeit, die höher ist als 6fach.

Technische Vorteile der DVD-RAM

Die DVD-RAM hat gegenüber ihren stärksten Konkurrenten, der DVD+RW und der DVD-RW, einige entscheidende Vorteile, die sie besonders für Backups und zum Einsatz als Wechselfestplatte interessant macht:

- DVD-RAM-Rohlinge sind hochwertiger als DVD+/-RW-Rohlinge und besitzen eine höhere Lebensdauer.

- Eine DVD-RAM lässt sich bis zu 100.000-mal wieder beschreiben (Class 0) bzw. 10.000-mal (Class 1). Dies ist wesentlich höher als die Wiederbeschreibrate von DVD+/-RW-Rohlingen.

- Eine DVD-RAM verhält sich unter Windows XP und Windows Vista wie eine Festplatte. Sie können die DVD-RAM einfach über den Windows-Explorer formatieren und wie eine Festplatte verwenden! Um dies mit DVD+/-RW-Rohlingen machen zu können, benötigen Sie eine PacketWriting-Software (beispielsweise Nero InCD).

- Durch die Sektorierung kann eine DVD-RAM in Sekunden formatiert werden. Außerdem besitzt sie ein effizientes Defektmanagement: Wird ein Sektor auf der DVD-RAM vom Laufwerk als defekt erkannt, wird er automatisch gesperrt (wie bei einer Festplatte).

- Durch die Einführung des schnelleren Class 1-Standards wird die DVD-RAM wesentlich schneller und komfortabler.

- Nach dem Schreiben findet automatisch eine Überprüfung des beschriebenen Rohlings statt – somit werden Übertragungsfehler nahezu ausgeschlossen. Dies erhöht allerdings die Brenndauer! Wenn eine DVD-RAM mit 5facher Geschwindigkeit beschrieben wird, dauert der Überprüfungsvorgang noch einmal genau so lange. Die effektive Brenngeschwindigkeit liegt also in diesem Fall nur bei 2,5fach.

Nachteile der DVD-RAM

Die Vorteile der DVD-RAM überzeugen. Jedoch hat dieses Format auch einige Schwachpunkte:

■ Kompatibilität: Für den Datentransport ist die DVD-RAM nicht sonderlich geeignet, da nur neuere DVD-Brenner DVD-RAM unterstützen. Außerdem kann es zu Kompatibilitätsproblemen von Class 1-Medien in Class 0-Geräten kommen: Die neuen Medien lassen sich nicht in älteren Geräten brennen. Die Hersteller versprechen zwar, dass die neuen Medien auch in älteren Geräten lesbar sind, jedoch kann dies erst nachgeprüft werden, sobald Class 1-DVD-RAM-Medien weiter verbreitet sind.

■ Geschwindigkeit: Die noch geläufigen DVD-RAM-Medien mit 3facher oder 5facher Brenngeschwindigkeit (die durch die Überprüfung der Daten effektiv mit 1,5fach bzw. 2,5fach beschrieben werden) sind langsamer als DVD+RW- oder DVD-RW-Rohlinge, die bis zu 8fache bzw. 6fache Brenngeschwindigkeit erreichen können. Erst durch den neuen Class 1-Standard wird die DVD-RAM in dieser Hinsicht konkurrenzfähig.

Fazit: DVD-RAM, das optimale Wechsel- und Backup-Medium?

Die DVD-RAM-Technologie ist besonders für Anwender interessant, die ein großes und einfach zu bedienendes Wechsel- und Backup-Medium suchen. Für diesen Zweck ist die DVD-RAM wie geschaffen, da sie sehr häufig wieder beschrieben werden kann und durch die Überprüfung der Daten nach dem Brennvorgang eine optimale Brennqualität garantiert.

Weniger geeignet ist die DVD-RAM, um beispielsweise Daten auf einen anderen Computer zu überspielen – nicht alle DVD-Brenner unterstützen die DVD-RAM. Auch wenn es mal schnell gehen muss, ist die DVD-RAM nicht das optimale Medium: Hierfür lohnt sich ein schneller, einfach beschreibbarer 16fach-DVD-Rohling.

Trotzdem sollte die DVD-RAM unserer Meinung nach einen höheren Stellenwert, beispielsweise beim täglichen Backup, genießen. Die Vorteile gegenüber einer DVD+RW oder DVD-RW sprechen für sich, und mit der neuen Class 1-Technologie wird die DVD-RAM durch die erhöhte Geschwindigkeit auch noch wesentlich komfortabler.

Datenintegrität von DVDs und CDs überprüfen

Damit Sie möglichst lang Freude an Ihren gebrannten Daten haben, ist es wichtig, den Rohling nach dem Brennvorgang zu überprüfen. Nur so können Sie gewährleisten, dass keine Brennfehler die Daten möglicherweise unlesbar gemacht haben.

Die meisten Brennprogramme, wie beispielsweise Nero, können die Datenintegrität nach dem Brennvorgang überprüfen. Das Prinzip, nach dem alle Programme arbeiten, ist simpel: Die gebrannten Daten werden mit den Originaldaten verglichen. Diese müssen zu 100 % übereinstimmen – falls nicht, wurde während des Brennvorgangs ein Fehler gemacht.

Falls Sie Nero Express zum Brennen Ihrer Daten verwenden, können Sie die Funktion zur Überprüfung der Daten einfach unter *Endgültige Brenneinstellungen* aktivieren. Wenn Sie einen Haken bei *Daten nach dem Brennen überprüfen* setzen, vergleicht Nero nach dem Brennvorgang die Originaldaten automatisch mit den Daten auf dem soeben gebrannten Rohling.

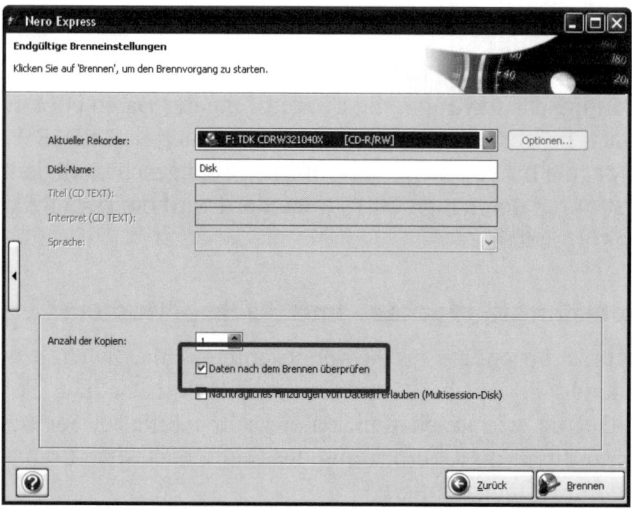

Falls Sie das klassische Nero Burning ROM verwenden, können Sie diese Funktion einfach während des Brennvorgangs aktivieren. Aktivieren Sie dazu die Funktion *Geschriebene Daten überprüfen*.

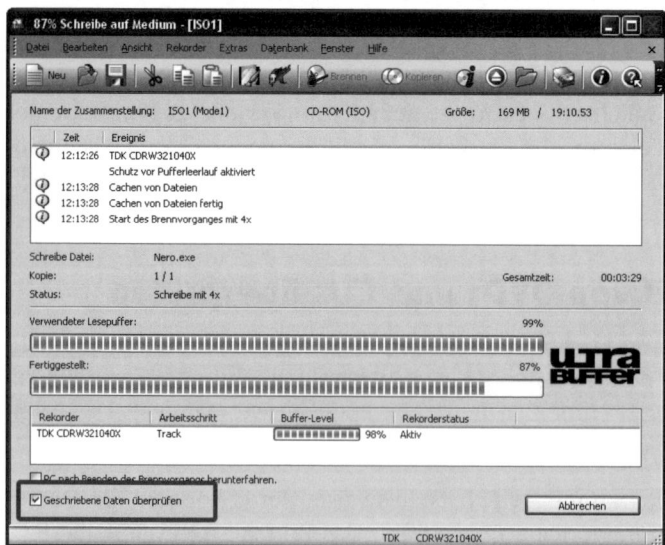

Nach dem Brennvorgang wird der Rohling auf Datenintegrität überprüft. Treten Fehler auf, werden diese anschließend angezeigt. Sind Fehler aufgetreten, sollten Sie Ihre Daten unbedingt ein weiteres Mal, eventuell mit einem anderen Rohling, brennen!

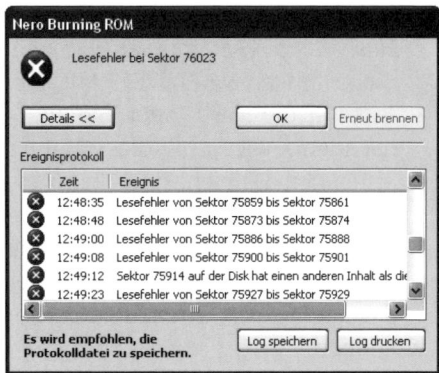

Falls Sie nicht Nero verwenden und Ihr Brennprogramm keine Überprüfung des Rohlings anbietet, können Sie das für Privatanwender kostenlose CDCheck benutzen. Sie können es im Internet unter *www.elpros.si/CDChech* herunterladen. Das Prinzip der Überprüfung funktioniert genau so wie bei Nero: Nach dem Brennvorgang werden die Originaldaten mit den gebrannten verglichen. Löschen Sie daher die Originaldaten nach dem Brennvorgang erst von der Festplatte, nachdem Sie die gebrannten Daten überprüft haben!

Starten Sie nach der Installation CDCheck.

1   Unter *Options*/*Language* können Sie die Sprache auf Deutsch umstellen.

2   Um die Originaldaten mit den gebrannten Daten vergleichen zu können, muss zuerst eine Prüfsummendatei, ein so genanntes Hash-File, erstellt werden. Damit Sie die Dateien nicht mühsam zusammensuchen müssen, ist es sinnvoll, die gebrannten Dateien alle in einen Ordner zu kopieren. Wählen Sie diesen Ordner in CDCheck aus und klicken Sie auf *Hash*.

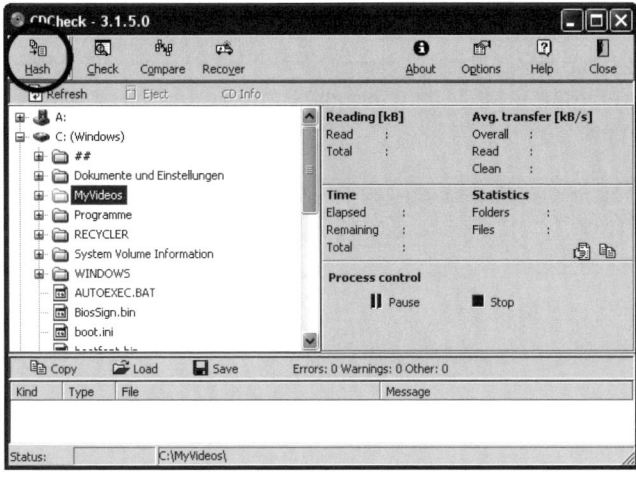

3 Es öffnet sich nun das neue Fenster *Hash setup*. Hier müssen Sie keine Einstellungen verändern. Mit *Weiter* wird die Hash-Datei erstellt. Je nachdem, wie groß die zu überprüfenden Dateien sind, kann das Erstellen der Hash-Datei einige Zeit in Anspruch nehmen. Anschließend öffnet sich ein Statusfenster, das Sie jedoch einfach schließen können.

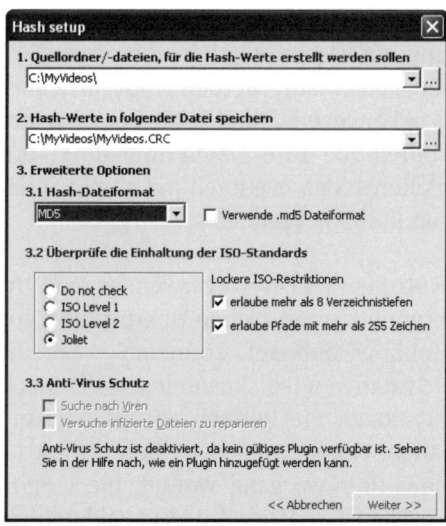

4 Wählen Sie nun im Hauptfenster das Laufwerk aus, in dem sich die zu überprüfende DVD oder CD befindet. Klicken Sie anschließend auf *Check*.

5 Es öffnet sich das neue Fenster *Prüfen Einstellungen*. Wählen Sie die Funktion *Hash-Datei auswählen*. Jetzt müssen Sie angeben, wo sich die zuvor erstellte Hash-Datei befindet. Klicken Sie dazu auf die Schaltfläche mit den drei Punkten und wählen Sie die Datei aus. Klicken Sie anschließend auf *Weiter*.

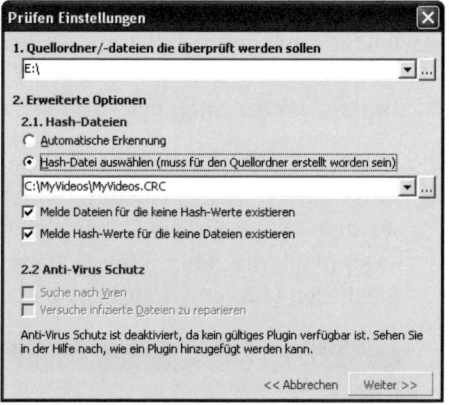

6 Nun werden die Originaldaten mit den Daten auf dem Rohling verglichen. Auch dieser Vorgang kann, abhängig von Dateigröße und Geschwindigkeit Ihres Computers, einige Zeit in Anspruch nehmen.

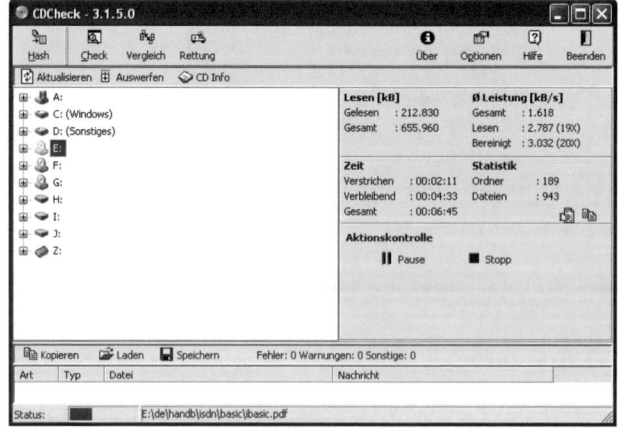

7 Ist der Vergleich beendet, öffnet sich das *Ergebnis*-Fenster. Wichtig ist der letzte Abschnitt *Fehler*. Werden hier keine Fehler angezeigt, wurden sämtliche Daten richtig übertragen und auch wieder ausgelesen. Werden hier jedoch Fehler angezeigt, sollten Sie die Daten ein weiteres Mal, eventuell mit einem anderen Rohling, brennen.

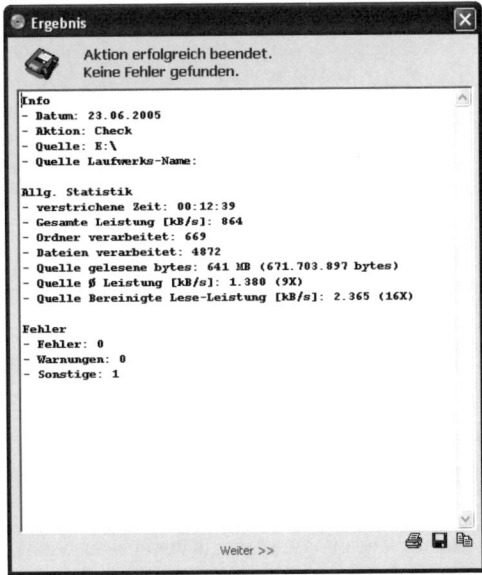

Hochwertige Rohlinge schützen vor Datenverlust

Die Überprüfung der Datenintegrität gibt nur eine Momentaufnahme über die Qualität des Rohlings ab. Die Datenschicht jedes Rohlings wird mit der Zeit von UV-Strahlen beeinträchtigt, und so verändern sich auch die Leseeigenschaften des Rohlings. Um zu vermeiden, dass eine gebrannte CD oder DVD nach einigen Jahren nicht mehr lesbar ist, sollten Sie hochwertige Markenrohlinge verwenden. Markenhersteller wie Verbatim bieten besonders langlebige Rohlinge an.

Blu-ray Disc und HD-DVD

Wie in den 90er-Jahren die CD die Schallplatte verdrängt hat, so hat Anfang des 21. Jahrhunderts die DVD immer mehr die Videokassette verdrängt. Erstmals im Jahr 2001 wurden mehr Video-DVDs als Videokassetten verkauft. Seitdem geht der Siegeszug der DVD unaufhaltsam weiter – bis jetzt. Die Speicherkapazität einer DVD reicht für Filme im hochauflösenden und daher sehr speicherplatzintensiven HDTV-Format nicht mehr aus (siehe Infokasten).

Aber auch für den Computerbetrieb ist die Speicherkapazität von 4,7 bzw. 8,5 GByte nicht mehr ausreichend. Spätestens mit dem Start von Windows Vista wird auch der Verkauf der ersten Blu-ray- und HD-DVD-Brenner angekurbelt werden.

In Japan sind bereits die ersten HD-DVD- und Blu-ray-Geräte erhältlich. In Deutschland wird die Markteinführung jedoch noch ein bisschen auf sich warten lassen, aber zu Weihnachten 2006 werden wohl auch die ersten Brenner für den Computer erhältlich sein.

Ein Stand-alone-Blu-ray-Player und -Rekorder der Firme Sony.

Begriffserklärung HDTV

Mit HDTV wird ein neuer, hochauflösender Fernsehstandard bezeichnet. Der in Europa ge-nutzte Standard PAL sendet Bilder in einer Auflösung von maximal 720 Linien (horizontal) und 576 Spalten (vertikal) und verfügt somit über maximal 414.720 Bildpunkte. Diese Werte kön-nen mittlerweile nicht mehr als modern bezeichnet werden. Daher wurde HDTV geschaffen. Die beiden geläufigsten Auflösungen von 1.280 x 720 (921.000 Bildpunkte) und 1.920 x 1.080 (über 2 Millionen Bildpunkte) bieten ein wesentlich schärferes und detailreicheres Bild. Wäh-rend in den USA und Asien HDTV schon sehr verbreitet ist, läuft der Verkauf von HDTV-Gerä-ten in Deutschland noch schleppend, da erst sehr wenige Fernsehsender ihr Programm in HDTV ausstrahlen.

Zwei Nachfolger für eine DVD?

Sie werden sich sicher fragen, warum die DVD zwei Nachfolger benötigt. Die Antwort: Die Hersteller konnten sich nicht auf einen Standard einigen. Die Blu-ray-Technologie wird von der japanischen Firma Sony angeführt und von Firmen wie beispielsweise Pioneer oder Apple unterstützt. Die HD-DVD ist eine Entwick-lung von Firmen wie Microsoft, IBM und NEC und wird von Toshiba angeführt. Obwohl es immer Bemühungen gab, ein einheitliches Nachfolgeformat der DVD zu präsentieren, sind die Fronten mittlerweile verhärtet, und es ist sicher, dass sowohl die HD-DVD und auch die Blu-ray Disc, die untereinander nicht kompati-bel sind, um die Gunst des Kunden buhlen werden.

Vergleich: Welches Medium ist besser?

Beide Formate haben durchaus Gemeinsamkeiten: Ein blau-violetter Laser mit einer Wellenlänge von 405 Nanometern liest die Daten von der Bu-Ray Disc oder der HD-DVD. Zum Vergleich: Der rote Laser eines DVD-Laufwerks liest die Daten mit einer Wellenlänge von 650 Nanometern. Auf einer Blu-ray Disc oder HD-DVD lassen sich durch die verkleinerte Wellenlänge wesentlich mehr Daten speichern als auf einer physikalisch gleich großen DVD. In Zahlen bedeutet das: Pro Schicht passen auf eine Blu-ray Disc 25 GByte und auf eine HD-DVD 15 GByte. Wie bei einer DVD können zwei Schichten übereinander gelegt werden, um somit die Speicherkapazität zu verdoppeln.

Bei der Frage der Kapazität hat also die Blu-ray Disc mit 10 GByte mehr Speicherplatz die Nase vorn. Die ist selbstverständlich auch das Hauptargument der Firmen, die die Blu-ray-Technologie unterstützen.

Das Hauptargument der HD-DVD-Verfechter ist allerdings, dass die HD-DVD technisch gesehen nah an einer gewöhnlichen DVD ist und somit bestehende Fertigungsanlagen für HD-DVD-Medien und HD-DVD-Geräte übernommen werden können. Anfänglich werden HD-DVD-Geräte und -Medien wahrscheinlich günstiger sein als ihre Blu-ray-Gegner – ähnlich dem Kampf des DVD-„Minus"-Standards gegen den -„Plus"-Standard.

Welcher Standard sich durchsetzt, wird sich erst noch zeigen. Die Blu-ray-Technologie überzeugt durch ihre höhere Kapazität, jedoch kann es der HD-DVD durch einen günstigeren Preis gelingen, Kunden zu gewinnen.

5.5 Wie Sie von einer defekten DVD noch Daten retten

Datenverlust ist eine ärgerliche Sache. Schnell sind auf einer DVD Verschmutzungen oder Kratzer, und das Laufwerk kann keine Daten mehr auslesen. Wichtige Dokumente oder Familienerinnerungen scheinen verloren.

Bei DVDs und anderen optischen Speichermedien gilt die Devise: Vorbeugen ist besser als Nachsorgen. Daher sollten Sie immer hochwertige Rohlinge verwenden und diese dann möglichst pfleglich behandeln. Falls doch einmal Kratzer die Daten unlesbar gemacht haben, geben wir Ihnen Tipps, wie Sie eine vermeintlich defekte DVD wieder reanimieren.

Haltbarkeit von CDs und DVDs

Optische Speichermedien wie CDs und DVDs sind nicht unbegrenzt haltbar. Nicht nur physische Einwirkungen können die Datenschicht verletzen, sondern vor allem UV-Strahlung ist Gift für die empfindliche Oberfläche. Wahrscheinlich ist es Ihnen auch schon einmal so ergangen, dass ein älterer Rohling sich nur sehr schlecht auslesen ließ, obwohl die Oberfläche sauber schien und keine Kratzer hatte. Das Laufwerk fährt dann ständig die Geschwindigkeit hoch- und runter – ein sicheres Zeichen, dass die Fehlerkorrektur angefangen hat zu arbeiten und eine Stelle mehrfach ausgelesen werden muss.

Zeigt Ihre CD oder DVD Altersbeschwerden, obwohl die Oberfläche in tadellosem Zustand ist, können Sie erst einmal nichts mehr für den Rohling tun. Sie sollten die Daten jedoch so schnell wie möglich sichern und auf einen anderen, hochwertigen Rohling brennen.

Es ist leider unmöglich zu sagen, wie lange ein CD- oder DVD-Rohling haltbar ist. Zu groß sind die Qualitätsschwankungen zwischen den Rohlingen. Eine weitere wichtige Rolle ist das Zusammenspiel zwischen Brenner und Rohling – wenn beide perfekt miteinander harmonieren und das Medium richtig gelagert wird, sollte eine Haltbarkeit mehrerer Jahre kein Problem darstellen. Jeder Hersteller von Brennlaufwerken gibt auf seiner Homepage oder im Handbuch des Laufwerks Tipps, welcher Rohling besonders gut mit dem Brenner harmoniert.

Wichtig ist des Weiteren die richtige Lagerung. Daher sollten Sie einige Punkte beachten:

- Bewahren Sie den Rohling in einer passenden Hülle auf, möglichst in Kunststoffboxen. Papierhüllen rauen die Oberfläche auf, und auch die Lagerung auf einer Spindel ist nicht sehr empfehlenswert.

- Lagern Sie den Rohling fernab von UV-Strahlung (Sonnenlicht) und Feuchtigkeit, beispielsweise in einer Schublade oder einem Karton. Ein feuchter Keller ist aber denkbar schlecht geeignet.

- Fassen Sie den Rohling immer nur am Rand an. Die Oberfläche ist sehr empfindlich, und Fingerabdrücke sind Gift für die Datenschicht.

- Beschriften Sie den Rohling nur mit einem dafür geeigneten Stift. Spitze Stifte (Bleistifte, Kugelschreiber) sind absolut ungeeignet!

- Verwenden Sie nur passende CD-Aufkleber und kleben Sie diese zentriert auf. Sonst entsteht eine Unwucht, die Laufwerk und Rohling zerstören kann. Einen Aufkleber dürfen Sie niemals abziehen, sonst ziehen Sie die Datenschicht gleich mit ab.

- Überprüfen Sie Ihre gebrannten Daten regelmäßig. So können Sie rechtzeitig Leseprobleme feststellen und die Daten sichern.

Präventiv: hochwertige Rohlinge nutzen

Das wichtigste Kriterium für eine langlebige Speicherung der Daten auf einer DVD oder CD ist die Qualität eines Rohlings sowie das Zusammenspiel zwischen Brenner und Rohling. Inzwischen gibt es zahlreiche Rohlinghersteller, wie beispielsweise Verbatim, Ricoh oder TDK, die Rohlinge anbieten, die eine besondere UV-Resistenz oder Kratzfestigkeit haben. Der Hersteller Verbatim bietet mit seiner DataLifePlus-Serie beispielsweise eine lebenslange Garantie des Rohlings.

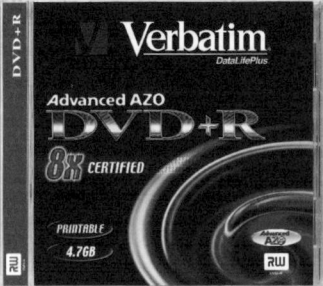

Um für Ihren Brenner den optimalen Rohling zu finden, empfehlen wir Ihnen, die Herstellerseite Ihres Brennerherstellers zu konsultieren. Hier finden Sie Empfehlungen zu Rohlingen, die besonders gut mit den Laufwerken harmonieren.

Ein CD-Rohling mit schwarzer Unterseite bietet besonderen Schutz gegen UV-Strahlen.

Defekte CDs und DVDs zum Leben erwecken

Machen Kratzer oder Verschmutzungen das Auslesen einer CD oder DVD möglich, sind die Daten noch längst nicht verloren. Wir zeigen Ihnen, was Sie tun können, um Ihre Daten zu retten. Allerdings lassen sich nicht alle Kratzer ungeschehen machen. Befinden sich tiefe Kratzer auf der Oberseite, also der beschichteten Seite des Mediums, ist eine Reparatur nahezu ausgeschlossen, da zu viele Daten zerstört wurden und der Laser beim Auslesen der Daten die Spur verliert. Nur Kratzer auf der Unterseite lassen sich reparieren.

Bei tiefen Kratzern auf der Oberseite einer CD oder DVD sind die Daten verloren.

Gründliche Reinigung der Oberfläche

Der erste Schritt zur Reanimation einer CD oder DVD ist eine gründliche Reinigung. Durch das Entfernen von Schmutz und Fingerabdrücken wird eine CD/DVD möglicherweise schon wieder lesbar!

So wenig wie möglich, so viel wie nötig

Jede Reinigung einer CD oder DVD greift die Datenoberfläche an, ganz egal wie vorsichtig Sie das Medium reinigen. Daher sollten Sie es nicht übertreiben und den Rohling wirklich nur dann reinigen, wenn das Laufwerk beim Auslesen Probleme macht.

Auf keinen Fall dürfen Sie ätzende Reinigungsmittel wie Glasreiniger oder andere Haushaltsreiniger verwenden. Diese würden die Oberfläche angreifen und mehr schaden als nutzen.

Versuchen Sie die Oberfläche zuerst nur mit einem weichen, fusselfreien Tuch ohne sonstige Reinigungsmittel zu reinigen. Besonders gut geeignet sind Mikrofasertücher oder Brillenputztücher, da diese weich sind und die Oberfläche nicht zusätzlich zerkratzen. Verwenden Sie auf keinen Fall Tücher oder Schwämme, die eine raue Oberfläche haben. Sie würden die CD/DVD nur noch stärker zerkratzen!

Legen Sie das Medium mit Oberseite nach unten auf einen Tisch oder halten Sie es an den Rändern fest. Achten Sie auf die Richtung, in der Sie die Oberfläche reinigen! Wischen Sie mit dem Tuch immer von innen nach außen, in geraden, nicht kreisenden Bewegungen! Vertikale Kratzer, die durch die Reinigung verursacht werden können, sind für die Fehlerkorrektur eines Laufwerks kaum ein Problem, während kreisförmige oder horizontal verlaufen-  de Kratzer das Medium unbrauchbar machen können. Ein Anhauchen der Oberfläche genügt häufig, um auch fettige Fingerabdrücke zu entfernen.

Sollte die Reinigung ohne zusätzliche Mittel nicht ausreichen, können Sie eine sehr schwache Seifenlauge, einen Tropfen Geschirrspülmittel mit Wasser oder reinen Alkohol aus der Drogerie oder Apotheke verwenden. Verwenden Sie alle Reinigungsmittel nur äußerst sparsam und achten Sie darauf, dass keine Reinigungsmittelreste auf dem Medium zurückbleiben – diese könnten das Laufwerk nämlich zerstören. Spülen Sie mit klaren Wasser nach und trocknen Sie die CD oder DVD mit einem weichen, fusselfreien Tuch, bis das Medium wieder blitzblank sauber ist.

Reparatur der Oberfläche

Ist die CD oder DVD auch nach der gründlichen Reinigung aufgrund zu tiefer zu zahlreicher Kratzer nicht lesbar, hilft nur die Reparatur der Oberfläche. Wie bereits oben erwähnt, funktioniert dies nur, wenn die Kratzer auf der Unterseite des Mediums und nicht zu tief in die Datenschicht eingedrungen sind. Ist die Schutzschicht schwer beschädigt und Sie können an manchen Stellen sogar schon durch die Datenschicht „hindurchsehen", ist eine Reparatur leider hoffnungslos.

Ein Kratzer auf der Oberfläche lenkt den Laserstrahl des Laufwerks beim Auslesen ab – ähnlich wie Kratzer in der Windschutzscheibe eines Autos eintreffendes Sonnenlicht ablenken. Ist ein Kratzer zu tief, verliert der Laser den Fokus, und die Datenspur und ein Auslesen ist nicht mehr möglich. Um dem Laser seine Arbeit zu erleichtern, muss die Oberfläche geglättet und die Tiefe der Kratzer verringert werden.

Im Fachhandel sind spezielle CD-/DVD-Reparaturpasten erhältlich. Diese kosten etwa 5 bis 10 Euro und reichen für 10 bis 20 Anwendungen. Vor der Anwendung einer solchen Paste muss die CD/DVD unbedingt gründlich gereinigt werden! Die Paste legt sich bei der Anwendung in die Kratzer und erleichtert somit das Durchdringen des Lasers. Die Handhabung der Reparaturpaste ist sehr einfach: Legen Sie das Medium mit der Datenseite nach oben auf eine stabile und saubere Unterlage. Tragen Sie die Paste sparsam auf die Oberfläche auf. Etwas mehr Paste können Sie an den stark verkratzten Stellen auftragen. Verteilen Sie nun die Paste in den verkratzten Stellen, indem Sie mit einem weichen und fusselfreien Tuch von innen nach außen wischen (wie vorher bei der Reinigung). Die CD/DVD muss, bevor sie in ein Laufwerk eingelegt werden kann, von allen Pastenresten befreit werden. Polieren Sie das Medium, bis es restefrei ist. Bei besonders hartnäckigen Kratzern können Sie die Reparaturpaste auch mehrmals auftragen.

Der Geheimtipp: Zahnpasta

Eventuell benötigen Sie gar kein Spezialmittel, um Ihre CD/DVD zu reparieren, sondern können ganz gewöhnliche Zahnpaste zur Reparatur verwenden. Die Anwendung ist dabei die gleiche wie bei der speziellen Reparaturpaste. Achten Sie nur darauf, dass die Zahnpasta keine Körnchen oder Ähnliches enthält, damit würde Sie die Oberfläche sehr stark zerkratzen. Es dürfen nach der Zahnpastaanwendung keine Reste auf der Oberfläche zurückbleiben. Polieren Sie das Medium wieder, bis es komplett sauber ist.

5.6 Externe Computeranschlüsse im Vergleich

Jede Festplatte hat einen ganz entscheidenden Nachteil: Egal wie groß ihre Kapazität ist, irgendwann ist sie voll. Dies hängt natürlich damit zusammen, dass ein Computer immer vielseitiger geworden ist: Videoschnitt, Bildbearbeitung, ein digitales Musik- und Videoarchiv – das alles und viel mehr ist mit modernen Computern kein Problem mehr. Durch diese Vielfältigkeit wird die Entwicklung von Festplatten immer stärker

vorangetrieben, und die Kapazitäten erhöhen sich rasant: Anfang 2005 war die größte erhältliche Festplatte 400 GByte groß, im April 2006 sind bereits Festplatten mit unglaublichen 750 GByte erhältlich – Tendenz weiter steigend.

Auch die Handhabung einer Festplatte hat sich mit dem steigenden Speicherbedarf geändert. Während die Speicherkapazität der Festplatten immer weiter gestiegen ist, ist die der üblichen Wechselmedien (CD oder DVD) quasi gleich geblieben. Um mehrere GByte Daten zu transportieren, was heutzutage keine Seltenheit ist, ist eine DVD nur begrenzt geeignet. Stattdessen wird nun lieber auf eine externe Festplatte gesetzt.

Dank schneller externer Schnittstellen ist die Handhabung einer externen Festplatte sehr komfortabel und vor allem schnell. Benötigt man mehr Speicherplatz, stellt sich daher gleich die Frage, ob eine interne Festplatte überhaupt notwendig ist, bietet ein externes Gerät doch viele Vorteile – so muss das Gehäuse nicht geöffnet werden, und es kommt keine zusätzliche Wärmequelle in den Computer.

Mittlerweile gibt es drei externe Schnittstellen, die sich für externe Festplatten oder DVD-Laufwerke eignen. Damit Sie die richtige Wahl treffen, zeigen wir Ihnen auf den nächsten Seiten Vor- und Nachteile der unterschiedlichen Schnittstellen.

USB – bewährt, einfach, aber nicht immer schnell

Die am meisten verbreitete Schnittstelle ist bei Windows-Computern USB. Seit der Einführung der USB-Schnittstelle hat sie sich schnell verbreitet, war aber anfangs für externe Laufwerke aufgrund der langsamen Übertragungsrate uninteressant: Der USB-1.1-Standard erlaubt nämlich maximal 12 MBit/s, gerade einmal 1,5 MByte/s – viel zu wenig für ein komfortables Arbeiten mit einer Festplatte.

Erst durch USB 2.0, das inzwischen bei jedem neueren Computer Standard ist, ist diese Schnittstelle für externe Laufwerke interessant geworden. Der neue Standard erlaubt nämlich Übertragungsraten von maximal 480 MBit/s, etwa 60 MByte/s und ist damit 40-mal schneller als der USB-1.1-Standard.

Eine externe USB-Festplatte ist also nur dann sinnvoll, wenn Ihr Computer auch über USB 2.0 verfügt. Wie Sie dies überprüfen können, erfahren Sie in Kapitel 5.7 ab Seite 242. Hier erfahren Sie auch, wie Sie einen Controller einfach nachrüsten können.

Trotz der hohen theoretischen maximalen Geschwindigkeit von USB 2.0 (60 MByte/s) handelt es sich hierbei um die langsamste der drei vorgestellten externen Schnittstellen. Schuld daran sind technische Einschränkungen des USB-Systems. Zum Vergleich: Die schnellsten Festplatten mit 7.200 Umdrehungen pro Minute erreichen (intern eingebaut) derzeit Übertragungsraten von etwa 50 bis

60 MByte/s. Die gleiche Festplatte, eingebaut in einem externen USB-2.0-Gehäuse, würde etwa 25 MByte/s schaffen – ist dann also etwa halb so schnell.

Trotzdem sind externe USB-Festplatten aufgrund der hohen Kompatibilität eine gute Wahl. Praktisch jeder PC verfügt über eine USB-2.0-Schnittstelle. Auch die Übertragungsrate von „nur" 25 MByte/s ist nicht gerade langsam – aber es geht eben auch schneller, mit FireWire oder externem SATA.

FireWire – schnell, problemlos, teuer?

Die von der Firma Apple entwickelte FireWire-Schnittstelle war schon früh sehr ausgereift. Bereits im Jahr 2000 gab es FireWire IEEE 1394a (auch FireWire 400 genannt), das Übertragungsraten von 400 MBit/s (etwa 50 MByte/s) erlaubt – zu diesem Zeitpunkt war USB 2.0 noch in weiter Ferne.

Aus diesem Grund verfügen alle digitalen Camcorder über eine FireWire-Schnittstelle, um eine einfache Verbindung mit einem Computer herzustellen. Die Verbreitung von FireWire auf Windows-Computern verlief dagegen nur schleppend – was sicher daran lag, dass Microsoft keine Schnittstelle seines Konkurrenten Apple fördern wollte, sondern lieber auf USB setzte. Mittlerweile findet sich die FireWire-Schnittstelle aber auch auf vielen Windows-Computern und ist bei Notebooks Standard.

Moderne Notebooks sind fast immer mit einer FireWire-Schnittstelle ausgestattet.

Die FireWire IEEE 1394a (FireWire 400) ist die am meisten verbreitete Schnittstelle. Inzwischen ist aber auch das schnelle FireWire IEEE 1394b (FireWire 800) verfügbar, dass doppelt so schnell ist wie die 1394a-Schnittstelle (800 MBit/s entsprechen 100 MByte/s). Allerdings verfügen nur wenige Computer bereits über diese rasante Technik, und so muss sie mit einem (relativ teuren) Controller nachgerüstet werden.

Eine externe Festplatte, die über FireWire 400 angeschlossen wird, ist in etwa genauso schnell wie eine externe Festplatte mit USB-2.0-Anschluss (etwa 25 MByte/s). Erst mit FireWire 800 geben externe Festplatten richtig Gas und erreichen Geschwindigkeiten von bis zu 50 MByte/s! Das ist fast genauso schnell wie eine intern verbaute Festplatte.

Wie schön erwähnt, ist ein FireWire-800-Controller noch relativ teuer, und auch externe Festplatten mit FireWire 800 sind bis jetzt wesentlich teurer. Zudem bekommt diese schnelle Schnittstelle zunehmend Konkurrenz vom externen SATA.

Externes SATA – rasant, aber nicht verbreitet

Serial-**ATA** (kurz SATA) ist der Nachfolger der IDE-Schnittstelle und hat diese bei Festplatten mittlerweile verdrängt. Die Entwicklung der alten IDE-Schnittstelle hatte mit ATA-133 (maximal 133 MByte/s) einen toten Punkt erreicht, und somit wurde eine neue serielle Schnittstelle entwickelt.

SATA besitzt dabei drei Hauptvorteile: eine höhere (und noch stark ausbaufähige) Geschwindigkeit, einfache Kabel und Hot-Plugging (Austausch der Festplatte, während der Computer aktiviert ist). Durch die letztgenannte Funktion wird SATA auch für externe Geräte interessant.

Die erste Generation, SATA 1.0, erlaubt eine Geschwindigkeit von 150 MByte/s – der Geschwindigkeitsvorteil gegenüber ATA-133 ist hierbei nur minimal. Die aktuelle Version, SATA II erlaubt 300 MByte/s Datendurchsatz. Außerdem wurden die Stecker bei SATA II gegenüber 1.0 verbessert. Die Stecker besitzen nun einen kleinen Klipp, um wacklige Verbindungen zu vermeiden. In der Praxis ist eine Festplatte, die mit SATA 2.0 arbeitet, jedoch nicht schneller als eine, die mit SATA 1.0 angeschlossen wird, da die schnellsten Festplatten derzeit noch unter 150 MByte/s bzw. 300 MByte/s liegen. Neben der Schreibweise SATA 1.0 bzw. 2.0 findet man auch SATA I und SATA II sowie SATA/150 und SATA/300.

Jedes neue Motherboard ist inzwischen mit SATA-Ports zum Anschluss der Festplatte ausgestattet (oftmals ist jetzt nur noch ein einzelner IDE-Port zum Anschluss von CD-/DVD-Laufwerken vorhanden). Wie bringt man den SATA-Anschluss nun jedoch nach draußen?

Die SATA-Schnittstelle verwendet ein neues, wesentlich kleineres Kabel und kleinere Stecker.

Auf neuen Motherboards ist oft nur noch ein IDE-Port vorhanden, dafür aber zwei SATA-Ports.

Hierzu gibt es zwei Möglichkeiten: Ein interner SATA-Anschluss wird mithilfe eines Adapters einfach nach außen geführt, oder der externe SATA-Anschluss wird über eine PCI-Steckkarte nachgerüstet. Für die Verbindung zu einer externen SATA-Festplatte wird in jedem Fall ein spezielles eSATA-Kabel verwendet, das gleich geschaltet, jedoch physikalisch anders ist als ein gewöhnliches Kabel.

Der größte Vorteil von externem SATA (auch eSATA genannt) gegenüber Fire-Wire und USB ist die wesentlich höhere Geschwindigkeit. Eine eSATA-Festplatte ist genauso schnell wie eine intern eingebaute Festplatte und wird nicht durch langsame Controller (wie bei USB und FireWire) ausgebremst. Lediglich FireWire 800 kann mit eSATA (noch) mithalten – sobald die Festplaten jedoch noch schneller werden, wird eSATA vorbeiziehen.

Trotzdem wird es eSATA nicht gelingen, USB oder FireWire zu verdrängen – beide Schnittstellen sind quasi überall vorhanden, und das Nachrüsten eines Controllers entfällt. Aus diesem Grund besitzen alle bisher produzierten eSATA-Festplatten noch einen USB- oder Fire-Wire-Anschluss, damit die Laufwerke überall betrieben werden können.

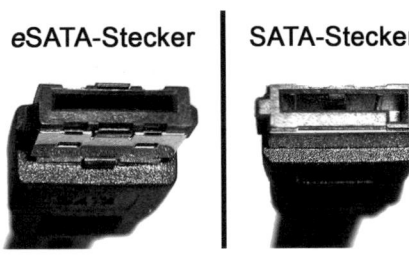

*e*SATA-Stecker | SATA-Stecker

Zusammenfassung

Welche Schnittstelle für Sie die optimale ist, hängt natürlich von Ihrem Aufgabenbereich ab. Folgende Tabelle soll Vor- und Nachteile der externen Schnittstellen in kurzer Zusammenfassung aufzeigen. Eine ausführliche Beratung zur für Sie am besten geeigneten Schnittstelle geben wir im folgenden Abschnitt unter „Welche ist die richtige Schnittstelle für mich".

Merkmal	USB 2.0	FireWire	SATA
Hot-Plugging	x	x	x
Stromversorgung über Schnittstelle	x	x	x (nur mit extra Kabel)
Festplattengröße 3½, 2½, 1,8 Zoll	x/x/x	x/x/x	x/x/-
Kompatibilität	größte	sehr groß	sehr gering
Nutzung/Nachrüstung am Notebook	x	x	geplant
Geschwindigkeit	ca. 25–30 MByte/s	ca. 25–30 MByte/s[1]	je nach Festplatte[2]
Preis (nur Gehäuse)	ab 30 Euro	ab 30 Euro	ab 30 Euro

1 Mit der zunehmenden Verbreitung von FireWire 800 verdoppelt sich hier die Geschwindigkeit.

2 Die Geschwindigkeit hängt bei SATA nur von der Geschwindigkeit der Festplatte ab, da die Schnittstelle die Festplatte nicht ausbremst.

5.7 Externe Laufwerke richtig nutzen

Externe Festplatten und externe DVD-Brenner gibt es schon als fertige Einheit – also Laufwerk und Gehäuse in einem – zu kaufen. Bei diesen Geräten müssen Sie nur noch das Gerät auspacken, einstecken und sind fertig. Voraussetzung für dieses einfache Plug & Play ist, dass Ihr Computer die passende Schnittstelle besitzt und Ihr Betriebssystem die externe Schnittstelle unterstützt. Andererseits ist es auch möglich, ein externes Gehäuse zu kaufen und selbst eine Festplatte einzubauen. Der Vorteil hierbei ist, dass der Selbstbau ein bisschen günstiger ist und dass Sie selbst entscheiden können, welche Festplatte Sie verwenden möchten.

Das nun Folgende beschränkt sich auf externe Festplatten, da Handhabung und Prinzip von externen DVD-Brennern identisch sind. Die einzige Ausnahme ist, dass es noch keine externen SATA-DVD-Brenner gibt, doch auch das ist nur eine Frage der Zeit, bis diese erscheinen.

Die folgende Checkliste hilft Ihnen auf dem Weg zu Ihrem externen Laufwerk:

✔ Welche ist die richtige Schrittstelle für mich?
✔ Ist der richtige Controller bereits installiert?
✔ Ist mein Betriebssystem kompatibel?
✔ Installation des Controllers.
✔ Externes Laufwerk im Eigenbau.
✔ Anschließen des Laufwerks.

Welche ist die richtige Schnittstelle für mich?

Im vorherigen Abschnitt haben wir Ihnen die Schnittstellen vorgestellt, die für externe Laufwerke verfügbar sind: USB 2.0, FireWire 400/800 und eSATA. Die Frage ist nun: Welche Schnittstelle sollte man verwenden?

USB 2.0

Mit USB 2.0 ist quasi jeder Windows-Computer und inzwischen auch fast jeder Apple-Computer ausgestattet. Benutzen Sie eine externe USB-Festplatte, können Sie sicher sein, dass Sie überall einen Anschluss finden. Die Preise für externe Festplatten bzw. Gehäuse, die nur über einen USB-2.0-Anschluss verfügen, sind außerdem am günstigsten. Allerdings ist USB 2.0 mit zurzeit etwa 25 MByte/s Übertragungsrate das langsamste Format. Für USB 2.0 sprechen also die überragende Kompatibilität und der günstige Preis. Zudem müssen Sie in nur wenigen Fällen einen USB-2.0-Controller nachrüsten.

FireWire

FireWire 400 besitzt eine ähnliche Übertragungsrate wie USB 2.0 und ist allenfalls nur etwas schneller – ein Unterschied bei der Benutzung ist kaum bemerkbar. Allerdings besitzen viele Windows-Computer immer noch keine FireWire-Schnittstelle, die Kompatibilität ist damit nicht ganz so hoch wie bei USB 2.0. Für ein externes Laufwerk, das nur über eine FireWire-Schnittstelle verfügt, sprechen daher weniger Gründe als für ein reines USB-2.0-Laufwerk. Die Anzahl an externen Geräten, die nur eine FireWire-400-Schnittstelle besitzen, wird daher immer kleiner – viele besitzen inzwischen einen FireWire-400-Anschluss und einen USB-2.0-Anschluss. Solche Combo-Laufwerke sind zwar etwas teurer, dafür bieten sie die höchstmögliche Kompatibilität.

FireWire 800 ist USB 2.0 und FireWire 400 allerdings deutlich in Sachen Geschwindigkeit überlegen: Mit 50 MByte/s ist es fast doppelt so schnell wie seine schon älteren Kollegen. Zudem ist es abwärtskompatibel, das heißt, Sie können jedes FireWire-800-Gerät an einem FireWire-400-Anschluss betreiben – dann aber natürlich nur mit etwa halber Geschwindigkeit.

Der Nachteil dieser noch neuen Technologie ist allerdings die geringe Hardwareunterstützung und der recht hohe Preis von externen Geräten und Controllern – nur ganz neue Computer sind bereits mit einem FireWire-800-Controller ausgerüstet. Für alle anderen heißt es nachrüsten.

eSATA

Ein ähnliches Problem wie FireWire 800 hat auch eSATA: Die Technologie ist noch zu neu, um wirklich verbreitet zu sein. Sie bietet allerdings einen entscheidenden Vorteil: Sie ist schnell. Da das Signal nicht umgewandelt wird, ist eine externe SATA-Festplatte genauso schnell wie eine interne. eSATA wird daher in Zukunft eine sehr große Rolle spielen. Sobald eSATA-Schnittstellen für Notebooks verfügbar sind, ist eine so angeschlossene 3½-Zoll-Festplatte schneller als die intern eingebaute – das Notebook wird als Desktop-Ersatz einen weiteren Schritt nach vorn machen.

Neue Motherboards sind inzwischen auch mit einem eSATA-Anschluss ausgestattet, die meisten, die eSATA nutzen möchten, werden den Anschluss allerdings über einen externen Controller nachrüsten müssen, der aber sehr preisgünstig erhältlich ist.

Diese Technologie steckt also noch in den Kinderschuhen, und so gibt es leider noch wenige eSATA-Festplatten zu kaufen. Die wenigen Angebote sind auch wesentlich teurer als USB-2.0-/FireWire-400-Festplatten. Allerdings wird der Preis schnell sinken, sobald Nachfrage und Angebot steigen. Alle angebotenen eSATA-Festplatten verfügen übrigens über eine USB-2.0-Schnittstelle, damit auch diese Festplatten überall verwendbar sind.

Fazit

Wollen Sie Geschwindigkeit pur, gibt es nur eine Entscheidung: eSATA. FireWire 800 bleibt allerdings (noch) dicht auf den Fersen. Sobald die Festplatten aber noch schneller werden, wird sich der Abstand zwischen eSATA und FireWire 800 zu Gunsten von eSATA vergrößern. Allerdings ist der hohe Preis der externen eSATA- und FireWire-800-Laufwerke ein Negativpunkt. Solange die Preisdifferenz zwischen den schnellen Schnittstellen und den bewährten USB 2.0 und FireWire 400 noch relativ groß ist, können Sie auch getrost auf die langsameren Laufwerke ausweichen. Mit etwa 25 MByte/s sind auch diese alles andere als langsam, und die Geschwindigkeit dürfte für viele Nutzer ausreichend sein.

Ist der richtige Controller bereits installiert?

Nachdem die Schnittstellenfrage des externen Laufwerks gelöst ist, sollten Sie feststellen, ob der von Ihnen gewünschte Anschluss eventuell schon an Ihrem Computer vorhanden ist. Moderne Computer haben mittlerweile eine Vielzahl an Schnittstellen am Motherboard integriert. Falls Sie nicht sicher sind, über welche Schnittstellen Ihr Computer verfügt, hilft ein Blick ins Handbuch oder auf die Rückseite Ihres Computers.

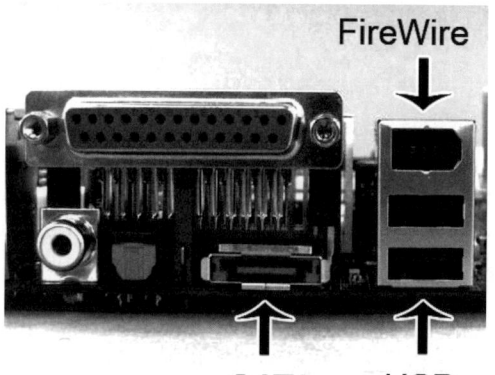

Oben: Ein Notebook mit FireWire-Schnittstelle (eingekreist) und USB-Anschluss rechts daneben.

Links: Dieses moderne Motherboard verfügt über alle aktuellen Schnittstellen: eSATA, USB 2.0 und FireWire (allerdings nur FireWire 400).

USB 2.0 ist mittlerweile Standard in einem modernen Computer. FireWire ist sehr weit verbreitet – allerdings nur in der langsameren 400-Version. Motherboards mit integriertem FireWire-800-Anschluss sind bis jetzt noch Mangelware, dies wird sich allerdings in nächster Zeit ändern.

Neben dem optischen Check bzw. Durchforsten des Handbuchs können Sie das Programm SiSoft Sandra verwenden (*www.sisoftware.net*). Mit der Funktion *Mainboard Informationen* werden alle vorhandenen Schnittstellen angezeigt. Sollten Sie die USB-Schnittstelle für die externe Festplatte verwenden wollen, ist dies nur mit USB 2.0 sinnvoll. Daher sollten Sie unter *USB Controller* darauf achten, dass USB 2.0 vorhanden ist.

Dieses Motherboard verfügt nur über das viel zu langsame USB 1.0! Ein neuer Controller muss her. Wie das geht, erfahren Sie unter Installation des Controllers weiter unten.

Ist mein Betriebssystem kompatibel?

Mit Windows XP sollten Sie keinerlei Probleme mit dem Betrieb eines externen Laufwerks haben, egal ob Sie USB, FireWire oder eSATA verwenden.

Windows XP sollte allerdings auf dem neusten Stand sein, da USB 2.0 erst mit der Installation des **S**ervice **P**ack 1 oder **2** (SP1/SP2) unterstützt wird. Sollte SP1 bzw. SP1 nicht installiert sein, können Sie den einzelnen Patch auch von der Microsoft-Homepage (*www.microsoft.de*) herunterladen. Suchen Sie einfach nach „KB822603".

Um USB 2.0 auf anderen Windows-Plattformen – beispielsweise Windows 2000 oder Windows ME – zu verwenden, müssen Sie hier die passenden Treiber nachinstallieren. Diese werden immer mit dem externen Gehäuse bzw. dem externen Laufwerk mitgeliefert. Das Gleiche gilt für FireWire und SATA-Controller. Für Letztere müssen Sie unter Windows XP ebenfalls immer einen Treiber installieren.

Das neue Betriebssystem Windows Vista wird dagegen alle notwendigen Treiber integriert haben. Damit entfällt die lästige Installation der Treiber.

Schnittstellentreiber aktualisieren

Sollten Probleme mit einem externen Laufwerk auftreten – beispielsweise durch eine zu geringe Geschwindigkeit –, sollten Sie den Schnittstellentreiber aktualisieren. Falls ein USB-2.0-Laufwerk nur als USB-1.1-Gerät erkannt wird, liegt dies möglicherweise an zu alten Chipsatztreibern. Laden Sie neuere von der Homepage des Herstellers herunter und installieren Sie diese. Eventuell treten ähnliche Fehler bei der Verwendung einer FireWire- oder SATA-Steckkarte auf. In diesem Fall sollten Sie die Treiber des entsprechenden Controllers aktualisieren.

Installation des Controllers

Ist die Schnittstelle, für die Sie sich entschieden haben, nicht an Ihrem Computer vorhanden, müssen Sie diese über einen zusätzlichen Controller nachrüsten. Diese gibt es für Windows-Computer in Form einer PCI-Steckkarte.

Controller mit den drei Anschlussarten USB 2.0, FireWire 400/800 und eSATA gibt es in allen möglichen Kombinationen. Je mehr Anschlüsse vorhanden sind, um so teurer die Karte. Controller mit FireWire 800 sind zurzeit noch sehr teuer (um die 60 Euro), während es einen Controller mit USB 2.0 und FireWire 400 schon für 15 Euro gibt. Ebenso günstig sind PCI-Karten mit externen SATA-Anschlüssen.

Diese Controllerkarte besitzt drei externe USB- und zwei externe FireWire-Anschlüsse.

Auch für Notebooks gibt es PCMCIA-Steckkarten zum Nachrüsten sämtliche Schnittstellen – inzwischen auch für eSATA. Eine PCMCIA-Steckkarte für FireWire 400 kostet etwa 20 Euro, für eSATA ab etwa 40 Euro.

Der Einbau eines PCI-Controllers ist immer gleich, egal für welche Schnittstelle. Dazu müssen Sie das Gehäuse des Computers öffnen. Vergessen Sie nicht, den Computer vom Stromnetz zu trennen.

1 Für den Controller benötigen Sie einen freien PCI-Steckplatz. Sie können diese ganz leicht an der weißen Farbe erkennen.

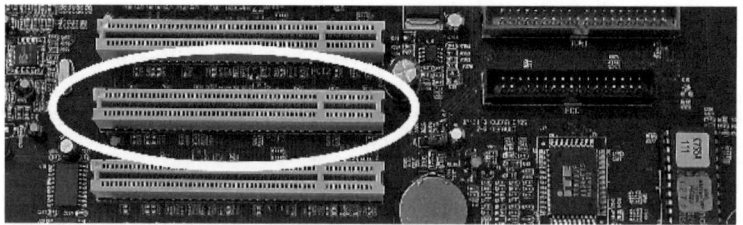

2 Stecken Sie nun die Controllerkarte in den freien PCI-Steckplatz ein. Achten Sie darauf, dass die Karte nicht verkantet. Setzen Sie die Karte daher ganz senkrecht ein und drücken Sie sie von oben in den Steckplatz, bis die Karte einrastet.

3 Damit die Karte nicht verrutscht, schrauben Sie sie mit einer kleinen Fixierschraube an das Gehäuse.

Der Einbau der Karte ist nun beendet. Die Karte wird beim nächsten Start von Windows erkannt. Für einen USB-2.0- oder FireWire-Controller ist unter Windows XP in der Regel keine Treiberinstallation notwendig. Eventuell müssen Sie jedoch einen der Controllerkarte beiliegenden Treiber installieren, damit der neu installierte Controller richtig funktioniert.

Externes Laufwerk im Eigenbau

Vor nicht allzu langer Zeit war das Angebot an externen Laufwerken noch sehr klein, und so musste häufig selbst ein externes Laufwerk zusammengebaut werden, das den eigenen Vorstellungen entsprach.

Mittlerweile gibt es jedoch unzählige fertige externe Festplatten und DVD-Brenner, und so ist der Selbstbau eines externen Laufwerks kaum noch notwendig. Allerdings lassen sich durch den getrennten Kauf einer Festplatte und eines Gehäuses ein paar Euro sparen. Außerdem haben Sie die Möglichkeit, selbst zu bestimmen, welches Laufwerk in dem Gehäuse arbeiten soll. Viele externe Festplatten benutzen nämlich einen Lüfter, der teilweise nervig laut wird. Wenn Sie also eine Festplatte einbauen, die keine hohe Wärmeentwicklung hat, können Sie häufig auf einen Lüfter verzichten.

Der Einbau eines DVD-Brenners in ein externes Gehäuse und der Einbau einer Festplatte in ein externes Gehäuse unterscheiden sich nur minimal. Daher beschreiben wir Ihnen hier nur den Einbau einer Festplatte:

1 Öffnen Sie die Klappen des externen Gehäuses. Dazu müssen Sie die Schrauben lösen (an diesem Gehäuse werden Spezialschrauben benutzt, die Sie ohne Schraubendreher lösen können).

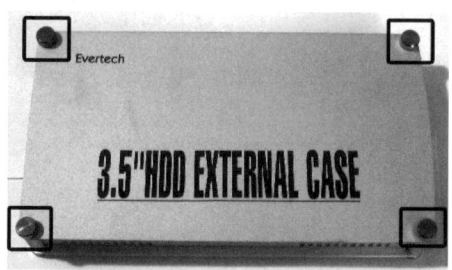

2 Nun sehen Sie das Innere des Gehäuses mit einem Stromanschluss und einem Datenkabel. Der Anschluss funktioniert ganz so wie der an einen Computer. Die Festplatte muss, falls Sie eine IDE-Festplatte verwenden, als Master gejumpert sein.

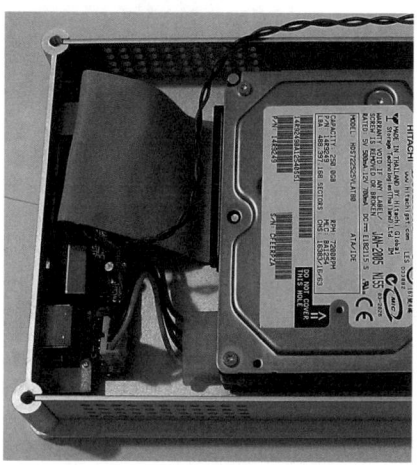

Oben: Anschluss einer SATA-Festplatte. Das schmalere Kabel (links) ist das Datenkabel, der breitere Stecker (rechts) der Stromanschluss.

Links: Einbau einer IDE-Festplatte in ein externes Gehäuse.

3 Nun müssen Sie die Festplatte mit dem Gehäuse verschrauben. Je nach Gehäuse wird dies über die Seitenwände (wie in einem Computergehäuse) oder über die Unterseite gemacht.

4 Verschließen Sie nun das Gehäuse. Der Einbau der Festplatte ist schon fertig, und Sie können das Laufwerk zum ersten Test an den Computer anschließen.

Anschließen des Laufwerks

Der Anschluss einer externen Festplatte oder eines externen Laufwerks ist kinderleicht – egal ob Sie USB, FireWire oder SATA verwenden: Die Stecker sind so geformt, dass Sie sie nicht verkehrt einstecken können.

Sie können das externe Laufwerk ohne Probleme an einen angeschalteten Computer anschließen. Das Laufwerk wird von Windows erkannt. Zumindest bei USB- und FireWire-Laufwerken müssen Sie fast nie einen Treiber installieren – falls doch, installieren Sie einfach den mitgelieferten Treiber.

Alle drei Schnittstellen unterstützen Hot-Plugging. Das heißt, Sie können die Festplatte auch im laufenden Betrieb wieder ausschalten. Sie müssen jedoch darauf achten, dass Sie die Festplatte nicht während eines Lese- oder Schreibvorgangs abziehen. Schließen Sie daher vorher alle Fenster, die den Inhalt der Festplatte anzeigen. Um ganz sicherzugehen, sollten Sie die Funktion *Hardware sicher entfernen* nutzen.

Hardware sicher entfernen

Um Datenverlust zu vermeiden, melden Sie die Festplatte unter Windows vor dem Entfernen ab. Dieser Schritt ist unter Windows 2000, ME und 98 zwingend erforderlich und unter Windows XP empfehlenswert, da so alle Zugriffe auf die Festplatte gestoppt werden.

1 Klicken Sie dazu auf das Symbol mit dem grünen Pfeil in der Taskleiste.

2 Es öffnet sich ein Fenster, in dem die angeschlossenen Geräte angezeigt werden.

3 Markieren Sie das Gerät, das Sie entfernen möchten, und klicken Sie auf *Beenden*.

4 Nun können Sie das soeben deaktivierte Gerät vom Computer abziehen.

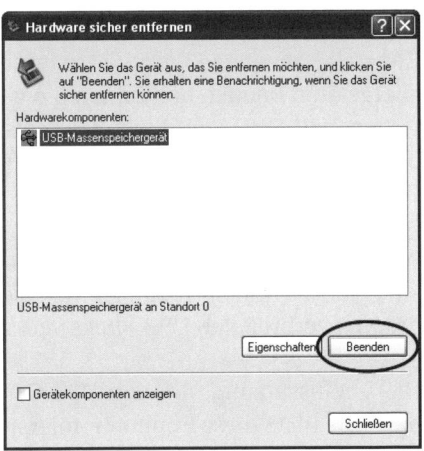

Um Datenverlust oder eine Beschädigung des Laufwerks zu vermeiden, sollten Sie das Laufwerk stets sicher entfernen.

Probleme mit Gehäusen ohne eigenes Netzteil

Die USB- und FireWire-Schnittstellen können über das Datenkabel gleichzeitig auch die Stromversorgung eines externen Geräts übernehmen. Für externe Laufwerke, die nur kleine 1,8-Festplatten verwenden, ist die Stromversorgung ausreichend – bei 2½-Zoll-Festplatten ist sie schon sehr knapp.

Leider versuchen einige (meist No-Name-)Hersteller Kunden dadurch zu gewinnen, dass sie damit werben, ihr Gehäuse benötige keine zusätzliche Stromversorgung. Moderne 3½-Zoll-Festplatten, die mit 7.200 Umdrehungen pro Minute arbeiten, verbrauchen jedoch eine ganze Menge Strom. Haben Sie schon einmal eine solche Festplatte im laufenden Betrieb angefasst? Die Festplatten werden warm – um nicht zu sagen heiß! Sollten Sie über ein Angebot stolpern, in dem solch ein Gehäuse beworben wird, sollten Sie lieber zweimal hinschauen, bevor Sie zuschlagen.

Wie schon oben angesprochen, sieht die Sache bei kleineren 2½-Zoll-/1,8-Zoll-Festplatten anders aus. Diese Laufwerke verbrauchen wesentlich weniger Strom. Allerdings können einige Modelle den USB- bzw. FireWire-Port trotzdem überfordern. Daher rüsten einige pfiffige Hersteller ihre externen Gehäuse mit einem zweiten USB-Port oder einem PS/2-Anschluss auf, der die Festplatte noch zusätzlich mit Strom versorgt!

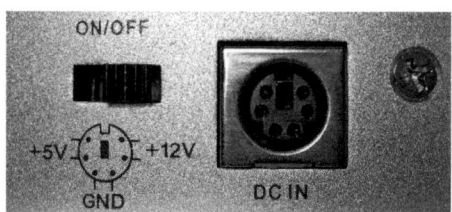

Zusätzliche Versorgung über den PS/2-Stecker.

Booten von USB-Laufwerken und USB-Sticks

Generell können Sie von allen externen USB-Speichergeräten booten. So können Sie von einem externen USB-DVD-Laufwerk Windows installieren oder von einer USB-Festplatte booten, auf der ein Betriebssystem installiert ist.

Auch die gute alte Bootdiskette hat inzwischen ausgesorgt: Für den Notfall können Sie inzwischen die weit verbreiteten USB-Sticks verwenden.

Die Voraussetzung, um von USB-Geräten zu booten, ist, dass das Motherboard bzw. das BIOS diese Funktion unterstützt.

Der erste Schritt ist also, die Bootfähigkeit des Motherboard zu überprüfen:

1 Booten Sie Ihren Computer neu. Um in das BIOS zu gelangen, drücken Sie die Taste (Entf) auf der Tastatur, während der Arbeitsspeicher gezählt wird.

2 Die Einstellung zur Bootreihenfolge finden Sie im *Advanced Setup*. Eventuell sind die Einstellungen bei Ihrem Motherboard etwas anders benannt. Blättern Sie unter *1st Boot Device* durch die Einstellungsmöglichkeiten. Finden Sie hier Einträge wie etwa *USB FDD*, *USB HDD* oder *USB DVD*, ist Ihr Motherboard fähig, von USB-Geräten zu booten.

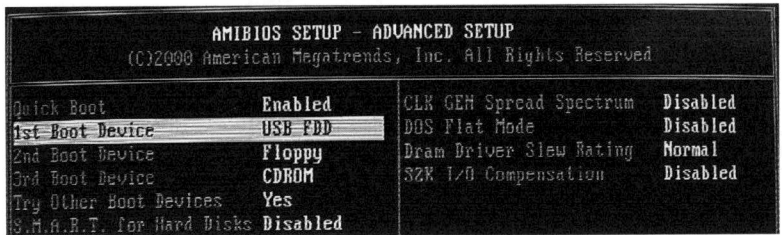

3 Sollte Ihr Motherboard mit einer USB-Schnittstelle ausgerüstet (auch nachgerüstet) sein, die Bootfunktion jedoch nicht im Motherboard vorhanden sein, hilft eventuell ein BIOS-Update, um diese Funktion nachzurüsten.

USB-Sticks als Bootlaufwerk konfigurieren

Unterstützt Ihr Motherboard das Booten von USB-Geräten, funktioniert der Bootvorgang generell mit allen USB-Festplatten oder USB-DVD-Laufwerken. Anders sieht es bei USB-Sticks aus: Hier muss der USB-Stick mit dem Bootvorgang zurechtkommen. Nicht jeder USB-Stick kommt mit jedem Motherboard zurecht, und so ist der Bootvorgang teilweise zum Scheitern verurteilt. Leider lässt sich keine Aussage darüber treffen, welches Motherboard mit welchem USB-Stick harmoniert. Hier hilft nur ausprobieren. Eine einigermaßen sichere Kombination ist jedoch die Kombination von USB-Stick und Motherboard des gleichen Herstellers. Da der Aufwand, einen bootfähigen USB-Stick zu erstellen, nicht allzu groß ist, können Sie auch einfach einen erstellen und diesen dann testen:

1 Als Erstes müssen Sie eine Startdiskette erstellen. Gehen Sie dazu in den Windows-Explorer und wählen Sie das Diskettenlaufwerk aus. Wählen Sie im Kontextmenü *Formatieren*.

2 Setzen Sie nun einen Haken bei *MS-DOS-Startdiskette erstellen*. Mit *Starten* wird die Diskette formatiert und die Startdiskette erstellt. Beachten Sie, dass alle Daten auf der Diskette gelöscht werden!

3 Jetzt müssen Sie den USB-Stick formatieren. Falls der Hersteller Ihres USB-Sticks ein Tool mitliefert, mit dem Sie dies tun können, nehmen Sie dieses am besten. Eventuell finden Sie auch auf der Website des Herstellers ein solches Tool.

Ansonsten können Sie den USB-Stick auch über Windows formatieren. Dies funktioniert genau so wie die Formatierung einer Diskette: Wählen Sie *Formatieren* im Kontextmenü des USB-Sticks aus. Als *Dateisystem* wählen Sie *FAT32*. Aktivieren Sie nicht das Kontrollkästchen *Schnellformatierung*!

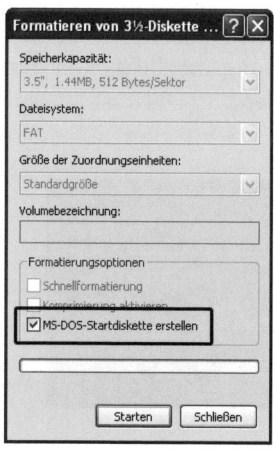 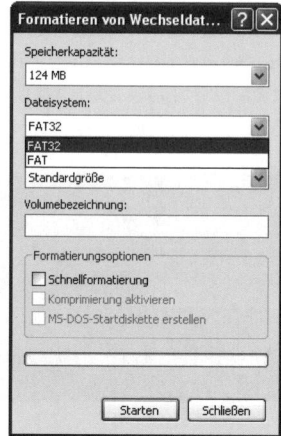

4   Damit der USB-Stick als bootfähiges Medium erkannt wird, müssen Sie den Bootsektor der Startdiskette auf den USB-Stick übertragen. Dazu empfehlen wir das Programm MKBT, das Sie unter *www.nu2.nu/mkbt* herunterladen können

5   Starten Sie die DOS-Box unter *Start/Programme/Zubehör/Eingabeaufforderung*. Wechseln Sie in das Verzeichnis, in das MKBT extrahiert wurde.

6   Zuerst müssen Sie den Bootsektor der Diskette extrahieren. Geben Sie dazu Folgendes in der Eingabeaufforderung ein:

■   `mkbt –c a: bootsect.bin`

7   Um den Bootsektor auf den USB-Stick zu übertragen, geben Sie dieses ein:

■   `mkbt –x bootsect.bin <Laufwerkbuchstabe>`

Bei *<Laufwerkbuchstabe>* fügen Sie den Buchstaben des USB-Sticks ein, also beispielsweise E:.

8   Kopieren Sie anschließend sämtliche Daten der Startdiskette auf den USB-Stick.

9   Der letzte Schritt ist das Anpassen der Bootsequenz im BIOS. Wie dies geht, wurde weiter oben bereits beschrieben.

6. Das große Upgrade: Mainboard-Austausch

Das Mainboard (auch Motherboard) bildet die Grundlage eines jeden PCs. Ähnlich einem Fundament wird auf dem Mainboard jede weitere Komponente montiert – Prozessor, Speicher, Grafikkarte, Netzwerkkarte, Soundkarte etc. Zusätzlich stellt das Mainboard alle Anschlüsse für die Peripherie zur Verfügung, angefangen bei der seriellen Schnittstelle über USB und FireWire bis hin zu den Festplatten und manchmal auch SCSI. Ein Mainboard leistet aber noch viel mehr, denn es verbindet

alle Komponenten aktiv miteinander und steuert den gesamten Datenaustausch.

Da das Mainboard mitbestimmt, über welche Features der PC verfügen kann, und da es maßgeblich daran beteiligt ist, wie schnell die einzelnen Komponenten Daten miteinander austauschen können, sollte hier nicht gespart werden. Ein leistungsfähiges Mainboard bildet die Grundlage für einen leistungsfähigen PC. Steckt ein lahmes Mainboard im Rechner, können auch die schnellsten Komponenten wie CPU, Grafikkarte oder RAM nicht optimal arbeiten. Woran Sie leistungsfähige Mainboards erkennen und wie Sie sie in Ihren PC einbauen, zeigt dieses Kapitel.

Das Mainboard: Grundlage eines jeden PCs

Das Augenmerk sowohl eines normalen PC-Käufers als auch der Werbeabteilungen der PC-Hersteller liegt immer noch vor allem auf GHz, MByte und Anschlüssen, die über das Normale hinausgehen (z. B. DVB-T-Karte). Viel wichtiger ist eigentlich aber die Basis des ganzen PCs, und die stellt das Mainboard dar.

Das Mainboard legt nämlich fest, wie leistungsfähig ein PC überhaupt werden kann. Es entscheidet nicht nur über die Prozessorarchitektur, sondern auch über den verwendbaren Speicher, den Peripheriebus und damit die Anbindung der Grafikkarte. Es ist also geschickt, eine schnelle und möglichst zukunftssichere Basis für den PC zu wählen. Auch wenn das Board in diesem Fall etwas mehr kostet, bekommt man dafür auch mehr Leistung – als beispielsweise mit einem schwachen Board in Kombination mit einem dickeren Prozessor. Ein gutes Board bietet meistens auch die Möglichkeit, später noch einmal aufzurüsten. So macht es sich auch dann noch einmal bezahlt, weil der Neukauf eines PCs vielleicht um ein Jahr oder länger hinausgezögert werden kann.

Zukunftssicherheit – während Dual Core-CPUs von AMD nach einem BIOS-Update auf viele vorhandene Mainboards passen (links), benötigen Intels Dual Core-Prozessoren einen neuen Chipsatz (rechts).

Allzu viel Schnickschnack auf dem Board ist zwar interessant und meistens auch preiswert zu bekommen, aber ebenso oft auch unnötig. Wer etwa kein FireWire benötigt, braucht diesen Anschluss auch nicht mit zu bezahlen. Außerdem erspart man sich so eventuellen Ärger mit benötigten Treibern, weil natürlich für jedes vorhandene Gerät ein funktionierender Treiber geladen werden muss – und wie bei FireWire auf diesem Gerät auch ein weiterer Netzwerkzweig hängt. Im Zweifelsfall ist weniger also mehr. Sollte man später doch einmal FireWire benötigen, steckt man einfach eine Einsteckkarte für wenige Euro in den PC.

Die Entscheidung für ein bestimmtes Mainboard sollte von der geplanten Verwendung abhängig sein. Wer in ferner Zukunft einen kompletten neuen PC kaufen will, braucht sich um technische Details weniger Gedanken zu machen und kann durchaus mal zum halbaktuellen Schnäppchen greifen. Wer hingegen auch später hin und wieder Umbauten und Aufrüstungen vornehmen will, sollte auf sehr aktuelle Technik setzen. Nur dann ist gewährleistet, dass

> **AMDs neue AM2-Plattform**
>
> Mit dem Sockel AM2 will AMD den Sockel 939 ablösen und gleichzeitig von DDR auf DDR2 umsteigen. Wegen der hohen Latenzzeiten ist DDR2-533-Speicher aber allenfalls genauso schnell wie alter DDR400-Speicher. Wer umsteigt, sollte daher mindestens DDR2-667 einplanen.

man in ein, zwei Jahren noch neue Komponenten bekommt, die die Leistung des Systems verbessern können.

6.1 Ausbau des alten Mainboards und der Komponenten

Bevor ein neues Mainboard eingebaut werden kann, muss man logischerweise das alte entfernen. Da die meisten betagten Computergehäuse nicht eben servicefreundlich sind, artet das manchmal in eine ziemliche Fummelarbeit aus. Geht man aber der Reihe nach vor, hält man das alte Board irgendwann in den Händen.

Letzte Maßnahmen vor dem Ausbau

Gerade beim Austausch eines Mainboards kann es passieren, dass die Windows-Installation nach dem Umbau nicht mehr starten kann. Das liegt dann daran, dass zu viele spezielle Systemtreiber geladen werden, die speziell auf das alte Board zugeschnitten sind. Normalerweise erkennt Windows das beim Start und schmeißt die Treiber aus dem Speicher – aber eben nur „normalerweise" ...

> **Windows XP/Vista neu installieren**
>
> Eigentlich sollten Sie nach einem Mainboard-Austausch auch Windows XP oder Vista neu installieren. So entsorgen Sie Altlasten und Treiber im System, die ansonsten immer wieder zu Problemen und Leistungseinbußen führen können.

Startet Windows nicht mehr, kann man das Problem in den meisten Fällen durch eine Reparatur mit der Installations-CD beseitigen. Einige Einstellungen gehen dann zwar verloren, das System, die meisten Tools und Anwendungen und beispielsweise die Netzwerkeinstellungen bleiben so aber erhalten.

Trotzdem sollten Sie in Betracht ziehen, dass nach dem Start in seltenen Fällen eine komplette Neuinstallation von Windows erforderlich ist. Sichern Sie also vorher alle wichtigen Dateien und notieren Sie sich Passwörter, Zugangsdaten, Einstellungen und Seriennummern.

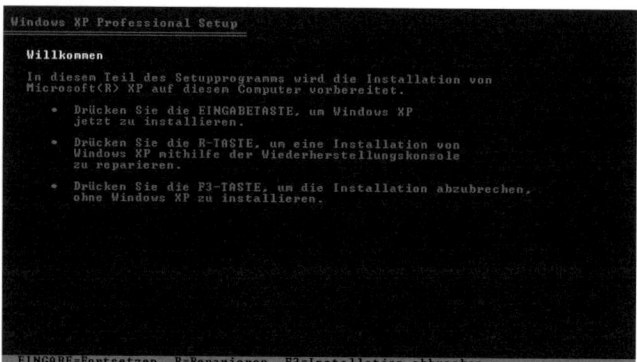

Sollte Windows XP nach dem Umbau wegen Treiberkonflikten nicht mehr starten wollen, hilft die Installations-CD. Starten Sie von ihr und wählen Sie den Reparaturmodus.

Wer ganz auf Nummer sicher gehen will, legt vor dem Umbau ein Image sämtlicher Partitionen an. Im schlimmsten Fall können Sie dann das alte Board einbauen und das alte System wiederherstellen.

Los geht's: „Schlachten" Sie Ihren PC

Ganz so schlimm ist es nicht, aber immerhin geht es nun an das Innerste Ihres Rechners. Wie bei allen Arbeiten an der Hardware sollten Sie sich vorher elektrisch erden, also ein Heizungsrohr oder ein elektrisches Gerät mit Metalloberfläche berühren.

Handtuch und Schachtel

Legen Sie ein Küchenhandtuch unter den PC. Das verhindert ein Verkratzen des Tischs und erleichtert das notwendige Drehen des Gehäuses.

Eine kleine Pappschachtel oder eine Schale nimmt alle anfallenden Kleinteile wie Schrauben und Klemmen auf. So gehen sie nicht verloren.

Um keinen Stromschlag zu bekommen und vor allem auch keine der eingebauten Komponenten zu beschädigen, müssen Sie den PC komplett vom Stromnetz trennen, also den 230-Volt-Stecker ziehen. Warten Sie dann ein paar Sekunden, damit sich auch die letzte Ladung aus den Kondensatoren des Netzteils abbaut.

Entfernen Sie nun die gesamte angeschlossene Peripherie – also Tastatur, Maus, Monitor, Netzwerk, Modem, Drucker, Cardreader etc. Das nackte PC-Gehäuse stellen Sie zur besseren Handhabung beim Umbau am besten auf einen großen Tisch.

Kabel kennzeichnen

Damit Sie später noch wissen, welches Kabel wo angeschlossen war, beschriften Sie Klebe- oder Kreppband entsprechend und wickeln es um die Kabel.

Entfernen Sie zuerst die Schrauben des Gehäusedeckels an der Rückseite des Gehäuses. Normalerweise sind dabei vier oder sechs Schrauben zu lösen. Entfernen Sie dann den Gehäusedeckel oder die Seitenwände.

Nichts verkratzt, nichts geht verloren: Mit so einfachen Mitteln wie einem Handtuch schützen Sie den Küchentisch, eine Schachtel nimmt alle Kleinteile auf.

Genauere Hinweise zum Öffnen von PC-Gehäusen finden Sie in Kapitel 1 dieses Buchs. Ist der PC geöffnet, können Sie mit dem Umbau beginnen.

Erster Schritt: Das Mainboard freilegen

Als Erstes legen Sie das alte Mainboard frei:

1 Zunächst sollten Sie alle Kabel entfernen, die im Gehäuse die einzelnen Komponenten miteinander verbinden. Beginnen Sie am besten mit den Kabeln zu den Laufwerken, da diese meistens am sperrigsten sind. SCSI-Kabel sind in der Regel mit einem Controller in Form einer PCI-Steckkarte verbunden, Disketten- und IDE-Kabel hingegen direkt mit dem Mainboard.

Ziehen Sie alle Kabel möglichst „senkrecht" ab, verkanten Sie sie also nicht beim Herausziehen – ansonsten verbiegen Sie sehr leicht die kleinen Pins in den Buchsen. Wenn die Kabel sehr fest sitzen, dürfen Sie sie ausnahmsweise minimal hin- und herbewegen, um die Steckverbindung leichter zu lösen.

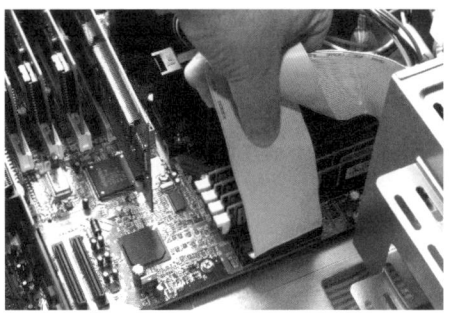

Tipp: Falls Sie eine Digitalkamera besitzen, schießen Sie ab und zu Übersichtsfotos oder machen Detailaufnahmen. Diese Bilder können später beim Zusammenbau sehr hilfreich sein.

Sie können die Bilder auf dem Display der Digicam betrachten, per Kabel auf den Fernseher übertragen oder notfalls zuvor (in schlechter Qualität, um Tinte zu sparen) ausdrucken.

2 Entfernen Sie nun alle kleineren Kabel, die von Steckkarten und dem Mainboard zu anderen Komponenten führen. Hierbei handelt es sich beispielsweise um Audiokabel, die von der Soundkarte zum CD-/DVD-Laufwerk führen.

3 Als Nächstes entfernen Sie alle Einsteckkarten. Dazu müssen Sie jeweils zuerst die Schraube, die die Karte mit der Rückwand des Gehäuses verbindet, entfernen.

4 Ziehen Sie alle PCI-Einsteckkarten der Reihe nach heraus. Die Reihenfolge ist übrigens nicht wichtig, alle PCI-Slots in halbwegs aktuellen Boards haben die gleiche Priorität. Legen Sie alle Karten auf eine antistatische Unterlage, beispielsweise auf Schaumstoff oder die Antistatiktüte des neuen Mainboards.

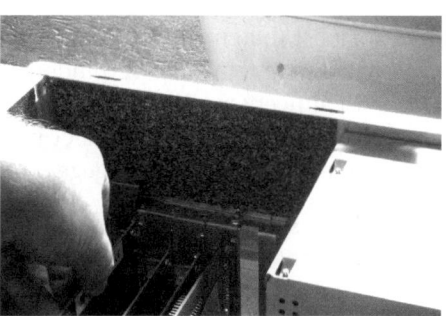

5 Bei der Grafikkarte ist etwas mehr Mühe nötig. Ziehen Sie als Erstes die extra Stromversorgung der Grafikkarte ab, sofern eine vorhanden ist (nur bei neueren 3-D-Karten). Gehen Sie dabei vorsichtig vor, die Stecker sitzen oft sehr fest.

6 Als Nächstes müssen Sie den kleinen Hebel an der Vorderseite des AGP-Slots (gilt auch für PCIe) betätigen, wodurch die Karte entriegelt wird. Manche Hebel heben die Karte auch gleich ein wenig an. Ziehen Sie Karte erst dann aus dem Slot heraus. Sollte die Karte an der vorderen Seite noch haken, ist sie nicht komplett entriegelt. Nun sollten alle Einsteckkarten entfernt sein.

7 Jetzt sind die restlichen Kabel dran. Ziehen Sie die vielen kleinen, meist zweiadrigen Stecker von den Pfosten auf dem Mainboard ab. Hier lohnt es sich, zuvor ein Bild mit der Digitalkamera oder zumindest eine Skizze zu machen, um später noch zu wissen, welcher Stecker wohin gehört. Meistens sind die kleine Stecker beschriftet, wenn nicht, können Sie sie mit einem beschrifteten Isolierband kennzeichnen.

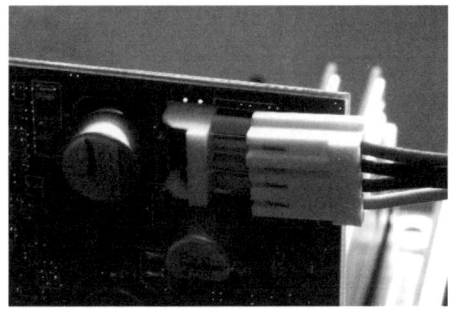

Normalerweise sind es die Stecker für „Power", „Power LED", „Reset", „Speaker" und „HDD LED", die Sie abziehen müssen.

8 Als Letztes sollten Sie noch die Spannungsversorgung vom Mainboard trennen. Auf älteren BAT-Boards sind das immer zwei einreihige Stecker, die direkt nebeneinander auf dem Board sitzen. Diese Stecker können Sie einfach abziehen.

Bei älteren ATX-Boards ist dies ein 20-poliger Stecker (ATX 1.x), bei aktuellen ein 24-poliger Stecker (ATX 2.x). Beide Stecker sind mit einem kleinen Haken mit der Buchse auf dem Mainboard verhakt, um ein versehentliches Abrutschen zu verhindern. Sie müssen auf die obere Seite des Häkchens drücken, damit sich der untere Teil nach außen biegt und so die Verriegelung freigibt. Erst dann können Sie den Stecker leicht abziehen.

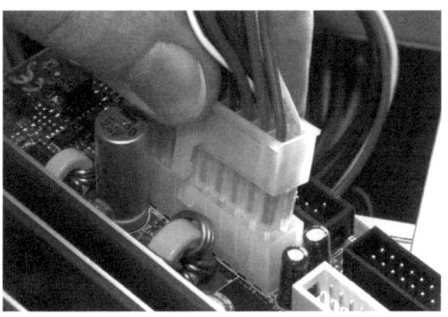

9 Seit ATX 2.01 gibt es einen weiteren vierpoligen Stecker zur Spannungsversorgung mit 12 Volt. Auch diesen müssen Sie wie den eigentlichen ATX-Stromstecker nach Drücken der Verriegelung abziehen.

10 Sollten jetzt noch eventuelle Kabel mit Komponenten aus dem Gehäuse verbunden sein, ziehen Sie auch diese ab. Es könnte sich dabei um die Spannungsversorgung für einen zweiten Netzteillüfter oder weitere Gehäuselüfter handeln. Hierzu gehören auch eventuelle weitere Schnittstellen, die nicht in der ATX-Blende Platz gefunden haben und daher als Slotblech-Schnittstellen ausgeführt sind.

Das Mainboard sollte nun frei im Gehäuse zugänglich sein, Speicher und Prozessor samt Kühler/Lüfter sind noch montiert. Wer will, kann Speicher und Prozessor entfernen. Meistens ist es jedoch einfacher, nun das komplette Board und erst dann die verbleibenden Komponenten abzubauen – man kommt im ausgebauten Zustand einfach leichter an Speicher und CPU heran.

Hinzu kommt, dass mit einem neuen Mainboard meistens auch ein neuer Prozessor mit Kühler/Lüfter und neuem Speicher verbaut wird – dann kann man sich die Demontage dieser Komponenten ersparen. Vielleicht können Sie das Board mit CPU und RAM dann an einen Bekannten weitergeben oder als Komplettset bei eBay verkaufen.

Die Speichermodule entfernen Sie, indem Sie die kleine Hebel rechts und links vom Modul beherzt herunterdrücken. Die Module heben sich dann rund zwei Millimeter aus dem Sockel und können leicht entnommen werden.

Alle Speichermodule werden durch zwei Kipphebel mit dem Sockel verhakt. Um die Module entnehmen zu können, müssen Sie die kleinen Hebel an den Seiten der Speicherslots kräftig drücken – die Module springen dann ein paar Millimeter in die Höhe und können entnommen werden.

Um den Prozessor zu entfernen, müssen Sie zuerst den Kühler/Lüfter abbauen. Je nach verwendetem CPU-Modell und Kühler sind dazu unterschiedliche Arbeitsschritte notwendig. Erst wenn Sie den Kühler/Lüfter entfernt haben, können Sie durch Umlegen des Hebels am Prozessorsockel die CPU entriegeln und sie dann herausheben. Wie das genau funktioniert, wird in Kapitel 7 beschrieben.

Zweiter Schritt: Das Mainboard ausbauen

Nachdem das Board nun freigelegt ist, können Sie es ausbauen. Alle Boards sind grundsätzlich mit dem Gehäuse verbunden. Entweder sind sie dabei komplett verschraubt – oder nur teilweise verschraubt und zusätzlich mit Klipps fixiert. Zwar sind die Bohrungen im Mainboard und damit die Befestigungspunkte standardisiert; wie dies geschieht, bleibt allerdings den Herstellern von Gehäusen überlassen.

Am besten teilt man das Board in Gedanken ins Zeilen (waagerecht) und Spalten (senkrecht) ein. Fangen Sie so an: Wenn Sie von vorn in das Gehäuse blicken, finden Sie links hinten an der Ecke des Mainboards den ersten Befestigungspunkt. Von diesem aus wandern Sie mit den Augen einmal zur Vorderseite, um alle weiteren „Zeilen" der Befestigungspunkte zu finden. Anschließend beginnen Sie wieder links oben und wandern mit den Augen

So finden Sie alle Schrauben/Befestigungen

Die Bohrungen in einem Mainboard sind immer auf waagerechten und senkrechten Linien angeordnet. Entdecken Sie eine Schraube, lassen Sie den Blick nach rechts/links und nach oben/unten wandern. Auf diese Weise finden Sie mögliche andere Befestigungspunkte.

nach rechts, um alle „Spalten" für Befestigungspunkte zu finden. Wenn Sie nun die Schnittpunkte der gefundenen Zeilen und Spalten bilden, sollten Sie bereits fast alle möglichen Befestigungspunkte lokalisiert haben. Dann geht es so weiter:

1 Lösen Sie mit einem Kreuzschlitzschraubendreher alle Schrauben und legen Sie sie in die Schale. Achten Sie darauf, keinesfalls eine Schraube lose im Gehäuse zu belassen, denn das führt später garantiert zu einem Kurzschluss. Sind alle Schrauben entfernt, sollten Sie das Board aus dem Gehäuse heben können.

2 Hängt das Board immer noch bombenfest, suchen Sie nach weiteren Schrauben und entfernen diese. Ist das Board fest, wackelt es aber leicht, ist es vermutlich mit kleinen Plastikklipps mit dem Gehäuse verbunden.

3 Werfen Sie einen Blick auf die Unterseite des Boards, also auf die Metallplatte des Gehäuses, auf der das Board befestigt ist. Sehen Sie dort kleine runde Plastikhaken, die in flaschenförmigen Führungsschlitzen sitzen, müssen Sie das Board vorsichtig so verschieben, dass die Plastikhaken in den breiten Bereich des Schlitzes kommen.

Das ist meistens etwas hakelig, Sie können das Board dann aber entnehmen.

4 Klemmen die Plastikklipps nicht in Schlitzen, sondern sind fest mit der Metallplatte des Gehäuses verbunden, wird es leider sehr fummelig. Sie müssen in diesem Fall die kleinen Widerhaken auf der Mainboard-Seite mit einer kleinen Flachzange oder Pinzette zusammendrücken und entweder nach unten schieben oder dabei das Board leicht anheben. Erst wenn alle Haken gelöst sind, können Sie das Board entnehmen.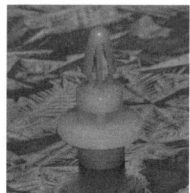

In der Praxis schnappen die Häkchen leider immer wieder in das Board ein. Fangen Sie dann auf einer Seite des Boards an, die Häkchen zu lösen, und heben Sie das Board dabei leicht an. Arbeiten Sie sich immer weiter zur anderen Seite des Boards vor, lösen Sie ein Häkchen und heben Sie das Board ein kleines Stück mehr an.

Von Vorteil sind hier zwei weitere helfende Hände, notfalls können Sie aber auch Toiletten- oder Küchenpapier oder ein Handtuch als „Klemme" benutzen. Sie sollten die Häkchen keinesfalls entnervt abknipsen, denn spätestens beim Einbau des neuen Boards benötigen Sie sie in intaktem Zustand.

5 Spätestens jetzt können Sie das Mainboard aus dem Gehäuse entfernen. Achten Sie dabei darauf, dass es sich nicht verkantet, und ziehen Sie es beim Herausnehmen einen guten Zentimeter nach vorn, um die ATX-Schnittstellen aus der ATX-Blende zu ziehen. Legen Sie das Board auf eine Antistatikmatte oder die Antistatiktüte des neuen Mainboards, um Beschädigungen zu vermeiden.

6 Als Letztes drücken Sie von außen die ATX-Blende mit einem Ruck in das Gehäuse, um sie zu entfernen – Vorsicht, die Kanten sind scharf! Die ATX-Blende gehört zum ausgebauten Board und sollte zusammen mit diesem gelagert werden.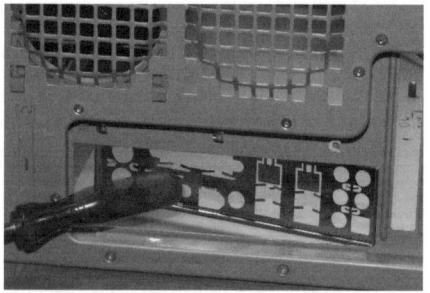

Wenn das Mainboard klemmt

Manchmal ist das Gehäuse derart verwinkelt und eng, dass man das Mainboard einfach nicht herausbekommt. In diesem Fall versuchen Sie, das Netzteil und die Laufwerkkäfige zeitweise abzubauen. Lassen Sie sie ausgebaut, um auch das neue Board ins Gehäuse zu bekommen.

Falls Sie das Board nun „einlagern", verkaufen oder verschenken wollen, sollten Sie unbedingt das Handbuch, eventuelle erweiterte Schnittstellen auf Slotblechen und die ATX-Blende dazulegen. Alle anderen Teile wie Schrauben, Klipps oder Kabel gehören grundsätzlich nicht zum Mainboard und verbleiben beim Gehäuse.

Nun ist übrigens auch der ideale Zeitpunkt, das Gehäuse einmal gründlich von Staub und Dreck zu befreien ...

6.2 Das neue Mainboard vorbereiten und in den PC einbauen

Im Prinzip baut man ein neues Board genau in der umgekehrten Reihenfolge ein, wie man das alte ausgebaut hat. Bei einigen Schritten müssen Sie allerdings anders vorgehen als beim Ausbau.

Darüber hinaus gibt es einige Dinge, die zuvor am Board eingestellt werden sollten. Erden Sie sich wieder an einer Heizung oder Ähnlichem und nehmen Sie das neue Board aus der Antistatiktüte. Legen Sie es am besten vor sich auf die jedem Mainboard-Karton beiliegende Schaumstoffmatte (oder besagtes Handtuch) – so hat es mehr Halt und zerkratzt nicht den Tisch.

Übersicht ist alles! Vor dem Einbau sollten Sie sich unbedingt mit dem neuen Mainboard vertraut machen, es auf eine solide Unterlage legen und Platz schaffen.

Liegt alles bereit, kann es mit den Vorbereitungen zum eigentlichen Einbau losgehen.

Vorbereitungen vor dem Einbau

Es hat sich als recht nützlich herausgestellt, vor dem Beginn des Einbaus einmal alle Teile aus dem Mainboard-Karton zu sichten und zu identifizieren. Das erspart dann später beim Einbau mühsames Suchen.

Auch sollten Sie das Handbuch zum Mainboard einmal überfliegen. Manche Funktionen sind erst nach dem Setzen eines Jumpers vorhanden – und an den kommt man nach dem Einbau garantiert nicht mehr heran.

Lokalisieren Sie auch einmal alle vorhandenen Anschlüsse. Dazu gibt es in den meisten Handbüchern zum einen eine Übersicht über das gesamte Board, dazu aber zu jeder einzelnen Komponente noch einmal weiter hinten eine genauere Erklärung. Lesen Sie sie kurz durch, denn manchmal entdeckt man da bislang unbekannte Funktionen oder stellt fest, dass gewisse Funktionen nur mit zusätzlicher Hardware nutzbar sind. Auf jeden Fall bekommen Sie jetzt noch einen wesentlich besseren Überblick über die einzelnen Bauteile.

In fast allen Handbüchern finden Sie Übersichtsskizzen zu Ihrem neuen Board. Wer vor dem Einbau schon einmal alle Stecker und Buchsen identifiziert, spart sich hinterher mühsames Suchen mit Taschenlampe und verrenktem Hals.

(Quelle: Handbuch von MSI zum K8N Neo2)

Mithilfe des Handbuchs sollten Sie nun noch letzte Einstellungen über Jumper (Steckbrücken) vornehmen. Auf modernen Mainboards sind diese altertümlichen Verbindungsstecker nur noch selten zu finden, weil die meisten Funktionen über das BIOS-Setup geschaltet werden können.

Ein wichtiger Jumper ist allerdings der zum Löschen des CMOS, also des Inhalts des BIOS-Setup. Diesen Jumper sollten Sie unbedingt suchen und sich mit ihm vertraut machen, denn falls Sie später einmal im BIOS-Setup etwas so verstellen, dass der PC noch nicht einmal mehr startet, ist er Ihre letzte Hoffnung.

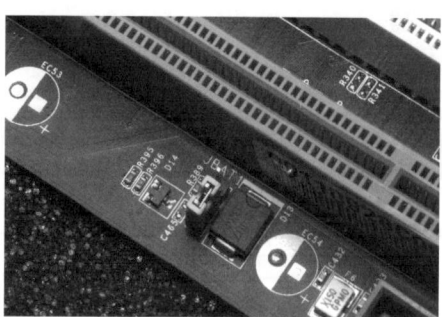

Klitzeklein, aber manchmal die einzige Rettung, um den Rechner wieder starten zu können. Wenn das BIOS-Setup total verstellt ist, können Sie mit diesem Jumper (JBAT1, CMOS Clear Jumper o. Ä.) das BIOS wieder auf Trab bringen.

Mit seiner Hilfe können Sie das komplett CMOS auf Standardwerte zurückstellen und nur so ein vollkommen verstelltes CMOS wieder in einen brauchbaren Zustand versetzen.

Als Erstes ist es wichtig, die Befestigungspunkte für das neue Mainboard festzulegen. Es gibt einen Standard für die möglichen Positionen von Befestigungspunkten – welche davon Ihr neues Board jedoch benötigt, liegt im Ermessen des jeweiligen Board-Herstellers.

Das Problem: Es könnte sein, dass das alte Board an einer Stelle einen Befestigungspunkt hatte, an dem das neue Board keinen hat, sondern Leiterbahnen. Bauen Sie nun einfach das neue Board ein, befindet sich direkt unter der Platine einer der Abstandhalter. Diese sind normalerweise aus Metall, ein Kurzschluss ist somit vorprogrammiert.

> ### Achtung, Abstandhalter!
> Es ist ganz wichtig, dass nur dort im Gehäuse Abstandhalter zum Anschrauben des Mainboards sitzen, wo sie auch benötigt werden. Sitzt ein Abstandhalter an der falschen Stelle unter dem Mainboard, brennen beim Einschalten oft das Board und manchmal auch CPU, Speicher oder Netzteil durch!

Die Abstandhalter sind normalerweise kleine Bolzen in Form von Sechskanten, die mit einem passenden Schlüssel leicht angezogen oder abmontiert werden können. Leider gehört ein derart kleiner Sechskant nicht zur Standardausrüstung der meisten heimischen Werkzeugkoffer. Es ist nicht gerade professionell, aber notfalls können Sie die Abstandhalter auch mit einer Kombizange montieren. Da dabei durch das Rutschen eventuell kleine Metallspäne entstehen, saugen Sie das Gehäuse nach dem Einsetzen der Abstandbolzen sehr gründlich aus – Kurzschlussgefahr!

Die Abstandbolzen halten später das Board und sollten unter möglichst jeder Bohrung im Board vorhanden sein – aber auch nur dort!

Um alle Abstandbolzen korrekt zu platzieren, müssen Sie immer wieder das Mainboard in das Gehäuse legen. Überprüfen Sie, ob unter allen (oder zumindest den meisten) Löchern im Board auch Abstandbolzen montiert sind. Vor allem sollten an den vier Ecken und zwischen den PCI-Steckkarten Bolzen montiert sein, denn hier tritt später die größte Druck-/Zugbelastung auf. Und noch mal: Achten Sie auch darauf, keinen Bolzen an einer Stelle stehen zu lassen, an der sich keine Bohrung im Mainboard befindet.

ATX-Blende einsetzen

In einem letzten Arbeitsschritt vor dem eigentlichen Einbau des Mainboards müssen Sie noch die ATX-Blende einsetzen. Sie wird von innen in die entsprechende Aussparung gedrückt. Doch Vorsicht! Die Blende besteht aus sehr dünnem, gestanztem Stahlblech mit enorm scharfen Kanten! Drücken Sie niemals mit ungeschützten Fingern auf die Blende, tiefe Schnittwunden sind ansonsten fast vorprogrammiert. Schützen Sie die Finger mit einem festen Tuch oder klopfen Sie die ATX-Blende mit dem Griff eines Schraubendrehers fest.

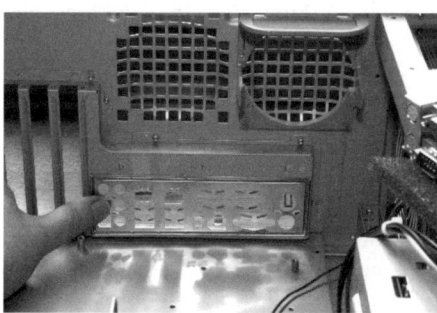

Drücken Sie die neue ATX-Blende vorsichtig in die Aussparung der Rückwand. Vorsichtig deswegen, weil die Kanten extrem scharf sind und die Finger aufschneiden könnten.

Am einfachsten geht die Montage übrigens, wenn Sie die Blende zuerst rechts oder links komplett einsetzen und dann die gegenüberliegende Seite „reinklopfen".

Die Sache mit dem Prozessor, dem Kühler und dem Speicher

Ist der mechanische Teil so weit vorbereitet, stellt sich noch die Frage nach der Vormontage von CPU, Kühler/Lüfter und eventuell Speicher. Grundsätzlich ist es einfacher, diese Komponenten auf einem noch nicht eingebauten Mainboard zu installieren. Später im Gehäuse ist der Zugang nicht mehr so frei möglich, und eventuell sind Laufwerkkäfige und/oder das Netzteil im Weg. Gerade der Speicher lässt sich in den meisten Fällen auch noch im Nachhinein einbauen, denn er muss nur in die Slots gesteckt und angedrückt werden.

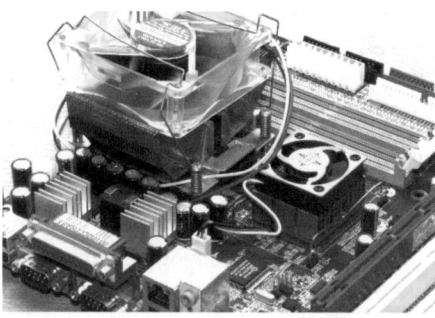

Schwer installierbare Kühler/Lüfter wie dieser auf einem Pentium 4 sollten vor dem Einbau des Boards montiert werden. Später im Gehäuse fehlt oft der Platz, um an Haken, Schrauben und Klemmen heranzukommen.

Andererseits kann es sein, dass ein derart vormontiertes Board zu klobig wird, um es ins Gehäuse bugsieren zu können. Dazu kommt gerade bei großen, schweren Kühlern/Lüftern die Gefahr, beim Anecken die Halterung oder gar die CPU zu beschädigen. Hier müssen Sie je nach den speziellen Gegebenheiten selbst entscheiden, ob Sie das Board vormontieren oder erst einmal leer einsetzen.

Das Mainboard ins Gehäuse einsetzen

Es ist so weit, das Mainboard kommt in das Gehäuse und wird montiert.

1 Bugsieren Sie das Mainboard ins Gehäuse und legen Sie es knapp zwei Zentimeter von der Rückwand entfernt erst einmal ab. Ein letzter Blick sollte prüfen, ob alle Abstandbolzen auch richtig eingesetzt sind.

2 Jetzt muss das Mainboard so nach hinten zur Rückwand verschoben werden, dass die ATX-Anschlüsse genau in die ATX-Blende passen. Dazu heben Sie das Board ein paar Millimeter an, um nicht mit den empfindlichen Leiterbahnen über die scharfkantigen Abstandbolzen zu schrappen.

3 Oft ist das Einschieben in die ATX-Blende etwas problematisch, weil diese einige „Federn" besitzt, die Stabilität bringen und einen Masse-Kontakt herstellen sollen. Vor allem auf dem Anschluss für PS/2-Tastatur und -Maus befindet sich eine solche Feder. Wenn Sie die Federn verklemmen, springt das Mainboard von allein aus der ATX-Blende heraus.

Heben Sie also die kleinen Federn mit einem Schraubendreher oder Fingernagel (Vorsicht, scharfe Kanten!) an und schieben Sie erst dann das Board nach hinten.

4 Jetzt muss das Board fixiert werden. Die erste Schraube sollte nach Möglichkeit eine mittlere am hinteren Ende des Gehäuses sein – also in etwa bei den PCI-Slots.

Das hat den Vorteil, dass das Mainboard so bereits fixiert ist, trotzdem
aber noch minimal gedreht werden
kann, um es exakt ausrichten zu
können. Ziehen Sie diese erste
Schraube nicht ganz fest an, das
Board sollte zwar fixiert sein, sich
aber noch leicht bewegen lassen.

5 Überprüfen Sie noch einmal, ob von
hinten auch alle ATX-Anschlüsse erreichbar sind. Sollte eine der Blen-
denfedern einen Anschluss verde-
cken, müssen Sie das Board noch
einmal neu einsetzen. Passt alles,
setzen Sie die zweite Schraube ein –
möglichst weit entfernt von der ersten, das gibt zu diesem Zeitpunkt
die bestmögliche Stabilität und Aus-

richtung. Schrauben Sie also beispielsweise links oder rechts vorn eine zwei-
te Schraube ein – diese können Sie schon richtig anziehen. Da die meisten
Boards von der Rückwand des Gehäuses her weggedrückt werden, können
Sie beim Anziehen der Schraube leicht von vorn gegen das Board drücken.
So wird es auf jeden Fall dicht an der Rückwand fixiert.

Wichtig: Eigentlich alle Schrauben im PC sollten Sie nur leicht anziehen, keinesfalls „festknallen". Die Gewinde von Schrauben und Komponenten sind
empfindlich und überdrehen schnell – und dann ist guter Rat teuer. Tipp:
Drehen Sie die Schrauben so weit an, wie es mit dem zwischen zwei Fingern
gehaltenen Schraubendreher leicht möglich ist. Dann ziehen Sie mit festem
Griff noch mal ein wenig nach.

Außer bei der Gehäuseverschraubung müssen die Schrauben meistens keine
wirkliche mechanische Arbeit leisten, sie dienen nur der Fixierung der einzelnen Komponenten.

6 Nun schrauben Sie auch die erste
Schraube fest. Danach werden alle
übrigen Montagepunkte mit Schrauben bestückt.

Damit ist das Board mechanisch bereits fest montiert. Falls Sie den Prozessor samt Kühler/Lüfter noch nicht installiert haben, machen Sie dies jetzt (mehr dazu in Kapitel 7). Stecken Sie danach auch die Speichermodule in das Board.

Alternative Befestigung mit Plastikklipps

Wer noch ein meistens älteres Gehäuse mit Plastikklipps besitzt, bekommt das Mainboard auf die beschriebene Weise kaum montiert. Bei dieser Bauweise sind meistens nur zwei oder drei Abstandbolzen mit Gewinde vorhanden, in die Schrauben zur Fixierung gedreht werden müssen. Die übrigen Befestigungspunkte sind Plastikklipps, die in die Rückwand des Gehäuses eingehängt und durch Schieben fixiert werden müssen. Zugegeben keine wirklich praktische Befestigungsmethode ...

Es gibt allerdings einen kaum bekannten Trick, wie man auch diese Befestigung einigermaßen stressfrei überlisten kann: Stellen Sie das Gehäuse auf den Kopf! In einem normalen Towergehäuse müssten Sie das Mainboard gegen die Schwerkraft nach oben drücken, um es in die korrekte Position zu bringen. Gleichzeitig müssten alle Plastikklipps einrasten und verkantungsfrei verschoben werden, dabei muss das Board dann auch noch verschraubt werden – das ist fast unmöglich!

Stellen Sie das Gehäuse jedoch auf den Kopf, müssen Sie „nur noch" das Board mit seinen Plastikklipps sauber in die dafür vorgesehenen Löcher drücken und dann langsam herunterrutschen lassen. Das machen Sie von schräg hinten, denn so sehen Sie gleichzeitig das Board und von unten die Rückseiten der Plastikklipps. Den Rest erledigt die Schwerkraft, das Board befindet sich in der Position, in der Sie es auch festschrauben müssen.

1 Nun muss das Mainboard verkabelt werden. Zuerst sollten Sie die Spannungsversorgung anbringen. Dazu stecken Sie das dicke Kabel aus dem Netzteil mit dem 24-poligen ATX-Stecker auf das Board. Achten Sie darauf, dass der kleine Widerhaken auch wirklich einklinkt, denn nur so verhindert er das Abrutschen des Steckers.

Nur alte Boards oder alte Netzteile besitzen einen 20-poligen Stecker, der der alten ATX-Norm entspricht und nicht für neuere Boards geeignet ist.

2 Fast alle modernen Mainboards benötigen zusätzlichen Strom, der
über einen kleinen vierpoligen ATX-
Stecker bereitgestellt wird. Auch
hier müssen Sie darauf achten, dass
der kleine Widerhaken einrastet.

Ohne diese zusätzliche 5- und 12-
Volt-Versorgung läuft das Board
nicht. Falls Ihr Netzteil diesen zu-
sätzlichen Stecker nicht besitzt, müssen Sie leider ein neues Netzteil kaufen.

3 Nun sind die Steuer- und Anzeigeleitungen dran. Dieses Bündel aus feinen,
meist zweiadrigen Leitungen muss über kleine, fummelige Stecker auf eine
zweireihige Pfostenleiste aufgesteckt werden. Dabei muss man darauf achten, die richtige Polung beizubehalten, ansonsten leuchten die LEDs nicht.

Es ist unverständlich, warum es
hierfür keinen großen, verpolungssicheren Stecker gibt, denn die Belegung dieses Steuerungsblocks ist
eigentlich durch den „Intel Front
Panel I/O Connectivity Design Guide"
festgelegt – und wird von fast allen
Herstellern auch eingehalten. Stecken Sie also die vielen kleinen Ste-
ckerchen für „Power", „Reset",

„Power LED", „HDD LED" und den Lautsprecher („Speaker") an. Sollte eine
der LEDs nicht wie erwartet leuchten, polen Sie den entsprechenden Stecker
um.

4 Falls vorhanden, sollten Sie nun
weitere Lüfter (Fan) im Gehäuse mit
den entsprechenden Anschlüssen
auf dem Board verbinden. Neben
reinen Gehäuselüftern für die Vor-
der- (Front) und Rückseite (Back)
ist manchmal ein Anschluss für den
zweiten Netzteillüfter vorhanden.

5 Als letzte kleinere Verbindung verkabeln Sie CD-/DVD-ROM und On-
board-Soundkarte miteinander (bei
einer PCI-Soundkarte müssen Sie
diese zuerst einbauen). Der Anschluss für den Sound direkt aus
dem CD-/DVD-Laufwerk wird meistens mit JCD1 bezeichnet – darüber
hinaus passen die Audiostecker wegen ihrer Bauweise sowieso nur in
diese speziellen Buchsen.

Bis auf die Laufwerke sollten nun alle Komponenten miteinander verbunden
sein.

6 Als Letztes schließen Sie die Laufwerke an. Parallele IDE-Geräte
(SATA) verbinden Sie über Flach-
band- oder besser Rundkabel mit
den entsprechenden Buchsen auf
dem Mainboard. SATA-Geräte verwenden wesentlich dünnere Kabel.
Achten Sie darauf, dass Ihre Festplatte und das Boot-CD-/DVD-Lauf-
werk möglichst am ersten Control-

ler (Primary IDE) angeschlossen sind, das erleichtert später das Booten.

Aber Achtung: Eigentlich schwer möglich, aber wenn Sie das Kabel verkehrt
herum anschließen, bleibt später beim Booten der Rechner hängen.

7 Falls noch vorhanden, stellen Sie
nun die Verbindung vom Disketten-
controller (Floppy) zum Diskettenlaufwerk her.

Schließen Sie jedoch das Floppy-Ka-
bel verkehrt herum an, leuchtet die
Floppy-LED permanent sofort beim
Einschalten des Rechners.

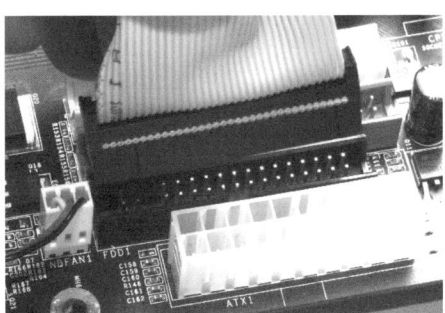

8 Viele aktuelle Boards besitzen so viele Anschlüsse, dass diese nicht komplett in die ATX-Blende passen. Aus diesem Grund werden die entsprechenden Buchsen auf Slotbleche montiert mitgeliefert. Nun ist der Zeitpunkt, an dem Sie diese zusätzlichen Schnittstellen montieren sollten.

Ein kleines Problem ist dabei das Wo. Verbauen Sie nicht die Slots, in die die Einsteckkarten kommen.

9 Als Letztes stecken Sie die Einsteckkarten in die Slots. Beginnen Sie mit der AGP-/PCIe-Grafikkarte. Vergessen Sie nicht, diese auch mit einer eventuellen zusätzlichen Spannung zu versorgen (mehr dazu in Kapitel 3).

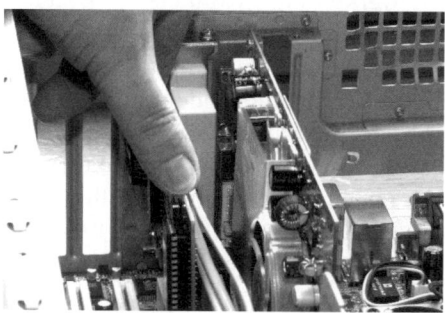

Am besten lassen Sie zur besseren Kühlung den ersten Slot neben der Grafikkarte frei. Stecken Sie die übrigen PCI-Karten in die PCI-Slots – die Reihenfolge ist normalerweise egal.

Falls einige der Karten eine zusätzliche Verkabelung benötigen, stellen Sie diese her.

Damit sind Mainboard und alle Komponenten installiert und sollten betriebsbereit sein. Schließen Sie also zu einem ersten Testlauf Stromstecker, Tastatur, Maus und Monitor an und schalten Sie den PC mit dem neuen Mainboard zum ersten Mal ein.

Sollte auf Monitor oder TFT ein korrekter Startbildschirm vom BIOS erscheinen, läuft vermutlich alles. Gehen Sie dann am besten zuerst ins BIOS-Setup und laden Sie einmal die Standardwerte für das CMOS (*Default Setup*). Dann kann es losgehen, Sie können den PC zuschrauben, dann konfigurieren, optimieren und mit aktuellen Treibern versorgen.

6.3 Wichtige Begriffe rund um aktuelle Mainboards

Geht es um Mainboards, fallen viele Begriffe, die sich nur Profis sofort erschließen. Wer nicht regelmäßig Boards austauscht oder sich intensiv mit ihnen beschäftigt, stolpert über so manche Bezeichnung. Kompliziert ist das jedoch gar nicht, denn alle Boards sind eigentlich nach dem gleichen Schema aufgebaut:

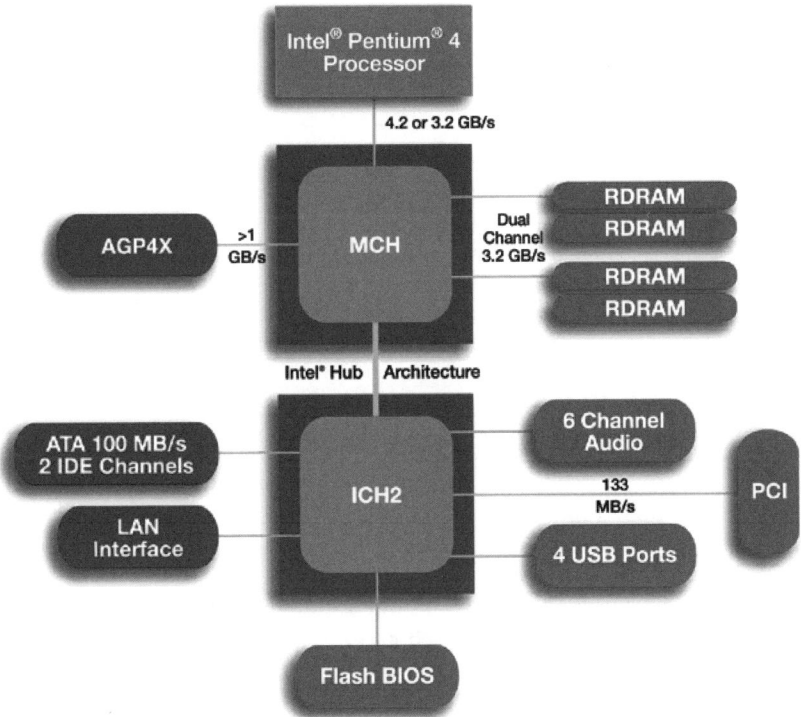

Der klassische Aufbau eines PC-Chipsatzes, hier am 850E von Intel gezeigt: CPU, RAM und Grafik hängen direkt an der Northbridge, die gesamte Peripherie an der Southbridge. (Quelle: Intel)

Der grundsätzliche Aufbau eines PCs findet immer um den Chipsatz herum statt. Der Chipsatz ist verantwortlich dafür, welche Komponenten angeschlossen werden können, wie schnell das gesamte System läuft und welche zusätzlichen Schnittstellen der PC später hat.

Viele alte Boards bis in die Zeit der 386er wurden noch aus diskreten Chips aufgebaut, was aufgrund der benötigten Dutzenden von Chips natürlich sehr teuer war. Um Kosten zu sparen, wurden diese Bauteile immer weiter integriert, und so wanderten die Echtzeituhr und das CMOS, aber auch die vielen Controller für Speicher, Tastatur, IRQ/DMA etc. in den Chipsatz. Noch später fanden dort auch die seriellen und parallelen Schnittstellen und die IDE-Controller ihren Platz. In den Zeiten der 486er waren gerade die seriellen, parallelen und EIDE-Schnittstellen zuerst als VL-Karten realisiert, erst die letzten Boards mit PCI-Slots hatten dann EIDE und Co. „on board". Seit diesen Zeiten besteht der Chipsatz noch aus zwei, manchmal nur aus einem riesengroßen Chip.

North- und Southbridge

Die zentrale Rolle auf einem Mainboard übernimmt dabei immer die Northbridge, denn über sie laufen eigentlich alle Daten. Sie stellt die Anschlüsse und das Busprotokoll für den Prozessor bereit, in ihr steckt die Logik zur Ansteuerung des Arbeitsspeichers und mittlerweile auch für den AGP- oder die PCIe-Slots. Daneben sind weitere wichtige interne Elemente mit hoher Bandbreite in der Northbridge realisiert, wie etwa der „PCI Arbiter", der regelt, wer wann den PCI-Bus nutzen darf.

Wieso eigentlich North- und Southbridge?

Im Zusammenhang mit dem Chipsatz ist oft von einer North- und einer Southbridge die Rede, wobei nicht immer so ganz klar ist, was denn die nördliche und was die südliche Brücke eigentlich so genau darstellen. Die Bezeichnung selbst entstand bei Intel eher nebenbei, als auf die Schnelle zwei Bezeichnungen für die zentralen Anbindungspunkte von Prozessor und Peripherie gefunden werden mussten: Auf dem Schaltungsschema war der Prozessor zufällig oben, die Peripherie aber unten angeordnet – und so wurde der Chip zur Anbindung des Prozessors eben die „Northbridge", der für die Peripherie die „Southbridge". Nun ist es aber ziemlich ungenau und eher sinnlos, auf dem Schaltungsschema die Chips nach ihrer Lage zu bezeichnen, daher wurde die Bezeichnung im Laufe der Zeit eher für logische Gruppen benutzt – egal ob die nun unten, oben oder sonst wo liegen ...

Aufgrund der Vielzahl dieser Elemente lässt sich die Northbridge oft auch ohne Kenntnis der Chipbezeichnungen nur durch einen Blick auf das Board erkennen: Sie hat unheimlich viele Pins!

Ein Flaschenhals und ein gutes Kriterium für die Beurteilung eines Chipsatzes ist dann die Verbindung zum zweiten Teil des Chipsatzes, zur Southbridge. Früher wurde dies via PCI geregelt, das heißt, die Bridges fungierten dabei als PCI-Geräte. Der PCI-Bus hat einen recht hohen Datendurchsatz, doch in Zeiten von 4-GHz-Prozessoren ist auch dieser nur noch eine Krücke für Peripherie wie Sound- oder Netzwerkkarten. Hier gibt es dann auch die wichtigsten Neuerungen bei modernen Chipsätzen, die gänzlich neue Verbindungen mit Durchsatzraten von weit über 1 GByte/s gegenüber den 133 MByte/s des PCI-Bus bieten.

Während man die Northbridge also eher als Schaltzentrum sehen kann, ist die Southbridge mehr eine Ansammlung von verschiedenen Controllern und anderen Elementen. In ihr finden sich die ganzen früher extern realisierten Funktionen, wie Echtzeituhr, CMOS, Tastaturcontroller sowie EIDE- und Floppy-Controller, aber auch neue Funktionsgruppen wie das Power-Management per APM oder ACPI, serielle und parallele Schnittstellen, USB, FireWire und sogar eine weitere Brücke zum eventuell noch vorhandenen ISA-Bus.

Mittlerweile haben auch einige systemnahe Dinge wie der Systemmanagementbus und das Hardware-Monitoring den Weg in die Southbridge gefunden, weitere Funktionen wie Sound-/ISDN-/Netzwerk-/Modemfunktionen sind manchmal vorhanden.

Eine Northbridge lässt sich übrigens nicht nur mit einer speziellen Southbridge verbinden: AMD etwa stampfte seine eigene Southbridge ein und setzt auch auf eigenen Boards auf eine Southbridge von VIA, die billiger ist und mehr Funktionen bietet. Zusammenfassend kann man sagen, dass die Northbridge über die Performance eines Boards entscheidet, die Southbridge aber eher über die angebotenen Features.

Sinnvoll nicht nur für Overclocker sind herstellerspezifische Erweiterungen wie ein zusätzlicher Lüfter für die Spannungsregler, der deren heiße Abluft wie hier beim Elitegroup PF4 Extreme über die ATX-Blende nach außen abführt.

Nachteil: Die kleinen, schnell drehenden Lüfter sind teils ausgesprochen laut.

Die Northbridge definiert übrigens auch, welcher Prozessor verwendet werden kann, wie schnell dieser angesprochen wird und mit welchem Speicher er betrieben werden darf. Dabei kommt es nicht nur auf den Speichertakt an, sondern auch auf die Art der Signalverarbeitung und auf das Busprotokoll, also die „Sprache", in der auf diesem internen Bus der Northbridge gesprochen wird. Von diesem Bus ist immer dann die Rede, wenn vom FSB-Takt (**F**ront **S**ide **B**us) gesprochen wird.

6.4 Features bei aktuellen Mainboards

Vor rund zehn Jahren unterschieden sich Mainboards noch deutlich in Ausstattung, Performance und der Möglichkeit, sie auszubauen. Heute ist das nicht mehr der Fall, die Leistungsunterschiede liegen im einstelligen Prozentbereich, sind also allenfalls noch zu messen, keineswegs aber in der Praxis relevant. Auch in der Ausstattung gibt es nur wenige Unterschiede: Vier Festplattenanschlüsse, sechs USB-Buchsen, Netzwerk, Sound etc. besitzt jedes Board. Optional sind allenfalls eine zweite LAN-Buchse, eine Onboard-VGA und vielleicht FireWire – alles spezielle Features, die man nur in bestimmten Fällen benötigt.

Dennoch versuchen die Hersteller natürlich, sich durch irgendeine Funktion vom Rest der Mitbewerber abzugrenzen, also ein verkaufsförderndes „Alleinstellungsmerkmal" zu besitzen. Technisch sind die Sonderfunktionen oft recht raffiniert – in der Praxis taugen sie aber nicht immer etwas. Lassen Sie sich also nicht durch wichtig klingende, unverständliche Features zum Kauf überreden, wenn Sie das Feature nicht auch wirklich einsetzen wollen. Damit Sie nicht in die Werbefalle tappen, im Folgenden eine Übersicht über Sinn und Unsinn der wichtigsten Mainboard-Features.

Hyperthreading

Hyperthreading könnte man auch als „SMP für Arme" bezeichnen, denn es handelt sich dabei nicht einfach um zwei Prozessorkerne, die in ein Pentium 4-Gehäuse gepackt wurden. Vielmehr haben die Ingenieure bei Intel nur die grundlegenden Komponenten eines Prozessors, die für einen SMP-Betrieb nötig sind, verdoppelt. Das sind ein eigener Interrupt-Controller (APIC), ein kompletter Satz Register sowie weitere Register, die für Rücksprungadressen, Cache-Einträge, Befehlszeiger etc. zuständig sind. Diese Teile nehmen nur 5 % des gesamten Pentium 4-Chips ein. Die bekannteren Komponenten wie L1- und L2-Cache, Integer-Floatingspoint-/SSE2-Recheneinheiten, die „Rapid Execution Engine" und das Interface zum FSB wurden beibehalten und werden gemeinsam genutzt.

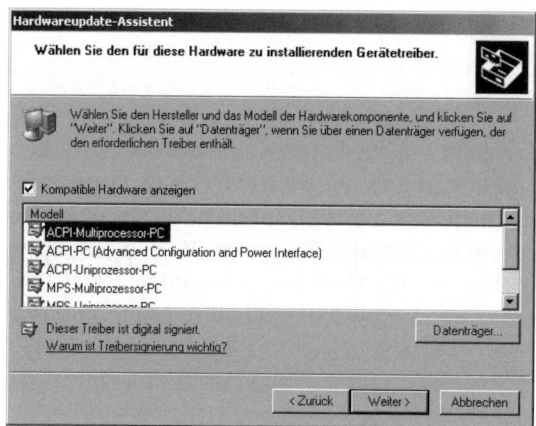

Hyperthreading hilft bei einigen Anwendungen und lässt die Oberfläche von Windows XP etwas flüssiger wirken. Da der Aufpreis nur minimal ist, ein empfehlenswertes Feature.

Woher aber soll die Geschwindigkeit kommen, wenn man die wartenden Komponenten verdoppelt? Ganz einfach, beim Hyperthreading laufen zwei logische Prozessoren, die sich die Ausführungseinheiten und den Cache eines Prozessors teilen und so mehr Befehle pro Zeiteinheit abarbeiten können. Was im ersten Moment widersprüchlich klingt, macht aber Sinn, da ein Prozessor normalerweise fast nur wartet – auf den Speicher, auf I/O-Anfragen, auf den PCI-Bus oder die Grafikkarte etc. Der Task-Manager von Windows und selbst Linux zeigen dies nicht direkt an, denn hier werden nur die echten Idle-Zyklen des Prozessors ausgewertet.

Ob aber vielleicht gerade die interne Pipeline des Pentium 4 heftig ins Stocken gerät, wird hier nicht erfasst. Das wiederum passiert aber ziemlich oft, die internen Verarbeitungseinheiten eines P4-Prozessors haben im Durchschnitt nur etwas mehr als jeden zweiten Takt etwas zu tun. Die andere Hälfte der Zeit passiert nichts – vielleicht hat ja die Sprungvorhersage gerade einmal wieder falsch gelegen oder ein Opcode ist noch nicht zu Ende decodiert. Noch wesentlich häufiger ist es allerdings der Arbeitsspeicher, auf den die Verarbeitungseinheiten warten.

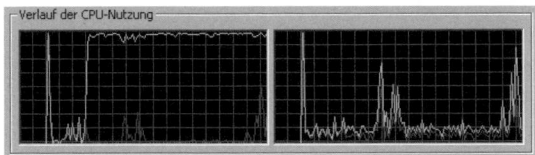

Ist mehr als eine CPU im PC vorhanden (HT, SMP, Dual Core), bleibt auch bei einer stark ausgelasteten CPU (links) immer Rechenzeit für andere Aufgaben (Desktop, Internet) übrig (rechts).

Sitzt nun ein zweiter logischer Prozessor wie beim Hyperthreading im Inneren des Prozessors, kann dieser in der Zwischenzeit vielleicht weiterarbeiten und berechnet mal eben eine Multiplikation. Das ganze System kommt so ein wenig weiter. Die Pipeline mit den Befehlen kann einen einzelnen Verarbeitungskern nur etwas über die Hälfte mit aktuellen Befehlen und Daten auslasten, sind es aber deren zwei, ist die Chance recht hoch, dass einer der beiden Kerne gerade etwas zu berechnen hat; sie warten sozusagen abwechselnd. Genau deshalb rechnet ein Hyperthreading-Prozessor auch nicht im eigentlichen Sinne schneller, er rechnet einfach nur „mehr".

Dual Core

Dual Core ist im Grunde nur die Erweiterung des Hyperthreadings zum echten SMP – allerdings nicht auf zwei, sondern nur auf einem Prozessorsockel. Das spart neben dem zweiten Sockel und dem zweiten Kühler/Lüfter ein wenig Geld gegenüber einer klassischen SMP-Lösung.

Wie bei dieser ist der Nutzen jedoch nur sehr speziell, für den heimischen Einsatz stellt Dual Core fast immer hinausgeworfenes Geld dar.

Bewertung: Wer viel im technisch-wissenschaftlichen Bereich oder in der professionellen Grafik-/Videobearbeitung arbeitet, profitiert von der zweiten CPU. Zu Hause eingesetzt, ist Dual Core Geld- und Energieverschwendung.

FSB 1066

Der **F**ront **S**ide **B**us (FSB) ist die Verbindung zwischen Prozessor, Speicher und Grafikkarte. Je höher der Takt, desto mehr Daten können pro Sekunde übertragen werden. Dadurch wird das System als Ganzes schneller. Ein FSB 1066 wird mit logischen 1.066 MHz getaktet – in Wirklichkeit jedoch nur mit 266 MHz. Die 1.066 MHz kommen zu Stande, weil pro Takt 4 Byte übertragen werden (quadpumped), was die Werbung dann eben zu 1.066 MHz hochrechnet.

Bewertung: Je höher der FSB, desto schneller der PC – desto teurer sind aber auch Speicher und Prozessor. Ein FSB 1066 ist rund 33 % schneller als ein FSB 800. Da die Gesamtgeschwindigkeit eines Computers aber auch von anderen Faktoren und nicht nur vom Systembus abhängt, kommen im Endeffekt rund 5 bis 10 % mehr Leistung heraus. Ist der Aufpreis gegenüber FSB 800 nur gering, ist ein FSB 1066 empfehlenswert.

Dual Channel-Memory

Beim Dual Channel-Speicherzugriff wird nicht nur auf ein, sondern auf zwei Speichermodule gleichzeitig zugegriffen. Effektiv verdoppelt das den möglichen Durchsatz im Speicher. In der Praxis wird der Speicher nicht wirklich doppelt so schnell, Zuwachsraten von 10 bis 40 % sind in Anwendungen aber zu messen. Einziger Nachteil: Dual Channel-Mainboards müssen immer mit zwei vollkommen identischen Speichermodulen gleichzeitig bestückt werden.

Bewertung: Dual hannel ist weit verbreitet und bringt spürbar mehr Leistung. Zusammen mit zwei schnellen Speichermodulen braucht der Prozessor so nicht lange auf Daten aus dem RAM zu warten. Wenn möglich, wählen Sie ein Board mit Dual Channel.

DDR2

DDR2 hat den DDR-Speicher abgelöst. Die DDR2-Module haben 232 Pins anstelle der 184 Pins des DDR-Speichers und sind damit nicht pinkompatibel.

Die DDR2-Chips werden nicht mehr wie bisher in ein TSOP-Gehäuse, sondern in ein FBGA-Gehäuse (**F**ine pitch **B**all **G**rid **A**rray) verpackt (die „Anschlussbeinchen" sind bei FBGA unter und nicht wie üblich neben dem Chip). Das verbessert die induktiven Eigenschaften und führt die Wärme besser ab – deswegen werden derartige Chips auch auf Grafikkarten eingesetzt. Weniger Wärme entsteht darüber hinaus durch eine Absenkung der Versorgungsspannung von derzeit 2,5 auf 1,8 Volt. Die Terminierung der Leitungen findet ebenfalls im Chip Platz, das verbessert die Signalqualität, spart aber vor allem auch Platinenplatz und somit Herstellungskosten. Durch „posted CAS" können Kommandos schneller an das Modul übertragen werden, außerdem benötigt ein Schreibzugriff nun einen Takt weniger als ein Lesezugriff.

Sie haben eigentlich keine Wahl, fast alle brandneuen Mainboards unterstützen nur noch DDR2-Speicher. Wer noch guten alten DDR-Speicher besitzt, sollte ein Board mit diesem Speicher-Interface wählen, bei Neuanschaffungen macht nur DDR2 Sinn.

Bewertung: Alles Kleinigkeiten, die zusammen mit einer Takterhöhung auf minimal 200 MHz ein paar Prozent mehr Datendurchsatz bringen. Unverständlich ist dann aber die Erhöhung der „CAS Latency". Der Prozessor kann damit noch länger als zuvor warten, bekommt die Daten dann aber etwas schneller übertragen – im Endeffekt wird das für den Anwender wohl rein gar nichts bringen.

PCIe oder AGP8x

Bei den Grafikkarten gab es einen starken Einschnitt, denn PCI Express hat den AGP-Port abgelöst. Zwei Vorteile sind dabei auszumachen: Zum einen schafft der

AGP-Port „lediglich" rund 2,1 GByte/s Datendurchsatz, und zwar entweder lesend oder schreibend. PCI Express x16 schafft fast 4 GByte/s, und das gleichzeitig in beide Richtungen. Anwendungen, die Grafikdaten direkt auf der Grafikkarte manipulieren und wieder abspeichern, würden davon sehr profitieren (allerdings gibt es die zurzeit nicht).

Zum anderen liefert der PCI Express-Bus bis zu 75 Watt, der Standard-AGP-Port nur 25 Watt. Damit könnte die Extra-Stromversorgung auf den Karten entfallen (trotzdem verlangen die Hersteller auch auf PCIe-Karten eine solche). Übrigens kein echter Schritt nach vorn, denn der bei Workstations eingesetzte AGP pro schafft bis zu 110 Watt ...

Bewertung: PCIe ist der Grafikkartensockel der Zukunft. Wer ein ausreichend schnelles High-End-Modell mit AGP8x-Bauform besitzt, sollte sich nach einem Board mit AGP umsehen. Bei kompletten Neuanschaffungen sollten Sie auf PCIe setzen.

SLI

SLI (**S**caleable **L**ink **I**nterface) ist die Möglichkeit, zwei identische NVIDIA-Grafikkarten gleichzeitig im PC zu nutzen. Die beiden Karten teilen sich dann die Arbeit beim Berechnen von Bildern und bringen so einen erheblichen Geschwindigkeitsvorteil. Der Nutzen eines SLI-Gespanns ist aber nicht immer gegeben, da nicht jedes Spiel mit SLI läuft. NVIDIA hat nur einige Spiele für den SLI-Betrieb freigegeben, womit sich SLI lediglich für Hardcore-Gamer lohnt.

Bewertung: SLI ist teuer und verbraucht viel Strom, der Nutzen ist hingegen recht eingeschränkt. Damit ist dieses Feature nur für echte Hardcore-Spieler interessant.

PAT, MAT und Hyper Path

Intel benutzt PAT (**P**erformance **A**cceleration **T**echnology), um auf einigen Boards die Datenübertragung zwischen Prozessor und Speicher um etwa 5 % zu erhöhen. Das wird erreicht, indem mit der Übertragung aus dem Speicher schneller als üblich begonnen wird. MSI vermarktet dieses Feature als MAT (**M**emory **P**erformance **T**echnology), Asus als Hyper Path.

Bewertung: Auf dem Desktop bleibt die Beschleunigung unbemerkt, trotzdem kann man die Mehrleistung mitnehmen, weil sie nichts kostet. Ein Kaufargument ist PAT allerdings nicht.

SATA

Serial-**ATA**, kurz SATA, ist der Nachfolgestandard zum Anschluss von IDE-Festplatten und -CD-/DVD-Laufwerken. Durch die serielle statt parallele Übertragung gewinnt die Schnittstelle an Datendurchsatz. Der größere Vorteil ist aber wohl der Wegfall des sperrigen Parallelkabels (daher auch PATA, **P**arallel-**ATA**).

Die Verkabelung von SATA-Platten ist wesentlich angenehmer und schafft mehr Luft im Gehäuse. Die rund 10 Euro Aufpreis für eine SATA-Platte kann man da in Kauf nehmen.

Da Festplatten auch die alte PATA-Schnittstelle bisher nicht ausreizen, ist die höhere Geschwindigkeit übrigens kein Argument – die möglichen 150 MByte/s von SATA kann noch lange keine Platte liefern.

RAID

Die meisten aktuellen Motherboards besitzen nicht nur die üblichen zwei Anschlüsse für vier EIDE-Geräte, sondern auch zwei weitere für RAID. Egal ob klassisch als Parallel-ATA oder zukunftsorientiert als Serial-ATA: Mit beiden lässt sich kinderleicht ein superschnelles RAID einrichten.

Um mehr Geschwindigkeit zu erreichen, werden die Platten einfach immer wieder der Reihe nach mit kleinen Datenhäppchen versorgt (RAID 0). Kleine Datenmengen verschwinden erst mal im Plattencache, die Plattenelektronik kümmert sich dann darum, die Daten auf die eigentlichen magnetischen Scheiben zu schreiben. Schreibt eine Platte real beispielsweise 10 MByte/s auf die Platten, läuft das Interface aber mit 80 MByte/s, können theoretisch acht Platten parallel angesprochen werden. Der effektive Datendurchsatz beträgt dann tatsächlich 80 MByte/s. In der Realität liegt der Wert je nach Qualität des RAID darunter, bei sehr schlechtem, billigem RAID kaum noch über dem Durchsatz einer einzelnen Festplatte.

Mehr Sicherheit erreicht man im einfachsten Fall durch den Einsatz einer zweiten Festplatte, die beim Schreiben immer parallel zur ersten Festplatte angesprochen wird (RAID 1). Auf diese Weise erhält man permanent eine vollwertige Kopie der ersten Festplatte – fällt eine Platte aus, nimmt man eben die andere. RAIDs kann man kombinieren, also beispielsweise ein paar Platten zu einem schnellen RAID 0 zusammenfassen, davon aber ein komplett zweites als RAID 1 zur Datensicherheit einrichten (das nennt sich dann RAID 01). Dummerweise wird so sehr viel Platz verschenkt, nämlich genau 50 % der Gesamtkapazität.

Die meisten aktuellen Boards bieten eine RAID-Funktion, der Aufpreis liegt im Bereich von wenigen Euro – es sind nämlich reine Softwarelösungen im BIOS. Wer tatsächlich mehr Performance oder höhere Sicherheit haben möchte, findet mit RAID eine preiswerte Lösung dafür.

Intel führt mit den neuen Boards auf Basis von Grantsdale und Alderwood eine „neue" RAID-Technik für die vier vorhandenen SATA-Anschlüsse ein. Wurden Platten bei Onboard-RAIDs bislang immer nur komplett für ein RAID genutzt, kann man bei Intels Matrix RAID zuvor Partitionen bilden. Bislang wurde aus zwei 200-GByte-Platten entweder ein sicheres, gespiegeltes RAID 1 mit dann ebenfalls 200 GByte gebildet, oder beide Platten wurden als RAID 0 mit zusammen 400 GByte aneinander gehängt.

Mit Matrix RAID kann ein Bereich der Arrays als sicher, einer als unwichtiges Datenlager definiert werden. Aus zwei 200er-Festplatten können so ein 100-GByte-RAID 1 für Betriebssystem und Dokumente sowie ein 200-GByte-RAID 0 für P2P-Clients oder Filme gebildet werden. Dadurch können auch große Festplattenpaare besser und flexibler genutzt werden, angeblich soll sogar eine spätere Anpassung der Größen ohne Datenverlust möglich sein.

ASUS' AI NOS

ASUS' AI NOS bietet Ihnen dynamisches, lastabhängiges Übertakten. Es überprüft die Auslastung Ihres Systems und bestimmt anhand eines Schwellenwerts, ab wann es Ihr System in kleinen Schritten übertaktet. Die Geschwindigkeit steigt dann ein wenig, wenn das System stark gefordert ist.

Bewertung: Ein eigentlich ziemlich gefährliches Feature, denn es belastet das System genau dann stärker, wenn es sowieso schon unter Volllast läuft. Die Hitzeentwicklung wird so noch weiter gesteigert, die Komponenten altern schneller. Als Kaufargument sollte man dieses glücklicherweise abschaltbare Feature nicht betrachten.

NVIDIA ActiveArmor

Mainboards mit NVIDIAs nForce 4-Chipsatz und GBit-LAN besitzen eine „Hardware-Firewall" namens ActiveArmor. Das ist natürlich übertrieben, denn eigentlich arbeitet hier ein einfacher Paketfilter bereits am Ausgang des GBit-LAN-Chips und verwirft ihm suspekte Pakete – noch bevor sie in den Speicher oder zur CPU gelangen. Dazu wird Microsofts neues TCP Chimney verwendet, eine Schnittstelle, mit der Anwendungen direkt in den TCP/IP-Stack eingreifen können.

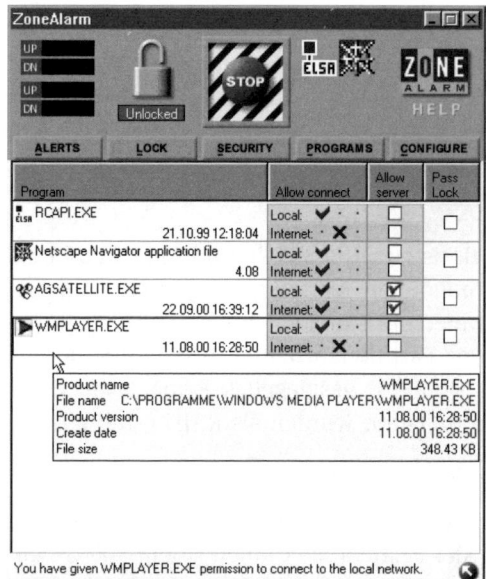

NVIDIA ist ein Mainboard- und kein Firewall-Hersteller. ActiveArmor ist sicher besser als gar keine Firewall, wer aber sinnvollerweise eine echte Firewall einsetzt, braucht dieses Feature nicht.

Teilweise funktioniert ActiveArmor in der Praxis gut, andererseits schießt die Automatik auch schon mal über das Ziel hinaus und verhindert, dass so manche Anwendung im Netzwerk überhaupt funktioniert.

TPM/NGSCB (ehemals TCPA/Palladium bei Intel LaGrande)

Der – oder eigentlich das – TPM bzw. Trusted Platform Module ist ein kleiner Chip, der die Sicherheit in der EDV erhöhen soll. Die Spezifikation für ein TPM wird von der TCG (Trusted Computing Group, ehemals TCPA, *https://www.trusted computinggroup.org*) festgelegt und ist derzeit in der Version 1.2 aktuell.

Es gab und gibt viel Kritik von führenden Sicherheitsexperten an TPM, wobei jedoch weniger der TPM-Chip selbst und dessen Technik, sondern vielmehr die darauf aufsetzende Technik von Microsoft (NGSCB in Windows Vista) sauer aufstößt. Microsoft verspricht vollmundig mehr Sicherheit vor Viren, Würmern und Spam, hat aber nach Meinung aller Experten in Wirklichkeit ein anderes Ziel im Sinn: DRM (Digital Rights Management), um das Kopieren von Musik, Videos

und Software zu verhindern. Microsofts kürzlich abgeschlossener Kooperations-
vertrag mit Disney ist ein weiteres Indiz dafür.

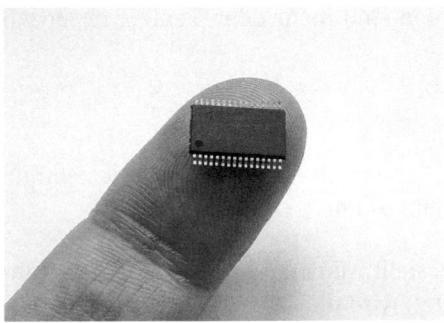

Ein TPM ist ein einfacher RISC-Prozessor, wie er auch in Smartcards verwendet wird. Mit auf dem Chip befinden sich 64k ROM, 8k RAM, 16k EEPROM, eine Hash- und Krypto-Einheit sowie ein Zufalls- und ein Schlüsselgenerator.

Intels Interpretation des TPM, LaGrande, soll angeblich bereits im Prescott vorhanden sein, wenn auch deaktiviert. Seit etwa Mitte 2005 muss allerdings jeder
Käufer damit rechnen, funktionsfähige Boards oder Prozessoren mit dem TPM zu
kaufen. Wer dann später auf Vista wechselt, sollte sich der Konsequenzen bewusst sein ...

Bewertung: Für den Anwender bietet ein TPM kaum einen zusätzlichen Nutzen,
er kann eher damit rechnen, dass mit Vista vorhandene MP3s und Filme nicht
mehr abgespielt werden können – meiden Sie dieses Feature.

6.5 Aufbau eines P4- und AMD XP/64-Mainboards

Mainboards besitzen eigentlich immer den gleichen logischen Aufbau, auch
wenn sie sich optisch stark unterscheiden. Das Mainboard bildet die verbindende
Plattform, auf die alle übrigen Komponenten montiert werden oder als Onboard-
Komponenten bereits verbaut sind.

Drei sehr unterschiedliche Boards, aber der gleiche Aufbau: ein Intel D915GUX mit integrierter PCIe-Grafikkarte ...

... ein MSI 925XE Neo P4 für Sockel 775, PCIe und DDR2-Speicher ...

... und ein MSI K8N Neo2 für einen AMD Athlon 64, AGP und DDR-Speicher.

Grundsätzlich befindet sich, blickt man von vorn in ein Gehäuse, links hinten eine Reihe mit Slots für Erweiterungskarten, rechts liegt der Prozessorsockel, dahinter sehen Sie die ATX-Anschlüsse und davor meistens die Steckplätze für die Speichermodule. Alle anderen Komponenten sind mehr oder weniger chaotisch über das Board verteilt.

CPU- oder Prozessorsockel

Die eigentliche Arbeit erledigt Ihr PC im Prozessor, ihm kommt also eine zentrale Rolle zu. Je nach Hersteller und Baureihe gibt es unterschiedliche Sockel.

Fast immer muss ein kleiner Hebel hochgestellt werden, um die Verriegelung im Sockel zu lösen. Ist der Prozessor eingesetzt, wird die CPU verriegelt, indem derselbe Hebel wieder heruntergedrückt wird. Jetzt sind alle elektrischen Kontakte sicher hergestellt.

Der Sockel 478 für den Pentium 4 in klassischer Bauform.

Aktuelle Pentium 4 benötigen den Sockel 775, bei dem die Pins unpraktischerweise im Sockel und nicht unter der CPU liegen.

Der mit Pins übersäte Sockel 939 für die schnellen AMD Athlon 64-Prozessoren.

Damit der Prozessor nicht in wenigen Sekunden den Hitzetod stirbt, wird auf einer hauchdünnen Schicht Wärmeleitpaste ein Kühler mit Lüfter montiert. Diese Kühler sind je nach Sockel und Hersteller sehr unterschiedlich ausgeführt und werden teilweise auch kompliziert und abenteuerlich montiert.

Der Lüfter kühlt normalerweise auch die Spannungswandler für die korrekte CPU-Spannung, die oft vernachlässigt werden, obwohl sie stark belastet sind und sehr viel Wärme produzieren.

Speicherbänke

Der Speicher eines aktuellen Mainboards wird in kleinen Streifen, den Speichermodulen, auf dem Board installiert. Eine Verpolung ist dank einer kleinen Nase im Steckplatz so gut wie unmöglich.

Meistens sind zwei, drei oder vier Steckplätze für Speichermodule vorhanden, die auch immer von Steckplatz 1 bis Steckplatz 4 bestückt werden sollten. Eine Ausnahme bildet Speicher im Dual-Channel-Betrieb, der paarweise bestückt wird.

*Die Steckplätze für die Speichermodule –
egal ob Rambus, DDR oder DDR2 –
sind leicht zu identifizieren.*

Bei der Auswahl des Speichers sollten Sie nicht nur auf Eckdaten wie „DDR2-400" achten, sondern auch eventuelle Beschränkungen des Boards dem Handbuch entnehmen. Manche Boards benötigen ab dem dritten Modul eine komplette Bestückung mit „buffered" Speichermodulen, einige Boards kommen nicht mit single-sided Modulen zurecht, andere benötigen nicht ganz standardkonforme Spannungen.

*Sind alle Steckplätze im PC mit hochwertigen,
schnellen und damit stark hitzeentwickelnden
Modulen (hier Rambus RDRAM1066) bestückt,
sollten Sie auf eine ausreichende Lüftung achten.
Gerade die Flachbandkabel der IDE-Schnittstelle
sollten weit entfernt verlegt werden – oder
benutzen Sie Rundkabel.*

Falls möglich, kaufen Sie nur hochwertige Speichermodule mit exakt der Bezeichnung aus dem Handbuch – oder nehmen Sie das Board zum Testen mit zum Händler.

Steckplätze für Erweiterungskarten

Ein Mainboard besitzt zwar schon eine Menge an Onboard-Komponenten, die eigentliche Individualisierung erfolgt aber über Einsteckkarten. Einfache Karten wie Netzwerk- und Soundkarten kommen mit einem PCI-Slot aus, moderne Festplattencontroller oder Mehrfachnetzwerkkarten benutzen bereits PCIe, Grafikkarten gibt es für AGP und PCIe.

PCI-Slots

PCI-Slots gibt es schon seit vielen Jahren. Viele Erweiterungskarten und selbst alte Grafikkarten passen in diesen Slot.

Der PCI-Slot arbeitet mit maximal 133 MByte/s.

PCI-Slots sind für die meisten üblichen Einsteckkarten erforderlich.

PCIe-Slots

Wie schnell ein PCIe-Slot ist, erkennen Sie an dessen Länge. Die kleinen PCIe1x-Slots sind für Netzwerk- und Controllerkarten gedacht, der lange PCIe16x-Slot für eine Grafikkarte.

Der neue Slot-Standard ist PCIe und wird in absehbarer Zukunft der alleinige Steckplatz-Standard werden.

Oben liegt der PCIe16x-Slot für die Grafikkarte, darunter zwei PCIe1x-Slots für Erweiterungskarten.

Der PCIe16x-Slot arbeitet mit bis zu 4 GByte/s.

AGP-Steckplatz

Der AGP-Slot ist ein Auslaufmodell, der von der Leistung her eigentlich noch völlig ausreichend ist. Seine Geschwindigkeit von 2,1 GByte/s (AGP8x) reicht selbst für modernste Spiele aus.

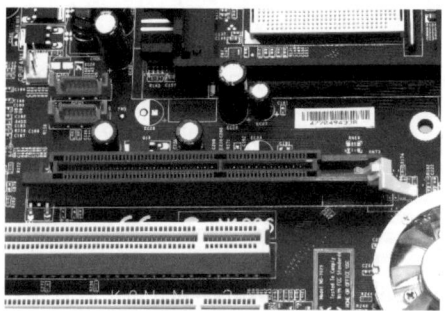

Nur noch wenige aktuelle Boards besitzen einen AGP-Slot. High-End-AGP-Karten sind modernen PCIe-Karten ebenbürtig.

Es gibt von Elitegroup übrigens ein auf dem i915 basierendes Board, das neben einem PCIe16x-Slot auch einen AGP-Slot besitzt. Dazu hat man bei Elitegroup zwei PCI-Slots zu einem „AGP Express"-Slot zusammengefasst.

ATX-Anschlüsse

Seit der ATX-Formfaktor Standard geworden ist, sind auch die Anschlüsse an der Rückseite des PCs genormt worden. Statt eines Wildwuchses befinden sich dort immer an in etwa den gleichen Stellen die Anschlüsse für eine PS/2-Tastatur, eine PS/2-Maus, zwei oder vier USB-Geräte, ein oder zwei Netzwerkkabel, einen parallelen Drucker, zwei serielle Geräte und Audiogeräte (Lautsprecher, Mikrofon, Line-In).

Alle wichtigen Anschlüsse des PCs finden mittlerweile genormt auf der ATX-Blende Platz.

Manche Hersteller verbauen in der ATX-Blende auch ein paar andere Anschlüsse, etwa den der Onboard-Grafikkarte oder weitere Audioanschlüsse für Dolby 7.1 und S/PDIF. In diesem Fall lassen sie die klassischen und nur noch wenig genutzten Anschlüsse für serielle und parallele Geräte weg. Reicht die ATX-Blende nicht für alle Anschlüsse aus, die ein Board bereitstellt, werden die übrigen Anschlüsse auf Slotbleche verlegt und müssen dann extra montiert werden.

Frontpanel-Anschlüsse

Auch die vielen Schalter (Ein/Aus, Reset) und LEDs (HDD, Power) an der Front des Gehäuses müssen mit dem Mainboard verbunden werden. Auf jedem Board befindet sich dazu ein Pfostenblock, dessen Belegung eigentlich durch eine Norm von Intel festgelegt ist. Trotzdem müssen Sie in den meisten Fällen alle Kabel einzeln mit den Pfosten verbinden, was mithilfe des Handbuchs zwar mühsam, aber möglich ist.

Über die Anschlüsse dieses Pfostensteckers schalten Sie den PC ein und aus und lassen sich den Betriebszustand an der Front des Gehäuses mit LEDs anzeigen.

Einige Hersteller stellen hier auch weitere Anschlüsse bereit.

Laufwerkanschlüsse

Die Datenspeicher, also Festplatten, CD-/DVD-Laufwerke und Wechselmedien, werden über die Laufwerkanschlüsse mit dem Mainboard verbunden.

IDE-Anschlüsse

Die 40-poligen Anschlüsse für Festplatten, optische Laufwerke und Wechselmedien treten immer paarweise auf. Pro Anschluss können zwei Laufwerke angeschlossen werden, wobei es immer einen Master und als optionales zweites Laufwerk einen Slave geben muss. Welches Laufwerk welche Rolle übernimmt, können Sie am Laufwerk per Jumper einstellen.

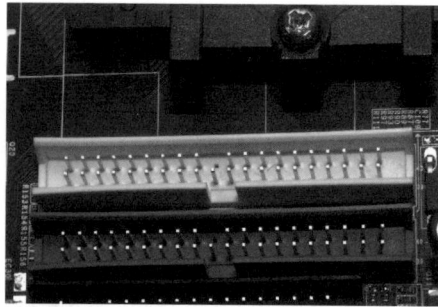

Über die IDE-Schnittstelle werden Festplatten und CD-/DVD-ROM mit dem Mainboard verbunden. Die Schnittstelle ist auch für modernste Festplatten schnell genug.

Alle aktuellen Geräte laufen mit einer maximalen Geschwindigkeit (UDMA133) von 133 MByte/s.

SATA-Anschlüsse

Die 40-poligen IDE-Anschlüsse werden durch die SATA-Schnittstelle abgelöst, weil diese einfachere Kabel und leichtere Montage erlaubt. Nebenbei erreicht die Schnittstelle eine höhere Geschwindigkeit.

Die kleinen und praktischen SATA-Anschlüsse finden sich auf allen aktuellen Mainboards. Es ist die Schnittstelle der Zukunft für Datenträger.

Pro SATA-Schnittstelle kann nur ein einziges IDE-Geräte angeschlossen werden.

Diskettenlaufwerkanschlüsse

Die meisten aktuellen Komplett-PCs werden bereits ohne ein Diskettenlaufwerk ausgeliefert. In Zeiten von CD-RWs und USB-Sticks sind die nur 1,44 MByte großen, empfindlichen Scheibchen auch kaum noch notwendig (vor knapp 20 Jahren benutzte man diese Laufwerke für Betriebssystem, Anwendungen und Daten – Festplatten waren damals noch unerschwinglich teuer!).

Diskettenlaufwerke sind langsam, bieten kaum Platz und werden in aktuellen PCs durch CD-RWs oder USB-Sticks ersetzt.

Diskettenlaufwerke benötigt man heute nur noch in älteren PCs, die nicht von CD-ROM booten können, oder um beispielsweise bei der Installation von Windows XP einen speziellen SCSI-Controller mit einem Treiber versorgen zu können.

Stromversorgung

Zu guter Letzt muss ein Mainboard natürlich auch mit Strom versorgt werden. Über das Mainboard werden dann alle anderen Komponenten mit der entsprechenden Betriebsspannung versehen – abgesehen von Laufwerken und der Zusatzstromversorgung einiger Grafikkarten.

Sonderfall BAT

Wer noch ein Board aus der Zeit vor ATX besitzt, also mit Formfaktor BAT (**B**aby-**AT**), muss zwei Stecker auf das Mainboard aufsetzen. Narrensicher ist das leider nicht, denn man kann die Stecker leicht vertauschen. Einfacher Kniff: In der Mitte müssen von beiden Steckern die schwarzen Kabel zusammenkommen – dann passt es.

ATX

Um Mainboards servicefreundlicher zu gestalten, gibt es bei ATX-Rechnern nur noch einen Stromstecker. Dieser war bei der ersten Auflage des Standards 20-polig, ist seit einigen Jahren aber 24-polig. Durch seine Bauform kann er nicht verkehrt herum aufgesteckt werden.

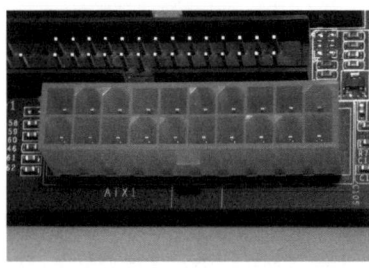

Die hauptsächliche Stromversorgung eines Mainboards findet über diese 24-polige ATX-Buchse statt. Über einen Impuls auf der grünen Leitung wird das Netzteil eingeschaltet.

Ein ATX-Netzteil läuft übrigens immer im Standby-Betrieb, solange der Kippschalter an seiner Rückseite eingeschaltet ist – und damit stehen Stecker und somit auch das Mainboard ständig unter Strom. Eingeschaltet wird ein Netzteil dadurch, dass Pin 16 (grünes Kabel) mit Masse (schwarzes Kabel) kurzgeschlossen wird.

12-Volt-Power Hilfsspannung

Fast alle aktuellen Boards benötigen eine zusätzliche Spannungsquelle, um den Stromhunger von Prozessor, Speicher und anderen Komponenten stillen zu können. Dazu besitzen alle aktuellen Netzteile und die meisten Mainboards eine weitere, vierpolige Verbindung.

Moderne Prozessoren und andere Komponenten ziehen zu viel Strom – daher benötigen sie eine weitere Spannungsversorgung.

Auch dieser Stecker ist – wie der eigentliche ATX-Stecker – mit einem kleinen Widerhaken gegen Abrutschen gesichert.

6.6 Dualprozessor-Mainboards und Dual Core-CPUs

Wer seinen PC aufrüsten will und glücklicherweise nicht aufs Geld schauen muss, findet trotzdem keinen Prozessor mit 4 MHz oder mehr – auch wenn er mehr Leistung haben will. Als Alternative stolpert man dann schnell über Dualprozessor-Mainboards, die Platz für zwei Prozessoren bieten, oder über die neuen Dual Core-CPUs von AMD und Intel. Zweimal 3,8 GHz klingen schon nach recht viel Leistung, mit der Spiele dann ja wohl so richtig flutschen müssten ...

Zwei Prozessoren im PC bringen einiges an zusätzlicher Leistung – allerdings nur bei wenigen Anwendungen. Vor allem im Bereich Forschung/ Wissenschaft, Grafik und beim Erstellen von digitalen Filmen (Rendering) werden derartige Rechner eingesetzt.

Leider ein Irrtum. Zwar gibt es Mainboards, die mehr als nur einen Prozessor aufnehmen können, doch werden dafür spezielle Prozessoren benötigt. Bei Intel sind es aktuell die Intel Xeon-Prozessoren, bei AMD die Opteron-CPUs. Die Prozessoren sind Varianten der normalen Desktop-Prozessoren Intel Pentium 4 und AMD Athlon 64, jedoch mit etwas weniger Takt. Zuweilen ist die Rechenleistung dann deutlich höher als die einer einzelnen Desktop-CPU, jedoch nur, wenn die jeweilige Anwendung den Einsatz mehrerer CPUs unterstützt und demnach „multithreaded" ist. Leider sind, bis auf Serveranwendungen, kaum irgendwelche Desktop-Programme multithreaded. Einzig im Bereich der Grafikbearbeitung (z. B. Photoshop) oder bei CAD/CAM, DCC und Rendering findet sich Software, die von einer zweiten CPU profitiert.

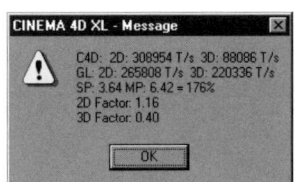

Einige Renderer wie hier Cinema 4D nutzen einen zweiten Prozessor recht gut, in diesem Fall skaliert das SMP-System auf 176 % (mittlere Zeile).

Beide Prozessoren (jeweils 100 %) arbeiten in diesem SMP-System also mit jeweils rund 88 % ihrer maximalen Leistung – der Rest sind Reibungsverluste durch die gemeinsame Nutzung von Speicher, I/O etc.

Dummerweise bedeuten zweimal 3,6 GHz aber nicht gleich 7,2 GHz Rechenleistung, es kommt beim Einsatz von zwei Prozessoren zu erheblichen Verlusten, weil sich beide CPUs den Rest des PCs teilen müssen.

Know-how: Grundlagen zu SMP, Multi-Processing und Dual Core

Es gibt mehrere Ansätze, um die Leistung eines Computersystems durch den Einsatz mehrerer Prozessoren zu erhöhen. Einer der grundlegenden Ansätze sind beispielsweise Parallelrechner, die im Prinzip mit dem menschlichen Gehirn zu vergleichen sind. Hierbei werden zum Teil Unmengen von Prozessoren – 16.000 oder mehr sind möglich – zusammen betrieben. Jeder dieser Prozessoren ist dann mit einem eigenen Speicher ausgestattet und über Hochgeschwindigkeitsverbindungen mit möglichst vielen anderen Prozessoren verbunden. Diese Systeme dienen aber meistens nur sehr speziellen Aufgaben, vor allem dem Numbercrunching, also dem Berechnen von sehr komplexen Vorgängen wie etwa dem Wetter. Auf diesen Systemen laufen keine Betriebssysteme im eigentlichen Sinn, sie werden normalerweise von einem Frontend aus programmiert (z. B. einem Linux-PC). Auf diesem Frontend werden die Programme entwickelt und dann auf die Prozessoren „losgelassen".

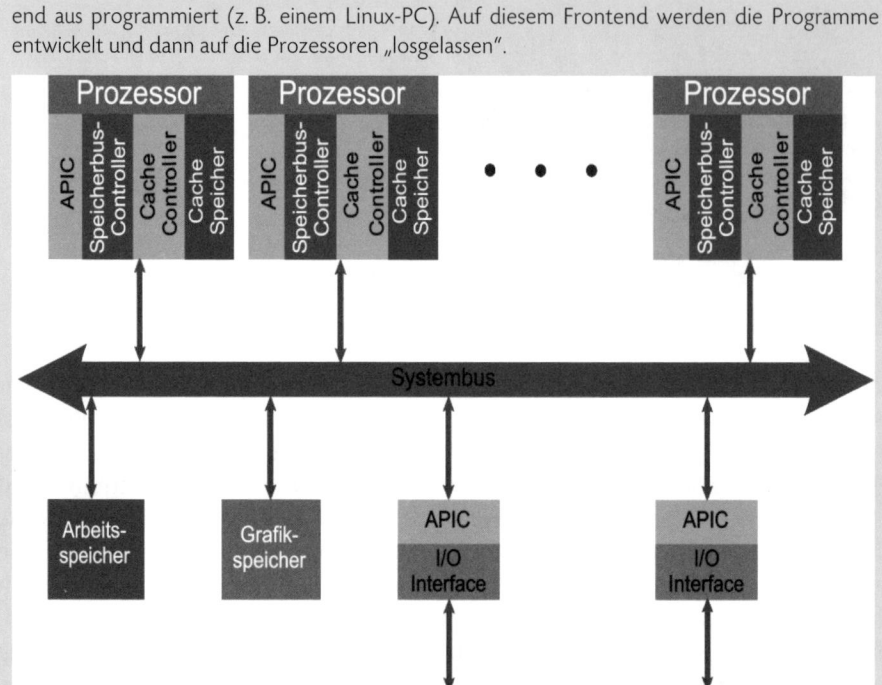

Bei einem Standard-SMP-System werden die Prozessoren und das I/O-System über APICs an den Systembus angeschlossen. So sind die meisten MP-Systeme aufgebaut.

Das **s**ymmetrische **M**ulti**p**rocessing (SMP), wie es auch im PC-Sektor anzutreffen ist, baut hingegen auf Standard-PC-Komponenten auf. Wie in einem „normalen" PC (UP, **U**ni**P**rocessor) gibt es einen Systembus, auf dessen einer Seite der Speicher, auf der anderen Seite dann der Prozessor liegt – bei SMP-Systemen handelt es sich dann aber nicht nur um einen, sondern eben um zwei oder mehr Prozessoren. Dasselbe gilt für den I/O-Bus zur Peripherie, auch hier greifen alle Prozessoren eines SMP-Systems über einen einzigen Systembus auf die I/O-Schnittstellen zu. „Symmetrisch" bedeutet hier also, dass alle Prozessoren die gleichen „Rechte" haben und sich als gleichwertige Partner den Rest des Systems teilen (müssen).

Im Gegensatz dazu gibt es vor allem im Serverbereich noch das asymmetrische Multiprocessing. Hierbei greifen wiederum die Prozessoren über den Systembus gleichberechtigt auf den Speicher zu, die Ansteuerung des gesamten I/O-Bereichs jedoch wird von einem (oder mehreren) speziellen Prozessoren erledigt. Die Systeme sind daher komplizierter aufgebaut, bieten aber durch die Trennung in „Rechen- und I/O-Prozessoren" einen besseren Datendurchsatz.

Altes Prinzip neu entdeckt

Bereits 1987 erstaunte die Firma Sequent mit ihren auf dem Intel 80386 basierenden Multiprozessorsystemen namens „Symmetry" die Fachwelt. Viele Hersteller zogen nach und entwickelten ebenfalls Multiprozessorsysteme, die allerdings alle zueinander vollkommen inkompatibel waren. Erst als Intel die **M**ulti**P**rocessor **S**pecification 1.1 (MPS 1.1) vorstellte, änderte sich die Lage grundlegend, und die Systeme entsprachen nicht nur eben diesem Standard, sondern wurden damit auch in der Entwicklung wesentlich günstiger. Etwa 1994 wurde diese Spezifikation noch einmal von Intel überarbeitet und ist seitdem als MPS 1.4 für Multiprozessorsysteme mit bis zu 16 Prozessoren im PC-Bereich De-facto-Standard.

Ein geschickter Schachzug von Intel übrigens, denn mit MPS 1.1/1.4 wurde auch die Verwendung von APICs (erweiterte Interrupt-Controller) und vom GTL+-Bus zwingend vorgeschrieben: Diese Technik wurde nämlich patentiert und stand den Mitbewerbern somit nicht zur Verfügung. Prozessoren von AMD, Cyrix, IDT, Rise etc. waren dementsprechend inkompatibel zu MPS; deswegen schuf man dort den konkurrierenden Standard OpenPIC und setzte auf das Bussystem der Alpha-Server (EV6).

Hier genau liegt dann auch einer der großen Vorteile der AMD-SMP-Systeme gegenüber denen von Intel: Während Intel die Zustände der Cache-Lines mittels MESI beschreibt (**M**odified, **E**xclusive, **S**hared und **I**nvalid), verwendet man bei AMD das lustig klingende MOESI, wobei das „O" den großen Unterschied ausmacht (**O**wned). Liegen modifizierte Daten im Cache eines Prozessors und ein anderer Prozessor will darauf zugreifen, muss ein Intel-System den Cache in den Arbeitsspeicher zurückschreiben, von wo aus der zweite Prozessor die Daten dann lesen kann – das dauert aus Prozessorsicht natürlich ewig! Bei AMD kommunizieren die Prozessoren untereinander und tauschen bei Bedarf veränderte Cache-Inhalte direkt untereinander aus, ohne überhaupt auf den Arbeitsspeicher zugreifen zu müssen.

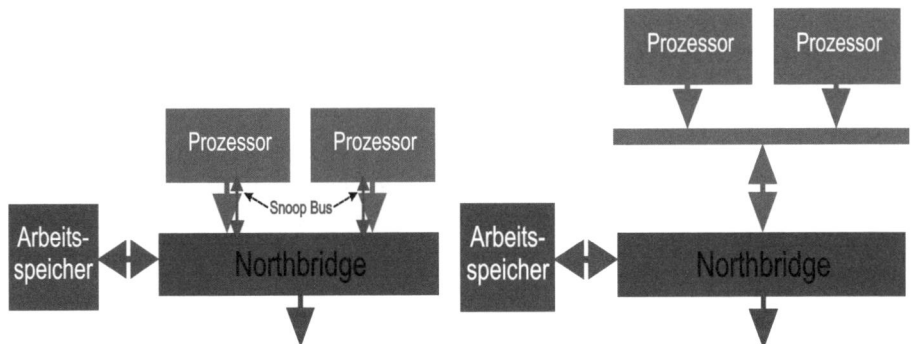

AMDs Aufbau eines Multiprozessorsystems ist technisch dem von Intel überlegen, weil die Prozessoren über den Snoop-Bus direkt miteinander kommunizieren können.

Auch wenn es manchmal eher zukunftsfeindlich klingt, auch bei MPS war eine der höchsten Prioritäten von Intel die Rückwärtskompatibilität. Ein SMP-System baut deswegen auch auf der Standard-PC-Architektur auf, weist aber einige Erweiterungen für einen SMP-Betrieb auf. Der Blick in die Vergangenheit geht sogar so weit, dass Intel (erschreckenderweise) in der Spezifikation für SMP-Systeme (zu finden unter *http://www.intel.com/design/pro/datashts/242016.htm*) von „DOS-compatible" spricht. Ein Achtfach-Xeon ist also kompatibel zum 8088 und zu DOS mit Windows 3.0? Na, vielleicht rein theoretisch ...

Intel bezeichnet die SMP-Systeme als **M**ulti**P**rocessor-**S**ysteme, die Spezifikation nennt sich demnach MPS. Über eben diesen Begriff stolpert man übrigens auch im BIOS-Setup eines SMP-Systems (S steht hier wieder für **S**ymmetrisch). Dort können Sie dann meistens zwischen der ganz alten 1.1- und der zwar angestaubten, aber immer noch aktuellen 1.4-Version wählen.

Ein SMP-System basiert zwar auf der normalen PC/AT-Struktur, aber wenn in einem solchen System plötzlich zwei oder mehr Prozessoren vorhanden wären, würde das reine Chaos ausbrechen. Was also fehlt, ist eine Steuerstruktur, die dafür sorgt, dass der Zugriff auf die einzelnen Prozessoren und andersherum auch deren Zugriffe geordnet ablaufen. Intel hat hierfür, wie oben erwähnt, die APICs vorgesehen, die **A**dvanced **P**rogrammable **I**nterrupt **C**ontroller. Diese ersetzen die üblichen i8259-kompatiblen ICUs (**I**nterrupt **C**ontroller **U**nits) des „normalen" PCs, können aber bedeutend mehr. Im Gegensatz zu den ICUs gibt es bei den APICs ein eigenes Bussystem, über den alle APICs miteinander kommunizieren. Ein APIC ist dabei jeweils für einen Prozessor (local APIC) zuständig. Im einfachsten Fall gibt es einen weiteren APIC für alle I/O-Aufgaben, etwa den Timer, die Schnittstellen, den PCI-Bus etc. Gerade in Servern findet man auch mehrere I/O-APICs für vielleicht vier getrennte PCI-Busse. In einem einfachen SMP-System mit zwei Prozessoren gibt es also wenigstens drei APICs.

Insbesondere die Interrupts werden in einem SMP-System über diese APICs an den jeweils passenden Prozessor übermittelt (oder auch an mehrere Prozessoren), wobei „passend" eben meistens „am wenigsten ausgelastet" heißt. Aus diesem Grund übrigens kommt es zu dem sehr angenehmen Effekt, das die Windows-Oberfläche oder der Linux-Desktop beim Einsatz eines zweiten Prozessors plötzlich viel „flüssiger" wirkt.

Neben den gebräuchlichen **Int**errupts (INT) unterstützt das APIC-System auch Interrupts für die Kommunikation zwischen den einzelnen Prozessoren, die so genannten IPIs (**I**nter**P**rocessor-**I**nterrupts). Darüber können die Prozessoren beispielsweise Statusinformationen oder andere Daten an einen oder mehrere andere Prozessoren schicken (und sogar an sich selbst).

Natürlich ist das BIOS eines SMP-Systems etwas umfangreicher als das eines UP-Systems (**U**ni**P**rocessor). Das SMP-BIOS stellt dabei wie üblich die Schnittstelle zwischen Betriebssystemkern und Hardware dar, bis die passenden Kernel-Treiber geladen und initialisiert sind. Damit das Betriebssystem Informationen über Aufbau und Zustand des SMP-Systems erhalten kann, werden diese vom BIOS in besonderen Speicherbereichen bereitgestellt.

Wem nutzt ein zweiter Prozessor?

Es wird klar, dass SMP nur noch als reine Sonderlösung gelten kann – nämlich dann, wenn man auf eine bestimmte Anwendung angewiesen ist und diese SMP klar unterstützt. Renderer wie Cinema 4D, Maya und 3D Studio max sowie einige aufwendige Filter von Photoshop machen den Einsatz eines zweiten Prozessors sinnvoll.

Ansonsten sind es vor allem Webserver mit umfangreichen dynamischen HTML-Seiten, Mail-, Datenbank- und Newsserver, die gleichzeitig mit vielen „kleinen" Anfragen beschäftigt sind, bei denen sich SMP noch lohnt.

Im privaten Bereich mit den üblichen Tätigkeiten, beispielsweise surfen, mailen, schreiben, Fotos und Videos bearbeiten sowie spielen, bringt SMP oder Dual Core nahezu gar nichts – investieren Sie das Geld lieber in eine schnelle Grafikkarte (Spiele), mehr RAM (Foto-/Videobearbeitung) oder eine dicke Festplatte (MP3, P2P).

6.7 Checkliste für den Kauf eines neuen Mainboards

Klickt man sich bei einem der großen Discounter durch das Onlineangebot der Mainboards, verliert man recht schnell den Überblick. Selbst nach Ausschluss einiger grundlegender Faktoren bleiben locker hundert mögliche Kaufkandidaten übrig. Einfach so aus dem Bauch heraus kann man da keine Entscheidung treffen – und wie immer hilft in diesem Fall ein Blatt Papier, auf dem man ganz objektiv die Kriterien zusammenfasst, die zum passenden Board führen.

Anhand dieser Liste finden Sie auch im größten Angebot das ideale Board (oder grenzen zumindest die Auswahl stark ein):

Kaufkriterium	Erläuterung	Ihre Notizen
Formfaktor	Wenn Sie bereits ein Gehäuse besitzen, sollte das Board natürlich auch hineinpassen. Ein WTX-Board für ein Dualprozessorsystem passt nicht in ein ATX-Gehäuse. Wer nur ein schickes Mini-ITX-Gehäuse besitzt, muss ein passendes Board kaufen.	BAT, ATX, WTX, BTX, µATX, Mini-ITX:
CPU: Hersteller	Eigentlich macht es keinen großen Unterschied, ob Sie einen Prozessor von Intel oder von AMD kaufen. Manch einer bevorzugt aber doch einen der beiden Produzenten – vielleicht weil Intel-CPUs im Bereich Multimedia etwas besser abschneiden, AMDs aber bei Spielernaturen und Schnäppchenjägern beliebter sind.	AMD, Intel, VIA:
CPU: Sockel	Prozessortyp und -sockel liegen eng beieinander. Während die Sockel 370 (Intel PIII) und Sockel A (AMD Athlon) zum alten Eisen gehören, sind Sockel 478 (Intel) und Sockel 754 (AMD) langsam dabei, Auslaufmodelle zu werden. Wer aktuell kaufen will, sollte sich nach einem Sockel 939-(AMD 64-) oder Sockel 775-(Intel-) Board umsehen.	Sockel 754/478, besser Sockel 939/775:

Kaufkriterium	Erläuterung	Ihre Notizen
CPU: Taktfrequenz	Die Taktfrequenz bestimmt zum großen Teil, wie schnell der PC ist. Allerdings steigt der Preis gegen Ende der aktuellen Taktfrequenzen geradezu exponentiell an – die letzten paar MHz kosten mehr als eine komplette Einsteiger-CPU. Versuchen Sie möglichst, einen Takt drei bis fünf Stufen unter dem aktuellen Maximaltakt zu bekommen.	Taktfrequenz, von/bis:
Speicher: Typ	Wer noch viel schnellen DDR-Speicher hat, möchte den vielleicht auch auf dem neuen Board einsetzen. Bei Neuanschaffungen ist es hingegen sinnvoll, gleich DDR2 ins Auge zu fassen. AMD plant für die nächste CPU-Generation übrigens schon mit DDR3. Nach Möglichkeit sollte das Mainboard auch Dual-Channel-fähig sein.	DDR, DDR2 sowie Dual Channel:
Speicher: Größe	Speicher kann man nie genug haben. Normalerweise reichen 512 MByte RAM aus, 1 GByte reicht auch für größere Projekte. Bedenken Sie bei Dual-Channel-Boards, dass Sie immer zwei der vier Bänke gemeinsam bestücken müssen.	Grundausbau MByte, Maximalausbau GByte:
Grafik	Der aktuelle Grafikkartenstandard heißt PCIe, in Kürze wird er auf PCIe32x erweitert. Nur wer noch eine High-End-AGP-Karte besitzt, sollte diesen Standard wählen. Falls 3-D-Anwendungen und vor allem High-End-Spiele unwichtig sind, reicht auch eine Onboard-Grafik aus – das spart mehrere hundert Euro!	AGP8x, PCIe16x oder Onboard:
Netzwerk	Jedes aktuelle Board bringt einige Netzwerkanschlüsse mit, ein 10/100-MBit/s-LAN ist immer vorhanden. Optional werden auch 1-GBit/s-Chips verbaut, die aber nur der braucht, der auch einen GBit-Switch hat. WLAN und Bluetooth sind für einige ebenfalls interessant. Eigentlich gehört auch FireWire zu den Netzwerk-anschlüssen.	10/100 MBit/s oder 1 GBit/s (ein oder zwei Anschlüsse?), WLAN, Bluetooth, FireWire:
Steckplätze	Nicht beachtet wird oft die Anzahl der benötigten Steckplätze. Moderne Boards besitzen manchmal nur vier (PCIe16x, zweimal PCIe1x und einmal PCI). Wer noch PCI-Karten hat, die er weiternutzen möchte (TV-Karte, Soundkarte, ...), sollte auf eine ausreichende Anzahl freier PCI-Slots achten.	Anzahl PCI-Slots:
Schnittstellen (klassisch)	Die klassischen (legacy) Schnittstellen verschwinden immer mehr. Zu ihnen gehören zwei serielle Schnitt-stellen und eine parallele, aber auch der Gameport für alte, analoge Joysticks. Im Zeitalter von USB sind diese Schnittstellen zwar meistens überflüssig, manch einer möchte seine alte Maus oder den parallelen Drucker aber dennoch nicht missen.	Seriell, parallel, Gameport:
Schnittstellen (neu)	Ein Großteil der Peripherie wird heute via USB ange-schlossen. Während sich viele einfache Geräte mit USB 1.1 begnügen, braucht man für externe Festplatten unbedingt USB 2.0. Nicht immer sind alle USB-Schnitt-stellen des PCs USB-2.0-tauglich.	USB 1.1, USB 2.0 (Anzahl):

Kaufkriterium	Erläuterung	Ihre Notizen
Audio	Fast alle aktuellen Boards haben einen Soundchip on board, der für viele einfache Anwendungen ausreicht. Wer wirklich Musik machen möchte oder DVDs über TV- und Hi-Fi-Anlage genießen will, ist mit einer PCI-Sound-karte oder digitalem S/PDIF deutlich besser beraten.	Stereo, Dolby 5.1-, 7.1-Sound, S/PDIF:
Zusatzfeatures	Wer weitere Features nutzen möchte, sollte darauf achten, dass das Board der Wahl diese unterstützt. Tuning-Besessene benötigen frei einstellbare FSB-, Multiplikator- oder CPU- und Speichertakte. Spezielle Prozessoren mit Hyperthreading, Dual Core oder 64 Bit benötigen ein BIOS mit derartiger Unterstützung. RAID, NVIDIAs ActiveArmor oder ASUS' AI NOS könnten weitere Kaufkriterien sein.	Zusatzfeatures:
Preis	Für viele Aufgaben reicht auch das billigste Board für etwas über 20 Euro, manch einer wünscht sich aber das Beste vom Besten und legt über 400 Euro auf den Tisch. Je nach Ausstattung und Qualität steigt der Preis eines Mainboards – bezahlen Sie aber nicht zu viel für unnötige Features oder einen guten Namen.	Preisspanne:

An dieser Liste müssen Sie sicherlich nicht zwanghaft festhalten, sie erleichtert es aber oft, die richtige Richtung beim Mainboard-Kauf einzuschlagen. Vor allem hindert sie allzu verkaufsfreudige Verkäufer daran, Ihnen ein überladenes und damit viel zu teures Board aufzuschwatzen.

6.8 Troubleshooting: Mainboard-Fehler erkennen

Ein neuer PC funktioniert in der Regel, und der Fehlerteufel schlägt meistens entweder gleich am Anfang oder nahezu nie zu. Die typische Lebensdauer der einzelnen PC-Komponenten liegt im Bereich von gut zehn Jahren, erst ab da treten Defekte häufiger auf. Da Fehler jedoch statistisch verteilt auftreten (was die MTBF-Rate verdeutlicht), kann es auch vorkommen, dass es den ein oder anderen Besitzer wesentlich eher trifft.

Wenn der Rechner dann partout nicht laufen will, ist guter Rat meist teuer. Leider sagt er ja nicht direkt, was kaputtgegangen ist. Zum Glück geht ein Mainboard nur recht selten kaputt, meistens sind softwareseitige Probleme wie ein durch einen Absturz zerstörtes Windows XP oder Viren, die einen PC lahm legen. Wie aber kann man eigentlich ein defektes Mainboard identifizieren?

Schalten Sie den PC ein, gehen im Normalfall ein paar Leuchtdioden an, und der Netzteillüfter beginnt zu schnurren. Sollte hier schon alles tot bleiben, haben Sie vermutlich ein Problem mit dem Netzteil. Überprüfen Sie dann die Stromversorgung, den Kippschalter hinten am Netzteil und alle Stromstecker im PC.

Was bedeutet eigentlich MTBF?

MTBF bedeutet **M**ean **T**ime **B**etween **F**ailure und bezeichnet den Zeitraum, der statistisch zwischen zwei Fehlern vergeht, und nicht etwa die oft beschriebene Zeit bis zum ersten Defekt. Unter Umständen geht Ihre Festplatte nämlich schon nach ein paar Betriebsstunden kaputt – aber dann sollte die nächste eigentlich über 100.000 Stunden halten.

Üblich sind MTBFs von über 100.000 Stunden, was einem Nonstopbetrieb von über elf Jahren entspräche. Eine zu hohe Temperatur (> 50 °C), häufiges Ein- und Ausschalten und Erschütterungen senken den MTBF einer Festplatte ganz erheblich.

Läuft das Netzteil an, passiert aber sonst überhaupt nichts, steht bereits das Mainboard im Mittelpunkt der Betrachtungen. Ist ein Mainboard total kaputt, leuchten weder LEDs, noch läuft ein Lüfter auf dem Board an.

Allerdings kann der Fehler dann auch noch in einer der eingebauten Komponenten verborgen sein, also sollten Sie diese der Reihe nach ausbauen, bis nur noch Prozessor, Speicher und die Grafikkarte vorhanden und angeschlossen sind.

PC ist „halb kaputt", wenn ein Elko platzt

Ein merkwürdiges, aber ab und zu vorkommendes Phänomen ist ein PC, der scheinbar nur mit halber Leistung läuft. Dazu kommt meistens ein stechender Geruch und manchmal gar ein wenig Rauch aus dem PC. Nach einiger Zeit startet der PC überhaupt nicht mehr. In diesem Fall ist ein Elektrolytkondensator (kurz Elko) geplatzt.

Elkos sind leicht erkennbar, da es sich um dicke, runde Bauteile handelt (kleine Litfaßsäulen). Ein geplatzter Elko hat manchmal einen „aufgesprengten" Deckel, manchmal aber auch nur feuchte Stellen am Boden. In beiden Fällen wurde er überlastet und ist dabei „übergekocht". Elektrolytkondensatoren bestehen im Inneren aus einer aufgerollten Aluminiumfolie (mit einer Aluminiumoxidschicht als Isolierung), die in einer leitenden Flüssigkeit eingelagert ist.

Auf dem Mainboard werden Elkos (oben drei im Bild) unter anderem zur Glättung der CPU-Spannung eingesetzt. Zu hohe Frequenzen oder zu hohe Ströme erhitzen den Kondensator auf mehr als die erlaubten 105 °C – er platzt.

Eigentlich sind Elkos nur Cent-Artikel, trotzdem ist ein Mainboard mit einem geplatzten Elko innerhalb der Gewährleistungsfrist von zwei Jahren ein Garantiefall.

Geht auch dann nichts, müssen Sie zuerst die Grafikkarte ausbauen und den PC noch einmal starten. Lag der Fehler in der Grafikkarte, meldet sich das Board nun mit Pieptönen und beschwert sich über einen fehlenden Grafikcontroller.

Hilft das auch nicht, bauen Sie noch den Speicher aus. Auch hier sollte im Unterschied zu vorher durch Pieptöne das Fehlen des Speichers moniert werden. Zeigt das Board ebenfalls keine Reaktion und gibt auch keinen Pieps von sich, ist es kaputt – oder der Prozessor. Um zu überprüfen, ob der Prozessor kaputt ist, müssten Sie sich ein ähnliches Modell besorgen und es probeweise einbauen.

Normalerweise macht sich ein defektes Mainboard aber anders bemerkbar, nämlich durch einen Morsecode. Die LEDs am PC leuchten, die Lüfter laufen an – aber ansonsten passiert scheinbar nichts. In Wirklichkeit aber hat das Mainboard bei einem internen Test (POST) einen Fehler gefunden und meldet diesen nun über den internen Lautsprecher.

Damit ein Mainboard im Fehlerfall einen Fehlercode morsen kann, muss ein Lautsprecher angeschlossen sein. Gut ausgestattete Boards haben einen kleinen Onboard-Piepser (rund, mit einem kleinen Loch in der Mitte), an andere Boards muss über ein zweiadriges Kabel der Lautsprecher (Speaker) des Gehäuses angeschlossen werden.

Sobald Ihr PC beim Einschalten komische Pieptöne von sich gibt, können Sie mit einem Hardwaredefekt rechnen.

Wichtiger denn je: Kühlung für die Spannungswandler

Die Spannungswandler sorgen – wie der Name sagt – dafür, dass der Prozessor aus der Boardspannung von 5 oder 3,3 Volt die passende I/O- und Kernspannung bekommt. Beim Herunterregeln der Spannung entsteht sehr viel Wärme, deswegen sind die Spannungswandler moderner Boards auch mit kleinen Kühlkörpern ausgestattet.

Damit diese Kühler auch korrekt funktionieren, sind sie auf einen konstanten Luftstrom des Prozessorkühlers angewiesen. Zieht der nämlich die angesaugte Luft durch den CPU-Kühler, entsteht „nebenbei" ein kühlender Luftstrom an den Kühlkörpern der Spannungswandler.

Wichtig ist, dass der Lüfter auf dem Prozessorkühler auch einen Luftstrom bei den Bauteilen nahe der CPU produziert – ansonsten überhitzen die Spannungsregler (drei flach liegende Bauteile).

Viele Lüfter sind mittlerweile lastgeregelt, drehen also langsamer, sobald der Prozessor weniger zu tun hat. Das kann fatal sein, denn Spannungswandler arbeiten permanent, egal ob die CPU unter Volllast oder im Idle-Mode ist. Auch sind manche „coole" Modder-Kühler von der Bauform eher ungeeignet, einen Luftstrom auch auf den Spannungswandlern zu produzieren.

Auch auf anderen Komponenten finden sich Spannungsregler, hier beispielsweise die zwei Spannungsregler einer Grafikkarte. Auch diese Bauteile müssen zumindest leicht gekühlt werden.

Da Spannungsregler sehr unterschiedliche Bauformen haben, sind spezielle Kühler nur bedingt zu empfehlen. Wer derartige Kühler installieren will, muss die mechanisch genau zum Spannungswandler passenden Kühler auswählen.

Wie funktioniert der Selbsttest (POST) im PC?

Beim Start des PCs wird der POST ausgeführt – der **P**ower **O**n **S**elf **T**est, der alle Komponenten im System überprüft. Tritt dabei ein Fehler auf und gibt das Motherboard Pieptöne ähnlich wie Morsezeichen von sich, haben Sie ein ernstes Hardwareproblem. Es gibt so genannte Port-80-Karten, die Sie genau über den Fortgang und die Ergebnisse des POST via 7-Segment-Anzeige informieren. Der POST sendet nämlich alle Statusinformationen an den I/O-Port 80. Eine Liste der POST-Codes finden Sie bei guten Board-Herstellern oder herstellerübergreifend beispielsweise bei *http://www.bioscentral.com*.

Beim POST kann es zu zwei Arten von Fehlern kommen: zu fatalen und nicht fatalen Fehlern. Fatal ist beispielsweise ein Defekt auf dem Motherboard, nicht fatal das Fehlen einer Grafikkarte (man kann z. B. einen Druckserver ohne Grafikkarte aufbauen). Die Fehlercodes und -meldungen sind im Übrigen BIOS-abhängig und sollten im Handbuch dokumentiert sein.

Auch das gibt es: Während man einen defekten Chipsatz kaum als solchen erkennen kann, gab es auf diesem Board einen heftigen Kurzschluss, der ein paar Lötkontakte und vermutlich ungenutzte Leiterbahnen verschmort hat. Trotzdem läuft dieses i850-Board nach wie vor einwandfrei.

Blinkt erst einmal die Grafikkarte auf dem Bildschirm und sehen Sie eine Cursor, funktioniert auf jeden Fall das Netzteil, das BIOS ist lesbar und hat eine korrekte Checksumme, der Prozessor findet die ersten 64 KByte RAM und kann diese lesen/darin schreiben, das I/O-System funktioniert grundlegend und kann auf die Grafikkarte zugreifen. Nun kann nur noch eine der übrigen Karten defekt sein, oder die Festplatten bzw. irgendwelche BIOS-Eintragungen sorgen für einen Systemhänger.

Kann ein Computer aufgrund von Hardwarefehlern oder Fehlkonfigurationen nicht booten, meldet das BIOS Fehler durch verschiedene Pieptöne. Die folgenden Tabellen zeigen die Bedeutung der Tonfolgen abhängig von der BIOS-Version:

Award-BIOS

BIOS-Töne	Bedeutung
1 kurz	alles in Ordnung
1 lang, 1 kurz	Motherboard-Fehler
1 lang, 2 kurz	Grafikkartenfehler
1 lang, 3 kurz	bis 1.6: EGA-Speicherfehler ab 3.03: Tastaturcontroller ab 4.5: Grafikkartenfehler
2 kurz	Fehler wird auf dem Bildschirm angezeigt
3 lang	Fehler im Tastatur-Interface
4 lang	Fehler bei der Lüfterüberwachung
wiederholt kurz	Stromversorgung des Motherboards
Dauerton	Speicher oder Grafikkarte nicht gefunden
Sirenenton	Lüfter ausgefallen, Temperatur zu hoch, Spannung zu hoch
Ping-Pong-Ton	CPU-Spannung nicht korrekt, Lüfter schwankt
10 Sekunden Dauerton, danach Abschalten des Computers	CPU-Lüfter läuft nicht oder zu schwach

AMI-BIOS

BIOS-Töne	Bedeutung
1 kurz	DRAM-Refresh ausgefallen
1 lang	alles in Ordnung
1 lang, 1 kurz	Motherboard-Fehler
1 lang, 2 kurz	Grafikkartenfehler
1 lang, 3 kurz	Videofehler, RAMDAC defekt oder Monitorerkennung fehlerhaft
1 lang, 4 kurz	Timer-Modul defekt
1 lang, 5 kurz	Prozessorfehler
1 lang, 6 kurz	Tastaturcontroller fehlerhaft
1 lang, 7 kurz	Virtual-Mode-Probleme
1 lang, 8 kurz	Fehler im Videospeicher
1 lang, 9 kurz	ROM-BIOS-Prüfsummenfehler
2 kurz	Parity-Fehler
2 kurz, 1 lang	Grafikkartenkontakt fehlerhaft
2 lang, 2 kurz	Videofehler
3 kurz	Basisspeicherfehler in den ersten 64 KByte
3 kurz, 3 lang, 3 kurz	Speicherfehler
4 kurz	Systemtimer oder Batterie defekt
5 kurz	Prozessorfehler oder übertaktet und ungenügend gekühlt
6 kurz	Fehler im Tastatur-Interface
7 kurz	Prozessorfehler Exception Interrupt
8 kurz	Videospeicher fehlerhaft oder ISA-Bus übertaktet
9 kurz	ROM-Prüfsummenfehler
10 kurz	CMOS kann nicht gelesen oder geschrieben werden
11 kurz	Level-2-Cache-Fehler
Dauerton	Netzteilfehler
Sirenenton	Lüfter ausgefallen, Temperatur zu hoch, Spannung zu hoch
Ping-Pong-Ton	Prozessorfehler

Phoenix-BIOS

Das Phoenix-BIOS unterscheidet nicht zwischen kurzen und langen Tönen, sondern gibt Tonfolgen von mehreren kurz aufeinander folgenden Tönen aus. Nach einer Pause folgen weitere Sequenzen.

Phoenix-BIOS bis Version 3

BIOS-Töne	Bedeutung
1 – 1 – 1	CMOS-Fehler beim Schreiben oder Lesen
1 – 1 – 4	BIOS-ROM-Prüfsummenfehler
1 – 2 – 1	Systemtimer defekt
1 – 2 – 2/1 – 2 – 3	DMA-Controller defekt
1 – 3 – 1	DRAM-Refresh-Fehler
1 – 3 – 2	falsches DIMM
1 – 3 – 3	64-KByte-Basisspeicher defekt (Speicherchip/Datenleitung)
1 – 3 – 4	64-KByte-Basisspeicher defekt (Logikchip-Fehler)
1 – 4 – 1	64-KByte-Basisspeicher defekt (Adressleitung)
1 – 4 – 2	64-KByte-Basisspeicher defekt (Parity-Logik)
2 – 1 – 1/2 – 4 – 4	Speicherfehler
3 – 1 – 1	Master-DMA-Register defekt
3 – 1 -2	Slave-DMA-Register defekt
3 – 1 – 3	Master-Interrupt-Register defekt
3 – 1 – 4	Slave-Interrupt-Register defekt
3 – 2 – 4	Tastaturcontroller defekt
3 – 3 – 4	Grafikkartenfehler (Speicher)
3 – 4 – 1	Grafikkartenfehler (Chip)
3 – 4 – 2	Videofehler oder Monitorerkennung fehlerhaft
4 – 2 – 1	Timer-Interrupt-Fehler
4 – 2 – 2	Shutdown-Funktion fehlerhaft
4 – 2 – 3	Fehler in Gate A20
4 – 2 – 4	unerwarteter Interrupt im Protected Mode
4 – 3 – 1	DRAM-Fehler oberhalb der ersten 64 KByte
4 – 3 – 3	Timer defekt
4 – 3 – 4	Systemtimer oder Batterie defekt
4 – 4 – 1	Fehler in serieller Schnittstelle
4 – 4 – 2	Fehler in paralleler Schnittstelle
4 – 4 – 3	Coprozessorfehler

Phoenix-BIOS ab Version 4

BIOS-Töne	Bedeutung
1 – 2	Prüfsummenfehler
1 – 2 – 2 – 3	BIOS-ROM-Prüfsummenfehler
1 – 2 – 3 – 1	Systemtimer defekt

BIOS-Töne	Bedeutung
1 – 2 – 3 – 3	DMA-Controller defekt
1 – 3 – 1 – 1	DRAM-Refresh-Fehler
1 – 3 – 1 – 3	Test Tastaturcontroller
1 – 3 – 3 – 1/1 – 3 – 4 – 1/ 1 – 3 – 4 – 3/1 – 4 – 1 – 1	RAM-Fehler
1 – 4 – 2 – 1	CMOS-Fehler
2 – 1 – 2 – 3	ROM-Copyright-Fehler
2 – 2 – 3 – 1	unerwarteter Interrupt

IBM-BIOS

BIOS-Töne	Bedeutung
1 kurz	kein Fehler, alles in Ordnung
2 kurz	Grafikkarte nicht ansprechbar
wiederholt kurz (Dauer-Piep)	Defekt an Motherboard oder Stromversorgung
1 lang, wiederholt kurz	Defekt an Motherboard oder Grafikkarte
Dauerton	Spannungsversorgung defekt oder Kurzschluss

Bei den meisten der Fehlern können Sie leider nichts machen, da eine System-komponente defekt ist, die direkt auf dem Mainboard sitzt. Diesen Fehler zu lo-kalisieren und sogar noch zu reparieren wäre bei Mainboard-Preisen ab 25 Euro viel teuer – Sie können sich nur ein neues Board kaufen. Ausführliche, ständig aktualisierte Infos zu den BIOS-Meldungen bekommen Sie unter *www.bios-info.de*.

7. Mehr Leistung: Prozessor austauschen

Der Prozessor ist das Gehirn eines Computers, in ihm findet die eigentliche Verarbeitung von Daten statt. Damit hängt die Gesamtgeschwindigkeit des Systems auch direkt von der Performance der CPU ab. Was liegt also näher, als den Prozessor gegen ein schnelleres Modell auszutauschen, um den eigenen PC schneller zu machen.

Leider kann nicht jeder beliebige Prozessor in jedes Mainboard gesteckt werden, weil die Her-

steller unterschiedliche Sockel verwenden. Schlimmer noch: Selbst ein mechanisch passender Sockel garantiert nicht, dass der Prozessor auch funktioniert. Mainboard samt Sockel und Prozessor müssen exakt zueinander passen, damit es nicht zum elektronischen Desaster kommt.

Wir zeigen, wie Sie nicht nur entscheiden können, ob das Aufrüsten möglich und sinnvoll ist, sondern auch, wie Sie Schritt für Schritt wie ein Profi das schnelle Silizium zum Laufen bekommen.

Wie wichtig ist die CPU-Leistung für den PC?

Wenn die Leistung des PCs nicht mehr auszureichen scheint, liegt der Einbau eines schnelleren Prozessors nahe. Mehr Takt bringt mehr Geschwindigkeit, der Computer wird schneller. Das stimmt so auch, allerdings ist die CPU nur ein Teil des Ganzen – 50 % mehr Takt bedeuten nicht 50 % mehr Geschwindigkeit. Der Speicher bleibt bei einem CPU-Upgrade gleich schnell und kann Daten daher weder schneller liefern noch Ergebnisse annehmen. Dasselbe gilt für die Festplatte und die gesamte restliche Peripherie. Und auch die Grafik selbst bleibt in erster Linie von der Geschwindigkeit des Grafikchips abhängig.

Warum dann überhaupt aufrüsten? Der Prozessor ist das zentrale Verwaltungsorgan des PCs. Wird eine Datei auf der Festplatte gesucht, muss die CPU die Dateiliste durchforsten, wenn 3-D-Objekte gezeichnet werden sollen, bereitet die CPU die Daten zuvor auf, und wenn die Daten vom Scanner in eine JPG-Datei gespeichert werden müssen, muss wiederum der Prozessor die Daten entsprechend komprimieren – oder beim Anzeigen wieder auspacken.

Die CPU ist also nur ein kleines Rädchen im gesamten PC, dennoch hängt ein guter Teil seiner Geschwindigkeit von der Leistungsfähigkeit des Prozessors ab: je schneller der Prozessor, desto schneller das gesamte PC-System.

Windows Vista und der Prozessor

Windows Vista ist umfangreicher als XP und benötigt daher auch mehr Rechenpower. Deswegen gleich der Empfehlung von Nigel Page (Microsoft Australien) zu folgen und auf einen Dual Core-PC umzusatteln ist aber übertrieben. Ein schneller Pentium III oder Athlon XP reicht für den Desktop bereits aus, sofern der CPU genügend Speicher zur Verfügung steht und man auf halbtransparente Fenster verzichten kann.

Denn der Prozessor ist zwar wichtig für Vista, aber kann seine Leistung aber nur dann ausspielen, wenn er durch reichlich RAM und eine schnelle Grafikkarte unterstützt wird.

Im Gegensatz zu XP wird Vista aber auch die neuen Technologien der Prozessorhersteller von Anfang an voll unterstützen, hier lohnt es sich also tatsächlich, auf Features wie 64-Bit-Unterstützung samt AMDs Enhanced Virus Protection, Cool'n'Quiet und PowerNow! zu achten. Bei Intel ist es neben 64 Bit (EM64T), Enhanced SpeedStep vor allem Hyperthreading und VT (**V**irtualisierungs**t**echnik). Beide Plattformen bieten durch den Einsatz eines Dual Core-Prozessors auch die Möglichkeit, die CPU-Leistung zu verdoppeln. Da Dual Core aus Sicht des Betriebssystems aber nichts anderes als das seit Jahrzehnten bekannte SMP (**S**ymmetric **M**ulti**P**rocessing) ist, wird es bereits von XP Professional (nicht Home) voll unterstützt.

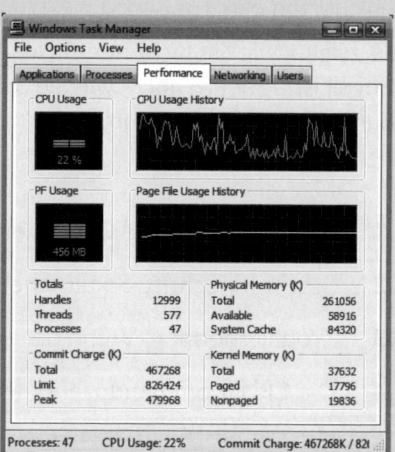

Vista ist umfangreicher als XP und bietet mehr grafische Spielereien – daher wird der Prozessor mehr gefordert als unter dem Vorgänger-Betriebssystem.

Beim Aufrüsten gibt es aber leider Grenzen. Intel und AMD verändern mit jeder Baureihe – und selbst innerhalb einer Baureihe – die Spezifikationen und/oder die Bauform auf dem Board. Damit lässt sich in einen alten Pentium III-PC kein Pentium 4 einbauen. Selbst innerhalb der Pentium 4-Baureihe gibt es unterschiedliche Sockel. Aus diesem Grund ist es sehr wichtig, zuvor ganz genau abzuklären, welche Prozessoren auf dem vorhandenen Board laufen. Meistens ist die Auswahl dann schon deutlich eingeschränkt.

Doppelte Leistung: Was ist Dual Core?

„Dual Core" bedeutet doppelter Kern, also zwei Prozessorkerne auf einem Chipträger. Das haben sowohl Intel als auch AMD eingeführt, weil beide Hersteller erkennen mussten, dass das Ende des Takt-Wahnsinns erreicht war. Elektrisch waren die hohen Takte innerhalb der CPU nicht mehr beherrschbar. Intel zog aus diesem Grund den Pentium 4 mit 4,0 GHz kurz nach der Ankündigung wieder aus dem Markt zurück.

AMDs und Intels Zwei-Prozessorkern-CPUs werden mit neuen Logos gekennzeichnet.

Um mehr Leistung auf den Desktop zu bekommen, werden nun also zwei Kerne auf einen CPU-Träger gepackt. Arbeiten die Prozessoren zusammmen, steht allerdings nur dann die doppelte Leistung zur Verfügung, wenn Betriebssystem und Anwendung mehrere Threads (parallele Verarbeitungsschritte) unterstützen. Das ist leider nicht immer der Fall, und so arbeiten viele alte Programme auf einem Dual Core genauso schnell wie auf einem herkömmlichen Single Core.

Erfreulich ist aber, dass die Prozessoren meistens für einen ein bis zwei Jahre alten PC bereits als Auslaufmodelle gelten. Die Kosten für das Aufrüsten bewegen sich dann oft um die 100 Euro herum – und dafür kann man sich dann noch eine Weile an der Mehrleistung erfreuen.

7.1 Kurzcheck: Welche CPU ist eingebaut, welche ist möglich?

Leider kann man nicht irgendeinen neuen Prozessor zum Aufrüsten des vorhandenen Systems verwenden. Ein schicker Dual Core von Intel oder AMD passt garantiert nicht in das kaum angestaubte 2-GHz-Modell vom letzten Jahr. Technische Notwendigkeiten, aber wohl auch der Wunsch, neue Systeme zu verkaufen, verleiten die Hersteller dazu, immer schneller die Beschaltung oder den Aufbau des Sockels zu verändern. Bei Intel kommen die Änderungen häufiger vor als bei AMD. Daher ist die Auswahl an passenden Prozessoren zum Aufrüsten meistens doch etwas eingeschränkt.

Damit das Aufrüsten auf einen schnelleren Prozessor überhaupt sinnvoll ist, muss er spürbar schneller sein als die CPU, die er ersetzen soll. Das scheint bei den heutigen Taktraten kein Problem zu sein, doch so einfach ist es leider nicht.

Zum einen gibt es grundsätzlich unterschiedliche Konzepte in der Bauform, die nicht miteinander kompatibel sind. In ein Intel Pentium-Mainboard passt kein AMD-Prozessor (obwohl das mal bei den 386/486/586 möglich war) – und umgekehrt. Doch auch innerhalb einer Herstellerlinie gibt es Grenzen, wie das Beispiel Intel zeigt:

- Den Pentium 4 gab es zuerst mit Willamette-Kern für den Sockel 423 (er hat 423 Pins) und mit Takten von 1,3 bis 2 GHz. Kurze Zeit später wechselte Intel auf den Sockel 478, auch dafür gab es einen Willamette-Pentium 4 mit Takten von 1,5 bis 2 GHz. Die neuen Prozessoren passten rein mechanisch nicht in die alten Sockel. Doch auch dem neuen Sockel folgte ein neuer Kern, der Northwood mit bis zu 3,4 GHz, der nicht in allen alten Boards laufen kann, obwohl er mechanisch passt.

- Dazu kann der Board-Takt (FSB, **F**ront **S**ide **B**us) auf manchen Mainboards nicht hoch genug eingestellt werden, und so läuft ein schneller Pentium 4 zu langsam – den 2,6-GHz-Willamette beispielsweise gibt es für FSB mit 100, 133 und 200 MHz – das Board muss das unterstützen.

Bei AMD sieht es etwas einfacher aus, aber auch dort lauert so mancher Stolperstein. Es ist also klar, dass man zum Aufrüsten nicht einfach den schnellsten zum Portmonee passenden Prozessor kaufen kann. In vielen Fällen passt der nämlich gar nicht.

Aus diesem Grund ist es wichtig, das System zuerst einmal genau zu analysieren, um dann feststellen zu können, welcher Prozessor überhaupt eingebaut werden kann. Anschließend müssen Sie dann entscheiden, ob der Aufpreis und die zu erwartende Mehrleistung zueinander passen.

So ermitteln Sie, welcher Prozessor eingebaut ist

Falls Sie nicht genau wissen, welcher Prozessor in Ihrem PC steckt, ist das nicht dramatisch. Es gibt viele Wege, das herauszufinden. Am einfachsten ist wohl der Blick auf die Rechnung zum PC, falls Sie sie griffbereit haben.

Ist das nicht der Fall, können Sie beim Booten links oben ablesen, als welchen Prozessor das BIOS im PC die CPU erkannt hat (kleiner Tipp: Drücken Sie die Taste (Pause), damit der Bootvorgang anhält und Sie Zeit zum Ablesen haben).

Die nächste Möglichkeit bietet Windows, wenn Sie unter *Start/Einstellungen/Systemsteuerung/System* auf der Seite *Hardware* den Geräte-Manager öffnen. Dort sind unter *Prozessoren* alle erkannten CPUs eingetragen – im Normalfall also eine CPU (Ausnahme: HT-Prozessoren werden zweimal angezeigt).

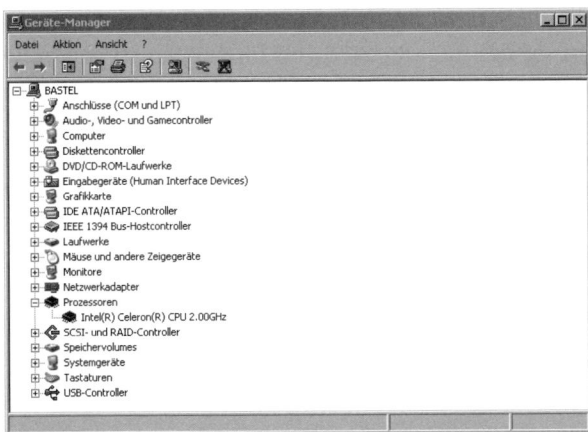

Der Geräte-Manager unter Windows XP gibt Auskunft darüber, welcher Prozessor im PC steckt.

Wer es genauer haben möchte, kann auf spezielle Systemanalysetools zurückgreifen. Sehr empfehlenswert und kostenlos ist EVEREST von *http://www.lavalys.com*. Nach dem Download und der Installation können Sie damit Ihren PC auf Herz und Nieren prüfen – und natürlich auch den genauen CPU-Typ bestimmen.

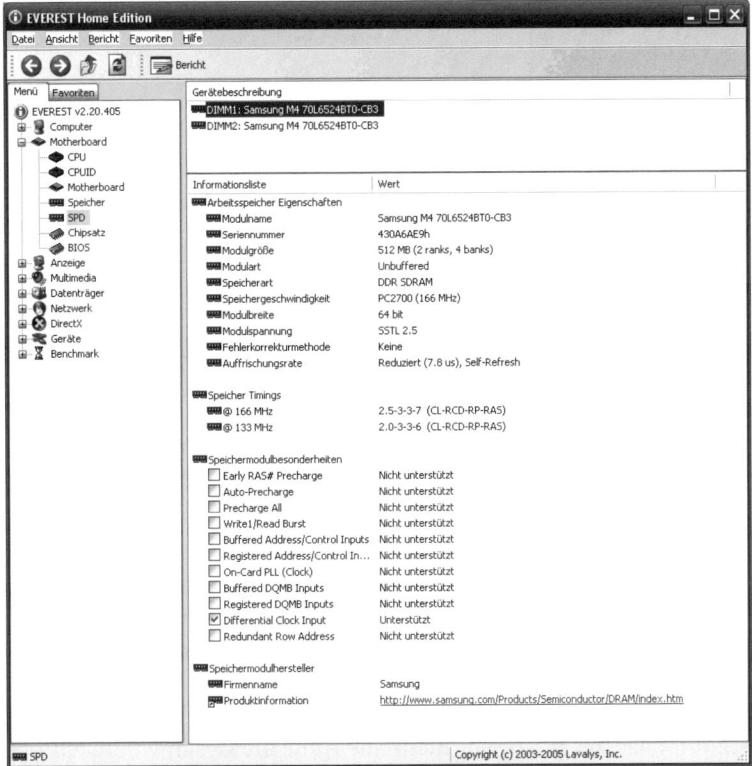

EVEREST von Lavalys analysiert Ihren PC und zeigt Ihnen neben dem Prozessortyp und dessen Takt auch gleich noch dessen genauen Codenamen, den FSB, den Multiplikator, die verwendbaren Befehlssätze und die Größe der internen L1- und L2-Caches an.

Noch genauere Informationen erhalten Sie, wenn Sie einen Blick auf den Prozessor werfen können, denn dort ist bei Intel-Prozessoren immer die so genannte sSpec-Nummer aufgedruckt. Diese Nummer besteht immer aus fünf Zeichen und hat ein Format wie beispielsweise „SL36W" oder „XL2XL". Suchen Sie diese Nummer und tippen Sie sie unter *sSpec number* auf der Seite *http://processorfinder.intel.com* ein.

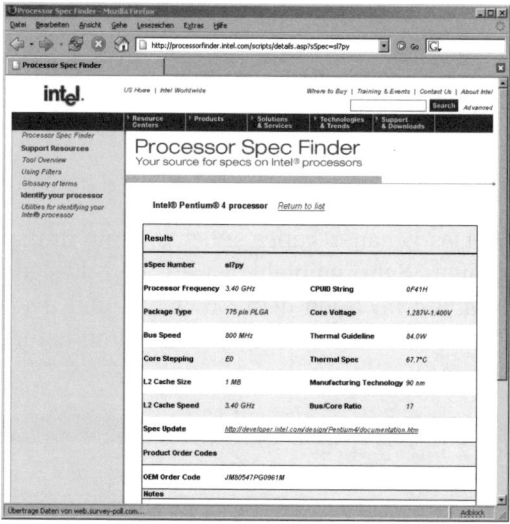

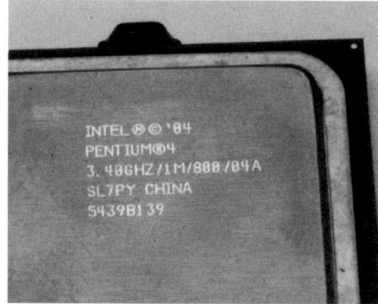

Ein Intel Pentium 4 mit der sSpec-Nummer SL7PY ...

... und die Daten, die Intels Datenbank dazu ausspuckt.

Sie erhalten dann direkt aus der Intel-Entwicklerdatenbank die ganz genauen Spezifikationen Ihrer CPU.

Wann lohnt eine Aufrüstung – und wann nicht?

Es lohnt sich nicht immer, den Prozessor aufzurüsten. Gerade wenn nur eine relativ geringe Takterhöhung möglich ist, können Sie sich das Geld für eine neue CPU getrost sparen. Nur eine massive Erhöhung des Takts macht sich auch tatsächlich bemerkbar – und darum geht es Ihnen schließlich.

Der Grund ist recht einfach: Tests haben ergeben, dass menschliche Versuchspersonen Computer erst dann als schneller empfunden haben, wenn deren Leistung um etwa 25 bis 30 % höher war als die des Vergleichssystems. Genau diese Erhöhung der Geschwindigkeit brauchen Sie also, damit Sie merken, dass Sie in eine neue CPU investiert haben.

Das Problem ist nun, dass der Prozessor nicht allein für die Geschwindigkeit des PCs verantwortlich ist. Hinzu kommen Speicheranbindung und -auslastung, die Grafikkarte, die Festplatte etc. Wenn Sie also einen Prozessor einsetzen, der 50 % höher getaktet ist als sein Vorgänger (z. B. 3,0 GHz statt 2,0 GHz), bleiben davon bei der Betrachtung des gesamten Systems höchstens 25 % übrig. Davon merkt man kaum etwas, man kann es allenfalls mit CPU-Benchmarks messen.

Im Umkehrschluss heißt dies, dass Sie den Takt des Prozessor nahezu verdoppeln sollten, damit der aufgerüstete PC Sie auch wirklich vom Hocker haut – und das wird meistens schwierig.

Lohnt sich ein Dual Core-System?

Der Mehrpreis für ein Dual Core-System lohnt sich nur in besonderen Fällen und sollte eher als Luxus denn als Notwendigkeit betrachtet werden. Im Internet und in den Medien wird oft behauptet, dass man nun zur gleichen Zeit eine DVD rippen könne, während man den neusten 3D-Shooter spielt. Abgesehen davon, dass das wohl kaum jemand macht, funktioniert es auch nicht befriedigend. Die Rechenleistung mag zwar theoretisch ausreichen, die Bandbreite zum Arbeitsspeicher und zur Peripherie (Festplatte/Netzwerk/DVD) müssen sich beide Anwendungen teilen. Das Ergebnis ist ein Spiel, dass hin und wieder mal mehr und mal weniger ruckelt – und so keinen Spaß macht.

Andersherum lohnt sich ein Dual Core-System immer dann, wenn tatsächlich Rechenleistung benötigt wird und die entsprechende Anwendung auch mehrere Prozessoren unterstützt (multithreaded). Viele Multimedia-Programme oder Renderer können auf einem Dual Core-System bis zu 90 % schneller arbeiten als auf einem Single Core-System.

Wer einen alten Pentium 4 mit 1,5 GHz besitzt, könnte also mit einem aktuellen 3,6-GHz-Boliden einen Geschwindigkeitsrausch erleben – theoretisch. Dummerweise benötigt der neue Pentium 4 ein anderes Board, weil das alte Board die neuen Versorgungsspannungen nicht bereitstellt. Wer hingegen einen 2,6-GHz-P4 besitzt, bekommt mit einem teuren 3,6-GHz-High-End-Prozessor auch so richtig viel mehr Leistung.

Bei AMD sieht es ähnlich aus, auch hier lohnt sich nur die Aufrüstung eines Einstiegsmodells einer bestimmten Baureihe zum aktuellen Topmodell, um das Performance-Plus bemerken zu können.

Dann lohnt sich ein Update

Ein Update lohnt sich immer dann, wenn Sie beim Arbeiten mit dem PC an dessen Leistungsgrenze stoßen – sofern es die Rechenleistung betrifft. Öffnen Sie dazu den Task-Manager und beobachten Sie die Systemauslastung. Liegt diese permanent am oberen Bereich, ist ein neuer Prozessor fällig.

Achten Sie jedoch darauf, einen ausreichend großen MHz-Sprung zu machen, denn nur dann werden Sie von dem Leistungsplus auch etwas bemerken. Den Takt des Prozessors um 20 % zu erhöhen bringt bis auf Ausnahmen gar nichts.

Ein Prozessor-Upgrade beschleunigt vor allem rechenintensive Anwendungen. In der Praxis heißt das:

Beschleunigt werden ...

Anwendungen, die Rechenpower benötigen. Dazu gehören Spiele, Render-Programme, technisch-wissenschaftliche Programme, viele Multimedia-Programme (insbesondere Filter, Konvertierer, Ripper).

Nicht beschleunigt werden ...

alle anderen Anwendungen wie das Surfen, Mailen, Schreiben sowie Desktop und Virenscanner. Auch die Laufwerke profitieren von einer schnelleren CPU nicht.

7.2 Schritt für Schritt: So tauschen Sie den Prozessor aus

Der Austausch eines Prozessors ist gar nicht so kompliziert, wie viele denken. Der Reihe nach wird zuerst die alte CPU ausgebaut, das Board gereinigt und dann der neue Prozessor eingesetzt. Ausgestattet mit einer hauchdünnen Schicht Wärmeleitpaste und einem neuen Kühler steht dem Geschwindigkeitsrausch nicht mehr im Wege.

Alten Kühler und Prozessor ausbauen

Bevor ein neuer Prozessor eingesetzt werden kann, muss der alte entfernt werden. Dazu muss zuerst der Kühler mit dem Lüfter ausgebaut werden – was durchaus eine Wissenschaft für sich sein kann. Es gibt viele unterschiedliche Befestigungsmechanismen, die meistens mehr oder weniger kompliziert zu lösen sind.

Das war einmal: Der kleine 486-Kühler samt Lüfter wird einfach an der CPU „festgeklippt". Heutige Kühler sind mit bis zu einem Kilo Gewicht viel zu schwer für diese einfache Befestigungsmethode.

So einfach, wie es beim alten 486er war – vier kleine Plastikklipps hielten Kühler/Lüfter am Prozessorgehäuse fest –, ist es schon lange nicht mehr.

Klassisch: Befestigung mit Metallklammern an Sockelnasen

Eine ältere Methode zur Befestigung von Kühlern auf dem Prozessorsockel ist die Methode mithilfe einer Metallklammer. Diese wird durch den Kühlkörper geführt und auf den beiden entgegengesetzten Seiten des Prozessorsockels in „Nasen" eingehakt.

Während das Einhängen auf der ersten Seite reicht einfach ist, erweist sich das Arretieren auf der zweiten Seite als komplizierter Kraftakt. Zum einen muss dabei die Metallklammer ganz leicht aufgebogen werden, damit sie über die Nase geführt werden kann. Zum anderen muss die Klammer dabei mit oft großer Kraft nach unten gedrückt werden.

Die enorme Kraft ist nötig, damit die Klammer später den Kühler fest auf den Prozessor drücken kann – nur so findet ein optimaler Wärmeaustausch statt, und der Kühler kann seinen Zweck erfüllen.

Das Lösen eines solchen Kühlers ist etwas einfacher, denn Sie müssen letztendlich nur die eine Seite der Klammer über die Nase ziehen. Da an der Nase ein kleiner Widerhaken sitzt, gehen Sie am besten wie folgt vor:

1 Setzen Sie einen passenden Schlitzschraubendreher in die meistens vorhandene Lasche auf der einen Seite der Metallklammer.

2 Drücken Sie nun mit dem Schraubendreher nach unten, bis sich die Klammer leicht von der Nase löst. Sie benötigen dafür meistens recht viel Kraft, achten Sie darauf, keinesfalls abzurutschen – ansonsten ist schnell ein Loch in das Board gestoßen!

3 Jetzt der Trick: Biegen Sie die Klammer zuerst ganz leicht nach innen, indem Sie den Schraubendreher weg vom Kühler kippen: Auf diese Weise bleibt die Klammer nicht am Widerhaken an der Nase hängen. Drücken Sie die Klammer dann nach unten und dabei nach außen – jetzt also den Schraubendreher hin

zum Kühler. Damit öffnen Sie die Metallklammer unten ein wenig und können sie so um die Nase herumführen.

4 Wenn Sie nun den Druck vermindern, lösen Sie damit den Kühler. Haken Sie die Klammer auch auf der anderen Seite des Kühlers aus und nehmen Sie diesen ab.

Der Kühler sollte sich nun leicht (manchmal von selbst) vom Prozessor lösen. Eventuell klebt er auch durch die Wärmeleitpaste ein wenig am Prozessor.

Einfachlösung: Intels Doppelklammertechnik

Viele PCs, insbesondere die von großen Herstellern, werden mit Intels „boxed" Prozessoren bestückt. Das „boxed" bedeutet dabei, dass sich ein spezieller Kühler/Lüfter von Intel mit in der Verkaufsbox befindet.

Die Montage dieser Kühler ist recht einfach, denn man drückt sie auf den Prozessor und legt auf beiden Seiten jeweils einen Hebel um. Komplizierter ist die Demontage, denn die Kühler verhaken sich hartnäckig an der Halterung auf dem Mainboard. Um einen solchen Kühler abzubauen, gehen Sie so vor:

1 Legen Sie die Hebel auf beiden Seiten des Kühlers um – so lockert sich der Kühler. Manchmal klebt der Lüfter leicht (Wärmeleitpaste) oder hartnäckig (Wärmeleitpad) auf dem Prozessor.

2 Jetzt wird es kompliziert: Sie müssen an allen vier Ecken gleichzeitig die Stützen des Kühlers von den hoch stehenden Stützen auf dem Mainboard nach außen biegen, um die Verankerung zu lösen. Erst wenn alle vier Streben frei sind, können Sie den Kühler abheben.

3 Die Halterung auf Seiten des Mainboards wird von kleinen Plastikverschlüssen gehalten. Falls Sie diese Halterung auch entfernen wollen, müssen Sie die vier kleinen Plastikstifte (meistens weiß) von der Unterseite des Boards her etwas herausdrücken und dann von der Oberseite her mit einer Zange entfernen. Erst wenn alle vier Stifte entfernt

sind, können Sie die Halterung abnehmen.

Falls der neue Kühler die gleiche Befestigungsmethode benötigt, brauchen Sie die Halterung natürlich nicht zu entfernen.

Bunte Vielfalt: sonstige Befestigungsmethoden

Es gibt natürlich noch weitere Möglichkeiten, den Kühlkörper auf den Prozessor zu pressen und mit dem Board zu verbinden. Suchen Sie immer nach Klammern, die wie eine Feder den Kühlkörper nach unten drücken. Meistens müssen Sie ein oder zwei dieser Federn entriegeln und dann entspannen, um den Kühlkörper abnehmen zu können.

Ein Spezialkühler mit einem extra langsam laufenden Lüfter, der unkonventionell direkt mit Schrauben montiert wird.

Oft ist das sehr fummelig, dafür hat der Hersteller dann aber auch den letzten halben Cent bei der Produktion eingespart. Leider nur selten finden sich wirklich wartungsfreundliche, intelligente Mechanismen zur Befestigung.

Dies sind typische Materialen zu Befestigung von bestimmten Prozessortypen:

   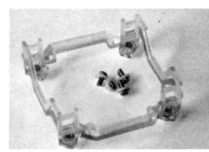

Klammern zur Befestigung eines Intel Pentium 4 im Sockel 478.

Klammer zur Befestigung eines AMD Athlon K7 im Sockel 754.

Klammer zur Befestigung eines AMD Athlon 64 K8 im Sockel 939.

Schrauben und ein spezieller Käfig zur Befestigung eines Intel P4 im Sockel 775.

Ist der Kühler samt Lüfter entfernt, können Sie den Prozessor entnehmen. Dazu müssen Sie bei allen gängigen CPU-Typen nur den kleinen Hebel neben dem Sockel hochkant stellen, um die Sockelverriegelung zu lösen.

Alte CPU reinigen und weiterverwenden

Der alte Prozessor kann – wenn er noch funktionsfähig ist – natürlich weiterverwendet werden. Vielleicht kann jemand aus dem Bekanntenkreis seinen (noch) älteren PC damit aufrüsten. Eventuell lässt sich auch bei eBay noch Geld aus dem alten Silizium machen – prüfen Sie vorher aber den aktuellen Marktwert Ihres alten Prozessors.

> **Vorher erden nicht vergessen!**
>
> Um den Prozessor elektrisch nicht zu beschädigen, müssen Sie sich erden, bevor Sie mit ihm hantieren. Berühren Sie ein Heizungsrohr oder das Gehäuse Ihres PCs.

Auf jeden Fall sollten Sie den Prozessor nach dem Ausbau reinigen, wenn Sie ihn nicht wegwerfen wollen (und selbst als Schlüsselanhänger ohne Pins ist eine alte CPU noch zu gebrauchen). Prozessoren sind allerdings sowohl elektrisch als auch mechanisch sehr empfindlich, gehen Sie hier unbedingt nur ganz vorsichtig vor. Kleine SMD-Widerstände am Rand der CPU-Platine sind auch bei leichter Berührung schnell abgebrochen – dann ist die CPU kaputt.

Vorher/nachher beim AMD Athlon: Bei diesen Prozessoren müssen Sie sehr vorsichtig bei der Reinigung vorgehen, weil der Prozessor-DIE ungeschützt vorliegt.

Vorher/nachher beim Intel Pentium 4: Die Sockel 478-Baureihe besitzt einen robusten Heatspreader (Metallkappe), der ein kleines Loch zur Entlüftung enthält. Drücken Sie beim Reinigen nicht zu viele Reste der Paste in dieses Loch.

Es gibt zwei mögliche Arten der „Verdreckung": einmal durch klebrige, schmierige Wärmeleitpaste und einmal durch ein wie ausgehärteter Kleber wirkendes Wärmeleitpad.

Der Prozessor wurde mit einer Wärmeleitpaste montiert

In diesem Fall wischen Sie zuerst einmal alle Reste vorsichtig mit einem Papiertuch (Toilettenpapier geht auch gut) ab. Legen Sie die CPU dazu auf eine rutschfeste Unterlage, am besten auf antistatischen Schaumstoff (aus dem Mainboard-Karton) oder notfalls auf ein Tuch. Reste an den Ecken der CPU bekommen Sie gut mit ein paar Wattestäbchen weg.

Die Ränder eines Prozessors reinigen Sie am besten mit einem Wattestäbchen.

Für die Feinreinigung können Sie ein wenig Isopropyl-Alkohol (Apotheke) oder notfalls Fensterreiniger verwenden. Befeuchten Sie ein Papiertuch damit und reiben Sie dann wieder vorsichtig über die Oberfläche, bis sie sauber und blank ist.

Der Prozessor wurde mit einem Wärmeleitpad montiert

Ein Wärmeleitpad schmilzt bei der ersten Erwärmung und härtet dann aus. Der Vorteil ist eine zusätzliche mechanische Festigkeit der Verbindung. Bei der Demontage des Kühlers hört man oft ein leichtes Knacken – dann bricht das ausgehärtete Wärmeleitpad.

Die Reste eines Wärmeleitpads, mit dem ein Kühler auf einem AMD Athlon XP montiert wurde. Diese Reste müssen unbedingt komplett entfernt werden, bevor der Kühler erneut verwendet werden darf.

So hartes Material benötigt auch eine etwas härtere Reinigungsmethode. Das Abkratzen mit einer Scheckkarte funktioniert meistens nur teilweise, andere Schabinstrumente verbieten sich. Insbesondere wenn der DIE wie bei einem Athlon XP oder einem Sockel-370-Prozessor von Intel freiliegt, ist äußerste Vorsicht angebracht.

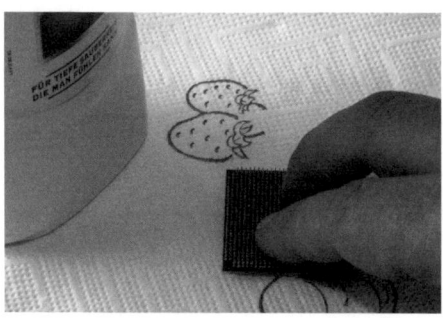

Wurde der Prozessor mit einem Wärmeleitpad montiert, müssen Sie sehr harte Reste vorsichtig mit Scheuermilch abschleifen.

Prozessoren mit einer Metallkappe (Heatspreader zur Wärmeverteilung) können Sie mit einer Scheckkarte grob reinigen, anschließend legen Sie ein Papiertuch auf den Tisch, geben ein paar Tropfen Scheuermilch oder Reiniger für Ceran-Kochflächen darauf und legen den Prozessor mit dem Kopf nach unten (Pins nach oben) darauf. Drücken Sie nun mit zwei, drei sauberen Fingern auf die Pins und bewegen Sie den Prozessor polierend leicht im Kreis. Wenden Sie keinesfalls zu viel Kraft auf, sonst verbiegen Sie die Pins.

Prüfen Sie ab und zu die Oberfläche der CPU – wenn diese von den Rückständen des harten Wärmeleitpads befreit ist, kommt der zweite Teil der Reinigung. Es ist nämlich sehr wichtig, die feinen Scheuerkörper zu entfernen, ansonsten klappt der Wärmeaustausch beim erneuten Einbau nicht. Benutzen Sie hier wieder wie bei mit Wärmeleitpaste montierten CPUs ein Papiertuch mit ein wenig Isopropyl-Alkohol oder Fensterreiniger.

Zuletzt sollte die Oberfläche des Prozessors vorsichtig blank poliert werden – nur so kann er bei einem späteren Einbau die Wärme optimal ableiten.

In beiden Fällen gilt: Reiben Sie die Oberseite der CPU nach der Reinigung noch einmal mit einem Papiertuch oder einem fusselfreien Baumwolllappen (z. B. einem altes T-Shirt) ab, um letzte Reste von Reinigern zu entfernen. Damit ist die alte CPU zumindest optisch blitzblank und so gut wie neu.

Es lohnt sich meistens auch, bei der Gelegenheit den CPU-Sockel und das Drumherum zu säubern. In den vielen kleinen Ritzen und rund um den Sockel sitzt meistens eine Menge Staub. Entfernen Sie ihn mit einem kleinen Pinsel, während Sie leicht über den Sockel pusten.

Ausrichtung: So setzen Sie den neuen Prozessor ein

Nun kann es losgehen, Sie können den neuen Prozessor einsetzen. Im Gegensatz zu beispielsweise einer PCI-Steckkarte ist das etwas komplizierter, da man meistens nicht genau erkennen kann, in welche der vier möglichen „Richtungen" der Prozessor eingesetzt werden muss.

Das Problem ist, dass mit ein wenig Druck auch ein falsch eingesetzter Prozessor zu passen scheint – es sind dann aber lediglich ein paar Beinchen umgeknickt, was bei deren filigranem Aufbau leicht geschieht. In dem Fall ist die CPU zerstört und wertlos (und leider kein Gewährleistungsfall).

Es gibt jedoch kleine Markierungen, anhand deren man einen Prozessor immer exakt ausrichten kann. Hier ein Überblick:

Intel Pentium 4 für den Sockel 478: Rechts unten fehlen zwei Pins.	*Intel Pentium 4 für den Sockel 775: Es gibt zwei kleine Einkerbungen rechts oben und unten.*	*Der riesige AMD Athlon für den Sockel A: An den zwei unteren Ecken fehlen die äußersten Pins.*	*AMD Athon64 für den Sockel 939: Oben fehlen an den Ecken drei Pins, unten links und rechts jedoch vier.*

Um eine CPU einzusetzen, gehen Sie bei den aktuell gängigen Sockeltypen wie folgt vor:

Einsetzen einer CPU in den Sockel 478

Beim klassischen Pentium 4 für den Sockel 478 setzen Sie den Prozessor auf folgende Weise in den Sockel ein:

1 Entriegeln Sie zuerst den Sockel 478, indem Sie den Hebel an der Seite ganz senkrecht nach oben stellen.

2 Richten Sie nun den Prozessor so aus, dass die beiden fehlenden Pins rechts oben (am Ansatz des Hebels) auf die beiden verschlossenen Löcher des Sockels passen. Lassen Sie die CPU in den Sockel gleiten und drücken Sie nur ganz leicht nach. Sollte der Prozessor nicht mit nur leichtem Druck in den Sockel passen, überprüfen Sie, ob der Hebel ganz senkrecht steht und ob der Prozessor richtig ausgerichtet ist.

3 Drücken Sie die Verriegelung des Sockels 478 wieder nach unten und lassen Sie den Hebel am kleinen Widerhaken einrasten.

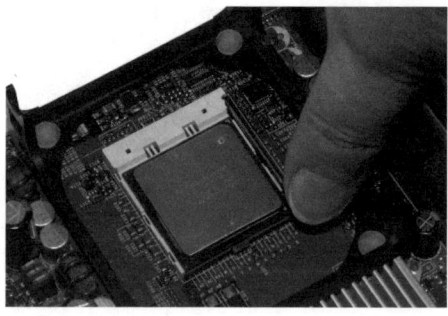

Der Pentium 4 ist nun korrekt im Sockel 478 installiert.

Einsetzen einer CPU in den Sockel 775

Die neuen Pentium 4 für Sockel LGA775 werden auf folgende Weise in den Sockel eingesetzt:

1 Entfernen Sie zuerst die Plastikabdeckung des Sockels 775. Dies ist beim neuen Sockel notwendig, weil im Gegensatz zu allen anderen Sockeln hier die Pins im Sockel und nicht unter der CPU sitzen. Vorsicht! Verbiegen Sie beim Hantieren mit dem Board keinen dieser Pins, sonst ist das Board nicht mehr zu gebrauchen!

2 Entriegeln Sie dann den Sockel 775, indem Sie den Hebel an der Seite ganz senkrecht nach oben stellen. Nun können Sie den Deckel des Sockels öffnen und auch diesen senkrecht nach oben stellen.

3 Richten Sie nun den Prozessor so aus, dass die beiden Einkerbungen links (auf der Seite des Hebels) auf die beiden Stege des Sockels passen. Lassen Sie die CPU in den Sockel gleiten und drücken Sie nur ganz leicht nach. Sollte der Prozessor nicht mit nur leichtem Druck in den Sockel passen, überprüfen Sie, ob der Hebel ganz senkrecht steht und ob der Prozessor richtig ausgerichtet ist.

4 Schließen Sie den Deckel des Sockels. Drücken Sie dann die Verriegelung des Sockels 775 wieder nach unten und lassen Sie den Hebel am kleinen Widerhaken einrasten.

Der Pentium 4 ist nun korrekt im Sockel 775 installiert.

Einsetzen einer CPU in den Sockel A

Die alte AMD Athlon-Baureihe findet für den Sockel A den Weg in den Sockel auf diese Weise:

1 Entriegeln Sie zuerst den Sockel A, indem Sie den Hebel an der Seite ganz senkrecht nach oben stellen.

2 Richten Sie nun den Prozessor so aus, dass die beiden Ecken mit den fehlenden Pins oben (an der dicken Seite des Sockels) auf die verschlossenen Löcher des Sockels passen. Lassen Sie die CPU in den Sockel gleiten und drücken Sie nur ganz leicht nach. Sollte der Prozessor nicht mit nur leichtem Druck in den Sockel passen, überprüfen Sie, ob der Hebel ganz senkrecht steht und ob der Prozessor richtig ausgerichtet ist.

3 Drücken Sie die Verriegelung des Sockels A wieder nach unten und lassen Sie den Hebel am kleinen Widerhaken einrasten.

Der AMD Athlon ist nun korrekt im Sockel A installiert.

Einsetzen einer CPU in den Sockel 939

Aktuelle AMD 64-Prozessoren für den Sockel 939 setzen Sie folgendermaßen in den Sockel ein:

1 Entriegeln Sie zuerst den Sockel 939, indem Sie den Hebel an der Seite ganz senkrecht nach oben stellen.

2 Richten Sie nun den Prozessor so aus, dass die beiden Ecken mit nur drei fehlenden Pins oben (an der dicken Seite des Sockels) auf die verschlossenen Löcher des Sockels passen. Lassen Sie die CPU in den Sockel gleiten und drücken Sie nur ganz leicht nach. Sollte der Prozessor nicht mit nur leichtem Druck in den Sockel passen, überprüfen Sie, ob der Hebel ganz senkrecht steht und ob der Prozessor richtig ausgerichtet ist.

3 Drücken Sie die Verriegelung des Sockels 939 wieder nach unten und lassen Sie den Hebel am kleinen Widerhaken einrasten.

Der AMD Athlon 64 ist nun korrekt im Sockel 939 installiert.

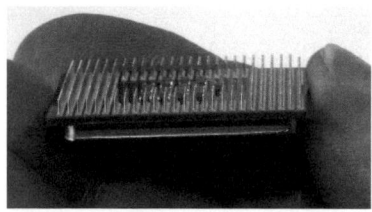

Tipp: Falls der Prozessor einfach nicht in den Sockel gleiten will, könnte es sein, dass ein paar Pins leicht verbogen sind. Um das schnell zu erkennen, gibt es einen Trick: Schauen Sie ganz flach und rechtwinkelig über die Unterseite des Prozessors, sodass alle Pins hintereinander stehen. Sollte einer „aus der Reihe tanzen" und krumm sein, sehen Sie das sofort. Versuchen Sie ihn ganz vorsichtig mit dem Fingernagel wieder in Form zu bringen.

Der Prozessor ist installiert, damit geht es an die Montage des Kühlers – nicht jedoch, ohne sich vorher über die Kontaktfläche Gedanken zu machen.

Experiment: Wärmeleitpaste oder besser Wärmeleitpad?

Für viele ist es eine Glaubensfrage, ob besser ein Pad oder eine Paste zur Wärmeableitung benutzt werden soll. Die Erfahrung zeigt, dass es im normalen Betrieb keinen großen Unterschied macht: Ein Wärmeleitpad ist leichter zu applizieren, die Wärmeleitpaste liefert in Tests etwas bessere Werte.

Zur Ableitung der Wärme vom Prozessor gibt es etliche Pasten in kleinen Tuben, Wärmeleitpads zum Aufkleben oder auf einigen Kühlern bereits fertig vormontierte Pads.

Eine gute Wärmeableitung vom Prozessor ist wichtig, weil er durch eine zu hohe Hitzebelastung auf Dauer zerstört würde.

Problemfall: mehr Hitzeentwicklung als beim Elektroherd

Um zu erkennen, wie wichtig eine gute Kühlung ist, kann man beispielsweise einen Blick auf einen aktuellen Prozessor wie den Pentium 4 Prescott werfen: In 0,09 µ gefertigt, passen rund 112 Millionen Transistoren auf eine Fläche von nur 112 mm². Um dieses Wunderwerk der Technik in Betrieb zu nehmen, benötigt die mit 2,4 bis 3,8 GHz getaktete CPU bis über 110 Watt. Dass das irgendwie ziemlich viel für einen so kleinen Chip ist, wird sich jeder denken können. Vergleicht man diese Leistungsaufnahme aber einmal mit einer Herdplatte, wird das Wärmeproblem viel drastischer: Eine 18-cm-Elektroherdplatte setzt etwa 2.500 Watt in Wärme um. Die Fläche beträgt (Pi * r²) rund 1.000 cm², was 2,5 Watt pro Quadratzentimeter ergibt. Beim Prescott (1,12 cm², 110 Watt) sind es über 98 Watt pro Quadratzentimeter, also gut das 40-fache!

Eine Herdplatte fängt im Laufe der Zeit an zu glühen, ein Prozessor-DIE darf nicht wärmer als 60 bis 95 °C werden – welche wichtige Rolle ein Prozessorkühler spielt, ist damit klar. Ohne Kühlkörper brennt eine moderne CPU in Sekunden durch, da die Strukturen auf dem DIE bei über 300 °C definitiv zerstört werden (auch wenn reines Silizium erst bei 1.450 °C schmilzt).

Es ist also eine ganze Menge an Wärmeenergie, die über eine sehr kleine Fläche abgeführt werden muss. Damit das überhaupt funktioniert, muss dafür ein spezielles Material verwendet werden, das Wärme exzellent leitet – Luft etwa schafft hier nur 0,003 W/mK (Watt pro Meter und pro Kelvin). Dieser geringe Wert deutet auf einen Isolator hin. Selbst Wasser (0,6 W/mK) isoliert eher, auch wenn es sehr viel Wärmeenergie aufnehmen kann. Stahlblech leitet Wärme hingegen mit 20 bis 30 W/mK recht gut ab – ein Silizium-Chip kann das mit 160 W/mK aber besser. Erst reines Aluminium (221 W/mK), Kupfer (393 W/mK) und Silber (410 W/mK) gelten als gute Wärmeleiter. Gold läge mit 310 W/mK auch gut im Rennen, ist aber zu teuer.

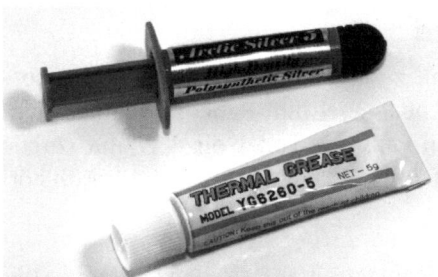

Hochwertige Wärmeleitpasten wie die Arctic Silver 5 (oben) besitzen einen hohen Anteil an pulverfeinem Silberstaub, der die Wärme sehr gut weiterleitet. Gegenüber einer billigen No-Name-Paste (unten) leitet eine Silberpaste die Wärme bis zu achtmal besser ab. So kann der Prozessor 5 bis 10 °C kühler betrieben werden, lebt dadurch länger und läuft auch im Hochsommer stabil.

Die Leitfähigkeit für Wärme

Materialien leiten die Wärme unterschiedlich gut weiter, es gilt: Je kälter sich ein Material bei Zimmertemperatur anfühlt, umso besser leitet es die Wärme. Der Wärmeleitwert wird beispielsweise in W/K*m (Watt pro Kelvin mal Meter) angegeben, ein höherer Wert steht für eine bessere Wärmeleitfähigkeit:

Luft 0,003
Wasser 0,55
Wärmeleitkleber ca. 1,0
Wärmeleitpaste/-pad ca. 1,0
Wärmeleitpaste (mit Silber) ca. 8,0
Stahlblech 40
Silizium 150
Aluminium 200
Kupfer 390
Silber 410

Ein Silberbarren auf dem Prozessor beispielsweise würde die Wärme also recht gut ableiten, das aber nur, bis er selbst warm ist, denn die Temperaturdifferenz zur Umgebung zählt. Um die Energie leichter abgeben zu können, muss die Oberfläche mit dem nächsten Kühlmittel – in der Regel Luft – vergrößert werden, daher die Rippen in den Kühlkörpern. Da Luft auch nur begrenzt Wärme speichern kann und wieder die Differenz zählt, tauscht man diese möglichst schnell aus – fertig ist das Prinzip aus gut wärmeleitendem Kühlkörper, vielen großen Rippen und einem möglichst viel Luft bewegenden Lüfter.

Luft ist wie gesagt ein Isolator, und das bereitet an der Kontaktstelle zwischen DIE und Kühlkörper wiederum Probleme: Kleinste, kaum sichtbare Unebenheiten bilden eine Isolierschicht, so als läge ein Stück Wolldecke dazwischen. Um dieses Problem zu lösen, versucht man möglichst ebene Oberflächen zu bekommen. Poweruser schleifen dazu die Oberseiten von Heatspreadern auf Prozessoren und die Unterseite des Kühlkörpers so plan, dass sie spiegeln (das sollte man auf einem DIE niemals versuchen!).

Kontaktmittel Wärmeleitpaste/-pad

Um das letzte bisschen Luft aus dem Spalt zu bekommen, wird noch eine spezielle Wärmeleitpaste oder ein Pad verwendet. Viel hilft dabei überhaupt nicht viel, im Gegenteil, Wärmeleitpasten haben Leitwerte von 1 bis 8 W/mK (Arctic Silver), also wesentlich weniger als der Silizium-DIE oder der billige Alu-Kühlkörper!

Daraus ergibt sich die Notwendigkeit, das Kontaktmittel zwischen CPU und Kühler so dünn wie irgend möglich aufzutragen. Bei einem Wärmeleitpad ist die Angelegenheit recht einfach: Sie ziehen auf der einen Seite die Schutzfolie ab und kleben es auf den Prozessor. Dann entfernen Sie die zweite Schutzschicht auf der anderen Seite und montieren den Kühler.

Ein Wärmeleitpad sieht ziemlich unspektakulär aus, fast wie ein dünner Kaugummi. Die beiden Schutzfolien oben und unten müssen entfernt werden, damit es zwischen CPU und Kühler seine Fähigkeiten ausspielen kann.

Das Pad liegt nun noch sehr dick zwischen CPU und Kühler. Beim ersten Einschalten jedoch schmilzt das Pad durch die Hitze sofort und verflüssigt sich – übrig bleibt ein ganz dünner Film zwischen CPU und Kühler, der beim ersten Erkalten aushärtet.

So tragen Sie Wärmeleitpaste richtig auf

Welche Wärmeleitpaste Sie auch immer verwenden, stets muss sie so dünn wie möglich aufgetragen werden. Dick eingestrichen wie ein Butterbrot, isoliert die Paste eher, als das sie Wärme weiterleitet. Umgekehrt bedeutet ein zu starkes Abkratzen der Paste, dass doch wieder kleine Hohlräume gefüllt mit Luft entstehen. Diese isolieren auch wieder hervorragend.

Vorsicht giftig!

Die Rezepturen der Wärmeleitpasten werden nicht offen gelegt. Es ist aber davon auszugehen, dass einige von ihnen sehr giftige Substanzen enthalten. Waschen Sie sich nach dem Hantieren mit der Paste daher unbedingt gründlich die Hände!

Ideal ist ein hauchdünner, gleichmäßiger Film aus Paste auf dem Prozessor – durch den die Beschriftung der CPU oder die Oberfläche des Heatspreader so eben nicht mehr zu erkennen ist.

Sie erreichen das auf folgende Weise:

1 Setzen Sie einen Klecks Wärmeleitpaste mitten auf den Prozessor. Die Größe richtet sich ein wenig nach der Größe der CPU: Bei einem Athlon XP reicht ein Tröpfchen, bei einem Pentium 4 und einem AMD 64 entspricht die Menge in etwa gut einer halben Erbse.

Verwenden Sie lieber etwas zu wenig Paste, Sie können immer noch ein wenig nachträufeln – bei zu viel Paste läuft diese schlimmstenfalls an der Seite der CPU herunter.

2 Nun verstreichen Sie die Paste erst einmal mit einem kleinen Spachtel möglichst gleichmäßig über die gesamte CPU-Oberfläche. Als Werkzeug eignet sich ein kleiner Pappstreifen (ca. 1 cm dick), ein Schlitzschraubendreher (Vorsicht, nicht die CPU zerkratzen) oder Ähnliches.

3 Zuletzt streichen Sie die Oberfläche ganz glatt. Dabei tragen Sie gleichzeitig überschüssige Paste ab. Das geht am besten mit einer Telefon- oder Kreditkarte oder einer anderen scharfen, geraden Kante. Ideal ist es, wenn das Abziehinstrument leicht nachgibt wie etwa eine Rasierklinge (Vorsicht, Verletzungsgefahr!).

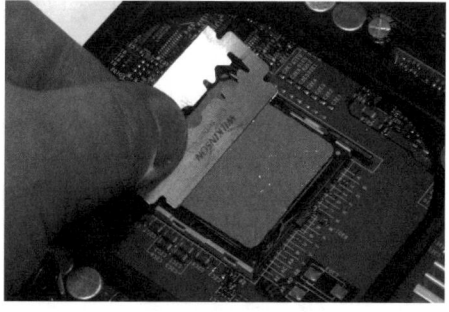

4 Ist ein dünner Film aus Wärmeleitpaste, wie in der letzten Abbildung dargestellt, auf dem Prozessor vorhanden, können Sie den Kühler montieren. Diesen müssen Sie übrigens nicht auch noch behandeln, die aufgetragene Menge Wärmeleitpaste reicht vollkommen aus.

Der Einsatz eines Wärmeleitpads

Wesentlich einfacher ist der Einsatz eines Wärmeleitpads. Zwar übertragen die meisten Pads die Wärme nicht so gut wie eine ordentliche Paste, dafür kann man bei der Montage aber auch kaum etwas falsch machen.

Meistens sind die Pads schon Bestandteil eines neuen Kühlers, bei dem sie bereits an der Unterseite aufgeklebt sind. Ganz wichtig: Meistens müssen Sie hier noch eine Schutzfolie abziehen.

Bei einem separaten Pad müssen Sie darauf achten, dass es mindestens genauso groß ist wie der Prozessor, auf dem es angewendet werden soll. Ist es zu klein, überhitzt der Prozessor an den nicht überdeckten Teilen und zerstört sich so in kurzer Zeit selbst. Falls das Pad zu groß ist, können Sie die überstehenden Teile grob mit einer Schere abschneiden – ein wenig Überhang schadet aber überhaupt nichts.

So benutzen Sie ein separates Wärmeleitpad:

1 Ziehen Sie die Schutzfolie auf der einen Seite ab.

2 Kleben Sie das Pad – es haftet ein wenig – auf den DIE des Prozessors, sodass alle Bereiche abgedeckt sind. Alternativ kann man das Pad auch auf den Kühler kleben – nur muss man dabei exakt die Stelle treffen, die später genau auf dem DIE liegt.

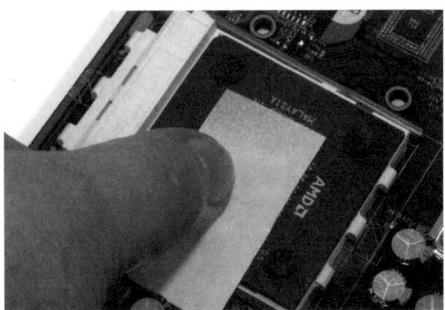

3 Ziehen Sie die zweite Folie ab.

4 Nun könnten Sie den Kühler aufsetzen. Sofort bei der ersten Inbetriebnahme wird das Wärmeleitpad schmelzen und sorgt so für einen sehr dünnen, Wärme leitenden Filme zwischen CPU und Kühler.

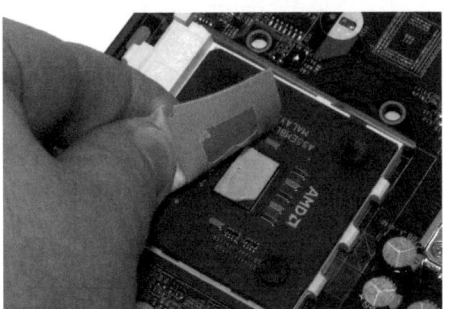

Kühler andrücken

Der Kühler sitzt noch enger auf der CPU, wenn Sie ihn nach der Montage noch einmal kräftig nach unten drücken (nicht am Lüfter!) und dabei um eine Winzigkeit hin- und herdrehen.

Beim Einsatz von Wärmeleitpaste kann man (sollte man aber eigentlich nicht) notfalls den Kühler abnehmen und einfach wieder neu aufsetzen. Bei einem Pad sollten Sie das nicht machen, denn die Verbindungsschicht härtet aus und passt somit nun exakt an eine Stelle bei der Verbindung mit dem CPU-Kühler. Setzen Sie den Kühler auch nur um einen Tausendstelmillimeter falsch auf, passt das Pad nicht mehr, es entstehen Lufträume, und die CPU überhitzt.

Eisblock: So installieren Sie aktuelle Kühler

Ist der Prozessor installiert und die Wärmeleitpaste aufgetragen, fehlt nur noch der Kühler mit dem Lüfter. Ihn zu montieren ist meistens der komplizierteste Schritt am Prozessorwechsel, weil die meisten Lüfter auf recht hakelige Weise festgeklammert werden müssen.

Installieren eines Kühlers auf einem Intel-System (die „boxed" Befestigung von Intel)

Viele Systeme werden mithilfe von Intels „boxed" CPUs aufgebaut, weil das komplette Set von Prozessor und Kühler vom führenden Hersteller Qualität verspricht. Nun, die Kühler/Lüfter sind nicht gerade der Gipfel der Mechanik, sie versehen ihren Dienst aber meistens viele Jahre klag- und wartungslos.

Viele Pentium 4-Boards für den Sockel 478 werden mit der Schnapphalterung von Intel ausgeliefert, die eine Art Käfig um den Prozessorsockel bildet, an dessen vier Ecken jeweils eine „Türmchen" steht, in das die Halterung des Kühlers einrasten soll.

Um die Halterung für den Kühler fest mit dem Mainboard zu verbinden, müssen Sie an allen vier Ecken einen der kleinen Plastikstifte einsetzen. Durch die relativ filigrane Befestigungsmethode eignet sich diese Halterung nur für maximal mittelschwere Kühler.

Sollte eine derartige Halterung nicht vormontiert sein, ist das kein Problem: Stecken Sie die Halterung auf das Board und arretieren Sie sie mit den mitgelieferten vier kleinen Plastikstiften.

Den Kühler montieren Sie so:

1 Setzen Sie den Kühler samt Lüfter von oben möglichst senkrecht auf die Halterung. Der Kühler lässt sich dann bis auf etwa einen Zentimeter vor dem Prozessor absenken.

2 Achten Sie darauf, dass die Halterungen auf allen vier Seiten jeweils über die kleinen Türmchen der Halterung ragen. Ist das der Fall, können Sie den Kühler mit sanfter Gewalt nach unten drücken. Überprüfen Sie, ob alle vier Ecken einrasten und den Kühler somit arretieren.

3 Noch können Sie den Kühler ein wenig ausrichten, sodass er genau über dem Prozessor liegt. Ist das der Fall, legen Sie die beiden meistens recht schwergängigen Hebel um. Damit wird der Kühler auf den Prozessor gepresst und endgültig in seiner Position festgehalten.

4 Schließen Sie die Stromversorgung des Lüfters an, damit der Prozessor nicht beim Einschalten überhitzt und zerstört wird. Auf jedem Mainboard befindet sich dazu ein Pfostenstecker, der meistens die Bezeichnung „CPU FAN" trägt.

Damit ist der Kühler auf der Sockel 478-CPU installiert und betriebsbereit.

Installieren eines Kühlers auf einem Intel-System (LGA775)

Intel hat die Montagetechnik beim Sockel 775 etwas servicefreundlicher und mechanisch wertvoller gestaltet als beim Sockel 478. Auch ist das Ganze etwas stabiler, sodass schwere Kühler ebenfalls verwendet werden können (diese sind manchmal bei 478-Boards während des Transports abgerissen).

Sockel 775-Boards werden oft ohne eine Halterung ausgeliefert, sodass Sie in diesem Fall darauf achten sollten, dass sich eine LGA775-Halterung im Lieferumfang des Kühlers befindet. Dazu gehören auch vier Schrauben samt Kunststoff-Unterlegscheiben und zwei Klammern.

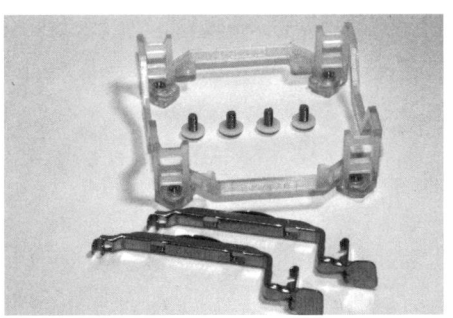

Zu einem kompletten Kühler für den Sockel 775 gehören eine LGA775-Halterung, vier Schrauben und zwei Klammern.

Den kompletten Kühler montieren Sie folgendermaßen auf einen Sockel 775-Prozessor:

1 Befestigen Sie bei Bedarf zuerst die LGA775-Halterung. Legen Sie sie dazu auf das Board und machen Sie sie von der Rückseite her mit den vier Schrauben fest. Die Unterlegscheiben gehören dabei auf der Unterseite auf die Schrauben.

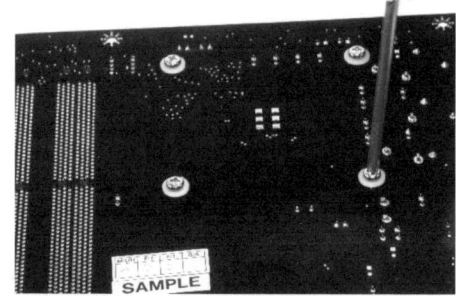

2 Setzen Sie nun vorsichtig den Kühler auf. Achten Sie dabei darauf, diesen nicht zu verkanten und vor allem auch nicht das Kabel des Lüfters am Rahmen einzuklemmen.

3 Noch können Sie den Kühler ein wenig ausrichten, sodass er genau über dem Prozessor liegt. Führen Sie dann rechts und links die beiden LGA775-Federn ein, verhaken Sie sie mit dem Rahmen und lassen Sie sie einrasten. Damit wird der Kühler auf den Prozessor gepresst und endgültig in seiner Position festgehalten.

4 Schließen Sie die Stromversorgung des Lüfters an, damit der Prozessor nicht beim Einschalten überhitzt und zerstört wird. Auf jedem Mainboard befindet sich dazu ein Pfostenstecker, der meistens die Bezeichnung „CPU FAN" trägt.

Damit ist der neue Sockel 775-Prozessor samt Kühler und Lüfter installiert.

Installieren eines Kühlers auf einem AMD 64-System (Klammertechnik)

Die Befestigung der AMD K8-Prozessorfamilie (AMD 64) ist erfreulich stabil und leicht zu montieren. Zwar wird auch hier wie beim Vorgängermodell K7 eine einzige Klammer unten durch den Kühler geführt, um ihn festzuklemmen, doch ist diese mechanisch wesentlich ausgereifter und leichter festzuklemmen.

Hinzu kommt ein recht mächtiger Rahmen, der auf Mainboards für den AMD Athlon 64 vormontiert ist.

So installieren Sie einen Kühler auf einem AMD Athlon 64:

1 Führen Sie zuerst die K8-Klammer durch den Kühlkörper, weil das später auf dem Mainboard meistens zu fummelig wird.

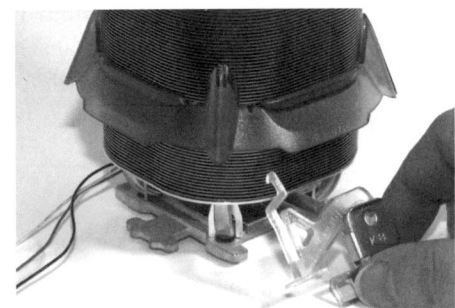

2 Setzen Sie dann den Kühler auf. Meistens rastet er bereits ein wenig in der Mainboard-Halterung ein – manche Halterungen können dazu an beiden Seiten per Schraube leicht gelöst werden. Achten Sie darauf, nicht das Kabel für den Lüfter einzuklemmen.

3 Haken Sie nun auf der Rückseite den kleineren Teil der Halteklammer ein. Im Gegensatz zu älteren Befestigungsverfahren werden beim K8 alle drei Nasen verwendet, was dem Ganzen eine deutlich höhere Stabilität verleiht. Durch die kleinen Widerhaken an den drei Nasen sollte die Klammer in dieser Position verharren.

4 Öffnen Sie den Feststellhebel des Kühlers – dadurch sollte sich die Metallklammer ein wenig absenken und sich so relativ leicht in die drei Nasen auf der Vorderseite einhaken lassen.

5 Um den Kühler zu arretieren und vor allem ganz fest auf den Prozessor zu pressen, müssen Sie nun den Hebel umlegen und auch diesen einrasten lassen. Dazu ist meistens ein wenig mehr Kraft nötig.

6 Schließen Sie die Stromversorgung des Lüfters an, damit der Prozessor nicht beim Einschalten überhitzt und zerstört wird. Auf jedem Mainboard befindet sich dazu ein Pfostenstecker, der meistens die Bezeichnung „CPU FAN" trägt.

Damit ist der AMD Athlon 64 mit einem Kühler versehen und kann problemlos in Betrieb genommen werden.

Feuerprobe: ein erster Probelauf und die wichtigsten Tests

Der neue Prozessor ist eingebaut und mit einem Kühler ausgestattet worden – bevor Sie ihn aber das erste Mal starten, gehen Sie noch einmal die folgende Checkliste durch:

✔ Sitzt der Prozessor korrekt im Sockel?

✔ Sitzt der Kühler exakt auf dem Prozessor, und wackelt er nicht?

✔ Ist der Lüfter des Kühlers angeschlossen?

Nur bei sehr alten oder sehr exotischen Mainboards müssen Sie eventuell die Taktfrequenzen, die Kern- und die I/O-Spannung per Jumper einstellen. Die nötigen Informationen dazu finden Sie dann im Handbuch des Mainboards.

Haben Sie alles kontrolliert, können Sie den PC einschalten und sich das erste Mal am neuen, schnelleren Prozessor erfreuen.

Erste Schritte: CPU-Typ prüfen und Temperatur beobachten

Bevor es mit Windows oder Linux losgeht, sollten Sie einen Blick ins BIOS-Setup werfen. Damit können Sie schnell und einfach überprüfen, ob der Einbau gelungen ist.

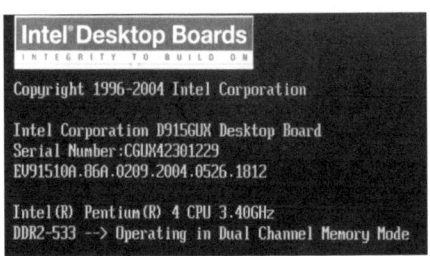

Beim ersten Start wird es spannend: Erkennt das Mainboard den Prozessor korrekt? Um die Anzeige anzuhalten, können Sie auf die Taste Pause drücken.

Während des POST-Vorgangs (Selbsttest des PCs) drücken Sie ⟨F2⟩ (oder eine andere Taste, siehe Kapitel 9), um in das BIOS-Setup zu gelangen. Dort finden Sie meistens auf der Eingangsseite die Informationen zum installierten Prozessor, dem Speicher und den Laufwerken. Hier sollte nun Ihr neuer Prozessor korrekt angezeigt werden.

Ist das nicht der Fall, ist ein BIOS-Update nötig. Es kann nämlich sein, dass das installierte BIOS zu einem Zeitpunkt entstanden ist, als es den neuen CPU-Typ noch nicht gab. Das BIOS kann zwar auch mit unbekannten Prozessoren arbeiten, da diese sich meistens kaum von den Vorgängern unterscheiden, jedoch ist das nicht optimal. Erst mit einem passenden BIOS kann das Mainboard optimal mit der neuen CPU zusammenarbeiten.

Wie Sie eine neues BIOS auf dem Mainboard installieren, lesen Sie ausführlich in Kapitel 9.

Der nächste Schritt ist ein Blick auf die Temperaturanzeige im BIOS-Setup. Auf der Seite *Power-Management* oder unter *Advanced/Hardware-Monitoring* finden Sie meistens diese Angabe. Die Temperatur wird bei allen modernen Prozessoren direkt auf dem DIE gemessen. Sollte die Temperatur deutlich über 50 bis 60 °C liegen, stimmt etwas mit der Montage des Kühlers nicht. Schalten Sie dann den PC sofort ab und kontrollieren Sie den Kühler.

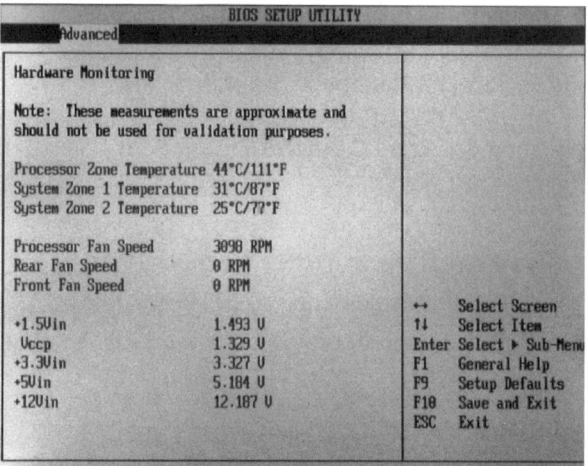

Der erste Blick auf die Temperatur des Prozessors: Alle Werte sind normal, der Kühler wurde also korrekt montiert (Messung im Sommer, Raumtemperatur 23 °C).

An dieser Stelle finden Sie meistens auch die aktuelle Drehzahl des Lüfters. Sowohl die Temperatur des Prozessors als auch die Drehzahl des Lüfters sind beim Blick ins BIOS-Setup deutlich über den späteren Minimalwerten im Betrieb, weil das BIOS im Setup keine Stromsparfunktionen nutzt.

7.3 Troubleshooting: Wenn der Rechner nicht rechnen will

Eigentlich sollte ein aktueller PC nach dem Zusammenbau problemlos funktionieren. Falsche Einstellungen beim Takt, bei der Spannung oder Ähnlichem sind heute im Gegensatz zu den Zeiten eines 286/386/486 oder Pentium I/II kaum noch möglich – alles stellt sich automatisch ein. Das Board erkennt den Prozessor (wenn das BIOS die CPU-ID kennt) und regelt im wahrsten Sinne des Wortes alles Übrige, also Kern-, I/O-Spannung und Takt.

Meistens gibt es im BIOS-Setup eigene Optionen, die erst explizit freigeschaltet werden müssen, damit man diese Eckwerte verändern kann. Beim PC-Tuning (Overclocking, Übertakten) spielen die Bastelfreaks an diesen Werten. Da wird dann der Takt erhöht, bis der Prozessor regelmäßig abstürzt – um das zu verhindern, erhöht man die Kernspannung. Dadurch wiederum wird der Prozessor wesentlich heißer und benötigt einen leistungsfähigeren Kühler ...

Leider haben aber auch „normale Anwender" manchmal Probleme nach dem Zusammen- oder Umbau. Wer dann analytisch Schritt für Schritt vorgeht, findet den Fehler in der Regel und kann ihn korrigieren. Eigentlich gibt es vier typische Fehlersituationen: Der Rechner springt gar nicht an und stellt sich tot, er läuft nur für 10 bis 15 Sekunden, er läuft ein paar Minuten, oder aber er läuft so lange, bis ein größeres Programm gestartet wird.

Dieser Fehler ist so einfach wie häufig: Nach dem Umbau vergisst man, den ATX-Schalter am Netzteil wieder einzuschalten. Beim Druck auf den Einschalter an der Front des PCs passiert nichts, und für Sekunden ist man geschockt ...

All das deutet auf Probleme – meistens mit der Wärmeabfuhr – hin. Folgendes kann die beschriebenen Symptome verursachen:

Rechner ohne Lebenszeichen

Passiert gar nichts, wenn Sie auf die Einschalttaste drücken, kann das erst mal ein paar ganz triviale Gründe haben, vor denen auch Profis nicht gefeit sind:

- Ist der PC mit einem 230-Volt-Kabel mit dem Stromnetz verbunden?
- Steht der Ein-/Aus-Schalter auf 1?
- Wurde die Spannungsversorgung des Boards sichergestellt (20-/24-poliger ATX-Stecker plus 4-polige Zusatzversorgung)?
- Ist der Taster der Frontblende mit dem Board verbunden?

Gerade Letzteres ist ein gemeiner kleiner Fehler. Nur wenn auf dem Board die beiden Pins für „Power" im Frontpanel-Anschluss kurzgeschlossen werden, erhält das Netzteil einen Impuls zum Einschalten der Betriebsspannungen.

Lässt sich der PC nicht einschalten, könnte der Power-Taster nicht richtig installiert sein.

Sollten Sie sich nicht sicher sein, ob der Taster an der Frontblende defekt ist, können Sie probeweise mit einem kleinen Schraubendreher die beiden Pins im Pfostenstecker kurzschließen – ein kurzes Anticken reicht dabei (aber nur diese beiden Pins, ansonsten produzieren Sie einen echten Kurzschluss auf dem Board, denn es steht unter Spannung!).

Sind alle Punkte überprüft, müsste die Spannungsversorgung zumindest mechanisch funktionieren. Mögliche Fehlerquellen können auch ein defektes Netzteil (probeweise Austauschnetzteil einbauen) bzw. ein defektes Board/ein defekter Prozessor sein.

Viele Mainboards laufen auch nicht an, wenn eine der Komponenten nicht korrekt eingebaut wurde. Das könnte ein verdrehter Prozessor sein, aber auch ein nicht richtig sitzendes Speichermodul, ein falsch eingesteckter IDE-Stecker oder eine lockere PCI-Karte. Überprüfen Sie auch alle diese Problemzonen.

PC läuft kurz an und schaltet sich sofort wieder aus

Ein klassisches Problem(chen) ist das kurze Anlaufen des PCs mit anschließendem Abschalten. Manchmal ist dabei ein Signalton ähnlich dem Martinshorn zu hören.

Ist der Lüfter des CPU-Kühlers nicht oder falsch angeschlossen, bemerken das viele Boards und verweigern nach wenigen Sekunden die Arbeit – zum Schutz der CPU.

Das Problem ist schnell erkannt und ebenso schnell gelöst: Der Lüfter vom Prozessor ist nicht angeschlossen. Viele Boards schalten in diesem Fall wieder ab, damit der Prozessor nicht überhitzt. Dies würde nämlich innerhalb von wenigen Sekunden geschehen, da eine CPU pro cm² rund 40-mal so viel Wärmeenergie abstrahlt wie eine Herdplatte.

Hitzeprobleme nach kurzer Laufzeit

Läuft der PC an, bootet er vielleicht sogar, schaltet er sich dann aber von selbst ab oder bleibt er einfach stehen, deutet das auf ein massives Kühlproblem hin. Meistens sitzt der CPU-Kühler nicht richtig auf dem Prozessor. Überprüfen Sie folgende Punkte:

- Läuft der CPU-Lüfter nach dem Anschalten an?

- Laufen die übrigen Systemlüfter auf Northbridge, Grafikkarte und im Netzteil an?

- Versperren Kabel (vor allem IDE- und SCSI-Flachbandkabel) den Luftfluss am Prozessor oder am Speicher?

Manchmal sind auch die Einstellungen für die Versorgungsspannungen im BIOS-Setup falsch eingestellt. Überprüfen Sie daher, ob dort alles auf „Automatik" steht. Überprüfen Sie auch direkt beim Booten nach dem Speichertest, ob das Mainboard die CPU korrekt erkennt – nur dann kann es die Spannungen passend einstellen. Sollte das nicht der Fall sein, benötigt Ihr Mainboard ein aktuelles BIOS.

Sitzt der Kühler nicht ganz exakt auf dem Prozessor, überhitzt die CPU schnell, und der Rechner stürzt ab.

Falls der PC zusätzlich zu diesem Problem auch noch schnarrende, jaulende oder kreischende Geräusche von sich gibt, ist ein Lüfterlager defekt. Meistens ist es der empfindliche CPU-Lüfter, der vielleicht beim Einbau einen kleinen Schlag von der Seite bekommen hat. In diesem Fall ist sehr schnell das (billige) Nadellager kaputt. Der Lüfter eiert, das Lager klemmt, und der kleine Elektromotor schafft es nicht mehr, auf die notwendige volle Drehzahl zu kommen. Resultat: Der Prozessor überhitzt recht schnell, das System stürzt ein paar Minuten nach dem Einschalten ab.

Ausfälle unter Dauerlast

Am ärgerlichsten sind eigentlich die sporadischen Abstürze. Sie kommen immer wieder in unregelmäßigen Abständen, meistens aber, wenn der PC richtig unter Last steht. Auch dieses Problem deutet auf einen Hitzestau hin, der aber wesentlich schwerer zu lokalisieren ist.

Mögliche Ursachen sind auch hier Lüfter, die nicht mit ihrer Nenndrehzahl laufen, oder Kabel, die den Luftfluss behindern. Überprüfen Sie, ob alle Lüfter vernünftig laufen, und legen Sie insbesondere die Flachbandkabel einmal ein wenig anders.

Viel häufiger handelt es sich aber um ein Kühlproblem des Systems an sich. Überprüfen Sie Folgendes:

■   Steht der PC auf einem dicken Teppich? Manche Gehäuse haben die Ansaugöffnungen für Frischluft an der Unterseite, und die könnten so verstopft sein.

■   Sind die Kühlöffnungen im Gehäuse oder die Lüfter mit Staub verstopft? Wenn ja, reinigen Sie den PC (siehe Kapitel 18).

■ Befindet sich vor und hinter dem PC genügend freie Luft, steht er nicht direkt an einer Wand? Auch die Seiten sollten ein paar Zentimeter Luft zum nächsten Gegenstand haben, denn auch über die Seitenwände gibt ein PC reichlich Wärme ab.

■ Ist ein Luftfluss im Inneren des Systems gegeben? Das Netzteil pustet die Luft nach außen, von irgendwo muss sie also in das Gehäuse gelangen. Am besten ist es, wenn die Luft weit unten eintreten kann, so streicht sie über alle Komponenten, bevor sie durch das Netzteil nach außen befördert wird. Gerade nach dem Einbau einer Dämmung können wichtige Eintrittsöffnungen zugeklebt sein.

■ Im Zweifelsfall betreiben Sie den PC eine Weile ohne die Seitenteile. Läuft er dann stabil, gibt es ein generelles Kühlproblem im Gehäuse. Bauen Sie dann mehr Lüfter ein, am besten zwei an der Front, die Luft in den PC blasen, und einen weiteren oben/hinten, der die Luft hinauspustet.

Treten die Abstürze erst nach dem Umbau auf eine schnellere CPU auf, könnten auch die Leistungstransistoren neben dem Prozessorsockel überfordert sein. Zieht die CPU zu viel Strom, überhitzen die dicken Transistoren. Falls möglich, verschaffen Sie ihnen durch einen zusätzlichen kleinen Lüfter etwas mehr Luft (oder reinigen Sie sie, falls sich eine Staubschicht auf ihnen befindet).

Vor allem wichtige Komponenten auf dem Mainboard müssen auch zumindest leicht gekühlt werden. Hier sind die Kühlrippen der Spannungsregler auf einem LGA775-Board zu sehen. Liegen darauf Kabel oder zu viel Staub, leidet die Kühlung, die Regler überhitzen, und es kommt zu unmotivierten Systemabstürzen.

Auch andere Bereiche des Mainboards oder die Grafikkarte könnten zu heiß werden. Bei Hitzeproblemen mit dem Mainboard helfen zusätzliche Gehäuselüfter, bei der Grafikkarte hilft manchmal ein Trick: Entfernen Sie das Slotblech direkt unter der PCIe-/AGP-Karte – so bekommt die Karte frische Luft von der Rückseite des Gehäuses (diese Aktion ist aus Sicht der CE-Konformität aber eigentlich nicht erlaubt).

7.4 Die CPU: Kommandozentrale des PCs

AMD und Intel haben die GHz-Schlacht aufgegeben und konzentrieren sich jetzt auf die CPU-Features. Was verbirgt sich hinter bekannten und vor allem neuen

Zusatzfunktionen der Prozessoren? Und vor allem: Bringen die Features wirklich die versprochene Leistung? Die Antwort: „Ja, aber ..."

Der Taschenrechner hilft: Wer beim Pentium Core 2 Duo mit „Conroe"-Kern statt der 2,400- (E6600) lieber die 2,667-(E6700)GHz-Variante kauft, gewinnt 267 MHz Takt. Allerdings zahlt er auch 530 statt 320 Euro, also 210 Euro mehr (Stand: Herbst 2006). Umgerechnet in Prozente macht das 11 % mehr Leistung für 66 % mehr Geld – und dabei ist noch nicht berücksichtigt, dass von dem Mehrtakt höchstens ein Drittel auf dem Desktop ankommt.

Sicherlich bestimmen der Takt, der FSB und auch die Cache-Größe im Endeffekt die Geschwindigkeit des Prozessors und damit des gesamten Systems, aber das in weit geringerem Maße, als allgemein angenommen. Wer mit Grips kauft, kann viel Geld sparen und trotzdem mehr Leistung nutzen.

Die versteckte Leistung findet sich in den CPU-Erweiterungen, die jeder Prozessor mitbringt. Je nachdem, in welcher Anwendung man viel Leistung benötigt, sind diese CPU-Features leistungssteigernd oder im Zweifelsfall bedeutungslos – sie schaden dann nicht, kosten allerdings Geld.

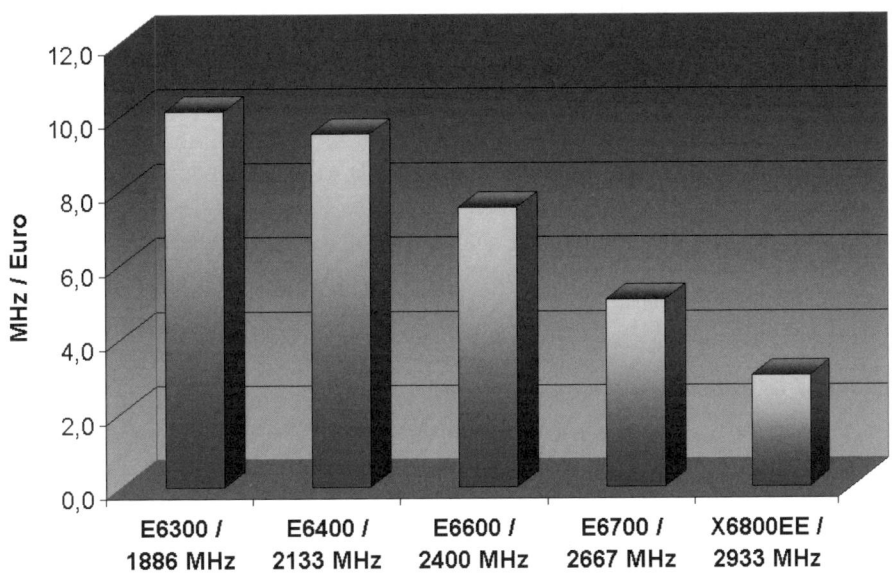

Teuer bezahlte MHz: Während man beim Pentium Core 2 Duo (E6300) mit 1,886 GHz über 10 MHz pro Euro bekommt, sind es bei der 2,933-GHz-Version (X6800EE) gerade einmal 3 MHz pro Euro (Stand: Herbst 2006).

Diese Features sind für die Leistung ausschlaggebend

Neben vielen Kleinigkeiten sind es vor allem folgende Features, die für den Anwender interessant sein könnten: MMX/SSE, Hyperthreading und Dual Core, das NX-Bit, die 64-Bit-Erweiterung, ein gutes Thermal-Management und die Virtualisierungstechnik Vanderpool.

MMX/SSE/SSE2/SSE3

Schon früh – beim Pentium I – hat Intel erkannt, dass der PC nicht nur als intelligente Schreibmaschine, sondern vermehrt auch im Bereich Multimedia eingesetzt wird. Gerade hier werden oft viele Daten mit immer den gleichen Operationen verarbeitet (**S**ingle **I**nstruction, **M**ultiple **D**ata, kurz SIMD), etwa beim Drehen von Texturen. Um diese Aufgabe möglichst effektiv erfüllen zu können, führte Intel spezielle neue Befehle ein, die auf die ansonsten selten genutzten Register der FPU zugreifen konnten – und nannte das ganze MMX. Ebenso wie MMX nutzt – oder missbraucht – auch AMDs Alternative 3DNow! die Register der FPU-Einheit.

Mit dem Pentium III wurde MMX stark erweitert und mutierte zur **S**treaming **S**IMD **E**xtension, kurz SSE. Neben einer Menge neuer Befehle erhielten die Prozessoren nun (acht) eigene Register zum Arbeiten, die dann 128- statt vorher 64-bittig waren. Mittlerweile haben auch AMD-CPUs dank eines Lizenzaustauschabkommens zwischen AMD und Intel SSE2. SSE3 ist zurzeit nur im neuen Intel 6xxer verfügbar.

SSE wird vor allem im Bereich Grafik und Multimedia genutzt. Auf Betriebssystemebene verwenden Grafikkartentreiber, 3-D-APIs wie OpenGL oder DirectX etc. SSE-Befehle. Auf Anwendungsebene sind es Spiele, Audio-/Video-Encoder und Grafikprogramme, die mit SSE schneller laufen. Zu den reinen Anwendungen, die SSE nutzen, gehören beispielsweise Photoshop, WinAMP, PowerDVD, MPEG-4-Codecs wie DivX5/Xvid und vor allem Spiele.

Stromsparfunktionen

Die langen Listen und gewaltigen Ausmaße von CPU-Kühlern zeigen, dass die Wärmeabfuhr bei Prozessoren ein Problem darstellt. Eine CPU stirbt umso schneller, je heißer sie wird (Elektromigration, die Atome in den feinen Leiterbahnen wandern ab). Das Problem dabei ist, dass die Leistungsaufnahme von CMOS-Schaltungen zwar nur linear proportional zu deren Kapazität und der Betriebsfrequenz steigt, jedoch quadratisch im Verhältnis zur Betriebsspannung. Und gerade für hohe Takte benötigt man zusätzlich auch eine hohe Spannung.

Andersherum bedeutet das aber auch, dass sich wesentlich mehr Energie durch eine Senkung der Kernspannung als durch Senkung des Takts sparen lässt. Aus diesem Grund senken Prozessoren für Notebooks auch nicht nur den Takt, sondern auch die Spannung – bei AMD heißt das PowerNow!, bei Intel SpeedStep. Der AMD 64 hat die gleiche Funktion als Cool'n'Quiet implantiert bekommen, und auch Intel zieht jetzt bei den neuen 6xx-Modellen mit SpeedStep für Desktop-CPUs nach.

AMD Athlon™ 64 Processor Driver for Windows XP, Version _Download Now!_ **(exe) 1.1.0.18** - AMD Athlon™ 64 Processor Driver for Windows XP allows the system to automatically adjust the CPU speed, voltage and power combination that match the instantaneous user performance need. Download this Setup Installation program (EXE) to automatically update all the files necessary for installation. This package is recommended for users whom desire a graphical user interface for installation. This .EXE driver is a user friendly localized software installation of the driver designed for end-users.

Viele neue Features beherrscht Windows XP nicht, und so stellt AMD auf seiner Website einen „Prozessortreiber" zur Verfügung, der XP AMDs Cool'n'Quiet beibringt.

Im Gegensatz zu dieser Stromsparmaßnahme ist das „Thermal Monitor" dazu gedacht, im Fall eines Lüfterausfalls ein Durchbrennen des Prozessors zu verhindern. Pentium 4-CPUs legen dann durch „Clock Throttling" bei jedem zweiten Takt eine Pause ein, wodurch der teure Chip auch einen Totalausfall des Lüfters überleben soll.

Die Stromsparer: Ein Pentium 4 wie der 550J mit E0-Stepping braucht 84 Watt, sein gleich getakteter Vorgänger mit D0-Stepping verbrät 115 Watt. Beim AMD 64 sinkt der Verbrauch beim 3500+ nur mit 90-nm-Winchester-Kern von 89 auf 67 Watt. Mit AMDs Cool'n'Quiet-Treiber sind es dann im Leerlauf nur noch 21 Watt.

Aktuelle Intel-Prozessoren mit E0-Stepping nutzen **T**hermal **M**onitor **2** (TM2), das zusammen mit **D**ynamic **V**oltage **ID** (DVID) für deutlich weniger Abwärme (und Stromverbrauch) sorgt. Das TM2 senkt dann den Takt des Prozessors durch Herunterregeln des Multiplikators – der FSB bleibt also konstant –, und DVID senkt passend dazu die Stromaufnahme in Schritten von 0,0125 Volt. Die Ersparnis: Ein Pentium 4 550 (3,4 GHz) verbraucht im D0-Stepping ohne TM2 bis zu 115 Watt, im neuen E0-Stepping mit TM2 aber nur 84 Watt. Das spart Geld und schont durch einen leiseren Lüfter die Nerven.

Befehlsverweigerung: NX

Viele der unzähligen Windows-Sicherheitslücken basieren auf Programmierfehlern, durch die in Daten versteckter Programmcode ausgeführt werden kann. Eine strikte Trennung zwischen Daten und Programmcode, die erst mit AMDs 64-bittigen Prozessoren möglich wurde, schafft hier definitiv Abhilfe.

Viele Viren und Würmer nutzen Exploits nach einem „relativ" einfachen System: In Datenstrukturen, insbesondere im Stack oder Heap, werden durch überlange Datenpakete Überläufe (Overflows) produziert. Anschließend wird der Instruction Pointer des Prozessors manipuliert, sodass als Nächstes Code aus genau dem überlangen Datenpaket ausgeführt wird. Das sind die klassischen Buffer Overflows, Integer Overflows, Heap Overflows, Format-String-Schwächen etc., über die sich Würmer wie MSBlaster verbreiten.

Prozessor- und Betriebssystemhersteller haben das schon lange als Problem erkannt, und so bieten viele Prozessoren (alle 64-Bitter) sowie Betriebssysteme wie Linux einen einfachen Schutz dagegen: Daten sind Daten und werden niemals ausgeführt. Das Ganze nennt sich in der UNIX-Welt W^X (**W**riteable xor e**X**ecutable). Als Daten deklarierte Speicherbereiche können nicht ausgeführt werden, Buffer Overflows und die damit verbundenen Sicherheitslücken sind so unmöglich. Microsoft hat Ähnliches mit dem SP2 für Windows XP eingeführt. 64-Bit-Prozessoren wie AMDs Athlon 64/Opteron und neuerdings auch Intels Pentium 4 mit EM64T besitzen die für Windows notwendige Hardwareerweiterung NX, die Speicherbereiche als „**n**ot e**x**ecutable" markieren kann.

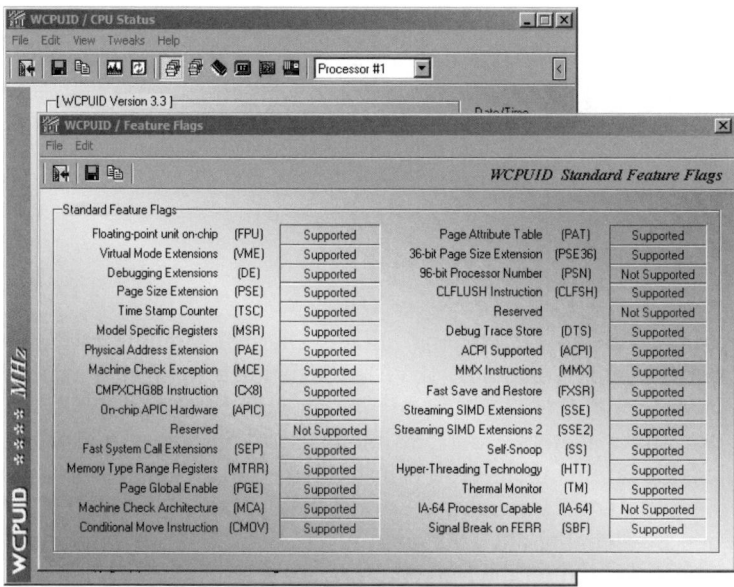

Die Liste der möglichen Features eines aktuellen Prozessors ist mittlerweile sehr umfangreich. Tools wie WCPUID zeigen an, welche Features die eingebaute CPU beherrscht – und welche nicht.

SMP & Co.

Das ursprüngliche **s**ymmetrische **M**ulti**p**rocessing (SMP) baut auf Standard-PC-Komponenten auf. Wie in einem „normalen" PC (UP, **U**ni**P**rozessor) gibt es einen Systembus, auf dessen einer Seite der Prozessor liegt. Bei SMP-Systemen sind dort nicht einer, sondern zwei oder mehr Prozessoren angesiedelt. Auf der anderen Seite des Systembus liegt der Arbeitsspeicher und die übrige Peripherie, also der I/O-Bus. „Symmetrisch" bedeutet hier, dass alle Prozessoren die gleichen Priorität haben und als gleichwertige Komponenten über den Systembus auf den Rest des Systems zugreifen dürfen.

Genau hier liegt auch das Problem aller SMP-Systeme: Der Systembus, der schon bei einem einzelnen Prozessor den Flaschenhals darstellt, wird von mehreren CPUs benutzt und damit noch enger. Einzig AMD hat mit seiner Hypertransport-Architektur einen Ausweg gefunden und bietet neben einem separaten Speicher-controller pro CPU auch noch drei Hyperlinks zu anderen CPUs oder den I/O-Bausteinen.

On-Chip-SMP: Hyperthreading

SMP-Systeme bringen Vorteile, kosten aber deutlich mehr. Die Ingenieure bei Intel suchten nach der kleinstmöglichen Lösung und packten zwei CPUs auf einen DIE – einen Chip, zwei logische Prozessoren. Bei diesem Hyperthreading handelt es sich allerdings nicht wirklich um zwei komplette Prozessoren auf einem DIE, vielmehr wurden die Statusregister verdoppelt, die Ausführungseinheiten hingegen nicht. Das macht aber nichts, da diese dank der Superskalarität sowieso mehrfach vorhanden sind. Universal- und Kontrollregister, die APIC-Register und einige weitere Statusregister sind doppelt vorhanden, der Rest wie die Ausführungseinheiten, der Cache etc. hingegen nur einmal. Ein HT-Prozessor stellt so nach außen hin zwei logische Prozessoren dar – und das bei nur 5 % größerer DIE-Fläche.

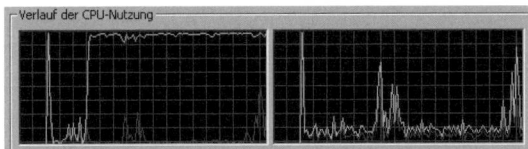

Ist mehr als eine CPU im PC vorhanden (HT, SMP, Dual Core), bleibt auch bei einer stark ausgelasteten CPU (links) immer Rechenzeit für andere Aufgaben (Desktop, Internet) übrig (rechts).

Der Vorteil in der Praxis ist nun nicht unbedingt eine höhere Rechenleistung, sondern vielmehr eine Verminderung der Latenzzeiten, also der Wartezeiten des Prozessors auf Daten aus dem Cache oder dem Arbeitsspeicher. Einem „normalen" Prozessor gehen gerade bei falscher Sprungvorhersage schon mal schnell die Befehle aus, und er dreht Däumchen, beim Hyperthreading hingegen ist die Chance groß, dass die zweite „Prozessorhälfte" weiterhin Befehle in der Queue hat und so weiterarbeiten kann. Das Resultat bei multithreaded Software sind bis zu 30 % mehr Performance.

Two-in-One: Dual Core und Core Duo

AMD hat mit dem Opteron bereits einen Prozessor entwickelt, der sich dank neuer Systembustechnologien besonders für den gebündelten Einsatz eignet. Da lag es auf der Hand, dass AMD irgendwann gleich mehrere komplette CPU-Kerne in ein Prozessorgehäuse integrieren wird. Geplant sind die Opteron-Modelle Egypt (bis 8 CPUs), Italy (bis 2 CPUs) und Denmark (nur 1 CPU), die jeweils zwei Kerne besitzen – ein voll ausgebauter 8fach-Egypt besitzt also 16 CPU-Kerne. Auch der normale PC-Anwender soll von AMDs Dual Core-CPUs profitieren. Zeitgleich zum Opteron wird es auch einen Desktop-Prozessor namens Toledo geben. Der auf Basis des AMD 64 FX aufgebaute Prozessor wird ebenfalls einen Dual Core besitzen.

Intel hat die Marktlücke erkannt und kann die Produktion sogar schneller als AMD beginnen. Der Nachfolger des Prescott, der Smithfield, wird ein paar Verbesserungen wie SpeedStep besitzen, aber zuerst nur mit Frequenzen von 2,8 bis 3,4 GHz gefertigt – dafür besitzt er aber zwei Kerne. Wie bei SMP und HT werden nur spezielle, multithreaded programmierte Anwendungen von Dual Core profitieren.

Mit Core Duo geht Intel noch einen Schritt weiter, denn es ist eine Abkehr von der zuvor propagierten NetBurst-Architektur des Pentium 4. Die extrem hohen Takte waren nicht mehr sauber handhabbar. Die neue „Intel Core Technology" ist so neu nicht, denn sie basiert letztlich auf dem Design des alten Pentium III, bringt aber einige Erneuerungen mit sich, die trotz geringerem Takt eine höhere Leistung ermöglichen.

Das 64-Bit-Zeitalter

AMD propagiert es mit dem AMD 64 schon lange, und nach anfänglichem Zieren zieht nun auch Intel mit EM64T nach: 64-bittige Prozessoren, eher bekannt aus dicken Servern, ziehen in den Desktop ein. Die moderne Technik beschleunigt Linux deutlich, ist unter Windows aber kaum zu gebrauchen.

Die neuen 64-bittigen Prozessoren sind so neu nun auch wieder nicht. Es gibt lediglich einen speziellen Modus, den „64-bit sub-mode", der die lineare Adressierung im 64-Bit-Adressraum ermöglicht. Hinzu kommen acht neue Register für SIMD-Erweiterungen (SSE, SSE2, SSE3) und natürlich 64 Bit breite allgemeine Register (GRPs). Genau wie AMDs 64-Bit-fähige Prozessoren beherrschen jetzt auch Intels Prozessoren mit der ehemals Yamhill genannten, nun aber als EM64T verkauften Technik zwei neue Modi: den üblichen 32-Bit-Modus und den erweiterten 64-Bit-Modus, der wiederum auch einen Kompatibilitätsmodus für 32-Bit-Anwendungen bietet. Im Grunde also dasselbe wie AMD 64.

Neue leistungsfähige Hardware bringt nichts, wenn die Software sie nicht nutzen kann. Hier spalten sich Windows- und Linux-Lager deutlicher als sonst: Während bei Linux ein Prozessor im 64-Bit-Modus wie ein Nachbrenner wirkt, bringt der gleiche Modus ein Windows XP eher ins Straucheln und bremst. Microsoft hinkt dem Open Source-Projekt technisch weit hinterher.

Der rechenzeit- und speicherintensive Renderer POV-Ray profitiert weniger von den üblichen CPU-Features, es profitiert aber deutlich von der 64-Bit-Linux-Version.

Dank einer neuen **W**indows-**o**n-**W**indows-**64**-Schicht (kurz WOW64) kann XP/64 auch noch 32-Bit-Software ausführen, Rückwärtskompatibilität ist also gewährleistet. Zu diesem Zweck liegen 220 MByte Daten, DLLs und Programme im *\Windows\SysWOW64*-Verzeichnis.

Nach wie vor sieht es mit Treibern, egal ob für das Netzwerk oder die Soundkarte, sehr düster aus. Daran wird sich auch vor allem bei den preiswerteren Komponenten nichts ändern, denn deren Hersteller haben gar nicht das Know-how, um 64-Bit-Treiber zu programmieren. Auch werden Anwendungen unter XP/64 nicht schneller, sondern langsamer: 32-bittige Software muss unter WOW64 laufen, was zusätzliche Rechenzeit kostet. Dazu müssen für 32-Bit-Anwendungen mehr Informationen gespeichert werden, und dieses Working-Set kostet bei jedem Taskwechsel nochmals mehr Zeit als üblich.

Es muss nicht immer die schnellste, teuerste CPU sein. Wer ein bestimmtes Aufgabengebiet abstecken kann, findet passend dazu auch gute CPU-Features. Wer dann auf sinnlose Zusatzfunktionen verzichtet, kann beim Prozessorkauf viel Geld sparen und bekommt trotzdem mehr Leistung. Das gesparte Geld kann dann in Speicher oder andere Komponenten investiert werden.

Intel Core Technology

Die Core Technology von Intel bildet das Fundament zukünftiger Desktop-, Notebook- und Serverprozessoren. Damit werden wie auch bei den Apple-Computern keine Pentium-Prozessoren mehr verbaut, sondern Core-CPUs.

Der neue Name ist vor allem deswegen wichtig, weil Core sehr stark an den Pentium III mobile angelehnt ist. Die „alte" Pentium III-Technologie war der neuen Pentium 4-NetBurst-Architektur in vielen Dingen überlegen. NetBurst wurde entwickelt, um in Zeiten, als PCs nur nach dem Takt gekauft wurden, höhere GHz-

Zahlen zu ermöglichen. Das wurde vor allem durch eine Vereinfachung der Technik erreicht. So bekam der Pentium 4 zwar einen höheren Takt, trotzdem war ein Pentium III mit modernem Tualatin-Kern und 1,2 GHz in der Rechenleistung einem 1,7-GHz-P4 überlegen. Da Intel wie zuvor auch schon AMD erkannt haben, dass allein ein hoher Takt nicht alles ist, hat man sich auf die Wurzeln besonnen – intelligente Technik. Ein zusätzlicher Vorteil ist, dass Core zum Teil auf dem Pentium III mobile basiert, also auf Strom sparender Notebook-Technik. So verbrauchen moderne Core Duo-CPUs mit zwei Kernen teilweise weniger Strom als High-End-Chips der Pentium 4-Baureihe.

Die interessantesten technischen Neuerungen von Core sind:

- **Wide Dynamic Execution**

  Vier statt bisher drei Ausführungseinheiten erlauben es, im optimalen Fall vier Befehle pro Takt auszuführen. Zusammen mit einer verbesserten Sprungvorhersage und einer kürzeren Befehlswarteschlange ergibt sich trotz geringeren Takts eine höhere Rechenleistung.

- **Intelligent Power Capability**

  Ein neues Ziel bei Prozessoren ist das Stromsparen. Dazu hat Intel die Speed-Step-Technik verfeinert und erlaubt weitere Stromsparmodi, etwa „Deeper Sleep". Im Extremfall benötigt ein 1,2-GHz-Core-Prozessor nur noch durchschnittlich 9,5 Watt – moderne Prozessoren liegen bei über 100 Watt.

- **Advanced Smart Cache**

  Zwei Prozessoren bedeuten auch zwei L2-Caches. Da bei vielen Anwendungen nur ein Kern aktiv ist, hat Intel die Verteilung des Caches dynamisiert. Damit kann ein brach liegender Prozessor maximal seinen gesamten Cache (2 MByte) der anderen CPU zur Verfügung stellen.

- **Smart Memory Access**

  So genannte Prefetcher analysieren Speicherzugriffe und laden bei Bedarf Speicherbereiche in den Cache, bevor eine nachfolgende Schreiboperation stattgefunden hat. Damit wird versucht, anliegende Speicherzugriffe bereits ausgeführt zu haben, bevor der entsprechende Befehl in der CPU landet.

- **Advanced Digital Media Boost**

  Statt 128-Bit-SSE-Befehle wie bisher in zwei 64-Bit-Happen zu unterteilen und abzuarbeiten, werden diese jetzt komplett in einem Takt bearbeitet. Dadurch sollen vor allem Multimedia-Anwendungen beschleunigt werden.

Die Intel Core-Technologie ist ein Schritt in die richtige Richtung. Statt stumpf die nicht viel aussagende GHz-Angabe als Verkaufsargument ins Feld zu führen, stellt Intel intelligente Technologien in den Mittelpunkt. Auf diese Weise können Prozessoren mit weniger Energieverbrauch mehr leisten.

Das BIOS entscheidet – Grenzen des Aufrüstens

Einen genauen Überblick darüber, wie weit Sie Ihr Mainboard aufrüsten können, liefern die Webseiten des Board-Herstellers. Dort sollten Sie im Supportbereich zu Ihrem Board Informationen über das neuste BIOS finden. Passend zu diesem BIOS sollte dann auch vermerkt sein, welche die schnellstmögliche CPU ist, mit der Mainboard und BIOS klarkommen. Pflegt der Hersteller sein BIOS nicht, kann es sein, dass Sie nicht auf schnellere Prozessoren updaten können. Andersherum wird es durch ein neues BIOS oft möglich, schnellere CPUs als die im Handbuch aufgeführten verwenden zu können. Ein Blick ins Internet zum Hersteller des Boards lohnt also immer.

7.5 Referenz: Die technischen Daten aller Prozessoren

Es ist schon interessant, wie sich im Laufe der Zeit die Bauformen der Prozessoren ändern. Manches kann mit neuen Anforderungen an höhere Takte und mehr Pins erklärt werden. Man wird aber das Gefühl nicht los, dass die Hersteller gern die Bauform wechseln, damit ein Aufrüsten unmöglich wird und der Anwender gezwungen ist, seine Hardware komplett neu zu kaufen.

Die Prozessorfamilien und -bauformen

Die wichtigsten Bauformen der letzten Jahre im Überblick:

Intel: Sockel 370

Der Sockel 370 wurde mit der zweiten Celeron-Generation bei Intel eingeführt und wird vor allem für den noch immer aktuellen Pentium III Tualatin verwendet. An Bauformen gibt es PPGA (**P**lastic **P**in **G**rid **A**rray) und FC-PGA (**F**lip **C**hip **P**lastic **G**rid **A**rray) – beide sind nicht kompatibel zueinander.

Intel: Sockel 478

Der Klassiker bei den halbwegs aktuellen PC-Prozessoren ist der mittlerweile über fünf Jahre alte Pentium 4 für den Sockel 478. Mit dem Pentium 4 nahm Intel Abschied vom Pentium III und führte die Net-Burst-Architektur ein. Dabei ging es vor allem darum, einen möglichst hohen Takt zu erzielen. Um das zu erreichen, wurde die Rechenleistung intern stark verringert – ein Pentium III ist bei gleichem Takt rund 50 % schneller als ein Pentium 4.

Sockel 478-CPU.

Intel: Sockel 775

Für den Sockel 478 ist bei 3,4 GHz Schluss, denn Intel beabsichtigt, alle Prozessoren ab einschließlich 3,6 GHz nur noch für den neuen Sockel T oder LGA775 zu produzieren. Und apropos Schluss: Den Prescott sollte es Ende 2004 mit einem Takt von 4 GHz geben, dann sollte er durch den Tejas abgelöst werden. Intel bekam jedoch immer mehr Probleme mit den hohen Takten und stampfte sowohl die 4 GHz als auch den Tejas komplett ein.

Der Nachfolger des LGA775 kam im Sommer 2006 und hat einen neuen Sockel und eine neue Prozessorarchitektur mit sich gebracht – interessanterweise auf Basis des Pentium III.

Sockel 775.

AMD: Sockel A

Ein weiterer Klassiker unter den CPU-Bauformen ist Sockel A. Er wurde mit dem AMD Athlon Thunderbird, dem Nachfolger des ersten Athlon, eingeführt und beendete im Jahr 2000 recht schnell AMDs kurze Ära mit Slotprozessoren. Seit dem Thunderbird werden sämtliche AMD-Prozessoren mit 462 Pins für diesen Sockel gefertigt. Er ist also für die AMD Athlon Thunderbird-, Duron-, Athlon MP- und Athlon XP-Baureihe einsetzbar.

Sockel A-CPU.

AMD: Sockel 754

Den Nachfolger des Sockels A stellt Sockel 754 dar. In ihm finden die Athlon 64 mit den Codenamen „Newcastle" und „Clawhammer" Platz, wobei Letzterer einen doppelt so großen L2-Cache (1 MByte) besitzt. Die Prozessoren für den Sockel 754 sind keine Athlon im eigentlichen Sinn, sondern abgespeckte Opteron.

Der Athlon 64 ist ein 64-Bit-Prozessor, auf dem *Sockel 754-CPU.*
aber auch 32-Bit-Software läuft. Zusammen
mit dem SP2 für Windows XP schützt die 64-Bit-Technik teilweise vor Würmern und Viren aus dem Internet.

AMD: Sockel 940/939

AMD setzt voll auf Generation 64. Der neue AMD-Prozessor besitzt eine 64-Bit-Erweiterung und bildet die beiden Familien AMD Athlon 64 (Desktop, Codename Clawhammer) und AMD Opteron (Server, Codename Sledgehammer), der nur in teuren Sockel 940-Boards läuft.

Im Kern baut auch der AMD 64 auf der bewährten Athlon-Technik auf. Hinzu kommt die von Intel durch das Technologieaustauschabkommen erhaltene SSE2, eine deutlich verbesserte Sprungvorhersage, ein größerer L2-Cache von 512 KByte für den Clawhammer und 1 MByte für den Sledgehammer sowie eine etwas längere Befehls-Pipeline mit nun Raum für zwölf statt für bislang zehn Befehle.

Sockel 940-CPU.

Den gleichen Kern wird es auch für den Sockel 939 geben. „939" ist kein Schreibfehler, sondern tatsächlich ein neuer Sockel neben dem Sockel 940. AMD hat hierbei dem Opteron nicht etwa ein Beinchen abgeknipst, sondern alle Pins komplett neu gemischt und den Speicherbus vereinfacht. Auf diese Weise sind Boards mit nur vier Layern (Sockel 940: sechs Layer) möglich, außerdem kann auf teure „registered DIMMs" verzichtet werden – eine reine Kostensparmaßnahme.

AMD: Sockel AM2

Der Sockel AM2 ist für die 64-Bit-Familie der Athlon-Prozessoren gedacht. Als Unterschied zum Sockel 939 unterstützt dieser Sockel auch den DDR2-Speicherbus. Der Sockel AM2 soll neben dem Sockel 754 bestehen, aber den Sockel 939 ersetzen.

Sockel AM2-CPU.

P4EE und AMD 64 FX: extrem teuer und nur etwas für Spinner?

Für etwas überdrehte Performancefanatiker hat Intel einen modifizierten Xeon MP mit Gallatin-Kern auf Pentium 4 Extreme Edition umgelabelt. Ein auf FSB800 hochgedrehter Systemtakt und vor allem der 2 MByte große L3-Cache des Xeon bringen so noch mal bis zu 10 % Leistung mehr – allerdings für einen unverschämten Aufpreis. Der Grund ist AMDs High-End-CPU Athlon 64 FX.

Beide Prozessoren sind eigentlich keine Desktop-, sondern teure Serverprozessoren, mit denen High-End-Gamer abgezockt werden sollen (und mit denen man die Benchmark-Spitze in den Medien halten will). Der Athlon FX ist nichts weiter als ein Opteron, dem AMD allerdings einen schnelleren FSB400-Speicherbus verpasst hat. Der bisherige FX passt nur in den Sockel 940, der wiederum benötigt ein teures 6-Layer-Board und das wiederum registered DIMMs. Diese waren bis vor Kurzem kaum zu bekommen und sind auch jetzt fast doppelt so teuer wie die „normalen" DIMMs.

AMDs Athlon FX (im Bild) und Intels Pentium 4 Extreme Edition sind überteuerte CPUs für Spieler, die nach absoluten Spitzenwerten in Benchmarks süchtig sind.

Mit beiden Prozessoren bekommt man zwar absolute Spitzenwerte in Benchmarks, ob die 10 % mehr an Leistung allerdings einige hundert Euro wert sind, muss jeder für sich selbst entscheiden.

Dual Core extrem: Muss es mehr als einer sein?

Takte von vier oder mehr GHz sind mit aktueller Technik kaum noch zu beherrschen. Um trotzdem mehr Leistung anbieten zu können, bauen AMD und Intel Prozessoren mit zwei oder mehr Prozessorkernen.

Intels EE Dual Core

Der Intel Dual Core verbirgt unter seinem metallenen Heatspreader einen Presler-Kern, der anders aufgebaut ist als der bisherige Dual Core-Kern namens Smithfield. Wurde der Vorgänger Smithfield (Pentium D) noch explizit als Dual Core produziert und bestand aus einem einzigen Stück Silizium, verbaut Intel nun zwei separate „Cedar Mill"-Kerne zu einem Dual Core-Prozessor – den man dann Presler nennt. Das hat den großen Vorteil, dass Intel nun nur noch Single Core-CPUs herstellen muss und diese bei Bedarf zu Dual Core-CPUs verbindet. Durch die damit höhere Ausbeute auf dem DIE (Siliziumträger) werden die Produktionskosten gesenkt. Den neuen Cedar Mill gibt es auch einzeln als Single Core P4 920, 930, ... ab 2,8 GHz.

Intels EE 955 benötigt den i975X-Chipsatz mit modifiziertem Sockel 775, bietet unter einem Headspreader aber zwei CPU-Kerne.

Die beiden Cedar Mills werden mit Intels neuer P1264-Technologie in 65-nm-Strukturgröße gefertigt (Vorgänger 90 nm) und produzieren daher weniger störende Leckströme. Dadurch kann zum einen der Takt erhöht werden, zum anderen benötigt die CPU weniger Strom. Trotz der geringen Größe besteht ein Presler-Kern nun aus gigantischen 384 Millionen Transistoren, was jedem Kern gleich satte 2 MByte L2-Cache beschert. Gegenüber dem Vorgänger wurde der FSB von 800 auf 1.066 MHz erhöht. Da sich der Multiplikator wie bei den EE-CPUs frei einstellen lässt, kann man Dual Cores leicht übertakten, ohne den FSB über der Norm betreiben zu müssen. Beim Overclocking sollte man aber bedenken, dass beispielsweise der 955 bereits in der Standardeinstellung eine Verlustleistung (**T**hermal **D**esign **P**ower, TDP) von 130 Watt hat und sehr heiß wird. Der komplette PC kommt so an die 300-W-Grenze und sollte mindestens mit einem 500-W-Netzteil versorgt werden. Wie bei EE-CPUs üblich, fehlt dem 955 leider die Stromsparfunktion „Enhanced SpeedStep".

Neben den fast üblichen CPU-Erweiterungen wie SSE3, Hyperthreading und EMT64 bieten Intels Dual Cores auch die neue **V**anderpool-**T**echnik (VT). Diese Hardwareunterstützung für virtuelle Maschinen ermöglicht es später einmal, mehrere Betriebssysteme gleichzeitig mit Hardwareunterstützung auf dem PC laufen zu lassen, wie es jetzt mit VMware oder Virtual-PC möglich ist. Bis jetzt unterstützt lediglich Xen 3.0 unter Linux VT, VMware will in der nächsten Version VT unterstützen.

AMDs FX Dual Core

Bisherige FX-Prozessoren von AMD besaßen nur einen Kern, im FX 60 werden von AMD gleich zwei Toledo-Kerne verbaut. Da höhere Takte bei Prozessoren messbar kaum noch mehr Leistung bringen, entschied man sich bei AMD dazu, statt den Single Core FX 57 von 2,8 auf 3,0 GHz aufzubohren, zwei langsamere 2,6-GHz-Kerne als Pärchen laufen zu lassen. Die modernen Toledo-Kerne bieten gegenüber den bisher im Athlon 64 X2 verbauten Manchester-Kernen den Vorteil, von jeweils 1 MByte statt 512 KByte L2-Cache unterstützt zu werden – wichtig bei dem relativ langsamen Speicher.

*AMD-Prozessor mit zwei Kernen.
In der FX-Version extrem schnell,
aber auch extrem teuer.*

AMD fertigt bis etwa Mitte 2006 noch in 90 nm und steigt dann – zuerst im Werk Dresden – wie Intel auf 65 nm um. Trotz der noch „großen" Strukturen ist der Energiebedarf des FX 60 mit 110 Watt recht moderat. Da er im Gegensatz zu Intels 955 auch eine Stromsparfunktion (Cool'n'Quiet) nutzen kann, lässt sich der durchschnittliche Energiebedarf auf 100 Watt senken – ein Vorteil nicht nur wegen der hohen Stromkosten. Insbesondere nach der Umstellung auf 65 nm wird der FX 60 dann für Overclocker sehr interessant. Wie bei FX-CPUs üblich, ist der Multiplikator nicht fest eingestellt. Statt standardmäßig den 13fachen Systemtakt von 200 MHz (= 2,6 GHz) zu verwenden, dürften die meisten FX 60 auch mit einem Multiplikator von 14 oder 15 laufen. Da der FX 60 selbst unter Volllast recht kühl bleibt, der Intel aber hart an der Grenze zum Durchbrennen arbeitet, ist der FX 60 der ideale Prozessor für PC-Bastler.

Im Gegensatz zu Intels Lösung bietet der FX 60 mit Cool'n'Quiet Stromsparfunktionen und mit 3DNow!+ einen weiteren CPU-Befehlssatz. Dafür fehlen AMD-Prozessoren aber das Hyperthreading und bislang auch eine hardwareunterstützte Virtualisierungstechnik. Mit „Pacifica" wird AMD aber noch in 2006 eine mit VT vergleichbare Erweiterung anbieten.

CPU-Referenz

In den folgenden Tabellen finden Sie alle älteren und aktuellen Prozessoren mit ihren typischen technischen Daten. Ein Aufrüsten der CPU ist meistens nur dann möglich, wenn die technischen Daten des neuen Prozessors mit denen des alten Prozessors (bis auf Takt/Multiplikator) übereinstimmen. Viele Boards können aber auch die I/O- und Core-Spannung anpassen.

Die Sockel 940 (AMD Opteron), 603 und 604 (Intel Xeon) sind nicht aufgeführt, weil sie in Servern verwendet werden und für übliche Aufrüstungen uninteressant sind.

AMD-Prozessoren Super-Sockel 7

Prozessor	Architektur	System-takt/MHz	Prozessor-takt/MHz	Multi-plikator	I/O-Spannung	Core-Spannung	Sockeltyp
K6-2-533	–	97	533	5,5	3,30 Volt	2,20 Volt	Super-Sockel 7
K6-2-550	–	100	550	5,5	3,30 Volt	2,3 Volt	Super-Sockel 7

Intel-Prozessoren Sockel 370

Prozessor	Architektur	System-takt/MHz	Prozessor-takt/MHz	Multi-plikator	I/O-Spannung	Core-Spannung	Sockeltyp
Celeron 433	Mendocino	66	433	6,5	3,30 Volt	2,00 Volt	Sockel 370
Celeron 466	Mendocino	66	466	7	3,30 Volt	2,00 Volt	Sockel 370
Celeron 500	Mendocino	66	500	7,5	3,30 Volt	2,00 Volt	Sockel 370
Celeron 533	Mendocino	66	533	8	3,30 Volt	2,00 Volt	Sockel 370
Celeron 566	Mendocino	66	566	8,5	3,30 Volt	2,00 Volt	Sockel 370 (FC-PGA)
Celeron 600	Mendocino	66	600	9	3,30 Volt	2,00 Volt	Sockel 370 (FC-PGA)
Celeron 700	Coppermine	100	700	7	3,30 Volt	1,75 Volt	Sockel 370 (FC-PGA)
Celeron 733	Mendocino	66	733	11	3,30 Volt	1,75 Volt	Sockel 370 (FC-PGA)
Celeron 750	Coppermine	100	750	7,5	3,30 Volt	1,75 Volt	Sockel 370 (FC-PGA)
Celeron 800	Coppermine	100	800	8	3,30 Volt	1,75 Volt	Sockel 370 (FC-PGA)
Celeron 850	Coppermine	100	850	8,5	3,30 Volt	1,75 Volt	Sockel 370 (FC-PGA)
Celeron 900	Coppermine	100	900	9	3,30 Volt	1,75 Volt	Sockel 370 (FC-PGA)
Celeron 950	Coppermine	100	950	9,5	3,30 Volt	1,75 Volt	Sockel 370 (FC-PGA)
Celeron 1000	Coppermine	100	1.000	10	3,30 Volt	1,75 Volt	Sockel 370 (FC-PGA)
Celeron 1000	Tualatin	100	1.000	10	3,30 Volt	1,475 Volt	Sockel 370 (FC-PGA2)
Celeron 1100	Tualatin	100	1.100	11	3,30 Volt	1,475 Volt	Sockel 370 (FC-PGA2)
Celeron 1200	Tualatin	100	1.200	12	3,30 Volt	1,5 Volt	Sockel 370 (FC-PGA2)
Celeron 1300	Tualatin	100	1.300	13	3,30 Volt	1,5 Volt	Sockel 370 (FC-PGA2)
Celeron 1400	Tualatin	100	1.400	14	3,30 Volt	1,5 Volt	Sockel 370 (FC-PGA2)
Pentium III 700	Coppermine	100	700	7	3,30 Volt	1,75 Volt	Sockel 370 (FC-PGA)
Pentium III 733	Coppermine	133	733	5,5	3,30 Volt	1,75 Volt	Sockel 370 (FC-PGA)
Pentium III 750	Coppermine	100	750	7,5	3,30 Volt	1,65 Volt	Sockel 370 (FC-PGA)
Pentium III 800	Coppermine	100	800	8	3,30 Volt	1,65 Volt	Sockel 370 (FC-PGA)

Prozessor	Architektur	System-takt/MHz	Prozessor-takt/MHz	Multi-plikator	I/O-Spannung	Core-Spannung	Sockeltyp
Pentium III 800	Coppermine	133	800	6	3,30 Volt	1,65 Volt	Sockel 370 (FC-PGA)
Pentium III 850	Coppermine	100	850	8,5	3,30 Volt	1,75 Volt	Sockel 370 (FC-PGA)
Pentium III 866	Coppermine	133	866	6,5	3,30 Volt	1,75 Volt	Sockel 370 (FC-PGA)
Pentium III 900	Coppermine	100	900	9	3,30 Volt	1,70 Volt	Sockel 370 (FC-PGA)
Pentium III 933	Coppermine	133	933	7	3,30 Volt	1,70 Volt	Sockel 370 (FC-PGA)
Pentium III 950	Coppermine	100	950	9,5	3,30 Volt	1,70 Volt	Sockel 370 (FC-PGA)
Pentium III 1,0 GHz	Coppermine	133	1.000	7,5	3,30 Volt	1,76 Volt	Sockel 370 (FC-PGA)
Pentium III 1,13 GHz	Tualatin	133	1.133	8,5	3,30 Volt	1,475 Volt	Sockel 370 (FC-PGA2)
Pentium III 1,2 GHz	Tualatin	133	1.200	9	3,30 Volt	1,475 Volt	Sockel 370 (FC-PGA2)
Pentium III-S 1,13 GHz	Tualatin	133	1.133	8,5	3,30 Volt	1,475 Volt	Sockel 370 (FC-PGA2)
Pentium III-S 1,2 GHz	Tualatin	133	1.200	9	3,30 Volt	1,475 Volt	Sockel 370 (FC-PGA2)
Pentium III-S 1,26 GHz	Tualatin	133	1.267	9,5	3,30 Volt	1,475 Volt	Sockel 370 (FC-PGA2)
Pentium III-S 1,4 GHz	Tualatin	133	1.400	10,5	3,30 Volt	1,475 Volt	Sockel 370 (FC-PGA2)

VIA-Prozessoren Sockel 370

Prozessor	Architektur	System-takt/MHz	Prozessor-takt/MHz	Multi-plikator	I/O-Spannung	Core-Spannung	Sockeltyp
C3 Ezra	–	100	1.000	10	3,30 Volt	1,35 Volt	Sockel 370
C3 Nehemiah	–	133	1.000	7,5	3,30 Volt	1,4 Volt	Sockel 370
C3 Nehemiah	–	133	1.100	8	3,30 Volt	1,4 Volt	Sockel 370
C3 Nehemiah	–	133	1.200	9	3,30 Volt	1,4 Volt	Sockel 370

Intel-Prozessoren Sockel 423

Prozessor	Architektur	System-takt/MHz	Prozessor-takt/MHz	Multi-plikator	I/O-Spannung	Core-Spannung	Sockeltyp
Pentium 4 1,3 GHz	Willamette	100	1.300	13	3,30 Volt	1,75 Volt	Sockel 423
Pentium 4 1,4 GHz	Willamette	100	1.400	14	3,30 Volt	1,75 Volt	Sockel 423
Pentium 4 1,5 GHz	Willamette	100	1.500	15	3,30 Volt	1,75 Volt	Sockel 423
Pentium 4 1,6 GHz	Willamette	100	1.600	16	3,30 Volt	1,75 Volt	Sockel 423
Pentium 4 1,7 GHz	Willamette	100	1.700	17	3,30 Volt	1,75 Volt	Sockel 423
Pentium 4 1,8 GHz	Willamette	100	1.800	18	3,30 Volt	1,75 Volt	Sockel 423

Prozessor	Architektur	System-takt/MHz	Prozessor-takt/MHz	Multi-plikator	I/O-Spannung	Core-Spannung	Sockeltyp
Pentium 4 1,9 GHz	Willamette	100	1.900	19	3,30 Volt	1,75 Volt	Sockel 423
Pentium 4 2 GHz	Willamette	100	2.000	20	3,30 Volt	1,75 Volt	Sockel 423

Intel-Prozessoren Sockel 478

Prozessor	Architektur	System-takt/MHz	Prozessor-takt/MHz	Multi-plikator	I/O-Spannung	Core-Spannung	Sockeltyp
Pentium 4 1,5 GHz	Willamette	100	1.500	15	3,3 Volt	1,75 Volt	Sockel 478
Pentium 4 1,6 GHz	Willamette	100	1.600	16	3,3 Volt	1,75 Volt	Sockel 478
Pentium 4 1,7 GHz	Willamette	100	1.700	17	3,3 Volt	1,75 Volt	Sockel 478
Pentium 4 1,8 GHz	Willamette	100	1.800	18	3,3 Volt	1,75 Volt	Sockel 478
Pentium 4 1,9 GHz	Willamette	100	1.900	19	3,3 Volt	1,75 Volt	Sockel 478
Pentium 4 2 GHz	Willamette	100	2.000	20	3,3 Volt	1,75 Volt	Sockel 478
Pentium 4 1,6 GHz	Northwood	100	1.600	16	3,3 Volt	1,5 Volt	Sockel 478
Pentium 4 1,8 GHz	Northwood	100	1.800	18	3,3 Volt	1,5 Volt	Sockel 478
Pentium 4 2 GHz	Northwood	100	2.000	20	3,3 Volt	1,5 Volt	Sockel 478
Pentium 4 2,2 GHz	Northwood	100	2.200	22	3,3 Volt	1,5 Volt	Sockel 478
Pentium 4 2,4 GHz	Northwood	100	2.400	24	3,3 Volt	1,5 Volt	Sockel 478
Pentium 4 2,5 GHz	Northwood	100	2.500	25	3,3 Volt	1,5 Volt	Sockel 478
Pentium 4 2,6 GHz	Northwood	100	2.600	26	3,3 Volt	1,5 Volt	Sockel 478
Pentium 4 2,26 GHz	Northwood	133	2.266	17	3,3 Volt	1,5 Volt	Sockel 478
Pentium 4 2,4 GHz	Northwood	133	2.400	18	3,3 Volt	1,5 Volt	Sockel 478
Pentium 4 2,53 GHz	Northwood	133	2.533	19	3,3 Volt	1,5 Volt	Sockel 478
Pentium 4 2,67 GHz	Northwood	133	2.667	20	3,3 Volt	1,5 Volt	Sockel 478
Pentium 4 2,8 GHz	Northwood	133	2.800	21	3,3 Volt	1,5 Volt	Sockel 478
Pentium 4 3,07 GHz	Northwood	133	3.066	23	3,3 Volt	1,5 Volt	Sockel 478
Pentium 4 2,4 GHz	Northwood	200	2.400	12	3,3 Volt	1,5 Volt	Sockel 478
Pentium 4 2,6 GHz	Northwood	200	2.600	13	3,3 Volt	1,5 Volt	Sockel 478
Pentium 4 2,8 GHz	Northwood	200	2.800	14	3,3 Volt	1,5 Volt	Sockel 478

Prozessor	Architektur	System-takt/MHz	Prozessor-takt/MHz	Multi-plikator	I/O-Spannung	Core-Spannung	Sockeltyp
Pentium 4 3 GHz	Northwood	200	3.000	15	3,3 Volt	1,5 Volt	Sockel 478
Pentium 4 3,2 GHz	Northwood	200	3.200	16	3,3 Volt	1,5 Volt	Sockel 478
Pentium 4 3,4 GHz	Northwood	200	3.400	17	3,3 Volt	1,5 Volt	Sockel 478
Pentium 4 3,0 GHz	Prescott	200	3.000	15	3,3 Volt	1,3 Volt	Sockel 478
Pentium 4 3,2 GHz	Prescott	200	3.200	16	3,3 Volt	1,3 Volt	Sockel 478
Pentium 4 3,4 GHz	Prescott	200	3.400	17	3,3 Volt	1,3 Volt	Sockel 478
Pentium 4 3,4 GHz EE (2 MB L3)	Northwood	200	3.400	17	3,3 Volt	1,5 Volt	Sockel 478
Celeron 1,7 GHz	Willamette	100	1.700	17	3,3 Volt	1,75 Volt	Sockel 478
Celeron 1,8 GHz	Willamette	100	1.800	18	3,3 Volt	1,75 Volt	Sockel 478
Celeron 2 GHz	Willamette	100	1.800	20	3,3 Volt	1,525 Volt	Sockel 478
Celeron 2,1 GHz	Willamette	100	2.100	21	3,3 Volt	1,525 Volt	Sockel 478
Celeron 2,2 GHz	Willamette	100	2.200	22	3,3 Volt	1,525 Volt	Sockel 478
Celeron 2,3 GHz	Willamette	100	2.300	23	3,3 Volt	1,525 Volt	Sockel 478
Celeron 2,4 GHz	Willamette	100	2.400	24	3,3 Volt	1,525 Volt	Sockel 478
Celeron 2,5 GHz	Willamette	100	2.500	25	3,3 Volt	1,525 Volt	Sockel 478
Celeron 2,6 GHz	Willamette	100	2.600	26	3,3 Volt	1,525 Volt	Sockel 478
Celeron 2,8 GHz	Northwood	100	2.800	28	3,3 Volt	1,52 Volt	Sockel 478

Intel-Prozessoren Sockel 775

Prozessor	Architektur	System-takt/MHz	Prozessor-takt/MHz	Multi-plikator	I/O-Spannung	Core-Spannung	Sockeltyp
Pentium 4 520	Prescott	200	2.800	14	3,30 Volt	1,3 Volt	Sockel 775
Pentium 4 530	Prescott	200	3.000	15	3,30 Volt	1,3 Volt	Sockel 775
Pentium 4 540	Prescott	200	3.200	16	3,30 Volt	1,3 Volt	Sockel 775
Pentium 4 550	Prescott	200	3.400	17	3,30 Volt	1,3 Volt	Sockel 775
Pentium 4 560	Prescott	200	3.600	18	3,30 Volt	1,3 Volt	Sockel 775
Pentium 4 570	Prescott	200	3.800	19	3,30 Volt	1,3 Volt	Sockel 775
Pentium 4 630	Prescott	200	3.000	15	3,30 Volt	1,3 Volt	Sockel 775
Pentium 4 640	Prescott	200	3.200	16	3,30 Volt	1,3 Volt	Sockel 775
Pentium 4 650	Prescott	200	3.400	17	3,30 Volt	1,3 Volt	Sockel 775
Pentium 4 660	Prescott	200	3.600	18	3,30 Volt	1,3 Volt	Sockel 775
Pentium 4 820	2 Smithfield	200	2.800	15	3,30 Volt	1,3 Volt	Sockel 775
Pentium 4 830	2 Smithfield	200	3.000	16	3,30 Volt	1,3 Volt	Sockel 775

Prozessor	Architektur	System-takt/MHz	Prozessor-takt/MHz	Multi-plikator	I/O-Spannung	Core-Spannung	Sockeltyp
Pentium 4 840	2 Smithfield	200	3.200	17	3,30 Volt	1,3 Volt	Sockel 775
Pentium D 820	2 Smithfield	200	2.800	15	3,3 Volt	1,3 Volt	Sockel 775
Pentium D 930	2 Presler	200	3.000	16	3,3 Volt	1,3 Volt	Sockel 775
Pentium D 940	2 Presler	200	3.200	17	3,3 Volt	1,3 Volt	Sockel 775
Pentium D 950	2 Presler	200	3.400	18	3,3 Volt	1,3 Volt	Sockel 775
Pentium D 960	2 Presler	200	3.600	19	3,3 Volt	1,3 Volt	Sockel 775
Pentium D 965 EE	2 Presler	266	2.733	14	3,3 Volt	1,3 Volt	Sockel 775
Celeron D 325	Prescott	133	2.533	19	3,30 Volt	1,3 Volt	Sockel 775
Celeron D 330	Prescott	133	2.666	20	3,30 Volt	1,3 Volt	Sockel 775
Celeron D 335	Prescott	133	2.800	21	3,30 Volt	1,3 Volt	Sockel 775
Celeron D 340	Prescott	133	2.933	22	3,30 Volt	1,3 Volt	Sockel 775
Celeron D 345	Prescott	133	3.066	23	3,30 Volt	1,3 Volt	Sockel 775
Celeron D 351	Prescott	133	3.200	24	3,30 Volt	1,3 Volt	Sockel 775
Celeron D 352	Cedar Mill	133	3.200	24	3,30 Volt	1,3 Volt	Sockel 775
Celeron D 355	Prescott	133	3.333	25	3,30 Volt	1,3 Volt	Sockel 775
Celeron D 356	Cedar Mill	133	3.333	25	3,30 Volt	1,3 Volt	Sockel 775

AMD-Prozessoren Sockel A

Prozessor	Architektur	System-takt/MHz	Prozessor-takt/MHz	Multipli-kator	I/O-Spannung	Core-Spannung	Sockeltyp
Athlon T-Bird 800	Thunderbird	100	800	8	3,30 Volt	1,75 Volt	Sockel A
Athlon T-Bird 850	Thunderbird	100	850	8,5	3,30 Volt	1,75 Volt	Sockel A
Athlon T-Bird 900	Thunderbird	100	900	9	3,30 Volt	1,75 Volt	Sockel A
Athlon T-Bird 950	Thunderbird	100	950	9,5	3,30 Volt	1,75 Volt	Sockel A
Athlon T-Bird B 1000	Thunderbird	100	1.000	10	3,30 Volt	1,75 Volt	Sockel A
Athlon T-Bird C 1000	Thunderbird	133	1.000	7,5	3,30 Volt	1,75 Volt	Sockel A
Athlon T-Bird B1100	Thunderbird	100	1.100	11	3,30 Volt	1,75 Volt	Sockel A
Athlon T-Bird B 1200	Thunderbird	100	1.200	12	3,30 Volt	1,75 Volt	Sockel A
Athlon T-Bird C 1200	Thunderbird	133	1.200	9	3,30 Volt	1,75 Volt	Sockel A
Athlon T-Bird C 1333	Thunderbird	133	1.333	10	3,30 Volt	1,75 Volt	Sockel A
Athlon T-Bird B 1400	Thunderbird	100	1.400	14	3,30 Volt	1,75 Volt	Sockel A
Athlon T-Bird C 1400	Thunderbird	133	1.400	10,5	3,30 Volt	1,75 Volt	Sockel A
Duron 600	Spitfire	100	600	6	3,30 Volt	1,6 Volt	Sockel A
Duron 650	Spitfire	100	650	6,5	3,30 Volt	1,6 Volt	Sockel A
Duron 700	Spitfire	100	700	7	3,30 Volt	1,6 Volt	Sockel A
Duron 750	Spitfire	100	750	7,5	3,30 Volt	1,6 Volt	Sockel A

Prozessor	Architektur	System-takt/MHz	Prozessor-takt/MHz	Multipli kator	I/O-Spannung	Core-Spannung	Sockeltyp
Duron 800	Spitfire	100	800	8	3,30 Volt	1,6 Volt	Sockel A
Duron 850	Spitfire	100	850	8,5	3,30 Volt	1,6 Volt	Sockel A
Duron 900	Spitfire	100	900	9	3,30 Volt	1,6 Volt	Sockel A
Duron 950	Spitfire	100	950	9,5	3,30 Volt	1,6 Volt	Sockel A
Duron 1000	Morgan	100	1.000	10	3,30 Volt	1,75 Volt	Sockel A
Duron 1100	Morgan	100	1.100	11	3,30 Volt	1,75 Volt	Sockel A
Duron 1200	Morgan	100	1.200	12	3,30 Volt	1,75 Volt	Sockel A
Duron 1300	Morgan	100	1.300	13	3,30 Volt	1,75 Volt	Sockel A
Duron 1,6	Applebred	133	1.600	12	3,30 Volt	1,5 Volt	Sockel A
Duron 1,8	Applebred	133	1.800	13	3,30 Volt	1,5 Volt	Sockel A
Athlon XP 1600+	Palomino	133	1.400	10,5	3,30 Volt	1,75 Volt	Sockel A
Athlon XP 1700+	Thoroughbred A	133	1.467	11	3,30 Volt	1,5 Volt	Sockel A
Athlon XP 1800+	Thoroughbred A	133	1.533	11,5	3,30 Volt	1,5 Volt	Sockel A
Athlon XP 1900+	Palomino	133	1.600	12	3,30 Volt	1,75 Volt	Sockel A
Athlon XP 2000+	Thoroughbred	133	1.667	12,5	3,30 Volt	1,6 Volt	Sockel A
Athlon XP 2100+	Palomino	133	1.733	13	3,30 Volt	1,75 Volt	Sockel A
Athlon XP 2200+	Thoroughbred A	133	1.800	13,5	3,30 Volt	1,65 Volt	Sockel A
Athlon XP 2400+	Thoroughbred B	133	2.000	15	3,30 Volt	1,65 Volt	Sockel A
Athlon XP 2500+	Barton	166	1.833	11	3,30 Volt	1,65 Volt	Sockel A
Athlon XP 2600+	Thoroughbred B	166	2.083	12,5	3,30 Volt	1,65 Volt	Sockel A
Athlon XP 2700+	Thoroughbred B	166	2.167	13	3,30 Volt	1,65 Volt	Sockel A
Athlon XP 2800+	Barton	166	2.083	12,5	3,30 Volt	1,65 Volt	Sockel A
Athlon XP 3000+	Barton	166	2.167	13	3,30 Volt	1,65 Volt	Sockel A
Athlon XP 3200+	Barton	200	2.200	11	3,30 Volt	1,65 Volt	Sockel A
Sempron 2400+	Thoroughbred	166	1.667	10	3,30 Volt	1,65 Volt	Sockel A
Sempron 2600+	Thoroughbred	166	1.833	11	3,30 Volt	1,65 Volt	Sockel A
Geode NX1250@6W	Geode	133	667	5	3,30 Volt	1,1 Volt	Sockel A
Geode NX1500@6W	Geode	133	1.066	7	3,30 Volt	1,1 Volt	Sockel A
Geode NX1750@14W	Geode	133	1.466	11	3,30 Volt	1,1 Volt	Sockel A
Athlon MP 2000+	Thoroughbred	133	1.667	12,5	3,30 Volt	1,6 Volt	Sockel A geeignet für Dual Sockel A-Boards
Athlon MP 2200+	Thoroughbred	133	1.800	13,5	3,30 Volt	1,65 Volt	Sockel A geeignet für Dual Sockel A-Boards

Prozessor	Architektur	System-takt/MHz	Prozessor-takt/MHz	Multiplikator	I/O-Spannung	Core-Spannung	Sockeltyp
Athlon MP 2400+	Thoroughbred	133	2.000	15	3,30 Volt	1,5 Volt	Sockel A geeignet für Dual Sockel A-Boards
Athlon MP 2600+	Thoroughbred	133	2.133	16	3,30 Volt	1,65 Volt	Sockel A geeignet für Dual Sockel A-Boards
Athlon MP 2800+	Barton	133	2.133	16	3,30 Volt	1,65 Volt	Sockel A geeignet für Dual Sockel A-Boards

AMD-Prozessoren Sockel 939

Prozessor	Architektur	System-takt/MHz	Prozessor-takt/MHz	Multi-plikator	I/O-Spannung	Core-Spannung	Sockeltyp
Athlon 64 3000+	Newcastle	200	1.800	9	3,30 Volt	1,55 Volt	Sockel 939
Athlon 64 3200+	Newcastle	200	2.000	10	3,30 Volt	1,55 Volt	Sockel 939
Athlon 64 3500+	Newcastle	200	2.200	11	3,30 Volt	1,55 Volt	Sockel 939
Athlon 64 3800+	Newcastle	200	2.400	12	3,30 Volt	1,55 Volt	Sockel 939
Athlon 64 FX-53 (1 MB L2)	Newcastle	200	2.400	12	3,30 Volt	1,55 Volt	Sockel 939
Athlon 64 3000+	Winchester	200	1.800	9	3,30 Volt	1,4 Volt	Sockel 939
Athlon 64 3200+	Winchester	200	2.000	10	3,30 Volt	1,4 Volt	Sockel 939
Athlon 64 3500+	Winchester	200	2.200	11	3,30 Volt	1,4 Volt	Sockel 939
Athlon 64 3000+	Venice	200	1.800	9	3,30 Volt	1,4 & 1,35 Volt	Sockel 939
Athlon 64 3200+	Venice	200	2.000	10	3,30 Volt	1,4 & 1,35 Volt	Sockel 939
Athlon 64 3500+	Venice	200	2.200	11	3,30 Volt	1,4 & 1,35 Volt	Sockel 939
Athlon 64 3800+	Venice	200	2.400	12	3,30 Volt	1,4 & 1,35 Volt	Sockel 939
Athlon 64 3700+	San Diego	200	2.200	11	3,30 Volt	1,4 & 1,35 Volt	Sockel 939
Athlon 64 4000+	San Diego	200	2.400	12	3,30 Volt	1,4 & 1,35 Volt	Sockel 939
Athlon 64 X2 4200+	2 Manchester	200	2.200	11	3,30 Volt	1,3 Volt	Sockel 939
Athlon 64 X2 4400+	2 Toledo	200	2.200	11	3,30 Volt	1,3 Volt	Sockel 939
Athlon 64 X2 4600+	2 Manchester	200	2.400	12	3,30 Volt	1,3 Volt	Sockel 939
Athlon 64 X2 4800+	2 Toledo	200	2.400	12	3,30 Volt	1,3 Volt	Sockel 939

AMD-Prozessoren Sockel AM2

Prozessor	Architektur	System-takt/MHz	Prozessor-takt/MHz	Multi-plikator	I/O-Spannung	Core-Spannung	Sockeltyp
Athlon 64 3800+	Orleans	166	2.333	14	3,3 Volt	1,41 Volt	AM2
Athlon 64 X2 3800+	2 Brisbane	200	2.000	10	3,3 Volt	1,3 Volt	AM2
Athlon 64 X2 4000+	2 Windsor	200	2.000	10	3,3 Volt	1,3 Volt	AM2
Athlon 64 X2 4200+	2 Brisbane	200	2.200	11	3,3 Volt	1,3 Volt	AM2
Athlon 64 X2 4400+	2 Windsor	200	2.200	11	3,3 Volt	1,3 Volt	AM2
Athlon 64 X2 4600+	2 Brisbane	200	2.400	12	3,3 Volt	1,3 Volt	AM2
Athlon 64 X2 4800+	2 Windsor	200	2.400	12	3,3 Volt	1,3 Volt	AM2
Athlon 64 X2 5000+	2 Brisbane	200	2.600	13	3,3 Volt	1,3 Volt	AM2
Sempron 64 3400+	Manila	200	1.800	9	3,3 Volt	1,41 Volt	AM2
Sempron 64 3600+	Manila	200	2.000	10	3,3 Volt	1,41 Volt	AM2

8. Hardwarekonflikte und Treiberprobleme lösen

Windows Vista bringt neben etlichen anderen Neuerungen auch eine neue Architektur für Treiber mit, die sich **W**indows **D**river **F**oundation (WDF) nennt. Diese soll neben den obligatorischen Performanceverbesserungen auch weit reichende Änderungen im Hinblick auf die Kontrolle von Hardwareschnittstellen einführen. Hierbei werden Gerätetreiber in die Kategorien **U**ser-**M**ode-**D**river-**F**ramework (UMDF) und **K**ernel-**M**ode-**D**river-**F**ramework (KMDF) aufgeteilt – Treiber, die

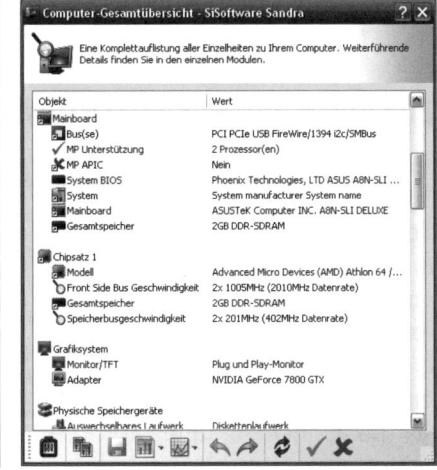

im UMDF laufen, können keine Betriebssystemkern-nahen Operationen ausführen, was sich sicherlich positiv auf die Stabilität niederschlagen wird (auch unter Windows XP gibt es noch die berüchtigten Bluescreens!). Dazu kommen noch spezielle Architekturen für Grafikkartentreiber wie das **V**ista **D**isplay **D**river **M**odel (WDDM), das unter anderem die kompatible Entwicklung von Gerätetreibern im Zusammenhang mit der neuen 3-D-beschleunigten Windows-Oberfläche AERO verbessern soll.

8.1 Hardware sicher identifizieren und einbinden

Bereits in früheren Windows-Versionen wie 98/98 SE und ME war die Plug & Play-Technik zur einfachen Installation neuer Hardware integriert. Damals verursachte diese Technik etliche Probleme, sodass sie manchmal auch spöttisch als Plug & Pray abgekanzelt wurde. Seit Windows XP funktioniert Plug & Play aber so gut wie immer und leistet so gute Dienste, dass man sich ungern an vergangene Zeiten erinnert.

Mit Zusatztools die Hardware erkennen

Gerade wenn man einen Rechner beim Discounter gekauft hat, bietet es sich an, das Innenleben einmal mittels eines Softwareanalysetools genau zu durchleuchten. Nur so lassen sich wirklich alle verbauten Komponenten exakt identifizieren, oftmals werden nämlich bekannte Komponenten umgelabelt, sodass sie augenscheinlich nicht mehr anhand von Etiketten zu identifizieren sind. Der Windows-eigene Geräte-Manager zeigt hierbei nur die Namen der installierten Treiber an, wenn jedoch ein solcher Treiber unklar bezeichnet ist oder gar nicht erkannt wird, helfen in diesem Fall Systemana-

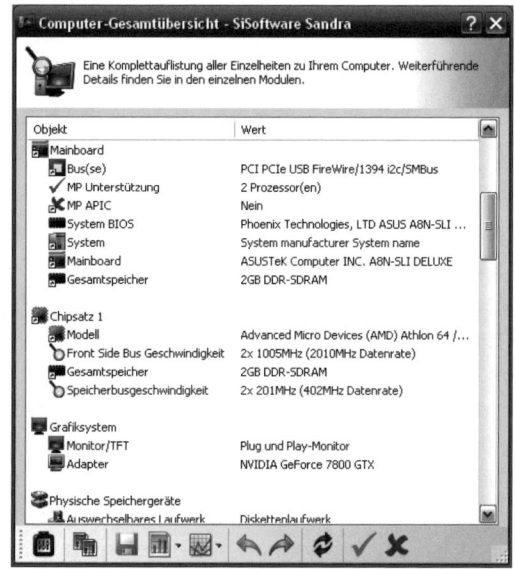

lysetools wie Sandra (*www.sisoftware.co.uk*), das englischsprachige Fresh Diagnose *von www.freshdevices.com* oder EVEREST. Die kostenfreie EVEREST Home Edition wird leider vom Hersteller nicht mehr weiterentwickelt, ist aber weiterhin leicht durch eine Google-Suche zu finden. Vom Tool Sandra gibt es eine kostenlose Liteversion für jedermann zum Download, im Folgenden sehen Sie die Auflistungsfunktion von Sandra:

Installation einer Plug & Play-Komponente

Der grundlegende Ablauf bei der Installation einer neuen Hardwarekomponente unter Windows XP ist immer gleich und gestaltet sich nach folgendem Schema: Einbau der Hardware, Starten von Windows, Erkennung der Hardware, Anforderung von Treiberdateien im Fall einer Nichtverfügbarkeit in der Windows-eigenen Treiberdatenbank. Hier beschreiben wir diesen Vorgang etwas detaillierter:

1 Sie schließen die neue Hardware an den PC an bzw. bauen diese ein. Komponenten, die Hot-Plug-fähig sind, können im laufenden Betrieb angeschlossen werden. Dazu gehören USB-, FireWire sowie SATA- und eSATA-Geräte.

2 Nach dem Anschluss bzw. nach dem Windows-Start meldet sich der so genannte Hardware-update-Assistent, der Sie mit nebenstehendem Fenster begrüßt.

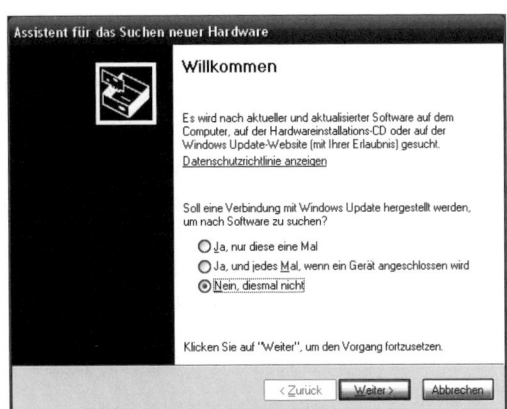

3 Dieser Bildschirm bietet Ihnen die internetgestützte Suche nach einem passenden Treiber auf den Windows Update-Server an. Wenn Sie bereits einen passenden Treiber auf CD oder als Download vorliegen haben, können Sie diese Abfrage mit *Nein* beantworten. Der Hardwareupdate-Assistent meldet sich nur, wenn Windows keinen passenden Treiber für die angeschlossene Hardware mitbringt und deshalb Ihr Eingreifen erforderlich ist. Andernfalls werden Sie lediglich durch ein Ballonfenster in der Taskleiste unten rechts darüber informiert, dass die Hardware erkannt ist und Treiber installiert werden.

4 In den folgenden Schritten leitet der Assistent Sie durch die Installation der Treiberdateien. Eine bebilderte Anleitung aller auftauchenden Schritte finden Sie im weiteren Kapitelverlauf. Sollte ein Neustart des Rechners erforderlich sein, werden Sie darüber informiert. Unser Tipp: Trotz oft ausbleibender Neustartanforderungen empfehlen wir in jedem Fall den Neustart nach einer Komponenteninstallation, merkwürdige Symptome nach der Installation lassen sich somit in vielen Fällen vermeiden.

Neu erkannte Geräte und defekte Geräte ausfindig machen

Es passiert selten, aber es passiert: Nach dem Anschluss oder der Installation einer neuen Komponente wird diese zwar von Windows erkannt, jedoch nicht ins System eingebunden, weil es auf Soft- oder Hardwareseite zu einem Problem gekommen ist.

Hardware wird entdeckt, aber nicht richtig installiert

■ Bei allen Wartungs- und Installationsarbeiten ist der Geräte-Manager unter Windows der Dreh- und Angelpunkt. Mit ihm lassen sich Treiber updaten, löschen und auf ursprüngliche Versionen zurücksetzen. Den Geräte-Manager erreichen Sie unter *Systemsteuerung/System*.

- Der Geräte-Manager listet alle installierten und mit Treibern konfigurierten Komponenten nach Baugruppen sortiert auf. Um z. B. verschiedene optische Laufwerke zu konfigurieren, erweitern Sie den Eintrag *DVD/CD-ROM-Laufwerke*.

- Defekte, falsch installierte oder gestoppte Geräte werden vom Geräte-Manager mit kleinen Symbolen gekennzeichnet und erweitern automatisch die ihnen übergeordneten Kategorien.

- Nicht alle Geräte und Komponenten werden automatisch eingeblendet, tiefer liegende Systemgeräte und nicht Plug & Play-kompatible Geräte müssen erst über die Menüoption *Ansicht/Ausgeblendete Geräte* eingeblendet werden. Das Menü *Ansicht* erlaubt Ihnen zusätzlich, die Systemressourcenverteilung einzublenden. Vorsicht: An diesem Punkt sollten Sie keine Änderungen vornehmen.

8.2 Fehlercodes und Fehlersymbole im Geräte-Manager

Wie bereits erwähnt, kennzeichnet der Geräte-Manager automatisch defekte, fehlerhaft installierte oder gestoppte Geräte durch kleine Symbole. Eine Erläuterung der Symbolik finden Sie in nachstehender Tabelle:

Fehlersymbol	Beschreibung und Lösung
Fragezeichen	Es wurde Hardware erkannt, die aber nicht funktioniert. Eine so markierte Hardware ist deaktiviert, da kein Treiber installiert werden konnte. Führen Sie die Installation von Hand durch, wie in Kapitel 8.3 beschrieben.
Rotes Kreuz	Die Hardware wurde von einem Anwender mit Administratorrechten oder von Windows selbst deaktiviert. Mit einem Doppelklick auf die entsprechende Schaltfläche können Sie das Gerät wieder aktivieren.
	Zweite mögliche Ursache ist, dass Windows das Gerät zwar korrekt installiert hat, aber einen Neustart benötigt, um es zu aktivieren.
Gelber Kreis mit Ausrufezeichen	Dieses Symbol bedeutet, dass das Gerät nicht richtig installiert wurde. Doppelklicken Sie auf das entsprechende Gerät und sehen Sie sich die Fehlermeldung an. In der Regel müssen Sie die Treiber neu installieren. Komponenten, die mehrere Treibergeräte einrichten, müssen in der richtigen Treiberreihenfolge installiert werden.
Blaues i in einer weißen Sprechblase	Wenn dieses Symbol auftaucht, ist beim betreffenden Gerät die Plug & Play-Funktion abgeschaltet. Entweder ist das Gerät von Herstellerseite nicht PnP-kompatibel, oder aber das System musste die PnP-Funktion ausschalten, um das Gerät installieren zu können. Hier brauchen Sie nichts weiter zu machen, denn Geräte mit dem i-Symbol laufen auch ohne Plug & Play-Unterstützung einwandfrei.

Um die Fehlercodes und Meldungen, die vom Geräte-Manager unter Windows XP ausgegeben werden, zu verstehen und Lösungsstrategien zu erhalten, sehen Sie am besten unter *http://support.microsoft.com/default.aspx?scid=kb;de;D310123:* nach. Microsoft hält hier die wichtigsten Lösungsansätze bereit.

8.3 Treiber installieren/erneuern und deren Funktion prüfen

Häufig müssen Sie für neu installierte oder verbundene Komponenten selbst einen Treiber installieren, da Windows nicht für alle Geräte Standardtreiber mitbringt. Gerade neue Hardware wird oft nicht unterstützt, ein aktueller Treiber aus dem Internet bietet sich hier aber in jedem Fall an. Gerade bei aktuellen Grafikkarten sollten Sie auf jeden Fall den aktuellsten Treiber installieren: Die Standard-Windows-Treiber sind zwar stabil, bieten aber oft nur mangelhafte Performance.

Sollten Sie bei der Nachfrage nach den Treibern keine Dateien zur Hand haben, können Sie den Vorgang auch abbrechen – das Gerät wird dann einfach bis zur Installation deaktiviert. Solch ein Gerät wird daraufhin im Geräte-Manager mit einem gelben Ausrufezeichen markiert. Wenn das Gerät in der beschriebenen Weise erkannt, aber auf Treiberseite noch nicht installiert wurde, gehen Sie nach folgendem Leitfaden vor. Diese Anleitung können Sie ebenfalls für das Update einer bereits installierten und funktionierenden Komponente einsetzen, beispielsweise wenn neue Treiber im Internet erhältlich sind!

1 Starten Sie den Geräte-Manager über die Registerkarte *Hardware*, die Sie unter *Systemsteuerung/System* finden.

2 Klicken Sie das entsprechend installierte und mit dem gelben Ausrufezeichen markierte Gerät mit der rechten Maustaste an und wählen Sie *Treiber aktualisieren*.

3 Nun startet der Hardwareupdate-Assistent. Sie können wahlweise die Windows Update-Server nach einem Treiber durchsuchen lassen oder durch Auswahl von *Nein* die Treiberposition selbst angeben. Bestätigen Sie dazu im nachfolgenden Fenster die Option *Software von einer Liste.*

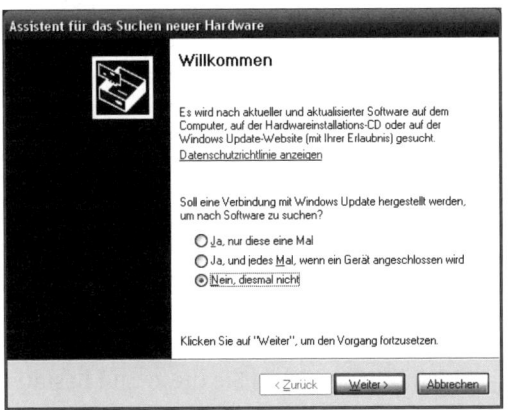

4 Nun haben Sie mit der ersten Option die Möglichkeit, automatisch eingelegte Wechselmedien wie CD-ROMs oder Disketten nach einem passenden Treiber durchsuchen zu lassen. Der Einfachheit halber sollten Sie diese Option wählen und einen Haken in das Feld *Wechselmedien durchsuchen* setzen. Findet Windows einen Treiber auf der von Ihnen eingelegten CD oder Diskette, 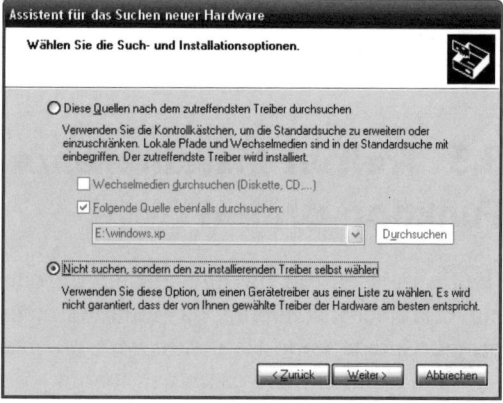 wird die Installation durchgeführt und beendet. Sollte kein Treiber gefunden werden, wählen Sie die zweite Option *Nicht suchen*.

5 Für den Fall, dass Windows auf Ihrem Medium keinen Treiber finden konnte, haben Sie jetzt die Möglichkeit, den Standort des Treibers selbst anzugeben. Klicken Sie dazu auf die Schaltfläche *Datenträger*.

6 Sollte Ihnen der Treiber der Komponente auf Diskette vorliegen, belassen Sie die Quellenangabe bei *A:* und bestätigen Sie mit *OK*. Andernfalls klicken Sie auf *Durchsuchen*.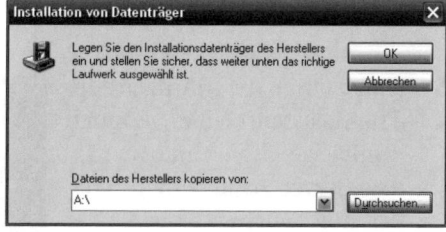

7 Im nächsten Fenster haben Sie die Möglichkeit, den gesamten Arbeitsplatz nach einem Verzeichnis zu durchsuchen, das die passende Treiberinformationsdatei mit der Endung *.inf* enthält. Suchen Sie zu diesem Zweck auf der Hersteller-CD-ROM nach Verzeichnissen wie *Driver* und *WinXP*. Sollten Sie fündig werden, wird Ihnen im jeweiligen Verzeichnis die INF-Datei eingeblendet. Markieren Sie diese und bestätigen Sie mit *Öffnen*.

8 Klicken Sie im Dialogfenster nochmals auf *OK*.

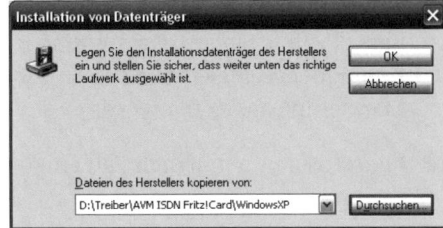

9 Der Hardwareupdate-Assistent sollte Ihnen nun die erkannte, kompatible Hardwarebezeichnung Ihrer Komponente zeigen. Ein grüner Haken deutet auf eine WHQL-Zertifizierung (**W**indows **H**ardware **Q**uality **L**abs) des Treibers durch Microsoft hin. Markieren Sie die Komponente und bestätigen Sie die Auswahl mit *Weiter*.

10 Eventuell wird Ihnen im Laufe der Treiberinstallation dieses Fenster eingeblendet. Trotz der eindringlichen Warnung, auf keinen Fall die Installation fortzusetzen, bestätigen Sie hier die Installation mit *Installation fortsetzen*. Diese Meldung drückt schlicht und einfach aus, dass der Treiberhersteller seinen Treiber nicht in den Microsoft-Labors hat zertifizieren lassen.

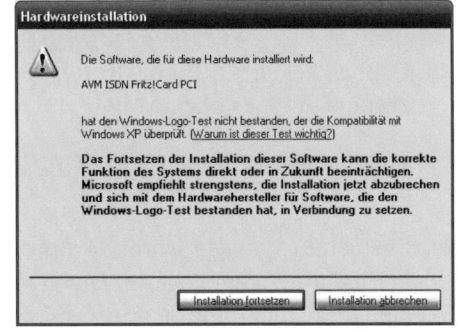

11 Nach erfolgter Treiberinstallation sollten Sie diese Erfolgsmeldung zu sehen bekommen. Sie können die Installation mit *Fertig stellen* abschließen und fortan mit der neuen Hardware arbeiten. Sollte ein PC-Neustart nötig sein, wird Sie der Assistent darauf hinweisen. Wir empfehlen jedoch in jedem Fall einen Neustart – vermeiden Sie vorsorglich alle Hindernisse!

12 Überzeugen Sie sich nach der Installation von der Funktionalität des Treibers. Prüfen Sie im Geräte-Manager, ob das gelbe Ausrufezeichen an der Komponente verschwunden ist (sofern es im Vorfeld Probleme gab und die Markierung angezeigt wurde).

13 Führen Sie nun in jedem Fall einen Funktionstest der Komponente durch!

Driver Rollback – gezielter Rücksprung auf alte Treiber

Manchmal kommt es vor, dass ein Hardwarehersteller übereilt einen nicht ausgereiften und unzureichend getesteten Treiber veröffentlicht und im Internet zum Download freigibt. Solch unausgereifte Software kann die merkwürdigsten Symptome auf Ihrem Rechner erzeugen – wenn Sie also nach der Aktualisierung eines Treibers Probleme mit der Funktionalität der jeweiligen Komponente bemerken, können Sie dank der so genannten Rollback-Funktion den zuvor installierten Treiber wiederherstellen. Diese Funktion stellt Ihnen ebenfalls der Geräte-Manager unter Windows XP zur Verfügung, gehen Sie einfach nach folgender Anleitung vor:

1 Starten Sie den Geräte-Manager via *Systemsteuerung/System*. Er befindet sich auf der Registerkarte *Hardware*.

2 Doppelklicken Sie auf die Komponente, deren Treiber Sie auf den Ursprungszustand zurücksetzen wollen.

3 Wählen Sie nun die Registerkarte *Treiber* aus und klicken Sie auf *Installierter Treiber*.

4 Der Geräte-Manager warnt Sie durch ein Dialogfenster, dass der aktuelle Treiber nicht gesichert wurde. Diese Meldung können Sie getrost ignorieren, da Sie ja Probleme mit dem neuen Treiber haben und ihn später auch ohne Sicherung wieder installieren können.

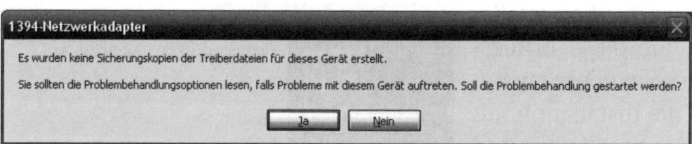

Wie Sie exotische Gerätetreiber finden

Gerade bei exotischen No-Name-Komponenten ist es oft schwer, auf den Hersteller-Websites (sofern diese überhaupt existieren) an neue Treiber zu kommen. In diesem Fall kann eine Recherche bei Google helfen, vielleicht gibt es andere Anwender, die ebenfalls schon mal nach Treibern für Ihre Komponente gesucht haben. Gerade einschlägige Foren mit vielen angemeldeten Mitgliedern geben in solchen Situationen oft guten Rat, sehen Sie sich z. B. mal das Forum der Website Toms Hardware Guide an unter *www.tomshardware.de*.

Ebenfalls sehr hilfreich sind spezielle Treiberdatenbanken, die sich aus genau diesen Umständen entwickelt haben. Sofern Sie Hersteller und/oder Modellbezeichnung Ihrer Hardware kennen, können Sie bei einer Datenbank *wie www. treiber.de* oder *www.heise.de/ct/treiber* eine Recherche starten. Finden Sie auch in solch gut gepflegten Fundstellen keine Treiber bzw. Supportadressen, stehen die Chancen sehr schlecht, überhaupt noch fündig zu werden. Eventuell lag Ihrer Komponente ein Beipackzettel bei, auf dem eine Support- oder Vertriebstelefonnummer angegeben ist, unter der Sie sich erkundigen können.

Windows XP-Treiber unter Vista einsetzen

Wie weiter oben in diesem Kapitel zu lesen ist, stehen die Chancen für XP-Treiber unter dem neuen Windows Vista nicht gerade gut. Durch das neue Treibermodell **W**indows **D**river **F**ramework (WDF) ist eine Neuentwicklung der meisten Treiber für Vista notwendig. Microsoft will unter allen Umständen die Stabilität des Systems erhöhen – so kommt es, dass strenger reglementierte Architekturen eingeführt wurden und zum Beispiel der Windows-Audiokern nicht mehr im sehr Kern-nahen Kernel-Mode, sondern im neuen User-Mode ausgeführt wird.

Die Hersteller arbeiten deswegen schon seit einiger Zeit mit Microsoft zusammen, um pünktlich zum Start des Betriebssystems stabile und ausgereifte Treiberversionen bereitstellen zu können. Bereits während der Betaphase gibt es für viele Komponenten Vista-Treiber: Die Grafikchiphersteller ATI und NVIDIA sind hier Vorreiter und bieten schon Treiber zum Download an, die das neue Vista Display Driver Model unterstützen und damit auch die 3-D-Funktionen des neuen Betriebssystems ausreizen können. Der Zwang zu neuen Treibern durch Vista ist also nicht unbedingt als negativ zu bewerten – solange Microsoft sich um neue Architekturen bemüht, die die Stabilität verbessern, kann dem nur zugestimmt werden.

Probleme durch alte Chipsatztreiber

Viele bekannte und immer wiederkehrende Treiberprobleme resultieren häufig aus veralteten oder gar nicht installierten Chipsatztreibern. Oft wird Grafikkartentreibern u. a. eine viel höhere Bedeutung zugemessen, doch wenn die Basis nicht mit aktuellen Treibern läuft, hat das Auswirkungen auf das gesamte System: Ressourcenkonflikte, USB-Probleme wie Geschwindigkeitsverringerung und nicht erkannte Ports wie auch die eigentlich nicht mehr auftretenden Ressourcenkonflikte sind dann vorprogrammiert. Auch gravierende Geschwindigkeitseinbußen durch einen nicht aktivierbaren DMA-Übertragungsmodus für IDE-Festplatten entstehen meist durch alte oder nicht installierte Chipsatztreiber. Sorgen Sie also in jedem Fall für eine solide und rund laufende Basis, indem Sie auf den Supportseiten des Chipsatzherstellers die aktuellen Treiber herunterladen. Diese werden in fast allen Fällen durch eine spezielle Installationsroutine installiert, Sie müssen also nicht selbst Hand anlegen und unzählige Gerätetreiber selbst aktualisieren.

USB-Probleme schnell gelöst

Gerade auch im Hinblick auf USB-Probleme empfehlen wir Ihnen wärmstens, zusätzlich zu aktuellen Chipsatztreibern immer das jeweils aktuelle Service Pack für Windows XP sowie alle nachfolgenden Updates zu installieren. USB ist eine sehr einfach zu bedienende Systemfunktionalität, die Basis dafür muss jedoch auch hier sauber und rund laufen. Sollte keiner Ihrer vorhandenen USB-Anschlüsse funktionieren und auch im Geräte-Manager keine USB-Geräte verzeichnet sein, obwohl Sie die Chipsatztreiber für die Hauptplatine installiert haben, kann es durchaus sein, dass im BIOS die USB-Funktionalität deaktiviert ist.

1 Rufen Sie dazu im BIOS das Menü *Advanced Settings* oder *PNP & PCI Setup* auf, die Bezeichnung kann wie immer variieren.

2 Suchen Sie Einträge im Zusammenhang mit *USB: Enable USB, USB IRQ* oder Ähnliches sollten hier in jedem Fall aktiviert werden.

3 Speichern Sie die Änderungen und beobachten Sie nach dem Windows Start eine eventuelle Hardwareerkennung. Es sollten nun USB-Treiber ins System eingebunden werden.

Für den Fall, dass USB-Treiber und -Geräte im Geräte-Manager mit gelben Ausrufezeichen versehen sind, müssen Sie die aktuellen Chipsatztreiber installieren. Hilft das nicht, deinstallieren Sie zunächst die Einträge unter der Kategorie *USB-Controller* und installieren dann erneut die Chipsatztreiber.

Tipps und Tricks für Aldi-PCs auf der Medion-Website

Medion stellt die bekannten PC-Angebote her, die beim Discounter Aldi verkauft werden. Medion stellt weiterhin ein umfangreiches Serviceportal im Internet bereit (*http://www.medion.de/service/downloads.html*), auf dem Sie genau die Treiber finden können, die zu Ihrem Rechner passen. Dazu gibt es eine Filterfunktion, die zunächst die Seriennummer Ihres PCs oder Notebooks abfragt, um dann auch nur die jeweils passenden, aktuellen Treiber zum Download zusammenzustellen. Die Seriennummern finden Sie meist an der Rückseite des PCs auf einem Etikett sowie bei Notebooks auf einem Aufkleber an der Unterseite der Geräts.

Aktuelle Treiber für Dual Core-Prozessoren von AMD

Bisher war es nicht nötig, für den Prozessor einen extra Treiber zu installieren. Doch seit moderne Prozessoren teilweise mit mehreren Kernen und ausgefeilten Stromsparfunktionen sowie Taktanpassungen aufwarten, sind auch für diese wichtige Komponente Treiber nötig. AMD stellt dazu z. B. auf den jeweiligen Support-Websites entsprechende Downloads bereit: AMD Athlon™ 64 X2 Dual Core Processor Driver for Windows XP auf *www.amd.com/de-de/Processors* unter *Treiber und Hilfsprogramme/Utilities, Drivers und Updates.* Auf der gleichen Seite bekommen Sie den AMD Dual Core Optimizer. Gerade auch im Zusammenhang mit Spielen können manchmal merkwürdige Probleme wie Zeitlupeneffekte auftauchen, die von einer fehlenden Prozessortreiberinstallation herrühren.

8.4 BIOS-Virenschutz besser deaktivieren

Auch heutige Mainboards stellen teilweise noch die mittlerweile völlig veraltete BIOS-Virenschutz-Funktion bereit. Diese Scanfunktionen halfen noch unter MS-DOS, doch heute erzielen sie keinerlei Wirkung mehr – im Gegenteil, sie können auch Probleme verursachen:

Programme, die den Bootsektor der Festplatte verändern müssen, scheitern an der BIOS-Virenschutzfunktion – das kann u. a. folgende Ursachen haben:

- Die Installation von Windows XP oder Vista schlägt fehl, weil das Diskmanagement nicht arbeiten kann.

- Firewalls und Virenscanner lassen sich nicht installieren bzw. funktionieren nicht korrekt.

Die erwähnte (Schutz-)Funktion sollten Sie also in jedem Fall deaktivieren, der dazu nötige Punkt ist je nach BIOS unterschiedlich betitelt, meist in der Form *Bios Virus Protection*. Denken Sie daran, beim Gebrauch von Windows nicht auf einen Virenscanner zu verzichten.

9. BIOS: Einstellungen für einen schnellen und stabilen PC

Das BIOS oder **B**asic **I**nput **O**utput **S**ystem stellt das Bindeglied zwischen der Hard- und Software eines PCs dar. Darüber hinaus ist es eine Art minimales, grundlegendes Betriebssystem zum Start des Rechners. Das BIOS sammelt alle Informationen über die eingebaute Hardware, initialisiert diese und nimmt so den PC Stück für Stück in Betrieb. Dabei werden auch gleich alle Komponenten auf ihre grundlegende Funktion getestet. Sind alle Tests abgeschlossen und läuft die Hardware, sucht das BIOS nach dem Betriebssystem und startet es.

Mit dem BIOS kommt man somit immer dann in Kontakt, wenn man neue Hardware einbaut, wenn ein Defekt am PC auftritt – oder wenn man an den Betriebsparametern des Rechners drehen will (Overclocking). Moderne Betriebssysteme greifen im Gegensatz zum alten MS-DOS und Windows 3 fast gar nicht mehr auf BIOS-Funktionen zu. Trotzdem läuft jedes Betriebssystem nur dann gut, wenn der PC zuvor optimal eingestellt und konfiguriert wurde.

Wie Sie ins BIOS-Setup gelangen, welche Einstellungen für die Leistung Ihres PCs optimal sind und wie Sie das BIOS für die Fehlersuche benutzen können, zeigt dieses Kapitel.

9.1 BIOS-Update selbst durchführen

Auch das BIOS ist nichts anderes als Software, die statt auf der Festplatte in einem Chip gespeichert ist. Software kann Fehler enthalten, und Software kann verbessert oder an neue Techniken angepasst werden. Aus diesem Grund gibt es wie für Betriebssysteme, Treiber oder Programme auch für das BIOS Updates.

Ein BIOS-Update ist allerdings eine etwas delikate Angelegenheit. Geht bei einem Programm-Update etwas schief, funktioniert die entsprechende Software vielleicht nicht mehr. Sie installieren sie dann einfach neu. Bei Treibern und dem Betriebssystem selbst führen Sie ihm schlimmsten Fall eine komplette Neuinstallation durch. Funktioniert aber das BIOS nach dem Update nicht richtig oder bricht das BIOS-Update aus einem anderen Grund mittendrin ab, haben Sie ein Problem. Dann nämlich startet der PC im schlimmsten Fall überhaupt nicht mehr. Das Board ist somit ein Reparaturfall, weil ein neuer BIOS-Chip eingesetzt werden muss. Normalerweise funktionieren BIOS-Updates aber reibungslos, solange Sie den PC zwischendurch nicht abschalten oder es zu einem Stromausfall kommt.

Dual-BIOS: Vollversicherung für ein BIOS-Update

Einige Hersteller (z. B. Gigabyte) haben das Problem mit dem missglückten BIOS-Update erkannt und eine Art Rückversicherung auf dem Mainboard installiert. Ein zweites BIOS springt dann ein, falls beim Update das erste BIOS „zerschossen" wird. Beim Starten kann man dann auswählen, welches BIOS benutzt werden soll. Läuft der PC, kann man erneut versuchen, das zerschossene BIOS zu erneuern.

Da ein zweiter BIOS-Chip ein paar Cent mehr in der Herstellung kostet, sehen die meisten übrigen Hersteller von einer solch praktischen Lösung ab.

Selbst fabrikneue Mainboards besitzen bereits ein veraltetes BIOS. Manche neue Funktionen des Mainboards sind dann noch nicht freigeschaltet oder arbeiten nicht korrekt. Diese neuen, mit der heißen Nadel gestrickten BIOS-Versionen sollte man möglichst umgehend auf den neusten Stand bringen. Auf der Webseite des jeweiligen Mainboard-Herstellers finden Sie im Supportbereich Hinweise auf neue BIOS-Versionen.

Updaten oder nicht updaten?

Da ein BIOS-Update nicht ungefährlich ist, sollte man sich allerdings zweimal überlegen, ob es sinnvoll ist. Werden beispielsweise nur ein paar Fehler behoben, die für Sie unwichtig sind, oder wird ein Feature hinzugefügt, das Sie sowieso nicht benötigen, sollten Sie kein BIOS-Update durchführen.

Das BIOS im BIOS-Chip muss von Zeit zu Zeit auf den neusten Stand gebracht werden.

Hinzu kommt, dass ein BIOS-Update bei vielen Herstellern eher als kompliziert anzusehen ist. Sie müssen per Hand das passende BIOS auswählen und herunterladen, dazu das zum Board passende Update-Tool. Beides zusammen muss auf eine bootbare Diskette kopiert werden. Das Update muss dann von dieser Diskette ohne deutschen Tastaturtreiber ausgeführt werden.

Hersteller	Internetadresse
Abit	www.abit.com
AOpen	www.aopen.com
ASUS	www.asus.com
Biostar	www.biostar.com
Chaintech	www.chaintech.com.tw
DTK	www.dtkcomputer.com
Elitegroup	www.esc.com.tw
FIC	www.fica.com
Gigabyte	www.gigabyte.com

Hersteller	Internetadresse
Intel	support.intel.com
Iwill	www.iwill.net
Micronics	www.micronics.com
Micro-Star	www.msi.com.tw
PC Chips	www.pcchips.com
QDI	www.qdigrp.com
Soyo	www.soyo.com.tw
Tekram	www.tekram.com
Tyan	www.tyan.com

Andere Hersteller mit mehr Mitgefühl für die eigenen Kunden machen das deutlich besser: Intel etwa liefert BIOS-Updates als „Live-Updates" aus. Dabei handelt es sich um ein unter Windows startbares Tool, das sowohl die Software zum Update des BIOS enthält als auch das neue BIOS selbst – einfacher geht es kaum.

BIOS-Update: Operation am offenen PC-Herzen?

Normalerweise ist das BIOS-Update selbst schnell erledigt. Sie booten von einer Diskette, starten ein kleines Tool, geben den Namen der Datei mit dem BIOS-Update ein – und dann schreibt das Tool das neue BIOS in den BIOS-Chip (das BIOS wird „geflasht").

Nur darf während des vielleicht eine oder zwei Minuten dauernden Flashvorgangs nichts mit dem PC passieren. Es darf keinen Stromausfall geben, Sie dürfen den PC nicht ausschalten, und Sie dürfen nicht Reset drücken. Am besten lassen Sie auch Tastatur und Maus in Ruhe. Und trotzdem kann etwas passieren – sei es, dass es zu einem Lesefehler auf der Diskette kommt oder vielleicht das Flashtool selbst abstürzt.

Somit bleibt immer abzuwägen, ob sich das geringe, aber fatale Risiko lohnt, die neuen Features und Bugfixes des BIOS zur Verfügung zu haben. Manchmal kann man auf Fixes für den FireWire-Anschluss verzichten, weil man ihn sowieso nicht nutzt. Und Bugfixes beim Speichertiming sind allenfalls für diejenigen interessant, deren PC wegen genau dieses Fehlers andauernd abstürzt. Schließlich kann mit der Unterstützung für neue Prozessoren auch nur der etwas anfangen, der beabsichtigt, einen solchen Prozessor einzubauen.

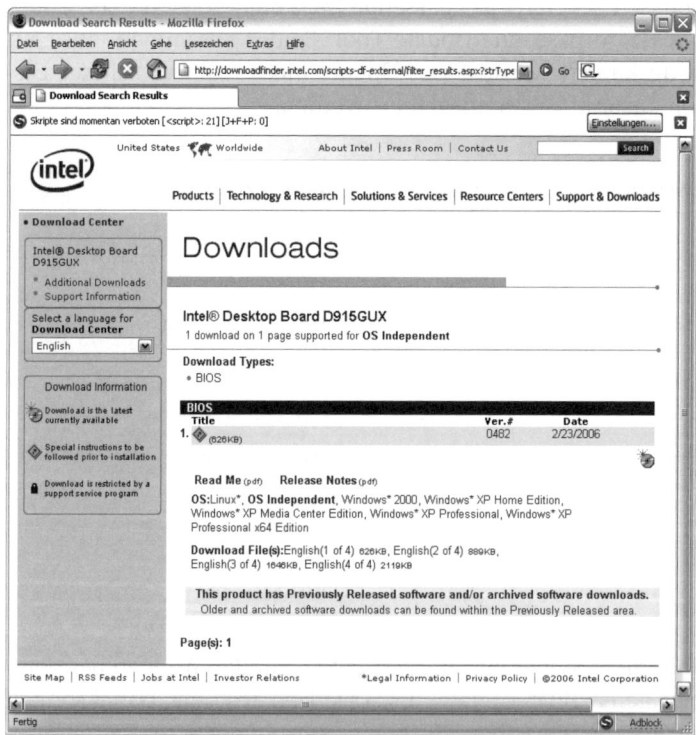

Lesen Sie im Readme oder den Release-Informationen vor dem Update des BIOS nach, ob Ihnen die neue BIOS-Version überhaupt Vorteile bringt.

Bei diesen ganzen Gefahren taucht die Frage auf: Warum dann überhaupt ein Update machen? Im Gegensatz zu den Updates beispielsweise bei Grafikkarten ist ein Update des BIOS nur dann wirklich notwendig, wenn Sie damit ein bestimmtes Problem lösen können. Das BIOS upzudaten, nur um von Version 1.41a auf 1.41b zu kommen, ist ein unnötiges Risiko. Ohne einen triftigen Grund sollten Sie auf ein Update verzichten, denn schneller wird ein PC durch ein BIOS-Update bis auf ganz seltene Ausnahmen auf keinen Fall.

BIOS-Setup: kein Overclocking!

Wer seinen PC mit „optimierten" Einstellungen betreibt, sollte diese vor dem BIOS-Update wieder auf konservative Werte zurücksetzen. Manche BIOS-Versionen bieten dafür so genannte Fail-Safe-Defaults an. Mit diesen Voreinstellungen läuft jeder PC langsam, aber sehr stabil.

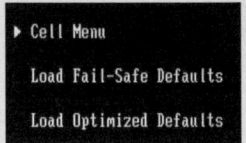

Nach dem BIOS-Update können Sie dann wieder die Tuning-Werte einsetzen. Diese Vorgehensweise ist sowieso logisch, weil nach einem BIOS-Update als Erstes alle Werte durch Zurücksetzen auf Standardwerte neu gesetzt werden sollten.

Und falls Sie ein falsches BIOS in Ihren PC einspeisen oder etwas beim Update des BIOS schief geht, funktioniert in der Regel der ganze PC überhaupt nicht mehr. In diesem Fall muss das Flash-ROM oder E(E)PROM ausgebaut und gegen ein neues vom Hersteller ausgetauscht werden. Dumm gelaufen, wenn man dann ein merkwürdiges No-Name-Board besitzt, dessen Hersteller irgendwo in Taiwan sitzt oder mittlerweile Pleite gemacht hat. Aber auch bei einem Marken-Mainboard kommen Kosten für den Versand, das neue BIOS und die Umbaukosten auf Sie zu – ganz abgesehen von dem ganzen Aufwand, das Mainboard auszubauen, einzupacken und zu verschicken.

PC wegen BIOS-Bug instabil?

Nun kann es auch vorkommen, dass der PC eben genau wegen eines Bugs im BIOS nicht stabil läuft. Das BIOS-Update soll den PC also in einen zuverlässigen Status versetzen. Wie aber macht man ein BIOS-Update, wenn der PC nicht stabil läuft?

Meistens ist es das Zusammenspiel von einzelnen Komponenten, das die Instabilität verursacht. Rüsten Sie den PC dann vor dem BIOS-Update einfach so weit wie möglich ab. TV-Karten, optische Laufwerke, eine Speichervollbestückung, USB-Geräte und selbst die Maus – alles das ist für ein BIOS-Update nicht notwendig.

Für ein BIOS-Update von Diskette benötigt der PC nur Folgendes:

- Netzteil, Mainboard, Prozessor samt Kühler/Lüfter
- minimale Speicherbestückung, Dual Channel nicht notwendig

- Grafikkarte
- Tastatur
- Diskettenlaufwerk

Selbst die Festplatte ist beim BIOS-Update von Diskette nicht notwendig. Nach dem erfolgreichen Update können Sie wieder alle Komponenten anschließen oder einbauen.

Anders sieht das natürlich bei einem Update mit einem Windows-Tool aus. Aber auch hier benötigen Sie nur die obige Grundausstattung, zusätzlich natürlich die Festplatte und die Maus.

Vor dem BIOS-Update: Rechner auf Viren überprüfen!

Bevor Sie ein BIOS-Update planen, sollten Sie unbedingt Ihren Virenscanner aktualisieren und einen ausführlichen Suchlauf starten.

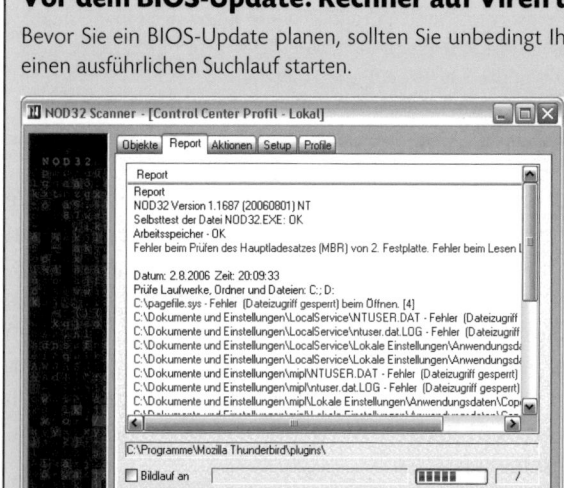

Nun wird sich ein Virus auf Ihrem System nicht ins BIOS schmuggeln können (obwohl es Viren gibt, die Derartiges können – aber das sind mehr „Versuchsviren"). Dennoch manipulieren Viren das System, und das könnte genau an der „falschen" Stelle passieren:

- Ein Virus könnte die Datei mit dem BIOS-Update als potenzielles Infektionsziel sehen und sich darin verankern. Das BIOS funktioniert dann nicht mehr.
- Ein Virus könnte das Flashtool infizieren und dessen Funktion beeinträchtigen.
- Ein Virus könnte sich auf der Startdiskette im Bootsektor verankern und wäre dann aktiv, sobald Sie von dieser Diskette starten. Das kann zu Komplikationen beim Flashen führen.

Damit alles glatt läuft, entfernen Sie also möglichst alle Viren vom PC.

Wenn Sie ein BIOS-Update von einer Bootdiskette vornehmen wollen, benötigen Sie natürlich eine Diskette. Das kann zum Problem werden, da die meisten heutigen PCs dieses Medium gar nicht mehr unterstützen. So erzeugen Sie eine bootfähige Diskette:

1 Legen Sie eine leere Diskette ins Diskettenlaufwerk. Klicken Sie auf dem Desktop unter *Arbeitsplatz* mit der rechten Maustaste auf das 3½-Zoll-Diskettenlaufwerk und wählen Sie *Formatieren*.

2 Im folgenden Dialog können Sie alle voreingestellten Werte belassen, wie sie sind. Einzig bei den Formatierungsoptionen müssen Sie die Option *MS-DOS Startdiskette* aktivieren.

3 Nun müssen Sie noch von den Supportseiten des Herstellers das Tool zum Flashen des BIOS und das aktuelle BIOS selbst herunterladen. Beide Dateien sind eventuell in ein ZIP gepackt, das Sie zuvor entpacken müssen. Auf jeden Fall müssen Flashtool und BIOS-Image auf die Diskette kopiert werden.

BIOS-Image: Woher nehmen?

Essenziell wichtig ist die Wahl des richtigen BIOS-Updates. Nur das BIOS, das explizit für Ihr Motherboard vorgesehen ist, führt zu einem funktionierenden PC. Dies geht sogar so weit, dass Sie auch auf die Revisionsnummer des Boards achten müssen, da selbst winzige Detailänderungen bei der Hardware mit dem BIOS abgestimmt sein müssen. Um das richtige BIOS-Update auszuwählen, benötigen Sie also den Hersteller des Boards, die Board-Bezeichnung, die Revision und den verbauten Chipsatz. Falls Sie die Informationen nicht herausbekommen, können Sie anhand der BIOS-Nummer, die beim Einschalten unten am Bildschirm angezeigt wird, weiterkommen. Notieren Sie diese Nummer (etwa „01/16/97-i430HX-2A59FG0BC-00") genau und suchen Sie im Internet Wim's BIOS Page unter *http://www.wimsbios.com* auf. Hier wählen Sie *BIOS-Numbers*. Auf dieser Seite finden Sie eine lange Liste mit Nummern von AWARD-basierten Boards. Falls Sie ein AMI-BIOS haben, folgen Sie dem Link zur *AMI BIOS number page*.

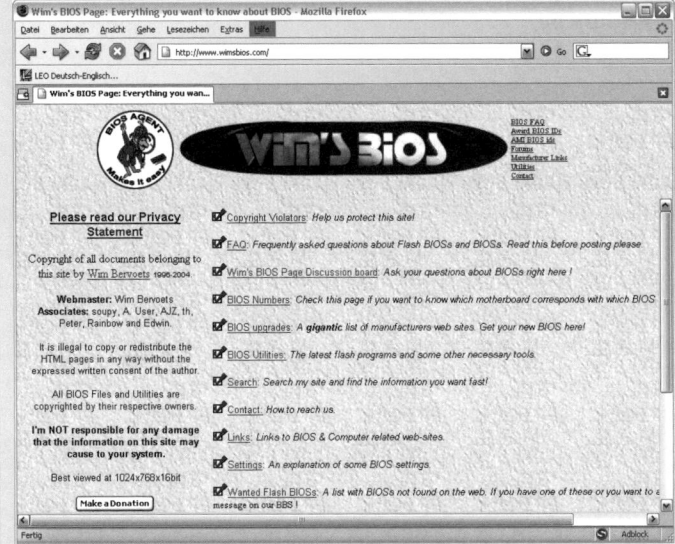

Suchen Sie nach dem hinteren Teil der Nummer, als in unserem Fall „2A59FG0BC-00". Sie bekommen heraus, dass es sich um ein Gigabyte GA-586HX handelt. Nun suchen Sie entweder den Webserver des Herstellers auf (*www.Herstellername.com* oder *.tw.com*) und durchwühlen dort den Supportbereich nach einem passenden BIOS-Update – oder Sie bemühen besser wieder Wim's BIOS Page und sehen dort unter *BIOS Upgrades* nach. Auf dieser Seite sind nämlich nahezu alle Board-Hersteller aufgeführt, inklusive Links zu deren Supportseiten, FTP-Servern und sogar zu Seiten von privaten, inoffiziellen Supportseiten zu bestimmten Boards – eine wahre Fundgrube für Motherboard-Fetischisten.

Die Tools zum Flashen sind von Hersteller zu Hersteller, ja manchmal auch von Mainboard zu Mainboard, sehr verschieden. Einige laufen vollautomatisch, nachdem Sie sie gestartet haben, andere verlangen den Dateinamen des BIOS-Images als Parameter. Wieder andere finden BIOS-Images selbstständig auf der Festplatte, und noch andere besitzen sogar eine grafische Benutzerführung. Meistens sind die Tools aber Stiefkinder der Mainboard-Hersteller und besitzen dementsprechend eine Benutzerführung aus den Anfängen der EDV.

Die Imagedateien mit dem aktualisierten BIOS haben meistens die Endungen *.img*, *.bin*, seltener auch *.dat*. Manchmal werden sie auch ganz anders bezeichnet. Der Dateiname besteht oft aus einem codierten Datum in amerikanischer Schreibweise (Monat-Tag-Jahr), also beispielsweise *AM120106.BIN* – ein BIOS-Image vom 01.12.2006. Für den Fall, dass Sie diesen Namen später im Flashtool angeben müssen, sollten Sie ihn exakt auf Papier notieren.

Letzte Arbeiten vor dem Update

Die Startdiskette ist erstellt, das Flashtool und das neue BIOS-Image befinden sich auf der Diskette. Es sind noch zwei kleinere Maßnahmen nötig, bevor Sie mit dem BIOS-Update beginnen:

Daten sichern

Wie bei allen größeren Umbauarbeiten am PC sollten Sie vor dem BIOS-Update ein paar Sicherungsmaßnahmen vornehmen. Das ist lästig und wird gern übergangen – aber wer einmal ein BIOS zerschossen hat, kennt vielleicht das kleine Problem, vor dem man dann steht: Man kommt an seine Daten/Passwörter/Mail/Dokumente nicht mehr heran. Auch wenn man die Festplatte in einen anderen PC einbaut, startet dieser in der Regel nicht das komplett konfigurierte Windows. Sie können dann nur alle Dateien von der Platte kopieren, aber keine Anwendungen starten. Aus diesem Grund lohnt es sich, Dokumente/Mail/Passwörter auf eine CD zu kopieren oder sich aufzuschreiben.

BIOS-Einstellungen dokumentieren

Es kann durchaus sinnvoll sein, die Einstellungen des BIOS-Setup zu dokumentieren, um diese nach dem Update wieder schnell einstellen zu können. Am einfachsten geht das, indem Sie einen Drucker an die parallele Schnittstelle des PCs anschließen, jede Seite des BIOS-Setup aufrufen und einmal die [Druck]-Taste drücken. So erhalten Sie einen Ausdruck von jeder Seite des BIOS-Setup.

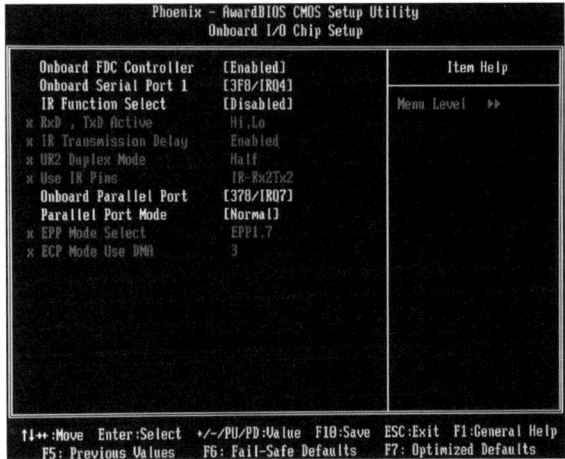

Wichtige oder nicht gerade intuitiv zu erkennende Einstellungen sollten Sie vor dem Update dokumentieren – ausdrucken, abfotografieren oder ganz simpel abschreiben.

Alternativ können Sie die einzelnen Seiten auch mit einer Digitalkamera abfotografieren – oder notfalls die wichtigsten Einstellungen per Hand auf ein Blatt Papier schreiben.

BIOS-Schreibschutz entfernen

Normalerweise ist das BIOS dagegen geschützt, überschrieben zu werden. Das ist durchaus sinnvoll bei der vielen unausgereiften Software, die auf den PC losgelassen wird. Aber auch bösartige Computerschädlinge wie Viren, Würmer und Trojaner versuchen vereinzelt, schreibend auf das BIOS zuzugreifen. Das BIOS ist zum einen ein sehr sicherer Speicherbereich, um Daten oder Teile des Virencodes zu verstecken. Zum anderen ist eine Schadroutine, die einfach nur das BIOS zerschießt, natürlich effektiver als eine, die die Festplatte löscht – der PC ist anschließend definitiv tot.

Bei modernen PCs wird dieser Schreibschutz immer mehr per Software gesetzt. In diesem Fall findet sich im BIOS-Setup eine Option wie *Enable Flash BIOS Update* oder ähnlich, die Sie aktivieren müssen.

Bei sehr vielen Mainboards hingegen gibt es auf dem Board einen kleinen Jumper, den Sie zum Überschreiben des BIOS umsetzen müssen. Vergessen Sie nicht, den Jumper anschließend wieder zurückzusetzen.

Kein Handbuch? – Kein Problem!

Falls Sie das Handbuch nicht zur Verfügung haben, ist das auch nicht dramatisch. Fast alle Hersteller bieten die Handbücher zu ihren Mainboards auf den Supportseiten im Internet auch als PDF-Dokument an.

Selten findet man auch eine Bezeichnung auf dem Mainboard selbst, beispielsweise „flash" oder „write".

Um herauszubekommen, wo dieser Jumper sitzt, müssen Sie einen Blick ins Handbuch werfen. Oft befindet sich der Jumper nahe des BIOS-Chips selbst.

Schalten Sie den PC aus, öffnen Sie ihn und setzen Sie dann den Jumper in die entsprechende Position, um das BIOS neu flashen zu können.

Das Update kann beginnen

Sind alle Vorbereitungen getroffen, also

- eine Bootdiskette mit Flashtool und BIOS-Image erstellt,
- ein Backup gemacht und
- der Schreibschutz vom BIOS entfernt

worden, kann es losgehen. Legen Sie die Startdiskette ein und starten Sie den PC. Wenn Sie wie bei Intel-Mainboards ein Update aus Windows heraus ausführen können, beenden Sie möglichst alle Programme und starten das Update-Tool.

BIOS-Update per Bootdiskette

Wenn Sie das BIOS mit einer Bootdiskette updaten wollen, müssen Sie vermutlich noch die Startreihenfolge der Laufwerke im BIOS-Setup umstellen. Verändern Sie die Reihenfolge so, dass der PC als Erstes von *A:* oder *Floppy Drive A:* startet.

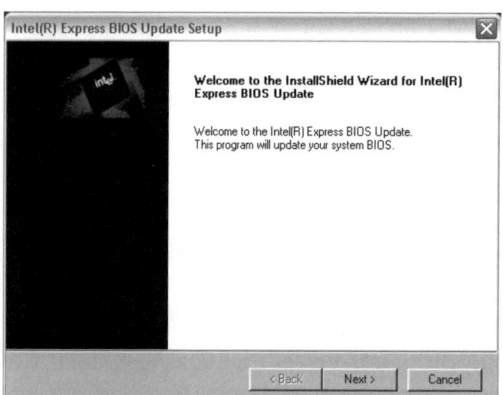

Wenige Hersteller, unter anderem Intel, ermöglichen es dem Benutzer, das BIOS-Update bequem aus Windows heraus zu starten. Der PC bootet dann neu, bringt das BIOS auf den neusten Stand und startet erst dann wieder Windows.

Achtung: Anleitung ist nicht allgemein gültig

Die folgende Anleitung bezieht sich nur auf ein spezielles BIOS-Update mit einem AMI-BIOS. Andere BIOS-Hersteller und selbst andere AMI-BIOS-Varianten werden mit anderen Tools und auf andere Weise auf den neusten Stand gebracht.

Die verschiedenen Tools arbeiten im Prinzip ähnlich, sodass Sie zumindest einen Eindruck davon bekommen, wie eine BIOS-Update funktioniert.

Nach dem BIOS-Update stellen Sie die Option wieder auf den ursprünglichen Wert, um den PC schneller zu starten.

1 Wenn Sie eine DOS-Bootdiskette starten, erhalten Sie keine grafische Benutzeroberfläche, sondern nur eine Kommandozeile (Prompt). Ist der Startvorgang beendet, wird Ihnen der aktuelle Laufwerkbuchstabe angezeigt, also A:.

2 Optional können Sie nun einen deutschen Tastaturtreiber laden, sofern er sich auf der Diskette befindet. Durch die Eingabe von

- `keyb gr`

wird der Tastaturtreiber geladen, *gr* ist die Bezeichnung für **ger**man und lädt das deutsche Layout. Bei *keyb* müssen Sie übrigens „kezb" tippen, da auf der amerikanischen Tastatur „y" und „z" vertauscht sind.

3 Nun laden Sie das eigentliche Tool zum Update des BIOS. Das kann zum Beispiel

- `awdflash`

sein. Geben Sie den entsprechenden Namen des Programms ein und drücken Sie [Enter].

4 Bei vielen BIOS-Tools können Sie nicht nur ein neues BIOS flashen, sondern auch ein bestehendes BIOS in eine Datei sichern.

Das ist eine durchaus sinnvolle Aktion, denn sollte das neue BIOS aus irgendeinem Grund nicht wie erwartet laufen, können Sie im Zweifelsfall immer noch zum alten BIOS zurückkehren.

5 Wenn Sie das alte BIOS auf Diskette schreiben, geben Sie ihm einen entsprechenden Namen. Sie können sich an der Namensgebung des Herstellers orientieren ... einfacher ist es aber, einfach „altBIOS" oder Ähnliches einzugeben. Das alte BIOS brauchen Sie bis auf sehr seltene Ausnahmen niemals wieder.

6 Nun können Sie das Update starten und damit die neue BIOS-Version in den Flashspeicher schreiben. In manchen BIOS-Versionen finden Sie diese Option „versteckt" in den erweiterten Optionen.

Oft gibt es Optionen, auch nur Teile des BIOS upzudaten. Das ist nur dann sinnvoll, wenn Sie ganz genau wissen, was Sie machen. Beispielsweise das Update eines auf dem Mainboard integrierten SCSI-Controllers kann so vorgenommen werden. Diese Option ist aber nur etwas für Entwickler/Spezialisten. Machen Sie möglichst immer ein komplettes BIOS-Update. Wenn Sie das zum Mainboard passende BIOS heruntergeladen haben, sind dort auch immer alle benötigten Zusatz-BIOS enthalten.

7 Geben Sie den Namen der Datei an, die das neue BIOS-Image enthält. Falls Sie sich den Namen nicht aufgeschrieben haben, können Sie nun immer noch problemlos das Update-Tool beenden (drücken Sie (Esc)) und sich das Inhaltsverzeichnis der Diskette mit

■ dir

anzeigen lassen.

8 Wenn das Update-Tool das BIOS einliest, berechnet und überprüft es normalerweise das BIOS-Image anhand einer Prüfsumme. Ein defektes BIOS-Image wird so erkannt und das Update abgelehnt. Sollte dies der Fall sein, laden Sie das BIOS-Image erneut von der Webseite des Herstellers herunter und erstellen zur Sicherheit eine andere Diskette. Der Fehler kann beim Herunterladen des BIOS aufgetreten sein, oder die Diskette produziert Leserfehler.

– Ist das BIOS-Image eingelesen und geprüft, erfolgt normalerweise eine letzte Sicherheitsabfrage. Bestätigen Sie diese mit (Y) oder mit (Z), wenn Sie keinen deutschen Tastaturtreiber geladen haben.

– Das eigentliche Update dauert normalerweise nur ein paar Sekunden oder eine Minute. Manchmal schreibt das Tool zur Sicherheit auch zweimal in den Flashspeicher. In der Regel folgt dem Schreib- noch ein prüfender Lesevorgang.

Jetzt darf der PC nicht ausgehen oder abstürzen!

Wenn Sie die Diskette mit dem Flashtool für das BIOS starten und selbst wenn Sie das Flashtool gestartet haben, können Sie immer noch Reset drücken oder den PC ausschalten.

Keinesfalls aber dürfen Sie den Schreibvorgang für das neue BIOS unterbrechen!

Während das Flashtool den BIOS-Chip neu programmiert, dürfen Sie nichts am PC machen. Lassen Sie das Tool den Programmiervorgang zu Ende durchführen. Erst danach können Sie den PC neu starten.

– Warten Sie ab, bis des Update-Tool Ihnen ganz klar das Ende des Updates anzeigt. Das kann durchaus noch eine Minute dauern. Warten Sie lieber etwas länger, als den PC zu früh neu zu starten.

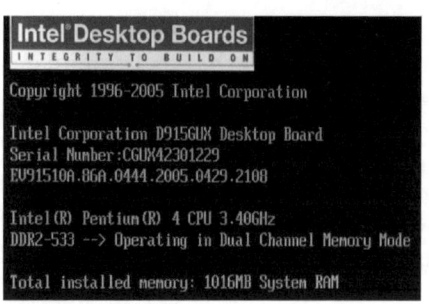

Nach dem BIOS-Update können Sie überprüfen, ob sich das BIOS auch tatsächlich mit der neuen Versionsnummer meldet.

Wenn alles glatt gelaufen ist, was fast immer der Fall sein sollte, haben Sie nun ein aktuelles BIOS in Ihrem PC.

Rechnercrash – was nun?!

Es kommt vor, dass der PC beim Flashen abstürzt und nicht mehr reagiert. Auch andere Fehler in der Software können dafür sorgen, dass sich der PC merkwürdig verhält.

In diesem Fall schalten Sie den PC nicht aus, und drücken Sie auch möglichst nicht Reset! Wenn Sie den PC mit einem „halb-geflashten" BIOS resetten oder aus- und einschalten, wird er nicht starten können!

Versuchen Sie zurück zur Kommandozeile zu gelangen. Drücken Sie Strg+C oder Strg+Pause/Untbr. Warten Sie im Zeifelsfall eine Viertelstunde, ob sich das Programm von selbst beendet. Auch wenn das BIOS jetzt zerschossen ist, läuft der PC dann noch. Sie können schnell einen zweiten Versuch starten, das BIOS zu flashen.

Sollte das neue BIOS fehlerhaft sein, können Sie vielleicht auch das alte BIOS wieder in das EEPORM flashen – besser ein altes als gar kein BIOS.

Nacharbeiten nach dem erfolgreichen Update

Auch nach dem erfolgreichen Update sind noch ein paar kleine Arbeiten nötig. Sie müssen den Schreibschutz wieder aktivieren und – sehr wichtig – die neuen Standardwerte in das BIOS-Setup laden.

Haben Sie vor dem Update des BIOS einen entsprechenden Jumper umgesteckt, schalten Sie den Rechner nach dem Update und einem ersten kleinen Start als Test gleich wieder aus. Setzen Sie dann den Jumper wieder auf die Position, auf der das BIOS vor dem Überschreiben gesichert war.

Sprung ins BIOS-Setup

Normalerweise gelangen Sie in das BIOS-Setup, indem Sie die Entf-Taste drücken, während der Rechner beim Starten den Speicher hochzählt. Üblicherweise findet sich dann am unteren Bildschirmrand die Meldung *Press <DEL> to enter setup*. Funktioniert das nicht, probieren Sie es bei Award- und Phoenix-BIOS mit F2 oder Strg+Alt+S, beim AMI-BIOS mit F1 oder F10.

Hilft alles nichts, ziehen Sie beispielsweise den Floppy-Stecker ab, dann meckert das BIOS und verzweigt normalerweise ins Setup. Hilft auch das nicht oder Sie haben ein IBM PS/2-Modell, benötigen Sie eine spezielle Bootdiskette mit einem Setup-Programm.

Es gibt weitere kuriose Möglichkeiten, zum Beispiel bei IBM-Aptiva-PCs, bei denen beide Maustasten beim Einschalten gedrückt sein müssen, oder bei Compaq-PCs, die über F10 beim Booten in ein spezielles Windows 3.11-basiertes Setup auf einer versteckten Partition der Festplatte verzweigen.

Wichtig nach einem BIOS-Update ist die Initialisierung aller Einstellungen. Dazu werden die Standard- oder Default-Werte geladen. Dieser Vorgang ist wichtig, da das neue BIOS eventuell neue Funktionen bereitstellt oder Verbesserungen im Programmcode mit sich bringt. Damit das alles funktioniert, müssen die entsprechenden (auch teilweise nicht sichtbaren) Parameter passend initialisiert werden:

1 Booten Sie nicht Windows oder Linux, sondern wechseln Sie beim ersten Hochfahren des PCs in das BIOS-Setup. Drücken Sie dazu (mehrfach) die [Entf]- oder [Esc]-Taste, während das BIOS den Speicher durchzählt.

2 Um die neuen Parameter zu laden, wählen Sie im BIOS-Setup die Option *Load Setup Defaults*. Danach sollten Sie die Änderungen im BIOS-Setup speichern und den Rechner neu starten. Führen Sie am besten einen ausgiebigen Funktionstest unter Windows durch. Normalerweise sollten keinerlei Probleme auftauchen.

3 Lief der erste Test erfolgreich, können Sie statt der Default-Werte nun die *Optimal Setup Defaults* laden. Hierbei werden Parameter verwendet, die ein aggressiveres Timing bedeuten und so den PC auf Trab bringen.

Nehmen Sie nun auch andere Anpassungen vor. Am besten hangeln Sie sich dabei an zuvor dokumentierten BIOS-Setup-Einstellungen entlang.

4 Damit ist das BIOS-Update abgeschlossen. Verlassen Sie das BIOS-Setup und speichern Sie die Änderungen ab. Drücken Sie eventuell wieder [Z] (statt [Y] – im BIOS gilt die amerikanische Tastaturbelegung), um die Änderungen zu speichern.

Starten Sie den Rechner das nächste Mal, sollten Sie die aktualisierte BIOS-Versionsnummer und das aktuellere Herstellungsdatum angezeigt bekommen.

Troubleshooting: Probleme beim BIOS-Update

Wie oben beschrieben, ist das BIOS in wenigen Sekunden geflasht, also überschrieben.

In extrem seltenen Fällen kann es sein, dass das Tool zum Updaten des BIOS abstürzt oder es zu anderen Problemen kommt. Warten Sie dann eine Weile, brechen Sie das Tool ab und schalten Sie den PC auf keinen Fall aus! Booten Sie ihn auch nicht per [Strg]+[Alt]+[Entf] oder Reset-Taste neu!

Starten Sie stattdessen das Flashtool neu und versuchen Sie erneut, das BIOS zu flashen. Falls es immer wieder zu Problemen mit dem neuen BIOS kommt, versuchen Sie das alte BIOS zu flashen. Besser ein altes als gar kein BIOS.

Notfall-Bootfunktion

Einige AWARD-BIOS haben einen kleinen Bereich im BIOS, der auch beim Flashen nicht überschrieben wird. Hierin befindet sich Code, um bei einem nicht funktionierenden BIOS von einer Diskette booten zu können. Das Bootblock-BIOS kann nur ein DOS (z. B. MS-DOS 6.22) booten und dann die *Autoexec.bat* abarbeiten. Um eine Notfalldiskette zu erstellen, gehen Sie also folgendermaßen vor:

- 1. Erstellen Sie eine DOS-Bootdiskette.

- 2. Kopieren Sie das entsprechende Flashprogramm und das zu flashende BIOS auf die Diskette

- 3. Erstellen Sie eine *Autoexec.bat*, die die Befehle enthält, um dieses BIOS zu flashen.

Übrigens: Dieses Bootblock-BIOS verhindert zwar, dass der PC nach einem abgebrochenen Flashvorgang unbrauchbar wird, Viren wie der CIH, die das BIOS selbst flashen, können aber auch dieses Bootblock-BIOS überschreiben!

Andere mögliche Fehler

Es kann passieren, dass Ihr PC nach einem BIOS-Update plötzlich extrem langsam zu laufen scheint. Möglicherweise stimmen dann einige Parameter im BIOS-Setup nicht. Vor allem der FSB (**F**ront **S**ide **B**us), also der Grundtakt auf dem Mainboard, der CPU-Multiplikator oder das Speichertiming können daran schuld sein.

Wechseln Sie in diesem Fall wieder ins BIOS-Setup und laden Sie die *BIOS Setup Defaults*, also die Standardwerte für das BIOS-Setup. Überprüfen Sie anschließend noch einmal, ob der Takt auf dem Mainboard richtig eingestellt ist (FSB) und ob der Multiplikator für den Prozessor korrekt gewählt ist. Der FSB multipliziert mit dem Multiplikator ergibt die Taktfrequenz – 200 MHz FSB zusammen mit dem Multiplikator 15 ergeben also 3 GHz Takt für den Prozessor. Bei den meisten Prozessoren ist dieser Multiplikator aber fest verdrahtet. Wenn Sie im obigen Beispiel dann 133 statt 200 MHz FBS verwenden, läuft der Prozessor lediglich mit 133 MHz * 15 = 1.995 MHz oder knappen 2 GHz.

Falls alle Werte in Ordnung zu sein scheinen, überprüfen Sie noch mal die genauen Angaben vom Mainboard, dessen Revisionsnummer und der gebrannten BIOS-Version. Ein BIOS für ein Mainboard der Revision 1.3 kann auf einem Board der Revision 1.2 durchaus nicht richtig laufen. In diesem Fall flashen Sie das BIOS möglichst sofort mit der korrekten Version neu.

Das Update-Programm von Intel meldet manchmal, es könne den Bootblock nicht überschreiben. Dieser Fehler ist sehr selten, ein wenig kurios und kann getrost ignoriert werden.

9.2 Die wichtigsten BIOS-Einstellungen: So läuft der PC wie geschmiert

Im BIOS-Setup finden sich eine ganze Menge an Einstellungen, von denen viele nicht nur unerfindlich, sondern auch eher unwichtig oder uninteressant sind. Andere Einstellungen hingegen sind essenziell für einen stabilen PC und sollten sorgfältig vorgenommen werden.

Auch wenn es etwas langweilig klingt: Mit den Standardeinstellungen des BIOS-Setup oder den *Performance*-Settings laufen die meisten PCs bereits nahezu optimal. Das BIOS erkennt den Prozessor und stellt den FSB (**F**ront **S**ide **B**us) automatisch ein, ebenso liest es die Daten aus dem SPD (**S**erial **P**resence **D**etect) der Speichermodule aus und konfiguriert diese entsprechend. Wer an diesen Einstellungen manipuliert, will die Komponenten entweder zum Tuning oberhalb der Spezifikationen betreiben (Overclocking) oder schraubt den Takt herunter, weil irgendetwas nicht funktioniert.

Interessanter für den normalen Anwender sind da sicher die Einstellungen für Onboard-Komponenten oder Peripherie. Wer etwa kein FireWire nutzt, kann diese Schnittstelle im BIOS-Setup deaktivieren. Der FireWire-Chip ist dann nicht aktiv, benötigt also keine Ressourcen (IRQ, DMA, Speicher), entsprechend keinen Windows-Treiber und bildet in den Netzwerkeinstellungen auch kein weiteres Netzwerk ab.

Welche Einstellungen sind wirklich wichtig?

Die meisten Einstellungen im BIOS-Setup benötigen nur Entwickler oder Hardwarefreaks. Die Voreinstellungen sorgen bereits für eine optimale Performance des PCs.

Hier ein Überblick über die wichtigsten Menüpunkte des BIOS-Setup. Je nach BIOS können die Menüs unterschiedlich angeordnet, komplett anders organisiert und natürlich auch anders benannt sein. Im Grunde ist aber jedes BIOS-Setup nach dem folgenden Schema aufgebaut:

Standard CMOS-Features (AMI und Award)/**Main** (Award)

Das *Standard CMOS Setup* ist für die grundlegenden Einstellungen in Ihrem PC verantwortlich. Neben der Uhrzeit und dem Datum werden hier die Diskettenlaufwerke und vor allem die Festplatten/optischen Laufwerke eingetragen. Mit den Einstellungen zur Fehlerbehandlung und zur Tastatur können Sie tastaturlose Server so einrichten, dass diese ohne Fehler und Benutzereingabe durchbooten.

Beim Phoenix-BIOS ist das *Standard CMOS-Setup* bereits in die erste Hierarchieebene eingebettet.

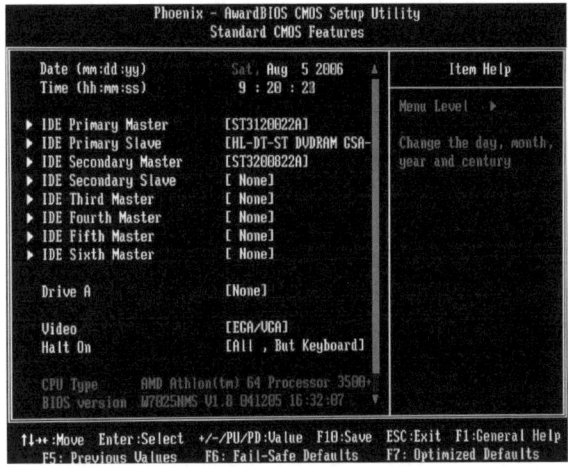

Advanced CMOS Setup (AMI und Award)/**BIOS Features Setup** (Award)

Im *BIOS Feature Setup* finden Sie die grundlegenden Einstellungsmöglichkeiten zum Systemtuning. Nicht das Feintuning am Chipsatz (das machen Sie im *Chipset Features Setup*), sondern an den L1- und L2-Caches, das heute nicht mehr benötigte Shadow-RAM sowie diverse Einstellungen, die den Start des Systems beschleunigen können, ist hier angesiedelt. Oft finden sich hier auch weitere Optionen, die nirgendwo anders hingehören, wie etwa die Einstellung zum Verhalten der Tastatur oder ein elementarer Bootsektorvirenschutz.

Beim AMI-BIOS sind *Chipset* und *BIOS Feature Setup* quasi zusammengefasst zum *Advanced BIOS Setup*, Phoenix hingegen verteilt die diversen Optionen des Award-BIOS unter den *Boot Options* und den *Keyboard Features*.

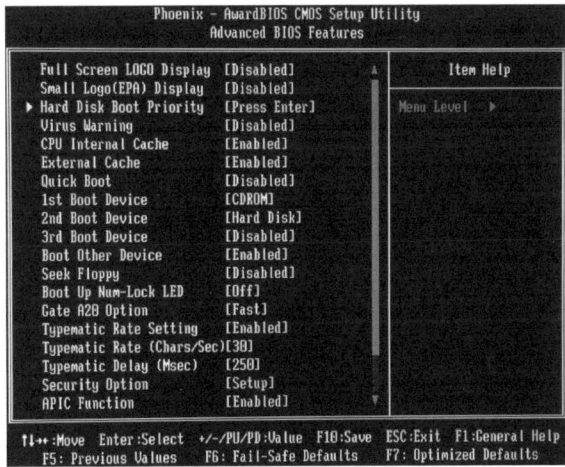

Chipset Features Setup/Advanced Chip Configuration (Award)/
Chipset Features Setup (AMI)

Im *Chipset Features Setup* befinden Sie sich mitten in den Innereien Ihres PCs, denn der Chipsatz ist das Bindeglied zwischen Prozessor, RAM, den Karten, Laufwerken und eigentlich dem ganzen Rest der Welt. Da jedes Byte durch den Chipsatz muss, muss gerade der Chipsatz optimal eingestellt werden, um alle Leistung aus dem Rechner herauszuquetschen.

Je nach Chipsatz (Intel, VIA, SiS etc.) und verwendetem Prozessor differieren die Einstellungen erheblich. Trotzdem können Sie hier immer mehr oder weniger fein das Speichertiming tunen, den AGP-, PCI- oder PCIe-Bus beschleunigen und einiges mehr. Vorsicht ist trotzdem geboten, denn bei allzu aggressivem Tuning kann die Hardware überhitzen und so zerstört werden!

Beim AMI-BIOS finden Sie diese Optionen im *Advanced Chipset Setup*.

Hier finden Sie auch Einstellungen, mit denen Sie Strom sparen können. Das geht vom „Aufwecken des Rechners" bis hin zur Drehzahlbegrenzung des Lüfters und der Temperatur des Prozessors. Außerdem stellen Sie hier ein, welche der internen Stromsparfunktionen Sie aktivieren möchten. Momentan gibt es deren zwei, *APM* (wird vom BIOS gesteuert) oder *ACPI* (gesteuert vom Betriebssystem). Linux- und Windows-Benutzer sollten *ACPI* auf *Enabled* stellen.

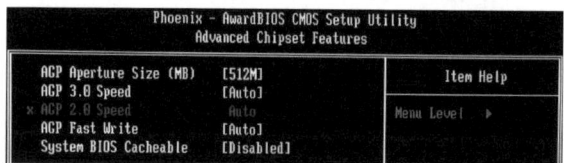

PNP and PCI Setup

Plug & Play bedeutet so viel wie „hineinstecken und es läuft". Warum dann BIOS-Optionen dafür? Nun, weil Plug & Play eben manchmal auch nicht funktioniert ...

Hier können Sie also festlegen, welche Ressourcen (IRQs, DMAs) nicht vom PnP-BIOS vergeben werden sollen, sondern in herkömmlicher Form bereits festgelegt wurden. Da die Ressourcen im PC sehr knapp sind, wird dies leicht zum kniffeligen Puzzlespiel. Ebenfalls können hier die PCI-Karten mit Interrupts versehen werden, wenn sie wider Erwarten das Interrupt-Sharing, also das gleichzeitige Benutzen eines Interrupts, nicht verkraften.

Manchmal finden Sie hier weitere Optionen für Onboard-SCSI-Controller.

Integrated Peripherals Setup (Award)/
Peripherical Setup (AMI)

Waren die diversen Anschlüsse (seriell, parallel, USB, FireWire, Bluetooth, IrDA und Co.) früher noch auf Einsteckkarten verbannt, befinden sie sich heute im Chipsatz. Ursprünglich wurde die Einstellungen daher im *Chipset Features Setup* vorgenommen. Seit Längerem befinden sich die Einstellungen jedoch in einem eigenen Menüpunkt namens *Integrated Peripherals Setup*.

Neben den Einstellungen für die seriellen Schnittstellen (COM1 und COM2) und den Druckerport (LPT1) ist oft auch die Konfiguration für die Onboard-IDE-Schnittstellen hier anzutreffen. Falls auf dem Board vorhanden, konfigurieren Sie hier auch den USB-Port sowie weitere Schnittstellen.

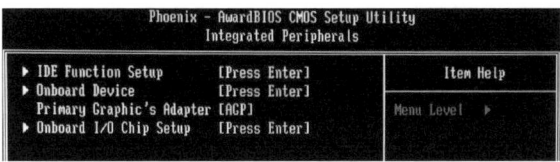

Bootsetup (Award)

Dieses Menü finden Sie nur in älteren PCs. Stellen Sie hier die Bootreihenfolge und einen optionalen Virenschutz ein.

Load BIOS Defaults (Award)/**Autoconfiguration with Fail Safe Settings** (AMI)/**Load Fail-Safe Defaults** (Phoenix)

Hiermit laden Sie relativ konservative Einstellungen für das BIOS-Setup. Auch bei problematischen Komponenten sollte ein PC mit diesen Einstellungen sauber – aber etwas gebremst – laufen.

Load Setup Defaults (Award)/**Autoconfiguration with Optimal Settings** (AMI)/**Load Optimized Defaults** (Phoenix)

Diese Standardwerte besitzen ein etwas aggressiveres Timing als die vorherigen Werte. Entsprechen alle Komponenten den Spezifikationen und arbeiten korrekt, läuft Ihr PC mit diesen Einstellungen schon nahezu ideal und schnell. Weiteres Feintuning kann nur noch ein paar Prozent mehr Leistung aus der Hardware herauskitzeln.

Wenn möglich, sollten Sie immer mit diesen optimalen Standardwerten arbeiten.

Supervisor Password (Award)/**Change Supervisor Password** (AMI)/**Set Supervisor Password** (Phoenix)

Ist das Supervisor-Passwort gesetzt, kommt man ohne dieses Passwort nicht mehr ins BIOS-Setup.

User Password (Award)/**Change User Password** (AMI)/**Set User Password** (Phoenix)

Ist das User-Passwort gesetzt, lädt der PC ohne Eingabe des Passworts kein Betriebssystem.

IDE HDD Auto Detection (Award)/**Auto-Detect Harddisks** (AMI)

Ältere BIOS-Versionen erkennen über diese Menüpunkte die eingebauten Festplatten automatisch. Dieses Menü ist bei aktuellen BIOS-Versionen durch den Eintrag *Auto* hinter den Laufwerken ersetzt worden.

Save & Exit Setup (Award/Phoenix)/**Save Settings & Exit** (AMI)

Hiermit verlassen Sie das BIOS-Setup und sichern alle vorgenommenen Änderungen. Die Sicherheitsabfrage, ob Sie wirklich die Änderungen speichern wollen, müssen Sie mit Z bejahen (im BIOS-Setup gilt die amerikanische Tastatur, dort sind Z und Y vertauscht).

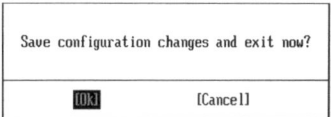

Exit without Saving (AMI/Phoenix/Award)

Auch hiermit verlassen Sie das BIOS-Setup, alle Änderungen werden aber verworfen.

Weitere Menüs

Fast jeder Mainboard-Hersteller fasst heute einige erweiterte Funktionen in weiteren Menüs zusammen. Manchmal ist das recht praktisch, manchmal kann man dahinter aber eher eine PR-Aktion vermuten – es sieht halt schick aus, wenn im BIOS-Setup ein Menü wie *SpeedEasy CPU Setup*, *µGuru-Utility*, *Silent BIOS*, *MB Intelligent Tweaker (M.I.T.)* oder *Cell Menu* auftaucht. Interessant sind die Menüs vor allem für Overclocker, die darin Möglichkeiten finden, die Spannungsversorgung von Prozessor oder Speicher selbst einzustellen oder Takte und Multiplikatoren nach eigenem Gutdünken zu setzen.

Wer sich im BIOS-Setup nicht wirklich zu Hause fühlt, kann sich die oft interessanten Einstellungsmöglichkeiten ruhig einmal ansehen. Daran herumzuspielen, ohne zu wissen, was man macht, kann aber bis hin zum Abrauchen einzelner Komponenten führen.

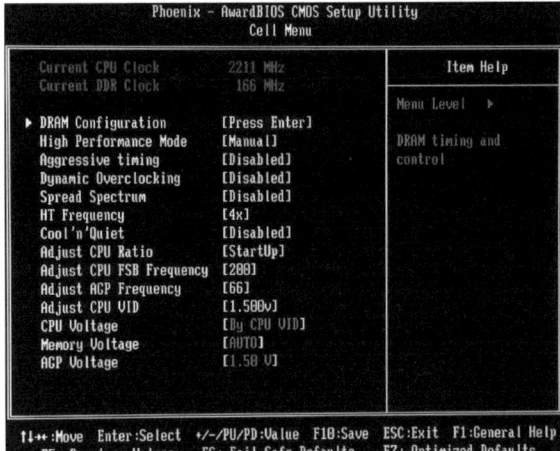

Die für Overclocker interessanten Einstellungsmöglichkeiten verbergen die Mainboard-Hersteller gern in Extra-Menüs des BIOS-Setup.

9.3 Feintuning: So holen Sie mit dem BIOS mehr aus Ihrem PC heraus

Die Einstellungen im BIOS-Setup legen fest, wie schnell Ihr PC läuft. Sieht man einmal von der Möglichkeit des Übertakten/Overclockings ab, finden sich aber auch etliche Einstellungen, die den PC schneller machen, ohne ihn oberhalb der Spezifikationen zu betreiben. Insofern eignen sich die folgenden Optionen sogar für Büro-PCs, bei denen es auf absolute Stabilität ankommt.

■ *Quick Boot/Quick Power on self Test*: Legt fest, ob der PC beim Test durch das BIOS (POST) ausführlich getestet wird. Da sich bei den meisten Starts die Hardware nicht verändert haben wird, können Sie diese Option auf *enabled* setzen, um den PC schneller hochzufahren. Gibt es Probleme oder haben Sie neue Hardware eingebaut, setzen Sie die Option wieder auf *disabled*. *Drive Floppy Seek/Boot up Floppy Seek*: Diese Option stammt noch aus Zeiten, in denen von Disketten gebootet wurde. Beschleunigen Sie den Start Ihres PCs um bis zu zwei Sekunden, indem Sie diese Option auf *disabled* setzen.

■ *1st Boot Device*: Diese Option gibt an, welches Laufwerk als erstes auf einen Bootsektor hin untersucht werden soll. Meistens ist diese Option auf *CD-ROM* gesetzt, um auch das Starten von optischen Medien zu erlauben. Im täglichen Betrieb ist aber die Einstellung *IDE 0* oder *Harddisk* um einiges schneller. Der PC bootet in diesem Fall direkt von der Festplatte. Weiterer Vorteil: Manche CDs besitzen Rettungssysteme, Trialversionen oder gar einen Virus – sie werden beim Systemstart nicht aus Versehen gestartet.

■ *Boot Other Devices*: Diese Option legt fest, ob auch auf anderen als den üblichen Laufwerken nach bootfähigen Medien gesucht werden soll. Die Option muss *enabled* sein, wenn Sie beispielsweise von einem USB-Stick oder -DVD-Laufwerk starten wollen. Setzen Sie die Option auf *disabled*, startet der PC wieder bis zu zwei Sekunden schneller.

- *CPU Level 1 Cache/CPU Internal Cache*: Der Level-1-Cache ist ein kleiner, aber extrem schneller Zwischenspeicher direkt im Prozessor. Er sollte auf jeden Fall *enabled* sein, ansonsten verliert der PC sehr deutlich an Leistung.

- *CPU Level 2 Cache/CPU External Cache*: Der Level-2-Cache sitzt ebenfalls im Prozessor (zwischen L1-Cache und dem Arbeitsspeicher) und sorgt auch für eine deutliche Beschleunigung des PCs, wenn er *enabled* ist.

- *Gate A 20 Option*: Eine Hinterbliebenschaft aus den Urzeiten des PCs. Gemeint ist damit ein Pin des Tastaturcontrollers (Gate A 20), der früher dazu „missbraucht" wurde, um auf Speicher oberhalb von 1 MByte (nicht 1 GByte!) zuzugreifen. Setzen Sie diese Option unbedingt auf *Fast*, damit der Chipsatz diese Aufgabe übernimmt.

  In der Einstellung *Normal* läuft der PC extrem langsam, da dann wirklich der Tastaturcontroller für Speicherzugriffe benutzt wird.

- *AGP Frequency* (auch *AGP/PCI Clock*): Legt den Takt für den Bus für Erweiterungskarten fest. Üblicherweise wird dieser mit 33 MHz (PCI) und 66 MHz (AGP) betrieben. Die Option ist nur für das Overclocking interessant. Setzen Sie sie daher sicherheitshalber immer auf *auto* oder *default*.

- *AGP Transfer Mode* (auch *AGP Mode, AGP 3.0 Speed, AGP8x Support*): Legt fest, ob eine AGP-Grafikkarte alle möglichen Modi nutzen darf oder nicht. Bei Problemen mit der AGP-Karte setzen Sie diese Option nicht auf *auto*, sondern auf *4x*. Erkennt das BIOS hingegen nicht, dass Sie eine AGP8x-Karte im Rechner haben, können Sie hier manchmal den Betrieb im 8x-Modus erzwingen.

- *AGP Fast Write* (auch *AGP FW Enable*): Aktivieren Sie diese Option, um direkte Schreibzugriffe auf den Speicher der AGP-Karte zuzulassen. Der Geschwindigkeitsgewinn beträgt bis zu 5 %. Sollten bei 3-D-Spielen Probleme auftauchen, deaktivieren Sie diese Option.

- *AGP Sideband Address*: Diese Option ermöglicht es der AGP-Karte, weitere Daten über separate Leitungen anzufordern, obwohl noch ein Datentransfer stattfindet. Setzen Sie die Option auf *enabled* oder *auto*, um wieder ein paar Prozent an Geschwindigkeit für 3-D-Spiele zu gewinnen.

- *Hyper Threading (HAT)*: Moderne Prozessoren von Intel bieten die Möglichkeit, Hyperthreading zu nutzen. Dabei verwendet der Prozessor gleich zwei logische Kerne, um die Vorteile von SMP nutzen zu können. Manche Software, insbesondere Treiber, kommen mit dieser Option nicht zurecht. In diesem Fall sollten Sie Hyperthreading im BIOS-Setup abschalten. Mit eingeschaltetem Hyperthreading können Anwendungen allerdings bis zu 30 % schneller laufen.

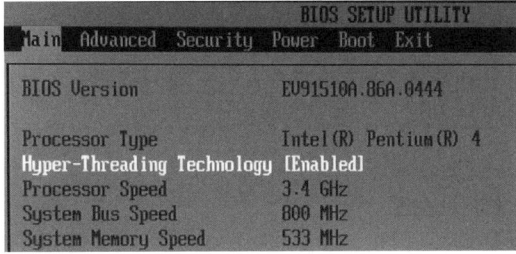

Je nach den Features, die Mainboard, Prozessor und Speicher bieten, können noch weitere Optionen eingeschaltet werden, um die Leistung des PCs zu steigern.

9.4 Sicherung aller BIOS-Daten

Viele Anwender möchten gern die „Daten" aus dem BIOS sichern – insbesondere vor einem BIOS-Update oder vor Experimenten am Timing oder anderen Einstellungen.

Die BIOS-Daten liegen nicht im BIOS, sondern in einem oft im gleichen Chip liegenden CMOS-Baustein (**C**omplementary **M**etal **O**xide **S**emiconductor). Neben den diversen Betriebsparametern werden dort auch die Geometrien der Festplatten, die Uhrzeit und Ähnliches gespeichert. Diesen Speicher kann man beispielsweise mit einem Tool wie cmos auslesen (*http://www.highfiber.com/~raster/ freeware.htm*).

Der Speicher im BIOS: CMOS

CMOS bezeichnet eigentlich eine Herstellungsmethode für Strom sparende Chips (**C**omplementary **M**etal **O**xide **S**emiconductor).

Im Zusammenhang mit dem PC wird CMOS jedoch als Bezeichnung für den Ort verwendet, an dem die Daten zur Systemkonfiguration gespeichert sind. Das CMOS ist ein kleiner, batteriegepufferter RAM-Chip. Es enthält viele Register, deren einzelne Bits ganz bestimmte Daten darstellen.

Die Daten, die hier abgelegt sind, entscheiden darüber, ob Ihr PC schnell oder langsam ist, ob er stabil läuft oder zu Abstürzen neigt, welche integrierte Peripherie genutzt werden kann – und nebenbei werden hier auch die Uhrzeit und das Datum gespeichert. Das Betriebssystem findet hier Informationen über die Ausstattung des PCs, wie etwa Typ und Anzahl der Diskettenlaufwerke und Festplatten, die Größe des Arbeitsspeichers etc.

Es ist aber eher unsinnig, das CMOS für einen späteren Gebrauch zu sichern. Nach einem BIOS-Update muss man sowieso einmal die BIOS-Setup-Defaults laden, weil neue Parameter hinzugekommen sind oder alte Werte nicht mehr gültig sind. Und wenn Sie das System durch schnelleres Timing optimieren wollen, läuft der PC sowieso nicht stabil, wenn die Werte zu schnell eingestellt sind. Sie müssen dann das CMOS mit Standardwerten versehen (*BIOS Setup Defaults*).

Notieren geht über probieren

Am einfachsten ist es, die einzelnen Seiten des BIOS-Setup aufzurufen und dann eine Bildschirmkopie auf dem Drucker ausgeben zu lassen. Dazu drücken Sie einfach die Taste (Druck). Je älter der Drucker ist, desto wahrscheinlicher funktioniert diese Methode.

Moderne Drucker, und insbesondere Laserdrucker, erwarten jedoch komplette Seiten, bevor der Ausdruck beginnt. Hier müssen Sie ein FF (**F**orm **F**eed) an den Drucker senden, damit er eine nicht komplett gefüllte Seite ausdruckt. Die meisten Drucker haben eine Taste für diese Funktion, ansonsten müssen Sie in dem Menü des Druckers nach dieser Funktion suchen.

Wenn es gar nicht anders geht, kann man auch hier wieder zur Digitalkamera greifen. Die Bilder haben durch den Moiréeffekt sicher kein tolle Qualität – aber um die Werte erkennen zu können, reicht es allemal. Tipp: Um den Effekt zu minimieren, knipsen Sie den Bildschirm direkt von vorn, drehen die Kamera aber beispielsweise 20 Grad gegen den Uhrzeigersinn. Der Moiréeffekt verschwindet dann nahezu.

9.5 Aufgaben und Leistung des BIOS

Das BIOS oder **B**asic **I**nput **O**utput **S**ystem ist eine rudimentäre Software, die sich fest auf jedem Mainboard befindet (fest = engl. „firm", daher auch Firmware). Das BIOS ist die Software, die jeder PC direkt nach Einschalten ausführt, noch lange bevor irgendein Betriebssystem geladen wird.

Zu den Aufgaben des BIOS zählen der Selbsttest des Systems, der Speichertest und die Initialisierung aller übrigen Komponenten. Ohne diese Vorarbeiten könnte ein Betriebssystem wie Vista oder Linux gar nicht starten. Das BIOS wird dabei immer genau auf die jeweilige Hardware zugeschnitten. Deswegen ist es auch nicht möglich, ein beliebiges BIOS auf einem Mainboard zu verwenden – es gibt immer nur genau ein einziges, passenden BIOS.

Nach dem Start des Rechners beginnt das BIOS, Tests durchzuführen, die so genannten **P**ower **O**n **S**elf **T**ests bzw. POST. Der Test umfasst dabei nicht nur den Prozessor, sondern auch alle Komponenten wie DMA-Controller, IRQ-Controller (Interrupts), Tastaturcontroller, Arbeitsspeicher etc. Sollte eine der Komponenten nicht wie erwartet funktionieren, gibt das BIOS eine Fehlermeldung aus oder sendet ein paar Pieptöne – und hält den PC an. Anhand der Fehlermeldung oder der „Melodie" der Pieptöne kann man erkennen, an welcher Stelle der Fehler aufgetreten ist.

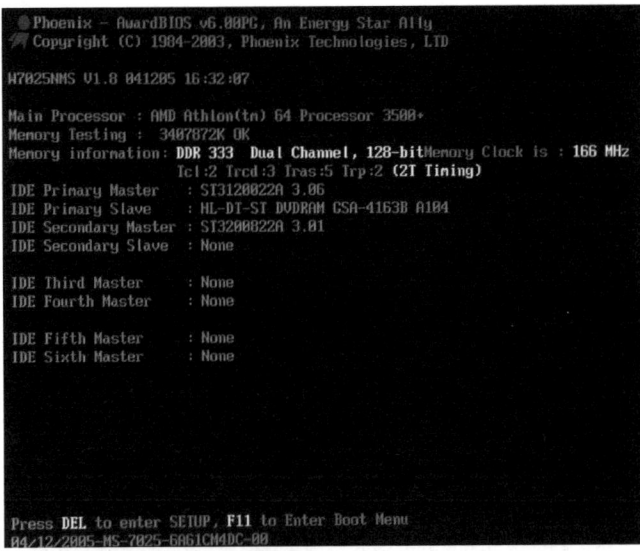

Sind alle Tests des POST erfolgreich bestanden, zeigt das BIOS einen Statusbildschirm an und beginnt damit, das Betriebssystem zu starten.

Woher kommt das BIOS?

Um die Notwendigkeit für ein BIOS im PC erkennen zu können, muss man etwas weiter ausholen: Es war 1981, und der Trend in der jungen EDV ging eindeutig in Richtig 16-Bit-Prozessoren. IBM verwarf den bis dahin beliebten „DataMaster" und entwickelte den „IBM Personal Computer", kurz IBM PC. Dabei übernahm IBM Apples Philosophie des offenen Systems, also des erweiterbaren Computers.

Die Geburt des PCs ...

Am 12. August 1981 wurde der IBM PC stolz der Öffentlichkeit präsentiert – wobei zwei Tage zuvor noch in höchster Eile ein Defekt an allen Geräten mit dem Lötkolben beseitigt werden musste. Das Herz des IBM PC war ein 8088 mit 4,77 MHz, als Arbeitsspeicher waren 16 KByte installiert, die auf bis zu 64 KByte erweitert werden konnten.

Der beschnittene 8088 wurde gewählt, weil er zwar intern wie der 8086 mit 16 Bit arbeitete, nach außen jedoch wie ein 8-Bit-Prozessor aufgebaut war. Die 8-Bit-Peripherie konnte so zum Teil vom DataMaster übernommen werden.

Digital Research hatte damals bereits begonnen, das für den Z80 entwickelte und weit verbreitete CP/M an die 8086-Familie anzupassen, denn auch dort hatte man die Zeichen der Zeit erkannt. Digital Research befand sich damals fast in der Position, in der sich Microsoft heute befindet – man war Marktführer.

Darum nahm der damalige Digital Research-Chef die Aufforderung von IBM, schnellstmöglich zu Gesprächen zu kommen, nicht sonderlich ernst und genoss den Rest seines Urlaubs. Dieser Fehler sollte der Grundstein des Microsoft-Imperiums werden – und der Anfang vom Untergang von Digital Research.

Eine kleine Firma im Westen der USA, Seattle Computer Products, war innovativer und hatte bereits das CP/M-ähnliche **Q**uick and **D**irty **O**perating **S**ystem, kurz QDOS, für die 8086-Prozessoren entwickelt. Der Erfolg blieb jedoch aus, da die Programmierer zwar sehr gut waren, aber eine auch nur halbwegs brauchbare Marketing-Strategie fehlte.

Da CP/M im Urlaub war, fragte IBM kurzerhand und leicht beleidigt bei der damals durch BASIC bekannten Firma Microsoft nach, ob man dort nicht ein Betriebssystem für den fast fertigen IBM PC entwickeln könne. Bill Gates witterte seine Chance und kaufte Mitte 1981 kurzerhand die verbesserte QDOS-Version der mittlerweile angeschlagenen Seattle Computer Products, ersetzte „Quick and Dirty" durch den eigenen Firmennamen und stellt so drei Monate später MS DOS 1.0 vor. IBM war zufrieden und nannte es PC DOS. Damit begann ganz nebenbei auch der unglaubliche Aufstieg des Bill Gates.

... und des dazugehörigen BIOS

Schnell erkannten IBM und Microsoft, dass das Betriebssystem zu groß für ein ROM wurde, und entschlossen sich zu einer Teilung. Die Schnittstelle zwischen beiden Systemen sollte standardisiert werden, damit beide Teile getrennt weiterentwickelt werden konnten.

Der hardwarenahe Teil war das im ROM gespeicherte **Ba**sic **I**nput **O**utput **S**ystem, eben das BIOS. Über eine genau definierte Schnittstelle konnten Funktionen des BIOS aufgerufen werden, etwa um ein Zeichen auf dem Bildschirm auszugeben. Der Vorteil dieser Methode wird schnell klar: Bei veränderter Hardware musste IBM nur die internen BIOS-Funktionen an die neuen Gegebenheiten anpassen, nach außen hin ist wieder exakt dieselbe Funktion zur Ausgabe von Zeichen zuständig. Andersherum muss sich IBM nicht um die Fähigkeiten des Betriebssystems kümmern, da dieses, egal was es gerade machen will, immer nur auf die vielen BIOS-Funktionen zugreift und sich (fast) nicht um die Hardware kümmert. Damit bildet das BIOS die Standardschnittstelle zwischen Hardware und Software.

Auch Microsoft teilte sein MS DOS übrigens wiederum in zwei Teile, nämlich auf der einen Seite in das IO.SYS, das für die grundlegenden I/O-Aufgaben zuständig ist, und das MSDOS.SYS, das die Schnittstelle zu den Anwendungen bildet. Auf der anderen Seite liegen der Kommandoprozessor (COMMAND.COM), der die Eingaben des Anwenders entgegennimmt, und die Dienstprogramme wie etwa FORMAT, FDISK etc. Auch Windows Vista funktioniert grob betrachtet nach diesem Prinzip.

Das BIOS hat sich im Laufe der Zeit sehr stark weiterentwickelt. Vor allem übernahm es die Aufgabe, den PC konfigurieren zu können. Erst der IBM AT nämlich hatte auch das, was heute so manchem Kopfzerbrechen bereitet: das CMOS-Setup.

Heute gibt es drei große Hersteller von BIOS-Versionen: AMI, Award und Phoenix. Diese Hersteller haben große BIOS-Baukästen zusammengestellt, die die Hersteller von Mainboards lizenzieren können. Aus diesem umfangreichen Baukasten picken die Board-Hersteller dann die Funktionen und die Funktionalität heraus, die sie auf ihrem Board unterstützen wollen. Das BIOS-Setup, das Sie auf Ihrem PC zu Gesicht bekommen, stellt also immer nur eine kleine Untermenge dessen dar, was der Chipsatz Ihres PCs eigentlich beherrscht.

Am Ende des POST startet das BIOS dann das eigentlich Betriebssystem. Genau genommen sucht es nach einem bootfähigen Medium und lädt die ersten Sektoren in den Speicher. Darin muss sich neben einer Partitionstabelle auch ein Bootloader (MBR, **M**aster **B**oot **R**ecord) befinden. Dieser lädt dann anhand der Einträge in der Partitionstabelle den Partitionbootloader, der bereits Teil des Betriebssystems ist. Von ihm wiederum wird der Betriebssystemkern und von dem dann die Treiber und der Rest des Systems geladen.

Dazu enthält das BIOS auch ein kleines Dialogsystem, um dem Benutzer Änderungen der Betriebsparameter zu gestatten – das BIOS-Setup.

Das BIOS-Setup aufrufen

Im Original-IBM-PC mussten Konfigurationsänderungen noch mit einem „Mäuseklavier", also winzigen DIP-Schaltern, vorgenommen werden. Erst der IBM AT besaß ein CMOS, das allerdings nur mithilfe einer Setup-Diskette verändert werden konnte. Erst Mitte 1988 begann Phoenix damit, ein kleines Setup-Programm mit in das BIOS zu integrieren.

In fast allen Fällen erhalten Sie, nachdem der Speichertest durchgelaufen ist, eine entsprechende Meldung darüber, welche Taste zu drücken ist. Award meldet beispielsweise *Press DEL to enter Setup*, Phoenix hingegen *Press F2 to enter Setup*.

Sie müssen die entsprechende Taste oder Tastenkombination während des Speichertests oder aber ganz kurz danach drücken. Drücken Sie zu früh, bekommen Sie manchmal eine Fehlermeldung wie etwa *Keyboard error*. Drücken Sie hingegen zu spät, versucht der PC bereits zu booten. Folgendermaßen kommen Sie in das BIOS-Setup der gängigsten BIOS-Varianten:

AMI-BIOS

Drücken Sie die [Entf]-Taste während des POST, eventuell auch [F1].

Award-BIOS

Ältere Versionen benötigen [Strg]+[Alt]+[S], um ins Setup zu gelangen, neuere einfach nur einen Druck auf die [Entf]-Taste.

Phoenix-BIOS

Modernere Varianten des Phoenix-BIOS fordern Sie nach dem POST zum Drücken von [F2] auf. Ältere Versionen wollen [Strg]+[Alt]+[Entf] oder [Strg]+[Alt]+[S].

Manche Versionen springen aber auch nach Drücken einer der Funktionstasten [F1] bis [F10], [Strg]+[F1] bis [Strg]+[F10] oder einfach nur [Strg]+[Esc] ins Setup.

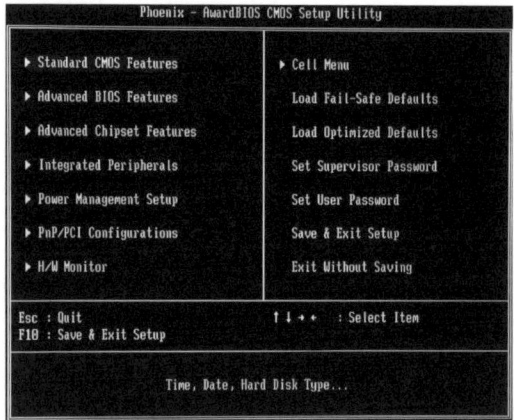

DTK-BIOS

Drücken Sie Esc, während der POST ausgeführt wird.

IBM PS/2-BIOS

Bei IBM gibt es viele Möglichkeiten: Manche BIOS-Versionen besitzen gar kein Setup, sondern müssen über eine spezielle Setup-Diskette konfiguriert werden.

IBM ValuePoints erlauben nach Drücken von F10 das Einstellen der Optionen, modernere PS/2s hingegen verzweigen ins Setup, wenn Sie Strg+Alt+Esc drücken, nachdem Sie via Strg+Alt+Entf einen Soft-Reset ausgeführt haben.

MR-BIOS

Drücken Sie Esc während des Speichertests.

Intel-BIOS

Drücken Sie F2 während des Speichertests.

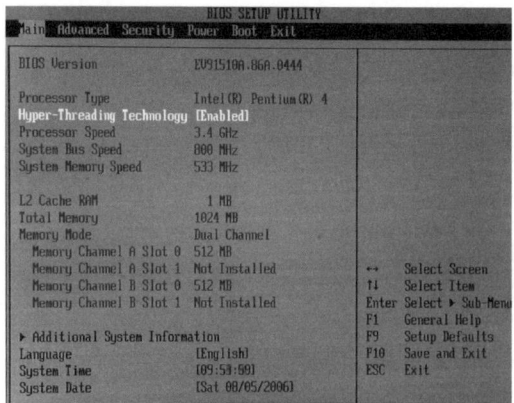

Andere BIOS-Versionen

Probieren Sie, ob eine der obigen Tastenkombinationen ins BIOS-Setup führt. Klappt das nicht, suchen Sie im Internet nach dem Hersteller und suchen auf dessen Supportseiten nach der Kombination. In der folgenden Übersicht finden Sie ebenfalls weitere Tastenkombinationen spezieller Hardwarehersteller:

Hersteller	Mögliche Tastenkombinationen
Award	[Entf]
	[Strg]+[Alt]+[Entf]
	[Strg]+[Alt]+[S]
	[F2]
AMI	[Entf]
	[F1]
Phoenix	[Entf]
	[Strg]+[Alt]+[Esc]
	[F2]
	[Strg]+[Alt]+[S]
Compaq	[F10]
Gateway	[F1]
Toshiba	[Esc]
	[F1]
NEC	[F2]
Dell	[Alt]+[Enter]
Olivetti	[Umschalt]+[Entf]
	[Alt]+[Entf]
	[Strg]+[Entf]
Vobis	[Strg]+[Alt]+[Esc]
Acer	[F12]

Meistens wird Ihnen die Tastenkombination beim Booten auf dem Bildschirm angezeigt. Geht das zu schnell, drücken Sie auf [Pause], kurz bevor die BIOS-Meldungen verschwinden. Dann können Sie in Ruhe den Inhalt des Bildschirms studieren.

Schickes Logo behindert die Sicht

Gerade Markengeräte, aber auch der Aldi-PC, älteren Dell- oder Acer-Rechner verbergen die BIOS-Meldungen beim Booten hinter einem schicken Logo.

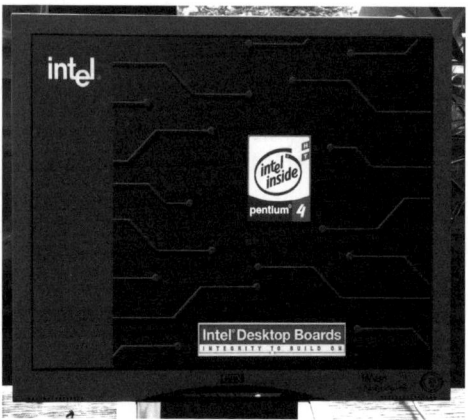

Die Logos einiger Hersteller sehen zwar vielleicht schick aus, überdecken aber die manchmal interessanten Statusinformationen des BIOS.

Das ist für den unbedarften Anwender sicher ästhetisch wünschenswert, wer aber ins BIOS-Setup will, weiß nicht, welche Taste er zu drücken hat.

Tipp: Hintertürchen ins BIOS-Setup

Es gibt noch einen weiteren Trick, falls keine Meldung kommt und Sie nicht wissen, welche Taste zu drücken ist: Verändern Sie die Hardwarekonfiguration.

Dazu öffnen Sie den PC und entnehmen ihm entweder DIMMs, oder Sie ziehen eine Festplatte oder ein Diskettenlaufwerk ab (Stromversorgung reicht) – je nachdem, wo Sie am leichtesten herankommen. Beim nächsten Start verzweigen viele BIOS-Versionen automatisch ins Setup.

Wenn das Handbuch oder ein Hinweis auf der Supportseite des Hersteller keine Hilfestellung gibt, versuchen Sie auch hier einfach alle oben aufgeführten Kombinationen. Eine davon passt bestimmt.

9.6 So kommen Sie auch in ein gesperrtes BIOS

Den Zugang zum BIOS-Setup kann man mit einem Passwort sichern. Nur wer das Passwort kennt, kommt ins Setup. Vor allem bei gebrauchten PCs aus Büroumgebungen finden sich diese gesetzten Passwörter, um den Angestellten den Weg zu versperren, den PC per BIOS-Setup zu „zerschießen". Aber auch wer einmal ein solches Passwort eingetragen hat, vergisst es vielleicht nach einiger Zeit. Stehen dann Umbauten an oder wird eine neue Festplatte eingebaut, ist guter Rat teuer.

Zum Glück gibt es einige Methoden, um an ein derartig gesperrtes BIOS-Setup wieder heranzukommen.

Hintertür ins BIOS-Setup: Masterpasswort

Die BIOS-Hersteller und auch die großen Hersteller von Marken-PCs haben das Problem eines fehlendes Passworts schon früh erkannt und – wohl auch im Sinne ihrer eigenen Techniker – vorgesorgt. Sollte ein Kunde einmal den Zugang zum BIOS-Setup mit einem Passwort vermurkst haben, gibt es immer eine Hintertür. Diese besteht aus einem Passwort, das immer gültig ist und quasi noch über dem Passwort des Besitzers steht: das Universal- oder Masterpasswort.

Erstaunlicherweise benutzen die Hersteller aber nicht ein einziges Masterpasswort für ihre BIOS-Versionen, es scheinen mehrere unterschiedliche Passwörter zu sein. Manche Hersteller berechnen auch nur eine Prüfsumme über das Passwort, sodass es nahezu unendlich viele theoretische Kombinationen gibt.

Die folgende Tabelle gibt eine Übersicht über Passwörter, die als Masterpasswort fungieren können. Sie müssen meistens mehrere zu Ihrem BIOS passende Passwörter ausprobieren. Beachten Sie dabei, dass die Passwörter zwischen Klein- und Großschreibung unterscheiden und dass im BIOS-Setup die amerikanische Tastaturbelegung gilt (Y und Z sind vertauscht, ebenso wie [und ?).

Award-BIOS			
589721	598598	589589	01322222
256256	595595	1EAAh	admin
award_?	Award_sw	AWARD?PW	AWARD?SW
aPAf	award_sw	award_ps	award
AWCRACK	awkward	AW	aLLy
award.sw	ALFAROME	Award_PW	BIOS
bios*	biostar	biosstar	biostarrefmukl
BIOS310	BIOSTAR	CONCAT	CONDO
CONDO	condo	CTXA	CMOSPWD
Compleri	djonet	efmukl	g6PJ
h6BB	HELGA-S	HEWITT RAND	HLT
helgasss	j09F	j256	j262
j322	j64	KILLCMOS	key
KDD	lkw peter	lkwpeter	LKWPETER
master	master_key	PASSWORD	SER
SW_AWARD	setup	SKY FOX	syxz
SKY_FOX	Sxyz	SWITCHERS_SW	SZYX
TzqF	t0ch88	TTPTHA	t0ch20x
ttptha	wodj	Wodj	ZAAADA
zbaaaca	ZBAAACA	zjaaadc	ZJAAADC
Zjaaade	?award		

AMI-BIOS			
amipswd	ami0	AMISETUP	ami.kez
AMI_SW	AMI	aammii	amiami
A.M.I.	ami	AM	amidecod
AMI?SW	AMI!SW	AMI.KEY	AMI~
AMIBIOS	AMIPSWD	AMIDECOD	ami.key
ami°	BIOSPASS	bios310	BIOS
CMOSPWD	HEWITT RAND	HEWITTRAND	helgaß
killcmos	PASSWORD	589589	

Phoenix-BIOS			
BIOS	CMOS	phoenix	PHOENIX

Falls das nicht hilft: Weitere Masterpasswörter finden Sie auf den Webseiten *www.wimsbios.de* und *www.bios-info.de*.

Passwörter löschen

Die radikalste Methode ist sicherlich, das komplette CMOS zu löschen – denn damit sind dann auch alle Passwörter gelöscht. Der CMOS-Speicher muss, damit er die in ihm gespeicherten Daten halten kann, von einer kleinen Batterie mit Spannung versorgt werden.

Unterbricht man nun diese Spannungsversorgung, verliert der CMOS-Baustein innerhalb kurzer Zeit die in ihm gespeicherten Daten. Dazu gehören neben dem Passort aber auch alle Speichertimings, die Laufwerke und alle sonstigen Einstellungen. Auf älteren Mainboards ist das sehr lästig, moderne BIOS-Versionen erkennen das Speichertiming und angeschlossene Laufwerke aber automatisch.

Vorsicht: Vor der Arbeit am Mainboard unbedingt erden!

Um die kleine Batterie zu entfernen, müssen Sie am Mainboard arbeiten. Damit Sie das Board nicht durch statische Aufladung zerstören, sollten Sie sich durch Anfassen einer Heizung oder eines elektrischen Geräts mit Metallgehäuse zuvor erden.

So löschen Sie den Inhalt des CMOS-Speicher durch das Entfernen der Batterie:

1 Öffnen Sie das PC-Gehäuse und verschaffen Sie sich einen Überblick. Sehen Sie im Handbuch nach, wo die kleine Batterie liegt. Normalerweise erkennen Sie sie aber auch recht schnell. Um besser an die Batterie herankommen zu können, müssen Sie eventuell ein paar Kabel zur Seite drücken.

2 Die Batterie wird durch einen Klemmmechanismus in der Halterung gehalten. Ziehen Sie die Klemme vorsichtig zur Seite oder drücken Sie sie leicht nach oben – je nach Bauart. Wird die Batterie von einer kleinen Feder in die Halterung gedrückt, müssen Sie die Feder leicht anheben und die Batterie dann an der Seite herausfischen.

3 Wenn Sie die Batterie entfernt haben, warten Sie am besten ein paar Minuten. So können Sie sicher sein, dass auch eine eventuelle Restspannung im CMOS-Baustein abgebaut ist. Setzen Sie die Batterie anschließend wieder ein.

4 Manche Mainboards besitzen auch eine kleine Steckbrücke zum Löschen des CMOS. Meistens ist dieser kleine dreipolige Jumper mit „CCMOS" oder „Clear CMOS" beschriftet. Stecken Sie

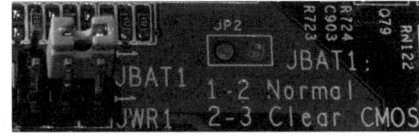

den Jumper entsprechend um und warten Sie auch hier ein paar Minuten (Genaueres dazu sollte im Handbuch stehen). Stecken Sie den Jumper anschließend wieder in die ursprüngliche Position.

Nachdem Sie den Inhalt des CMOS gelöscht haben, starten Sie den Rechner neu und wechseln in das BIOS-Setup. Laden Sie dort als Erstes die *BIOS Setup Defaults* neu. Anschließend nehmen Sie wieder alle nötigen Einstellungen und Anpassungen vor.

9.7 Typische PC-Probleme und deren BIOS-Lösungen

Es gibt eine Reihe von Problemen, die beim PC auftauchen, die sich eventuell leicht mithilfe des BIOS-Setup beheben lassen. Vor allem sind dies Konflikte unterschiedlicher Hardware untereinander oder externe Geräte, die nicht laufen wollen.

In einem solchen Fall lohnt es zuerst einmal immer, das CMOS mithilfe der *BIOS Setup Defaults* mit Standardwerten zu füllen. Viele Probleme resultieren aus vorangegangenen Experimenten mit BIOS-Einstellungen.

Rechner friert ab und zu ein oder stürzt in unregelmäßigen Abständen ab

Oft ist dieser Fehler auf nicht sauber laufenden Speicher zurückzuführen. Das kann ein nicht richtig sitzendes Speichermodul sein, ist aber meistens auf ein zu aggressives Speichertiming zurückzuführen.

Setzen Sie das Speichertiming auf *Auto* oder auf Standardwerte, eventuell sogar auf *Slow*. Erst wenn der PC dann stabil läuft, können Sie wieder mit dem Speichertuning beginnen.

USB-Gerät wird nicht angezeigt

Oft sind nicht alle USB-Ports im BIOS-Setup aktiviert. Setzen Sie die Optionen für alle USB-Ports auf *enabled*.

USB-Keyboard oder -Maus funktioniert nicht

Der USB-Legacy-Support ist nicht aktiviert. Setzen Sie die Option *USB Keyboard Support* oder *USB Legacy Support* auf *enabled*.

Einsteckkarten führen bei der Benutzung zu Abstürzen

Manche PCI-Erweiterungskarten wie beispielsweise die Fritz!Card benötigen bei der Option *PCI IRQ Activated By* die Einstellung *level*.

Grafik- oder Soundkarte kollidiert mit Onboard-Komponente

Viele aktuelle Mainboards besitzen bereits eine mit auf dem Board befindliche Grafik- oder Soundkarte. Normalerweise werden diese Komponenten automatisch deaktiviert, sobald eine entsprechende Einsteckkarte benutzt wird. Allerdings funktioniert diese Erkennung nicht immer.

In diesem Fall deaktivieren Sie die entsprechende Hardware per BIOS-Option. Bei einer Soundkarte ist das beispielsweise die Option *AC 97 Audio Controller*, die deaktiviert werden muss.

9.8 BIOS-Fehlermeldungen und -codes

Stellt das BIOS beim Start des Rechners ein Problem fest, gibt es entweder eine Fehlermeldung auf dem Bildschirm aus oder signalisiert den Fehler durch eine Reihe von charakteristischen Pieptönen.

Die folgenden Tabellen zeigen die üblichen Fehlercodes, die von den jeweiligen BIOS-Versionen im Fehlerfall ausgegeben werden.

AMI-BIOS

BIOS-Töne	Bedeutung
1 kurz	DRAM-Refresh ausgefallen
1 lang	alles in Ordnung
1 lang, 1 kurz	Motherboard-Fehler

BIOS-Töne	Bedeutung
1 lang, 2 kurz	Grafikkartenfehler
1 lang, 3 kurz	Videofehler, RAMDAC defekt oder Monitorerkennung fehlerhaft
1 lang, 4 kurz	Timer-Modul defekt
1 lang, 5 kurz	Prozessorfehler
1 lang, 6 kurz	Tastaturcontroller fehlerhaft
1 lang, 7 kurz	Virtual-Mode-Probleme
1 lang, 8 kurz	Fehler im Videospeicher
1 lang, 9 kurz	ROM-BIOS-Prüfsummenfehler
2 kurz	Parity-Fehler
2 kurz, 1 lang	Grafikkartenkontakt fehlerhaft
2 lang, 2 kurz	Videofehler
3 kurz	Basisspeicherfehler in den ersten 64 KByte
3 kurz, 3 lang, 3 kurz	Speicherfehler
4 kurz	Systemtimer oder Batterie defekt
5 kurz	Prozessorfehler oder übertaktet und ungenügend gekühlt
6 kurz	Fehler im Tastatur-Interface
7 kurz	Prozessorfehler Exception Interrupt
8 kurz	Videospeicher fehlerhaft oder ISA-Bus übertaktet
9 kurz	ROM-Prüfsummenfehler
10 kurz	CMOS kann nicht gelesen oder geschrieben werden
11 kurz	Level-2-Cache-Fehler
Dauerton	Netzteilfehler
Sirenenton	Lüfter ausgefallen, Temperatur zu hoch, Spannung zu hoch
Ping-Pong-Ton	Prozessorfehler

Award-BIOS

BIOS-Töne	Bedeutung
1 kurz	alles in Ordnung
1 lang, 1 kurz	Motherboard-Fehler
1 lang, 2 kurz	Grafikkartenfehler
1 lang, 3 kurz	bis 1.6: EGA-Speicherfehler ab 3.03: Tastaturcontroller ab 4.5: Grafikkartenfehler
2 kurz	Fehler wird auf dem Bildschirm angezeigt
3 lang	Fehler im Tastatur-Interface
4 lang	Fehler bei der Lüfterüberwachung

BIOS-Töne	Bedeutung
wiederholt kurz	Stromversorgung des Motherboards
Dauerton	Speicher oder Grafikkarte nicht gefunden
Sirenenton	Lüfter ausgefallen, Temperatur zu hoch, Spannung zu hoch
Ping-Pong-Ton	CPU-Spannung nicht korrekt, Lüfter schwankt
10 Sekunden Dauerton, danach Abschalten des Computers	CPU-Lüfter läuft nicht oder zu schwach

Phoenix-BIOS bis Version 3

Das Phoenix-BIOS unterscheidet nicht zwischen kurzen und langen Tönen, sondern gibt Tonfolgen von mehreren kurz aufeinander folgenden Tönen aus. Nach einer Pause folgen weitere Sequenzen.

BIOS-Töne	Bedeutung
1 – 1 – 1	CMOS-Fehler beim Schreiben oder Lesen
1 – 1 – 4	BIOS-ROM-Prüfsummenfehler
1 – 2 – 1	Systemtimer defekt
1 – 2 – 2/1 – 2 – 3	DMA-Controller defekt
1 – 3 – 1	DRAM-Refresh-Fehler
1 – 3 – 2	falsches DIMM
1 – 3 – 3	64-KByte-Basisspeicher defekt (Speicherchip/Datenleitung)
1 – 3 – 4	64-KByte-Basisspeicher defekt (Logikchip-Fehler)
1 – 4 – 1	64-KByte-Basisspeicher defekt (Adressleitung)
1 – 4 – 2	64-KByte-Basisspeicher defekt (Parity-Logik)
2 – 1 – 1/2 – 4 – 4	Speicherfehler
3 – 1 – 1	Master-DMA-Register defekt
3 – 1 -2	Slave-DMA-Register defekt
3 – 1 – 3	Master-Interrupt-Register defekt
3 – 1 – 4	Slave-Interrupt-Register defekt
3 – 2 – 4	Tastaturcontroller defekt
3 – 3 – 4	Grafikkartenfehler (Speicher)
3 – 4 – 1	Grafikkartenfehler (Chip)
3 – 4 – 2	Videofehler oder Monitorerkennung fehlerhaft
4 – 2 – 1	Timer-Interrupt-Fehler
4 – 2 – 2	Shutdown-Funktion fehlerhaft
4 – 2 – 3	Fehler in Gate A20
4 – 2 – 4	unerwarteter Interrupt im Protected Mode
4 – 3 – 1	DRAM-Fehler oberhalb der ersten 64 KByte

BIOS-Töne	Bedeutung
4 – 3 – 3	Timer defekt
4 – 3 – 4	Systemtimer oder Batterie defekt
4 – 4 – 1	Fehler in serieller Schnittstelle
4 – 4 – 2	Fehler in paralleler Schnittstelle
4 – 4 – 3	Coprozessorfehler

Phoenix-BIOS ab Version 4

BIOS-Töne	Bedeutung
1 – 2	Prüfsummenfehler
1 – 2 – 2 – 3	BIOS-ROM-Prüfsummenfehler
1 – 2 – 3 – 1	Systemtimer defekt
1 – 2 – 3 – 3	DMA-Controller defekt
1 – 3 – 1 – 1	DRAM-Refresh-Fehler
1 – 3 – 1 – 3	Test Tastaturcontroller
1 – 3 – 3 – 1/1 – 3 – 4 – 1/ 1 – 3 – 4 – 3/1 – 4 – 1 – 1	RAM-Fehler
1 – 4 – 2 – 1	CMOS-Fehler
2 – 1 – 2 – 3	ROM-Copyright-Fehler
2 – 2 – 3 – 1	unerwarteter Interrupt

IBM-BIOS

BIOS-Töne	Bedeutung
1 kurz	kein Fehler, alles in Ordnung
2 kurz	Grafikkarte nicht ansprechbar
x kurz	Defekt an Motherboard oder Stromversorgung
1 lang, x kurz	Defekt an Motherboard oder Grafikkarte
Dauerton	Spannungsversorgung defekt oder Kurzschluss

Bei den meisten der Fehler können Sie leider nichts machen, da eine Systemkomponente defekt ist, die direkt auf dem Mainboard sitzt. Diesen Fehler zu lokalisieren und sogar noch zu reparieren wäre bei Mainboard-Preisen ab 25 Euro viel teuer – Sie können sich nur ein neues Board kaufen.

Diagnose de luxe: Codes einer POST-Karte

Falls Ihr Rechner schon beim Booten stehen bleibt, können Sie mithilfe einer preiswerten POST-Codekarte feststellen, welche Komponente defekt ist.

Die Funktion einer POST-Codekarte ist simpel: Bevor ein bestimmter Test gestartet wird, wird an der Portadresse 80hex ein entsprechender POST-Code ausgegeben. Der Code erscheint also auf einem zweistelligen Siebensegmentdisplay, dann wird der Test gestartet. Bleibt der PC nun beim Test stehen, weil die entsprechende Komponente defekt ist, bleibt die Anzeige der POST-Codekarte stehen – und Sie können anhand einer Tabelle ablesen, was genau kaputtgegangen ist. Manche Hersteller schreiben die Codes allerdings auch erst nach Start des Tests an Port 80hex.

Im Folgenden finden Sie die Codes eines Award-BIOS, die Codes anderer Hersteller sind ähnlich, aber im Detail eben anders.

POST-Codes

POST-Code (hex)	Bezeichnung	Bedeutung
C0	Turn Off Chipset Cache	OEM-spezifische Abschaltung des Cipsatz-Caches
01	Processor Test 1	Test der Prozessor-Flags (carry, zero, sign, overflow)
02	Processor Test 2	Test der Prozessor-Register (außer SS, SP, BP mit FF und 00)
03	Initialize Chips	Abschaltung von NMI, PIE, AIE, UEI, SQWV, Video, Parity, DMA Reset des mathematischen Coprozessors Initialisierung von Timer 1-3, DMA-Controller 0 und 1, Interrupt-Controller 0 und 1 sowie der erweiterten EISA-Register
04	Test Memory Refresh Toggle	Einrichten der Refresh-Funktion
05	Blank Video Initialize Keyboard	Initialisierung des Tastaturcontrollers
06		reserviert
07	Test CMOS Interface and Battery Status	CMOS- und Batteriezustand werden überprüft
BE	Chipset default initialization	Register des Chipsatzes werden mit den BIOS-Defaults programmiert
C1	Memory presence test	OEM-spezifischer Test, um die Größe des installierten Speichers zu ermitteln
C5	Early Shadow	OEM-spezifisches Einschalten der Shadow-Funktion, um den Bootvorgang zu beschleunigen
C6	Cache presence test	Test, um die L2-Cache-Größe zu ermitteln
08	Setup low memory	Testet die erste 64 KByte der Speichers
09	Early cache initialization	Initialisierung des Caches, Initialisierung einer Cyrix-CPU

POST-Code (hex)	Bezeichnung	Bedeutung
0A	Setup interrupt vector table	Initialisierung der Vektoren (Sprungziele) der ersten 120 Interrupts
0B	Test CMOS RAM checksum	überprüft die Checksumme des CMOS, ist sie falsch (oder ist [Einfg] gedrückt), werden die Defaults geladen
0C	Initialize keyboard	Initialisierung der Tastatur, Erkennung des Tastaturcontrollers
0D	Initialize video interface	Ermittlung des CPU-Takts Ermittlung des Grafiktyps (CMOS Offset 14hex) Initialisierung der Grafikkarte
0E	Test video memory	Test des Grafikspeichers Ausgabe der ersten Meldung auf dem Bildschirm Einschalten des Shadow-RAM (wenn enabled)
0F	Test DMA Controller 0	Test des DMA-Controllers 0 Überprüfen der BIOS-Checksumme Tastaturinitialisierung
10	Test DMA Controller 1	Test des DMA-Controllers 1
11	Test DMA Page Registers	Test der DMA-Page-Register
12		reserviert
13		reserviert
14	Test Timer Counter 2	Test Timer 0, Zähler 2 (8254-Chip)
15	Test 8259-1 Mask Bits	Test Interrupt-Controller 0
16	Test 8259-2 Mask Bits	Test Interrupt-Controller 1
17	Test Stuck 8259's Interrupt Bits	Überprüfen der Interrupt-Bits
18	Test 8259 Interrupt Functionality	Auslösen eines Interrupts und Überprüfung, ob er korrekt erkannt wurde
19	Test Stuck NMI Bits	Test, ob ein gesetzter NMI gelöscht werden kann
1A		Ausgabe des CPU-Takts
1B		reserviert
1C		reserviert
1D		reserviert
1E		reserviert
1F	Set EISA Mode	falls EISA-CMOS-Checksumme korrekt, Initialisierung des EISA-Modus
20	Enable Slot 0	Initialisierung EISA-Slot 0 (Mainboard)
21	Enable Slot 1	Initialisierung EISA-Slot 1
22	Enable Slot 2	Initialisierung EISA-Slot 2
23	Enable Slot 3	Initialisierung EISA-Slot 3
24	Enable Slot 4	Initialisierung EISA-Slot 4

POST-Code (hex)	Bezeichnung	Bedeutung
25	Enable Slot 5	Initialisierung EISA-Slot 5
26	Enable Slot 6	Initialisierung EISA-Slot 6
27	Enable Slot 7	Initialisierung EISA-Slot 7
28	Enable Slot 8	Initialisierung EISA-Slot 8
29	Enable Slot 9	Initialisierung EISA-Slot 9
2A	Enable Slot 10	Initialisierung EISA-Slot 10
2B	Enable Slot 11	Initialisierung EISA-Slot 11
2C	Enable Slot 12	Initialisierung EISA-Slot 12
2D	Enable Slot 13	Initialisierung EISA-Slot 13
2E	Enable Slot 14	Initialisierung EISA-Slot 14
2F	Enable Slot 15	Initialisierung EISA-Slot 15
30	Size Base and Extended Memory	Ermittlung von konventionellem (<640k) und erweitertem Speicher
31	Test Base and Extended Memory	Test des Speichers von 256k bis 640k sowie des Speichers ab 1M mit verschiedenen Testmustern (nicht bei EISA-Maschinen) Kann mit Esc abgebrochen werden!
32	Test EISA Extended Memory	Test des Speichers über 1M (nur auf EISA-Maschinen)
33-3B		reserviert
3C	Setup Enabled	Setup einrichten
3D	Initialize & install mouse	Initialisierung der Maus
3E	Setup Cache Controller	Initialisierung des Cache-Controllers
3F		reserviert
BF	Chipset Initialization	Register des Chipsatzes werden mit den Setup-Defaults programmiert
40		Ausgabe, ob der Bootsektorvirenschutz aktiviert ist oder nicht
41	Initialize Floppy Drive & Controller	Initialisierung des Diskettencontrollers und aller angeschlossenen Diskettenlaufwerke
42	Initialize Harddrive & Controller	Initialisierung des Festplattencontrollers und aller angeschlossenen Festplattenlaufwerke
43	Detect & Initialize serial/parallel ports	Initialisierung aller seriellen, parallelen und Game-Ports
44		reserviert
45	Detect & Initialize Math Coprocessor	Erkennung und Initialisierung des mathematischen Coprozessors (80x87)
46-4D		reserviert

POST-Code (hex)	Bezeichnung	Bedeutung
4E	Manufacturing POST Loop or Display Massages	falls das Manufactoring POST Loop Pin gesetzt ist, neu booten ansonsten Fehlermeldungen (non-fatal) anzeigen und ins Setup gehen
4F	Security Check	Abfrage des Passworts, falls gesetzt
50	Write CMOS	Zurückschreiben des CMOS-RAM Bildschirm löschen
51	Pre-Boot enable	Vorbereitung zum Booten des Betriebssystems: Einschalten der Parity-Funktion, NMI „scharf machen" und Caches einschalten
52	Initialize Option ROMs	Suche nach ROMs zwischen C8000hex und EFFFFhex (ROMs auf Steckkarten)
53	Initialize Time Value	Initialisierung der Timer-Werte an Offset 40hex des BIOS
60	Setup Virus Protect	Initialisierung der Antivirenfunktion, falls im Setup angeschaltet
61	Set Boot Speed	Einstellen der Taktfrequenz zum Booten
62	Setup NumLock	Einstellen des Numlock-Status entsprechend des Setup
63	Boot Attempt	unteren Stack initialisieren Boot via INT 19hex
B0	Spurious	gesetzt, falls ein Interrupt im Protected Mode auftritt
B1	Unclaimed NMI	falls ein unmaskierter NMI auftritt (i. d. R. Parity-Fehler, auf dem Bildschirm erscheint „Press F1 to disable NMI, F2 to reboot")
E1-EF	Setup Pages	wird gesetzt, falls eine der Setup-Seiten (1 bis max. 15) aktiv ist
FF	Boot	nun wird gebootet
C0	Turn Off Chipset Cache	OEM-spezifische Abschaltung des Chipsatz-Caches

10. Notebooks aufrüsten und erweitern

Die Zahl der verkauften Notebooks hat die der verkauften Desktop-PCs schon seit Längerem überschritten. Für die mobile Gesellschaft ist ein schlanker, überall einsatzfähiger Computer deutlich interessanter als eine störrische, lärmende Kiste unter dem Schreibtisch. Gleichzeitig ist die Leistungsfähigkeit der aktuellen Notebooks bei gesunkenem oder doch stabilen Preisen stark gestiegen. Einen normalen PC durch ein Notebook zu ersetzen reißt keine riesigen Löcher mehr ins Portmonee. Aus diesem Grund haben wir das Kapitel über Notebooks deutlich erweitert.

Was bringen der Sonoma und AMDs Turion?

Der Nachfolger vom Dothan-Kern des Pentium M-Prozessors wird als Sonoma bezeichnet. Die Grundarchitektur basiert jedoch noch immer auf der alten Technologie, lediglich einige Feinheiten wurden verbessert. So bringt die neue CPU einen größeren Front Side Bus von maximal 4x133 MHz (FBS533) mit sich. Die Taktrate reicht dabei von 1,1 – 2,13 GHz, wobei die Modelle mit niedriger Taktrate als „Low Voltage" und „Ultra Low Voltage" vertrieben werden und durch geringeren Stromverbraucht längeres Arbeiten ermöglichen sollen. Die 2,13 GHz schnelle CPU ist in ihrer Performance vergleichbar mit einem Pentium 4-Prozessor für Desktop-PCs mit einer Taktrate von 3,8 GHz bzw. einem AMD Athlon 64 4000+ mit 2,4 GHz.

Doch neben der zusätzlichen Geschwindigkeit des Prozessors ist vor allem die Verbesserung des gesamten Centrino-Systems zu beachten. Denn der aktuelle Chipsatz 915GM unterstützt nun auch DDR2-Arbeitsspeicher, wie den schnellen und zugleich Strom sparenden DDR2-533 (PC2-4300). Eine weitere Verbesserung wurde an der Grafikeinheit der letzten Centrino-Generation vorgenommen: Der Mobile-Intel-GMA900-Grafikprozessor sitzt wie immer direkt auf der Hauptplatine und zweigt sich durch die Shared-Memory-Architektur einen Teil vom RAM ab. Leistungshungrige 3-D-Spiele sind auch mit der neusten Generation dieses Grafikchips nicht möglich, doch das ist auch gar nicht das definierte Zielgebiet.

Neben 2-D-Performance zählte bei der Entwicklung vor allem die weitere Optimierung der Akkulaufzeiten. Im Gegensatz zur Pentium 4-Generation, die auf der ineffizienten Netburst-Technologie basiert, zeichnet sich das mobile Segment schon seit der ersten Centrino-Version durch eine gute und effiziente Architektur aus: Mehr Leistung bei weniger MHz und bei gleichzeitig weniger Stromaufnahme. AMD ist Intel im Bereich der Desktop-Prozessoren in Sachen intelligenter Architektur mit der Athlon 64-Technik zum aktuellen Zeitpunkt weit voraus. Ein AMD-Prozessor erzielt mit einem Kerntakt von 2.000 MHz ungefähr die Leistung eines Pentium 4, der sich dabei mit 3200 MHz abrackern muss. Der Effekt ist klar: Weniger Leistungsaufnahme des AMD-Prozessors bei gleichzeitig geringerer Abwärmeproduktion. AMD optimierte diese Athlon 64-Technologie in einigen Dingen wie der Leistungsaufnahme, um endlich auch im Notebook-Segment Fuß zu fassen, wo Intel sich bis heute mit dem Centrino sehr erfolgreich bewegt. Heraus kam dabei die Turion-64-Technologie, die dem Centrino in Akkulaufzeit und Leistung so gut wie ebenbürtig ist. Den höheren Marktanteil im mobilen Segment beansprucht aber immer noch Intel.

Die neuste Entwicklung aus dem Hause Intel ist der Core – mit der neuen Namensgebung wollte man vom mit der Zeit arg in Verruf gekommenen Pentium abkommen, um ein neues Signal zu setzen. Die Core-Technik ist bereits in vielen Notebooks wahlweise als Single- oder Dual Core-Prozessor erhältlich (Core Solo sowie Core Duo) und besticht durch exzellente Werte in Leistung, Energieverbrauch und Abwärmeproduktion. Dass die Core-Technik im Hause Intel eine deutliche Wende einläutet, beweist auch die Abkehr von der Marke Pentium im Desktop-Segment. Hier wird der Core 2 Duo bzw. Solo Intels neues Aushängeschild bilden. Erste Benchmarks und Tests zeigen im Vergleich zur alten P4-Netburst-Technologie großartige Verbesserungen in pro-MHz-Leistung und vor allem Energieaufnahme.

10.1 Neue Speichermodule in das Notebook einbauen

Da in Notebooks Platz immer Luxus ist, sind auch die Speichermodule kompakter gebaut als in Desktop-PCs und haben eine spezielle Bauform. Aus diesem Grund ist der Arbeitsspeicher für Notebooks auch immer etwas teurer.

Dies ist sicherlich auch der Grund, warum viele Notebooks nur mit verhältnismäßig wenig Speicher ausgeliefert werden. Doch gerade durch zusätzlichen Arbeitsspeicher kann schnell eine deutliche Leistungssteigerung erreicht werden. Da Notebooks nur über zwei Speicherbänke verfügen und diese meist auch beide belegt sind, können die RAM-Module in der Regel nur ausgetauscht werden. Der Ein- und Ausbau ist ähnlich wie beim Desktop-PC mit wenigen Handgriffen schnell erledigt und benötigt im Normalfall keine zusätzlichen Eingriffe in das Betriebssystem.

Ob auch Sie Ihr Notebook durch mehr Speicherkapazität schneller machen können, welche Speicherart Sie benötigen und wie der Speicher verbaut wird, erfahren Sie auf den folgenden Seiten.

Bestandsaufnahme der aktuellen Speichermodule

Bevor Sie neuen Speicher kaufen, müssen Sie herausfinden, welche Module Ihr Notebook benötigt. In alten Pentium 1-Modellen sind dies noch EDO-DIMMs (Extended Data Output RAM) mit 72 Steckkontakten, deren Nachfolger sind SO-DIMMs, die es als SD(R)- (**Single Data Rate**), DDR- (**Double Data Rate**), auch DDR1 genannt, und DDR2-Module gibt. SDRAM gibt es in den Geschwindigkeitsstufen PC-66, PC-100 und PC-133, DDR-RAM hingegen startet durch die doppelte Datenrate mit PC-1600. Die Module lassen sich leicht durch Ihre unterschiedliche Einkerbung zwischen den Steckkontakten ausmachen.

SD-Module haben diese Einkerbung annäh-
ernd mittig, DDR-Module hingegen weiter am
Rand. Die unterschiedlichen Speicherarten sind
untereinander nicht kompatibel, daher können Sie den Speicher nur vergrößern, indem
Sie größere Module vom gleichen Typ einbauen. Um herauszufinden, welcher Typ benötigt wird, können Sie entweder im Handbuch Ihres Geräts nachschlagen oder gleich
die alten Module ausbauen, denn meist stehen

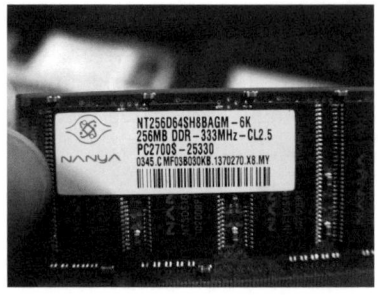

die notwendigen Informationen auf einem Aufkleber, der direkt auf dem Speicherriegel klebt. Prüfen Sie zudem in Ihrem Handbuch, wie viel Speicher Ihr
Notebook maximal vertragen kann.

Eine weitere Möglichkeit ist die softwareseitige Erkennung des Arbeitsspeichers.
Dazu benötigen Sie jedoch ein spezielles Programm, denn Windows liefert von
Haus aus kein Programm zu Speicherprüfung. Eine Software die so etwas (und
einiges mehr) anzeigen kann ist EVEREST, die Home Edition erhalten Sie sogar
als Freeware unter *http://www.lavalys.com* oder auf diversen Softwareseiten.

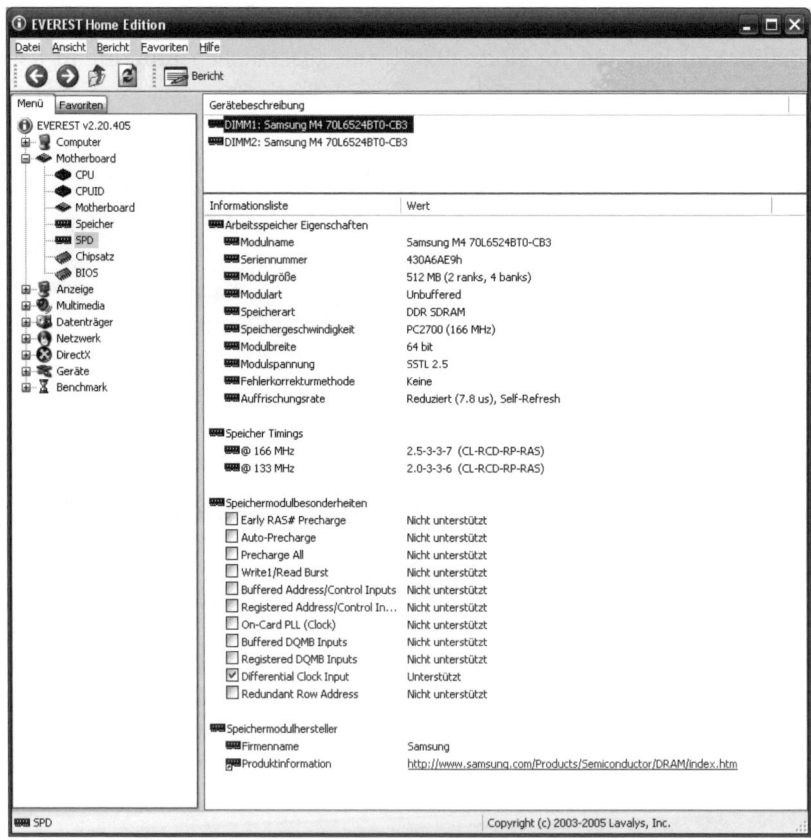

Klicken Sie im linken Menü auf *SPD*, um die Eigenschaften der Speicherriegel Ihres Notebooks angezeigt zu bekommen. Wichtig zu wissen ist hier die Speicherart, im gezeigten Fall ist das DDR1, sowie die Speichergeschwindigkeit, hier PC2700 mit 166MHz.

Die folgenden Tabellen helfen Ihnen dabei, die gefundenen Informationen der aktuellen DDR- und DDR2-Module einzuordnen und Ihren Speicher zu klassifizieren und die passende Geschwindigkeit für Ihr System zu ermitteln:

DDR1-SDRAM-Spezifikationen

Chip	Modul	Speicher-Takt	Effektiver Takt	Bandbreite pro Modul	Bandbreite Dual-Channel
DDR-200	PC-1600	100 MHz	200 MHz	1,6 GByte/s	3,2 GByte/s
DDR-266	PC-2100	133 MHz	266 MHz	2,1 GByte/s	4,2 GByte/s
DDR-333	PC-2700	166 MHz	333 MHz	2,7 GByte/s	5,4 GByte/s
DDR-400	PC-3200	200 MHz	400 MHz	3,2 GByte/s	6,4 GByte/s

DDR2-SDRAM-Spezifikationen

Chip	Modul	Speicher-Takt	Effektiver Takt	Bandbreite pro Modul	Bandbreite Dual-Channel
DDR2-400	PC-3200	200 MHz	400 MHz	3,2 GByte/s	6,4 GByte/s
DDR2-533	PC-4200	266 MHz	533 MHz	4,2 GByte/s	8,4 GByte/s
DDR2-667	PC-5300	333 MHz	667 MHz	5,3 GByte/s	10,6 GByte/s
DDR2-800	PC-6400	400 MHz	800 MHz	6,4 GByte/s	12,8 GByte/s

Innerhalb dieser Modulgruppen kann der Speicher kombiniert werden, ausschlaggebend für die Geschwindigkeit ist jedoch immer das langsamste Modul.

Sobald Sie Ihren Speichertyp identifiziert haben, können Sie neue Module kaufen. Dabei garantiert der Kauf von Modulen des Herstellers zwar optimale Kompatibilität, jedoch lohnt immer ein Blick auf günstigere Alternativen. Doch Vorsicht vor Billigmodulen, diese taugen nichts und bringen häufig Instabilität mit sich.

Die Nachfolge von DDR2-Modulen wird DDR3 antreten und so Bandbreiten über 17 GByte/s ermöglichen. Weitere Informationen zum Thema Arbeitsspeicher finden Sie in diesem Buch in Kapitel 2.

Den bestehenden Speicher erweitern

Suchen Sie nun nach den Speicherbänken Ihres Notebooks, meist finden Sie diese unter einer Plastikabdeckung auf der Unterseite Ihres Notebooks. Schalten Sie zuvor das Notebook aus und entnehmen Sie den Akku, um Restströme zu vermeiden.

Schrauben Sie die Abdeckung ab und legen diese zur Seite. In der Regel werden Sie zwei Speicherbänke vorfinden. Ist eine davon noch frei, können Sie einfach ein weiteres Modul des gleichen Typs einsetzen. Die Speichermodule werden an der linken und rechten Seite durch kleine Klammern befestigt. Um ein neues Modul einzubauen, stecken Sie dies vorsichtig in einem Winkel von etwa 30 bis 45 Grad in die freie Speicherbank. Achten Sie dabei auf die Einkerbung in den Modulen, sie lassen sich immer nur in einer Position einbauen. Üben Sie niemals übermäßigen Druck aus, da sonst Speicherbank und -module beschädigt werden können. Wenn Sie den Speicherriegel in den Slot eingesetzt haben, drücken Sie ihn vorsichtig in eine waagerechte Position, bis die beiden Klammern einrasten.

Schrauben Sie nun die Abdeckung wieder zu und schalten Sie das Notebook ein. Das BIOS sollte nun direkt den erweiterten Speicher erkennen und die neue Größe anzeigen. Unter Windows XP/2000 können Sie dies auch unter *System* in der Systemsteuerung nachsehen.

Gerade bei Billigspeicher kommt es jedoch häufiger zu Problemen, z. B. wird nicht die volle Speichergröße erkannt oder das System läuft instabil. Zum Teil hilft hier auch ein BIOS-Update, um die volle Kapazität des Speichers ausnutzen zu können. Auch das Kombinieren von Speicherriegeln klappt nicht immer reibungslos. Einige Module sind zueinander nicht kompatibel und verweigern ihren gemeinsamen Dienst. Hier hilft nur der Austausch von beiden Modulen.

Alte Module gegen neue austauschen

Suchen Sie, wie bereits im letzten Abschnitt beschrieben, die Speicherbänke Ihres Notebooks. Meist befinden sich diese unter einer Abdeckung auf der Unterseite. Prüfen Sie den Typ der Module und schlagen Sie im Handbuch nach, wie viel Speicher von Ihrem Gerät verwaltet werden kann.

1 Ziehen Sie den Netzstecker und entfernen Sie den Akku.

2 Öffnen Sie die Abdeckklappe.

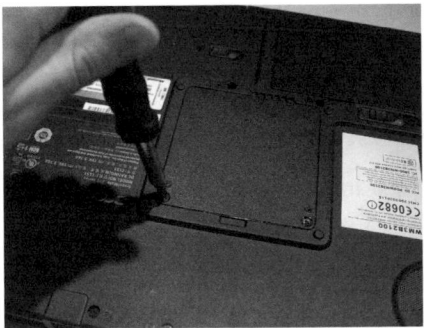 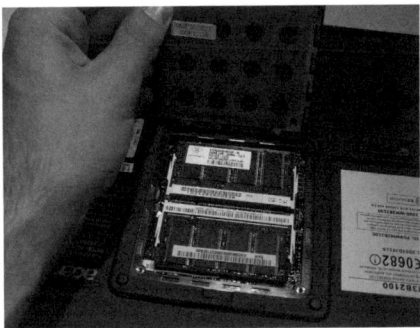

3 Nehmen Sie die alten Speicherriegel aus den Bänken, indem Sie die beiden Halteklammern links und rechts zu den Seiten wegdrücken und die Module in deinem Winkel von ca. 45 Grad hinausziehen.

4 Setzen Sie die neuen Module wieder etwa in einem 45-Grad-Winkel in die Speicherbänke ein und drücken diese vorsichtig in eine waagerechte Position. Achten Sie darauf, dass beide Klammern richtig einrasten.

5 Schrauben Sie nun das Gerät wieder zu und starten Sie das System.

Der Speicher sollte nun direkt vom BIOS erkannt werden.

10.2 Austausch einer Festplatte im Notebook

Die zunehmende Flut an immer größer werdenden Daten und die stetige Weiterentwicklung speicherhungriger Multimedia-Geräte führen schnell zu Speichernot. Abhilfe schafft entweder eine zusätzliche, externe Festplatte oder gleich der Austausch der internen durch eine größere. Hier sind Größen von über 100 GByte mittlerweile kein Problem mehr, sofern Ihr Notebook diese verarbeiten kann. Durch den geringen Platz im Gehäuse ist es bei Notebooks leider nicht möglich, zusätzliche interne Festplatten einzubauen, wie es beim „normalen" Desktop- oder Tower-PC der Fall ist.

Vorteil beim Austausch ist natürlich, dass Sie kein zusätzliches Gerät mitnehmen müssen. Die alte Festplatte kann dann in einem externen Gehäuse weiterverwendet werden und als Datenarchiv oder Backup dienen.

Die richtige Wahl – Worauf ist beim Kauf zu achten

Notebook-Festplatten sind in ihrer Bauform mit 2½ Zoll kleiner als die 3½-Zoll-PC-Festplatten und häufig auch langsamer, was gerade bei der Verarbeitung von großen Datenmangen, wie z. B. Videoschnitt, ein deutlicher Nachteil ist. PC-Festplatten drehen sich mit 7.200 bis 10.000 Umdrehungen pro Minute (U/min), die von Notebooks hingegen häufig nur mit 4.200 bzw. 5.400 U/min. Wenn Sie also Videos schneiden oder andere größere Datenmengen verarbeiten möchten, sollten Sie auf eine hohe Umdrehungszahl achten, denn auch bei den kleinen Platten gibt es 7.200 U/min-Modelle. Ein weiterer Bestandteil ist der interne Cache, indem die Daten zwischengespeichert werden. Dieser schnelle Speicher ist ebenfalls maßgeblich an der Performance beteiligt, daher sollten Sie auch hier nicht zu knapp kalkulieren. Als Richtgröße sind 8 MByte sicher gut gewählt, darunter sollten Sie nicht gehen.

Zu guter Letzt sollten Sie die Zugriffszeit prüfen, hierbei gilt nicht je mehr, desto besser, sondern hier ist es genau umgekehrt. Die Zugriffszeit wird in Millisekunden (ms) gemessen und sollte nicht unter 12 ms liegen.

Fazit: Sparen Sie nicht an der Leistung, sondern lieber am Platz. Eine kleinere, aber dafür schnelle Festplatte wird Ihnen mehr Spaß bereiten als ein langsamer Speicherriese, der das ganze System bremst. Passable Festplatten finden Sie schon für rund 1 bis 2 Euro je GByte.

Ausbau der alten Festplatte

Wie bei allen Notebook-Teilen gilt es auch bei der Festplatte, erst einmal zu suchen, wo diese in Ihrem Modell verbaut ist. Hinweise gibt Ihnen dabei das Handbuch. Meist sind die Festplatten seitlich in einem Laufwerkschacht angebracht und lassen sich nach dem Lösen der Schraube(n) einfach herausziehen.

Nun müssen Sie die Festplatte nur noch aus dem Rahmen bauen. In diesen wird anschließend auch die neue Festplatte montiert. Lösen Sie dazu, wenn nötig, alle Schrauben und nehmen Sie die Platte vorsichtig heraus. Die Festplatte ist meist noch mit einem Daten- und Stromkabel verbunden. Lösen Sie auch diese vorsichtig, achten Sie dabei auf die Anordnung der Kabel bzw. Adapter, damit Sie die neue Festplatte ohne Probleme anschließen können.

Einbau der neuen Festplatte

Der Einbau der neuen Festplatte erfolgt nun in umgekehrter Reihenfolge zum Ausbau. Wichtig ist der richtige Anschluss der Festplatte an das Datenkabel bzw. den verwendeten Adapter. Da Notebook nur eine Festplatte haben, brauchen Sie diese auch nicht zu jumpern, die werksseitigen Einstellungen sollten hier direkt richtig sein.

Nachdem Sie die neue Festplatte eingebaut haben, starten Sie das Notebook und melden die neue Festplatte im BIOS an. Hinweise auf die Funktionsweise Ihres BIOS-Typs gibt Ihnen das Handbuch zu Ihrem System. Nachdem die neue Platte angemeldet ist, müssen Sie diese in der Regel noch partitionieren und anschließend formatieren. Ausführliche Details dazu erhalten Sie in Kapitel 4.

Weiterverwendung der alten Festplatte in einem PC

Wenn Ihre alte Festplatte nicht allzu laut ist und Sie noch ein paar zusätzliche GByte in Ihrem Desktop-PC gebrauchen können, benötigen Sie einen Adapter, mit dem Sie die kleine Festplatte in einem 3½-Zoll-Laufwerkschacht einbauen können. Um den 44-poligen Stecker der Notebook-Festplatte an die 40-polige IDE-Schnittstelle anzuschließen und zur Stromversorgung brauchen Sie ebenfalls einen Adapter. Dieser ist schon für einen Preis von 2 bis 5 Euro zu haben und somit die günstigste Möglichkeit der Weiterverwendung.

(Quelle: Alternate)

Einbau in sieben Schritten

1 Befestigen Sie die Adapterschienen an der Notebook-Festplatte mithilfe der passenden Schrauben.

2 Suchen Sie nun Pin 1 an Ihrer Festplatte und merken Sie sich dessen Position, damit Sie später das IDE-Kabel auch richtig anschließen können.

3 Stecken Sie nun den Adapter vorsichtig auf die Pins der Festplatte, achten Sie dabei auf die richtige Position, damit Sie keine Pins verbiegen oder abbrechen. Der Abbruch eines Pins ist nicht reparabel, sodass Sie damit die Festplatte zerstören würden.

4 Je nachdem, wie Sie die Festplatte in Ihrem Desktop-PC verwenden möchten (Master oder Slave), muss diese entsprechend gejumpert werden. Nähere Informationen dazu erhalten Sie in Kapitel 4.

5 Schrauben Sie nun die Festplatte in ihrem Rahmen in einen 3½-Zoll-Laufwerkschacht.

6 Schließen Sie jetzt das Strom- und das IDE-Kabel an. Beim IDE-Kabel ist darauf zu achten, dass Pin 1 richtig verbunden ist.

7 Starten Sie nun das System und melden Sie die neue Platte im BIOS an. Detaillierte Informationen zum Einbau neuer und zusätzlicher Festplatten finden Sie in Kapitel 4.

Alte Festplatte als Zweitlaufwerk am Notebook

Um die Festplatte als externe Speichermöglichkeit weiterverwenden zu können benötigen Sie einen Wechselrahmen, der zum einen die Festplatte vor Beschädigung schützt und zum anderen die Anschlüsse kompatibel zu USB und FireWire macht.

(Quelle: Lingus)

Wenn Sie auf USB setzten, dann achten Sie darauf, dass der verwendete Rahmen USB 2.0 unterstützt und Ihr Notebook auch einen USB-2.0-Anschluss hat. Der langsame USB-1.1-Anschluss bietet mit seiner Übertragungsrate von 12 MBit/s viel zu wenig Datendurchsatz und ist für externe Festplatten daher nicht geeignet. USB 2.0 und FireWire hingegen bieten mit bis zu 480 MBit/s ausreichend Leistung für einen schnellen Datentransfer.

10.3 USB-2.0-Controller nachrüsten

USB hat seit der Einführung des 1.0-Standards im Jahr 1996 einen großen Sprung in Sachen Geschwindigkeit gemacht und bietet heute in der 2.0-Version ein Vielfaches der Ursprünglichen Datenrate. In Zahlen bedeutet dies eine Steigerung von 12 MBit/s (1,5 MByte/s) bei USB 1.0/1.1 zu 480 MBit/s (60 MByte/s) bei USB 2.0. Da ist es klar, dass sich das Nachrüsten lohnt.

PCMCIA-Karte mit USB installieren

Zum Nachrüsten kommen so genannte PCMCIA-Karten zum Einsatz. PCMCIA hat ihren Namen von ihren Erfindern, der **P**ersonal **C**omputer **M**emory **C**ard International **A**ssociation, und ist ein Standard für Erweiterungskarten in mobilen Computern. Vorteil dieser Schnittstelle ist das Unterstützen von Hot-Plug, also dem Wechsel von Komponenten im laufenden Betrieb. Zudem arbeitet sie Strom sparend und die im CIS (**C**ard **I**nformation **S**tructure) abgelegten Treiberdaten auf der Erweiterungskarte ermöglichen ab Windows 2000/XP einfaches Plug & Play. PCMCIA bietet mit einem bis zu 32-Bit-Datenbus eine Datenübertragungsrate von 133 MByte/s und ist damit mit einem PCI-Bus im Desktop-PC vergleichbar.

Für eine USB-2.0-Erweiterung wird also lediglich eine PCMCIA-Karte benötigt, die eben diese Schnittstelle bereitstellt; der Einbau ab Windows 2000 und XP benötigt noch nicht einmal mehr Treiber, da diese bereits auf der Karte hinterlegt sind. Nur bei älteren Windows-Systemen sind zusätzliche Treiber erforderlich.

Hybridkarten haben Vorteile

Wenn Sie neben USB 2.0 auch gleich eine FireWire-Schnittstelle brauchen, z. B. zum Einlesen von Videos Ihrer digitalen Videokamera, dann finden Sie im Handel auch Hybridkarten, auf denen beide Schnittstellen vereint sind.

Stromversorgung für externe Laufwerke sicherstellen

USB ist eine ganz besondere Schnittstelle, nicht nur die herausragende Vielfalt der bis zu 127 möglichen Geräte, sondern auch die Möglichkeit, viele dieser USB-Geräte gleich mit dem notwendigen Strom zu versorgen, macht USB zur gern verwendeten Schnittstelle. Von den vier Adern des USB-Kabels werden zwei für den Datentransfer genutzt, die anderen beiden sind für die Stromversorgung und liefern eine Spannung von 5V. Insgesamt stellt USB pro Anschluss eine Stromstärke von 500 mA zu Verfügung – jedoch nur an den fest eingebauten Anschlüssen, da diese die entsprechende Leistung gleich vom Netzteil beziehen können. Zusätzliche Anschlüsse können durch USB-Hubs geschaffen werden, diese Verteilstationen werden an eine der bestehenden Buchsen angeschlossen und schaffen bis zu sieben neue Anschlüsse.

Doch diese Hubs sind sehr unterschiedlich, es gibt sie aktiv und passiv. Aktive Hubs haben ein zusätzliches Netzteil, um auch an den neuen Buchsen die 500 mA bereitstellen zu können (Self Powered). Passive Hubs beziehen ihre Energie jedoch aus ihrem eigenen Anschluss (Bus-Powered) und haben so mitunter nicht genug Leistung, um weitere Geräte mit ausreichend Strom zu versorgen.

Wenn Sie also sicher sein möchten, dass Ihre USB-Geräte wie Scanner, Handy-Ladekabel, Tastaturbeleuchtung, GPS-Maus, Tassenwärmer, Ventilator, Mini-Staubsauger (...) wirklich alle funktionieren, dann achten Sie auf ausreichende Stromversorgung durch einen aktiven Hub. Für weniger stromhungrige Geräte, wie Maus, Tastatur und USB-Stick reicht meist auch ein passiver Hub, so ersparen Sie sich lästige Kabel in Ihrer Notebook-Tasche.

Da die PCMICIA keine zusätzliche Stromschiene hat, beziehen sogar PCMCIA-Karten mittels Kabel ihren Strom aus der USB-Schnittstelle. Dies kann zum Beispiel bei TV-Tunern der Fall sein, die eine höhere Stromanforderung stellen.

10.4 CPU-Tausch am Notebook

Anders als bei Desktop-PCs ist der Tausch des Prozessors bei Notebooks nicht immer möglich bzw. sinnvoll. Denn aufgrund der kompakten Bauweise gibt es kaum Platz für Lüfter, die die von der CPU produzierte Wärme aus dem Gehäuse leiten können. Die Komponenten zur Wärmeregulierung sind genau aufeinander abgestimmt, sodass zusätzliche Hitze durch eine schnellere CPU in machen Systemen nicht mehr bewältigt werden kann.

Systeminstabilität und im schlimmsten Fall sogar Brand können die Folgen sein. Einige Prozessoren sind sogar fest auf der Platine verlötet und können gar nicht getauscht werden. Ein weiteres Argument, das gegen ein Prozessor-Upgrade spricht, ist das sichere Erlöschen sämtlicher Garantieansprüche. Die Hersteller verwenden dazu extra Garantiesiegel, die Sie brechen müssten, um an die entsprechenden Teile zu gelangen.

Auch die Leistungssteigerung ist in der Regel fragwürdig und steht meist in keinem Verhältnis zu den Kosten für eine leistungsfähigere CPU. Außerdem sind mobile Prozessoren schwieriger zu bekommen als solche für Desktop-PCs. Überlegen Sie daher zuvor, ob diese Leistungssteigerung wirklich notwendig ist – denn häufig lohnt sich das CPU-Upgrade nicht.

Kann der Prozessor überhaupt getauscht werden?

Zunächst müssen Sie überprüfen, welcher Prozessor überhaupt in Ihrem Notebook verbaut ist, um Aufschluss über den verwendeten Sockel zu bekommen, der wiederum entscheidend für ein mögliches Upgrade ist. Eine Software, die Ihnen auch ohne Aufschrauben Ihres Geräts solche Daten liefert, ist die Freeware CPU-Z, die Sie kostenlos unter *www.cpuid.org* herunterladen können.

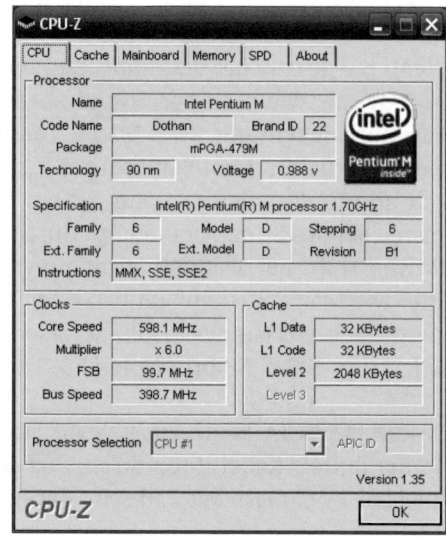

Sie liefert neben den Daten zum Prozessor auch Informationen über den verwendeten Cache und den verbauten Chipsatz.

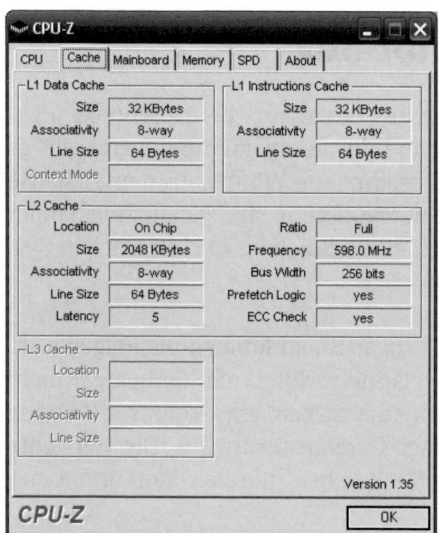

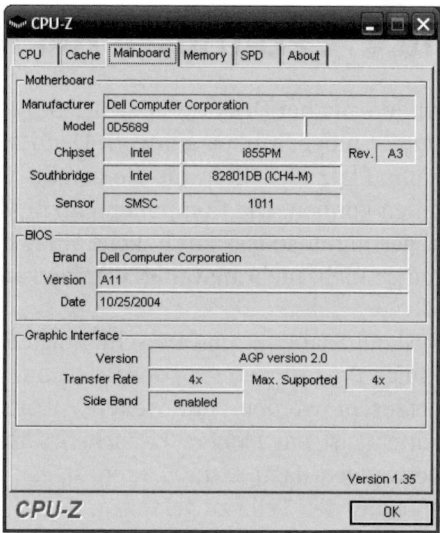

Mit diesen Informationen können Sie zumindest schon einmal nach Upgrade-CPUs suchen. Ob die in Ihrem Notebook verbaute CPU sich auch austauschen lässt, sollten Sie sicherheitshalber vor den Eingriff erst einmal im Handbuch oder auf den Service- und Supportseiten des Herstellers nachlesen. Aufgrund der Vielzahl von unterschiedlichen Modellen ist dies nicht immer möglich. So kann zum Beispiel nicht von Pentium III auf Pentium 4 bzw. dessen mobile Pentium M-Version umgerüstet werden.

Trotzdem möchten wir Ihnen an dieser Stelle raten, die CPU von einem Fachmann tauschen zu lassen. Wenn Sie schon einmal wissen, was so eine Ersatz-

CPU kostet, können Sie natürlich besser abschätzen, ob Sie einen höheren Preis für den Einbau bezahlen möchten oder nicht.

10.5 Neue Energie für Akku und Netzteil

Eines der Teile mit dem höchsten Verschleiß ist zweifelsohne der Akku. Sie können jedoch durch einige Regeln in der Handhabung die Lebensdauer der Stromspeicher bedeutend erhöhen, damit diese auch noch lange ausreichend Energie liefern.

Funktion und Handling moderner Akkus

Heutzutage werden alle Notebooks mit leistungsfähigen Litium-Ionen- (Abk. Li-Ion) oder sogar Litium-Polymer-Akkus (Abk. Li-Po), den Nachfolgern von Litium-Ionen-Akkus, bestückt. Sie ersetzten die ehemals eingesetzten Nickel-Metallhydrit- (Abk. NiMH) und die ganz alten Nickel-Cadmium-Varianten (Abk. NiCd). Letztere mussten vor dem Laden erst vollständig entleert werden, um nicht durch den Memory-Effekt an Kapazität zu verlieren. Vereinfacht ausgedrückt, „merkt" sich der Akku dabei den letzten Ladestand vor der Aufladung und gibt nur noch bis zu diesem Punkt Energie ab, was eine schnelle Entladung und deutliche Leistungseinbußen bedeutet.

Die folgende Aufzählung soll Ihnen einen kurzen Überblick über die vier gängigsten Varianten und ihre Unterschiede geben:

Nickel-Cadmium

+ auch bei niedrigen Temperatur einsetzbar
+ sehr hohe Kurzbelastung möglich
− durch das Cadmium sehr umweltbelastend
− geringe Kapazität

Nickel-Metallhydrit

+ bis zu viermal mehr Kapazität als Ni-Cd-Modelle
+ kein Memory-Effekt mehr

+ geringere Umweltbelastung
- teurer als Ni-Cd
- hitzeempfindlich beim Laden

Litium-Ionen (Li-Ion)

+ hohe Energiedichte (im Bezug auf das Gewicht)
+ kurze Ladezeiten
- benötigt eine spezielle Ladetechnik
- teurer als Ni-MH-Modelle

Litium-Polymer (Li-Po)

+ Hohe Energiedichte (im Bezug auf das Gewicht)
+ Sehr flexibel in der Formung, daher fast überall einsetzbar
+ sehr leicht
- benötigt eine spezielle Ladetechnik

Damit Nickel-Cadmium- und Nichel-Metallhydrit-Akkus ihre volle Leistung entfalten können, sollten sie bei Neugeräten zunächst etwa dreimal komplett auf- und wieder entladen werden. Außerdem kann durch solche regelmäßigen Ladezyklen die Lebensdauer von Ni-MH-Akkus gesteigert werden. Bei Ni-Cd-Varianten empfiehlt es sich, den Akku nach zehn Aufladungen einmal vollständig zu entladen, um einem Memory-Effekt vorzubeugen.

Kein Saft – was tun, wenn der Akku streikt?

Die Lebensdauer eines Akkus ist immer begrenzt und hängt neben der Beschaffenheit zum überwiegenden Teil von der Nutzung ab. Häufiges Be- und Entladen nagt an der Leistung und „nutzt" den Akku förmlich ab. Haben Sie nun einmal das Problem, dass Ihr Akku keine ausreichende Power mehr bringt oder gänzlich den Dienst versagt, dann hilft meist nur noch der Neukauf. Hierbei ist es leider nicht so einfach wie beim Kauf von z. B. Mignon-Akkus, denn die Akkus unterscheiden sich nicht nur in ihrer Form, sondern auch in den Leistungs- und Spannungseigenschaften. Auf der sicheren Seite sind Sie beim Kauf von Original-Akkus, die von den Herstellern zumeist noch zu beziehen sind. Häufig finden Sie neben der Standardausführung auch noch leistungsfähigere Modelle, die eine längere Laufzeit ermöglichen. Eine Alternative zu Ersatzteilen des Herstellers sind Drittanbieter, die passende und meist günstigere Akkutypen anbieten. Prüfen Sie auf jeden Fall vor dem Kauf die Qualität. Billig produzierte Kopien können kaum mit den Originalen mithalten und bieten nur wenig Power. Lassen Sie sich nicht (nur) vom Preis überzeugen, sondern achten Sie auch auf die tatsächliche Leistung, damit sich ein vermeintliches Schnäppchen nicht als teurer Schrott herausstellt.

Solange der Akku noch nicht ganz aufgebraucht ist, sondern nur stark an Leistung verloren hat, muss mit etwas Glück nicht gleich ein neuer Akku gekauft werden. Einige Firmen bieten eine Art Runderneuerung für Ihren Akku an. Hierzu gibt es zwei Verfahren, das Refreshing und den Zellentausch. Beim Refreshing wird der Akku über ein Spezialladegerät bis zu mehrere Tage lang bearbeitet. Dies funktioniert jedoch nur dann, wenn alle Zellen noch funktionstüchtig sind. Ist dies nicht der Fall, dann hilft der so genannte Zellentausch, bei dem das Innere des Akkus ausgetauscht wird. Die Kosten für Refreshing beginnen bereits ab etwa 20 Euro, der Zellentausch hingegen ist dagegen kostspieliger und hängt vom Akkumodell ab.

Geld sparen bei Akkukauf für Zubehörgeräte

Da viele Geräte identische Akkutypen verwenden und einige Hersteller auch zu ihren Produktserien eigene Akkutypen konstruieren, z. B. Sony, Nikon oder Canon, lohnt sich für eine Vielzahl an Zubehörgeräten wie Video- und Digitalkameras, MP3-Playern etc. auch ein Blick auf das Angebot der Batteriehersteller. Diese bieten für viele dieser Geräte adäquaten Ersatz.

Hinweise für längere und zusätzliche Akkulaufzeiten

Um Ihrem Akku eine längere Lebensdauer zu verleihen, reichen schon ein paar kleine Gebrauchs- und Pflegehinweise. Zwar lassen sich gängige Modelle bis zu tausendmal aufladen, doch schließt dies jeden Ladezyklus mit ein, auch wenn nur ein wenig nachgeladen wurde. Nutzen Sie daher die Kapazität Ihres Akkus und laden Sie nicht unnötig oft nach. Ein klassischer Killer für Akkus kann das automatische Nachladen beim Netzbetrieb sein, hier wird der Akku immer voll geladen, auch wenn nur wenige Prozent wirklich gebraucht wurden. Zudem sind Akkus wärmesensibel, hohe Temperaturen wirken sich negativ auf ihre Lebensdauer aus. Wenn Sie Ihr Notebook häufig als Desktop-PC-Ersatz nutzen, dann sollten Sie den Akku herausnehmen und das Notebook nur mittels Netzteil betreiben.

Die richtige Lagerung entscheidet ebenfalls über die Lebensdauer. Akkus sollten Sie immer bei Zimmertemperatur (+10 °C bis +30 °C) und geringer Luftfeuchtigkeit (< 50 %) lagern. Wichtig ist dabei, sie aus dem Gerät herauszunehmen, da diese auch ausgeschaltet geringe Stromflüsse ermöglichen und eine Tiefenentladung des Akkus möglich machen, die die Zellen im Extremfall zerstören können. Der Ladezustand bei Ni-Cd und Ni-MH ist prinzipiell egal, bei einer Lagerung über ein halbes Jahr hinaus sollten Ni-MH-Akkus jedoch zuvor aufgeladen und etwa alle zwölf Monate nachgeladen werden. Bei Li-Ion-Akkus hingegen ist eine aufgeladene Lagerung nötig, da ihre Elektronik sonst eine Tiefenentladung verursachen könnte und damit den Akku zerstören würde. Laden Sie auch Li-Ion-Modelle spätestens alle zwölf Monate nach.

Um die Laufzeit Ihres Notebooks zu verlängern, sind besonders die kleinen Stromfresser abzustellen:

Aktivieren Sie das Powermanagement und lassen Sie Ihr Notebook automatisch im Leerlauf unnötige Gerät abschalten. So regeln die frei definierbaren Energieschemata, wann sich Ihr Notebook wie verhalten soll, um Strom zu sparen.

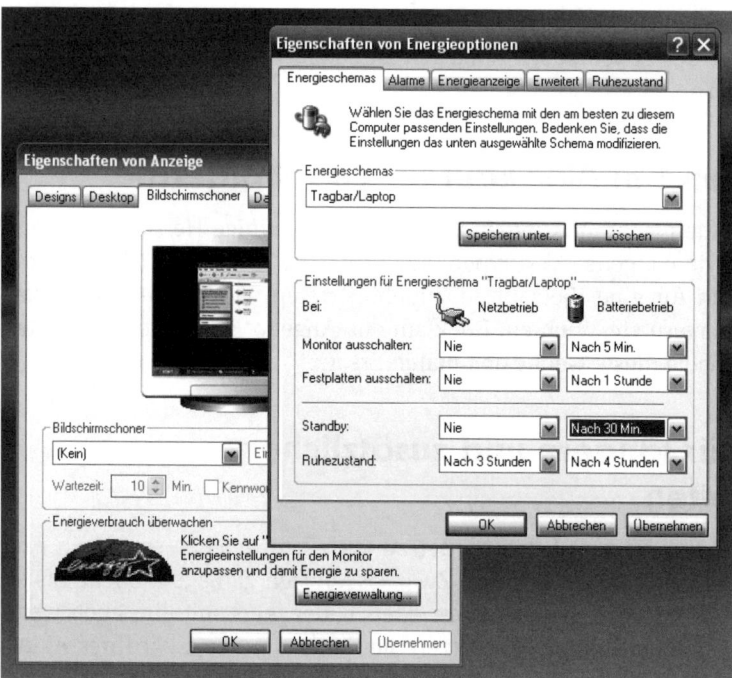

Besonders viel Strom benötigt das Display – je heller es leuchtet, desto mehr Strom wird benötigt. Schalten Sie es daher möglichst ab, wenn es nicht benötigt wird. Halten Sie es auch nicht durch schöne Bildschirmschoner unnötig hell, denn der beansprucht nicht nur das Display, sondern bei aufwendigen Varianten auch den Prozessor. Für das Display besteht keine Gefahr des „Einbrennens", diese Eigenschaft ist den Röhrenmonitoren vorbehalten und kann bei TFTs nicht auftreten.

Optische Laufwerke benötigen ebenfalls eine Menge Strom, nehmen Sie nicht benötigte Medien aus dem Laufwerk, damit Windows nicht selbstständig diese durchsucht. Wenn Sie keine Verbindung mittels W-LAN oder Bluetooth benötigen, dann schalten Sie auch diese ab. Wenn Ihr Gerät über diese Funkschnittstellen verfügt, dann finden Sie meist auch einen Schalter am Gehäuse, mit dem Sie diese hardwareseitig deaktivieren können.

Wenn das Netzteil schlapp macht

Auch Netzteile unterliegen einem ständigen, wenn auch verhältnismäßig geringen, Verschleiß, wenn das Netzteil einmal den Geist aufgegeben hat, bleibt Ihnen nur der Neukauf (Gebrauchtkauf). Sie haben die Wahl zwischen Original-Teilen, die Markenhersteller meist auch dann noch anbieten, wenn es das Modell oder die Serie schon gar nicht mehr auf dem Markt gibt, und Universalgeräten. Zwar können Sie hier sicher sein, dass das Original-Netzteil genau auf Ihr Notebook abgestimmt ist, jedoch müssen Sie dies auch recht teuer bezahlen. Universalnetzteile sind da häufig viel preiswerter und können idealerweise gleich für mehrere Geräte genutzt werden, da Spannung, Polarität und Stromstärke nach Bedarf eingestellt werden, können und je nach Gerät einfach der passende Adapterstecker gewählt wird. Achten Sie jedoch auf gute Qualität und lassen Sie sich nicht einzig vom Preis überzeugen. Eine große Auswahl an universellen Netzteilen finden Sie beispielsweise beim Versandhaus PEARL, *www.pearl.de*, oder bei *www.computerakkus.de*.

Sehr praktisch sind auch 12-Volt-Netzteile, die das Laden von Notebooks über den Zigarettenanzünder im Auto oder Campingmobil möglich machen. Hierbei gibt es auch Spannungskonverter, die die 12V in 230V Wechselstrom verwandeln und eine normale Schukosteckdose bereitstellen, über die Sie Ihr normales Netzteil anschließen können. Vorteil: Sie können diese Steckdose gleich für mehrere unterschiedliche Geräte verwenden.

CMOS-Batterie auswechseln

Damit PC und Notebook auch ohne Stromanschluss und Akku nicht ihre Grundeinstellungen aus dem BIOS „vergessen", ist auf dem Mainboard eine kleine Batterie bzw., v.a. bei neueren Modellen, ein kleiner Akku verbaut. So bleiben die Informationen über die angeschlossene Hardware, Festplatten etc. auch ohne Stromversorgung noch lange erhalten. Doch wie fast jeder Energiespender können auch die CMOS-Batterien an Kapazität verlieren. Wenn die Energie nicht mehr ausreichend ist, bekommen Sie beim Systemstart meist gleich eine Information vom BIOS darüber, etwa *CMOS battery dead*.

Um die Batterie zu wechseln, sollten Sie zunächst im Handbuch nachsehen, wo diese verbaut ist bzw. wie sie zu wechseln ist. Die etwa 10-Cent-Stück-großen Batterien können Sie einfach austauschen, indem Sie die kleine Haltefeder darüber vorsichtig öffnen und die Batterie ersetzen. Entsprechenden Ersatz bekommen Sie entweder im gut sortierten Fachhandel oder direkt beim Hersteller des Notebooks. Um durch den Wechsel nicht alle Einstellungen des BIOS zu verlieren, sollten Sie den Ausbau erst dann vornehmen, wenn Sie bereits eine neue Batterie zur Hand haben und diese auch innerhalb kurzer Zeit wieder einsetzten können.

In vielen Notebooks werden bereits seit Längerem anstelle von Batterien kleine Akkus verbaut, diese haben eine weitaus höhere Lebenserwartung und müssen in der Regel nie gewechselt werden.

10.6 Schnittstellen ausreizen: externe Lösungen

Was beim Desktop-PC in der Regel zur Standardausstattung gehört, ist beim Notebook häufig schon wieder Sonderzubehör, so auch bei den Schnittstellen. Zwar sind die neueren Modelle zumeist alle mit USB und FireWire ausgestattet, es fehlen jedoch hier ältere Schnittstellen wie der Parallelport für den Drucker oder serielle Schnittstellen. Bei älteren Systemen ist dies meist umgekehrt und die aktuellen Anschlussmöglichkeiten fehlen.

Auch wenn USB schon weitgehend alle älteren Schnittstellen abgelöst hat und die älteren Anschlüsse immer mehr an Bedeutung verlieren – wer noch ältere Geräte anschließen möchte, muss hier nachrüsten. Und auch der Parallelport ist zum Teil unverzichtbar, wenn nämlich erst Hardwaredongles den Einsatz bestimmter Software möglich machen.

Das Problem der aussterbenden Schnittstellen hat natürlich auch den Markt mit findigen Lösungen bereichert. Viele dieser veralteten Schnittstellen können Sie mittels USB-Adapter schnell und flexibel nachrüsten. Leider sind diese Lösungen nicht immer so einfach zu bekommen und daher auch etwas teurer. Bezugsquellen finden Sie im Internet unter *www.alternate.de*, *www.avitos.com*, *www. calenia.de* und *www.lindy.com*.

(Quelle: avitos.com)

(Quelle: lindy.com)

COM-Port: veraltete serielle Schnittstelle

Ehemals diente diese Schnittstellenart zum Anschluss von Tastatur und Maus sowie Modems und diversen weiteren Geräten (z. B. Kartenleser, Grafiktablets etc.). Mit der Einführung von PS/2 wurde jedoch bereits ein großer Nutzerkreis abgegeben und spätestens mit Einführung von USB hat diese verhältnismäßig sehr langsame Schnittstelle ihre Bedeutung verloren.

FireWire: Apples Konkurrent zu USB

FireWire, auch i.Link oder IEEE 1394 genannt, ist eine von Apple entwickelte Schnittstellentechnik, die besonders im Videobereich hohe Verbreitung gefunden hat. Sie galt sogar lange Zeit schon als Nachfolger von USB, bevor mit USB 2.0 jedoch eine vergleichbare Datendurchsatzrate möglich wurde. Heute findet diese Schnittstelle vor allem in der Apple-Mac-Welt vielseitigen Einsatz, ist jedoch auch aus dem PC-Bereich kaum mehr wegzudenken. So gut wie jede digitale Videokamera verfügt über eine FireWire-Schnittstelle, um die digitalen Videodaten zum PC zu transportieren. Und auch externe Festplatten können zum Teil (zusätzlich zu USB) über FireWire angeschlossen werden.

PCMCIA: Der „PCI-Bus fürs Notebook"

Die PCMCIA-Schnittstelle ist für sehr flache Erweiterungskarten konzipiert, die in das Notebook-Gehäuse gesteckt werden. Zum Teil werden diese Erweiterungskarten auch als PC-Karten (engl. PC-Card) bezeichnet. Mit einer maximalen Datenübertragungsgeschwindigkeit von 133 MByte/s ist diese Schnittstelle mit der des PCI-Bus im Desktop-PC vergleichbar. Darüber hinaus ist sie Hot-Plug-fähig, d. h., Geräte können im laufenden Betrieb eingesetzt, entfernt oder gewechselt werden. PCMCIA gibt es derzeit in drei verschiedenen Unterstandards, diese haben zwar die gleiche Breite und Tiefe (54 x 85,6mm), unterscheiden sich jedoch in der Höhe:

- Typ I (3,3mm): Wird vor allem für Speichererweiterungskarten oder Speicherkartenlesegeräte (Multi-Card-Reader) verwendet

- Typ II (5mm): Ist besonders bei Erweiterungskarten wie z. B. Netzwerk-, Modem-, FireWire-, USB-, WLAN-Karten in Einsatz.

- Typ III (10,5mm): Wurde ursprünglich für interne Zusatzfestplatten vorgesehen, hat sich jedoch aufgrund der ständigen Miniaturisierung nicht durchgesetzt.

Die meisten neueren Notebooks haben daher nur noch Platz für Typ I und II. Leider sind PCMCIA-Geräte meist etwas teurer, häufig lohnt da die Suche nach einer USB-Variante. Ein Nachteil von PCMCIA liegt auch in der Begrenztheit, denn anders als USB kann PCMCIA nicht mit einem Hub erweitert werden und ist bereits mit ein bis zwei Karten komplett belegt.

IrDA: Drahtlos auf kurzen Wegen

IrDA steht für ihren Namensgeber **I**nfrared **D**ata **A**ssociation und beschreibt die Spezifikationen zum Austausch von Daten über infrarotes Licht. Da IrDA nur über sehr kurze Strecken Daten übertragen kann (max. 100 cm) und Sichtkontakt zwischen Sender und Empfänger bestehen muss, wurde diese Kommunikationsart vor allem für den Einsatz zwischen mobilen Geräten genutzt. Beispielsweise für die Synchronisation zwischen Notebook und Handy/PDA oder auch zum Übertragen von Daten zu einem mobilen Drucker. Leider ist diese Art des Datenaustauschs mit rund 1,1 MBit/s nicht besonders schnell und eignet sich daher auch nicht für große Datenmengen. Abgelöst wurde und wird IrDA von Bluetooth.

Bluetooth: Universelle Funkverbindung

Der aktuelle Standard zur drahtlosen Kommunikation funktioniert nun nicht mehr über infrarotes Licht, sondern mittels Funkverbindung. Eine Sichtverbindung zum anderen Gerät wird ebenfalls nicht mehr benötigt und dank der höheren Reichweite können auch noch aus bis zu 10 m Entfernung Daten übertragen werden.

Bluetooth hat sich in den vergangenen Jahren stark durchgesetzt, sodass immer mehr Geräte auf diese Weise kommunizieren, darunter PCs, PDAs, Mobiltelefone, GPS-Empfänger, Eingabegeräte, Freisprecheinrichtungen und vieles mehr. Sogar moderne Haushaltsgeräte können mit dieser Technik ausgestattet und so auch aus der Ferne gesteuert werden. Unterschieden wird Bluetooth in drei Klassen, die sich in ihrer Sendeleistung unterscheiden:

- Klasse 3: 1 Milliwatt Sendeleistung, 10 m Reichweite
- Klasse 2: 10 Milliwatt Sendeleistung, 50 m Reichweite
- Klasse 1: 100 Milliwatt Sendeleistung, 100 m Reichweite

Wichtig sind diese Daten vor allem dann, wenn Sie mehrere Rechner mittels Bluetooth vernetzen möchten; zum Vergleich, die Sendeleistung von W-LAN beträgt maximal 300 Milliwatt. Die Frequenz liegt zwischen 2,402 GHz und 2,480 GHz im ISM-Band (**I**ndustrial, **S**cientific, **M**edical) und arbeitet damit im gleichen Frequenzband wie z. B. DECT-Telefone, W-LAN oder auch Mikrowellen-Herde. Um Störungen zu vermeiden, wird ein Verfahren zum schnellen Wechsel der Frequenz, das so genannte Frequency Hopping Spread Spectrum, verwendet. Dabei kann die Frequenz 1.600-mal pro Sekunde zwischen 79 Kanälen des Frequenzbandes gewechselt werden.

Achten Sie beim Kauf unbedingt auf den Standard 1.1 und höher, da die Vorgänger noch einige Fehler mit sich bringen können. Nachrüsten können Sie Bluetooth ganz einfach mittels USB-Stick.

USB: Eine für (fast) alles

USB ist die Multifunktionsschnittstelle schlechthin. Sie bietet eine schnelle Übertragungsrate (ab USB 2.0) und liefert auch gleich noch Strom für die angeschlossenen Geräte. Zudem überzeugt USB noch durch ein schlankes Format, hohe Kompatibilität und großzügige Erweiterungsfähigkeit (bis zu 127 Geräte können verwaltet werden). Mit bis zu 480 MBit/s (60 MByte/s) eignet es sich hervorragend für externe Festplatten. Für USB gibt es mittlerweile eine riesige Auswahl an Geräten, von der Maus über den beliebten USB-Stick bis zum Tassenwärmer oder dem Mini-Staubsauger für die Tastatur, mit USB ist (fast) alles möglich.

Zwar können Sie USB problemlos mit einem Hub erweitern, um die Stromversorgung jedoch für alle angeschlossenen Geräte zu gewährleisten, muss dieser aktiv sein, d. h. über ein eigenes Netzteil verfügen (siehe Abschnitt „Stromversorgung für externe Laufwerke sicherstellen" weiter oben). USB lässt sich über eine PCMCIA-Karte schnell und einfach nachrüsten.

TV-Out: Direkter Weg zum Fernseher

Einige Notebooks haben zusätzlich zum VGA- oder DVI-Ausgang zum Anschließen eines externen Monitors auch noch einen TV-Ausgang. Mittels Kabel können Sie so Bildsignale (kein Ton!) an einen Fernseher oder Beamer weiterleiten. Leider ist die Bildqualität nicht immer optimal, da es sich hierbei um ein analoges (FBAS- oder S-Video-)Signal handelt.

Dockingstation: Damit Ihr Notebook schnell Anschluss findet

Viele Hersteller bieten zu ihren Notebooks auch passende Dockingstations an, die alle Schnittstellen des Notebooks spiegeln oder sogar noch erweitern. Zusätzliche Peripheriegeräte können dann direkt an die Dockingstation angeschlossen werden und stehen nach dem Verbinden mit dem Notebook zur Verfügung. Wer häufig seinen Arbeitsplatz verlässt, kann sich so eine Menge Arbeit an Verkabelung ersparen. Außerdem können Sie mittels Dockingstation Ihr Notebook so auch bequem wie einen Desktop-PC konfigurieren. Leider lassen sich die Hersteller diese praktischen Helfer auch teuer bezahlen, alternativ hilft häufig auch schon ein zweites Netzteil und ein (aktiver) USB-Hub, an die Sie die wichtigsten Geräte anschließen können.

10.7 Troubleshooting rund um das Notebook

Klackgeräusche bei der Festplatte

Solche Geräusche können mehrere Ursachen haben. Hören Sie diese Klackgeräusche, während sich das Notebook in den Ruhe- oder Standby-Zustand fährt oder von diesem wieder erwacht, dann ist das ganz normal. Der Lesekopf der Festplatte nimmt eine Ruheposition ein, um bei leichten Erschütterungen nicht die Zylinder zu beschädigen. Wenn solche Geräusche jedoch häufiger in unregelmäßigen Abständen, vornehmlich beim Lesen oder Schreiben von Daten, auftreten, dann ist dies meist ein Signal für einen Defekt der Festplatte. Um dies zu überprüfen, starten Sie das Windows-eigene Programm zur Defragmentierung, das Sie unter *Start/Programme/Zubehör/ Systemprogramme* finden, und klicken Sie auf *Überprüfen*.

Betriebssystem auf eine neue Festplatte installieren

Wenn Sie eine neue Festplatte in Ihren PC eingebaut haben, dann müssen Sie zunächst mithilfe einer CD-ROM/DVD oder eines USB-Laufwerks booten, um das System für die Windows-Installation zu starten. Oftmals liegen Notebooks aber auch gleich so genannte Recovery-CDs/-DVDs bei, die das gesamte System wieder in den Auslieferungszustand zurückversetzen können. Legen Sie einfach den Datenträger in das Laufwerk und folgen Sie den Anweisungen auf dem Bildschirm. Ohne eine solche Wiederherstellungsfunktion können Sie auch über eine „normale" Windows-CD oder ein anderes bootfähiges Medium starten und anschließend mit der Installation des Betriebssystems beginnen.

Zu lauter Lüfter, Gerät wird sehr heiß, Systemabstürze

Wenn der Lüfter sehr schnell drehen muss, um die warme Luft aus dem Gehäuseinneren zu leiten, kann das mehrere Ursachen haben. Entweder ist das System durch rechenintensive Aufgaben stark gefordert, dann ist das ganz normal, oder aber der Lüfter ist verschmutzt und schafft es nicht, die Wärme schnell genug abzuleiten. In diesem Fall sollten Sie das Lüfterrad mithilfe von Druckluft-spray und einem Pinsel von Dreck und Staub befreien. Ein anderer Grund kann der Ausfall der softwareseitigen Lüftersteuerung sein. Ein Programm, mit dem Sie die Hitzeentwicklung im Vergleich zur Prozessorlast anzeigen lassen können, ist die Shareware CPUCooL, *www.podien.de.* Mithilfe dieser Informationen kön-nen Sie einfach ablesen, wie hoch die Temperatur ist, und, wenn nötig, umfang-reiche Einstellungen zur Kühlung vornehmen.

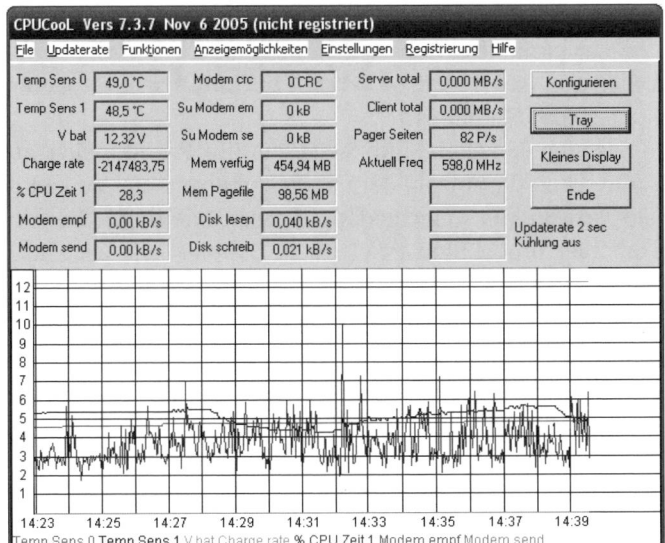

Programmübersicht

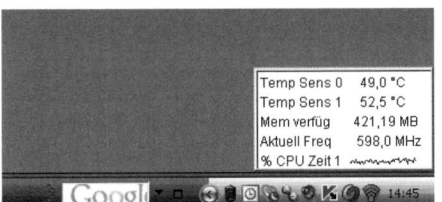

(Kleines Tray)

Verschmutztes Display

Um das Display zu reinigen, verwenden Sie ein feuch-tes, fusselfreies Tuch. Wischen Sie auf keinen Fall mit hohem Druck, da sonst das Display beschädigt werden könnte. Verzichten Sie auch auf Reinigungsmittel, da diese die empfindliche Oberfläche des Displays beschä-digen können. Für die Reinigung gibt es im Fachhandel ein umfangreiches Angebot an Reinigungssets, die nicht nur reinigen, sondern die Oberfläche auch versiegeln, um so neuen Verschmutzungen Vorzubeugen, z. B. das TFT/LCD & Plasma Reinigungs Set von DATA BECKER (*www.databecker.de*).

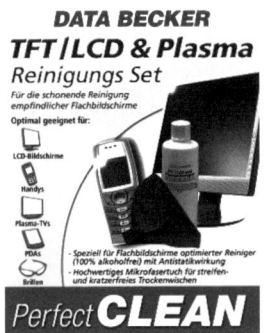

Display zeigt weiße oder schwarze Pixel

Eine technologiebedingte Schwäche bei LCD-Displays sind die so genannten Pixelfehler. Dabei leuchten einzelne Pixel entweder permanent weiß oder sind einfach immer schwarz. Bei zum Beispiel einer SXGA-Auflösung von 1.280 x 1.024 Bildpunkten besteht das Display bereits aus ca. 1,3 Millionen Bildpunkten. Diese teilen sich noch einmal in die drei Subpixel für Rot, Grün und Blau auf, das sind also zusammen rund 4 Millionen Pixel. In der Pra-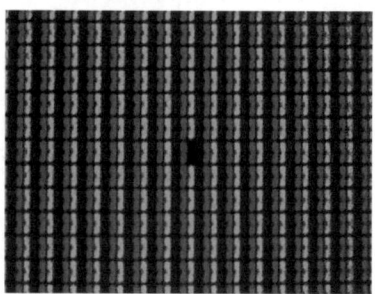
xis sind Displays ohne Pixelfehler selten und meist nur im Profi-Bereich zu finden. Um die Qualität und damit die Anzahl der möglichen Pixelfehler zu kennzeichnen, werden die Displays in vier verschiedene Klassen unterteilt. Die Anzahl der maximalen Pixelfehler pro Million Pixel (nicht Subpixel) ist nach ISO 13406-2 wie folgt definiert:

Fehlertypen	Klasse I	Klasse II	Klasse III	Klasse IV
Typ 1: Weiße Pixel	0	max. 2	max. 5	max. 50
Typ 2: Schwarze Pixel	0	max. 2	max. 15	max. 150
Typ 3: Defekter Subpixel	0	max. 5	max. 50	max. 500

Durchaus üblich für den Heimanwendermarkt ist die Fehlerklasse 2. Für einen TFT-Monitor mit einer Auflösung von 1.400*1.050 Pixel bedeutet dies, dass bei den 1,47 Millionen Pixeln ständig bis zu zwei Pixel weiß, zwei schwarz leuchten dürfen und bis zu sieben Subpixel fehlerhaft sein können.

Falsche Pixel können jedoch auch durch falsche Gerätetreiber oder fehlerhaften Programmcode, besonders in 3-D-Spielen, entstehen. Hier hilft manchmal schon ein Treiber-Update.

Eine anschauliche Erklärung zu Pixelfehlern finden Sie im Internet unter: *http://www.nec-mitsubishi.com/specials/online_deutsch/iso/index.html*

PCMCIA-Karte funktioniert nicht

Beim Einsetzen von PCMCIA-Karten können diese leicht verklemmen. Achten Sie deshalb darauf, dass Sie die Karten waagerecht einstecken. Bei Windows 2000 und XP benötigen Sie keine extra Treiber und die Karte kann gleich verwendet werden. Bei älteren Windows-Versionen müssen Sie jedoch zunächst einen Treiber installieren, bevor Sie die Karte nutzen können. Zudem kann es hier zu Ressourcen-Konflikten kommen, wenn mehrere Geräte die gleiche Systemadresse nutzen wollen. Schauen Sie dazu im Geräte-Manager der Windows-Systemsteuerung, ob dieser einen Konflikt meldet. Wie Sie solche Probleme lösen, lesen Sie in Kapitel 8.

Gerät einschicken

Für den Fall, dass Sie ein Problem nicht selbst lösen können oder durch den Eingriff die Garantie erlöschen würde, bleibt Ihnen keine andere Wahl, als das Gerät an den Hersteller zu schicken oder im Support-Center Ihres Händlers abzugeben. Damit die Techniker dort nicht lange suchen müssen und schnell den Fehler finden, sollten Sie eine detaillierte Beschreibung und nach Möglichkeit sogar Fotos beilegen, die den Fehler deutlich machen. Wenn Ihr Gerät mehrfach wegen des gleichen Teils in die Reparatur muss, dann sollten Sie über einen Austausch des Geräts verhandeln. In der Regel haben Sie nach dreimaligem Defekt am gleichen Teil sogar Anspruch auf Rückerstattung des Kaufpreises!

10.8 Mobile Sicherheit: Diebstahlschutz für unterwegs

Vielen Besitzern von Notebooks ist es bereits widerfahren und alle berichten von einer Katastrophe: Die Rede ist vom Diebstahl des Notebooks und damit dem Verlust ihrer Daten. Der Verlust der teuren Hardware ist zwar ärgerlich, doch noch schlimmer ist die Gewissheit, dass alle mühevoll erarbeiteten Dokumente und Unterlagen, Bankdaten, E-Mails, Kontaktadressen, Fotos und Video, Spielstände und vieles mehr einfach weg sind und im schlimmsten Fall andere nun darin „herumschnüffeln" können. Nehmen Sie diese Warnung ernst und sichern Sie regelmäßig Ihre Daten und versuchen Sie es den Dieben so schwer wie möglich zu machen – denn gegen den immateriellen Verlust kann man sich nicht versichern!

Vertrauen ist gut, registrieren ist besser

Eine Möglichkeit, den Verkauf eines gestohlenen Geräts zu erschweren, ist, das Notebook zu registrieren. Hierbei wird auf die Ehrlichkeit und Gewissenhaftigkeit der Käufer gesetzt, die sich mithilfe der Geräte-ID und -Seriennummer informieren können, ob das Notebook rechtmäßig angeboten wird oder ob es sich um gestohlene Ware handelt. Einen solchen Service bietet beispielsweise der Hersteller Toshiba (Link: *http://support-info.toshiba-tro.de/toshserv/stolen.nsf*), auf dieser Webseite sind Seriennummer, Modell, Land und Datum des gestohlenen Notebooks erfasst, sofern die Besitzer den Verlust gemeldet haben. Dazu reicht ein einfaches Fax-Formular. Hier sollten Sie sicherheitshalber immer einen Blick hineinwerfen, wenn Sie beabsichtigen, ein gebrauchtes Notebook von Toshiba zu erwerben. Denn mit dem Erwerb gestohlener Hardware machen Sie sich sogar selbst strafbar (§ 259 StGB)!

Eine andere Möglichkeit zum Erschweren des Verkaufs ist das S.T.O.P.-Sicherheitssystem, *www.stop-network.net*, der gleichnamigen Firma. Hier wird eine speziell codierte Plakette auf dem Gerät angebracht, die sich nicht ohne Beschädigung ablösen lässt und ein „Tattoo" mit dem Hinweis „gestohlenes Gerät" samt Identifikationsnummer zurücklässt. Diese kann dann bei einer internationalen Hotline gemeldet werden. Eine solche Plakette ist schon für einige Euro zu bekommen und schreckt Diebe bestenfalls gleich ab.

Das Notebook an die Leine nehmen

„Gelegenheit macht Diebe", dieses alte Sprichwort sollten Sie sich zu Herzen nehmen und solche Gelegenheiten verhindern. Eine Möglichkeit bietet hier die Firma Kensington, *www.kensington. de*, die spezielle Sicherheitssteckschlösser anbietet, die in die patentierten Kensington-Ösen am Notebook, oder auch anderer Hardware, gesteckt werden. So ist das Notebook zumindest etwas sicherer.

Doch eine wirkliche Hilfe gegen abgebrühte Langfinger ist auch das Kensington-Schloss nicht. Problematisch ist hierbei schon die Öse, deren Stabilität davon abhängt, wo der Hersteller sie angebracht hat. Nur in Plastik verankert, kann man sie durch einen gezielten Schlag auf die Tischplatte im schlechtesten Fall einfach herausbrechen. Eine weitere Möglichkeit besteht daher in dem Anbringen einer stabilen Stahlöse, die mit Sekundenkleber am Notebook befestigt wird und sich nur mit erheblichen Schäden am Gehäuse wieder ablösen lässt.

Beide Varianten haben leider immer noch eine gravierende Schwachstelle, die dünnen Stahlkabel sind leider kein großes Hindernis für einen Bolzenschneider. Und ein vergleichbar teures Fahrrad würde wohl niemand mit einem solch dünnen Stahlseil sichern.

Fazit: Das Anketten Ihres Notebooks macht immer Sinn, wenn Sie es unbeaufsichtigt lassen. Einen weit reichenden Schutz gegen professionelle Diebe bietet es jedoch leider nicht.

Lautstarker Bewegungsmelder

Eine weitere Vorbeugungsmaßnahme ist die Sicherung mithilfe eines Bewegungsmelders, der mit bis zu 100 dB lautstark Alarm schlägt, sobald das Notebook oder die -tasche bewegt wird. Zum Teil sind die Bewegungsmelder auch mit einer kleinen Fernbedienung zu steuern.

(Quelle: shopbug.com)

Einen ganz neuen Weg geht die Firma Caveo, die mit einer PCMCIA-Karte „Anti-Theft" das Notebook nicht nur über ein Alarmsignal zu schützen versucht, sondern auch im Falle des Falls den Rechner neu startet und die Daten verschlüsselt – sie können nur mit einem 16stelligen Code wieder entsperrt werden. Für den Einsatz wird ein bestimmter Bereich festgelegt, in dem das Notebook bewegt werden darf, alle Bewegungen außerhalb dieses Bereichs führen zum Alarm.

Fazit: Bewegungsmelder bieten Schutz vor Langfingern, wenn sie es schaffen, die Aufmerksamkeit auf sich zu lenken. Bedenklich ist jedoch die (notwendige) Verzögerung, bis der Alarm ausgelöst wird. Schafft es der Dieb, den Bewegungsmelder innerhalb dieser Zeit vom Gerät zu lösen und die „Lärmgranate" in eine Richtung zu werfen und sich in die entgegengesetzte davon zu machen, kann die Lärmquelle auch vom Diebstahl ablenken und dem Dieb zur Flucht verhelfen. Denken Sie daran, Diebe sind clever und kennen in der Regel die Technik.

Bei sensiblen Daten Festplatte verschlüsseln

Auch wenn es hart klingt, aber die verlorene Hardware lässt sich ersetzen und ist im besten Fall auch noch versichert. Ihre Daten zu verlieren ist hier sicher das größere Übel, doch noch schlimmer wird es, wenn vertrauliche Daten nun in den Händen Dritter liegen. Um auf Nummer sicher zu gehen, sollten Sie Ihre sensiblen Daten verschlüsseln und so vor unbefugtem Zugriff schützen. Grundsätzlich haben Sie mehrere Möglichkeiten, Ihre Daten zu schützen. Viele Notebooks können mit einem Passwort versehen werden, das im BIOS verankert ist und den

Rechner schon vor dem Booten schützt. Eine weitere Möglichkeit ist der Einsatz von verschlüsselten Laufwerken. Diese werden mittels Software eingerichtet und erhalten einen gesonderten Platz auf der Festplatte, der nur über ein Passwort erreichbar ist. Ein solches Programm ist TrueCrypt, das als Open-Source-Version kostenlos für Windows 2000/XP von *www.truecrypt.org* geladen werden kann. Ab Version 4.2 kann sogar dank eines gesonderten Sprachpakets (engl. „Language-Pack") auf eine deutsche Oberfläche umgestellt werden.

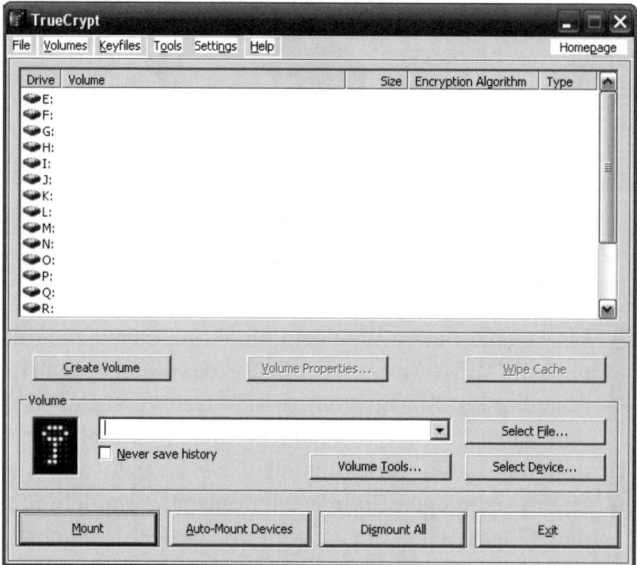

Sichere Passwörter

Ein wichtiger Faktor für die Sicherheit Ihrer Daten ist das Passwort. Denn ein leicht zu erratendes Passwort schützt genau so gut wie ein offenes Vorhängeschloss. Ihre Passwörter sollten daher immer aus einer Kombination von Zahlen und Buchstaben, am besten mit unterschiedlicher Groß- und Kleinschreibung, bestehen und mindestens acht Zeichen enthalten. Zusätzliche Sonderzeichen sind ebenfalls ratsam. Vermeiden Sie einfache Wörter und Vor- oder Kosenamen. Für solche Passwörter gibt es Programme, die automatisch jedes Wort eines Lexikons oder Namensverzeichnisses ausprobieren. Damit ist das Knacken nur eine Frage der Zeit und Rechenleistung!

10.9 Nützliche Hilfsmittel für mobile Computer

Zwar haben sich Leistung und Kapazität von Notebooks mittlerweile so gesteigert, dass sie dem Desktop-PC kaum noch in etwas nachstehen. Anders bei den etwas älteren Modellen, hier fehlen zum Teil noch interne CD-/DVD-Brenner oder ausreichend große Festplatten. Um nun nicht gleich ein neues Notebook kaufen zu müssen, können Sie auf ein umfangreiches Zubehörangebot zurückgreifen. Zum Teil bieten die Hersteller sogar maßgeschneiderte interne Zubehörlösungen, die jedoch im Vergleich zu externen Varianten meist um einiges teurer sind.

Mini-Festplatte als Zweitlaufwerk

Das Angebot an externen Festplatten ist in den vergangenen Monaten stark gestiegen. Die mobilen Datenriesen sind die Antwort auf den stetig steigenden Kapazitätshunger. Gerade wer Videos an seinem PC sehen oder bearbeiten will, benötigt viel Speicherplatz. Um die Kapazität Ihres Notebooks zu steigern, haben Sie zwei Möglichkeiten, entweder über eine zusätzliche externe Festplatte oder über den Austausch Ihrer internen Platte gegen eine größere (siehe Kapitel 10.2). Wenn Ihr Notebook bereits über USB 2.0-Anschlüsse verfügt, ist die externe Lösung eine gute Wahl, gerade auch wenn Sie die Daten auch an anderen Rechnern verwenden möchten, da sie mittels USB schnell an jedem USB-fähigen System verwendet werden kann. Zwar würden diese Festplatten auch unter USB 1.0 laufen, jedoch durch den geringen Datendurchsatz von gerade einmal 1,5 MByte/s (USB 2.0 schafft rund 60 MByte/s!) keine ausreichende Leistung bringen und das System ausbremsen. Ein Nachteil der externen Lösung ist natürlich, dass Sie ein weiteres Gerät mitnehmen müssen. Ein wichtiger Unterschied ist außerdem die Bauform der externen Platte, große 3½-Zoll-Festplatten benötigen ein zusätzliches Netzteil, nur die kleineren 2½-Zoll-Festplatten kommen mit dem von USB gelieferten Strom hin. Als Alternative oder Ergänzung zu USB gibt es noch die Möglichkeit, externe Festplatten über die FireWire-Schnittstelle anzuschließen. Abhängig ist dies vom Gehäuse.

Externer DVD-/CD-Brenner

Interne DVD-/CD-Brenner gehören bei heutigen Notebooks schon lange zum Standard. Doch auch bei älteren Modellen ohne interne Geräte müssen Sie auf mobiles Datensichern und -vervielfältigen nicht verzichten. Die Firma Freecom beispielsweise liefert ein breites Angebot an mobilen optischen Laufwerken, aktuelle Modelle finden Sie auf der Firmen-Webseite unter *www.freecom.de*. Die angebotenen Möglichkeiten stehen den Desktop-Varianten in kaum etwas nach, so brauchen Sie auch unterwegs nicht auf zügiges Brennen und LightScribe-Beschriftungen zu verzichten. Abgesehen vom Preis, denn leider sind diese Geräte meist um ein Vielfaches teurer als vergleichbare Geräte für den Desktop-PC.

Abhilfe können hier externe 5¼-Zoll-Gehäuse schaffen, die Sie über USB oder FireWire an Ihr Notebook anschließen können. In diese Gehäuse können Sie „normale" Desktop-Geräte einbauen und mit dem Laptop verbinden. Nachteil sind meist zusätzlich benötigte Netzteile und „mobil" ist das Ganze auch nicht wirklich. Wenn Sie den Brenner hingegen auf Ihrem Schreibtisch unterbringen und nicht als mobile Lösung benötigen, ist diese Form eine günstige Alternative.

Wichtig ist immer die richtige Wahl der Schnittstelle. Hier stehen USB, FireWire und PCMCIA zur Auswahl. Letztere sind allerdings zunehmend schwieriger zu finden, da mit USB 2.0 und FireWire für ausreichend Datentransfer gesorgt ist. Alte Notebooks mit USB 1.1 hingegen müssen auf PCMCIA zurückgreifen. USB 2.0 hat zusätzlich den Vorteil, dass einige Geräte aufgrund der gleichzeitigen Stromversorgung (sog. „bus powered") über eine oder zwei USB-Schnittstellen kein zusätzliches Netzteil benötigen. Einige Modelle sind sogar mit einem eigenen Akku ausgestattet und erlauben so mobiles Brennen, ohne den Notebook-Akku zu belasten.

Marken-Notebooks aufrüsten

Wenn Sie im Besitz eines Marken-Notebooks sind, dann lohnt mit Sicherheit auch ein Blick auf die Firmenhomepage. Viele Hersteller bieten ihren Kunden eine Fülle an mobilem Zubehör, das nicht nur 100 % kompatibel ist, sondern auch noch zum Design Ihres Modells passt.

USB-Sticks

Schon lange sind sie die Renner unter den mobilen Massenspeichern. Die kleinen und handlichen Speicherchips erreichen immer größere Kapazitäten in immer kleiner werdenden Gehäusen. So ist es möglich, einige Gigabyte Daten auf wenigen Zentimetern an Ihrem Schlüsselbund unterzubringen und schnell zwischen unterschiedlichen Geräten auszutauschen. Mit Windows 2000 und XP wird noch nicht einmal mehr ein Treiber benötigt, lediglich ältere Windows-Versionen müssen zuvor mit einem Treiber ausgestattet werden, um den USB-Stick verwenden zu können.

Zwar verschwinden die langsamen USB-1.1-Sticks mehr und mehr aus dem Handel, dennoch sollten Sie beim Kauf darauf achten, dass Ihr Gerät auch den schnellen Standard beherrscht, denn große Datenmengen mit USB 1.1 zu übertragen ist müßig und kann schon einmal einige Zeit in Anspruch nehmen.

Achten Sie jedoch beim Herausziehen aus dem Rechner, dass Sie den Stick zuvor über *Hardware sicher entfernen* bei Windows abgemeldet haben, da sonst Daten verloren gehen können. Bei vorwiegend älteren Modellen kann es sogar passieren, dass der Speicherchip ohne korrekte Abmeldung beschädigt wird!

10.10 Das Notebook als PC-Ersatz

Wenn man die steigende Leistung und den sinkenden Preis von Notebooks verfolgt, stellt sich immer häufiger die Frage, warum eigentlich noch einen Desktop-PC kaufen? Durchaus berechtigt, denn warum auch sein Arbeits- und Freizeit-Gerät nur am Schreibtisch nutzen, wenn man genau so gut eine mobile Lösung bekommen kann. Bevor Sie sich jedoch entscheiden, ein Notebook zu kaufen, sollten Sie einige Punkte berücksichtigen, um für Ihren Zweck das passende Modell zu finden.

Kaufkriterien, wenn das Notebook den PC ersetzen soll

Zunächst einmal sollten Sie über die Nachteile informiert sein, denn ein Notebook ist nur schwer und dann um einiges teurer aufzurüsten. Ein Großteil an Zukunftssicherheit geht Ihnen damit verloren. Und obwohl die Anzeigen von Desktop-PC und Notebook in MHz und GByte sich zu gleichen scheinen, sind es doch die Details in den Geschwindigkeiten, die einen erheblichen Unterschied in der Gesamt-Performance ausmachen.

Die richtige Festplatte

Notebook-Festplatten haben zwar mittlerweile ebenfalls Kapazitäten über 100 GByte und bieten damit ausreichend Platz für Ihre Daten, doch drehen diese meist etwas langsamer als ihre großen Brüder. Die Anzahl der Umdrehungen liegt bei 2½-Zoll-Modellen bei 4.200, 5.400 und nur bei schnellen Modellen bei 7.200 pro Minute. Die Desktop-Variante hingegen schafft schon in der Standardversion 7.200 U/min (engl. Abk. „rpm") und steigert sich in High-Performance-Modellen auf bis zu 10.000 U/min. Ein weiterer Geschwindigkeitsfaktor ist die Zugriffszeit, diese wird in Millisekunden gemessen und sollte möglichst gering sein. Bei mobilen Festplatten beträgt sie häufig 12 ms, bei 3½ Zoll durchschnittlich nur 8 ms.

Diese kleinen Unterschiede können in der Summe ganz schön Zeit kosten, gerade wenn es um Videobearbeitung oder schnelle Spiele geht. Wenn Sie also mit Ihrem Gerät auch unterwegs viele Daten bewegen müssen, dann sollten Sie beim Kauf auf einen schnelle Festplatte achten.

Prozessor und Arbeitsspeicher

Das Angebot an mobilen Prozessoren wird zunehmend komplexer, denn die beiden marktbeherrschenden Hersteller Intel und AMD arbeiten ständig an neuen Modellen, die noch mehr Leistung bei sinkendem Stromverbrauch versprechen.

Wichtig ist auch hier das Einsatzgebiet, denn wenn Sie überwiegend mobil arbeiten wollen, zum Beispiel im Zug oder Flugzeug, dann benötigen Sie eine Strom sparende CPU, um lange mit der Akkuleistung auszukommen. Passende Lösungen bietet hier Intel mit seinen Pentium und Celeron M- und den neueren Core-Prozessoren und AMD mit den Modellen Mobile Athlon bzw. dem kleinen Bruder Sempron oder den ganz neuen Turion 64 und Turion 64 X2. Haben Sie hingegen in der Regel eine Steckdose in der Nähe, weil Sie nur zwischen heimischem Schreibtisch und Arbeitsplatz pendeln, dann können Sie auch eine Desktop-CPU verwenden, diese sind um einiges stromhungriger als die mobilen Versionen, liefern hingegen aber auch eine höhere Leistung bei kleinerem Preis.

Intels Centrino-Prozessoren

Der Unterschied zwischen Intels Centrino- und dem Pentium M-Modell liegt im Mix der Komponenten. Wenn die Pentium M-CPU zusammen mit einem Intel-Chipsatz (855 oder 915) und Intel WLAN verbaut sind, dann schmückt das Centrino-Logo den Rechner. In puncto Prozessorleistung hat dies jedoch keine Auswirkungen.

Beim Arbeitsspeicher gilt auch bei Notebooks: Je mehr, desto besser! Denn wenn dieser nicht ausreicht, ist der Prozessor gezwungen, auf die um ein Vielfaches langsamere Festplatte auszulagern. Der Arbeitsspeicher unterscheidet sich nicht sonderlich von dem für Desktop-PCs. Auch hier sollten Sie mindestens 512 MByte einplanen, um auch für zukünftige Software noch ein paar Reserven zu haben. Besser sind hier jedoch gleich 1 GByte und mehr, besonders dann, wenn Sie mit dem Notebook auch anspruchsvolle Software wie Videoschnittprogramme oder auch Spiele verwenden möchten.

Grafikkarte

Zwar nähern sich die mobilen Grafikkarten immer mehr der Desktop-Performance an, doch wirklich gleiche Leistung wird dennoch nicht erreicht. In modernen Notebooks sind zwar bereits Grafikkarten mit 128 oder 256 MByte Speicher eingebaut und bieten damit ausreichend Performance für die meisten Anwendungen und sogar aufwendige 3-D-Spiele. Nachteil ist bei der rasanten Entwicklung jedoch die schlechte Nachrüstbarkeit. Wer immer die neusten Spiele ruckelfrei genießen möchte, muss zwangsweise auch ständig die Leistung seiner Grafikkarte erhöhen und stößt bei Notebooks schnell an Grenzen.

Für Office-Anwendungen hingegen reicht bereits eine einfache Grafikkarte mit 32 MByte Speicher. Sie sollten jedoch nach Möglichkeit auf Shared Memory verzichten, denn bei dieser Methode verwendet die Grafikkarte keinen eigenen Speicher, sondern nutzt für Ihre Daten einen Teil des Arbeitsspeichers. Die Angabe „bis zu 128 MByte Shared Memory" bedeutet also, dass sich die Grafikkarte bis zu 128 MByte vom Arbeitsspeicher abzweigt. Damit bleibt natürlich weniger Platz für andere Daten und somit leidet die Performance des Systems.

Soundkarte

Die integrierten Soundkarten reichen für die normalen Ansprüche wie CD- oder MP3-Wiedergabe in der Regel allemal aus. Meist bieten sie Anschlüsse für externe Boxen und einen Eingang für ein Mikrofon. Weitere Anschlüsse wie Line Out oder optische Ausgänge hingegen sind sehr selten zu finden, lassen sich jedoch mittels USB-Karten einfach nachrüsten. Hersteller für solche Erweiterungskarten sind beispielsweise die Firmen Terratec (*www.terratec.de*) oder Creative Labs (*http://de.europe.creative.com*).

(Quelle: Creative)

Integrierte Laufwerke

CD- und DVD-Brenner finden sich inzwischen standardmäßig in alle neuen Notebooks. Am häufigsten verbaut werden hier Combo-Laufwerke, die beide Formate brennen können. Nur bei DVD muss noch darauf geachtet werden, welche Rohlinge beschrieben werden können, hier gilt wie bei den Desktop-Geräten die Unterscheidung in Plus (+) und Minus (-). Doch auch bei älteren Geräten kann hier einfach nachgerüstet werden. Das Angebot an externen USB- oder FireWire-Lösungen ist üppig und bietet für so gut wie jeden Zweck eine Lösung. Markenhersteller bieten zudem häufig noch Laufwerke als Zubehör an, diese ersetzen dann entweder das alte oder werden in zusätzlichen Schächten des Geräts untergebracht. So können Sie sicher sein, dass alles genau aufeinander abgestimmt ist und auch optisch zusammenpasst. Nachteil ist leider der Preis, da dieser häufig um einiges höher ist als bei vergleichbaren externen Lösungen.

Wichtige Anschlüsse

Je nachdem, welche Geräte Sie an Ihr Notebook anschließen möchten, benötigen Sie unterschiedliche Schnittstellen. Zwar sind schon einige durch USB abgelöst worden, doch lässt sich auch nicht alles per USB verbinden.

Netzwerk

Nicht nur für das (kabelgebundene) Vernetzen von Computern ist der Netzwerkanschluss wichtig, sondern auch für dein Einsatz von High-Speed-Internet über DSL. Hier sind immer noch 100 MBit Standard, denn obwohl es bereits 1-GBit-Varianten gibt, hat sich diese Geschwindigkeit noch nicht durchgesetzt.

Noch interessanter für den mobilen Einsatz ist **Wireless LAN** (kurz: WLAN), das Netzwerke per Funkverbindung, wie der Name schon sagt, ohne Kabel aufbauen kann. Auch DSL ist hierüber möglich, sofern ein so genannter Access-Point die Internetverbindung per Funk zu Verfügung stellt. Einziger Nachteil an WLAN ist die geringere Geschwindigkeit von max. 54 MBit, die bei der Übertragung großer Datenmengen über das Netzwerk schon deutlich spürbar ist.

Beide Schnittstellen können, wenn nicht schon vorhanden oder belegt, über PCMCIA- oder USB-Karten nachgerüstet werden.

Modem

Auch wenn das Modem durch schnellere Internetverbindungen mehr und mehr an Bedeutung verliert, ist es doch immer noch Standard in moderneren Notebooks. Zum Glück, denn gerade auf Reisen steht nicht immer ein WLAN Hotspot (öffentlicher Internetzugangspunkt) zur Verfügung, sodass häufig noch auf das gute alte analoge Modem zurückgegriffen werden muss. Wer jedoch nur einmal schnell die Kopfzeilen seiner E-Mails herunterladen möchte oder eine Adresse auf einer Webseite sucht, dem reichen in der Regel auch die langsamen 56 KBit.

Über USB können Sie ein Modem nachrüsten. Für ältere Geräte ohne USB finden Sie mit etwas Glück noch ein Modell mit serieller Schnittstelle.

USB

Wenn Sie schon etwas mehr in diesem Buch gelesen haben, ist sie Ihnen sicher nicht entgangen, die USB-Schnittstelle. Mit ihren vielen Vorteilen, wie schneller Datenübertragung (ab USB 2.0), direkter Stromversorgung der Komponenten (bis

500 mAh) und flexibler Erweiterbarkeit, hat sich USB zur Standardschnittstelle entwickelt und viele ältere gänzlich ersetzt. Achten Sie beim Kauf daher auf möglichst viele Anschlüsse der USB-2.0-Version.

FireWire

Der USB-Rivale von Apple findet besonders in der Welt der Videobearbeitung Verwendung, beispielsweise zum Einlesen von Videos einer digitalen Videokamera. Wenn Sie also die Möglichkeit zur mobilen Videobearbeitung haben möchten, dann ist eine FireWire-Schnittstelle Pflicht. Hat Ihr Gerät keine, können Sie diese einfach über PCMCIA nachrüsten. Hier gibt es sogar Hybrid-Lösungen, die FireWire und USB 2.0 auf einer PCMCIA-Karte vereinen.

PCMCIA

Sie ist sozusagen der PCI-Bus des Notebooks und bietet Platz für ein umfangreiches Angebot an zusätzlicher Hardware. Mittels PCMICIA lassen sich sogar in älteren Geräten die schnellen USB-2.0- und FireWire-Schnittstellen nachrüsten.

Bluetooth

Mittels Bluetooth können Sie unterschiedliche Geräte miteinander verbinden und Daten austauschen. So lassen sich zum Beispiel Handy-Daten mit dem PC abgleichen oder Notebooks auch untereinander vernetzen. Nachteile sind die geringe Reichweite von maximal zehn Metern und der geringe Datendurchsatz. Bluetooth ist der Nachfolger der Infrarotschnittstelle, daher finden Sie in den seltensten Fälle beide Anschlüsse an einem Gerät. Auch Bluetooth kann mit einem „Bluetooth-Dongle" per USB nachgerüstet werden.

Audio/Video

Wie bereits erwähnt, sind die wichtigsten Audioein- und Ausgänge, nämlich Kopfhörerausgang und Mikrofoneingang, in der Regel bei allen Geräten vorhanden. Zusätzliche Ausgänge können jedoch ganz einfach mittels externer Soundkarte nachgerüstet werden. Videoausgänge sind bei älteren Modellen ein analoger VGA- und bei neueren Geräten häufig ein digitaler DVI-Anschluss. Über diese können Sie einen externen Monitor oder Beamer anschließen. Ein weiterer Videoausgang ist der TV-Out. Über diesen können die Bildsignale an einen Fernseher oder Beamer übertragen werden.

Infrarot

Infrarot wird immer mehr von Bluetooth abgelöst und findet nur noch wenig Verwendung. Infrarot ist nicht nur um einiges langsamer, sondern hat auch noch eine geringere Reichweite und benötigt Sichtkontakt zwischen Sender und Empfänger. Falls Sie um die Verwendung nicht herumkommen, können Sie Infrarot über USB bzw. bei älteren Modellen über die serielle COM-Schnittstelle nachrüsten.

Parallel und seriell

Sie gehören mittlerweile zu den von USB komplett verdrängten Schnittstellen. Dazu beigetragen hat nicht nur der geringe Datendurchsatz, sondern auch die unzureichende Erweiterbarkeit. Wer seinen alten Drucker mit Parallelanschluss oder andere serielle Geräte noch weiterverwenden möchte, findet dazu im Fachhandel entsprechende Adapter.

Fazit

Gerade bei Notebooks ist es schwer, die allumfassende Lösung zu finden. Hier gilt es, den Einsatzzweck und die eigenen Wünsche an das Gerät auszuloten und erst dann eine Kaufentscheidung zu treffen. Denn Sie werden immer zwischen hoher Mobilität und vielen Komponenten entscheiden müssen. Zusätzlich erschwert der Preis natürlich die Entscheidung, denn im Normalfall bekommen Sie einen vergleichbaren Desktop-PC mit großzügiger Erweiterbarkeit um einiges günstiger als ein vergleichbares Notebook.

Häufig sind es die vermeintlich sekundären Kriterien, die Sie beim Kauf besonders beachten sollten, denn auch das leistungsstärkste Notebook macht keinen Spaß, wenn der Akku nur kurze Zeit hält und so mobiles Arbeiten oder Spielen doch nur möglich ist, wenn eine Steckdose in der Nähe ist. Im Umgekehrten Fall nützt Ihnen auch die lange Akkuleistung nichts, wenn Ihre Anwendungen ewig laden oder Spiele und Videos nur ruckelnd dargestellt werden können.

Wege zum flüsterleisen Arbeitsplatz

Ein Notebook nachträglich wirklich leise zu bekommen ist im Gegensatz zum Desktop-PC nur selten möglich, da keine zusätzlichen Lüfter eingebaut oder umgerüstet werden können. Doch zunächst einmal gilt es zu klären, wo die Geräuschquellen liegen.

Eine Quelle für störende Geräusche ist sicherlich der interne Lüfter für Prozessor, Grafikkarte und alle weiteren Wärme entwickelnden Komponenten. Diese Lüfter sind meist mit einem Wärmesensor ausgestattet, der je nach Belastung und damit verbundener Hitzeentwicklung die Lüftergeschwindigkeit regelt. An dieser Stelle haben Sie nur wenig Möglichkeiten für mehr Ruhe zu sorgen. Wenn die Geräuschkulisse über die Zeit jedoch zugenommen hat, ist dies häufig ein Indikator für einen durch Staub verschmutzen Lüfter. Sofern es die Garantie zulässt, können Sie das Gehäuse öffnen und den Lüfter mit einem Pinsel und Druckluftspray von seiner Last befreien. Vor dem Öffnen schalten Sie das Notebook aus, trennen die Verbindung zum Netzteil und entnehmen den Akku, um die Stromversorgung zu unterbrechen. Seien Sie äußerst vorsichtig, denn die kleinen Teile in Notebooks sind meist um einiges zerbrechlicher, als man es von den Desktop-Varianten her kennt.

Eine weitere Möglichkeit besteht darin, das Notebook bei der Kühlung aktiv zu unterstützen, dabei spielt der Untergrund eine sehr wichtige Rolle. Stellen Sie sicher, dass die Lüftungsschlitze nicht behindert werden. Stellen Sie das Notebook nur auf eine ebene Oberfläche, um die Entlüftung nicht zu behindern.

Idealerweise eignet sich hier ein Untergrund mit guten Wärmeleiteigenschaften wie Metall oder Glas. Für die Kühlung der Unterseite gibt es im Fachhandel außerdem Lüftungsplatten, die aktive Lüfter enthalten und unter das Notebook gestellt werden. Ihren Strom beziehen sie aus einer USB-Schnittstelle. So wird dem Notebook eine gute Luftzirkulation beschert und die Wärme schnell abtransportiert.

Ebenso können Sie versuchen, über einen zusätzlichen, externen Kühler in Form einer PCMCIA-Karte ihrem Notebook zu mehr Frischluft zu verhelfen. Die PC-Karte nutzt dabei den PCMCIA-Slot, um kühle Luft in das Gehäuse zu pusten.

Bevor Sie jedoch Geld für solche Zusatzgeräte ausgeben, sollten Sie testen, ob die Lüfter auch ihren Zweck erfüllen und nicht auch noch für zusätzlichen Lärm sorgen. Wer jedoch sein Notebook mit prozessorintensiver Software und Spielen ausreizt, kann über diese Varianten vielleicht die Stabilität des Systems erhören und Abstürzen vorbeugen. Wenn Sie ein neues Notebook kaufen, sollten Sie gleich zu einem Prozessor mit Speed-Step-Technologie greifen, die je nach Belastung ihre Leistung erhöhen oder reduzieren. Das spart nicht nur Strom, sondern auch unnötige Hitzeentwicklung und damit Lärm bei der Kühlung.

Ein weiterer Störfaktor ist häufig auch das CD-/DVD-Laufwerk. Ähnlich wie beim Desktop-PC drehen auch diese zum Teil schneller, als sie müssten. Abhilfe schafft softwareseitige Drosselung der Umdrehungsgeschwindigkeit. Verschiedene solcher Programme finden Sie beispielsweise auf der Softwareseite *www.download.com* oder auch unter *www.cd-bremse.de*, hier finden Sie auch direkt eine Liste aller unterstützten Laufwerke.

Wie Sie sehen, gibt es einige Möglichkeiten, doch sind diese bei Weitem nicht so umfangreich und effizient wie bei Desktop-Rechnern. Achten Sie daher beim Kauf auch auf die Lautstärke, die von Lüfter und Laufwerk verursacht wird. Idealerweise testen Sie das Notebook unter Volllast, um das ganze Lautstärkeausmaß abschätzen zu können.

USB-Sharing-Hub: PC und Notebook teilen sich externe Geräte

Wenn Sie neben Ihrem Notebook noch einen Desktop-PC betreiben und dieser ebenfalls auf die angeschlossenen USB-Geräte zugreifen können soll, dann ist ein USB-Sharing-Hub genau das Richtige für Sie. Dieser sieht zwar aus wie ein normaler USB-Hub, stellt jedoch auch noch weitere Rechneranschlüsse zur Verfügung. So können Sie mehrere USB-Geräte an den Sharing-Hub anschließen und entweder softwareseitig oder per Knopfdruck auf dem Hub zwischen den Rechnern umstellen.

Die Installation ist ganz einfach, Sie verbinden lediglich die gemeinsam genutzten USB-Geräte und die verwendeten Rechner mit dem Hub. Treiber sind in der Regel nicht nötig, jedoch wird zum Teil Software mitgeliefert, die das Umschalten vom PC aus ermöglicht. Einen Nachteil gibt es jedoch, denn verwenden kann man die Geräte immer nur an einem Rechner. Dafür sparen Sie sich lästiges Kabelumstecken.

(Quelle: ondata-computer.de)

USB-Sharing-Hubs gibt es in verschiedenen Ausführungen, je nach Anzahl der anschließbaren Geräte und Rechner. Einstiegsmodelle für zwei PCs bekommen Sie bereits ab ca. 20 Euro.

10.11 Übersicht: Notebooks aus dem Supermarkt

Heutzutage finden Sie in fast jedem Supermarkt, von Discounter bis zum Groß-markt, neben Lebensmitteln und Haushaltartikeln ständig wechselnde Angebote, darunter auch Notebooks und Computerzubehör. In Sachen Qualität und Preis können sie meist gut mit der Konkurrenz aus Elektroketten mithalten. Aufgrund des vergleichbar kleinen Angebots finden Sie außerdem auch häufiger Testbe-richte, die auch genau das angebotene Produkt unter die Lupe nehmen, auch wenn es sich hierbei eher um Tests für Laien handelt.

Zu bedenken bleibt jedoch der Service, denn neben fehlender Beratung von fach-kundigen Verkäufern fehlt auch der (persönliche) Ansprechpartner bei Proble-men. Bei diesen Preisen bleiben Ihnen nur die in der Regel kostenpflichtige Kun-den-Hotline und das Einschicken, wenn etwas nicht läuft.

Um kleinere Probleme selbst lösen zu können, finden Sie hier einige Links zu den Supportwebseiten der Hersteller, auf denen Sie Treiber und aktuelle Soft-ware zum Download finden und meist auch in FAQ-Datenbanken nach Lösungen suchen können.

Hersteller	Händler (u. a.)	Webseite
Medion	Aldi Nord/Aldi Süd	www.medion.de
Targa	Lidl	www.service.targa.de
Gericom	Plus/Norma	www.gericom.de
Yakumo		www.yakumo.de/service
Hewlett-Packard		www.hp.com/de
TCM (Tchibo Magazin)	Tchibo	www.tchibo.de
Samsung	Penny Markt	http://support.samsung.de
Fujitsu Siemens		http://support.fujitsu-siemens.de

Die aktuellen Supermarktangebote rund um Elektronikartikel finden Sie auf der Webseite *www.supermarktcomputer.de*. Auf der Seite *www.discountfan.de* fin-den Sie außerdem noch Testberichte zu den aktuellen Angeboten.

10.12 Tablet-PCs zum vollwertigen Rechner ausbauen

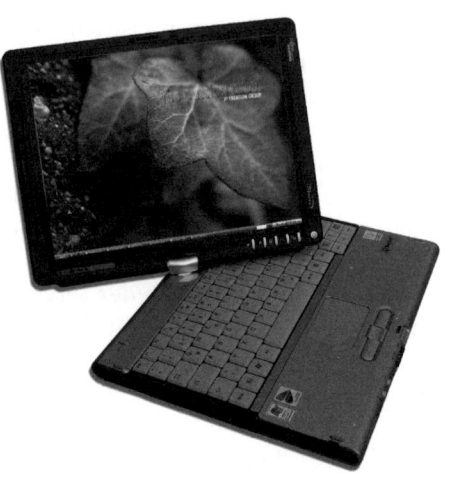

Tablet-PCs gelten als Innovation auf dem mobilen Computermarkt. Obwohl die Idee an sich schon relativ alt ist und erste Modelle schon zu Zeiten von MS DOS mit Windows 3.11 zu haben waren, konnte sich diese Anwendungsform erst seit kurzem gegenüber „normalen" Notebooks behaupten. Das lag und liegt nicht zuletzt an der meist abgespeckten Ausstattung und am deutlich höheren Preis, denn Tablet-PCs kosten in der Regel fast das Doppelte eines vergleichbaren Notebooks. Außerdem waren Tablet-PC-Modelle bislang nicht so leistungsstark, um die Akkulaufzeit erhöhen zu können.

Aufgrund dieser Eigenschaften ist der Tablet-PC größtenteils im mobilen Office-Bereich oder im medizinisch-/technischen Umfeld anzutreffen. Für den Einsatz als mobile Bürolösung gibt es sogar eine eigene Windows-Version, Windows XP Tablet PC Edition, die es ermöglicht, mit einem Stift auf dem druckempfindlichen Display zu navigieren und handschriftliche Notizen zu machen. Außerdem ist es möglich, den Bildschirm um 90 Grad zu drehen, um das Display hochkant nutzen zu können.

Doch zunächst einmal gilt es, bei den Tablet-PCs zwischen zwei Typen zu unterscheiden, nämlich Convertible und Slate. Convertible-Modelle sind die im Office-Bereich am stärksten fokussierten Geräte, da sie neben dem drucksensiblen Display auch noch eine Tastatur besitzen. Das Display kann zumeist um 180 Grad gedreht und auf die Tastatur geklappt werden, um den Tablet-PC wie einen Schreibblock zu verwenden. Die Slate-Variante kommt ganz ohne Tastatur aus. Alle Eingaben werden über einen speziellen Stift direkt auf dem Display gemacht. Das geringere Gewicht ist besonders für die Arbeit im Stehen angenehm, sodass diese Form häufig im medizinischen oder technischen (Labor-)Bereich eingesetzt wird. Beide Typen haben in der Regel eine Handschlaufe an der Rückseite, um sie sicher und bequem festhalten zu können.

Die aktuelle Generation der Tablet-PCs steht Notebooks in kaum noch etwas nach, denn durch immer leistungsfähigere Prozessoren, wie zum Beispiel dem neuen Intel Core oder AMD Athlon 64, mit vergleichsweise moderatem Stromverbrauch sind auch Tablet-PCs im oberen Leistungsfeld mit dabei. Und auch die Speicherkapazitäten haben sich in eine durchaus akzeptable Größe bewegt.

Wenn Sie beabsichtigen, einen Tablet-PC zu kaufen, finden Sie in der folgenden Tabelle eine Übersicht einiger Hersteller.

Hersteller	Webseite
Acer	www.acer.de
Fujitsu Siemens	www.fujitsu-siemens.de
Hewlett-Packard	www.hp.com/de
Hyrican	www.hyrican.de
Lenovo (IBM)	www.lenovo.com/de/de
Lynx	www.kle.net
Medion	www.medion.de
Motion Computing	www.logic-instrument.de
PaceBlade	www.paceblade.com
Panasonic	www.toughbook-europe.com
Toshiba	http://de.computers.toshiba-europe.com
WalkAbout	www.walkabout-comp.com
Xplore Technologie	www.xploretech.com

Wenn Sie jedoch ein älteres Modell besitzen, erfahren Sie in den folgenden Abschnitten, wie Sie Ihren Tablet-PC aufrüsten und erweitern können.

Was dem Tablet-PC im Vergleich zum Notebook fehlt

Wie bereits erwähnt, hakt es häufig an der Leistung älterer Systeme. Denn hier bestehen aufgrund des mobilen Einsatzgebiets immer Konflikte zwischen Leistung und Akkudauer sowie Ausstattung und Gewicht/Größe. Um hier ein gutes Mittelmaß zu finden, sollten Sie prüfen, welche Anforderungen Sie an das Gerät haben und wo es eingesetzt werden soll. Gerade in vielen älteren Modellen sind die folgenden Komponenten entweder gar nicht vorhanden oder weniger leistungsstark:

- Gerade bei älteren **Prozessoren** mit hohem Stromverbrauch wurde häufig nur eine langsame CPU eingebaut, um den Akku zu schonen und um die Wärmeentwicklung zu reduzieren.

- Auch die Größe der **Festplatte** war im Vergleich zu Notebooks eher mäßig und lag häufig unter 40 GByte. Mal ganz zu schweigen von niedrigen Umdrehungszahlen und hohen Zugriffszeiten.

- Da Speicherchips lange eine der teuersten Komponenten waren, wurde bei Tablet-PCs der **Arbeitsspeicher** auch entsprechend auf das für den Office-Bereich Nötigste reduziert.

- Besondere Herausforderung für jeden Akku ist es, das **Display** zu erleuchten. Um hier Energie, Größe und Gewicht zu sparen, sind die Displays meist einige Zoll kleiner und liegen zum Teil sogar noch unter 12,1".

- Weil **Grafikleistung** im Office-Bereich nicht von großer Bedeutung ist, wurde auch hier meist nur ein einfacher Chipsatz verwendet, der sich zumeist den benötigten Speicher auch noch vom Arbeitsspeicher abzweigt (sog. Shared Memory).

- Auf **optische Laufwerke** wurde häufig sogar ganz verzichtet, aus Rücksicht auf Akku, Größe und Gewicht.

- Ebenfalls gespart wurde bei den **Schnittstellen**, die sich in der Regel auf das Nötigste beschränken.

Doch diese Punkte sind nicht immer von Nachteil. Wie schon erwähnt, heiligt der (Einsatz-)Zweck die Mittel, denn wer mit seinem Gerät wirklich höchste Mobilität bei langer Akkulaufzeit benötigt, der ist mit einem Tablet-PC meist gut bedient. Gerade diejenigen, die in Meetings Protokolle verfassen, wissen die Handschrift-Erkennung schnell zu schätzen, nämlich dann, wenn sie gleich nach der Besprechung jedem Teilnehmer das Protokoll ausdrucken oder zuschicken können, ohne die handschriftlichen Notizen noch einmal in den PC übertragen zu müssen. Auch in Auto, Bahn oder Flugzeug lässt sich mit einem Tablet-PC wegen seiner geringen Größe noch bequem arbeiten.

Auch wenn die Leistung für aufwendige Spiele sicher nicht ausreichen wird, lassen sich zumindest die Einschränkungen an Schnittstellen und Laufwerken durch – leider meist teure – externe Zusatzgeräte nachrüsten.

Interne Komponenten austauschen und erweitern

Aufgrund des Anspruchs an möglichst kleine Abmessungen ist der Tablet-PC, wenn überhaupt, nur äußerst schwierig auszurüsten. Alle Komponenten sind meist genau aufeinander abgestimmt und bieten daher nur wenig Spielraum für neue Hardware.

Der Prozessor ist meistens genau auf das Mainboard und den Lüfter abgestimmt, sodass dieser nicht aufgerüstet werden kann. An dieser Stelle sollten Sie sich gut informieren, inwieweit Ihr Gerät aufgerüstet werden kann. Von Experimenten raten wir dringend ab, um die Hardware nicht zu beschädigen.

Oftmals gilt das Gleiche auch für die Grafikkarten, denn diese sind meist gleich mit einem Chip des Mainboards fest verbaut und nutzen zudem einen Teil des Arbeitsspeichers. Eine größer dimensionierte Grafikkarte macht in einem Tablet-PC jedoch ohnehin nicht viel Sinn, da die kleinen Displays die Auflösungen nicht wiedergeben können und sich daher nur eingeschränkt für Spiele und Grafikanwendungen eignen.

Schon anders sieht es da beim Arbeitsspeicher aus, hier werden „normale" Notebook-Speicherchips verwendet, die Sie, wenn ein entsprechender Slot frei ist, mit wenigen Handgriffen nachrüsten können. Eine detaillierte Anleitung zur Erweiterung des Arbeitsspeichers finden Sie in Kapitel 10.1 in diesem Buch.

Auch die Festplatten sind mit 2½ Zoll identisch mit denen aus Notebooks. Diese können Sie meist mit wenigen Handgriffen gegen eine größere austauschen und so mehr Speicherplatz schaffen. Alle Informationen zum Einbau von Notebook-Festplatten finden Sie in Kapitel 10.2.

Externe Lösungen für Tablet-PCs

Wie auch für Notebooks, so gibt es auch für Tablet-PCs eine Fülle an zusätzlichen Geräten und Erweiterungen. Meist sind bereits zahlreiche drahtlose Kommunikationsschnittstellen, wie WLAN oder Bluetooth, eingebaut, die es erlauben, Geräte auch ohne Kabel anzusprechen. So sparen Sie sich schon den einen oder anderen Anschluss. Sofern Ihr Modell eine USB- oder PCMCIA-Schnittstelle besitzt, können so gut wie alle Komponenten angeschlossen werden. Dazu gehören neben externen optischen Laufwerken auch diverse Schnittstellen und Speichermedien.

Viele Hersteller bieten zu ihren Geräten auch gleich passende Dockingsstations an, die nicht nur die integrierten Schnittstellen spiegeln und oder ergänzen, sondern auch gleich fehlende Laufwerke wie CD-/DVD-Brenner beinhalten. Vorausgesetzt, man möchte so viel Geld ausgeben, denn häufig sind solche All-in-One-Dockingstations sehr teuer. Hier sollten Sie auf jeden Fall prüfen, ob für Ihre Zwecke nicht auch die Kombination aus einzelnen Geräten mittels USB-Hub ausreicht.

Das sicherlich am meisten benötigte Gerät ist der Stift. Dieser hat zwar nur eine relativ geringe Abnutzung, wird jedoch aufgrund seiner Größe schnell verloren. Hier können Sie entweder identischen Ersatz oder auch nur einzelne Ersatzminen bei Ihrem Hersteller bekommen. Wer Wert auf mehr Exklusivität legt, findet außerdem eine ganze Reihe von schicken Tablet-Stiften auf dem Markt. Ein Beispiel ist die Firma Wacom, *www.wacom-europe.com/de*, die einige Modelle zur Auswahl bereithält.

(Quelle: Wacom)

10.13 Synchronisieren von Notebook, PDA und Desktop-PC

Gerade wer geschäftlich viel unterwegs ist und nicht jedes Mal zum Nachsehen seiner Termine und Kontakte das Notebook starten möchte, für den eignen sich PDAs (Personal Digital Assistent) oder Mobiltelefone mit entsprechenden Funktionen. Und wer neben dem Notebook noch einen Desktop-PC verwendet, benötigt häufig die Dateien gleichzeitig auf beiden Systemen. Die Herausforderung besteht nun leider im Abgleich der Daten, zwar sind die meisten Systeme irgendwie miteinander kompatibel, doch bedarf es manchmal etwas Geduld, bis man die richtige Software und Einstellungen gefunden hat.

Synchronisation mit Desktop-PC und Notebook

Um Daten unter den Systemen abzugleichen, müssen diese miteinander verbunden sein. Das kann zum Beispiel in einem bestehenden Netzwerk mittels WLAN oder Kabelanschluss an einen Router, durch eine Ad-hoc-WLAN-Verbindung, bei der zwei Rechner ohne Access Point miteinander verbunden werden, bzw. die kabelgebundene Variante mittels Crossover-Netzwerkkabel geschehen. Weitere Möglichkeiten sind USB- und Bluetooth-Verbindungen, Näheres zum Einrichten von Netzwerken finden Sie in Kapitel 15 in diesem Buch.

Wenn eine Verbindung zwischen den Systemen hergestellt ist, steht dem Datenaustausch nichts mehr im Wege. In den aktuellen Windows-Versionen können Sie zum automatischen Datenabgleich so genannte Aktenkoffer einrichten. Diese gleichen die darin abgelegten Daten automatisch untereinander ab und aktualisieren sich automatisch bei jeder Verbindung oder durch manuelle Synchronisationsaufforderung.

Kurzanleitung zur Einrichtung eines Aktenkoffers:

1 Klicken Sie mit der rechten Maustaste auf den Desktop und wählen
Sie unter *Neu* den Eintrag *Aktenkoffer.* Sollten Sie hier keinen Aktenkoffer finden, müssen Sie diese
Funktion von der Windows-CD
nachinstallieren.

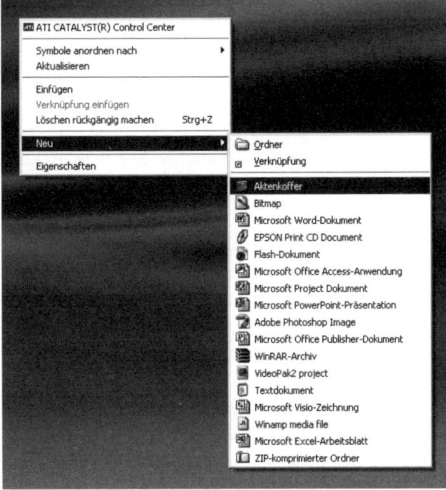

2 Auf dem Desktop erstellt Ihnen
Windows nun einen neuen Ordner
in Gestalt einer Aktentasche.

3 Suchen Sie nun im Netzwerk die Daten aus, die der Aktenkoffer aktuell halten soll. Öffnen Sie dazu den freigegebenen Ordner aus dem Netzwerk und
ziehen Sie per Drag & Drop die gewünschten Dateien in den Aktenkoffer.

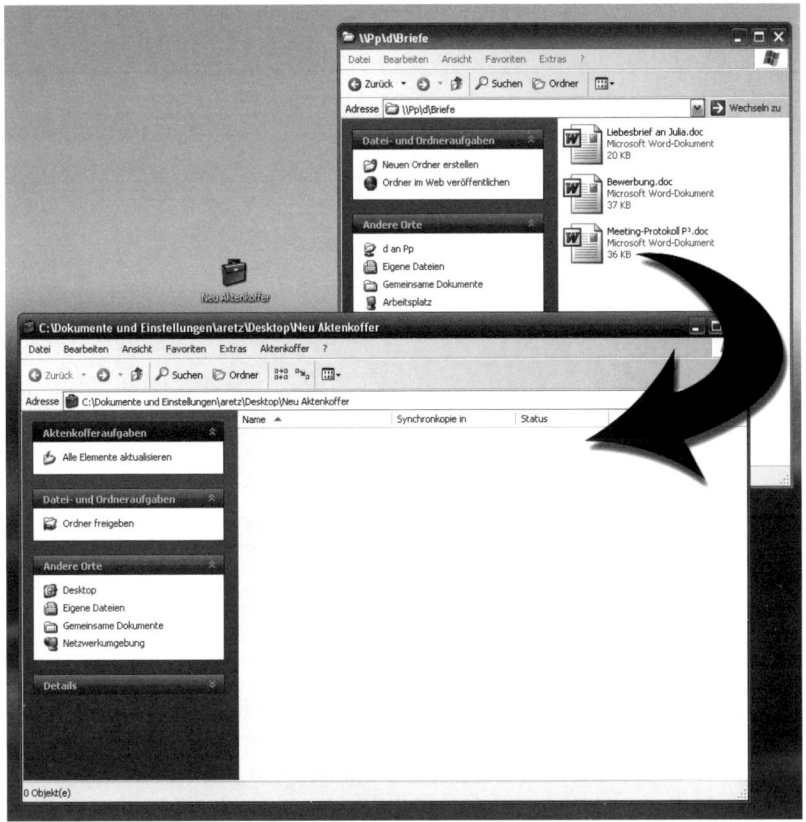

4 Der Aktenkoffer speichert automatisch die Position der Originaldateien, um diese später synchronisieren zu können (natürlich dürfen Sie diese dann auf dem Quellrechner nicht mehr verschieben). Bei jedem Zusammentreffen der Rechner wird nun geprüft, ob sich die Dateien verändert haben oder gelöscht wurden.

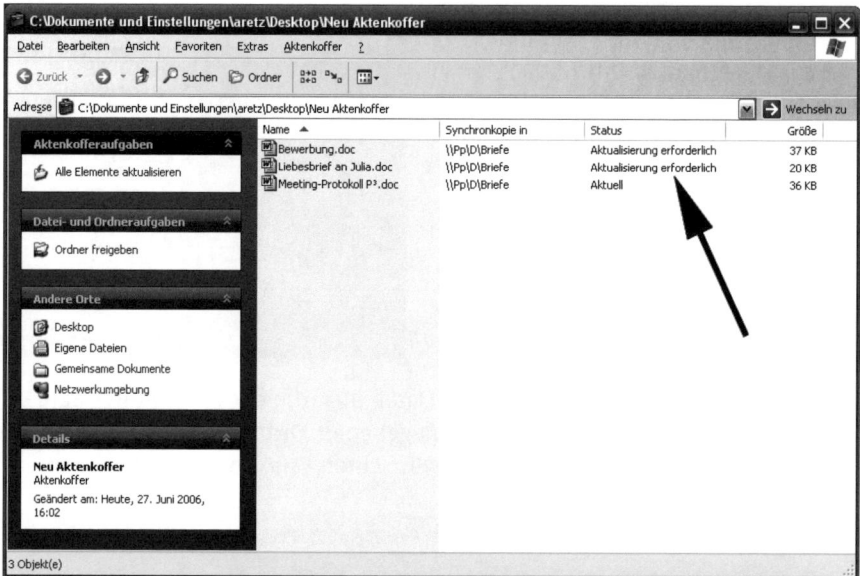

5 Bevor der Aktenkoffer die Dateien nun abgleicht, erhalten Sie noch eine Übersicht über die vorzunehmenden Änderungen. Mit einem Klick auf *Aktualisieren* erlauben Sie nun dem Programm, beide Systeme auf einen einheitlichen Stand zu bringen.

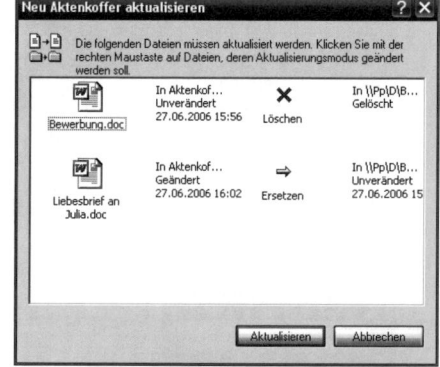

6 Sind alle Daten aktuell, werden Sie mit dieser Nachricht darüber informiert.

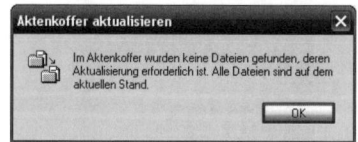

7 Eine weitere Variante unter Windows 2000 und XP ist das Verwenden von Offlinedateien. Diese Funktion erstellt Dateikopien aus einem Netzwerkordner und macht sie auch ohne Verbindung verfügbar. Der Datenabgleich kann dabei entweder beim An- und Abmelden oder manuell erfolgen.

Sie finden diese Funktion, wenn Sie im Ordnermenü auf *Extras/ Ordneroptionen* klicken und den Reiter *Offlinedateien* wählen.

8 Hier muss der Punkt *Offlinedateien aktivieren* markiert sein. Die weiteren Einstellungen dienen unter anderem zur Zeitintervall-Steuerung und dazu, wie viel Speicherplatz für Offlinedateien insgesamt genutzt werden darf.

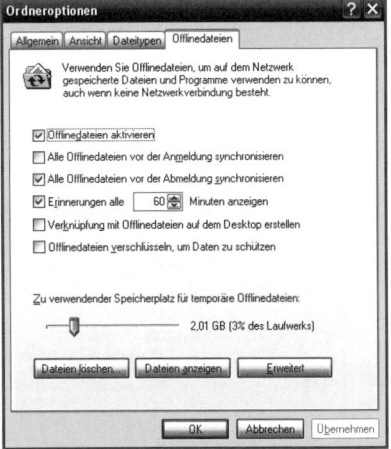

9 Um nun eine Datei für den Offlinebetrieb zu kennzeichnen, klicken Sie diese mit der rechten Maustaste an und wählen im Kontextmenü den Eintrag *Offline verfügbar machen*.

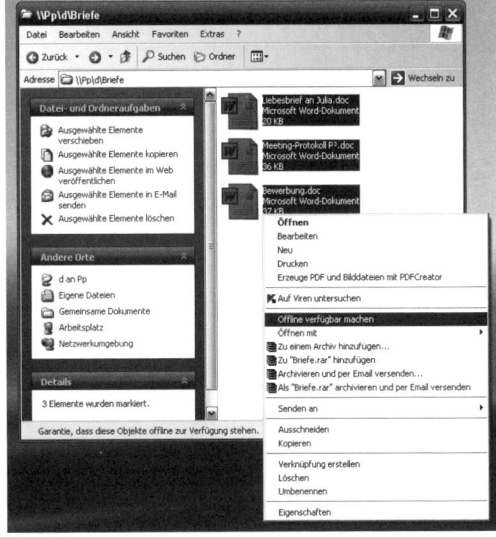

10 Nach kurzer Synchronisation werden die Dateien nun durch ein extra Symbol gekennzeichnet.

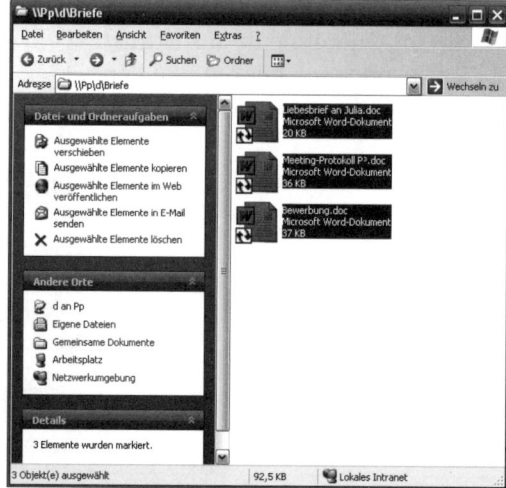

11 Wenn Sie nun die Verbindung zum Netzwerk trennen, behält Ihr Rechner eine Kopie und Sie können wie gewohnt damit arbeiten. Sobald wieder eine Verbindung zum Netzwerk besteht, fragt Sie Windows, ob Sie die Daten synchronisieren möchten.

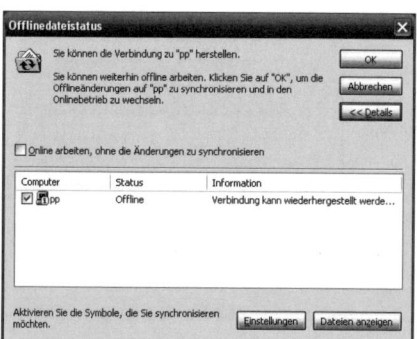
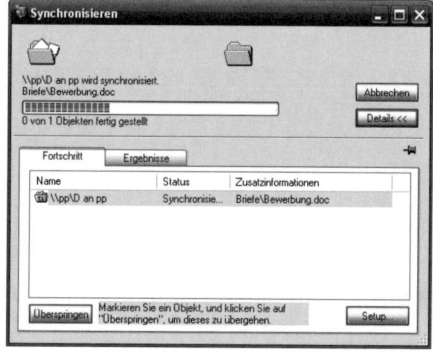

Mithilfe dieser beiden Methoden können Sie vergleichsweise einfach Daten zwischen zwei Rechnern synchron halten und auch ohne Netzwerkverbindung mobil damit arbeiten. Probleme tauchen jedoch bei beiden Varianten auf, wenn Sie mit Access- (*.mdb*) oder Outlook-Datenbanken (*.pst*) arbeiten wollen oder große Datenmengen synchronisieren müssen. Hier empfiehlt sich zusätzliche Software, die auch besser mit Synchronisationskonflikten umgehen kann. Ein Beispiel für solch eine Software ist das Programm SyncBackSE von der Firma 2BrightSparks. Hiermit sollen sich auch große Datenmangen problemlos verwalten lassen. Zudem ist auch eine „Incremental Backup"-Lösung dabei, die nur die wirklich veränderten Daten synchronisiert und somit bedeutend schneller arbeitet.

Synchronisation mit PDA/Blackberry und Notebook/PC

Bei PDA und Smartphone stehen weniger die Dateien als viel mehr Kontakte, E-Mails und Termine im Vordergrund. Den Markt teilen sich im Wesentlichen zwei unterschiedliche Betriebssysteme, nämlich solche mit Windows Mobile (Windows CE) oder dem auf Linux basierenden Palm OS.

Zum Abgleich der Windows Mobile-Geräte benötigen Sie die Software ActiveSync von Microsoft. Wichtig: Installieren Sie erst ActiveSync, bevor Sie Ihren PDA an den PC anschließen, denn sonst wird Ihr PDA möglicherweise nicht korrekt erkannt – ein altes Problem, das sich durch mehrere Versionen durchgezogen hat. Weitere Informationen: *www.microsoft.com/germany*.

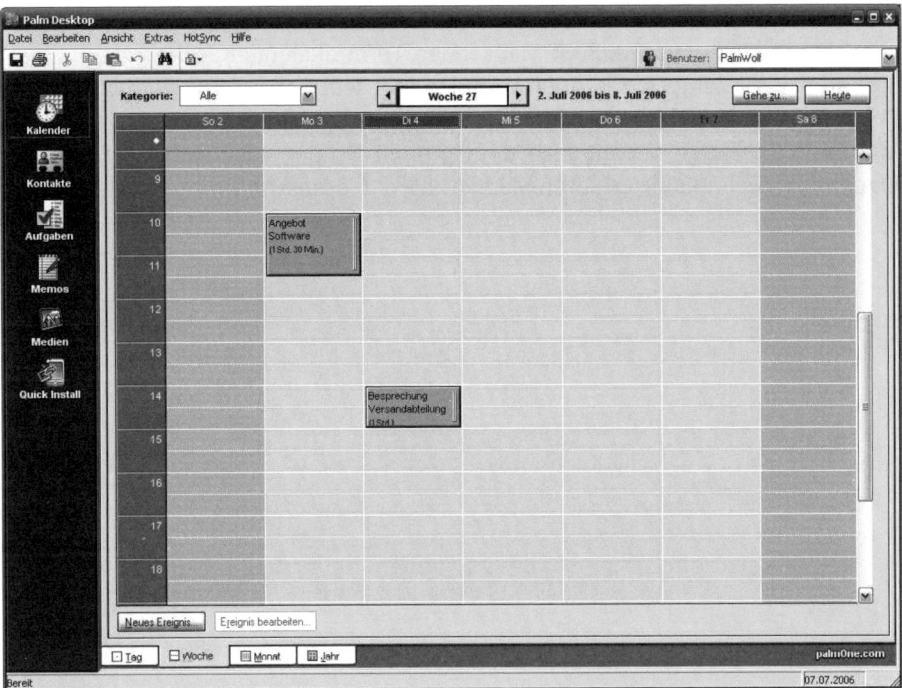

Für Geräte, die mit PalmOS arbeiten, erledigt die Software HotSync die Synchronisation zwischen PDA und Desktop. Sie ist auch in der Software PalmDesktop integriert, über die synchronisierte Kontakt- und Termindaten gleich verwaltet werden können. Die aktuelle Version soll neben neuen Funktionen auch eine bessere Performance im Zusammenspiel mit Microsoft Outlook bieten. Weitere Informationen: *http://euro.palm.com/europe*.

Als Blackberry wird allgemein die Kombination aus Mobiltelefon und E-Mail-Dienst bezeichnet. Das Gerät verfügt über einen so genannten Push-Service, der in seiner Client-Server-Architektur in einem ständigen Kontakt mit dem Push-Dienst des Servers über das Mobilfunknetz kommuniziert. Die auf dem Server verwalteten Daten wie z. B. E-Mails oder Terminkalender stehen dem Client direkt zu Verfügung und können drahtlos mit dem Server abgeglichen werden. Besonders eignet sich der Blackberry-Push-Service im Zusammenspiel mit einem Microsoft Exchange Server, also dem großen Bruder von Outlook. Mehr zur Blackberry-Technologie erfahren Sie hier: *www.blackberry.com/de*.

11. Leise und kühle PCs ohne großen Aufwand

Moderne Computer kann man häufig getrost als kleine Heizungen beschreiben. Einige Prozessoren, beispielsweise hoch getaktete Pentium 4-CPUs mit weit über 3 GHz oder die neuen Prozessoren mit zwei Kernen, verbrauchen teilweise über 100 Watt. Dazu kommen noch Grafikkarten, deren Prozessoren mit über 500 MHz getaktet sind, Festplatten, die mit über 7.200 oder 10.000 Umdrehungen/Minute arbeiten, und DVD-Brenner, die dank 16facher Brenngeschwindigkeit ebenfalls nicht leiser geworden sind.

Durch die stromhungrigen Komponenten eines modernen Computers wird vor allem eins produziert: Wärme. Und mit der Wärme kommt der Lärm, da das Innere des Computers kühl gehalten werden muss. In der Regel geschieht dies durch immer mehr und schneller drehende Lüfter, die bei einigen Computern den Geräuschpegel eines Staubsaugers erreichen. Dieser Lärm ist nervig und stört die Konzentration beim Arbeiten am Computer, oder wenn Sie in Ruhe Musik auf Ihrem Computer hören möchten. Vor allem ist der Lärm oft genug nicht notwendig, da der Computer die meiste Zeit über gar nicht mit voller Leistung arbeitet. Während der Arbeit in Word oder beim Abspielen einer MP3 wird kaum Rechenleistung benötigt.

Glücklicherweise haben Hardware- und Computerhersteller mittlerweile den Bedarf an leisen oder immerhin nicht zu lauten Computern erkannt und bemühen sich um einen „Rückschritt" zum leisen Computer. So sind auch aktuelle Grafikkarten mit passiver Kühlung erhältlich, und wenn es nicht unbedingt der beste Prozessor sein muss, ist dank großer Heatpipe-Kühler sogar eine passive Kühlung der CPU möglich. Theoretisch lässt sich dann mithilfe passiv gekühlter Komponenten (Grafikkarte, CPU und Netzteil) ein völlig lüfterloser und daher nahezu lautloser Computer zusammenbauen. Höchstens die Festplatte dürfte noch zu hören sein, aber auch dafür gibt es Lösungen wie Festplattengehäuse, die gleichzeitig dämmen und kühlen. Es muss bei solch einem System jedoch beachtet werden, dass der CPU- und Netzteillüfter nicht nur das eigene Gerät kühlt, sondern auch gleichzeitig die Luftzirkulation im Gehäuse fördert und somit andere Komponenten wie Spannungswandler oder Festplatten kühlt. Bei einem völlig passiv gekühlten Computer ist daher der Einsatz zusätzlicher Gehäuselüfter fast immer notwendig.

Die Aufrechterhaltung und Verbesserung der Luftzirkulation ist eins der wichtigsten Themen, wenn es darum geht, einen gut gekühlten Computer zu haben. Der Einbau von zusätzlichen Gehäuselüftern bedeutet keinesfalls, dass die Lautstärke steigt. Es können fast immer sehr große Lüfter eingesetzt werden, die eine nur sehr geringe Rotationsgeschwindigkeit benötigen, um eine gute Kühlleistung zu erreichen.

11.1 Unzureichende Kühlung und Lärmquellen

Die Lautstärke von aktuellen Computern ist ein Resultat der immer leistungsfähigeren und damit stromhungrigeren Hardware – viele Komponenten müssen dabei gekühlt werden: Prozessor, Netzteil, Grafikkarte, Festplatte(n), Mainboard etc. Dazu kommen noch hochtourige DVD- oder CD-Laufwerke, die beim Zugriff locker den ganzen Computer übertönen können.

Der erste Schritt zu Verringerung der Lautstärke ist somit die Identifizierung der Lärmquellen. Dabei handelt es sich natürlich hauptsächlich um drehende Lüfter. Eine zweite große Lärmquelle sind Festplatten, die durch Zugriffsgeräusche und ein permanentes und hohes Summen stark zum Geräuschpegel beitragen.

Neben dem eigenen Schallmessgerät, Ihrem Ohr, können Sie dazu auch ein spezielles Schallmessgerät, auch „Sound Level Meter" genannt, verwenden. Diese Geräte geben die „Lautstärke" (eigentlich den Schalldruck) in Sone oder Dezibel oder am besten in beiden Einheiten an. Solche Schallmessgeräte sind im Elektronikfachhandel ab etwa 20 bis 30 Euro erhältlich. Sie bieten Ihnen den Vorteil, dass Sie sich bei Ihren Maßnahmen zur Geräuschminimierung nicht auf einen subjektiven Eindruck verlassen müssen, sondern den Erfolg Ihrer Bemühungen objektiv erkennen können.

Bei allen Maßnahmen zur Geräuschminimierung sollten Sie nicht vergessen, dass die Kühlung des Computers keine Teufelei und absolut notwendig zum fehlerfreien Betrieb des Computers ist! Verzichten Sie daher auf rigorose Maßnahmen, etwa einfach Lüfter im Computer auszuschalten! Der Hauptprozessor würde bereits nach wenigen Minuten durchbrennen und wäre zerstört! Trotzdem können Sie durch die Maßnahmen zur Geräuschverminderung, die wir Ihnen zeigen, sogar die Kühlleistung Ihres Computers verbessern, wenn Sie an den richtigen Stellen Lüfter einsetzen. Um den Computer effizient zu kühlen, ist es wichtig, heiße Luft nach außen zu befördern und kühle Luft in den Computer zu transportieren.

Ein Hightech-Schallmessgerät vom Messspezialisten PeakTech.

Bei einigen Komplett-PCs von der Stange kann es sogar zwingend notwendig sein, die Leistung der Kühlung zu verbessern! Um Computer immer preisgünstiger zu machen, setzen die Hersteller den Rotstift oft auf die Qualität der Kühler und Lüfter an. So kann es passieren, dass der Computer an heißen Sommertagen oft auf unerklärliche Art und Weise abstürzt, wenn die Komponenten des Computers überhitzen. Dies ist nicht nur lästig, sondern gefährdet auch Ihre Hardware und setzt die Lebenserwartung Ihres Computers um einige Jahre zurück.

Know-how: Wie laut darf mein Rechner sein?

Lange Zeit war die Messung des Schallpegels in der Einheit Dezibel (dB) üblich. Das angehängte (A) bedeutet dabei, dass das Messgerät mithilfe von Bewertungsfiltern bei der Messung den Frequenzgang und den Zeitverlauf des Schalls in Bezug auf das menschliche Gehör misst. Man versucht so, der abstrakten Einheit Dezibel einen subjektiven Bezug zu geben.

Die Messung in db (A) hat jedoch den Nachteil, dass es sich dabei um eine logarithmisch ansteigende Einheit handelt. Das bedeutet, dass die Verdopplung des Schallpegels nicht mit einem doppelt so hohen Wert angegeben wird, sondern mit etwa 3 db (A) mehr. Dies bedeutet jedoch nicht, dass es sich dabei auch um ein subjektiv doppelt so lautes Geräusch handelt, da ein doppelt so hoher Schallpegel nicht ein doppelt so hohes Geräuschempfinden bedeutet.

Daher besitzt die Schallpegelmessung in der Einheit Sone einige Vorteile, da hierbei das subjektive Hörempfinden des Ohrs stärker berücksichtigt wird. Hierbei handelt es sich um eine exponentiell steigende Einheit. Das bedeutet, dass eine als doppelt so laut wahrgenommene Schallquelle mit einem doppelt so hohen Sonewert angegeben wird.

Um Ihnen zu verdeutlichen, was ein gemessener Wert in dB (A) oder Sone bedeutet, haben wir folgende Tabelle erstellt:

dB (A)	Sone	Subjektives Geräuschempfinden	Vergleichbare Geräusche
10	< 0,01	kaum hörbar	Atemgeräusch in ca. 30 cm Entfernung
20	0,1	sehr leise	Blätterrauschen bei leichtem Wind
30	0,3	leise	Flüstern, Geräusch des eigenen Atems
40	1	noch leise	ruhige Straße ohne Verkehr
50	2	normal	Unterhaltung in normaler Lautstärke
60	4	laut	Eingabe an der Tastatur
80	16	laut	lautes Sprechen in ca. 1 m Abstand

Die wichtigsten Lärmquellen auf einen Blick

Um gezielt die Lautstärke des Computers zu reduzieren, ist es wichtig, erst einmal alle möglichen Geräuschquellen zu identifizieren. Dazu gehören prinzipiell alle Verschleißteile, die in irgendeiner Form rotieren, also hauptsächlich Lüfter, aber auch Laufwerke wie DVD-ROMs oder Festplatten. Oftmals kann es schon enorm viel bringen, einen einzigen Lüfter auszutauschen, der alle anderen Lüfter übertönt. Ein kleiner Prozessorlüfter dreht sich fast immer mit sehr hoher Geschwindigkeit und erzeugt so manchmal das Geräusch einer kleinen Turbine. Durch Austausch dieses Lüfters kann der Computer so schon viel leiser gemacht werden.

Folgende Komponenten sind in einem modernen Computer für die Erzeugung von Lärm verantwortlich:

Netzteil und Netzteillüfter

In vielen Computern oder Gehäusen mit integriertem Netzteil werden häufig nur Billignetzteile verwendet. Diese sind mit qualitativ sehr schlechten Lüftern ausgestattet, die eine hohe Lärmbelästigung verursachen, dabei jedoch nur eine geringe Kühlleistung bringen. Fast alle Netzteile, die heute verbaut werden, besitzen einen temperaturgeregelten Lüfter. Das heißt, der Lüfter erhöht seine Leistung, wenn das Innere des Computers wärmer wird. Gerade bei Fertig-Computern, deren Kühlleistung eh schon an der unteren Grenze ist, bringt diese Temperaturregelung fast nichts, da der Lüfter so gut wie immer mit voller Leistung läuft.

Ein weiterer Geräuschfaktor im Netzteil sind die Lüftungsschächte zur Außenseite und in das Innere des Computers. An diesen Schlitzen wird die durch den Lüfter bewegte Luft gebrochen und erzeugt so ein unangenehmes und permanentes Geräusch.

Beim Netzteillüfter handelt es sich neben dem Prozessorlüfter um die wichtigste Komponente zur Kühlung des Computers, da dieser Lüfter die warme Luft am Prozessor absaugt und nach außen befördert. Ein guter Netzteillüfter ist also essenziell für die Kühlung des Computers.

Prozessorlüfter

Die Komponente, die im Computer am meisten Strom verbraucht und die größte Menge Abwärme erzeugt, ist der Prozessor. Daher ist ein guter Prozessorkühler notwendig, um die CPU auch bei hoher Belastung kühl zu halten und nicht zu beschädigen. Prozessorkühler haben sich dabei mit der Zeit zu wahren Monstern entwickelt, die über 10 cm hoch sind, 600 Gramm wiegen und teilweise sogar vergoldet sind, um so eine bessere Wärmeleitung zu ermöglichen.

Da solche Hightech-Kühler sehr teuer sind, sparen viele Computerhersteller hier an der Qualität des verwendeten Materials. Die Kühlleistung ist zwar (meistens) ausreichend, jedoch wird dies durch einen extrem schnell drehenden Prozessorlüfter erkauft. Dies sorgt für einen hohen Lärmpegel.

Häufig werden auch hier temperaturgesteuerte Lüfter verwendet, die ihre Geschwindigkeit an die aktuelle CPU-Belastung anpassen. Dies ist bei Prozessorlüftern durchaus sinnvoll, da die Prozessorbelastung sich direkt auf die Produktion der Abwärme auswirkt. Berechnen Sie beispielsweise ein Video, wird viel mehr Leistung benötigt als beim Surfen im Internet.

Grafikkartenlüfter

Vor einigen Jahren war es ein absolutes Novum, wenn eine Grafikkarte einen Lüfter besaß. Inzwischen ist es ein absolutes Novum, wenn eine Grafikkarte keinen Lüfter besitzt. Die Leistung der Grafikkartenprozessoren (genannt GPU) hat sich wie die von CPUs rasant weiterentwickelt. Aktuelle Grafikkarten sind mit 500 bis 600 MHz getaktet. Mit dieser hohen Leistung kommt natürlich auch die Wärme, die die GPU erzeugt. Der Grafikkartenprozessor wird mithilfe eines kleinen, aber schnell drehenden Lüfters gekühlt. Die Kühleinheiten von Grafikkarten haben sich inzwischen zu wahren Hightech-Wunderwerken entwickelt, da es schwierig ist, auf kleinem Raum eine effiziente Kühlung zu gewährleisten.

Unter der hübschen Kriegsbemalung befinden sich Speicherbausteine, die passiv gekühlt werden. (Quelle: Sapphire)

Für den Grafikkartenlüfter gilt Ähnliches wie für den Netzteillüfter und den Prozessorlüfter: Die Qualität ist bei einigen Modellen äußerst unbefriedigend und somit erhöht sich auch die Lautstärke, die durch den Lüfter verursacht wird.

Lüfter auf dem Mainboard

Inzwischen werden auch Komponenten auf dem Mainboard gekühlt, meistens der Chipsatz, manchmal jedoch auch der Spannungswandler.

Auch diese Lüfter sind sehr klein, drehen sich jedoch so langsam, dass sie kaum eine zusätzliche Lärmbelastung darstellen. Nur in extrem leisen Computern dürften Sie die Lüfter auf dem Mainboard hören. Im Normalfall werden diese von anderen Komponenten übertönt.

Natürlich gibt es auch Qualitätsschwankungen und es werden unter Umständen so schlechte Lüfter eingesetzt, dass diese durch ein hochfrequentiertes Summen sehr gut hörbar sind.

Ein kleiner Chipsatz-Lüfter kann einen Höllenlärm verursachen.

Festplatten

Festplatten drehen sich in unterschiedlichen Geschwindigkeiten. Notebook-Festplatten arbeiten üblicherweise mit 4.200 oder 5.400 Umdrehungen/Minute, während Festplatten für Desktop-PCs mit oft 7.200 U/min oder gar 10.000 U/min arbeiten! Höhere Umdrehungszahlen bedeuten zwar einen höheren Datendurchsatz, aber auch einen höheren Geräuschpegel. Neben den ratternden Zugriffsgeräuschen ist ein hochfrequentiertes und permanentes Summen eine nervige Geräuschquelle. Festplatten besitzen außerdem die Eigenart, dass sie mit zunehmender Laufzeit auch lauter werden (vor allem das permanente Summen, aber auch die Zugriffsgeräusche). Dies hat zwar keine Auswirkungen auf die Leistungsfähigkeit der Festplatte, jedoch kann eine immer lauter werdende Festplatte in einem eh schon lauten Computer das Erreichen der Schmerzgrenze bedeuten.

Durch die hohen Umdrehungsgeschwindigkeiten aktueller Festplatten erhöht sich auch die Abwärme, die durch die Festplatte produziert wird. Ein Grund dafür ist die Defragmentierung der Festplatte: Daten werden auf der Festplatte nämlich nicht schön brav hintereinander geschrieben, sondern immer dorthin, wo sich gerade Platz befindet. Das Resultat daraus ist, dass der Lesekopf der Festplatte mit einer irrwitzigen Geschwindigkeit hin- und herspringen muss, um die Daten auszulesen. Dies erzeugt Wärme und erhöht außerdem den Verschleiß der Festplatte (fassen Sie einmal vorsichtig die Oberseite der Festplatte im laufenden

Betrieb an. Sie werden sich wundern ...). Daher ist es inzwischen häufig notwendig geworden, die Festplatte mit einem zusätzlichen Lüfter zu kühlen, vor allem, wenn Sie noch eine zweite Festplatte in Ihren Computer einbauen wollen.

DVD-ROM, CD-ROM und andere Laufwerke

Eine weitere Lärmquelle sind Laufwerke optischer Medien wie DVD-Brenner, CD-ROM-Laufwerke und so weiter. Die Geschwindigkeiten von DVD-/CD-Laufwerken haben sich sowohl beim Lesen als auch beim Schreiben extrem erhöht. Aktuelle DVD-Brenner lesen und brennen DVDs mit 16facher Geschwindigkeit – dies entspricht etwa 20 MByte/s! Vor wenigen Jahren erreichten solche Geschwindigkeiten nur High-End-Festplatten! Neben den hohen Laufwerkgeräuschen, die beim Lesen und Schreiben mit solchen Geschwindigkeiten entstehen, besitzen einige DVD-Brenner inzwischen sogar einen eigenen Lüfter, um das Laufwerk zu kühlen und nicht zu beschädigen.

Sofortmaßnahmen bei mangelhafter PC-Kühlung

Einige Computer sind nicht mit der erforderlichen Kühlleistung ausgestattet, obwohl die Hersteller verpflichtet sind, die stabile Nutzung des Computers bis zu bestimmten Maximaltemperaturen zu gewährleisten. Falls Ihr Computer im Hochsommer in der Sonne steht, dürfen Sie sich über ein instabiles System nicht wundern. Bei einer normalen Nutzung sollte jedoch jeder Computer selbst im Hochsommer (allerdings nicht in der Sonne) vollkommen stabil laufen.

Systemabstürze: Warnsignal für schlechte Kühlung

Falls der Computer mit mangelhafter Kühlung läuft, äußert sich das durch einige bestimmte Merkmale:

- Die Festplatte fährt ständig rauf und runter oder es passiert bei einem Zugriff gar nichts. Trotzdem ist die Festplatten-LED die ganze Zeit an.

- Der Computer meldet schwere Ausnahmefehler und zeigt Bluescreens, selbst wenn Sie nur banale Aufgaben erledigen, beispielsweise den Windows-Explorer öffnen.

- Das System friert einfach ein und Sie können nur noch über die Reset-Taste den Computer neu starten.

- Windows bootet nicht mehr richtig, sondern führt den Bootvorgang in einer Endlosschleife weiter.

Dies alles sind Warnzeichen für eine nicht ausreichende Kühlung des Computers. Selbstverständlich kann ein Hardwaredefekt vorliegen, beispielsweise ein defekter RAM-Baustein. Sollten diese Fehler jedoch immer auftreten, wenn Sie den Computer stark belasten oder die Umgebungstemperatur sehr hoch ist, können Sie davon ausgehen, dass der Computer zu heiß wird.

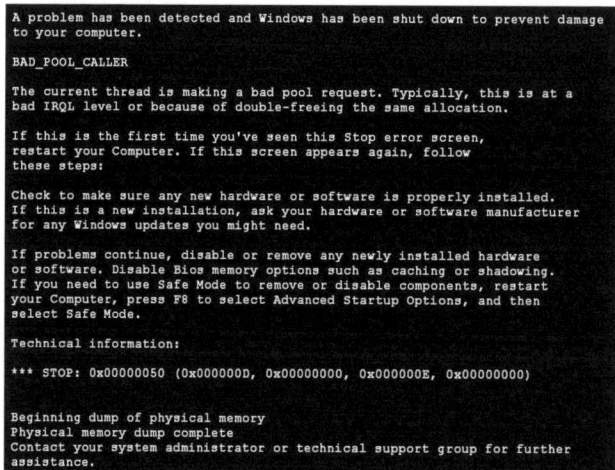

```
A problem has been detected and Windows has been shut down to prevent damage
to your computer.

BAD_POOL_CALLER

The current thread is making a bad pool request. Typically, this is at a
bad IRQL level or because of double-freeing the same allocation.

If this is the first time you've seen this Stop error screen,
restart your Computer. If this screen appears again, follow
these steps:

Check to make sure any new hardware or software is properly installed.
If this is a new installation, ask your hardware or software manufacturer
for any Windows updates you might need.

If problems continue, disable or remove any newly installed hardware
or software. Disable Bios memory options such as caching or shadowing.
If you need to use Safe Mode to remove or disable components, restart
your Computer, press F8 to select Advanced Startup Options, and then
select Safe Mode.

Technical information:

*** STOP: 0x00000050 (0x0000000D, 0x00000000, 0x0000000E, 0x00000000)

Beginning dump of physical memory
Physical memory dump complete
Contact your system administrator or technical support group for further
assistance.
```

Ein Bluescreen (auch BSOD, „Blue Screen of Death", genannt) ist immer ein ernstes Zeichen für ein Hardwareproblem.

Montage eines zusätzlichen Gehäuselüfters

Systemabstürze infolge der Überhitzung des Computers sind fast nie auf einzelne Komponenten zurückzuführen. Die Luft im Computer wird einfach zu heiß und so bringt selbst der beste Lüfter nichts mehr, wenn er nur heiße Luft zur Verfügung hat. Daher bringt es nichts, beispielsweise einen anderen Prozessorlüfter zu installieren, wenn Ihr Computer von Systemabstürzen geplagt wird. Stattdessen sollten Sie lieber einen oder am besten zwei zusätzliche Gehäuselüfter installieren: Einer bringt heiße Luft nach außen und der andere nach innen. Wichtig ist nämlich eine gute Luftzirkulation im Gehäuse. Diese Nachrüstung ist auch recht problemlos, da jedes Gehäuse über mindestens einen zusätzlichen Platz für einen Gehäuselüfter verfügt. Wie Sie einen Gehäuselüfter richtig installieren und was Sie dabei beachten müssen, lesen Sie unter *Luftzirkulation im Gehäuse optimieren* ab Seite 480.

11.2 Schritt für Schritt zum leisen PC

Nachdem Sie die Komponenten identifiziert haben, die für den hohen Geräuschpegel in Ihrem Computer verantwortlich sind, geht es daran, diese Schritt für Schritt zu eliminieren. Dabei sollten Sie natürlich ein gehöriges Maß an Vernunft walten lassen und nur die Komponenten leise tunen, die es wirklich nötig haben! Dazu dient natürlich die Identifizierung der Geräuschquellen, wie wir Sie im vorherigen Abschnitt beschrieben haben!

Bei allen Schritten zur Geräuschreduzierung sollten Sie unbedingt bedenken, dass immer eine ausreichende Kühlung gewährleistet sein muss! Tauschen Sie daher nicht gedankenlos einfach einen Kühler gegen einen anderen aus! Die gleiche oder eine bessere Kühlleistung muss auch bei dem neuen Modell gewährleistet sein! Sie sollten daher immer nur eine Tuning-Maßnahme durchführen und den Computer danach einem ausführlichen Stresstest unterziehen. Wie Sie dies tun, können Sie ab Seite 509 nachlesen.

Netzteillüfter als nervige Lärmquelle

Der Lüfter des Netzteils ist für die Kühlung des Computers eine sehr wichtige Komponente. Da in vielen günstigen Netzteilen in Computern von der Stange nur Lüfter von minderwertiger Qualität eingebaut werden, kann der Austausch des Lüfters sowohl die Kühlleistung des Lüfters erhöhen als auch den Geräuschpegel deutlich senken. Durch den Netzteillüfter wird natürlich das Netzteil gekühlt. Allerdings ist eine weitere Aufgabe des Lüfters, eine Luftzirkulation im Gehäuse zu schaffen. In den meisten Netzteilen werden Lüfter in der Größe 80 x 80 mm verbaut. Nur in wenigen Netzteilen werden 120-x-120-mm-Lüfter verbaut – da es sich hierbei jedoch fast immer um hochwertige Netzteile handelt, ist ein Austausch hier selten notwendig.

Achtung: Der Austausch des Netzteillüfters ist eine schwierige und auch gefährliche Aufgabe, da sich Restspannungen im Netzteil befinden können, die sogar lebensgefährlich sind. Nur wenn Sie Erfahrung im Umgang mit Elektronik haben, sollten Sie diesen Eingriff wagen. Häufig ist das Stromkabel des Netzteillüfters direkt an die Platine im Netzteil angelötet – in diesem Fall müssten Sie selbst zum Lötkolben greifen, um die Stromversorgung zu gewährleisten. Daher empfehlen wir, das Netzteil einmal zu öffnen, um zu überprüfen, ob es sich um eine Steckverbindung handelt. Beachten Sie, dass Sie beim Öffnen des Netzteils und Austausch des Lüfters sämtliche Garantieansprüche verlieren!

Der Neukauf eines leisen Netzteils ist daher meist dem Austausch des Lüfters vorzuziehen. Auch leise Netzteile kosten nicht die Welt und sind wahrscheinlich hochwertiger und leistungsfähiger als ein Netzteil, in dem sowieso ein billiger Lüfter eingebaut wurde. Inzwischen existieren zahlreiche leise und leistungsstarke Netzteile, die mehrere drehzahlgesteuerte Lüfter besitzen und somit die Kühlleistung der Lüfter je nach Bedarf steigern.

Entkopplungsrahmen

Ein Netzteil nervt nicht nur durch sein Betriebsgeräusch, sondern auch durch an das Gehäuse übertragene Schwingungen, die sich dann durch ein Dröhnen bemerkbar machen. Besonders bei eher günstigen Gehäusen mit dünnen Seitenwänden kann diese Vibration sehr störend sein. Um dies zu verhindern, kann der Einbau eines Entkopplungsrahmens für das Netzteil sinnvoll sein. Der Rahmen wird einfach zwischen Netzteil und Gehäuserückwand eingebaut und verhindert so die Übertragung von Vibrationen, die durch das Netzteil an das Gehäuse abgegeben werden. Der Einbau eines Entkopplungsrahmens ist bei lauten Netzteilen sinnlos, da hier das laute Lüftergeräusch die Vibrationen übertönt. Daher sollten Sie einen solchen Rahmen nur verwenden, wenn Sie schon ein leises Netzteil besitzen und die Geräuschentwicklung noch weiter verringern möchten.

Leise Netzteile mit hoher Leistung

Der Neukauf eines hochwertigen und leisen Netzteils ist nicht nur sinnvoll, wenn Sie den Eingriff zum Lüftertausch scheuen. Ein Netzteil, in dem ein lauter und minderwertiger Lüfter verwendet wird, ist wahrscheinlich auch sonst nicht von hochwertiger Qualität. Denn beim Netzteil sollte man nicht sparen: Schnelle Grafikkarten, Dual Core-Prozessor und mehrere Festplatten verbrauchen sehr viel Strom und so sind auch die Anforderungen an die Netzteile gestiegen. Ein sicheres und stabiles Netzteil ist sehr wichtig! Sollte nämlich ein Kondensator im Netzteil durchbrennen und eine Spannungsspitze entstehen, kann sämtliche Hardware im Computer zerstört werden! Bei hochwertigen Netzteilen von Markenherstellern ist dieses Risiko natürlich sehr viel geringer als bei einem Billignetzteil, das am Rande seiner Leistungsfähigkeit arbeitet.

Einige Hersteller bieten inzwischen sogar Netzteile mit über 600 Watt an! Solche Netzteile sind für den Privatmann natürlich vollkommen überdimensioniert, aber mindestens 350 oder besser 400 Watt sollten es schon sein, damit das Netzteil auch zukunftssicher ist. Auch sollten Sie beim Neukauf darauf achten, ob das Netzteil schon den neuen BTX-Standard unterstützt, damit Sie nicht ein neues Netzteil kaufen müssen, falls Sie in einigen Jahren Ihr Mainboard wechseln wollen

Mittlerweile haben sich sehr viele Hersteller auf die Entwicklung leiser und leistungsfähiger Netzteile spezialisiert. Dabei gehen sie unterschiedliche Wege: Einige Hersteller bauen in ihre Netzteile nur einen sehr langsam drehenden 140-x-140-mm-Lüfter ein, andere verwenden lieber drei 80-x-80-mm-Lüfter.

In der folgenden Tabelle listen wir Ihnen einige Hersteller mit empfehlenswerten Netzteilen auf. Um die Tabelle nicht zu überladen, beschränken wir uns immer auf ein Modell eines Herstellers. Die Hersteller bieten jedoch eine Vielzahl von Netzteilen einer Serie, beispielsweise mit höherer Leistung, an:

Hersteller	Modell	Leistung	Informationen
Aerocool	Aeropower S-Line	450 Watt	www.aerocool.de
Be Quit!	P5-420W-S1.3	420 Watt	www.be-quiet.de
Cooltek	Real Plug Power	500 Watt	www.cooltek.de
Enermax	Noisetaker	485 Watt	www.enermax.de
LC-Power	Silent Giant "Green Power"	420 Watt	www.lc-power.de
Levicom	Black Power	480 Watt	www.levicom.de
Seasonic	S12	430 Watt	www.seasonic.com
Silentmaxx	IC-Tech	430 Watt	www.silentmaxx.de
SilenX	iXtrema PRO	500 Watt	www.silenx.de

Hersteller	Modell	Leistung	Informationen
TSP	P5 Ultra Silent	450 Watt	www.topower.com
Tagan	TG 420-U01	420 Watt	www.tagan.de
Xilence Power	XP480	480 Watt	www.xilence-power.com
Zalman	ZM400B – APS	400 Watt	www.zalmanusa.com

Ein Enermax-Netzteil aus der Noisetaker-Serie mit zwei Lüftern. Über den Drehschalter auf der Rückseite rechts neben dem Lüfter kann die Geschwindigkeit des Lüfters angepasst werden.

Vorsichtsmaßnahmen bei lüfterlosen Netzteilen

Seit immer mehr Computer in den heimischen Wohnzimmern präsent sind (Stichwort Media-PC; mehr dazu lesen Sie in Kapitel 12), haben auch die Hersteller von Computern und Komponenten ihre Prioritäten verschoben: Der Trend geht eindeutig zum leisen Computer. Wem ein Netzteil mit sehr leisem Lüfter noch zu laut ist, für den haben Hersteller wie Fortron, Silentmaxx oder Yesico etwas ganz Besonderes in ihrem Portfolio: lüfterlose, passiv gekühlte Netzteile, die vollständig lautlos arbeiten – und mit „lautlos" sind wirklich 0 dB und 0 Sone gemeint!

Solche lüfterlosen Netzteile können Sie jedoch nicht in jedem Computer verwenden: Wie oben bereits erwähnt wurde, dient das Netzteil nicht nur der Stromversorgung, sondern auch der Absaugung von warmer Luft und somit der Kühlung des Computers. Fällt diese Kühlung aus, wird der Computer möglicherweise im Inneren zu heiß und Sie laufen Gefahr, Ihre Komponenten zu beschädigen. Daher dürfen Sie solche Netzteile nur verwenden, wenn Sie entweder Komponenten verwenden, die wenig Abwärme abstrahlen, zu-

Ein lüfterloses und passiv gekühltes Netzteil des Spezialisten Yesico. (Quelle: Yesico)

sätzliche Gehäuselüfter installieren (wobei der Sinn des lüfterlosen Netzteils natürlich verfehlt wird) oder Sie eine Wasserkühlung verwenden. Durch eine Wasserkühlung wird die Abwärme der Komponenten sofort aus dem Inneren des Computers entfernt. Die Kühlung ist wesentlich effizienter – dafür auch aufwendiger und teurer. Mehr zum Thema Wasserkühlung erfahren Sie unter *Stark und leise: Wasserkühlung für Ihren PC* ab Seite 497.

Luftzirkulation im Gehäuse optimieren

Eine intakte Luftzirkulation ist für ein kühles Gehäuse das A und O. Dabei kommt es nicht darauf an, wie starke Lüfter Sie in Ihrem Gehäuse verwenden, sondern wo Sie sie platzieren. So kann es ausreichen, einen einzigen Gehäuselüfter an der richtigen Stelle einzubauen, um das Gehäuse merklich kühler zu machen.

Je nach Bauweise Ihres Gehäuses gibt es unterschiedliche Stellen, an denen Sie Gehäuselüfter nachrüsten können. Das Prinzip dabei ist immer das gleiche: Im unteren Teil des Gehäuses soll kühle Luft nach innen gebracht und oben heiße Luft ausgesaugt werden.

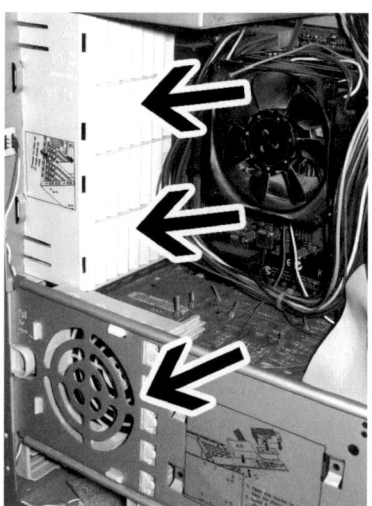 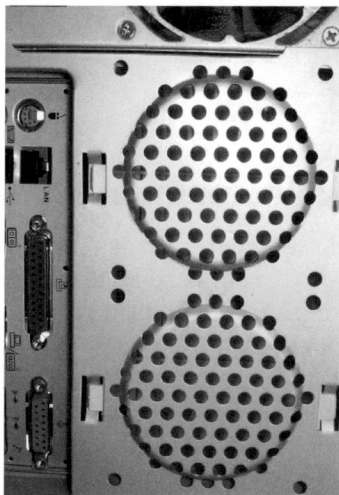

Diese Bilder zeigen einen Midi-Tower der Firma Avance. Da das Gehäuse nicht sehr hoch ist, hat der Hersteller eine pfiffige Idee zur Anbringung eines Gehäuselüfters im unteren Bereich: Auf einer abnehmbaren Seitenplatte kann ein Gehäuselüfter im unteren Bereich des Gehäuses angebracht werden, der frische Luft in das Gehäuse transportiert und gleichzeitig noch die Grafikkarte kühlt! Andere Hersteller bieten die Möglichkeit, einen Lüfter direkt in dem Seitenteil zu installieren. Zusätzlich können auf Höhe des Prozessors noch zwei weitere Lüfter angebracht werden, die heiße Luft direkt vom Prozessor nach außen transportieren.

Auch jedes Standardgehäuse bietet die Möglichkeit zur Nachrüstung von Gehäuselüftern. Meistens befindet sich dazu an der Innenseite der Gehäusefront im unteren Bereich des Gehäuses eine Befestigungsmöglichkeit, über die frische Luft in das Gehäuse gebracht werden kann. Zusätzlich befindet sich in vielen großen Gehäusen über dem Netzteil die Möglichkeit, einen weiteren Gehäuselüfter zu installieren, der heiße Luft nach draußen befördert. Da hier kein Platzmangel herrscht, können Sie auch große Lüfter über 80 x 80 mm verwenden.

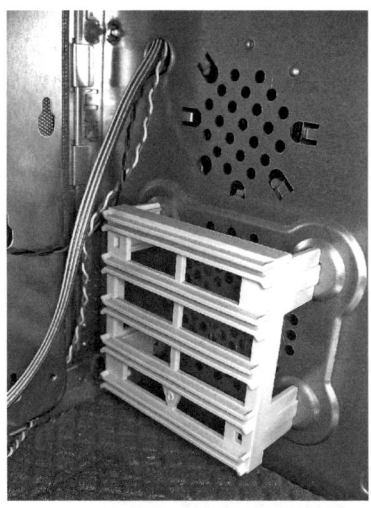 

Weniger ist nicht immer mehr!

Wenn Sie Gehäuselüfter einbauen, sollten Sie am besten gleich zwei zusätzliche Lüfter einbauen, um die Luftzirkulation intakt zu halten und noch zu verbessern. Dazu bauen Sie unten einen Lüfter ein, der die Luft ins Innere ansaugt, und oben einen, der sie nach außen transportiert. Verwenden Sie außerdem möglichst große Lüfter, da diese bei geringerer Geräuschentwicklung eine größere Fördermenge als kleinere Lüfter haben. Bauen Sie beispielsweise unten einen langsam drehenden 80-x-80-mm-Lüfter und oben einen langsam drehenden 92-x-92-mm-Lüfter ein. Diese Lüfter dürften, durch die langsame Umdrehungszahl, den Geräuschpegel Ihres Computers kaum negativ beeinflussen.

Prozessorkühler als akustische Störquelle

Moderne Prozessoren mit mehreren Gigahertz verbrauchen unglaublich viel Strom und produzieren somit extrem viel Abwärme. Beispiele: Der Intel Pentium 4 650 mit 3,4 GHz verbraucht etwa 85 Watt, ein AMD Athlon 64 3700+ etwa 90 Watt. Auch die neuen Prozessoren von Intel und AMD mit zwei CPU-Kernen haben eine hohe Verlustleistung – es müssen jetzt ja zwei Kerne mit Strom beliefert werden: Der Intel Pentium D-930 (2 x 3,0 GHz) verbraucht etwa 95 Watt, der AMD Athlon 64 X2 3800+ (2 x 2,0 GHz) etwa 90 Watt.

Um Prozessoren mit solcher Leistung ausreichend zu kühlen, nehmen Prozessorkühler immer gewaltigere Ausmaße an, damit die Hitze schnell vom CPU-Kern (bzw. Kernen) weggetragen wird. Mithilfe eines Lüfters wird dann der Kühlkörper abgekühlt. Je schneller sich dieser Lüfter dreht, umso höher die Kühlleistung – dabei nimmt jedoch auch die Geräuschkulisse zu.

Der AeroCool High Tower HT-101 ist wirklich gigantisch. Kühler in solchen Größenordnungen sind mittlerweile jedoch keine Seltenheit mehr. (Quelle: AeroCool)

Um eine bessere Effizienz der Kühler zu erreichen, werden immer mehr Kühler mit Heatpipe (zu Deutsch: Wärmerohr) eingesetzt. Eine Heatpipe ist ein geschlossenes System, in dem sich eine spezielle Flüssigkeit befindet. Am heißen Prozessor verdampft diese Flüssigkeit und durch das nun entstandene Gas wird die Wärme vom Prozessor wegtransportiert. Das Gas schlägt sich in der Wärmesenke (dem gekühlten Bereich der Heatpipe, dort, wo der Lüfter installiert ist) nieder und gelangt dann wieder zurück zum Kühlfläche am Prozessor.

Ein Kühler mit Heatpipe ist häufig leistungsfähiger als ein konventioneller Kühler und bei Prozessoren mit geringem Leistungsverlust ist eine Heatpipe ohne aktiven Lüfter häufig ausreichend. Bei leistungsstarken Computern ist ein Lüfter jedoch immer notwendig.

Durch die gesteigerten Anforderungen an die Kühler werden diese immer größer und schwerer – mehr als 600 Gramm sind keine Seltenheit mehr. Damit der Kühler stabil am Motherboard befestigt werden kann, sind aktuelle Mainboards mit einer Verstärkung zur Montage des Kühlers ausgestattet (so genannte Retentionmodule). Der Kühlkörper wird je nach Modell entweder nur noch am Retentionmodul oder am CPU-Sockel befestigt.

Leider werden in vielen Komplett-PCs schlechte Kühlkörper verbaut, deren mangelhafte Kühlleistung durch einen lauten Lüfter ausgeglichen werden muss. Glücklicherweise haben die Computerhersteller mittlerweile erkannt, dass Anwender auf leise Computer Wert legen, und verbauen in vielen neuen Computern einigermaßen leise Kühler, die Sie durch eine Gehäusedämmung noch stärker zum Schweigen bringen können.

Austausch des Prozessorlüfters

Eine Möglichkeit, das Geräusch des Prozessorlüfters zu verringern, ist der Austausch des Lüfters gegen einen anderen. So lässt sich neben der Verringerung der Lautstärke auch gleichzeitig eine Erhöhung der Kühlleistung erzielen, wenn Sie einen hochwertigen Lüfter verwenden.

Welchen Lüfter Sie einsetzen können, hängt natürlich von Ihrem Kühler ab. Die Lüfter von älteren Standardkühlern sind meisten 60 x 60 mm oder 50 x 50 mm groß, andere Kühler sind für große 80-x-80-mm-Lüfter ausgelegt, die wesentlich leiser arbeiten. Natürlich können Sie Ihren alten 60-x-60-mm- oder 50-x-50-mm-Lüfter gegen ein Modell der gleichen Größe austauschen. Die Lüfter sind einfach an den Kühlkörper angeschraubt. Um den Lüfter zu ersetzen, müssen Sie meistens nicht einmal den Kühler vom Prozessor entfernen.

Der Lüfter lässt sich einfach abschrauben und durch einen neuen ersetzen.

Schalten Sie Ihren Computer nie ohne CPU-Kühler an!

Wenn Sie an Ihrem Prozessorkühler arbeiten, kommen Sie nie auf die Idee, den Computer ohne Prozessorkühlung einzuschalten! Der Prozessor würde – und das ist nicht übertrieben – innerhalb weniger Sekunden durchbrennen und wäre zerstört! Achten Sie also immer darauf, dass der CPU-Kühler korrekt montiert ist, bevor Sie den Computer starten.

Installation eines Fan-Adapters

Mithilfe eines Fan-Adapters (Fan ist der englische Begriff für Lüfter) können Sie auf einen Kühlkörper, der für 60-x-60-mm-Lüfter ausgelegt ist, einen 80-x-80-mm-Lüfter installieren. Der Vorteil eines größeren Lüfters ist, dass er bei gleicher oder besserer Leistung wesentlich geringere Umdrehungszahlen hat als ein kleinerer Lüfter. Die Lautstärke verringert sich also.

Durch einen Fan-Adapter können Sie größere Lüfter auf Ihrem CPU-Kühler verwenden, die bei gleicher oder besserer Leistung wesentlich leiser arbeiten.

Solche Fan-Adapter sind schon sehr günstig ab etwa 5 Euro erhältlich. Der Einbau ist sehr einfach: Schrauben Sie den alten Lüfter vom Kühler ab, schrauben Sie den Fan-Adapter anstelle des alten Lüfters an den Kühler und an den Fan-Adapter schrauben Sie den neuen 80-x-80-mm-Lüfter.

Inzwischen gibt es sogar Fan-Adapter für Kühlkörper mit 80-x-80-mm-Lüfter. Mithilfe des Fan-Adapters können Sie nun 120-x-120-mm-Lüfter am Kühlkörper installieren. So große Lüfter haben nochmals eine wesentlich geringere Lautstärke bei höherer Kühlleistung.

Leiser Lüfter durch Verringerung der Spannung

Die definitiv preiswerteste Methode, um einem leisen Prozessorlüfter zu bekommen, ist die Installation eines Fan-Connection-Adapters, der nichts anderes tut, als die Spannung des Lüfters zu senken, Prozessorlüfter arbeiten üblicherweise mit 12 Volt. Der Adapter senkt diese Spannung auf 9, 7 oder 5 Volt. Der Lüfter dreht sich langsamer und wird leiser, hat aber dadurch eine geringere Kühlleistung. Haben Sie einen sehr leistungsfähigen Prozessor mit mehreren Gigahertz, sollten Sie auf die Senkung der Spannung verzichten, da die Kühlleistung höchstwahrscheinlich nicht mehr ausreichen wird!

Wie immer empfehlen wir Ihnen nach dem Austausch eines Lüfters einen Stresstest des Computers, beschrieben auf Seite 509.

Prozessorkühler inklusive Lüfter austauschen

Die beste Methode, Geräuschkulisse und Kühlleistung zur verbessern, ist der Austausch des gesamten Prozessorkühlers. Dieser Schritt ist nicht ganz einfach und auch durchaus gefährlich: Viele große Kühler erfordern den Ausbau des kompletten Mainboards, da eine Metallplatte unter den Sockel gelegt werden kann, damit das Mainboard das hohe Gewicht aushält. Bei älteren Computern müssen Sie meist noch mit einem Schraubendreher hantieren, da der Kühler direkt am Sockel befestigt wird und nicht, wie heutzutage üblich, am Retentionmodul.

Beim Kauf eines Kühlers müssen Sie unbedingt darauf achten, dass dieser auch auf Ihr Motherboard passt. In kleine Gehäuse passt mit Sicherheit kein ganz großer Kühler mit Heatpipes und 12-12-cm-Lüfter. Ein Blick ins Handbuch Ihres Mainboards verrät Ihnen, welchen Sockel Ihr Computer verwendet. Im Internet gibt es zahlreiche Anbieter von hochwertigen Prozessorkühlern, die auf ihren Homepages ausführlich auf Stärken und Schwächen der angebotenen Kühler eingehen. Solche Anbieter sind beispielsweise Listan (*www.listan.de*), PC-Cooling (*www.pc-cooling*), Frozen Silicon (*www.frozen-silicon.de*) oder Silentmaxx (*www. silentmaxx.de*).

Je nach Sockel unterscheidet sich natürlich auch die Installation des Kühlers. Hochwertige Kühler, die meistens ziemlich groß und schwer sind, verwenden zur Befestigung entweder die Retentionmodule des Motherboards oder eigene Befestigungsmethoden, um den Kühler stabil zu befestigen. Dazu muss häufig das Motherboard ausgebaut werden, damit es durch eine Metallplatte noch verstärkt werden kann. Die Kühlerhersteller liefern sehr gute Anleitungen zum Einbau ihrer Kühler mit, falls beispielsweise eine spezielle Haltevorrichtung verwendet wird. Informieren Sie sich vor dem Kauf, ob das Motherboard ausgebaut werden muss. Falls nicht, ist die Installation fast immer sehr leicht: Der Kühler wird einfach in das Retentionmodul eingehängt und dann fixiert. Dafür ist kein Schraubendreher notwendig, und die Gefahr, dabei etwas zu beschädigen, geht gegen null.

> ### Profitipp: Kühlfläche auf Hochglanz polieren
>
> Sehr hochwertige Kühlkörper besitzen eine spiegelglatte Kontaktfläche, um die Abwärme der CPU optimal aufnehmen zu können. Falls Ihr Kühler keine hundertprozentig glatte Kontaktfläche besitzt, können Sie die Fläche auch einfach selbst polieren. Verwenden Sie dazu ganz feines Schmirgelpapier (Körnung etwa 1.200 bis 2.000). Zusätzlich kann Polierpaste helfen, die Kontaktfläche noch glatter zu machen.

Anders ist der Einbau bei älteren Motherboards, bei denen der Kühler direkt am Sockel befestigt wird. Wir zeigen Ihnen den Einbau eines Kühlers auf dem Sockel A, gebraucht von AMD-Prozessoren.

1 Trennen Sie Ihren Computer vom Stromnetz und entfernen Sie die Stromversorgung des Netzteils zum Motherboard.

2 Zuerst muss natürlich der alte Lüfter entfernt werden. Dazu verwenden Sie am besten einen recht großen Schlitzschraubendreher. Pressen Sie den Schraubendreher in die Halteklammer und drücken Sie sie nach unten, bis sich die Klammer von der Verankerung löst.

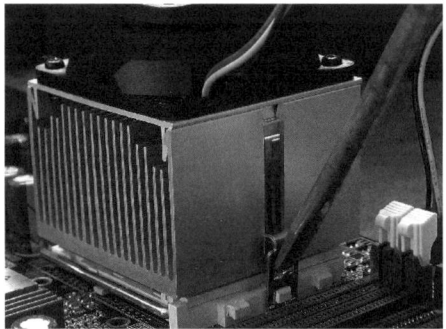

Passen Sie darauf auf, nicht mit dem Schraubendreher abzurutschen, sonst könnten Sie das Mainboard beschädigen.

3 Nachdem Sie den Lüfter entfernt haben, schauen Sie sich einmal das DIE des Prozessors an (das ist der Chip in der Mitte). Eventuell befinden sich Reste von Wärmeleitpaste oder eines Wärmeleitpads auf dem Prozessor. Entfernen Sie die Reste vorsichtig mit einem fusselfreien Tuch. Tragen Sie anschließend neue Wärmeleitpaste auf. Dabei genügt die Menge der Größe eines Streichholzkopfs! Tragen Sie die Wärmeleitpaste nur auf dem DIE auf.

4 Packen Sie nun den neuen Kühlkörper aus. Schauen Sie auf der Unterseite nach, ob sich ein Wärmeleitpad auf der Kontaktfläche befindet. Falls ja, entfernen Sie es. Wärmeleitpaste ist wesentlich wirkungsvoller. Verwenden Sie dazu ein scharfes Messer oder eine Rasierklinge und achten Sie darauf, die Kontaktfläche nicht zu zerkratzen. Reinigungsbenzin entfernt auch noch den letzten Rest des Wärmeleitpads.

5 Bauen Sie jetzt den neuen Lüfter ein. Dazu müssen Sie ihn zuerst auf der Seite einhängen, an der keine Markierung für einen Schraubendreher ist. Halten Sie den Kühler dabei leicht schräg, achten Sie aber darauf, nicht auf der Oberfläche der CPU „herumzukratzen".

Anschließend müssen Sie auf der anderen Seite die Klammer in die Halterung bringen. Da ein starker Druck auf der Klammer lastet, müssen Sie hier ein bisschen Kraft aufbringen. Seien Sie hier unbedingt sehr vorsichtig, da die Gefahr, mit dem Schraubendreher abzurutschen, sehr groß ist!

6 Anschließend müssen Sie nur doch den Stromstecker des Lüfters mit dem Motherboard verbinden. Der Stromanschluss für die CPU ist meistens mit *CPU FAN* oder Ähnlichem beschriftet.

Nach dem Einbau des neuen Kühlers empfehlen wir einen Stresstest und die Überwachung der Temperatur, beschrieben auf Seite 509.

Lüfter auf dem Mainboard

Inzwischen werden sogar auf den Chips der Mainboards Lüfter verwendet. Dies liegt an der höheren Leistungsfähigkeit der Chips, aber auch an der allgemein gestiegenen Temperatur im Gehäuseinneren.

Für die Ansteuerung einzelner Computerkomponenten sind zwei Chips auf dem Mainboard verantwortlich: Die Northbridge zur Steuerung des Prozessors, des Arbeitsspeichers und der Grafikkarte und die Southbridge zur Steuerung aller Laufwerke, Schnittstellen und sonstigen Steckkarten. Diese beiden Chips sind entweder in einem großen Chip auf dem Mainboard vorhanden oder in zwei getrennten Einheiten untergebracht. Falls Letzteres der Fall sein sollte, wird immer nur die Northbridge gekühlt.

Bei vielen Mainboards wird der Chipsatz nur passiv gekühlt. In diesem Fall sind weitere Maßnahmen natürlich überflüssig. In einigen Mainboards wird jedoch auf eine aktive Chipsatz-Kühlung zurückgegriffen. Obwohl der Lüfter höchstwahrscheinlich gar nicht gebraucht würde, wollen die Mainboard-Hersteller lieber kein Risiko eingehen und ein stabiles Produkt abliefern.

Da die Northbridge bzw. der Chipsatz nicht besonders groß ist, können nur sehr kleine Lüfter verwendet werden. Ist dieser von schlechter Qualität, wird ein sehr hohes und nerviges Geräusch produziert.

Falls Sie über einen gut gekühlten Computer mit intakter Luftzirkulation verfügen, können Sie relativ einfach testen, ob Ihr Computer auch ohne aktive Chipsatz-Kühlung stabil läuft. Die Chipsatz-Lüfter sind fast immer über einen Standard-Molex-Stecker mit dem Mainboard verbunden. Ziehen Sie diesen Stecker einfach ab, schon läuft der Lüfter nicht mehr. An dieser Stelle sei darauf hingewiesen, dass Sie diesen Schritt auf eigene Gefahr hin unternehmen! Auch wenn die Wahrscheinlichkeit einer Beschädigung eher gering ist, sollten Sie sich darüber bewusst sein, dass trotzdem das Mainboard dabei beschädigt werden kann. Nachdem der Lüfter abgezogen wurde, sollten Sie Ihren Computer einem ausführlichen Stresstest unterziehen, wie er auf Seite 509 beschrieben wird. Funktioniert Ihr System absolut stabil, können Sie auf den Lüfter verzichten. Bemerken Sie jedoch, dass Ihr System instabil wird, sollten Sie den Lüfter sofort wieder einsetzen! Den Lüfter müssen Sie nicht abmontieren, auch wenn er nicht gebraucht wird. So können Sie ihn einfach später wieder einstecken.

Eine andere Möglichkeit ist der Austausch des Lüfters oder der kompletten Kühleinheit, also Kühler inklusive Lüfter. Der Ausbau des Lüfters ist dabei relativ einfach, da er meistens an den Kühler angeschraubt ist. Schwieriger ist es da schon, einen neuen, passenden und leisen Lüfter zu finden, der die gleichen Ausmaße wie der alte hat und auf den Kühlkörper passt. Beim Kauf des neuen Lüfters sollten Sie daher den alten Lüfter genau ausmessen, um nachher keine Überraschung zu erleben.

Schwieriger ist da schon der Austausch der gesamten Kühleinheit. Diese ist meistens an das Mainboard angesteckt und kann nur entfernt werden, wenn das Mainboard vorher ausgebaut wird. Dieser Eingriff ist zeitaufwendig und gefährlich, da die Gefahr, das Mainboard zu beschädigen, ziemlich hoch ist. Aus diesem Grund sollten nur erfahrene Anwender diesen Schritt wagen! Darüber hinaus haben Sie auch hier das Problem, einen passenden Kühler zu finden. Es existieren unterschiedlich Größen der Chipsatz-Kühler und unterschiedlich positionierte Befestigungslöcher am Mainboard. Daher müssen Sie auch hier genau vorher abmessen, ob ein ausgesuchter Kühler auf Ihr Mainboard passt. Möglicherweise ist der Austausch oder die Deaktivierung des Lüfters gar nicht notwendig, wenn Sie Ihr Gehäuse dämmen, wie wir es auf den folgenden Seiten beschreiben. Die Dämmung des Gehäuses schluckt gerade hochfrequente Geräusche von kleinen Lüftern sehr gut und so ist der kleine Mainboard-Lüfter eventuell gar nicht mehr hörbar.

Sonderfall: Grafikkartenkühler

Ein Sonderfall bei unseren Maßnahmen zur Geräuschminimierung ist der Grafikkartenkühler, da wir Ihnen hierbei nicht empfehlen, den Lüfter oder den Kühlkörper auszutauschen. Die Grafikkartenhersteller müssen bei der Kühlung des Grafikkartenprozessors (GPU) oder des Speichers der Grafikkarte auf immer kompliziertere Methoden zurückgreifen, da die Abwärme der GPUs immens ist.

Daher werden aktuelle Grafikkarten häufig nicht mehr durch einen einzelnen Lüfter gekühlt, sondern aus einer gesamten Kühlereinheit, durch die auch gleichzeitig der Speicher gekühlt wird. Diese Konstruktionen sind sehr fest mit der Grafikkarte verbunden und somit ist ein einfaches Austauschen fast unmöglich.

Wir empfehlen Ihnen daher stattdessen, das Gehäuse zu dämmen. Durch eine gute Schalldämmung dürfte der Grafikkartenlüfter kaum noch zu hören sein und Sie sparen viel Zeit und Nerven.

Dieses Monster ist eine ATI 9800 XT. Die große Kühloberfläche erlaubt es, einen langsam drehenden und leisen Lüfter zu verwenden. (Quelle: Sapphire)

Außerdem haben auch die Grafikkartenhersteller den Trend zum leisen Computer entdeckt und bieten daher eine Reihe von passiv gekühlten Grafikkarten oder Grafikkarten mit sehr leisen Lüftern an. Solche Konstruktionen sind wahrlich beeindruckend – und dazu noch so groß und schwer, dass sie häufig extra mit dem Gehäuse befestigt werden müssen, um ein Herausbrechen zu verhindern. Trotzdem gibt es eine Reihe sehr leiser und schneller Grafikkarten und wir empfehlen Ihnen eher einen Neukauf oder die Dämmung des Gehäuses anstelle des Austauschs des Lüfters.

Kühle Luft für Ihre Festplatte

Mittlerweile brauchen auch immer mehr Festplatten einen zusätzlichen Kühler, um einen stabilen Betrieb zu gewährleisten. Doch überstürzen Sie nichts: Als ersten Schritt bei der Festplattenkühlung sollten Sie feststellen, ob Ihre Festplatte überhaupt zusätzliche Kühlung braucht. Läuft Ihr System völlig stabil, können Sie getrost auf eine Kühlung der Festplatte verzichten. Verursacht Ihre Festplatte jedoch häufig Lese- oder Schreibfehler und somit Systemabstürze, sollten Sie über eine zusätzliche Festplattenkühlung nachdenken. Machen Sie einfach mal einen Fühltest: Benutzen Sie Ihren Computer eine Zeit lang ganz normal, fahren

Sie ihn herunter und öffnen Sie schnell Ihr Gehäuse. Berühren Sie nun die Festplattenoberfläche. Ist diese nur handwarm, ist alles in Ordnung. Verbrennen Sie sich jedoch dabei, sollten Sie auf jeden Fall für zusätzliche Kühlung sorgen.

Eine zusätzliche Kühlung kann außerdem notwendig werden, wenn Sie Ihren Computer mit einer zusätzlichen Festplatte ausstatten, die direkt über oder unter der alten Festplatte eingebaut wird. Die Festplatten strahlen sich gegenseitig an und erhitzen sich gefährlich. Auch wenn Sie Ihr Gehäuse zur Geräuschreduzierung dämmen, kann eine zusätzliche Kühlung notwendig werden, da die Dämmmatten die Wärme im Computer isolieren.

Zur Kühlung der Festplatten bieten die Hersteller unterschiedliche Lösungen an. Bevor Sie jedoch viel Geld ausgeben, sollten Sie klären, ob sich die Festplatte(n) nicht einfach kühlen lassen – beispielsweise durch die Installation zusätzlicher Gehäuselüfter, wie wir sie auf Seite 480 beschrieben haben. Durch die verbesserte Luftzirkulation im Gehäuse kann die Festplatte schon ausreichend gekühlt werden. Auch hier empfehlen wir Ihnen wieder den Fühltest.

Außerdem sollten Sie einmal Ihr Gehäuse begutachten: Viele Gehäuse bieten an den Festplattenschächten einen extra Platz für Lüfter, um eingebaute Festplatten zu kühlen. So können Sie einfach einen gewöhnlichen Gehäuselüfter einbauen, der um ein Vielfaches günstiger ist als spezielle Festplattenkühler. Oft reicht ein langsam drehender 80-x-80-mm-Lüfter schon aus, um genug Frischluft an die Festplatte zu bringen.

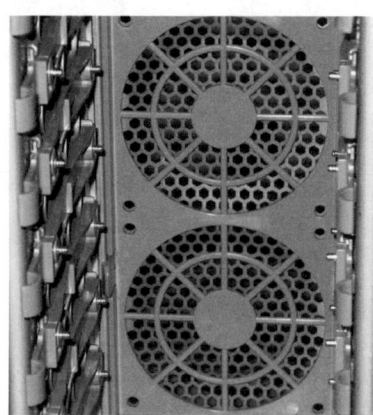

Falls Ihr Gehäuse keinen Platz für einen zusätzlichen Gehäuselüfter bietet, müssen Sie auf eine andere Lösung zurückgreifen. Zahlreiche Hersteller bieten Gehäuselüfter, die Sie einfach über oder unter eine Festplatte bauen können – oder bei zwei Festplatten dazwischen. In solch einem Festplattenlüfter ist auch nichts anderes verbaut als ein gewöhnlicher Lüfter, natürlich in einem passenden Rahmen. Nichtsdestotrotz sollten Sie vor der Anschaffung eines Festplattenrahmens genau prüfen, ob sich die Anschaffung wirklich lohnt.

Falls Sie Ihre Festplatte gleichzeitig kühlen und leiser stellen wollen, gibt es dafür spezielle Boxen, die die Festplatte komplett umschließen. Dazu mehr auf den folgenden Seiten.

Ein Festplattenkühler erhöht die Lebensdauer einer heißen Festplatte drastisch. Dies ist einfach ein Lüfter in einem 3½-Zoll-Rahmen, der über, unter oder zwischen Festplatten eingebaut werden kann. (Quelle: Rackmount.net)

Airflow-Kabel für IDE-Laufwerke

Um die Luftzirkulation im Gehäuse zu verbessern, ist es wichtig, genug Platz für die strömende Luft zu schaffen. Besonders IDE-Kabel sind dabei im Weg, da sie äußerst breit sind. Im Handel sind daher seit einiger Zeit so genannte Airflow-Kabel für die IDE-Schnittstelle erhältlich. Dieses Kabel lässt sich wie ein gewöhnliches IDE-Kabel verwenden, ist allerdings gebündelt und somit sehr viel dünner (daher auch der Name Rundkabel). Mit solchen Kabeln schaffen Sie also Platz für die Luftzirkulation, was besonders in kleinen Gehäusen wichtig ist.

Festplatten ruhig stellen

Moderne Festplatten mit hohen Umdrehungszahlen (inzwischen sind 7.200 Umdrehungen/Minute Standard) sorgen für viel Abwärme und häufig für eine hohe Geräuschentwicklung. Was Sie gegen Ersteres tun können, haben wir Ihnen bereits verraten. Um die Geräuschentwicklung zu verringern, gibt es unterschiedliche Methoden. Eine Festplatte erzeugt aus zwei Gründen Geräusche: Festplatten erzeugen durch die Umdrehung der inneren Datenplatten ein permanentes hohes Summen. Dazu kommen noch ratternde Geräusche, die beim Zugriff auf die Festplatte durch den Schreib-/Lesekopf verursacht werden. Die zweite Ursache ist die Übertragung der Schwingungen der Festplatte auf das Gehäuse. Das Gehäuse nimmt diese Schwingungen auf und verhält sich dabei wie ein Verstärker. Das Resultat ist ein tiefes Brummen. Außerdem werden die Zugriffsgeräusche noch verstärkt.

Um diese Geräuschentwicklung zu unterbinden, müssen Sie die Festplatte vom Gehäuse trennen. Zu diesem Zweck gibt es so genannte Festplattenentkoppler in verschiedenen Ausführungen. Die preisgünstigste Methode besteht aus vier einzelnen Blöcken, die einfach an die Festplatte geschraubt werden. Die Festplatte wird nun mit den Entkopplern zusammen in einen 5¼-Zoll-Schacht eingebaut.

Festplattenentkoppler der Firma Noiseblocker.

In den Entkopplern befindet sich eine Schicht aus Dämmmaterial, meistens Silikon, die die Schwingungen der Festplatte absorbiert und somit eine Geräuschentwicklung verhindert.

Einen solchen Festplattenentkoppler gibt es auch als fertigen Rahmen. Hierbei müssen Sie die Festplatte in den Rahmen einbauen und dann den Rahmen inklusive Festplatte in einen 5¼-Zoll-Schacht des Gehäuses. Solche Rahmen haben den Vorteil, dass Sie daran sehr einfach noch einen Lüfter anschrauben können. So können Sie der Festplatte sehr einfach noch zusätzliche Kühlung verschaffen. Falls Ihre Festplatte jedoch keinen Lüfter benötigt, können Sie auch ohne weiteres auf den oben beschriebenen Festplattenentkoppler zurückgreifen, der günstiger als ein Rahmen ist.

Die hochwertigste Methode zur Verringerung der Festplattengeräusche ist ein Festplattengehäuse, das die Festplatte komplett umschließt. So werden nicht nur die Geräusche unterbunden, die durch Schwingungen erzeugt werden, sondern auch gleichzeitig die hochfrequenten Betriebsgeräusche der Festplatte gedämmt. Ein gutes Festplattengehäuse kann so eine laute Festplatte fast unhörbar machen. Außerdem besitzen solche Gehäuse eine integrierte Kühlung, somit wird gleichzeitig die Lebenserwartung Ihrer Festplatte erhöht. Allerdings sind Festplattengehäu-

Ein Festplattengehäuse von Antec mit integrierter Kühlung.

se nicht gerade billig. In Wohnzimmer-PCs, die rund um die Uhr laufen und dabei nahezu lautlos sein sollen, ist so ein Festplattengehäuse sehr wichtig. In normalen Arbeitscomputern kann die Dämmung des Gehäuses bei einer normal lauten Festplatte schon ausreichen, um die Betriebsgeräusche einzudämmen.

Lärmverursacher DVD-ROM & Co.

DVD-Brenner und andere optische Laufwerke sind beim Zugriff teilweise richtige Turbinen. Dieses Geräusch wird, anders als bei Festplatten, jedoch nicht durch Schwingungsübertragung auf das Gehäuse erzeugt, sondern es sind tatsächlich die Laufwerke selbst, die so einen Höllenlärm erzeugen!

Dies liegt an den extrem hohen Geschwindigkeiten, mit denen aktuelle DVD- und CD-Laufwerke arbeiten. Die Medien drehen sich dermaßen schnell im Laufwerk, dass einfach ein so hohes Geräusch entsteht. Zusätzlich entsteht durch die hohe Umdrehungszahl der Laufwerke Abwärme, die zum Teil durch Lüfter notwendigerweise aus dem Laufwerk befördert werden muss.

Diese Lüfter befinden sich entweder im Gehäuseinneren oder auf der Außenseite und sind meistens bei Brennern vorhanden. Gegen diese Lüfter können Sie nichts tun – Abklemmen oder Austausch des Lüfters sind zu kompliziert und würden das Laufwerk höchstwahrscheinlich zerstören.

Um das Laufwerkgeräusch zu minimieren, können Sie stattdessen auf eine Softwarelösung zurückgreifen: Das Programm CD Bremse von Jörn Fiebelkorn drosselt die Geschwindigkeit des Laufwerks und verringert somit die Lautstärkeentwicklung. Es ist nämlich beispielsweise nicht nötig, das Laufwerk mit voller Geschwindigkeit arbeiten zu lassen, wenn Sie eine DVD oder Audio-CD abspielen. Um hier die richtige Geschwindigkeit zu finden, müssen Sie ein wenig mit dem einfach zu bedienenden Programm experimentieren, das Sie unter *www.cd-bremse.de* herunterladen können.

Die Software hat leider einen Nachteil: Sie wird nicht von jedem Laufwerk unterstützt. So kann es sein, dass Ihr Laufwerk einfach die Einstellungen des Programms ignoriert und so munter weiterhin mit der höchsten Geschwindigkeit arbeitet.

Die Brennsuite Nero beinhaltet inzwischen ein ähnliches Tool, Nero Drive Speed, das ebenso wie die CD Bremse die Geschwindigkeit eines CD-/DVD-Laufwerks drosseln kann.

Übersicht: Schalldämmung für das PC-Gehäuse

Die effektivste Maßnahme, störende Lüfter- und Festplattengeräusche zu eliminieren, ist die komplette Dämmung des Computergehäuses. Dabei werden die Seitenwände und andere freie Stellen im Gehäuse mit schallschluckenden Dämmmaterialen beklebt.

Auch die beste Dämmung kann keinen hochtourigen und qualitativ schlechten Lüfter zum Schweigen bringen – das Geräusch ist immer noch wahrnehmbar, allerdings gedämpft. Die Dämmung des Gehäuses ist entweder der letzte Schritt zu einem wirklich leisen Computer, wenn Sie schon die vorher besprochenen

Schritte ausgeführt und leise Kühler eingebaut haben, oder eine effektive Geräuschreduzierung bei einem normal lauten Computer.

Die Dämmung des Gehäuses ist mit einigem Arbeitsaufwand verbunden: Sie müssen die Materialien kaufen, die Matten zuschneiden und im Gehäuse anbringen. Zwar bieten inzwischen viele Hersteller Sets mit allen erforderlichen Dämmmaterialen an, dies spart Ihnen jedoch nur den Einzelkauf des Materials – zuschneiden müssen Sie die Matten immer noch. Natürlich gibt es zahlreiche hochwertige Gehäuse, die Sie schon fertig gedämmt kaufen können. Spezialisten wie Silentmaxx (*www.silentmaxx.de*) oder Noiseblocker (*www.noiseblocker.de*) haben sich schon seit Jahren auf leise Computer spezialisiert. Ein fertig gedämmtes Gehäuse ist oft nicht teurer als ein neues Gehäuse ohne Dämmung, das Sie noch nachträglich dämmen müssen. Außerdem können Sie sich darauf verlassen, dass es hochwertig verarbeitet ist. Stehen Sie also vor einem Gehäuseneukauf und haben Sie mit dem Gedanken gespielt, das Gehäuse zu dämmen, können Sie auch getrost ein fertig gedämmtes Gehäuse kaufen.

Verschwiegen werden soll hier nicht, dass die Dämmung des Gehäuses immer auch einen Temperaturanstieg bedeutet, da die Dämmmaterialien die Wärme im Gehäuseinneren isolieren. Daher kann es nötig werden, zusätzliche Gehäuselüfter, wie auf Seite 480 beschrieben, zu installieren. Dies muss jedoch keine zusätzliche Geräuschentwicklung bedeuten, wenn Sie große und leise Gehäuselüfter verwenden.

Was Sie für die Gehäusedämmung benötigen

Das Wichtigste bei der Dämmung des Gehäuses sind natürlich die verwendeten Dämmmaterialien. Zahlreiche Hersteller bieten komplette Sets für bestimmte Gehäuse an. Der Spezialist Be Quiet! (*www.be-quiet.de*) hat in seiner Produktpalette beispielsweise ein Dämmset mit zugeschnittenen Matten für das äußerst populäre Gehäuse CS-601 von Chieftec. Außerdem haben zahlreiche Gehäusehersteller ebenfalls Dämmsets für ihre Gehäuse im Angebot. Falls Sie also ein Markengehäuse besitzen, können Sie getrost auf ein fertiges Set zurückgreifen, da hier die Matten fertig zugeschnitten und außerdem häufig selbstklebend sind.

Für Besitzer von Standardgehäusen sind auch Dämmsets erhältlich, die die erforderlichen Materialien beinhalten. Allerdings müssen Sie hier die Matten natürlich noch zuschneiden. Häufig ist das Material in diesen Sets jedoch nicht für jedes Gehäuse ausreichend: Ein Midi-Tower-Gehäuse können Sie meist problemlos mit den verfügbaren Materialien dämmen, bei einem großen Big-Tower wird es schon schwierig.

Es geht jedoch auch billiger: Der Hauptbestandteil der Dämmsets ist so genannter Noppenschaum, der den Schall hervorragend absorbiert. Diesen Noppenschaum erhalten Sie als Meterware äußerst günstig beispielsweise bei Conrad Electronic. Der Noppenschaum ist natürlich nicht selbstklebend. Daher ist die Verarbeitung wesentlich zeitaufwendiger als bei fertigen Dämmsets. Jedoch lässt sich durch die Verwendung von Noppenschaum sehr viel Geld sparen.

Sie können die Dämmleistung noch erhöhen, indem Sie dünne Korkmatten um den Noppenschaum kleben bzw. den Kork an Stellen verwenden, an denen für den Noppenschaum kein Platz ist. Dabei sollten Sie jedoch äußerst vorsichtig vorgehen, da Kork Wärme stärker isoliert und reflektiert als der Noppenschaum.

Computergehäuse dämmen

Die Dämmung des Computergehäuses ist reine Handarbeit. Um die Dämmmatten am Gehäuse anzubringen, müssen Sie das Gehäuse zuerst auseinander nehmen. Die wichtigste Arbeitsfläche sind dabei die beiden Seitenteile des Gehäuses, da sie die größte Angriffsfläche für den Schall des Prozessor- und Grafikkartenlüfters bieten.

> **Achtung! Für Luftzirkulation sorgen**
>
> Die Dämmung des Gehäuses wirkt wie eine Isolierschicht. Die Abwärme der Komponenten bleibt im Gehäuse und somit erhitzt sich der Computer stärker als ohne Dämmung. Daher müssen Sie in einem gedämmten Gehäuse verstärkt auf eine ausreichende Luftzirkulation achten! Falls sich herausstellt, dass die Kühlleistung nach der Dämmung nicht mehr ausreicht, können Sie leise Gehäuselüfter nachrüsten, wie wir es auf Seite 480 beschrieben haben.

1 Zuerst werden die Seitenteile mit Dämmmaterialien ausgestattet. Nehmen Sie dazu beide Seitenteile ab. Bevor Sie die Seitenwände bekleben, müssen Sie Ihr Gehäuse begutachten, um festzustellen, an welchen Stellen die Anbringung von Dämmmaterial sinnvoll ist.

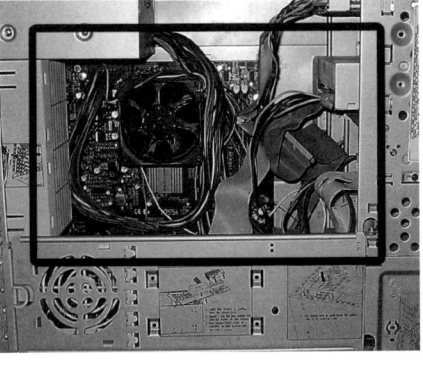

In diesem Gehäuse ist die Anbringung von Noppenschaum nur in dem eingerahmten Bereich sinnvoll.

In großen Computergehäusen befindet sich in der Mitte oft eine horizontale Metallstange, die das Gehäuse stabilisiert. In diesem Fall müssen Sie um die Metallstange herum das Dämmmaterial anbringen.

2 Verwenden Sie zum Zerschneiden des Noppenschaums oder anderer Dämmmaterialien ein scharfes Teppichmesser oder eine Schere. Achten Sie beim Zuschneiden des Dämmmaterials darauf, dass es genügend Abstand zum Rand der Gehäusewand hat, damit das Gehäuse sich ohne Probleme schließen lässt.

3 Für die Anbringung nicht selbstklebender Materialien ist breites und starkes Teppichklebeband empfehlenswert. Bei der Anbringung des Klebebands sollten Sie nicht sparen und das Gehäuse möglichst großflächig bekleben.

4 Jetzt kommen Gehäuseboden und Gehäusedeckel dran. Bei einigen Gehäusen lässt sich der Gehäusedeckel abnehmen, in diesem Fall ist das Ankleben der Dämmmaterialien einfach. Falls sich der Deckel nicht abnehmen lässt, empfiehlt es sich, das Klebeband zuerst auf das Dämmmaterial zu kleben und dann in den Gehäusedeckel zu drücken. Achten Sie darauf, möglichst sauber zu arbeiten. Starkes  Teppichklebeband lässt sich teilweise nur mit einigem Arbeitsaufwand von dem Gehäuse entfernen.

5 Bekleben Sie nun noch große freie Stellen an der Rückseite und – ganz wichtig – an der Vorderseite des Gehäuses. An der Rückseite neben dem Prozessor ist häufig eine freie Stelle für einen Gehäuselüfter, der den Prozessor noch kühlt. Diese Stelle können Sie ebenfalls zukleben, falls Ihr Prozessor ausreichend gekühlt ist. Falls sich jedoch herausstellt, dass Ihr Computer zu heiß wird, entfernen Sie diese Dämmmatte als Erstes.

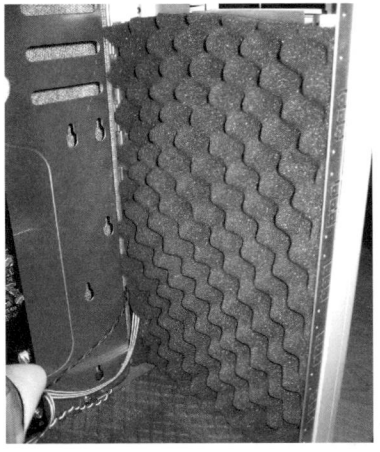 

6 Zusätzlich können Sie die Frontblenden freier 5¼-Zoll-Schächte mit Dämmmaterial bekleben. Vor allem bei großen Gehäusen, in denen wenige Laufwerke eingebaut sind, bringt diese Dämmung viel, da die Laufwerkschächte eine große Fläche bilden. Einige Dämmsets bieten bereits passend geschnittene Dämmmatten für die Blenden an. Falls Sie kein Dämmset verwenden, müssen Sie Ihr Material passend zuschneiden.

7 Prüfen Sie nun, ob Sie alle großen Flächen mit Dämmmaterial ausgestattet haben und ob die Ecken des Dämmmaterials fest angeklebt sind. Wenn Sie überzeugt sind, nichts vergessen zu haben, können Sie Ihr Gehäuse schließen.

8 Starten Sie nun Ihren Computer und freuen Sie sich über ein leises System! Um zu gewährleisten, dass Ihr Computer trotz der Dämmung ausreichend gekühlt ist, sollten Sie nun einen Stresstest mit Temperaturüberwachung durchführen, wie wir ihn auf Seite 509 beschreiben.

Stark und leise: Wasserkühlung für Ihren PC

Fast alle Computer werden mit einer konventionellen Luftkühlung ausgeliefert, obwohl es mittlerweile sehr viel effizientere Lösungen zur Kühlung eines Computers gibt. Wasserkühlungen, Heatpipe-Kühlungen, Peltierelemte oder Kompressoren haben eine wesentlich höhere Kühlleistung als eine übliche Luftkühlung. Darüber hinaus haben einige dieser Kühlalternativen den Vorteil, dass sie nahezu geräuschlos arbeiten, da keine oder nur wenige mechanische Teile bei der Kühlung verwendet werden. Allerdings haben beispielsweise Wasserkühlungen im alltäglichen Gebrauch einige Nachteile, die die stärkere Verbreitung dieser Kühlmethode verhindern.

Prinzip einer Wasserkühlung

Die Funktionsweise einer Wasserkühlung ist ziemlich einfach und bestens bewährt, wird die Wasserkühlung doch schon seit Jahren in Automobilien verwendet. Das folgende Schema soll die Funktionsweise einer Wasserkühlung verdeutlichen:

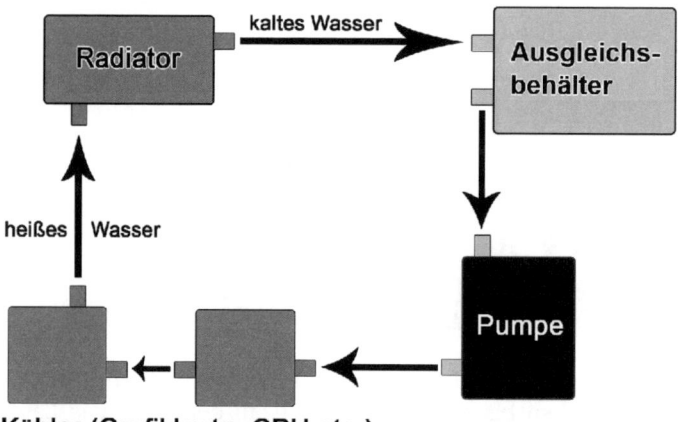

Kühler (Grafikkarte, CPU etc.)

Die Pumpe sorgt für die Wasserzirkulation im Kreislauf. Die Kühler für Festplatte, Grafikkarte, Prozessor, Netzteil etc. sind alle hintereinander geschaltet. Die Abwärme, die durch diese Komponenten erzeugt wird, wird sofort vom Wasser weggetragen. In dem Radiator wird das Wasser wieder gekühlt und über einen Ausgleichsbehälter und die Pumpe wieder dem Kreislauf hinzugefügt. Jeder Kühler besitzt zwei Anschlüsse, einen für den Wassereingang und einen für den Wasserausgang (siehe Abbildungen unten). Durch den Wasserkreislauf strömt kühles Wasser ein, nimmt die Abwärme an und verlässt sofort wieder den Kühler.

Die Wasserkühlung arbeitet dabei äußerst effizient, da Wasser ein sehr guter Wärmespeicher ist. Die Kühlung geschieht hierbei nahezu geräuschlos: Die Pumpe und ein Lüfter für den Radiator (der jedoch nicht immer notwendig ist) sind die einzig wirklich mechanischen Teile. Wasserkühler gibt es mittlerweile für jede Komponente, die in einem Computer Kühlung benötigt: für den Prozessor, den Chipsatz, die Grafikkarte, die Festplatte und sogar wassergekühlte Netzteile sind erhältlich.

Warum kommt die Wasserkühlung nicht häufiger zum Einsatz?

Eine Wasserkühlung ist einer konventionellen Luftkühlung in fast allen Bereichen überlegen. Schon günstige Kühler erreichen eine höhere Kühlleistung, als sie ein Lüfterkühler jemals erreichen würde. Warum wird eine Wasserkühlung also fast nie in Komplett-PCs verwendet? Dies hat hauptsächlich zwei Gründe: Erstens ist eine Wasserkühlung (auch wenn nur der Prozessor und die Grafikkarte gekühlt werden) wesentlich teurer als eine Luftkühlung, und zweitens vertragen sich Wasser und ein Computer nicht besonders gut. Das Risiko einer undichten Wasserkühlung und somit eines Computerdefekts ist den Herstellern von

Komplett-PCs verständlicherweise zu hoch und so greifen sie weiterhin auf die konventionelle Luftkühlung zurück. Außerdem erfordert eine Wasserkühlung eine regelmäßige Wartung. Es muss (vor allem im Sommer) regelmäßig überprüft werden, ob noch genügend Wasser im Kreislauf vorhanden ist, da selbst in diesem geschlossenen System Wasser verdunsten kann. Die Hersteller empfehlen darüber hinaus, das ganze Wasser des Systems mindestens alle zwei Jahre komplett zu wechseln.

Die Wasserkühlung gilt durch ihre enorme Leistungsfähigkeit und quasi nicht vorhandene Lautstärke jedoch inzwischen als Geheimtipp: nicht nur bei Hardcore-Overclockern, sondern auch bei „normalen" Anwendern, die einen möglichst leisen aber doch leistungsstarken PC haben wollen. Daher bieten inzwischen viele Händler und Hersteller komplette Wasserkühlersets, bestehend aus Kühlern, Pumpe, Radiator, Wassertank und Schläuchen, zu günstigen Preisen an. Der Einbau dieser Komponenten ist allerdings wesentlich komplizierter als der Einbau eines einzelnen Lüfters. Oftmals müssen Sie dabei das Computergehäuse komplett leer räumen, um Platz für die Pumpe und den Radiator zu schaffen. Für den ambitionierten Anwender, der schon ein bisschen Erfahrung mit Computerbauteilen hat, spricht nichts gegen den Einbau einer Wasserkühlung. Mit unserer Anleitung und der des Wasserkühlerherstellers dürfte dann nichts mehr schief gehen.

Einbau einer Wasserkühlung

Noch einmal der Warnhinweis: Der Einbau einer Wasserkühlung ist nicht ganz leicht. Je nachdem, welches System Ihre Wasserkühlung zur Befestigung der Kühlkörper benötigt, müssen Sie das Motherboard ganz aus Ihrem Computer aufbauen. Der Zeitaufwand ist nicht zu unterschätzen und es besteht dabei immer ein Risiko, die Hardware zu beschädigen! Befolgen Sie neben unseren Tipps unbedingt die Hinweise, die der Hersteller Ihrer Wasserkühlung in seiner Anleitung angibt, und folgen Sie im Zweifelsfall dieser.

Vor dem Kauf und Einbau der Komponenten sind einige Überlegungen notwendig: Die wichtigste Frage ist natürlich, welche Komponenten neben dem Prozessor gekühlt werden sollen. Das hängt natürlich von Ihrer Hardware ab: Besitzt Ihr Motherboard einen Chipsatzlüfter und die Grafikkarte ebenfalls, ist die Wasserkühlung dieser Komponenten ebenfalls sinnvoll. Außerdem muss überlegt sein, wo der Radiator platziert werden soll. Nur bei sehr großen Gehäusen ist es wirklich sinnvoll, den Radiator direkt in das Gehäuse zu integrieren – bei vielen Anwendern dürfte der Platz zu klein sein (was natürlich auch von der Größe des Radiators abhängt). Häufig ist die bessere Möglichkeit, den Radiator einfach auf das Gehäuse zu legen und die Schläuche hinten entlangzuführen. Anfangs mag das zwar etwas befremdlich wirken, aber es erfüllt seinen Zweck und ist außerdem ein echter Blickfang!

Bevor Sie mit dem Einbau beginnen, werfen Sie unbedingt einen Blick in das BIOS Ihres Computers. Die meisten modernen Computer besitzen eine Schutzfunktion, die vor dem Defekt des Prozessorlüfters warnt. Bei Nutzung einer Wasserkühlung wird natürlich kein CPU-Lüfter mehr benutzt – das weiß das BIOS aber nicht und bricht beim Start des Computers in hektisches Piepsen aus. Nerviger ist es jedoch noch, falls der Computer aufgrund dieser Schutzfunktion gar nicht startet – auch das gibt es! Deaktivieren Sie daher unbedingt vor dem Einbau der Wasserkühlung die entsprechende Funktion im BIOS!

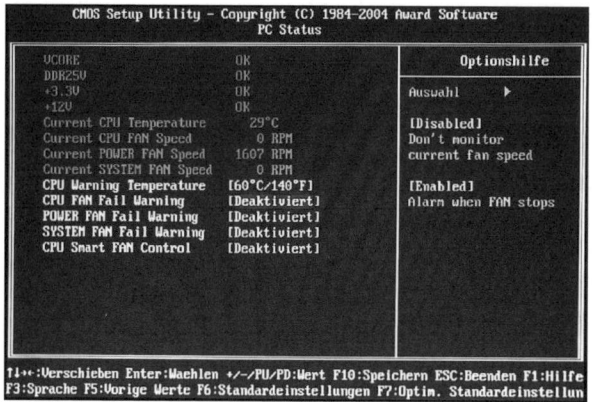

Bei einigen Schritten, wie beispielsweise dem Entfernen des Chipsatzlüfters oder dem Austausch des Grafikkartenlüfters, verlieren Sie die Herstellergarantie! Fahren Sie also nur fort, wenn Sie sich des Risikos bewusst sind!

1 Trennen Sie Ihren Computer vom Stromnetz und öffnen Sie das Gehäuse. Zu den Arbeiten am Prozessor(-Sockel) und Mainboard sei auf die Kapitel 6 und 7 verwiesen, in denen die Arbeiten an diesen beiden Komponenten ausführlich erklärt werden.

Trennen Sie das Motherboard vom Netzteil und entfernen Sie Prozessorkühler und Prozessor. Aktuelle CPU-Sockel besitzen einen extra

Der Originalrahmen muss häufig entfernt werden.

Rahmen, um den Kühlkörper zu befestigen und um die CPU zu schützen. Einige CPU-Wasserkühler können direkt an dem Originalrahmen des Motherboards montiert werden, bei anderen muss dieser entfernt werden.

2 Gehört Ihr CPU-Kühler zur zuletzt genannten Sorte, muss häufig das ganze Mainboard ausgebaut werden. Dann wird eine Platte unter den CPU-Sockel gelegt und Muttern werden durch die beiden Löcher links und rechts vom

Sockel durchgeführt. An diese Muttern wird nun ein neuer Rahmen für den Wasserkühler angeschraubt.

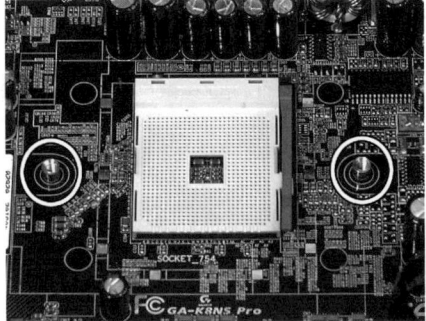 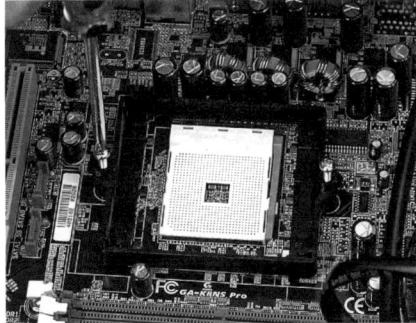

An diese Muttern (siehe Markierung) wird der neue Rahmen angeschraubt. Dieser Schritt ist jedoch nicht bei allen Wasserkühlern notwendig, da die Hersteller unterschiedliche Befestigungssysteme nutzen.

3   Setzen Sie nun den Prozessor wieder ein. Achten Sie auf die richtige Ausrichtung der CPU! Sie finden Sie durch eine Markierung am Sockel und an der CPU (auf diesem Bild unten links).

Dabei können Sie gleich die Gelegenheit nutzen und eine dünne Schickt Wärmeleitpaste auf die CPU auftragen. Sie sollte dünn und so gleichmäßig wie möglich aufgetragen werden! Achten Sie unbedingt darauf, dass wirklich nur die Oberfläche des Prozessors und keine weitere Komponenten des Computers etwas von der Wärmeleitpaste abbekommen.

4   Nun folgt der Einbau des neuen Wasserkühlers für den Prozessor. Auch hier können Sie an der Unterseite, die auf der CPU aufliegt, eine dünne und gleichmäßige Schicht Wärmeleitpaste auftragen.

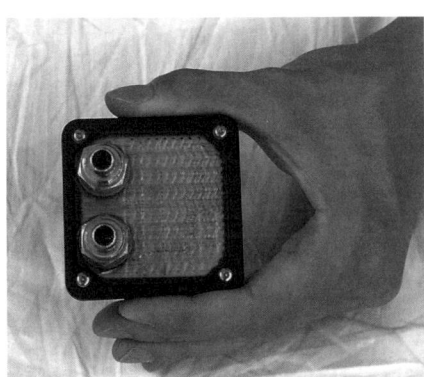 

5 Legen Sie nun den CPU-Kühler vorsichtig auf den Prozessor. Die Ausrichtung des Kühlers ist dabei modellabhängig. Einige Kühler sind vollständig quadratisch und daher ist es egal, wie sie auf die CPU gelegt werden. Dann können Sie den Kühler so drehen, dass die Schläuche einen möglichst einfachen Weg haben.

6 Nun wird eine Klammer am Rahmen des Sockels befestigt, die den Kühler so stark wie möglich an den Prozessor presst. Dazu muss die Klammer zuerst an einer Seite eingehängt und dann an der anderen verhakt werden. Anschließend müssen Sie einen Hebel umlegen. Damit wird der Anpressdruck auf den Prozessor erhöht.

7 Als Nächstes folgt der Chipsatzkühler des Mainboards. Auch hier hängt das genaue Vorgehen wieder von der Art der Befestigung des alten und neuen Kühlers ab. Einige (zumeist passive oder sehr kleine Lüfter) sind nur auf den Chipsatz aufgeklebt – allerdings mit extrem starkem Kleber. Versuchen Sie in diesem Fall, den Lüfter zuerst mit der Hand zu entfernen.

Hilft dies nicht, können Sie ganz vorsichtig versuchen, den Kühler mit einem Schraubendreher auszuhebeln. Vor dieser Methode sei allerdings gewarnt, da Sie nicht ungefährlich ist! Im schlimmsten Fall müssen Sie auf das Auswechseln des Kühlers verzichten!

Die meisten Chipsatzkühler sind jedoch durch kleine Plastikschrauben mit dem Motherboard verbunden.

Hier hilft ein einfaches Abschrauben oder Abzwacken der Plastikschrauben. Um den neuen Wasserkühler zu befestigen, muss jedoch häufig wieder auf die Unterseite des Mainboards zugegriffen werden, um neue Plastikschrauben einzubauen. Diese werden dann durch die entsprechenden Öffnungen nach oben geführt und dann an den neuen Wasserkühler angeschraubt.

8 Anschließend folgt der Austausch des Grafikkartenlüfters. Dieser ist häufig die größte Lärmquelle in einem Computer, da der Lüfter nur sehr klein sein kann und sich daher mit sehr hoher Geschwindigkeit drehen muss.

Der Lüfter ist meistens durch kleine Plastikschrauben oder -stecker befestigt. Schrauben lassen sich recht leicht entfernen, die Plastikstecker müssen jedoch an der Rückseite mit einer Zange zusammengedrückt werden, sodass die Steckerenden durch die Löcher passen. Danach können Sie den Lüfter entfernen (vergessen Sie nicht, das Stromkabel des Lüfters zu entfernen).

9 Auch auf den Prozessor der Grafikkarte können Sie eine dünne Schicht Wärmeleitpaste auftragen, ebenso wie auf die Unterseite des neuen Wasserkühlers.

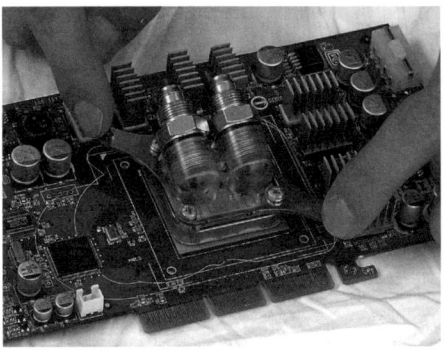

Legen Sie nun den neuen Kühler vorsichtig auf den Prozessor. Stecken Sie dann die neuen Verbindungsstifte (meistens sind dies Plastikschrauben) durch die Löcher am Kühlkörper und durch die der Grafikkarte. Die neuen Schrauben müssen sowohl an der Vorder- als auch an der Rückseite angeschraubt werden. Die Kühlleistung verbessert sich stark, wenn der Kühlkörper fest mit dem Prozessor verbunden ist. Ziehen Sie die Schrauben daher ordentlich, jedoch nicht übertrieben, fest.

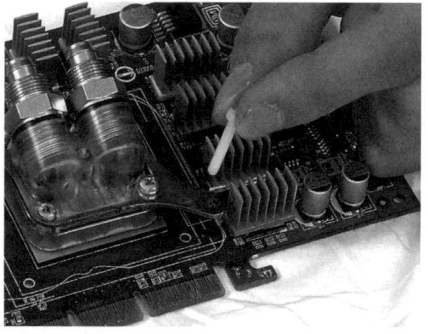 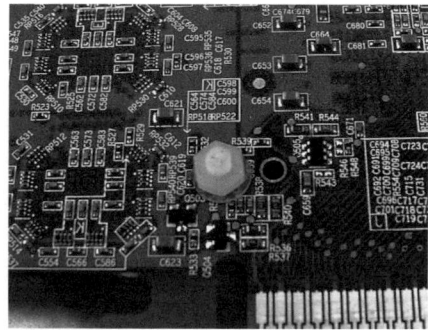

Bei vielen Grafikkarten besitzen die Speicherbausteine keinen eigenen Passivkühler, da sie durch den Luftzug eines Lüfters ausreichend mitgekühlt werden. Bei der Nutzung einer Wasserkühlung entfällt dieser Luftstrom und daher können die RAM-Bausteine sehr heiß werden. Ein großer, aber sehr langsam drehender Gehäuselüfter reicht häufig für eine ausreichende Kühlleistung aus und ist außerdem kaum hörbar. Zusätzlich können Sie kleine Kühlkörper auf die Speicherbausteine kleben (wie bei der Grafikkarte aus unserer Anleitung). Sie besitzen ein selbstklebendes Wärmeleitpad und müssen nach dem Entfernen einer Schutzfolie einfach auf die Speicherchips geklebt werden.

Damit ist der Einbau der neuen Wasserkühler abgeschlossen. Natürlich gibt es noch weitere Hardware des Computers, die mit Wasser gekühlt werden kann, wie beispielsweise die Festplatte oder das Netzteil. Da Wasserkühler für diese beiden Komponenten sehr teuer und häufig nicht notwendig sind, entscheiden sich die meisten Anwender für die Kombination aus Prozessor-, Grafikkarten-, und Chipsatz-Kühler. Das Bild rechts zeigt die eingebauten Kühler. Als Nächstes folgt die Installation der Schläuche.

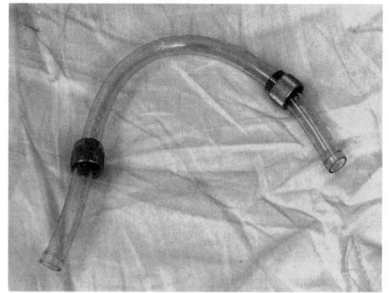

10 Um das Wasser zu den Kühlern zu transportieren, wird ein hochwertiger PVC-Schlauch benötigt, wie man ihn auch aus Aquarien kennt. Kompletten Sets liegt meist ein Schlauch von zwei Metern Länge bei, der in einzelne Teile geschnitten werden muss. Auf diesen Schlauch werden dann zwei Befestigungsschrauben aufgesteckt, die mit den Anschlüssen der Kühler verschraubt werden.

11 Jetzt müssen Sie sich überlegen, in welcher Reihenfolge Sie die Kühlkörper anschließen. Die Wasserkühlung bildet einen Kreislauf und so werden die Kühler nacheinander miteinander verbunden. Da die Reihenfolge auf die Kühlleistung eine zu vernachlässigende Rolle spielt, sollten Sie die Kühlkörper so anschließen, sodass ein möglichst geschickter und kurzer Weg für die Schläuche notwendig ist. In unserem Fall ist dies vom CPU-Kühler zur Grafikkarte und von dort zum Chipsatz. An den freien Anschluss am CPU-Kühler wird dann der Radiator angeschlossen und an den freien Eingang des Chipsatz-Kühlers die Wasserpumpe mit Ausgleichsbehälter.

Vermeiden Sie unbedingt Knickstellen an den Schläuchen, da diese eine große Gefahr bedeuten: Das Wasser kann aufgestaut werden und so die Kühlleistung stark sinken. Im schlimmsten Fall bildet sich eine Bruchstelle und Wasser tritt aus.

12 Um den Schlauch an einem Kühlkörper anzuschließen, stecken Sie ihn auf den entsprechenden Anschluss. Führen Sie dann die Befestigungsschraube nach unten und schrauben Sie sie an den Kühler an. Diese Befestigung sollte gut fest sein und Sie können die Schraube noch mit einer Zange nachziehen (aber nur so fest, dass sie irgendwann wieder gelöst werden kann!).

13 Nun folgt die Installation des Radiators. Dieser hat die Aufgabe, das von den Kühlkörpern erwärmte Wasser wieder abzukühlen. Beim Kauf einer Wasserkühlung müssen Sie darauf achten, dass der Radiator eine ausreichende Kühlleistung besitzt (dazu wird die Leistungsaufnahme der Computerkomponenten zusammengerechnet).

Es existieren sowohl passive als auch aktive Radiatoren. Passiv bedeutet, dass kein Lüfter benötigt wird. Solche Radiatoren sind sehr groß, teuer und nur für kleine Computersysteme mit wenig Abwärme geeignet. Ein Radiator, der einen zusätzlichen Lüfter benötigt, dürfte für die meisten Anwender daher die bessere Wahl sein. Häufig können große 12-x-12-cm-Lüfter genutzt werden, die eine sehr niedrige Umdrehungszahl haben und somit nahezu unhörbar sind.

14 Der Platz für den Radiator hängt von der Größe Ihres Modells und dem verfügbaren Platz in Ihrem Gehäuse ab. Nutzen Sie einen kleinen Radiator, können Sie diesen häufig an freie 5¼-Zoll-Laufwerkschächte anschrauben.

Bei größeren Modellen muss der Radiator nach außen geführt werden. Die Lüfter für den Radiator können dann einfach auf den Radiator gelegt werden. Besser ist es jedoch, wenn die Lüfter gleichzeitig die warme Luft aus dem Gehäuse saugen und dann den Radiator kühlen. Dazu ist allerdings eine Öffnung am Oberteil des Gehäuses notwendig. Einige Gehäuse verfügen bereits über die Möglichkeit, hier Lüfter zu montieren. Bei anderen ist allerdings Handarbeit gefragt: Dann muss die Eisensäge oder die Flex her!

15 Die beiden Schläuche, die zum Radiator geführt werden (einer von einem Kühlkörper und der andere von der Wasserpumpe) können mittels eines Slotblechs, das den meisten Sets beiliegt, geschickt nach außen geführt werden.

Damit der Radiator nicht verrutscht, sollten Sie ihn mit doppelseitigem Klebeband oder Klettverschlüssen fixieren. Achten Sie auch hier wieder auf Knickstellen an den Schläuchen! Damit diese nicht lose herumhängen, sollten Sie sie mit Kabelbinder am Gehäuse fixieren. Der Anschluss der Schläuche funktioniert mittels der Befestigungsschrauben ebenso wie bei einem Kühlkörper.

16 Nun folgt als Letztes die Installation der Pumpe und des Ausgleichsbehälters. Ein Ausgleichsbehälter ist unbedingt erforderlich. Auch im geschlossenen Kreislauf einer Wasserkühlung kann Wasser verdunsten. Im Ausgleichsbehälter befindet sich eine Reserve, sodass immer genug Wasser im Kreislauf vorhanden ist.

Die Pumpen die bei einer Wasserkühlung genutzt werden, sind prinzipiell gewöhnliche Aquarienpumpen. Da diese im Original jedoch mit 230 Volt betrieben werden, wird ein extra Transformator gebraucht, der die Spannung auf 12 Volt ändert, damit die Pumpe über das Computernetzteil betrieben werden kann. Dabei stört der Transformator, der durch ein mehr oder weniger lautes Summen zu hören ist, selbst wenn er im geschlossenen Gehäuse ist. Viele Hersteller von Wasserkühlungen bauen die Pumpen daher aufwendig auf den 12-Volt-Betrieb um. Sie kann dann am Netzteil betrieben werden, ohne dass ein ständiges Summen des Transformators zu hören ist.

Diese Pumpe verfügt über einen kleinen angesteckten Ausgleichsbehälter und wurde auf 12 Volt umgebaut. Damit lässt sie sich direkt an das Netzteil des Computers anschließen.

17 Die Pumpe wird genauso wie die vorherigen Komponenten mit den Schläuchen verbunden. Bei einer Pumpe mit integriertem oder angestecktem Ausgleichsbehälter kommt ein Schlauch an den Behälter und der andere an die Pumpe. Da Sie jetzt nur noch zwei Schlauchenden haben (sollten), ist die Installation leicht: Ein Schlau kommt vom Radiator, der andere von einem der angeschlossenen Wasserkühler.

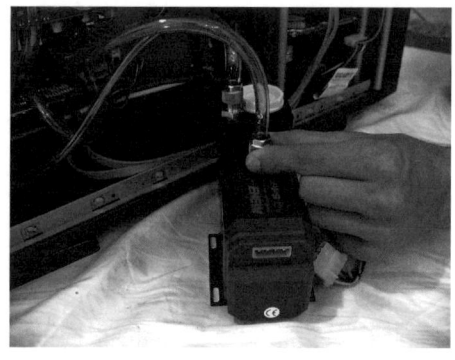

18 Nun folgt das Befüllen des Systems mit Wasser. Verwenden Sie dazu unbedingt nur destilliertes Wasser, da sonst Kalkablagerungen das System verstopfen können! Auch ist ein spezieller Korrosionsschutz, der dem Wasser hinzugegeben wird, sinnvoll und liegt den meisten Sets bei. Damit das Wasser im Kreislauf verteilt wird, muss die Pumpe gestartet werden, die ja am Netzteil angeschlossen ist. Damit keine Komponenten beschädigt werden (der Prozessor wird ja ohne Wasser noch nicht gekühlt!), schließen Sie den Stromanschluss des Netzteils für das Motherboard an einen speziellen Adapter an. Dadurch werden alle Komponenten, also Festplatten, DVD-Laufwerke und eben auch die Pumpe, mit Strom versorgt, jedoch nicht das Motherboard, die Grafikkarte und der Prozessor!

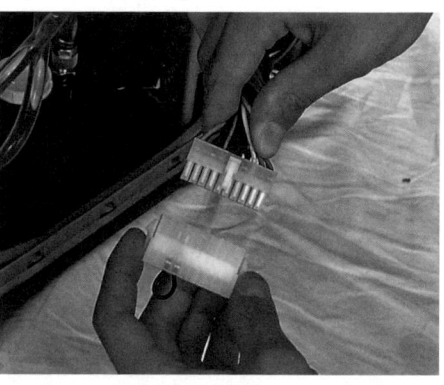

Achtung: Bevor Sie Wasser in das System geben, überprüfen Sie unbedingt den korrekten Sitz aller Schläuche und Befestigungsschrauben! Die Schläuche müssen alle fest sitzen, damit kein Wasser austreten kann!

19 Schrauben Sie nun den Deckel vom Ausgleichsbehälter ab und halten Sie das destillierte Wasser bereit. Zum Befüllen nehmen Sie am besten einen Trichter. Füllen Sie ein bisschen Wasser ein und schalten Sie das Netzteil ein. Die Pumpe beginnt nun zu arbeiten und verteilt das Wasser im System. Füllen Sie nun ganz langsam weiter Wasser nach, bis der Ausgleichsbehälter voll ist.

20 In den meisten Fällen sehen Sie, wie das Wasser durch die Schläuche fließt, da sich noch Luftblasen im System befinden. Damit diese rauskommen, nehmen Sie den Radiator und schütteln Sie ihn so lange, bis alle Luftblasen verschwunden sind (der Ausgleichsbehälter muss dabei geöffnet sein).

21 Damit ist der Einbau der Wasserkühlung abgeschlossen! Verschließen Sie die Wasserpumpe und legen Sie sie möglichst geschickt in das Gehäuse. Den Radiator stellen Sie wieder auf seinen eigentlichen Platz. Dann müssen Sie noch den Adapter vom Netzteilstecker entfernen und mit das Motherboard anschließen. Dann wird es Zeit für einen ersten Testlauf! Beobachten Sie dabei unbedingt die Temperaturanzeigen des Computers (siehe auch nächster Abschnitt). Falls die Temperatur im Gehäuse ungewöhnlich hoch ist, sollten Sie einen Gehäuselüfter einbauen, der die Luftzirkulation fördert. Damit werden

auch Bauteile wie Spannungswandler oder die Festplatte, die nicht an der Wasserkühlung angeschlossen sind, gekühlt.

Stresstest und Temperaturkontrolle für den Computer

Nach jeder größeren Änderung des Computers, die die Kühlleitung beeinflusst, sollten Sie Ihren Computer genauestens auf Abstürze beobachten und die Temperatur des Prozessors und des Gehäuses im Auge behalten. Daher empfehlen wir Ihnen, immer nur eine Maßnahme zur Geräuschoptimierung durchzuführen, also beispielsweise den Austausch des Netzteillüfters, und dann den Computer auf seine Stabilität zu testen.

Die Temperatur im Computer kontrollieren

Um die Temperatur nach einer Tuning-Maßnahme sinnvoll bewerten zu können, sollten Sie einen geeigneten Vergleichswert haben. Dazu sollten Sie schon vor der Änderung am Computer einen Stresstest durchführen und dabei eine Temperaturmessung vornehmen.

Dazu gibt es mehrere Möglichkeiten: Auf mittlerweile jedem Mainboard befinden sich Sensoren, die die Temperatur der CPU, des Mainboards und des Gehäuses messen. Diese Werte können Sie immer im BIOS des Computers nachlesen, jedoch gibt es auch zahlreiche Windows-Tools, die dies können, beispielsweise SiSoft Sandra (*http://www.sisoftware.net*) oder SpeedFan (*http://www.almico. com/speedfan.php*). Das Programm SiSoft Sandra wird in diesem Buch anhand seiner zahlreichen Funktionen an mehreren Stelle empfohlen und ist ein gutes Allzweckwerkzeug zur Anzeige von Systeminformationen und Benchmarks.

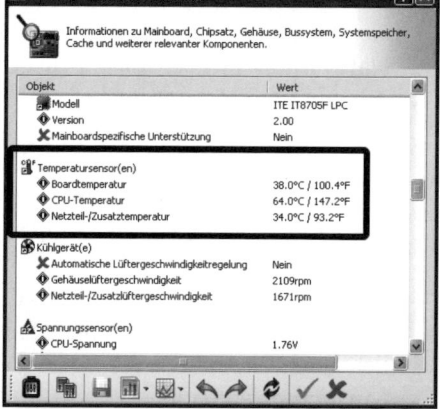

Klicken Sie in SiSoft Sandra unter Hardware-Informationen auf Mainboard. Hier werden dann unter anderem die Auswertung der Temperatur-sensoren, aber auch Informationen wie Spannung oder Lüfterdrehzahl angezeigt.

Die Diode zur Messung der CPU-Temperatur ...

... und die Diode zur Messung der Mainboard-Temperatur.

Ihren Computer so richtig heiß machen

Um Ihren Computer richtig auszulasten, ist prinzipiell jede Anwendung gut, die den Prozessor stark belastet, also beispielsweise Videokomprimierung. Am besten ist noch ein extrem hardwarehungriges Computerspiel, das sowohl Grafikkarte als auch Prozessor sehr belastet. Schon fast eine Legende, um dem Computer so richtig einzuheizen, ist das Programm Prime95, das Sie unter *www.mersenne.org/freesoft.htm* herunterladen können. Das Programm macht nichts anderes, als Primzahlen zu berechnen.

Da hierbei die CPU extrem stark beansprucht wird, erwärmt sich die CPU und somit der gesamte Computer. Klicken Sie nach der Installation einfach auf *Options/Torture Test* und wählen Sie hier *Inplace large FFTs* aus. Schon wird der Stresstest für den Computer gestartet. Lassen Sie das Programm etwa eine Stunde laufen, anschließend beenden Sie es und kontrollieren die Temperatur im Computer.

Ein Programm, das praktisch die gesamte Hardware belastet, ist BurnInTest, das Sie als 30-Tage-Testversion unter *http://www.passmark.com* herunterladen können. Dabei werden sogar die optischen Laufwerke getestet (diesen Test können Sie jedoch deaktivieren). Um den Test zu starten, klicken Sie einfach auf *Start/Run Test Start*.

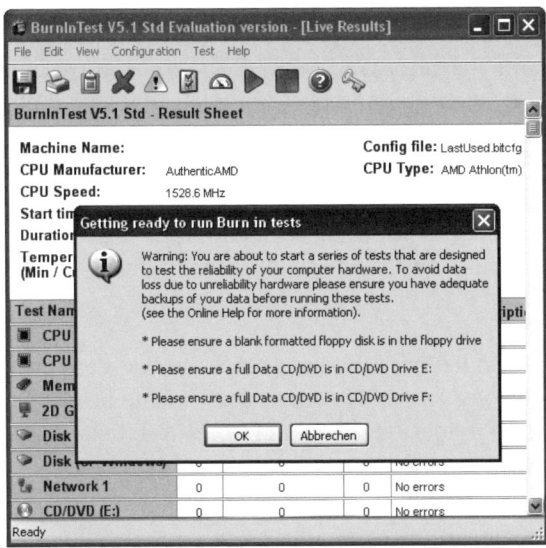

11.3 Troubleshooting: PC leiser machen

Falls bei Ihrer Tuning-Maßnahme einmal etwas schief gehen sollte und der Computer seine Arbeit verweigert, zeigen wir Ihnen hier, wie Sie einige übliche Probleme beseitigen können.

Nach dem Austausch des Prozessorlüfters oder des gesamten Kühlers startet der Computer nicht mehr und der PC-Lautsprecher piepst

Der Computer startet nicht mehr, da ein anderer Prozessorlüfter verwendet wird. Verwenden Sie beispielsweise einen extrem langsam drehenden Lüfter unter 2.000 Umdrehungen/Minute, haben einige Mainboards Probleme, den Lüfter zu erkennen. Um den Prozessor zu schützen, verweigert das Mainboard seinen Dienst und startet nicht. In diesem Fall können Sie versuchen, den Lüfter an einen anderen Stromanschluss anzuschließen oder ihn über einen Adapter direkt mit dem Netzteil zu verbinden.

Wiederum andere Mainboards verweigern den Dienst, wenn kein Lüfter an dem Lüfterstromanschluss des Mainboards angeschlossen ist. Auch dies ist eine Schutzfunktion. Erkennt das Mainboard in diesem Fall auch nicht den langsam drehenden Lüfter, haben Sie ein kleines Problem. In den meisten Fällen lässt sich diese Schutzfunktion jedoch im BIOS deaktivieren. Sie müssen jedoch wieder den alten Prozessorlüfter installieren, da der Computer sonst nicht startet.

Nach dem Austausch des Netzteillüfters gibt der Computer keinen Mucks mehr von sich

Überprüfen Sie zuerst einmal, ob der Stromstecker am Mainboard richtig eingesteckt ist. Entfernen Sie diesen am besten komplett und stecken Sie ihn dann gerade in die Steckerbuchse, bis der Stecker hörbar einrastet. Außerdem kann ein Kurzschluss entstanden sein, wenn die Stromverbindung zu den Laufwerken nicht richtig ist. Entfernen Sie daher auch diese Stecker komplett und verkabeln Sie die Laufwerke und alle anderen Stromanschlüsse neu.

Haben Sie den Netzteillüfter an die Platine des Netzteils angelötet, überprüfen Sie, ob der Plus- und der Minuspol sich nicht durch überschüssiges Lötzinn berühren. Dies würde einen Kurzschluss verursachen und das Netzteil würde seinen Dienst verweigern.

Falls all dies nichts gebracht hat, kann leider nicht ausgeschlossen werden, dass das Netzteil beim Umbau beschädigt worden ist. Da durch den Umbau die Garantie verloren gegangen ist, müssen Sie leider den Neukauf eines Netzteils in Erwägung ziehen.

Der Computer wird nach dem Dämmen des Gehäuses zu warm und stürzt ab. Wie kann ich den Computer kühler, aber nicht lauter machen?

Durch die Dämmung des Gehäuses wird neben dem Schall gleichzeitig auch die Wärme im Gehäuse isoliert. Das Resultat ist, dass sich das Gehäuse aufheizt und der Computer durch zu heiße Komponenten instabil wird. In diesem Fall kommen Sie um die Installation eines oder zweier Gehäuselüfter, wie wir sie auf Seite 480 beschrieben haben, nicht herum. Allerdings muss dabei nicht zwangsläufig die Lautstärke steigen. Sehr leise und möglichst große Gehäuselüfter dürften in einem Computer kaum zu hören sein. Zusätzlich können Sie noch eine Lüfterregelung verwenden. Über Potenziometer können Sie die Spannung der Lüfter und somit die Drehzahl und die Geräuschentwicklung verändern. So können Sie die Kühlleistung einfach erhöhen, wenn Sie eine rechenintensive Anwendung starten.

Lüftersteuerung mit Temperaturanzeige.
(Quelle: Enermax)

12. Media-PC für Hi-Fi, TV und Video-DVD

Die Leistung eines durchschnittlichen Computers hat vor wenigen Jahren kaum für die Wiedergabe einer DVD, geschweige denn die Aufnahme eines Fernsehprogramms gereicht. Durch die unglaubliche Leistungssteigerung stellen heutige Computer jedoch wahre Multimedia-Schaltzentralen dar.

Diese neue Gattung des wohnzimmertauglichen Computers nennt sich Media-PC. Im Grunde unterscheidet sich ein solcher Media-PC nicht von einem gewöhnlichen Bürocomputer – er sieht nur wesentlich schicker aus. Seit einiger Zeit haben die Computerhersteller nämlich den Bedarf an schicken und kleinen Gehäusen erkannt und bieten Plattformen, so genannte Barebones, an. Ein solcher Barebone besteht aus einem Gehäuse und einem Motherboard. Die restlichen Komponenten wie Prozessor, Arbeitsspeicher oder TV-Karte wird dabei vom Kunden eingebaut. Dies hat den entscheidenden Vorteil, dass Sie nur die Hardware haben, die Sie auch wirklich wollen. Der Zusammenbau eines Barebone ist dabei alles andere als eine unüberwindbare Hürde.

Wesentlich komplizierter ist es dabei, alle neuen Formate und Technologien, die derzeit auf den Kunden einprasseln, im Kopf zu behalten. HDTV, HDMI, HDCP, HD-DVD, Blu-ray, DVB-S2 und viele weitere Abkürzungen muss man derzeit über sich ergehen lassen.

Die Welt des Fernsehens und Heimkinos erlebt derzeit in dem größten Wandel seit 30 Jahren. Das Zauberwort heißt HDTV und verspricht Fernsehen und Filme in hoher Qualität (daher der Name **H**igh **D**efinition **T**elevision). Um HDTV genießen zu können, ist aber weitaus mehr erforderlich als ein neuer Fernseher und alle oben genannten Abkürzungen haben mit HDTV zu tun. Auch um HDTV in einem Media-PC empfangen zu können, müssen einige Dinge beachtet werden.

Im Zuge der Digitalisierung macht auch ein weiteres Schreckgespenst die Runde: Digital Rights Management, kurz DRM (digitale Rechteverwaltung). Dabei handelt es sich um ein Verfahren, das bestimmte Inhalte, wie beispielsweise Musikstücke oder Videomaterial, vor unerlaubter Vervielfältigung schützen soll. So gut wie alle neuen digitalen Technologien verfügen über einen DRM-Kopierschutz. Bei HDTV und den neuen HD-DVD und Blu-ray DVDs wird der HDCP-Kopierschutz eingesetzt. Dieser verhindert beispielsweise ein Abspielen eines Videos auf einem Monitor, der nicht HDCP-kompatibel ist. Dabei handelt es sich aber noch um das kleinere Übel, denn viele Kunden, die bereits jetzt einen HDTV-fähigen Fernseher gekauft haben, können möglicherweise kein HDTV genießen, weil ihr Gerät nicht HDCP-kompatibel ist. Die Filmindustrie ist zu allem entschlossen, um das unerlaubte Kopieren von Filmen zu unterbinden, und nimmt auch die Verärgerung der Kunden in Kauf.

12.1 Der Media-PC fürs Wohnzimmer im Eigenbau

Ein Media-PC für das Wohnzimmer ist inzwischen eine ausgereifte Sache – heutige Prozessoren erlauben selbst auf kleinstem Raum ein leistungsfähiges System mit viel Speicherplatz, TV-Empfang, einem digitalen Videoausgang, digitalem

Ton, einem FireWire-Eingang – und das in einem kleinen Gehäuse, das sich perfekt in das Wohnzimmer integrieren lässt. Sie können natürlich für viel Geld schon einen fertig zusammengestellten Media-PC kaufen. Dies ist allerdings reine Verschwendung, da der Zusammenbau eines Barebone sehr leicht ist, wie wir auf den folgenden Seiten beschreiben werden. In den weiteren Abschnitten dieses Kapitels gehen wir ausführlich auf die Integration und Nutzung eines Media-PCs ein und helfen Ihnen bei möglicherweise auftretenden Problemen.

Ein Barebone unterscheidet sich technisch nicht von einem gewöhnlichen PC – alles ist nur kleiner. Ein Problem ist daher stets die Platzfrage, da ein derartiger Barebone mit maximal zwei PCI-Schnittstellen und einem AGP-Slot bzw. PCI Express, dem AGP/PCI-Nachfolger, ausgestattet ist. Stellen Sie daher bereits bei der Wahl sicher, dass der Barebone möglichst viele Funktionen ohne Zusatzhardware besitzt. So reicht ein integrierter Grafikprozessor für die Wiedergabe von Videos vollkommen aus, oft sind sogar bereits TV-Ausgang und DVI-Schnittstelle vorhanden. Und auch  ein Audiochip ist fast immer an Board – im optimalen Fall bereits samt eines Digitalausgangs.

Der Vorteil dieser Komplett-Ausstattung: Die wertvollen Steckplätze können beispielsweise für eine TV-Karte und eine WLAN-Karte genutzt werden. So ist der Platz im Barebone optimal genutzt und alle wichtigen Funktionen für einen rundum gelungenen Media-PC sind vorhanden. Achten Sie beim Kauf jedoch auf eine möglichst aktuelle Ausstattung, um auch für die Zukunft gut gerüstet zu sein. Für die neue AERO Glass-Oberfläche von Windows Vista ist beispielsweise ein Grafikchip notwendig, der Direct X 9.0 unterstützt. Nur dann können Sie die neue Oberfläche nutzen.

Der Zusammenbau eines Barebone – Schritt für Schritt erklärt!

Nun geht es los. Als Erstes benötigen Sie natürlich einen passenden Barebone. In unserem Fall haben wir uns für einen Barebone aus dem Hause Shuttle entschieden. Der XPC SB83G5M besitzt fast alles, was für einen Media-PC notwendig ist – 5.1-Soundanschluss, digitaler Soundanschluss, USB-2.0-Anschlüsse und FireWire. Intern glänzt das Gerät zudem mit einen Serial-ATA-Port und vielen Kleinigkeiten. Der Barebone ist kompatibel zur Windows

Media Center Edition 2005, ist sehr leise und dazu nicht besonders teuer. Allerdings trübt der interne Grafikchip ein bisschen das Gesamtbild, da er keinen digitalen DVI-Ausgang und auch keinen analogen TV-Out besitzt.

Daher installiert man am besten noch eine zusätzliche Grafikkarte, die die notwendigen Schnittstellen besitzt. Dazu besitzt der Barebone zwei Slots, einen für PCI-Steckkarten (beispielsweise für eine TV-Karte) und einen für PCI Express-Grafikkarten. So können Sie sogar eine Hochleistungsgrafikkarte einsetzen und den Media-PC auch als Spieleplattform benutzen, allerdings müssen Sie dabei die Wärmeentwicklung der Grafikkarte berücksichtigen.

Die notwendige Hardware

Eine Übersicht über die benötigte Hardware gibt die folgende Tabelle. Entscheidend für die Wahl der einzelnen Komponenten ist natürlich, über welche Plattform der Barebone verfügt. Unser XPC verfügt über den Intel-Chipsatz 915G und somit über den Sockel 775 für Intel-Prozessoren.

Anschluss	Beschreibung
Hauptprozessor	Ein Barebone muss als Basis mit einem schnellen Hauptprozessor bestückt werden. Verzichten Sie dabei auf das allerneuste Modell, da diese meist recht heiß werden. Inzwischen gibt es auch Barebones für den neuen Notebook-Prozessor Intel Core Duo, der besonders Strom sparend ist. Für unser System müssen wir allerdings auf einen Single Core Intel Pentium 4 oder einen Celeron D für den Sockel 775 zurückgreifen.
Speicher	Je nach der Wahl des Systems müssen Sie entweder DDR2 oder den klassischen DDR-RAM nutzen. Extreme Geschwindigkeitsunterschiede gibt es bislang nicht, achten Sie darauf, dass der Speicher den Spezifikationen (beispielsweise dem Front Side Bus) des Prozessors entsprechen muss. Das Handbuch des Barebone sollte auflisten, welcher Speicher für welchen Prozessor notwendig ist.
Festplatte	Eine schnelle und vor allem ruhige Festplatte ist sehr wichtig, damit bei der Aufnahme der PC nicht ins Stocken gerät und zudem nicht übermäßig laut arbeitet. Dabei kann eine Videofestplatte gar nicht groß genug sein, bei den heutigen Preisen sind 160 GByte und mehr zu empfehlen. Unterstützt Ihr Barebone bereits SATA, so wählen Sie eine Festplatte mit dieser Schnittstelle. So bleibt der IDE-Port frei für andere Laufwerke.
Grafikkarte	Für einen reinen Media-PC ist eine schnelle Grafikkarte nicht notwendig, die heutigen, integrierten Grafiklösungen reichen für die Videowiedergabe absolut aus. Anders sieht die Sache aus, wenn Sie auch aktuelle Spiele nutzen wollen. Dann kommen Sie um eine zusätzliche Grafikkarte nicht herum. Achten Sie bei der Wahl des Barebone darauf, dass dieser auch einen entsprechenden AGP- oder PCI Express-Slot besitzt. Kaufen Sie am besten eine Grafikkarte mit passivem Kühler, die keine zusätzliche Geräuschquelle hinzufügt.
TV-Karte	Für den Empfang des TV-Programms unerlässlich ist eine TV-Karte. Wahlweise stehen interne PCI-Karten und externe USB-Boxen zur Verfügung. Die externen Boxen sind leicht zu installieren, die internen PCI-Karten oft kompatibler.

Anschluss	Beschreibung
	Achten Sie darauf, dass die Karte in den Barebone auch passen muss – je nach Hersteller sind TV-Karten teilweise deutlich zu groß für kleine Barebone-Rechner. Zudem müssen Sie sich an dieser Stelle für den Empfangsweg entscheiden – ob analoges Kabel, DVB-S (digitaler Satellit) oder DVB-T (terrestrisches Digitalfernsehen) – für alle drei Standards gibt es passende PCI-Karten. Und denken Sie stets dran, im Fall von Windows muss die Karte auch von der Media-Center-Erweiterung unterstützt werden!
DVD-Brenner	Zu einem echten Media-PC gehört natürlich auch ein DVD-Brenner. Neue Modelle mit Dual-Layer-Funktion sind inzwischen für unter 50 Euro erhältlich und so gut wie nie. Allerdings melden sich bereits die beiden Nachfolger HD-DVD und Blu-ray Disc an. Die ersten Geräte werden Ende 2006 in Deutschland erscheinen. Sobald diese neue Technologie interessant ist, können Sie das Laufwerk jedoch einfach ersetzen.
Wireless LAN	Ein Anschluss für ein Netzwerkkabel ist in der Regel vorhanden, Wireless LAN dagegen nicht. Wollen Sie mit Ihrem Media-PC im Netz surfen oder Filme und Musik von einem anderen PC direkt in Ihr Wohnzimmer übertragen, bietet sich eine möglichst schnelle Wireless-LAN-Lösung an. Inzwischen sind die Hersteller bereits bei über 100 MBit angekommen – natürlich einen passenden Router vorausgesetzt. Wenn Sie auf Nummer sicher in Sachen Stabilität und Speed gehen wollen, führt allerdings kaum ein Weg am Kabel vorbei.
Soundkarte	Je nach Barebone kann es notwendig sein, eine interne Soundkarte zu installieren. Zwar besitzen fast alle Barebones einen Soundanschluss, doch je nach Hersteller sind die Töne derart verfälscht, dass man um eine zusätzliche Soundkarte nicht herumkommt. Auch ein fehlender digitaler Audioanschluss kann so leicht nachgerüstet werden!

Schritt 1 – Vorbereiten des Barebone

Den Anfang machen je nach Lieferzustand zunächst das Auspacken der Komponenten und das Entfernen vieler Teile des Barebone. Erst danach ist ein Zusammenbau möglich. Die Anleitung Ihres Barebone hilft Ihnen durch diese nicht immer ganz einfache Prozedur. Allerdings sind viele der Schritte, die auf den kommenden Seiten zu sehen sind, für die meisten Barebones gültig und variieren nur in Details:

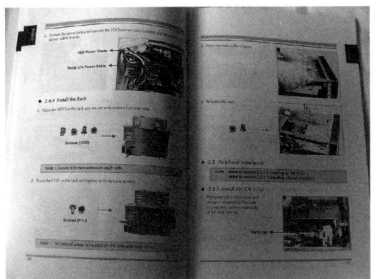

1 Zuerst muss das Gehäuse geöffnet werden. Dazu müssen Sie auf der Rückseite des Barebone drei Schrauben lösen. Bei unserem Barebone werden große Spezialschrauben benötigt, die keinen Schraubendreher erfordern. Entfernen Sie zu diesem Zeitpunkt keine weiteren Schrauben, sondern nur die, die zum Öffnen des Gehäuses notwendig sind.

2 Nachdem die Schrauben entfernt sind, ziehen Sie den Gehäusedeckel vorsichtig nach hinten. Je nach Qualität des Gehäuses müssen Sie auch einiges an Kraft aufwenden – achten Sie auf scharfe Kanten! Dann können Sie den Gehäusedeckel nach oben hin entfernen.

3 Noch können Sie nicht viel erkennen. Das liegt daran, dass eine Schiene den Blick auf das Innere des Barebone versperrt. In diese Schiene werden später ein DVD-Laufwerk und die Festplatte montiert. Jetzt muss die Schiene allerdings entfernt werden, um an das Motherboard des Computers zu gelangen. Entfernen Sie dazu die notwendigen Schrauben und heben Sie die Schiene raus.

4 Zeit für einen ersten Blick auf das Innere des Computers. Links sieht man den großen Lüfter für die Heatpipe, die mit dem Kühler am CPU-Sockel verbunden ist. Moderne Prozessoren verbrauchen viel Strom und produzieren viel Abwärme. Daher sind immer ausgefeiltere Prozessorlüfter notwendig. Eine Heatpipe bietet eine sehr gute Kühlleistung und da ein großer Lüfter verwendet werden kann, funktioniert sie auch wesentlich leiser als gewöhnliche Prozessorkühler.

5 Um den Prozessor einbauen zu können, müssen Sie zuerst den Lüfter der Heatpipe und den Kühlkörper vom Sockel entfernen. Da es im Barebone sehr eng ist, müssen Sie hierbei vorsichtig vorgehen. Achten Sie beim Entfernen des Kühlers darauf, das Motherboard nicht zu zerkratzen, da so Leitungen im Motherboard zerstört werden können.

6 Entfernen Sie zuerst die Stromversorgung des Lüfters. Folgen Sie dazu dem Kabel, das aus dem Lüfter kommt. So gut wie immer ist das Stromkabel am Motherboard angeschlossen. Entfernen Sie den Stecker vorsichtig, indem Sie ihn senkrecht nach oben ziehen. Achten Sie darauf, dass dabei kein Winkel entsteht, sonst verbiegen Sie die Pins am Motherboard. Ziehen Sie

außerdem nicht an den Kabeln, sondern nur am Stecker.

7 Lösen Sie nun die vier Schrauben an der Rückseite des Barebone, durch den der Lüfter mit dem Gehäuse verbunden ist. Halten Sie dabei den Lüfter fest, damit er nicht herunterfällt und den Barebone beschädigt.

8 Jetzt müssen Sie die Schrauben des Kühlkörpers am Sockel lösen. Dazu benötigen Sie wahrscheinlich einen Schraubendreher. Dabei ist Vorsicht angesagt: Falls Sie mit dem Schraubendreher abrutschen, können Sie das Motherboard beschädigen.

Die vier Schrauben befestigen den Lüfter der Heatpipe am Gehäuse...

...und diese vier Schrauben befestigen den Kühlkörper am Sockel.

9 Heben Sie nun die Heatpipe, also Lüfter und Kühler, aus dem Gehäuse heraus. Fassen Sie beide Komponenten gleichzeitig, da sie je nach System nicht fest miteinander verbunden sind, sondern nur ineinander gesteckt sind. Achten Sie auf die Unterseite des Kühlers: Diese besteht aus einem sehr wärmeleitfähigen Material und darf nicht zerkratzt werden!

10 Jetzt haben Sie freie Sicht auf den CPU-Sockel. Dieser ist, je nach Modell, mit einer Schutzklappe abgedeckt, um die empfindlichen Pins nicht zu beschädigen. Entfernen Sie diese vorsichtig, in dem Sie sie an einer Seite nach oben ziehen.

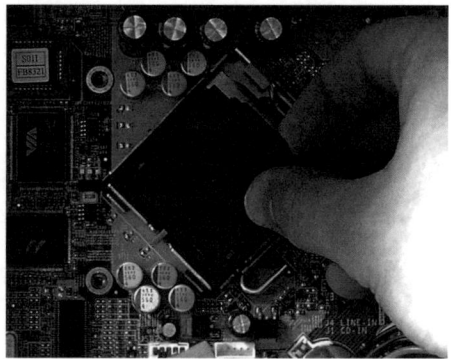

Damit haben Sie den Barebone weitestgehend zerlegt und sind nun bereit für den Zusammenbau. Legen Sie die ausgebauten Teile vorsichtig beiseite und halten Sie am besten die einzelnen Teile und die jeweiligen Schrauben zusammen, sodass Sie am Ende nicht vergessen, die einzelnen Module wieder zu fixieren.

Schritt 2 – Zusammenbau des Media-PCs

Ist der Barebone erst einmal vorbereitet, geht der Zusammenbau relativ schnell von der Hand. Die einzelnen Schritte ähneln dabei dem Auseinanderbau des Barebone, erfolgen jedoch natürlich in umgekehrter Reihenfolge:

1 Zunächst sollten Sie die CPU und den Kühler installieren, da derzeit noch genügend Platz für derartige Arbeiten im Barebone vorhanden ist. Wichtig bei heutigen Prozessoren ist eine die Wärme leitende Verbindung zwischen dem Kühler und dem Gehäuse der CPU.

Viele Hersteller kleben hierzu auf die Unterseite des Lüfters ein Wärmeleitpad, oft muss eine Schutzfolie entfernt werden. Auch liegt ab und an Wärmeleitpaste dem Barebone bei, die auf die CPU sehr dünn aufgetragen werden muss. Ist auf der Unterseite Ihres Lüfters kein viereckiger Streifen zu sehen und liegt auch keine Wärmeleitpaste bei, sollten Sie im Fachhandel eine entsprechende Tube kaufen.

Um die CPU zu installieren, müssen Sie zunächst den kleinen Metallbügel hochklappen, anschließend die CPU im Sockel platzieren – dabei helfen kleine Aussparungen an den Beinchen, sodass die CPU nur in eine Richtung in den Sockel passt. Achten Sie unbedingt auf diese Markierungen! Die CPU ist sehr empfindlich und kann schon durch einen einzigen beschädigten Pin

zerstört werden! Schließen Sie anschließend den Bügel, um die CPU zu arretieren.

Installieren Sie anschließend die Heatpipe. Dabei müssen Sie prinzipiell genauso wie beim Ausbau vorgehen, nur in umgekehrter Reihenfolge. Bevor Sie die Heatpipe jedoch einbauen, werfen Sie einen Blick auf die Unterseite des Kühlers. Diese sollte spiegelglatt und absolut sauber sein, um eine möglichst gute Wärmeleitfähigkeit zu erreichen. Polieren Sie die Oberfläche mit einem fusselfreien Tuch. Bei härtnäckigen Verschmutzungen können Sie auf Spülmittel zurückgreifen, verzichten Sie jedoch auf ätzende Reinigungsmittel. Bevor Sie den Kühler einbauen können, muss er natürlich absolut trocken sein.

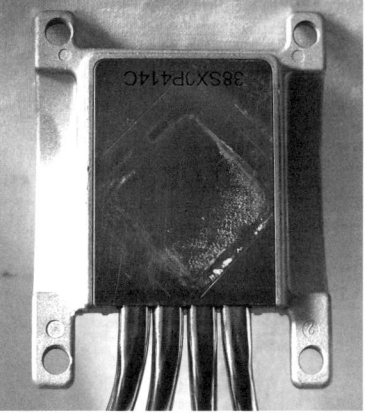

Sind Sie beim Einbau der Heatpipe noch einmal besonders vorsichtig. Der Kühlkörper liegt nicht direkt auf der CPU auf und kann bei zu starkem Druck beschädigt werden. Fixieren Sie den Kühler zuerst, sodass die Schraubenlöcher direkt übereinander sind. Beim Anschrauben des Kühlers ist die Reihenfolge der Schrauben wichtig, um den Prozessor nicht zu beschädigen.

Welche Schraube Sie zuerst einbauen, ist egal, die nächste Schraube muss jedoch die diagonal gegenüberliegende sein, damit der Druck auf die CPU gleichmäßig ausgeübt wird.

Verbinden Sie nun wieder den Heatpipelüfter mit dem Motherboard und schrauben Sie den Lüfter wieder an das Gehäuse an (siehe Schritte 6 und 8 unter *Vorbereitung des Barebone*).

2 Nun können Sie den Arbeitsspeicher installieren. Je nachdem, wie modern Ihr System ist, werden DDR- oder DDR2-Speicherriegel benötigt. Die Installation unterscheidet sich nicht voneinander. Der Arbeitsspeicher gehört zusammen mit der CPU zu den empfindlichsten Komponenten. Fassen Sie Ihn nur an den Rändern an und gehen Sie bei der Installation sehr vorsichtig vor.

Ein Speicherriegel ist nicht symmetrisch geformt. Daher ist die Einbaurichtung sehr wichtig. Sowohl Speicherriegel als auch Speichersockel besitzen eine Kerbe, die das falsche Montieren unmöglich macht.

Öffnen Sie zuerst die beiden weißen Klammern am Sockel, indem Sie sie nach außen drücken. Nur dann kann der Speicher eingebaut werden. Die Klammern schließen sich beim Hereindrücken des Speichers automatisch und fixieren ihn somit.

Stecken Sie das Modul vorsichtig in den Schacht für den Arbeitsspeicher, sodass er in der Mitte der beiden Plastikverriegelungen liegt. Extrem wichtig ist, dass die Nase im Speicher-Slot mit der Aussparung des Arbeitsspeichers übereinstimmt – sonst ist der Speicher um 180 Grad horizontal zu drehen!

Drücken Sie nun vorsichtig und ohne große Kraft den Speicher nach unten. Sitzt er korrekt in der Schiene, bewegt er sich etwa um einen Millimeter und die beiden Plastiknasen am Ende des Schachts schließen sich. Ist dies nicht der Fall, sitzt er nicht richtig in der Schiene oder hat sich verkantet; setzen Sie in diesem Fall erneut an.

3 Nun ist der Zeitpunkt gekommen, Erweiterungskarten zu installieren. Dies kann eine Soundkarte, Grafikkarte, TV-Karte oder W-LAN-Karte sein. Die Installation ist dabei genauso wie in einem gewöhnlichen PC: Slotblech entfernen, Karte reinstecken und anschrauben – fertig! Allerdings kann aufgrund der engen Platzverhältnisse das Ganze zu einer Fitzelarbeit ausarten, wenn beispielsweise Kabel im Weg sind.

Identifizieren Sie zuerst den geeigneten Slot. Die meisten Barebones besitzen einen PCI-Slot und einen AGP- oder PCI Express-Slot für eine Grafikkarte.

Wegen des kleinen Gehäuses funktioniert das Abschrauben des Slotblechs je nach Gehäuse etwas anders als in einem gewöhnlichen Computer. Auch wenn Sie nur eine PCI-Karte einbauen wollen, müssen Sie beide Schrauben an den Slotblechen entfernen. Anschließend heben Sie die kleine Klappe, die gerade mit frei geschraubt wurde, hoch. Nur jetzt kann die Steckkarte eingebaut werden. Entfernen Sie nun das Slotblech an dem Slot, den Sie benutzen möchten.

Stecken Sie jetzt die Steckkarte in den Slot. Da viele Kabel im Weg sind, müssen Sie die Karte vorsichtig um diese herummanövrieren. Drücken Sie die Karte fest und senkrecht in den Slot, sodass die goldfarbenen Kontakte im Slot verschwinden. Drücken Sie jetzt die Klappe an der Rückseite wieder nach unten und verschrauben Sie die Karte mit dem Gehäuse.

4 Nun geht es an die Laufwerke. Bei vielen Barebones sind die notwendigen Daten und Stromkabel schon mit dem Motherboard verbunden und außerdem in Führungen eingelagert, damit das andere Ende des Kabels auch an der richtigen Stelle ist. Je nachdem, welche Laufwerke Sie anschließen möchten, benötigen Sie ein IDE- oder ein SATA-Kabel. Falls die Kabel noch nicht am Motherboard angeschlossen sind, tun Sie dies jetzt.

Führen Sie das angeschlossene Kabel an den entsprechenden Stellen am Gehäuse entlang, sodass der Laufwerkanschluss an der richtigen Stelle liegt.

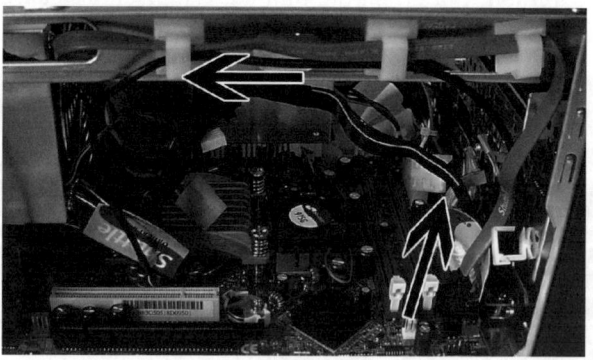

Das SATA-Kabel wird sauber am Gehäuserand entlanggeführt.

Nehmen Sie nun den zuvor ausgebauten Laufwerkkorb zur Hand und schauen Sie sich kurz an, wo die Nasen und Schraublöcher sitzen – nicht, dass Sie am Ende die Laufwerke falsch herum einbauen. Dieser Korb besitzt Platz für zwei 3½-Zoll-Laufwerke und für ein 5¼-Zoll-Laufwerk. Schieben Sie die Festplatte in den unteren Schacht und schrauben Sie ihn an den Käfig mit vier Schrauben an.

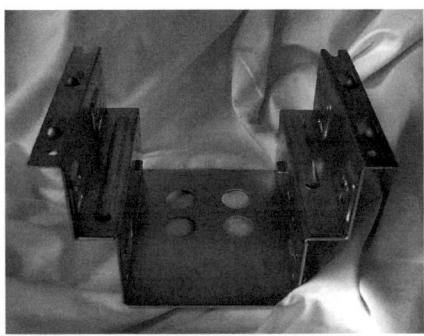 

Sollten Sie eine IDE-Festplatte verwenden, überprüfen Sie spätestens jetzt den Jumper an der Rückseite der Festplatte. Achten Sie darauf, dass bei zwei parallelen IDE-Geräten die Festplatte auf Master und der DVD-Brenner auf Slave geschaltet werden muss.

Nachdem die Festplatte verschraubt ist, drehen Sie den Laufwerkkorb einmal um. Dieser Korb besitzt an der Unterseite eine Klammer, sodass Daten- und Stromkabel sauber im Gehäuse geführt werden können und nicht die Luftzirkulation beeinträchtigen.

Als Nächstes wird der Laufwerkkorb mit der Festplatte zusammen in den Computer eingesetzt. Dabei kann es leicht passieren, dass Kabel den Korb blockieren. Achten Sie darauf, dass keine Kabel im Weg sind. Anschließend verschrauben Sie den Korb mit dem Gehäuse.

Führen Sie nun die Kabel zum Anschluss aller Laufwerke, die Sie einbauen möchten, unten am Laufwerk entlang (natürlich nur dann, wenn das Kabel nicht am Gehäuse entlang geführt wird). Dazu gehören neben den Datenkabeln auch die Stromkabel.

Fixieren Sie die Kabel ordentlich mit der Klammer, die sich an der Unterseite des Laufwerkkorbs befindet. Verbinden Sie anschließend Strom- und Datenkabel mit der Festplatte. Sollten Sie eine IDE-Festplatte benutzen, achten Sie darauf, dass der Stecker richtig herum sitzt. Dazu befindet sich eine Einkerbung am Stecker, die die Oberseite markiert.

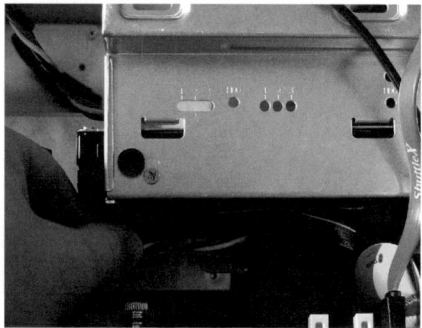 

Nun geht es an den Einbau eines DVD-Laufwerks. Dieser gestaltet sich allerdings wesentlich leichter als der der Festplatte. Legen Sie das Laufwerk einfach in die freie Schiene des Laufwerkkorbs. Manövrieren Sie das Laufwerk dann so hin, dass die Schraubenlöcher übereinander liegen. Noch einmal zur Erinnerung: Sollten Sie zwei IDE-Geräte verwenden, achten Sie auf die richtigen Master/Slave-

Einstellungen! Sobald alles richtig ist, verschrauben Sie das Laufwerk mit dem Gehäuse.

Nun müssen Sie nur noch den Stromstecker und das Datenkabel mit dem Laufwerk verbinden und der Einbau der Laufwerke ist geschafft!

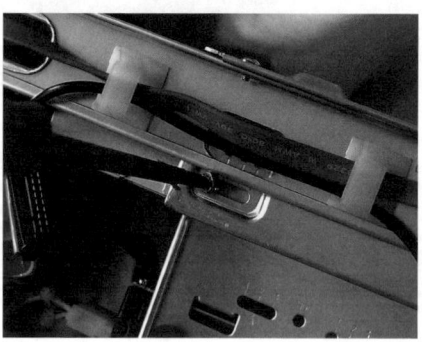 

5 Der Bau des Barebone ist so gut wie abgeschlossen. Jetzt können Sie das Gehäuse wieder schließen. Stülpen Sie den Deckel von oben über das Gehäuse, sodass zwischen Deckel und Front noch ein kleiner Spalt ist, und drücken Sie ihn dann zusammen. Achten Sie dabei auf die vielen Nasen, die das Gehäuse hat – diese müssen überall zusammenkommen. Ist es geschafft, kann das Gehäuse wieder mit den drei Schrauben, mit denen es zu Anfang geöffnet wurde, geschlossen werden.

Nun müssen Sie sich noch je nach Hardware um einige Kleinigkeiten kümmern. So benötigen viele TV-Karten eine externe Schleife zwischen dem Line-Out der TV-Karte und dem Line-In der Soundkarte bzw. der Onboard-Soundlösung. Stecken Sie dieses Kabel ein, damit Sie beim Fernsehen auch Ton hören.

Natürlich lassen sich auch weitere Geräte anschließen, beispielsweise an die USB-Ports. Ein WLAN-Adapter oder die passende Fernbedienung zur Microsoft Windows XP Media Center Edition samt Infrarotempfänger finden an den vielen Anschlüssen Platz. Einer individuellen Ausstattung Ihres neuen Media-PCs sind daher keine Grenzen gesetzt!

Den Media-PC in das Wohnzimmer integrieren

Nach dem Zusammenbau der Hardware ist die Softwareinstallation angesagt. Nun müssen Sie sich entscheiden, was für ein Wohnzimmersystem Sie anstreben. Mit dem VDF-Projekt steht eine kostengünstige, jedoch nicht immer ganz leicht zu bedienende Software zur Verfügung, die auf Linux aufbaut und alle notwendigen Funktionen für einen Media-PC bietet.

Mit weniger Konfigurationsqualen versehen ist die Microsoft Windows XP Media Center Edition, dafür kostet die inzwischen im Handel erhältliche Software auch über 100 Euro. Trotzdem, wenn es schnell und einfach gehen soll, dann ist das Microsoft-Programm ein gut ausgestatteter und schön anzusehender Einstieg in die Media-PC-Welt. Und mit der passenden Hardware, beispielsweise einer von MCE unterstützten TV-Karte mit Hardware-Encoder und der passenden Media-Center-Fernbedienung, lässt sich der PC dann auch direkt von der Wohnzimmer-couch aus bedienen! Mehr zur Wahl der Home-Theater-Software finden Sie im nächsten Abschnitt ab Seite 535.

Außerdem behandeln wir in diesem Kapitel unter anderem noch ausführlich die Themen Surround-Ton ab Seite 558 sowie DVD-Wiedergabe und HDTV ab Seite 565.

12.2 Der multimediale PC für jede Gelegenheit

In den kommenden Jahren wird sich die Be-dienung eines Computers grundlegend ver-ändern. Computer und Fernseher bzw. Heim-kinoanlage werden immer mehr zu einer Ein-heit verschmelzen und neue Aufgaben über-nehmen. Daran sind neue Formate und die damit verbundene Digitalisierung von Bild und Ton schuld: Das hochauflösende Fernse-hen HDTV kündigt sich immer stärker an und ist nicht erst seit der Fußballweltmeisterschaft 2006 in aller Munde. Aber auch die beiden DVD-Nachfolger HD-DVD und Blu-ray Disc eröffnen neue Möglichkei-ten und versprechen eine atemberaubende Bildquältität. Aber auch das neue Be-triebssystem aus dem Hause Microsoft, Windows Vista, das Anfang 2007 auf den Markt kommen wird, tut sein Übriges, um den Computer noch stärker als Multi-media-Maschine zu etablieren.

Der Media-PC hat gegenüber einer gewöhnlichen Fernseh-/Musikanlage viele Vorteile. Sie können ihn als Videorekorder, DVD-Player, Musik- und Bildarchiv und natürlich auch als normalen Computer verwenden, um im Internet zu sur-fen. Dazu ist neben guter Hardware natürlich auch die passende Software not-wendig, um das Bedienen eines Media-PCs so leicht wie das eines Fernsehers zu machen.

Wie Ihr Multimedia-PC eingesetzt werden soll, ist entscheidend, um die notwen-digen Voraussetzungen zu bestimmen. Reicht es Ihnen, am Schreibtisch ab und an ein paar Videos zu sehen oder ein wenig Musik zu hören? Oder wollen Sie ein Wohnzimmer-System haben, das sich als Multimedia-Zentrale nutzen lässt – vom zeitversetzten Fernsehen über die Wiedergabe von DivX-Filmen aus dem Internet bis hin zur Wiedergabe von HDTV-Inhalten?

Mit dem Wohnzimmercomputer für die Zukunft gerüstet

Mit einem Wohnzimmer-PC umgehen Sie geschickt das Problem vieler unterschiedlicher Formate und neuer Techniken. Ein neues Format wird einfach durch eine neue Software kompatibel und eine neue Technik können Sie durch eine eine Modifizierung der Hardware einsetzen. Dies ist meistens wesentlich leichter und auch billiger als die Anschaffung eines neuen Geräts für Ihre Heimkinoanlage. Das neue Windows Vista ist natürlich bereits für DVDs mit HDTV-Inhalt vorbereitet, zumindest im Microsoft-eigenen WMV-HD-Format, für das es in den USA bereits Dutzende DVDs gibt. Und auch Blu-ray und die HD-DVD, mit denen 2006 die klassische DVD in die HDTV-Zukunft startet, werden sich aller Wahrscheinlichkeit nach in den kommenden Jahren etablieren. Gerade die Vielfalt der aufkommenden HDTV-Formate macht es daher sehr schwierig, sich bei einem Stand-alone-Produkt für den richtigen Weg zu entscheiden – sonst geht schnell eine Stange Geld verloren! Gerade für das kommende HDTV ist ein Media-PC sehr interessant, da auch schon die jetzige Leistung ausreicht, um mit HDTV umgehen zu können. Mehr zur HDTV-Technik und den Anforderungen an einen Computer lesen Sie in Kapitel 12.5 im Abschnitt „So wird der Rechner HDTV ready" ab Seite 572.

Aber auch schon ein etabliertes Format wie DivX kann von einem Media-PC profitieren. Stand-alone-Player, die DivX abspielen können, haben nämlich häufig mit den vielen unterschiedlichen DivX-Versionen zu kämpfen und bieten somit eine schlechte Qualität. Auch hierbei ist ein Media-PC weit überlegen und bietet eine hervorragende Kompatibilität.

Auf dem Weg zum Media-PC stehen Ihnen grundsätzlich zwei verschiedene Systemformen zur Auswahl. Auffällig und inzwischen mit für die Multimedia-Wiedergabe passenden Blinklichtern ausgestattet sind Würfel-PCs, angelehnt an den alten Apple Cube. Sie werden inzwischen von vielen Herstellern in allen nur erdenklichen Bauformen angeboten. Darunter finden sich auch Modelle, die ein kleines Display eingelassen haben und beispielsweise die Abspielzeit anzeigen – ganz so, wie man es von einem klassischen DVD-Player gewohnt ist.

Die Firma Shuttle ist für qualitativ hochwertige und sehr gut ausgestattete Barebone-PCs im Würfeldesign berühmt, hier der Shuttle SN41G2 XPC. (Quelle: Shuttle)

Durch die ungewöhnliche Bauform gibt es jedoch immer wieder leichte Probleme mit der Kühlung und wirklich viel Platz ist in solch einem Barebone ebenfalls nicht vorhanden. Die Hersteller haben jedoch den Bedarf an Media-PCs erkannt und bieten auch Systeme mit einer akzeptablen Betriebslautstärke an. Mittlerweile gibt es auch Barebone-Systeme, die durch ihre Intel-i945-Plattform mit sparsamen Notebook-Prozessoren arbeiten können. Solche Systeme sind dann auch, beim Einsatz eines guten Kühlkörpers, flüsterleise.

Daneben sind Slimline-Barebones eine gute Alternative für das Wohnzimmer. Mit ihrer Bauform- und Größe ähneln sie stark normalen Heimkino-Komponenten und lassen sich daher relativ leicht liegend im Wohnzimmer verstecken. Doch meist liegt den Barebones auch ein Aufsteller bei, sodass sie hochkant eine schöne Figur abgeben. Sie sehen aus wie geschrumpfte PC-Gehäuse und sind daher zwar mit weniger Erweiterungsschächten und kleineren Mainboards – beispielsweise im ATX-Flex- oder Mini-ATX-Design – ausgerüstet, jedoch insgesamt relativ konventionell gebaut. Ein großer, langsam drehender Lüfter ist daher recht leicht integrierbar und minimiert den Lärmpegel.

Tests helfen bei der Wahl

Die Zahl der Barebone-Systeme steigt ständig an, ebenso ändern einige Hersteller ihre Produktreihen geradezu im Monatstakt. Verschiedene Zeitschriften nehmen sich daher in regelmäßigen Abständen der Problematik an und testen neue Modelle auf Herz und Nieren.

Für welches Format Sie sich nun entscheiden, ist Ihnen, dem Geldbeutel, dem Einsatzzweck und auch den Präferenzen überlassen. An der grundlegenden Art, wie solch ein Wohnzimmer-PC gebaut und konfiguriert wird, ändert sich nichts. Beide Varianten sind meist mit einem Mainboard samt Kühlsystem, vielen Onboard-Komponenten und einem kleinen Netzteil ausgestattet. Daneben können Sie natürlich fertig zusammengebaute Media-PCs erwerben, die jedoch wesentlich teurer als ein Barebone mit der zusätzlich benötigten Hardware sind. Wie leicht der Zusammenbau eines Barebone ist, haben wir bereits im vorangegangenen Abschnitt gezeigt.

DivX, WMV etc. – Codecs sind das Tor zur Multimedia-Welt

Natürlich muss es kein neuer Wohnzimmer-PC sein, wenn Sie lediglich ein paar Videos und DVDs wiedergeben möchten. Auch der Computerbildschirm eignet sich dafür – ebenso wie es lange Videokabel gibt, um den normalen Arbeitsplatz-PC mit einem Fernseher zu verbinden. Und daneben ist dank der immer stärkeren Verbreitung von Laptops, die zumeist über einen TV-Ausgang verfügen, ein mobiles Büro mit Videofunktion ebenfalls kein Problem mehr.

Das wichtigste Format – neben der DVD – stellt dabei derzeit DivX dar. Es hat das Internet ähnlich wie MP3 revolutioniert und die Aufgaben des Computers hin zur Multimedia-Maschine geprägt. Zwar ist inzwischen das DivX-Format längst nicht mehr die Nummer eins, wenn es um kleine Dateien mit möglichst hoher Qualität geht. Doch als Internetvideoformat hat es sich trotzdem etabliert und wird daher für die nächste Zeit erhalten bleiben. Auch Xvid, ein MPEG-4-Format genau wie DivX, ist mittlerweile recht häufig zu finden. Allerdings wird dieses Format, im Gegensatz zu DivX, nicht mehr weiterentwickelt.

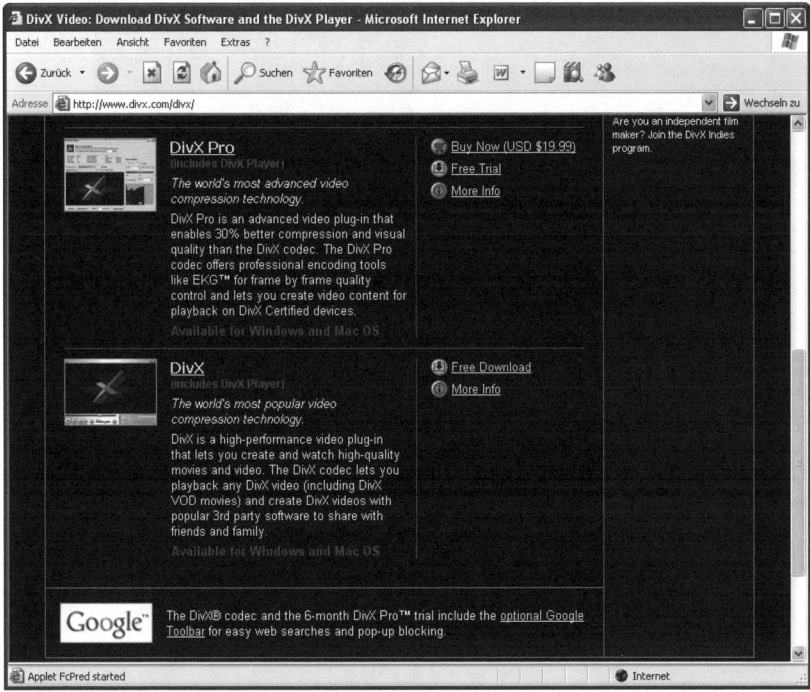

Ein großer Vorteil des DivX-Codec ist, anders als beim MPEG-2-Format, dass es in der Grundversion komplett kostenlos ist. Der MPEG-4-Codec muss lediglich von der Homepage *www.divx.com* heruntergeladen und installiert werden – selbst ein Player liegt dem Paket bereits bei. Zudem bindet er sich auch in Windows ein, sodass der Windows Media Player und andere Softwareplayer problemlos als Wiedergabeplattform für DivX-Filme genutzt werden können.

Aber auch andere Formate verbreiten sich weiter. Eine gelungene Alternative kommt aus dem Hause Microsoft. Das WMV-Format zeigt eindrucksvoll, dass inzwischen selbst bei recht niedrigen Bitraten HDTV-Filme mit 6-Kanal-Ton in hoher Qualität machbar sind. Besonders günstig – Microsoft stellt als effektive Werbemaßnahme sämtliche Tools kostenlos im Netz zur Verfügung. Der Download beinhaltet dabei eine leistungsfähige Encodersuite, die es erlaubt, den Codec perfekt auszunutzen und somit wertvollen Speicherplatz zu sparen. Zudem sollen erste Standgeräte für das Wohnzimmer, die in der Lage sind, WMV-Dateien abzuspielen, bald erscheinen. Der WMV-Codec wird nämlich zur Komprimierung des Bildmaterials beim DVD-Nachfolger HD-DVD verwendet. Er heißt jetzt allerdings *VC-1*, entspricht aber genau dem bekannten Windows Media Codec.

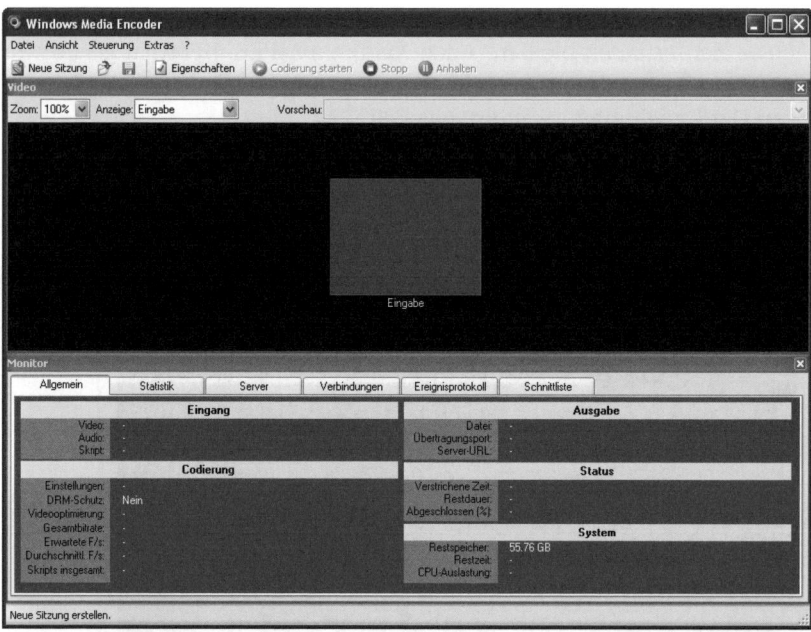

Wiedergabeprobleme und die Lösung – das Programm GSpot

Manchmal will das Abspielen einer Datei aus dem Internet einfach nicht klappen. Häufig ist daran ein nicht installierter Codec schuld. Um den passenden Codec zu finden, ist das Programm GSpot sehr hilfreich. Es analysiert zuverlässig Videodateien und meldet Ihnen, welcher Codec gegebenenfalls noch benötigt wird – so lassen sich Abspielprobleme schnell und effektiv lösen. Das Programm ist unter *www.headbands.com/gspot/* zu haben.

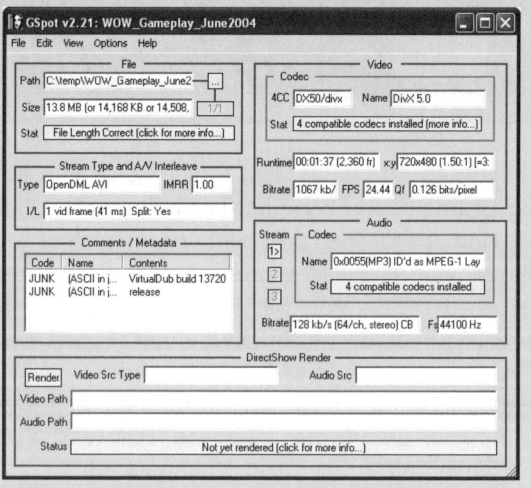

Bei der Wahl des Codec zeigt sich ein weiteres Mal die Vielseitigkeit eines Media-PCs. Egal ob DivX, MPEG-4, QuickTime oder VC-1 – Sie stehen immer auf der richtige Seite und können ein neues Format spielend leicht nachrüsten. Ohne Media-PC ist – wenn Sie beispielsweise eine WMV-HD-DVD abspielen wollen – ein geeigneter Player notwendig, der wesentlich teurer ist als ein HD-DVD-Laufwerk für den Computer.

Exkurs: Video-Codecs im Überblick

Video-Codecs gibt es inzwischen wie Sand am Meer und trotz immer größerer Festplatten und schnellen Internetverbindungen sind eine gute Kompressionsrate und eine hohe Videoqualität die wichtigsten Kriterien bei neuen Codecs. Auch bei der Nutzung eines Media-PCs, in den eine große Festplatte eingebaut werden kann, ist eine gute Komprimierung des Videomaterials wichtig – sonst ist auch die größte Festplatte bald voll. Der Media-PC bietet den Vorteil, dass Sie auch die unterschiedlichsten Codecs nutzen können, ohne auf Kompatibilitätsprobleme zu stoßen. Der Media-PC ist also ideal dazu geeignet, ein großes Filmarchiv aus privaten Videos, aufgezeichneten Sendungen oder (natürlich nicht illegal!) aus dem Internet heruntergeladenen Filmen aufzubauen. Bei selbst erstellten Filmen stellt sich allerdings die Frage, welcher Codec am besten verwendet werden sollte. Dazu hilft folgende Übersicht aus neuen und schon etablierten Codecs:

MPEG-1

Der Dinosaurier unter den verlustbehafteten Video-Codecs ist MPEG-1. Dieser wurde bereits in den 80er Jahren als Gegenstück zur Audio-CD entwickelt. Ein Video in MPEG-1 kann mit der Geschwindigkeit einer Audio-CD (1x) abgespielt werden. Der Name einer solchen CD lautet dann einfach Video-CD. Aufgrund der geringen Übertragungsrate liegt die Datenrate des Videos bei niedrigen 1,5 MBit/s – dies erklärt auch die schlechte Bildqualität, die gerade so mit einer VHS-Kassette mithalten kann.

Vergleich eines Urlaubsvideos: Das Video oben stammt von einer DVD (MPEG-2) mit der Auflösung 720 x 576. Das untere Video wurde mit MPEG-1 in die Auflösung 352 x 288 konvertiert. Gut zu erkennen sind die Unschärfe und die Kompressionsartefakte, die durch die geringe Datenrate von 1150 KBit/s verursacht werden.

Der MPEG-1-Codec sollte daher nur verwendet werden, wenn hohe Kompatibili-tät, nicht aber die Qualität wichtig ist. Es ist zwar prinzipiell das schlechteste Format, das noch verwendet wird, es ist jedoch so gut wie überall abspielbar. Jeder noch so alte DVD-Player und sogar einige Stereo-Anlagen können Video-CDs abspielen. Zu Archivierungszwecken ist der Codec aufgrund der genannten Qualitätseinbußen nicht zu empfehlen!

MPEG-2

Der am häufigsten genutzte Video-Codec ist zurzeit zweifellos MPEG-2. Kein Wunder: Er wird schließlich auf Video-DVDs, Super Video CDs (SVCDs) und beim digitalen Satellitenfernsehen (also DVB-S, DVB-T oder DVB-C) genutzt. Der größte Vorteil von MPEG-2 gegenüber MPEG-1 ist die höhere Datenrate – prinzi-piell sind sich beide Codecs nämlich sehr ähnlich. Die maximale Datenrate von MPEG-2 auf einer Video-DVD beträgt 9,8 MBit/s – also sechsmal mehr als MPEG-1! Eine Video-DVD verfügt durch die höhere Auflösung von 720 x 576 außerdem über viermal so viele Bildinformationen als eine Video-CD im MPEG-1-Format (352 x 288). Da in fast jedem Haushalt mittlerweile ein DVD-Player zu finden ist und natürlich auch jeder Computer zum Abspielen von MPEG-2 fähig ist, ist die Kompatibilität ähnlich hoch wie bei MPEG-1.

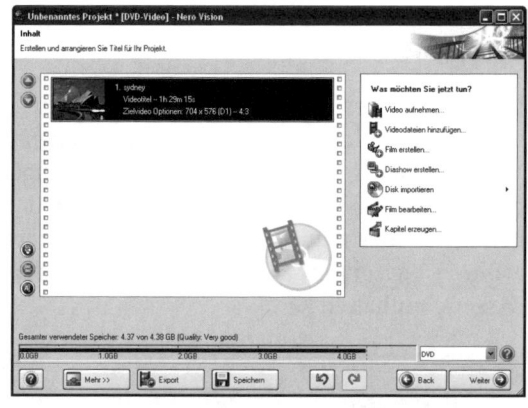

Das Erstellen von MPEG-2-Videos ist sehr einfach, da es mittlerweile unzählige Programme gibt, die im Handumdrehen Videos im MPEG-2-Format aus allen erdenk-lichen Quellen erstellen können – beispielsweise aus einem Cam-corder, Videos aus dem Internet oder auch alten VHS-Aufnah-men, die Sie auf DVD archivieren möchten. Ein solches Programm ist beispielswei*se Nero Vision*, das Teil der Brennsuite Nero von Ahead ist. Das entsprechende Video wird einfach in Nero Vision geöffnet und au-tomatisch konvertiert. Falls Sie möchten, können Sie auch gleich ein Menü für eine DVD erstellen.

Für MPEG-2 sprechen also die hohe Kompatibilität und durch die Verbreitung guter Software die einfache Handhabung. MPEG-2 liefert jedoch nur dann wirk-lich überzeugende Ergebnisse, wenn eine hohe Datenrate gewählt wird. Auf eine gewöhnliche DVD mit 4,7 GByte Speicherplatz passen um die 120 Minuten Video in sehr guter Qualität. Ab 150 Minuten wird die Qualität schon bedeutend schlechter und es treten Artefakte und Unschärfen auf, die auch von MPEG-1 be-kannt sind. Kommt es auf Platz sparende Kompression bei guter Qualität an, sind andere Codecs wie DivX oder andere auf MPEG-4 basierende Codecs besser geeignet.

MPEG-4 ASP: DivX, XviD und Nero Digital MPEG-4

MPEG-4 ASP ist eine Weiterentwicklung von MPEG-2. Die ursprüngliche Entwicklung zielte auf sehr kleine Videodaten bei schlechter Qualität, um den Codec beispielsweise bei Bildtelefonie einzusetzen. Jedoch wurde schon während der Entwicklung die Strategie auf „gewöhnliche" Videoanwendung erweitert. Das Ergebnis ist ein Codec, der bei wesentlich geringerem Speicherverbrauch eine ähnliche Qualität wie MPEG-2 bietet.

Die Situation des MPEG-4-ASP-Codec ist jedoch ein bisschen unübersichtlich, da es zahlreiche Weiterentwicklungen des ursprünglichen Codec gibt – der ursprüngliche MPEG-4-Standard  spielt so gesehen eigentlich nur noch eine untergeordnete Rolle. Die bekannteste Weiterentwicklung ist zweifellos DivX, die wie kaum eine andere Technologie das Internet revolutioniert hat und die ganze Filmindustrie das Fürchten gelehrt hat. Die aktuellste Version, DivX 6.2, hat sich von einem ursprünglich illegalen Programm zu einer vollständigen (natürlich legalen) Suite entwickelt, die alles bietet, um Videos zu komprimieren. Neu ist seit der Version 6 außerdem die Funktion, Untertitel oder Menüs einzubauen – eine DivX-DVD oder CD unterscheidet sich so dann kaum noch von einer gewöhnlichen Video-DVD – jedoch bei einem wesentlich geringeren Platzverbrauch. Ein ganz ähnlicher Codec wie DivX ist XviD. Ursprünglich war DivX eine Open-Source-Entwicklung, die dann jedoch zu kommerzieller Software wurde. Vielen Fans hat dies jedoch nicht gefallen und so wurde das XviD-Projekt gegründet (XviD ist DivX einfach rückwärts gesprochen). XviD war lange Zeit nur ein Codec für Freaks, der mit schwieriger Konfiguration, aber mit hervorragenden Ergebnissen glänzte. Inzwischen ist die Konfiguration wesentlich leichter geworden und die hervorragenden Ergebnisse haben sich sogar noch verbessert. XviD ist derzeit wohl der hochwertigste Codec nach dem MPEG-4-ASP-Standard.

Die starke Verbreitung von DivX hat dazu geführt, dass auch zahlreiche Stand-alone-Geräte für das Wohnzimmer mittlerweile DivX abspielen können. Aufgrund der Ähnlichkeit der DivX- und XviD-Codecs können solche DivX-zertifizierten DVD-Player häufig auch XviD abspielen. Etwas paradox ist dies eigentlich, wenn man bedenkt, dass diese beiden Codecs gar nicht zu MPEG-4 standardkonform sind und es trotzdem Hardwaresupport gibt. Ein weiterer sehr interessanter Codec auf Basis von MPEG-4 ist nämlich Nero Digital MPEG-4, der zum originalen MPEG-4 absolut standardkonform ist. Da DivX/XviD jedoch auf das Tonformat MP3 setzen, während standardkonforme MPEG-4-Codecs für Audio den AAC-Codec verwenden, können nur wenige Stand-alone-Geräte bisher mit dem Nero-Codec umgehen, da sie eben nicht AAC unterstützen. Nero Digital MPEG-4 wird also weiterhin im Schatten von DivX und XviD stehen und diese in der Verbreitung nicht mehr übertreffen, da die Nachfolger von MPEG-4 ASP bereits in den Startlöchern stehen.

Die Neuen: MPEG-4 AVC und Microsoft VC-1

Für die neue HD-Technologie, die bald sowohl in der Fernsehübertragung (HDTV) als auch auf den beiden DVD-Nachfolgern Blu-ray Disc und HD-DVD genutzt wird, muss ein neuer Codec her. Durch die viel höhere Auflösung verfügt HDTV über bis zu fünfmal mehr Bildinformationen als das bisher übliche PAL-Format (siehe auch Kapitel 12.5, Abschnitt „So wird der Rechner HDTV ready" ab Seite 572). Ein Spielfilm, der in HDTV-Auflösung mit einem MPEG-2- oder MPEG-4-ASP-Codec komprimiert würde, wäre mehrere Gigabyte groß – das überfordert die Satellitenbetreiber bei der Fernsehübertragung und selbst die beiden DVD-Nachfolger mit ihrer hohen Speicherkapazität. Daher müssen neue Codecs her, die bei guter Qualität effizienter arbeiten. Die Blu-ray Disc und auch die HD-DVD werden zwei neue Codecs unterstützen: MPEG-4 AVC (H.264) und Microsoft VC-1, während bei der Satellitenübertragung zukünftig ein H.264-Codec eingesetzt wird.

Der Nachfolger der vorher vorgestellten MPEG-4-ASP-Codecs (also DivX, XviD und Nero Digital) ist MPEG-4 AVC (auch H.264) – oder im vollen Namen „MPEG-4 Part 10 Advanced Video Coding". Diese Weiterentwicklung verspricht bei gleicher Qualität bis zu 30 % kleinere Dateien im Vergleich zu MPEG-4 ASP. Dieser Wert wird derzeit zwar noch nicht erreicht, jedoch ist klar, dass den neuen AVC-Codecs die Zukunft gehören wird. Die für den Heimanwender bisher einfachste Möglichkeit, in den Genuss des neuen AVC-Codec zu kommen besteht in der Verwendung der Nero-Brennsuite. In der Vollversion ist sowohl der bekannte MPEG-4-ASP-Codec als auch der neue Nero Digital AVC Codec integriert, der zurzeit als bester Vertreter der neuen Codec-Generation gilt. Da der Nero-Codec ein standardkonformer MPEG-4-AVC-Codec ist, werden alle zukünftigen Stand-alone-Geräte Videos, die mit diesem Codec komprimiert wurden, abspielen können.

Die kostenlose Alternative zum Nero Digital AVC Codec heißt x264 und wird vom VideoLan Team entwickelt. Ebenso wie bei XviD handelt es sich dabei um ein Open-Source-Projekt, das weiterhin verbessert wird. Er ist qualitativ zwar nicht ganz so gut wie der Nero-Codec, arbeitet dafür jedoch wesentlich schneller und ist daher für Benutzer langsamer Computer interessant, damit das Encodieren eines Videos nicht zur Geduldsprobe wird.

Der zweite Codec, der auf den DVD-Nachfolgern eingesetzt wird, ist VC-1 aus dem Hause Microsoft und wird zum Beispiel in Windows Media Video 9 verwendet, das kostenlos für alle Windows-Nutzer verfügbar ist. Microsoft setzt bei seiner Entwicklung nicht auf einen bestehenden Standard, sondern hat mit WMV bzw. VC-1 einen eigenen Standard geschaffen, der so gut ist, dass er für die beiden DVD-Nachfolger genutzt wird.

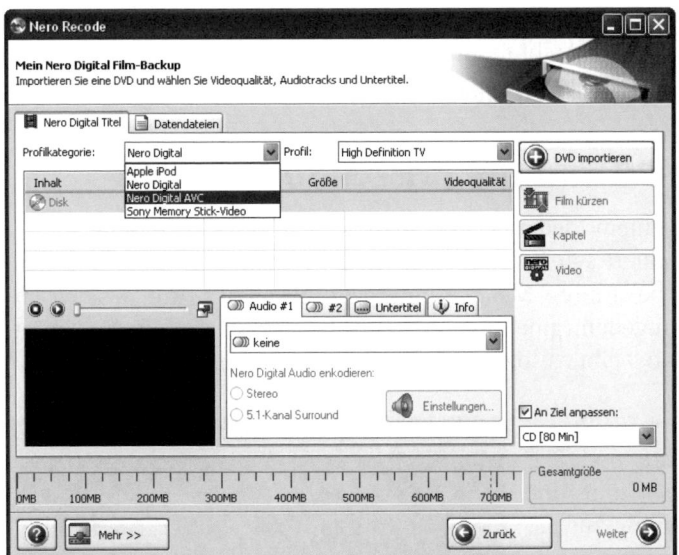

Einfach: Unter Nero Recode kann einfach zwischen dem ASP Codec „Nero Digital" und dem neuen AVC Codec „Nero Digital AVC" gewählt werden.

Fazit: Welchen Codec nutzen?

Bei der Vielzahl der Codecs ist es natürlich schwer zu sagen, welcher am besten genutzt werden soll. Das richtet sich ganz nach dem Anwendungsbereich: MPEG-1 spielt aufgrund der schlechten Qualität keine Rolle mehr. MPEG-2 bietet bei hohen Datenraten nach wie vor eine sehr gute Qualität und ist dank der hervorragenden Hardware- und Softwareunterstützung hervorragend dafür geeignet, Urlaubsvideos oder andere Erinnerungsstücke zu archivieren. Obwohl die beiden Nachfolger ab Ende 2006 in Deutschland verfügbar sein werden, wird sich die DVD und somit MPEG-2 weiter für einige Jahre in den Wohnzimmern befinden. Bei der Herstellung eines MPEG-2-Videos sollte jedoch unbedingt auf eine hohe Datenrate geachtet werden – sonst wird die Freude am Video aufgrund von Artefakten und anderen Kompressionserscheinungen getrübt.

Einen Siegeszug sondergleichen haben die MPEG-4-ASP-Codecs zurückgelegt und DivX/XviD und langsam auch Nero Digital MPEG-4 sind dank Hardwareunterstützung bereits auf vielen DVD-Playern abspielbar. Der Codec arbeitet bei gleicher Qualität wesentlich effizienter als MPEG-2 und eignet sich somit sehr gut für langes Videomaterial. Gerade bei der Nutzung eines Media-PCs, bei dem eine hohe Kompatibilität zu anderen DVD-Playern nicht so wichtig ist, und viele Filme auf der Festplatte liegen, sind diese Codecs gut geeignet. Technisch gesehen ist das kostenlose XviD die beste Lösung, aufgrund der einfacheren Bedienung dürften die meisten Anwender jedoch DivX oder Nero Digital MPEG-4 vorziehen.

Wer bereits jetzt zukunftssicher arbeiten will, kann ruhigen Gewissens auf den neuen MPEG-4-AVC-Codec bzw. VC-1 setzen. Nero Digital AVC bietet derzeit die beste Qualität, ist jedoch kostenpflichtig, im Gegensatz zu seinen Konkurrenten x264 (ebenfalls MPEG-4 AVC) und VC-1 von Microsoft. Für diese Codecs ist der

Hardwaresupport noch nicht sehr ausgereift, wird jedoch in den kommenden Jahren weiter wachsen. Zur Archivierung der Videos auf einem Media-PC sind diese Codecs jedoch auf jeden Fall geeignet.

Home-Theater-PC und die passende Software

Um wirklich Spaß an einem Media-PC haben zu können, muss eine gute Home-Theater-Software installiert sein, die die Multimedia-Funktionen des Computers steuert. Neben dem bekannten Media Center von Windows, auf das wir im nächsten Abschnitt eingehen, gibt es eine Vielzahl an Software, die für diesen Zweck geeignet ist. Dabei gibt es sogar einige sehr gute kostenlose Programme.

Bis vor kurzer Zeit war für Privatanwender die Software myHTPC eine kostenlose, sehr schöne und nicht sonderlich schwierig zu nutzende Alternative zum Media Center von Microsoft. Leider ist aus dem Projekt eine Firma hervorgegangen, die Geld verdienen möchte. Daher ist der Nachfolger *Sceneo TVCentral* nicht mehr frei zu haben, jedoch immer noch eine gute und nicht zu teure Alternative. Es gibt noch eine ganze Reihe

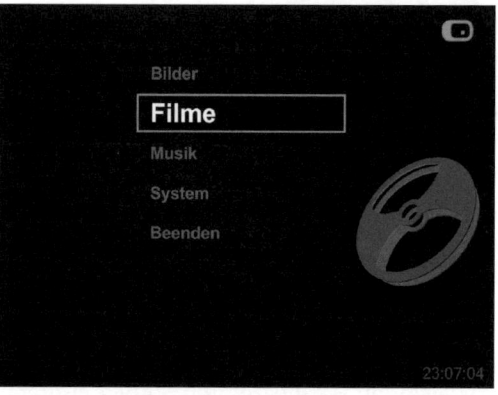

anderer kostenpflichtiger Programme, wie beispielsweise Power Cinema von Cyberlink (*www.cyberlink.de*), Intervideo Home Theater (*www.intervideo.de*), oder Nero Premium (*www.ahead.de*). Auf den Webseiten der Hersteller können Sie Testversionen der Programme herunterladen und so Ihren Favoriten ausmachen.

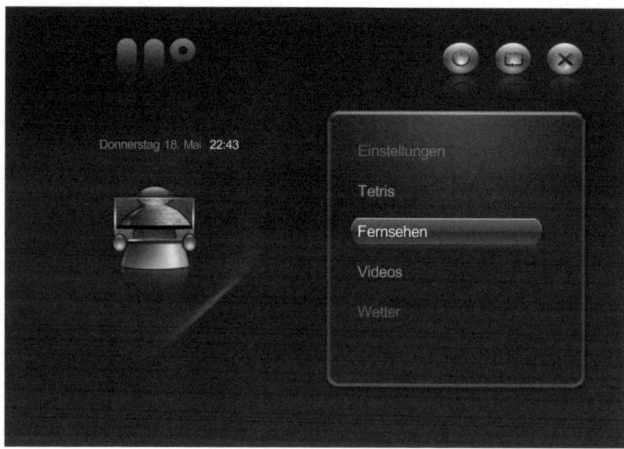

Ein weiteres, jedoch kostenloses Programm hat in letzter Zeit von sich reden gemacht und auch schon in einigen Tests seine kostenpflichtigen Konkurrenten besiegt: Mediaportal. Das, wie schon erwähnt, völlig kostenlose Programm erinnert in seiner Bedienung stark an das Media Center von Microsoft. Dabei bietet es jedoch einige Vorteile, unter anderem eine – man glaubt es kaum –bessere Hardwareunterstützung und eine Vielzahl von Plug-ins um die Funktionen des Mediaportals noch zu erweitern. So lässt sich mit so genannten Skins das Aussehen leicht verändern und sehr hübsch gestalten. Allerdings ist das Mediaportal noch sehr jung und hat daher noch einige Kinderkrankheiten. Aber schon jetzt ist es viel versprechend und das Ausprobieren lohnt sich. Die Software finden Sie unter *www.team-mediaportal.de.* In dem Forum auf der Homepage wird außerdem freundlich und schnell bei Problemen mit der Software geholfen.

Das Mediaportal lässt sich mit Skins und Plug-ins leicht verändern und bietet eine schöne Oberfläche mit einer leichten Bedienung.

Eine weitere Alternative ist Home-Theater-Software, die unter Linux läuft. Hierbei gibt es einige kostenlose Möglichkeiten. Eine solche Software unter Linux glänzt durch Stabilität und sehr viel geringere Hardwareanforderungen als unter Windows XP oder gar Vista. Ein Problem ist allerdings die Hardwareunterstützung: Obwohl sich Linux in dieser Hinsicht in den letzten Jahren stark verbessert hat, wird immer noch nicht alle Software erkannt. Trotzdem lohnt sich das Ausprobieren der kostenlosen Software, wenn Sie auf der Suche nach einer schnellen und Ressourcen sparenden Alternative sind. Eine passende Software ist beispielsweise das VDR-Projekt der c't aus dem Heise Verlag oder freevo. Mehr Informationen hierzu und auch Links zu anderen, freien Media-PC-Projekten gibt es unter *http://www.heise.de/ct/ftp/projekte/vdr/.*

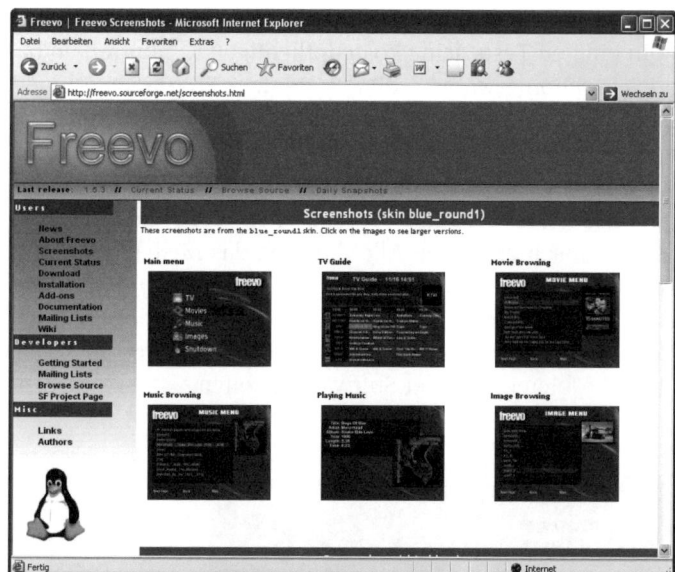

Freevo ist eine kostenlose Home-Theater-Software für Linux. Sie ist leicht zu bedienen, schnell und hat geringe Hardwareanforderungen. Allerdings schrecken viele Benutzer davor zurück, ein zweites Betriebssystem zu installieren.

Weitere Hilfe aus dem Internet

Im Internet finden Sie viele weitere Informationen zum Thema Media-PC. Besonders häufig gibt es Probleme beim Zusammenspiel zwischen Software und Hardware. Viele glückliche Anwender, die Ihnen bei der Auswahl der richtigen Komponenten aus den Millionen von Kombinationen helfen, finden Sie im myHTPC-Forum (*htpc-board.de*) – ebenso wird dort auch über kostenlose VDF-Varianten diskutiert. Denn wie bei der Windows Media Center Edition, so gilt auch hier, dass es einzelne Hersteller und Komponenten gibt, die sich besonders gut mit den VDF-Projekten verstehen – doch diese Liste wechselt dank der schnellen Entwicklung fast täglich und ist daher ideal im Internetforum erfahrbar.

Das neue Media Center in Vista

Seit einigen Jahren ist eine besondere Variante von Windows XP erhältlich, die Media Center Edition (MCE). Dabei handelt es sich um das XP-Betriebssystem, das jedoch um viele nützliche Multimedia-Komponenten erweitert wurde. Mit der Media Center Edition ist es daher besonders einfach, den PC mit einer Fernbedienung von der Wohnzimmercouch aus zu bedienen, ohne sich mit der mauslastigen Windows-Oberfläche herumärgern zu müssen. In den letzten Jahren ist das Media Center stän-

dig upgedated worden. Aktuell ist die Version 2005, die unter anderem eine Kommunikation mit der neuen Xbox 360 ermöglicht.

Mit der Einführung von Windows Vista ändert sich daran nichts – auch für Vista ist das Media Center erhältlich. Allerdings ist noch nicht ersichtlich, ob jeder mit Vista ausgestattete PC die Oberfläche besitzen wird.

Die verschiedenen Versionen von Windows Vista

Windows Vista wird es in insgesamt sechs verschiedenen Varianten geben, davon sind im Privatsektor nur zwei auch mit der Media-Center-Oberfläche ausgestattet. Sowohl die Windows Vista Home Basic-Edition als auch die Starter-Edition werden daher keine MCE-Fähigkeit besitzen – und auch nicht die neue AERO Glass-Oberfläche.

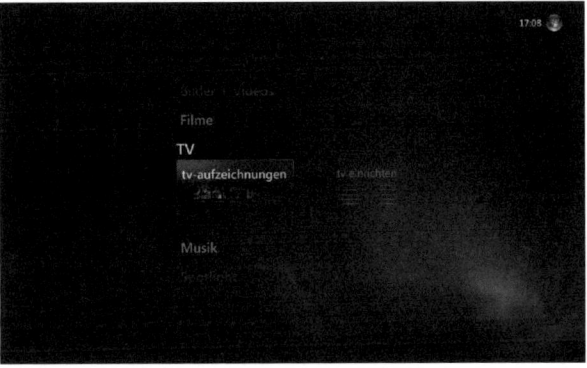

Anders sieht es mit der Premium- und Ultimate-Edition aus, diese verfügen über MCE und auch ein DVD-Brennprogramm und sind daher einzig für einen Wohnzimmer-PC geeignet. Es kann daher durchaus sein, dass gerade bei günstigen Komplett-PCs eine nicht MCE-fähige Version von Windows Vista beiliegt, dann kommen Sie um ein Upgrade nicht herum. Das neue Media Center unter Windows wird vor allem neue Technologien wie HDTV und die HD-DVD perfekt unterstützten. Andererseits können Sie nach dem Erscheinen von Windows Vista möglicherweise ein Schnäppchen mit der dann älteren Version 2005 machen, da diese dann wesentlich günstiger sein wird.

Leistungsfähige Hardware unter Vista notwendig

Je nachdem, was Sie mit Ihrem PC anstellen möchten und wie die aktuelle Ausstattung Ihres Rechners ist, müssen Sie die Hardware anpassen. Ein schneller Prozessor, eine gute Grafikkarte, ausreichend Arbeitsspeicher und eine große Festplatte sind daher erste Pflicht. Nur so lassen sich zeitversetztes Fernsehen, Videoaufnahmen oder auch die Wiedergabe von HDTV-Videos ruckelfrei bewerkstelligen. Gerade unter dem kommenden Windows Vista sind die Hardwareanforderungen noch mal wesentlich höher als für Windows XP oder gar Linux.

> ### Das Fernsehbild pausieren
>
> Unter Timeshifting versteht man die Möglichkeit, das Live-Bild zu pausieren. So können Sie eine kleine Pause einlegen, selbst wenn im Film keine Werbeunterbrechung vorhanden ist. Sie verpassen keine Minute des Films mehr, selbst wenn das Telefon klingelt oder die Chipstüte leer ist!

Es ist allerdings schwer, allgemeine Aussagen zur Hardwareausstattung zu machen. Als Richtlinie können Sie folgende Angaben nehmen:

- Ein schneller Prozessor oberhalb eines Pentium 4 mit 3 GHz (oder vergleichbar)

- Mindestens 1 GByte Arbeitsspeicher für Windows Vista

- Eine große Festplatte für die Aufnahmen – mindestens 20 GByte

- Eine DirectX-9-Grafikkarte für die animierte Oberfläche und zur Videobeschleunigung

- Eine von der jeweiligen Media-Center-Software unterstützte TV-Karte, gegebenenfalls sogar zwei TV-Karten zur Aufnahme und zum gleichzeitigen Anschauen

- Eine Soundkarte oder Onboard-Sound mit digitalen Ausgängen bei Verwendung eines externen Digitalverstärkers

- Für HDTV einen Fernseher/Monitor sowie eine Grafikkarte, die HDCP entschlüsseln können

- Optional eine Media-Center-Fernbedienung samt Empfänger zur Steuerung der Oberfläche

Die Liste lässt sich natürlich noch deutlich erweitern, so ist beispielsweise ein Netzwerkanschluss sinnvoll, wenn Sie Filme auf einem anderen PC liegen haben und diese über die Media-Center-Box streamen möchten.

Media Center über eine Netzwerkerweiterung

Eine Besonderheit des Media Centers von Windows Vista ist die Möglichkeit der Netzwerkerweiterung. Sie erlaubt es, einen großen Basis-PC zu nutzen, der die meiste Arbeit erledigt und anschließend die Daten zu einer kleinen Station, die an den Fernseher angeschlossen ist, per Netzwerkkabel überträgt.

Dabei bietet Windows Vista als Neuerung die Möglichkeit, einen PC als Media Center Extender zu nutzen – eine echte Neuheit. Bislang musste man dazu eine spezielle Extender-Hardware oder aber die Xbox 360 einsetzen, diese verfügt ebenfalls über diese Möglichkeit.

Aber Achtung, gerade bei Videoaufgaben kommt es auf die Netzwerkgeschwindigkeit an. Daher sollten Sie im Zweifel auf ein Kabelnetzwerk setzen, um plötzliche Ausfälle der Netzwerkverbindung zu vermeiden.

PC als programmierbarer Videorekorder

Einer der Hauptvorteile eines Media-Center-PCs im Vergleich zu einem normalen Multimedia-Rechner ist der Einsatz als Videorekorder. Dank schneller und großer Festplatten können inzwischen enorme Mengen an TV-Programm auf einem Computer gespeichert werden. Und selbst die Pausierung des Live-Programms – das so genannte Time-Shifting – ist inzwischen kein Problem mehr.

Allerdings benötigen Sie dazu eine TV-Karte, sollte Ihr PC nicht bereits darüber verfügen. Besonders günstig und bis auf die Installation unproblematisch sind PCI-Karten, die in den PC direkt eingebaut werden. Je nach Ihrem Empfangsweg müssen Sie sich für eine Kabelkarte, DVB-S (digitaler Satellit) oder auch DVB-T (digitales, terrestrisches Fernsehen) entscheiden.

Zwei DVB-Karten, die zum Einsatz im Media-PC geeignet sind: Die DVB-S-Karte Cinergy 1200 (links) und die DVB-T-Karte Cinergy 1400 (rechts), beide von Terratec. (Bildquellen: Terratec)

Ebenfalls verfügbar sind inzwischen USB-2.0-Lösungen, die dank der hohen Geschwindigkeit des USB-Ports eine sehr gute Qualität liefern. Ohnehin ist nicht nur der Anschlussweg, sondern sind in erster Linie die Fähigkeiten der Hardware entscheidend. Einige TV-Empfänger sind in der Lage, dank eines leistungsfähigen Hardwarechips das TV-Programm ohne die Hilfe der CPU direkt in einem Platz schonenden Format aufzuzeichnen. Günstige-

re Karten und viele USB-Boxen liefern hingegen das TV-Programm lediglich an den PC, dieser muss sich dann um die Aufnahme kümmern.

Aufnahmehardware muss unterstützt werden

Es bringt nichts, eine teure TV-Karte mit eigenem Hardware-Encoder zu kaufen, die von der Media-Center-Software nicht genutzt werden kann. Informieren Sie sich daher vorher, ob die Karte von dem Media-Programm samt der erweiterten Aufnahme-Fähigkeiten unterstützt wird. Gerade bei Microsoft hilft es zudem, nach einem Media Center Edition-Logo auf der Verpackung zu suchen, wenn man sich nicht sicher ist, ob die Hardware kompatibel ist!

Problematisch wird dies gerade bei langsameren PCs, denn dann muss die CPU sämtliche Arbeiten erledigen. Laufen dabei mehrere Prozesse gleichzeitig, kann es schnell zu Frameverlusten kommen, ein unschönes Rucken des Bildes ist die Folge. In diesem Fall sollten Sie über das Anschaffen eines schnelleren PCs nachdenken!

Achten Sie zudem auf die passenden Treiber. Die Windows XP Media Center Edition ist bekannt dafür, dass die Anzahl der unterstützen TV-Karten sehr begrenzt ist, da spezielle Treiber notwendig sind. So wurde DVB-S, das digitale Sat-TV, erst sehr spät eingeführt. Informieren Sie sich daher unbedingt vor dem Kauf neuer Hardware oder einer Home-Theater-Software darüber, wie Ihre vorhandene Hardware unterstützt wird.

Neue TV-Karten für HDTV

Mit der Verbreitung von HDTV wird auch ein neuer Übertragungsstandard eingeführt: DVB-S2. Der Grund dafür ist, dass die Satellitenbetreiber aufgrund des hohen Datenverbrauchs bei HDTV ein besseres Kompressionsformat benötigen. Wird DVB-S noch in MPEG-2 gesendet, wird DVB-S2 für HDTV in MPEG-4 gesendet werden. Dafür werden allerdings neue Receiver bzw. eine neue, geeignete TV-Karte benötigt. Erste TV-Karten, die DVB-S2 unterstützten, sind bereits verfügbar und natürlich abwärtskompatibel.

Achten Sie beim Neukauf unbedingt darauf, dass ein CI-Schacht zur Erweiterung von Pay-TV vorhanden ist. Die Fernsehsender werden aller Voraussicht nach HDTV nur gegen Bezahlung senden. Dazu benötigen Sie einen CI-Schacht (Common Interface), in den Sie die Smartcard zur Entschlüsselung des Programms einstecken können.

12.3 Installation und Konfiguration einer Soundkarte

Jedes moderne Motherboard, das in einem Media-PC oder in einem gewöhnlichen Computer eingebaut wird, verfügt mittlerweile über einen Onboard-Soundchip, also eine integrierte Soundkarte. Die Tonqualität hängt natürlich vom verbauten Chip ab: Vom unbekannten Soundchip bis zu einem hochwertigen Soundblaster Audigy 2 Soundchip ist alles vertreten. Falls Sie mit der Tonqualität oder der Ausstattung des Onboard-Sounds nicht zufrieden sind, weil beispielsweise ein Digitaler Ausgang fehlt oder 7.1-Surround-Sound nicht unterstützt wird, ist der Einbau einer neuen Soundkarte sinnvoll. Hochwertige Modelle, wie beispielsweise die *Soundblaster Audigy 4*, erhalten Sie schon ab etwa 50 Euro.

Haben Sie sich für die Installation einer neuen Soundkarte entschieden, geht es an den eigentlichen Einbauprozess. Achten Sie dabei stets auf größtmögliche Sorgfalt, erden Sie sich vor Beginn – beispielsweise durch das Anfassen der Heizung – und verwenden Sie niemals rohe Gewalt. Und nie vergessen, bei einem Computer handelt es sich um ein elektrisches Gerät, der Stecker muss daher auf jeden Fall gezogen werden, ebenso, wie an dem Netzteil des Computers nicht gearbeitet werden darf.

Onboard-Sound vor der Installation deaktivieren

In der Regel müssen Sie, wenn Sie von dem Onboard-Soundchip zu einer Soundkarte wechseln, die Funktion zunächst deaktivieren – andernfalls haben Sie am Ende zwei Soundgeräte in Windows, die sich in einigen Fällen bekämpfen. Dazu ist bei älteren Mainboards meist ein Jumper vorhanden, der gesetzt werden muss. Aktuelle Boards besitzen in der Regel einen Eintrag im BIOS, über den man die Soundfunktion ein- und ausschalten kann. Nähere Informationen zu Mainboards finden Sie in Kapitel 6, das BIOS wird in Kapitel 9 behandelt.

Einbau der neuen Soundkarte

Der Einbau einer Soundkarte gehört zu den leichteren Installationsarbeiten am PC, allerdings muss dafür das Gehäuse des Computers geöffnet werden. Überprüfen Sie daher unbedingt nochmals, ob der Computer vom Stromnetz getrennt ist.

1 Die Karte wird in einem antistatischen Beutel geliefert. Öffnen Sie diesen, nachdem Sie sich geerdet haben, und nehmen Sie die Soundkarte langsam aus der Verpackung. Inspizieren Sie das Modell – am unteren Rand ist die Kontaktleiste, die in einen freien PCI-Slot am Motherboard eingesteckt werden muss.

Eine Soundblaster Audigy 2 benötigt einen freien PCI-Slot am Motherboard ...

... den Sie ganz leicht durch die weiße oder hellgraue Farbe des Slots identifizieren können.

2 Suchen Sie sich nun einen freien PCI-Slot aus. Wählen Sie, wenn möglich, nicht den Slot direkt neben der Grafikkarte, diese entwickelt eine enorme Abwärme und kann durch Wärmestau sich selbst und die Soundkarte beschädigen. Falls dieser Slot noch nie benutzt wurde,

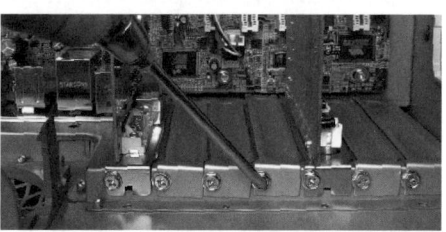

müssen Sie eventuell ein Blech, das den Slotausgang nach außen hin versperrt, entfernen. Dies funktioniert entweder durch vorsichtiges Biegen oder durch Lösen einer Schraube.

3 Schieben Sie nun die Karte langsam und gleichmäßig in den Slot. Dabei kann es notwendig sein, etwas Kraft zu verwenden, biegen Sie jedoch das Mainboard nicht zu stark durch. Setzen Sie lieber erneut an und überprüfen Sie, ob die Karte verkantet ist. Gerade das Slotblech der Soundkarte ist dafür ein beliebter Auslöser, da das schmale Ende der Metallschiene in eine Vertiefung des Gehäuses eintauchen muss, damit die Karte fest im PCI-Slot sitzt.

Drücken Sie die Karte vorsichtig in den Slot. Achten Sie darauf, dass die Karte absolut gerade in den Slot eingerastet ist!

4 Anschließend müssen Sie die Soundkarte mit dem Gehäuse fixieren. Gerade bei günstigen Gehäusen sind die Bohrungen für die Schrauben mitunter nicht immer perfekt. Es kann daher sein, dass die Aussparung im Slotblech der Soundkarte und die Bohrung im Gehäuse nicht perfekt übereinander sitzen.

Ziehen Sie in dem Fall die Karte vorsichtig etwas hin und her und schrauben Sie sie anschließend fest. Achten Sie dabei darauf, dass die Kontakte weiterhin im PCI-Slot versunken sind. Hochwertige Gehäuse verzichten häufig auf Schrauben, die Karte wird dafür mit einer Klemme fixiert.

5 Der letzte Schritt ist das Anschließen der internen Soundquellen, beispielsweise der Laufwerke, internen Modems oder TV-Karten. Die viereckigen Anschlüsse sind in der Regel mit dem Namen CD-IN, AUX und TAD beschriftet. Um jedoch eine Audio-CD abspielen zu können, ist es mittlerweile nicht mehr notwendig, das Laufwerk mit der Soundkarte zu verbinden. Moderne Softwareplayer lesen die Audio-CD digital aus. Dabei verbessert sich auch die Soundqualität gegenüber dem analogen Anschluss.

Der Einbau der Soundkarte ist nun beendet. Sie können das Gehäuse nun wieder schließen und den Computer mit dem Stromnetz verbinden.

Externe „Soundkarte" mit USB-Anschluss

Dank der schnellen USB-2.0-Schnittstelle gibt es mittlerweile auch externe „Soundkarten", die ihren internen Verwandten in nichts nachstehen. Ein Beispiel für solch ein Modell ist die Sound Blaster Audigy2 NX. Externe Modelle sind bei gleicher Leistung jedoch teurer als interne Soundkarten. Falls Sie jedoch keinen freien PCI-Slot besitzen, den Einbau einer Grafikkarte scheuen oder hochwertigen Sound auch an einem Notebook genießen möchten, ist ein externes Gerät eine sehr gute Wahl.

Installieren der Soundkartensoftware

Bevor Sie den Computer nun einschalten, empfehlen wir Ihnen, einen Blick in das Handbuch der Soundkarte zu werfen, um festzustellen, wie die Treiber installiert werden sollen. Windows erkennt die neue Soundkarte dank Plug & Play nämlich sofort und möchte Treiber installieren.

Grundsätzlich gibt es zwei Arten, wie eine neue Hardware installiert werden kann – mit dem Hardware-Assistenten von Windows, der sich beim Erkennen einer neuen Komponente direkt öffnet, oder mit einem beiliegenden Installationsprogramm. .

Dabei ist es oftmals wichtig, gerade nicht den Windows-Assistenten zu nutzen, sondern ihn über die *Abbrechen*-Taste zu beenden. Viele Hersteller wollen die Treiber mit dem eigenen Programm installieren, da viele Zusatzprogramme beispielsweise zur Lautstärkensteuerung oder Lautsprecherbalance installiert werden müssen, die andernfalls fehlen würden.

Einige einfache Modelle liefern hingegen lediglich die rohen Treiber auf einer CD mit. In diesem Fall können Sie mit *Weiter*-Klicks im Assistenten die CD durchsuchen und die Treiber automatisch installieren lassen.

Falls der Treiber jedoch über ein extra Installationsprogramm installiert werden soll, so beenden Sie den Assistenten durch *Abbrechen* und starten Sie das Installationsprogramm (meistens geschieht dies automatisch, wenn Sie die Treiber-CD eingelegt haben). Ein Blick in die Installationsanleitung verrät Ihnen, wie Sie im konkreten Fall vorzugehen haben.

Nach der Installation und einem oftmals notwendigen Neustart sollte die Soundkarte im Geräte-Manager ohne einen Warnhinweis – beispielsweise ein gelbes Ausrufezeichen – aufgeführt werden. Klicken Sie mit rechts auf *Arbeitsplatz* und wählen Sie *Eigenschaften* aus dem Kontextmenü aus. Wechseln Sie zur Registerkarte *Hardware*, klicken Sie auf *Geräte-Manager* und schauen Sie im Eintrag *Audio-, Video- und Gamecontroller* nach, ob die Soundkarte dort aufgeführt wird.

Sollte die Soundkarte nicht einsatzbereit sein oder trotz einer augenscheinlich korrekten Installation kein Sound ertönen, sollten Sie zunächst überprüfen, ob Sie Ihre Boxen korrekt angeschlossen haben. Ist dies der Fall, ist der nächste Schritt ein Blick in den Troubeshooting-Teil dieses Kapitels, um das Problem zu lösen.

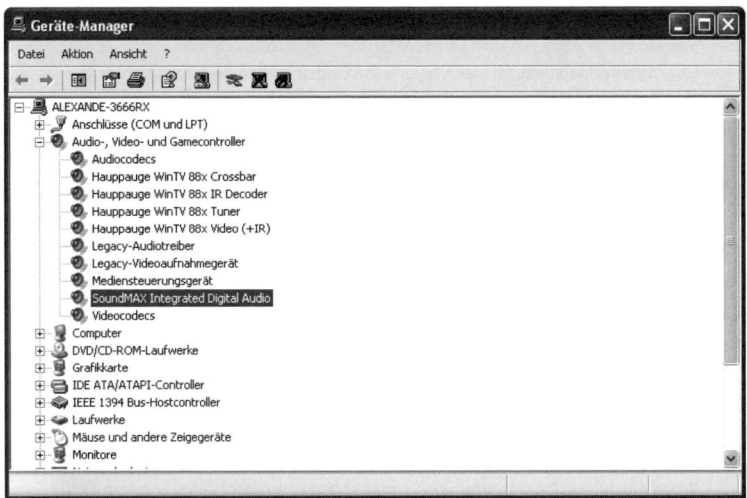

Der Geräte-Manager ist der ideale Anlaufpunkt für eine Diagnose. Ist das Gerät ohne Ausrufezeichen oder Kreuz aufgeführt, können Sie davon ausgehen, dass es korrekt installiert wurde. Andernfalls scheint ein Fehler aufgetreten zu sein!

Anschlussmöglichkeiten im Überblick

Nach der erfolgreichen Hard- und Softwareinstallation steht der Anschluss der Geräte an. Von 7.1-Lautsprechersystemen über den Joystick, das Midi-Keyboard und die Stereoanlage bis hin zum Surround-Verstärker stehen die unterschiedlichsten Anwendungsbereiche zur Verfügung. Allein die Frage stellt sich, welcher Anschluss wozu dient.

Die Angaben in der folgenden Tabelle verstehen sich nur als Richtlinie. Je nach Soundkartenhersteller können sowohl die Bezeichnungen als auch die vorhandenen Anschlüsse variieren. Das Handbuch Ihrer Soundkarte verrät Ihnen, welche Anschlüsse beispielsweise zum Anbinden eines 7.1-Lautsprechersystems benötigt werden und ob ein digitaler Anschluss vorhanden ist.

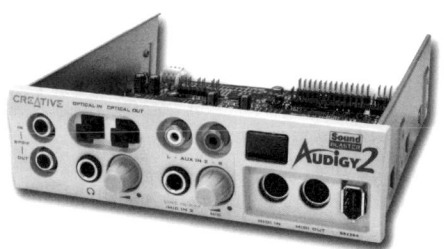

Einige Hersteller wie Creative und Terratec bieten verschiedene Ausstattungsvarianten ihrer Soundkarten an, bei denen teilweise ein 5¼-Zoll-Einschub mitgeliefert wird. Dieser verfügt über verschiedenste Ein- und Ausgänge, natürlich sowohl analog als auch digital. Zusätzlich ist meist noch ein Infrarotempfänger, ein Midi-Port sowie ein FireWire-Anschluss vorhanden.

Anschluss	Beschreibung
Line-In	Der Line-In-Anschluss ist der universelle Eingang für alle analogen Audiogeräte, beispielsweise einen analogen Camcorder oder auch ein Kassettendeck mit Audioausgang.
Line-Out	Der Line-Out ist nicht etwa mit dem Kopfhörerausgang zu verwechseln und dient zum Anschluss eines Lautsprechersystems oder zum Anbinden des Computers an eine Hi-Fi-Anlage. Für Kopfhörer steht ein separater Kopfhöreausgang zur Verfügung. Je nach Modell verfügt Ihre Soundkarte über zwei, drei oder sogar vier Ausgänge, um beispielsweise ein 5.1- oder 7.1-Lautsprechersystem anzusteuern (siehe folgenden Zeile).
Center/Subwoofer	Neben den vorderen und hinteren Boxen, die meist über den Line-Out und den Kopfhöreranschluss angesteuert werden, steht auch noch ein Ausgang für den Center-Lautsprecher und den Subwoofer eines 5.1-Lautsprechersystems zur Verfügung. Manchmal wird die Buchse mit dem digitalen Koaxialausgang geteilt.
Digital-Out (optisch/koaxial)	Viele moderne Soundkarten sind in der Lage, den digitalen Ton von DVDs unverändert an einen angeschlossenen Verstärker weiterzuleiten. Der digitale Ausgang wird meistens als SPDIF-Out angegeben. Es gibt allerdings zwei unterschiedliche Anschlüsse, entweder optisch (Bild links) oder mittels eines Koaxialkabels (Bild rechts).
IEEE 1394 (FireWire)	Creative hat damit angefangen und inzwischen sind einige Hersteller mitgezogen – FireWire-Anschlüsse an der Soundkarte. Der schnelle Datenanschluss wird in erster Linie von DV-Camcordern zur Übertragung der digitalen Videos benötigt und bietet sich für den Videoschnitt an. Inzwischen bietet sich diese Schnittstelle auch zum Anschluss externer Festplatten an. In Kapitel 5 erfahren Sie mehr über externe Laufwerke.
Mic-In	Für Mikrofonaufnahmen steht meist eine Mic-Buchse zur Verfügung, für die in der Software eine Verstärkung zugeschaltet werden kann. Trotzdem sind Aufnahmen über die Mic-In-Buchse häufig von schlechter Qualität. Besser ist es, ein Mikrofon mit integriertem Verstärker zu verwenden, das Sie dann über die Line-In-Buchse anschließen können.
MIDI/Joystick	Der längliche Anschluss wurde in früheren Tagen für einen Joystick benötigt. Seitdem USB-Joysticks jedoch der Standard sind, ist der Gameport lediglich für den Anschluss von Midi-Geräten wichtig. Allerdings verringert sich auch die Bedeutung dieses Standards und so besitzen neue Soundkarten häufig keine MIDI/Joystick-Buchse mehr.
TAD	Aus den Zeiten vor DSL stammt der TAD-Anschluss. Dieser ermöglicht die Anbindung der Soundkarte an ein Modem, um so Telefonie direkt über den PC zu ermöglichen. Der Anschluss ist in der Regel nur intern als Steckleiste zu finden und ist mittlerweile nur noch selten vorhanden.
CD-In/CD-S/PDIF	Ebenfalls intern sind die CD-Anschlüsse. Viele Soundkarten verfügen über einen analogen CD-In, einige Soundkarten zudem über einen digitalen CD-Anschluss mit zwei Pins, der den Sound von Audio-CDs auf digitalem Wege überträgt. Der Anschluss eines Laufwerks über den analogen CD-In ist mittlerweile nicht mehr notwendig, da moderne Softwareplayer Audio-CDs digital auslesen. Dabei ist die Qualität auch wesentlich besser als über den analogen Anschluss.

Troubleshooting: Wenn die Soundkarte nicht funktioniert

Obwohl die Hersteller moderner Hardware stets bemüht sind, mögliche Probleme bereits bei der Entwicklung zu lösen, kann es nach dem Einbau einer Soundkarte doch zu Problemen kommen. Nachfolgend finden Sie die häufigsten Fehlerquellen sowie Tipps und Tricks, wie Sie die Soundkarte zur fehlerfreien Arbeit überreden können.

Die Soundkarte wird nach dem Einbau nicht erkannt

Problem: Nachdem Sie die Soundkarte richtig eingebaut haben, erkennt sowohl der Computer als auch Windows die neue Hardware nicht (erkennbar daran, dass der Hardware-Assistent nicht geöffnet wird).

```
PCI Devices:
Onboard Multimedia Device, IRQ12    Onboard IDE, IRQ14,15
Onboard USB Controller, IRQ11       Onboard USB Controller, IRQ12
Slot 2 USB Controller, IRQ12        Slot 2 USB Controller, IRQ12
Slot 2 USB Controller, IRQ5         Slot 3 SCSI, IRQ12
Slot 4 Firewire Controller, IRQ12   Slot 5 Ethernet, IRQ5
AGP VGA, IRQ5
```

Der Computer zeigt beim Start die eingebauten Steckkarten an. Wird die Soundkarte hier nicht angezeigt, ist sie falsch eingebaut.

Lösung: Überprüfen Sie, ob die Karte richtig im PCI-Slot sitzt. Die Soundkarte muss vollkommen gerade in den PCI-Slot eingesteckt sein. Manchmal kommt es vor, dass sie beim Verschrauben mit dem Gehäuse hinten ausgehebelt wird und somit kein richtiger Kontakt zwischen Soundkarte und PCI-Slot hergestellt ist. Bevor Sie die Soundkarte neu ausrichten, lösen Sie unbedingt vorher die Verbindung zum Gehäuse, sonst können Motherboard und Soundkarte beschädigt werden.

Die Kontakte der Soundkarte müssen vollständig im PCI-Slot verschwunden sein.

Treiberkonflikte nach der Installation

Problem: Die Karte ist richtig eingebaut und die Treiber sind ordnungsgemäß installiert. Trotzdem gibt die Soundkarte keinen Ton von sich. Der Geräte-Manager zeigt bei der Soundkarte ein gelbes Ausrufezeichen und die Meldung *Das Gerät ist nicht betriebsbereit*.

Lösung: Treiberkonflikte in Windows ergeben sich oft durch noch aktive Onboard-Soundchips. Deaktivieren Sie diesen unbedingt, da Windows meistens nicht mit zwei Soundkarten umgehen kann. Die Deaktivierung funktioniert entweder über das BIOS oder über einen Jumper am Motherboard (mehr dazu finden Sie in den Kapiteln 6 und 9).

Aber auch Treiberleichen alter Soundkarten, die längst nicht mehr eingebaut sind, können für Konflikte sorgen. Um Treiberreste alter Geräte anzuzeigen, muss man einen kleinen Trick anwenden, der Geräte-Manager zeigt nämlich nur die zurzeit angeschlossenen Geräte an:

1 Um folgende Aktion ausführen zu können, müssen Sie sich mit Administratorrechten anmelden. Klicken Sie anschließend mit der rechten Maustaste auf den *Arbeitsplatz* und wählen Sie *Eigenschaften*. Es öffnen Sich nun die *Systemeigenschaften*. Wählen Sie die Registerkarte *Erweitert* aus und klicken Sie auf *Umgebungsvariablen*.

2 Nun ist Vorsicht angesagt! Befolgen Sie genau unsere Anweisungen und verändern Sie ansonsten keine Einstellungen, da Windows beschädigt werden könnte. Klicken Sie unter *Systemvariablen* auf *Neu*.

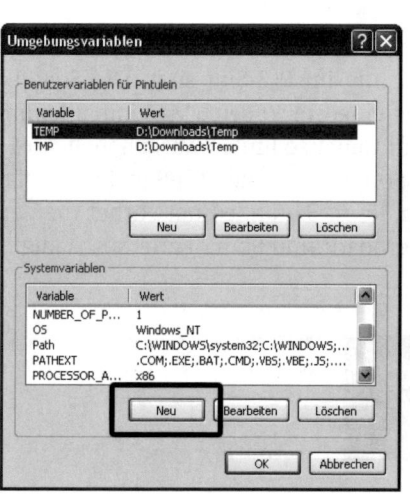

3 Geben Sie unter *Name der Variablen* Folgendes ein:

devmgr_show_nonpresent_devices

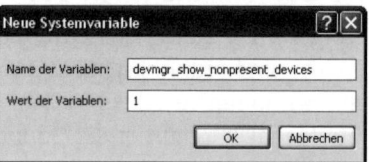

Unter *Wert der Variablen* geben Sie den Wert *1* ein. Bestätigen Sie mit *OK*. Anschließend müssen Sie Windows neu starten.

4 Öffnen Sie nach dem Neustart den Geräte-Manager. Wählen Sie unter *Ansicht* nun *Ausgeblendete Geräte anzeigen* aus.

Der Geräte-Manager zeigt nun auch die Treiber der Geräte an, die einmal installiert wurden, sich inzwischen jedoch nicht mehr im Computer befinden. Zu erkennen sind diese Treiber an den halb transparenten Symbolen.

5 Entfernen Sie Einträge mit halb transparenten Symbolen jedoch nicht willkürlich, sondern nur von der Hardware, von der Sie wissen, dass sie sich nicht mehr im Computer befindet. In dem Beispiel auf dem Screenshot ist das beispielsweise *Creative Game Port* und *Creative SB Live!*. Diese Treiber können Sie löschen. Löschen Sie jedoch nicht die halb transparenten Microsoft-Einträge, da diese für den Soundbetrieb notwendig sind.

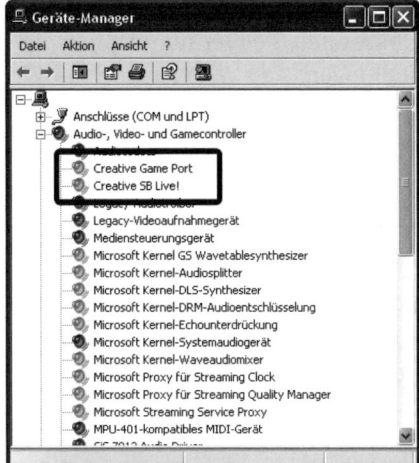

Treiberaktualisierung kann Wunder bewirken!

Sowohl Windows als auch die Software der Soundkarte entwickeln sich sehr schnell weiter. Ständig arbeiten die Hersteller daran, mit neuen Treiberversionen aktuelle Probleme mit Spielen und Programmen zu minimieren und den Funktionsumfang zu erweitern. Daher ist ein Treiber-Update stets eine wichtige Sache, die gemacht werden sollte, bevor man zu weiteren Lösungswegen greift. Auf Seiten wie *www.treiber.de* lassen sich zudem selbst für exotische Karten passende Treiber finden.

Die Soundkarte gibt keinen Ton von sich

Problem: Obwohl die Soundkarte richtig installiert wurde und Sie Treiberkonflikte ausschließen können, produziert die Soundkarte keine Töne.

Lösung: Dies hat meistens ganz profane Gründe. Überprüfen Sie zuerst, ob die Lautsprecher oder die Hi-Fi-Anlage am richtigen Audioausgang der Soundkarte angeschlossen sind. Schnell lässt sich beispielsweise die Line-In-Buchse mit dem Line-Out-Ausgang verwechseln! Häufig ist auch die Beschriftung an der Soundkarte irreführend. Im Handbuch der Soundkarte sind die Aus- und Eingänge meistens eindeutig beschrieben. Falls Sie sich nicht sicher sind, hilft auch ein bisschen Ausprobieren: Starten Sie beispielsweise eine MP3-Datei und stecken

Sie währenddessen das Audiokabel an der Soundkarte um (drehen Sie aber unbedingt vorher die Lautstärke an den Lautsprechern auf ein geringes Level herunter!).

Ein weiterer Grund für die ungewollte Stille ist möglicherweise, dass der Ton in der Lautstärkeregelung von Windows oder im Abspielprogramm deaktiviert ist. Klicken Sie doppelt auf das  Lautsprechersymbol in der Taskleiste. Falls hier kein Lautsprechersymbol angezeigt werden sollte, können Sie den Windows-Mixer unter *Start/Zubehör/Unterhaltungsmedien/Lautstärke* öffnen.

Überprüfen Sie hier nun die Einstellungen. Zur Wiedergabe einer MP3 oder eines Videos muss sowohl unter *Wave* als auch unter *Lautstärkeregelung* das Häkchen bei *Ton aus* entfernt werden.

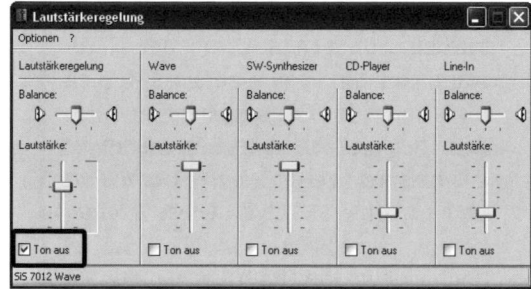

Eventuell verfügt Ihre Soundkarte über einen eigenen Mixer, der bei der Treiberinstallation mit installiert wurde. Überprüfen Sie hier ebenfalls die Einstellungen.

Moderne Tastaturen haben mittlerweile eine Vielzahl an zusätzlichen Tasten, wie beispielsweise zur Lautstärkeregelung. Möglicherweise sind Sie auch aus Versehen an eine Taste *Ton aus* gekommen. Dann wird der Ton automatisch deaktiviert (was jedoch auch in der Lautstärkeregelung angezeigt wird).

Kein Ton vom CD-Laufwerk oder Line-In-Eingang

Problem: Lediglich der Ton von Windows-Programmen, beispielsweise bei der MP3-Wiedergabe, funktioniert. Bei der Wiedergabe vom CD-Laufwerk oder dem Line-In kommt kein Ton.

Die richtigen Eingänge

Es ist für die Audioqualität sehr wichtig, dass Sie die richtigen Eingänge nutzen. Wollen Sie beispielsweise ein Musikstück von einem CD-Player einspielen, stellen Sie sicher, dass der Line-In und nicht etwa der Mic-Eingang aktiviert ist. Ohnehin sollte das Mikrofon stets deaktiviert bleiben, solange es nicht genutzt wird, da es viele Störgeräusche hervorruft.

Lösung: Jeder Kanal der Soundkarte wird über die Windows-Lautstärkeregelung oder einen separaten Mixer des Herstellers individuell gesteuert. Möglicherweise ist der Kanal, den Sie benutzen möchten, deaktiviert oder die Lautstärke ist auf ganz niedrig eingestellt.

Öffnen Sie die Lautstärkeregelung. Falls der Kanal, den Sie benutzen möchten, nicht angezeigt wird, müssen Sie diesen erst der Ansicht hinzufügen. Gehen Sie dazu auf *Optionen/ Eigenschaften*. Unter *folgende Lautstärkeregler anzeigen* können Sie nun die gewünschten Einträge hinzufügen oder ungewünschte entfernen. Klicken Sie anschließend auf *OK*.

Nun können Sie in der Lautstärkeregelung die gewünschten Kanäle aktivieren. Entfernen Sie dazu das Häkchen bei *Ton aus* und heben die Lautstärke an.

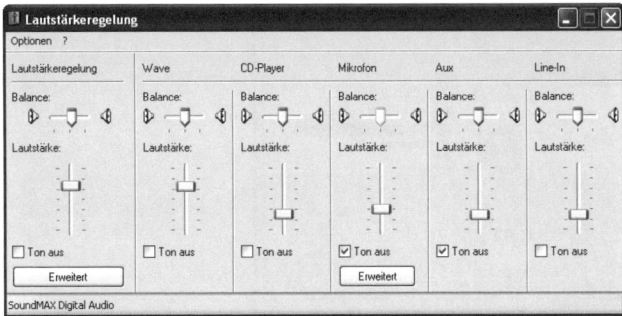

CD-Audio und Line-In sind deaktiviert, diese Geräte können nicht funktionieren.

Kein Surround-Klang trotz entsprechender Hardware

Problem: Trotz Mehrkanalsoundkarte und entsprechenden Lautsprechern kommt der Ton bei Spielen oder DVDs nur aus den Frontlautsprechern.

Lösung: Dies kann zwei verschiedene Ursachen haben: die Soundkarteneinstellungen oder die Software. Viele aktuelle Spiele verfügen zwar über Surround-Ton, jedoch gibt es immer noch neue Spiele, die nur über Stereo-Ton verfügen. Möchten Sie eine Video-DVD abspielen und der Ton kommt nur aus den Frontlautsprechern, kann dies möglicherweise an der Abspielsoftware liegen. Bei vielen DVD-Programmen, die Soundkarten oder DVD-Laufwerken beiliegen, handelt es sich nämlich um abgespeckte Versionen, die nicht in der Lage sind, Surround-Ton zu decodieren und somit nur die beiden Frontlautsprecher ansteuern.

Können Sie die Software als Fehlerquelle ausschließen, müssen Sie die Steuersoftware Ihrer Soundkarte überprüfen. Hier muss der richtige Boxentyp eingestellt sein. Oftmals sind die Anschlüsse der Soundkarte mehrfach belegt, beispielsweise als Kopfhörerausgang oder als Anschluss für die hinteren Boxen. Mit der Wahl des angeschlossenen Boxensets in der Konfigurationssoftware wird der Karte mitgeteilt, welche Tonsignale an die Anschlüsse geschickt werden sollen:

1 Öffnen Sie das Steuerprogramm der Soundkarte. Dies ist meist über ein kleines Symbol in der Taskleiste verfügbar. Alternativ müssen Sie im Startmenü nach der Software suchen, beispielsweise das Audio HQ im Fall des Marktführers Creative. Öffnen Sie das Steuerprogramm und suchen Sie gegebenenfalls nach dem Einstellungsmenü.

2 Creative hat die Einstellung im Punkt *Lautsprecher* versteckt. Mit der Wahl des passenden Boxensets weiß ab sofort Ihre Karte, wie sie mit den Boxen umzugehen hat. Andere Hersteller orientieren sich daran und bieten ebenfalls eine Lautsprecherliste an.

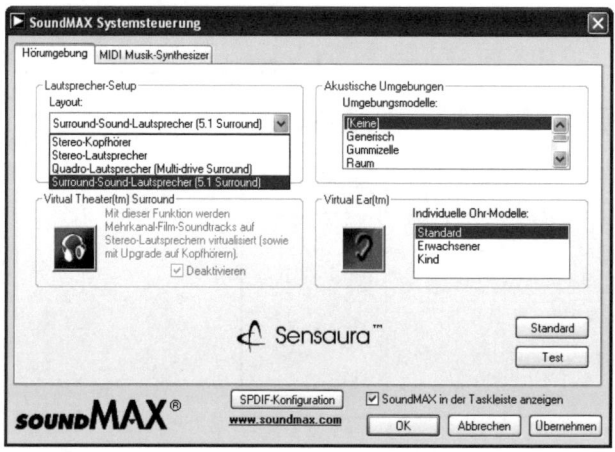

12.4 Surround-Ton für Spiele und DVDs

Die Zeiten von Stereo sind an einem modernen Computer schon lange vorbei. Sowohl Spiele als auch DVDs ermöglichen inzwischen perfekten Surround-Ton über ein Boxenset am Computer oder einen angeschlossenen Heimkinoverstärker. Selbst DivX-Filme aus dem Internet sind zunehmend mit Surround-Ton versehen und leben daher mit mehreren Boxen erst richtig auf!

Mittlerweile gibt es verschiedene Standards und Möglichkeiten, um Surround-Ton bei Spielen und DVDs zu erhalten. Zur Wiedergabe benötigen Sie ein Boxenset mit mindestens fünf Boxen und einem Subwoofer – erst dann lohnt sich der Aufwand. Je nach Soundkarte ist dabei kein externer Verstärker not-

wendig: Heutige Soundkarten können eigenständig Dolby Digital und dts decodieren. Ein Media-PC ist im Fall des DVD-Tons daher entweder direkt mit
einem passenden PC-Boxenset nutzbar oder aber an einen externen Verstärker
anschließbar, der das Decodieren übernimmt und den Ton zu den angeschlossenen Lautsprechern weiterleitet.

*Das 7.1-Lautsprecherset GigaWorks S750
von Creative können Sie ohne zusätzlichen
Verstärker an eine passende 5.1-, 6.1- oder
7.1-Soundkarte anschließen, um Surround-
Ton zu erhalten.*

(Bildquelle: Creative)

Dabei gibt es verschiedene Standards und zwei grundlegende Ansätze: Ton-
effekte in Echtzeit (bei Spielen) und vorberechnete Tonspuren (bei Video-DVDs):

■   Der Echtzeitton kommt in Spielen zum Einsatz und stellt die logische Ergän-
    zung des 3-D-Bildes dar. Ebenso wie der Grafikprozessor einer Grafikkarte
    errechnet der Soundprozessor einer Soundkarte ein 3-D-Bild, in diesem Fall
    jedoch das des Klangs. Das Echo des Raums, die Interferenzen mit anderen
    Räumen, die Entfernung verschiedener Tonquellen – die heutige Soundbe-
    rechnung ist deutlich komplizierter, als oftmals vermutet wird.

Daher ist auch eine gute Soundkarte notwendig, die in der Lage ist, den Mehr-
kanal-Ton zu berechnen und somit den
Prozessor des Computers nicht zu belasten. Die Soundkarte ist somit auch dafür
verantwortlich, dass ein Computerspiel
flüssig ausgeführt wird. Bei Spielen hat
sich der Standard *EAX* durchgesetzt, der
mittlerweile bei der *Version EAX Advanced HD 5.0* angekommen ist – allerdings unterstützt dies nur die Soundkar-
tenserie *Soundblaster X-Fi* von Creative.
Soundkarten anderer Hersteller, wie beispielsweise die *TerraTec Aureon 7.1*,

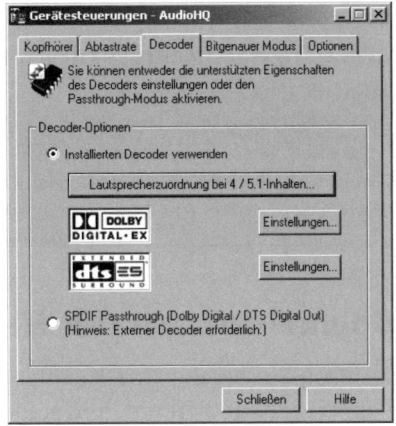

unterstützen dagegen meistens nur den EAX-Standard bis Version 2.0.

■   Der Ton bei der Wiedergabe einer Video-DVD muss dagegen nicht neu be-
    rechnet werden, da dieser bereits fertig komprimiert ist. Dazu werden die
    beiden Kinotonformate Dolby Digital oder dts verwendet. Da der Ton kom-

primiert vorliegt, muss er erst decodiert werden. Dies erledigt entweder die Soundkarte oder ein separat angeschlossener Dolby-Digital- bzw. dts-Decoder.

PC-Boxenset mit der Soundkarte verbinden

Der Anschluss von gewöhnlichen Stereoboxen ist schnell erledigt: Ein einfacher Klinkenstecker genügt. Für ein 5.1-, 6.1- oder 7.1-System sind allerdings gleich drei Stecker notwendig.

Je nach Soundkarte oder Onboard-Lösung existieren unterschiedliche Anschluss-varianten: Einige Soundkarten besitzen einen Line-Out, einen kombinierten Kopfhörer-/zweiten Boxenanschluss sowie einen kombinierter Digitalausgang/ dritten Boxenanschluss.

Der Nachteil einer solchen Kombination ist allerdings, dass kein Digitalausgang mehr zur Verfügung steht, da er durch das Boxenset schon belegt ist. Die meisten hochwertigen Soundkarten verfügen inzwischen allerdings über einen ge-trennten digitalen Ausgang, den Sie unabhängig von den analogen Anschlüssen benutzen können.

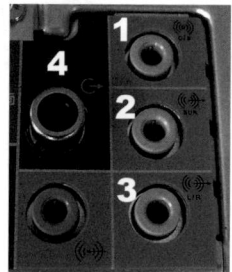

Das Bild links zeigt eine Onboard-Lösung für ein 5.1-Laut-sprecherset: **1** ist der Line-Out für den Center- und Bass-lautsprecher, **2** der Line-Out für die Lautsprecher hinten und **3** der Line-Out für die Frontlautsprecher. Hier ist kein Anschluss doppelt belegt, da auch noch ein Digitalausgang (**4**) vorhanden ist.

Kein Digitalanschluss für PC-Boxensets

Boxensets, die speziell für den Anschluss an einem Computer gedacht sind, verfügen nicht über die Möglichkeit, über einen Digitalausgang mit der Soundkarte verbunden zu werden. Die Boxensets verfügen aus Kostengründen nicht über einen integrierten Decoder, um den Mehr-kanalton einer DVD decodieren zu können, was bei einem digitalen Anschluss notwendig wäre. Das heißt, die Soundkarte übernimmt die Funktion eines Decoders.

Soundkarte mit der Hi-Fi-Anlage verbinden

Besitzen Sie bereits eine Heimkinoanlage, können Sie diese natürlich auch mit der Soundkarte verbinden. Gerade der Media-PC profitiert davon, wenn er mit einer hochwertigen Anlage verbunden wird – so steht dem puren Genuss nichts mehr im Wege. Der Anschluss kann auf zwei Arten geschehen: analog oder digital.

Analoge Verbindung

Der analoge Weg ist denkbar einfach: Die meisten Heimkinoverstärker besitzen einen analogen Mehrkanal-Eingang, durch den Sie das Signal von der Soundkarte zum Verstärker einspeisen können. Sie benötigen dazu nur Adapterkabel von 3,5-mm-Klinke auf 2-mal-Cinch, die überall erhältlich sind. Die Cinch-Stecker stöpseln Sie in die Eingänge des Verstärkers, die Klinkenstecker in die entsprechenden Ausgänge an der Soundkarte.

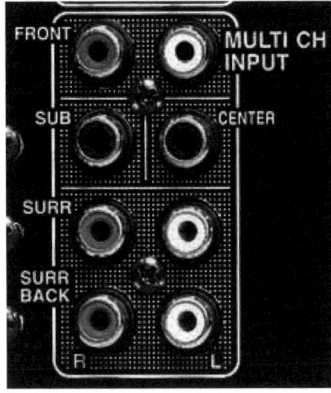

Für ein 7.1-Lautsprechersystem benötigen Sie insgesamt vier Adapterkabel von 3,5-mm-Klinke auf 2-mal-Cinch.

Bei der analogen Verbindung decodiert die Soundkarte eigenständig den digitalen Ton, der beispielsweise von einer Video-DVD kommt. Das heißt, dass der angeschlossene Heimkinoverstärker nicht mehr die Aufgabe der Decodierung wahrnimmt, sondern das Tonsignal nur noch verstärkt und an die angeschlossenen Lautsprecher weiterleitet. Dies kann allerdings ein Nachteil sein: Besitzen Sie einen sehr hochwertigen Heimkinoverstärker, sollte lieber dieser die Aufgabe der Tondecodierung wahrnehmen, da die Analog/Digital-Wandler hochwertiger als die in einer Soundkarte sind. In diesem Fall empfehlen wir, die Soundkarte digital mit dem Verstärker zu verbinden.

Die analoge Verbindung ist allerdings zwingend erforderlich, wenn Sie Mehrkanalton auch bei Spielen genießen wollen. Der Mehrkanalton von Spielen wird, wie bereits erwähnt, in Echtzeit berechnet. Der Echtzeitton müsste daher erst wieder komprimiert werden, um über die digitale Schnittstelle ausgegeben zu werden. Die Datenmengen des Mehrkanaltons sind schlicht und einfach zu groß, um sie unkomprimiert über den digitalen Ausgang zu schicken. Die einzigen Alternativen, um die digitale Schnittstelle auch bei Spielen nutzen zu können, ist eine Soundkarte die *Dolby Digital Live* unterstützt, oder die Onboard-Lösung *Soundstorm*, die beim nForce-2-Chipsatz verwendet wird. Diese Lösungen verfügen über einen zusätzlichen Prozessor, der das Audiosignal komprimiert. Allerdings existieren bislang nur drei Soundkarten, die *Dolby Digital Live* unterstützen: die HDA *Digital X-Mystique*, die Turtle Beach *Montego DDL* und die Terratec *Aureon 7.1 DDL*. *Soundstorm* wird bei neuen Motherboards und anderen Chipsätzen nicht mehr unterstützt.

Digitale Verbindung

Eine Alternative zur analogen Verbindung ist natürlich der Digitalausgang der Soundkarte. Der Digitalausgang bietet eine bessere Qualität als die analoge Verbindung und außerdem entsteht kein Kabelsalat, da nur ein einziges Kabel benötigt wird. Allerdings hat der Digitalausgang die Einschränkung, dass Mehrkanalton nur bei DVDs übertragen werden kann (siehe oben). Benutzen Sie eine digitale Verbindung und möchten ein Spiel mit Mehrkanalton nutzen oder einfach nur eine MP3 abspielen, werden nur die beiden Frontlautsprecher angesprochen.

Die digitale Verbindung kann über zwei verschiedene Anschlüsse zustande gebracht werden. Entscheidend dabei ist, welchen Ausgang Ihre Soundkarte und welchen Eingang Ihr Verstärker besitzt: entweder über ein optisches Kabel (Toslink) oder über ein Cinch-Kabel (Koaxial). Beide Verbindungen sind kinderleicht zu realisieren, da nur ein einziges Kabel benötigt wird.

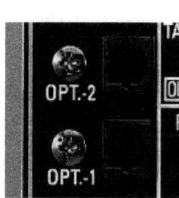 

Für die optische Digitalverbindung (erstes Bild) wird ein spezielles Kabel, genannt Toslink, benötigt, während die koaxiale Digitalverbindung mit einem einfachen Cinch-Kabel realisiert werden kann.

Digitalausgang (Koaxial) erfordert häufig einen Adapter

Verwendet Ihre Soundkarte eine Doppelbelegung der Klinkenbuchse als digitaler Ausgang und Anschluss für den Subwoofer und Center-Lautsprecher, kann dieser Anschluss nicht in Cinch-Form ausgelegt sein – daher ist er für einen direkten Anschluss eines koaxialen Kabels ungeeignet. Die Lösung – ein Klinke-auf-Cinch-Adapter. Ist dieser in die Klinkenbuchse an der Soundkarte eingesteckt, liegt auf einem der beiden Kanäle der Digitalton an – jedenfalls dann, wenn der Ausgang nicht ohnehin für das analoge Boxenset benötigt wird.

Digital und analog gleichzeitig nutzen

Der digitale Ausgang ist zweifellos die einfachere und qualitativ hochwertigere Verbindung und daher der analogen Verbindung vorzuziehen. Nutzen Sie Ihren Computer daher nur zur Wiedergabe von DVDs und verzichten Sie auf Computerspiele mit Mehrkanalton, können Sie ruhigen Gewissens die Soundkarte einfach über einen Digitalausgang mit Ihrem Verstärker verbinden.

Wollen Sie dagegen auch ab und an ein Computerspiel spielen und Ihre Soundkarte unterstützt nicht *Dolby Digital Live* oder *Soundstorm*, müssen Sie wohl oder übel auf die analoge Verbindung ausweichen. Es gibt allerdings die Möglich-

keit, den Ton bei der Wiedergabe von DVDs über den Digitalausgang wiederzu-
geben und bei Spielen über die analogen Anschlüsse.

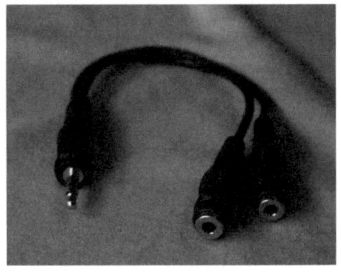

Wie das realisiert werden kann, hängt dabei von
den Anschlüssen und den Fähigkeiten Ihrer
Soundkarte ab. Verfügt sie über getrennte analoge und digitale Ausgänge, so ist der Anschluss
einfach. Ist der koaxiale Digitalausgang dagegen
mit einem analogen Ausgang kombiniert, benötigen Sie einen Adapter von 3,5-mm-Klinke auf 2-
mal-3,5-mm-Buchse. An diesen zwei Buchsen können Sie nun die analoge wie auch die digitale Ver-
bindung herstellen. Allerdings kann dabei ein Brummen entstehen, das durch
eine Masseschleife verursacht wird. Was Sie dagegen tun können, lesen Sie im
nächsten Abschnitt.

Bei einigen Soundkarten, vor allem bei älteren und nicht so hochwertigen Modellen, muss im Steuerungsprogramm eingestellt werden, ob die analoge oder digitale Ausgabe gewünscht ist, da immer nur ein Ausgang angesprochen werden
kann (dies ist inzwischen allerdings die Ausnahme). Auf jeden Fall müssen Sie
im DVD-Abspielprogramm einstellen, dass die Ausgabe über den SPDIF-Ausgang
erfolgen soll.

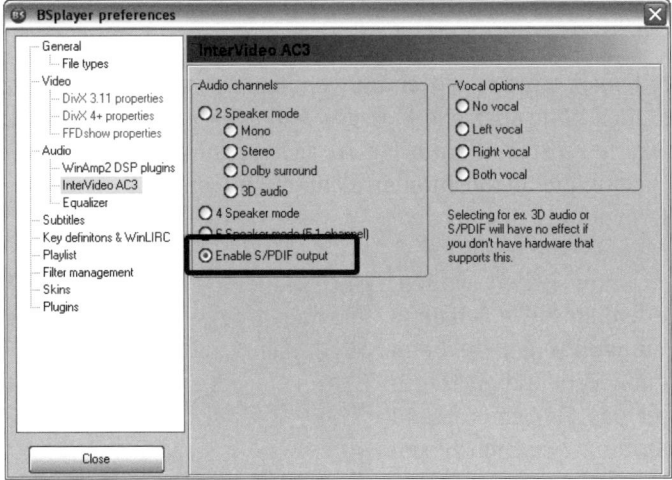

Brummgeräusche durch Masseschleife

Ist der Anschluss des PCs an die Soundanlage noch so einfach, oftmals wird die
Freude direkt nach dem Anschluss durch ein tiefes Brummen gestört – dem 50-
Hz-Brummen. Dies tritt besonders häufig bei Verwendung einer Kabelpeitsche
auf, um beispielsweise einen kombinierten Line-Out/Digital-Out gleichzeitig zu
nutzen.

Ausgelöst wird dies durch eine Masseschleife zwischen dem Verstärker und dem PC. Es ist also ein Stromproblem, daher auch die Frequenz von 50 Hz, der Frequenz unseres Stromnetzes. Leider ist das Problem je nach Position der Geräte kaum vermeidbar und stört doch ungemein.

Ein erster Versuch sollte stets sein, einen der Stecker einfach um 180 Grad zu drehen. Schon kann es sein, dass die Schleife dadurch aufgehoben wird und das Brummen sofort verschwindet. Falls dies nichts nutzt, muss zu stärkeren Mitteln gegriffen werden, beispielsweise durch einen Trennüberträger. Im schlimmsten Fall führt nichts daran vorbei, die Verbindung zu trennen, die gerade nicht genutzt wird.

Sinnvoll im Fall von Receivern mit Antennenanschluss und Media-PCs mit Anbindung an das Kabelnetz ist ein Mantel-stromfilter. Dieser hilft in diesem bestimmten Fall, das Brummen zu beseitigen. Solche Filter sind im Fachhandel, beispielsweise unter *www.conrad.de* oder *www.reichelt.de*, erhältlich.

Letzter Schritt – den Surround-Ton aussteuern

Nach dem erfolgreichen Anschluss der Lautsprecher bzw. Heimkinoanlage ist es extrem wichtig, dass die Balance der gesamten Anlage gesteuert wird, beispielsweise durch ein entsprechendes Programm ist der Konfigurationssoftware der Soundkarte.

Hersteller wie Creative haben mit den Jahren aufwendige Verfahren entwickelt, damit jeder Anwender auch ohne spezielle Messgeräte die Verzögerung und die Balance für die Soundkarte einstellen kann. So ist sichergestellt, dass der Ton gleichmäßig und gleichzeitig die Sitzposition erreicht, auch wenn die Boxen unterschiedlich weit entfernt sind.

Wenn Sie es noch genauer haben wollen, dann sind jedoch trotzdem spezielle Schallpe-gel-Messgeräte sehr sinnvoll – gerade beim Einstellen eines Surround-Verstärkers. Heutige Geräte müssen über das On-Screen-Menü zunächst mit der Entfernung zwischen Boxen und der Sitzposition gefüttert werden, die Verzögerung wird dann automatisch berechnet.

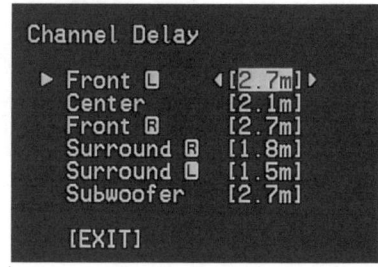

Zusätzlich ist ein weißes Rauschen abrufbar, über das jede Box in dB-Schritten eingestellt werden kann. Bessere Verstärker besitzen zudem verschiedene Klangcharakteristika-Einstellungen, beispielsweise ob es sich um großvolumige Boxen oder um kleine Satellitenboxen handelt. Das Ergebnis nach all der Arbeit ist ein perfekt klingendes Heimkino samt eines integrierten Computers.

Schalldruck-Messgerät zum perfekten Einstellen des Klangs

Die Einstellung der Balance geht mit einem Schalldruckmessgerät besonders einfach, das bereits für unter 50 Euro zu haben ist. So müssen Sie nicht Ihren Ohren trauen, wenn es um das Finden der richtigen Lautstärke geht, sondern können dies auf der Skala bequem ablesen. Stellen Sie einfach alle Boxen auf die gleiche Lautstärke ein, schon können Sie sich eines ausgeglichenen Klangbildes sicher sein.

12.5 Die optimalen Voraussetzungen für die DVD-Wiedergabe

Als Speichermedium hat sich die DVD am PC zum Archivieren großer Datenmengen und für Spiele etabliert. Die meisten Programme werden jedoch weiterhin, je nach Platzbedarf, auf einer oder mehreren CDs ausgeliefert. Mit Windows Vista wird sich dies ändern: Es wird das erste Microsoft-Betriebssystem sein, das aufgrund des großen Speicherplatzbedarfs auf einer DVD ausgeliefert wird.

Als Videomedium ist die Begeisterung für die kleine Silberscheibe jedoch ungebrochen. Bereits seit 2001 werden mehr Filme auf DVD als auf VHS-Kassette verkauft. Ein Computer mit DVD-Laufwerk und der passenden Software kann einen Stand-alone-DVD-Player natürlich mehr als vollwertig ersetzen.

Gerade in einem Media Center ist die DVD hervorragend aufgehoben, denn ein solcher PC kann neben dem Abspielen einer DVD zahlreiche andere Aufgaben, wie beispielsweise die eines Videorekorders, übernehmen. Dabei bietet der PC einige grundlegende Vorteile, gerade in Zusammenarbeit mit Projektoren und LCD-Fernsehern. Der DVI-Anschluss heutiger Grafikkarten überträgt das Bild verlustfrei und in der passenden Auflösung, daher ist in diesem Fall eine hervorragende Bildqualität bis hin zur HDTV-Auflösung garantiert. Stand-alone-DVD-Player mit DVI-Ausgang sind dagegen nur sehr selten zu finden und kosten dann gleich auch eine ordentliche Stange Geld.

Ein gut ausgestatteter Media-PC bietet dagegen eine sehr viel bessere Kompatibilität und leichte Nachrüstbarkeit gegenüber neuen Formaten. Die Investition in einen neuen High-End-DVD-Player lohnt sich mittlerweile nämlich gar nicht mehr, da die beiden DVD-Nachfolger, Blu-ray Disc und HD-DVD bereits an die

Tür klopfen. Ein Media-PC lässt sich dagegen leicht durch ein neues Laufwerk aufrüsten und ist somit wieder auf dem neusten Stand.

Der Media-PC hat allerdings auch einen Nachteil: Der analoge TV-Anschluss von Onboard-Grafiklösungen überzeugt nur selten und bietet eine wesentlich schlechtere Bildqualität als ein DVD-Player, der über ein Scart-Kabel an einen Fernseher angeschlossen wird. Ein Media-PC allein zum Schauen von DVDs ist daher verschwendetes Geld, wenn Sie jedoch auf eine komplett ausgestattete und HDTV-fähige Multimedia-Zentrale setzen, dann ist das Media Center meist die richtige Wahl.

Voraussetzungen für ruckelfreie DVD-Bilder

Für die Wiedergabe von Video-DVDs ist längst kein High-End-Gerät erforderlich: Jeder aktuelle Computer kann problemlos Video-DVDs abspielen. Bereits ein Prozessor mit einer Leistung eines Intel Pentium III mit 800 MHz reicht für die ruckelfreie Wiedergabe aus. Für heutige CPUs ist die Wiedergabe einer DVD daher ein Kinderspiel, zumal die Grafikkarte inzwischen einen großen Teil der Arbeit übernimmt.

> **Aufnahme braucht mehr!**
> Sie sollten nicht dem Trugschluss verfallen, dass ein System mit 800 MHz auch zur Echtzeitaufnahme des TV-Programms reicht. Die Wiedergabe einer DVD gehört zu den leichtesten Videoaufgaben, das Aufnehmen verlangt dagegen Höchstleistungen. Für viele Funktionen des Media-PCs ist daher ein deutlich schnellerer Prozessor notwendig.

Die nachfolgende Tabelle gibt einen ersten Eindruck über die Mindestanforderungen zum Abspielen von DVDs mit einigen bekannten Software-DVD-Playern, allerdings markieren die Angaben das absolute Minimum:

DVD-Player	Voraussetzungen lt. Hersteller	Webseite
PowerDVD	Intel PII 350 MHz, 64 MByte RAM	www.gocyberlink.com
WinDVD	Intel PII 366 MHz, 128 MByte RAM	www.intervideo.com
BlazeDVD	Intel PII 366 MHz, 128 MByte RAM	www.blitzbox.de
Direct DVD	Intel PII 366 MHz, 64 MByte RAM	www.orionstudios.com
Xoom DVD Player	Intel PII 366 MHz, 128 MByte RAM	www.bhv.de

Darüber hinaus ist genügend Arbeitsspeicher wichtig. Für ein echtes Multimedia-System sind 256 MByte unter Windows XP das absolute Minimum. Für den Nachfolger Windows Vista sollten Sie mindestens 512 MByte, besser noch 1 GByte einplanen. Ansonsten dauert allein der Start der DVD-Software unerträglich lange. Mehr Informationen rund um den Prozessor und den Speicher finden Sie in den Kapiteln 2 und 7.

Wie schnell muss das DVD-Laufwerk sein?

Zur einfachen Wiedergabe einer Video-DVD ist kein schnelles Laufwerk notwendig. Man könnte auch sagen: Kein DVD-Laufwerk ist zu langsam für die Wiedergabe einer DVD. Ähnlich wie bei der CD bedeutet „1fache Geschwindigkeit", dass die Übertragungsrate ausreichend für das entsprechende Medium ist. Bei einer Audio-CD ist 1fache Geschwindigkeit (350 KByte/s) also ausreichend zur Wiedergabe des Tons und bei einer Video-DVD ist 1fache Geschwindigkeit (1.350 KByte/s) ausreichend zur Wiedergabe des Videos.

Selbst ein älteres DVD-Laufwerk ist also definitiv ausreichend zur Wiedergabe einer DVD. Ein Media-PC sollte jedoch möglichst vielseitig sein und viele Aufgabe beherrschen können, daher gehört ein DVD-Brenner eigentlich zur Pflichtausstattung. Langsame Laufwerke haben jedoch einen Vorteil: Durch die langsamere Umdrehungsgeschwindigkeit sind sie häufig wesentlich leiser als Hochgeschwindigkeitsmodelle – ein nicht zu unterschätzender Faktor, der den Filmgenuss beeinträchtigen kann. Mit Tools wie DriveSpeed, das dem Brennprogramm Nero beiliegt, lässt sich jedoch die maximale Lesegeschwindigkeit eines schnellen DVD-Laufwerks begrenzen und somit der Geräuschpegel eingrenzen.

Den richtigen Softwareplayer finden

Neben der Hardware ist es wichtig, einen passenden Softwareplayer zu finden. Es gibt eine Vielzahl an kommerziellen Lösungen. Die beiden Spitzenreiter WinDVD von Intervideo und PowerDVD von Cyberlink kämpfen seit Jahren um die Krone des besten Softwareplayers. Dabei stellen beide Hersteller im jährlichen Rhythmus neue Features und Programmversionen vor und versuchen Ihre Software als ultimatives Abspielprogramm für alle möglichen Multimedia-Formate zu etablieren.

Selbst ein Bild davon machen können Sie sich, indem Sie auf den Webseiten der Hersteller eine kostenlose Testversion herunterladen. Zudem sollten Sie auf die CD, die Ihrem DVD-Laufwerk oder Ihrer Grafikkarte beilag, einen Blick werfen – oftmals wird ein Softwareplayer als OEM-Version mitgeliefert. Diese OEM-Versionen sind aber häufig in ihren Funktionen beschränkt, beispielsweise fehlt der Mehrkanal-Support.

Zwei hervorragende Softwareplayer: WinDVD und PowerDVD.

Auf eine Sache können Sie jedoch getrost verzichten – nach einer kostenlosen Software im Internet zu suchen. Dank der Lizenzgebühr für MPEG-2 gibt es leider keinen DVD-Player, für den man nicht bezahlen muss. Haben Sie daher keinen Player mit Ihrer Grafikkarte, dem Komplett-PC oder dem Laufwerk bekommen, werden Sie um eine Geldinvestition wohl nicht herumkommen.

Troubleshooting: Wenn die DVD-Wiedergabe nicht funktioniert

Auch wenn Sie über einen schnellen Computer verfügen, kann es zu Problemen und ruckelnden Bildern bei der Wiedergabe einer DVD kommen. Häufigste Ursache dafür ist eine fehlerhafte Konfiguration des Systems. Auf den folgenden Seiten sind daher verschiedene Tipps und Tricks aufgeführt, wie Sie sich im Notfall helfen können.

Keine flüssige Wiedergabe der Video-DVD

Problem: Ihr Computer ist deutlich schneller als Minimalhardware, die zum Abspielen einer Video-DVD notwendig ist. Trotzdem ruckelt das Video und es ist keine flüssige Wiedergabe des Videos möglich.

Lösung: Es kann sein, dass Ihr Computer durch abgestürzte oder im Hintergrund laufende Programme, beispielsweise einen Virenscanner, stark belastet wird. Die Prozessorleistung reicht nun nicht mehr aus, um auch noch eine DVD abzuspielen. Dies können Sie ganz leicht über den Windows Task-Manager überprüfen, den Sie über die Tastenkombination [Strg]+[Alt]+[Entf] aufrufen können.

Ist die Prozessorauslastung gering, kann ein derartiges Ruckeln an einem falschen IDE-Betriebsmodus liegen. Das DVD-Laufwerk und das Mainboard müssen im Ultra-DMA-Modus kommunizieren, um das System nicht durch den Datentransfer zu belasten.

Ist hingegen der PIO-Modus im Geräte-Manager aktiviert, bedeutet dies, dass ein Großteil der verfügbaren Prozessorleistung bereits für den Datentransfer genutzt wird – selbst schnelle Rechner fangen in diesem Fall an, bei der DVD-Wiedergabe zu ruckeln.

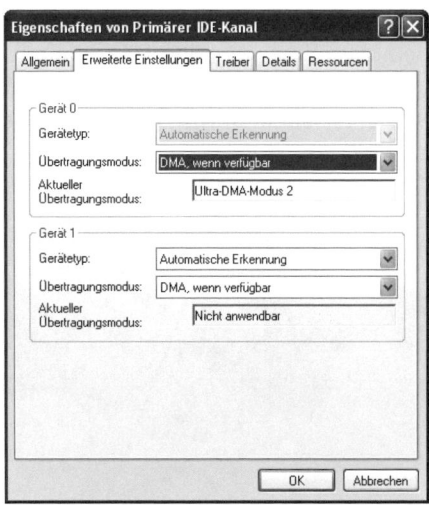

Im Geräte-Manager lässt sich für jeden IDE-Kanal einstellen, ob automatisch der DMA-Modus oder lediglich der PIO-Modus genutzt werden soll. Einige Chipsatz-Hersteller stellen sogar eigene Programme zur Steuerung und Überprüfung zum Download bereit. Mehr Informationen zu dem Thema finden Sie in Kapitel 5, in dem ausführlich der Anschluss und die Konfiguration von DVD-Laufwerken beschrieben wird.

Ein weiterer Grund kann ein falscher Treiber für die Grafikkarte sein. Viele Grafikkarten bieten eine Hardwareunterstützung bei der Wiedergabe einer DVD und entlasten somit den Prozessor. Ist ein falscher oder veralteter Treiber installiert, wird die Grafikkarte nicht richtig angesprochen, das Resultat ist eine ruckelnde Wiedergabe. Überprüfen Sie im Geräte-Manager unter *Grafikkarte* den installierten Treiber. Möglicherweise wird sogar der integrierte Treiber von Windows XP für Ihre Grafikkarte verwendet

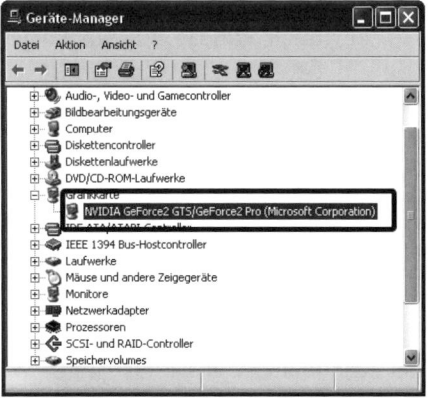

(erkennbar an *Microsoft Corporation*). Dieser bremst Ihre Grafikkarte unnötig aus, da er nicht alle Funktionen voll unterstützt. Installieren Sie unbedingt den neusten Originaltreiber, den Sie auf der Homepage Ihres Grafikkartenherstellers herunterladen können.

Regionalcode verhindert die Wiedergabe einer DVD

Problem: Eine DVD, die Sie beispielsweise aus dem USA-Urlaub mitgebracht haben, funktioniert nicht. Der Softwareplayer rührt sich nicht und das Videofenster bleibt schwarz.

Lösung: Technisch ist zwischen einer DVD, die in Deutschland verkauft wird, und einer DVD aus den USA kein Unterschied vorhanden. Allerdings besitzen fast alle DVDs einen Ländercode, der Ihnen vorschreibt, in welchen Regionen der

Erde eine DVD abspielbar ist. Durch diesen Trick will die Filmindustrie vermeiden, dass Filme aus den USA, die teilweise in auf DVD erscheinen, bevor sie bei uns ins Kino kommen, in andere Teile der Welt exportiert werden. Eine gemeine Sache, die auch für die DVD-Nachfolger Blu-ray und HD-DVD angedacht ist.

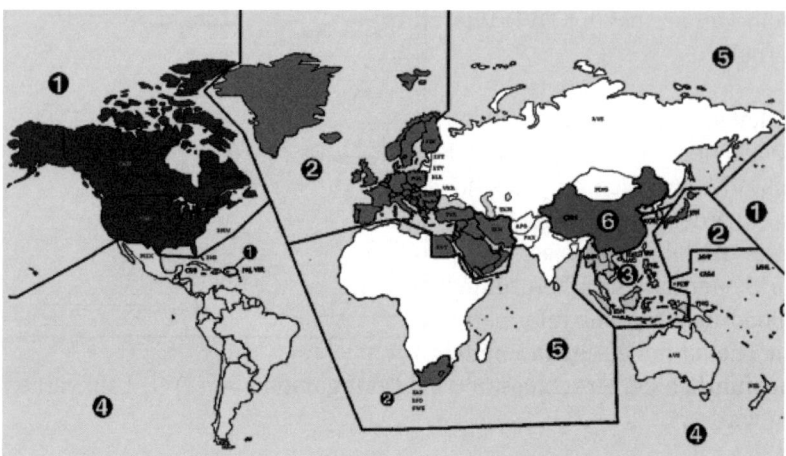

Der Regionalcode ist im Abspielgerät und auf der DVD fest eingestellt. Wie Sie der Karte entnehmen können, hat Europa den Regionalcode 2, Nordamerika den Regionalcode 1. Versuchen Sie nun, eine DVD mit Code 1 auf einem Gerät mit Code 2 abzuspielen, tut sich einfach nichts, da das Abspielgerät die DVD blockiert.

Der Regionalcode lässt sich unter Windows im Geräte-Manager oder in den Eigenschaften des Softwareplayers zwar ändern, allerdings lediglich fünfmal. Danach wird die Einstellung fest gespeichert. Einige Laufwerke verbieten allerdings sogar dies.

Es existieren im Internet zahlreiche Programme, wie beispielsweise AnyDVD, die damit werben, den Regionalcode außer Kraft setzen zu können. Es ist zwar nicht eindeutig geklärt, ob dies in Deutschland illegal ist; da die meisten Programme dieser Art jedoch auch den CSS- und andere Kopierschutzmethoden außer Kraft setzen können und dies in Deutschland verboten ist, ist der Einsatz solcher Software nicht erlaubt. Auch wenn es verführerisch klingt: Werden Sie nicht illegal!

Keine DVD-Wiedergabe mit dem Windows Media Player

Problem: Durch viele Gerüchte ist der Eindruck entstanden, dass der Windows Media Player imstande ist, DVDs abzuspielen. Bei einem Versuch tut sich jedoch nichts.

Lösung: Der Windows Media Player ist von sich aus nur in der Lage, das Windows Media Video-(WMV-)Format abzuspielen. Für sämtliche anderen Formate, ob DivX oder DVDs, benötigt das Programm entsprechende Zusatzsoftware. Für DivX reicht es, den passenden Windows-Codec zu installieren, schon ist das Format auch mit dem Media Player abspielbar.

Ähnlich funktioniert es auch mit der DVD-Wiedergabe, nur ist in diesem Fall die Installation eines unterstützten Softwareplayers notwendig. Der Windows Media Player koppelt sich an den DVD-Player an, nutzt die MPEG-2-Decodierung und erweitert damit den eigenen Funktionsumfang um die Möglichkeit, DVDs abzuspielen.

Unterstützte DVD-Player

Microsoft stellt im Netz eine Liste der unterstützten Software-DVD-Player bereit, um so die Wahl des passenden Programms etwas zu erleichtern. Die Liste ist auf der Seite *http://go.microsoft.com/fwlink/?linkid=4246* zu finden.

Zum Überprüfen, ob sich der Windows Media Player an einen installierten Software-DVD-Player angebunden hat, müssen Sie lediglich in das Menü *Extras/Optionen* des Media Player schauen. Ist dort die *DVD*-Registerkarte verfügbar, wurde der Player eingebunden, andernfalls ist entweder kein Player installiert, oder er gehört nicht zu der Gruppe der vom Media Player unterstützten Programme.

So wird der Rechner HDTV ready

Die Abkürzung HDTV ist derzeit in aller Munde – sie steht für **H**igh **D**efinition **T**elevision und bedeutet Fernsehen in hoher Auflösung. Die HDTV-Technologie verspricht durch die höhere Auflösung bis zu fünfmal mehr Bildinformation und damit ein schärferes und detailreicheres Bild. – wer einmal HDTV in Aktion gesehen hat, wird es nicht mehr missen wollen. Allerdings ist HDTV auch zu einem Schreckgespenst für viele Nutzer geworden, denn die Industrie hat es ein weiteres Mal geschafft, die Vorfreude auf eine neue Technologie durch ein Formatwirrwarr und komplizierte Kopierschutzzwänge zu trüben. Und selbst wenn alle notwendigen Geräte vorhanden sind, kann man noch längst nicht in aller Ruhe HDTV genießen – schließlich muss auch das notwendige Filmmaterial am Fernseher eintreffen und dabei liegen Deutschland und Europa noch weit hinter den USA und Japan, in denen HDTV schon zum Standard geworden ist. Auf dem Weg zum hochauflösenden Fernsehvergnügen gibt es also einige Stolpersteine zu überwinden.

Grundlage: Höhere Auflösung = besseres Bild

Sie kennen es von Digitalkameras: Je höher die Auflösung, in der die Bilder aufgenommen wird, umso besser. Die Bilder können in bester Qualität auch auf großen Formaten belichtet werden und die Detailschärfe ist bei hohen Auflösungen wesentlich besser. Das Prinzip von HDTV funktioniert genauso: Die höhere Auflösung der beiden HDTV-Formate verspricht ein besseres und schärferes Bild.

Zurzeit wird das Fernsehprogramm noch im PAL-Format gesendet. Bereits seit 1967, seit der Umstellung von Schwarz-Weiß- auf Farbfernsehen, wird das PAL-Format in Deutschland genutzt und auch auf DVDs und Videokassetten findet es Verwendung. Die Auflösung entspricht hierbei 720 x 576 Bildpunkten (eigentlich „Zeilen", die aber äquivalent zu Bildpunkten sind) bzw. einer effektiven Größe von 720 x 405 Bildpunkten, wenn im 16:9-Format gesendet wird. Ein Fernsehbild, das im PAL-Format gesendet wird, wird jedoch nicht als „vollwertiges" Bild gesendet, sondern in so genannten Halbbildern (auch *Interlaced*-Technik genannt). Dies können Sie sich so vorstellen: Ein PAL-Bild besteht aus 576 Zeilen. Zuerst werden die Zeilen 1, 3, 5, 7 etc. gesendet und dann die Zeilen 2, 4, 6, 8 etc. Die beiden werden so schnell zusammengesetzt, dass unser Auge davon nichts mitbekommen kann.

Das Gegenstück zu Halbbildern sind selbstredend Vollbilder, auch *Progressive*-Technik genannt, die auch auf PAL-DVDs, nicht jedoch in der Fernsehübertragung verwendet wird. Obwohl das Zusammensetzen der Halbbilder viel zu schnell geschieht, als dass wir es bewusst wahrnehmen könnten, werden Vollbilder als wesentlich besser empfunden. Das Bild wirkt angenehmer, da es schärfer und ruhiger ist und kein Bildflimmern mehr entsteht.

Zwei HDTV-Formate

Der PAL-Nachfolger HDTV wird nun allerdings in zwei unterschiedlichen Formaten auf den Markt kommen – *720p* und *1.080i*. Hinter diesen kryptischen Bezeichnungen steht die Bildhöhe, also die Anzahl der Zeilen des Formats. *720p* bedeutet eine Auflösung von 1.280 x 720 und *1.080i* eine Auflösung von 1.920 x 1.080. Die folgende Tabelle zeigt Ihnen die Unterschiede der beiden neuen HDTV-Formate im Vergleich zum alten PAL-Format.

	PAL	HDTV 720p	HDTV 1.080i
Bildbreite (in Pixeln)	720	1.280	1.920
Bildhöhe (in Pixeln)	576/405*	720	1.080
Bildgröße (in Pixeln)	414.720/291.600	921.600	2.073.600
Bildaufbau	Interlaced (Halbbilder)	Progressiv (Vollbilder)	Interlaced (Halbbilder)
Tatsächliche Anzahl der Bildinformationen (in Pixeln)	207.360/145.800	921.600	1.036.800

* Eine Bildhöhe von 405 Pixeln entspricht nicht der PAL-Norm, dabei handelt es sich aber um die tatsächliche Bildhöhe, wenn das Bild im 16:9-Breitbildformat gesendet wird.

Auf den ersten Blick scheint HDTV 1.080i dem 720p-Format weit überlegen zu sein. Durch die hohe Auflösung ist die Anzahl der Bildpunkte mehr als doppelt so hoch. Doch der unterschiedliche Bildaufbau spielt eine sehr große Rolle, wenn die Frage geklärt werden soll, welches Format besser ist. HDTV 720p wird nämlich in Vollbildern gesendet und HDTV 1.080i in Halbbildern, wie beim PAL-Format – daher das *p* für Progressive bzw. das *i* für Interlaced.

HDTV 720p verfügt daher über mehr als viermal so viele Bildinformationen wie PAL bzw. über sechsmal so viele, wenn man mit der Anzahl der Bildpunkte im 16:9-Format rechnet. HDTV 1.080i kommt auf fünfmal so viele Bildinformationen bzw. über siebenmal so viele im 16:9 Format.

Die Abbildungen auf der nächsten Seite verdeutlichen den Größenunterschied der unterschiedlichen Formate. Dabei muss jedoch auf den Unterschied zwischen Halb- und Vollbildern geachtet werden.

HDTV ist, egal im welchem Format, PAL mehr als deutlich überlegen. Die um ein Vielfaches höhere Anzahl an Bildinformationen macht HDTV zum Erlebnis. Zusätzlich wird der Farbraum bei HDTV verändert – der eingeschränkte PAL-Farbraum wird durch einen echten RGB-Farbraum ersetzt. Dadurch entstehen natürliche Farben und ein realistisches Bild. Es stellt sich allerdings die Frage, welches HDTV-Format besser ist.

Standard-PAL-Auflösung im Breitbild Format. 720 x 405 Bildpunkte, allerdings nur in Halbbildern.

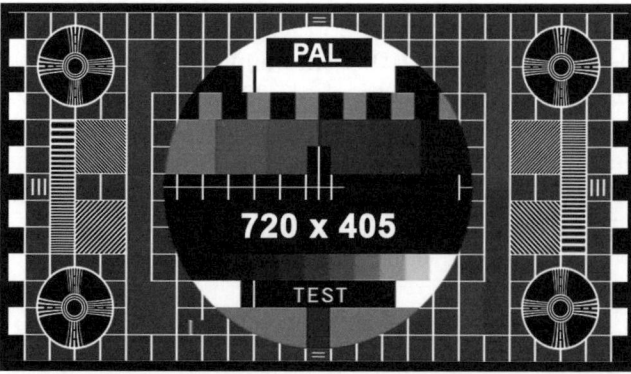

HDTV mit 1.280 x 720 Bildpunkten in Vollbildern. Diese Auflösung wird „720p" genannt.

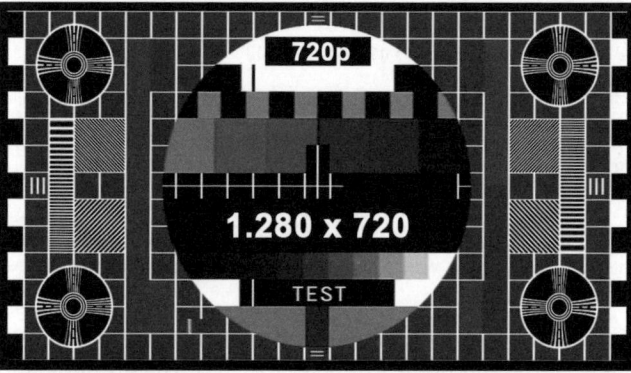

HDTV mit 1.920 x 1.080 Bildpunkten. Dies ist das hochauflösendste HDTV-Format und wird auch „1.080i" genannt. Da es nur in Halbbildern gesendet wird, ist die Bildqualität allerdings nicht wesentlich besser als bei HDTV „720p".

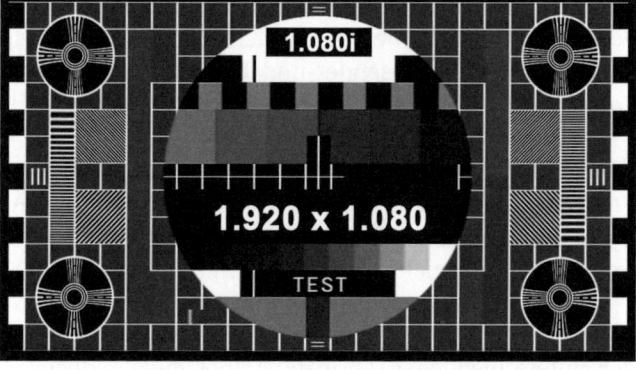

Die Antwort ist: Beide. HDTV 720p und 1.080i haben unterschiedliche Vor- und Nachteile. Die höhere Auflösung des 1.080i-Formats bietet das schärfere und detailreichere Bild. Allerdings hat das 720p-Format den Vorteil, dass es in Vollbildern gesendet wird und einen schnelleren Bildaufbau bietet. Daher ist es besonders für schnelle Filmszenen und Sportübertragungen geeignet, da so ein „Nachschmieren", wie häufig bei Digital-Fernsehern zu sehen, verhindert werden kann. Wahrscheinlich werden beide HDTV-Formate irgendwann in Deutschland ausgestrahlt und je nach Programm eingesetzt werden. Daher ist es wichtig, beim Kauf eines HDTV-Fernsehers auf die Auflösung des Bildschirms zu achten. Denn nicht überall, wo HDTV draufsteht, ist auch HDTV drin. Dazu jedoch mehr im folgenden Abschnitt.

Neue Schnittstelle und neuer Kopierschutz für HDTV

Mit HDTV wird alles anders. Dies ist jedoch nicht bloß ein Marketingspruch, man kann ihn ruhig wörtlich nehmen. Denn um HDTV empfangen und anzeigen zu können, muss praktisch alles neu gekauft werden, vom Receiver oder der TV-Karte bis zum Fernseher. Das liegt an den neuen HDTV-Auflösungen und den daraus resultierenden riesigen Datenmengen. Die Filmindustrie nützt die allgemeine Aufrüstung jedoch gleich aus und pocht auf einen neuen, allumfassenden Kopierschutz: HDCP.

Theoretisch ist die DVI-Schnittstelle, die bereits von LCD-Monitoren bekannt ist, perfekt geeignet, um HDTV-Signale zu übertragen. So reicht eine DVI-Schnittstelle aus, um das HD ready-Logo zu erhalten (siehe nächster Abschnitt).
Trotzdem hat sich die Industrie auf die neue HDMI-(**H**igh **D**efinition **M**ultimedia **I**nterface)Schnittstelle geeinigt, die DVI sowohl am Computer als auch im Wohnzimmer ablösen wird. HDMI ist zu DVU allerdings voll abwärtskompatibel, sodass DVI-Geräte mithilfe eines Adapters an die HDMI-Schnittstelle angeschlossen werden können.

Die HDMI-Schnittstelle hat den Vorteil, dass sowohl Ton als auch Bild digital übertragen werden. Ähnlich wie beim analogen Scart-Kabel ist nur dieses eine Kabel zum Anschluss notwendig (allerdings ist ein HDMI-Kabel wesentlich handlicher als die klobigen Scart-Stecker). Darüber hinaus hat die Filmindustrie enormen Druck auf die Gerätehersteller ausgeübt, um einen allumfassenden Kopierschutz in HDTV einzuarbeiten, der in Gestalt von HDCP (High-bandwidth Digital Content Protection) auf die Anwender zukommen wird. Dieser Kopierschutz wird sowohl bei HDTV als auch bei einer HD-DVD oder Blu-ray Disc eingebaut werden.

Die HDMI-Schnittstelle empfängt sowohl den Ton als auch das Bild digital.

Um HDTV-Material abspielen zu können, das durch HDCP geschützt wird, muss jedes angeschlossene Gerät HDCP unterstützen. Ein Beispiel: Sie versuchen eine HD-DVD an Ihrem Computer mit angeschlossenem TFT-Monitor zu betrachten. Der TFT-Monitor unterstützt jedoch kein HDCP. Im schlimmsten Fall bleibt der

Monitor einfach schwarz, eventuell wird das Video jedoch in geringerer, keineswegs jedoch in HDTV-Auflösung angezeigt.

Auch die Grafikkarte muss Ihr Signal mit der HDCP-Verschlüsselung ausgeben. Dazu muss ein extra Chip auf der Grafikkarte eingebaut werden, der den HDCP-Schlüssel enthält und das digitale Ausgangssignal wieder verschlüsselt.

Es sieht ganz so aus, als würden sowohl TV-Sendungen als auch sämtliche HD-DVDs mit HDCP verschlüsselt werden. Kunden, die bereits einen Fernseher oder Projektor besitzen, der zwar HDTV-Auflösung unterstützt, aber keine HDCP-fähige Schnittstelle besitzt, haben das Nachsehen. Entweder Sie sehen überhaupt kein Bild oder nur in stark verringerter Auflösung. Um HDTV bzw. anderes Material mit HDCP genießen zu können, muss der Kunde tief in die Tasche greifen: Neuer Satellitenreceiver oder eine neue TV-Karte für den Computer, neuer Monitor oder neuen Fernseher und so weiter.

HD ready – alles klar?

Die Einführung einer neuen Technologie bringt viele Schwierigkeiten mit sich. Gerade bei einer so umfangreichen Umstellung wie bei HDTV ist es für den Kunden schwierig, den Überblick zu behalten, da praktisch alles geändert wird: der Übertragungsstandard, die Fernsehauflösung, die Anschlüsse, Kopierschutzmethoden und vieles mehr.

Um die Umstellung zu erleichtern und HDTV-fähige Geräte leichter kenntlich zu machen, wurde von der EICTA (ein Konsortium über 50 großer Elektronikunternehmen) das HD ready-Logo geschaffen. Dieses Logo wird nur an Anzeigegeräte, also Displays und Projektoren, vergeben.

Die Mindestvoraussetzungen, um das HD ready-Logo tragen zu dürfen, sind:

- Darstellung von mindestens 720 Zeilen (vertikal; entspricht einer Bildhöhe von 720 Pixeln)
- Verarbeitung und Anzeige beider HDTV-Formate (720p und 1.080i)
- Mindestens ein digitaler Eingang (DVI oder HDMI) mit HDCP-Verschlüsselung
- Mindestens ein analoger YUV-Komponenteneingang

Von Anfang an war das HD ready-Logo allerdings Kritik ausgesetzt, da es den Herstellern von Anzeigegeräten eine sehr große Auslegungsfreiheit einräumt. Beispielsweise werden weder Tonspezifikationen noch die horizontale Auflösung (die Bildbreite) behandelt. Außerdem gibt es kein Kontrollorgan, dass Geräte mit HD ready-Logo überprüft.

Viele neuen TV-Geräte verfügen beispielsweise über eine Auflösung von 1.024 x 768. Solche Geräte erfüllen zumindest in der Auflösung die HD ready-Forderung, da über 720 Zeilen dargestellt werden können. Allerdings beträgt die horizontale Auflösung nur 1.024 Pixel, obwohl die Auflösung des HDTV-720p-Formats 1.280 Pixel beträgt. Die Folge bei einem solchen Display ist, dass das Fernsehbild skaliert und umgerechnet werden muss. Somit verschlechtert sich allerdings die Qualität und „echtes" HDTV ist trotz HD ready-Logo nicht gegeben.

Weitere Verwirrungen gibt es mit dem HD ready-Logo und dem HDTV-Format 1.080i. Die HD ready-Spezifikationen sehen nämlich nur die vertikale Mindestauflösung für das 720p-Format vor. HD ready bedeutet also nicht, dass das Display 1.080i nativ, also ohne Umrechnung, darstellen kann. Verwenden Sie also ein Gerät mit einer Auflösung von 1.280 x 720, also dem 720p-Format, das Programm wird jedoch im 1.080i Format gesendet, muss das Bild umgerechnet werden.

Allerdings muss gesagt werden, dass bei der Skalierung des hochauflösenden Quellmaterials auf eine geringere Auflösung die Bildqualität immer noch sehr hoch ist. Je nachdem, wie gut das Display skalieren kann, wird eine Verschlechterung der Bildqualität kaum wahrgenommen. Außerdem sind Displays, die die hohe Auflösung von 1.920 x 1.080 darstellen können, noch sehr teuer.

Beim Kauf eines neuen Anzeigegeräts sollten Sie, trotz der negativen Punkte des HD ready-Logos, nur Geräte kaufen, die auch ein solches besitzen. Viele Billigangebote von Discountern werden mit „HDTV-Fähigkeit" angepriesen, ohne allerdings das entsprechende Logo zu tragen. Häufig stimmt dann die Auflösung nicht ganz oder eine digitale Schnittstelle mit dem HDCP-Kopierschutz fehlt.

Das Fehlen einer solchen Schnittstelle ist besonders fatal, da solche Geräte in wenigen Jahren unbrauchbar sein werden. Das künftige Fernsehprogramm, aber auch HD-DVDs werden nämlich nur dann angezeigt, wenn auch eine HDCP-fähige Schnittstelle vorhanden ist. Überprüfen Sie aber auch unbedingt die Spezifikationen eines Geräts mit HD ready-Logo. Gerade die passende Auflösung sorgt dafür, dass Sie auch noch lange Freude am hochauflösenden Fernsehen haben werden.

Übersicht: Das braucht Ihr Media-PC

HDTV benötigt, wie Sie in den vorherigen Abschnitten erfahren haben, eine Vielzahl an neuen Komponenten. In der folgenden Übersicht erfahren Sie, womit Ihr Media-PC ausgestattet sein muss, um auch für die Zukunft mit HDTV gut gerüstet zu sein.

Hardware	Beschreibung
Grafikkarte	Der Grafikkarte kommt mit HDTV eine besondere Bedeutung zu. Neben einer guten Grafikleistung muss sie außerdem mit dem Kopierschutz HDCP zurechtkommen und am besten eine HDMI-Schnittstelle besitzen. Die Grafikkarte muss nämlich in der Lage sein, die vielseitigen Anforderungen des HDCP-Kopierschutzes zu erfüllen, dazu gehört unter anderem, die analogen Ausgänge auf Wunsch des Kopierschutzes auszuschalten oder auf eine niedrige Auflösung zu stellen. Grafikkarten, die diese Kriterien erfüllen und außerdem eine HDTV-Hardwarebeschleunigung bieten, die den Prozessor entlastet, sind ab 2006 erhältlich und werden sich in der nächsten Zeit weiter verbreiten.
Prozessor	Der Prozessor wird bei den riesigen Datenmengen, die bei HDTV anfallen, richtig gefordert. Dabei ist die Aufnahme noch die leichtere Aufgabe, erst bei der Wiedergabe muss der Prozessor richtig arbeiten, um das Videomaterial zu decodieren. Ein Prozessor mit 3 GHz oder entsprechender Leistung sollte es daher unbedingt sein, um flüssig HDTV-Material anschauen zu können.
Speichermedien	HDTV braucht Platz. Ein Film von 80 Minuten Länge benötigt, je nach Datenrate und Auflösung, etwa 10 oder mehr GByte. Da reicht die DVD schon nicht mehr aus. Neben einer großzügig dimensionierten Festplatte mit etwa 300 GByte Speicherplatz sollte man daher über die Anschaffung eines HD-DVD- oder Blu-ray Disc-Brenners nachdenken, sobald diese verfügbar sind. Erste Geräte sind bereits verfügbar, jedoch noch unerschwinglich. Ende dieses Jahres und ab 2007 wird das Angebot steigen und die Preise werden sinken.
TV-Karte	Die einzige Möglichkeit, derzeit HDTV-Bilder empfangen zu können, besteht über Satellit, so genanntem DVB-S. Mit einer DVB-TV-Karte für den PC sind Sie in der Lage, HDTV-Bilder zu empfangen. Während der ersten HDTV-Ausstrahlungen im deutschen Fernsehen 2005 war es sogar die einzige Möglichkeit, in den Genuss von HDTV zu kommen, da noch keine passenden Receiver für den Satellitenempfang verfügbar waren. Sie müssen jedoch Folgendes beachten: Da die Datenmengen bei HDTV so groß sind, müssen die Satellitenbetreiber eine neue Datenkomprimierung (H.264) anwenden. Dieser neue Übertragungsstandard heißt nun DVB-S2, und um das neue Format empfangen zu können, benötigen Sie auch eine neue, geeignete TV-Karte. Achten Sie beim Neukauf einer Karte daher unbedingt darauf, dass DVB-S2 unterstützt wird.
Monitor/ Fernseher	Ein moderner TFT-Monitor ist durch seine hohe Auflösung so gut wie sicher in der Lage, HDTV-Material in guter Qualität abzuspielen. Das Problem liegt jedoch am HDCP-Kopierschutz. Auch der Monitor muss den Kopierschutz unterstützen, sonst wird entweder gar kein Bild gezeigt oder nur in geringer Auflösung. Das Gleiche gilt für einen Fernseher. Der Kauf eines Anzeigegeräts ohne HDCP-Fähigkeit lohnt sich auf keinen Fall! Fallen Sie nicht auf vermeintliche Schnäppchen herein, die Sie nachher teuer zu stehen kommen.

Wenn Sie bei der Zusammenstellung eines neuen Media-PCs auf diese Punkte achten, erwarten Sie später, wenn Sie HDTV genießen möchten, keine bösen Überraschungen! Ein Media-PC ist auf jeden Fall flexibler als eine gewöhnliche Fernsehanlage, da sich einzelne Komponenten, wie eine TV-Karte, einfach ersetzen und aufrüsten lassen und meistens auch noch billiger sind als ihre entsprechenden Wohnzimmer-Konkurrenten.

13. Tuning für den PC: mehr Speed

Es gibt weit mehr Tuning-Maßnahmen, als dem PC neue Hard-
warekomponenten zu verord-
nen. Häufig sitzen die Perfor-
mancebremsen auch an ganz
anderen Stellen: Langsame, dafür
sichere Standard-Geschwindig-
keitseinstellungen im BIOS für
Arbeitsspeicher und Festplatten
erweisen sich manchmal als Per-
formancebremsen. So kann es
vorkommen, dass die verbauten
RAM-Module mit schnelleren
Einstellungen betrieben werden
können, als es dass BIOS vorein-

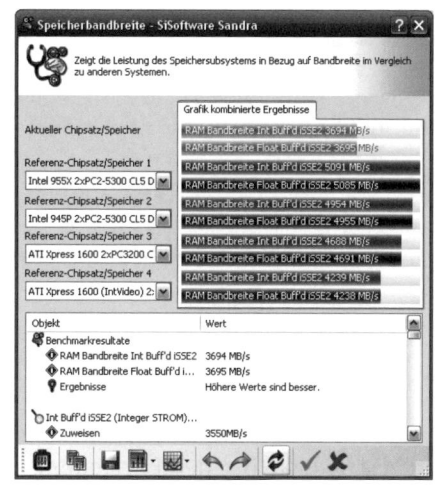

gestellt hat. Auch durch das riskante Übertakten von Prozessor und Systembus
lässt sich zusätzliche Leistung aus dem PC kitzeln; beim so genannten Overclocking wird der Takt des Prozessors außerhalb der vorgegebenen Spezifikationen betrieben.

In diesem Kapitel beschreiben wir diese kostenlosen Tuning-Maßnahmen, die Ihnen unter Umständen helfen können, die Gesamt-Performance Ihres PCs zu verbessern. Wir weisen aber auch gleichzeitig auf die gerade beim Übertakten nicht unerheblichen Risiken hin und zeigen weniger riskante Alternativen zur Performanceverbesserung auf.

Achtung: Die Garantie und Gewährleistung erlöschen!

Denken Sie bitte immer daran, dass bei jeglichen Tuning- und Übertaktungsmaßnahmen fast immer die Garantie und die Gewährleistung sofort erlöschen. Hardwarehersteller können meistens feststellen, ob die Hardware übertaktet wurde, und lehnen jegliche Leistung dann ab. Je nach Komponente und ihren Reserven können auch schon geringfügige Übertaktungsversuche die betroffene Hardware zerstören und/oder andere Komponenten in Mitleidenschaft ziehen.

Auf jeden Fall werden auch stabil laufende, aber übertaktete Komponenten schneller altern, sodass deren Lebenserwartung oft deutlich verkürzt ist.

13.1 Schnellere AMD- und Intel-Prozessoren

Alle Hauptprozessoren werden ab Werk mit einer fest eingestellten Taktzahl ausgeliefert. Da jedoch bei der Herstellung in den Chipfabriken nicht für jedes Modell innerhalb einer Serie ein neues DIE (die Siliziumplatte, aus der die Prozessorkerne extrahiert werden) gefertigt wird, ist es durchaus normal, dass beispielsweise ein mit 2.000 MHz und ein mit 2.200 MHz getakteter Prozessor mechanisch und elektrisch komplett baugleich sein. Bei der Fertigung durchlaufen alle Modelle eine Art Belastungstest, bei dem festgestellt wird, welches Exemplar mit einem höheren Takt und welches vielleicht mit einem etwas niedrigeren Takt besser zurecht kommt. So kommt es, dass viele Prozessoren nach oben hin noch einiges an Sicherheitsmarge zur Taktsteigerung haben. Diese Tatsache kann durch Übertakten zur Leistungsverbesserung ausgenutzt werden. Doch ist es höchst selten, dass ein bestimmtes Prozessormodell wirklich nennenswerte Taktsteigerungen ermöglicht, sodass in den seltensten Fällen mehr als 10 bis 20 % an Takterhöhung drin sind. Modelle innerhalb einer Serie, die sich besonders gut zum Übertakten eignen, gewinnen in der Szene schnell einen guten Ruf und erzielen somit natürlich auch bei eBay bessere Preise.

Das Plus an gewonnener Leistung hat natürlich auch eine negative Seite: Durch den höheren Kerntakt erzeugt ein Prozessor mehr Verlustleistung, die sich in höherer Abwärme niederschlägt. Ohne gute Kühllösungen sollte man daher vom Übertakten absehen. Die erwähnte Abwärme schlägt sich nicht nur in einer höheren Temperatur im Bereich des CPU-Sockels nieder: Die allgemeine Gehäusetemperatur steigt zudem, durch den höheren Bustakt, der fast bei allen Übertaktungsstrategien zum Einsatz kommt, wird zudem der Arbeitsspeicher stärker belastet. Grundsätzlich sollte man für die ersten Gehversuche im Bereich der Übertaktung mit alten Rechnern beginnen: Das Risiko, eine Hardwarekomponente durch übermotivierte Versuche zu zerstören, ist hier nicht ganz so hoch.

Welche CPUs eignen sich noch zum Übertakten?

Im Laufe der Zeit hat sich eine regelrechte Übertakter-Szene gebildet, die immer wieder durch wahnwitzige Versuche verblüfft. Diese Experimente sind jedoch deutlich als Machbarkeitsstudien einzuordnen und sollten keinesfalls im heimischen Produktiveinsatz durchgeführt werden. Durch die vielen Szeneseiten im Internet findet man heute zu fast jedem CPU-Modell detaillierte Erfahrungsberichte und Tuning-Tipps – umfangreiche Recherchen im Vorfeld sind also nur empfehlenswert, da man im schnelllebigen CPU-Geschäft keine in Stein gemeißelten Ratschläge für bestimmte Modelle geben kann. Oft kommt es nämlich vor, dass in einer bestehenden Modellreihe der so genannte Kern einer Revision unterzogen wird und alle neuen Fabrikate dann unter dem selben Modellnamen jedoch mit anderem Kern verkauft werden. Diese Kernrevisionen optimieren zumeist die Funktionalität einer CPU, schaffen jedoch auch gleichzeitig neue Voraussetzungen für Übertaktungsstrategien.

Sie sollten also vor einer geplanten Übertaktung eine Internetrecherche zu ihrem CPU-Modell durchführen, um die generelle Machbarkeit zu prüfen. Gleichzeitig werden Sie so erfahren, welche Leistungsverbesserung andere Anwender mit diesem Modell erzielt haben, und können somit Ihre Entscheidung eventuell überdenken. Im Folgenden möchten wir Ihnen einige allgemeine Hinweise zu Prozessoren von Intel und AMD geben:

Intel-Prozessoren

Aktuelle Intel-Prozessoren der Pentium 4-Familie eignen sich nicht mehr so gut zum Übertakten wie ältere Modelle. Mit der Netburst-Architektur des Pentium 4 ist Intel im Vergleich zu seinem Konkurrenten AMD deutlich im Rückstand: Sehr hoher Stromverbrauch und hohe Abwärmewerte bieten schlicht keine guten Voraussetzungen für zuverlässige Übertaktungsversuche. Nach einigen Überhitzungstoden von Serien-Pentium 4-Modellen kam es dazu, dass Intel in neue Kernrevisionen Überhitzungsschutzfunktionen einbaute, die beispielsweise eine automatische Taktreduzierung bei zu hohen Temperaturwerten vornahmen. Ältere Pentium-Modelle eignen sich besser zum Übertakten, allerdings werden Sie aufgrund der veralteten Architektur keine großen Performanceverbesserungen erwarten können, da der Takt eines Prozessors schon lange keine alleinige Maßgabe mehr für die Leistungsfähigkeit darstellt.

Seit dem Pentium II baut Intel einen festen Multiplikator in die Prozessoren ein, der ein Übertakten durch Multiplikatorerhöhung verhindert. Somit bleibt nur noch die Erhöhung des Systembustakts (der so genannte Front Side Bus, auch FSB abgekürzt), um einen höheren Kerntakt zu erzielen.

AMD-Prozessoren

Die aktuellen Athlon 64- und Sempron-(64-)Modelle von AMD sind – genau wie Intels Prozessoren – nur über die Bustakterhöhung auf einen höheren Takt zu bringen, da auch hier schon seit längerer Zeit mit fixen Multiplikatoren ausgeliefert wird. Frühe Modelle des Athlon XP wurden noch recht heiß, spätestens mit dem Athlon 64 stellte AMD jedoch eine sehr leistungsfähige Architektur vor, die bei hoher Performance gleichzeitig sehr gut zu kühlen war und zudem intelligente Stromsparfeatures wie Cool'n'Quiet bot.

Seit einiger Zeit erfreuen sich besonders die eigentlich für den Servereinsatz konzipierten Opteron-Prozessoren in der Übertakterszene sehr großer Beliebtheit, da hier wirklich sehr hohe Taktsteigerungen bei gleichzeitig unkomplizierter Kühlbarkeit möglich sind. Einige Läden bieten diese CPUs daher schon „pre-overclocked" an und sichern einen stabilen Betrieb zu.

CPU mit dem Multiplikator übertakten

Wie bereits geschildert, werden von Intel und AMD schon seit Längerem keine Prozessoren mehr ohne eine so genannte Multiplikatorsperre ausgeliefert. Insiderforen im Internet beschreiben jedoch für bestimmte Modelle eine „Freischaltung". Dabei wird teilweise durch riskante Löttechnik die Multiplikatorsperre aufgehoben. Sollten Sie einen solchen „freigeschalteten" Prozessor oder ein älteres Modell besitzen, bietet Ihnen die nachfolgende Anleitung einen Leitfaden für die Übertaktung durch Multiplikatorerhöhung. Sie können diese Schritte bei jedem Prozessor durchführen, sollte eine Sperre vorhanden sein, zeigen sich keine Taktveränderungen.

Multiplikator im BIOS einstellen

1   Rufen Sie im BIOS Ihrer Hauptplatine den Punkt *CPU/RAM* auf. Nicht alle Motherboards bieten die benötigten Optionen, schlagen Sie dazu auch im Motherboard-Handbuch nach. Die Bezeichnungen der erwähnten Menüpunkte weichen auch je nach BIOS-Version voneinander ab.

2   Sie können nun den Multiplikator, mit dem die Taktfrequenz der CPU bestimmt wird, ändern. Achtung: Seien Sie hierbei nicht voreilig und arbeiten Sie sich schrittweise in 0,5-Einheiten einem stabilen und schnellen Ergebnis entgegen. Beachten Sie dazu auch unbedingt die Anleitungen für Stabilitätstests im späteren Kapitelverlauf!

3   Speichern Sie die Einstellungen und verlassen Sie das BIOS-Setup. Der Rechner wird nun neu gestartet, je nach BIOS zeigt Ihnen der Startbildschirm nach gelungener Multiplikatorveränderung schon den neuen MHz-Takt der CPU an. Führen Sie nun zunächst Stabilitätstests und Temperaturmessungen durch, um sich eventuell an höhere Werte zu begeben.

Multiplikator an der Hardware einstellen

Alte Motherboards bieten meist noch die Möglichkeit, den CPU-Multiplikator anhand eines so genannten DIP-Schalters einzustellen. Sofern Ihre Hauptplatine einen solchen Schalterblock aufweist, können Sie nach folgender Anleitung vorgehen:

1 Suchen Sie im Handbuch auf der Seite des Platinenlayouts nach der Position des DIP-Schalters, der für den Multiplikator zuständig ist. Hier finden Sie auch einen Verweis auf die korrekte Schalterkombination für den gewünschten Multiplikator.

2 Setzen Sie den Multiplikator anhand dieser Angaben auf einen höheren Wert. Gehen Sie dabei in den kleinstmöglichen Schritten vor und prüfen Sie jede neue Einstellung auf Funktion und Stabilität. Tasten Sie sich so an den für Ihren Rechner optimalen Wert heran. Behalten Sie dabei stets die Temperaturwerte des Prozessors im Auge!

Versorgungsspannung des Prozessors erhöhen

Ein Grund für Instabilitäten der neuen Taktwerte des Prozessors kann die nun höhere Energieaufnahme sein. Die CPU erhält in diesem Fall nicht mehr ausreichend Energie, um bei den erhöhten Taktraten zuverlässig zu arbeiten. In der Übertakterszene wird dazu häufig die Kernspannung der CPU auf höhere Werte angehoben. Dieses Vorhaben ist äußerst riskant und kann bei zu hohen Werten zum sofortigen Exitus der CPU führen. Bedenken Sie zudem, dass durch eine dauerhaft erhöhte Kernspannung die Lebensdauer des Prozessors sinkt. Auch steigt durch Spannungserhöhung die Abwärmeproduktion! Die Bedingung für die Kernspannungserhöhung ist ein Motherboard-BIOS, das entsprechende Einstellungen zulässt.

Äußerste Vorsicht ist Pflicht!

Sollte der PC bereits nach den ersten Takterhöhungen nicht mehr starten, lassen Sie sofort von jeglichen weiterer Schritt ab und stellen Sie die ursprünglichen Werte wieder ein. Ein instabiler Betrieb führt nicht nur zu Abstürzen, sondern kann auch eine laufende Windows-Installation zerstören – immer wieder berichten Anwender von zerschossenen Kernel-Dateien.

1 Im BIOS der Hauptplatine stellen Sie die Option *CPU Core Voltage* auf *User Define*.

2 Die Kernspannung erhöhen Sie unter dem Punkt *Core Voltage*. Eine Erhöhung sollten Sie in jedem Fall nur in den kleinstmöglichen Schritten von 0,05 Volt vornehmen. Speichern Sie danach die Einstellungen und führen Sie Stabilitätstests durch. Zieht die Übertaktung immer noch Instabilitäten nach sich, erhöhen Sie die Kernspannung nochmals um einen Schritt und prüfen

Sie erneut. Hilft auch das nichts, sehen Sie in jedem Fall von einer weiteren Spannungserhöhung ab und setzen Sie die Werte auf die Standards zurück. Eine Erhöhung um mehr als 0,10 Volt sollten Sie keinem Prozessor zumuten. Andernfalls kann das zum sofortigen Exitus führen, der durch das Zusammenschmelzen der Leiterbahnen den Prozessor von der einen auf die andere Sekunde mechanisch zerstört.

13.2 Höhere Frequenzen für den Systembus

Die Taktfrequenz eines heutigen Hauptprozessors errechnet sich aus dem internen Multiplikator und der Busfrequenz der Hauptplatine. Der so genannte Front Side Bus (FSB) verbindet alle Komponenten wie CPU, Arbeitsspeicher und Massenspeicher miteinander und bestimmt auch direkt den Kerntakt der CPU. Wird der Front Side Bus über den Werkstakt erhöht, multipliziert der fixe CPU-Multiplikator nun einen höheren Wert für die eigene Taktfrequenz. Betroffen von der Bustakterhöhung ist jedoch keineswegs nur der Prozessor, sondern auch RAM und PCI-Takt. Dies ist insofern nicht ganz ungefährlich, da durch eine Erhöhung des PCI-Takts der sowieso schon am Rande seiner Möglichkeiten operierende alte PCI-Bus nur noch mehr von Instabilitäten geplagt wird. Einige Motherboards bieten zu diesem Zweck im BIOS-Setup die Möglichkeit, den PCI-Takt asynchron zum Bustakt der Hauptplatine zu betreiben.

Wegfall des FSB beim Athlon 64

Bei der Entwicklung des Athlon 64 schlug AMD eine neue Richtung ein und integrierte den Speichercontroller direkt in den Prozessor. Damit wurde der ehemalige Flaschenhals FSB beseitigt – gleichzeitig wurde zur Verbindung der restlichen Komponenten untereinander der so genannte Hyper-Transport-Bus eingeführt. Dieser arbeitet mit einem Multiplikator sowie einem Bustakt. Wenn Sie also einen modernen AMD-Prozessor übertakten wollen, müssen Sie beachten, dass eine Erhöhung des Bustakts auch gleichzeitig den Speicher übertaktet. Zu diesem Zweck wird häufig der Multiplikator des Hyper-Transport-Bus von 5 auf niedrigere Werte gesenkt. So kommt es dazu, dass die Übertaktung eines Athlon 64-Prozessors eines kleinen Rechenspielchens bedarf – zu diesem Zweck gibt es bereits Websites, die einen entsprechenden Athlon 64-Overclocking-Rechner anbieten.

Variante 1: Erhöhung des Multiplikators

CPUs, die keinen fixen Multiplikator besitzen, kann man sehr einfach über die Erhöhung eben dieses Multiplikators übertakten. So gut wie alle halbwegs aktuellen Modelle bieten diese Option nicht mehr an.

Eine Multiplikatorerhöhung ist meist im BIOS möglich oder wird über spezielle Dip-Schalter auf sehr alten Hauptplatinen realisiert.

Variante 2: Erhöhung des Systemtakts

Der Ausweg aus der Misere der fixen Multiplikatoren ist die Erhöhung des Systemtakts – der einzige Weg, ein halbwegs aktuelles System zu übertakten. Der Nachteil ist, dass durch den erhöhten Systemtakt nicht nur der Prozessortakt gesteigert wird, sondern meist auch PCI- und RAM-Takt. Dadurch werden gleichzeitig viele andere Komponenten in Mitleidenschaft gezogen.

Erfolgsaussichten beim Erhöhen des Systemtakts

Bei einer Bustakterhöhung sind, wie bereits beschrieben, nicht nur der Kerntakt des Prozessors, sondern auch die PCI- und AGP-Schnittstellen sowie der Chipsatztakt des Motherboards betroffen:

Übertaktung des Prozessors

Die Taktfrequenz der CPU wird simultan zur Bustaktfrequenz erhöht. Das geschieht dadurch, dass der fixe Multiplikator der CPU den Bustakt multipliziert, um den Kerntakt des Prozessors zu bestimmen. Ein Beispiel: Ein Athlon 64 3200+ läuft mit einem Kerntakt von 2.000 MHz, der sich durch den fixen Multiplikator von 10 und den Hyper-Transport-Takt von 200 MHz ergibt. Wird nun der Bustakt von 200 MHz auf 220 MHz erhöht, wird automatisch der Prozessortakt auf 2.200 MHz angehoben.

Erhöhung der PCI-Taktfrequenz

Der PCI-Bus arbeitet meist bei einer Frequenz von ca. 33 MHz. Schrauben Sie den Takt des FSB oder des Hyper-Transport-Bus hoch, steigt zwangsläufig auch der PCI-Takt, was zu Instabilitäten mit Erweiterungskarten führen kann, da der veraltete Bus meist sowieso am Rande seiner Möglichkeiten betrieben wird. Fast alle aktuellen Motherboards bieten daher die Möglichkeit, den PCI-Bus asynchron zum FSB-Takt zu betreiben. Ohne diese Option sollten Sie eine FSB-Übertaktung nicht in Erwägung ziehen!

Heiße AGP-Schnittstelle

Bei der Taktfrequenz der AGP-Schnittstelle ist das Dilemma das gleiche wie beim PCI-Bus: Bei Erhöhung des FSB-Takts des Motherboards wird meist der AGP-Takt synchron mit angehoben. Einige MHz sind hier meist kein Problem, höhere Werte führen jedoch auch hier sehr schnell zu Instabilität. Sollte Ihr Mainboard keine BIOS-Option zum asynchronen Betrieb der AGP-Schnittstelle haben, sehen Sie von großen Übertaktungsschritten ab.

Schneller Arbeitsspeicher

Durch einen erhöhten Bustakt wird auch der Arbeitsspeichertakt erhöht, was sich auch in einer erhöhten Performance niederschlägt. Billigmodule spielen bei dieser Übertaktungsart oft nicht mit! Wenn Sie beispielsweise DDR400 RAM einsetzen, beträgt der Standardtakt 200 MHz (die DDR-RAM Technik überträgt pro Takt zwei Datenpakete). Wenn nun der RAM-Takt auf 220 MHz erhöht wird, müssen Sie schon sehr hochwertige RAM-Module einsetzen, um die Stabilität zu wahren. Zu diesem Zweck fertigen die großen RAM-Hersteller spezielle Tuning-RAMs, die höhere Frequenzen als den DDR400-Takt vertragen. Dieses ist zwar teuer, läuft aber auch unter erhöhten Frequenzen sehr stabil und ist von vornherein für das Übertakten ausgelegt.

Achtung bei No-Name-Chips

Viele der günstigen „Value"-Module setzen zwar hochwertige Standardbausteine von Infineon, Samsung oder Nanya ein, sind aber nicht für hohe Timings und Taktraten geeignet. Beim Overclocking darf gerade an diesen Komponenten in keinem Fall gespart werden!

13.3 Sicherheitsmaßnahmen zur Risikoverminderung

Bevor Sie mit dem Übertakten beginnen, sollten folgende Schritte in jedem Fall die Basis für Ihr Vorhaben legen.

Hilfen zum Übertakten

1 Informieren Sie sich in den einschlägigen Internetforen und Websites über die Möglichkeiten für Ihr jeweiliges Prozessormodell. Sie benötigen dabei mehr als nur Hersteller und Modell sowie Taktzahl Ihrer CPU, auch die Kernversion ist von hoher Bedeutung. Diese Informationen können Sie sehr einfach mit dem Tool CPU-Z ermitteln, das Sie unter *www.cpuid.com/cpuz.php* downloaden können.

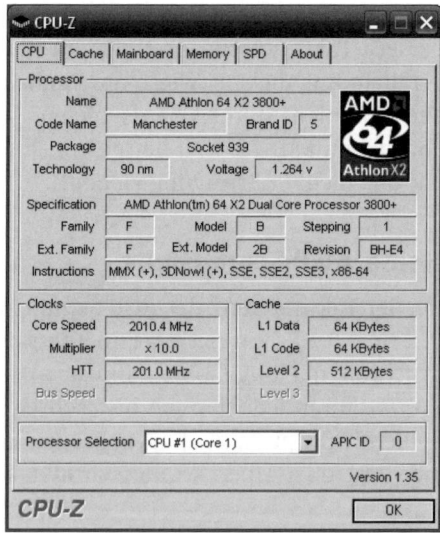

2 Mit Sandra können Sie sich detaillierte Informationen über Ihren verbauten Arbeitsspeicher beschaffen – beurteilen Sie objektiv die Leistungsfähigkeit des RAM und denken Sie, wenn nötig, über den Kauf von hochwertigerem Übertakter-RAM nach.

3 Beurteilen Sie objektiv die Leistungsfähigkeit der eigenen Kühlung: Ist der CPU-Lüfter leistungsfähig und hat noch Reserven? Sind Gehäuselüfter installiert, die für eine gute Luftzirkulation im PC-Inneren sorgen? Verhindern keine Kabel eine saubere Luftzirkulation? Sorgen Sie gegebenenfalls für Verbesserungen und investieren Sie in eine bessere Kühllösung. Denken Sie zudem daran, dass zwischen CPU und Kühlkörper Wärmeleitpaste für eine saubere Wärmeabgabe an den Kühler sorgt. Hier gilt: Weniger ist mehr! Eine zu dicke Schicht Wärmeleitpaste hat genau den gegenteiligen Effekt und ist damit ineffektiv. Ein hauchdünner Film stellt hierbei das Optimum dar.

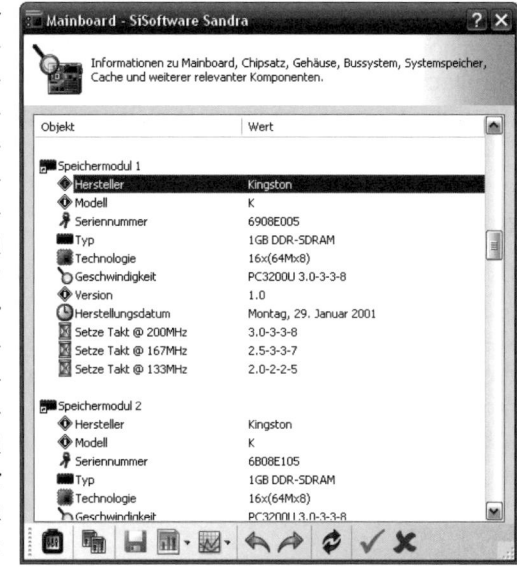

4 Sind alle Ihre Daten und Betriebssystemeinstellungen gesichert? Es kann vorkommen, dass nach einem Übertaktungsvorgang die merkwürdigsten Dinge auftreten können, bei einem Totalabsturz des Systems kann aufgrund von Datenkorruption der Windows-Kernel Schaden nehmen und das System damit unbrauchbar machen. Führen Sie solche riskanten Tunings niemals in ungesicherten Produktiv-Umgebungen durch!

5 Nach allen Vorbereitungen können Sie mit dem Übertakten beginnen. Bewegen Sie sich dabei immer nur in kleinstmöglichen Schritten und lassen Sie jede Neueinstellung durch einen umfangreichen Stabilitätstest prüfen. Wie das geht, erfahren Sie weiter hinten in diesem Kapitel. Diese Vorgehensweise mag zwar langwierig sein und führt nur langsam zum vielleicht gewünschten Ergebnis, sie ist jedoch die einzig sichere. Also: Weniger ist hier mehr!

6 Behalten Sie die CPU im Auge! Während eines Belastungstests sollten Sie stets die CPU-Temperatur beobachten, sie darf auf keinen Fall die kritische Grenze von 60 °C erreichen. Eine möglichst niedrige Auslastungstemperatur ist mehr als ratsam, da sich hierdurch die Lebensdauer der CPU deutlich verlängert. Eine gute Kühlung ist also bares Geld wert!

Kühllösungen im Überblick

Gerade die Overclocker-Szene hat den Markt der früher biederen Kühlungslösungen ins Rollen gebracht. Heute finden sich selbst im günstigen Discounter-PC schon schicke Lüfter mit LED-Beleuchtung etc. Doch auch in diesem Segment gilt: Nicht alles, was glänzt, ist Gold! Wenn Sie ein gleichzeitig leises, aber auch leistungsfähiges Kühlsystem anschaffen wollen, haben Sie die Wahl zwischen diesen drei Kategorien:

Aktive Luftkühler

Der aktive Luftkühler ist der Klassiker im PC-Bereich. Jedoch wurden die Kühlsysteme im Laufe der Zeit durch neue Bauteile immer weiter optimiert: So bestehen viele aktuelle Luftkühler zum Teil auch schon aus Heatpipe-Elementen, die für eine stark verbesserte Wärmeweiterleitung an die Lamellen sorgen. Mit modernen Luftkühlern im Preissegment 30 bis 50 Euro lassen sich sehr gute Kühlleistungen erzielen, das war früher so nicht möglich. Ein weiterer Pluspunkt im Vergleich zu teureren Wasserkühlungen ist der attraktive Preis dieser Lösungen.

Quelle: Zalman.

Passive Luftkühler

Passiven Luftkühlern fehlt im Gegensatz zu aktiven ein Ventilator, der an den Lamellen angebracht ist. Der Vorteil: Sie sind gänzlich unhörbar und damit besonders für den ultraleisen PC von Vorteil. Ein Nachteil ist aber die deutlich höhere Aufheizung des Gehäuseinneren, die durch den größeren Kühlblock entsteht. Eine gute und funktionale Gehäuselüftung ist also beim Einsatz von passiven CPU-Kühlungen zwingend notwendig, die warme Luft kann sonst schlicht nicht aus dem Gehäuse entweichen. Alle Komponenten im Rechner werden somit zusätzlich unnötig in Mitleidenschaft gezogen. Die Möglichkeiten für Übertaktung sind mit diesen Kühlelementen eher schlecht zu beurteilen und partout nicht anzuraten. Der Einsatzzweck liegt eher im Bereich der Geräuschpegeloptimierung als in der Performanceverbesserung.

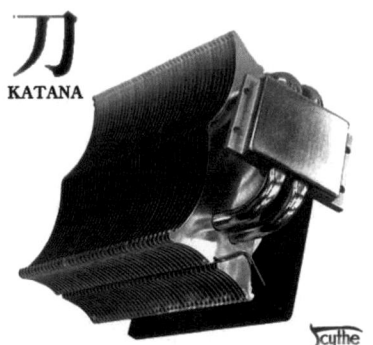

Quelle: Scythe.

Wasserkühlungen

Wasserkühlungen zählen zu den effektivsten und leisesten Möglichkeiten CPUs und andere Komponenten zu kühlen, leider sind sie zudem sehr aufwendig zu installieren und preislich nicht gerade billig. Die typische Wasserkühlung besteht aus einer Umwälzpumpe mit Wassertank, Kühlelementen mit Schläuchen sowie einem Radiator (auch Wärmetauscher genannt), der das zirkulierende Wasser kühlt. Die Kühlplatten werden dabei an den zu kühlenden Chipoberflächen angebracht und werden durch den Wasserdurchlauf gekühlt. Mit guten Wasserkühlungslösungen lassen sich oftmals 20 bis 30 % bessere Kühlergebnisse als mit einer hochwertigen Luftkühlung erzielen, natürlich fällt dann auch der Preis entsprechend aus. Die Übertaktungsergebnisse fallen mit solchen Kühlungen natürlich (abhängig vom Chip) entsprechend sehr gut aus.

Im Bild: Ein Kühlelement einer Wasserkühlung mit den typischen Schlauchanschlüssen.

13.4 RAM – Overclocking, Tuning und Benchmarking

In diesem Kapitel möchten wir Ihnen die Möglichkeiten zur Performancesteigerung des Arbeitsspeichers aufzeigen. Weitere Tipps und Anleitungen zum RAM erhalten Sie in Kapitel 2.

Overclocking: Wissen, was man macht

Wie Sie in den vorangegangen Unterkapiteln gelesen haben, ist es zum Overclocking von aktuellen Prozessoren nötig, den Systembus zu übertakten. Damit einher geht auch zwangsläufig die Erhöhung des Arbeitsspeichertakts. Beachten Sie, dass alle Übertaktungsvorgänge Ihr System in keinem Fall stabiler machen! Die Chancen, den Arbeitsspeicher außerhalb seiner Spezifikationen zu betreiben, steigen mit der Wertigkeit der eingesetzten Module. Markenhersteller wie beispielsweise Corsair, Kingston oder GEiL bieten in diesem Segment spezielle Overclocking-Module an, die sich durch ihre hochwertigen Bauteile sehr viel besser als No-Name-Produkte tunen lassen. Ein stabiler Betrieb mit performanten Timing-Einstellungen ist ebenso nur mit hochwertigen Markenmodulen zu empfehlen, andernfalls sind mit hoher Wahrscheinlichkeit Systemabstürze vorprogrammiert.

Auch beim Arbeitsspeicher-Tuning kommen Sie kaum um die Trial & Error-Methode herum: Alle Timing- und Overclocking-Einstellungen sollten einem möglichst ausführlichen Belastungstest unterzogen werden. Zusätzlich möchten wir nochmals darauf hinweisen, dass das Übertakten des Arbeitsspeichers nur eine geringe Performanceverbesserung im Bereich von 1 bis 5 % bringt. Sie sollten also beim Abwägen der Tuningmaßnahmen der PC-Stabilität immer den Vorzug geben – was bringen ein paar Prozentpunkte Leistungssteigerung, wenn dabei das System dauernd abstürzt und unter Umständen sogar Daten korrumpiert werden? Auch beim RAM-Tuning gilt folgende Faustregel: Takt und Timing-Einstellung in möglichst kleinen Einheiten anheben und nach jeder Änderung zunächst mit ausgewiesenen Tools einen Stabilitätstest vornehmen.

Benchmarking mit SiSoftware Sandra

Eine Leistungsmessung sollte erst im zweiten Schritt nach der Sicherstellung der Stabilität der neu eingestellten Werte durchgeführt werden. Wenn Sie danach die Leistungsverbesserung messen wollen, bietet sich auch hierfür das Benchmarking- und Systeminfo-Tool Sandra an. Bereits die unlizensierte Shareware-Version kann hierbei zum Einsatz kommen, da diese die Leistungsmessung unterstützt und gleichzeitig Vergleichsmöglichkeiten mit ähnlichen Systemen aus der Sandra-Datenbank anbietet.

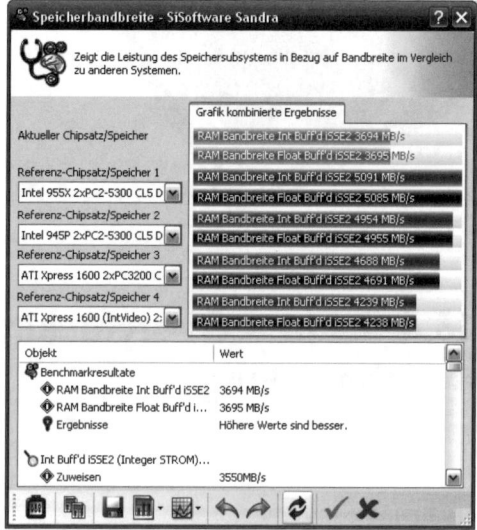

Notieren Sie sich nach jedem Tuning-Schritt die gemessenen Werte – diese können bei wiederholter Messung teilweise minimal voneinander abweichen, nehmen Sie daher der Zuverlässigkeit halber den Durchschnitt. Auch sollten Sie beachten, dass bei der Performancemessung mit Sandra keine anderen Programme laufen oder das System anderweitig gefordert wird – dies verfälscht die Messergebnisse. Sandra Lite – so nennt sich die kostenlose Shareware-Version, können Sie unter *www.sisoftware.co.uk/sandra* herunterladen.

13.5 Festplattentuning und Benchmarking

Auch für Festplatten sind spezielle Benchmarking-Programme zur Leistungsmessung erhältlich. Gerade die Festplatte ist eine der wichtigsten Komponenten, wenn es auf die Geschwindigkeit ankommt, da sie aufgrund der Speichertechnik immer noch die langsamste Komponente im heutigen PC darstellt. Von Dingen wie Overclocking oder Timing-Verbesserung zeigen sich Festplatten unbeeindruckt, ein richtiges Tuning-Potenzial in Sachen Leistung gibt es also nicht. Häufig kommt es jedoch vor, dass eine installierte Festplatte nicht im standardmäßigen DMA-Modus angesprochen wird, sondern im langsamen PIO-Modus. Dadurch sinkt die Leistung dieser Komponente dramatisch – man beobachtet diese Fehleinstellung häufig bei minderwertigen Motherboard-Chipsätzen mit entsprechend schlechten Treibern.

HD Tach – Benchmarking für Festplatten

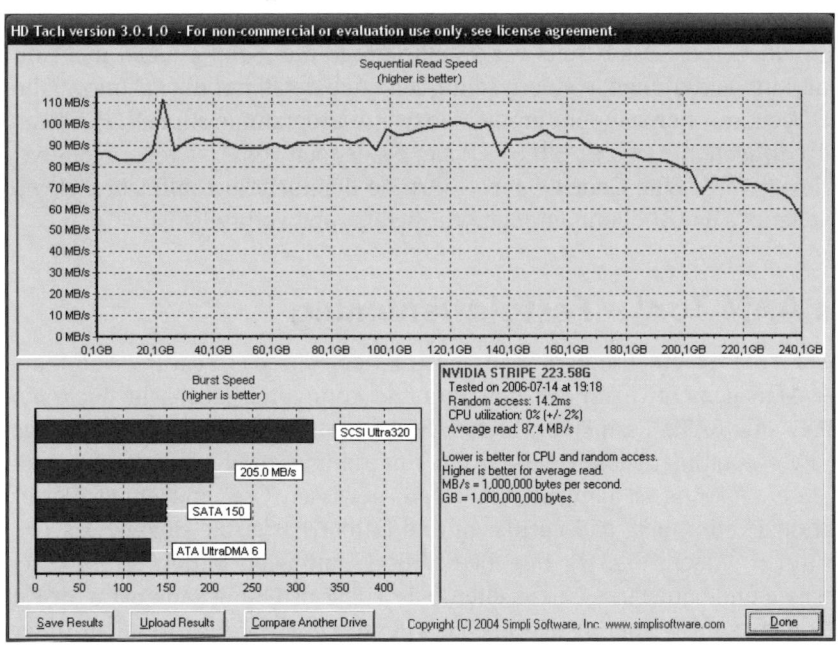

HD Tach ist ein kleines und leistungsfähiges Tool zur Performancemessung von Festplatten. Durch den direkten Zugriff auf die Festplatte sind die Messwerte zudem sehr genau, eine Verfälschung der Messergebnisse beispielsweise durch den Zugriff über das Dateisystem entfällt somit. HD Tach misst die Zugriffszeiten der Festplatten in Millisekunden sowie den Datendurchsatz in MByte/s. Die Zugriffe auf das Laufwerk geschehen in zweierlei Form: Einmal Sektor für Sektor über große Bereiche der Festplatte und darüber hinaus in Form von Untersuchung zufällig ausgewählter Sektoren. Sollten Sie mehrere Festplattenlaufwerke im PC verbaut haben, empfiehlt es sich, alle einer Leistungsmessung mit HD Tach zu unterziehen – so haben Sie Vergleichswerte und können das schnellste Laufwerk durch Messung bestimmen. HD Tach ist auf folgender Website erhältlich: *www.simplisoftware.com*.

Benchmarking für USB-Sticks

Die mittlerweile weit verbreiteten Speichersticks für den USB-Anschluss erfreuen sich immer größerer Beliebtheit. Doch werden gerade bei günstigen Sticks oft unperformante Chips verbaut. Um die Leistung Ihres USB-Sticks zu messen, gibt es vom HD-Tach-Entwickler ebenfalls ein Tool: Flashdrive Tach. Dies ist unter *www.simplisoftware.com* zu haben.

Tools für umfassende Systeminformationen

Wenn Sie genau wissen wollen, welche Komponenten und Bauteile in Ihrem PC stecken, reicht die rudimentäre Windows-Anzeige dafür bei Weitem nicht aus. Oder haben Sie schon mal versucht, mit dem Geräte-Manager Informationen über die verbauten RAM-Module zu erhalten? Sie benötigen ein spezielles Systeminformationstool. Das bereits vorgestellte Programm Sandra bietet nicht nur Benchmarking-Funktionen, sondern schlüsselt auch detailliert die PC-Informationen auf. Weitere, ebenfalls sehr empfehlenswerte Programme sind Dr. Hardware (*www.drhardware.de*) und EVEREST Home, das jedoch vom Hersteller nicht weiterentwickelt wird. Eine Google-Suche führt Sie dennoch zu zahlreichen Download-Quellen, da das Tool immer noch sehr beliebt und verbreitet ist.

Doc's AAM Tool – Festplattentuning

Das AAM Tool ist ein Programm für Festplatten, das das Feature **A**utomatic **A**coustic **M**anagement (AAM) für den Benutzer konfigurierbar macht. Viele moderne IDE- und SATA-Festplatten bieten dieses Feature, das den Geräuschpegel der Laufwerke mindern kann, indem die Umdrehungsgeschwindigkeit gesenkt wird. Dieser Vorgang ist natürlich zu einem gewissen Grad mit einem Performanceverlust verbunden, da Zugriffszeit und Datentransferrate sinken. Das Tool erlaubt Ihnen jedoch, den für Ihre Bedürfnisse optimalen Mittelweg zwischen Performance und Lautstärke einzustellen: Für jede Einstellung kann extra die Zugriffszeit gemessen werden. Falls Ihre Laufwerke das AAM-Feature nicht unterstützten, ist das kein Problem, die Messwerte zeigen sich dann von den Einstellungen, die das Programm vornimmt, unbeeindruckt. Wir empfehlen, getätigte Einstellungen zusätzlich auch mit HD Tach zu messen.

13.6 Der sichere Weg zum kostenlosen Turbo

Wenn Sie CPU und/oder Arbeitsspeicher übertaktet haben und das ganze System nach mehrmals durchgeführten Stabilitätstests stabil läuft, steht einem dauerhaften Betrieb dieser Einstellungen außer der Temperatur im Prinzip nichts mehr im Wege. Sie sollten sich in jedem Fall um eine sorgfältige Kontrolle der Temperaturwerte kümmern: Das Betreiben von Komponenten außerhalb ihrer Spezifikationen erzeugt eine höhere Verlustleistung, die sich in noch mehr Abwärme niederschlägt. Bei nicht ausreichender Kühlung kann es passieren, dass Leiterbahnen im Elektronikinneren zusammenschmelzen und die Komponente von der einen auf die andere Sekunde ausfällt. Die Lebensdauer der übertakteten Komponenten sinkt zudem. Einem Prozessor sollten Sie niemals mehr als 50 bis 60 °C zumuten, in diesem Kapitel erfahren Sie daher auch, wie Sie die Temperatur überwachen können.

Temperaturfühler: nützliche Hilfe vom Hersteller

Auf vielen halbwegs aktuellen Motherboards sind bereits Temperatursensoren unter dem CPU-Sockel angebracht, die eine BIOS-seitige Temperaturüberwachung ermöglichen. Mit entsprechenden Tools lassen sich diese Werte auch unter Windows auslesen; vielfach liefern die großen Motherboard-Hersteller auch eigene Programme mit, die sogar eine grafische Auswertung ermöglichen. Um die Überwachung im BIOS aufzurufen, gehen Sie folgendermaßen vor:

1 Rufen Sie im BIOS das Menü *PC Health Status* auf.

2 Der Punkt *Current CPU Temperature* zeigt Ihnen den aktuellen Temperaturwert des Hauptprozessors an.

3 Unter *System Temperature* lesen Sie den momentanen Temperaturwert der Hauptplatine ab.

Temperatur richtig messen

Die Messung der Prozessortemperatur im BIOS funktioniert zwar, doch was nützt sie, wenn Sie einen übertakteten Prozessor auf Stabilität hin überprüfen wollen? Eine Temperaturmessung sollten Sie daher nur unter Windows durchführen, während ein entsprechendes „Stresstesting"-Tool seine Arbeit verrichtet. So können Sie sehr gut Spitzenwerte erkennen und absehen, ob Ihr Prozessor vielleicht doch eine bessere Kühllösung benötigt.

Optionen im Menü PC Health Status

In diesem BIOS-Menü werden die aktuellen Betriebstemperaturen der verschiedenen Komponenten sowie die Umdrehungszahlen der Lüfter angezeigt. Neben diesen Daten können Sie zudem die aktuellen Spannungswerte von CPU und RAM ablesen. Je nach BIOS-Version und Motherboard-Fabrikat werden Ihnen noch viele weitere Optionen angeboten, wie beispielsweise die Grenzwertfestlegung von Lüfterdrehzahlen sowie Warn- und Schutzfunktionen. Einige Platinen bieten die Möglichkeit, den Rechner bei Lüfterausfall und Temperaturgrenzwert sofort herunterzufahren. Bei älteren Platinen finden sich die besprochenen Optionen teilweise auch unter dem BIOS-Punkt *Power Management Features*. Wichtig: Um Lüfterdrehzahlen auswerten zu können, müssen Sie die entsprechenden Lüfter an den Anschlüssen, die die Hauptplatine dafür bereitstellt, anschließen. Diese sind meist dreipolig und weiß markiert, schlagen Sie alternativ im Handbuch der Hauptplatine nach.

Lüfterdrehzahlen und Temperaturwerte unter Windows auslesen

Um eine sinnvolle Temperaturüberwachung während eines Stresstests durchführen zu können, müssen Sie die Messwertauswertung unter Windows durchführen. Dazu bieten bereits besprochene Tools wie Sandra und Dr. Hardware gute Möglichkeiten. Eventuell liefert der Hersteller Ihrer Hauptplatine auch entsprechende Tools auf CD mit – ansonsten erhalten Sie diese auf der jeweiligen Support-Website.

Prime95: Stabilitätstest für RAM und CPU

Nach jedem Übertaktungs- und Tuningschritt sollten Sie Ihre jeweils betroffenen Komponenten einem Stabilitätstest unterziehen. Am meisten Anerkennung hat sich in diesem Segment das Programm Prime95 verdient: Das Tool diente in der Ursprungsversion dazu, in einem Netzverbund die größtmögliche Primzahl zu berechnen. Mit der Weile stellte sich heraus, dass sich mit unterschiedlich großen Primzahlbereichen bestimmte PC-Komponenten bis aufs Mark testen ließen. So kam es schließlich, dass in die Applikation der so genannte Torture-Test eingeführt wurde: Mit ihm ist es möglich, gezielt CPU, RAM und sogar Netzteil einem Belastungstest zu unterziehen. Prime95 erhalten Sie unter *www.mersenne.org/freesoft.htm*. Da wir für diesen Part nur die Stresstesting und nicht die Netzwerkfunktionen benötigen, können Sie nach dem ersten Starten des Tools das Dialogfenster mit *Just Stress Testing* bestätigen:

Stresstesting für den Arbeitsspeicher

Um gezielt den Arbeitsspeicher auf Stabilität zu untersuchen, wählen Sie in Prime95 unter *Options/Torture Test* die *Blend*-Strategie aus. Wie die Beschreibung schon andeutet, werden hierbei die meisten RAM-Tests durchgeführt.

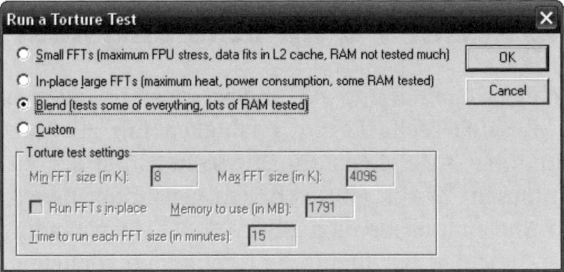

Temperaturüberwachung mit Prime95

Kurz nach dem Start eines Prime95 Torture Tests können Sie auf dem Temperaturüberwachungstool Ihrer Wahl einen kontinuierlichen Anstieg der CPU-Temperatur beobachten: Das Tool reizt die Hardware von der ersten Sekunde an zu 100 % aus. Nutzen Sie dies, um über einen längeren Zeitraum zu prüfen, dass die übertaktete CPU sich nicht über ein Limit von 60 °C erwärmt, andernfalls stoppen Sie den Test! Prüfen Sie dann entweder eine bessere Kühllösung oder ziehen Sie eine Senkung des Takts in Erwägung.

Stresstesting für die CPU

Prime95 ermöglicht ebenso einen zielgerichteten Stabilitätstest für den Hauptprozessor. Dabei wird besonders mit rechenintensiven Fließkomma-Operationen gearbeitet, die den FPU-Teil (Floating Point Unit) des Prozessors belasten. Um einen solchen Test durchzuführen, wählen Sie in den Optionen den ersten Punkt *Small FFTs*. Sollte Ihre Konfiguration diesen Test ca. zwölf Stunden lang absturzfrei überstehen, sollten Sie im zweiten Schritt noch den *Inplace large FFTs* über dieselbe Dauer laufen lassen – hält Ihr Rechner auch diesen Test absturzfrei durch, können Sie sicher sein, dass die eingestellten Werte stabil betrieben werden können.

Belastung von Dual Core-Prozessoren mit Prime95

Um auch moderne Dual Core-Prozessoren mit Prime95 zu 100 % auszureizen, legen Sie sich zwei separate Programmordner mit Prime95-Dateien an. Kopieren Sie dazu beispielsweise den Installationsordner von Prime95 und starten Sie die Programmdatei zweimal – eine aus jedem Ordner. Führen Sie nun die CPU Torture Tests parallel aus, so werden gezielt beide Prozessorkerne zu 100 % ausgelastet!

13.7 Benchmarking – der PC im Leistungstest

Nach der Sicherstellung der Rechner-Stabilität und allen Belastungstests bietet es sich an, den optimierten PC auf seine reelle Leistungsfähigkeit hin zu überprüfen. Wie schneidet der Rechner bei 3-D-Spielen ab? Wie sieht es mit der Anwendungsperformance aus? Zu diesem Zweck gibt es die so genannten Benchmarking-Programme – für jeden Anwendungsbereich gibt es dabei eigenständige Softwarelösungen. Im Folgenden möchten wir Ihnen die Programme vorstellen, die sich in den jeweiligen Bereichen durchgesetzt haben und allgemein akzeptiert werden. Eine Benchmark-Möglichkeit haben Sie bereits im Verlauf dieses Kapitels kennen gelernt: Sandra bietet neben detaillierten Informationen auch Benchmarks für die unterschiedlichen Komponenten des PCs an und ermöglicht den Vergleich mit anderen Konfigurationen.

3DMark200x

Eines der bekanntesten und gerade in der Spielerszene beliebtesten Benchmark-Programme für 3-D-Grafik ist die 3DMark-Reihe von Entwickler Futuremark. Im jährlichen Rhythmus erscheinen neue Versionen, die jedes Mal die neusten Direct3D-Technologiefeatures in eindrucksvollen Benchmark-Sequenzen vorführen. Eine kostenlose und im Funktionsumfang leicht abgespeckte Version kann auf der Website des Herstellers *www.futuremark.com* kostenlos heruntergeladen werden. Die Pro-Version des Benchmarks bietet dazu noch detailliertere Messverfahren sowie umfangreiche Protokollierungsfeatures. Für den Test der 3-D-Leistung des eigenen Rechners sollte die kostenlose Version in vielen Fällen reichen.

PCMark200x

Aus demselben Hause, aus dem auch der 3DMark kommt, stammt der PCMark für die Messung der allgemeinen Rechner-Performance. Bei diesem Benchmark werden alle wichtigen Komponenten des PCs auf Ihre Leistungsfähigkeit geprüft und durch eine Formel in einen Messwert übertragen. So lässt sich die eigene PC-Performance schnell und leicht mit der von Freunden und Kollegen vergleichen. Der PCMark steht ebenfalls in einer funktional leicht reduzierten, kostenlosen Version unter *www.futuremark.com* zum Download bereit.

Interessante Infos aus dem Netz

Zum Thema Übertakten und Performance-Tuning finden sich im Internet tausende informativer Seiten. Wir möchten Ihnen hier deshalb einige unserer favorisierten Seiten zu diesen Themen vorstellen:

URL	Beschreibung
www.pcsilent.de	Kühllösungen für jeden Geldbeutel, besonderes Augenmerk wird auf leise Komponenten gelegt.
www.tweakpc.de	Hardwaretests, Previews und Tipps
www.tomshardware.de	Die deutsche Ausgabe des in Szenekreisen sehr beliebten „Tom´s Hardware Guide"
www.overclocking-power.de	Viele bekannte Übertaktungstipps, nach Prozessoren sortiert
www.k-hardware.de	Testberichte zu vielen Hardwarekomponenten und Zubehör

14. Internet: stabile Verbindungen via ISDN oder DSL

Die heutige Breitbandversorgungsabdeckung von ca. 90 % ermöglicht heute vielen deutschen Haushalten den Zugriff auf die fortschrittliche DSL-Technik. Eine Internetzugang über Modem oder ISDN sollte bei den immer weiter sinkenden DSL-Preisen nur bei entsprechender Nichtverfügbarkeit in Erwägung gezogen werden: Selbst, wenn man das Internet nicht häufig nutzen möchte, ist eine DSL-Verbindung in den meisten Fällen immer noch günstiger, da der weitaus schnellere Datentransfer die Wartezeiten von ISDN und Modemverbindungen kompensiert. Durch neue Webtechnologien werden die zu übertragenden Datenmengen immer größer (als Beispiel sei der immer stärker boomende Gebrauch von Flash-Videos genannt), sparsame Website-Fassungen für Modem- oder ISDN-Nutzer stehen kaum mehr zur Verfügung.

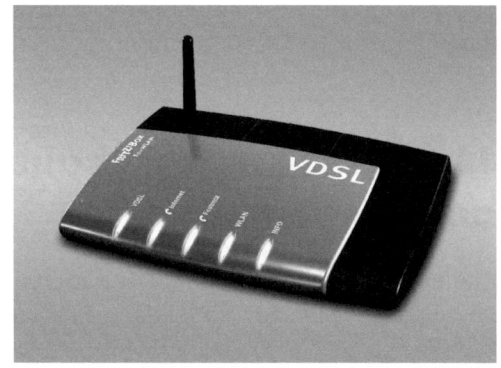

Quelle: AVM

Was bringt ADSL2+?

ADSL2 bzw. ADSL2+ ist eine Weiterentwicklung des ADSL-Standards, der höhere Datenübertragungsraten sowie Reichweiten der DSL-Leitung ermöglicht. Durch die Verbesserung der möglichen Leitungsreichweite rüsten die Netzbetreiber momentan Schritt für Schritt ihre ADSL-Vermittlungsstellen auf die neue Technik um, da sie somit kostengünstig nun auch neue Kunden anschließen können. Durch die höhere Datenrate entstehen zudem neue Märkte Software – da angeforderte Daten bei den möglichen Geschwindigkeiten von bis zu 20 MBit/s schneller auf den Browser einregnen, als dieser sie aufbereiten könnte, bieten sich andere Sektoren als Verkaufsargumente an: Die Übertragung von normal- (PAL) und hochauflösendem (HDTV) Fernsehen über die Internetverbindung wird durch die schnellen neuen Anschlüsse erstmals möglich. Die ADSL2+-Technik wird sicherlich auch langfristig eingesetzt werden, denn die neue VDSL2-Technik, die zum Teil auf Glasfaserübertragung basiert, wird in den ersten Jahren nur in großen Ballungszentren zur Verfügung stehen.

14.1 ISDN-Karte einbauen und ISDN-Modem anschließen

Alle momentan erhältlichen ISDN-Karten unterstützen Plug & Play und sind damit unter Windows XP sehr einfach zu installieren.

Einbau einer neuen ISDN-Karte

An dieser Stelle möchten wir wieder an die Sicherheitsmaßnahmen erinnern, die für die Arbeit am geöffneten Gehäuse empfehlenswert sind. Schalten Sie den PC aus und trennen Sie ihn vom Stromnetz. Erden Sie sich (z. B. an einem Heizkörper), um eine statische Aufladung zu verhindern. Sie könnten sonst unabsichtlich die berührte Hardware zerstören. Schaffen Sie ausreichend Arbeitsplatz und sorgen Sie für eine gute Beleuchtung – nichts ist ärgerlicher, als eine Schraube im Dunkeln zu verlieren!

1 Nehmen Sie die neue Karte aus der Verpackung, sie sollte sich in einem Antistatikbeutel befinden, der sich zudem auch gut als Aufbewahrungsplatz für eventuelle alte Steckkarten eignet. Bewahren Sie den Antistatikbeutel in jedem Fall auf, auch wenn Sie momentan keine Verwendung dafür haben.

2 Suchen Sie nun einen freien PCI-Steckplatz auf dem Motherboard. Entfernen Sie dann das Slotblech, das vor dem Steckplatz im Gehäuse montiert ist. Eventuell ist dies mit einer Schraube, einer Klemme oder mit einem Einrastmechanismus fixiert.

3 Setzen Sie nun die Karte vorsichtig in den PCI-Erweiterungsslot ein. Die obere abgeknickte Schraubkante des Halteblechs muss dabei oben auf dem Schraubsockel der Gehäuserückwand aufliegen. Achten Sie außerdem darauf, die Karte parallel zum Motherboard in den Erweiterungssteckplatz zu drücken – üben Sie dabei keine Gewalt aus.

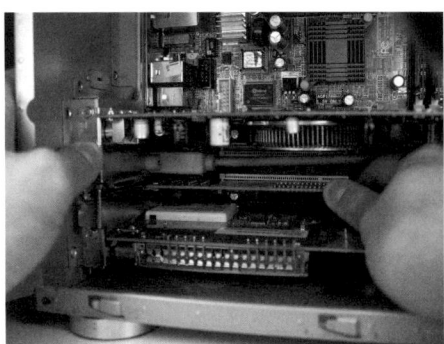

4 Prüfen Sie nach dem Einsetzen, ob die Karte wirklich richtig im Steckplatz sitzt.

5 Befestigen Sie nun die Karte mit ihrem Slotblech an der Gehäuserückwand. Drehen Sie dazu die passende Schraube fest und fixieren Sie gleichzeitig das Slotblech mit der Hand, damit es beim Schrauben nicht nach rechts oder links rutscht und die Karte somit unter Spannung steht.

6 Das ISDN-Kabel können Sie an der Rückseite des PC-Gehäuses in die passende Buchse an der ISDN-Karte einstecken, verwechseln Sie diese dabei nicht mit der Netzwerkkarte, die Anschlussbuchsen haben dasselbe Format.

7 Das andere Ende des ISDN-Kabels verbinden Sie mit dem so genannten NTBA, also dem ISDN-Netzanschluss. Wahlweise können Sie den PC auch mit einer eventuell vorhandenen ISDN-Telefonanlage verbinden.

Erkennung und Installation der Treiber

Nach dem Startvorgang Ihres PCs wird Windows XP die neu eingebaute Hardware erkennen und automatisch einen Treiber installieren, sofern es diesen in seiner Treiberdatenbank findet. Sollte kein passender Treiber gefunden werden, werden Sie zur Angabe der Treiberposition aufgefordert.

Windows XP und AVM ISDN-Hardware

Für die weit verbreiteten Fritz!-ISDN-Produkte der Firma AVM bringt Windows XP in vielen Fällen die passenden Treiber bereits mit, Sie müssen also keine manuelle Installation vornehmen und können sofort zum Einrichten der Internetverbindung fortschreiten.

Wenn Windows keine Treiber hat

Sollte Windows keine Treiber in der hauseigenen Treiberdatenbank mitbringen, erscheint der Hardware-Assistent und fragt Sie nach der gewünschten Vorgehensweise für die Treiberinstallation. In diesem Fall benötigen Sie wahlweise die bei der Karte auf CD mitgelieferten Treiber oder die jeweils aktuelle Version von der Hersteller-Website.

1 Die Frage, ob mit Windows Update nach einem neuen Treiber gesucht werden soll, beantworten Sie mit *Nein, diesmal nicht*.

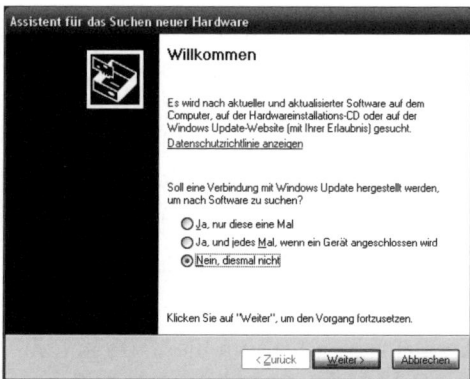

2 Wählen Sie nun die Option *Software von einer Liste oder bestimmten Quelle installieren*.

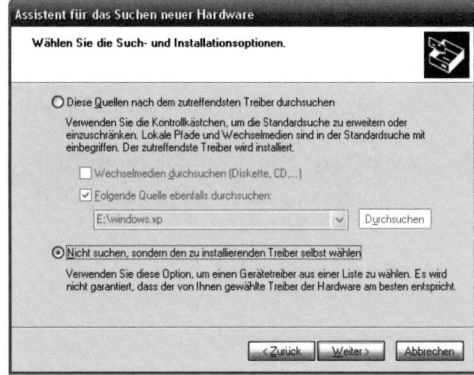

3 Nun haben Sie mit der ersten Option die Möglichkeit, automatisch eingelegte Wechselmedien wie CD-ROMs oder Disketten nach einem passenden Treiber durchsuchen zu lassen. Der Einfachheit halber sollten Sie diese Option nutzen und einen Haken in das Feld *Wechselmedien durchsuchen* setzen. Findet Windows einen Treiber auf der von Ihnen eingelegten CD-ROM, wird die Installation durchgeführt. Sollte kein Treiber gefunden werden, wählen Sie die Option *Nicht suchen...* und fahren mit Schritt 4 fort.

4 Für den Fall, dass der Hardware-Assistent auf Ihrem eingelegten Medium keinen Treiber finden konnte, haben Sie jetzt die Möglichkeit, den Standort des Treibers selbst anzugeben. Klicken Sie dazu auf die Schaltfläche *Datenträger*.

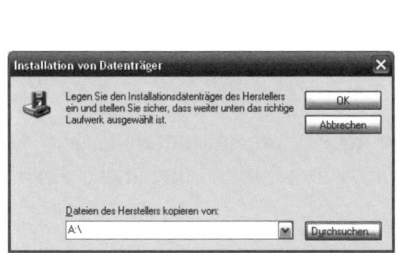

5 Sollte Ihnen der Treiber der ISDN-Karte auf Diskette vorliegen, belassen Sie die voreingestellte Quellenangabe bei *A:* – andernfalls klicken Sie auf *Durchsuchen* und geben Sie den Pfad der Treiberdatei an. Suchen Sie nun auf der

Hersteller-CD-ROM oder im Download-Verzeichnis nach Ordnern wie *Driver* und *WinXP*. Sobald Sie ein Verzeichnis mit Treiberdateien auswählen, werden .INF-Dateien eingeblendet, dies sind die Treiberinformationsdateien. Markieren Sie nun die .INF-Datei und wählen Sie *Öffnen*.

6 Bestätigen Sie im Dialogfenster nochmals mit *OK*.

7 Der Hardware-Assistent sollte Ihnen nun die erkannte, kompatible Hardwarebezeichnung Ihrer ISDN-Karte anzeigen. Markieren Sie diese und bestätigen Sie die Auswahl mit *Weiter*.

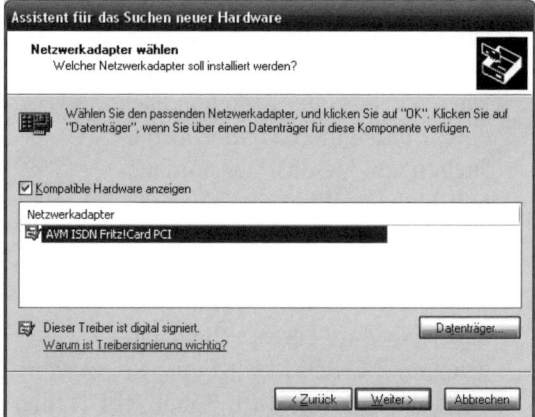

8 Eventuell wird Ihnen im Laufe der Treiberinstallation dieses Fenster eingeblendet. Trotz der streng formulierten Warnung, dass man die Installation in keinem Fall fortsetzen sollte, bestätigen Sie hier die Installation mit *Installation fortsetzen*. Diese Meldung weist lediglich darauf hin, dass der Hersteller seinen Treiber nicht von Microsoft mit der so genannten WHQL-Zerti-

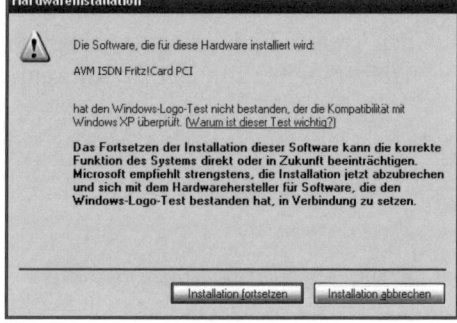

fizierung (**W**indows **H**ardware **Q**uality **L**abs) hat ausstatten lassen. Es ist durchaus üblich, dass gerade neu herausgebrachte Treiber diese Zertifizierung noch nicht tragen.

9 Nach Abschluss der Installation klicken Sie auf *Fertig stellen*. Ihre ISDN-Karte ist daraufhin einsatzbereit.

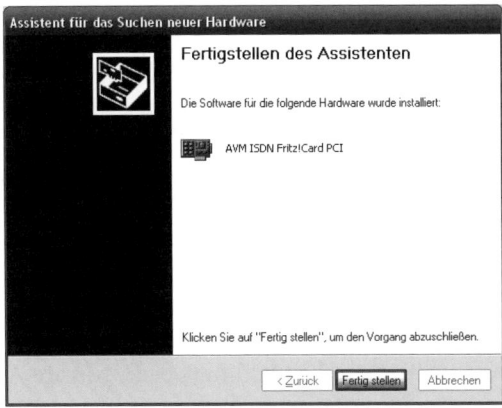

Einstellung der MSN

Ein wichtiger Punkt der ISDN-Karten-Installation ist die Zuweisung einer MSN-Nummer. Normalerweise kriegen Sie von Ihrem Telefonanschlussanbieter mehrere solcher Teilnehmernummern zugewiesen, die Sie beliebig auf Ihre Endgeräte verteilen können – dazu zählt natürlich auch der PC. Für den Fall, dass Sie den PC nicht zum Telefonieren oder Faxen nutzen möchten, kann es trotzdem sinnvoll sein, der ISDN-Karte eine spezielle MSN-Nummer zuzuweisen: So gewinnen Sie z. B. auf Ihrer Monatsabrechnung durch die Trennung der Kosten nach MSN-Nummern zusätzliche Übersicht, gerade auch im Hinblick auf die angefallenen Onlinekosten.

Sollten Sie der ISDN-Karte keine eigene MSN-Nummer zuweisen, werden alle Verbindungen über die Standardnummer Ihres Anschlusses vermittelt.

Was ist der CAPI-Treiber?

CAPI steht für **C**ommon ISDN **A**pplication **P**rogramming **I**nterface und stellt Entwicklern eine einheitliche Schnittstelle zur Programmierung von ISDN-Programmen und -Tools bereit. Daher implementieren alle Standard-ISDN-Treiber diese CAPI-Schnittstelle – es ist somit sichergestellt, dass alle CAPI-konformen Programme auf allen ISDN-Karten mit CAPI-Treiber laufen.

ISDN-Modem mit USB-Schnittstelle

Die Vorteile der USB-Schnittstelle liegen auf der Hand: Sollte Ihnen kein weiterer freier PCI-Steckplatz zur Verfügung stehen, können Sie ganz einfach einen freien USB-Port zum Anschluss eines externen ISDN-Modems nutzen (USB-Ports lassen sich beispielsweise durch so genannte Hubs einfach erweitern, falls Ihnen die Anschlüsse ausgehen). Ein weiterer Vorteil ist natürlich die schnelle Montage: Einfach schnell in einen freien USB-Steckplatz stecken, Treiber installieren und schon kann man lossurfen. In einem Haushalt mit unvernetzten Rechnern kann man das USB-ISDN-Modem zudem schnell von Rechner zu Rechner tragen und dort anschließen.

Anschluss des USB-ISDN-Modems

Für USB-Geräte wird häufig seitens des Herstellers die Installation der mitgelieferten Treibersoftware vor dem Anschließen des Geräts an den PC empfohlen.

Installieren Sie also zunächst die mitgelieferte Software. Sollten Sie kein Installationsprogramm vorfinden, sondern nur die klassischen Treiberinformationsdateien mit der Endung *.inf*, dann schließen Sie zunächst das Gerät an den PC an und warten auf die Meldung des Hardware-Assistenten. Die manuelle Installation der Treiber geht dabei genauso vonstatten wie bei der Treiberinstallation einer internen ISDN-Karte (lesen Sie dazu das vorherige Unterkapitel).

Einrichten einer Wählverbindung

Um eine Internetverbindung über die ISDN-Leitung einzurichten, müssen Sie unter Windows eine so genannte Wählverbindung erstellen, sofern Sie nicht die von Ihrem Internetanbieter eventuell gelieferte Einwahlsoftware verwenden wollen. Dazu sollten Sie sich im Vorhinein die benötigten Daten wie Einwahlnummer, Benutzername und Kennwort bereitlegen.

1 Rufen Sie zunächst die Systemsteuerung auf und wählen Sie den Punkt *Netzwerkverbindungen* aus.

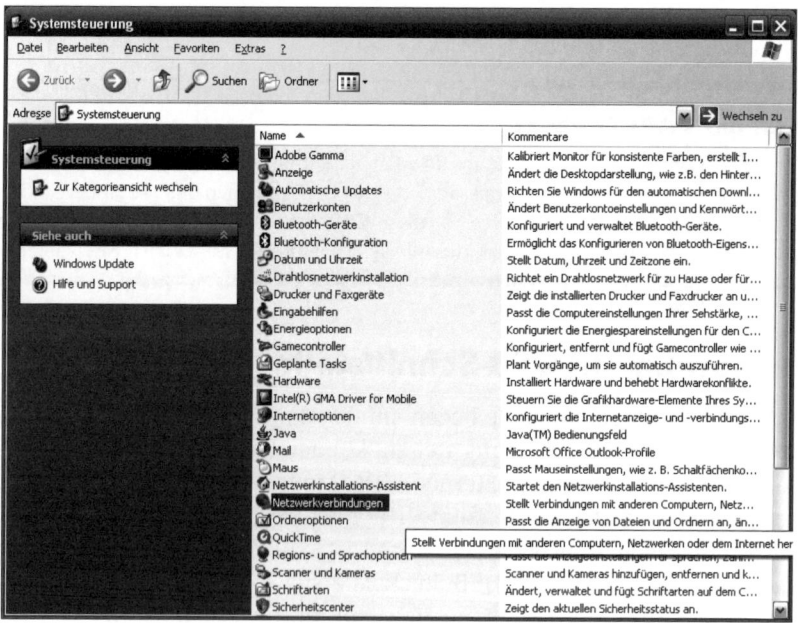

2 Klicken Sie nun in der Aufgabenliste links auf den ersten Punkt *Neue Verbindung erstellen*.

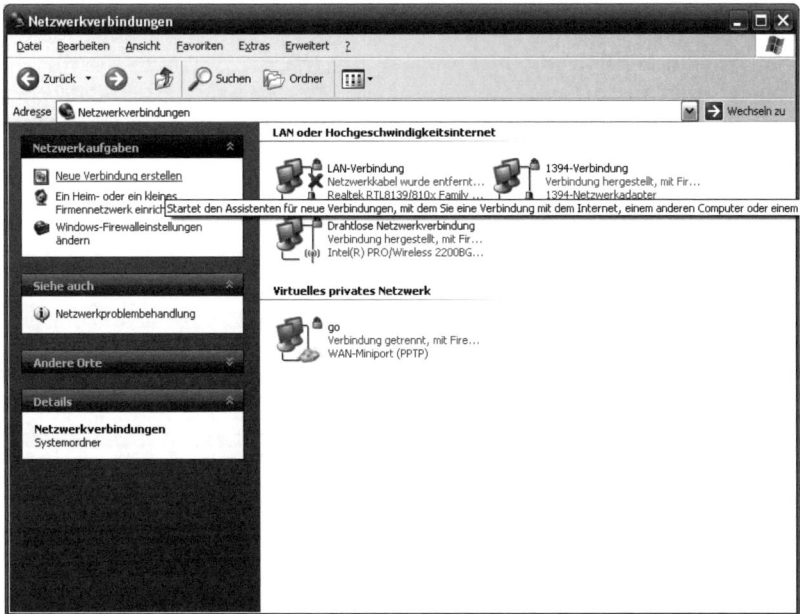

3 Nach einem Klick auf *weiter* wählen Sie im folgenden Fenster den Punkt *Verbindung mit dem Internet herstellen* aus.

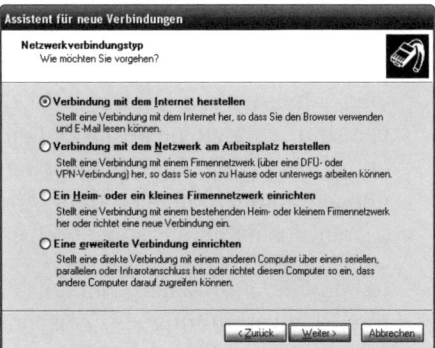

4 Nun selektieren Sie die Auswahl *Verbindung manuell einrichten* und bestätigen mit *Weiter*.

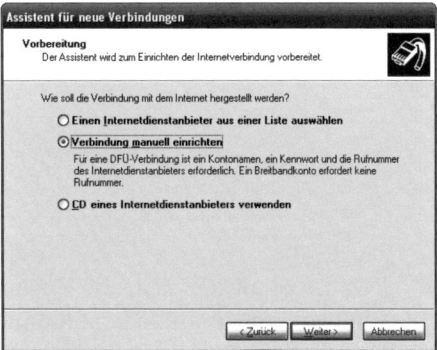

5 Wählen Sie jetzt die Option *Verbindung mit einem DFÜ-Modem herstellen* aus. Sollten Sie eine Verbindung über einen DSL-Zugang anlegen wollen, wählen Sie hier den zweiten Punkt aus.

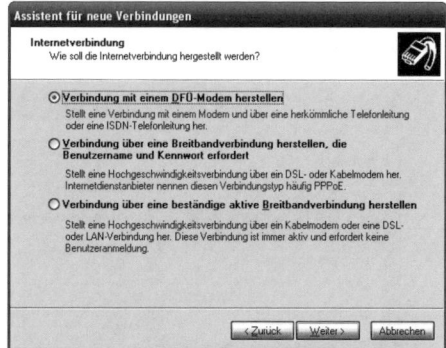

6 Treffen Sie nun eine Auswahl über das Gerät, das zum Einwählen benutzt werden soll. Sofern Sie eine Kanalbündelung beider ISDN-Kanäle wünschen, markieren Sie beide verfügbaren Geräte oder aber die Option *Alle verfügbaren ISDN-Leitungen sind mehrfach verbunden*. Vorsicht: Bei aktivierter Kanalbündelung fallen bei allen Providern nicht unerhebliche Zusatzkosten an – aktivieren Sie diese Option also

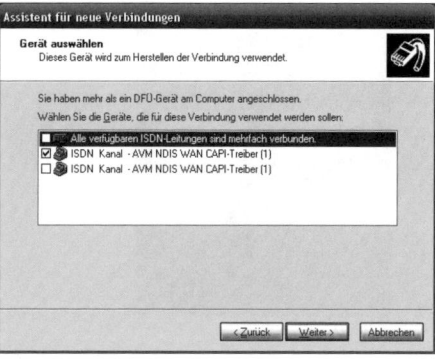

nur, wenn Sie sie wirklich benötigen. Beachten Sie zudem, dass Sie bei aktivierter Internetverbindung unter Umständen nicht mehr telefonisch erreichbar sind, da sich beide ISDN-Leitungen eines Standardanschlusses im Gebrauch befinden. Sofern Sie eine Kanalbündelung nur in Einzelfällen benötigen, können Sie sich dafür eine extra Wählverbindung anlegen – Sie ersparen sich damit das sonst nötige Aufrufen der Verbindungsoptionen.

7 Geben Sie nun einen Namen für Ihre Wählverbindung ein, beispielsweise: *Provider XY – 1 ISDN Kanal*.

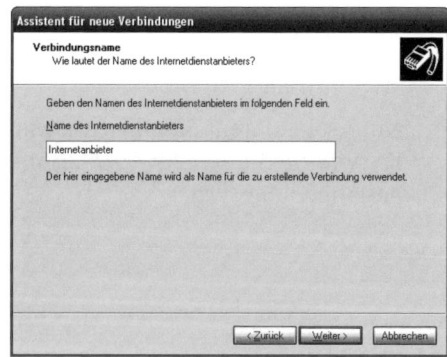

8 Jetzt ist es an der Zeit, die Zugangsdaten in Form von Benutzername und Kennwort sowie die Einwahlnummer einzugeben. Diese Daten erhalten Sie entweder per Post oder E-Mail von Ihrem Internetprovider. Teilweise bieten so genannte Call-by-Call-Verbindungen ohne Anmeldung auch öffentliche Benutzerdaten an. Ihre Abrechnung wird dann über Ihre Einwahlnummer erstellt.

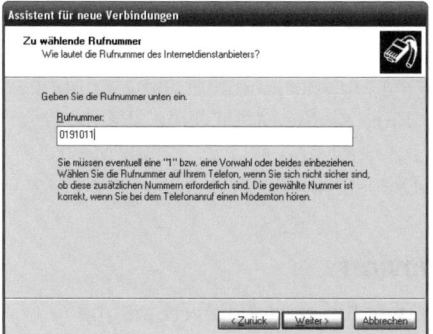 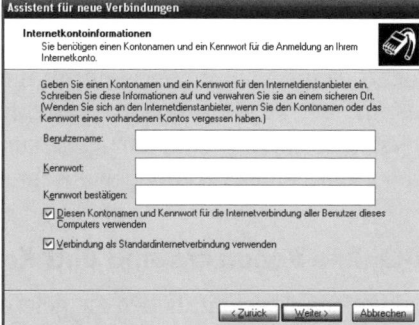

9 Nun bietet Ihnen der Assistent noch die Möglichkeit an, eine Verknüpfung auf dem Desktop zu erstellen – aktivieren Sie diese Option bei Bedarf.

10 Wenn Sie auf die eben erstellte Verknüpfung auf dem Desktop doppelklicken, erscheint ein Dialog mit den Verbindungsdaten, die Sie eben eingegeben haben. Klicken Sie hier auf *Wählen*, um eine Verbindung mit dem Internetprovider herzustellen. Sie können die Verbindung wieder trennen, indem Sie in der Windows-Taskleiste mit rechts auf das Verbindungssymbol mit den zwei Computerbildschirmen klicken und *Trennen* auswählen.

Namensschemata für Wählverbindungen

Viele Einwahlprovider bieten tageszeitabhängige Tarife an – erstellen Sie sich praktischerweise für jede Tageszeit eine extra Wählverbindung mit entsprechender Bezeichnung, beispielsweise: *Provider XY – 12:00 – 16:00 – 0,03 EUR.* So haben Sie Ihre Kosten immer im Überblick.

Troubleshooting: T-Online via DFÜ-Netzwerk

T-Online-Kunden bekommen gemeinhin ein umfangreiches Softwarepaket gestellt, das auf einen Schlag sehr viele Programme auf Ihrem System installiert, um den Zugang zu Web, E-Mail etc. für Anfänger einfach zu gestalten. Für einigermaßen erfahrene Anwender empfiehlt sich die Installation dieses Pakets nicht, da die Vielzahl an Einwahl- und Zugangsprogrammen eine unnötige Auslastung der PC-Ressourcen verursacht. Eine kleine, aber feine Wählverbindung verschafft Ihnen ebenfalls Zugang zum Internet und erlaubt Ihnen die freie Wahl von Programmen für Ihre gewünschten Dienste wie E-Mail etc.

T-Online-Benutzername und Kennwort

Im vorigen Abschnitt haben Sie gelesen, wie Sie eine Wählverbindung mit einem Internetprovider erstellen können. Um eine solche auch für Ihren T-Online-Zugang anzulegen, nutzen Sie folgendes Schema:

Der Benutzername besteht aus einer zwölfstelligen Anschlusskennung sowie Ihrer T-Online-Nummer und der Mitbenutzernummer 0001. Das Format des Benutzernamens gestaltet sich also in folgender Form: XXXXXXXXXXXX#0001. Wenn Sie die Wählverbindung für einen DSL-Zugang anlegen, müssen Sie zusätzlich die Endung @t-online.de anhängen. Sofern Ihre T-Online-Nummer weniger als zwölf Stellen enthält, muss zwischen der T-Online-Nummer und der Mitbenutzernummer ein # eingefügt werden. Als Passwort verwenden Sie Ihr T-Online-Passwort.

Die Einwahlnummer für T-Online ist 0191011. Sollte für Ihren Telefonanschluss eine dauerhafte Preselection-Anbietervorwahl geschaltet sein, setzen Sie vor die Einwahlnummer sicherheitshalber noch die T-Com-Netzvorwahl 01033 – so gehen Sie sicher, dass keine eventuellen Zusatzkosten durch Ihren Preselect-Anbieter erzeugt werden.

Nutzen der Internetdienste

Wenn Sie alle Dienste, die T-Online bereitstellt, nutzen möchten, benötigen Sie neben der Wählverbindung ins Internet auch noch Serveradressen (wie beispielsweise POP3 und SMTP für E-Mail-Programme) für die spezifischen Dienste. Diese Adressen sind im Folgenden aufgelistet:

Posteingangsserver (POP3):   pop.t-online.de
Postausgangsserver (SMTP):   smtp.t-online.de
Newsserver: news.t-online.de

Beachten Sie bei der Konfiguration Ihres E-Mail-Programms, dass der Postausgangsserver von T-Online (und mittlerweile vielen anderen Providern) eine so genannte Authentifizierung verlangt. Verwenden Sie dazu die selben Benutzerdaten wie für den Posteingangsserverzugriff (POP3).

Konfiguration der Kanalbündelung

ISDN bietet die Möglichkeit, mehr als einen Kanal für eine Datenverbindung zu nutzen, um somit eine höhere Bandbreite zu erzielen. Bei der Bündelung von zwei ISDN-Kanälen zu einer Verbindung erhöht sich also die Bandbreite von 64 KBit/s auf 128 KBit/s. Bevor Sie diese Funktion nutzen, sollten Sie sich bei Ihrem Internetprovider über die Machbarkeit und die anfallenden Zusatzkosten erkundigen.

Fallstricke der Kanalbündelung

Da bei einer Kanalbündelung zwei statt nur einer ISDN-Verbindung aufgebaut werden, erhöhen sich in jedem Fall auch die Verbindungskosten. Besorgen Sie sich daher in jedem Fall aktuelle Tariftabellen von Ihrem Internetprovider, damit Sie die Mehrkosten abschätzen können. Bedenken Sie auch, dass Ihnen ein Standard-ISDN-Anschluss nur zwei parallele Leitungen für alle Dienste zur Verfügung stellt – wenn Sie also mit Kanalbündelung im Internet surfen, sind Sie telefonisch oder per Fax für diesen Zeitraum nicht erreichbar.

Um die Kanalbündelung für eine bestehende Wählverbindung zu aktivieren, rufen Sie mit der rechten Maustaste die Eigenschaften der Verbindung auf.

1 Wählen Sie nun in der Modemliste beide verfügbaren ISDN-Kanäle aus.

2 Aktivieren Sie zusätzlich die Option *Alle Geräte wählen dieselbe Nummer*. Da es in deutschen ISDN-Netzen unüblich ist, dass auf einer Einwahlnummer nur eine Verbindung zugelassen wird, kann diese Option dauerhaft aktiviert bleiben.

3 Unter der Registerkarte *Optionen* wählen Sie zusätzlich noch *Alle Geräte wählen* aus.

Nach dem nächsten Wählvorgang surfen Sie auf der neu konfigurierten Verbindung mit Kanalbündelung. Beachten Sie dabei die Hinweise im Infokasten auf der vorigen Seite.

14.2 DSL-Karte einbauen und einrichten

In den meisten Fällen erhalten Sie von Ihrem Internetprovider, bei dem Sie Ihren DSL-Anschluss geschaltet haben, neben dem DSL-Splitter auch das benötigte DSL-Modem. Die meisten Modems müssen Sie mit dem Netzwerkanschluss (LAN-Anschluss) Ihres PCs verbinden, nur wenige Modelle stellen eine Anschlussmöglichkeit über USB bereit. Sollte Ihr PC keinen Netzwerkanschluss besitzen, können Sie diesen ganz einfach über eine Netzwerkkarte nachrüsten. Diese erhalten Sie im PCI- sowie PCI Express-Format. Beachten Sie, dass die sehr günstigen, aber immer noch erhältlichen 10 MBit/s-Netzwerkkarten für neue ADSL2+-Hochleistungsanschlüsse nicht mehr ausreichen können: Bei Geschwindigkeiten jenseits der 10 MBit/s und mehr benötigen Sie in jedem Fall eine Netzwerkkarte mit einer Geschwindigkeit von 100 MBit/s – das reicht auch für zukünftige VDSL2-Verbindungen mit 50 MBit/s!

Einbau und Anschluss der Karte

Eine Netzwerkkarte wird wie jede andere Erweiterungskarte in den PC eingebaut. Eine bebilderte Anleitung finden Sie im vorderen Teil dieses Kapitels, deshalb hier nur eine Kurzanleitung:

1 Schalten Sie den PC aus und trennen Sie ihn von der Stromversorgung. Öffnen Sie danach das Gehäuse.

2 Suchen Sie einen freien PCI-Steckplatz und entfernen Sie gegebenenfalls das Slotblech. Setzen Sie die Karte von oben senkrecht in den PCI-Slot.

3 Schrauben Sie die Karte am Gehäuse fest und schließen Sie danach den PC wieder. Stellen Sie zudem alle Kabelverbindungen wieder her.

4 Verbinden Sie nun die Buchse der DSL-Karte mit dem Netzwerkanschluss des DSL-Modems. Dieser ist häufig mit *LAN*, oder *10BaseT* (bei Standard-DSL-Modems) gekennzeichnet. Verwenden Sie dazu ein gutes Standard-Cat5-Patchkabel. Nun können Sie den PC wieder hochfahren.

Einrichten der Software

Die Treiberinstallation läuft genauso ab wie bei jeder anderen neu installierten Erweiterungskarte: Nach dem Windows-Start und dem Anmeldevorgang wird der Hardware-Assistent erscheinen und nach einem Treiber fragen, natürlich nur für den Fall, dass Windows keinen passenden Treiber mitbringt. Wie Sie mithilfe des Hardware-Assistenten einen Kartentreiber installieren, lesen Sie im vorderen Teil dieses Kapitels.

Um eine Verbindung mit dem Internet herzustellen, müssen Sie entweder die Software Ihres Internetproviders installieren oder unter Windows XP eine Wählverbindung einrichten. Wie das geht, wird weiter vorne in diesem Kapitel für eine ISDN-Verbindung beschrieben. Beachten Sie jedoch, dass Sie im Assistenten eine *Verbindung über eine Breitbandverbindung, die Benutzername und Kennwort erfordert* erstellen.

14.3 DSL-Verbindung über einen Router einrichten

Viele Internetanbieter liefern heute bei einem Vertragsabschluss einen Router mit. Ein klassischer Router setzt sich aus Internetgateway, einem Switch und mehreren RJ45-Anschlüssen zusammen. Weit verbreitet sind heutzutage jedoch Kombigeräte, die gleich noch einen Wireless LAN Access Point, ein DSL-Modem sowie eventuell einen Printserver integrieren. Seit dem Aufkommen der Voice-over-IP-Technik im Heimbereich gibt es auch Router, die eine VoIP Telefonanlage zusätzlich zur Verfügung stellen. Da sich alle Router deutlich in den jeweiligen Konfigurationsmenüs unterscheiden, können wir im Folgenden nur einen Leitfaden für die sichere Einrichtung geben:

Den Router in Betrieb nehmen

1 Stecken Sie das vom DSL-Splitter kommende RJ45-Kabel in die passende Buchse des Routers. Diese ist häufig mit *DSL*, *Internet* oder *WAN* beschriftet. Sollte Ihr Router kein internes DSL-Modem zur Verfügung stellen, müssen Sie den Router in jedem Fall an ein entsprechendes Modem anschließen, statt direkt an den Splitter.

2 Verbinden Sie nun den Router mit der Stromversorgung und schließen Sie danach den PC mittels eines Patchkabels an eine der LAN-Buchsen des Routers an. Nach dem Start eines Routers mit integriertem DSL-Modem wird dieser sich zuerst auf die DSL-Leitung synchronisieren, was häufig durch eine blinkende Power-Leuchte und eine entsprechend ausgewiesene LED gekennzeichnet wird. Erst nach erfolgreicher Synchronisierung ist eine Interneteinwahl konfigurierbar.

3 Fast alle Router werden über ein so genanntes Webinterface konfiguriert, d. h., Sie nehmen alle nötigen Einstellungen über den Browser vor. Schlagen Sie in der Bedienungsanleitung des Routers nach, unter welcher IP-Adresse oder URL er im Browser aufzurufen ist. Suchen Sie auch nach den entsprechend benötigten Zugangsdaten für das Webinterface. Melden Sie sich dann an der entsprechenden Konfigurationsoberfläche an.

4 Ändern Sie nun zunächst in den Sicherheitseinstellungen das Router-Passwort, damit ein möglicher unbefugter Zugriff durch Kenntnis von Werkseinstellungen nicht mehr möglich ist.

5 Sollten Sie von einer eventuellen WLAN-Funktionalität Gebrauch machen wollen, so beachten Sie dabei unbedingt, dass Sie eine sichere Verschlüsselung einrichten. Ein guter WLAN-Router sollte in jedem Fall die sichere WPA-Verschlüsselungsmethode bereitstellen können. WEP gilt schon seit Längerem als unsicher. Noch sicherer als WPA ist der WPA2-Standard, den Sie aber bislang nur mit wenigen USB-Sticks und Notebooks nutzen können, da die Treiberentwicklung etwas hinterherhinkt. Die beiden Standards unterscheiden sich durch die Verschlüsselungstechnologien TKIP (**T**emporal **K**ey **I**ntegrity **P**rotocol, WPA) sowie AES (**A**dvanced **E**ncryption **S**tandard, WPA2). WPA ist jedoch hinreichend sicher und erlaubt Ihnen auch einiges an Komfort, beispielsweise können Sie durch die sichere Verschlüsselung auf das Deaktivieren des SSID-Broadcasts verzichten, das fähige Leute sowieso nicht davon abhält, schwach geschützte WEP-Netze zu knacken. Achten Sie bei der Wahl von WPA- oder WPA2-Verschlüsselung darauf, dass Sie für Ihre Endgeräte, die sich mit dem geschützten Netz verbinden sollen, die aktuellsten Treiber installieren. Sonst kann es passieren, dass Sie sich nicht mit Ihrem eigenen Netz verbinden können, weil der Treiber mit der Verschlüsselung schlicht inkompatibel ist.

6 Aktivieren Sie zudem in jedem Fall auch die Router-Firewall, sollte dies nicht bereits erfolgt sein. Diese finden Sie meist unter den Punkten *NAT* oder *Firewall*. Diese filtert eingehende Verbindungen und verhindert den Zugang zu einzelnen PCs in Ihrem Netzwerk. NAT ist allerdings eine Adressübersetzung und keine echte Firewall, bietet aber auch bereits guten Schutz für Heimanwender.

7 Richten Sie nun die Internetverbindung im Router-Interface ein, die nötigen Punkte finden Sie meist unter den Menüoptionen *Internet*, *WAN* oder *PPPoE*. Tragen Sie dort die vom Internetprovider mitgeteilten Zugangsdaten in der entsprechenden Form ein und wählen Sie, ob sich der Router nur bei Bedarf mit dem Internet verbinden oder die Verbindung ständig aktiv bleiben soll. Bei einem Flatrate-Tarif empfiehlt sich natürlich letztere Option, da somit zeitraubende Einwahlzeiten des Routers vermieden werden können.

Diese Anleitung ist nur als grober Leitfaden zu verstehen, verwenden Sie zusätzlich in jedem Fall die Hilfefunktion und das Handbuch, weitere Informationen zur Router-Konfiguration finden Sie auch unter *www.router-forum.de* oder *www.adsl-support.de*.

14.4 DSL-Verbindung mit mehreren Rechnern nutzen

Beim Betrieb eines Heimnetzwerks ist es häufig von Bedeutung, allen angebundenen PCs einen Internetzugang zur Verfügung zu stellen – die klassische Aufgabe eines Routers. Doch was tun, wenn kein Router zur Verfügung steht und auch nicht angeschafft werden kann? Microsoft stattet Windows XP zu diesem Zweck mit der so genannten Internetverbindungsfreigabe aus – mit dieser ist es möglich, den Internetzugang eines PCs, beispielsweise über eine DSL-Wählverbindung, den anderen Rechnern im lokalen Netzwerk freizugeben. Voraussetzung für die einfache Softwarekonfiguration ist allerdings, dass im Gateway-

Computer (der PC, der die Internet-Verbindung bereitstellt) zwei Netzwerkkarten eingebaut sind und dieser beispielsweise über einen Switch mit allen anderen Netzwerk-PCs verbunden ist. Die erste Netzwerkverbindung des Gateway-Computers wird für die Internetverbindung benötigt, wohingegen die zweite die Daten ins lokale Netzwerk weiterleitet.

Einrichten der Freigaben

Dieses Kapitel setzt ein funktionierendes Netzwerk voraus, in dem die angebundenen PCs untereinender kommunizieren können. Alle Netzwerk-IP-Adressen müssen in diesem Fall dynamisch vergeben werden. Wenn Sie mehr über die Einrichtung und den Betrieb von PC-Netzwerken erfahren wollen, lesen Sie einfach in Kapitel 15 nach.

Wenn die genannten Voraussetzungen erfüllt sind, ist die Freigabe der bestehenden DSL-Verbindung mit wenigen Handgriffen durchgeführt:

1 Wählen Sie unter *Systemsteuerung/Netzwerkverbindungen* die DSL-Verbindung aus, die Sie freigeben möchten. Rufen Sie mit einem Rechtsklick auf das Verbindungssymbol die *Eigenschaften* der Verbindung auf.

2 Unter der Registerkarte *Erweitert* selektieren Sie die Option *Anderen Benutzern im Netzwerk gestatten, die Internetverbindung dieses Computers zu benutzen*.

3 Die nachstehenden Optionen sind standardmäßig aktiviert und sollten beibehalten werden. Aktivieren Sie jedoch in jedem Fall die Windows-eigene Firewall, damit Ihr PC und auch die verbundenen PCs vor Angriffen geschützt sind. Die PCs sollten zusätzlich noch jeweils eigene Firewalls einsetzen.

4 Nach Bestätigung mit *OK* wird die Freigabe aktiviert und Ihr PC fungiert nun als Softwarerouter. Dazu wird ihm eine statische IP-Adresse zugewiesen – alle anderen Rechner in derselben Netzklasse erhalten dynamische Adressen, Ihre IP-Adresse wird dabei als Gateway-Adresse voreingestellt.

Mit mehreren PCs im Internet – aber sicher!

Vor dem Einsatz der Windows XP-Internetverbindungsfreigabe sollten Sie in jedem Fall Service Pack 2 und alle nachfolgenden Updates installieren, da somit bereits mehrmalig aufgetretene Sicherheitslecks in dieser Netzwerkfunktion geschlossen werden. Die Aktivierung der Windows-Firewall ist dabei ebenfalls von hoher Bedeutung. Bedenken Sie dabei, dass nicht nur der Gateway-PC durch eine Software-Firewall abgesichert werden muss, sondern auch alle verbundenen Client-PCs – eine aktuelle Virenschutzlösung für alle Rechner ist ebenfalls absolut notwendig.

14.5 Besonderheiten: ISDN und DSL

Es gibt heute keinen triftigen Grund mehr, bei einer DSL-Verfügbarkeit für den eigenen Telefonanschluss auf einen solchen zu verzichten: Nur für DSL-Zugänge gibt es günstige Flatrate-Tarife, die Surfen ohne Zeit- oder Volumenlimit ermöglichen. Das Web orientiert sich ebenfalls an der Dominanz der Breitband-Anschlüsse: Video-Streaming, neue Webtechnologien, hochauflösende Bilder, wohin man schaut. Das alles macht mit ISDN schlicht keinen Spaß mehr und kostet unnötig Zeit und Nerven. Ist man jedoch aufgrund der Wohnlage und einer nicht vorhandenen DSL-Verfügbarkeit auf einen ISDN-Anschluss angewiesen, sollte man die nötigen Konfigurationen und Vorbereitungen treffen, um die Kosten des Surferlebnisses möglichst gering zu halten.

ISDN – das digitale Telefonnetz

ISDN steht für Integrated Services Digital Network und stellt ein digitales Telefonnetz für verschiedene Dienst wie Sprach- und Daten- sowie Faxübertragung bereit. Bei einer analogen Telefonleitung müssen Daten erst in analoge Signale gewandelt werden, bevor sie übertragen werden können. Bei einem ISDN-Anschluss entfällt die Wandlung, da das Netz bereits digital arbeitet. Dies bringt einige Vorteile wie etwa zuverlässigere Datenübertragungen und höhere Geschwindigkeit.

- **Geschwindigkeit:** Ein ISDN-Kanal kann eine Übertragungsrate von 64 KBit/s erreichen. Wenn man das Leistungsmerkmal Kanalbündelung benutzt (weiter vorne im Kapitel beschrieben), kann man die Geschwindigkeit auf 128 KBit/s verdoppeln. Einwahl und Verbindungsaufbau sind deutlich schneller als bei einer analogen Modemverbindung.

- **Stabilität:** Eine ISDN-Leitung ist weit weniger empfindlich als eine analoge Leitung, da Daten hier auf dieser nicht durch akustische Signale moduliert und übertragen werden, sondern auf direktem Bit-Weg.

- **Erreichbarkeit:** Durch die Verfügbarkeit von zwei Kanälen können Sie mit ISDN auf einem Kanal surfen, während der andere für Telefongespräche oder Faxmitteilungen frei bleibt. Das ist mit einer analogen Telefonleitung nicht möglich.

- **Verfügbarkeit:** Überall dort, wo Ihnen ein Telefonanbieter einen Telefonanschluss bereitstellen kann, können Sie auch einen ISDN-Anschluss bekommen. Hier hat immer noch die T-Com die größte Abdeckung, andere Anbieter stellen meist nur ISDN-Anschlüsse in Ballungsgebieten bereit, dort aber meist auch mit kostengünstigen Flatrate-Zugängen. Meist ist dann dort aber auch ein DSL-Zugang möglich, der ISDN als Internetzugang überflüssig macht.

DSL: Noch schneller und komfortabler

Dass DSL die Verbindung der Zukunft ist, beweist die immer schneller fortschreitende Weiterentwicklung der Technik: ADSL2+ sowie VDSL2 werden bald neben Internet und Telefonie auch Fernsehen bereitstellen, dem so genannten Triple-Play (alle drei wichtigen Verbindungen über eine Leitung) steht damit nichts mehr im Wege. In den letzten Jahren erlebte die Technologie neben stark verbesserter Netzabdeckung auch einen harten Preiskampf – neben der T-Com buhlen nun auch viele andere Anbieter um die DSL-Kundschaft. Die aktuellen Preise lassen einen ISDN-Anschluss überflüssig erscheinen, sofern die DSL-Verfügbarkeit gegeben ist:

Die Netzabdeckung wurde immer weiter verbessert, jedoch gibt es immer noch weiße Flecken auf der Landkarte, die nicht versorgt werden können, wie beispielsweise ländliche Gegenden mit nur wenigen Einwohnern. Auch sind Gebiete mit modernem Glasfasertelefonnetz meist von einer DSL-Nichtverfügbarkeit geplagt: Die DSL-Technik basiert auf analogen Kupferleitungen und muss in Glasfasergebieten erst durch teure optische Wandler nachgerüstet werden.

Ein DSL-Anschluss erfordert gemeinhin einen regulären Telefonanschluss als Grundvoraussetzung, ISDN oder analog spielen hierbei keine Rolle. Die Telefonleitung wird durch den so genannten DSL-Splitter aufgeteilt: ein hochfrequenter Teil wird für die DSL-Signale bereitgestellt, der Rest steht für Telefonie zur Verfügung. Ein DSL-Modem übernimmt dabei die Modulierung der analogen Signale in digitale und umgekehrt.

- **Geschwindigkeit:** Eine DSL-Verbindung kann in mehreren Geschwindigkeiten gebucht werden: Zwischen 1, 2, 3 oder 6 MBit/s kann gewählt werden, ADSL2+ stellt Geschwindigkeiten zwischen 12 und 24 MBit/s bereit. Das Hochladen ist bei der DSL-Technik grundsätzlich langsamer als der so genannte Downstream, daher das **A**DSL für *Asynchron*.

- **Stabilität:** DSL-Leitungen sind in Verbindungen mit hochwertigen Modems als sehr stabil anzusehen. Erleidet jedoch die Telefonleitung einen Ausfall, ist gleichzeitig die DSL-Verbindung betroffen.

- **Erreichbarkeit:** Dadurch, dass bei DSL die Telefonleitung in eine Sprach- und eine Datenleitung aufgeteilt wird, ist paralleles Surfen und Telefonieren ohne Probleme möglich. Mittlerweile ist Telefonie durch Voice over IP auch über den DSL-Kanal möglich und wird bereits aktiv von den Anbietern vermarktet – der Vorteil: günstigere Gesprächskosten.

- **Verfügbarkeit:** Die Verfügbarkeit von DSL und der gewünschten Geschwindigkeit muss im Rahmen einer Verfügbarkeitsprüfung Ihres gewünschten Anbieters festgestellt werden, Voraussetzung ist ein Telefonanschluss. Die Verfügbarkeit und Geschwindigkeit sind direkt von der Leitungsdämpfung abhängig: Je weiter Ihr Anschluss von der Vermittlungsstelle entfernt ist, desto geringer ist die mögliche Bandbreite bzw. Verfügbarkeit.

ADSL2+ – der neue Datenturbo?

Wie bereits in der Kapiteleinleitung beschrieben, ist ADSL2 bzw. ADSL2+ eine Weiterentwicklung des DSL-Standards (Annex B), bei dem höhere Geschwindigkeiten und höhere Leitungslängen möglich sind, wodurch gleichzeitig auch die Verfügbarkeitsraten steigen. Die neue Technologie ist als Evolutionsstufe der DSL-Technik zu betrachten, da die Netzanbieter die Vermittlungsstellen relativ kostengünstig auf die neue Technik umrüsten können, die gewöhnlichen DSL-Geschwindigkeiten können mit der neuen Hardware ebenfalls bereitgestellt werden – zusätzlich steigt jedoch auch noch die maximale Leitungslänge zum Kunden.

Durch die neuen Geschwindigkeiten von 12 – 24 MBit/s wird auch hochqualitative TV- und Videoübertragung über die DSL-Verbindung möglich, was natürlich in naher Zukunft als zusätzlicher Kaufanreiz ausgelegt werden wird. Dadurch, dass für ADSL2+ keine neuen Leitungen gelegt werden müssen, steigt die Verfügbarkeitsrate in vielen Gebieten sehr schnell – die günstigen Preise lassen einen schnellen Anschluss zudem als verlockend erscheinen. ADSL2+ ist dabei als Vorläufer für die anstehende VDSL2-Technik zu sehen, mit der bereits jetzt die ersten Großstädte ausgestattet werden. Im Gegensatz zu ADSL und ADSL2+ basiert das VDSL-Netz zum großen Teil auf Glasfaserleitungen; nur die „letzte Meile" zwischen Kunde und Vermittlungsstelle wird hierbei durch günstigere Kupferleitungen realisiert.

Die mögliche Geschwindigkeit einer VDSL2-Verbindung ist direkt von der Anzahl an Vermittlungsstellen abhängig: Je länger die Kabelstrecke vom Kunden zur Vermittlungsstelle ist, desto rapider sinkt die Bandbreite ab. Geplant sind Geschwindigkeiten von 50 MBit/s sowie 5 bis 10 MBit/s im Hochkanal. Erst durch ADSL2+ und VDSL2 wird eine zukünftige Nutzung der DSL-Leitung durch alle drei großen Verbindungen – TV, Telefon und Internet – möglich (das so genannte Triple Play). Gerade auch im Hinblick auf HDTV, das sehr viel höhere Bandbreiten als PAL-TV benötigt, werden die breitbandigen neuen Internetzugänge interessant.

14.6 Eine USB-Telefonanlage mit ISDN einrichten

ISDN-Telefonanlagen für die Heimanwendung haben heute fast alle eine USB-Schnittstelle, die die Konfiguration mit dem PC gehörig vereinfacht. Der Vorteil einer solchen Anlage: Alle Ihre Telefonie- und Faxgeräte lassen sich an einer zentralen Stelle vom PC aus konfigurieren.

Anschließen der ISDN-Anlage

Um die ISDN-Telefonanlage zu installieren, gehen Sie wie folgt vor:

1 Platzieren Sie die Anlage, wenn möglich, in der Nähe Ihres ISDN-NTBAs, um weit reichende Kabelstrecken zu vermeiden. Häufig werden zu Telefonanlagen auch Bohrschablonen mitgeliefert, mit deren Hilfe Sie diese komfortabel an einer Wand befestigen können – dazu gibt es meist Aussparungen auf der Unterseite der Anlage.

2 Verbinden Sie die Telefonanlage nun mit einem ISDN-Kabel mit dem NTBA-Netzanschluss.

3 Anschließend verbinden Sie die Anlage über das USB-Kabel mit dem PC. Die meisten Anlagen erhalten ihre Stromzufuhr über den USB- bzw. ISDN-Port. Falls nötig, schließen Sie zusätzlich ein eventuell mitgeliefertes Netzteil an.

4 Nach dem Anschluss an den PC startet der Hardware-Assistent und verlangt nach einem Treiber. Legen Sie die mitgelieferte Treiber-CD ein und lassen Sie das entsprechende Laufwerk nach Treiberdateien durchsuchen. Wenn Sie aktuelle Treiber aus dem Internet verwenden wollen, lassen Sie den Assistenten das Download-Verzeichnis durchsuchen.

5 Verbinden Sie nun Ihre Endgeräte wie Telefon, Fax und Anrufbeantworter mit der Anlage. Eventuell benötigen Sie noch verschiedene Adapter.

Einrichten der Telefonanlage per Software

Um die ISDN-Anlage und die angeschlossenen Endgeräte konfigurieren zu können, benötigen Sie eine spezielle Software, die der Hersteller auf CD mitliefert oder zum Download bereitstellt. Nach der Installation des Programms wird Sie je nach Anlage ein Einrichtungsassistent durch die Grundkonfiguration leiten. Da sich die Konfigurationsoberflächen der verschiedenen Hersteller teilweise grundlegend unterscheiden, können wir im Folgenden nur einen Leitfaden für die Konfiguration geben:

1 Legen Sie sich Ihre MSN-Nummernliste zurecht. Diese sollten Sie von Ihrem Telefonanbieter per Post erhalten haben. Die MSN-Nummern können beliebig auf Ihre Endgeräte verteilt werden, um eine saubere Trennung nach Rufnummern zu erzielen. Sollten Sie mehr als die zugeteilten MSN-Nummern benötigen, können Sie weitere häufig umsonst dazubestellen. Nehmen Sie dazu Kontakt mit Ihrem Telefonanbieter auf.

2 Der Konfigurationsassistent der Telefonanlage wird alle verfügbaren MSN-Nummern erfragen, geben Sie diese ein. Sollte das ISDN-Leistungsmerkmal Anrufweiterschaltung für Ihren Anschluss aktiviert sein, kann das Programm die verfügbaren MSN-Nummern meist auch automatisch ermitteln.

3 Anschließend müssen Sie die Endgeräte benennen, die Sie an den Neben-
stellen der Anlage angeschlossen haben. Verwenden Sie dabei eine sinnvolle
Namensgebung (unter Umständen auch den Namen des Benutzers), um die
Geräte später den MSN-Nummern leichter zuordnen zu können.

4 Zum Abschluss verteilen Sie noch die verfügbaren MSN-Nummern auf die
angeschlossenen Endgeräte. So können Sie eine gezielte Trennung beispielsweise von Fax und Telefon erzielen. Richten Sie gegebenenfalls noch Funktionen wie Anklopfen für die einzelnen Nebenstellen ein.

15. Kleine Netzwerke, WLAN und Bluetooth

Ein Computernetzwerk ist mittlerweile in vielen Haushalten anzutreffen. Durch schnelle Internetverbindungen lässt sich durch Einsatz eines Routers die Internetverbindung teilen und so können alle Mitglieder eines Haushalts mit einem Computer im Internet surfen. Aber das Nutzen einer Internetverbindung ist nicht der einzige Vorteil eines Netzwerks: Drucker und Festplatten lassen sich ebenfalls über das Netzwerk nutzen und Sie können so durch die Anschaffung von nur einem Gerät viel Geld sparen.

Dabei ist die klassische Kabelverbindung jedoch nicht die einzige Möglichkeit, ein Netzwerk aus mehreren Computern aufzubauen. Obwohl es technisch gesehen immer noch die schnellste Netzwerktechnologie ist, boomt die WLAN-Technologie – also ein kabelloses Netzwerk – regelrecht und ist jetzt schon sehr stark verbreitet. Dank Verbesserungen der Reichweite und Leistung sowie einer einfachen Konfiguration nutzen viele Anwender mittlerweile lieber ein WLAN anstelle eines Kabelnetzwerks, das das Ziehen unschöner Kabel notwendig macht.

Ein wichtiges Schlagwort der WLAN-Technologie ist derzeit MIMO (**M**ultiple **I**nput **M**ultiple **O**utput). Durch Nutzung mehrerer Antennen wird eine wesentlich höhere Reichweite erzielt und die Übertragungsrate bleibt auch bei großer Entfernung zum Sender konstant. Der MIMO-Technologie gehört definitiv die Zukunft. Zurzeit hat sie jedoch noch das für WLAN typische Problem der Standardfrage: Da noch kein umfassender Standard für MIMO verabschiedet wird, nutzen die Hersteller von WLAN-Produkten derzeit ihre eigenen Standards – die natürlich nicht mit denen anderer Hersteller kompatibel sind.

Der MIMO-Router DI-634M von D-Link verspricht eine höhere Reichweite und verbesserte Übertragungsraten.

Eine Verbindung ist zwar immer noch möglich, jedoch nur mit den langsameren Standards 802.11a/b/g – die Vorteile von MIMO werden erst bei der Nutzung der Hardware eines Herstellers sichtbar. Ein WLAN-Standard, der die MIMO-Technologie beinhaltet, wird frühestens 2007 erwartet: der Entwurf des neuen 802.11n ist bereits im Januar 2006 verabschiedet worden, auf den eigentlichen Standard müssen sich die Hersteller jedoch erst noch einigen.

Das Problem unterschiedlicher Standards existiert jedoch nicht erst seit MIMO: Schon immer haben die Hersteller ihr eigenes Süppchen gekocht. Die beiden ersten WLAN-Standards, 802.11a und 802.11b mit 54 bzw. 11 MBit/s, wurden schnell erweitert. Allerdings einigten sich die Hersteller nicht auf einen Standard, sondern jeder verwendete seine eigenen Technologie. Einige Hersteller bieten beispielsweise Router nach dem 802.11b-Standard an, die jedoch außerhalb der Spezifikationen laufen und somit höhere Übertragungsraten von 22 oder gar 44 MBit/s erlauben – solche Geschwindigkeiten sind dann natürlich nur mit den herstellereigenen Netzwerkkarten möglich. Alle anderen müssen weiterhin 11 MBit/s nutzen.

Derzeit wird der Standard 802.11g am häufigsten genutzt. Er erlaubt mit 54 MBit/s eine akzeptable Geschwindigkeit bei guter Reichweite. Selbstverständlich gibt es auch hier wieder von fast jedem Hersteller nicht-standardkonforme Lösungen, die höhere Geschwindigkeiten von 108 oder 124 MBit/s erlauben. Wieder gilt dieselbe Einschränkung: Solch hohe Geschwindigkeiten sind nur bei der Nutzung der herstellereigenen Netzwerkkarten möglich.

15.1 Installation und Konfiguration eines sicheren Netzwerks

Die Installation eines Netzwerks ist heutzutage so leicht wie noch nie. Dank moderner Betriebssysteme wie Windows XP und Windows Vista und einfach zu konfigurierender Hardware ist ein fertiges Netzwerk häufig nur eine Frage von Minuten und durch Teilen von Ressourcen – wie beispielsweise dem Drucker oder der Internetverbindung – lässt sich bares Geld sparen.

Für ein Netzwerk brauchen Sie mindestens zwei PCs, Netzwerkhardware und ein netzwerkfähiges Betriebssystem wie zum Beispiel Windows XP oder Vista, Mac OS, Linux oder andere aktuelle Systeme. Der Aufbau des Netzwerks ist dabei plattformunabhängig – es ist also egal, ob Sie sich für ein Netzwerk aus Windows- und Apple-Computern, für ein WLAN oder Kabelnetzwerk entscheiden. Erst  bei der Konfiguration der direkt im Computer installierten Hardware unterscheidet sich die Installation.

Der Aufbau eines sicheren WLAN

Das klassische Kabelnetzwerk hat – wie der Name schon sagt – einen Nachteil: Es benötigt Kabel. Diese garantieren zwar eine nahezu störungsfreie und schnelle Datenübertragung, aber die vielen Kabel sind äußerst störend. Häufig ist es nahezu unmöglich, die notwendigen Netzwerkkabel in der Wohnung zu verlegen, ohne dass sie kreuz und quer legen. Für alle Kabelneurotiker gibt es seit einiger Zeit eine sinnvolle Alternative: **W**ireless **LAN** – kurz WLAN.

WLAN bietet zwar eine äußerst unabhängige Art und Weise eines Netzwerks, doch gibt es einen Punkt, bei dem es nicht mit den kabelbasierten Netzwerken mithalten kann: die Geschwindigkeit. High-Speed-Datenübertragungen kann man damit leider noch nicht erwarten. Bei den am meisten verbreiteten Geräten liegt die Datenrate bei theoretischen 54 MBit/s (6,75 MByte/s) oder 108 MBit/s (13,5 MByte/s). Diese theoretischen Maximalwerte werden in der Praxis jedoch nie erreicht und häufig ist ein WLAN mit 108 MBit/s kaum schneller als ein gewöhnliches 54-MBit/s-Netzwerk. Für Datenaustausch in größeren Mengen und hoher Geschwindigkeit ist WLAN also weniger geeignet – Sie sollten dann auf das bewährte Kabelnetzwerk zurückgreifen). Um das Internet zu nutzen, ist WLAN eindeutig schnell genug und so können Sie beispielsweise bequem mit einem Notebook im Garten surfen.

Sicherheit geht vor

Das Thema Sicherheit spielt beim kabellosen Netzwerk eine große Rolle: Der Access Point sendet seine Funkwellen in alle Richtungen aus und kann somit ganz leicht abgehört werden. Wer sich einmal ins Netzwerk eingeloggt hat, hat unter Umständen die gleichen Zugriffsrechte wie Sie. Er kann alles lesen oder gar löschen, verändern und natürlich surfen – ohne Flatrate kann das sehr teuer werden!

Richtig gefährlich wird es, wenn jemand Ihr WLAN dazu nutzt, urhebergeschützte MP3s, pornografische oder rechtsradikale Inhalte zu verbreiten, da es unmöglich zu beweisen ist, wer sich in das Funknetzwerk eingeklinkt hat. Es liegt also in Ihrer Verantwortung und Sicherheit, Ihr Netzwerk zu schützen.

Der ältere Sicherheitsstandard WEP (**W**ired **E**quivalent **P**rivacy) hat sich schon nach kurzer Zeit als unsicher herausgestellt und wurde geknackt. Der Nachfolger WPA (**Wi**Fi **P**rotected **A**ccess) gilt als sehr sicher. Zwar verwendet er den gleichen Verschlüsselungsalgorithmus RC4 wie WEP, da der Schlüssel jedoch permanent geändert wird, bleibt einem etwaigen Hacker nicht genügend Zeit, den Code zu knacken. WPA2 funktioniert nach dem gleichen Prinzip und gilt dank des verbesserten Algorithmus AES (**A**dvanced **E**ncryption **S**tandard) als nahezu unknackbar.

Achten Sie beim Kauf neuer Hardware oder bei der Erweiterung eines Netzwerks unbedingt auf kompatible Hardware. Es sollten nur Geräte eingesetzt werden, die mindestens den  WPA-, besser jedoch noch den WPA2-Standard unterstützen. Beachten Sie, dass jedes Gerät im Netzwerk, also Netzwerkkarten und Access Point, die Verschlüsselung unterstützen muss: Ein Access Point mit WPA-Verschlüsselung muss eine passende Netzwerkkarte, die ebenfalls WPA unterstützt, als Gegenspieler haben – erst dann wird die sichere Verschlüsselungsmethode angewandt.

Eine ausführliche Beschreibung der Sicherheitsstandards finden Sie in diesem Abschnitt unter „Sicherheit ganz leicht, aber nie perfekt" ab Seite 639.

Die notwendige Hardware

Die WLAN-Technologie benötigt natürlich neue Hardware: Zum kabellosen Senden und Empfangen muss jeder Computer mit dem passenden Gerät ausgestattet sein. Außerdem wird ein so genannter **A**ccess **P**oint benötigt (kurz AP), der die kabellose Vermittlung zwischen den angeschlossenen Computern regelt. Die Preise für die WLAN-Technik sind in den letzten Monaten drastisch gesunken und die Investition reißt keine tiefen Löcher in die Haushaltskasse. Viele neuen Computer und Notebooks sind mittlerweile auch von Haus aus mit der notwendigen Hardware ausgerüstet – falls nicht, lässt sie sich für etwa 30 Euro pro Computer nachrüsten. Und ein reiner Access Point ist auch für unter 50 Euro erhältlich – dazu jedoch gleich mehr.

Um ein kabelloses Netzwerk zu installieren, benötigen Sie grundsätzlich folgende Hardware:

Die Netzwerkkarte

Jeder Computer, der in das WLAN-Netzwerk integriert werden soll, muss über eine passende Netzwerkkarte verfügen. Fast alle neuen Notebooks und auch viele neue Computer sind mittlerweile mit integrierten WLAN-Chips ausgestattet und so ist kein Nachrüsten mehr erforderlich. Falls doch, stehen vielfältige Möglichkeiten zur Verfügung:

Für einen gewöhnlichen Computer empfiehlt sich eine WLAN-Netzwerkkarte im PCI-Format. Diese sind am günstigsten erhältlich und leicht zu konfigurieren. Allerdings muss der Computer dazu geöffnet werden und ein freier PCI-Steckplatz muss vorhanden sein – sonst lässt sich eine solche PCI-Karte nicht nachrüsten. Eine solche PCI-Karte ist schon für unter 30 Euro erhältlich. Abstand sollten Sie jedoch von vermeintlichen Schnäppchen nehmen, die für weit unter 10 Euro manchmal bei eBay erhältlich sind. Neben schlechten Treibern sind diese Geräte äußerst sendeschwach und nur dann zu gebrauchen, wenn Access Point und WLAN-Karte äußerst nah beieinander stehen.

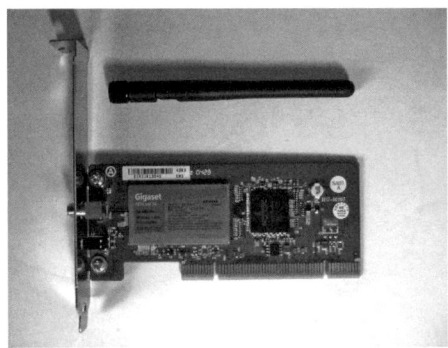

PCI-WLAN-Netzwerkkarte mit Funkantenne.

Ein Notebook, das noch nicht über integriertes WLAN verfügt, lässt sich am leichtesten über eine WLAN-Netzwerkkarte im PCMCIA-Format nachrüsten. Praktisch jedes Modell verfügt über diesen Erweiterungsschacht, der nichts weiter als eine externe Verlängerung der PCI-Schnittstelle ist und somit ebenfalls hohe Geschwindigkeiten und Zuverlässigkeit garantiert. Die Installation einer solchen Karte ist sehr leicht: einfach reinstecken, fertig! Zudem sind die Preise auch auf ein moderates Level gefallen: für 30 Euro finden Sie schon viele Modelle.

Als Alternative für die interne PCI-Karte oder die PCMCIA-Karte für Desktop-PCs oder das Notebook existieren WLAN-USB-Adapter. Wie von USB gewohnt, ist auch hier die Installation dank Plug & Play sehr einfach. Solche USB-Adapter existieren in zwei unterschiedlichen Ausführungen: Die bekanntere ist ein WLAN-Adapter im Format eines gewöhnlichen USB-Sticks. In diesen kleinen Geräten ist die Antenne integriert. Der Vorteil ist, dass sie aufgrund ihrer geringen

Größe sehr gut für Notebooks geeignet sind, die über keinen PCMCIA-Slot oder integriertes WLAN verfügen und so kaum Platz in der Notebook-Tasche benötigen. Aufgrund ihrer sehr kleinen Antenne ist die Sende- und Empfangsleistung jedoch längst nicht so gut wie die von PCI- oder PCMCIA-Karten, die über eine kleine Stummelantenne verfügen.

Diese PCMCIA-Erweiterungskarte von SMC bringt WLAN auch zu Notebooks. Die Installation ist dabei äußerst leicht und schnell.

(Quelle: SMC)

Die zweite Ausführung ist ein USB-Adapter, der über ein Kabel mit einer externen Antenne verbunden werden kann. Dann unterscheidet sich die Leistung des USB-Sticks nicht mehr von der anderer Netzwerkkarten. Da eine solche Lösung jedoch nicht sehr mobil ist, eignet sie sich eher für Desktop-PCs, die keinen freien PCI-Steckplatz haben, als für Notebooks.

Dieser USB-Stick von D-Link ist aufgrund seiner kleinen Maße sehr gut für das Nachrüsten am Notebook geeignet. Kommt es jedoch auf Leistung und Reichweite an, sind solche USB-Sticks aufgrund Ihrer kleinen Antenne nicht erste Wahl. (Bildquelle: D-Link)

Von Lancom stammt dieser USB-Adapter, an den eine externe Antenne angeschlossen werden kann. Dadurch erhöht sich die Leistung drastisch, dafür ist er nicht mehr ganz so mobil. (Bildquelle: LANCOM Systems GmbH)

Sollten Sie einen WLAN-USB-Adapter einsetzen wollen, beachten Sie die unterschiedlichen USB-Standards: Der ältere USB-1.1-Standard bietet eine Übertragungsrate von gerade einmal 12 MBit/s. Das sind nur etwa 1,5 MByte/s! Für DSL-Leitungen mit etwa 1.000 KBit/s ist diese Leistung noch gerade so ausreichend, bei schnelleren DSL-Leitungen mit über 6.000 KBit/s dürfte ein USB-1.1-Adapter das Internet ausbremsen. Auch Datentransfer macht bei solchen Verbindungen natürlich keine Freude. Erst mit dem aktuellen USB-2.0-Standard mit bis zu 480 MBit/s (etwa 60 MByte/s!) machen solche Adapter wirklich Sinn.

Auf aktuelle Hardware achten!

Beim Kauf neuer WLAN-Hardware sollten Sie unbedingt auf die Aktualität der Geräte achten. Im Handel sind immer noch viele ältere Geräte erhältlich, die nicht den Sicherheitsstandard WPA beherrschen, sondern nur die veraltete WEP-Technik. Das Thema Sicherheit spielt bei WLAN eine wichtige Rolle. Werfen Sie daher unbedingt einen Blick auf den Abschnitt „Sicherheit ganz leicht, aber nie perfekt" ab Seite 639.

Auch existieren mittlerweile unterschiedliche Übertragungsstandards, die zwar untereinander kompatibel sind, im Mischbetrieb die Geschwindigkeit und Reichweite des WLAN jedoch stark beeinträchtigen. Eine optimale Reichweite über Geschwindigkeit erreichen Sie nur dann, wenn Netzwerkkarte und Access Point mit den gleichen Standards kommunizieren. Welche das sind, erfahren Sie in Kapitel 15.2 ab Seite 656.

Die Zentrale: der Access Point

Der **A**ccess **P**oint (AP) ist der Vermittler zwischen allen im WLAN angemeldeten Computern und somit das Herzstück eines jeden Funknetzwerks. Er ist sozusagen das kabellose Äquivalent zum gewöhnlichen Switch oder Hub. Ein Access Point übernimmt keine weitere Funktion, als Informationen zwischen WLAN-Clients zu vermitteln. Er ist daher am ehesten dann geeignet, wenn ein kabelgebundenes Netzwerk mit einem Router/DSL-Modem durch WLAN-Fähigkeit erweitert werden soll. Der Access Point wird dann einfach mit einem gewöhnlichen Netzwerkkabel an eine freie Netzwerkbuchse des Kabel-Routers angeschlossen. Der AP übernimmt dann die Funktion, die WLAN-Computer ins Kabelnetzwerk zu integrieren, und alle angeschlossenen Computer – egal ob WLAN oder Kabel – können miteinander kommunizieren.

Für die meisten Heimanwender ist jedoch ein WLAN-Router am besten geeignet. Solche Geräte vereinigen Internetrouter und Access Point und sind daher die ideale Lösung für kleine Netzwerke. Zudem verfügen Sie immer noch über einen integrierten Switch, mit dem Sie Computer über gewöhnliche Netzwerkkabel mit dem WLAN-Router verbinden können. Solche WLAN-Router gibt es in den unterschiedlichsten Ausstattungsvarianten: Einige Modelle bieten gar VoIP-Unterstützung (also Internettelefonie) oder einen USB-Anschluss für eine externe Festplatte oder einen Drucker. Diese Geräte lassen sich dann direkt im Netzwerk von allen angeschlossenen Geräten ansprechen.

Der WLAN-Router MaxG 9108A von USRobotics verfügt über ein integriertes Modem und einen USB-Anschluss, an den ein Drucker angeschlossen werden kann.

Ob so viele Funktionen notwendig sind, ist natürlich davon abhängig, wie Sie Ihr Netzwerk nutzen möchten. Für die meisten Nutzer ist ein USB-Anschluss oder VoIP-Unterstützung nicht notwendig und so genügt ein WLAN-Router, der über die normalen Funktionen verfügt. Praktisch ist jedoch noch ein integriertes Modem im WLAN-Router, mit dem Sie sich über DSL ins Internet einwählen können. So benötigen Sie anstatt DSL-Modem, Router und Access Point, also drei Geräten, nur einen WLAN-Router mit integriertem Modem, der all diese Funktionen übernimmt.

WLAN-Router fast geschenkt

WLAN-Router, die über sehr viele Funktionen verfügen, sind häufig sehr teuer. Falls Sie über die Anschaffung eines solchen Geräts nachdenken, überprüfen Sie doch gleich die Konditionen Ihres DSL-Vertrags. Viele Anbieter wie T-COM, Arcor oder 1&1 bieten beim Abschluss eines DSL-Vertrags oder einer Telefon-Flatrate einen Router für wenig Geld oder gar völlig umsonst an. Häufig wird dabei die FritzBox von AVM angeboten, die es in drei unterschiedlichen Ausführungen gibt: Sie verfügen über WLAN-Router, DSL-Modem, VoIP-Unterstützung, USB-Anschlüsse (nur 7140 und 7170) und viele weitere Funktionen.

Einbau einer PCI-WLAN-Karte in den Desktop-PC

Der Einbau einer PCI-WLAN-Karte unterscheidet sich kaum vom Einbau einer kabelgebundenen Netzwerkkarte oder einer anderen PCI-Steckkarte. Sie müssen lediglich auf die Antennenkonstruktion achten. Jede WLAN-PCI-Karte verfügt über eine externe Antenne, die Sie vor dem Abbau unbedingt vorsichtig abschrauben müssen! Dies kann einfach ein fingerlanger und -dicker Stab mit Gelenk und Gewinde sein oder die Antenne befindet sich am Ende eines Koaxialkabels und ist mit einem Standfuß befestigt. Der Vorteil dieser Variante ist, dass die Antenne besser positioniert werden kann und sich somit die Leistung verbessert. Der kleine Antennenstab versteckt sich leicht hinter dem Schreibtisch, zwischen Wand und PC.

Schon vor dem Kauf und Einbau einer WLAN-Karte sollten Sie darüber nachdenken, wo Ihr PC steht und wie weit die WLAN-Verbindung reichen muss. Steht Ihr PC in der Ecke eines Raumes und der Access Point ist mehrere Wände weit entfernt, wird die Geschwindigkeit des WLAN sehr schlecht sein. Hier dürfte eine externe Antenne, die Sie frei positionieren können zu besseren Ergebnissen führen.

PCI-WLAN-Netzwerkkarte mit abgeschraubter Funkantenne.
Es existieren zwei Antennenanschlüsse: RP-TMC und RP-SMA. Das Abmontieren funktioniert jedoch in beiden Fällen gleich.

Wie immer gilt vor dem Arbeiten an elektronischen Geräten: Strom aus! Das heißt, nicht nur den PC herunterfahren lassen, bis er selbst ausgeht, sondern auch das Stromkabel am Netzteil herausziehen. Der Einbau einer Netzwerkkarte funktioniert folgendermaßen:

1 Öffnen Sie die Seitenwände Ihres Gehäuses. Dazu müssen Sie eventuell Schrauben oder Klammern lösen. Schauen Sie sich anschließend die vorhandenen Steckplätze an. Auf dem Bild links sind die freien PCI-Steckplätze gut zu erkennen (weiß). Die Steckkarte ganz rechts mit dem Kühlkörper ist die AGP-Grafikkarte.

2 Da moderne Grafikkarten häufig sehr warm werden, sollten Sie nicht den Steckplatz wählen, der direkt neben der Grafikkarte liegt. Ansonsten spielt es keine Rolle, an welcher Stelle Sie die Karte einbauen.

3 Als Nächstes müssen Sie die Abdeckung am PCI-Slot entfernen, in dem Sie die WLAN-Karte installieren möchten. Das Slotblech ist entweder mit einer Schraube befestigt oder fest mit dem Gehäuse verbunden. In letzterem Fall müssen Sie es durch vorsichtiges Biegen nach vorne und hinten herausbrechen.

4 Die Antenne Ihrer WLAN-Karte, egal, ob sie mit Kabel befestigt oder direkt anschraubbar ist, müssen Sie jetzt entfernen. Sonst ist es nicht möglich, die Karte in den Computer einzubauen.

5 Stecken Sie nun die Netzwerkkarte in den vorgesehenen Steckplatz. Achten Sie darauf, dass Sie die Karte dabei möglichst waagerecht in den Slot einstecken. Sonst verkantet sie und die Kontakte könnten möglicherweise beschädigt werden. Sie müssen etwas Druck ausüben, bis die Karte fest eingerastet ist und sitzt. Üben Sie dabei jedoch keine rohe Gewalt aus! Sollte sich die Karte nicht mehr bewegen, sitzt sie wahrscheinlich schräg im Slot. Dann müssen Sie sie vorsichtig herausnehmen und wieder gerade einsetzen.

Sitzt die Karte richtig, sind die goldenen Kontakte der PCI-Karte vollständig im Steckplatz verschwunden.

6 Schrauben Sie die Karte nun fest. Dazu benutzen Sie am besten die Schraube des Slotblechs. Dann können Sie das Computergehäuse wieder schließen.

7 Im letzten Schritt müssen Sie die Antenne am hinteren Teil der Karte wieder anschrauben. Achten Sie darauf, die Antenne nicht zu fest anzuschrauben, sonst wird das Gewinde noch beschädigt. Versuchen Sie dann, die Antenne so gut wie möglich in Richtung des Access Points/WLAN-Routers auszurichten.

Der Einbau der WLAN-Karte ist nun abgeschlossen. Als Nächstes folgen die Installation in Windows sowie das Einrichten des Netzwerks. Dazu erfahren Sie mehr in den folgenden Abschnitten.

Einbau einer Netzwerkkarte ins Notebook

Wesentlich leichter als bei einem Desktop-PC ist der Einbau einer Karte bei einem Notebook. Die passenden Einsteckkarten müssen Sie nur Sie nur in den PCMCIA-Slot des Notebooks einstecken – sogar während des Betriebs, da der PCMCIA-Standard das so genannte Hot-Plug unterstützt. Sollte Ihr Notebook jedoch nicht über einen PCMCIA-Slot verfügen, müssen Sie wohl oder übel auf einen WLAN-USB-Adapter zurückgreifen.

Schauen Sie sich die Steckkarte zuerst an. In dem schwarzen Teil an der linken Seite ist die WLAN-Antenne untergebracht. Dieser Teil ist nach dem Einbau sichtbar, während die restliche Karte im Notebook verschwindet.

1 Der PCMCIA-Steckplatz am Notebook ist meistens von einer Blende oder Klappe verdeckt, die beim Hineinschieben der Karte wegklappt. In einigen Notebooks befindet sich ein Platzhalter, den Sie zuerst entfernen müssen.

2 Bei der Installation der Karte müssen Sie darauf achten, dass sie genau waagerecht in den PCMCIA-Schacht geschoben wird. Schieben Sie mit nur ganz wenig Druck, dann fühlen Sie bald einen Widerstand. Gibt es mehrere Schächte für die Karte, können Sie sich einen aussuchen.

3 Wenn Sie den Widerstand fühlen, drücken Sie die Karte die letzten Millimeter kräftig in die Verriegelung. Haben Sie alles richtig gemacht, wird die Karte erkannt und ist betriebsbereit. Ist der Computer angeschaltet, erklingt dabei manchmal ein Signalton.

4 Mit den letzten Millimetern, die Sie die PCMCIA-Karte in den Schacht drücken, erscheint ein kleiner Druckhebel. Mit ihm können Sie die Karte wieder auswerfen. Die genaue Funktionsweise hängt aber vom Notebook ab und ist im entsprechenden Handbuch beschrieben.

Installation eines WLAN-USB-Adapters

Die Installation eines USB-Adapters für WLAN ist natürlich spielend leicht – wie immer bei USB. Jedoch sei noch einmal auf die beiden unterschiedlichen Übertragungsstandards hingewiesen: erst mit dem schnellen USB 2.0 macht Netzwerk über den USB-Anschluss wirklich Sinn. USB 2.0 erreicht theoretisch bis zu 480 MBit/s, also 60 MByte/s. Auch wenn dies nur ein theoretischer Höchstwert ist, sind die Übertragungsraten auch für schnelle DSL-Leitungen mit 6.000 KBit/s oder Datenübertragungen zwischen Computern ausreichend. Anders sieht es mit dem älteren USB-1.0- oder 1.1-Standard. Hier kriechen die Daten mit maximal 12 MBit/s oder 1,5 MByte/s über die Datenleitung – ein Maximalwert, der jedoch auch in der Praxis nie erreicht wird, und so wird selbst eine DSL-Verbindung mit 1.000 KBit/s ausgebremst. Von „Datenübertragung" zwischen Computern im Netzwerk kann bei solchen Geschwindigkeiten dann keine Rede mehr sein.

Vor dem Kauf eines WLAN-USB-Adapters sollten Sie daher überprüfen, ob Ihr Computer oder Notebook USB 2.0 besitzt. Informationen darüber finden Sie beispielsweise im Handbuch oder auf der Herstellerhomepage Ihres Computers. Falls Sie dort nicht fündig werden, können Sie das Programm SiSoft Sandra benutzen, das Sie kostenlos unter *http://www.sisoftware.net* herunterladen können.

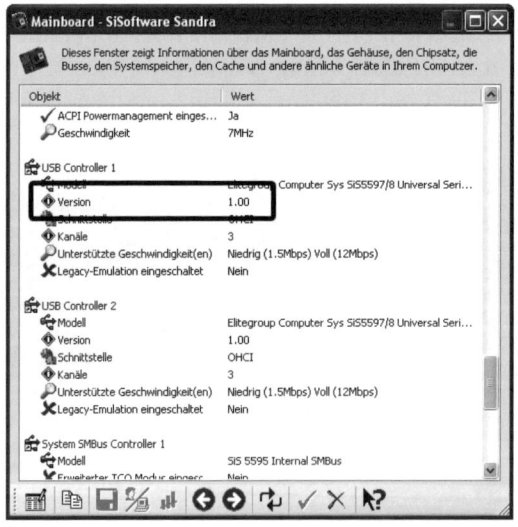

Dieser Computer verfügt nur USB 1.0 – viel zu langsam für ein vernünftiges Netzwerk!

Neben zahlreichen interessanten Benchmarks zum Testen der Leistungsfähigkeit Ihres Computers können Sie unter *Informationen/Mainboard* zahlreiche technische Daten Ihres Mainboards abrufen lassen. Darunter finden Sie auch die Angabe des Standards, die der USB-Controller Ihres Mainboards unterstützt.

Ist diese Technikhürde gemeistert, ist die Installation des USB-Adapters kinderleicht. Ebenso wie PCMCIA sind USB-Geräte Hot-Plug-fähig. Das heißt, Sie können sie während des laufenden Betriebs ein- und ausstecken. Windows erkennt das neu hinzugekommene Gerät automatisch und installiert die notwendigen Treiber (bzw. fordert Sie dazu auf).

Gesundheitsgefahr durch Wireless LAN?

Ein seit etwa einem Jahrzehnt heiß diskutiertes Thema ist die Gesundheitsgefährdung durch Strahlung, die von Handys, Mikrowellen und seit neusten WLANs abgegeben wird. Es ist ungewiss, wie sich solche Strahlung auf den menschlichen Körper auswirkt, und unabhängige, wissenschaftliche Untersuchungen kommen häufig zu unterschiedlichen Ergebnissen. Fakt ist jedoch, dass die WLAN-Strahlung per Gesetz auf eine Leistung von 0,1 Watt beschränkt ist. Zum Vergleich: Die Strahlung eines Handys ist etwa 20-mal stärker. Das heißt nicht, dass WLAN-Strahlung absolut ungefährlich ist, jedoch ist das Gefahrenrisiko deutlich geringer als bei der Nutzung eines Handys.

Die notwendigen Netzwerktreiber installieren

Nach der Installation der Netzwerkkarte muss der Treiber noch im System installiert werden. Egal, ob PCI, PCMCIA oder USB – ein modernes Betriebssystem wie Windows XP oder Vista erkennt das neu installierte Gerät automatisch und startet die Treiberinstallation. Windows XP und besonders Windows Vista haben eine große Treiberdatenbank und installieren so automatisch den notwendigen Treiber. Sie erhalten nach der erfolgreichen Treiberinstallation lediglich die Mitteilung, dass ein neues Netzwerkgerät gefunden wurde und auch gleich installiert worden ist.

Für den Fall, dass Windows doch keinen passenden Treiber parat hat, kommt ein Hardware-Assistent zum Vorschein. Er leitet Sie durch die Installation des Treibers auf der zur Netzwerkkarte beigelegten CD. Falls hier kein Treiber zu finden ist, werden Sie immer auf der Homepage des Herstellers fündig.

1 Das erste Fenster des Hardware-Assistenten fragt nach einer Verbindung zum Windows Update. Verneinen Sie die Auswahl mit *Nein, diesmal nicht.*

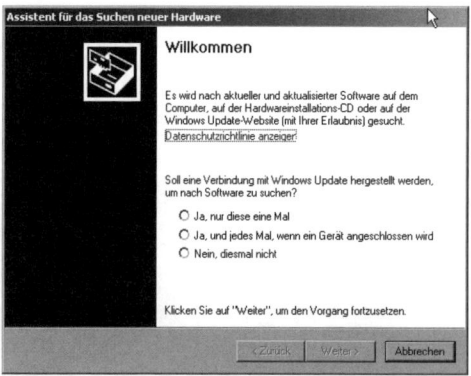

Der Hardware-Assistent erkennt ein neues Netzwerkgerät und leitet Sie durch die Installation.

2 Im nächsten Fenster wählen Sie die Einstellung *Treiber automatisch installieren*. Windows sucht nun nach dem Treiber und installiert ihn, falls er gefunden wird, automatisch.

Wurde der Treiber nicht gefunden, müssen Sie den Punkt *Software von einer Liste oder bestimmten Quelle installieren* wählen. Dahin gelangen Sie, wenn Sie eine Fehlermeldung bekommen haben und auf *Zurück* klicken.

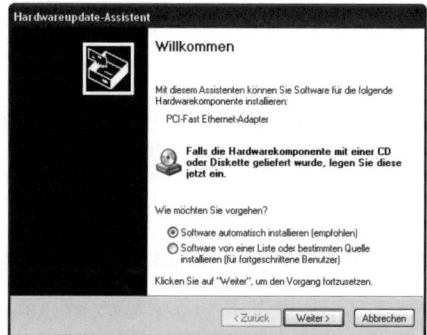

Hier wurde der passende Treiber nicht automatisch gefunden. Klicken Sie auf Zurück, um den Pfad des Treibers selbst auszuwählen.

3 Im nächsten Fenster haben Sie nun einige Auswahloptionen. Falls Ihnen nicht bekannt ist, wo genau sich der Treiber auf der Hersteller-CD befindet, können Sie ein Häkchen bei *Wechselmedien durchsuchen* setzen. In der Anleitung der Netzwerkkarte wird jedoch meistens der genaue Pfad des Treibers angegeben. Tragen Sie diesen unter *Folgende Quelle ebenfalls durchsuchen* ein und setzten Sie dort ebenfalls ein Häkchen. Mit einem Klick auf *Weiter* wird der Treiber nun installiert. Bei USB- oder PCMCIA-Geräten ist meistens kein Neustart erforderlich – anders bei PCI-Netzwerkkarten. Um diese Karte zu aktivieren, muss der Computer neu gestartet werden.

4 Manchmal kommt es vor, dass Windows den Hardware-Assistenten bei USB-Geräten nicht automatisch startet. Oft wird er nach einem Neustart angezeigt. Falls nicht, können Sie ihn auch manuell starten. Öffnen Sie dazu den Geräte-Manager unter *Start/Einstellungen/Systemsteuerung/Hardware/Geräte-Manager*.

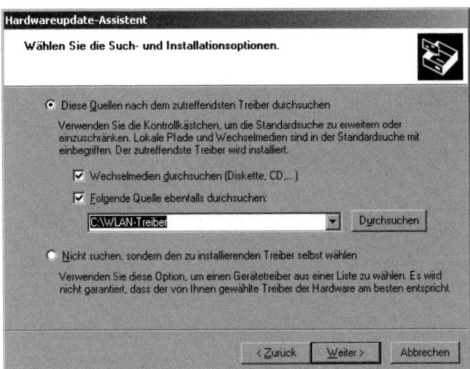

Geben Sie den absoluten Pfad des Treibers ein, sofern er Ihnen bekannt ist.

Häufig sind Treiber aus dem Internet im ZIP- oder RAR-Format gepackt. Dann müssen Sie diesen erst mit dem entsprechenden Programm in ein neues Verzeichnis entpacken. Dieses Verzeichnis tragen Sie nun ein, wie auf dem Screenshot zu sehen (natürlich mit dem entsprechenden Ordnernamen).

5 Das noch nicht installierte Gerät wird unter *Andere Geräte* angezeigt. Klicken Sie auf den entsprechenden Eintrag mit der rechten Maustaste und wählen Sie *Treiber aktualisieren* aus. Dann öffnet sich der Hardware-Assistent und Sie können die Treiberinstallation wie oben beschrieben durchführen.

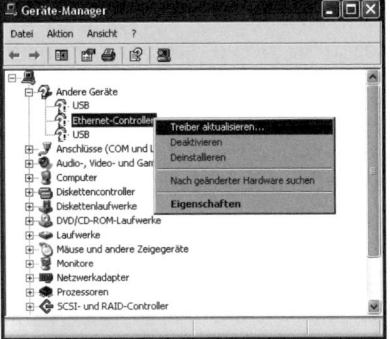

Mit der Installation der Treiber für die Netzwerkkarte allein ist es noch nicht getan. Anschließend folgt die wichtigste Installation: die des Access Points. Erst dann können mehrere Computer miteinander kommunizieren. Belassen Sie daher alle Einstellungen unter den Netzwerkeigenschaften in Windows zuerst so, wie sie sind.

Den Access Point/WLAN-Router in Betrieb nehmen

Die reine Installation eines Access Points bzw. DSL-Routers ist ein Kinderspiel. Je nachdem, über welche Funktionen Ihr Modell verfügt, müssen Sie die passenden Kabel verbinden: Das folgende Bild zeigt den WLAN-Router MaxG 9108A von USRobotics mit integriertem DSL-Modem und USB-Anschluss für einen Drucker. Auch wenn Ihr WLAN-Router nicht diese Funktionen hat, sind die Anschlüsse an der Rückseite sehr ähnlich (im folgenden Text wird der Access Point/WLAN-Router der Lesbarkeit wegen nur noch „Router" genannt):

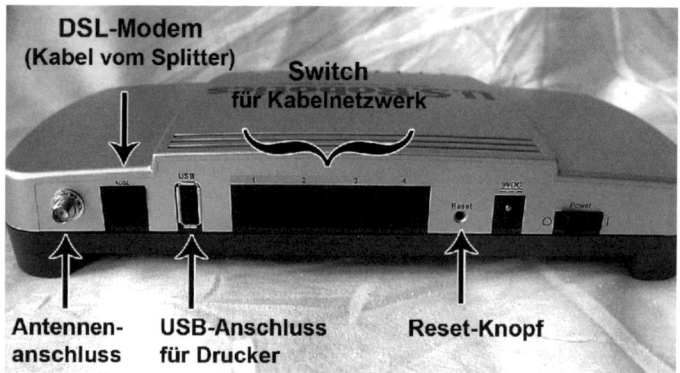

Um eine möglichst hohe Reichweite und Geschwindigkeit zu erreichen, muss der AP/Router optimal positioniert sein. Wohnen Sie in einem mehrstöckigen Haus und der Router ist in der letzten Ecke des Kellers, werden Sie garantiert ein sehr schlechtes Signal erhalten – dann sinkt die Leistung des Routers drastisch. Überlegen Sie sich daher vor dem Aufbau, an welchem Ort der Router den kürzesten Weg zu den angeschlossenen Geräten hat.

Um WLAN in ein kabelgebundenes Netzwerk zu integrieren, müssen Sie nicht zwangsläufig einen reinen Access Point benutzen. Auch mit einem WLAN-Router ist dies möglich. Je nach Netzwerkkonfiguration übernimmt er dann jedoch keine Router-Funktionen – also Verteilung der Internetverbindung, sonder nur die Aufgaben eines Access Points. Das klingt verwirrend, ist aber ganz einfach: Sie müssen nur ein Netzwerkkabel aus dem bereits bestehenden Netzwerk in einen Netzwerkanschluss des WLAN-Routers einstecken. Dieser erkennt automatisch das bestehende Netzwerk und vermittelt nun Daten zwischen den WLAN- und kabelgebundenen Clients. Mehr zu den unterschiedlichen Konfigurationsmöglichkeiten erfahren Sie in Kapitel 15.2 ab Seite 656.

1 Nachdem die Standort-Frage geklärt wurde, schließen Sie zuerst die Antennen an den Router an. Viele, aber nicht jedes Modell verfügen über eine Antenne! Manche besitzen sogar mehrere, die die Reichweite noch erhöhen.

Die meisten Antennen verfügen über einen einfachen Schraubverschluss. Drehen Sie die Antenne jedoch nicht zu fest, sonst könnten Sie das Gewinde beschädigen.

Viele Antennen sind frei schwenkbar, damit so direkt in die Richtung der Computer „gezielt" werden kann, die ins WLAN integriert werden sollen.

2 Falls Ihr Router über ein DSL-Modem verfügt und Sie diese Funktion auch nutzen möchten, verbinden Sie mithilfe eines Netzwerkkabels den Splitter (dieses Gerät trennt die Telefon- von der DSL-Leitung) mit dem passenden Anschluss am Router (häufig mit *ADSL* oder *Modem* beschriftet).

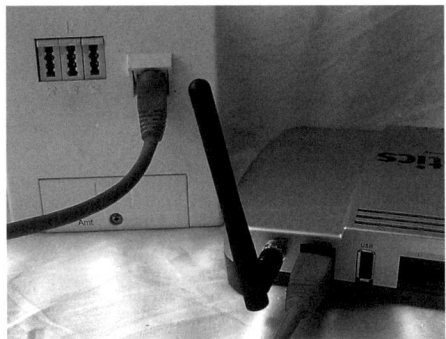

3 Möchten Sie den WLAN-Router in ein bereits bestehendes Kabelnetzwerk integrieren und nur als Access Point benutzen, müssen Sie einfach ein Netzwerkkabel vom bereits installierten, kabelgebundenen Router in eine freien Netzwerkanschluss des W-LAN-Routers einstecken.

Der LAN-Router (oben) wird über ein normales Netzwerkkabel mit dem WLAN-Router verbunden (Switch-to-Switch-Verbindung). Das Kabel ganz rechts oben am LAN-Router geht zum DSL-Modem.

Die Installation des Routers ist jetzt schon abgeschlossen! Natürlich müssen Sie ihn noch mit dem Stromkabel verbinden und einschalten. Was nun folgt, ist die eigentliche Konfiguration des Routers, die bei jedem Modell unterschiedlich ist! Hier hilft Ihnen nur ein Blick ins Handbuch. Heutige Access Points und WLAN-Router werden häufig jedoch vorkonfiguriert ausgeliefert, sodass Sie sie sofort benutzen können. Dank DHCP (*Dynamic Host Configuration Protocol*) weist der Router den angeschlossenen Computern IP-Adressen zu. Häufig ist so überhaupt keine weitere Konfiguration notwendig. Natürlich müssen Sie, falls Sie nicht nur die Access-Point-Funktionen nutzen möchten, Ihre Internet Zugangsdaten in den Router eingeben.

DHCP-Konflikt bei der gleichzeitigen Nutzung eines LAN -und WLAN-Routers

Möchten Sie einen WLAN-Router als Access Point in ein bereits bestehendes Kabelnetzwerk integrieren, müssen Sie darauf achten, dass der DHCP-Server beim WLAN-Router deaktiviert ist oder Sie feste IP-Adressen nutzen. Sonst geraten die Router in einen Konflikt und der Computer erhält möglicherweise nicht die richtige IP-Adresse. Alternativ können Sie auch nur die IP-Adresse des richtigen Routers als Gateway in die Netzwerkeinstellungen der angeschlossenen Computer eintragen. Die genaue Vorgehensweise können Sie ab Seite **XXX** nachlesen.

1 Zuerst müssen Sie das Funknetzwerk jedoch erst finden. Gehen Sie dazu an einen Computer, der über eine WLAN-Netzwerkkarte verfügt, und öffnen Sie die *Systemsteuerung*. Wählen Sie anschließend per Doppelklick die *Netzwerkverbindungen* aus. Hier werden nun alle verfügbaren Netzwerkanschlüsse angezeigt. Das WLAN wird als *Drahtlo-*

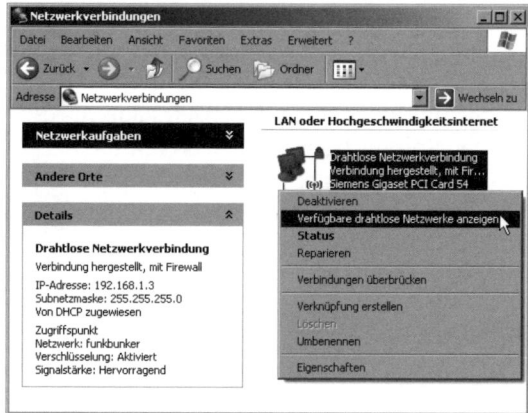

se Netzwerkverbindung angezeigt. Klicken Sie auf das entsprechende Symbol mit der rechten Maustaste und wählen Sie im Kontextmenü den Punkt *Verfügbare drahtlose Netzwerke anzeigen* aus.

2 Nun werden alle Funkverbindungen angezeigt, die Ihre Netzwerkkarte empfangen kann. Unter Umständen finden Sie nicht nur Ihren eigenen Router, sondern auch andere Verbindungen (beispielsweise vom Nachbarn). Sind diese gesichert, ist das durch ein kleines gelbes Schloss gekennzeichnet – andernfalls ist es frei zugänglich (und damit haben Sie schon ein unsicheres Netzwerk, auf dem Sie Schindluder treiben könnten. Das ist aber gesetzlich verboten!). Ihr Netzwerk sollten Sie, abgesehen vom Namen, daran erkennen können, dass es den höchsten Ausschlag zeigt und somit die beste Verbindung hat.

3 Sollte Ihr Netzwerk hier nicht sichtbar sein, klicken Sie auf die grünen Pfeile, die mit *Netzwerkliste aktualisieren* beschriftet sind. Die verfügbaren Netzwerke werden nun erneut überprüft und in der Liste angezeigt.

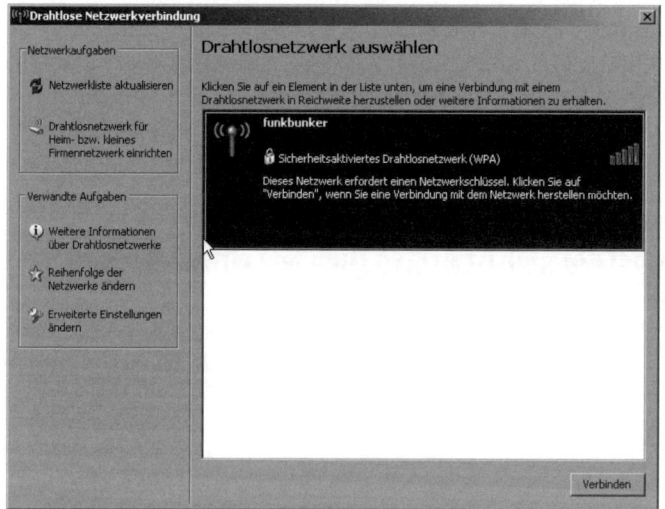

Mit einem Klick auf Verbinden wird das Netzwerk zwischen Router und Ihrem Computer hergestellt.

Falls Ihr Netzwerk noch nicht gesichert ist, sollten Sie dies unbedingt sofort tun! Sonst kann jeder auf Ihre Computer oder die Internetverbindung zugreifen. Auch wenn das Netzwerk schon mit WEP oder WPA abgesichert ist, sollten Sie weiterlesen, da die Sicherheit in den meisten Fällen noch erhöht werden kann.

Erweiterung über Stromkabel

Die Firma Devolo benutzt eine weitere Möglichkeit, ein Netzwerk aufzubauen: das normale 230-Volt-Stromnetz. So können Sie über mehrere Stockwerke Rechner miteinander verbinden. Dazu müssen Sie auch keine Wände durchbohren oder Kabel verlegen. Sie brauchen nur die MicroLink-dLAN-Adapter, die untereinander eine sichere Verbindung auf 200 m Distanz herstellen. Allerdings müssen alle Steckdosen, über die ein Netzwerk hergestellt werden soll, über einen Stromzähler laufen.

Ein Starterset für zwei PCs ist ab etwa 100 Euro erhältlich. (Bildquelle: Devolo)

Sicherheit ganz leicht, aber nie perfekt

Die einfache Installation und Konfiguration eines WLAN-Routers hat einen Preis: die Sicherheitsfeatures sind fast immer deaktiviert, da diese noch extra konfiguriert werden müssen. Nachdem eine WLAN-Verbindung hergestellt ist, müssen Sie daher unbedingt die Sicherheitseinstellungen kontrollieren. Dies können Sie in den Verbindungseigenschaften unter Windows tun (siehe oben) oder am besten direkt in den Konfigurationseigenschaften des Routers.

Es gibt verschiedene Einstellungen, die Ihr WLAN nahezu unüberwindbar machen.

Namen des WLAN ändern

Jedes WLAN-Netzwerk trägt einen eigenen Name, damit es eindeutig identifiziert werden kann. In einem dicht besiedelten Wohngebiet tummeln sich häufig viele WLAN-Netzwerke. Damit Sie Ihr Netzwerk eindeutig erkennen, sollte es einen für Sie eindeutig identifizierbaren Namen haben. Diese Funktion heißt im Router-Menü *SSID* (**Se**rvice **S**et **Id**entifier) oder *ESSID* (**E**xtended **Se**rvice **S**et **Id**entifier).

Der voreingestellte Name ist häufig einfach der Name des Routers – nicht besonders sicher, falls Ihr Nachbar beispielsweise das gleiche Modell haben sollte! Entscheiden Sie sich daher für einen anderen, am besten möglichst kryptischen oder ausgefallenen Namen, der nur Ihnen einfällt.

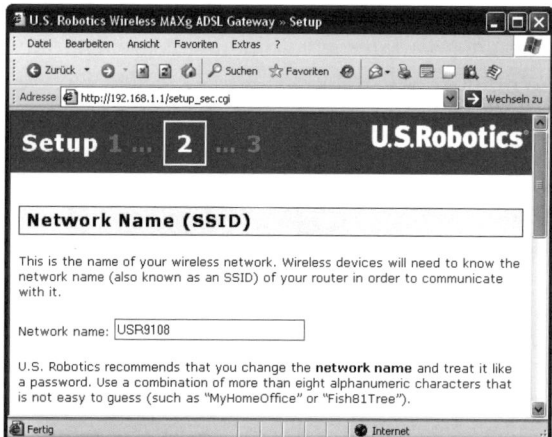

Der Standardname des Routers kann zu Komplikationen führen, wenn sich ein Netzwerk mit dem gleichen Namen in Reichweite befindet.

Eine weitere Sicherheitseinstellung ist die Deaktivierung der Übertragung des Sendenamens. Damit verhindern Sie, dass der SSID/ESSID überhaupt von anderen WLAN-Nutzern gefunden werden kann. Nur Clients, denen der Netzwerkname explizit bekannt ist, können sich in das WLAN einwählen. Diese Funktion wird in den Router-Menüs beispielsweise *Broadcasting* oder *SSID Broadcast* genannt. Aller-

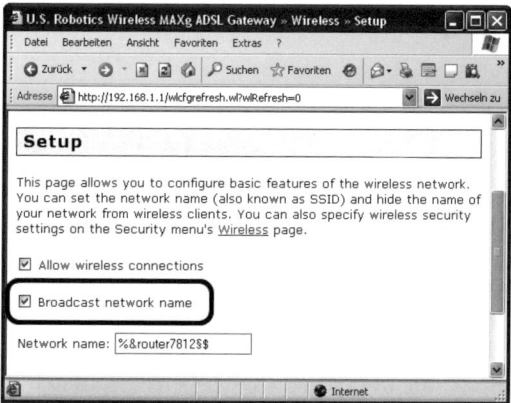

dings unterstützten nicht alle Geräte diese Deaktivierung. Falls Ihr Modell dies beherrscht, ist es eine weitere gute Sicherheitsfunktion.

Internetzugriff deaktivieren

Viele LAN- und WLAN-Router bieten die Möglichkeit, auch aus dem Internet auf das Router-Menü zugreifen zu können. Diese Funktion ist allerdings gefährlich und in den meisten Fällen nicht notwendig – wer benötigt schon die Router-Konfiguration, wenn er nicht im Netzwerk ist?

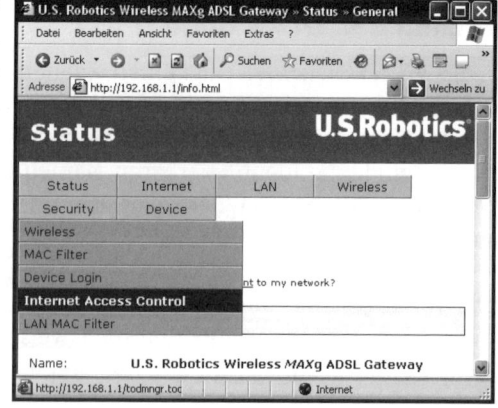

Daher sollten Sie diese Funktion deaktivieren bzw. alle Clients aus der entsprechenden Liste entfernen.

Je nach Router heißt die entsprechende Funktion *Internet Access Control*, *Remote Management*, *Remote Control* oder ähnlich. Ist die Funktion deaktiviert, kann die Konfiguration nur noch von einem Computer geöffnet werden, der sich auch im Netzwerk befindet.

Sicherheitsrisiko: In einer Liste, die den Zugriff vom Internet aus erlaubt, sollten sich keine Einträge befinden.

Den Funk verschlüsseln

Eine der wichtigsten Sicherheitsmaßnahmen ist die Verschlüsselung der gesendeten Daten. Die unterschiedlichen WLAN-Techniken tragen alle das Kürzel 802.11, jedoch mit verschiedenen Erweiterungen. Bei der Entwicklung des WLAN-Standards wurde auch an die Sicherheit gedacht und das Verschlüsselungsverfahren WEP (**W**ired **E**quivalent **P**rivacy) in 802.11 integriert. Jedoch gilt WEP schon länger als unsicher, da das System einige Schwachstellen hat. Der Algorithmus RC4 beispielsweise, der zum Verschlüsseln der Daten eingesetzt wird, kann von Hackern mit entsprechender Software geknackt werden.

Besser ist da schon WPA (**W**i-Fi **P**rotected **A**ccess), der Nachfolger von WEP, das einige grundsätzliche Verbesserungen beinhaltet und bis heute noch nicht geknackt wurde. Ein Beispiel: WPA besitzt zwar den gleichen Verschlüsselungsalgorithmus wie WEP, jedoch wurde zusätzlich das TKIP-Protokoll (**T**emporal **K**ey **I**ntegrity **P**rotocol) implementiert. Dadurch wird der Schlüssel, mit dem die Daten entschlüsselt werden, immer nach einer Datenübertragung von 10 KByte geändert. Ein Diebstahl des Schlüssels ist somit unmöglich.

Nochmals besser als WPA ist sein Nachfolger WPA2. Diese Verschlüsselungsmethode ist noch sehr neu und daher unterstützen sie erst wenige Router und Netzwerkkarten. Der Übertragungsstandard, der WPA2 unterstützt, heißt 802.11i. Bei

WPA2 wird ein neuer Algorithmus verwendet (AES; Advanced Encryption Standard). Der Unterschied zu RC4 ist, dass dabei variable Schlüssellängen von 128 bis 256 Bit verwendet werden. WPA2 gilt aus heutiger Sicht für lange Zeit als unknackbar – beim Neukauf von WLAN-Hardware sollten der Standard 802.11i und die WPA2-Unterstützung daher Pflicht sein!

Eine Überlegung ist wichtig: WEP ist nicht zu WPA/WPA2 kompatibel. Das heißt, sollte Ihr Router WPA unterstützen, die Netzwerkkarte jedoch nicht, kann nur WEP benutzt werden. Eventuell ist jedoch der Neukauf einer moderneren Netzwerkkarte, die WPA oder WPA2 unterstützt, sinnvoll.

Besitzen Sie einen aktuellen Router und aktuelle Netzwerkkarten, sollten Sie natürlich WPA oder WPA2 benutzen. Beide Standards sind grundsätzlich untereinander kompatibel. Daher unterstützen viele Router einen Mischbetrieb aus WPA und WPA2. Sie können also gleichzeitig einen Computer, der „nur" WPA beherrscht, und einen Computer, der WAP2 beherrscht, mit dem Router verbinden.

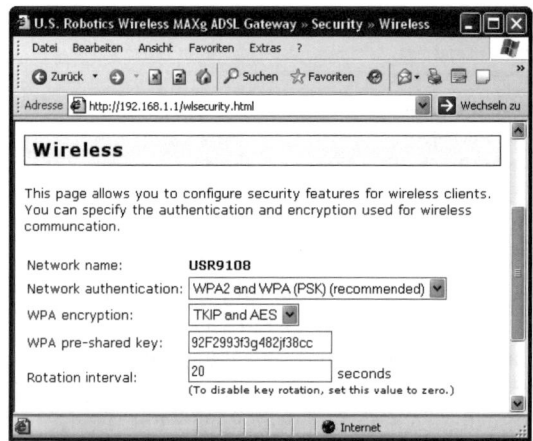

Mischbetrieb: Dieser Router beherrscht WPA2 und WPA und kann Netzwerkkarten beider Verschlüsselungsmethoden gleichzeitig ansprechen.

Unter *pre-shared key* (PSK) geben Sie ein Master-Passwort ein, das für alle Clients gilt. Dieses kann bei WPA/WPA2 zwischen acht und 63 Zeichen lang sein und aus Hexadezimalcode oder ASCII-Zeichen bestehen. TKIP und AES benutzen diesen Master-Schlüssel nun als Grundlage der ständigen Schlüsselveränderung.

Sollten Sie über nicht so moderne Hardware verfügen, sollten Sie natürlich WEP aktivieren, denn diese Verschlüsselung ist immer noch besser als keine. Wichtig ist die Schlüssellänge: Sie können im Router zwischen 64 oder 128 Bit auswählen. Entscheiden Sie sich auf jeden Fall für 128 Bit (egal, ob hexadezimal oder ASCII). Außerdem ist das Ändern des Schlüssels in unregelmäßigen Abständen wichtig. Dazu können Sie in einigen Routern schon mehrere Schlüssel eingeben und diese dann einfach auswählen.

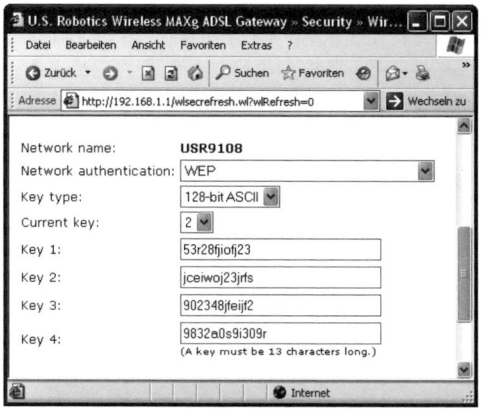

Die WEP-Verschlüsselung ist zwar nicht unbedingt die sicherste, jedoch immer noch besser als keine Verschlüsselung. Geben Sie als Schlüssel möglichst schwierige Passwörter ein und wechseln Sie sie häufig.

Windows fit machen für WPA und WPA2

Drahtlose Netzwerke, wie WLAN unter Windows genannt wird, wird von Windows XP von Haus aus nur mit WEP Verschlüsselung unterstützt. Erst durch ein Update oder die Installation des Service Packs 2 wird WPA-Support nachgerüstet. Für WPA2 muss allerdings ein weiteres Update installiert werden Die notwendigen Updates erhalten Sie unter *www.microsoft.de* oder durch das automatische Windows Update.

Einer Netzwerkkarte, die WPA und WPA2 unterstützt, liegt in den meisten Fällen jedoch eine Software bei, sodass auch ohne die Windows Updates eine verschlüsselte Verbindung aufgebaut werden kann. Ein Windows Update ist also nur dann erforderlich, wenn der Hersteller nicht die notwendigen Programme beilegt oder Sie dies nicht benutzen wollen.

MAC-Authentication – nur zugelassene Geräte dürfen rein

Um die Sicherheit weiter zu erhöhen, können Sie nur bestimmten Computern den Zugriff auf das Netzwerk erlauben. Jede Netzwerkkarte besitzt einen eigenen Hardwareschlüssel, die so genannte MAC-Adresse. Dieser ist zwar alles andere als fälschungssicher und kann beispielsweise über die Registrierung in Windows XP geändert werden, jedoch müsste ein potenzieller Hacker zuerst die Verbindung zwischen Client und Router abhören, dann die MAC-Adresse fälschen und anschließend noch die Verschlüsselung knacken – ein immenser Arbeitsaufwand. Mit einer WPA/WPA2-Verschlüsselung und der MAC-Authentication dürfte die Sicherheit Ihres Netzwerks daher so gut wie unüberwindbar sein.

1 Zuerst müssen Sie herausfinden, wie die MAC-Adresse Ihrer Netzwerkkarte lautet. Gehen Sie dazu auf *Start/Einstellungen/Netzwerkverbindungen*. Öffnen Sie die entsprechende *Verbindung (Drahtlose Netzwerkverbindung)* mit Doppelkick. Wechseln Sie in die Karteikarte *Netzwerkunterstützung* und klicken Sie auf *Details*.

2 In dem sich nun öffnenden Fenster finden Sie so gut wie alle Details zur Netzwerkverbindung. Die MAC-Adresse wird an erster Stelle unter *Physikalische Adresse* angegeben. Notieren Sie sich diese.

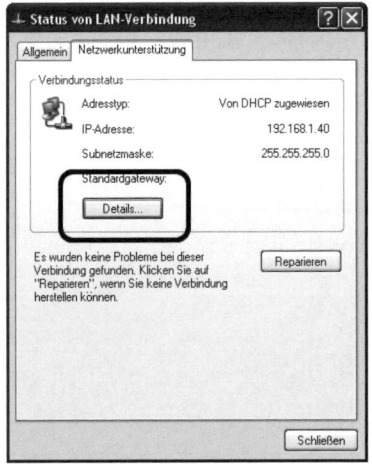
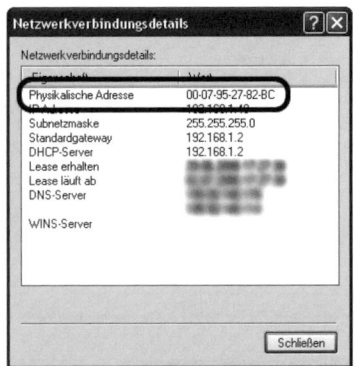

3 Öffnen Sie nun die passende Funktion in der Konfiguration Ihres Routers. Diese versteckt sich beispielsweise unter *MAC Filter*, *MAC Authentication* oder einfach *Hardware-Authentifizierung*.

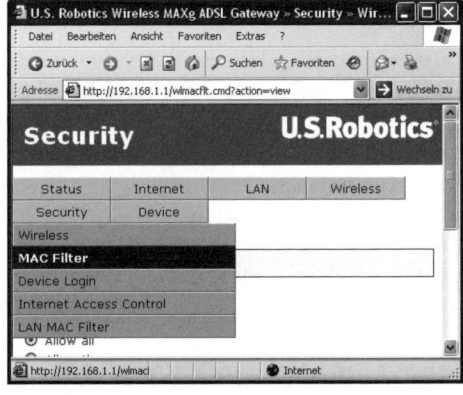

4 Nun müssen Sie die MAC-Adresse der Netzwerkkarte der Liste hinzufügen. Obwohl Windows die Adresse mit einem Bindestrich zwischen den Ziffergruppen angibt, fordern die meisten Router ein anderes Format. Bei 00-07-95... müssen Sie, anstelle der Bindestriche, Doppelpunkte einfügen. Also beispielsweise 00:07:95... und so weiter.

5 Dies müssen Sie nun mit allen Computern wiederholen, die auf das Netzwerk zugreifen wollen. Auch wenn dies auf den ersten Blick mühselig wirkt, bringt es doch ein weiteres entscheidendes Quäntchen Sicherheit. Ein Nachteil jedoch: Falls sich beispielsweise ein Freund mit seinem Notebook schnell ins Netzwerk einwählen will, müssen Sie seine Adresse ebenfalls hinzufügen oder den MAC-Filter vorübergehend deaktivieren.

Fazit: Sichere Netzwerke

Mit der richtigen Konfiguration ist ein WLAN genauso sicher wie ein gewöhnliches, kabelgebundenes Netzwerk. Durch neue und verbesserte Verschlüsselungsmethoden wie WPA und WPA2 hat sich die Sicherheit – im Gegensatz zu WEP – drastisch erhöht. Zusammen mit einem MAC-Filter und schwierigen Passwörtern dürfte Ihnen nichts passieren. Sehr viele Hardwarerouter besitzen eine integrierte Firewall, die die Sicherheit zusätzlich erhöht.

Der Fehler liegt – leider – häufig beim Anwender. Falls Sie in einem dichter besiedelten Gebiet wohnen, suchen Sie einmal nach WLAN-Netzwerken (aber bitte nicht darauf zugreifen!). Sie werden überrascht sein, wie viele unverschlüsselte Verbindungen zu finden sind!

Bluetooth – Funk, aber kein WLAN-Ersatz

Eine weitere Möglichkeit zur Datenübertragung über Funk ist Bluetooth. Bluetooth wurde als Nachfolger der langsamen und schwierig zu installierenden Infrarottechnik entwickelt und dient zur Vernetzung über kurze Distanz.

Bluetooth ist allerdings nicht als Konkurrent zu Wireless LAN gedacht, sondern als Alternative zur Kommunikation zwischen Peripheriegeräten mit einem Computer. So können beispielsweise Daten über ein Handy oder einen PDA ganz leicht mit dem Computer synchronisiert werden. Auch existieren zahlreiche kabellose Computermäuse oder Tastaturen, die über Bluetooth mit einem Computer angeschlossen sind.

Inzwischen gibt es verschiedene Bluetooth-Standards: Die Versionen 1.0 bis 1.2 haben alle eine maximale Übertragungsrate von 723.2 KBit/s (etwa 90 KByte/s). In den späteren Versionen wurden lediglich die Signalstärke und die Störanfälligkeit verbessert. Diese geringe Datenübertragung zeigt, dass Bluetooth kein richtiger Netzwerkersatz ist. Schon die Übertragung von Bildern, die mit neuen

Fotohandys gemacht wurden, kann sehr lange dauern. Seit kurzem sind jedoch Geräte erhältlich, die den neuen Bluetooth-Standard 2.0 unterstützen. Dieser erlaubt mit 2,1 MBit/s eine mehr als dreimal so hohe Datenübertragung als die vorherigen Versionen.

Bluetooth: Wie es der Wikingerkönig Harald Blåtand (Blauzahn) einst im Mittelalter schaffte, als Erster große Teile Skandinaviens unter seiner Herrschaft zu vereinen, so soll Bluetooth auch die Kommunikationslandschaft elektronischer Kleingeräte einen.

Hier eine Bluetooth-Maus mit daumengroßem USB-Dongle.

In einem Bluetooth-Netzwerk müssen die angeschlossenen Geräte als Master und Slave definiert werden. Jedes Gerät kann beide Funktionen übernehmen. Der Unterschied zwischen den beiden Modi besteht darin, dass der Master den Takt des Frequenzwechsels vorgibt, um möglichen Störungen von anderen Geräten auszuweichen. Schnurlose Telefone, Garagentoröffner oder Mikrowellenherde senden nämlich im gleichen Frequenzband. Dieses Frequency Hopping kann bis zu 1.600-mal in der Sekunde passieren.

Bis Frühjahr 2005 galt Bluetooth als absolut sicher. Dann haben es zwei israelische Forscher jedoch geschafft, dieses Netz zu knacken. Sie unterbrechen die Verbindung zwischen den beiden in Kontakt stehenden Geräten und bitten sie, sich nochmals zu verbinden. Der neue Verbindungsschlüssel, der durch die erneute Passworteingabe erzeugt wird, kann dann von Spezialhard-

Ein Bluetooth-Headset von Nokia. (Quelle: Nokia)

ware abgehört werden und durch den Schlüssel lässt sich das Passwort knacken. Für den Privatanwender dürfte dieses Sicherheitsloch jedoch kaum Auswirkungen haben. Die beiden Forscher räumen ebenfalls ein, dass ein mehr als vierstelliges Passwort (erlaubt ist ein 128-Bit-Passwort) es sehr viel schwieriger macht, die Verbindung zu hacken.

Installation von Bluetooth-Geräten

Die Installation von Bluetooth-Geräten ist unter modernen Betriebssystemen wie Windows XP oder Windows Vista kein Problem mehr. Seit dem Service Pack 2 hat Windows XP eine eigene Blue-

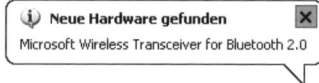

tooth-Unterstützung. Das heißt, es ist keine zusätzliche Treiberinstallation erforderlich. Falls Sie Bluetooth an Ihrem Computer nachrüsten möchten, müssen Sie einfach das passende Gerät (meistens einen USB-Stick) einstecken. Windows erkennt die Hardware und installiert die erforderlichen Treiber automatisch – fertig! Allerdings sind nicht alle Geräte mit den Windows-eigenen Treibern kompatibel. Gehört ihre Bluetooth-Hardware dazu, müssen Sie den herstellereigenen Treiber installieren.

Damit wurde aber nur der USB-Dongle installiert. Anschließend müssen Sie die Hardware hinzufügen, die Sie mit dem Computer verbinden möchten (also eine Maus, Drucker, Handy und so weiter):

1 Klicken Sie mit der rechten Maustaste auf das Bluetooth-Symbol unten rechts neben der Uhr in der Taskleiste. Wählen Sie im Kontextmenü *Bluetooth-Gerät hinzufügen*.

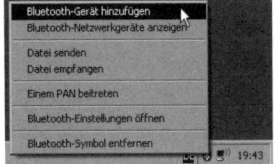

2 Es öffnet sich ein Assistent, der Sie durch die Suche und Installation der neuen Hardware führt.

3 Folgen Sie dem Menü und wählen Sie, nachdem Sie auf das Kästchen geklickt haben, *Weiter*. Lassen Sie die Bluetooth-Geräte suchen und markieren Sie den Eintrag, bevor Sie weitergehen.

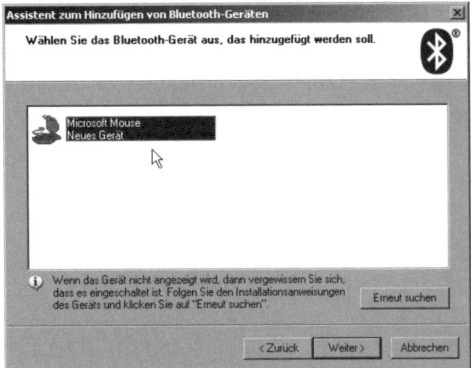

4 Jetzt haben Sie mehrere Optionen. Je nachdem, welche Hardware Sie benutzen, müssen Sie die entsprechende Option zum Hauptschlüssel wählen. Ein Blick ins Handbuch verrät Ihnen, welche Möglichkeit die richtige ist.

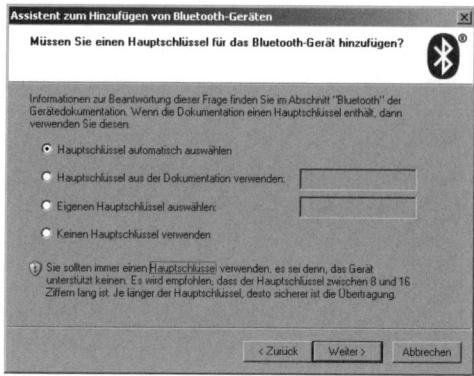

5 Nachdem Sie abermals auf *Weiter* geklickt haben, verbindet Sie der Assistent mit dem Bluetooth-Gerät. Anschließend ist die Installation beendet und Sie können die Hardware nutzen.

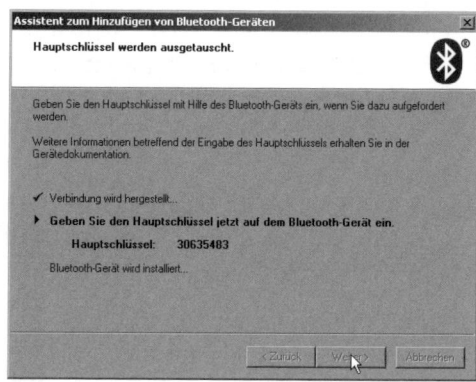

Ausgereift und gut: Kabelnetzwerke

Noch vor wenigen Jahren war ein Kabelnetzwerk (häufig auch als LAN für **L**ocal **A**rea **Net**work bezeichnet) die Regel. Wireless LAN war damals noch zu schwach und steckte in den Kinderschuhen. Inzwischen ist WLAN jedoch dank ausgereifter Technik stark verbreitet und für kleine Heimnetzwerke häufig die bessere und einfachere Lösung. Ein Kabelnetzwerk ist jedoch immer noch das „bessere" Netzwerk,

denn es ist wesentlich schneller und zuverlässiger als WLAN. Außerdem müssen Sie sich um die Sicherheit wenig Gedanken machen, da ein Kabelnetzwerk nicht von außen abgehört werden kann.

Falls Sie die Möglichkeit haben, die notwendigen Netzwerkkabel zu den Computern zu ziehen, ist ein Kabelnetzwerk die bessere und schnellere Alternative. Außerdem besteht immer noch die Möglichkeit, das Netzwerk problemlos durch den Einbau eines Access Points zum WLAN aufzurüsten. Durch solch eine Kombination von Kabel- und Funknetzwerk haben Sie alle Möglichkeiten! Die Standardgeschwindigkeit einer Kabelverbindung beträgt 100 MBit/s (12,5 MByte/s) – im Gegensatz zu WLAN wird diese Geschwindigkeit auch erreicht. Die Übertragungsrate reicht auch aus, um größere Datenmengen im Netzwerk zu nutzen. Außerdem gibt es schon seit längerer Zeit Gigabit-LAN mit einer Übertragungsrate von 1.000 MBit/s (also 1 GBit/s, entspricht 125 MB/s). In neueren Computer und Notebooks ist eine Gigabit-Netzwerkkarte, die voll abwärtskompatibel ist, bereits Standard. Bei dieser Geschwindigkeit wird das Netzwerk sogar von der Computerhardware ausgebremst, da keine Festplatte solch hohe Übertragungsdaten schafft!

Die notwendige Hardware

Die Grundlage stellt natürlich die Netzwerkkarte dar. Ein Netzwerkanschluss ist schon seit einigen Jahren bei Desktop-PCs und Notebooks Standard, und so ist kein Nachrüsten einer Netzwerkkarte notwendig. Ein 100-MBit-Netzwerk ist für den Heimanwender in fast allen Fällen ausreichend und so können Sie auf ein Nachrüsten mit Gigabit-LAN getrost verzichten, falls Ihr Computer nur 100 MBit unterstützt.

Falls ein Neukauf ansteht, können Sie natürlich gleich auf die schnellere Variante setzen. PCI-Netzwerkkarten für den Desktop-PC werden Ihnen quasi nachgeschmissen und sind schon für unter 20 Euro erhältlich. Da der Preisunterschied zwischen einer Gigabit-Netzwerkkarte und der langsameren Variante nur wenige Euro beträgt, lohnt sich eine Mehrinvestition.

Natürlich existierten neben der PCI-Netzwerkkarte auch noch weitere Nachrüstmöglichkeiten. Für das Notebook ohne Netzwerkanschluss empfiehlt sich eine Netzwerkkarte im PCMCIA-Format. Auch diese sind in der Gigabit-Variante für günstige 30 Euro erhältlich. Falls Ihr Computer oder Notebook über keine freien Steckplätze verfügt, können Sie das Kabelnetzwerk auch über USB nachrüsten. Hier gilt wieder: Erst ab USB 2.0 macht das Nachrüsten über diese Schnittstelle Sinn!

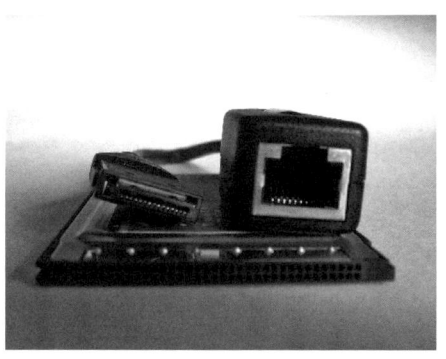

Netzwerkkarte nachrüsten

Besitzt Ihr Computer noch keine Netzwerkkarte, können Sie kostengünstig und leicht eine Nachrüsten. Für jeden Computer und jede Konfiguration gibt es die entsprechenden Lösungen. Ab Seite 628 haben wir gezeigt, wie eine WLAN-Netzwerkkarte in den Desktop-PC oder das Notebook eingebaut wird. Da sich der Einbau der Karten kaum voneinander unterscheidet, können Sie als Hilfestellung diese Anleitung auch zum Einbau einer gewöhnlichen Netzwerkkarte nutzen.

Neben der Netzwerkkarte ist eine Schaltzentrale notwendig, die die Netzwerkverbindung zwischen den Computern vermittelt. Jeder Computer im Kabelnetzwerk ist mit dieser Schaltzentrale mit einem Netzwerkkabel verbunden. Noch vor ein paar Jahren stand man bei kabelgebundenen Netzen vor der Frage: Switch oder Hub? Switches waren für einen Privatnutzer kaum erschwinglich.

Beim Neukauf sollten Sie auf jeden Fall auf einen Switch setzen. Dieser kann durch sein intelligentes Innenleben jeden Port (Netzwerkanschluss) einzeln mit der vollen Geschwindigkeit ansteuern (also 100 bzw. 1.000 MBit/s). Bei einem Hub ist die Geschwindigkeit auf seine maximale Geschwindigkeit limitiert. Sollten mehrere Computer im Netzwerk gleichzeitig mit größeren Datenmengen arbeiten, macht sich diese Beschränkung stark bemerkbar. Da die Preise für Switches jedoch so stark gesunken sind, stellt sich die Frage nach Switch oder Hub eigentlich nicht mehr.

Um im Netzwerk die volle Gigabit-Geschwindigkeit nutzen zu können, müssen die Netzwerkkarte und der Switch/Hub diese Geschwindigkeit beherrschen. Schließen Sie Computer mit Gigabit-Netzwerkkarten an einen Switch, der nur 100-MBit unterstützt, läuft das gesamte Netzwerk nur mit 100 MBit. Nutzen Sie jedoch einen Gigabit-Switch, können Sie problemlos Computer mit Gigabit- oder 100-MBit-Karten gleichzeitig nutzen. An dem schnellen Computer wird dann eine Gigabit-Verbindung hergestellt, an dem langsamen nur eine 100-MBit-Verbindung.

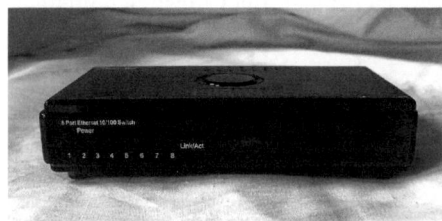

Ein kleiner Switch mit 100 MBit Geschwindigkeit und Anschlüssen für acht Computer.

Kabellösung für zwei PCs

Wenn Sie nur zwei PCs miteinander vernetzen wollen, brauchen Sie keinen zentralen Verteiler (Hub/Switch). Ein so genanntes Crossover-Kabel genügt. Hier sind die Anschlüsse miteinander verkreuzt und Sie können zwei Netzwerkkarten direkt miteinander verbinden. Möchten Sie jedoch einmal das Netzwerk vergrößern, kommen Sie nicht um einen Hub/Switch und „normale" Netzwerkkabel herum. Um Daten zwischen zwei PCs auszutauschen, können Sie ebenfalls die USB- oder FireWire-Schnittstelle nutzen. Dafür benötigen Sie für FireWire ein 6-poliges Kabel und für USB ein recht teures Spezialkabel.

Die meisten Nutzer, die ein Netzwerk zu Hause aufbauen wollen, tun dies, um eine Internetleitung an verschiedenen Computern zu nutzen. Dank schneller und günstiger DSL-Anschlüsse steht auch genügend Bandbreite zur Verfügung. Um die Internetleitung an verschiedene Computer weiterzuleiten, ist ein Router notwendig. Dieses Gerät wählt sich über ein internes oder externes Modem ins Internet ein und leitet das Internet an alle angeschlossenen Computer weiter.

Solche Router gibt es inzwischen wie Sand am Meer und sie sind wahre Alleskönner: DSL- und VoIP-Routing für Analog- oder ISDN-Telefonanschlüsse samt Switch-Technologie, Firewall, WLAN und USB – alles in einem Kasten. Diese Geräte werden Ihnen inzwischen von den Internetprovidern nur so um die Ohren geschmissen. Router, die sonst 250 Euro im Handel kosten, kann man für 30 Euro samt einem zwölfmonatigen DSL-Vertrag bekommen. Einfachere kosten meist um die 80 Euro. Da ist alles drin, was Sie brauchen. Diese Router haben meist Anschlüsse für vier Computer und sind häufig ausreichend für das kleine Netzwerk zu Hause. Und falls es einmal mehr Computer werden sollten, lässt sich der Router sehr leicht über einen weiteren Switch oder einen Access Point zum WLAN erweitern.

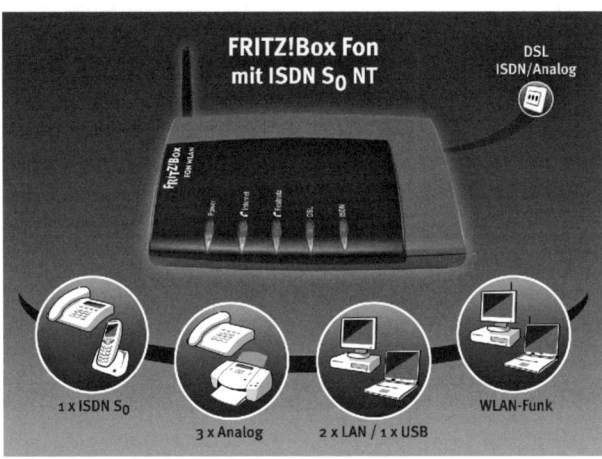

Der DSL-Router FRITZBox Fon WLAN 7050 verbindet einen Router mit DSL-Modem, WLAN, LAN, VoIP und einem USB-Anschluss in einem schicken Kästchen. Das VoIP können Sie mit analogem Telefonanschluss oder ISDN betreiben. Sie brauchen dazu noch nicht einmal den Rechner laufen zu lassen. (Quelle: AVM)

Voice over IP (VoIP)

Erst seit kurzer Zeit ist das Telefonieren über das Internet aus seinen Kinderschuhen entwachsen – und schon ist ein heißer Markt darum entbrannt. Mittlerweile gibt es auch Geräte, bei denen die Sprachqualität in Ordnung ist. Das hängt nicht allein von den Kompressionsverfahren für die Sprache ab, sondern vielmehr von der Übertragungstechnik. Die Schwierigkeiten bestehen darin, dass über eine DSL-Leitung nicht nur das Telefonat geht. Läuft ein Download aus dem Internet während des Gesprächs, kommt es oftmals zu Sprachaussetzern – die Sätze kommen nur zerstückelt beim Gesprächspartner an.

Das VoIP-Telefon FT 7150 D von AVM.
(Quelle: AVM)

Viele DSL-Provider buhlen schon kräftig um das Geschäft mit VoIP. Sie werben mit den teuren VoIP-Routern zu Niedrigstpreisen. Durch lange Vertragsbindungen oder voreingestellte Telefontarife bekommen sie ihr Geld schon wieder. Das heißt, dass Sie sich genau das Angebot anschauen sollten. Lassen Sie sich nicht von kostenlosen Telefonaten beirren, die gelten oftmals nur unter den Vertragskunden eines Providers – es sei denn, Sie nehmen sich eine Telefon-Flatrate. Für 10 Euro können Sie dann kostenlos innerhalb Deutschlands telefonieren. Zusammen mit einer DSL-Flatrate brauchen Sie dann auch nicht auf eine Volumenbegrenzung zu achten.

Das Netzwerkkabel

Über je ein Netzwerkkabel verbinden Sie jeden Computer mit dem Switch bzw. Router. Die Steckerform ist der auch von ISDN-Anschlüssen bekannte Standard RJ45. Kommen Sie jedoch nicht in Versuchung, ein ISDN-Kabel als Netzwerkkabel einzusetzen! Falls Sie überhaupt eine Verbindung bekommen, ist diese unerträglich langsam. Nur ein passendes Kabel ist auch für ein schnelles Netzwerk geeignet, da dieses speziell abgeschirmt ist.

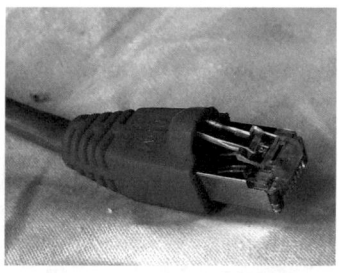

Die RJ45-Steckerform wird sowohl für Netzwerk- als auch ISDN-Anschlüsse verwendet. Ein ISDN-Kabel ist für ein Netzwerk jedoch ungeeignet.

Ein Netzwerkkabel ist immer ein so genanntes Twisted-Pair-Kabel – frei übersetzt „verdrehtes Paar". Die Adern eines Netzwerkkabels sind nämlich immer in Paaren angeordnet. Es gibt verschiedene Arten von Netzwerkkabeln, die mit dem Präfix *Cat* angegeben werden. Die geläufigsten Versionen sind Cat.5- und Cat.5e-Kabel. Diese erlauben bereits Geschwindigkeiten von 1.000 MBit und sind daher für den Hausgebrauch ausreichend. Außerdem gibt es noch Cat.6- und Cat.7-Kabel, die eine höhere Frequenz erlauben und noch besser abgeschirmt sind. Mit Cat.7 ist bereits eine Verbindungsgeschwindigkeit von 10.000 MBit/s möglich (1.250 MByte/s)! Eine für den Hausgebrauch utopische Geschwindigkeit.

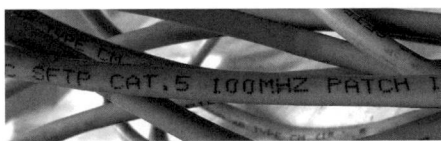

Der Kabeltyp und die Abschirmung sind immer auf dem Kabel abgedruckt.

Für eine Geschwindigkeit von 100 MBit ist auch das günstigste Cat.5-Kabel ausreichend. Möchten Sie jedoch zukunftssicher auch auf Gigabit-Geschwindigkeit setzen, müssen Sie unbedingt auf die Abschirmung achten. Die einfachste Abschirmung ist mit FTP bezeichnet. Dabei ist das gesamte Kabel mit einer Metallfolie abgeschirmt. Für Gigabit sollte es jedoch mindestens S/FTP sein, bei der das Kabel über ein Geflecht aus Metallfolie besser abgeschirmt wird. Die beste Abschirmung ist S/STP. Dabei wird das gesamte Kabel mit einem Metallfoliengeflecht abgeschirmt, zusätzlich ist jedes Adernpaar noch mit einer eigenen Metallfolie versehen.

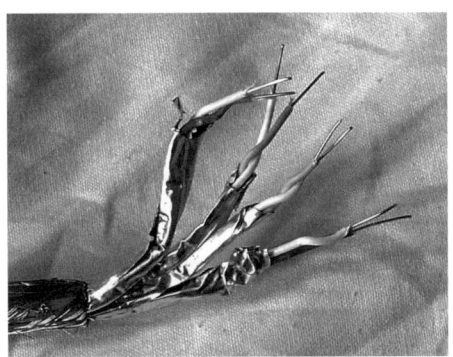

Ein Cat.7-Kabel. Jedes Adernpaar besitzt eine eigene Metallfolie. Ganz links ist noch das Geflecht zu sehen, das das Kabel als Ganzes abschirmt.

Verlegen von Netzwerkkabeln

Möchten Sie ein ganzes Haus mit einem Kabelnetzwerk ausstatten, haben Sie zwei Möglichkeiten. Netzwerkkabel gibt es nämlich in zwei unterschiedlichen Varianten: Verlegekabel und Patchkabel. Ein Patchkabel besitzt an seinen beiden Enden immer einen RJ45-Stecker, den Sie entweder selbst anbringen können (durch „Crimpen") oder schon vorgefertigt kaufen können. Ein Verlegekabel ist die professionellere, jedoch auch wesentlich aufwendigere Methode: Da Verlegekabel immer sehr gut abgeschirmt sind und starrere Adern als Patchkabel haben, kann an ihren Enden kein Stecker angebracht werden, sondern nur eine Netzwerkdose. Von dort wird der Computer dann mithilfe eines gewöhnlichen Patchkabels verbunden.

Diese Methode ist zweifellos die auf lange Sicht gesehen bessere. Eine Netzwerkdose an der Wand ist auf jeden Fall angenehmer als ein lose herumhängendes Netzwerkkabel. Das Crimpen, also das Verbinden von Verlegekabel und Netzwerkdose, erfordert zwar ein bisschen Übung, wirklich schwer ist es jedoch nicht. Damit diese Arbeit jedoch nicht zur Qual wird, sollten Sie eine spezielle Zange kaufen. Diese heißt einfach Crimp- oder LSA-Zange und ist schon für unter 10 Euro erhältlich.

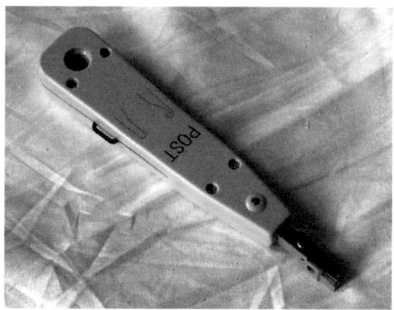 

1   Öffnen Sie zuerst die Netzwerkdose. Dazu müssen Sie an der Vorder- und Rückseite Schrauben lösen.

2   Netzwerkdosen gibt es entweder mit einer oder mit zwei Buchsen. Die meisten Netzwerkkabel besitzen vier Adernpaare, also insgesamt acht Adern (es gibt auch Doppelkabel, die dementsprechend acht Adernpaare besitzen). Für eine 100-MBit-Verbindung sind pro Buchse nur zwei Adernpaare erforderlich. Für eine schnelle Gigabit-Verbindung müssen jedoch zwingend alle acht Adern an einer Buchse angeschlossen werden!

3   Entfernen Sie etwa 3 cm der gesamten Außenisolierung. Nun können Sie die Adernpaare sehen. Es existieren die Farben Blau, Orange, Grün und braun. Jede Farbe hat zusätzlich noch einen weißen Draht. Zusammen bilden eine Farbe und der dazugehörige weiße Draht ein Paar. Entfernen Sie von jeder Ader etwa 1 cm Isolierung.

4 Nun folgt die eigentlich Fummelarbeit: Sie müssen jede einzelne Ader mit dem passenden Pin verbinden. Legen Sie dazu den abisolierten Draht über den entsprechen Pin. Drücken Sie die Crimpzange von oben auf den Draht. Die Zange drückt den Draht nun in die Buchse und schneidet den überstehenden Rest automatisch ab.

Natürlich ist die Pin-Belegung genormt. Verbinden Sie die folgenden Farben mit den passenden Pins. Bei dieser Belegung werden alle acht Adern benutzt, damit ist also eine Gigabit-Verbindung möglich.

Pin 1   Weiß (aus dem orangefarbenen Paar)
Pin 2   Orange
Pin 3   Weiß (aus dem grünen Paar)
Pin 4   Blau
Pin 5   Weiß (aus dem blauen Paar)
Pin 6   Grün
Pin 7   Weiß (aus dem braunen Paar)
Pin 8   Braun

5 Falls Sie mit einem achtadrigen Kabel zwei Buchsen belegen möchten, achten Sie darauf, dass die Adern, die den längeren Weg zurücklegen, verdreht sind. Dies verbessert die Abschirmung und die Signalqualität.

6 Sind Sie mit dem Crimpen fertig, können Sie die Dose wieder schließen. Bis jetzt wurde allerdings nur das Ende des Kabels bedacht, an dem der Computer angeschlossen werden soll. An das andere Ende, das dann mit dem Switch verbunden wird, können Sie natürlich auch Netzwerkdosen legen.

Da an dieser Stelle voraussichtlich mehrere Kabel zusammenlaufen, ist ein so genanntes Patchpanel oder Patchfeld besser
geeignet. Dieses ist nichts anderes als eine
große Netzwerkdose mit mehreren Anschlüssen. Die Arbeit an dem Patchpanel
funktioniert genauso wie an einer Dose.

Wie geht es weiter?

Nach dem Verlegen und Anschließen der Kabel ist das Netzwerk so gut wie einsatzbereit. Falls
Sie einen Router nutzen, müssen Sie diesen nur noch konfigurieren. Dies ist inzwischen sehr
leicht geworden und so genügen häufig die Standardeinstellungen schon, damit das Netzwerk
einwandfrei funktioniert. Natürlich müssen Sie jedoch noch Ihre DSL-Zugangsdaten eingeben,
um das Internet auch nutzen zu können!

15.2 Aufbau eines Netzwerks

Mit dem richtigen Zusammenspiel von Hard- und Software wird aus den einzelnen Komponenten ein Netzwerk – und das gelingt heutzutage sehr gut. Es macht
dem Netzwerk nichts aus, wenn Sie aus einem PC die Netzwerkkarte ausbauen
und diese durch die Karte eines anderen Herstellers ersetzen. Es muss lediglich
der Treiber gewechselt werden. Sämtliche anderen Einstellungen bleiben, wie sie
sind. Selbst den Netzwerktyp können Sie ändern: Läuft das Netzwerk plötzlich
über FireWire und nicht mehr über eine Netzwerkkarte, ist das der Netzwerk-
software egal. Sie bekommt noch nicht einmal was davon mit, wiederum nur
eine Treiberfrage. Der Treiber stellt nämlich die Schnittstelle zwischen Hard- und
Software her.

Die Software ist es dann auch, die den Großteil der Arbeit innerhalb eines Netzwerks übernimmt. Das bekommen Sie als Anwender kaum mit und das ist auch
nicht nötig – zum Glück. Deswegen brauchen Sie sich auch nicht darum zu kümmern. Windows XP oder Vista installieren gleich alles automatisch mit, was Sie

für einen Netzwerkbetrieb brauchen, denn die meisten PCs haben eine Netzwerkkarte schon auf dem Motherboard integriert. Und falls nicht, lässt sich ein Netzwerkanschluss durch verschiedene Möglichkeiten nachrüsten, wie wir es im ersten Teil des Kapitels beschrieben haben.

Unterschiedliche Netzwerkstandards

Für die beiden für den Heimbereich wichtigsten Netzwerkarten, LAN über Kabel und WLAN über Funk, existieren inzwischen unterschiedliche Standards. Vor allem WLAN hat sich in den letzten Jahren stark verbessert und ist so zu einer echten Alternative zum kabelgebundenen Netzwerk geworden. Es ist zwar immer noch nicht so leistungsfähig, jedoch ist es nahezu uneingeschränkt mobil und zudem noch sehr leicht einzurichten.

Die folgende Tabelle zeigt alle für den Heimbereich wichtigen LAN-Standards (kabelgebunden):

Standard	Eigenschaften
10Base-T (Ethernet)	Geschwindigkeit 10 MBit/s (1,25 MByte/s). Als Kabel wird ein Cat.3- oder Cat.5-Kabel mit zwei verdrillten Aderpaaren benutzt (Twisted Pair).
	Häufig besitzen alte 10-MBit-Netzwerkkarten, die noch über einen BNC-Anschluss für verfügen, ebenfalls einen Anschluss für die heute üblichen Twisted-Pair-Kabel mit RJ45-Stecker. Heutzutage spielt diese Geschwindigkeit kaum noch eine Rolle, da quasi alle Geräte eines Netzwerks 100 MBit unterstützen. Die maximale Länge eines Netzwerkkabels beträgt theoretisch 100 Meter, was jedoch stark von der Qualität und Abschirmung des verwendeten Kabels abhängt.
100Base-TX (Fast-Ethernet)	Geschwindigkeit 100 MBit/s (12,5 MByte/s). Häufig wird auch die Bezeichnung *100Base-T* verwendet, die die allgemeine Bezeichnung für insgesamt drei Standards ist. 100Base-TX ist mittlerweile die Standardverbindung und bietet für den Heimbereich ausreichende Geschwindigkeiten. Es benötigt zwingend Cat.5-Kabel, um die volle Geschwindigkeit nutzen zu können, ist dabei jedoch voll abwärtskompatibel (Geräte, die mit 100 MBit/s arbeiten, unterstützen auch 10 MBit/s – es ist also ein Mischbetrieb möglich). Die maximale Kabellänge beträgt wie bei 10Base-T 100 Meter und für eine Verbindung sind ebenfalls zwei Aderpaare notwendig.
1000Base-T (Gigabit Ethernet)	Geschwindigkeit 1.000 MBit/s (1 Gigabit; 125 MByte/s). Dieser Standard verbreitet sich allmählich auch im Heimbetrieb. Alle neueren Netzwerkkarten, die in Notebooks und PCs verbaut werden, unterstützen eine Gigabit-Verbindung. Dieser Standard ist zu 100Base-TX und 10Base-T voll abwärtskompatibel. Erstmals sind zwingend alle vier Adernpaare notwendig. Das Netzwerkkabel sollte mindestens Cat.5-Kabel sein, wegen der besseren Abschirmung ist jedoch ein Cat.5e-, Cat.6- oder Cat.7-Kabel vorzuziehen (Letzteres ist mit Unterstützung einer 10-Gigabit-Verbindung auch absolut zukunftssicher). Die maximale Kabellänge beträgt ebenfalls 100 Meter, kann beim Einsatz eines hochwertigen und sehr gut abgeschirmten Kabels jedoch auch darüber liegen.

Die drei unterschiedlichen Kabelstandards sind im Prinzip sehr einfach. Sie beruhen alle prinzipiell auf der gleichen Technik und sind untereinander absolut kompatibel. Sie können also ein 10-MBit-Gerät problemlos mit einem Gigabit-Gerät gleichzeitig nutzen.

Anders bei WLAN – hier gibt es durch die schnelle Entwicklung der Technik mehr Formate, die untereinander nicht immer kompatibel sind (was auch von der verwendeten Hardware abhängt. WLAN-Standards sind alle mit dem Kürzel 802.11 gekennzeichnet. Die Buchstaben geben verschiedene Erweiterungen an:

Standard	Eigenschaften
IEEE 802.11a	Geschwindigkeit 54 MBit/s (6,75 MByte/s). Dieser Standard stammt von 1999 und arbeitet im 5-GHz-Frequenzband. Viele andere Netze nutzen unglücklicherweise ebenfalls diesen Frequenzbereich (Militär, Flugsicherung) und daher ist in Europa die Sendeleistung extrem gedrosselt. Die maximale Reichweite beträgt daher etwa 25 Meter – dann aber schon mit stark eingeschränkter Geschwindigkeit.
IEEE 802.11b	Geschwindigkeit 11 MBit/s (1,375 MByte/s). Zu der gleichen Zeit wie 802.11a entwickelt, ist dieser Standard doch wesentlich verbreiteter. Er arbeitet im Frequenzbereich von 2,4 GHz, was durch die stärkere Verbreitung von Bluetooth-Geräten, die ebenfalls mit diesem Band arbeiten, inzwischen zu Störungen führen kann. Die gute Reichweite macht die Geschwindigkeit von 11 MBit/s mehr als wett. Dieser Standard ist mittlerweile veraltet, ist zum neueren 802.11g-Standard jedoch kompatibel.
IEEE 802.11g	Geschwindigkeit 54 MBit/s. Dieser Standard von 2002 ist voll abwärtskompatibel zu 802.11b, da das gleiche Frequenzband genutzt wird. Dieser Standard verbindet also die höhere Geschwindigkeit von 802.11a mit der hohen Reichweite von 802.11a. Dieser Standard gilt als die erste wirklich zuverlässige Methode für angenehmes Arbeiten mit WLAN und ist auch dementsprechend verbreitet.
IEEE 802.11i	Dies ist kein Datenübertragungsstandard, sondern eine Erweiterung zu 802.11a/b/g. Damit wird die WPA2-Verschlüsselung mit dem neuen Algorithmus AES eingeführt, der die Sicherheit gegenüber WPA nochmals stark erhöht (siehe auch *Sicherheit ganz leicht, aber nie perfekt* ab Seite 639).
IEEE 802.11n	Geschwindigkeit theoretisch bis 600 MBit/s (75 MByte/s). Dieser Standard ist noch Zukunftsmusik. Der Entwurf wurde im Januar 2006 verabschiedet, der eigentliche Standard dürfte jedoch Mitte 2007 verabschiedet werden. In 802.11n wird die MIMO-Technik fest implementiert werden, die eine wesentlich höhere Reichweite und Geschwindigkeit erlaubt.

Die Auflistung der unterschiedlichen Standards klingt noch sehr simpel. Praktisch alle neuen Router unterstützen die Standards 802.11b/g/i, einige teure Modelle zusätzlich sogar noch 802.11a, der ein anderes Frequenzband nutzt. Unübersichtlich wird es jedoch, da jeder Standard noch zusätzlich Erweiterungen besitzt, die die Reichweite und die Leistung erhöhen sollen. So erlaubt beispielsweise „g+" eine Geschwindigkeit von 108 MBit/s. Da diese Geschwindigkeit jedoch nicht dem offiziellen Standard entspricht, kocht jeder Hersteller mit den Erweiterungen sein eigenes Süppchen. In den wenigsten Fällen ist dann eine „g+"-WLAN-Karte eines Herstellers mit dem WLAN-Router eines anderen Herstellers kompatibel. Ebenso verhält es sich mit der neuen MIMO-Technologie, die durch Nutzung mehrerer Antennen eine hohe Reichweite bei verbesserter Leistung erzielt. Erste Router und Access Points sind bereits erhältlich, jedoch sind auch hier wieder – mangels eines offiziellen Standards – die Geräte unterschiedlicher Hersteller nicht miteinander kompatibel. Erst der neue Standard 802.11n wird die MIMO-Technologie beinhalten und somit kompatible Hardware schaffen – jedoch müssen wir auf passende Geräte noch bis 2007 warten.

Am Anfang dieses Kapitels ab Seite 621 behandeln wir die propietären WLAN-Techniken der Hersteller, die in den seltensten Fällen untereinander kompatibel sind.

Die richtige Integration eines WLAN ins Kabelnetzwerk

Viele Nutzer besitzen bereits ein funktionierendes Kabelnetzwerk mit DSL-Router, Switch und was sonst noch dazu gehört. Mittlerweile sind Notebooks mit WLAN-Technologie jedoch immer stärker verbreitet und um die Mobilität eines Notebooks voll nutzen zu können, lohnt sich eine Erweiterung des bestehenden Kabelnetzwerks. In Kapitel 15.1 ab Seite 623 haben wir dieses Thema bereits angesprochen und die Installation eines reinen WLAN-Netzwerks erklärt. Um ein WLAN in ein Kabelnetzwerk zu integrieren, ist ein weiteres Gerät notwendig: Der Access Point, der die Vermittlung der kabellosen Netzwerkcomputer übernimmt, aber auch das WLAN mit dem bereits funktionieren LAN verbindet.

Neben den reinen Access Points existieren auch viele WLAN-Router, die alle Funktionen eines gewöhnlichen Kabel-Routers ebenfalls beherrschen. Für die Integration von WLAN ins LAN können Sie ebenfalls einen Router benutzen, der dann jedoch nur die Funktionen eines Access Points übernimmt.

Der Aufbau eines Netzwerks sowohl mit kabelgebundenen Komponenten als auch mit Wireless LAN funktioniert folgendermaßen:

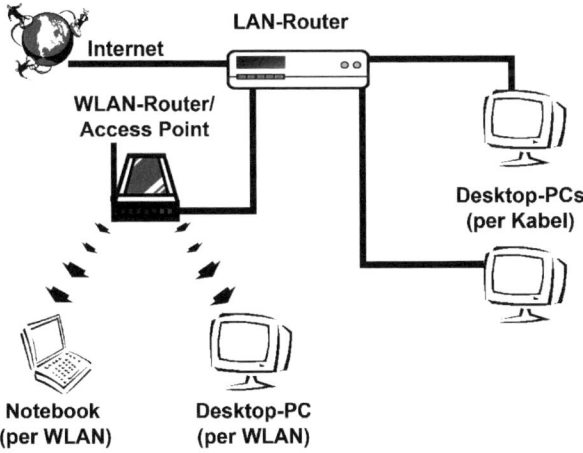

Die Internetverbindung wird mit dem LAN-Router verbunden (über ein externes Modem, falls der Router keins besitzt, oder direkt vom Splitter in den Router). Dieser verteilt die Internetverbindung und vernetzt die per Kabel angeschlossenen Computer. Zusätzlich ist an den LAN-Router der WLAN-Router/Access Point mit einem Kabel verbunden. Durch diesen werden die WLAN-Computer ins Netzwerk integriert. Als Schaltzentrale arbeitet der LAN-Router, da über ihn alle Komponenten direkt oder indirekt verbunden sind. Selbstverständlich können alle angeschlossenen Computer, egal, ob LAN oder WLAN, miteinander kommunizieren.

Und so funktioniert das oben dargestellte Beispiel mit wirklichen Geräten:

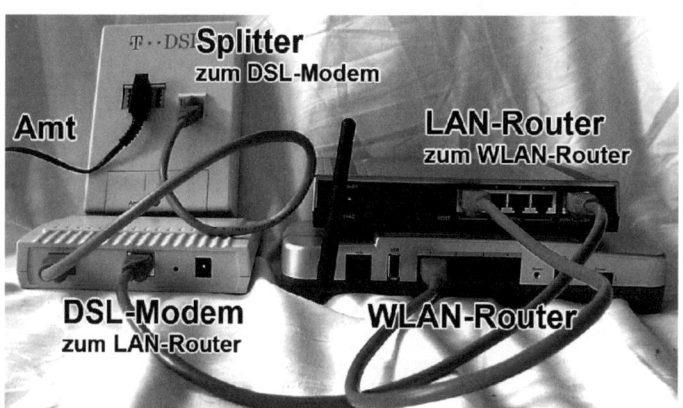

Der Splitter trennt die Verbindung von der Haupttelefondose in die Internetverbindung oder die Telefonleitung.

Konflikt bei gleichzeitiger Nutzung eines LAN- und WLAN-Routers

Bei der oben gezeigten Integration eines WLAN-Routers in ein Kabelnetzwerk, der dann nur als Access Point fungieren soll, kann es zwischen beiden Geräten zu Konflikten kommen. Beide Router verfügen über die Fähigkeit eines DHCP-Servers, um so automatisch IP-Adressen an die angeschlossenen Computer zu vergeben. Ist bei beiden Routern DHCP aktiviert, möchten beide IP-Adressen vergeben und der Konflikt ist vorprogrammiert. Um dies zu verhindern, gibt es zwei Möglichkeiten:

Möglichkeit 1: Deaktivieren Sie den DHCP-Server des WLAN-Routers. Dazu müssen Sie in der Konfiguration die passende Einstellung finden. Diese ist etwa mit *LAN Settings* oder *Netzwerk-Einstellungen* beschriftet. Wählen Sie dort nun die Einstellungen zum DHCP-Server aus und wählen Sie *Disable DHCP Server* bzw. *DHCP-Server deaktivieren* aus. Damit die Einstellungen übernommen werden, muss der Router meistens neu gestartet werden.

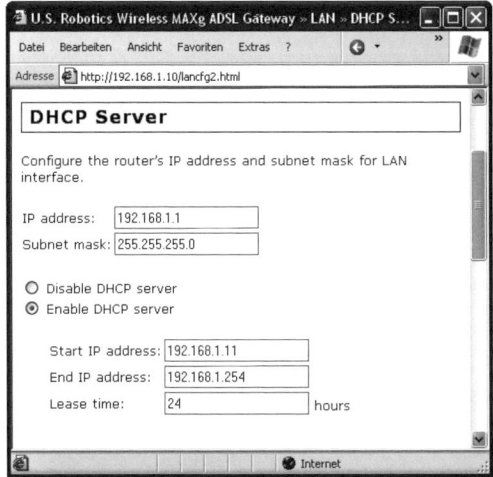

Möglichkeit 2: Manchmal reicht die Deaktivierung des DHCP-Servers nicht aus, um dem Router klarzumachen, dass er keine Serverfunktion übernehmen soll. Dann müssen Sie die IP-Adresse des „richtigen" Routers, also desjenigen, der als DHCP-Server fungieren soll, direkt in die Netzwerkeigenschaften aller angeschlossenen Computer eintragen.

1 Öffnen Sie die Eigenschaften der Netzwerkverbindung, mit der Sie die Verbindung zum Router aufbauen möchten. Klicken Sie dazu in der Systemsteuerung auf *Netzwerkverbindungen* und wählen Sie per Rechtsklick auf die passende Verbindung *Eigenschaften* aus.

2 Markieren Sie nun *Internetprotokoll (TCP/IP)* und klicken Sie auf *Eigenschaften*. Im sich nun öffnenden Fenster klicken Sie auf *Erweitert*.

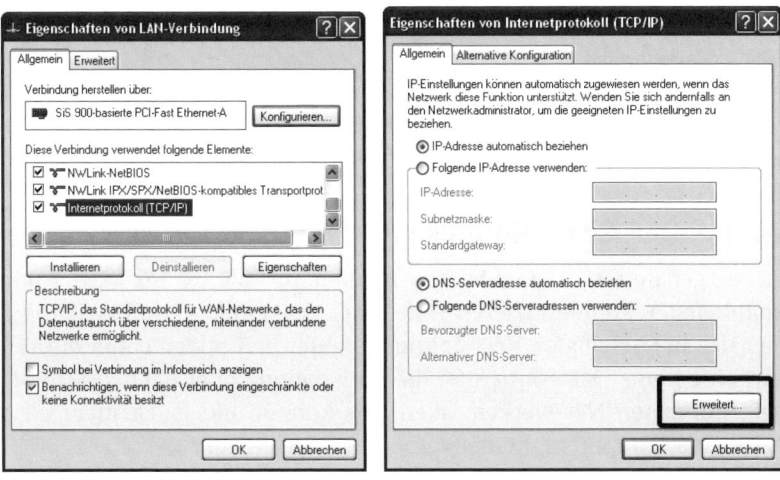

3 Klicken Sie nun unter *Standard-gateways* auf *Hinzufügen*. Tragen Sie nun die IP-Adresse des Routers ein, der die IP-Adresse vergeben soll, also beispielsweise 192.168.1.1. Klicken Sie auf *Hinzufügen* und starten Sie anschließend den Rechner neu.

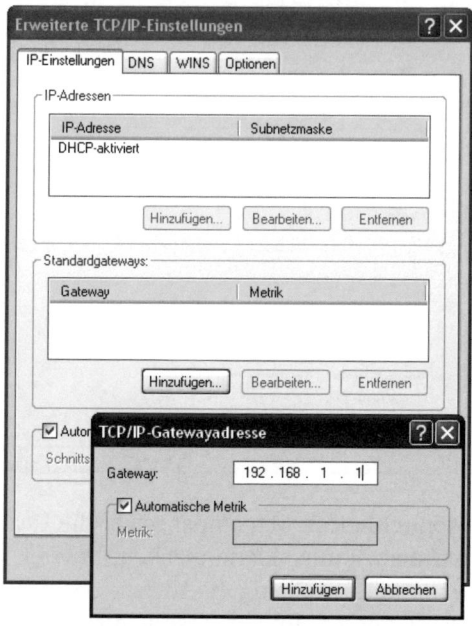

Ein weiterer Konfliktpunkt kann entstehen, da beide Router möglicherweise in der Werkskonfiguration die gleiche IP nutzen. Meistens wird hier entweder 192.168.1.0 oder 192.168.1.1 genutzt. Falls beide Router die gleiche IP nutzen, sollten Sie die IP eines Routers auf jeden Fall ändern. Am besten setzen Sie die des WLAN-Routers auf eine höhere Stelle, beispielsweise 192.168.1.10.

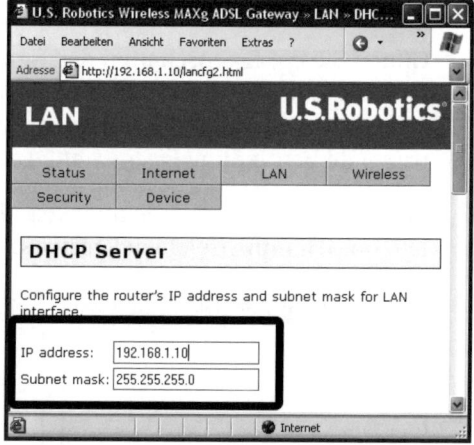

WLAN-Kette: Der Ad-hoc-Modus

Mit dem so genannten Ad-hoc-Modus können im WLAN mehrere Stationen direkt miteinander kommunizieren. Mit einer Art Punkt-zu-Punkt-Verbindung verbinden sich die beteiligten Rechner miteinander und bilden damit ein WLAN-Netz bzw. eine Kette. Das erinnert an die Verkabelung über ein Crossover-Kabel bei kabelgebundenen Netzwerken, allerdings können hier auch mehr als zwei (maximal sechs) Computer miteinander verbunden werden.

Der Nachteil beim Ad-hoc-Modus ist, dass sich die beiden am weitesten entfernten Computer in einer Kette direkt nicht sehen können. Deren Kommunikation läuft über den gemeinsamen Ansprechpunkt in der Mitte. Somit ist der Ad-hoc-Modus meist nur etwas für sehr kleine Netzwerke, die räumlich nicht weit ausgedehnt sind. Steht ein Access Point hingegen räumlich in der Mitte, kann er die Reichweite des Netzwerks verdoppeln. Die einzelnen Computer müssen nur den AP sehen, beim Ad-hoc-WLAN müssen sich die Rechner gegenseitig sehen.

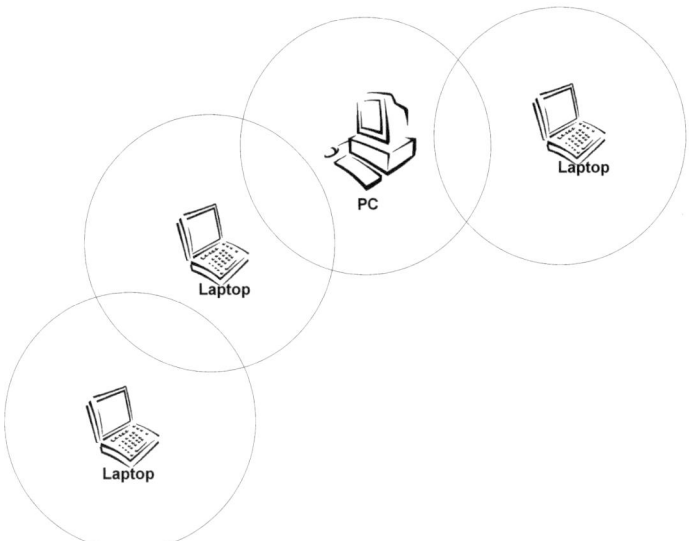

Ein WLAN im Ad-hoc-Modus: Er benötigt keinen Access Point oder Router. Das hat jedoch den Nachteil, dass weit auseinander stehende PCs nicht direkt miteinander kommunizieren können. So ein Ad-hoc-WLAN sollten Sie nur für Notfälle oder einen reinen Datenaustausch benutzen.

15.3 Externe Festplatten und Peripherie gemeinsam im Netz nutzen

Einer der größten Vorteile im Netzwerk ist es, Ressourcen gemeinsam nutzen zu können. In den meisten Fällen wird bereits eine Internetverbindung durch einen Router auf mehrere Computer aufgeteilt. Ebenso leicht lässt sich Speicherplatz oder ein Drucker gemeinsam in einem Netzwerk nutzen.

Die einfachste Möglichkeit zur gemeinsamen Nutzung stellt die Windows-Freigabe dar. Damit wird eine Festplatte oder ein Drucker, der an einem Computer angeschlossen ist, freigegeben. Anschließend können alle im Netzwerk angemeldeten Computer auf diese Ressource zugreifen. Wie Sie einen Drucker unter Windows freigeben, können Sie in Kapitel 16 nachlesen.

Einfache Datenfreigabe unter Windows

Die Freigabe einer Festplatte oder eines einzelnen Ordners funktioniert so:

1 Öffnen Sie den Windows-Explorer oder den Arbeitsplatz. Sie können ganze Festplatten oder auch nur einzelne Ordner freigeben. Klicken Sie auf das entsprechende Symbol mit Rechtsklick und wählen Sie *Freigabe und Sicherheit* aus.

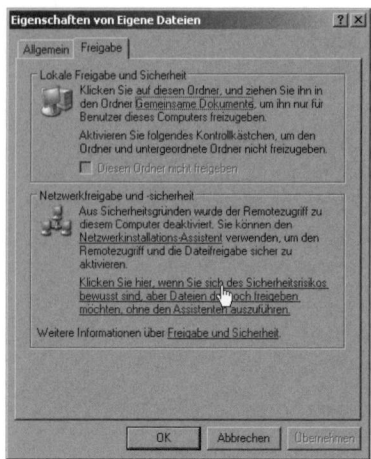

Die Freigabe erfolgt, wenn Sie im erscheinenden Fenster unten auf den langen blau unterlegten Text klicken. Er fängt an mit *Klicken Sie hier, wenn Sie sich des Sicherheitsrisikos bewusst sind, aber dennoch ...* Sie brauchen sich in Ihrem Heimnetzwerk keine Angst von dieser Meldung machen zu lassen. Hier ist das Risiko nicht hoch. Die Sicherheitsabfrage von Windows quittieren Sie mit *Dateifreigabe einfach aktivieren*.

2 Es folgt noch eine Sicherheitsabfrage von Windows, zumindest bei der ersten Freigabe. Bestätigen Sie die Abfrage, sonst startet Windows XP wieder den unnötigen Netzwerk-Assistenten.

3 Durch den letzten Klick auf *OK* hat sich das erste Dialogfenster geändert. Hier können Sie unten ein Häkchen vor *Diesen Ordner im Netzwerk freigeben* machen und schließlich Freigabenamen eintragen.

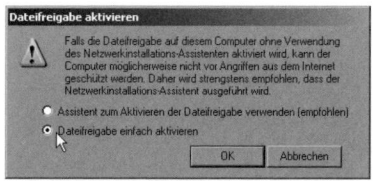

Der Name verrät dann später den übrigen Teilnehmern im Netzwerk die Freigabe. Der Ordnername *Eigene Dateien* ist für einige Betriebssysteme zu lang – es kommt zu einer Fehlermeldung. Haben Sie eines der aufgezählten Betriebssysteme, müssen Sie den Namen kürzen. Windows XP kommt jedoch auch mit langen Ordnernamen zurecht.

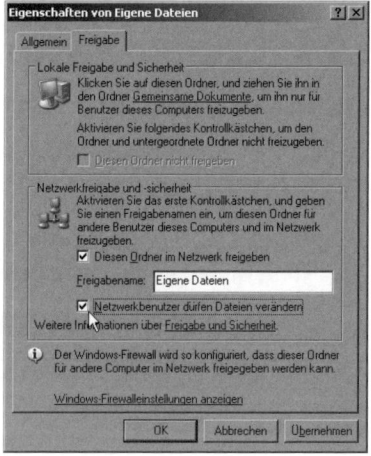

Aktivieren Sie die Option *Netzwerkbenutzer dürfen Dateien verändern*, erlauben Sie anderen, Dateien zu verändern und eigene Dateien auf der Freigabe zu speichern. Dies kann unter Umständen ein Sicherheitsrisiko sein, falls die anderen Netzwerkteilnehmer nicht vertrauenswürdig sind.

4 Zum Abschluss klicken Sie auf *OK*. Ihr Verzeichnis steht jetzt dem Netzwerk zur freien Verfügung.

Wenn alles funktioniert hat, sehen Sie im Explorer ganz unten in der *Netzwerkumgebung* Ihr Verzeichnis. Auf anderen Windows-Rechnern ist es nach wenigen Sekunden zu finden.

Verzeichnisse freigeben

Es ist sehr einfach und praktisch, komplette Laufwerke freizugeben, doch nicht unbedingt notwendig.

Zur Sicherheit und Wahrung der Privatsphäre schränken Sie besser solch einen Vollzugriff auf ein Laufwerk ein.

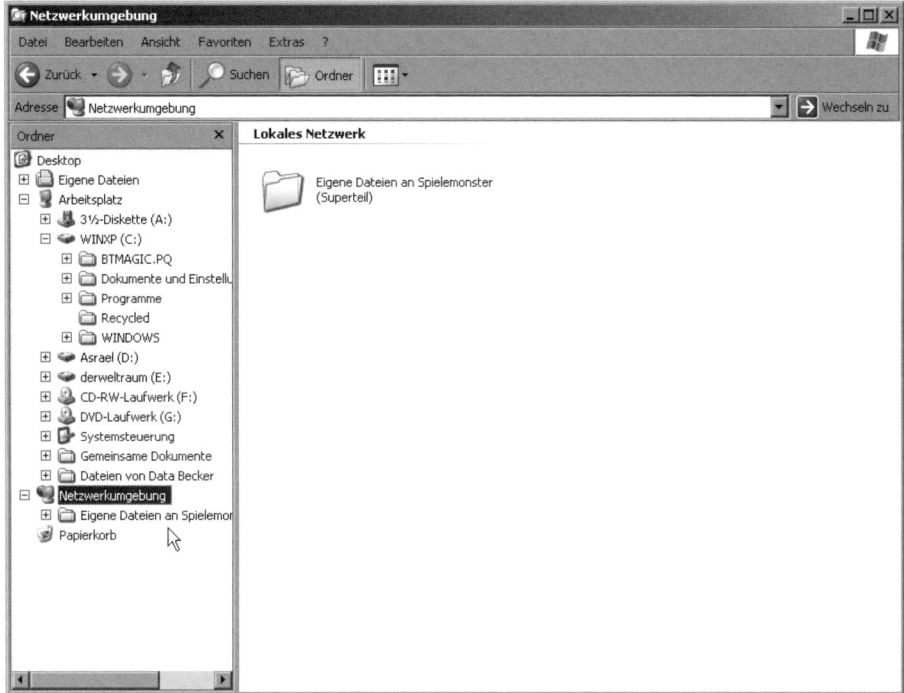

Alle im Netzwerk vorhandenen Verzeichnisse werden in der Netzwerkumgebung auf Wunsch angezeigt.

Falls die Windows-Freigabe nicht wie gewünscht funktioniert hat, können Sie unter demselben Eintrag das *gesamte Netzwerk* anklicken. Darunter finden Sie den Eintrag *Microsoft Windows-Netzwerk*.

Mit einem Klick auf einen dieser Rechner werden Ihnen die verfügbaren Freigaben angezeigt. Die freigegebenen Ordner können Sie so wie Ordner auf Ihrem Computer nutzen.

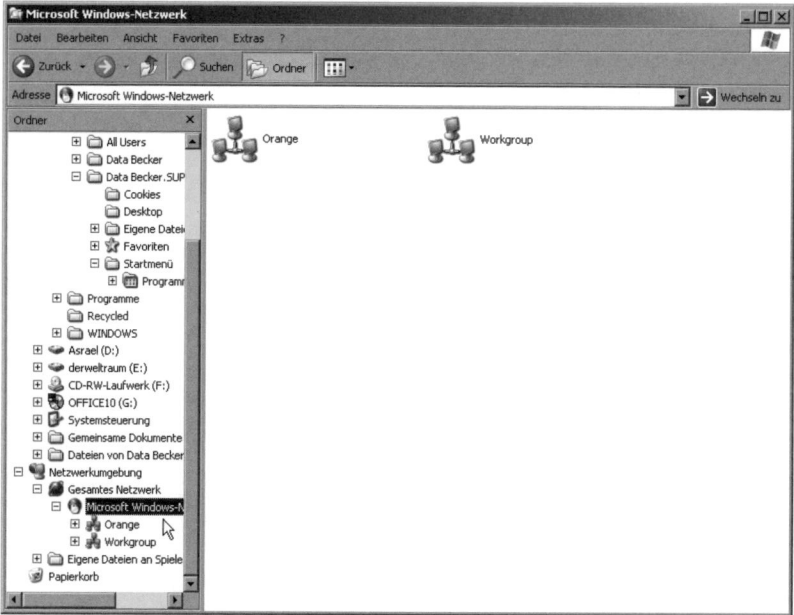

Genauso können Sie sich auch alle im Netz befindlichen Computer anzeigen lassen.

Um den Komfort noch zu erhöhen, können Sie einen Laufwerkbuchstaben vergeben. Der freigegebene Ordner oder die Festplatte lässt sich dann genauso wie eine eingebaute Festplatte ansprechen.

1 Klicken Sie erst auf *Netzwerkumgebung* im Explorer, dann auf den Computer, auf dem sich die gesuchte Freigabe befindet. (Sehen Sie die anderen Computer nicht, wechseln Sie im Explorer kurz die Ansicht. Dazu klicken Sie oben in der Leiste auf *Ordner*. In der linke Spalte drücken Sie auf *Arbeitsgruppencomputer anzeigen* und klicken wiederum oben in der Leiste auf *Ordner).*

2 Benutzen Sie auf der gewünschten Freigabe die rechte Maustaste. Im Kontextmenü wählen Sie *Netzwerklaufwerk verbinden*. Hier können Sie der Freigabe an Ihrem PC einen Laufwerkbuchstaben zuweisen. Durch Klicken auf die Option *Verbindung bei Anmeldung wiederherstellen* bleibt diese Verbindung auch nach einem Neustart bestehen. Abschließend klicken Sie auf *OK*.

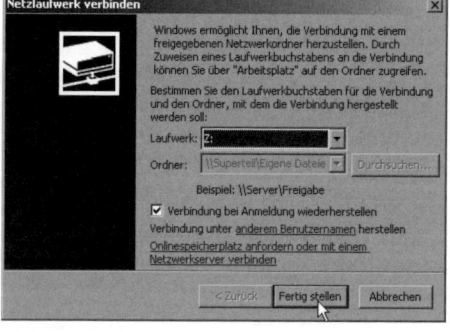

Jetzt können Sie eine dauerhafte Verbindung zu einem Verzeichnis auf einem anderen Netzwerk-PC nutzen. Im Explorer steht das Verzeichnis weit unten. Natürlich geht das nicht nur bei Verzeichnissen. Sie können auch ganze Laufwerke, CD-ROMs, DVDs, Drucker etc. nutzen.

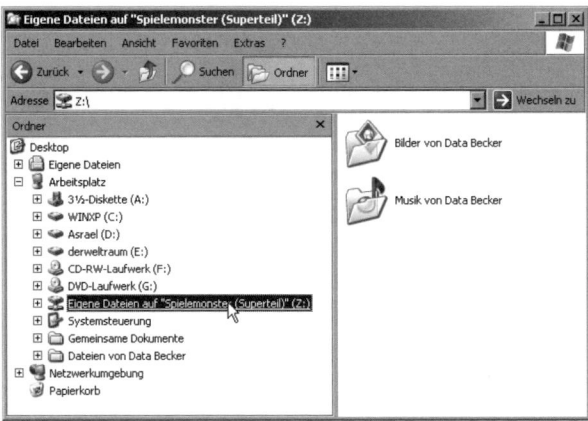

Externe Festplatten und Drucker ohne Computer nutzen

Eine komfortablere Nutzung von Ressourcen im Netzwerk ist der direkte Anschluss der Geräte an einen Router oder Switch. Der Umweg über einen Computer entfällt, da die Geräte direkt ins Netzwerk integriert sind. Jeder angeschlossene Computer kann direkt auf einen Drucker oder eine externe Festplatte zugreifen, ohne dass ein zusätzlicher Computer dazu angeschlossen werden muss.

Für Drucker gibt es dazu bereits seit einigen Jahren Lösungen durch so genannte Printserver. Vor allem hochwertige Drucker für Büros beisitzen bereits einen integrierten Printserver. Der Drucker wird dann nicht über den LPT- oder USB-Anschluss verbunden, sondern über ein gewöhnliches Netzwerkkabel. Für Drucker die keinen integrierten Printserver besitzen, gibt es die Möglichkeit, diesen durch

Ein Printserver für USB-Drucker von Hewlett Packard. (Quelle: HP Deutschland)

externe Geräte nachzurüsten. Dazu gibt es zahlreiche Lösungen. Grundsätzlich ist zu empfehlen, möglichst Printserver und Drucker von einem Hersteller zu wählen – dadurch können Treiberprobleme vermieden werden.

Externe Festplatten erfreuen sich mittlerweile großer Beliebtheit. Kein Wunder – selbst beim Lebensmittelhändler findet man externe Festplatten, die mit einem Preis von unter 50 Cent pro GByte locken! Dank der schnellen USB-2.0- oder Fire-Wire-Schnittstelle greifen viele Anwender inzwischen auf solch eine Lösung zurück, wenn Sie Ihren Computer mit mehr Speicherplatz austauschen möchten. Um im Netzwerk einen zentralen Datenspeicher zu installieren, ist kein zusätzlicher Computer notwendig. Es existieren ähnliche Möglichkeiten wie bei einem Drucker, eine externe Festplatte in das Netzwerk zu integrieren.

Die optimale Lösung ist eine externe Festplatte, die bereits den notwendigen Netzwerkanschluss integriert hat. Solche Festplatten werden als **N**etwork **A**ttached **S**torage, kurz NAS, bezeichnet. Die Festplatte wird einfach über ein Netzwerkkabel mit einem Switch verbunden und steht dann als zentraler Datenspeicher für alle im Netzwerk installierten Computer zur Verfügung!

Einige Modelle wie beispielsweise die Buffalo LinkStation besitzen zusätzlich einen integrierten Printserver, an den Sie einen Drucker, der über keinen Netzwerkanschluss verfügt, installieren können! Natürlich können Sie das Gerät auch als ganz gewöhnliche externe Festplatte nutzen!

Einen Nachteil haben jedoch die beiden angesprochenen Lösungen für Netzwerkdrucker und Netzwerkfestplatte: Geräte, die von Haus aus Netzwerkfähigkeit beherrschen, sind wesentlich

Die Buffalo LinkStation überzeugt mit einem Speicherplatz von bis zu 400 GByte und einem integrierten Printserver. (Quelle: Buffalo)

teurer als vergleichbare Geräte ohne Netzwerkunterstützung. Wenn Sie Geld sparen möchten, kaufen Sie einfach einen Router, der bereits über einen USB-Anschluss verfügt!

Mittlerweile gibt es sowohl WLAN- als auch LAN-Router, die mit einem USB-Anschluss einen Drucker oder eine externe Festplatte ins Netzwerk einspeisen können. Solche Geräte sind beispielsweise die FritzBox 7140 von AVM oder der MAXg Router von USRobotics. Der Drucker oder die externe Festplatte wird einfach an den USB-Anschluss des Routers angeschlossen und steht nach der Konfiguration allen Netzwerkcomputern zur Verfügung. Günstiger können Sie die Netzwerkfunktionalität nicht erreichen. Ein Nachteil: Viele Router mit USB-Anschluss können nur eine der beiden Geräte ins Netzwerk integrieren. Vor dem Kauf eines entsprechenden Routers informieren Sie sich daher unbedingt, ob der USB-Anschluss für einen Drucker oder für eine externe Festplatte geeignet ist!

15.4 Troubleshooting: Wenn es im Netz klemmt

Ärgerlich. Sie haben wie beschrieben alles eingerichtet, das Netzwerk funktioniert aber nicht richtig. Was tun? Meistens liegt es nur an einer Kleinigkeit.

Schritt für Schritt müssen Sie sich dann die Konfiguration Ihres Netzwerks ansehen und können manche Hardware- und Software- oder Konfigurationsfehler schnell finden. Dabei können Ihnen die automatischen Reparaturdienste von Windows XP und manchmal einige Assistenten helfen. Doch leider müssen Sie in einigen Fällen trotzdem selbst Hand anlegen. Die meisten Fehler im Netzwerk sind durch versehentliche Falscheingaben entstanden – das kann ein kleines L (l) sein, das mit einem großen i (I) verwechselt wurde (l und I sehen gleich aus), oder eine Null wurde zu dem Buchstaben O. Hier ein paar Tipps, wie Sie häufig auftretende Fehler schnell lösen können.

Mechanische Netzwerkprobleme lösen

Dazu reicht schon ein Blick auf die LEDs am Router oder der Netzwerkkarte. Sobald ein richtiger Kontakt hergestellt wurde, leuchtet an beiden Geräten eine LED auf. Blinken alle Lichter, wie sie sollen, oder fehlt eins bzw. hat die falsche Farbe? Sie glauben gar nicht, wie leicht ein nicht richtig gestecktes Kabel einen zur Verzweiflung bringen kann. Das klingt banal, aber es ist sehr einfach zu überprüfen.

An den LEDs können Sie ablesen, ob ein Treiber richtig installiert ist: Sie leuchten bei Installation oder Betrieb nach bestimmten Mustern, die im Handbuch der Hardware beschrieben sind. Sollten sie nicht so blinken, entfernen Sie das Netzwerkkabel und werfen Sie einen Blick in die Buchse. Eventuell hat sich hier Schmutz angesammelt und verhindert einen richtigen Kontakt.

Netzwerkkarte kaputt?

Manchmal liegt ein nicht funktionierendes Netzwerk an einem Hardwaredefekt. Schauen Sie sich dazu einmal im Geräte-Manager um. Sie finden den Geräte-Manager in der Systemsteuerung unter *Systemeigenschaften* im Register *Hardware* unter der Schaltfläche *Geräte-Manager*. Hier sollte die Netzwerkkarte als funktionierendes Gerät ohne gelbes Ausrufezeichen eingetragen sein.

Einige Hersteller bieten neben ihren Treibern Tools zur Hardwarediagnose an. Sie können hier die Hardwareparameter gemäß dem mitgelieferten Handbuch ändern: Stellen Sie z. B. die 10/100-MBit-Erkennung und das Full-Duplex auf *automatisch* um. Sie können, wie auch beim Kabel, die Karte probeweise austauschen.

Treiberprobleme?

Ohne Treiber keine funktionierende Hardware. Windows XP hat zwar viele Treiber dabei, doch meistens nicht die neusten. Surfen Sie einmal auf die Herstellerseiten. Da gibt es oft neuere Versionen, die die Fehler beheben können. Klingt natürlich einfach, aber wenn Ihr Netzwerk nicht läuft, kommen Sie auch nicht ins Internet. Sie müssen dann einen Freund bitten oder auf der Arbeitsstelle danach suchen. Nehmen Sie einen USB-Stick oder eine Diskette mit, um den neuen Treiber mit nach Hause zu nehmen.

Protokollprobleme

Funktionieren Hardware und Treiber und sitzen die Kabel richtig, müssen Sie die Windows-Einstellungen durchsuchen. Schauen Sie sich vor allem das TCP/IP-Protokoll an. In der Systemsteuerung unter *Netzwerkverbindungen* können Sie das Symbol *LAN-Verbindung* prüfen. Jeweils nur eine Verbindung pro Netzwerk-karte. Klicken Sie dazu mit der rechten Maustaste auf die *LAN-Verbindung*, so kommen Sie an ihre Eigenschaften.

In den *Eigenschaften von LAN-Verbindung* steht oben die gerade betrachtete Netzwerkkarte, darunter stehen die mit ihr verbundenen Elemente. Der *Client für Microsoft-Netzwerke* und das *Internetprotokoll (TCP/IP)* müssen aktiviert sein, ebenso die *Datei- und Druckerfreigabe*, wenn Sie Verzeichnisse oder Drucker im Netzwerk freigeben wollen. Ist das nicht der Fall, müssen Sie es über *Installieren* korrigieren. Ist hier der Fehler nicht zu finden, liegt es möglicherweise an der TCP/IP-Konfiguration.

TCP/IP-Konfigurationsprobleme

Klicken Sie auf das oben erwähnte Internetprotokoll (TCP/IP) doppelt. So kommen Sie an die IP-Konfiguration.

Natürlich muss hier die IP-Adresse mit dem lokalen Netzwerk übereinstimmen. In kleinen privaten Netzen können Sie bei Fehlern ruhig einmal versuchen die letzte Ziffer der IP-Adresse um eins höher zu stellen. Damit Sie nicht mit den Zahlen durcheinander kommen, könnten Sie ein bestimmtes System benutzen – beispielsweise indem Sie an alle Server die IP-Nummern von 1 bis 9 vergeben. Die Workstation können Sie dann mit 10 bis 100 durchnummerieren und der Router oder die Firewall erhält die 254 als letzte mögliche Nummer. 0 oder 255 dürfen Sie nicht verwenden! Außerdem muss die Netzwerkmaske passen. Sie gibt die Größe des Netzwerks an. Kleine Netzwerke haben bis zu 254 Geräte und gehören den Klasse-C-Netzen an. Deren IP-Adresse ist dann 192.168.0.x, als Subnetz- oder Netzwerkmaske benutzen Sie dann 255.255.255.0.

Wenn diese beiden Parameter auf diesem sowie einem zweiten PC im Netz richtig eingestellt sind, führen Sie einen Ping-Befehl zwischen beiden aus. Gehen Sie dazu unter *Start\Systemsteuerung\Eingabeaufforderung*. Geben Sie nun den Befehl *ping* und die IP-Adresse des Servers ein.

Pingen Sie auch die *127.0.0.1* an. Das ist die eigene Netzwerkkarte (das Loopback-Device). Erhalten Sie nur hier, also intern, eine Antwort, haben Sie einen Fehler in der IP. Die Subnetzmaske ist falsch, wenn Sie sich selbst über Ihre eigene IP-Adresse anpingen können, aber von keinem anderen Gerät im LAN eine Rückmeldung erhalten. Handelt es sich um einen Windows-Rechner mit mindestens einer Freigabe, probieren Sie in der Eingabeaufforderung den *net*-Befehl:

- `net view \\<Name des anzusprechenden Rechners>`

So werden Ihnen die verfügbaren Ressourcen des Zielrechners angezeigt – jedoch nur, wenn Ihr lokaler Benutzername und das Passwort dort auch in der Benutzerverwaltung bekannt sind.

Sollte das alles nicht funktionieren, liegt das, wie schon beschrieben, an Hardwareproblemen, an der TCP/IP-Software oder an den Treibern.

WLAN findet keinen Kontakt

Hier gibt es meist nur einen Grund: die begrenzte Reichweite des AP. Zwar kann die Sendeleistung von WLAN auf freiem Feld, bei idealen Bedingungen, über hundert Meter gehen, doch Staub, Nebel oder andere Funkwellen verkürzen diese Entfernung. Ganz zu schweigen von Fensterscheiben, Wänden und Türen (insbesondere Stahltüren oder Sonnenschutzglas!).

Möchten Sie also einen möglichst großen Radius mit dem WLAN abdecken, um es beispielsweise im Garten zu empfangen, sollten Sie den AP so aufstellen, dass kein Hindernis die Funkwellen stört – also ab mit dem AP an die Wand oder noch besser vor das Fenster zum Garten.

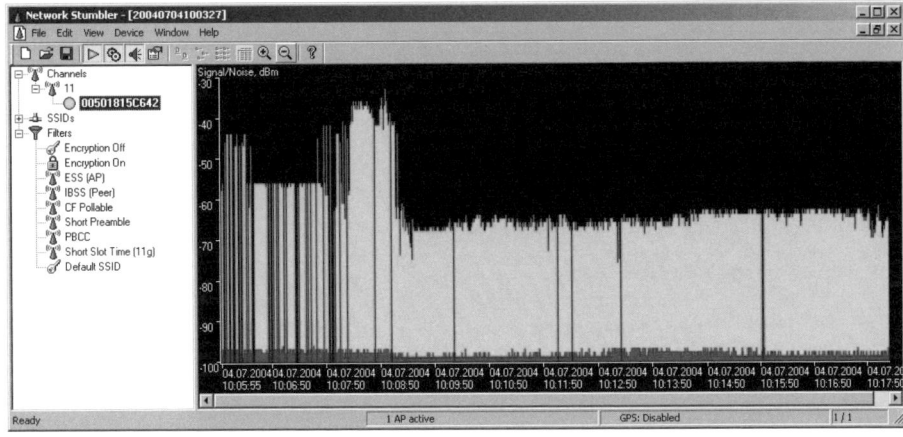

Das Hacker-Tool Network Stumbler bieten Ihnen die Möglichkeit, den besten Platz für Ihren AP zu finden. Laufen Sie mit dem AP durch die Gegend: Dort, wo die höchste Empfangsqualität besteht, ist der beste Aufstellungsort (www.netstumbler.com im Download-Bereich).

Es gibt wetterfeste Kästen, die eine „Outdoor-WLAN-Bridge" beinhalten. Die wird zwischen AP und dem Haus installiert und erhöht die Reichweite des WLAN. Allerdings kosten die Dinger um die 800 Euro.

Spezialantennen, beispielsweise von ELSA, können stärker senden und haben einen charakteristischen Ausstrahlwinkel von 360 Grad bis 30 Grad. Sie können als Richtantennen benutzt werden, damit nur bestimmte Bereiche ins WLAN-Netzwerk kommen.

Schauen Sie einmal im WarDriving-Forum unter *www.wardriving-forum.de* vorbei. Hier erhalten Sie weitere Anregungen und Tipps.

16. Druckerprobleme schnell und einfach beheben

Heutzutage steht neben fast jedem Computer ein Drucker. Wie viele Peripheriegeräte sind auch Drucker immer günstiger und vor allem viel besser geworden.

Obwohl Tintenstrahldrucker im Heimbereich nach wie vor die Vormachtstellung haben, drängen kleine und günstige Laserdrucker immer stärker zum heimischen Computer. Durch günstige Preise (unter 100 Euro für einen Schwarz-Weiß-Laser und 300 Euro für einen Farblaser)

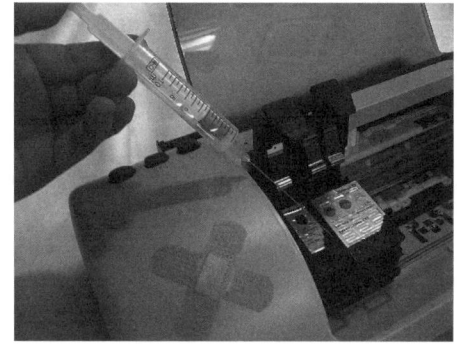

wird diese Technologie dem Kunden schmackhaft gemacht. Laserdrucker bieten im Text- und Grafikdruck ein wesentlich besseres Bild als Tintenstrahldrucker und sind dazu wesentlich schneller. Wenn es allerdings darum geht, Fotos auf Hochglanzpapier zu drucken, haben selbst günstige Tintenstrahler durch leuchtende Farben und hohe Auflösungen oft die Nase vor. Zudem schreckt der höhere Preis für Laserdrucker und Toner vor dem Kauf ab. Kartuschenpreise von 100 Euro pro Farbe sind keine Seltenheit – diese Kartuschen halten dafür auch mehrere tausend Seite und sind im Endeffekt wesentlich billiger als ein Tintenstrahldrucker.

An Bedeutung gewonnen hat darüber hinaus die Netzwerkfähigkeit des Druckers. Dank Breitbandinternet sind viele Haushalte mittlerweile mit mehreren Computern ausgestattet, die untereinander durch Kabel- oder Funkverbindung vernetzt sind. Neben der Internetverbindung lässt sich so auch ein Drucker einfach und schnell von mehreren Computern nutzen. Dazu gibt es verschiedene Möglichkeiten: einfache Druckerfreigabe unter Windows stellt die einfachste Möglichkeit dar. Praktischer ist es jedoch, wenn der Drucker bereits über eine Netzwerkbuchse verfügt – diese Modelle sind jedoch recht teuer. Eine weitere Lösung sind externe Printserver, die ab etwa 50 Euro erhältlich sind. Auch sind mittlerweile Router erhältlich, die neben der Verteilung des Internets auch die Funktion eines Printservers übernehmen können.

16.1 Druckermechanik wieder aufpolieren

Der am meisten verbreitete Druckertyp ist der Tintenstrahldrucker. Anfangs noch belächelt und als „Tintenpisser" verschrien, haben die Tintenstrahler Mitte der 90er Jahre begonnen, fast alle heimischen Schreibtische und kleinen Büros zu erobern. Kein Wunder: Die Technik hat sich rasant fortentwickelt und somit die Druckqualität der Tintenstrahler stark verbessert. Zudem waren die Tintenstrahler die erste wirklich brauchbare Lösung, kostengünstig in Farbe zu drucken.

Um die Tinte auf das Papier zu bringen, besitzen Tintenstrahldrucker eine Vielzahl von extrem feinen Düsen, die im Druckkopf untergebracht sind. Der Druckkopf ist eine bewegliche Vorrichtung, die bei Nadeldruckern mit Nadeln, bei Thermodruckern mit elektrischen Widerständen und bei Tintenstrahldruckern mit Düsen arbeitet. Um jeden einzelnen Tintentropfen an seinen Platz zu bringen, wird die Tinte unter Druck gesetzt. Die Tintenmenge, die dabei pro Tintentröpfchen abgegeben ist, liegt bei heutigen Druckern bei etwa einem Picoliter, das entspringt einem Billionstel eines Liters!

Dye- und Pigment-Tinte – unterschiedliche Tintenarten

Tinten für Tintenstrahldrucker sind in zwei unterschieden Arten erhältlich. Die Farbe in der Dye-Tinte ist komplett in einem Träger (meistens Wasser) aufgelöst. Die meisten Patronen sind mit dieser Art Tinte ausgestattet, da sie günstig ist und beim Fotodruck das bessere Ergebnis erzielt. Allerdings ist sie nicht wischfest und so verwischt der Ausdruck, sobald er mit Feuchtigkeit in Berührung kommt. Bei Pigment-Tinte befindet sich der Farbstoff in nicht wasserlöslichen Pigmenten in der Trägerflüssigkeit, die dann natürlich den Vorteil eines wischfesten Ausdrucks besitzt. Allerdings sind Fotos, die mit Pigment-Tinte gedruckt wurden, häufig blass und wirken nicht natürlich. Der Textausdruck gelingt dafür häufig besser und schärfer.

Tintenstrahldrucker sind – wie jeder Drucker – durch die vielen beweglichen Teile einem hohen Verschleiß ausgesetzt. Der Druckkopf kann beispielsweise durch eingetrocknete Tintenreste verschmutzt werden oder Staub die Druckermechanik lahm legen. Daher ist die Pflege eines Druckers wichtig, damit dieser auch über mehrere Jahre hinweg gute Ergebnisse liefert.

Der Druckkopf

Tintenstrahldrucker gibt es mit zwei unterschiedlichen Druckkopfsystemen: Permanentdruckköpfe und Instantdruckköpfe. Permanentdruckköpfe sind fest im Drucker installiert und lassen sich nur von einem Fachmann austauschen. Sie sind dabei sehr gut vor Staub und Verschmutzungen geschützt und verfügen über Selbstreinigungsmechanismen, um eingetrocknete Tintenreste zu entfernen. Bei Druckern, die keinen permanenten Druckkopf im Gerät haben, befindet sich der Druckkopf direkt an der Patrone (so genannte Instantdruckköpfe). Bei jedem Patronenwechsel wird somit auch gleichzeitig der Druckkopf ausgetauscht.

Dabei lässt sich jedoch nicht sagen, welches System besser ist, da beide Vor- und Nachteile bieten. Die Patronen bei Druckern mit Permanentdruckkopf sind wesentlich billiger, da es sich hierbei nur um reine Tintenspeicher handelt, die sehr einfach gebaut sind. Allerdings verbraucht die Druckkopfreinigung des Drucker häufig sehr viel Tinte. Ein weiterer Nachteil ist, dass der Drucker in den meisten Fällen ein wirtschaftlicher Totalschaden ist, falls der fest installierte Druckkopf doch einmal kaputt gehen sollte. Eine Reparatur ist zwar möglich, jedoch übersteigt sie häufig den Preis eines neuen Geräts.

Der größte Nachteil bei Druckern ohne integrierten Druckkopf ist der sehr hohe Preis der Patronen. Diese verfügen dann über den Druckkopf und sind technisch aufwendiger als reine Tintenspeicher. Zwei komplette Tintensätzte können dabei ohne weiteres teurer sein als der eigentliche Drucker. Ansonsten haben Drucker, die mit dieser Technik arbeiten, den Vorteil, dass der Druckkopf bei jedem Patronenwechsel ebenfalls ausgetauscht wird. Eine Beschädigung des Druckkopfs ist somit nicht weiter tragisch und die tintenfressende Druckkopfreinigung entfällt.

Egal, mit welchem Prinzip Ihr Drucker arbeitet: Wenn Sie den Druckkopf pflegen oder reparieren wollen, müssen Sie zuerst herausfinden, mit welchem System Ihr Drucker arbeitet. Die meisten Canon- und Epson-Drucker arbeiten mit Permanentdruckköpfen während Hewlett Packard und Lexmark meistens Instantdruckköpfe verwenden. Alle Hersteller besitzen jedoch Modelle, die das gegenteilige System benutzen. Um Gewissheit zu erlangen, werfen Sie einen Blick in das Handbuch des Druckers. Unter den technischen Angaben wird meistens das verwendete System genannt.

Falls Sie hier nicht fündig werden, schauen Sie sich einfach die Patronen Ihres Druckers an. Eine Patrone mit integriertem Druckkopf hat keine Ausgänge für Tinte! Die Tinte gelangt über den eigenen Druckkopf aufs Papier. Die Patrone eines Druckers mit internem Druckkopf hat dagegen, meistens auf der Unterseite, Löcher, durch die die Tinte in den Druckkopf des Druckers gelangt.

Hier ist der Druckkopf im Drucker ...   *... und hier in der Patrone.*

Patronen mit integriertem Druckkopf benötigen Pflege

Der integrierte Druckkopf einer Patrone ist natürlich längst nicht so hochwertig wie ein fest installierter Druckkopf. Dies ist jedoch kein Nachteil, da die angestrebte Lebensdauer des Druckkopfs natürlich auch wesentlich kürzer ist. Verwenden Sie Ihren Drucker regelmäßig, dürften daher so gut wie nie Probleme mit eingetrockneter Tinte oder nicht hergestellten Kontakten auftreten. Die meisten Probleme treten erst auf, wenn Sie den Drucker längere Zeit nicht benutzen, da so Tintenreste am Druckkopf eintrocknen können und die Düsen verstopfen – dann ist eine Reinigung unumgänglich. Aber auch, falls Sie Ihre Patrone nachfüllen möchten, ist besondere Pflege notwendig, da Sie den Druckkopf dann über seine eigentliche Lebensdauer hinweg beanspruchen.

Originaltinte ist besser

Die hohen Preise für Tintenpatronen sind kalkuliert – nur durch diese Einnahmequelle können die Hersteller Drucker zu Kampfpreisen anbieten. Natürlich sind ihnen Patronen von Fremdherstellern und Nachfülltinten ein Dorn im Auge und so droht der Garantieverlust, falls dadurch ein Schaden verursacht wird. Die Druckerhersteller haben jedoch Recht: Ihre Originaltinte ist besser. Nur mit ihr ist ein optimales Druckergebnis garantiert. Zudem bringt der Einsatz von Patronen von Drittherstellern oder das Nachfüllen Risiken mit sich: Häufig werden (gerade bei eBay) absolute Billigpatronen mit minderwertiger Tinte angeboten, die den Druckkopf sehr leicht irreparabel verstopfen können! Falls Sie Geld sparen möchten und nachgebaute Patronen einsetzen möchten oder Ihre Patrone manuell nachfüllen möchten, sollten Sie auf ein hochwertiges Produkt achten. Besonders bewährt haben sich unter anderem die Tinten und Patronen der Hersteller Jettec und Inktec.

Generalüberholung für den Druckkopf der Patrone

Verstopfte Düsen am Druckkopf können auf verschiedene Arten das Druckbild beeinträchtigen. Häufig ist das Bild mit horizontalen Streifen durchzogen oder eine Farbe ist vollständig vom Ausdruck verschwunden. Bevor Sie selbst Hand anlegen, probieren Sie die Selbstreinigung des Druckers aus, möglicherweise wird dadurch schon die Verstopfung gelöst.

Dieser Vorgang ist je nach Drucker unterschiedlich. Bei einigen Modellen funktioniert dies beispielsweise durch eine bestimmte Tastenkombination am Drucker. Bei den meisten modernen Druckern befindet sich die Reinigungsfunktion jedoch direkt im Treiber oder der Software des Druckers.

1 Öffnen Sie dazu die Eigenschaften des installierten Druckers. Sie finden diese unter *Systemsteuerung/Drucker und Faxgeräte*. Klicken Sie mit der rechten Maustaste auf den entsprechenden Drucker und wählen S*ie Eigenschaften* aus. Klicken Sie im sich nun öffnenden Fenster auf *Druckeinstellungen*.

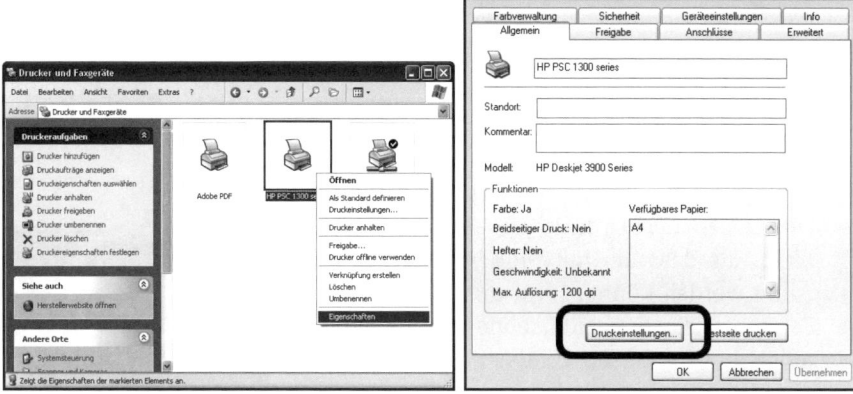

2 Nun müssen Sie die die Reinigungsoption finden. Diese versteckt sich häufig unter Begriffen wie *Gerätewartung, Support* oder einfach *Reinigung*. Für die Reinigung der Düsen ist es notwendig, Papier in den Drucker einzulegen. Der Drucker versucht nun, durch einen erhöhten Druck die Düsen wieder frei zu bekommen. Drucken Sie nach der Reinigung eine Testseite aus, um das Ergebnis zu überprüfen.

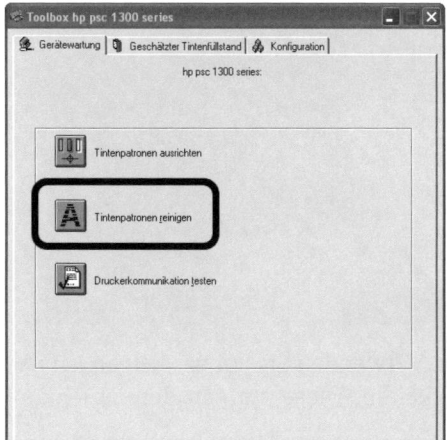
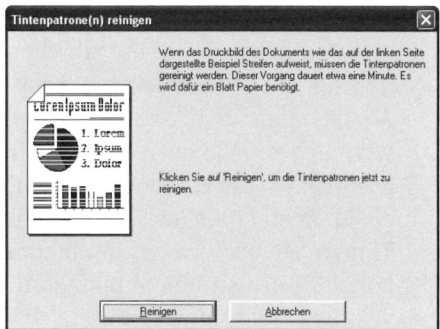

Falls die Reinigung des Druckkopfs durch den Drucker nicht ausreicht, müssen Sie den Druckkopf manuell reinigen. Dazu muss die Patrone aus dem Drucker entnommen werden, was nicht weiter schwierig ist. Achten Sie jedoch unbedingt auf Tinte, die aus dem Druckkopf austreten kann. Diese ist nämlich ausgesprochen hartnäckig und lässt sich kaum aus dem Teppich oder der Kleidung entfernen.

1 Schalten Sie den Drucker aus. Entnehmen Sie anschließend die Patrone. Achten Sie auf austretende Tinte. Legen Sie die Patrone so auf eine gerade Oberfläche, dass der Druckkopf nach oben zeigt. Besitzen Sie einen Drucker mit mehreren Patronen, müssen Sie die folgenden Schritte mit allen Patronen bzw. Druckköpfen wiederholen.

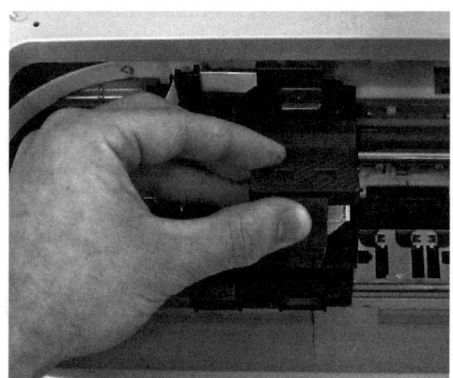

2 Schauen Sie sich nun den Druckkopf an. Die Düsen des Druckkopfs sind viel zu klein, als dass sie mit bloßem Auge erkannt werden können. Nur durch so feine Düsen ist ein hochauflösendes Druckbild möglich. Die Düsen bilden eine Matrix, die sehr empfindlich ist. Fassen Sie den Druckkopf daher nie mit den Fingern an.

3 Nun müssen Sie den Druckkopf von eingetrockneter Tinte befreien. Je nach Grad der Verschmutzung müssen Sie unterschiedlich vorgehen. Auf jeden Fall benötigen Sie fusselfreie Tücher. Gut geeignet sind Papierküchentücher, aber auch Mikrofasertücher (diese sind allerdings nachher mit Tintenflecken übersät). Als Reinigungsflüssigkeit ist gewöhnliches Wasser geeignet. Im Fachhandel gibt es jedoch auch spezielle Reinigungsflüssigkeiten, die

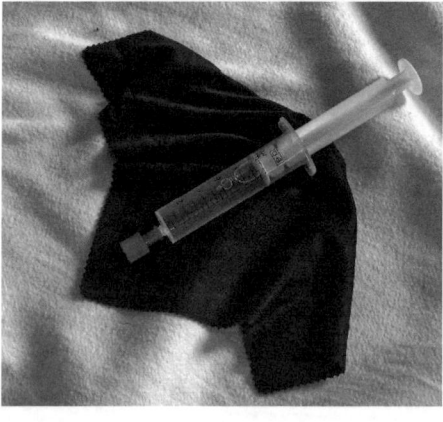

Tintenreste noch besser lösen können. Verwenden Sie auf gar keinen Fall Alkohol, Spiritus ohne ähnliche Flüssigkeiten. Diese würden den Druckkopf verätzen und somit zerstören.

4 Bei geringer Verschmutzung reicht es, den Druckkopf mit einem befeuchteten Tuch so lange abzutupfen, bis alle Tintenreste verschwunden sind. Durch die Feuchtigkeit löst sich auch Tinte, die direkt in den Düsen ist.

Bevor Sie die Patrone wieder in den Drucker einsetzen können, muss sie absolut trocken sein. Tupfen Sie den Druckkopf vorsichtig mit einem trockenen Tuch ab („rubbeln" Sie dabei jedoch nicht).

5 Bei starken Verschmutzungen kann das einfache Abtupfen des Druckkopfs nicht ausreichend sein. Auch wenn der Druckkopf von außen von allen Tintenresten befreit worden ist, kann er immer noch verstopft sein, da sich direkt in den Düsen eingetrocknete Tinte befindet.

Ist dies der Fall, befeuchten Sie ein fusselfreies Papiertuch. Es soll feucht, jedoch auf keinen Fall tropfnass sein! Legen Sie das Papiertuch direkt auf den Druckkopf. Jetzt ist warten angesagt: Die Feuchtigkeit soll direkt in die Düsen eindringen und Tintenreste herauslösen. Lassen Sie das Tuch daher etwa eine Stunde auf dem Druckkopf liegen, beobachten Sie es jedoch ab und an – sobald ein größerer Tintenfleck auf dem Tuch sichtbar ist, können Sie es entfernen, da nun die Drüsen frei geworden sind.

6 Falls sich jetzt wieder Tinte an der Oberfläche des Druckkopfs befindet, entfernen Sie diese durch vorsichtiges Tupfen. Sollte der Druckkopf jedoch von der Reinigung noch feucht sein, trocknen Sie ihn mit einem fusselfreien Tuch ab.

7 Jetzt können Sie die Patrone wieder in den Drucker einsetzen. Sie sollten jedoch nicht sofort das Ergebnis der Reinigung testen, sondern erst noch etwas warten. Da die Patrone eine ganze Weile lang auf dem Kopf stand, hat sich die Tinte im Schwamm der Patrone verlagert und muss erst wieder in die Richtige Position fließen. Nach etwa 20 bis 30 Minuten sollte dies geschehen sein. Auch eine weitere Reinigung der Patrone durch den Druckkopf ist sinnvoll, da sich durch die Reinigung Luftbläschen in den Düsen gebildet haben können, die dadurch entfernt werden.

Heiß: Druckkopfreinigung bei 70 °C!

Bevor Sie jetzt kopfschüttelnd das Buch weglegen: Nein, es ist kein Scherz! Bei besonders hartnäckigen Verstopfungen, die auch nicht mit spezieller Reinigungsflüssigkeit zu lösen sind, können Sie den Druckkopf reinigen, indem Sie ihn in heißes Wasser halten. Oftmals sind die Düsen nämlich nicht nur von außen, sondern auch von innen so stark verstopft, sodass kein Tuch weiterhelfen kann.

1 Erhitzen Sie in diesem Fall Wasser auf ca. 70 C. Verwenden Sie kein kochendes Wasser! Benutzen Sie eine flache Schale und gießen Sie das Wasser auf eine Höhe von etwa einem Zentimeter.

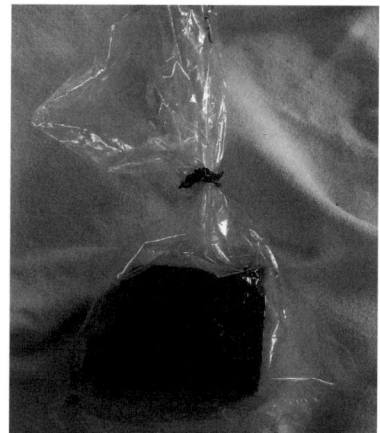

2 Halten Sie nun den Druckkopf der Patrone in das Wasser. Nur den Druckkopf! Baden Sie auf keinen Fall die ganze Patrone, dies würde sie höchstwahrscheinlich nicht überleben.

Falls Ihnen diese Methode zu unsicher erscheint, können Sie die Patrone auch in einen Frischhaltebeutel verpacken und dann den Druckkopf in das Wasser halten.

3 Ist nach ein paar Sekunden Tinte zu sehen, sind die Düsen des Druckkopfs wieder frei. Es kann jedoch auch notwendig sein, die Patrone längere Zeit „einzuweichen". Falls nach etwa 30 Minuten die Patrone jedoch immer noch verstopft sein sollte, ist der Druckkopf wahrscheinlich irreparabel beschädigt und Sie müssen wohl oder übel eine neue Patrone kaufen.

Patronen in Spezialbox aufbewahren

Die größte Gefahr für den Druckkopf ist das Eintrocknen der Tinte durch seltene Benutzung des Druckers. Falls Sie den Drucker längere Zeit nicht benötigen, können Sie die Patronen auch in speziellen Boxen aufbewahren. So sind diese optimal vor Austrocknen und Verstopfen geschützt.

Kontakte an der Patrone reinigen

Sollte der Drucker auch nach unseren Reinigungsmethoden nicht korrekt drucken, kann dies auch an einem schlechten Kontakt zwischen Patrone und Drucker liegen. Der Drucker steuert Patronen mit integriertem Druckkopf über ein relativ großes Kontaktfeld an. Die einzelnen Kontakte steuern die Düsen des Druckkopfs. Ist die Verbindung zwischen einigen Kontakten unterbrochen, werden einige Düsen nicht richtig angesprochen. Die Folge ist ein schlechtes Druckbild.

Aber auch bei Druckern mit integriertem Druckkopf ist ein guter Kontakt wichtig. Moderne Drucker verfügen nämlich häufig über Chips an der Patrone. Dieser übermittelt beispielsweise den Füllstand an den Drucker, meldet aber auch Patronen von Drittherstellern.

Nicht leitende Kontakte: oft übersehene Fehlerursache

Schauen Sie sich die Patrone einmal genau an: Jedes einzelne Kontaktfeld muss eine Einkerbung oder Markierung haben, wenn sie schon einmal in dem Drucker eingesetzt war. Ist an einer Stelle keine Markierung zu erkennen, ist dies mit Sicherheit eine Ursache für ein schlechtes Druckbild.

Haben alle Kontakte eine Markierung?

1 Setzen Sie die Patrone wieder in den Drucker ein und drücken Sie sie kräftig (aber nicht mit Gewalt!) in den Patronenkorb.

2 Entnehmen Sie die Patrone wieder und überprüfen Sie nochmals alle Kontakte. Eventuell wurde der Kontakt nun hergestellt. Falls noch nicht alle Kontakte hergestellt wurden, wiederholen Sie diesen Schritt.

3 Reinigen Sie die Kontakte mit einem Wattestäbchen und Feuerzeugbenzin, Spiritus oder Ähnlichem.

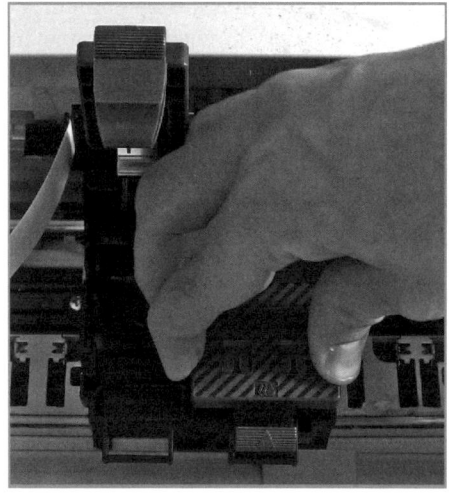

4 Schauen Sie sich nun die Kontakte am Drucker an. Diese sollte Sie ebenfalls mit einem Wattestäbchen und einer Reinigungsflüssigkeit vorsichtig reinigen. Achten Sie aber unbedingt darauf, keine anderen Teile des Druckers mit dem Wattestäbchen zu berühren.

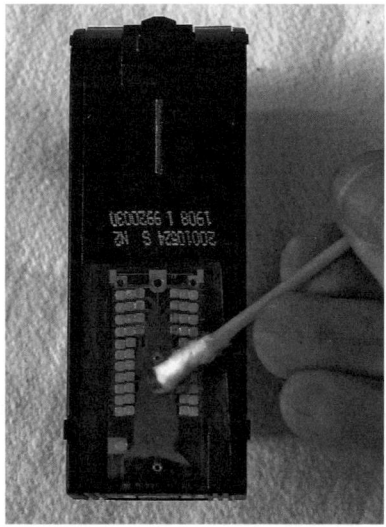

Reinigen Sie die Kontakte an der Patrone ...   *... und die Kontakte im Drucker.*

5   Sollte sich das Druckbild immer noch nicht verbessert haben, können Sie die Kontakte an der Patrone mit elektrisch leitendem Kontaktspray behandeln. Genauso können Sie auch die Kontakte im Drucker behandeln, achten Sie jedoch wieder darauf, dass keine Flüssigkeit an andere Stellen gelangt. Sprühen Sie das Kontaktspray dazu am besten auf ein Tuch und tupfen Sie damit die Kontakte am Drucker ab.

Permanentdruckkopf reinigen – so gut es geht

Die Reinigung eines fest eingebauten Druckkopfs ist wesentlich schwieriger als die soeben beschriebene. Bei einigen Druckern, beispielsweise bei einigen Modellen des Herstellers Canon, lässt sich die Druckkopfeinheit komplett entfernen und somit leicht reinigen. Allerdings sind solche Systeme eher selten und bei den meisten Druckern ist der Ausbau des Druckkopfs nicht möglich, ohne den kompletten Drucker zu zerlegen. Trotzdem gibt es einige Möglichkeiten, um auch die Düsen von Permanentdruckköpfen von Tintenresten zu befreien.

Die komplette Druckkopfeinheit ist fest im Drucker integriert und lässt sich praktisch nicht entfernen.

Druckkopf sehr häufig eingetrocknet

Hat Ihr Drucker häufig mit eingetrockneter Tinte am Druckkopf zu kämpfen, hängt dies möglicherweise mit dem Standort des Druckers zusammen. Eine Ursache dafür kann eine Wärmequelle in der Nähe des Druckers sein, die die Tinte sehr schnell trocknen lässt. Aber auch der Einsatz minderwertiger Tinte, die nicht über eine so gute Viskosität wie die Originaltinte verfügt, kann den Druckkopf schneller verstopfen.

1 Der erste Schritt sollte das Ausführen der integrierten Druckkopfreinigung des Druckers sein. Diese starten Sie entweder durch eine Tastenkombination bzw. Halten einer bestimmten Taste am Drucker oder über den Treiber der Software. Die Einstellungen dazu finden Sie unter *Systemsteuerung/Drucker und Faxgeräte*. Wählen Sie den Drucker mit Rechtsklick aus und wählen Sie *Eigenschaften/Druckeinstellungen aus*.

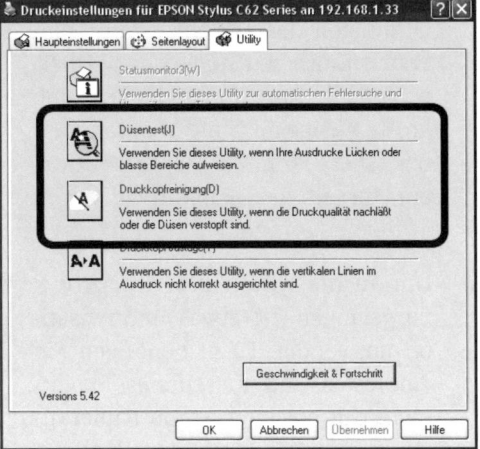

2 Die Option im Treiber heißt *Druckkopfreinigung*, *Wartung* oder einfach *Reinigung*. Auch die Funktion *Düsentest* kann hilfreich sein. Führen Sie die Druckkopfreinigung aus und drucken Sie anschließend eine Testseite. Sollte die Verstopfung nicht gelöst worden sein, können Sie die Reinigung öfters ausführen. Mehr als drei oder vier Reinigungen sind jedoch nicht sinnvoll.

Achtung! An diesem Punkt sollten Sie die Reparatur des Druckkopfs unterbrechen, sofern Ihr Drucker noch über die Herstellergarantie verfügt! Nur bei sehr teuren Geräten lohnt sich eine kostenpflichtige Reparatur, da die Druckkopfeinheit sehr teuer ist und ein neuer Drucker ist nur minimal teurer oder gar billiger ist! Beachten Sie auch unbedingt unsere Tipps unter *Kontakte an der Patrone reinigen* ab Seite 680.

Sie sollten die folgenden Schritte nur dann ausführen, sofern Sie das Gerät eh schon als Totalschaden aufgegeben und nichts mehr zu verlieren haben! Achten Sie außerdem auf austretende Tinte, da diese nur sehr schwierig aus Textilien entfernt werden kann.

1 Zuerst muss der Druckkopf aus der Parkposition geholt werden. Sofern das Gerät gerade keine Aktion ausführt, befindet sich der Druckkopf blockiert in der linken oder rechten Ecke und lässt sich nicht per Hand verschieben. Um den Druckkopf zu entriegeln, müssen Sie den Stromstecker aus dem Drucker ziehen, währen der Druckkopf gerade eine Aktion durchführt! Dies sollte nicht während eines Druckvorgangs geschehen, sondern beispielsweise kurz nachdem der Drucker eingeschaltet wurde.

2 Entfernen Sie nun alle Patronen aus dem Drucker und schauen Sie sich die Vorrichtung an: Die Düsen des Druckkopfs sind nicht zu sehen, sondern nur die Spitzen, die die Öffnungen der Tintenpatrone beim ersten Einsetzen aufstechen. Überprüfen Sie kurz, ob sich dort eine große Menge an Tinte angesammelt hat. Diese können Sie jetzt durch ein fusselfreies Papiertuch durch Tupfen entfernen.

3 Um an die Düsen des Druckkopfs zu gelangen, ist etwas Improvisation notwendig. Dazu benötigen Sie ein festes und fusselfreies Papiertuch. Gut geeignet ist ein Papierküchentuch oder auch ein Papiertaschentuch. Dieses müssen Sie mit Feuchtigkeit tränken, jedoch nur so stark, dass es noch ausreichend stabil bleibt. Dazu können Sie gewöhnliches Wasser nehmen, aber auch eine spezielle Flüssigkeit zur Reinigung eines Druckkopfs. Verwenden Sie keinen Alkohol!

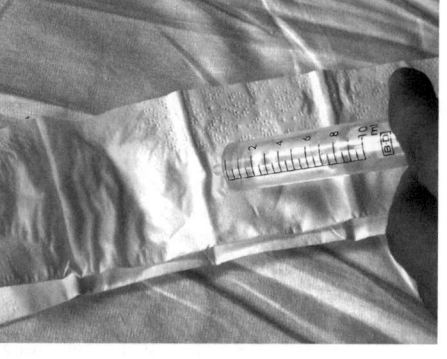

4 Legen Sie das Papiertuch nun wie abgebildet in den Drucker. Das Ziel ist, den Druckkopf über das angefeuchtete Tuch zu bringen und so eingetrocknete Tintenreste zu lösen.

Schieben Sie den Druckkopf nun langsam und vorsichtig nach links und rechts. Falls das Papiertuch währenddessen reißen sollte, unterbrechen Sie den Vorgang sofort und entfernen Sie es aus dem Drucker. Lassen Sie anschließend den Druckkopf für einige Stunden auf dem feuchten Tuch ruhen. Dadurch wird der Druckkopf möglichst stark befeuchtet und die eingetrocknete Tinte kann sich lösen.

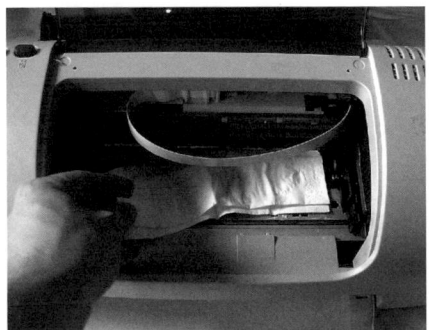 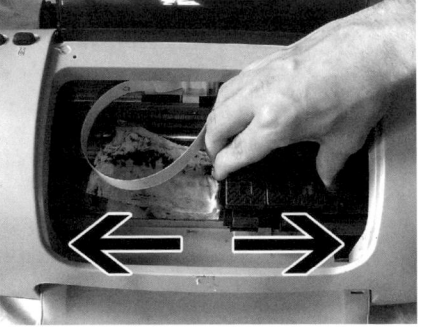

5 Entfernen Sie anschließend das Papiertuch aus dem Drucker und setzten Sie die Tintenpatronen wieder ein. Führen Sie die Druckkopfreinigung des Druckers aus und machen Sie einen Testdruck.

Ist das Druckbild nach dieser Prozedur immer noch nicht zufrieden stellend, gibt es noch eine weitere Möglichkeit. Dieser Schritt ist jedoch noch etwas gefährlicher, daher noch einmal die Warnung: Führen Sie ihn nur doch, falls eine professionelle Reparatur nicht lohnenswert ist!

1 Entriegeln Sie wieder den Druckkopf durch Ziehen des Stromsteckers während des Betriebs. Entfernen Sie anschließend die Tintenpatronen.

2 Die herausragenden Spitzen am Druckkopf sind dazu da, die Tintenpatrone beim ersten Einsetzen aufzustechen. Außerdem zieht der Druckkopf durch diese Öffnungen die notwendige Tinte in die Düsen. Sie stellen also eine direkte Verbindung zu den Düsen des Druckkopfs da.

3 Um den Druckkopf auf diesen Weg zu reinigen, benötigen Sie eine Spritze, die mit Wasser oder mit passender Spezialflüssigkeit gefüllt ist. Die Plastiköffnung der Spitze muss genau auf die Spitzen des Druckkopfs passen. Ist dies nicht der Fall, müssen Sie noch ein kleines Plastikröhrchen dazwischen klemmen.

4 Legen Sie unter den Druckkopf wieder ein Papiertuch, um so austretende Flüssigkeit aufzufangen (siehe oben). Geeignet sind alle fusselfreien Papiertücher.

5 Stecken Sie nun die Spritze direkt auf die Spitze am Druckkopf. Achten Sie darauf, dass die Spritze dabei möglichst gerade ist. Drücken Sie nun die Flüssigkeit langsam in den Druckkopf.

Falls sich dabei viel Flüssigkeit in der Patronenhalterung sammelt, unterbrechen Sie den Vorgang und trocknen Sie den Druckkopf.

6 Entfernen Sie anschließend wieder das Papiertuch und setzen Sie die Patronen wieder ein (achten Sie jedoch darauf, dass alles am Drucker trocken ist). Starten Sie die Druckkopfreinigung des Druckers und drucken Sie eine Testseite.

Hat auch dieser Schritt nicht geholfen? Dann ist wohl oder übel der Druckkopf des Druckers irreparabel beschädigt und ein neuer Drucker muss her!

Papiereinzug – Walzen und Rollen reinigen

Die Walzen und Rollen des Druckers, die für den Papiereinzug verantwortlich sind, gehören zu den am meisten beanspruchten Teilen des Druckers. Jede einzelne Seite, die gedruckt wird, muss über die Walzen eingezogen werden und über Rollen laufen. Die Walzen besitzen eine raue Gummioberfläche, die mit der Zeit jedoch durch Staub allmählich ihre Griffigkeit verliert. Zieht der Drucker das Papier nur schräg, stapelweise oder gar nicht ein, müssen Sie die Walzen und Rollen reinigen.

1 Entfernen Sie das Papier aus dem Drucker. Zum Reinigen der Walzen benutzen Sie einfach einen feuchten Lappen, der nicht fusselt. Die Reinigung der Walzen funktioniert quasi automatisch: Halten Sie den feuchten Lappen an die Walzen und drücken Sie den Papierauswurfschalter am Drucker.

2 Häufig sind die Walzen stark verschmutzt und es befinden sich sogar Tintenreste an ihnen. Dann hilft gewöhnliches Wasser meistens weiter. Tränken Sie ein fusselfreies Tuch dafür einfach mit Glasreiniger, der Schmutz und Reste besser entfernen kann. Gehen Sie dabei genauso vor, wie in Schritt 1 beschrieben.

3 Um die Gummiwalzen wieder griffig zu machen, müssen sie aufgeraut werden. Dies können Sie ganz einfach mit der rauen Seite eines unbenutzten Scheuerschwamms machen. Gehen Sie dabei so vor wie bei der Reinigung der Walzen: Halten Sie den Schwamm an die Walze und drücken Sie die Taste für den Papierauswurf.

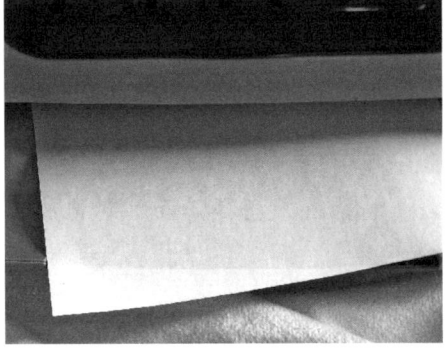

4 Rauen Sie jede Walze gleichmäßig, sprich: gleich lang, auf (etwa eine Minute). Starten Sie danach einen Probeausdruck, um zu sehen, ob das Papier zentriert eingezogen wird. Falls nicht, muss die Walze auf der Seite weiter aufgeraut werden, an der das meiste Papier herausragt.

Hier müssen Sie die linke Walze weiter aufrauen.

5 Anschließend müssen Sie nur noch die Rollen und Zahnrädchen im Druckerinneren von Schmutz befreien. Abgesehen davon, dass schmutzige Rollen häufig das Papier mit unschönen Streifen brandmarken, sind quietschende Rädchen häufig eine nervende Lärmbelästigung. Reinigen Sie Rollen und Rädchen mit einem feuchten, fusselfreien Tuch. In besonders hartnäckigen Fällen ist Feuerzeugbenzin oder Spiritus hilfreich.

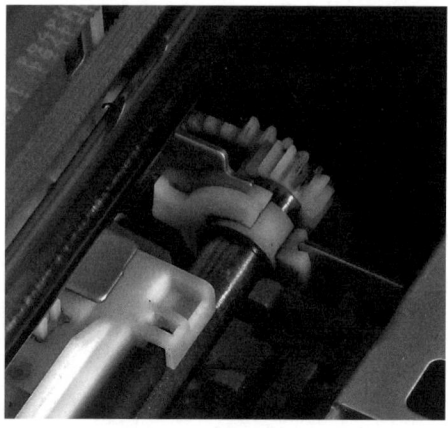

Papier richtig herum einlegen

Normales, preisgünstiges Druckerpapier hat häufig zwei unterschiedliche Seiten: Eine raue Unterseite und eine glatte Oberfläche, die eigentlich für den Druck gedacht ist. Nur hochwertigeres Papier verfügt über zwei gleichwertige Seiten (dies ist auf der Packung beispielsweise mit „duplexfähig" bezeichnet). Legen Sie das Papier unbedingt immer richtig in den Drucker ein. Die Druckqualität ist bedeutend besser und außerdem ist die Verschmutzung des Druckers und Druckkopfs wesentlich geringer.

16.2 Troubleshooting und Tipps: Druckerprobleme schnell beheben

Ein Drucker ist ein Gerät, das starkem Verschleiß ausgesetzt ist. Außerdem wird er durch Staub und Schmutz stark in Mitleidenschaft gezogen. Um Ihnen schnelle Hilfe zu gewährleisten, falls Ihr Drucker ein paar Macken hat, haben wir für häufig auftretende Probleme die passenden Lösungen zusammengestellt. Außerdem zeigen wir Ihnen durch einfache Tipps, wie das Arbeiten mit einem Drucker im Alltag erleichtert werden kann.

Der Drucker druckt viel zu langsam!

Problem: Der Drucker ist über den Parallelport angeschlossen und druckt viel langsamer, als er es nach Herstellerangabe eigentlich tun sollte. Außerdem reagiert der Computer nur sehr träge, wenn gedruckt wird.

Lösung: Der Drucker ist wahrscheinlich an einem nicht richtig konfigurierten Parallelport angeschlossen. Beobachten Sie den Druckkopf, ob er immer nur bei der Bewegung in eine Richtung druckt und dann an seinen Ausgangspunkt zurückfährt, ohne zu drucken. In diesem Fall müssen Sie im BIOS Ihres Computers in der Peripherieeinstellung den Parallelport als Protokolltyp *ECC/ECP* einstellen.

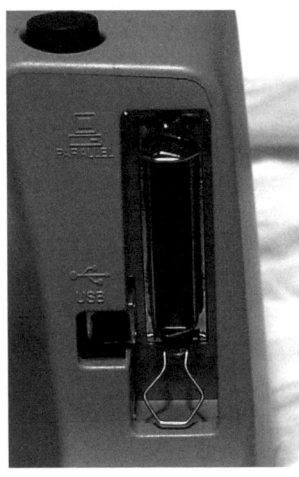

Wenn das nicht hilft, überprüfen Sie das Parallelkabel, mit dem der Drucker an den Computer angeschlossen ist. Weist es irgendwo Knicke oder Bruchstellen auf? Falls ja, müssen Sie das Kabel ersetzen. Achten Sie außerdem auf die Kabellänge – eine einfache Parallelkabelverbindung sollte insgesamt nicht länger als drei Meter sein. Auch die Verlängerung des Kabels durch ein zweites verringert die Signalleistung. Mit sehr gut abgeschirmten Kabeln, die jedoch sehr teuer sind, ist auch eine Verbindung von etwa sechs bis sieben Metern möglich. Besser ist es jedoch, auf den USB-Anschluss oder den Netzwerkanschluss auszuweichen.

Volle Patrone, trotzdem druckt der Drucker nicht

Problem: Sie haben eine neue und volle Patrone eingesetzt, trotzdem meldet der Drucker, dass keine Tinte vorhanden ist und „druckt" nur weiße Blätter.

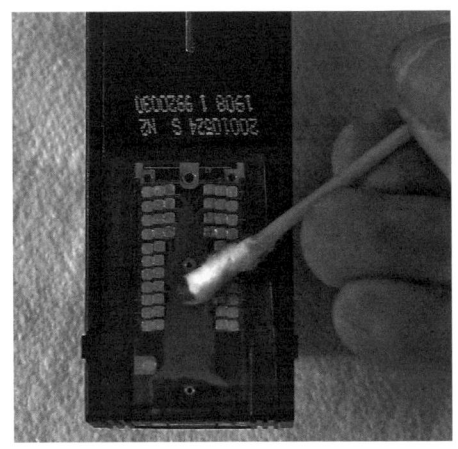

Lösung: Bei Patronen mit integriertem Druckkopf ist es wichtig, dass alle Kontakte hergestellt sind. Der Drucker steuert die Düsen des Druckkopfs direkt über die Kontakte, ist hier kein richtiger Kontakt hergestellt, kann der Drucker nicht richtig arbeiten. Reinigen Sie die Kontakte an der Patrone und am Drucker nach unserer Beschreibung ab Seite 680.

Können Sie fehlerhafte Kontakte ausschließen, ist der Druckkopf höchstwahrscheinlich durch getrocknete Tinte verstopft. Führen Sie zuerst die Druckkopfreinigung des Druckers aus. Ist dies nicht ausreichend, müssen Sie den Druckkopf manuell reinigen. Wie das geht, zeigen wir für Patronen mit integriertem Druckkopf ab Seite 676 und für Drucker mit Permanentdruckkopf ab Seite 682.

Trotz nachgefüllter Patrone will der Drucker nicht?

Problem: Sie haben Ihre Tintenpatrone korrekt nachgefüllt, der Drucker meldet jedoch weiterhin eine leere Patrone und verweigert den Dienst.

Lösung: Praktisch alle neuen Drucker besitzen mittlerweile einen Chip direkt an der Patrone, der permanent den Tintenstand an den Drucker sendet. Meldet die Patrone einmal an den Drucker einen niedrigen Tintenstand, erkennt der Drucker sofort, dass plötzlich Tinte nachgefüllt wurde. Da die Druckerhersteller dies verhindern möchten, blockiert der Drucker und funktioniert erst wieder, sobald eine neue Patrone eingesetzt wurde.

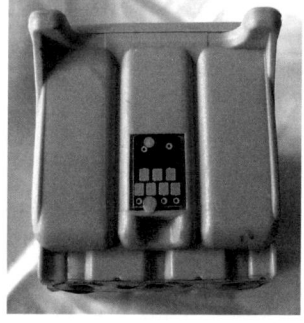

Dies können Sie verhindern, indem Sie die Patrone ständig in kleinen Schritten nachfüllen, sodass der Tintenstand nie sehr niedrig fällt. Einfach ist jedoch

Dieser Chip meldet den Tintenstand an den Drucker.

der Einsatz eines so genannten Chip-Resetters. Diese werden im Internet bei Anbietern von Nachfüllsets verkauft. Ein Chip-Resetter bewirkt, dass eine nachgefüllte Patrone wieder als voll erkannt wird. Ein solches Gerät kostet etwa 5 bis 10 Euro und ist mittlerweile für fast alle Druckermodelle verfügbar.

Ständige Druckkopfreinigung verbraucht viel Tinte

Problem: Obwohl Sie nur wenig drucken, verbraucht der Drucker unglaublich viel Tinte und nach wenigen Seiten ist die Patrone leer.

Lösung: Ein Tintenstrahldrucker führt immer eine automatische Druckkopfreinigung durch, sobald er angeschaltet wird. Moderne Drucker verfügen über einen internen Speicher, der meldet, wann die letzte Druckkopfreinigung ausgeführt wurde. Je nachdem, wie lange diese zurückliegt, wird eine mehr oder weniger intensive Druckkopfreinigung ausgeführt. Sie sollten den Drucker daher nie komplett vom Netz trennen, da so der Speicher gelöscht wird und der Drucker die Intensivreinigung durchführt, die am meisten Tinte verbraucht.

Die Tinte verwischt viel zu leicht

Problem: Die Tinte auf dem Ausdruck verwischt sehr leicht, sobald Sie ihn berühren. Auch das Markieren mit einem Textmarker ist kaum möglich, da die Tinte sofort verschmiert.

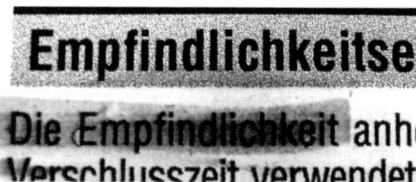

Lösung: Da Tinte wasserlöslich ist, verwischt Sie selbst nach langer Zeit noch sehr leicht, sobald Sie mit Feuchtigkeit in Berührung kommt. Dazu gehört auch ein Textmarker. Für hochwertige Ausdrucke können Sie ein Tintenfixierspray aus dem Fachhandel benutzen, das die Tinte ähnlich wie eine Lackierung schützt.

Müssen Sie viel mit Textmarkern arbeiten, ist der Umstieg auf einen Laserdrucker besser, da hier der Toner mit dem Papier verschmolzen wird und somit dokumentenechte Ausdrucke ermöglicht. Aber inzwischen sind auch wasser- und wischfeste Tinten für Tintenstrahldrucker erhältlich. Epson verwendet in seinen neuen Druckermodellen, beispielsweise dem Epson Stylus D88, die neue DuraBrite-Tinte, die auch auf Normalpapier wisch- und wasserfest ist.

Trotz höchster Auflösung miserable Qualität

Problem: Für einen hochwertigen Ausdruck haben Sie die Maximalauflösung des Druckers gewählt. Das Ergebnis ist jedoch ein fürchterliches Druckbild.

Lösung: Die gewählte Auflösung ist wahrscheinlich viel zu hoch für das verwendete Druckmedium. Je höher die Auflösung, umso mehr Tinte verwendet der Drucker. Normalpapier kann gar nicht die große Menge an Tinte absorbieren, die bei der höchsten Druckqualität abgegeben wird. Nur beschichtetes und entsprechend gekennzeichnetes Papier kommt mit hohen Auflösungen zurecht.

Senkrechte Linien sind nicht gerade

Problem: Bei einer Grafik mit mehreren, parallel verlaufenden senkrechten Linien stellen Sie fest, dass die Linien nicht gerade, sondern versetzt sind.

Lösung: Der Druckkopf muss wahrscheinlich neu justiert werden. Dabei werden mehrere vertikale Linien gedruckt und Sie sagen dem Drucker anschließend, welche der Linien gerade verlaufen. Diese Funktion finden Sie in Ihrem Druckertreiber und *Wartung*, *Druckdüsen einstellen* oder *Druckkopf* justieren.

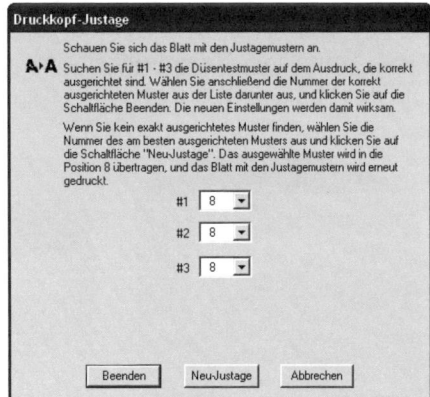

Virtuelle Drucker sparen Zeit

Problem: Sie müssen mit einem Drucker ständig in verschiedenen Einstellungen, beispielsweise Konzeptdruck oder höchste Qualität, drucken.

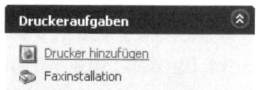

Lösung: Anstatt den Druckertreiber zu öffnen, um immer die gleichen Einstellungen zu ändern, können Sie für einen Drucker mehrere verschiedene Konfigurationen anlegen und diese als virtuelle Drucker speichern. Gehen Sie dazu einfach auf *Systemsteuerung/Drucker und Faxgeräte* und installieren Sie unter *Drucker hinzufügen* Ihre Drucker einfach noch mal. Treffen Sie nun die gewünschten Einstellungen und speichern

Sie sie als Standard ab. Die unterschiedlichen Drucker sollten Sie anschließend passend benennen.

16.3 Laserdrucker als günstiges Arbeitstier

Eigentlich waren Laserdrucker im Privatbereich schon ausgestorben: Nachdem Tintenstrahldrucker Nadeldrucker im Heimbereich abgelöst hatten, folgte eine jahrelange Herrschaft der Tintenstrahler am privaten Computer. Kein Wunder: Innerhalb von wenigen Jahren haben die Tintenstrahler eine Qualitätsstufe erreicht, deren Ausdrucke fast so gut wie die der teureren Laserdrucker waren. Außerdem waren Laserdrucker älterer Generation wahre Monster: groß, schwer und dazu unglaublich teuer.

Zwei günstige Farblaserdrucker für zu Hause: HP Color LaserJet 2600N (links) und Epson AcuLaser C1100. Beide Modelle sind für knapp 300 Euro erhältlich.

Laserdrucker erleben allerdings gerade eine Art zweiten Frühling: Da die Hersteller durch den Preiskampf im Tintenstrahlbereich nur noch wenig Gewinn machen (und diese nicht mehr durch überteuerte Patronen reinholen), konzentrieren sie sich mit neuen, kleinen Laserdruckern auf den so genannten SOHO-Bereich (**S**mall **O**ffice/**H**ome **O**ffice). Günstige Schwarz-Weiß-Laserdrucker sind etwa schon für unter 100 Euro erhältlich und auch günstige Farblaserdrucker sind mit einem Preis ab etwa 250 Euro erschwinglich geworden.

Laserdrucker haben, abgesehen vom höheren Anschaffungspreis, zahlreiche Vorteile gegenüber Tintenstrahldruckern

- **Gestochen scharfer Textdruck**: Selbst günstige Laserdrucker erreichen fast immer einen hochwertigeren Textausdruck als selbst teure Tintenstrahler.

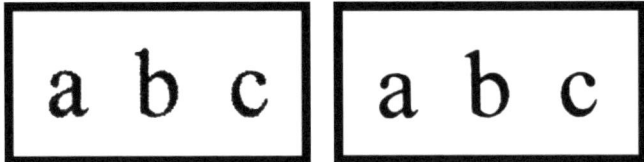

Zum Vergleich: Links der Textdruck eines Tintenstrahlers, rechts der eines Laserdruckers. Deutlich sind beim Tintenstrahldrucker die ausgefransten Ränder zu erkennen, während die Buchstaben beim Laserdrucker gestochen scharf sind.

- **Niedrige Unterhaltskosten**: Die laufenden Kosten sind bei einem Laserdrucker viel geringer als bei einem Tintenstrahler. Eine Tonerkartusche kann, je nach Größe, 2.000, 4.000 oder mehr Textseiten bedrucken. Die Druckkosten einer Textseite liegen bei einem Laserdrucker bei etwa 1 bis 3 Cent pro Seite, bei einem Tintenstrahler bei etwa 6 bis 10 Cent pro Seite. Auch der Farbdruck ist wesentlich günstiger: etwa 30 Cent stehen 40 bis 60 Cent gegenüber.

- **Geschwindigkeit**: Schnell, schneller, Laserdrucker. Laserdrucker bleiben und sind einfach die Schnelleren, da kann kein Tintenstrahler mithalten. Selbst günstige Laserdrucker erreichen locker 15 bis 25 Seiten pro Minute – und im Vergleich zu Tintenstrahldruckern stimmen hier die Herstellerangaben.

- **Haltbare Ausdrucke**: Ausdrucke von Tintenstrahldruckern verblassen mit der Zeit. Außerdem verwischt Tinte leicht, falls nicht besondere Tinte eingesetzt wird. Ganz anders Laserdrucker: Das Tonerpulver wird beim Drucken mit dem Papier verschmolzen. Das Ergebnis ist ein dokumentenechter Ausdruck, dem auch ein Textmarker nichts anhaben kann.

- **Großer Arbeitsspeicher**: Sogar günstige Laserdrucker besitzen schon in ihrer Grundausstattung mehrere MByte an Arbeitsspeicher. Zum Vergleich: Tintenstrahldrucker haben nur wenige hundert KByte. Mit dem großen Arbeitsspeicher können Sie problemlos große Dokumente drucken, ohne den Arbeitsspeicher des Computers zu belasten. Zudem lässt sich der Arbeitsspeicher der meisten Laserdrucker einfach erweitern.

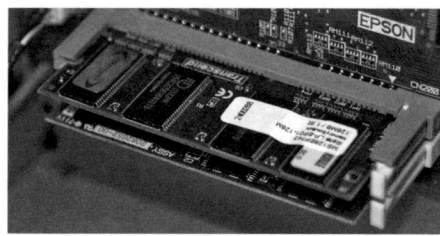

Ein großer Arbeitsspeicher beschleunigt den Ausdruck spürbar und entlastet den Computer.

- **Eigener Prozessor**: Viele, vor allem hochwertige Laserdrucker, besitzen einen eigenen Prozessor zur Berechnung der Druckdaten. Der Ausdruck von großen Datenmengen geht so um ein Vielfaches schneller, als wenn die Computer-CPU die Daten berechnen müsste. Die meisten Tintenstrahler sind so genannte GDI-Drucker, bei denen Windows die Berechnung durchführen muss.

Laserdrucker sind in vielen Bereichen Tintenstrahldruckern überlegen. Vor allem das hochwertige Druckbild und die niedrigen Druckkosten sprechen für sich. Wofür Laserdrucker jedoch nicht gut geeignet sind, ist der Druck von Bildern in Fotoqualität. Hier sind spezielle Tintenstrahl-Fotodrucker besser geeignet und bieten sattere Farben. Laserdrucker sind jedoch unschlagbar, wenn es um die Kombination von Text und Bildern geht.

Fotos selbst drucken oder drucken lassen?

Dank guter Farbdrucker (sowohl Laser als auch Tintenstrahl) kann zusammen mit hochwertigem Fotopapier ein Foto gedruckt werden, das sich kaum von einem im Labor entwickelten Foto unterscheidet. Selbst gedruckte Fotos sind jedoch deutlich teurer als entwickelte Bilder, da Druckertinte und Fotopapier meist kein Schnäppchen sind – dafür stehen die Fotos allerdings unmittelbar nach dem Druck zur Verfügung. Wer mehr Zeit hat, kann die Fotos online oder über eine Filiale zum Entwickeln schicken. Die Qualität der Fotos ist noch besser als beim eigenen Ausdruck, da die Firmen die für Fotos spezialisierten Thermosublimationsdrucker benutzen. Die Preise sind inzwischen so günstig geworden, dass sich auch ein eigenes Drucken selbst bei kleinen Mengen kaum noch lohnt. Meistens hat man die Bilder nach zwei bis drei Tagen im Briefkasten oder kann sie in der Filiale abholen.

Probleme mit günstigen Ersatz-Tonern?

Auch bei Tonerkartuschen lässt sich, ähnlich wie bei Tintenpatronen, sehr viel Geld sparen, wenn Sie nicht die herstellereigenen Kartuschen verwenden.

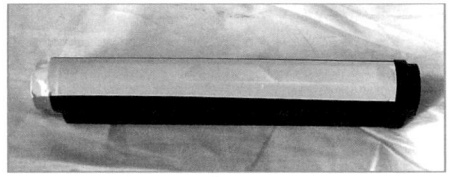

Dies ist bei Laserdruckern jedoch etwas komplizierter, als bei Tintenstrahldruckern, da es unterschiedliche Tonersysteme gibt und diese dann häufig durch Patente der Hersteller geschützt sind. Besonders häufig besitzen günstige Geräte eine kombinierte Trommel-/Tonereinheit, die von Fremdherstellern nicht nachgebaut werden darf. In diesem Fall hilft nur das eigene Nachfüllen der Kartusche mit Toner.

Grundsätzlich haben Sie folgende Möglichkeiten, die natürlich von Ihrem Drucker abhängen:

- **Nachbauten**: Für viele Laserdrucker gibt es mittlerweile Nachbauten der Originalkartuschen, die sich von der Handhabung nicht von den Originaltonern unterscheiden, jedoch um ein Vielfaches günstiger sind.

- **Nachgefüllte Kartuschen**: Einige Firmen bieten das professionelle Nachfüllen Ihrer gebrauchten Tonerkartusche bzw. bieten nachgefüllte Kartuschen zum Kauf an. Mit dieser Möglichkeit sparen Sie noch einmal einiges gegenüber den nachgebauten Kartuschen. Einen Haken hat die Sache allerdings: Je öfter der Toner nachgefüllt wird, desto größer ist das Risiko, dass die Kartusche einen Mangel hat. Die meisten Anbieter von nachgefüllten Kartuschen bieten jedoch eine Funktionsgarantie ihres Produkts an.

- **Selbst Nachfüllen**: Das eigene Nachfüllen einer Kartusche ist sehr umstritten. Es bietet zwar das größte Sparpotenzial, ist jedoch nicht ganz ungefährlich, da Tonerpulver gesundheitsschädlich ist. Häufig ist das Nachfüllen, auch wenn es nicht ganz einfach ist, jedoch die einzige Möglichkeit, um auf die Originalkartuschen zu verzichten. Dann nämlich, wenn keine Nachbauten vorhanden sind. Für jedes Laserdruckermodell benötigen Sie den passenden Toner. Einen „Universaltoner" dürfen Sie auf gar keinen Fall verwenden! Jedes Tonerpulver hat einen anderen Schmelzpunkt und Partikelgröße. Harmoniert das Pulver nicht mit der Belichtungseinheit, kann der Drucker schwer beschädigt werden.

Alle gezeigten Möglichkeiten bergen Risiken und Sie verlieren Ihren Garantieanspruch, falls der Drucker beim Einsatz, beispielsweise eines eingebauten Toners, beschädigt wird. Dafür ist meistens der Einsatz von minderwertigem Tonerpulver verantwortlich, der nicht genau die gleichen Eigenschaften wie das Original hat. Das Selbstbefüllen einer Kartusche hat dabei den Vorteil, dass Sie selbst aussuchen können, welches Tonerpulver Sie einsetzen möchten. Bei Nachbauten wird häufig sehr billiger und schlechter Toner verwendet, der dann beispielsweise ein schlechtes Druckbild liefert oder die Hardware beschädigen kann.

Falls Sie keinen Originaltoner verwenden und Ihr Druckbild bei Text sehr verschmiert ist, können Sie noch einen Trick anwenden: Im Druckertreiber lässt sich das Papiergewicht einstellen. Das ist wichtig, da der Laserdrucker wissen muss, wie schnell das Papier durch die Fixiereinheit geführt werden soll. Hier wird der noch lose Toner auf dem Papier durch Hitze auf dem Papier fixiert. Bei leichtem Papier ist weniger Zeit notwendig als bei schwererem.

Fall Sie Papier mit einer Stärke von 80g/m² verwenden, können Sie im Druckertreiber das nächsthöhere Gewicht auswählen. Die Fixiereinheit hat nun mehr Zeit, um den Toner mit dem Papier zu verbinden, und das Druckbild sollte wieder zufrieden stellend sein.

Toner für den Notfall

Murphy's Law: In dem Moment, wo Sie den Drucker am dringendsten benötigen, druckt der Laserdrucker nur noch mit weißen Flecken – der Toner ist alle. Ein kleiner Trick kann helfen, wenn Sie nur noch wenige Seiten zu drucken haben: Entnehmen Sie die Tonerkartusche (bei einigen Modellen müssen Sie die Kartusche per Riegel verschließen) und schwenken Sie sie gleichmäßig hin und her. Das bewirkt, dass sich der restliche Toner gleichmäßig verteilt. Beim Einbau müssen Sie natürlich darauf achten, dass Sie die Kartusche die ganze Zeit über waagerecht halten und nicht kippen.

Neuer Toner und trotzdem ein schlechter Ausdruck?

Falls Sie einen neuen Toner eingebaut haben, der Laserdrucker aber trotzdem nur schlechte Ergebnisse liefert, kann es sein, dass die Bildtrommel im Laserdrucker das Ende ihrer Lebenszeit erreicht hat.

Ein weit verbreiteter Irrtum ist, dass bei Laserdruckern nämlich nur die Tonerkartusche ersetzt werden muss – wie bei Tintenstrahlern die Tinte. Dies ist jedoch nicht korrekt: Die Bildtrommel ist ein weiteres Verschleißteil.

Die Lebensdauer einer Bildtrommel ist je nach Modell unterschiedlich. Einige Drucker, beispielsweise die des Herstellers Kyocera, besitzen eine Bildtrommel aus besonders hartem Material, die nie gewechselt werden muss. Bei kleinen SOHO-Druckern muss die Bildtrommel dagegen meistens nach etwa 20.000 Seiten gewechselt werden, bei großen Office-Modellen erst wesentlich später (etwa nach 100.000 Seiten). Im Handbuch Ihres Druckers ist ein ungefährer Richtwert angegeben.

Sollte Ihr Ausdruck vertikale Streifen aufweisen, ist dies ein Hinweis darauf, dass die Bildtrommel ausgetauscht werden muss. Unregelmäßige weiße Flecken hingegen deuten auf einen leeren Tonerstand hin. Bei sehr preisgünstigen Modellen kann dies nur vom Hersteller gemacht werden. Bei den meisten Modellen lässt sich die Bildtrommel jedoch leicht gegen eine neue austauschen. Bei hochwertigen und großen Office-Laserdruckern bestehen die Bildtrommel und der Toner aus einer Einheit, das heißt, Toner und Bildtrommel müssen immer zusammen gewechselt werden. Dieses System ist für stark beanspruchte Drucker in Büros sehr gut. Für SOHO-Laserdrucker geht der Tausch der Trommel und Tonereinheit jedoch schnell ins Geld. Daher sind bei den meisten kleineren Laserdruckern die Trommeleinheit und der Toner getrennt.

Vorsicht bei der Papierwahl!

Viele beschichtete Papiere sind nur für Tintenstrahldrucker (InkJet-Drucker) geeignet und dürfen auf keinen Fall in einem Laserdrucker verwendet werden! Durch die große Hitze, die während des Druckvorgangs in einem Laserdrucker herrscht, kann die Beschichtung schmelzen und den Drucker so zerstören! Nutzer von Laserdruckern müssen also unbedingt darauf achten, dass ihr Druckertyp als geeignet angegeben ist.

Laserdrucker reinigen

Moderne Laserdrucker sind sehr gut gegen Staub und andere Verunreinigungen geschützt. Da sich jedoch viele Verschleißteile in einem Drucker befinden, kann es trotzdem passieren, dass die Ausdrucke einmal verschmiert sind oder Schmutz aufweisen. In diesem Fall müssen Sie den Laserdrucker reinigen.

Da es unterschiedliche Techniken bei Laserdruckern gibt, ist der Reinigungsablauf ist bei jedem Drucker anders. Bei einigen Modellen können Sie beispielsweise die Trommel nicht entfernen oder es existiert eine LED-Zeile anstatt einer Lasereinheit mit Spiegel. Konsultieren Sie daher auf jeden Fall das Handbuch des Druckers und befolgen Sie dessen Reinigungshinweise.

Damit Sie den Drucker während des Reinigens nicht aus Versehen beschädigen, einige Hinweise:

■ Berühren Sie niemals die Bildtrommel, meist eine grüne Einheit unterhalb des Toners. Fingerabdrücke und andere Verunreinigungen machen die Bildtrommel unbrauchbar.

■ Falls Sie die Bildtrommel aus dem Drucker entnehmen, müssen Sie sie in vollkommener Dunkelheit aufbewahren! Licht beschädigt die Bildtrommel. Beim Kauf einer neuen Trommeleinheit oder Tonerkartusche wird immer ein schwarzer, lichtundurchlässiger Plastikbeutel mitgeliefert. Dieser ist für die Aufbewahrung der Bildtrommel während der Reinigung gut geeignet.

■ Die Bildtrommel ist sehr kratzempfindlich. Selbst ein Fingernagel kann schon Kratzer auf der Bildtrommel verursachen und somit fehlerhafte Ausdrucke produzieren.

■ Das Tonerpulver wird durch Hitze mit dem Papier verschmolzen. Aus diesem Grund hat jeder Laserdrucker eine Heizungseinheit. Um Verbrennungen zu vermeiden, sollten Sie den Drucker bei der Wartung *immer* ausschalten und einige Minuten warten, damit sich die Heizungseinheit abkühlen kann.

LED-Zeile reinigen

LED-Zeilen werden häufig bei kostengünstigen Laserdruckern eingesetzt, da diese wesentlich einfach und preiswerter sind. Sie übernehmen die Aufgabe des Umlenkspiegels und der Lasereinheit. Die LED-Zeile des Laserdruckers polarisiert die Kunststoffoberfläche der Walze. Der feine Tonerstaub wird von der Walze angezogen und wird dann auf ebenfalls polarisiertes Papier abgegeben. Das Reinigen der LED-Zeile ist sehr einfach, daher sollten Sie dies als Erstes tun, wenn die Ausdrucke des Laserdruckers schlecht werden.

1 Öffnen Sie den Laserdrucker. Die LED-Zeile befindet sich fast immer im Deckelbereich des Druckers.

2 Verwenden Sie zum Reinigen ein leicht befeuchtetes, fusselfreies Tuch. Verwenden Sie auf gar keinen Fall irgendwelche Reinigungsmittel, nur Wasser! Bei einem neuen Toner wird häufig ein spezielles Reinigungstuch zur Reinigung der LED-Zeile mitgeliefert. Dies können Sie selbstverständlich verwenden.

3 Wischen Sie die LED-Zeile einfach horizontal ab. Sie sollten die LED-Zeile grundsätzlich nach jedem Wechsel der Tonerkartusche reinigen.

Reinigung der Bildtrommel

Die Bildtrommeleinheit kann leider nicht per Hand gereinigt werden. Beim Druck gerät zwangsläufig immer Tonerpulver auf die Bildtrommel. Um das Pulver zu entfernen, gibt es zwei Möglichkeiten:

1 Bei kleineren SOHO-Laserdruckern wird der überschüssige Toner von der Bildtrommel abgesaugt und wieder in die Kartusche zurückzugeben. Diese Absaugung stößt jedoch häufig an ihre Grenzen. Daher können die Laserdrucker eine Reinigungsseite ausdrucken, auf die der überschüssige Toner dann „gedruckt" wird.

2 Die Reinigungsfunktion wird entweder über eine Tastenkombination am Drucker ausgelöst oder über den Gerätetreiber.

3 Meistens müssen Sie ein Blatt Papier in die manuelle Papierzufuhr des Druckers einlegen. Die Reinigungsseite wird anschließend gedruckt.

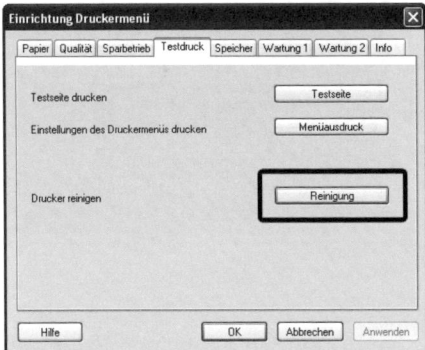

Hier wird der Reinigungsvorgang über den Gerätetreiber gestartet.

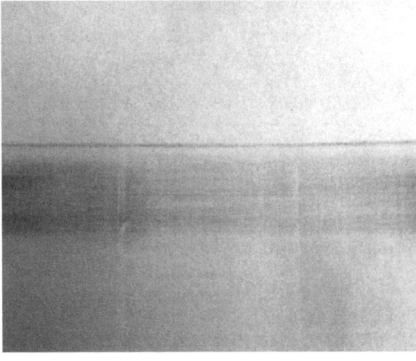

Die fertige Reinigungsseite: So viel Toner war auf der Bildtrommel.

4 Größere Laserdrucker besitzen einen eigenen Auffangbehälter für den Toner, der auf der Trommeleinheit bleibt. Der Toner wird von der Trommel abgesaugt und in den externen Auffangbehälter geleert.

5 Diese Reinigungsmethode funktioniert sehr gut. Allerdings dürfen Sie nicht vergessen, den Auffangbehälter von Zeit zu Zeit zu leeren, sonst quillt der Toner noch über.

6 Auch bei Druckern mit Auffangbehälter können Sie eine Reinigungsseite drucken. Dies sollten Sie auf jeden Fall tun.

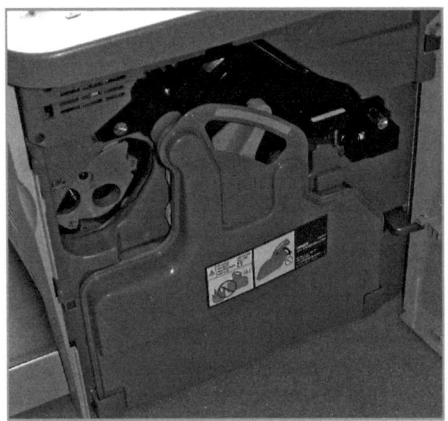

Druckwerk reinigen

Wie bei einem Tintenstrahldrucker können Sie die Druckermechanik auch von Staub und Schmutz befreien.

1 Schalten Sie den Drucker aus und öffnen Sie die Abdeckung.

2 Entfernen Sie die Tonerkartusche (verschließen Sie diese, falls nötig).

3 Entfernen Sie vorsichtig die Bildtrommeleinheit. Berühren Sie dabei auf keinen Fall die grüne Oberfläche und setzen Sie die Trommel nicht länger als fünf Minuten dem Licht aus. Verwenden Sie dazu einen lichtundurchlässigen Beutel.

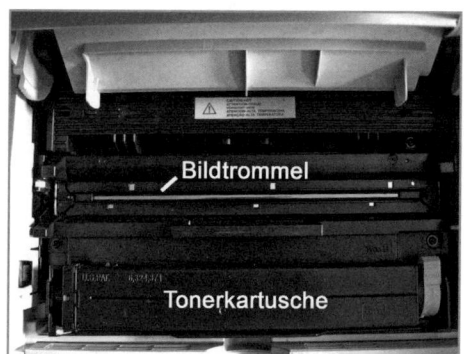

4 Entfernen Sie Staub, Schmutz, Papierreste etc. mit einem weichen Pinsel oder einer Bürste. Verwenden Sie auf keinen Fall irgendwelche Reinigungsmittel!

5 Um eventuelle Tonerreste zu entfernen, dürfen Sie auf keinen Fall einen gewöhnlichen Hausstaubsauger verwenden! Das Tonerpulver ist viel zu fein und würde aus dem Staubsauger austreten. Zur Reinigung von Tonerresten müssen Sie entweder ein Tuch verwenden oder einen speziellen Staubsauger mit Mikrofilter.

6 Setzen Sie nach der Reinigung Bildtrommel und Tonerkartusche wieder ein.

Netzwerkdrucker konfigurieren

In vielen Haushalten stehen mittlerweile mehrere Computer. Die Computer sind häufig auch – um die gleiche Internetleitung zu verwenden – miteinander vernetzt. Es lässt sich also viel Geld sparen, indem man nur einen zentralen Drucker betreibt, auf den alle Computer im Netzwerk zugreifen können.

Die einfachste Möglichkeit, dies zu realisieren, ist die Druckerfreigabe unter Windows. Der Drucker wird dabei wie gewohnt an einen Computer angeschlossen und im Netzwerk freigegeben. Alle anderen Computer im Netzwerk können dann auf diesen Drucker zugreifen. Die Methode ist einfach, schnell und billig. Der Nachteil ist allerdings, dass der Computer, an dem der Drucker angeschlossen ist, immer an sein muss, wenn gedruckt werden will. Die Alternative sind entweder Drucker mit integriertem Netzwerkanschluss oder so genannte externe Printserver.

Freigabe des Druckers

Falls Sie die erste Möglichkeit bevorzugen und den Drucker an einen Computer anschließen, müssen Sie den Drucker einfach für die restlichen Computer freigeben.

1 Um in die Eigenschaften des Druckers zu gelangen, gehen Sie auf *Start/Einstellungen/Drucker und Faxgeräte*.

2 Klicken Sie auf den Drucker mit Rechtsklick und wählen Sie *Freigabe* aus.

3 Im nächsten Fenster wählen Sie *Drucker freigeben* aus. Schließen Sie das Fenster anschließend mit *OK*.

4 Gehen Sie anschließend in die *Netzwerkverbindungen* unter *Start/Systemsteuerung*.

5 Hier muss die *Datei- und Druckerfreigabe für Windows-Netzwerke* installiert sein. Sie wird standardmäßig mit Windows installiert. Sollte sie jedoch nicht vorhanden sein, müssen Sie sie nachträglich mit einem Klick auf *Installieren* einrichten.

6 Damit die restlichen, ans Netzwerk angeschlossenen Computer mit dem Drucker umgehen können, müssen Sie ihn auf den anderen Computern noch installieren. Gehen Sie dazu auf *Start/Einstellungen/Drucker und Faxgeräte* und wählen Sie *Drucker hinzufügen* aus.

7 Wählen Sie im nächsten Fenster *Netzwerkdrucker oder Drucker, der an einen anderen Computer angeschlossen ist* aus, und klicken Sie auf *Weiter*.

8 Nun wählen Sie *Drucker suchen* aus. Das Netzwerk wird nun nach freigegebenen Druckern durchsucht. Das Ergebnis der Suche erfahren Sie im nächsten Fenster.

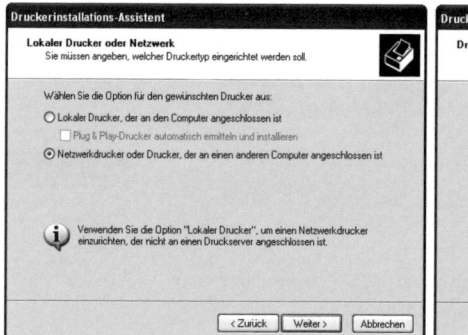

9 Die gefundenen Drucker werden nun
angezeigt. Wählen Sie den passenden Drucker aus. Mit einem Klick auf
Weiter werden die Treiber automatisch installiert. Fertig! Anschließend
können Sie über den Computer auf
den Drucker zugreifen, der an einem
Computer angeschlossen ist.

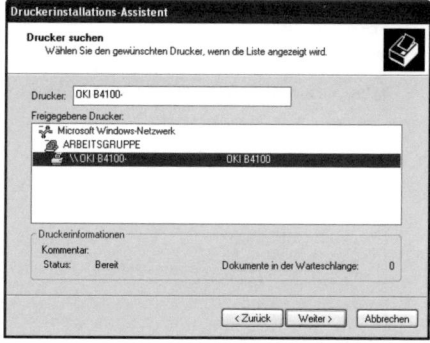

Netzwerkdrucker über Printserver betreiben

Falls Sie einen Computer nicht immer laufen
lassen wollen, können Sie stattdessen auch
einen Printserver verwenden. Ein Printserver
ist eine Hardware, über die Sie den Drucker
direkt an das Netzwerk anschließen können.
Diese gibt es entweder als Steckkarte – meis-

tens für Office-Laserdrucker – oder als externe Box mit USB-/Parallelport-An-
schluss und einer RJ-45 Netzwerkschnittstelle zum Anschluss an das Netzwerk.
Inzwischen existieren auch kabelgebundene und WLAN-Router, die über einen
integrierten Printserver verfügen (beispielsweise die FritzBox von AVM).

Die Installation eines solchen Printservers ist sehr einfach. Nachdem Sie Printserver und Drucker miteinander verbunden haben, müssen Sie den Printserver
noch an das Netzwerk anschließen. Jetzt müssen Sie den Printserver noch konfigurieren. Je nach Hersteller funktioniert dies über eine mitgelieferte Software
oder den Internetbrowser.

Anschließend müssen Sie den Drucker noch auf jedem Computer installieren, von dem Sie drucken wollen.

1 Gehen Sie auf *Start/Einstellungen/Drucker und Faxgeräte* und wählen Sie *Drucker hinzufügen* aus.

2 Wählen Sie im nächsten Fenster *Lokaler Drucker* aus und klicken Sie auf *Weiter*.

3 Da der Drucker über die TCP/IP-Schnittstelle angesprochen wird, müssen Sie diese als Anschluss konfigurieren. Wählen Sie dazu *Einen neuen Anschluss erstellen* aus und wählen Sie den Anschlusstyp *Standard TCP/IP Port*.

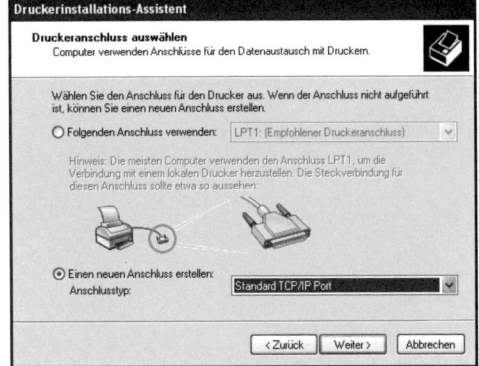

4 Als Nächstes müssen Sie die TCP/IP-Adresse des Druckers und den Druckernamen eingeben.

5 Einige Printserver speichern die Druckertreiber zentral, die Treiber werden in diesem Fall automatisch installiert. Bei anderen Geräten müssen Sie die Treiber manuell installieren. Mit der Installation der Treiber ist die Konfiguration des Druckers abgeschlossen und Sie können ihn verwenden!

17. Bootprobleme schnell gelöst

Irgendwann trifft es eigentlich jeden – der PC startet plötzlich nicht mehr: Panik! Dabei ist alles gar nicht so schlimm, denn beim PC wie bei jedem anderen Computersystem geht alles ganz penibel der Reihe nach. Wenn man dann analysiert, an welcher Stelle der Bootvorgang hängen bleibt, hat man den Fehler auch schon ziemlich genau eingekreist. Und sobald Sie wissen, wo der Wurm im System ist, können Sie das Problem auch recht leicht beheben.

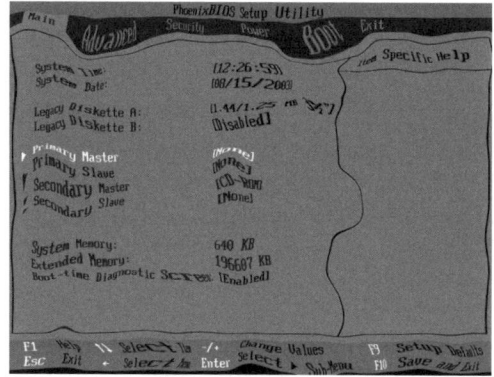

Bootprobleme sind eigentlich nichts Ungewöhnliches, solange sie nicht spontan ohne vorherige Änderungen am System auftreten. Der Einbau einer weiteren Festplatte beispielsweise ist ein beliebter Auslöser für eine Meldung wie *System not found*. Der Fehler ist dann in der Regel bei den Anschlusskabeln oder der Master/Slave-Jumperung zu suchen und leicht zu beheben. Mithilfe des im Folgenden genau beschriebenen Bootvorgangs und der möglichen Fehlerquellen verlieren Systemhänger beim Starten ihren Schrecken.

17.1 Hindernisparcours: So startet ein PC

Wenn Sie den PC einschalten, geschieht immer das Gleiche: Die Hardware wird in einen definierten Startzustand gebracht (resettet), dann werden Systemtests und -analysen durchgeführt, und zuletzt wird in mehreren Schritten das Betriebssystem geladen. Das alles ist also nichts Magisches. Wie sieht der Bootvorgang nun im Einzelnen aus?

Reine Hardwaresache: der Power On Self Test

Eines vorweg: Wenn der PC nicht starten will, sollten Sie zuerst einmal prüfen, ob das 220-Volt-Kabel korrekt angeschlossen und das ATX-Netzteil an der Rückseite eingeschaltet ist. Um das ATX-Netzteil zu „starten", muss es ein Signal vom Motherboard bzw. dem Ein-/Aus-Schalter an der Gehäusefront bekommen. Dieser Schalter ist eigentlich ein Taster, der nur ein kurzes Signal schaltet. Ist das alles gegeben, sollte zumindest der Lüfter im Netzteil anlaufen – wenn nicht, ist vermutlich etwas im Netzteil kaputt.

Ist die ATX-Stromversorgung (dickes Kabelbündel) mit dem Motherboard verbunden und ist eventuell auch der P4-Stecker (vierpoliger Stecker) für den zusätzlichen Stromhunger moderner Prozessoren aufgesteckt, sollte mit dem Einschalten auch der Bootvorgang beginnen.

Das BIOS ist ein kleiner Baustein, in dem Start- und Testroutinen für den Systemstart fest gespeichert sind.

Computer, die auf einem x86-Prozessor basieren, springen zuerst einmal in das ROM-BIOS (an die hexadezimale Adresse F000:FFF0) und führen den dort befindlichen Bootcode aus. Dieser erste Teil des Bootens ist der so genannte POST (**P**ower **O**n **S**elf **T**est).

Der POST besteht aus vielen Testroutinen, die die eingebaute Hardware überprüfen und initialisieren. Zuerst werden dabei die grundlegenden Komponenten getestet. Zuerst wird die Konsistenz des BIOS selbst geprüft, dann Dinge wie die Systemtimer, DMA-Controller, die ersten 64 KByte des Speichers (mehr braucht der PC für den POST erst mal nicht), Tastaturcontroller und so weiter. Das geht so bis zum Test der Grafikkarte. Tritt bis hier bereits ein Fehler auf, ist das Motherboard oder der Speicher defekt. Da das System bislang noch nicht die Grafikkarte getestet hat, gibt es auf dem Bildschirm außer einem blinkenden Cursor nichts zu sehen!

Hängt sich der PC also mit einem blinkenden Cursor auf, müssen Sie von einem Defekt auf dem Motherboard, dem Prozessor oder dem Speicher ausgehen. Um eventuelle Probleme trotzdem mitteilen zu können, benutzt der POST bis hierher eine Art Morsecode über den Systemlautsprecher im Gehäuse (nicht die Lautsprecher an der Soundkarte!).

Letzte Rettung bei „verstelltem" BIOS

Mit manchen BIOS-Einstellungen können Sie den PC komplett lahm legen, in diesem Fall sollten Sie die Einfg-Taste drücken und gedrückt halten(!) und dann den PC einschalten. Damit werden alle Werte auf die Standardeinstellungen zurückgesetzt. Für hartnäckige Fälle gibt es auf dem Mainboard einen Jumper, der, wenn er gesetzt ist, das komplette BIOS-Setup löscht – wo der Jumper sitzt, steht im Handbuch (*Clear CMOS*). Um die Parameter zu dokumentieren, können Sie bei eingeschaltetem Drucker von jeder Seite des BIOS-Setup eine Kopie erstellen, indem Sie die Druck-Taste drücken. So vorbereitet, kann eigentlich nichts mehr schief gehen.

17.2 Wichtige Codes der BIOS-Hersteller

Je nach Motherboard und verwendetem BIOS sind diese leider recht unterschiedlich. Die genauen Bedeutungen der Pieptöne werden aber in jedem guten Handbuch zum Board erklärt. Wenn nicht, finden Sie sie vielleicht auf der Webseite des Herstellers. Die wichtigsten Codes der gängigen BIOS-Hersteller können Sie auch den folgenden Tabellen entnehmen:

Signale des AMI-BIOS

POST-Signaltöne	Bedeutung
1 kurz	kein Fehler, alles in Ordnung
2 kurz	POST-Fehler – Testroutinen funktionieren nicht Dauerton – Spannungsversorgung defekt oder Kurzschluss im System
1 lang, 2 kurz	Grafikfehler: Video-ROM-BIOS-Checksumme falsch oder Monitoransteuerung defekt
1 lang, 3 kurz	Grafikfehler: Video-DAC defekt oder Monitor nicht erkannt oder Video-RAM defekt
3 kurz, 3 lang, 3 kurz (SOS)	Arbeitsspeicher defekt
1	DRAM Refresh fehlerhaft – falsche BIOS-Einstellung oder Mainboard defekt
2	Parity-Fehler – Speicherchip defekt
3	64-KByte-Basisspeicher defekt. Fehler innerhalb der ersten 64 KByte

POST-Signaltöne	Bedeutung
4	Systemtimer (Timer 1) defekt
5	Prozessor defekt
6	Tastaturcontroller defekt (8042-Baustein/A20-Gate). Prozessor kann nicht in den Protected-Mode schalten
7	Fehler im virtuellen Mode
8	Grafikspeicher nicht ansprechbar – Grafikkarte defekt oder nicht eingebaut (dieser Fehler ist nicht fatal!)
9	ROM-BIOS-Checksumme nicht korrekt – ROMs defekt oder nicht korrekt upgedated
10	CMOS-Shutdown-Register – CMOS kann nicht gelesen/geschrieben werden
11	L2-Cache auf dem Mainboard defekt

Signale des Phoenix-BIOS

POST-Signaltöne	Bedeutung
1-1-3	CMOS-Fehler beim Schreiben oder Lesen
1-1-4	BIOS-ROM-Checksumme fehlerhaft
1-2-1	Systemtimer defekt (Timer 1)
1-2-2	DMA-Controller defekt
1-2-3	DMA-Controller defekt (Page Register)
1-3-1	DRAM-Refresh fehlerhaft – falsche BIOS-Einstellung oder Mainboard defekt
1-3-3	64-KByte-Basisspeicher defekt (Speicherchip/Datenleitung)
1-3-4	64-KByte-Basisspeicher defekt (Logikchip-Fehler)
1-4-1	64-KByte-Basisspeicher defekt (Adressleitung)
1-4-2	64-KByte-Basisspeicher defekt (Parity-Logik)
2-x-x	64-KByte-Basisspeicher defekt
3-1-1	Master-DMA-Register defekt
3-1-2	Slave-DMA-Register defekt
3-1-3	Master-Interrupt-Register defekt
3-1-4	Slave-Interrupt-Register defekt
3-2-4	Tastaturcontroller defekt
3-3-4	Grafikkartenspeicher defekt
3-4-1	Grafikkarte kann nicht initialisiert werden (fehlt oder Grafikchip defekt)
3-4-2	Grafikkartencontroller defekt
4-2-1	Timer-Interrupt fehlerhaft
4-2-2	Shutdown-Funktion fehlerhaft
4-2-4	Unerwarteter Interrupt im Protected-Mode
4-3-1	DRAM-Fehler oberhalb der ersten 64 KByte RAM

POST-Signaltöne	Bedeutung
4-3-3	Timer defekt (Timer 2)
4-3-4	Echtzeituhr defekt
4-4-1	Serieller Port defekt
4-4-2	Paralleler Port defekt
4-4-3	Coprozessorfehler

Die Signale treten in Gruppen auf: 1-1-3 bedeutet „piep ... piep ... piep-piep-piep".

Signale des Award-BIOS

POST-Signaltöne	Bedeutung
1 kurz	kein Fehler, alles in Ordnung
1 lang	Speicher kann nicht angesprochen werden
1 lang, 2 kurz	Grafikkarte nicht ansprechbar
Dauerton	Spannungsversorgung defekt oder Kurzschluss im System

Signale des IBM-PC

POST-Signaltöne	Bedeutung
1 kurz	kein Fehler, alles in Ordnung
2 kurz	Grafikkarte nicht ansprechbar
3 kurz	Defekt auf dem Motherboard oder der Spannungsversorgung
1 lang, 1 kurz	Defekt auf dem Motherboard oder der Grafikkarte
Dauerton	Spannungsversorgung defekt oder Kurzschluss im System

Andersherum kann man Folgendes feststellen: Schaltet sich der Monitor kurz ein (grüne LED), dann aber wieder ab oder in den Stromsparmodus (gelbe LED), sind entweder nur die Grafikkarte oder das Kabel, eventuell aber auch Mainboard, Prozessor oder Netzteil defekt.

Blinkt erst einmal der Cursor auf dem Bildschirm, funktionieren auf jeden Fall das Netzteil und der Prozessor, das BIOS ist lesbar und hat eine korrekte Checksumme, das CMOS ist lesbar und hat eine korrekte Checksumme, der Prozessor findet die ersten 64 KByte RAM und kann diese lesen/schreiben, das I/O-System funktioniert grundlegend und kann auf die Grafikkarte zugreifen.

Bootet der Rechner nicht oder hängt, kann nur noch eine der übrigen Karten defekt sein, die Festplatten oder aber irgendwelche BIOS-Eintragungen sorgen für einen Systemhänger – bauen Sie bis auf die Grafikkarte alles aus und setzen Sie es Stück für Stück wieder ein, der Fehler taucht dann beim defekten Gerät auf.

Systemanalyse für Profis

Der POST arbeitet recht geschickt: Auf dem I/O-Port 80 gibt er vor jedem Test eine Nummer aus. Es gibt so genannte Port-80h- oder POST-Karten, die diese Nummer auf einer Siebensegmentanzeige ausgeben. Steht dort beispielsweise eine 45 und bleibt der Rechner dann stehen, ist die mathematische Coprozessoreinheit (FPU) des Prozessors defekt – man muss einen neuen Prozessor kaufen.

Von hier ab ist die Grafikkarte initialisiert und aktiviert. Alle weiteren Fehler werden daher als englische Klartext-Meldungen auf dem Bildschirm angezeigt. Die grundlegende PC-Hardware ist somit lauffähig und initialisiert.

Als Nächstes wird der Speicherbereich zwischen 640 und 1.024 KByte in kleinen Schritten abgesucht. Grafikkarten, SCSI-Controller und andere Erweiterungskarten blenden in diesem Bereich ihr eventuell vorhandenes Karten-BIOS ein. Wird eine dieser BIOS-Erweiterungen gefunden, wird der BIOS-Code ausgeführt und Sie erhalten auf dem Bildschirm eine Meldung.

Gibt es an dieser Stelle einen Systemabsturz, haben sich die BIOS-Erweiterungen oder die Ressourcen (Interrupts, I/O-Ports) der Karten verheddert. Stecken Sie die Karten um oder stellen Sie in deren BIOS-Setup andere Adressen/IRQs ein.

Überprüfen Sie aber auch die an die Karte angeschlossene Hardware: Bei einem SCSI-Controller kann aber beispielsweise auch ein falsch angeschlossenes Gerät der Grund dafür sein, dass sich der Controller beim Initialisieren aufhängt.

Manchmal steckt der Fehler im Detail: Hier ist das EIDE-Kabel nicht ganz aufgesteckt, die Kontakte an der rechten Seite sind nicht richtig mit dem Laufwerk verbunden.

Es werden nun weitere Laufwerke gesucht und initialisiert. Falls Sie zum Beispiel eine zweite EIDE-Platte eingebaut haben, ohne auf die korrekte Master/Slave-Jumperung zu achten, kommt es auch hier wieder zu einem Hänger.

Zuletzt kann es noch sein, dass die neue Platte korrekt gejumpert ist, aber nicht vom BIOS erkannt wird, weil das BIOS zur Optimierung keine automatische Erkennung für EIDE-Geräte aktiviert hat. Sie müssen die Plattenerkennung dann im BIOS per Hand ausführen oder alle Laufwerke im BIOS auf *autodetect* stellen.

Damit ist der erste Teil des Bootens abgeschlossen und die Hardware grundlegend funktionsfähig. Als Letztes versucht das BIOS nun, ein bootfähiges Medium zu finden, um ein kleines Ladeprogramm einzulesen und zu starten, den MBR.

Sprung ins BIOS-Setup

In das BIOS-Setup kommen Sie in der Regel durch Drücken der [Entf]-Taste beim Booten hinein, wenn auf dem Bildschirm die Meldung *Press <DEL> to enter setup* erscheint. Funktioniert dies nicht, versuchen Sie es bei Award und Phoenix mit [F2], [Strg]+[Alt]+[Entf] oder [Strg]+[Alt]+[S], bei AMI mit [F1] oder [F10]. Hilft alles nichts, ziehen Sie beispielsweise den Floppy-Stecker ab, dann meckert das BIOS und verzweigt normalerweise ins Setup. Hilft auch das nichts oder Sie haben einen IBM PS/2, benötigen Sie eine spezielle Bootdiskette mit einem Setup-Programm. Es gibt weitere kuriose Möglichkeiten, zum Beispiel die IBM-Aptiva-PCs, bei denen beide Maustasten beim Einschalten gedrückt sein müssen, oder Compaq-PCs, die über [F10] beim Booten in ein spezielles, Windows 3.11-basiertes Setup auf einer versteckten Partition der Festplatte verzweigen.

17.3 Festplatte: von MBRs, Bootloadern und Kernen

Nun wird es etwas komplizierter für den PC, denn er muss einen bootbaren Datenträger finden. Dazu wird, wie im BIOS-Setup angegeben, der Reihe nach auf verschiedenen Medien nachgesehen.

Wenn der Rechner – wie es üblich ist – zuerst auf der CD-ROM und der Diskette und erst dann auf der Festplatte sucht, dauert der Bootvorgang recht lange. Viele Anwender optimieren den Vorgang, indem die Festplatte an die erste Stelle gerückt wird. Für den normalen Betrieb ist das auch durchaus richtig so.

Für die Installation eines neuen Betriebssystems muss dann einmal im BIOS-Setup die Reihenfolge umgestellt werden, damit der Rechner von CD bootet – aber das macht man ja nicht unbedingt jeden Tag. Einige BIOS unterstützen übrigens auch das Booten von USB. Man kann dann von USB-Festplatten, USB-CD-ROMs oder gar einem USB-Stick booten. Egal, von welchem Medium gebootet wird: Der erste Sektor muss einen funktionsfähigen MBR (**M**aster **B**oot **R**ecord) enthalten. Der MBR wird normalerweise beim Partitionieren oder beim Installieren eines Betriebssystems geschrieben.

Der MBR enthält zweierlei: Programmcode und die Partitionstabelle. Das BIOS liest diesen MBR ein und startet den darin enthaltenen Code.

Anhand der Partitionstabelle erkennt der MBR-Code, welche Partition die aktive ist und zum Starten des Betriebssystems genutzt werden soll. Welches Betriebssystem das ist, ist vollkommen egal. Aus diesem Grund kann man beispielsweise auch mit Linux den MBR eines Windows-Rechners reparieren oder umgekehrt.

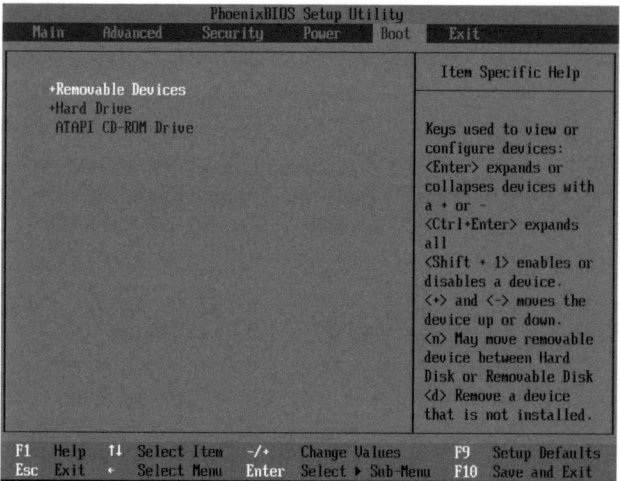

Die Bootreihenfolge wird im BIOS-Setup festgelegt. Hier zuerst von Wechsellaufwerken, dann von Festplatte und zuletzt von CD-ROM.

Wenn der MBR defekt ist – sei es durch einen Programmabsturz oder ein altes Virus –, erhalten Sie folgende Fehlermeldung, die vom BIOS stammt:

Das BIOS hat die Festplatte zwar erkannt, darauf aber keinen funktionierenden MBR gefunden.

Erkennt das BIOS nach einem vermeintlichen Crash zwar die Festplatte, findet aber kein Betriebssystem, ist der MBR nicht korrekt. Das kann durch eine Softwarepanne passiert sein, deutet aber auch auf einen eventuellen Virenbefall (Bootvirus) oder gar einen seltenen Headcrash auf der Startspur hin. Bootviren sind mittlerweile sehr selten geworden (es gibt in erster Linie sehr große Makroviren), daher ist eine Vireninfektion in diesem Fall eher unwahrscheinlich. Ebenso ist ein Headcrash, also das Aufsetzen des Schreib-/Lesekopfs im Betrieb, gerade auf der ersten Spur auch eher selten.

Normalerweise ist ein defekter MBR auf den Absturz selbst, bei dem Windows vielleicht undefinierbare Dinge macht, oder auf einen Benutzerfehler zurückzuführen.

17.4 Stolperfallen: Treiber, Grenzen und andere Hindernisse

Wenn der Rechner bis hierher kommt und zumindest Windows ansatzweise lädt, ist die Hardware richtig zusammengebaut und korrekt konfiguriert. Alle weiteren Probleme sind dann Sache des Betriebssystems. Einen kleinen Check kann man nach dem ersten Start noch durchführen:

Check nach dem Crash: SFC

Seit Windows 2000 gibt es den Windows-Dateischutz, der verhindern soll, dass Systemdateien manipuliert werden. Versucht ein Prozess, eine Systemdatei zu löschen, zu überschreiben oder zu ändern, schlagen Windows 2000/XP Alarm. Zu dieser Automatik gibt es auch ein Administratortool namens SFC, das über die Kommandozeile bedient werden kann und die Systemdateien auf Wunsch überprüft.

Nach einem Crash können Sie somit SFC einsetzen, um eventuelle Bootprobleme durch beschädigte Systemprogramme auszuschließen. Damit SFC funktionieren kann, muss das Verzeichnis *%systemroot%\System32\DLLCache* vorhanden sein. Hierin sind Kopien der wichtigen Systemdateien abgelegt. Auf einem „normalen" System belegt dieses von Windows automatisch bei der Installation angelegte Verzeichnis 300 bis 500 MByte.

Überprüfen Sie die Systemdateien auf der Kommandozeile durch Eingabe von

- `sfc /scannow`

Halten Sie die Installations-CD bereit, da diese für den Scanner-Durchlauf benötigt wird.

Wenn Sie auf den Einsatz des Dateischutzes verzichten wollen und den Platz dringend anderweitig benötigen, können Sie *DLLCache* mit dem Befehl

- `sfc /purgecache`

leeren.

17.5 Wenn XP nicht starten will: Notfallplan

Probleme mit Windows XP können an vielen Stellen auftreten. Angefangen von Hängern beim Starten über langsame Netzwerkverbindungen bis hin zum scheinbar unmotivierten Bluescreen ist alles möglich.

```
Es wurde ein Problem festgestellt. Windows wurde heruntergefahren, damit der
Computer nicht beschädigt wird.

Das Speicherabbild wurde manuell vom Endbenutzer generiert.

Wenn Sie diese Fehlermeldung zum ersten Mal angezeigt bekommen,
sollten Sie den Computer neu starten. Wenn diese Meldung
weiterhin angezeigt wird, müssen Sie folgenden Schritten
folgen:

Stellen Sie sicher, dass neue Hardware oder Software richtig installiert
ist. Fragen Sie Ihren Hardware- oder Softwarehersteller nach möglicher-
weise erforderlichen Windows-Updates, falls es sich um eine Neuinstallation
handelt.

Falls das Problem weiterhin bestehen bleibt, sollten Sie alle neu
installierte Hardware oder Software deinstallieren. Deaktivieren
Sie BIOS-Optionen wie Caching oder Shadowing. Starten Sie den Computer
neu, drücken Sie die F8-TASTE, um die erweiterten Startoptionen zu wählen,
und wählen Sie dann den abgesicherten Modus, falls Sie zum Löschen oder
Deaktivieren von Komponenten den abgesicherten Modus verwenden müssen.

Technische Information:

*** STOP: 0x000000E2 (0x00000000,0x00000000,0x00000000,0x00000000)

Speicherabbild des physischen Speichers wird erstellt.
Abbild des physischen Speichers wurde erstellt.
Wenden Sie sich an den Systemadministrator oder den technischen Support.
```

Feuchte Hände, erhöhter Puls: Windows XP hat sich mit einem Bluescreen verabschiedet, die gesamte ungesicherte Arbeit ist futsch ...

```
Microsoft Windows XP(TM)-Wiederherstellungskonsole

Die Wiederherstellungskonsole bietet Reparatur- und Wiederherstellungs-
funktionen.

Geben Sie 'exit' ein, um die Wiederherstellungskonsole zu beenden und den
Computer neu zu starten.

1: C:\WINDOWS

Bei welcher Windows-Installation möchten Sie sich anmelden?
Drücken Sie die Eingabetaste, um den Vorgang abzubrechen. 1
Geben Sie das Administratorkennwort ein: *******
C:\WINDOWS>fixmbr

** VORSICHT **

Der MBR (Master Boot Record) scheint ungültig oder nicht
standardmäßig zu sein.

Wenn Sie den Vorgang fortsetzen, wird FIXMBR
wird möglicherweise die Partitionstabellen beschädigen.

Das kann dazu führen, dass auf keine Partition auf der aktuellen
Festplatte zugegriffen werden kann.

Setzen Sie den Vorgang nicht fort, wenn Sie keine Probleme
mit den Zugriff auf das Laufwerk haben.

Sind Sie sicher, dass Sie einen neuen MBR (Master Boot Record) schreiben
möchten?
```

Und mit ganz viel Pech läuft vor dem Betrieb noch nicht einmal die Installation durch.

XP-Phobie

Manch ein Rechner scheint eine besondere Abneigung gegen Windows XP zu besitzen, wenn er sich beharrlich weigert, es auf seinen Platten installieren zu lassen. Stürzt XP bereits bei der Installation mit einem Bluescreen ab, ist der Fehler allerdings meistens in der Hardware zu suchen, auch wenn so mancher Treiber im Originalpaket trotz digitaler Signatur und Prüfsiegel von Microsoft recht fehlerhaft ist: Beispielsweise der SoundBlaster-Live-Treiber schnappt sich im Laufe der Zeit Byte für Byte des Hauptspeichers, bis dieser voll ist und XP abschmiert (siehe MS-Knowledge Base-Artikel Q306582). Derartige Fehler sind aber sehr selten. Bei derartigen Problemen lohnt immer ein Blick in die Hardware-Kompatibilitätsliste (HCL), die unter *ftp://ftp.microsoft.com/services/whql/hcl* zu finden ist (übrigens auch die zu den anderen Windows-Versionen).

ftp://ftp.microsoft.com/services/whql/hcl/

Übergeordnetes Verzeichnis

Dateiname	Typ	Größe	Geändert
NT40aHCL.txt	Textdokument	594 kB	18.08.2000 00:00:00
NT40xHCL.txt	Textdokument	5.605 kB	17.07.2002 08:21:00
win2000HCL.txt	Textdokument	5.852 kB	17.07.2002 08:19:00
win95HCL.txt	Textdokument	3.356 kB	18.08.2000 00:00:00
win98HCL.txt	Textdokument	6.429 kB	17.07.2002 08:21:00
winMeHCL.txt	Textdokument	3.632 kB	17.07.2002 08:20:00
winxPHCLia64.txt	Textdokument	812 kB	17.07.2002 08:19:00
winxPHCLle.txt	Textdokument	2 kB	07.03.2002 14:14:00
winxPHCLx86.txt	Textdokument	3.699 kB	17.07.2002 08:19:00

Ein Liste der garantiert unter Windows XP lauffähigen Hardware finden Sie auf dem FTP-Server von Microsoft.

Falls XP gar nicht erst richtig bootet, kann es sinnvoll sein, alle nicht benötigte Hardware auszubauen oder abzuschalten – TV-Karten, Soundkarten, SCSI-Karten (wenn daran nicht das System- und CD-ROM-Laufwerk hängen), LAN-Adapter sowie USB-/FireWire-Anschlüsse und -Geräte. Kurzum, neben Prozessor und RAM sollten eigentlich nur Grafikkarte sowie System- und CD-ROM-Laufwerk aktiv sein.

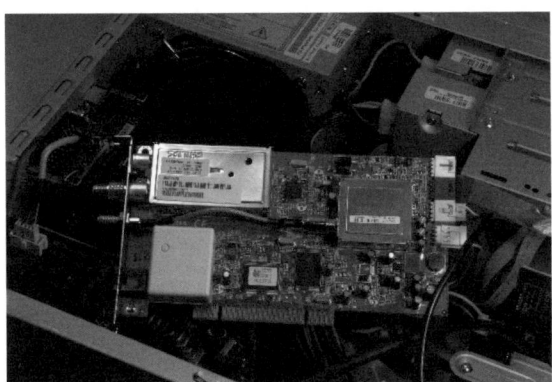

Wenn der PC gar nicht mehr starten will oder es beim Booten zu Abstürzen kommt, sollten zuerst alle nicht zum Betrieb wichtigen Komponenten testweise ausgebaut werden. Hier wurde die TV-Karte eines Aldi-PCs probeweise entfernt.

Sollte selbst daraufhin XP nicht booten, ist mit an Sicherheit grenzender Wahrscheinlichkeit eine der Komponenten defekt. Welche das ist, kann unter Umständen aus der Meldung des Bluescreens (STOP-Fehler) herausgelesen werden. Liegt der Verdacht etwa auf der Grafikkarte, kann diese probeweise gegen irgendeine andere ausgetauscht werden. Stehen keine anderen Komponenten zur Verfügung, kann auch das testweise Booten von Linux (z. B. Knoppix, siehe *http://www.knopper.net*) im Textmodus helfen, da dessen Hardwareerkennung hervorragend arbeitet, viele Details wie Speicherbereiche/IRQs/DMAs und so weiter offenbart und äußerst umfangreich ist.

Häufiger als Hardwarefehler gibt es Probleme mit dem ACPI, dessen Implementation weder in der Hardware noch beim Betriebssystem und vor allem nicht bei den Treibern so ganz gelungen scheint. Es entspricht zwar dem Standard, aber wenn ACPI beim Booten die IRQs aller Systemkomponenten und Steckkarten auf einen einzigen Wert setzt, arbeiten einige Treiber einfach nicht mehr, oder es kommt zu komischen Nebeneffekten wie Knacken beim Speichern, Flimmern und Ruckeln bei der Soundausgabe und so weiter.

Hier hilft es oft schon, ACPI im BIOS-Setup abzuschalten und stattdessen auf APM zu setzen. Man kann XP aber auch dazu zwingen, einen Nicht-ACPI-Kernel zu verwenden: Bei der Installation drücken Sie, während noch im blauen Textmodus unten die Meldung *Setup untersucht die Hardwarekonfiguration des Computers* erscheint, kurzerhand [F5]. Wählen Sie dann statt des dort vermutlich eingetragenen *ACPI-PC* den *Standard-PC*. Viele Konfigurationsprobleme lassen sich so leicht beheben, kleiner Wermutstropfen: XP kann trotz APM kaum noch Energie sparend arbeiten und den PC beim Herunterfahren nicht mehr selbstständig abschalten.

Übrigens: Eventuell kann ein BIOS-Update auch helfen, ACPI doch noch zum Laufen zu bekommen. Vor allem BIOS-Versionen, die etwa drei Jahre oder älter sind, haben mit XP noch so ihre Probleme, was „moderne" Erweiterungen wie ACPI oder auch EIDE-RAID anbelangt.

Läuft diese Grundinstallation erst einmal, kann man sich an weitere Komponenten wagen und nach und nach weitere Karten einbauen oder Komponenten (z. B. USB) aktivieren – möglichst alles einzeln mit einem erneuten Booten von XP. Auf diese Weise erkennt man relativ leicht die problematischen Komponenten und kann dann gezielt nach Problemlösungen beim Hersteller oder auch im Internet recherchieren. (Tipp: Bei Google in den Google-Groups suchen.)

Da sich XP bereits eine ganze Weile am Markt befindet, sollte sich mit aktuellen Treibern und eventuell ohne ACPI eigentlich immer ein lauffähiges System einrichten lassen – notfalls mit einer älteren Komponente weniger oder mit Treibern von Windows 2000.

Los geht's!?

Kann man Fehler bei der Installation noch recht gut einer bestimmten Komponente zuweisen, sieht das im späteren Betrieb meistens anders aus. Windows XP läuft eine ganze Weile ohne irgendwelche Probleme und plötzlich: Bluescreen! Oder XP bootet von heute auf morgen nicht mehr, obwohl man eigentlich gar nichts an der Konfiguration geändert hat. Manche dieser Fehler sind ganz hartnäckig und müssen sofort behoben werden, andere tauchen nur sporadisch auf und sind nach einem Neustart weg.

Wie jedes Betriebssystem startet auch XP mithilfe des BIOS aus der PC-Urzeit. Und bereits ganz weit am Anfang können Probleme auftreten, wenn nämlich nach dem POST (**P**ower **O**n **S**elf **T**est) des BIOS die Platte ganz kurz klackert und dann außer einem Cursor, der scheinbar hinterhältig blinkt, nichts zu sehen ist.

In diesem Fall ist noch nicht einmal der Bootloader von Windows XP gestartet worden. Abgesehen von Hardwareproblemen, können hier mögliche Fehler den Rechner zum Stoppen bringen: Ein defekter oder virenverseuchter MBR, eine kaputte Partitionstabelle, ein defekter oder virenverseuchter PBR oder ein defekter Betriebssystem-Loader. Im Einzelnen:

Der Master Boot Record liegt immer ganz vorn auf der Festplatte und wird vom BIOS geladen, um nach Auswertung der Partitionstabelle den Bootsektor der aktiven Bootpartition (PBR, **P**artition **B**oot **R**ecord) des jeweiligen Betriebssystems zu laden – egal, ob DOS, Linux oder Windows XP. Im Fall von XP lädt dieser PBR dann den (XP/-)NT-Loader NTLDR. Ein Virus oder seltener ein Absturz können diese sensitiven Daten zerstören. Mit einer XP-Bootdiskette kann man das Problem schnell einkreisen – wenn man denn eine zur Hand hat! Eine Notfall-Bootdiskette besitzt man natürlich so lange nicht, bis man eine solche Diskette das erste Mal benötigt.

Notfallausrüstung: eine XP-Bootdiskette

Um eine zu Ihrem System passende Bootdiskette zu generieren, benötigen Sie zuallererst eine unter XP formatierte Diskette, da nur so der passende Bootsektor auf die Diskette kommt. Eine solche Diskette formatieren Sie normalerweise ganz einfach per Explorer oder über die Kommandozeile:

- `format a:`

Haben Sie die Installations-CD von XP zur Hand, können Sie mit jedem Windows und dieser CD XP-Setup-Disketten erstellen. Notfalls können Sie unter *http://support.microsoft.com/default.aspx?scid=kb;[LN];Q310994* die Installationsdisketten zu Ihrem Windows XP downloaden. Löschen Sie auf der Diskette alle Dateien, so besitzen Sie quasi eine unter XP formatierte Diskette mit passendem Bootsektor.

Kopieren Sie nun die beiden Dateien

- `Ntldr`
- `Ntdetect.com`

auf die leere Diskette. Die Dateien finden Sie auf den Installationsdisketten, auf der XP-CD im */i386*-Verzeichnis oder im Root-Verzeichnis eines laufenden Windows XP.

Zuletzt benötigen Sie noch die *Boot.ini* aus dem Root-Verzeichnis des nicht mehr startenden Rechners – wenn die allerdings nicht verfügbar ist, müssen Sie die Datei selbst erstellen:

- `[boot loader]`
- `timeout=30`
- `Default=multi(0)disk(0)rdisk(0)partition(1)\windows`
- `[operating systems]`
- `multi(0)disk(0)rdisk(0)partition(1)\windows="Windows XP"`

Dieses Beispiel funktioniert auf gängigen Installationen, falls Windows XP in der ersten Partition liegt – andernfalls passen Sie den *partition(x)*-Wert entsprechend an. Bei einigen SCSI-Controllern müssen Sie noch das *multi(0)* durch ein *scsi(0)* ersetzen, den zum Controller passenden Treiber auf die Diskette kopieren und in *Ntbootdd.sys* umbenennen.

Mit dieser Diskette können Sie ein noch vorhandenes XP von Platte booten.

Bekommen Sie eine Fehlermeldung mit dem Hinweis auf *ARC firmware boot*, ist der Pfad nicht korrekt, der Bootloader findet das XP also nicht. Gibt es eine Fehlermeldung mit *disk hardware configuration problem*, haben Sie den falschen SCSI-Treiber auf die Diskette kopiert.

Mit der Notfalldiskette booten

Starten Sie also von der Diskette, wozu eventuell im BIOS die Bootreihenfolge geändert werden muss. Startet die Bootdiskette problemlos, ist auf jeden Fall die Partitionstabelle okay, was für eine Wiederherstellung des Systems unabdingbar ist. Sollte nämlich die Partitionstabelle defekt sein, hilft auch diese Diskette nicht, dann ist eine komplette Neuinstallation mit Neupartitionierung nahezu unumgänglich. Zwar könnte man mit einem Sektoreditor die Partitionstabelle direkt neu schreiben, aber dabei sind selbst Profis teilweise überfordert.

Bootet Ihr XP mithilfe der Diskette problemlos (nur eben etwas langsamer), ist mit Sicherheit irgendetwas am MBR, am PBR oder der NTLDR kaputt – das klingt nun allerdings dramatischer, als es ist. Theoretisch können Sie nun mit XP arbeiten, Daten sichern und so weiter. Besser ist es aber, das Bootproblem zu beseitigen.

Dazu benötigen Sie die Wiederherstellungskonsole, einen speziellen Kommandozeilenmodus, der etwas an das gute alte DOS erinnert. Die Wiederherstellungskonsole starten Sie am besten über die Installations-CD von XP. Die Tipps im Internet, eine solche Wiederherstellungskonsole auf die Platte zu installieren und ins Bootmenü von XP aufzunehmen, bringen bei Bootproblemen logischerweise gar nichts.

Booten Sie also von der Installations-CD (dazu müssen Sie eine Taste drücken, ansonsten wird trotz eingelegter CD von Platte gebootet), warten Sie, bis alle Treiber geladen sind, und drücken Sie ⓡ beim Willkommensbildschirm.

Nun können Sie die Windows-Installation auswählen, die Sie reparieren wollen – im Regelfall gibt es nur eine Auswahl, nämlich die Standard-XP-Installation. Sie müssen sich, um Änderungen am System vornehmen zu können, als Administrator mit dessen Passwort anmelden.

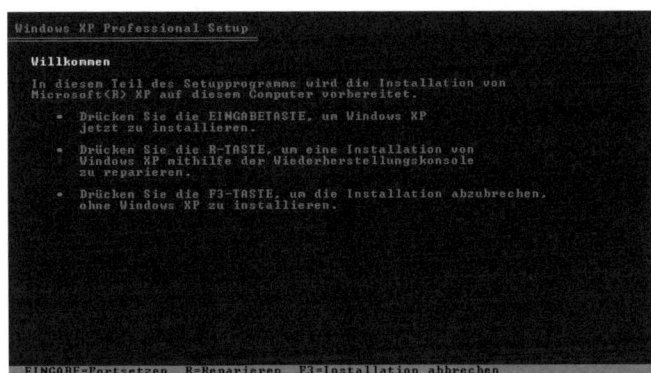

Um in die Wieder-herstellungskonsole zu gelangen, müssen Sie von der Windows XP-CD booten und dann ® drücken.

Anschließend steht eine Art Kommandozeile zur Verfügung, die weitere Hilfe durch Eingabe von *help* und *help <befehl>* gibt. Alte PC-Hasen werden aus DOS-Zeiten noch den Killer für Bootsektorviren kennen: *FDISK/MBR* schrieb einfach einen neuen Standard-MBR – und der Virus war weg. Dasselbe gilt nun auch für XP, allerdings nimmt man dazu nicht mehr FDisk oder den Festplattenmanager, sondern ein spezielles Tool namens

- `FixMBR`

Ebenso wie für den MBR gibt es ein Tool für das Schreiben eines neuen PBR:

- `FixBoot`

Letztlich kann – wie oben beschrieben – zum Booten noch ein korrekter NTLDR fehlen, diesen kopieren Sie mit

- `Copy R:\i386\ntldr C:\ntldr`

auf die Startpartition, wobei Sie die Laufwerkbuchstaben für das CD-ROM- (R:) und das Systemlaufwerk (C:) eventuell anpassen müssen. War eine der angesprochenen Komponenten defekt, sind diese jetzt repariert und XP sollte wieder booten.

Mit der Wiederher-stellungskonsole lassen sich MBR, PBR und einige andere Probleme reparieren.

Sollte XP immer noch nicht starten, können Sie beim Willkommensbildschirm statt ⒭ auch ⒠Enter⒭ drücken (also eine „normale" Installation anwählen), und dann das XP-Laufwerk auswählen, das nicht mehr funktioniert, und dieses dann automatisch über das Setup reparieren lassen. Sie müssen anschließend allerdings Setup erneut durchlaufen und XP neu konfigurieren.

STOP!

Sollte XP nur teilweise hochfahren und dann kommentarlos stehen bleiben oder mit einem STOP-Fehler (Bluescreen) abbrechen, ist die nächste Stufe der Fehlerhierarchie erreicht. Irgendein Treiber funktioniert dann nicht korrekt und muss entfernt werden. Problematisch ist dann vor allem der STOP-Fehler *0x0000007B*, der darauf hinweist, dass das Bootgerät nicht angesprochen werden kann. In diesem Fall ist entweder der Controller oder der dazugehörende Treiber defekt, oder der NTLDR findet den Treiber schlichtweg nicht. Erste Hilfe: Normalerweise sollte der passende (SCSI-)Treiber, umbenannt in *Ntbootdd.sys*, auf Laufwerk C: liegen.

Häufiger sieht man allerdings den STOP-Fehler *0x0000000A* mit der lapidaren Meldung *IRQL_NOT_LESS_OR_EQUAL*, der eine Art Routinefehler unter Windows NT/2000/XP darstellt. In diesem Fall versucht ein Prozess im Kernel-Mode entweder, auf einen ungültigen Speicherbereich zuzugreifen, oder er versucht, auf einen weiteren Prozess zuzugreifen, dessen IRQL höher ist als sein eigener. Prozesse können allerdings nur auf andere Prozesse zugreifen, deren IRQL (**I**nternal **R**equest **L**evel) kleiner oder gleich ihrem eigenen ist – daher übrigens auch die Fehlerbezeichnung (hiermit sind übrigens nicht die bekannteren Hardware-IRQs gemeint, sondern die Software-IRQs!).

Was kann man mit einer solchen Fehlermeldung bzw. dem Bluescreen anfangen? Die Informationen auf dem Bluescreen sind eigentlich nur für Entwickler interessant. In der Zeile hinter dem *** STOP: finden sich die Informationen, wobei sich dort als Erstes der Ort des Absturzes befindet – mithilfe eines Speicherdumps könnten Sie die genaue Programmzeile des Treibers ermitteln. Eingeklammert finden sich weitere vier Werte, die (für Eingeweihte) anzeigen, was eigentlich passiert ist: Zuerst kommt die Adresse, für die der Treiber keine Zugriffsrechte hatte, der zweite Wert ist der IRQL, der zum Zugriff nötig gewesen wäre, der dritte Wert zeigt an, ob es sich um eine Lese-(0) oder Schreiboperation(1) handelte, und der vierte Wert schließlich deutet auf die Befehlsadresse, die den Zugriff angefordert hatte.

Unter Windows NT/2000 gab es noch eine Menge mehr an Informationen: der Fehler *im Klartext*, nochmals die Adresse und der verursachende Treiber, eine Tabelle, die alle Treiber-DLLs darstellt, die das System geladen hat. Ein weiterer Block begann mit der Build-Version und listete die Treiber-DLLs, die als Nächstes hätten ausgeführt werden sollen – somit war der Fehler fast immer im ersten Treiber dieser Liste zu suchen. Bei XP findet sich auf dem Bluescreen stattdessen eine Anleitung, was nun alles zu tun sei – durchaus sinnvoll, denn damit kann der Anwender wohl mehr anfangen als mit den technischen Details des Absturzes. Notfalls bekommt man diese Informationen aber durch undokumentierte Tools, dazu später mehr.

Sind Sie kein Entwickler bei Microsoft, können Sie beispielsweise die STOP-Nummer (0x0000000A) oder die Fehlerbezeichnung (IRQL_NOT_LESS_OR_EQUAL) in eine Suchmaschine wie Google eingeben und dann meistens einiges an Informationen finden. Am informativsten sind meistens die Treffer aus der Microsoft Knowledge Base, zu erkennen an *./kb* oder */techinfo/* in der URL.

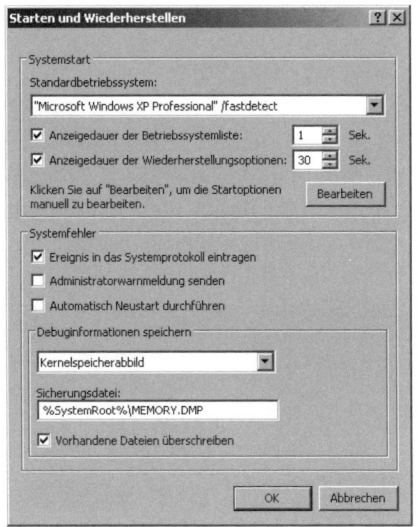

Hier wird eingestellt, was mit den Daten eines STOP-Fehlers passieren soll –
selbst Profis können damit aber wenig anfangen.

Wer tatsächlich etwas mit den Informationen eines Fehlers anfangen will, sollte noch einige Einstellungen zum System in der Systemsteuerung vornehmen: Auf der Seite *Erweitert* finden Sie unter *Starten/Herunterfahren* einige nützliche Optionen unter der Rubrik *Systemfehler*: Sehr wichtig ist die erste Option *Ereignis in das Systemprotokoll eintragen*, die immer aktiviert sein sollte, denn nur so können Sie im Nachhinein in der Ereignisanzeige genau nachlesen, was passiert ist. *Administratorwarnmeldung senden* schickt eine Meldung an den Systemadministrator.

Automatisch Neustart durchführen ist nur dann sinnvoll und auch sehr praktisch, wenn der Rechner unbeaufsichtigt laufen soll und ein Eintrag ins Systemprotokoll vorgenommen wird. Statt einfach mit einem Bluescreen herumzustehen, bootet ein Webserver so automatisch neu.

Falls Sie einen Speicherdump benötigen, um ihn beispielsweise an Microsoft zu schicken, sollten Sie unter *Debuginformationen speichern* die Größe des Dumps festlegen und gegebenenfalls den Pfad anpassen. Ein *Kleines Speicherabbild* belegt 64 KByte und enthält zumindest die grundlegenden Informationen. Diese

Option mit abgeschalteter Überschreibenfunktion ist praktisch, um festzustellen, ob ein bestimmter Fehler öfter auftritt. Das andere Extrem ist *Vollständiges Speicherabbild*, bei dem eben der gesamte Inhalt des RAM und 1 MByte Strukturinformationen in den Dump geschrieben werden – das kostet Platz! Liegen diese Dateien auf dem Rechner herum, sind sie übrigens ein großes Sicherheitsloch, weil alle Passwörter und Daten in dem aktuellen Dump zu finden sind!

Sinnvoll ist es, nur den Kernel-Speicher zu sichern, da hierin die Informationen vorhanden sind, die zur Fehlersuche relevant sein können. Die Größe hängt stark von der Konfiguration und dem vorhandenen Speicher ab. Die Option *Vorhandene Dateien überschreiben* sollte vorsichtshalber aktiviert sein, damit nicht durch ein paar STOP-Fehler die Platten voll gemüllt werden.

Sezierwerkzeuge

STOP-Fehler aus der Vergangenheit, aber auch andere kleine Problemchen, die vielleicht zur Fehlersuche hilfreich sein können, dokumentiert die Ereignisanzeige, ein oft unterschätztes Werkzeug. In den Protokollen findet man manchmal nämlich sogar Probleme, die einem noch gar nicht aufgefallen sind – insofern ein Tool zur Vorsorge. Die Ereignisanzeige finden Sie in den Verwaltungstools und sie verwaltet namensgetreu Ereignisse im PC. Wichtig sind hier vor allem die rot gekennzeichneten Einträge.

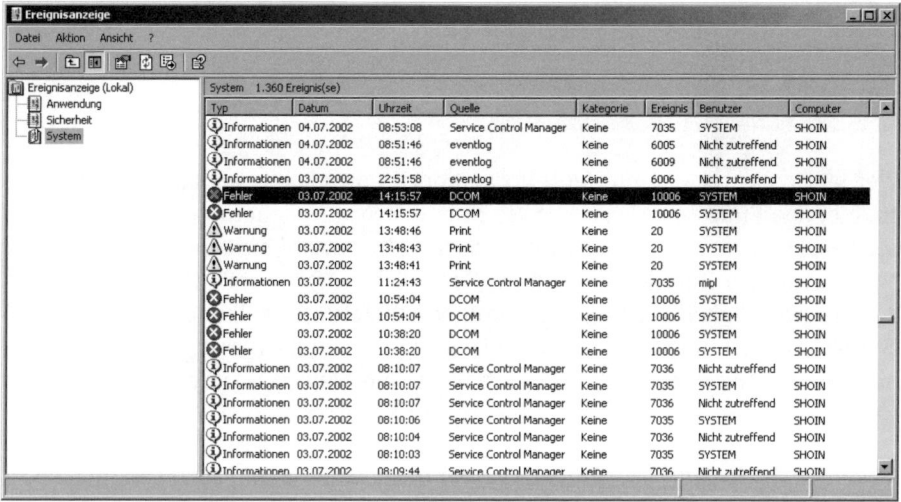

In der Ereignisanzeige findet man manchmal beginnende Probleme, die später zu STOP-Fehlern führen – wenn man denn mal reinschaut ...

Einige weitere Tools für Bluescreen-Geplagte befinden sich auf der Installations-CD im Verzeichnis *\Support\Tools*. Starten Sie dort *Setup.exe*, um die Tools zu installieren, für die wichtigeren reicht bereits die Standardinstallation. Vor allem ein Tool ist für die Analyse hervorzuheben: Mit *Dumpchk.exe* können Sie einen erstellten Speicherdump auf Integrität prüfen und sich gleichzeitig die Informationen anzeigen lassen – sie sind umfangreicher als die beim Bluescreen. Die Dumps finden Sie beispielsweise im Verzeichnis *\Windows\Minidump*, notfalls suchen Sie auf dem Systemlaufwerk nach DMP-Dateien.

Wer noch genauer in sein System blicken will, um beispielsweise Speicherfresser zu entlarven, kann dies mit dem Task-Manager oder dem Prozessmonitor *Pmon.exe* machen. Der Prozessstatus *Pstat.exe* erzeugt einen noch detaillierteren Auszug des Systems, der in eine Datei oder auf den Drucker umgeleitet werden sollte. *Apimon.exe* schließlich kann andere Anwendungen laden, starten und Ihnen anzeigen, auf welche APIs diese Anwendung wie oft zugreift.

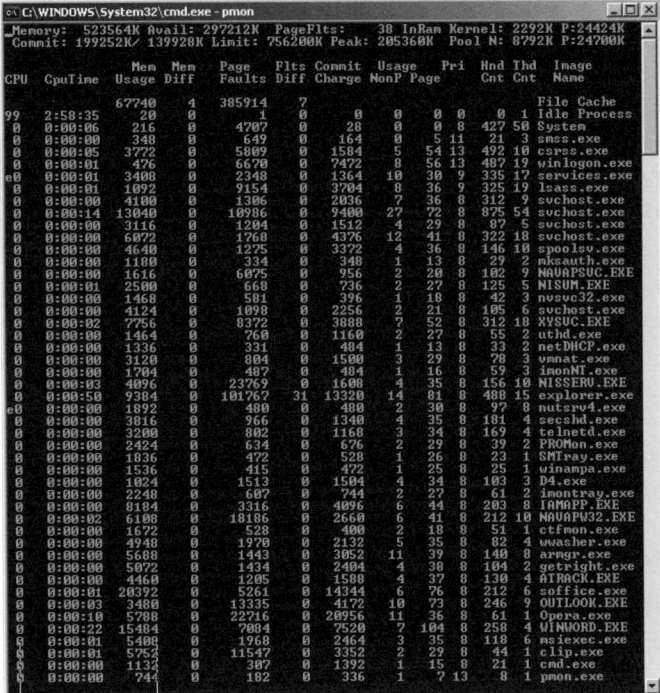

Der Prozessmonitor klärt auf, welche Prozesse laufen, wie viel Speicher sie belegen und so weiter. Speicherfresser lassen sich schnell erkennen.

STOP-Fehler bzw. Bluescreens nerven schon recht heftig und mit genauen Informationen geizen alle Windows-Versionen. Gleich einem Puzzlespiel kann man durch genaue Analyse, Recherche im Internet und undokumentierte Tools dem Bösewicht im System näher kommen.

Aber was dann? Wenn es keinen aktuelleren Treiber, einen Bugfix oder ein Update gibt, sieht es mit einer Lösung schlecht aus. Bei hartnäckigen Fehlern bleibt nur ein Weg: Einsteckkarten umstecken, ACPI abschalten, andere Treiber ausprobieren oder letztlich der Reihe nach einzelne Komponenten durch Ausbauen deaktivieren. Wenn alles nichts hilft, bleibt nur eines: die problematische Komponente ausbauen und sich nach einer Alternative umschauen.

Übersicht: die häufigsten STOP-Fehler

Windows XP kennt über 150 verschiedene STOP-Fehler, von denen aber nur ein geringer Teil in der Praxis auftritt. Wer Informationen zu allen STOP-Fehlern sucht, sollte am besten einen Blick in die Datei *BugCodes.h* des Windows NT Device Driver Kit werfen.

IRQL_NOT_LESS_OR_EQUAL 0x0A

Dieser Fehler ist der mit Abstand am häufigsten auftretende STOP-Fehler. Die Ursache ist dabei wiederum meistens ein fehlerhafter Treiber, der über den virtuellen Speichermanager auf Speicher zugreifen will, auf den er nicht zugreifen darf oder der gerade ausgelagert auf der Platte liegt.

Fast immer findet sich der fehlerhafte Treiber in der Liste des Bluescreens, selten ist ein nicht aufgeführter Treiber schuld, der Speicherbereiche eines aufgeführten Treibers „geschreddert" hat.

UNEXPECTED_KERNEL_MODE_TRAP 0x7F und KMODE_EXCEPTION_NOT_HANDLED 0x1E

Diese beiden Fehler treten dann auf, wenn vom Mikro-Kernel ein nicht zulässiger Maschinensprache-Befehl ausgeführt werden sollte. Hierbei hat entweder ein Treiber einen Speicherbereich eines anderen Treibers oder eines Subsystems zerschossen oder aber es handelt sich tatsächlich um einen RAM-Fehler im Hauptspeicher oder dem Speicher/Puffer einer Einsteckkarte.

Die Informationen zu den Modulen auf dem Bluescreen sind in diesem Fall fast immer wertlos, weil der Fehler an völlig anderer Stelle aufgetreten ist.

NO_MORE_IRP_STACK_LOCATIONS 0x35

Dieser Fehler tritt gern auf Servern auf, nachdem ein Virenscanner installiert wurde oder viele neue Zugriffe auf freigegebene Laufwerke über das Netz stattfinden. Der Serverdienst generiert normalerweise I/O-Anfragepakete mit Platz für alle Gerätetreiber zu den Laufwerkpfaden, werden zu viele Pakete generiert, kann der dafür vorgesehene Stack überlaufen.

Manchmal hilft es hier, den Stack über den Registry-Key HKEY_LOCAL_MACHINE\SYSTEM\CurrentControlSet\ServicesLanmanServer\IrpStackSize zu vergrößern.

INACCESSIBLE_BOOT_DEVICE 0x7B

Dieser Fehler tritt nur beim Starten von Windows XP auf und besagt, dass XP das eigentliche Betriebssystem nicht zu Ende laden kann. Entweder ist die Partitionstabelle, die Datenstruktur innerhalb der Partition, zerschossen oder wichtige Systemdateien sind defekt. In seltenen Fällen kann dieser Fehler auch auf einen

Controller-Fehler hinweisen – etwa wenn er auch nach einer kompletten Neu-installation immer noch auftritt.

17.6 Wenn Vista nicht starten will: das Vista-Rettungstool

Bei Windows Vista versucht Microsoft, dem Anwender mehr unter die Arme zu greifen als bei XP. Damit ist man nicht so sehr auf Systemkenntnisse angewiesen und braucht auch nicht unbedingt in der Kommandozeile zu arbeiten.

Bei Problemen mit dem Start von Windows Vista starten Sie den PC also einfach von der Installations-DVD. Statt auf *Jetzt installieren* klicken Sie aber auf *Systemwiederherstellungsoptionen*.

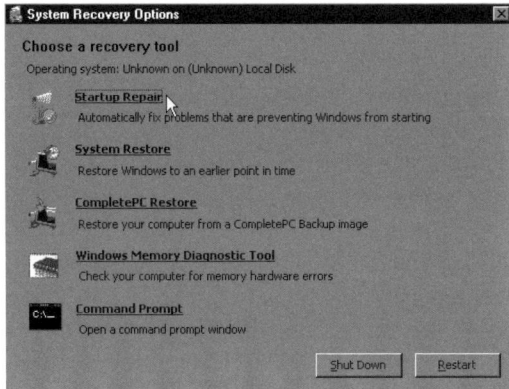

Windows Vista nimmt dem Anwender die Arbeit mit Textmodus-orientierten System-tools ab und stellt stattdessen Assistenten zur Systemwiederherstellung auf der Vista-DVD zur Verfügung.

Zwei weitere Klicks auf *Next* weiter finden Sie die Möglichkeit, mit *Startup Repair* einen Assistenten zu starten, der Vista in der Regel wieder startbar macht.

Für den Fall, dass dieser Versuch scheitern sollte, können Sie immer noch auf ein zuvor angelegtes Backup-Image zugreifen oder Vista in einer zuvor funktionie-renden Konfiguration starten. Probleme, die ohne Änderungen an der Hardware auftauchen, können auch auf einen Virenbefall hindeuten. Installieren Sie in diesem Fall einen Virenscanner und lassen Sie Ihr Windows Vista genau über-prüfen.

Sollten die Probleme zusammen mit neu eingebauter Hardware auftauchen, überprüfen Sie, ob Vista ohne diese neue Hardware läuft. Ist das der Fall, müssen Sie entweder einen aktualisierten Treiber für die Hardware installieren – oder die Hardware ist in sehr seltenen Fällen nicht kompatibel zu Ihrer übrigen Hardware. Insbesondere ältere Hardware kann Probleme verursachen, da manche Hersteller keine aktualisierten Treiber für Vista bereitstellen wollen/können.

17.7 Die persönliche XP-Installations-CD

Das Image einer XP-Installation ist auf die jeweilige Hardware zugeschnitten und bereits speziell angepasst. Wer es etwas universeller haben möchte, trotzdem aber die Tortur einer Windows-Installation scheut, sollte einen Blick auf das kostenlose nlite werfen. Mit nlite lässt sich eine eigene Installations-CD für XP zusammenbasteln. Dabei kann man von vornherein alles aus der Installationsroutine entfernen, was man später unter Windows sowieso nicht benötigt – angefangen von Farbschemata über unsinnige Dienste bis hin zum Internet Explorer. Andersherum lassen sich aber auch alle Dinge integrieren, die man später sowieso installieren würde – Treiber, Tools, Patches und Service Packs bis hin zu Programmen wie dem Firefox. Aus all dem produziert nlite dann ein ISO-Image, das man auf eine CD brennen kann. Von da an ist Windows XP in kurzer Zeit schlank und mit allen Tools versehen in wenigen Minuten installiert. Der Vorteil gegenüber einem Image: Das funktioniert auch auf neuer oder geänderter Hardware.

Was braucht man?

Um sich eine eigene Installations-CD zusammenzubasteln, benötigen Sie Folgendes: die originale XP-Installations-CD, das Service Pack 2 und nlite. Zusätzlich können Sie weitere Treiber, Tools, Programme und Patches je nach Bedarf einbinden. Auf der Festplatte benötigen Sie am besten einige GByte an Platz. Die XP-Installations-CD sowie weitere Stufen sollten Platz finden. Wird nämlich beispielsweise ein Patch einmal eingebunden, lässt er sich nicht mehr entfernen. Gibt es Probleme, müssten Sie von vorne beginnen – daher sollte nach jedem wichtigen Schritt eine komplette Kopie der neuen Installations-CD angefertigt werden. Läuft die CD einmal, können Sie natürlich alle diese Vorstufen löschen. So geht's:

Zuerst laden Sie sich nlite von *http://www.nliteos.com/download* (1,3 MByte) herunter und starten das Setup. Falls das Microsoft .NET Framework nicht installiert sein sollte, startet nlite einen Browser und öffnet die Download-Seite bei Microsoft. Leider verweist nlite auf die alte Version 1.1, aktuell wäre die 2.0 (zu finden unter *http://www.microsoft.com/downloads/details.aspx?FamilyID=0856 eacb-4362-4b0d-8edd-aab15c5e04f5&DisplayLang=en*). Falls Sie nur nlite nutzen wollen, können Sie auch die kleinere und ältere Version 1.1 benutzen und später wieder deinstallieren. Auf vielen PCs ist .NET bereits installiert.

Alternativ gibt es ein Paket mit den benötigten Dateien aus dem .NET Framework ganz unten auf der Download-Seite von nlite. Klicken Sie bei der Abfrage dann auf *Nein* und laden Sie das kleine Paket herunter. Kopieren Sie den Inhalt des Archivs in den nlite-Ordner unter *C:\Programme\nlite* und starten Sie das sich selbst entpackende Archiv.

Folgen Sie den Anweisungen des Setup-Programms und lassen Sie sich am besten auch ein Symbol auf dem Desktop erstellen. Starten sollten Sie nlite jetzt noch nicht, weil die übrigen benötigten Dateien fehlen.

Damit ist nlite installiert. Jetzt müssen alle Dateien auf die Platte kopiert werden, aus denen nlite später die angepasste Installations-CD bauen soll. Legen Sie dazu am besten zuerst ein Verzeichnis \nliteCD auf einem Laufwerk mit viel Platz an. Dort kopieren Sie als Erstes die komplette XP-Installations-CD in das Verzeichnis \nliteCD\XP. Das wichtigste Verzeichnis ist dann \nliteCD\XP\i386.

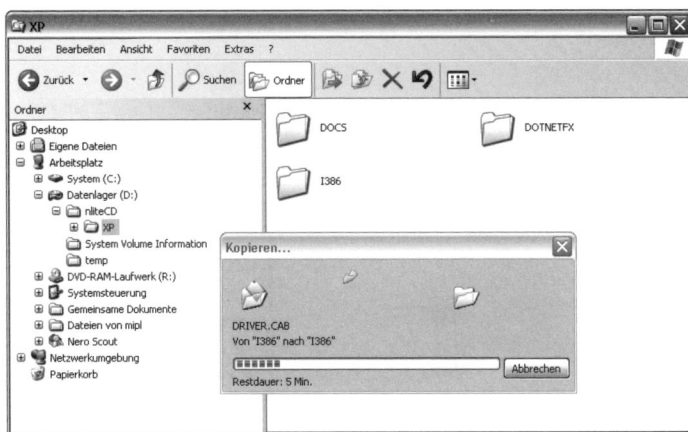

Alle benötigten Dateien der XP-Installations-CD, des Service Packs und aller Treiber/Tools/Programme landen in einem Verzeichnis.

Sollten Sie bereits ein XP mit integriertem SP2 besitzen, sind Sie fein raus. Alle anderen müssen sich das SP2 als Netzwerkinstallationspaket aus dem Internet besorgen. Es muss unbedingt die rund 265 MByte große Variante sein, da nur hier alle Dateien des SP2 vorhanden sind. Sie bekommen das deutsche SP2 bei Microsoft unter *http://www.microsoft.com/downloads/details.aspx?displaylang =de&FamilyID=049C9DBE-3B8E-4F30-8245-9E368D3CDB5A*. Speichern Sie es einfach im \nliteCD-Ordner.

Nun fehlen noch die Patches und Updates seit dem SP2, das immerhin schon weit über ein Jahr alt ist. Statt alle Patches mühsam zusammenzusuchen, können Sie auf ein fertiges Komplettpaket von german-nlite.de zurückgreifen. Downloaden Sie also noch das 26 MByte große Hotfix-Pack 1.5 von *http://www.german-nlite.de/index.php?act=module&module=pages&pg=uppack* und speichern Sie es ebenfalls im \nliteCD-Ordner.

Damit wäre das Grundpaket für eine aktuelle XP-Installation geschnürt. Wer möchte, kann von der sehr informativen Seite *http://www.german-nlite.de/index.php?act=module&module=pages* noch weitere Pakete herunterladen, um beispielsweise Java, .NET oder den Media Player 10 samt Patches zu integrieren. Speichern Sie auch diese CAB-Pakete im \nliteCD-Ordner ab und fügen Sie sie später bei nlite ein.

Treiber integrieren

Aktuelle Treiber mit in die nlite-CD zu integrieren ist etwas komplizierter, kann aber sehr praktisch sein. Insbesondere, wenn man bei der Installation beispielsweise einen RAID- oder SATA-Treiber benötigt, den man nur über eine Diskette bei der Installation von XP einbinden kann. Wer diesen Treiber mit nlite schon auf die CD packt, spart sich das Diskettenlaufwerk im PC. Alle Treiber müssen allerdings mit einem Tool wie WinRAR oder 7ZIP zuvor in ein extra Verzeichnis ausgepackt werden. Ein Treiberverzeichnis muss mindestens eine INF- und eine SYS-Datei enthalten. Neben den RAID-/SATA-Treibern können Sie Chipsatz-, Grafikkarten und Sound-Treiber automatisch mit installieren – bei Bedarf auch wesentlich mehr.

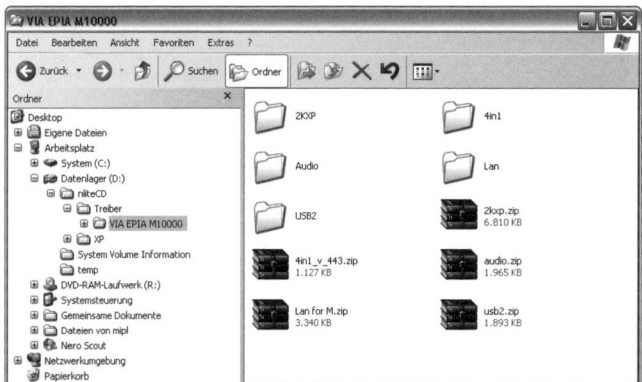

Hier wurden die Treiber für ein Strom sparendes VIA EPIA-Board heruntergeladen und ausgepackt. Die jeweiligen einzelnen Treiberdateien für Chipsatz, Grafikkarte, LAN, Sound und USB 2.0 liegen in den Verzeichnissen. Auf diese Verzeichnisse muss nlite später zugreifen können.

Starten Sie nlite, wählen Sie als Erstes die deutsche Sprache für die Oberfläche aus und klicken Sie auf *Weiter*.

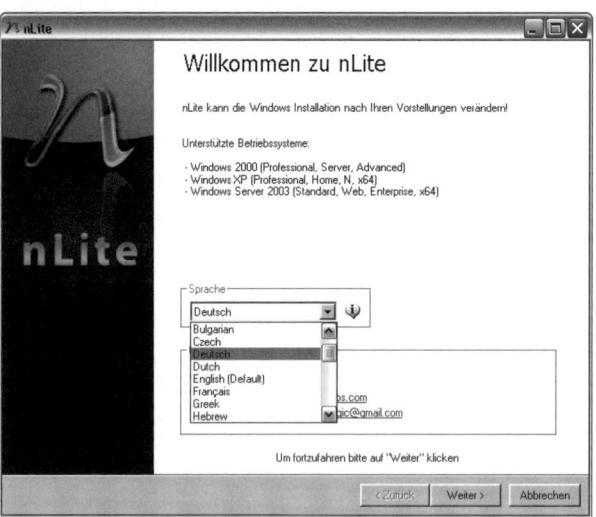

Die Oberfläche von nlite ist komplett in Deutsch und intuitiv zu bedienen.

Über die Schaltfläche *Suchen...* wählen Sie nun das Verzeichnis aus, in das Sie die XP-Installations-CD kopiert haben, also *\nliteCD\XP*. nlite untersucht das Verzeichnis und zeigt nach einigen Sekunden Informationen zu Ihrer Installations-CD an. Klicken Sie auf *Weiter*. Aktivieren Sie auf der nächsten Seite die Option *Letzte Einstellungen automatisch laden*, um nlite eben dazu zu bringen. Klicken Sie auf *Weiter*.

Sie müssen angeben, was Sie alles anpassen möchten. Klicken Sie dazu auf eine der Schaltflächen, um die jeweilige Option zu aktivieren. Sie können jederzeit zwischendurch ein ISO erzeugen, um den Fortschritt zu prüfen. Die bisherigen Einstellungen bleiben gespeichert – und nach jedem erfolgreichen weiteren Schritt sollten Sie eines der oben erwähnten Backups des nlite-Ordners machen. Geht beispielsweise die Integration eines Treibers in die Hose, ist nämlich auch das *\nliteCD\XP*-Verzeichnis kaputt. Einzig beim Service Pack, bei den Hotfixes und den Patches sind keine Probleme zu erwarten.

Aktivieren Sie also beispielsweise *Service Pack Integration*, um das SP2 einzubinden. Klicken Sie auf *Weiter*, bekommen Sie einen Dialog, bei dem Sie den Pfad zum SP2 auswählen können. Da das SP2 zuvor unter *\nliteCD* abgelegt wurde, navigieren Sie dorthin und markieren Sie das SP2 (*WindowsXP-KB835935-SP2-DEU.exe*). Klicken Sie auf *Öffnen*, um es in die Kopie der XP-CD zu integrieren – das dauert eine Weile. Danach könnten Sie bereits ein ISO brennen, das ein ganz normales XP mit SP2 auf jedem Computer installiert.

Integrieren Sie als Nächstes alle Hotfixes. Dazu gehört das Hotfix-Pack 1.5 von german-nlite.de, das SP2 auf den neusten Stand bringt, sowie beispielsweise Java oder der Media Player 10. Klicken Sie also auf *Zurück* und markieren Sie *Hotfix Integration*. Wählen Sie dort mit *Einfügen* sämtliche Hotfixes aus und klicken Sie auf *Weiter*. Die Integration der Hotfixes dauert leider sehr lange ...

Als Nächstes können Sie spezielle Hardwaretreiber integrieren. Sobald Sie das machen, ist die entstehende Installations-CD aber nur noch für einen bestimmten PC geeignet. Hinzu kommt, dass einige Treiber bei der Installation sehr bockig sein können. Fertigen Sie unbedingt ein Backup des *\nliteCD*-Verzeichnisses an, bevor Sie mit Treibern experimentieren.

Nun können Sie XP gewaltig abspecken. Über *Komponenten entfernen* verhindern Sie die Installation aller unnützen Windows-Komponenten. Als Erstes müssen Sie unter *Kompatibilität* die Optionen markieren, deren Funktionen Sie unbedingt benötigen. *Ethernet DHCP* beispielsweise wird benötigt, um sich beim Start eine IP-Adresse von einem Router/Firewall zu holen. In der anschließenden Liste wählen Sie aus unzähligen Komponenten auswählen, was **entfernt** werden soll (alles, was nicht markiert ist, wird installiert!).

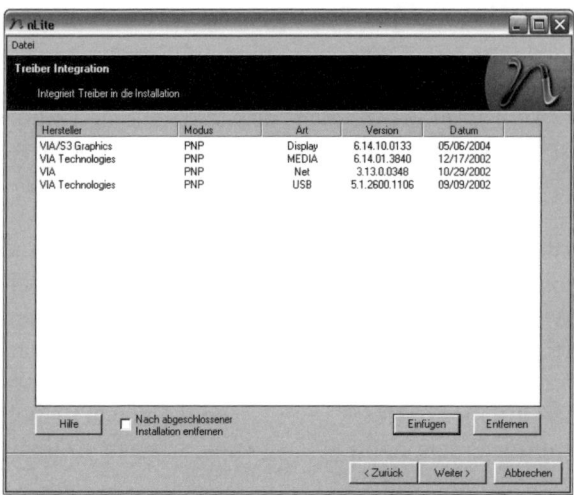

Alle Treiber werden bereits bei der Installation von XP im System installiert.

Unter *Unbeaufsichtigte Installation* können Sie alles das im Voraus einstellen, was ansonsten während der Installation oder beim ersten Start von Windows einzugeben wäre – vom Computertyp über das Aussehen von Windows und der Arbeitsgruppen-Kennung bis hin zur Seriennummer.

Unter *Tweaks* finden sich viele Einstellungen, die man mithilfe von Tweak-Tools, über komplizierte Registry-Patches oder Einstellungen in Windows mühsam vornehmen müsste. Stellen Sie hier Ihr Windows nach Ihren Vorstellungen ein, die meisten und wichtigsten Einstellungsmöglichkeiten finden Sie unter *Tweaks*.

Nun ist es so weit, Sie können nlite anweisen, ein ISO-Image aus dem Verzeichnis \nlite\XP zu generieren. In dieses Verzeichnis könnten Sie weiter Dateien kopieren und dort Ordner anlegen – alles landet später auf der CD. Achten Sie darauf, dass das Verzeichnis nicht die Größe einer CD übersteigt.

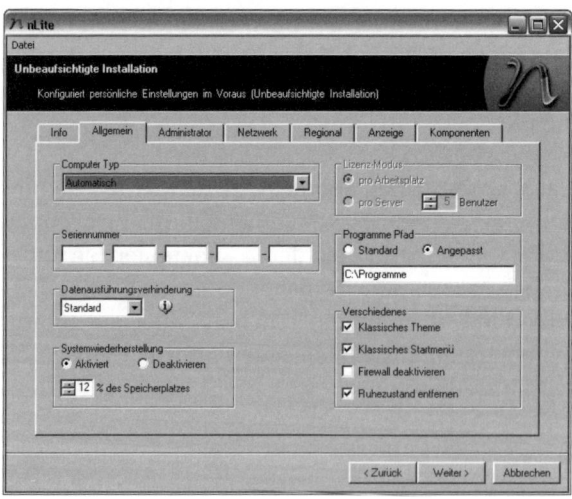

Auch viele Einstellungen können im Voraus vorgenommen werden – bis hin zur Eingabe der Seriennummer.

Das entstandene ISO-Image brennen Sie einfach mit Ihrem Brennprogramm auf eine CD (mit Nero 7 beispielsweise unter *Rekorder/Image brennen...*). Mit dieser neuen, angepassten XP-Installations-CD haben Sie ein neues Windows nicht an einem Tag, sondern in einer Stunde fix und fertig auf der Platte. Allerdings sollten Sie eine neue XP-Installations-CD generieren, sobald Sie neue Hardware in den PC eingebaut haben.

18. Komplettreinigung für PC und Zubehör

Ein neuer, frisch ausgepackter PC duftet – oder stinkt, je nach Geschmack – nach frischem Plastik und ist natürlich blitzsauber. Im Laufe der Zeit aber wird er immer unansehnlicher, da sich Staub und anderer Dreck überall ablagern.

Fettränder auf der Tastatur sind zumindest unansehnlich, eine ruckelnde, weil innen verstaubte und verklebte Maus stört, und ein durch Staub verstopfter Lüfter kann den Prozessor im Endeffekt das Leben kosten.

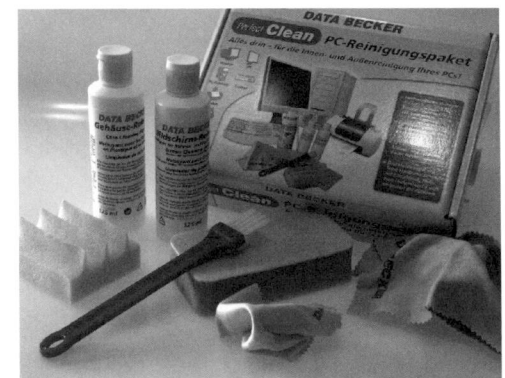

Mit einfachen Mitteln können Sie aber nicht nur die Optik, sondern auch die Funktion Ihres PCs und der angeschlossenen Geräte verbessern. Und wer arbeitet nicht lieber an einem sauberen PC statt an einer „Bazillenschleuder"?!

18.1 Wie reinigt man Elektronik?

Im Grunde genommen ist es ganz einfach: Einen PC reinigt man genauso wie etwa auch eine Hi-Fi-Anlage, einen Fernseher oder eine Kamera – also nicht gerade mit einem Scheuerschwamm und einem ätzenden Haushaltsreiniger. Sanftheit ist gefragt, und dazu gehören neben einem weichen Staublappen und am besten einem Pinsel auch der Staubsauger und allenfalls ein feuchter Lappen oder Fensterreiniger sowie Küchentücher.

Moderne PCs bestehen nicht mehr nur aus schnödem beige lackiertem Blech, sondern werden aus unterschiedlichen Materialien aufgebaut. Verschiedene Kunststoffe, Metall, Gummi und Chrom verlangen normalerweise unterschiedliche Pflegemittel.

Wasser, Spüli und ein Schuss Essig als selbst gemachtes, preiswertes Reinigungsmittel und ein fusselfreies Leinentuch werden allen Materialien gerecht.

Bevor Sie mit einem feuchten Tuch am PC putzen, ziehen Sie das Netzkabel!

Staubablagerungen auf der Zentraleinheit, dem Monitor oder der Peripherie kommen Sie am besten mit dem klassischen trockenen Staublappen bei. Der Vorteil dieser Methode ist, dass Sie diese Reinigung sogar im Betrieb machen könnten. Allerdings bekommen Sie mit dem Staublappen auch wirklich nur den Staub weg, stärkere Verschmutzungen und Fettränder bleiben so unberührt.

Ebenfalls praktisch ist ein am besten stufenlos regelbarer Staubsauger auf niedrigster Stellung, versehen mit einem Aufsatz für Möbelreinigung. Manche Staubsauger haben sogar eine kleine Bürste als Aufsatz – das wäre ideal. Kleine Handgeräte gibt es auch batteriebetrieben im Zubehörhandel (PC-Staubsauger), sie sind allerdings meistens leistungsschwach und ziemlich teuer.

Einfacher Saugpinsel selbst gemacht

Es gibt zwei Möglichkeiten, sich einen einfachen Saugpinsel selbst zu bauen:

1. Sie arbeiten mit zwei Händen – mit der einen Hand pinseln Sie den Staub aus dem Gerät, mit der anderen Hand halten Sie die Staubsaugerdüse etwa 5 cm vom Pinsel entfernt – so wird der aufliegende Staub sofort eingesaugt!

2. Wem das zu unhandlich ist, der kann mit Paketklebeband oder starken Gummibändern auch den Pinsel am Staubsaugerrohr befestigen, sodass der Pinsel ein paar Zentimeter übersteht. Auch dann pinseln Sie den Staub auf und der Staubsauger saugt ihn sofort weg.

Niemals direkt mit der Staubsaugerdüse über Motherboard & Co. saugen!

Was Sie niemals versuchen sollten, ist, mit einem leistungsstarken Staubsauger direkt über Platinen oder andere Innereien des Computers zu saugen. Hierbei können Sie zum einen sehr leicht Teile abbrechen und den Computer unbrauchbar machen, zum anderen aber auch kleine Stecker und vor allem Steckbrücken absaugen. Danach funktioniert der PC meistens nicht mehr oder verhält sich sehr merkwürdig.

Die nächste Stufe ist das Abwischen mit einem feuchten Tuch, da hierbei auch stärkere Verschmutzungen gelöst werden – außerdem fliegt der Staub so nicht durch die Gegend. Ganz wichtig dabei ist es, vorher den Computer, den Monitor und auch Drucker, Scanner etc. abzuschalten und den Netzstecker zu ziehen! Durch die Feuchtigkeit kann es zu Funktionsstörungen in der Elektronik kommen, im schlimmsten Fall können Sie bei unvorsichtiger Arbeitsweise einen elektrischen Schlag bekommen! Das „feuchte" Tuch ist dabei wörtlich zu nehmen, auf keinen Fall sollte es nass sein und tropfen – wringen Sie es sehr kräftig aus. Da vor allem Fett gelöst werden muss, sollten Sie auch ein wenig Spülmittel benutzen – ein, zwei Tropfen sollten aber meist genügen.

Auch hier gilt: nicht zu viel! Ansonsten bekommen Sie einen schmierigen Film auf den Geräten, der den Staub dann auch noch wie ein Kleber bindet und für mehr Verschmutzung sorgt.

Spülmittel und Essig ja – andere Reinigungsmittel nein!

Überhaupt gilt hier: Verzichten Sie möglichst auf sämtliche Reinigungsmittelchen, außer auf Spülmittel und eventuell Essig. Diese beiden Zusätze, sparsam verwendet, lösen nämlich bereits die beiden wichtigsten „Dreckarten": Fett und Salz!

Im Spülmittel befinden sich vor allem Tenside und diese lösen das Fett von Oberflächen. Da Tenside aber nicht nur fett-, sondern auch wasserlöslich sind, bilden sie eine winzige Schicht um den Schmutz und transportieren diesen so mit dem Wasser ab. Ganz normale Kernseife ist ein natürliches Tensid, das auch biologisch gut abgebaut werden kann. Tenside werden gebraucht, um das Fett aus dem Schweiß der Finger zu entfernen.

Schweiß ist auch salzig, und so landet eine (durch das Fett) unsichtbare Salzschicht vor allem auf Maus und Tastatur. Salzen wie etwa Kalkrändern von Regentropfen rückt man mit einem sauren Reiniger zu Leibe – zu Deutsch mit Säure, also Essig oder Zitronensaft. Fensterputzmittel basieren auch auf diesem Prinzip.

Preiswertes Putzmittel selbst gemacht

Sie müssen nicht auf teure Spezialreiniger für den PC zurückgreifen, es geht auch mit Haushaltsmitteln, die schon unsere Großmütter kannten:

Mischen Sie in einer Schüssel einfach

1 Liter warmes Wasser,
1 Teelöffel Spülmittel und
3 Esslöffel Essig

Mit einem weichen, fusselfreien Tuch nehmen Sie die Flüssigkeit auf, wringen den Lappen kräftig aus und wischen damit über die zu reinigenden Oberflächen. Mit dieser Mischung lassen sich auch prima Fenster, Schränke oder Hi-Fi-Geräte putzen.

Da auf allen spiegelnden Flächen eventuell die winzigen, zurückbleibenden Lösungstropfen zu hässlichen Streifen führen könnten, sollten Sie mit einem trockenen Geschirrtuch nachwischen. Wie reinigt man nun konkret die typischen Komponenten eines Computers?

18.2 Reinigung von Tastatur, Maus und Bildschirm

Am meisten Dreck bekommen die Geräte auf dem Schreibtisch ab, also Tastatur, Maus und Bildschirm. Da der Bildschirm am einfachsten zu reinigen ist, beginnen Sie am besten mit ihm. Auch hier gilt wieder: Ziehen Sie zuerst den Netzstecker!

Klare Sicht für Röhre und TFT

Wer einen Staubsauger einsetzen möchte, kann zuerst die Lüftungsschlitze an der Seite und an der oberen und unteren Gehäuseseite absaugen. Damit entfernen Sie den Staub und der Bildschirm bekommt wieder mehr Luft für die Kühlung der Elektronik. Dann wischen Sie mit einem feuchten Lappen und der Essig-Spülmittel-Lösung über alle Kunststoffteile und trocknen mit einem Geschirrhandtuch nach.

Schlechte Antistatikmittel können Entspiegelung schaden

Reiniger mit Antistatikzusätzen sollen beispielsweise bei Bildschirmen das erneute Verstauben verhindern. Diese Wirkung ist zwar vorhanden, aber nur minimal. Schlimmer ist die Tatsache, dass fast alle Antistatikmittel einen dünnen Film auf dem Untergrund hinterlassen – und auf diese Weise beispielsweise die Spezialbeschichtung vieler Monitore und TFTs gegen Spiegelungen unwirksam machen!

Achten Sie aber darauf, dass niemals Tropfen ins Gehäuse-Innere fallen. Sollte es doch einmal passiert sein, schalten Sie den Bildschirm besser für zwei bis drei Tage nicht mehr an. In schlimmeren Fällen muss ein Fachmann das Bildschirmgehäuse öffnen.

Bei der Bildröhre selbst wird die Sache schon etwas komplizierter, denn diese ist bei den meisten Röhrenmonitoren mit einer speziellen Antireflexionsschicht ausgestattet. Diese Schicht darf nicht beschädigt oder „zugekleistert" werden. Mit der oben erwähnten Spüllösung können Sie die Oberfläche aber bedenkenlos reinigen. Trocknen Sie die Bildschirmoberfläche anschließend sehr sorgfältig ab, da eintrocknende Tropfen hier besonders störend wirken.

Vorsicht mit Druckluft

Im Internet finden sich viele Berichte über durch Druckluft zerstörte LC-Displays. Vor allem die leichten und empfindlichen LCDs von PDAs oder Mobiltelefonen sind gefährdet.

Der Schaden tritt auf, wenn man mit der Druckluft sehr dicht am Display arbeitet. In einer Entfernung von mehr als ein, zwei Zentimetern besteht kaum noch Gefahr für das Display.

Testen Sie Reinigungsmittel vor Gebrauch an der Rückseite des Bildschirms

Viele „PC-Reinigungsmittel" dürfen Sie hier keinesfalls verwenden, denn diese besitzen oft ein spezielles Antistatikmittel. Dieses legt sich wie ein dünner Film auf die Oberfläche und soll angeblich das statische Anziehen von Staub verhindern. Genau dieser Film zerstört aber die Antireflexionsschicht, und Sie sehen hinterher vielleicht ein klareres Bild, spiegeln sich aber im Monitor.

Mit einem sehr weichen Tuch und unserer Spüllösung können Sie auch TFTs reinigen. Hierbei müssen Sie aber besonders vorsichtig sein, da TFTs schon bei geringem Druck kaputtgehen können.

Die kleine Reinigung zwischendurch

Um den Bildschirm „mal eben schnell" von einer störenden Staubschicht zu befreien, können Sie auch ganz wenig Fensterreiniger auf ein Küchentuch sprühen – nicht auf den Bildschirm! – und damit den Bildschirm säubern.

Aber Achtung! Das gilt wegen des enthaltenen Alkohols nicht für TFT-Bildschirme! Der Alkohol kann den Kunststoff des TFTs auflösen.

Auch scheiden hier alle aggressiveren Reiniger und selbst Fensterreiniger aus, da diese oft Alkohol enthalten. Der löst zwar gut Fett, aber leider manchmal auch den Kunststoff des TFTs auf. Auch sieht man auf TFTs ganz besonders deutlich Antistatikmittel, der Bildschirm wirkt dann extrem stumpf.

Sauber schreiben: die Tastatur

Der größte Schmutzfänger beim PC ist wohl die Tastatur. Erst wenn man genauer hinsieht, erkennt man die recht ekeligen Fettränder an den Seiten der Tasten, und erst wer die Tastatur auseinander nimmt, findet manchmal sogar totes Krabbelgetier. Normale Tastaturen sind relativ unempfindlich und können mit dem weichen, mit der Spüllösung angefeuchteten Lappen abgerieben werden. Die Lösung kann hier ruhig etwas konzentrierter sein, da es meistens viel Schmutz zu lösen gilt. Auch können Sie hier durchaus schärfere Reiniger verwenden. Allerdings müssen Sie darauf achten, keinesfalls einen zu feuchten Lappen zu verwenden, ansonsten läuft die abgewaschene „Suppe" an den Tasten herunter und in die Elektronik – und das war es dann mit der Tastatur.

Ist die Tastatur sehr stark verdreckt, können Sie auch mit einer Spül- oder Handbürste arbeiten.

Wischen Sie dazu zuerst die Tastatur feucht ab und „schrubben" Sie sie dann mit der ebenfalls leicht angefeuchteten Bürste. Anschließend wischen Sie erneut mit einem Lappen den abgelösten Schmutz ab. Notfalls kann man diese Prozedur mehrfach wiederholen. Durch Abwischen reinigen Sie die Tastatur zumindest oberflächlich. Wer eine Grundsanierung durchführen will, muss die Tastatur zerlegen – aber das sollte nur machen, wer einigermaßen handwerkliches Geschick besitzt! Warum zerlegen?

> **Tastenhebel**
>
> Im Elektronikhandel gibt es zum Herausziehen aus den Fassungen ein spezielles Werkzeug, eine so genannte IC- oder Chipzange. Einfache Versionen sehen fast aus wie ein umgedrehtes U und besitzen unten kleine Haken. Mit diesem Werkzeug für ein paar Euro lassen sich die Tastenköpfe auch ohne Auseinandernehmen der Tastatur abziehen.

Halten Sie die Tastatur kopfüber über den Schreibtisch und klopfen Sie sie vorsichtig auf den Tisch. Nach kurzer Zeit finden Sie Krümel, Staub und Haare – das alles sammelt sich im Laufe der Zeit unter den Tasten an!

Nur für Profis: Zerlegen der Tastatur

1 Drehen Sie die Tastatur um und suchen Sie nach Schrauben. Falls vorhanden, entfernen Sie diese mit einem Kreuzschlitzschraubendreher.

2 Lösen Sie nun der Reihe nach alle Plastikklammern mit dem Schraubendreher. Dabei sollten Sie mit der anderen Hand den Boden der Tastatur etwas anheben – sonst schnappt die Plastikklammer gleich wieder zu.

3 Am besten fangen Sie damit an einer Seite an und arbeiten sich bis zur anderen Seite durch – hebeln Sie dabei den Tastaturboden immer weiter ab, bis er an der Rückseite komplett gelöst ist.

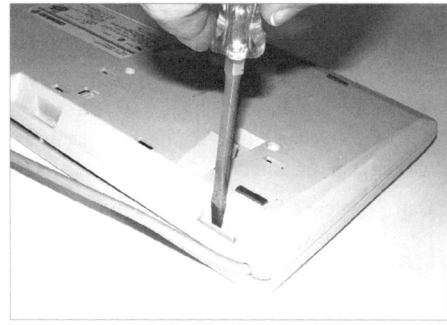

4 Drehen Sie nun die Tastatur um und kippen Sie den Deckel nach vorn ab. Meistens ist der Deckel vorn mit zwei abgewinkelten „Haken" am Boden der Tastatur verankert. Brechen Sie diese nicht ab!

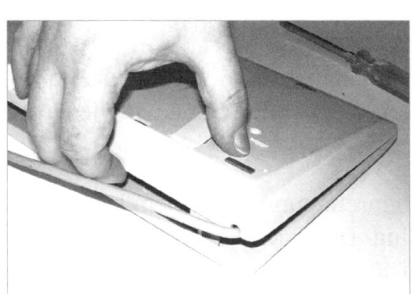

5 Nun können Sie die Tasten einzeln abziehen. Dabei muss eine vorsichtig dosierte Gewalt angewandt werden. Ein Abwinkeln mit dem Schraubendreher ist keine gute Idee, weil die einfache Verbindung ansonsten brechen kann.

Sollten Sie beim Zusammenbau der Tastatur vielleicht nicht mehr so ganz genau wissen, welche Taste wohin gehört, hilft neben dem Blick auf eine zweite Tastatur auch ein kleiner Trick: Starten Sie Windows und dort per Maus beispielsweise NotePad. Dann drücken Sie mit einem Kugelschreiber oder Schraubendreher vorsichtig einen „Tastenstumpf" – schon sehen Sie, welche Taste dort hingehört. Übrigens: Notebook-Tastaturen und sogar einige wenige Desktop-Tastaturen lassen sich nicht auseinander nehmen!

Porentief rein – Tastenwäsche bei 30 °C

Die einzelnen Tastenköpfe kann man nun, wenn man viel Zeit hat, einzeln von Hand säubern. Viel raffinierter ist es aber, die Tasten in einen Stoffsack zu packen – etwa ein Kopfkissenbezug mit Reißverschluss, eine Baumwolleinkaufstasche oder ein Handtuch, das dann zusammengewickelt und mit einem Band zugebunden wird.

Den Sack legen Sie einfach zusammen mit der nächsten 30-°C-Wäsche in die Waschmaschine … vorzugsweise ohne Weichspüler, da dieser die Tasten eventuell etwas schmierig machen kann.

Die Tastenköpfe sollten Sie gut abtrocknen bzw. zumindest einen Tag auf der Heizung trocknen lassen und dann wieder montieren. In der Zwischenzeit können Sie das Tastaturgehäuse abwaschen und den ganzen Dreck von der Platine oder der Gummimatte saugen.

Gut gezielt: die Maus

Die Maus leidet ähnlich wie die Tastatur vor allem unter Schweiß und Staub. Das Äußere lässt sich dabei sehr leicht reinigen, verwenden Sie dazu wiederum die oben erwähnte Spüllösung.

Optische Mäuse sind nach einer Oberflächenreinigung und einem kurzen Putzen des Untergrunds bereits wieder einsatzfähig. Die eigentlichen Probleme tauchen aber auf, wenn es um die Mechanik bei Kugelmäusen geht. Die Kugel nimmt nämlich im Laufe der Zeit Fett, Staub und anderen Schmutz auf und lagert diesen an den kleinen Rollen im Inneren der Maus ab. Sie merken das daran, dass die Maus nicht mehr „butterzart" läuft und auf dem Monitor immer mehr ruckelt. Irgendwann können Sie gar nicht mehr gezielt einen bestimmten Punkt anfahren.

Um die Mauskugel und die Rollen reinigen zu können, müssen Sie die Maus nicht auseinander nehmen, sondern Sie entfernen nur die Kugel (siehe Abbildung nächste Seite).

Die Kugel selbst reinigen Sie wieder mit einem Lappen und der Spüllösung. Bei den Rollen wird es komplizierter. Leichtere Verschmutzungen können Sie eventuell mit einem Wattestäbchen entfernen, dummerweise drehen sich dabei aber immer die Rollen und Sie bekommen den Dreck nicht richtig zu fassen. Wenn der Schmutz sehr faserig ist, kann man ihn eventuell mit einer Pinzette abheben.

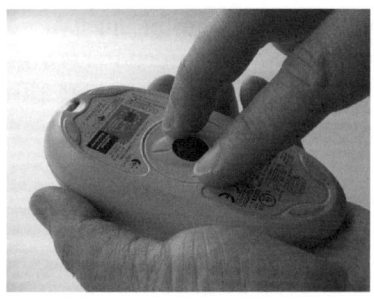

Die Mauskugel können Sie herausnehmen, nachdem Sie den Verschluss kräftig mit zwei Fingern gegen den Uhrzeigersinn gedreht haben.

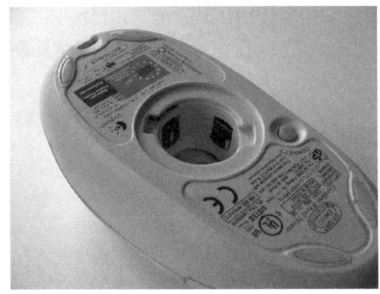

Auf den kleinen schwarzen Rollen befindet sich ein sehr fester Schmutzring, den man am besten mit den Fingernägeln entfernt.

Als Universallösung empfiehlt es sich aber, den Schmutz mit dem Fingernagel quer zur Drehrichtung der Rollen abzukratzen, weil Sie so sowohl Druck ausüben können und sich die Rolle nicht dreht als auch den manchmal sehr fest klebenden Schmutz zu fassen bekommen. Zugegeben – etwas unappetitlich, aber mit Abstand die einfachste Lösung.

Optische Mäuse sind wesentlich leichter zu reinigen: Säubern Sie die Oberfläche mit einem feuchten Lappen und reiben Sie die Maus wieder trocken. Falls sich Dreck oder Staub am optischen Sensor angelagert haben sollte, können Sie diesem vorsichtig mit einem Wattestäbchen zu Leibe rücken. Drücken Sie nur ganz sachte und setzen Sie das Wattestäbchen nur kurz ein, da die optische Linse aus Kunststoff besteht und durch die Watte und den Schmutz verkratzt werden kann.

Mit einem Wattestäbchen kann auch eine optische Maus wieder richtig „sehen". Nur dann arbeitet sie präzise.

18.3 Reinigung des Computers

Den eigentlichen Computer kann man von außen genauso säubern wie einen Monitor: Mit einem Staubsauger und einem Pinsel rücken Sie den ganzen Schlitzen zu Leibe, um den dort haftenden Staub zu entfernen.

Der PC pustet Luft durch das Netzteil heraus

Netzteile in PCs blasen die warme Luft nach hinten aus dem Gehäuse heraus. Das bedeutet, dass frische und staubhaltige Luft durch jeden noch so kleinen Schlitz in das Gehäuse eingesogen wird. Der Staub sammelt sich also an jedem Einlassschlitz.

Eine gute Möglichkeit bieten auch kleine Druckluftflaschen, die in vielen Elektronikabteilungen zu bekommen sind. Staubfreiheit hat nebenbei den Vorteil, dass Ihr PC mehr Luft bekommt, also besser kühlen kann und so länger lebt.

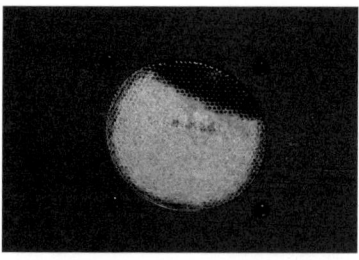

Auch in eher sauberen Haushalten saugt ein PC jeden Fussel an, der durch die Luft fliegt. Bereits nach knapp einem Jahr ist dann beispielsweise das Schutzgitter des Gehäuselüfters zur Frischluftversorgung der Grafikkarte stark verschmutzt (oben wurde des Staub weggepinselt). In diesem Zustand kann auch der beste Lüfter keine Luft mehr auf die Grafikkarte pusten – Abstürze werden gerade im Sommer wahrscheinlich.

Auch bei den Laufwerken mit einer Öffnung vorn am Rechner lohnt dies, denn normalerweise wird die Luft auch durch diese „Öffnungen" in das Gehäuse gesaugt – der Staub bleibt im Laufwerk hängen. Wenn man hier also gegen den üblichen Luftstrom saugt, säubert man damit meistens gleich die Laufwerke ein wenig von innen. Hinten am Netzteillüfter und an Lüftern überhaupt sollte man mit einem Staubsauger übrigens vorsichtig sein: Durch die starke Saugleistung eines Staubsaugers beginnen die Lüfterschaufeln wie ein Windrad zu laufen und drehen sich dann mit viel zu hohen Drehzahlen! Dabei können die einfachen Lager leicht kaputtgehen! Ansonsten kann als zweiter Waschgang auch hier wieder ein weicher Lappen mit der Spüllösung eingesetzt werden. Dabei gilt: Vorsicht, Spannung! Schalten Sie das Netzteil aus – nicht nur vorn am PC, sondern auch hinten am Schalter des Netzteils – und ziehen Sie auch den Stromstecker!

Und auch hier können Sie wieder sehr gut mit einem Pinsel und dem Staubsauger in kurzer Entfernung arbeiten. Staub, etwa hinter der Fronttür oder unter den Slots für die Einsteckkarten, wird mit dem Pinsel aufgewirbelt und sofort mit der Staubsaugerdüse aufgesaugt.

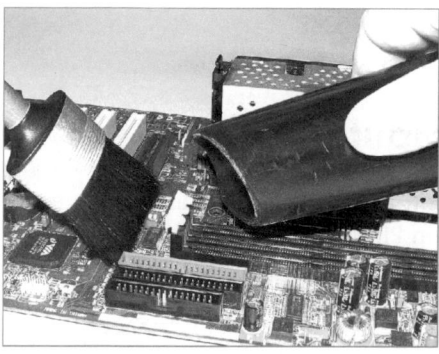

So bekommen Sie den Staub aus dem PC: mit einem Pinsel aufwirbeln – und dabei mit dem Staubsauger gleich wegsaugen (das Board wurde nur für das Foto ausgebaut).

Reinigung der PC-Innereien

Von außen kann man einen PC sehr leicht und schnell reinigen, nach ein paar Jahren oder in einer sehr staubhaltigen Umgebung kann aber auch einmal eine Reinigung „von innen" sinnvoll sein. Hier gilt es, ganz besondere Vorsicht walten zu lassen! Der feuchte Lappen hat im Inneren übrigens nichts zu suchen, beschränken Sie sich auf ein trockenes Staubtuch oder Druckluft, einen Pinsel/ Staubsauger.

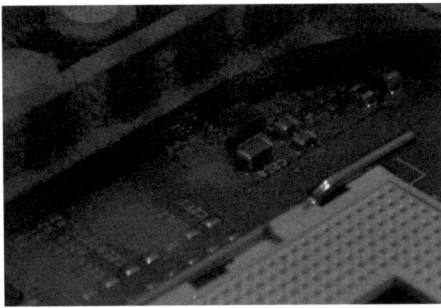

Feinster Staub unter dem Kühler, direkt neben dem Prozessorsockel eines Pentium 4. Kleine SMD-Bausteine sind bereits komplett mit Staub „eingepackt". Wie unter einer Wolldecke kann die Wärme nicht mehr abgeführt werden – die Bauteile überhitzen und können dadurch ausfallen.

Staub sammelt sich im PC an allen Stellen, an denen die Luft um Ecken oder durch kleine Schlitze fließen muss, sowie auf allen waagerechten Flächenoberseiten. In der Praxis heißt das:

- Beim Desktop: auf dem Motherboard, am Prozessor-/Grafikkartenkühler und den Schlitzen des Netzteils.

- Beim (Midi-)Tower: auf dem Boden, an der Rückseite der Grafikkarte, an der Vorderseite aller PCI-Karten, am Prozessor-/Grafikkartenkühler und den Schlitzen des Netzteils.

- Generell auf CD-/DVD-Laufwerken und an allen statisch aufgeladenen Flächen und Kanten.

Am besten „fegen" Sie mit einem Pinsel zuerst alle Flächen wie den Gehäuseboden, die Rückseite der Grafikkarte und die Vorderseiten der PCI-Karten ab und saugen dann den dabei aufwirbelnden Staub mit dem Staubsauger auf.

> **Staubsaugerdüse schützen**
>
> Das Einsaugen von Kleinteilen verhindern Sie durch ein Stück Nylonstrumpf vor der Staubsaugerdüse!

Wer will, kann so den gesamten Innenraum des Rechners entstauben.

Auch Laufwerke wie Festplatten und vor allem CD-Brenner sollten Sie entstauben, denn der Staub isoliert und verhindert so die nötige Wärmeabgabe an die Umluft. Beim Netzteil können Sie sogar die Staubsaugerdüse direkt auf die Schlitze halten. Der auch dadurch erhöhte Luftdurchsatz sorgt für bessere Kühlung und macht den PC ein klein wenig leiser.

Vorsicht am Netzteil!

Auch ein Netzteil, das abgeschaltet und vom Netz getrennt ist, kann noch geladen sein. Die E-lektrolytkondensatoren können noch genug Spannung besitzen, um gesundheitsschädliche Stromschläge zu verursachen. Deshalb sollte man am Netzteil nur mit Vorsicht und niemals mit einem nassen Lappen agieren! Am besten berührungslos mit Druckluft.

Problemfall Prozessorlüfter

Der Prozessorkühler/-lüfter ist in den meisten Fällen besonders stark verdreckt. Leider ist gerade der Lüfter aber auch sehr empfindlich, was Berührungen anbelangt – häufig laufen Standard-Lüfterräder nämlich auf einem billigen Nadellager statt auf einem teuren Kugel- oder Sinterlager. Und ein Nadellager kann schon beschädigt werden, wenn Sie nur mit dem Finger auf das Lüfterrad tippen.

Der Staubbelag im und um den Kühlkörper verhindert eine optimale Abfuhr der Wärme vom Prozessor. Wird der Prozessor zu heiß, kann er zerstört werden – aber auch eine permanent etwas erhöhte Temperatur verkürzt die Lebensdauer. Oft reicht es bereits, mit Pinsel und Staubsauger einmal rund um den Prozessorkühler zu fahren.

Das Aufsetzen des Staubsaugers auf den Prozessorlüfter ist nicht zu empfehlen, da hierbei durch den sehr starken Luftstrom der Lüfter eine viel zu hohe Drehzahl bekommt und so wiederum das Lager beschädigt werden kann.

Ist der Kühlkörper allerdings im Inneren allzu stark verschmutzt, können Sie notfalls auch den Lüfter abschrauben und dann den Kühler gründlich reinigen. Auf diese Weise kommen Sie auch an den Staub „unterhalb" des Prozessorlüfters heran.

Tipp für Wagemutige

Wer vielleicht gerade bei einem schon älteren Prozessorlüfter oder dem Chipsatz-Lüfter den Staub doch gern mit Druckluft entfernen möchte, sollte dies in ganz kurzen Schüben machen: Dazu setzen Sie die Druckluft ein paar Mal für nur etwa eine Sekunde auf den Lüfter auf – so verhindern Sie eine allzu hohe Drehzahl.

Wenn Sie den Kühler abmontieren, müssen Sie aber unbedingt etwas Wärmeleitpaste bereithalten und diese neu verteilen – ansonsten überhitzt die CPU nach dem nächsten Neustart. Eine ausführliche Anleitung zum Ab- und Anbau des Kühlers finden Sie im Kapitel zum Prozessortausch.

Sollten Sie wider Erwarten den Lüfter beschädigen, ist das auch nicht überaus dramatisch: Im Fachhandel bekommen Sie einen passenden neuen Lüfter für maximal 15 Euro, den Sie dann auf den vorhandenen Kühlkörper aufschrauben können. Nehmen Sie am besten den defekten Lüfter/Kühler mit zum Händler.

Wenn Sie die vier Schrauben am Prozessorlüfter lösen, kommen Sie gut an den Staub unterhalb des Lüfters heran (das Board wurde nur für das Foto ausgebaut).

18.4 Reinigung des Notebooks

Notebooks werden immer beliebter. Glücklicherweise lassen sie sich sogar noch sehr viel leichter reinigen als Desktops oder gar Tower-PCs.

Notebook-Reinigung ist einfach

Ein Notebook ist im Grunde eine Tastatur mit zusätzlichen Schlitzen und ein TFT – entsprechend einfach ist die Reinigung.

Zum einen sind Notebooks kleiner und kompakter, zum anderen besitzen sie kein sonderlich staubanfälliges Innenleben. Bei vielen Notebooks läuft ein Lüfter nur unter Volllast, und das ist selten.

Notebooks haben kleine Ritzen, Klappen, Hebelchen und Schieber. Um dort in die Ecken zu kommen, eignen sich trockene oder leicht angefeuchtete Wattestäbchen am besten.

Schon eher stellen die Notebook-typischen Spezialitäten ein Problem dar: kleine Schieber, die das TFT im geschlossenen Zustand verriegeln, und die vielen Schnittstellen samt vorhandener oder fehlender Abdeckungen. Da eben alles kleiner und verwinkelter ist, kommt statt eines Staubsaugers eher das Wattestäbchen zum Einsatz.

Gehäusereinigung beim Notebook

Wer will und dort auch Schmutz sieht, kann als Erstes vorsichtig mit einem Staubsauger alle Schlitze des Notebooks absaugen – wobei man hier wirklich vorsichtig sein sollte, denn die meisten Schlitze sind mit kleinen Klappen abgedeckt, die durch den Luftzug leicht abgerissen werden können. Vorsichtige Naturen verwenden hier besser einen weichen Pinsel.

Saugen Sie dabei möglichst entgegen der üblichen Flussrichtung der Luft. Viele Notebooks haben an der Seite einen vergitterten Öffnungsschlitz, aus dem unter Last heiße Luft strömt (das erfühlt man sehr leicht). Suchen Sie nach Schlitzen auf der anderen Seite und setzen Sie dort zuerst den Staubsauger an. So wird Staub „rückwärts" aus dem Notebooks gesaugt, statt ihn noch weiter hineinzuziehen.

Ist der Staub entfernt, beginnt die Reinigung wie beim Desktop-PC und dem Monitor/TFT: Ein weicher Lappen mit unserer selbst gemachten Spüllösung wird benutzt, um alle Teile vorsichtig abzureiben. Auch hier gilt: Vorsicht, Spannung! Entfernen Sie nicht nur den Netzstecker, sondern entfernen Sie für die Reinigungsaktion möglichst auch den Akku.

> **Vorsicht vor „Tropfwasser"**
>
> Der Reinigungslappen sollte möglichst stark ausgewrungen werden, da beim Notebook die Bauteildichte sehr hoch ist. Ein zu feuchtes Tuch verliert Reinigungslösung, die dann durch kleine Schlitze direkt auf die Elektronik gelangen könnte!

Wie beim Desktop sollten Sie auch hier mit einem sauberen, trockenen Küchenhandtuch nachreiben.

Gerade beim prestigeträchtigen Notebook ist man leicht versucht, dem Glanz noch mal ein wenig nachzuhelfen. Die Industrie bietet etliche Mittelchen an, um Oberflächen neuer aussehen zu lassen, als sie sind. So gibt es spezielle Plastikreiniger-/Aufmöbler, die zum Beispiel gern von Autoverkäufern eingesetzt werden, um ausgeblichene Kunststoffstoßstangen neu aussehen zu lassen. Mit Cockpit-Spray bekommt man sogar den Geruch neuen Plastiks auf das Armaturenbrett.

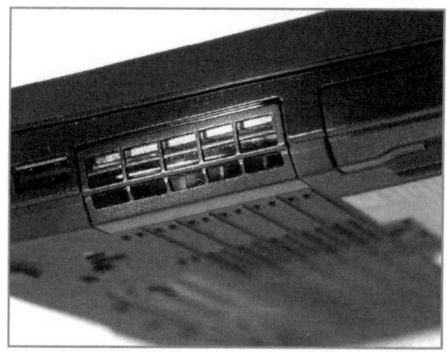

Ein IBM-Notebook schräg von unten: Hier kommt nur heiße Luft! Die Austrittsöffnung der Notebook-Lüftung ist meistens sehr sauber. Der Staub hängt in den Löchern auf der anderen Seite oder am Boden des Notebooks. Manche Notebooks ziehen die Luft gar durch die Tastatur hindurch.

Innen sieht man Teile des Notebook-Lüfters, der aber nur in Ausnahmefällen läuft.

Wer eine Lackschicht auf dem Notebook vermutet, kann versucht sein, diese mit Autopolitur, -wachs oder anderen Lackglanzmitteln aufzubessern.

Von derartigen Experimenten sollte man aber tunlichst die Finger lassen, denn erstens sind die Oberflächen eines Notebooks nicht gerade leicht zu identifizieren, zweitens werden hier sehr unterschiedliche Materialien eingesetzt. Wer mit Polierwachs vielleicht eine Lackschicht aufmöbelt, macht jedes Plastikteil dabei gleichzeitig stumpf und äußerst unansehnlich!

Insofern gilt dasselbe wie bei der Hi-Fi-Anlage, die Sie ja auch nicht mit derartigen Mitteln malträtieren.

Reinigung der Notebook-Tastatur

Wie beim Desktop ist auch die Tastatur des Notebooks die oft am meisten verdreckte Komponente. Wie moderne Tastaturen kann man Notebook-Tastaturen aber meistens nur schwer abmontieren und vor allem noch sehr viel schwerer auseinander nehmen – wenn es denn überhaupt geht! Notebook-Tastaturen sind meistens so zusammengebaut, dass man sie mit dem Abziehen einer Taste zerstören würde, denn man bekommt die Taste nicht wieder aufgesteckt.

Aus diesem Grund sollten Sie von einem Zerlegen einer Notebook-Tastatur absehen!

Zum Glück ist das aber gar nicht so dramatisch. Während die meisten Desktop-Tastaturen relativ hohe Tasten besitzen, an deren Rand sich der Schmutz prima festsetzen kann, sind Notebook-Tastaturen aus Platzgründen sehr flach. Schmutz kann sich so fast nur auf der Oberfläche der Tasten festsetzen und dort kann man ihn mit unserem selbst gemachten Universalreiniger und einem weichen Lappen ganz hervorragend abwischen.

Tasten von Notebook-Tastaturen sind meistens sehr flach und lassen sich leicht mit einem feuchten Tuch säubern.

Aufgeklebte Buchstaben

Viele Notebook-Hersteller fertigen wegen der geringen Stückzahlen keine landesspezifischen Tastaturen. Stattdessen kleben Sie die nationalen Tastatursymbole auf die amerikanische Tastatur. Wer hierbei zu sehr mit einem Lappen reibt, entfernt unter Umständen den deutschen Zeichensatz ...

Ein Tipp gerade bei verkrustetem Dreck: Wischen Sie einmal ordentlich über die Tastatur und warten Sie dann ein bis zwei Minuten – so kann die Reinigungslösung ein wenig in den Schmutz eindringen. Anschließend wischen Sie die Tastatur ein zweites Mal mit dem inzwischen gereinigten Lappen ab und entfernen so ganz leicht auch hartnäckige Speckränder. Notfalls wiederholen Sie die Prozedur nach zwei weiteren Minuten nochmals.

Auch ohne die Tastatur auseinander zu nehmen kann man sie so wieder wie neu aussehen lassen.

Reinigung der Schnittstellen

Ein Problem sind meistens die Schnittstellen am Notebook, da sie zum einen sehr klein sind, zum anderen aber Staub und Schmutz scheinbar auch magisch anziehen.

Schutz für Schnittstellen

Es sieht nicht schick aus, aber wer seine nicht durch eine Klappe geschützten Schnittstellen vor Staub und Dreck bewahren will, kann sich einfach selbst aus starkem Fotopapier oder Karton eine Abdeckung zurechtschneiden.

Auch wenn so die Optik leidet, bleibt wenigstens die Hardware tipptopp in Schuss.

Bei Kontaktproblemen beispielsweise des FireWire-Anschlusses reicht es zwar meistens, die Stecker einfach ein paar Mal einzustecken und wieder abzuziehen – aber der Schmutz sitzt dann noch immer in der Buchse.

Mit einem Staubsauger wird man hier nichts erreichen, das Herumkratzen mit einer Nadel ist nicht nur schädlich, sondern führt fast mit Sicherheit auch zu Kurzschlüssen, denn viele Schnittstellen stehen auch bei ausgeschaltetem Notebook unter Strom.

Es geht aber auch deutlich einfacher: Mit einem Zahnstocher können Sie den Schmutz lockern oder abreiben und dann einfach herauspusten. Nachpoliert wird dann mit einem Wattestäbchen. Dabei sollten Sie lediglich darauf achten, den Schmutz nicht noch weiter in die Schnittstelle hineinzudrücken, sondern wirklich nur zu lösen und dann zu entfernen. Ein kleiner, harter Pinsel hilft oft auch weiter.

Reinigung des CD-/DVD-Laufwerks

Bei den meisten Notebook-Laufwerken liegt der Träger für die Laseroptik frei, sobald das Laufwerk geöffnet wird. Man ist leicht versucht, die kleine Linse „mal eben" zu putzen. Das ist allerdings keine gute Idee, denn Linsen für optische

Laufwerke sind aus speziellem Kunststoff, der auf seine optischen Eigenschaften hin optimiert wurde und nicht auf Kratzfestigkeit.

Das Abwischen mit einem Lappen oder gar mit einem Wattestäbchen kann schnell winzige Kratzer erzeugen und die optischen Fähigkeiten stark einschränken. Lesefehler oder ein Komplettversagen können dann die Folge sein.

Die offene Optik eines DVD-Laufwerks im Notebook verleitet so manchen dazu, es viel zu oft zu putzen. Das Resultat sind dann eine verkratzte Linse und vermehrte Lesefehler.

Hier gilt also: maximal einmal im Jahr ganz sachte reinigen!

Treten allerdings bei einem auch ansonsten von Staub befallenen, älteren Notebook plötzlich immer mehr Lesefehler auf, kann das tatsächlich an Staub auf der Linse liegen. Den sollte man nun aber nicht einfach verreiben, sondern erst mal mit einem kräftigen Luftstoß aus den Lungen entfernen.

Anschließend wischen Sie mit einem sehr sauberen, weichen Lappen ein- oder zweimal ganz leicht über die Linse – das reicht. Mehr Reiben bringt dann nicht mehr Sauberkeit, sondern nur mehr Kratzer. Reinigung der Innereien ist meistens unnötig.

Dadurch, dass in üblichen Notebooks sehr Strom sparend gearbeitet wird, entsteht auch nur wenig Abwärme. Daher muss der interne Lüfter nur selten anspringen, deshalb gelangen auch nur sehr geringe Mengen an Staub in das Innere. Insofern kann man sich das oft komplizierte Aufschrauben des Notebooks sparen.

Davon abgesehen, sind Prozessor und Lüfter meistens sowieso nicht frei zugänglich und können dementsprechend auch nicht direkt gereinigt werden. Ein kurzes Saugen mit dem Staubsauger gegen die normale Richtung des Luftflusses entfernt eventuellen Staub schon zum Großteil.

Lediglich bei älteren, stark verschmutzen Notebooks, die unter Last unvermittelt abstürzen, kann sich ein Aufschrauben lohnen. Notebooks sind aber sehr kompliziert gebaut, das spätere Zusammensetzen kann der schwierigste Teil der Operation werden!

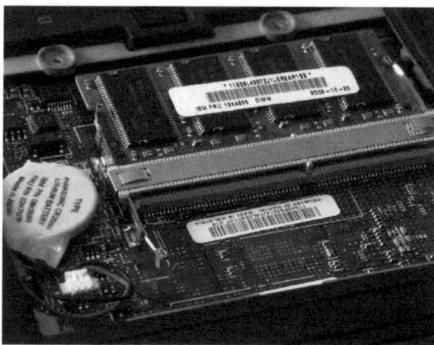

*Eineinhalb Jahre im täglichen Einsatz und kein
sichtbarer Staub im Inneren – Notebooks
verschmutzen eigentlich nur außen.*

Optische Medien: CDs und DVDs reinigen

Durch die ganz normale Handhabung finden sich nach einiger Zeit auf jeder CD
und DVD Fingerabdrücke, Krümel und vor allem Staub. Insbesondere der Staub
wird durch die elektrostatische Aufladung des Kunststoffs geradezu angezogen.
Pustet man einmal kräftig über das optische Medium, fliegt nur ein Teil des Staubs
davon.

Während gepresste Original-CDs/DVDs meistens auch verkratzt und verdreckt
noch lesbar sind, leiden selbst beschriebene Rohlinge sehr unter kleinsten
Schmutzmengen. Dummerweise sind auch genau diese Medien am empfindlichsten, erfordern also eine sehr vorsichtige Reinigung.

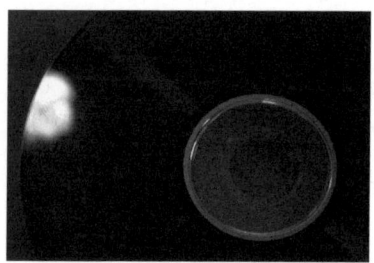

*Der Kunststoff von CDs und DVDs zieht Staub geradezu
magisch an. Mit einem weichen Tuch kann man Verschmutzung und Fingerabdrücke leicht entfernen, indem man von
innen nach außen wischt – niemals kreisförmig!*

Ein weicher Lappen, am besten ein Brillenreinigungstuch oder Ähnliches, leistet
gute Dienste. Wischen Sie damit vorsichtig unter nur leichtem Druck von innen
nach außen – auf keinen Fall kreisförmig, wie man vielleicht instinktiv annehmen
würde. Wenn nämlich – was wahrscheinlich ist – kleinste Kratzer durch die Reinigung entstehen, dann sollten diese nicht über einer der kreisförmigen Daten-
spuren liegen, sondern diese rechtwinkelig kreuzen. Derartige Kratzer bekommt
die Fehlerkorrektur des CD-/DVD-Laufwerks problemlos korrigiert. Kreisförmige
Kratzer betreffen zwar nur eine Spur, diese ist dann aber über eine lange Strecke
unlesbar – und damit auch die Datei, zu der die Spur gehört.

18.5 Streifenfreie Peripherie

Auch die Peripherie wie Drucker, Scanner & Co. leiden unter dem überall vorhandenen Staub. Beim Scanner kann sich zusätzlich Schmutz von den Vorlagen oder von den Fingern auf dem Vorlagenglas ablagern, beim Drucker kommt allgemein noch der Papierstaub hinzu – beim Tintenstrahler dann daneben gegangene Tinte, beim Laserdrucker der Toner.

Sehr selten genutzte Peripherie sollten Sie abdecken, um sie gegen Staub zu schützen. Ansonsten seien Sie kreativ – bei einem Dia-Scanner beispielsweise kann man den kleinen Schlitz bei Nichtgebrauch prima mit einem Streifen Klebeband abdecken. So kann erst gar kein Staub auf die empfindliche Optik gelangen!

Für die Peripherie gilt bei der Außenreinigung das Gleiche wie für das PC-Gehäuse: Setzen Sie also einen Staubsauger für die Schlitze und dann einen Lappen mit der Spüllösung ein.

Saubere Kabel

Hinter dem Schreibtisch eines jeden Computerbenutzers herrscht oft ein Wirrwarr aus Kabeln – vor allem, wenn man mit mehr als einem Computer arbeitet. Da sich genau dort auch viel Schmutz und Staub sammelt, werden viele Kabel im Laufe der Zeit sehr schmutzig. Im Zuge des Frühjahrsputzes im heimischen Büro kann man dann auch schnell die Kabel säubern.

Ein leicht feuchter Lappen mit der oben beschrieben Reinigungslösung wird einfach um ein Ende des Kabels gewickelt und festgehalten, dann zieht man das ganze Kabel mit der anderen Hand durch den Lappen. So werden Kabel in wenigen Sekunden blitzsauber. Bei hartnäckigen Verschmutzungen wiederholen Sie den Vorgang.

Durchblick für den Scanner

Beim Scanner sollte das Vorlagenglas immer blitzsauber sein, weil Sie ansonsten Fehler in Ihre Scans bekommen. Vorlagenglas ist dabei nicht wörtlich zu nehmen oder gilt allenfalls für ältere Modelle, heute wird fast überall Kunststoff in Form von Plexiglas oder Ähnlichem eingesetzt.

Damit scheiden alle scharfen Reiniger und eventuell auch Glasreiniger aus. Aber das ist kein Problem, weil es sich meistens sowieso nur um „Fettfinger" handelt, die Sie wiederum mit dem Lappen und der Spüllösung gut entfernen können. Wichtig ist hierbei das zum Bildschirmglas Gesagte: Reiben Sie gründlich mit einem trockenen Handtuch nach, um Trockenränder zu vermeiden. An den Innereien eines Scanners sollten Sie sich besser nicht versuchen, da hier normalerweise nichts zu reinigen ist und sich die filigrane Mechanik allzu leicht verstellt – und dann bekommen Sie zwar saubere, aber unscharfe Scans ...

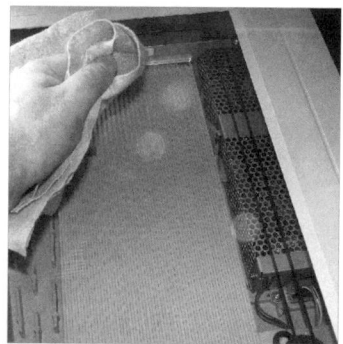

Glas- und Kunststoffoberflächen wie Monitore, TFTs, Scanner & Co. reinigen Sie am besten mit einem feuchten, fusselfreien Tuch und ein wenig unseres Putzmittels.

Brillante Farben aus dem Tintenstrahler

Tintenstrahldrucker können von außen wiederum mit Staubsauger und einem Lappen mit der Spüllösung gut gereinigt werden. Durch den Staub, den das Papier verliert, verdrecken Tintenstrahler aber auch sehr stark im Inneren. Zusammen mit kleinen Tintentröpfchen gibt das eine harte Masse – die sich aber mit der Spüllösung aufweichen und abwischen lässt.

Im Inneren sollten Sie also Pinsel und Staubsauger walten lassen, achten Sie dabei aber auf die Führungsstange für den Druckkopf, die meistens aus Metall ist und einen Fettfilm aufweist. Dieser Fettfilm ist wichtig, gibt zusammen mit dem Papierstaub aber einen sehr klebrigen Brei. Wenn der Drucker schon mehrere Jahre alt ist, können Sie eventuell auch diese Stange reinigen. Dann muss sie hinterher aber wieder ganz sparsam eingefettet werden. Als Fett kann hier Kettenfett aus dem Fahrradzubehör oder richtige Schmiere verwendet werden. Nähmaschinenöl und andere Öle sind meistens harzhaltig und eignen sich daher nicht – sie verwandeln sich nach einiger Zeit in eine Art Kleber und greifen vor allem auch das Plastik an.

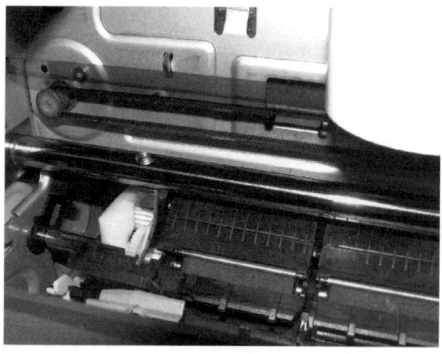

In Druckern sammelt sich vor allem Papierstaub an. Bei Tintenstrahlern darf das Fett von der metallenen Führungsstange nicht entfernt werden!

Wenn der Drucker einige Wochen ungenutzt herumstand, sollten Sie übrigens das erste Blatt Papier entfernen, weil auch dieses voll gestaubt ist und somit keinen vernünftigen Ausdruck zulässt.

Scharfe Linien vom Laserdrucker

Beim Laserdrucker sollten Sie außen vor allem mit dem Lappen und der Spüllösung arbeiten, Schlitze können mit einem Pinsel freigelegt werden. Der Einsatz des Staubsaugers wird zwar gern empfohlen, ist aber nicht ungefährlich! Das liegt daran, dass der Toner im Verdacht steht, Krebs auslösen zu können, wenn man ihn einatmet.

Eine Lösung wäre es also allenfalls, einen schon recht vollen Staubsaugerbeutel zu verwenden, um den Laserdrucker auszusaugen und dabei den Raum kräftig zu lüften. Anschließend werfen Sie den Staubsaugerbeutel weg und reinigen den Staubsauger innen mit einem feuchten Tuch.

Von der Drucktrommel sollten Sie auch unbedingt die Finger lassen, denn zum einen kann diese Trommel sehr heiß sein, zum anderen ist sie äußerst empfindlich gegenüber Licht und Fett von

Viele kleine Ecken und der unter Umständen gesundheitsschädliche Tonerstaub machen das Reinigen eines Laserdruckers eher zur Aufgabe in einer Fachwerkstatt.

den Fingern – einmal angefasst, muss man sie in der Regel ersetzen.

18.6 Praktisch: komplette Reingungssets

Die vorgestellte, selbst gemachte Reinigungslösung (warmes Wasser, ein kleiner Schuss Spüli und ein paar Tropfen Essig) hat den Vorteil, universell zu wirken. Aber nicht immer ist sie die erste Wahl.

Manch einer mag keine selbst gemischte Lösung und möchte lieber eine fertige Alternative, bei der er nicht jedes Mal alles selbst anrühren muss. Außerdem kann es sein, dass beispielsweise im Büro oder unterwegs die nötigen Zutaten fehlen – weil es keine Küche gibt.

In diesem Fall kann oder muss man auf fertige Reinigungsprodukte zurückgreifen. Dabei hat die chemische Industrie diverse Mixturen entwickelt, die speziell auf jede Komponente einer Computeranlage abgestimmt sind.

Allerdings muss man bei den Reinigungssets auch darauf achten, was man gerade reinigt: Ein Reiniger für CRT-Bildschirme darf nicht einfach auf einem TFT-Monitor benutzt werden, weil er Alkohol enthält. Im schlimmsten Fall kann man damit die Kunststoffoberfläche des TFT ablösen und es so unbrauchbar machen. Umgekehrt ist im TFT-Reiniger kein Alkohol, er lässt sich bedenkenlos auch auf Röhrenmonitoren benutzen, reinigt aber nicht so gut.

Ärgerlich bei vielen Reinigern ist, dass nirgendwo die genauen Inhaltsstoffe angegeben werden. Einige lösungsmittelhaltige Reiniger sind gesundheitsschädlich und können durch die entstehenden Verdunstungsdämpfe Benommenheit oder Übelkeit verursachen – bei der Anwendung sollte für viel frische Luft gesorgt werden. Auch sollten Sie sich hinterher unbedingt die Hände waschen, da einige Inhaltsstoffe Hautreizungen verursachen können.

Dass die Reiniger nichts in Kinderhänden verloren haben, sollte wie bei anderen Haushaltsreinigern auch selbstverständlich sein.

Praktische Detaillösungen: Putzsets

Reinigungssets werden von vielen Herstellern angeboten. DATA BECKER beispielsweise bietet u. a. die komplette Serie „PerfectCLEAN" mit Reinigern für alle Bereiche rund um den Computer an.

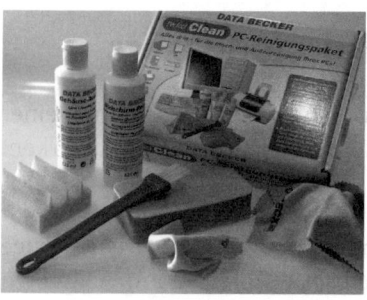

Reinigungssets wie hier das PC-Reinigungsset aus der PerfectCLEAN-Reihe von DATA BECKER bestehen neben Reinigungsflüssigkeiten auch aus speziell geformten Reinigungswerkzeugen, die sehr praktisch sein können: Der kleine Schwamm links im Bild etwa passt mit seinen Stegen genau zwischen die Tasten einer Tastatur und reinigt so auch die Flanken der Tasten.

Neben einem Komplettset sind die übrigen Sets auf einen speziellen Anwendungsfall spezialisiert – etwa Notebooks oder den Drucker, mit einem Spezialreiniger für die Druckwalze oder einem Reinigungsset mit extra weichem Pinsel für die Digitalkamera.

Für ungeübte PC-Reiniger sind diese Sets sehr einfach in der Anwendung, da sie mit vielen praktischen Hilfsmitteln aufwarten.

*Wer seine Tastatur nicht wie zuvor beschrieben aus-
einander nehmen will oder kann, kommt mit diesem
Spezialschwämmchen an die sonst nur schwer
erreichbaren Flanken der Tasten.*

Druckluft – richtig eingesetzt!

Druckluft, handlich und praktisch abgefüllt in Dosen, wird gern zum Reinigen
von PCs verwendet. Gerade in Tastaturen und an anderen Stellen, die man mit
einem Lappen oder selbst einem Pinsel nicht erreicht, kann Druckluft für Sauberkeit sorgen.

Das Problem dabei ist jedoch, dass im Gegensatz zu einem Ministaubsauger der
Dreck nicht entfernt, sondern nur umgelagert wird. Im „Idealfall" landet er auf
dem Schreibtisch oder dem Fußboden, in der Praxis leider aber auch dort, wo er
gar nicht hingehört, beispielsweise unter den Kontaktflächen der einzelnen Tasten.

Wenn nach einer „Druckluftreinigung"
die Tastatur spinnt und einige Tasten
nur noch auf nachhaltigsten Druck das
entsprechende Zeichen auf den Bildschirm bringen, hilft nur noch das komplette Abnehmen aller Tasten oder ein
günstiger Neukauf.

Druckluft eignet sich hingegen sehr gut,
um enge Zwischenräume staubfrei zu
bekommen. Gerade die Kühlkörper von
Prozessor- und Grafikkartenkühlern neigen dazu, Staub einzufangen. Ist dann

*Mit Druckluft aus der Dose kann man sehr schnell
und einfach den Staub aus Kühlkörpern entfernen.
Bitte halten Sie den Lüfter mit einer Hand fest.*

irgendwann der Kühlkörper „zu", kann die Wärme nicht abtransportiert werden
und es kommt zu Abstürzen unter hoher Last.

Achten Sie aber darauf, nicht direkt auf das Lüfterrad zu blasen oder so lange
hineinzublasen, bis es wie irrsinnig dreht – in diesem Fall zerstören Sie ganz
schnell das hoch empfindliche Nadellager! Die Folge ist dann ein ätzendes Brummen, Schnarren und Röhren des Lüfters – und im Zweifelsfall fällt er ganz aus.

Stichwortverzeichnis

M

N

O

P

X

Z

Wenn Sie an dieser Seite angelangt sind, ...

dann haben Sie sicher schon auf den vorangegangenen Seiten gestöbert oder sogar das ganze Buch gelesen. Und Sie können nun sagen, wie Ihnen dieses Buch gefallen hat.
Ihre Meinung interessiert uns!

Ihre Ideen sind gefragt!

Vielleicht möchten Sie sogar selbst als Autor bei **DATA BECKER** mitarbeiten?

Wir suchen Buch- und Software-Autoren. Wenn Sie über Spezialkenntnisse in einem bestimmten Bereich verfügen, dann fordern Sie doch einfach unsere Infos für Autoren an.

❏ Ja   Ich möchte DATA BECKER Autor werden. Bitte schicken Sie mir die Infos für Autoren.

❏ Ja   Bitte schicken Sie mir Informationen zu Ihren Neuerscheinungen.

Name, Vorname   _____

Straße   _____

PLZ, Ort   _____

E-Mail   _____

DATA BECKER GmbH & Co KG
Postfach 10 20 44
40011 Düsseldorf
Fax: 02 11 / 3 19 04 98

Internet: http://www.databecker.de
E-Mail: info@databecker.de